U0540237

唐君毅全集卷二十一

哲學概論

（上）

哲學總論

知識論

臺灣學生書局印行

目錄

哲學概論（上）

第二部　知識論

哲學概論

（上）

本書分上、下兩册，一九六一年三月孟氏教育基金會初版，一九六五年三月再版，加附編三文。一九七四年改由學生書局與友聯出版社分別在臺灣、香港印行第三版，並加第三版序。至一九七八年共發行五版。全集所據爲第三版本，並經全集編輯委員會校訂。

哲學概論第三版序

本書初應香港孟氏敎育基金會大學叢書編輯委員會之請而寫，乃一通俗性的哲學敎科用書。初版於一九六一年，再版于一九六五年；皆由孟氏基金會出版，友聯出版社發行。但在臺灣方面，讀者要購此書，則極難購得。前年孟氏基金會停辦，因將版權收回，故於此第三版，交臺灣學生書局及香港友聯出版社分別出版。

關於此書之內容，再版中加了附錄三篇，在今版則無新增加。自此書初版至今，十餘年來，我個人之思想學問自亦有多少的進步，而中國與世界哲學思想，亦有若干之變化與發展。如我現在重寫此書，亦當有若干改易與增補。我所尤引以爲憾的，則是此書雖已不同於以前之同類書籍，而開始用中國哲學的資料，以講一般哲學問題；仍嫌用得太少。但人類之有哲學，已有近三千年的歷史。在一二十年中，人類之哲學思想之變化，是不大的。我個人之進步，更是有限的。而概論性的書，亦永不會完全無缺。此書只能對來學，有若干啓發引導思想的作用，其所供給之基本的知識，莫有很大的錯誤，亦就行了。此書既然過去印行兩版之四千部，都銷售了，今亦時有人要買；而以我現在的時間、精力與興趣，已根本不會去寫此類的書。故今只有照舊重印，不加增補，想於世亦未始無益。至於此書中國哲學資料太少的缺點，則我十多年來所寫之中國哲學原論，已由人生出版社及新亞研究所，出版了五本，字數已倍於此書。此五本書雖比較專門，但用此書爲教學之資者，亦可加以參考，以補此書之所不足。是爲序。

一九七四年三月十日唐君毅於南海香州

自序

哲學與哲學概論之名，乃中國昔所未有。然中國所謂道術、玄學、理學、道學、義理之學即哲學。如朱子之編近思錄，依類而編，由道體、為學、致知、以及存養克治之方，再及於家道、出處、與治體、治法、政事、為學，即一包括西哲所謂形上學問題、知識問題、人生問題與社會文化政治教育問題之一哲學概論也。此類之書，在中國未與西方文化接觸以前，蓋已多有之。

至於在西方之學術史上，名哲學概論之書，亦近數十年中乃有之。百年前西哲所著書，其近似哲學概論者，蓋唯有黑格爾之哲學大全 Encyclopædia of Philosophy 一書。其書遍及於邏輯、形上學、自然哲學、及論人心與道德文化之精神哲學，可謂成一家言之西方哲學概論之始。繼此以後，十九世紀之末至廿世紀，德人之為哲學概論者，雖更重便利初學，然亦幾無不重一系統之說明，而帶一家言之色彩。如溫德爾斑 W. Windelband 及泡爾孫 F. Paulson 之哲學概論，即譯為英文，而為英美人初所採用之哲學概論之教本者也。

自廿世紀以來，英美學者所著之哲學概論類之書籍甚多。大率而言，英人所著之哲學概論書籍，不似德人所著，重系統之說明，而較重選取若干哲學基本問題，加以分析。如羅素 B. Russell 之哲學問題，穆爾 G. E. Moore 之若干哲學問題Some Problems of Philcsophy 及近尤隱 A. C. Ewing 之哲學基本問題 The Fundamental Questions of Philosophy 之類。即較有系統者如麥鏗然 G. S. Mackinzis所著建構性哲學之諸要素 Elements of Constructive Philosophy。其稱爲諸要素 Elements 而不稱爲系統 System，亦即代表英國式之哲學概論之作風者也。

至於美人所著之哲學概論書籍，則早期如詹姆士W. James 之若干哲學問題Some Problems of Philosophy 亦爲只就問題分析者。然因美國之大學特多，而課程中例有哲學概論一科；於是哲學概論書籍之出版者亦特多。大率而言，則皆較重各派哲學對各哲學問題之答案之羅列，以爲一較客觀之介紹，供讀者之自由選擇。其長處在所涉及較廣博普泛，而其一般之缺點，則在對一問題罕深入之分析，並使讀者不知循何道，以將其所列之各問題之答案，配合成一系統。

此外關於法意印度日本等其他國家所出版之哲學概論類書籍之情形，因愚所知更少，茲從略。

至於中國近數十年來所出版之哲學概論類書籍，固亦不少。大率而言，對哲學或哲學史之專門問題有興趣者，恒不肯寫哲學概論類之書，亦不必即能寫哲學概論類之書。而坊間出版此類之書，則以學美國式者爲多。罕有重少數問題之分析，及一系統之說明，而意在成一家言者。而一般之共同缺點，則爲摒中國之哲學於外，全不加以論列，此實非爲中國人寫哲學概論應有之道也。

然在今日欲為中國人寫一較理想之哲學概論，亦實不易。此乃因中國固有之哲學傳統，既以西方思想之衝擊而被斬斷，西方之哲學亦未在中國生根，而國人之為哲學者，欲直接上西方哲學之傳統，亦復不易。必有哲學，而後有概論，有專門之學，而後有導初學以入於專門之學之書。在今之中國，哲學之舊慧命既斬，新慧命未立，幾無哲學之可言，更何有於哲學概論？而此亦蓋少數國人較深研哲學者，不肯寫哲學概論一類書籍之一故也。

愚三年前，承孟氏大學叢書委員會約，撰著此書，初亦遲疑者再。緣愚於二十餘年前即曾編有一哲學概論之講稿，以便教課之用。而愚於大學中承乏此課，前後亦不下二十餘次。然幾於每次之教課內容，皆有改變。或以哲學問題為主，或以哲學派別為主，或以哲學上之名詞概念之解釋為主，或順哲學史之線索，以論若干哲學問題之次第發生為主。而教法方面，則或較重由常識引入哲學，或較重由科學引入哲學，或重由文學藝術引入哲學，或重由宗教道德引入哲學，或重由社會文化問題引入哲學。材料方面，又或以中國之材料為主，或以西方印度之材料為主。幾每年更換一次。在愚個人，實以此為免於厭倦之一道，亦藉以試驗對此課程之各種可能之教法。然迄今吾仍唯有坦白自承，尚不知何為此課程最基本之教材，為一切學哲學者，所首當學習者。亦不知何種教法，為最易導初學以入於哲學之門者。吾今所唯一能有之結論，即眞爲中國人而編之哲學概論，其體裁與內容，尙有待於吾人之創造。此即愚於應允編著此書之事，所以遲疑者再也。

惟愚既應允編著此書，愚即須試爲此一創造。愚之初意，是直接中國哲學之傳統，而以中國哲學之材料爲主，而以西方印度之材料爲輔。於問題之分析，求近於英國式之哲學概論。於答案之羅列，求近於美國式之哲學概論。而各問題之諸最後答案，則可配合成一系統，近德國式之哲學概論。期在大之可證成中國哲學傳統中之若干要義，小之則成一家之言。然以個人之知識及才力所限，書成以後，還顧初衷，惟有汗顏。而所取之中國哲學之材料，仍遠遜於所取於西哲者之多，尤使愚愧對先哲。唯此中亦有一不得已之理由，即西哲之所言，慧解雖不必及中國先哲所言者之高；然理路實較爲清晰，易引人入於哲學之門。而中國先哲之言，多尙須重加疏釋，乃能爲今日之中國人所了解。此尙非一朝之事，故仍不免以西方之材料爲主。後有來者，當補吾憾。惟於慚汗之餘，愚於寫作此書之時，特所用心之處，仍有數點，足爲讀者告。

（一）本書對哲學定義之規定，以貫通知行之學爲言，此乃直承中國先哲之說。而西哲之言哲學者之或重其與科學之關係，或重其與宗教之關係，或重其與歷史及文學藝術之關係者，皆涵攝於下。

（二）本書各部門之份量，除第一部純屬導論以外，固以知識論之份量略多，形上學次之，價值論又次之。然實則本書論形上學，即重在論價值在宇宙中之地位；論知識，亦重論知識之眞理價值，及其與存在者之關係。故本書之精神，實重價值過於存在，重存在過於知識。唯因知識論問題，與科學及一般知識之關係較多，又為中文一般哲學概論之書所較略者，故在本書中所佔之份量較多。而價值論之思想，則中國書籍中所夙富。即愚平昔所作，亦以關於此一方面者為多。讀者易取資於他書，故於此書所佔份量較少也。

（三）本書第一部，除第一二章論哲學之意義上已提及外；其論哲學之內容數章，於中西印哲學之發展，皆略加涉及。材料雖不出於一般知識以外，然隨文較其重點之異同，亦可使讀者於哲學全貌，有一廣博之認識。至於論哲學之方法一章，於論各種方法之後，歸於超越的反省法；論哲學之價值一章，最後歸於哲學之表現價值，賴於為哲學者之道德修養。此皆他書所未及，而遙契於中西大哲之用心者。

（四）本書論知識之一部，重在問題之分析。於知識之性質，知識與語言關係，知識之分類，普遍者在知識中之地位，知識之起原。能所關係等一般問題，分別討論後，其論歸納原則與因果二章，為經驗科學之根據問題。其論數學邏輯知識之性質及先驗知識問題二章，為純理科學之根據問題，皆較為專門。最後論知識之確定性，眞理之意義與標準，及知識之價值，則皆就知識之成果上說。此中論知識之分類第一節及最後數節，與論知識之起原中，對直覺之知之分析及聞知之意義之說明，皆有我個人之主張，及中國先哲之知識觀為據。其餘論知識與語言之關係，及普遍者在知識中地位，能所關係及純理科學經驗科學之根據等問題，則除對流行於西方現代之若干理論加以介紹外，兼重申西方之傳統之理性主義哲學之涵義，以定下暫時之結論。至於論眞理之意義與標準，則歸於一融貫西方之諸眞理論之一高級之融貫論。論知識之價值之限度，亦依中國先儒之知識觀爲說。此皆本部之要點所在。

（五）本書論形上學之一部，非分別問題討論，而重在舉介若干形上學之型類。此乃因每一形上學皆爲一系統，以表示一整個之宇宙觀。而各形上學亦可無絕對之眞僞。每一形上學，皆可至少展示宇宙一面相。如只分別隸入一一孤立之形上學問題而論，則各家之整個宇宙觀，皆被割裂肢解，神氣索然。此即本部重舉介若干形上學之型類之理由。至於本部對此各型類之形上學，雖未能一一詳論，提要鈎玄，亦不必當；然要無橫加割裂肢解之病。大率本書述形上學之各型類，皆由較純一簡單者，次第及於較深微複雜者。唯此亦非謂較複雜者，在形上學上之價值必較高。故本部先論現象主義，有之形上學與無之形上學，以爲最純一之形上學之例證。再繼以生生之天道論，以論中國儒家與陰陽家之宇宙觀之一面。此皆他書所無。而於我個人特所會心之見亦有所陳述。至理型論、有神論、唯物論三章，則分別表示西方形上學之三型。理型凌空，神靈在上，物質在下，各執一端。第九章對偶性與二元論，乃重申先哲陰陽相涵之義，以論中國無自然超自然、心身、心物對立之論之故，以及於西方二元論之諸型。第十章泛神論，則代表西方哲學中之通貫自然與神靈而合心物之哲學。第十一章論個體性及一多之問題，則所以暫結束西方哲學中，對於實有問題(Problem of Being)之討論。十二章至十四章，論宇宙之大化流行及斯賓塞、柏格孫、及突創進化論之哲學，則爲以變化之問題 (Problem of Becoming) 爲中心，而關連於近代之生物學之哲學理論。十五章相對論之哲學涵義，乃略述近代之物理學理論，對時空中事物之動靜變化之新觀點。十六章懷特海之機體哲學，則代表承此新物理學之觀點，於自然之流行中見永恒之法相，並於科學所論之存在世界中，重肯定傳統哲學宗教中所嚮往之價值世界之一哲學。十七十八章論西方之唯心主義理想主義，十九章論印度佛學中之唯識論，二十章論中國倫理心性之學之形上學意義，則爲分別論述爲中西印傳統哲學大宗之唯心論。是皆各足以通天人、合內外、一常變、貫價值與存在，而最切近於人之此心身之形上學，而與本書之第四部價值論可密切相連者也。

（六）本書價值論之部，表面以價值論之數問題爲中心，而加以分別討論。其分別討論問題之方式，亦爲西方式的。然貫於此部之一精神，及每討論一問題，最後所歸向之結論，則爲中國通天地、和陰陽〔註〕以立人道、樹人極之儒家思想。此以儒家思想爲歸宗之趨向，在本書之第一二部已隱涵，第三部乃顯出，於本部則彰著。唯此皆非由吾人之先有此成見，而忽略其他之理論之故。實惟是吾人先客觀的遍論其他不同之論，順思想之自然的發展，乃歸宗於如是如是之結論。本書凡批評一說之處，無不先於其優點，加以敍述，期不抹殺一說之長。讀者如不願歸宗於本書每一章之結論部份，或尚不以此結論爲滿足，亦可由之以引發啓廸其他更深入之見。或將本書涉及結論之處，暫行略去，自作思索，亦未

〔註〕：本書中論陰陽之義，散見各篇，而引繹之以解決西方之若干哲學問題，乃他書所無，亦愚昔所未論。

嘗不可。

（七）本書論哲學之意義，重哲學之通義與局義之比較；論哲學之內容，重東西哲學之重點之比較；論哲學之方法，重各種類之方法之陳述；論知識論問題，價值論問題，重各不同方式之答案之比較；論形而上學重不同形上學系統類型之比較。凡此等等比較異同之處，雖未嘗列爲機械之條目，實爲本書之精神命脈所在，而異於一般之哲學概論者。亦可名之爲比較哲學之導論。

（八）本書無論分析一哲學問題，或介紹一形上系統，皆順義理之次序以取材。非先搜輯若干材料，再加以編排。於論一問題或理論處，詳略輕重之間，或與其他同類之書不同，然絕無雜糅抄纂成篇之事。愚平昔讀書，雖瀏覽甚廣，然必反諸自心，以求其所安。著書爲文，素不喜多所徵引，羅列書目。唯今仍遵孟氏會所定之體例，遇較生僻處，皆略加註釋，以取徵信。至所列參考書目，則除與本書各章直接有關者外，或取其所述，與本書所陳相近者，或取其與本書所陳相出入者，或截然相反者，或讀者讀本書後，可觸類旁通者，或其書名宜爲學者所知者。惟皆以愚個人親見其書，及視爲重要者爲限。並非只盡於此，亦非謂讀者非讀之不可。而本書之所據，亦尙有不止此者在也。

（九）本書卷帙較繁，較中西文之同類之書，篇幅或多一二倍。如採作教本或參考書，人可自由加以取材。其中之若干章節，所涉及之問題較深，本應在專門之形上學知識論之課程中，方能討論及者。茲亦在目錄中用*符號，加以註明。然吾人如以黑格爾之哲學大全、朱子之近思錄爲哲學概論之標準，則本書之所陳，亦未爲艱深。故一倂編入本書，以待好學深思之士。至於初學凡讀感困難之章節時，亦不宜先動自餒之心，而可先將能讀懂之諸章節，所陳之義，求更加以熟習，再讀難者，則難者亦易矣。

此上九者，爲愚成此書後，回顧本書寫作時之所用心，以爲讀者告。至於全書編排不當，及訛誤失實，與析理未精之處，自必不少。惠而教之，是賴賢哲。

孔子誕辰二千五百壹拾年，中華民國四十八年二月七日唐君毅自序於香港延文禮士道。

第一部　哲學總論

第一章　哲學之意義

第一節　哲學，愛智及智之名之原義

我們要了解什麼是哲學，當先知中國文中之哲字與學字之傳統的意義。哲字據爾雅釋言，訓爲「智也」。學字，據伏生所傳，尚書大傳曰，「學效也」；據班固所編白虎通，「學之爲言覺也，以覺悟所不知也」。說文斆，亦訓「覺悟也」。

如果依此學字之傳統意義來看，則人之一切由未覺到覺，未效到效之事，都是學。大約「覺」是偏從自己內心的覺悟方面說，即偏在知的方面說。「效」是偏從仿效外在的他人行爲，社會的風習方面說，即偏在行的方面說。而在所謂「效法古人」，「效法天地萬物」之語中，則人之所效者，亦包括歷史世界，自然世界中之人與事物。凡人有所效而行時，內心方面亦必多少有一覺悟。人所效之範圍，可

無所不及，人所覺之範圍，亦可無所不及。故依此中國傳統之學之義，可以概括人在宇宙間之一切效法於外，而覺悟於內，未效求效，未覺求覺之全部活動。於是全部人生之事之範圍，亦即人所當學之範圍。

但是我們現把學字與哲字，連合成一名，則對於學字之意義，加了一限制、一規定。哲學二字，似乎應當是只限於「哲」或「智」之學之義。然則什麼是哲學呢？

在此，我們必須說明：將「哲」與「學」，連為一名，乃一新名詞。蓋初由日本人譯西方之 Philosophy 一字而成之一名，後為現代中國人所習用者。在中國過去，只有莊子天下篇所謂道術，魏晉所謂玄學，宋元明清所謂理學、道學、義理之學與西方 Philosophy 之名略相當。故亦有人直譯 Philosophy 為理學者。數十年前章太炎先生亦說〔註〕日譯哲學之名不雅馴，他主張本荀子之言譯為「見」。其意是：所謂某人之哲學，即不外某人對宇宙人生之原理之所見而已。但理學之名，依中國傳統，不能概括玄學等。「見」之名，其義更晦。而哲學之一名，既為世所習用，我們亦即無妨以之概指中國古所謂理學，道學，道術等名之義，及西方所謂 Philosophy 一名之所指。

我們以哲學一名兼指西方之Philosophy之所指，就二名之字原本義說，並不完全切合。因Philosophy

〔註〕：見章氏著國故論衡明見篇

原是Philos與Sophia二字之結合。Philos為愛，Sophia為智。而依中國以智訓哲之意，則似缺了愛之義。而對智之愛，是西方之Philosophy之義中極重要的。在西方初自稱為哲學家者，乃蘇格拉底Socrates。他因不滿當時自稱為智者（Sophists）之人，乃自稱為愛智者（Philosopher），即哲學家。他之所以自稱為愛智者，是因他能時時自認無知。所以他嘗說：「他所唯一知道的事，即什麼都不知道」。「The only thing I know is: I know nothing」。由此而西方之所謂哲學家，一直涵有「自認無知，或時時懷疑他人與自己之所知，又愛去尋找探求真知」之義。中國之哲學，如只涵智義，則中國之所謂哲人，似正與蘇格拉底所反對之智者Sophists為同義，而亦似缺乏了一自認無知而愛智之義。

但從另一方面說，則中國之所謂哲字之涵義與智字之涵義，又有進於西方之Philosophy一字，及一般所謂智識或知識之涵義者。我們可以說，中國傳統所謂智，並不只是西方所謂知識。知識是人求知所得之一成果。而中國傳統所謂智，則均不只指人之求知之成果，而是指人之一種德性，一種能力。中國所謂智者，恆不是指一具有許多知識的人。而至少亦當是能臨事辨別是非善惡的人，或是臨事能加以觀察，想方法應付的人，或是善於活用已成之知識的人。此種智與西方所謂Wisdom或Intellegence之義略同。至中國所謂智之更深義，則是如孔子之所謂能具知仁而行仁之德者。在西方似尚無全切合於此「智」之一名。從此說，則如中國之哲字訓為智，其涵義又可比西方Philosohhy一字之原義為深。人要成為哲人，不只是要愛知識愛真理，以歸於得知識得真理；而且要有智慧。不僅要有智慧，而且要使此能愛知識眞理智慧，能得知識眞理智慧之人之人格本身，化爲具「智德」，以至兼具他德的人〔註一〕。中國哲人之自稱哲人，蓋始於孔子臨終時之自嘆說「哲人其萎乎」。孔子之爲哲人，乃其一生學爲人之成果。而非只因其具好學好問之態度。孔子固是具好學好問之態度的。他嘗說：「吾有知乎哉？無知也。有鄙夫問於我，空空如也」。此自認無知的話，與上舉蘇格拉底之話同。然孔子之成爲哲人，則在其臨終回顧一生之所成就時，然後可說。爲西方之哲學家 Philosopher 猶易，因凡研究西方哲學者，即在研究之始，能自認無知而求知，已無妨本此字之原義，而以之自稱。而爲中國之所謂哲人則更難。人亦恆不敢輕易以哲人自稱。哲恆只是稱美他人之辭。故在孔子以前人稱古先聖王爲「哲王」。稱人自貽之命爲「哲命」。稱人之後嗣爲「哲嗣」。此外尚有哲夫哲婦之名，要皆所以表狀人之已成德性之狀辭。純將哲字連於我們自己之求知方面說，則我們之求知，亦當歸於知「人之德性」爲要。此乃最能表現我之智慧者。故尙書皐陶謨曰「知人曰哲」。如皐陶謨一篇所載者爲眞，則此語爲中國書籍中首見之對哲字之詁訓。縱然此篇書爲後人僞作，而我們亦仍可說，「知人之智」爲中國之哲字之一主要涵義。而知人之智，亦可說爲一切智中之最難，亦當爲人間一切智之歸宿地者〔註二〕。由此而我們可說中國之哲字之原始涵

〔註一〕：據蘇格拉底謂智識卽道德，亦涵此義。但仍不似中國先哲之特重此義。而在西方傳統下來對哲學之觀念，則並不重此義。此觀後文自明。

〔註二〕：何以知自然知上帝之不如知人之難，而知人爲一切智之歸宿地？此理由可說，在知自然知上帝皆人之事。而人之事不限於此知。故知人之事之全部中，包括知人之如何知自然知上帝，而又超過之。此義學者讀完此書，當可自得之。

義，亦有進於西方所謂 Philosophy 之原始涵義者在。

第二節　如何了解哲學之意義

我們以上只是解釋中國所謂學字與哲字之意義，以明中文之哲學二字，及西方之 Philosophy 一字之傳統的意義，約略相當，及不全切合之處。但是我們尚未講到西方所謂 Philosophy，及我們所謂哲學，其本身所實指、能指、與當指的意義是什麽。於此，我們首先當注意一個字的字原的意義，不必與後人用此字之意義相同。如西方之 Philosophy 一字之意義，即歷代有變遷，以至可能每一哲學家用此字之意義，皆不相同。所以有許多西方哲學概論的書，根本不討論哲學是什麽之問題，或只留待最後討論。〔註一〕而我們今之用中文之哲學二字，所當指之範圍如何，更不易確定。我們亦不能說我們所謂哲學，全等於西方人所謂 Philosophy。西方人所謂 Philosophy，恆只指在西方歷史中出現的哲學家之思想。其所謂哲學史，實皆只是西方之哲學史，而其不加此西方二字，亦等於不承認西方哲學以外之學術思想是哲學〔註二〕。而我們則要以「哲學」之一中國字，兼指西方人所謂 Philosophy，與及西方以外如中

〔註一〕：如D.G Bronstein 等所編之Basic Problems of Philosophy。

〔註二〕：據我所知，西方第一部哲學史，爲黑格爾之哲學史。黑氏明謂東方無眞正之哲學。西方人著西方之哲學，似只有羅素所著之 History of Western Philosophy 及近 W.T Jones 著History of Western Philosophy，標出西方之字。

國印度之一切同類之學術思想。然則我們當如何規定此中國字之哲學一名之涵義與範圍，以確定那些是哲學，或那些不是呢？

要解答此問題，我們不能訴諸中國傳統所謂哲字學字之原義。如訴諸此原義，則我們只能說，哲學是智之學，或如何完成智德，如何爲哲人之學。但以此原義，與數十年來哲學一名流行於中國社會後，大家所想之意義相較，便已見其不能處處相切合。然此數十年來中國社會中，大家所想之哲學之意義，又是什麽呢？這中間還是有各種不同的想法，亦不易淸楚說明。由此而我們要說明哲學是什麽，在我們學哲學的開始，便是一不易決定之問題。一個簡單的辦法，似是做照西方一些哲學概論的編法，根本不討論此問題。或只是向讀者說，此書所說之一切思想，或一切哲學的言說著作之內容，即是哲學。這一種答覆，雖可是最適切的答覆，但這對於初學，卻不方便。因初學需要能拿着一個欛柄。另一個辦法，則是姑就人類學問世界之範圍中，大家在大體上公認屬於其他學問範圍者除掉，而將剩餘的一部份，屬之哲學。此亦即在各種學問之範圍之外，去看出哲學一學問之存在。或在人類學問世界中，求發現哲學之一定的地位之辦法。再一辦法，即是就中西之學術思想中，我們一般認定爲屬於哲學者，順歷史的順序，擇其要者，看其所討論研究的問題，以定各型類之哲學之已有意義，與其當有的意義。我們現在即由此二者，以一論哲學的意義，以便於初學之把握。而在本章，我們則專討論如何從人類學問世界中去看出哲學一學問之存在，與其在學問世界中的地位。

第三節　論廣義之學問及以行爲主之學問

我們問：哲學究竟在人類學問世界中之地位如何？對此問題，我們不擬以學之意義，同於西方所謂Science 或 Wissenschaft，將哲學與科學神學相對討論。我們今將以上述中國所謂學之原義爲依據，而先肯定一切人之未知求知，未行求行，一切欲有所效所覺之人生活動皆是學。此即中國所謂「活到老，學到老」之學。凡有生之時，皆有所學之學。而此亦即全幅的學「生」之學。此一切學中，人時時須要問。或問他人，或問自己，或向自然，向神靈（如在宗教之禱告中）提出問題，以求答復。凡有學處，恆與問相俱，因而我們亦可稱任何人之所學，爲學問。

但在人類之學問範圍中，我們可以方便分爲二大類。一大類是主要關聯於我們之行爲的，一大類是主要關聯於言語文字之意義之知的。我們可說，前一類之學，是以「效」或「行」爲主，後一類之學，是以「覺」或「知」爲主。

在前一類中，我們又可分爲三種，第一種我們稱之爲實用的生活技能及生活習慣之養成之學。此是一種人自幼至老，無時或離之學。由小孩生下地之學發音、說話、學爬、學坐、學走路、學穿衣吃飯，與學裁衣煮飯，練習日常的禮儀，到學種植、畜牧、工藝之生活技能，皆是。大約人在此類之學之開始，恆是不自覺的對他人所爲，有一自然的仿效；而且常不自覺的受他人之經驗教訓，與一般社會風習之指導、約束、規定者。而此類之學之起原，亦恆不外人在自然與社會中的實際需要。其最後之目標，亦常在求滿足此實際需要，以使個人之生活，能與自然社會之現實情狀，互相適應爲止。

第一類中之第二種，我們稱爲藝術及身體之游戲一類之學。此如我們之學寫字、繪畫、唱歌、舞蹈等。此類之學，不好說全依於我們之實際需要而生，其目標亦不在求個人生活與自然或社會相適應；而常是原於個人先有一某種自動自發的興趣。人在從事此類之學時，人常多多少少有個人之自覺的目標，而想由身體之動作，把他實現表現出來。但人於此，除如此如此實現表現外，亦可另無其他之目標。如人繪畫時，想繪出某一圖像。唱歌時，想唱出某一調子。此即人在繪畫唱歌之先，多多少少已自覺懷有之目標。而在繪畫成功，唱完了歌以後，人亦可更不他求。在此，人之活動，固亦可是仿效他人。但此仿效，因是依於個人自覺的自動自發之興趣，故常可不受他人之經驗教訓與社會風習之指導，約束，規定。而人之從事藝術之活動，人實可盡量運用其個人之自由的想像，而自由的創造。不似人之實用的生活技能之學，因必需滿足一先已存在的我個人在自然社會中的需要，與社會對個人之要求，遂必須受他人之經驗教訓與社會風習之指導、約束、規定。

第一類中之第三種之學，是自己自覺的規定其自己之如何行爲，以達一爲人之目標之學。此可謂之一道德的實踐之學。此所謂道德的實踐之學，其最淺之義，乃指人在日常生活中，對其自己身體之行爲，自知其不妥當，並知何者爲妥當時，即自覺的對其自己之身體行爲，加以改變，重新安排之學。人在日常生活中之此學，可是知了就行，知行之間，儘可不經過語言文字之媒介。如陸象山說「我雖不識一字，亦須還我堂堂地做個人」。而此學亦恆與人在自然與社會中，所從事之實用的生活技能之學相連。但其目標，不在求與自然及社會相適應，而在使自己之行爲，與自己作人之標準及理想相適合。人用一作人之目標理想，來規定自己之行爲，而欲由自己之行爲，加以實現表現時；亦略類似人心中之有一圖像，而想加以畫出，有一調子，而想加以唱出。但二者又不全同。因人之繪畫唱歌等，只是創出一藝術品，此藝術品創作成了，便成存在於我們自己之外的東西。而在道德的實踐之學中，則我們所要求的，初只是我們之身體行爲之本身，能繼續體現我們作人之目標理想，以成就我們之人格。此人格，卻是存在於我們自己之內的。但我們要我們之身體行爲，繼續體現我們作人之目標理想，完成我們內在之人格；此又恆須我們之先在內心中，加强此目標理想之自覺。並在內心中，先自衡量其爲人之目標，理想，是否爲最善；並將與之相違之意念，在內心中，先加以淸除。此外尙須有其他如何養心、養志（志即作人之目標理想）之種種工夫。由是而人之從事道德的實踐之學，其最淺之義，雖即在人之任何對自己身體之行爲，自覺的加以改變處，即可表現。然其最深義之工夫之所在，卻可只在人之內心之修養。而其最後之成果，如我們所謂人格之完成者，亦可只是一心靈境界之體現，或一精神生活之成就。而此內心之修養工夫，及所成之心靈境界、精神生活，亦同樣可是超出一般之語言文字之外的。然卻不能離開人之覺悟而存在。不過此種覺悟，乃由外在的行爲之實踐，進至內心之工夫之實踐——即內在的行爲的實踐——而來，所以我們仍將此學歸於第一類〔註〕。

至於我們所謂第二類之學問，則是主要關聯於我們對語言文字之意義之知的。

第四節　論以知為主之學問

我們說歷史、文學、科學三種之學，是主要關聯於語言文字之意義之「知」的。此與前一類之學不同。在前一類之學中，我們雖亦時須用到語言文字，但我們之用語言文字，恆只是用以達行為之目標。如我們在日常生活之用語言文字，恆所以表示感情，傳達命令，希望，要求。而在人了解此感情命令希望以後，我們亦即可不想此語言文字。在人之從事道德實踐之行為與修養時，我們用語言文字，以自己命令自己後，亦復可超越捨棄此語言文字。但在歷史、文學、科學中，則我們自始至終，都不能離開語言文字。其何以不離開之理由，可以講到十分複雜。但亦可以簡單說，即我們在此類之學問中，我們通

〔註〕：我們所謂內心修養之工夫，可概括西方宗教生活中所謂靈修之學，如何信仰、祈望、懺悔、禱告之學，及印度宗教佛學中之瑜伽行等。此皆在根本上不重在語言文字之知，而重在行為生活之學。

至於宗教中所謂神學之重在以語言文字研究神本身之屬性者，則當亦為一種科學，所謂 Science of God 是也。宗教中之頌讚，則屬文學。至如舊約中之創世記之言神如何造世界等，而又設定之為眞者，則為宗教性之歷史觀。

常之目標，可限於以語言文字，表達我們之所知、所見、所感〔註〕。同時如果我們有種種所知、所見、所感，而不能以語言文字，加以表達時，則我們通常只承認人曾生活於此所知、所見、所感之中，而不算成就了科學、文學與歷史之學。

在此三種學問之中，我們可以說，歷史學是始於以語言文字，紀載我們對於具體事物具體生活之變化發展的經驗。由此而有對個人之歷史之紀載（如日記）。從此推上去，而有我們自己家庭之歷史，國家民族之歷史，人類之歷史，生物之歷史，宇宙之歷史。而最初入於人之歷史紀載中的事物與生活，亦恆與我們上述第一類之學中，人之實用的生活技能，生活習慣之養成之學，直接相關者。

文學是始於以語言文字，抒發表現我們在接觸具體事物之具體生活中，所生起之想像、感情、志願等。簡言之，即感情。此感情，可包括我們個人對我們自身之感情，以及對於家庭之感情，對國家民族之感情，對人類之感情，對自然之感情，對超自然者如神靈之感情等。文學上之美感，乃恆通於人對於一切具體存在事物之美感者。故文學中之語言文字，亦大均是藉具體事物之形相、狀態、動作，以爲吾人感情之象徵之語言文字。

〔註〕：此卽謂人在此類之學中，以語言文字，表達其所見所思所感，爲其成立之必需而充足之條件。然在超語言文字之學中，則語言文字之表達其所見、所思、所感，非其成立之必需條件，亦非其充足條件。

科學是始於以語言文字，陳述表達人生活動中所接觸之不同具體事物之共同普遍的抽象性相與關係。但純科學之研究，恆自研究與人之日常生活，人之一般的想像情感，距離較遠的自然事物開始。人之科學研究，恆先及於天文、地理、動物、植物、礦物之研究。然後再及於人之生理、心理與人類之社會、政治、文化之研究。而為一切科學之共同工具之科學，如數學幾何學所研究者，則純為抽象之形與數。故世間縱無任何具體存在之人生事物，自然事物，只須有抽象之形與數，數學幾何學亦未嘗不可照常成立的。一切純粹科學，在根本上只是研究什麽是什麽，而並不直接告訴人應如何，人當如何修養他自己，完成其人格。從此說，純粹科學與我們上述之為人之學，好似屬於學問世界之兩極。

第五節　哲學在學問中之地位與意義之初步的了解

此上對於人類學問範圍中，二類六種之說明，或不能完備。以上之說明，重在使人由了解學問之範圍之廣大，而使我們能對於哲學之地位與意義，可漸有初步之了解。

我們可問：哲學究竟是什麼學問？究竟與上述之各種學問中何者為類似，或與何者關係最為密切？或在我們上述之人類學問世界中，是否眞有一處，可容許有哲學的地位之存在？

對於這些問題之前二個，並不容易答復，因從歷史上說，各哲學家明有不同的答復。照我們的意思，是哲學與一切人類之學問，都可有相類似之點，亦都有關係。因哲學之所以為哲學，就是要了解各種學問之相互關係，及其與人生之關係。至於說到何種學問與哲學關係最為密切，此則繫於我們之所採的哲學立場與我們從事哲學思維的方法。此在下一章，我們可提其要者，加以敍述。在此，我們所能說的，只是在上述之各種學問之外，人必須有一種學問，去了解此各種學問間可能有的關係；把各種學問，以種種方式之思維，加以關聯起來，貫通起來，統整起來；或將其間可能有之衝突矛盾，加以銷解。這種學問，可以說在各種學問之間，亦可說在各種學問之上，或各種學問之下。總之，這是人不能少的。這種學問，我們即名之為哲學。

何以人會有一學問，求把各種學問，關聯貫通統整，銷除其間可能有衝突？此理由可以簡單說，即：人在知道人間有各種學問時，人即同時承認了、肯定了，此各種學問之分別存在。然而人之能同時去如此如此加以承認、加以肯定之心，人卻可直覺其是一整個的心〔註〕。人以一整個之心，去承認肯定各種學問之分別存在時，人即可不安於分別存在者之只是分別存在，而要求加以關聯貫通統整起來，銷除其間之可能有之衝突矛盾，以與此整個的心相印合。

同時，人於此又可想到：此一切學問，既都是人造的，即都是分別連繫於人生之一方面的；如果人生之各方面，不當亦不必相衝突矛盾，而當為亦可為一統一和諧的整體；或我們願望有一統一和諧的人

〔註〕：人是否有整個的心？此本身可是一哲學問題。但在常識上，人皆可直覺其有一整個的我，亦即有一整個的心。

生，則此一切學問，在實際上亦當可有某一種關聯貫通之處，能爲我們所求得。由是研究其如何關聯貫通之哲學，即不會全然徒勞無功。此上二點，即人之從事哲學思維之起原。

至於哲學之需要，所以在人生各種學問成立後，反可更感迫切者；則是因在此各種學問，分門別類成立以後，人便可各自只從事於一種專門學問之研究，以求在此專門學問中「至乎其極」。而當人只各求在一專門學問上，至乎其極，以至往而不返時，各種學問間，即有趨於彼此分裂之勢。而此分裂之勢，爲我們所覺時，我們即更直覺其與我們每人所具有之整個的心之整個性，所願望的人生之統一和諧有如相違反。而由此違反之直覺，遂使我們改而更自覺的，求化除各種學問之分裂之勢；而更自覺的求各學問之關聯貫通，以回復我之心靈之整個性，求達人生之統一和諧。此即人之哲學的需要，在人生各種學問成立後，反可更感迫切之理由。

第六節　哲學問題舉例

對以上所說哲學之意義，可舉一些哲學問題爲例，加以說明。我們上述之各種學問中，有重在行之各種學問，有重在語言文字意義之知之各種學問。在後者中有文學，歷史，科學。而每種中又各分爲各種。現在我們大家所知道的，是科學中所分的門類最多，如數理科學、自然科學、社會科學，及其中之各種等。在此，我們對於科學，首即可發生種種哲學性的問題，如各種科學何以共名爲科學，其共性是什麼？其共同或不同的方法是什麼？其如何關聯起來，以成一科學知識之世界？這些問題，明不好說只屬於任一專門之科學。因任一專門科學中，皆可不論一切科學之共性之問題，及與其他科學之關聯；亦可不需比較其所用方法，與其他科學所用方法之同或異。其次，我們說科學與歷史，都是知識，則其同爲知識之共性，又是什麼？其不同處是什麼？是否歷史學亦是科學，或不是科學呢？如是，依何理由？如不是，又依何理由？如不是，歷史與一般科學，又如何關聯以存在於人類知識之世界中？這些問題，亦只好說在科學與歷史之外。

此外，我們又說文學是抒情的，不算知識。則知識與非知識之界限，如何規定？知識世界中，除科學與歷史以外，是否尚有其他？人之知識世界，是如何結構而成的，以別於非知識的世界？如果說文學非知識，則文學是什麼？文學與科學歷史知識，又如何關聯？譬如文學與科學歷史知識，同須用語言文字表達，則文學的語言文字，與科學、歷史的語言文字，何處不同？是否處處不同？成就文學與科學歷史的人之心靈活動，何處不同？是否處處不同？這些問題，亦在文學與歷史之外。

再其次，我們說科學、歷史、文學，都是主要關聯於語言文字之意義之知的學問。而此外尚有主要關聯於行爲之學。但在我們上述之主要關聯於行爲之學中，仍須用到其他語言文字。而人之發出語言，寫出文字，亦可說是一種行爲。畢竟在此二類之學中，語言文字所佔之地位，有何不同？何以不同？而此二類之學，如一偏在知，一偏在行，則人之知與行，實際上是如何關聯起來的？畢竟在人生中，知爲重，或行爲重？可否說知只是行之中間一段事，所以解決行爲之問題者？或可否說行亦是知之中間一段事，所以成就我們進一步之知者？何者爲人所當知與當行？人又當如何將知行關聯方爲最善？這些問題，亦在知之學與行之學之本身以外。

我們說科學歷史都是知識，但知識是屬於人的。知識的對象是什麼？是存在的事物，或非存在的事物？如皆是存在的事物，則數學幾何學的對象，是否存在？其次，過去的歷史中的事物，是否亦算存在？如說知識的對象，不必都可說是存在，只能說是一種「有」。則「有」有多種？如數學幾何學中之對象之「有」，與現實存在之「有」，及歷史事物之「有」，已是三種。此外是否還有其他的「有」？如文學中所想像的對象，是否亦一種「有」？如是，則「有」有四種。此外我們求知時，須用思想，思想有其進行的規律，與一定的方法。此規律與方法，算不算一種「有」？我們表達思想，要用語言文字，我們之運用語言文字，亦有其規律，此規律算不算一種「有」？如亦是「有」，則此「有」是依於外面的存在事物，或客觀之有而有？或依於主觀的心理，社會的習慣而有？或依於任意定此規律的我與他人而有？或依於能定如此如此規律的先天理性而有？或依於其他？這些問題，乃通常所謂哲學中，屬於存在之理論與知識之理論之專門問題。這些問題，引我們到知識以外的存在，或知識與存在的交界，或知識本身之構造，與所含的成份之存在地位的思索。這些問題，可要求我們超出我們所謂知識，來思維我們的知識，成就「對知識與存在之關係」之知識。于是可要求我們超出我們一般用來表達知識的語言，而另用一種語言，來表達此知識與存在之關係之知識。但這些問題，亦可要求我們根本超出一切知識與語言之世界，以達於絕對的超知識界超語言界。

畢竟世間有無絕對的超知識界與超語言界？我們似可說莫有。因說其有，仍是在語言界知識界中說。則人似永逃不出知識界語言界。但我們亦可用語言來超出語言，用知識來超出知識。如我們用「不說話」之一句話，禁止人說話，則以後大家都可無所說。但如有超知識界超語言界，這是什麼？是否一神秘境界或存在世界之自身？此都可說。而我們亦儘有理由說：一定有超知識超語言之存在世界之自身。因如果莫有，則人不能有對存在者之行爲，亦即人不能再有行爲之學問。而人有行爲之學問，是一事實；則超知識界超語言界，是定然有的。但如果有，則人之知識界與語言界，與此超知識界超語言界之存在界，行爲界之最後的關聯會通，又當如何？而知道此關聯會通之後，我又當在實際上如何行爲？我當抱什麼人生理想，文化理想，而後成就有價值的人生與文化？而這些問題，亦即常在一般人之分門別類的從事上述之各種學問時之外。

我們以上所說這些問題，都是由要想把我們上述之六種學問之關聯貫通，而產生的問題。這些問題，我今並未能一一完全的指出。但是我們可以說這些問題，與其直接引出之密切相關的問題，即是哲學所研究的問題。而這些問題的存在，即哲學必須存在之理由。

由上所述，我們可以對哲學之意義，可以有幾種方便的說法。

（一）哲學是一種求關聯貫通人之各種學問或銷除其間可能有之衝突矛盾之一種學問。

（二）哲學是一種人感到各種分門別類之學問之分別獨立，或互相分裂；與人所直覺之心靈之整個性，所願望之人生之統一和諧，有一意義下之相違反，而求回復其整個性，以實現人生之統一和諧之一種自覺的努力。

（三）哲學是一種求將各種科學加以關聯，並進而與文學歷史相關聯，再進與人之生活行爲相關聯之一種學問。

（四）哲學是一種去思維知識界、與存在界、及人之行爲界、與其價值理想界之關係之學。

（五）哲學是一種以對於知識界與存在界之思維，以成就人在存在界中之行爲，而使人成爲一通貫其知與行的存在之學。

這些對哲學的意義之不同說法，尙可加以增加，然大皆只是不同之語言之變換。學者於此所當了解的是其意義之同一處，而非是其語言之變換之不同處。

哲學之意義　參考書目

禮記　大學　通貫物、知、意、心，與身、家、國、天下之學。

禮記　中庸　通貫天命、人性、人道、教化之學。

熊十力　尊聞錄　此書論哲學之涵義各節，皆承中國與印度哲學之勝義而說，足提高學者對哲學之胸襟。

方東美　科學哲學與人生　商務版　此書第一章，論哲學思想緣何而起，論哲學爲當求兼通理與情之學，即兼通科學與文學之學。讀之可擴大對哲學範圍之認識。

K. Jaspers　The Perenial Scope of Philosophy. Routledge & Kegan London 1950 此書首論哲學的信仰 Philosophical Faith，由此以明哲學與人生存在之不離，亦即兼通於人生之知與行者。此乃與中國先哲之大體相近之哲學觀。

A. H. Johnson　The Wit and Wisdom of Whitehead. The Beacon Press Boston 1949. 此書中 The Nature and Function of Philosophy 及 Critical Comments Concerning Philosophers and philosophy 二章，所輯懷氏論哲學之言，頗便觀覽。其論哲學之宗趣，乃當代西哲中，與本章之見，最相契者。

第二章　東西哲學中之哲學之意義

第一節　導言——重申上章結論

我們上章對於哲學之意義的講法，可能與中國現代一些人及西方一些哲學概論的書，對哲學意義的講法不同。因我們不只將哲學與科學關聯着講，且將哲學關聯着各種學問講。我們亦不以哲學活動，只是屬於知的事與限於知識界語言界中的事，而是兼通於行或行爲界與超語言界的事。但是我們之所以要這樣講，有種種的理由，此約有五者可說：

（一）我們上文之講法，是大體上合乎中國之哲與學二字之傳統意義的。

（二）我們上文之講法，是大體上合乎我們公認爲中國歷史上之哲人所講之學問之主要內容的。

（三）我們上文之講法，是可以通於我們通常所謂印度哲人，對於哲學思維之性質之認識的。

（四）我們上文之講法，是通於西方傳統所謂哲學之一主要意義，而且是可以包含其他不同的對哲學意義之講法的。

由是我們若不取我們上章之哲學的意義的講法，而把哲學的意義加以局限，則我們將增加語言上的困難。

關於此四層，除第一層，讀者可復按前章所論外，我們可依序加以說明，如此，讀者可對哲學是什麽，有更進一層的了解。

第二節　中國傳統之哲人之學之兼貫通語言界與超語言界及知與行之意義

我們上章說孔子臨終曾自嘆：「哲人其萎乎」，而我們亦公認孔子是中國之聖哲。孔子曾說：「汝以予為多學而識之者歟……我一以貫之」。此所謂一以貫之是何義，或不易講。曾子說是忠恕，亦或不是。但一以貫之是可將「多學而識」之所得，加以貫通，則是不成問題的。而孔子說：「蓋有不知而作之者，我無是也」，「知之者不如好之者，好之者不如樂之者」。又說：「予欲無言——天何言哉！四時行焉！百物生焉！天何言哉！」則孔子之學，是兼通於知與行，並兼通於語言界與超語言界，亦是不成問題的。

後來孟子說：「夫道一而已矣。」（孟子滕文公）又說：「萬物皆備於我矣，反身而誠，樂莫大焉！」（孟子盡心篇）

荀子說：「萬物為道一偏，一物為萬物一偏，愚者為一物一偏。」（荀子天論篇）又常說：「聖人之知，通夫大道。」一類之話。

此外荀子又說：「不聞不若聞之，聞之不若見之，見之不若知之，知之不若行之，學至於行而止矣。」（荀子儒效）

他們重知通貫之道，而又重自誠其身，以由知至行，即此數語，已足證。

先秦思想除儒家外，主要者有墨、道二家，墨子論義說：「爲義……能談辯者談辯，能說書者說書，能從事者從事，然後義事成也。」（墨子耕柱）

此乃謂言者與行者，分工而又須合作。墨子實重言亦重行。然自整個精神言，則墨子實重行更過重言，故其言皆所以「舉行」、「擬實」。

至於道家則有輕言，輕名，超知之趨向，惟喜言一本之道。故老子首曰：「道可道，非常道，名可名，非常名。」又說：

「始制有名，名亦既有，夫亦將知止。」又說：「知不知上」。

道是什麽？老子說：「道生一。」又說：「天得一以淸，地得一以寧，……萬物得一以生，侯王得一以爲天下貞。」其重一可知。

莊子說：「天地與我並生，萬物與我爲一，既已爲一矣，豈得有言乎……」（齊物論）又說：

「知止乎其所不能知至矣。」（庚桑楚）又說：「孰知不言之辯，不道之道，若有能知，此之謂天

府。」（齊物論）

莊子天下篇，所慨嘆者，即其當時之百家之學，皆原於一，終乃往而不返，至道術爲天下裂。他說：「神何由降？明何由出？聖有所生，王有所成，皆原於一。……天下大亂，賢聖不明，道德不一，天下多得一察焉以自好。譬諸耳目口鼻，皆有所明，而不能相通。猶百家衆技也，皆有所長，時有所用。雖然不賅不徧，一曲之士也。判天地之美，析萬物之理，察古人之全，寡能備於天下之美，稱神明之容。是故內聖外王之道，闇而不明，鬱而不發。天下之人，各爲其所欲焉，以自爲方，悲夫。百家往而不返，必不合矣。使後世之學者，不幸不見天地之純，古人之大體，道術將爲天下裂。」（天下篇）

莊子此段所言，極愴涼感慨之致。所慨者何？天下之學，各自爲方，往而不返，不能關聯貫通，以終歸於分裂而已。而莊子之所以爲此文，其目的無他，亦即求復於一而已。

老莊不重儒墨所重之行。但老子之抱樸反眞之生活，莊子之逍遙物化，而原於天地之美之生活，照我們上之所說，仍是一種行。中國幾千年之哲學思想中，由先秦諸子，兩漢經學，至魏晉玄學，隋唐佛學，宋明理學，固變化至大。然而除先秦之少數名家，或專以善辯能言，以服人之口爲事外，幾無一思想家，不重語言界以外之行爲或生活，過於語言文字本身；亦幾無一思想家，不以求學問之貫通爲事者。唯因中國思想家，太重知與行之相連，學問之貫通，於是使純知的興趣未能充量發展，各種不同學問之界域不顯，致中國過去歷史中，未開出如西方之分門別類之科學世界。此可說是中國文化之短。然此同時亦是中國哲學精神，更能貫注於中國之學術文化與中國人之人生的一證明。而此種哲學精神，即是合乎我們上章所謂哲學之意義的精神。

在世界哲學中，印度亦是一大宗。印度之哲學恆與其宗教性生活相連 。此與中國之哲學，恆與道德藝術相連者不同。然宗教性生活，亦是一種行。傳統印度之哲學，幾無不歸於求人生之解脫與超渡。如吠檀多派之由小我以返於梵天之大我，數論之離自性以復神我，佛家之由去煩惱以證涅槃等〔註〕。而在求解脫超渡時，印度哲學自較中國哲學之更重以一套語言文字，指示其所能達之境界，與如何修行之工夫。然在實際修行之工夫上，及最後之實證上，又無不求超出語言文字，此亦幾是印度各派思想之所同。因其既較重語言文字，又要超出語言文字 ，故印度之哲學著作，常是充滿以語言破除語言之論辯。而佛法則因其不立梵天與神我，而欲破除一切我執與法執，遂更重語言文字之掃蕩，名言種子之超化。而佛學傳入中國後成中國之禪宗，更不立文字，而務求直指本心。於是或以一句話、一個字、代萬卷經書，以供參究。或以棒喝交馳，及燒菴斬貓之各動作代語言。然而我們通常仍承認印度婆羅門教之

〔註〕：印哲拉達克芮希南Radhakrishnan所編Indian Philosophy印度哲學Vol 11。第一章論印度六派哲學之共同觀念，卽謂除一派外，皆重人之實際生活上之得救渡。又彼與C. A Mcore合編之A Sonrce Book in Indian Philosophy 導論中，論印度哲學之第二特質，亦大體上同此見。

教義，及中國之佛學與禪宗等中有一種哲學。即其以語言破語言，使人由語言界至超語言界之論中，亦有一種哲學。此哲學本身，如可以語言表示，則又還至語言界。但亦可以不再以語言表示，則此哲學可使人直過渡至某一種生活，而超出此哲學之自身。然無此哲學，人亦不能超此哲學之自身，故哲學仍然是重要的，不可少的。至於這中間之理論層次之問題，我們暫不多論。

第三節　西方之希臘，中古及近代之文化中之哲學之性質與地位

以西方之哲學與東方中國印度之哲學比較，大體上來說，可謂是更重為知識而求知識，而不重將知識與人之行為生活相連的。同時亦是更重如何以語言表示知識，而較不重以語言指導行為，亦較不重以語言破語言，以使人升至超語言之境界的。又因其哲學恆與科學密切相關，故其哲學之語言，亦恆更與科學之語言配合。在近代，尤其是十九世紀至今，西方科學突飛猛進以後，更有種種就哲學與科學之關係，哲學語言與科學語言之關係，以規定哲學意義的說法。但我們從整個西方哲學史看來，此種近代之哲學觀念，仍包含在一更大的哲學觀念之中。而此一更大之哲學觀念，仍是未嘗不要求兼通於科學以外之學問，兼通知與行，兼通於語言界與超語言界的。

我們要說西方哲學之原始，通常都從希臘起。希臘之最初哲學家，確同時是自然科學家，是為知識而求知識的。但是此所謂為知識而求知識之希臘哲學家，其精神之最原始的一點，畢竟是否意在得知識

，亦還有其他的說法。如果照現代德哲海德格的說法，則希臘早期之哲學家之精神，只是要對「有」開朗，而使「有」呈現〔註〕，而並非以人之觀念去規定「有」。由此「有」之呈現，乃有以後之言說與知識。但其原始之對「有」求開朗之事，則在言說之先。則我們說其是爲知識而求知識，亦只是事後的說法，並不必與其原初之精神相應。此原初的精神，乃是一人之體會「有」，呈現「有」之生活本身。而在希臘哲學派別中，最重西方科學之本原之天文與數學之辟薩各拉斯學派，亦正是希臘哲學學派中，最重嚴肅之生活規範的。

我們在上章說，西方之Philosophy之名，原於蘇格拉底。蘇格拉底曾說：「知識即道德。」此與中國先哲直接以道德爲本之精神，是有不同。蘇氏又喜隨處追問人所說之語言之意義。故我們是可以說蘇格拉底是較重知識之爲道德基礎，並重語言、概念之分析的。所以現代最重語言分析之邏輯經驗論者，亦可以蘇格拉底之重語言分析，來說明從事語言分析，爲合乎西方哲學之最早傳統的意義的。但是我們看，蘇氏之所以被柏拉圖稱爲哲學家，則明在蘇氏之能爲所知之眞理而死生以之之精神。則其所謂知識即道德中，除涵知識爲道德之基礎之意，亦涵人有知識即能實踐道德，而將其所知貫徹於行爲之意。

〔註〕：海德格M. Heidegger於一九四九年對其在一九二九年所發表之何謂形上學，加上一導言，最足見其欲還歸早期希臘哲學之直接對有開朗之哲學態度，W. Kaufmann Existentialism中會譯此一導言之一部，並加以解釋。

則其所謂哲學之涵義及所謂知識之涵義中，仍不是與其生活行爲及人格脫節的，實彰彰明甚。蘇氏誠然是隨處與人作各種道德語言之分析，但我們無理由說蘇氏之哲學工夫，即止於此。因人在淸楚一切人所習用之道德語言以後，仍可不知其自身所應實踐的道德上的眞理。而人若不能知此，人決不會爲之死生以之。蘇氏則確曾爲其所認定之眞理，而死生以之，以成其爲愛智者或哲學家。而爲柏拉圖所稱。由是而柏氏謂蘇氏有學哲學即是學死之言〔註〕。則語言之分析，至多只爲蘇柏二氏所謂哲學之半段，亦彰彰明甚。

在西方古代哲學家中，柏拉圖之對話集中，自是充滿各種對於知識問題的討論的。而其整個之對話集，我們亦可說其大部份皆不外是：所假定之對話中的人物，在相互問詢對方所用之語言概念的意義，並互相指出對方所用之語言，概念所涵的意義，及其與說者初說時所想的意義之一致或不一致或相矛盾之處，由此以引歸他義，此皆可說只是語言概念之分析，或純知識的討論。但是柏拉圖在另一方面，則明主最高的哲學，乃以哲學的愛根Eros爲動力，以求達于至美至善之靈境。而此境界則爲超越於一般之言說與理智的概念之上，故有所謂哲學的瘋狂。而眞正哲學家之所以爲哲學家，正在其有此向上仰望企慕之精神，而過一種超越塵俗，再還顧人間之哲學生活者。則我們又即無任何理由說，柏拉圖心中所

〔註〕：見B. Jowett: Plato's Dialogues. P.447. Phaedo篇。

指之哲學的生活，即限於語言、概念之分析，與一般知識之範圍之內。

我們要說哲學之意義，當限於爲知識而求知識，在西方蓋自亞里士多德始。因爲亞里士多德，才確定純粹的理論理性之高於實用實踐理性，亦確定上帝之爲一純靜觀的思想，同時成立一系統的倫理學政治學。此系統的倫理學政治學，乃他用純知的態度，去以概念，原理，把握人之倫理活動，政治活動，而加以規定之一種知識的成果。由此而正式把人之行爲的世界，隸屬於知識之世界之下。而他之哲學，又是一龐大而幾於無所不包之知識系統。於是開啓以後之一切以哲學爲整全的知識系統之說法，爲中古之聖多瑪所承，亦爲近代西方大多數哲學家大體上所共同嚮往者。

但是亞氏這種對哲學意義的看法，並不爲希臘羅馬後期之伊辟鳩魯派，斯多噶派，新柏拉圖派之衆多的哲學家所採取。因爲這些哲學家，都是着重生活的。他們都不是只着重構造一哲學的知識系統，而是要過某一種方式之哲學生活的。伊辟鳩魯所謂智者 Wise man，是依某一種方式生活的人。斯多噶之聖者 sage 是依另一種方式生活的人。新柏拉圖派又再有一種生活方式。而新柏拉圖派因帶神秘主義色彩，遂特重指出語言界上之超語言界之存在。而要人由語言以達超語言界，其思想在許多地方，頗類似印度思想，而亦有人說其思想之來源是印度的〔註一〕。

在西方中古時期，哲學之地位，比較特殊。從整個中古文化方面說，哲學之地位是附屬於宗教，而宗教是連繫於人之實際生活的，而意在使人靈魂得救的。中古之教父哲學、經院哲學，亦間接是連繫人之實際生活，間接幫助人之靈魂得救的。足見哲學之知識與人之行爲，是可相貫通的。但在中古時期，復有信仰與理性，哲學與神學之不斷衝突。而衝突之結果，則或爲將哲學安排於一附從於神學的地位，而或只能爲神學上信仰作註脚；或爲使哲學與神學相輔爲用；或爲將哲學獨立於神學外，使哲學只能在純粹理性活動中與言語界中存在，而不能眞過問人之實際的信仰，生活，行爲上的事。由此而中古之哲學，即失卻其在希臘文化中之主導的地位。

在近代之文藝復興宗教改革以後，則哲學由中古之宗教中解放，轉而以已成文化之批評者，新文化理想之提供者之姿態出現。哲學家除仍多認爲哲學爲由普遍全體或永恒之觀點看世界外；對於希臘羅馬之古學之復興，近代科學思想之開啓，宗教寬容之提倡，民主自由之政治理想之建立，與資本主義之經濟制度及社會主義之經濟制度之鼓吹，西方近代哲學家皆有大力焉〔註二〕。近代哲學家之所作之

〔註一〕：S. Radhakrishnan: Eastern Religions and Western Thought, Oxford University press 1940，此書據歐洲及印度學者之考證，論希臘哲學中由畢薩各拉斯派至新柏拉圖派中之神秘主義思想，皆淵原印度。

〔註二〕：此上所說爲常識，西方歷史家論此之者甚多。羅素之西洋哲學史論西方傳統哲學本身雖恒不得其要，但其書重西洋哲學思想與西方文化之相互影響之論述，則可資參考。此書有中譯本，台灣中華文化出版事業委員會出版，鍾建閎譯。又馬文W.T.Marvin之歐洲哲學史，亦重哲學與歐洲文化關係之論述。其書神州國光社有譯本，但已絕版。

事，雖多只是文字語言上的，而其影響則是實際的。其精神仍是兼通於知的世界與行的世界的。然而純從近代哲學家之個人人格與精神生活之成就上，對於哲學之受用，或所得之哲學的安慰〔註〕上說，則大體上來說，西方近代之哲學家，明似趕不上希臘之哲學家，亦趕不上兼神學家宗教家之中古哲學家，亦趕不上東方傳統之哲人。

從西方哲學在近代之成為舊文化之批評者，與新文化理想之提供者方面看，我們最易看出不同派別之哲學，可與不同之人類文化領域，不同之各種學問，分別發生比較密切的關係。而自十八九世紀各種專門科學，相繼自哲學獨立以後，現代西方哲學家，亦有從各種不同之角度，來說明哲學與知識界、語言界、存在界、行為界、價值界之關係者。其中並無一一定的說法。我們亦無妨提其要者，加以一總括的敘述。

第四節　現代西方哲學家之哲學意義觀——關聯於科學之哲學意義觀

在西方現代，關於哲學意義之說明之第一型類，我們可說是偏重在從與科學及科學語言之關係，來看哲學之意義；而重以科學之歸納法或邏輯分析之方法，以研究哲學者。此中有下列數種形態，最值得

〔註〕：薄意陸 Boethuis（470—525）著哲學之安慰 Consolation of Philosophy 乃於被判死刑後在獄中所著，近代哲學家蓋罕能有此精神以著同類之書。

注意。

（一）為斯賓塞 H. Spencer 式之說。斯賓塞在十九世紀之末，建立一綜合哲學。他以常識為零碎之知識，科學為部份的系統之知識，哲學為全體的系統之知識。他之系統哲學中，包含第一原理，生物學、心理學、社會學、倫理學之各部。他由物質宇宙之進化，生物之進化，人類心理社會道德之進化之事實中，歸納出一「同質Homogeneity至異質Heterogeneity之變化」之一原理，並以此一原理，可連貫人類各種專門之科學之知識，以成一整全的哲學知識系統〔註一〕。

類似斯賓塞之注重綜合科學結論，以形成哲學系統之理想者，在十九世紀法國有孔德 A.Comte之實證哲學，德國有赫克爾 Haeckel 之一元哲學〔註二〕。但廿世紀以後，緣於科學部門之愈分愈細，科學理論之日新月異，已少有人敢走此路，以創造其哲學系統。於是重哲學與科學之關係者，對於哲學之意義，又有下列二種之說法。

（二）以哲學是用科學的方法，來分析科學中之基本概念名詞，基本假設，或原則等，以說明科學知識之如何形成者。此即如羅素之說。羅素在哲學中之科學方法中一書說，哲學以邏輯為本質，並在此

〔註一〕：關於斯賓塞之思想，可看本書第三部第十二章。中文所譯斯賓塞書，有嚴復所譯之羣學肄言。

〔註二〕：孔德書，中文有蕭贛譯之實證哲學概觀，商務出版。赫克爾書，中文有馬君武譯之赫克爾一元哲學，中華書局出版，及劉文典譯之生命之不可思議，商務書局出版。

書中分析相續，動，無限各種科學之概念。其與懷特海合著之數學原理 Principia Mathematica，及其個人所著之數學原理 Principle of Mathematics，及數理哲學導論 Introduction to Mathematical Philosophy，都是要說明數學原理之可由邏輯上之原理推演而出。而其物之分析，心之分析，哲學大綱，是要從人之直接經驗中之基料 Datum 或所與 Given 開始，以一步一步，說明物理科學，與心理科學中之「心」，「物」之概念，如何構造成者。而其意義與眞理之研究，人類知識之範圍與限度等書，則兼欲從人之一般經驗與日常心理中，求出邏輯上之概念及語言之意義之根原，並及科學知識之形成所設定之原則等。而在此外所著之論人生問題，婚姻問題，社會文化，歷史政治之書籍，則他並不以之屬於其哲學範圍中之著作。他這種哲學觀，不是如斯賓塞、孔德、赫克爾一般，把哲學思維放在科學理論之後，以綜合科學理論爲事；乃是把哲學思維放在科學理論之始點，研究數學與其他科學思想之所自始，而分析，說明其基本之概念名詞，基本設定等。由此路走，亦可使哲學轉而在先科學的日常經驗之所對與常識的語言之分析上下工夫。此即如穆爾 G. E. Moore 之本邏輯方法，以分析常識中之名言語句與直接經驗所對之「感相」Sense Datum 或「所與」Given之關係之哲學。穆氏嘗爲常識辯護，以反抗傳統之超常識之系統哲學。其哲學自甘於零碎瑣屑，不成系統，不討論一切傳統哲學之諸大問題，亦不似羅素之重分析科學中之概念。其所代表之趨向，亦正是斯賓塞之由常識至科學至哲學之倒轉（註一）。

（三）爲馬哈 E. Mach，維特根斯坦 L. Wittgenstein 所開啓之邏輯經驗論，及作科學語言之統一運動等之說〔註二〕。由馬哈之分析科學概念，視之爲感覺經驗之縮寫；維特根斯坦之提出人之語言只能說其所能說，而不當說其所不能說，而開啓一方重經驗上之實徵，一方重邏輯之分析之邏輯經驗論（或邏輯實徵論、科學經驗論）〔註三〕。依邏輯經驗論，一切非邏輯數學之語言，又非經驗科學語言之一切語言，皆無認知意義。於是卡納普艾爾等主哲學只爲邏輯之一支 A Branch of Logic ，或只爲用邏輯方法分析科學與其他語言者。順此派哲學之發展，遂使哲學之工作，歸於「語言之各種意義之分辨，語言如何與其意義相結合」之語意學之研究，「語句之形成與轉換之規則」之語法學之研究，與「語言如何爲說者聽者所應用與解釋」之語用學之研究，及如何統一科學的語言，於「物理語言」等之研究。由此而有以語理學Semiotic 概括語法學，語意學，語用學，以成就科學語言之統一，並研究語言符號，在

〔註一〕：關於穆爾之哲學之性質，懷特M. White於分析之時代The Age of Analysis 一書之說明尚好，可與此上所說相印證。其所重者與羅素不同，但皆可同屬於英哲伯洛特於現代英國哲學一文中，所謂批判的哲學Critical Philosophy中，而別於玄思之哲學Speculative Philosophy。

〔註二〕：此一派別之哲學概念之生起之歷史根原，在O.Neurath 等所編 International Encyclopedia of Unified Science Vol. I 之第一篇Neurath自著：Unified Science As Encyclopedia Integration 一文。

〔註三〕：關於此諸名之意義，可參攷菲格爾 Fiegl 於潤尼斯 Runes 所編Twentieth Century Philosophy 中 Scientific Empiricism 一文。

各種人類活動中之地位，而代替傳統哲學之說〔註〕。而依此觀點，以看哲學與科學之關係，則哲學之思維之任務，既非在諸科學結論之後，從事綜合，亦非只是在科學之概念原理之前，就其如何關聯於日常經驗與常識處，從事邏輯上之分析與說明；而是在日常經驗中之語言，與科學之語言之間，就其意義之交合處，可依一定之語法，互相轉換處，應用之效能相同處，加以統整聯貫，以達統一科學的語言之哲學的目標。

第五節　關聯於歷史之哲學意義觀

上一類對於哲學意義之規定，都是同着重哲學與科學之關聯的。而我們所要說之第二類之哲學意義，則爲特重哲學與歷史之關聯者。此中最重要者，亦有三者可說。

（一）爲黑格爾之說。黑格爾對哲學之意義之看法，可容人作多種解釋。然吾人如只說黑格爾乃以哲學之理包括科學之理，以哲學爲科學知識以上之一更高之絕對知識系統，則義尚太泛。黑格爾之哲學

〔註〕：C. W. Morris 之 Foundation of the Theory of Sign 一文，於論語意學、語法學、語用學、及語理學之意義後，最後卽歸於以哲學同一於符號之理論及科學之統一之理論之說。（International Encyclopedia of Unified Science Vol. 1P.137）Carnap 初主哲學爲科學之邏輯，後亦歸於以哲學用於語理學之研究。可參考 J. Passmore, A Hundred Years of Philosoyhy 第十六十七章論邏輯經驗論之哲學觀。

著作，其早年之精神現象學，與晚年之歷史哲學，均重在由人類精神發展之歷史，以展示其哲學之全貌。其哲學中所用之辯證法，爲一透過正反合之思維歷程，以理解諸眞理之關聯；而歸向絕對眞理，絕對精神之把握，即一徹始徹終之歷史方法。其絕對精神之最高表現爲哲學。哲學之內容，即絕對精神以前之各階段之表現中之眞理。故黑格爾之所謂哲學非他，即絕對精神之表現所成之全幅歷史中之眞理之自覺而已。黑格爾雖以此眞理之自身爲超歷史，然人之自覺此眞理之哲學活動，仍形成一歷史，此即哲學史。黑格爾嘗謂哲學即哲學史。哲學史之發展，亦依正反合之歷程，以使前代之哲學，逐漸被綜合於後起之哲學中。故人類以前之哲學，即被綜合於當時之一最後之哲學——即黑格爾哲學自身〔註〕。此以哲學爲絕對精神之表現於歷史中之眞理之綜合，與斯賓塞之以哲學爲科學與眞理之綜合，雖系統各異，然其爲將哲學置於全部眞理之最後收穫者之地位則同。

（二）爲克羅齊狄爾泰等之說。世稱克羅齊爲新黑格爾派，然彼實遙承意大利之維果Vico之思想，而由黑格爾之以哲學爲「表現於歷史之眞理之最後收穫者」之說，進以主張哲學即歷史者。其所謂哲學即歷史，乃謂哲學爲陳述人類精神之發展中之普遍原理，是即一方照明以前歷史之意義，而一方加以批評，再一方則展示開啓出以後歷史之方向。由此而哲學之向後照明以前之歷史，乃所以向前開啓歷史。據其說，以前歷史之意義，乃通過哲學之照明與批評，以表現於以後歷史中；而當前之哲學，在以前之

〔註〕：W. T. Stace之Philosophy of Hegel P.517謂黑格爾有此意。

歷史之後，亦在未來之歷史之先，此即與黑格爾之所謂哲學思維後於歷史之說不同。而其哲學之任務，在對歷史之意義加以照明與批評之說，則與黑格爾之哲學中之眞理自身之超於歷史之上之說，成對反〔註一〕。此外德哲狄爾泰W. Dilthey及新康德派之西南學派同重哲學與歷史之關係，並以哲學爲說明歷史之意義與價值，並存在於歷史中者。

（三）爲馬克思，斯賓格勒及今之若干知識社會學者之說〔註二〕。依此諸說，哲學非歷史中之眞理之最收穫者，哲學亦並不能超然於人類歷史社會發展之必然趨向，一定命運，或各種爲人之生存條件之社會諸勢力因素之外，以指導人類之未來。哲學以及人類知識本身，皆自始即與人類歷史社會之發展之必然趨向，一定命運，及各種社會之勢力因素相隨轉者。依此類之說，人在各不同之歷史時代，社會地位，或社會之諸勢力因素，所結成之境況之下，即有不同之哲學觀念，以爲其意識之形態，及人之屬於某時代之歷史社會，生存於某社會地位或社會環境之標幟。由此而我們可以人類歷史社會之發展之階段，與社會之勢力因素之所結成之境況，說明人類之哲學思想。我們亦可以人類之哲學思想，爲凸顯於外之標幟或符號，以更理解其背後之人類歷史發展階段，與社會勢力之結構。由是而見哲學在人類社會

〔註一〕：克羅齊之說除見其論歷史On History中哲學與歷史一章外，又見其邏輯中第二部論哲學與歷史之同一性一章。

〔註二〕：關於知識社會學之立場Readings in hilosophy of Science, pp. 357—366有K.P.Popper一文討論。該文中即論黑格爾之歷史主義，爲知識社會學之一淵原。

中有其定然的命運。而承受此定然的命運，以改變世界（馬克思），或自覺的承担毀滅（斯賓格勒），或回頭了解諸歷史時代中決定人類知識與哲學之社會勢力因素之結構，爲之作代言人（知識社會學者），即哲學思想之任務與意義之所在。

第六節　關聯於文學之哲學意義觀

對於哲學意義之第三類之說法，則爲將哲學關聯貫通於文學之說法。文學不同於哲學。我們通常說，哲學之文字語言，皆爲表抽象普遍之理者，文學之文字語言，則多爲表達人之對具體事物之情志想像者。由是而將哲學關聯貫通於文學時，亦有三種之哲學觀可說。

（一）從哲學內容兼表哲學家之情志與想像，而視哲學爲文學者。哲學之內容之可兼表哲學家之情志與想像，由於哲學家之思想，恆不離哲學家之全人格，而此全人格中，乃兼有種種情志與想像者。而在形上學之思維中，人恆不能不用想像以開拓理境。在價值理想之思維中，人亦恆不能不有所憑藉于其情志上之所體驗。由是而哲學著作之外表，似只表達哲學家之理性的思想者，其內容之所涵，亦可充滿情志與想像，而可視如一類之文學。如上述之克羅齊於其黑格爾哲學之死的部分及活的部分一書中；論及黑格爾形上學中充滿浪漫之想像處，即嘗說當視黑格爾爲詩人，以讀其書（註），而羅哀斯於其近代哲

〔註〕：B. Croce: What is living and is dead in Hegel's Philosophy 中曾屢言及此。

學之精神論黑格爾之精神現象學亦視作詩劇。現代之邏輯經驗論者，如石里克Shlick等，則以西方傳統之形上學語言，皆當歸入無認知意義之表情的語言中，而當稱之爲概念的詩歌者〔註一〕。此在彼等蓋視詩歌之名爲貶辭，以摒形上學於哲學之外。然在懷特海則嘗言哲學僅爲高貴情操之集結，又謂：一切哲學皆染上一幽秘之想像背景之色彩〔註二〕。則由哲學之包涵情感與想像，而稱之爲詩歌，稱哲學家爲詩人，亦可爲最高之稱譽。如人之以柏拉圖爲詩人之爲一最高之稱譽。

（二）從文學之啓示表達眞理，於文學中認識哲學者。近代西方哲學中，康德已有論自然美與藝術之判斷力批判一書，謂眞與善之會合於美。席勒F. Schiller由是以論文學藝術，乃感性界與超感性界之橋樑。而席林F. W. L. Schelling之早年思想，亦在根柢上爲以審美的直覺爲其形上學之基礎，並重文學藝術在人類之各種精神表現中之地位者。黑格爾則由眞理之披上感性事物之外衣，以論藝術，並以藝術之最高表現在文學。在黑格爾，藝術文學皆不特表情，而亦顯理。唯此理只閃爍於感性事物之後，尚未達充分自覺之境；必由藝術至宗教至哲學，乃達充分自覺之境而已。然此亦同於謂不經藝術宗教，不能入於哲學之門。由是而其美術哲學一書，成爲其著作中份量最多者。吾人固可說，哲學之責任，在採科學之方法，以分析科學之概念等，而當以通於科學之語言表達之；亦可說哲學之責任，乃在照明歷史文

〔註一〕：新康德派之朗格始用此名以稱形上學。

〔註二〕：A. H. Johnson編The Wit and Wisdom of Whitehead, P.35.

化之意義，亦當採歷史學之方法，並以通於歷史學之語言表達之。但吾人亦有理由謂，哲學之責任，在採文學藝術之方法，以欣賞、了解、說明文學藝術，及宇宙人生之大美，而當以通於文學之語言表達之。而論文學藝術之文，如席勒之美學書信及論文，歌德之談話錄及文藝批評之文，皆多同時爲文學而兼哲學。哲學家之論文學藝術之文，如叔本華尼釆之論悲劇之文，現代桑他雅那之論哲學的詩人之文，及其他之文，亦多兼爲哲學文學。吾人由文學中體悟其所述具體事物之情狀，所啓示表達之宇宙人生眞理，與由科學中，分析其中所潛藏之基本設定及理論構造，正同本於一種反省的思維，而可同爲哲學之一大宗。

（三）以文學語言爲理想的哲學語言者。在人類思想史中之大哲，恆有由覺到類似科學語言與歷史語言之系統化的哲學語言，不足表示超妙、玄遠、新鮮、活潑或簡易、眞切之哲學思想，而以哲學思想當捨棄系統化的表達方式，而以不成系統之文學性語言，加以表達者。在柏拉圖與莊子之哲學中，每遇超妙玄遠之境，不易以一般哲學語言表達者，則訴諸文學性之神話，與荒唐之故事。在新舊約與印度聖典及佛經與中國之先秦諸子中，恆以一文學性之譬喻，說明一簡易眞切之道理。而近代之尼釆，則感於其無盡孳生之新鮮活潑之思想，不能以由抽象名詞集合之系統的哲學語言表示；遂以人之思想之求系統化者，皆由於其思想觀念之貧乏，而只能相依相傍以進行。尼釆遂寧甘於以零碎而似不相連貫之文學式語言，表其哲學。而杞克噶 Kiegkoaard 之求存在的眞理與主體性的眞理，亦反對一切構成緊密不通風之系統之哲學。而此意亦爲現在之存在主義哲學家，如海德格M. Heidegger耶士培K. Jaspers〔註一〕馬賽爾G. Marcel等之所承，而同反對哲學語言之系統化。而馬賽爾之哲學著作體裁，乃尤近於文學者。而德哲凱薩林C. H. Keyserling有一書名，視「哲學爲一藝術」，其創造的智慧一書自序，謂其書之寫法近乎音樂上之旋律。而彼之其他著作，亦多即事即情，抉發其意義，以連綴成文。此外如現代英哲柯靈烏亦有哲學宜用詩的語言以表現思想之說〔註二〕。而吾人如自覺的採用文學式語言，以寫其哲學思想。其歸趣，則可至將哲學全化同於文學，或文學之一部。此與上述之第一類之哲學觀之求哲學之化同於科學，成科學之一部者，爲一對反。

第七節　關聯於超語言界之哲學意義觀

〔註一〕：M. Heidegger, An Introduction to Metaphysics, tr.by R. Manheim (1959) 一書 P26. P.144，論哲學論述方式不同於科學而與詩歌近。耶士培K. Jaspers自言彼在哲學中，反對以存在與眞理，可系統化而凝結於一書，但彼著書又重系統，人或以爲自相矛盾，彼謂此只由其思想之連續性，使其思想之發展成爲系統的。W. Kaufmann, Existentialism (1957)PP.157—158譯K. Jaspers, On My Philosophy一文最後節。

〔註二〕：R.C.Collingwood. Philosophical Method. Oxford Clarendon press,1933. X. Philosophy as A Branch of Literature,P.3.

我們以上說明在西方現代哲學中，亦有自各種不同角度，來看哲學與科學歷史文學之關係，而藉以說明哲學之意義之說法。由此可證，我們前所謂哲學與人用語言而成之各種學問，皆可相關聯貫通之說。我們上文所提及哲學與藝術之相關聯處，亦可藉以證明哲學與人之超語言界之學問之相通。然我們上所謂超語言界之學，不僅包括藝術之學，亦包括人生之實際的實用行爲之學，道德修養，道德行爲之學。而關聯於人之知識與行爲之當前經驗世界之本身，存在界與價值界之本身，亦屬於超語言界者。在人類思想史中，一最着重哲學之貫通於超語言界之思想，即居於哲學與宗教道德生活之交界之東西之神秘主義思想。如印度和西方之宗教形上學思想，和在中國道家與禪宗思想中，皆有神秘主義之傳統。在孔子之「余欲無言，」孟子之「上下與天地同流，」及若干宋明理學思想中，亦均可說包涵一意義之神秘主義，於他們所重之道德的心性之自覺中。

至在現代之西方哲學中，神秘主義雖衰落，然以哲學當由人之語言界以貫於關聯於超語言界者，亦有下列諸類之說法：

（一）以哲學之眞理，當關聯於西方傳統宗教所謂啓示的眞理者。在現代西方之基督教天主教哲學中，仍多承認有啓示的眞理，此或爲直接啓示於我個人的，或爲啓示於由先知至耶穌以下之聖者的。此啓示的眞理，可說原於神之語言，然非人的語言。故對人說，即爲超人之語言界者。哲學思維於此神的語言與啓示眞理，只能加以闡發註釋，至多存而不論，然不能加以懷疑；而此亦即哲學必關聯貫通於超語言界之一種說法。依此說法，以說明哲學之意義者，可以馬里坦 G. Maritain 之哲學概論為一代表。讀者可以看其書中論「哲學與神學」之一章〔註一〕。

（二）以哲學之眞理依於超語言之直覺者。現代西方哲學中重直覺者，其中一為柏格孫型，一為胡塞爾型。依柏格孫，哲學與科學不同，科學用理智，而哲學用直覺。唯用直覺，乃能透入流行變化的生命之實在。而一般語言只能表達理智之概念，不能表達眞正之直覺所得。故哲學用直覺之方法，最後必接觸超語言界，此為重直覺者，以識動的實在者〔註二〕。至於胡塞爾之重直覺，則在先將一切事物之實際存在性，用一「現象學的括弧」括住，而唯由一般指事物之語言之意義之充實的體現，而直覺的觀照純法相 Essence 之世界。而尅就人之直覺的觀照此純法相的世界時言，人即超出吾人平日用一般之語言時之所知，而另有所見。而吾人正當如此如此的見其所見時，吾人可只有一純直覺，並無語言以為吾人之見與所見間之間隔者，故此為超語言之境界。然人由在此超語言之境界有所見後，仍可再以現象學之語言描述展示之於人。而此所展示出者，皆為有必然性普遍性之眞理或知識。此為重直覺以識靜的純

〔註一〕：馬里坦在此章中，明主哲學之可錯誤之自由，當受神學限制，並明主神學之高於哲學。

〔註二〕：關於柏格孫之哲學觀，可參考本書本部第九章論哲學方法第四節，及本書第三部十三章論柏格孫之創造進化論處。

相者〔註一〕。在現代哲學中，如英之穆爾G. E. Moore等所言之「善」之直覺，及對感覺與料之直覺，亦皆此一類〔註二〕。

（三）以哲學不當用語言以說其所不能說，即在其用語言以說其所能說時，仍不能說其所以能說，因而哲學最後當歸緘默者。此即上所提到維特根斯坦早年於名理哲學論Tractatus Logico Philosophicus中之意。依此書所說，語言乃世界事物之圖像。在世界事物之外，即非語言所能說。而以語言說世界事物既畢，則無有意義之語言可說。因而他之一套「說語言為世界事物之圖像」之語言本身，亦終為無意義之語言。其所以如此如此說，乃只為造一梯子，用後還須折除者，由此而自歸於神秘主義〔註三〕。此神秘主義不同於涵宗教意義之神秘主義，而或稱之為邏輯的神秘主義。實則此神秘主義，並無神秘。即彼以一切語言，皆當只對當前經驗之世界而說，說後當再回到當前經驗之世界，而無說而已。此中無一超常識語言之生命實在，或純法相世界，為一特殊之直覺所對，故亦異於上列第二種之說。

（四）以哲學當由語言界知識界歸於行為界之說。康德純理批判第二部第三章以哲學為人類理性之

〔註一〕：關於胡塞爾之哲學意義觀，參攷本書本部第九章論哲學方法第五節。

〔註二〕：今之英哲有魏思曼F. Waisman于當代英國哲學第三集Contemporary British Philosophy (1956) 中發表一文論彼如何看哲學，謂哲學無定理，無必然之論證，而只提出一境見Vision亦略同此類之說。

〔註三〕：Tractatus Logico Philosophicus 6.53段。

立法者，當由純粹理性之立法以歸于實踐理性之立法。馬克思於其弗爾巴哈論綱亦有哲學當改變世界之說。現代之實用主義者詹姆士W. James，席勒F. C. S. Schiller，杜威 J. Dewey 等之以知識爲行爲中之一事，謂知識乃始於人之有目的之活動，情意上之要求，或實際生活情境中所遇之問題，而亦歸宿於人之問題之解決，目的要求之達到者。由是而知識乃所以指導行爲，亦內在於行爲。因而表達知識之語言，亦復如是〔註〕。此後又有行爲主義派心理學者，以思想即是語言，語言即人之行爲，與以後之重行爲之美國之哲學及社會科學理論。此說不同於上列諸派之重超言說之神秘經驗與直覺等，而實即重智慧知識與語言，在人之生活行爲之重要性。然因其將智慧、知識、語言，籠照包含於整個人生生活行爲經驗之歷程中；並由智慧、知識、語言之輔助人之生活、行爲、經驗之歷程之繼續成就處，以定各種智慧知識語言之價值，以及哲學之價值。故此說仍爲一種由語言界知識界通至超語言界之一種哲學觀。

（五）以哲學爲由知識界存在界歸至價值界之思索之學。依此說，哲學之主要目標非研究存在事實，而爲研究價值規範或價值自身之說。哲學家之重衡定人生價值，文化價值，乃東西哲學中自古已然之事。而在西方現代哲學中，特說明哲學爲價值之學，則有德西南學派之李卡脫 H. Rickert，溫德爾班 W. Windelband 等。彼等以邏輯乃研究思想如何求眞之學，倫理學乃研究意志行爲如何求善之學，美學則研究感情之表現如何求美之學。此外洛慈 R. H. Lotze 亦以價值與目的，爲其哲學中之根本概念。英

〔註〕：關於實用主義之哲學觀，可參攷本書第二部第十八章論實用主義之眞理論處。

國與意大利之新唯心論者之鮑桑奎 Bosanquet，克羅齊 Croce 等亦重由價值以論人之精神活動與理想者。而由十九世紀之愛倫菲爾 Ehrenfel 至現代哲學，乃逐漸有價值學 Axiology 一名之成立。而以價值爲哲學之中心論題或中心概念之哲學家，則各派中均有之。如懷特海之哲學，即爲以價值爲中心概念，兼以說明與人生與自然中一切變化歷程者。而價值之自身，在懷氏亦以爲屬於超語言界，恆若爲一般語言之所不能表達者。對語言之限度，懷氏亦爲不厭時時提及者。

（六）以哲學爲由知識界、行爲界、歸至人生存在自己之內容的思索之說。此爲由杞克噶 Kierkegaard 所開啓之存在哲學。杞克噶分別客體性之眞理與主體性之眞理。主體性之眞理，不在任何客體對象中，即上帝亦不能成主體性之眞理之所在。主體性之眞理，唯存在於人自身所決定的態度中，此爲絕對之內在者。而人亦唯有徹底回頭思索此絕對內在之主體性之眞理，人乃有眞實存在的思想。而此外之一切思想，皆爲思維非存在者之非眞實存在之思想。由此而開啓現代哲學中之存在主義中海德格 M. Heidegger 雅士培 K. Jaspers，薩特 G. P. Sartre，馬塞爾 G. Marcel 之學。此諸家之學，雖與杞克噶不必精神相應，然大體言之，其重人之存在本身之地位與命運之內在的思索則一。而此種哲學，要求人由重一般抽象的知識之尋求，重外在的行爲之表現，以回到人的存在本身之內在的思索。亦代表西方哲學之一大轉向，而可通於重純內在的省察之印度與中國之哲學者。

東西哲學中之哲學之意義　參考書目

Aristotle: Metaphysics: tby Ross Book I, Ch. I. II. 亞氏此二章所論，可代表西方之古典之哲學之起原與性質觀。P.P. Wiener: Reading in Philosophy of Science 加以轉載，並改名為Origin and Characteristics of Philosophy.但刪節了原文後數段。

D.J.Bronstein: Basic Problems of Philosophy, PrenticeHall, New york (1954) 此書第九章何謂哲學中，選詹姆士W. James 伯洛特 C.D.Broad 懷特海 A.N.Whitehead 羅素B.Russell 馬里坦J. Maritain石里克M.Schlick之一論哲學之性質、目標、價值等之一文，以代表各種之哲學意義觀。

J.H.Randall and J.Buchler: Philosophy, An Introduction, College Outline Series, Barnes & Noble. Inc. (1956) 本書第一部三章論哲學之意義與整個經驗之關係，及哲學對文化歷史之功能。持論頗平實，與本書第一二章之旨相通。

W.Burnett 編 This is My Philosophy, Allen and Unwin, 1958. 本書選當代之代表性哲學家、自然科學家、社會科學家、宗教家、歷史家二十人（如Russell Jaspers, Marcel, Sartre, Maritain, Niebuhr, Jung, Sorokin, Schweitzer ……）各撰一文所成，由此可助人了解哲學之貫通關聯於各種學問之意義。

第三章　哲學之內容　一、名理論甲邏輯

第一節　哲學之分類

本章我們當進而討論哲學之大體的內容，由此可對於上二章所說之哲學的意義更清楚。因各哲學家之所以對哲學之意義，有各種說法，亦正由各哲學家各偏重哲學之內容之某一方面之所致。

我們可說，哲學是人之整個的精神活動之表現。因其目標在將人之各種分門別類之學問，關聯貫通，將人之各種知識界、存在界、生活行爲界、價值界關聯貫通，以成就一整全之宇宙觀與人生觀。但哲學要將各分門別類之學問，及各種知識界、存在界、生活行爲界、價值界關聯貫通，則哲學本身亦必須涵具各方面之問題，各方面之內容，以與各種學問，知識界、存在界、價值界之方面發生關係，以成就此會分歸全之大業。哲學欲成就此大業，則還須依其各方面之內容，以分爲各部門，而暫同於一般之分門別類之學。

畢竟哲學包涵些什麽內容，或哲學可分爲若干部門？此頗不易答復。因我們無論對任何事物作分

類，都可依不同之分類標準，而有不同之分法。我們今所取者，是姑用中國固有之哲學名詞，分哲學爲四大部，即名理論、天道論、人道論、與人文論。名理論是直接涉及言說界知識界的。我們暫以名理論之一名，兼指西方哲學中所謂邏輯、辯證法、知識論及印度哲學中之因明等。天道論是直接涉及整個之存在界的。我們可暫以之兼指西方哲學中所謂形上學，存有論或本體論、宇宙論等，及印度哲學中法相論、法界論等。人道論是直接涉及人之生活行爲界的。我們可暫以之兼指西方哲學中所謂倫理學、人生哲學、一意義之美學、價值哲學、及印度學中之梵行論、瑜伽行論等。人文論是直接涉及由人生相續之生活行爲，在宇宙間所創造之文化與歷史的。我們可暫以之兼指西方哲學所謂文化哲學、歷史哲學、及分門別類之文化哲學。如宗教哲學、藝術哲學、教育哲學等。但這些東西哲學各部門之名詞，所涵之意義，有歷史的變遷，常相交錯混淆。以下當分別略加說明，並簡述此哲學之各部門，在東西思想史中之發展，以見其所涵之演進。

第二節　名理論與邏輯、辯証法、知識論及因明之名辭

我們以名理論之一名，指哲學中之直接涉及言說界、知識界者，而兼指西方哲學中所謂邏輯、辯證法、知識論、及印度哲學中之因明等。此從名源方面看，理由如下：

中國所謂名理之學之一名，始於魏晉。當時談名理者，所涉及之問題，固亦多及於天道人道等。但

名理之一名之本義，乃指名與理、言與意間之問題〔註〕。此遠原於先秦名家及他家學者之論名實。先秦學者之論名實，兼及於人如何知「實」，而如何以「名」言表之，如何由辯說以使人相喻等。而魏晉學者之談名、理、言、意，則重在論人意之如何及於理而知理，而當如何以名表之，以言喻人。人之如何知實知理，即認識推理之事。表之以名言以喻人，為人之辯說之事。在西方所謂邏輯 Logic 之一名，原於 Logos ，本意為出口之辭，及在心之意，引申而為理或道。而論各種事物之理之學術之名，遂恆以 logy 為語尾（如生物學為Biology心理學為Psychology之類）。辯證法Dialectics原指人與人對辯之術，引申為個人在思想中自己與自己對辯，以使思想升進之術。至西方之知識論Epistemology ，則語根為Episteme 及 logy。Episteme ，在希臘文，為眞知識之義。logy由Logo來，即意理或言論之義。大率言之，西方所謂知識論，不外尅就人之知識為對象，而研究人之如何知種種實在事物，以知理，而成就知識之種種問題。而西方之所謂邏輯，則不外研究人之如何推理或推論，並由思想引繹思想，語言引繹語言之種種形式規律。而辯證法，則可稱為以語言對抗語言，語言限制語言，及以一種思想推理或推論，對抗限制另一種思想推理或推論，以求升進，而達於更高之綜合之法。此並皆不外「知實、知理，以名言表之而對人辯說」之所涵，亦即中國名理之學之所涵也。

〔註〕：拙著中國思想中理之六義（新亞學報第一卷第一期）第三節。

至於印度哲學中之因明，初爲尼耶也派所重，後爲各派思想所同重，而稱爲五明之一。由佛學之輸入中國而因明亦傳至中國。據窺基因明入正理論疏，因明之目標，在自悟與悟他。因明學者即研究如何成就此悟之因。此因有二：一爲意生因，一爲言生因。由意之所及，而自悟，由言之所及，而悟他。而此即包涵自己如何成就知識，及如何使人成就知識之二部。而使人成就知識必賴言說，此言說欲極成，則必須遵一定之矩範，免除種種推理與言說之過失。此即略同於西方所謂邏輯之所涵，及中國名理之學中，名墨諸家之學中所謂辯說之法之所涵。至於自己如何成就知識，則因明家重現量比量等。現量即直接經驗，比量爲推理。而論人之如何由現量比量，以成就知識，即與西方知識論之範圍略同，亦即中國名理之學中「知實知理」之義之所涵。

此上我們略說明中國之名理之學之一名之所涵，與西方之邏輯、辯證法、知識論及印度之因明之所涵相通之處，及皆可以名理論一名指之之理由。但我們以下，仍用邏輯及知識論二名，以指名理論中之二部，並將辯證法附於邏輯之後，以分別略述在東西思想史之邏輯思想與知識論思想之發展中之若干要點，及邏輯與知識論之名之所涵之若干變遷，以便學者對此等學問先有一概括之印象。至於更清晰之了解，則待於學者之進而求之。

第三節　西方之邏輯一名之涵義與內容之演變

西方之邏輯學，在今日有不視之爲一哲學之一部者，此後當述及。但吾人仍有理由，自其關聯於整個人類之言說界與知識界，而謂之不同於其他一切專門之知識學術；並依吾人前所講之哲學之意義，而視之爲哲學中之一部。而自歷史上看來，西方之邏輯學，亦初爲哲學之一部。在西方此名所指之涵義與內容之演變，可略如下述。

我們於上文曾說 Logic 之一字原於 Logos。Logos 之一字之義，由出口之辭，在心之意，而成指物之理。以 Logos 指宇宙之理，蓋始於赫雷克利塔 Heraclitus。後爲斯多噶派所承。至基督教之約翰福音及父哲學，而 Logos 成上帝之道。是皆爲形上學或存在論中之概念。而與邏輯學之義，反不直接相干。自西方之邏輯學之發展看，辯證法之稱爲學，柏拉圖時代已然。此辯證法中，即包涵概念名詞之分析，推理之原則之討論等。此皆屬於後來所謂邏輯者。亞里士多德著工具論 Organum 一書，世稱爲西方邏輯學之祖，但彼亦未正式名其書爲 Logic。其書之第三部分析篇，論演繹推理之三段論式之法式規則，並及於演繹推理之前提，如何由歸納而來之問題，尤爲後世所謂邏輯學之核心問題之所在。但其書之其餘諸部，則頗複雜。如論範疇者多通於後所謂形上學。論解釋 Interpretation，論詭辯，及話題篇 Topics 諸部，則涉及語言意義之解釋、歧義、及純粹有關辯論之諸問題。是皆有關邏輯，而不必皆能配合以成一系統之邏輯學者。至於 Logic 一名之正式成爲哲學之一部，蓋始於伊辟鳩魯之哲學之三分法中，以 Logic 與物理學 Physics 倫理學 Ethics 並立。至中世而 Logic 成爲七藝之一。但在中世講 Logic 者，罕能出於亞氏所論者之外。直至中世末期，乃有威廉阿坎William of Occam及羅哲培根Roger Bacon等注意若干邏輯學之新問題〔註一〕。

至西方近代之初，新科學與新科學方法論俱起。十六世紀有培根著新工具Novum Organum一書，提倡歸納法，以為新知識之來原。後來布尼茲曾欲建立普遍代數學（Universal Algebra），以為思維演算之工具，以求通邏輯與數學為一。至英人穆勒J. S. Mill著邏輯系統一書，進而建立歸納之五法，並將演繹法之地位，隸屬於歸納法之下，同時確立邏輯之為由前提以推結論之推理之學，其所研究者，只此推理之如何有效之規則與方法，而不須論前提所本之原始的親知，與所推得之結論之本身之眞偽者〔註二〕。由是而邏輯之對象與形上學及各種科學之本身之分際以明。

至於現代數理邏輯、符號邏輯之發展，則可謂遙承來布尼茲之理想，G. Boole與E. Schroder諸人之論類與關係的演算之邏輯，發展而來。在廿世紀初羅素懷特海合著數學原理一書，可謂為一具體的求實現來布尼茲之理想，由純邏輯之命題之演算，至類與關係之命題之演算，以連接數學與邏輯，成一貫之演繹系統者。至德之數理哲學家赫伯特Hilbert之所謂「後數學」（Meta-Mathematics）則為求發現數

〔註一〕：羅素B. Russell西方哲學史一書第二卷十四章論二人之邏輯思想，乃一般之西方哲學史書所忽略者。

〔註二〕：穆勒A System of Logic第一章。

學所依據之一切不自覺的設定，而加以指出，列之為數學中之公設，以指出數學不外依此公設而作之純形式的推演者。至於後來之其他邏輯家，如路易士C. I. Lewis等之符號邏輯之系統之構造，維特根斯坦L. Wittgenstein之以眞理函值，說明邏輯常項之理論之提出，卡納普R. Carnop之邏輯語法理論之建立，以及其他當代學者對邏輯語法學、語意學、語用學之種種之研究，實開出一連串，屬於邏輯與語言之專門之學術研究。而此所涉及於語言之研究者，又不同於研究人實際上所應用之語言之文法，語言之字原，或人用語言時之心理生理等。今之語法學之研究語句之形成之規律，互相轉換之規律，語意學之研究語言與意義及所指之關係，語用學之研究語言與聽者說者之關係，其目標或在指陳：不同語句可有同一之形式構造，不同形式之語句可互相轉換，而仍可以有同一眞理函值，或同一之指謂，或同一之意義；或在指陳：語言之同其指謂與意義者，可加以歸納，而其不同者，亦可施以邏輯之分析，以免其混淆；或在指陳：依於人之不同之目標（此可為指實，可為表情，或引動人之行為，）人如何可依不同方式，以應用不同語言，使不同之語言，得各盡其用，以達荀子所謂：「同則同之，異則異之」之理想。而此亦皆人之知名，用名，以名代名，所宜有當有之一種名理之學也。

此上所述，可謂由亞氏之邏輯一直發展至今之西方邏輯之學之正統。謂其為正統，乃表示其繼續發展之歷程，大體上有一貫相連之問題，與不斷之進步。符號邏輯之出現，所以又表示一新階段者，則唯在以前之邏輯，雖討論各種推理之規則、法式、與方法，然此規則法式與方法本身之邏輯的關聯，尚未眞被邏輯地處理，邏輯地推演而出，並將其如何推演而出，加以充分形式化的表達。而現代之符號邏輯，則爲能力求將每一邏輯概念與其定義及推演原則，及推演出之邏輯命題，全幅以符號及符號之變換，加以充分的形式化之表達者。

然除此以外，則西方邏輯 Logic 一名之所指，亦有數者爲學者所宜知。其一爲康德所謂超越邏輯。康德以此名，指吾人對傳統形式邏輯中之種種命題或判斷（如全稱判斷，特稱判斷，肯定判斷，否定判斷……等十二判斷）所根據之理解範疇（如一，多，有，無等）之一種研究。此實乃一種論一般邏輯之知識論基礎之理論。其二爲黑格爾所謂辯證邏輯，此乃原於古代希臘之辯證法。在希臘極重辯證法之柏拉圖哲學中，辯證法爲一種論辯與思想之方法。意在使人由互相問詢辯論中，不斷反省其所用之名，所說之話之深一層而更能自相一致之意義，以使其思想升進，而達於更高理念之認識者。故辯證法亦即其所謂哲學中之最高部份，爲其理想國中之哲學的政治家所必治之學。在近代之康德哲學中，又發現在傳統之形上學之論辯中，對若干問題，（如宇宙之有邊無邊，有始無始，或有不可分之部份與否等問題），皆有兩面之主張，於此兩面之主張，人皆似可由其另一面之不能成立，以肯定此面之能成立。他人又可再由此面之不能成立，以再肯定另一面之能成立。而其結果，則爲兩面皆似可成立，而實皆不能成立。此即康德之超越的辯證論中之主要論題。而由之以論證形上學問題，不能由純粹理性加以解決者。至黑格爾則由此以論眞正之眞理，當爲綜合一切互爲正反之觀念思想，以成立者。而此所成立者，乃思想中之眞理，亦即宇宙本身之客觀之眞理。此眞理乃實際主宰萬事萬物之變化者。此種如何合正反以達眞理之方法或歷程本身，即稱辯證法或辯證邏輯。至於黑格爾以後之馬克思、恩格思，則進而以此辯證法本身爲社會現象之發展，自然現象之發展中之外在客觀的法則；而人之依辯證法而由正至反，至反之反之合的思維方法，亦兼所以使人知此客觀外在之法則者。此皆爲以辯證法爲思維方法，思維歷程，並兼爲存在歷程之說；而合邏輯上之思想方法論、與認識論、及形而上學或自然社會之規律而一之者。

此上所謂超越邏輯，辯證邏輯之名，皆主要由 Logic 一字之原於 Logos，而此字原自道或理之義而來。從此義講邏輯之內容者，在西方現代哲學中，又有如意大利新唯心論者克羅齊之以邏輯爲發現純粹概念之學；此亦即通形上學與邏輯中所包含之「理」之概念，以爲論。現代德哲胡塞爾 E. G. Husserl 以 Logic 爲論各種邏輯本質或邏輯法相 Logical Essences 及其本質的或法相的 Essential 關係者，亦是遠原於 Logos 一字之在中世，通於 Essences 之觀念而來。

除此以外，在現代哲學中，尙有承黑格爾及洛慈 R. H. Lotze 之邏輯理論，而發展出之英之新唯心論，如柏拉德來 F. H. Bradley，及鮑桑奎 B. Bosanquet 之所持。此派以人之邏輯思維 Logical-thinking 可通於形上實在，然邏輯學則只重在說明邏輯思維 Logical thinking 本身之如何進行。故邏輯學仍可不與形而上學相混。但其中如柏拉德來之邏輯原理一書，重在論人求知識時之分析綜合之活動之相關連，人推理時之如何從事「觀念之構造」之說明。鮑氏又自稱其邏輯書爲知識之形態學。此實爲合邏輯與知識論而一之者。至於廿世紀又有席勒F.C.S.Schiller之應用邏輯Logic for Use，杜威之試驗邏輯Experimental Logic，皆反對形式邏輯，而注重一切思想之實用意義。杜威之早期邏輯理論，注重思維歷程之步驟之說明，而將人之演繹思維與歸納思維之歷程，皆融入於一「遇困難而虛提假設，引申涵義，再求證實」之思維歷程中而論之。及至其晚年之邏輯——探究之理論Logic: The Theory of Inquiry一書，則是論一切邏輯思維，皆內在於「人在實際經驗情境中，求一觀念，有保證之可斷定性Warranted Assertiability之求知研究之歷程」中〔註〕。此路之思想，實傾向於化傳統之邏輯思維爲認識歷程中之一事。而此認識歷程之本身，則屬於人之整個生活經驗者。此派之說又有連心理學與邏輯Logic爲一之嫌。遂與柏拉德來鮑桑奎一派之嚴別邏輯與心理學，並以邏輯思維貫徹於知識歷程之中，亦可通接於知識歷程之外，以達形上實在之說，又不相同者。

最後我們當略及邏輯哲學之一名。此名不常用，但如吾人前所說之維特斯根坦之名理哲理論一書之名，實即涵邏輯之哲學的討論之意，而屬於邏輯哲學。至所謂後邏輯的Mata-logical一名，今之一般意義與語法的Syntastical同，乃用以指邏輯語法之理論者。然吾人亦未嘗不可擴充其義，以指一切對邏輯學本身之一切討論。而吾人亦有理由以說，凡邏輯本身以外一切對邏輯之討論與言說，皆屬於邏輯哲學中。

〔註〕：可參考本書第二部第十七章實用主義之眞理論。

譬如吾人以上說，由亞氏至今之符號邏輯，代表西方邏輯之正統，而其餘之諸派，皆爲混邏輯Logic於其他之哲學部門者。無論吾人之此言爲是爲非，皆有種種理由可說。而此類之討論，不屬於任何邏輯之思想系統或符號系統之本身中，即當屬邏輯之哲學中。而吾人如不以邏輯與知識論、形上學、心理學等相混，則吾人之進而討論邏輯與此諸學之關係，或邏輯語言與其他語言之關係，或討論邏輯語法學，是否在邏輯中，及邏輯與邏輯語法學、語意學等之關係。及邏輯上之眞理之最後基礎何在？是否在經驗上之任意約定，或先驗理性，或其他？由此可及於除不同之邏輯系統外，是否有唯一之邏輯系統？語言符號表示之邏輯外，有無不能以語言符號表示之思維自身，或邏輯之理自身？及此理與其他理之關係之問題。此皆不在吾人先所指定爲邏輯者所討論之內容中，而可屬於邏輯之哲學者。而此外吾人如欲論邏輯本身之價值，及邏輯之可否成爲人之思想之規範，如傳統若干邏輯家所說，皆可成爲邏輯哲學之問題。唯此諸問題，亦未嘗不可就其所關連者，而劃歸知識論或形上學或人生價值理想論中。故此名亦可不立。

第四節　畧述印度之因明之特質及中國之邏輯思想

至於在印度之因明，則其涉及於如何立論以悟他者，皆約同於西方之Logic之所論。尼也耶派之因明之五支比量，後經佛敎中陳那之改革爲三支比量，其結構即略同西方邏輯中之三段論式。但在因明中，結論稱爲宗，位在前。前提爲因，次之。另又有喻，即同類事例，置於最後。西方邏輯三段論式爲：「凡人皆有死，孔子是人，孔子有死。」依因明之三支，則爲「宗：孔子有死，因：以（孔子）是人故。——若是人，見皆有死。若非有死，見皆非人。——喻：如孟子荀子（之是人者皆有死）」此立結論於前，便見印度之因明之重在成立一結論爲宗旨。西方之三段論式，立前提於先，以推演結論，結論復可爲另一推論之前提。於是吾人可說西方之邏輯，重在次第推演，以成重重無盡之推演歷程。印度之因明，則重在成立一顚撲不破之結論。又在亞氏式之三段論式，只將一普遍原理應用至特殊事例，以成一演繹推論，而無「喻」以舉出同類事例。在因明則兼有「喻」，以舉出同類事例，遂兼涵「由諸同類事例，以轉證一普遍原理」之歸納的推論。故在西方邏輯學中之演繹法與歸納法，初爲二種推論法者，在因明則合爲一（註一），此皆可謂爲因明之特色。

復次，印度之因明，尙有一重要特色。即特重視各種「過」之分析。過即西方邏輯中所謂謬誤Fallacies。在西方傳統邏輯，其所重者在陳述推論之規則法式，謬誤篇並不居主要地位。而印度之因明，則特重「過」之分析，此可說由於因明之用，更見於論辯之中，且重在使人之立論，先居於無過之地。而西方之邏輯之用，則雖初亦見於論辯，但後則主要用以推演新知發現新眞理之故（註二）。

〔註一〕：牟宗三認識心之批判第二部第一章第一節。

〔註二〕：因明中所謂「過」，不必皆爲純邏輯的推論上之Fallacy，如「世間相違過」，乃違共同經驗，「立敵共許過」，乃對彼此共認，不待辯者而辯。

除因明外，辯證法之運用，在吠檀多之哲學，及佛學中之般若宗中，皆甚重要。印度哲學中之辯證法之運用，重在破而不重立，重「雙非」「兩不」，而不重連正反以成合，此乃其與西方之辯證法不同者。

至於在中國方面，則邏輯之學之發達，似不僅不如西方，亦不如印度。但在先秦之墨辯及公孫龍子、惠施、及莊子與孟子荀子及春秋之公羊穀梁家言中，亦有種種邏輯思想，而其遠原，則爲孔子之重正名。孔子之正名，原重在說有某名位之人，則當有某實德。此本爲倫理意義之正名。由此進一步，則可引申出知識意義上之名，當與所知之「實」相應之思想。墨家則重於不同類之實，以不同之名表之。墨辯之正名，遂重名之涵義之確定，使一一之名，各有其義，彼止於彼，此止於此，以「彼彼此此」。而此即通於西方邏輯中之思想律之此是此，而非非此之同一律與矛盾律。而墨辯復論種種推類之問題，亦即由一辭以生另一辭之推論之問題。近人之整理墨辯，固不無附會之說，然大體而言，此書包涵種種邏輯思想，則無疑義。

除墨辯外，名家之公孫龍子有白馬非馬之論。此爲辯類名與種名之差別之邏輯理論，人所共認。孟子之重由同類以論相似，荀子之以類度類，及其正名篇之論名與辭及辯說等，亦皆包涵推類之術及如何定名辨實之邏輯思想。唯惠施莊子重天地一體之義，以「類與不類，相與爲類」而終歸於一超邏輯超言辯之「天地與我並生，萬物與我爲一」「泛愛萬物」之人生哲學。

大約以中國先秦邏輯思想與西方印度相較，似其所重者不在演繹與歸納，而在類推，即由一特殊事例之情形，以推同類之其他特殊事例之情形。但對貫於諸特殊事例之抽象普遍之原理或命題之提出，不似西方之邏輯及印度之因明之着重。由此而中國思想長於即事言理，以事喩理，而似略短於離事言理，以窮繹一理一命題之涵義，及劃定一理一命題所指之界域。然亦無他方哲學思想之執抽象之理，以推至其極，而歸於執一廢百，鹵莽滅裂之失。

又中國之形式邏輯雖迄未發達，但如辯證法亦為邏輯之一種，則吾人可說，中國人自始即富於用辯證法之思想方式，以認識存在事物、人生事變、及歷史之演進。此蓋原於中國之易教。中國之辯證法之異於西方之辯證法者，在其初不由人與人對辯而後引出。而是由人之仰觀俯察天地萬物之變化歷程之產物，以成為人之獨居深念時之一思想方式。中國先哲之依此方式以觀事物，不似西哲之重以思想限制思想，而由「正」「反」以升進於「合」，亦不似印度哲人之重以辯證法作破斥之用，即不重「雙非」「兩不」；而重在觀一切相對而互為正反之事物之循環無端，以見正反陰陽之相生，即正即反、即陰即陽之處。而此種「兩即」之思想方式，與中國之宇宙觀形上學及人生哲學恆不可分，俟以後之論形上學等時，再及之。

先秦之末，名墨諸家之學即中斷。至漢代，董仲舒著春秋繁露，重深察名號。但所重者，仍在正倫理政治上之名號。至晉有魯勝墨辯注，申墨辯之旨。而魏晉之名理之學之中，亦頗有邏輯思想。然亦無系統之邏輯學。姚秦時鳩摩羅什來華，譯中論大智度論等，中國人乃知印度之雙非兩不之辯證法。至唐玄奘窺基，乃正式傳印度因明之學於中國。窺基因明大疏，卷帙頗繁。而後繼研因明學者，更罕其人。然佛經之科判，較中國之經註，更重邏輯秩序。而禪宗之機鋒中，則有一特殊型之辯證法之運用〔註〕，然昔亦無專著，論此型之思想方法。直至明代耶穌會士利瑪竇等來華，國人乃知西方之有名理之學。至清之李之藻譯一論亞里士多德式之邏輯之書，名名理探。中國乃有第一部西方邏輯書之譯本。清末嚴復譯穆勒名學，及耶芳斯之名學淺說，國人乃知近代西方之邏輯。清末與民國之學者，以對西方邏輯之新知，與中國先秦名墨諸家之名，互相參證，而於斷絕幾二千年之先秦之有關邏輯思想之論，漸得其解。民國以來，西方之各派邏輯，皆漸輸入中國。大學亦以此科之爲文法學院之必修科目。雖國人對此學之貢獻不多，然中國之學術界，要已接上西方之此學。至於如何由先秦之邏輯思想之省察，以及於中國人之其他之思想方式，思惟方法之研究，再及於佛家思維方式之傳入中國之歷史與影響，及西方邏輯之傳入中國之歷史與影響，而綜述之，以成中國之邏輯思想史，則尚有待於來者。

〔註〕：牟宗三理則學附錄傳成綸之一文。

哲學之內容一、名理論甲邏輯　參考書目

劉奇譯　邏輯概論　第二章論邏輯發展之四時期　J.E.Creighton: Introduction to Logic, ch. 2. 讀此文可知西方邏輯思想之發展，至二十世紀初之一段。

J. Passmore: A Hundred Years of Philosophy (Wyman & Sons LTD 1957) 第十七章　Logic, Semantics and Methodology及十八章　Wittgenstien and Ordinary Language Philosophy對現代西方之邏輯問題及語意學等之發展，有一簡明之敍述。

R. Carnap, C. W. Morris and O. Neurath: 合編　International Encyclopedia of Unified Science, Vol. I. 中第一文 O. Neurath: Unified Scilnce as Encyclopedia Integration. 讀此文可知現代哲學之由邏輯分析，以進至科學之統一運動之歷史源流。

熊十力　因明大疏刪注。

呂澂　因明綱要。

S. C. Vidyabhusana: History of Indian Logic, Calcutta University, 1921.

A. B. Keith: Indian Logic and Atomism.

前書論印度論理學頗繁，後書只及於尼耶也派及勝論之論理學。

章行嚴　邏輯指要。

章太炎

此書將中西邏輯合論。本爲邏輯概論式之書，但其所述之中國之邏輯思想，較其他近人之邏輯書爲多。故可藉以爲了解中國邏輯思想之助。但此書現不易得。

國故論衡卷下原名。

此文述先秦原有之名學問題，其所論者不必皆當。

伍非百

中國名學叢著。

此書未全出版。其中墨辯解故，曾印行於北平中國大學。其公孫龍子釋，全部被編入陳柱公孫龍子集解中。其餘似皆未出版。其每書之自序，曾由著者自印。但今皆不易覓得。

徐佛觀譯中村元著中國人的思維方法，中華文化教育事業委員會出版。

此書以比較觀點，論中國人之思維與如何表達思維之方法之特色。

第四章 哲學之內容 二、名理論乙知識論

第一節 西方知識論之主要問題之演變

在西方哲學中，知識論 Epistemology 一名之出現甚晚。此名，始於費雷 I. E. Ferrier 於其一八五四年出版之一形上學書中。其中分哲學爲知識論及存有論或本體論 Ontology。在德文中同義字 Erkenntnistheorie，則首由德康德派哲學家萊因霍爾 K. I. Reinhold 於一七八九、一七九一年之著作中，加以使用。然直至一八六二年齊勒 E. Zeller 著知識論之問題與意義一書後，此名乃流行。此外在英文中之知識理論 **Theory of Knowledge**，亦即此字之同義字〔註〕。

在西方之 Epistemology 一名未出現之前，西方哲學中知識論之問題，亦統屬於哲學之總名下，或邏輯之名下討論。而此名之所以成立，使知識論爲哲學之一大宗，蓋由近代哲學家中如洛克以人類理解論名其書，巴克萊以人類知識原理名其書，休謨以人類理解研究名其書，康德以純粹理性批判名其書以後，及其他現代哲學家特重知識問題之研究之故。

〔註〕：D. D. Runes: Dictionary of Philosophy, P.94.

至於西方知識論之歷史的起原，此蓋始於人自問其何以能認識外物？此問題在西方哲學史中最早之答案，似即爲恩辟多克 Empedocles 之以人身體之質素與外物之質素之相吸。後之德謨克利塔斯 Democritus 則又以外物之原子之透入感官，爲此問題之答覆。然依里亞學派 Eleatic School 則懷疑感官知識之可靠，而主張以純粹之理性思想爲認識宇宙眞理之方。希臘自哲人學派中之普洛太各拉斯 Protagoras，又重感覺爲知識之原，並有以個人之感覺經驗即眞理之最後標準之論。而同時之高吉亞斯 Gorgias，則又主吾人對於在吾人以外之存在，不能有眞知，即知之亦不能說之，以使人共喻。此二說皆爲以個人之所知，封閉於個人之世界之說。

至蘇格拉底柏拉圖之哲學，則始於求個人與其他個人可彼此共喻之共同知識。而人之必求共同之知識，與其所以可能，則由人之必用共同之語言，又與人談話辯論，必求歸於一共同之結論，即可足作爲一最直接之證明。由共同語言之共同意義之認識，而蘇柏二氏遂逐漸發現，建立，普遍之道德觀念，事物之類概念，及各種抽象普遍之「形」「數」「性質」「關係」等存在與知識之理念，及「價值理想」與其他有關「政治秩序」之各種理念。而彼等之知識論問題，實不外求眞知識之客觀標準，以求別於封閉於個人主觀之意見之問題而起。由柏拉圖之哲學發展，至亞里士多德，則一切眞知識所對之理念，皆成爲一純思之上帝心中之普遍形式〔註〕。此普遍形式，爲事物之存在變化所嚮往之目標，爲人之哲學思

〔註〕：此可參考本書第三部第六章，論亞氏之哲學處。

維，所欲純淨的，直接的加以觀照把握，而亦為人類知識之至高之知識標準所在者。

在亞氏以後之伊辟鳩魯派與斯多噶派，同重求眞知識。前者以知識之原，在個人之感覺經驗，而類似普洛太各拉斯之說。後者則溯之於人與自然宇宙共同之理性。其異於柏亞二氏者，在將柏亞二氏之理念與上帝心中之純形式，再拉下來，以落實為自然宇宙中之理性。彼等之求眞知識，乃所以為人生行為之標準。而彼等之知識論之研究之目標，亦即仍在眞知識之標準之建立。至於認為此標準之建立為不可能者，則為希臘羅馬後期之所謂懷疑學派。

至於新柏拉圖派之哲學，則蓋由感於人類之一般知識之所能達之境界，尚不足以為人生安身立命之地，遂歸於：以超一般知識之神秘的冥想直覺，為達到對宇宙最高眞實之知之門。再轉手至基督教思想，則以信心或信仰，為達上帝所啓示之道或眞理之門。至最高之上帝之眞理或神知之境界，即不復如亞氏之視為哲學家所可直接參與者，而只為人以其信心與之間接的相連接者。哲學家所能達之眞理，即只為次一層之理性範圍內之知識。由是而有啓示之知識或信仰所對之超越眞理，與一般理性之知識中之眞理之對立。而中世紀之知識問題，即以信仰與理性之問題為一核心。

在理性範圍內，中古之經院哲學家，多以亞里士多德為宗。亞氏之上帝觀，乃視上帝為永恆思維一切普遍之形式者。故世間各類事物中，所表現之共相，或原型 Archytype，皆在上帝心中，如對上帝為一實在。然此在人之理性思維上，又當如何說？畢竟人是否亦可依理性，而肯定共相或普遍者（Univer als）之爲一實在？或人只能直接認識個體之事物，普遍者唯存於人之概念之中？或人所說之普遍者，皆唯是一普遍應用的名詞，唯所以指諸個體事物者？由此而有中世之唯實論 Realism 、概念論 Conceptualism 、唯名論Nominalism之爭〔註〕。而此中之知識問題之核心，則初蓋由人知與神知之對較而生之「人是否亦能如上帝之認識普遍者」之問題而起。而經院哲學中之聖多瑪一派，肯定人能以理性認識普遍者，則意在證明人之理性與信仰之可一致。而鄧士各塔Duns Scotus至威廉阿坎 William of Occam，羅哲培根 Roger Bacon 等重個體物者，則一方視人之理性與人之信仰爲相分離，一方以人之理性不能離人對具體特殊之個體物之經驗而孤立。由是遂開啓近代思想，對於特殊個體事物之經驗與認識之重視。

西方近代哲學初期之二大支，爲英國方面之經驗主義 Empiricism 之潮流，及大陸方面之理性主義 Rationalism之潮流。此二潮流之思想，固各可溯其希臘與中世思想之根原。然此二潮流之重知識問題之動機，並不同於希臘哲人之爲求建立與一般意見分別之眞知之標準，以爲人生之安身立命之地。亦不同於中古思想之由神知與人知之別，及爲說明信仰與理性之關連，方引至人之所知者爲普遍者或特殊個體物之討論。此二潮流之興，初皆純由於近代西方之欲擴大其知識之範圍，建立其知識之確定性，以使人能更充量的具有知識，把穩其知識之如何進行的路道而起。由此而近代之初之知識問題，乃純爲自問：吾人將依賴吾人自身之何種心理能力，根據何種人所必能知或已知之物事，以使吾人之知識之相續進展

〔註〕：參考本書第二部第六章，普遍者與知識一章。

成就為可能？由是而經驗主義之潮流，注重擴大對外在事物之經驗（培根），反省吾人由經驗而來之一切觀念（洛克、巴克萊、休謨），並求對於可能經驗者之繼續經驗（穆勒），而視之為人之知識之無盡的來原與根據之所在。而理性主義者，則或以對理性為自明而不可疑之觀念知識，為以後之一切推理之原始根據（笛卡爾、斯賓諾薩）、或以思想本身內部之規律、邏輯之原理，為構造世界之知識圖像之理性架格（來布尼茲）。由是而知識來原之問題，在近代之知識論中，乃有其特殊之重要性。

近代之理性主義經驗主義之知識論，至康德而得一綜合。康德一方限定純粹理性之推演所能及之範圍，一方限定經驗之知識可能及之範圍。此知識之範圍之如何確定，實為經驗主義者之洛克、巴克萊、休謨所先注意之問題。而關聯於知識之範圍之問題之另一問題，即「人之能知之經驗能力與理性能力，及所知之外物或知識對象之關係」之問題。亦即知識界與客觀存在界之關係之問題，與由有此關係，而有之知識界之內部構造之問題。而康德知識論之目標，即在指出人之各種感性、理解、理性之能力與其中所涵之範疇之應用範圍，以界劃出知識之範圍，兼表出知識世界之內部之構造者〔註〕。而此種對於能知所知之如何互相關聯，以形成知識，或知識之構造之研究，則直貫注於今日西方之知識論中。而關於能知之心與各種可能的所知對象之問題，尤為康德以後論知識之構造者討論之核心。如德之由布倫

〔註〕：關於康德之知識論，可參考本書第二部第十章知識之對象問題第十一節。

泰諾 F. Brentaro 梅農 A. Meinong 至虎塞爾 E. Husserl，英美之新實在論者批判實在論者、皆爲以能知所知問題，爲其哲學中心之思想家。

另一在康德以後乃凸顯之知識論問題，則爲眞理自身之意義與標準之問題。此中重要者不在問：何爲形而上學的眞實之理，亦不在問：何爲知識之超越的標準——在柏拉圖、亞里士多德、及中古經院哲學家，可以理念世界自身或上帝之全知爲標準——而在問：吾人自己如何知吾人已得眞理，如何知吾人所知者爲眞？所謂一知識爲眞，是何意義？或吾人應以何種眞理之標準，以評定一知識爲眞？眞理原可謂人之求知識最後所嚮往之目標，亦可謂知識所實現之價值。而問何者爲眞理之標準、眞理之意義，則爲決定人之各種已成的或可能的知識或知識系統之分別的價值高下，與如何加以配合或加以選擇者。而此問題之所以在康德以後特爲凸出，則蓋由各種知識之日益分門別類之發展；各種學說思想日益分歧，人如何加以衡量、選擇、融貫之事，日益迫切而來。對此問題，如詹姆士之倡實用主義之眞理論，則意在由考察觀念或知識之效用結果，以決定吾人對各種觀念知識當如何選擇者。而承黑格爾之說以倡融貫說之眞理論者，則意在以融貫之理想，求會通不同之思想知識而使之各得其所者，布爾札諾 B. Bolzano 所倡眞理自體論，胡塞爾柏格孫所倡之自明說直覺說之眞理論，則爲重以人反之於心，而洞然無疑者爲眞理所在。至於重符合說之羅素等，則爲以外在於人之客觀事實，以決定其主觀之信念等之是非者。十九世紀之末以來之西方哲學，對眞理問題之討論之盛，而浸成一哲學之中心問題所在，蓋前所未有者也。

由眞理之問題相連之一問題，即爲語言意義之問題。以一切思想理論、知識系統皆由語言表達，故吾人如欲問一語言所表達者之是否爲眞，即當先問語言與爲其所表達之意義畢竟如何。由是「汝說者爲何義」What do you mean之問題，成爲先於判斷人所言之是否眞之先決問題〔註〕。而吾人如欲問人之語言之意義，吾人又不可不先明吾所謂「意義」一字之意義，「意義」一字之所指者如何，及「語言」之一字所指者如何等問題？由是而即通至吾人上已提到之現代邏輯語法學及語意學等問題。而知識論之問題，即若轉移至以知人之「語言」之意義，「語言之意義」之意義等爲中心。而順此一往重語言之意義之思維，以代傳統之哲學問題者看來，則以前之一切知識論之問題，亦如可化爲知「知識論」之一語言所指之意義之問題，或知「眞理問題」「能知所知關係問題」等等語言所指之意義問題。而一切哲學之思維，似皆可化爲所謂「哲學之思維」一語言之意義之思維。此是否眞可能，吾人暫不討論。然現代西方知識論之重語言之意義之思維，亦代表一西方知識論之一發展。

第二節　印度哲學中之知識論問題

〔註〕：路易士 Lewis 謂數十年來現代哲學之一特色，即以 What do yon mean，代其他知識論之問題。見其選載於 Readings of Analytic Philosophy中之一文。又同書中，Fiegl 之第一文論邏輯經驗論之問題，亦謂主要在問What do you mean?

至於印度哲學中之知識論問題，自歷史上看來，其初之複雜性亦不亞於西方。據拉達克芮希蘭Radhakrishnan印度哲學，論印度六派哲學之共同特質，其一即為各派之哲學，皆以其知識論為其哲學之基礎。大約印度哲學中知識論問題之起原，一方由紀元前六世紀別於吠陀之宗教思想之耆那教佛教等思想之興起，對於所謂天啓之吠陀若干教義之懷疑；一面由以後之六派之哲學之重繹吠陀之若干教義，加以理論的說明及對懷疑論者之答辯。由此各派之思想之相激相蕩，而印度之邏輯知識論之問題，遂皆逐漸引出。

至於印度哲學中對知識論之思想，如與西方相較而論，則其主要之不同，則在印度人素無為知識而求知識，而將知識或一切哲學與生活及道德分離之習。故一切思索之目標，皆不只以成就知識理論，而騰為口說，形成教條為事，而必歸於生活上之驗證〔註〕。此乃與中國之情形，大體相同者。故印度哲學之論知識，亦即大皆懸一在一般知識以上之生活境界，而以對此生活境界中之一種知，為最高之知。此即於一般之理性之知自覺之知外，更肯定一超理性超自覺之直覺或開悟之知；此知乃同於神之知見者〔註〕。在西方中古哲學中，因神知與人知為對立，故由神之啓示而來之信仰與由人之理性而來之知識成對立。西方中古哲學之核心諸問題，皆由此而來。而在印度及中國，則皆不以神與人，天與人為對立，

〔註〕：S. Radhakrishnan: Indian Philosophy, Vol. I. PP. 26－27. General Characteristics of Indian Thought, Vol. II. P. 25. 總論六派哲學之共同觀念。

亦不以人知與神知天知爲對立。神知天知，皆人之升進其神明所能達，而亦一種最高形態之人之知之所涵。由此而東方哲學之論一般知識，遂不重以神智爲其上限，而是以人之同於神知天知之知，爲其上限。此人之同於神知天知之知，乃由人生活上之修持工夫所驗證。而其餘一切知識之知，亦即爲永位於人之生活上修持之工夫之事之下者。

至於尅就一般知識之如何成就之內部之問題而論，則因東方之哲學中，素缺西方近代之「人與自然內外對立」之思想，故關於「主觀之能知，如何達於客觀外物，以使之成爲所知」之問題，亦自始不似在西方哲學中之嚴重。其異說分歧之情形，亦似不如西方。印度知識論之中心問題，吾人可說，乃在知識之來原之問題。其對知識之來原之考察，即所謂Pramanas之問題。其究心於此問題之目標，並不在由對此問題之決定，以便得「不斷成就擴充知識」之立脚點；而唯是由其對已成知識，作一批判的省察，而遂追溯及其來原，以了解此知識之所以成爲知識與其限制，而進以知：人尙有超於知識以上之知與內心修養生活行爲上之事在。此可謂在精神上略近於西方哲學中康德之知識論之所爲。

至於就印度之知識論思想之發展而論，則最早之唯物論者喀瓦卡 Carvaka 及耆那教之知識論，蓋明顯爲不信吠陀中之天啓，爲眞正知識之來原所在之說者。依吠陀之天啓說之一義，不僅此天啓之眞理與思想爲永恆，即表此眞理與思想之語言聲音，亦可爲永恆而常住。此即後來所謂聲常之論。此思想直影響至後來之六派哲學。如勝論之以聲爲實體，只由空氣傳播而實不依空氣而自存，及後之彌曼差派及吠檀多派之羅摩奴耶Ramanuja之以每一吠陀之言，最後皆直指上帝之思想，及印度之瑜伽中之重咒語，皆由此而來。而唯物論者之喀瓦卡及耆那教，則蓋爲首反對此說，改而直由人之經驗理性，以論人之知識之來原者。

唯物論者之喀瓦卡只承認感覺爲知識之來原。此頗類似希臘之普洛太各拉斯之說。耆那教則承認感覺之知、推理之知，與可徵信之言說，同爲知識之來原。至尼耶也派則又加比較，合爲知識之來原有四之論。然勝論則只以感覺之知與推理之知爲知識之來原，數論與瑜伽派起，則仍加上可徵信之言說，合而爲三。佛家陳那之因明論則只有眞現量、眞比量方爲知識之二來原之說。唯彌曼差派之庫麥利拉Kumarila，則於此三者之外，再加比較及假設及「無體量」Non-Apprehension〔註〕，各爲知識之一來原。然後之吠檀多派之羅摩奴耶 Ramanuja 又再回至知識之三來原之說。故此三來原說，爲印度知識論大體上共許之說。

此外印度知識論之又一重要問題，則爲能知之心，知外物以形成知識時，此知識與能知之心之關係，及此能知之心是否亦同時被知之問題。此問題乃以能知之心爲中心，而非以所知之對象爲中心，亦非以知識本身爲中心之一知識問題。在耆那教，以知識爲自我之一形態，直接屬於自我，而所知之對象

〔註〕：無體量乃舊譯，此乃指對於消極的事實negative fact如「無什麼」之一認識方式。

則在其外。在勝論及尼耶也派則以知識為自我之一屬性，由能知所知相接觸而直接產生者。此能知自我之存在，由於事後之內省而知。而彌曼差派之普拉巴卡拉 Prabhakaras，則以在一認識活動中之能知、及所知與知識三者同時呈現，而此能知亦同時為自覺而自明自照 Self-luminousness 之能知。庫麥利拉進而以能知與所知之關係之本身，亦為一內在之自覺之所對。而後之吠檀多派之商羯羅 Samkara 亦承認一能知之心與知識之具此自明自照之性。唯羅摩奴耶以知識之自明自照性，純由能知之自我主體而來，而此主體亦具有此自明自照之知識，由此而知識即為此主體之一性質〔註一〕。此即在一更高之義上，回到勝論尼耶也派之以知識為能知主體之性質之說。

至佛家之法相唯識宗之興起，在彌曼差派前。唯識宗發展至護法，其論能知所知關係，有四分說，於見分之能知，相分之所知外，有自證分、證自證分之能知以統見相二分為一識。此更為以能知之心識為中心之知識論理論〔註二〕。而唯識宗之轉識成智之功夫，則為化除一般有能知所知之分別之認識，以達無分別之智慧之工夫。而此無分別之智，亦即由知識以超知識後之所證。亦為多派之印度哲學之所

〔註一〕：Hiriyana: The Essentials of Indian Philosophy. P. 13 辨上列三說之異同之際。Radhakrishnan: Indian Philosophy, Vol. II P. 395及P. 410對彌曼差派論自明之解釋，並可參考。

〔註二〕：印人所著印度哲學史於佛學之論述頗為疏略，此乃由佛學典籍多絕於印之故。此須讀中國之唯識宗書，乃知其詳。

同嚮往，而其方法與歸趣之境界則不必同，而此亦非吾人之所及論者。

此外在印度知識論，對於普遍之共相與特殊之殊相之問題，亦討論甚繁。由佛家之無常之理論，發展至唯識宗之剎那生滅論後，則似傾向於只承認有當下之依他而起之特殊事，爲實有，而視一切共相之概念，皆可爲遍計所執之理論。六派之哲學，對此爭辯尤烈〔註〕。唯識宗佛學之剎那生滅論及種子之理論，皆西方哲學中之唯名論者所未有。又佛家雖不以共相概念爲實法，然亦未否認共相。而此諸問題又皆與解脫之道相連，而非只爲一純理論問題。故此問題，在印度哲學中復呈一特殊之複雜性；非西方哲學史上之所有。

對於印度哲學中之知識論，吾人暫舉此數者，以略見其與西方哲人討論之知識論問題時，用心目標及著重之點之不同。餘則非今之所及。

第三節　中國哲學中之知識問題

至於在中國哲學方面，則我們前已說到，中國哲學之精神，乃重知連於行，且有重行過重知之趨向者。此乃由中國文化自始即重實踐而來。故書經中傳說早有「知之匪艱，行之維艱。」之語。春秋時人

〔註〕：Radhakrishnan 印度哲學一書P.24以六派哲學皆反對佛家之流轉無常說。

雖重智，但國語周語仍謂「言智必及事，智、文之輿也。」孔子施教，恆仁智並舉，但孔子之所謂智，多在「知人」「利仁」方面說，乃以道德意義之智爲主。在知識意義之智，則孔子有「吾有知乎哉？無知也。」「知之爲知之，不知爲不知，是知也。」之說。孔子之學是不甚重知識之知的，此前已說過。孟子於此點，亦同於孔子。大學言致知格物歸于誠意正心，中庸言明，則統於誠，皆攝智歸德之論。

在先秦思想家中，對知識之來源等問題討論較多者，爲墨辯及荀子。對於能知與所知之相對關係，討論較多者，爲莊子。而莊子之思想及老子之思想，皆同有輕知識，而有超知識之趨向。莊子謂「知止乎其所不知，至矣。」「吾生也有涯，而知也無涯，以有涯隨無涯，殆已。」老子謂「知不知上」「絕聖棄智」。此外則公孫龍子之論「指與物」之關係，「目不見而神見，神不見而見離」及「離堅得白，離白得堅」之理論，亦是關於「諸能知」——見，神，——與「能知」用以知「所知」之「指」，及「所知之物與堅白」之關係者。其書雖殘佚，而其精微之見，仍不可掩。然先秦儒家發展至荀子，墨家思想至墨辯，及名家與其他辯者之興起之時，先秦思想已至强弩之末。而整個言之，則先秦思想之精神之不在是，亦如其不在邏輯問題之討論也。

至於由秦漢以至魏晉，在呂覽、淮南、董仲舒、王弼、何晏、郭象、向秀之書中，亦多有論及知識與名言及理道之關係者。然仍不可名諸家爲知識論者。惟漢末之王充著論衡，其闢虛妄，處處以經驗與理性爲據，可謂能力求辨知識與意見迷信之別，而其言多可謂爲一知識論者之言。下及南北朝隋唐，印度佛學中之法相唯識之論傳入，則其中實包涵一極複雜之能知所知關係之理論。唯其歸趣，仍在轉識成智，以超越於能所分別之一般知識境界之上，此上已說。而法相唯識之學，自慧沼、智周等以後，亦不得其傳。宋元以後唯宗鏡錄及相宗八要等曾一輯法相唯識家言。儒者中唯明末之王船山，有相宗絡索一書，述法相唯識之義。直至清末楊仁山，自日本取回已在中國失傳之若干疏釋法相唯識之書，乃有章太炎、歐陽竟無諸先生之宏揚法相唯識之學，而後此佛家之知識論之要義，乃重為國人所知。

至於在宋明理學家中，在北宋之張橫渠與邵康節，為較重自然之知識者。然彼等之觀自然，乃重觀其變易之方面，而此觀之之知，亦必歸極於「神化」之知，仍不必為意在成就一一之特定事物之知識之知。在南宋，則朱子為較重格物窮理，以得知識之知者。然其所重之知識，仍偏於書本文字者為多。自整個宋明之學之精神而言，則自張程分德性之知與聞見之知後，德性之知實為各家所共重，而以之統聞見之知者。至王陽明所謂，以聞見之知為德性之知之用，則可謂為宋明理學家言知之一結穴義。吾人通常所謂知識，皆始於耳目對外之聞見，而再繼以推理等之所成，即皆只在聞見之知之範圍中。而聞見之知之上，則另有德性之知，即道德性之反省與覺悟，以為其主宰或主體，而以此由聞見來之知識為其用；則此德性之知，為一般知識之所不及，而在其範圍以外。在西哲所視為知識範圍以外者，恆指外物之本身或人外之上帝而言，此可稱為人之知識範圍之外限。而宋明儒所謂德性之知，在知識範圍以外，則唯言其在一般緣於見聞知識之上，而為知識範圍之上限而已。

在宋明理學之以德性之知統聞見之知之思想中，其重知識自不如西方，故宋明理學未能促進科學之發達。但此中亦無以聞見之知爲虛幻之意。故亦不似印度哲人之多欲求達於一超聞見之知，超感覺之知之一神秘境界，或達於一使此聞見之知，成爲無限，而得所謂天眼通、天耳通之神通之境界，或廢棄世間之一切知識，而住於一超知識之智慧境界。而此後者，亦宋明理學家異於禪學者之一端。

宋明理學家既亦承認知識之地位，故對於表達記載一切德行與知識之語言文字與書籍，亦加以重視。中國思想中自始固無西方基督教中所謂上帝說出之字 Word 即道之思想，亦無印度思想中之聲常論以聲之所在即眞理所在之論。老子及後之道教以道爲无名，无名即 Non-word。此與「字即道」及聲常之論正相反。然中國思想中之儒家，亦重名之用與言之用。即老子與莊子之重無名與忘言，而「行不言之教」，「不道之辯」，亦願「得忘言之人而與之言」。然在另一面，則中國思想不使知重於行，亦不使言重於行，而立言者皆不重言之多與繁，尤不重以言說講言說，以成無盡之語言串系，如西哲之所樂爲；亦不重以言說破言說，如印哲之所爲。中國先哲之以語言表達知識與德行，皆以足達意爲止，而重言之簡。其所賴以補簡言之所不足者，則一在以行爲代言，一在以他人之善於「聽語」能「心知其意」與「知言」，以知言者所欲達之意。而人能由聽語以心知其意，則亦可得意而忘言，以達于知識與德行之共喩，而又共契於忘言無言之境。此即中國思想中，無西方現代哲學中所謂語言分析代哲學思維之偏曲之論，亦無印度哲學中之喜高標不可思議不可言說之境界之傾向之又一故也。

哲學之內容二、名理論乙知識論 參考書目

S. E. Frost: The Basic Teachings of Great Philosophers.此書第十章Ideas and Thinking爲對西方知識問題之發展之一最簡單介紹，但與本書本章之著眼點不同，且所論尤淺。

P. Janet and G. Sealles: tr. by Ada Modahan, A History of Problems of Philosophy, 1902, Macmillan, London。此書順歷史以論哲學問題之發展。其卷一論心理問題中亦包涵知識問題。

W. P. Montague: Ways of Knowing。施友忠譯名認識之方法。德文中頗有知識論史之著；但英文中尚未見。此書乃分西方認識論爲六派以論。於各派之歷史，亦隨文論及。故今舉以爲一輔助閱讀之書。此外，讀者如欲知西方之認識論問題之發展，可直求之於西方哲學史，如B. A. C. Fuller之哲學史於每一哲學家之認識論或形而上學之主張，皆分別題目，明白標出，尤便查考。文羅素之西洋哲學史History of Western Philosophy，除注意哲學史之文化背景外，於西洋哲學史中之一時代中之新的邏輯觀念及知識觀念之提出，亦特加討論，並可作參考。

熊十力 讀經示要。

此書論德性之知與聞見之知等問題，可據以了解中國之知識問題。

H. L. Atreya 原著印度論理學楊國賓譯。商務印書館出版。

此書名印度論理學，亦涉及印度之知識論，可由之以得對印度知識論之常識。

M. Hiriyana: Essentials of Indian Philosophy, Allen and Unwin, 1932。

Das Gupta: A History of Indian Philosophy, 5 Vols。

此書論印度哲學之知識論之部，較Radhakrishnan之Indian Philosophy一書爲詳備淸楚。後一書乃重在論印度哲學之精神，及各派之說同原而可貫通之處。其目標是重在爲印度哲學在世界哲學中爭地位，而不重印度哲學內部問題之分析，與各派別之差異之討論。而此則正爲Das Gupta之書之所長。

Radhakrishnan編History of Eastern and Western Philosophy, Vol.I. London, Unwin, 1952。

此書爲印度之學者合著之一世界哲學史，第一卷專論印度及中國日本東方哲學。第二卷則論西方之希臘，猶太，阿拉伯及近代西方之哲學。行文皆淺近通俗。

第五章　哲學之內容　三、天道論——形上學（上）

第一節　天道論與形而上學，存有論或本體論，宇宙論第一哲學及神學之名義

我們現以天道論，概括中國所論玄學、理學、道學之不直接以人生理想價值等問題為對象之一部份，及西方之Metaphysics, Ontology, Cosmology及一義上之Theology。此因中國所謂天道，至少有好幾個意義。

（一）天道指上帝之道，如詩書中之天，即多指上帝。如「天討有罪，」「天命有德。」

（二）天道指一般所謂感覺所對之自然宇宙之道。此天乃統地而言，如荀子所謂：「天行有常，不為堯存，不為桀亡」。此常行中之自然秩序，自然法則，即天道。此天道之狹義，即物質的自然宇宙之道。再一更狹義，即指日月星辰在太空運行之道。

（三）天道指天地萬物或自然宇宙萬物之所依，或所由以生以變化，或所依據之共同的究極原理，

此究極原理乃可在天地萬物，自然宇宙之上之先自己存在者。如老子言：道爲先天地生，爲天地人之所法（「人法地，地法天，天法道」）。莊子以道爲「自本自根，神鬼神帝，……生天生地……先天地生而不爲久，長於上古而不爲老」。易傳以道爲「先天而天弗違」者。淮南子天文訓論道曰：「道始生虛廓，虛廓宇宙，宇宙生氣，氣有涯垠……」後乃有天地萬物云云。後代道敎亦有以道爲先天地之說，宋明理學中，程伊川則以「所以陰陽」之形而上之理爲道。朱子承之，亦以理言道，以生物之本爲道，以天地之所由生爲天地之道。此皆同以道爲天地萬物之所依據之根原，而可先於天地萬物而自存者之說。而宋明理學中，由此遂有道體之名。

（四）天道指全體普遍之道，說文謂「天……至高無上，從一大。」程明道說：「詩書中……有一包涵遍覆的意思，則言天。」天無所不遍覆，亦無所不包涵，一切事物皆在天中。則天道即指全體普遍的一切事物之道。如老子所謂「天之道，其猶張弓歟，高者抑之，下者舉之，有餘者損之，不足者補之。」此天之道與先天地生之道略異，乃就一切萬物所普遍表現或共同之法則言，故韓非子解老謂：「道者萬物之所然也。」

中國後儒之所謂玄學、理學、道學中不直接以人生問題爲對象時，所討論之道，皆不出此幾個意義之天道之外。

在西方哲學名詞中亦有數名，其所論者，皆不直接以人生問題爲對象者。

〔一〕形而上學。此爲 Metaphysics 之譯名，乃由「後」Meta 與「物理學」Physics 二字合成。此名原自亞氏後學 Andronicus of Rhodes 於紀元前七十年，編亞氏書時，將亞氏論宇宙之第一原理之著，編次於其物理學之後故名。英人柯靈烏 Collingwood 謂亞氏之形而上學之義，即對一般知識之背後之最後預設者 Ultimate Présupposition 之反省〔註一〕。此一般知識之最後預設者，即其根本原理或第一原理。但在中世至近代之用此名者，大皆直以形上學爲論宇宙之第一原理，或論宇宙之最後諸因，或「一切實有」之學。而形上的 Metaphysical 一名，又恆指超物理 super-physical 超感覺 super-sensible，超現象，而在物理界、感覺界、現象界之後之物之自身 Thing in itself，或物之自體 Noumenon 或實體 Substance 或本質 Essense 之義。大約在西方近代哲學家，自孔德 A. Comte 馬哈 E. Mach 以降，至今之邏輯經驗論者，所最反對之形上學，皆此義之形上學。在康德黑格爾所影響之新唯心論，及其他之現代哲學家之所謂形上學，大皆指一種對於全體實在之學說（如在柏拉德來（F. H. Bradley）泰勒 A. E. Taylor），或一種宇宙構造之理論（如在懷特海 A. N. Whitehead 亞力山大 S. Alexander），或一切具普遍意義而關於宇宙全體之一切思想與研究（如在詹姆士）。因而形上學一名，可概括一切實有論、宇宙論，神學於其中，如德哲泡爾生 Paulson 即持此見解〔註二〕。

〔註一〕：R. G. Collingwood: Essay on Metaphysics, 1940, pt. I.

〔註二〕：參看本章附錄參考書目

(二)存有論、本體論。此爲Ontology之譯名，On卽Being加logos，乃論一切存有之理。此與Metaphysics之恆被稱爲論「存有」之學無別。但Metaphysics恆有超物理、超感覺，在現象界感覺界之後，而不可直接接觸之義；而Ontology則可無此義。故西方哲學家有不講Metaphysics，而仍講Ontology者。如胡塞爾A. G. L. Husserl於其現象學中講General Ontology與Regional Ontology而不講Metaphysics。哈特曼N. Hartmann以Metaphysics之問題爲不可解決者，實有之可理解之一方面，皆屬於Ontology中〔註〕，即其例。

(三)宇宙論。此名爲Cosmology之譯名，其語根Cosmos乃指有秩序可發見之宇宙。在西方宇宙論一名恆與本體論，及一義之形上學之名對立，如翁德W. M. Wundt，溫德爾班W. Windelband皆列形上學於宇宙論後。亦有以形上學爲宇宙論之一部者，如培根F. Bacon。但宇宙論之原義，乃指普遍的研究宇宙之原始與其構造之義。黑格爾哲學大全第三十五節，以宇宙論爲論世界之爲必然或偶然，爲永恆或被造，宇宙現象之一般定律，及人之自由與罪惡者。但後人多不以關於人之自由與罪惡問題屬宇宙論中，而多將時間空間之性質與關係之問題，置入宇宙論中；則宇宙論仍只爲研究實際的宇宙之構造之問題者。此可與研究一切存有之本身，或何爲眞正之存有，或最後實在之實有論或本體論相對，以成爲形上學之一部者。

(四)第一哲學First Philosophy。在亞里士多德曾以第一哲學之名，指研究一切存有之第一原理，根

〔註〕：德人I. M. Bochensky: Contemporay European Philosophy, P.215.

本屬性之學，其中即包括神學。後笛卡爾亦以第一哲學之名，指其形上學思想。

(五)神學 Theology．此名在亞里士多德哲學中之原義，爲研究宇宙之至高存在之神及其與世界關係之學。但在宗教中所謂神學，則恆指一種特殊宗教信仰中的對神、神人關係及神與世界關係之理論。實則此名，初不涵此義，亦不必涵此義，而只爲一論神之存在及其與宇宙之存在之關係之學，而可爲一般的哲學或形上學之一部門。

此西方所謂神學 Theology，略相當於我們上所謂第一義之「以天指神」之天道論。所謂宇宙論 Cosmology，約相當於第二義「以天指自然宇宙」之天道論。研究感覺界以上之第一原理之形上學 Metaphysics，相當於第三義「以天道爲天之道」之天道論。研究一切存有之存有論或本體論 Ontology，則相當於第四義以天道爲全體普遍之一切萬物之道之天道論。

至西方 Metaphysics 一名之廣義，則可兼通於此四義之天道論。然我們仍譯之爲形上學者，則以中國易傳本有「形而上者謂之道」之一語。而在此語中所謂形而上，即由形以及於形之上者之謂。此可專指超於形之上者，但亦可兼指由「形」以及於「形之上」者。一切具普遍意義，而關涉整個宇宙之思想，皆爲不限於某一事物本身之特定的現象或形相，而及於形以上者。故西方哲學中本體論之研究一切有，宇宙論之研究整個宇宙之構造與起原，與神學之研究神與世界之關係，皆同可包涵於形而上學中。而此義之形而上學，實西方哲學之核心，乃吾人將各種專門之哲學部門如邏輯倫理學，自哲學分出以後，所留下之哲學本部之所在。故詹姆士於其哲學問題一書視形上學即哲學〔註〕。此上爲天道論或形上學之名義。下文當略述西方及印度中國之形上學之歷史發展。

第二節　西方上古及中世之形上學之發展

關於西方形而上學歷史的發展，我們可以說其與西方之哲學俱始。因希臘哲學中，最早之米利遜學派 Milesian School，即是以宇宙萬物，所由構成之共同之質料，爲中心問題。而赫雷克利塔 Heraclitus，進而注重萬物之變化與其中之道。至依里亞學派，遂純依理性，以將宇宙之萬有合爲一「大有」Being 一「太一」One，並論動與多之不可能，而以動與多之現象爲虛幻。此亦即正式劃分眞實之形上界與虛幻之現象界之哲學。故此派之帕門尼德斯 Parmenides，被黑格爾視爲第一個以思想把握普遍的「有」之哲學家。及至恩辟多克 Empedocles 於地、水、火、氣之物質質料外，兼重愛、恨二力，而不可見之力之觀念乃被重視。辟薩各拉斯 Phythagoras 以數說明萬物，兼視數爲實在之形上事物，遂又有形上的數理世界自身，與地上之事物世界之分。而辟薩各拉斯派之哲學及宗教性之生活，亦即欲人由地上之世界，經數理天文之認識，及其他生活上之禁戒，以求靈魂之超升，而入於另一彼界者。以後之安那薩各拉斯 Anaxagoras 哲學之貢獻，則在承認一內在的主宰萬物之目的性原則，或宇宙靈 Nous。原子論者之德謨克

〔註〕：W. James: Some Problems of Philosophy, P. 27.

利塔Democritus，則爲開始建立一機械必然之宇宙秩序觀；以由不可見之原子，在空間中之盲目的鈎連衝擊，以說明萬物之所以形成與運動變化者。足見希臘之早期之自然哲學，即已將影響及西方數千年之科學及形上學思想之質料，力、變、不變，有、無、一、多、原子、空間、數、機械必然及目的之觀念，全部加以提出。

在希臘之哲人學派，一方傳授知識，一方亦反省知識之主觀心理之根據，並懷疑知識之客觀限效。至蘇格拉底，則嘗謂其興趣主要在人生，而不在自然之林野。然其一生之人格精神，則表現一對超感覺、超形骸的人生價值與精神生活之肯定與信念。由此而彼雖不多論形上學，而實以其生活，展示一形上世界之存在。由此而其弟子柏拉圖，乃透過人生價值之概念，如至善至美等，並綜合其前之各派哲學中，所提出之哲學觀念，再引而申之，觸類而長之，在西方哲學史上第一次構成一涵蓋萬方之哲學系統。其哲學中之形而上學思想，除散見於其各對話集者外，其運用反復推演之辯證法，以討論各抽象普遍之範疇，如有、無、同異之涵義及相互關係者，爲帕門尼得斯Parmenides一篇。而運用其詩人之想像力與概念之組織力，而透過神話之體裁，以說明宇宙之構造者，爲提謨士Temeaus一篇。在此語錄中，柏拉圖述理念世界中之至善與其理念，如何透過造物主Demiurge對宇宙之數理秩序之經營，以化出宇宙靈World Soul、各種理性的靈魂，非理性的靈魂，及其他自然萬物；而以宇宙中之無定限無任何規定性之有而非有之純物質，爲此依於理念之實有而有的，宇宙之秩序之承載者。吾人將不難於此一大玄想所構造之目的論的宇宙觀中，看出希臘哲學中之物質觀念，數理觀念，太一，與萬物之多，眞有者，非有者，變者與不變者之觀念，交關互織，而融成一系統。而以後之西方形上學之問題，與思想，亦皆多少導原於柏氏之哲學。故懷特海嘗謂整個西方哲學，皆柏拉圖之註釋〔註〕。

亞里士多德之哲學，由柏拉圖出，而又與之相異。吾人可謂其異同之際，主要在亞氏之將柏氏之造物主Demiurge與宇宙靈World Soul合爲一上帝God。由是而將其爲造物主所效法之理念世界，與其中之至善之理念，及其所經營之數理秩序，皆一舉而化之爲上帝所永恆的思維之內容，即純形式。而一切上帝以外之存在物，即皆爲兼具物質性與潛能，以分別嚮往爲上帝所思維之種種形式，而各有其自身之形式者。吾人可謂亞氏之宇宙觀，有似將柏氏之提謨士中之宇宙，由兩頭向中間加以壓縮，以構成之一「概念之界域分明，可爲人之純理智所加以把握」之一宇宙觀。

在此宇宙觀中，一切柏拉圖式之理念，皆化爲形式，而附屬於上帝之實體，與其他存在物之實體者，由此而實體Substance之概念，在亞氏之系統，成一中心之概念。此乃以前所未有。再由亞氏之邏輯，亦以實體屬性之概念爲中心，而其實體之觀念，對西方後世哲學之影響，遂至深且鉅。此畢竟爲亞氏之功或其過，則未易論。

柏亞二氏之思想固不同，然皆同着重由對於人心或人之思維自身之反省，以開形上學之門。至亞氏

〔註〕：關於柏氏哲學之理型論及亞氏之哲學之若干觀念，可參考本書第三部第六章理型論及第七章有神論。

以後之伊辟鳩魯，斯多噶二派，則在整個哲學精神上，皆為較重人生哲學上安身立命之道者。而在形上學中，則在根柢上，皆為自然主義或唯物論。此乃由彼等之建立其形上學，皆主要在：本感覺以外望，而觀自然，於是無論如伊辟鳩魯之以自然為盲目原子之運動，或如斯多噶之由自然之秩序，而知自然中之有理性，皆在根底上不能脫於希臘古代之唯物論傳統之外。

至在希臘羅馬末期之新柏拉圖派之哲學，及基督教之神學與哲學，則為向超自然之太一或上帝本身企望嚮往，而加以思索者。由此而人遂有對超感覺之世界，形上之世界，有一絕對的肯定與信仰。在希伯來之宗教傳統中，上帝原為以意志為主之人格神，亦為創造天地，在天地未有之先，即已自有自存者。由是而生之上帝觀，遂為原則上異於亞氏之純思的上帝，亦異於斯多噶之物質宇宙中之上帝，而較近於柏氏之造物主。其不同者，唯在此上帝之神智或神意本身中，即包涵法則與道，而能自無中造世界，不似柏氏之造物主，似尚須倣效於至善之理念，並待於純物質為接受者，乃能施其創造經營之事者耳。

在希伯來之宗教傳統中，因特重上帝之在天地先之自有自存，及由無中創世界之諸義，故世界與上帝，自然與超自然之對較，在後來之基督教之思想中，遂特為凸出。而以在世界之先而超越於世界之上之上帝觀念為背景，世界整個人類之歷史與其命運之問題，亦特出凸出〔註〕。此即為奧古斯丁 Augus-

〔註〕：Windelband 之哲學史英譯本PP. 255—262，即以重此人類之歷史哲學之問題，為中古思想之異於希臘哲學之一極重要之點。

tine前後之時代，基督教之神學及哲學中之一中心問題。如人類之如何降生，如何犯罪，耶穌之如何化身爲人贖罪，如何再來，皆爲原始基督教念茲在茲之問題。而此問題所涵之形上學兼神學之問題，則爲上帝之計劃如何？人之墮落由何而來？人之意志之自由，與上帝計劃之必然，如何相容？上帝之道之化成肉身之耶穌，以施其救贖計劃時，耶穌之人性神性之關係如何？上帝與上帝之道及被差遣以遍化世人之聖靈之三位，是否爲一體？如何爲一體？等問題。此諸問題，在中古時代之教會，經歷次會議以一定之答案爲教條後，持異議者即被視爲異端而被放逐，於是亦漸不復成討論之中心。而後之神學哲學之問題，即轉爲上帝存在之論證之問題。對上帝心中之普遍者，與一切人所思之普遍者，人是否眞有理由肯定其爲實在之問題，及神之本性畢竟以理性爲主或意志爲主之問題。而此中除第二者兼屬於前所謂知識論之問題外，對第一問題有安瑟姆St. Anselm與聖多瑪St. Thomas之說之異。對第二問題有鄧士各塔Dunsscotus派與聖多瑪之爭。而此中古哲學中神意與神智問題之爭，又貫於人之意志與理性孰重，意志之信仰，是否須與理性結合，及人之意志是否自由之問題；而直過渡至近世哲學中對人之靈魂、人性、及人心之能力性質之討論者。此諸問題，則在形上學與倫理學之交界處。

大約西方中古之思想，乃自宗教上之超神論之信仰，及力求理性之思維，合於啓示信仰之辯神論者之哲學及教父哲學始，而以十三四世紀鄧士各塔、威廉阿坎William of Occam之分離信仰之事與理性之事之思想，及十五六世紀之尼古拉庫薩Nicolas of Cusa (1401—1464)布儒諾Bruno (1548—1600)之以神表現於無限之世界中，而以無限之世界即神之泛神論終。而近世西方之形上學，則是人之只憑其經驗理性，以求認識此直接呈現於人前之世界之整個構造或存在本體之產物。於是其涉及於神之問題者，亦非復主要在如何由神至世界之問題。而唯是在此世界是否尚可純以理性，推證其有神，或依何種一般經驗或宗教經驗，而可肯定有神之問題。因而神之存在與否，神之本性畢竟以理性為主或意志為主，皆非復必為一形上學之核心，而關於神之關係，與由此關係而生之關於人意志自由之問題，在近代，亦為人與自然關係如何，及人在自然科學知識所知之必然的自然律之下，如何仍可有自由之問題所代替。此乃西方哲學之又一劃時代的轉向，及毫無疑問者。

第三節　西方近代形上學之發展

在西方近代之科學與哲學之宇宙觀中，實體及關係，物質世界與數理秩序，個體事物與普遍者，實同樣重要。此中實兼涵亞柏二氏之思想中所重之觀念，而貫徹於一般所謂本體論中之一元多元，唯心唯物等問題中；而又連接於中古哲學之世界觀者，則為如何說明世界之「各種存在事物與其不同性質」之形成一存在之大鏈索之問題。

現代美哲洛夫舉氏A. O. Lovejoy曾著存在之大鏈索 Great Chain of Being 一書，謂西方哲學中自柏拉圖以來，即有一存在之大鏈索之一觀念。此觀念，即一宇宙之無數之存在，連成一由低至高之串系之觀念。此觀念，在柏拉圖亞里士多德思想中已有之。而在中世紀思想中，由人至上帝間之天使之串系，即爲彌補人與上帝間之距離，而構出之存在串系，以形成一宇宙之存在之大鏈索 Chain 之完滿的圖像者。而此種世界之必爲一如此連續之一存在之大鏈索，中間不容有裂痕之思想，直貫注近代之笛卡爾、來布尼茲、斯賓諾薩及席林以下之思想中。

吾人於此可進而說者，則吾人可謂：當中世之以上帝爲存在之大鏈索之塔頂之思想，爲上文所提及之尼古拉庫薩、布儒諾之泛神論之思想所代後，近代哲學之中心問題，即逐漸化爲如何說明此平面的世界中之事物，如何互相關係連續，並互相規定決定，以成一整體之世界之問題。而近代之物理科學，及康德以前之理性主義哲學，於此所用以構成如此之整體世界觀之新的思想工具，則爲說明存在物在時空與運動中之連續與無限之近世數學，而由此數學所成者，則初爲科學的、平面的、齊同的、決定論的宇宙觀。此種決定論之宇宙觀，存在於伽利略牛頓之物理學思想中，存在於笛卡爾所謂心靈以外之物質世界觀中，存在於斯賓諾薩之一體平鋪的上帝即自然之思想中，亦存在於來布尼茲之依上帝之預定的調和所決定之單子之關係論中。而與此種思想相對應而生之人之自由之問題，即或歸於根本否定人之自由之存在，或在此決定論之宇宙觀中，同時爲人與自由留地位，或置放此自由於主觀之經驗中，浪漫的詩人情懷中。或於此科學的決定論的世界之外，另肯定一道德之世界、形上之世界、或生命之世界，有機之世界，或未來之世界，或潛在可能之世界，或偶然之世界，或內在的主體世界，以爲此「自由」謀一安頓之所。此問題亦可稱爲貫於西方近代思想之各派之一問題〔註〕。

在此種以近代之科學宇宙觀爲背景之近代西方形上學思想中，大陸之理性主義者，由笛卡爾、斯賓諾薩至來布尼茲爲一路。彼等皆同以建立一在理性上爲必然的決定的世界觀爲目標，唯或多少兼爲上帝或自我之自由留地位者。而彼等之形上學之思索，則集中於上帝與人內部之心靈及外在之物之關係之問題，而至此派之殿軍吳爾佛 Wolff，遂定理性的神學，理性的宇宙論，與理性的心理學，爲其所謂哲學之三大部門。

但在英國之經驗主義之哲學傳統之發展，則爲由洛克之以外物之爲不可知，至巴克來之以外物之不存在，至休謨之以我與外物之本身皆不可知，而成就一形上學的破滅論。適與理性主義者之重形上學之建立成一對照。

至於所謂兼綜理性主義與經驗主義二流之思想之康德，對形上學之觀念，則在其未來形上學導言及純理批判等書，嘗以爲可成爲知識之形上學，唯限於對知識所由構成之先驗範疇之反省之形上學；而對吳爾佛 C. Wolff 所傳之理性的神學，與理性的心理學，與理性的宇宙論，則以爲此皆不能眞成爲知識者。在知識範圍中，一切之上帝，自我，宇宙之形上學觀念，在康德視之，皆惟所以軌約、引導人之知

〔註〕：參考本書第四部，第六七章論意志自由問題。

識之進行者。八如視此諸觀念，爲指本體界之存在的物之自身，求對之有知識，而所作之種種思辨，皆只有訓練吾人之理性之運用之價值。而其訓練之歸結，則爲人之自覺的了解，人本不能由純粹思辨理性以探形上實在之門〔註〕。人唯當由道德理性，以認識眞正之超感覺現象之世界，以達於吾人之內在之本體界，而由自命自定之道德律之實踐，以歸於意志自由，靈魂不朽，上帝存在之設定(Postulate)。而康德遂可謂在純粹理性以外，由道德理性以另開一形上學之門者。

在康德以後之形上學之一大宗，爲由康德之批判精神，再轉而重視玄思之構造之菲希特、黑格爾等之客觀唯心論或絕對唯心論。此乃由康德所論之實踐理性及純粹理性內部之辯證現象，以再進一步，而以此實踐理性統純粹理性，或純依辯證法而發展之理性，以達形上實在之形上學。此路向之哲學，在黑格爾死後，雖衰落於德，而流風則正面或反面影響及於英美法意之新唯心論之形成。而普遍自我，絕對精神、絕對經驗、絕對理性，則爲此一派哲學，用以包涵知識世界自然世界之形上學的歸宿概念。

康德黑格爾之哲學，爲西方近代哲學之一分水嶺，其前之各派哲學之問題，皆滙歸於彼等之哲學心靈，而以後之哲學，殆皆多少由彼等之一端，或對彼等思想之反對而出。其中之徹底反對一切唯心主義，依據自然科學之結論，而以物質能力爲唯一之實在者，爲十八九世紀之唯物主義之思潮。其順休謨

〔註〕：上述一段話初學或不易解，可參考本書第二部第十章第十一節，第三部第十七章第四節，及其他哲學史。

之經驗主義，及康德對形上學之批判，而主人之知識，只能及於現象之世界，或可實證之事物者，爲實證主義與不可知論。其不由理性與道德意志，以開形上學之門，而唯由人之現實的意志欲望之表現，以探形上的宇宙之生命意志之本體者，爲叔本華、哈特曼 E. V. Hartmann 。而德國十九世紀末之新康德派，無論西南學派與馬堡學派，皆爲復興康德之批判精神，而重價值規範之普遍有效性者。至于洛慈 R. H. Lotze 翁德 W. M. Wundt 則皆重科學知識之綜合，而仍歸至道德的唯心論之肯定者。至於英美之人格唯心論，則爲反對絕對唯心論之以一「絕對」吞沒一切，而忽個體之人格心靈之實在性者。美之實用主義者，則爲秉承康德之重實踐理性，英之經驗主義，功利主義精神，及近代科學中之進化論思想，與邏輯上之機會偶然之觀念；以論過去之可變，未來之非決定，及人生前途宇宙未來之爲開展的，未決定的，而可容人之創造者。至如柏格孫之生命主義，則爲更重宇宙之創造的進化，而由之以證生命之自由性者。至於當今之各種帶柏拉圖主義之色彩之新實在論，與重突創觀念之新型之自然主義，則皆爲反對絕對唯心論之主觀主義色彩，及缺進化觀點而生。今之存在主義哲學家，如海德格 M. Heidegger 之欲由對「實有」開朗以創一新本體論 Ontology，耶士培 K. Jaspers 之欲由人生存在之照明中，顯超越者，皆有形上學之思想。而存在主義之開創者杞克噶之思想，則一方由反對黑格爾之只重非存在的客觀普遍之眞理，而忽主體之存在之眞理而生。由此而康德黑格爾以後之各派哲學，均可謂多少受康德黑格爾之哲學之正面或反面之影響者。

第六章　哲學之內容　三、天道論——形上學（下）

第四節　印度哲學中之形上學精神

關於印度之形上學問題之發展，吾人不易作提要之敍述。近年印度及西方與日本之學者，對印度哲學之歷史研究，所下之工夫固不少，亦有種種印度哲學史之有名著述出版。然吾人對印度思想之發展之認識，仍不足。大體而言〔註〕，吾人於印度思想之發展，可分之爲四時期：一爲吠陀時代。約由紀元前二五〇〇至六百年。四吠陀爲印度原始之宗教文化之結集。由吠陀之本集 Sanihita，發展爲梵書 Bramana 及奧義書 Upanisade，即包涵種種深厚之哲學思想。二爲史詩時代。約由紀元前六百年或五百年，至紀元後二百年，此時之若干印度思想，則透過文學中之偉大的史詩等而表現，佛教耆那教及唯物論者皆起於此時。第三期經書 Sutra 時代，約當基督教之初期，六派哲學於此時，皆次第具體形成。第

〔註〕：關於印度思想四期之分依 Radhakrishnan與Moore所編 Source Book in Indian Philosophy 導言。日人木村泰賢印度哲學宗敎史主分七期，程觀盧譯本二十八——三十一頁。

四爲學院派時代。由第三世紀至十六世紀，此時爲各學派之註釋性著作不斷堆積，而各學派辯論最多之時代。但由對印度奧義書之註釋，而產生之新吠檀多學派，如商羯羅、羅摩奴耶、馬德哇 Madhva 之哲學，亦在此時興起。此中第三四時代，乃印度哲學思想中，最重要之時代，然此中之各派哲學，如何相激相蕩，以次第生出之迹相，實遠不如同時期內之西方之哲學發展之明朗。此中之主要理由，如印度之文化初不重歷史，其哲學宗教之精神，自始爲一超一般歷史觀念的。此一點，除爲印度哲學之歷史發展不易清楚把握之理由外；亦爲印度哲學最富形上學精神之理由，並可爲我們論印度形上學時，何以可不必特重其歷史之理由。

何以說印度宗教哲學精神爲超一般歷史觀念的，亦即爲最富形上學精神的？因我們可說形上學之對象，理當爲來布尼茲及羅素之所說，乃以一切可能之世界爲對象者。形上學的哲學家亦當如蘇格拉底所謂爲「一切時代之旁觀者。」或如斯賓諾薩所謂「自永恆觀點看世界者」，最高之宗教之目標，如在求整個世界之得救，則一切人以外之存在，如衆生，或一切地球以外之其他世界，亦同在應得救者之例。因而依人之形上學的宗教的精神，即無特殊注意此地面上之人類之歷史之必要。而印度哲學宗教之皆喜言整個世界之成毁，是爲一刼，而世界有無量刼〔註〕。佛學更動輒言恆河沙數之世界，三千大千世界

〔註〕：Radhakrishnan: Indian Philosophy, Vol Ⅱ.P.26,P.159 以此爲印度各派思想所共許。

等，是即將地球上之人類之歷史之重要性減輕。由此觀點去看西方之哲學與宗教中之自希臘至中世諸觀念：如「地球中心」之觀念，「上帝於某一定時期造世界造人」之觀念，「上帝特化身為耶路撒冷一木匠之子耶穌，以救贖世人」之觀念，「世界末日隨時可到，而耶穌將來此世界作最後審判，以後，人類即分入天堂地獄，不再存在於地上」之觀念。即皆可謂西方人之只局限其注意力於人類之歷史，而原於西方人未能將宗教精神，形上學精神，充量加以開拓，自永恆觀點以思一切可能的世界之故也。

與印度之哲學宗教之超一般人類歷史的精神相連者，為印度哲學宗教中之着重人或其他有情之現實情狀，所根原於其無盡之前生之歷史者。此即印度宗教中所重之業Karma之觀念。業由任一有情無盡前生之歷史之集結所成，而存於此當前之有情之生命之內，主宰此生命史之進行者。由業而有輪迴〔註〕。故業為一形上學之觀念。而與此業之觀念相聯者，則為吾人之緣業而來，對世界之種種之錯誤的認識，而使世界之眞相為虛妄 Maya 或無明 Avidya 所掩蓋之思想。由此而人遂必須由此種種虛妄解脫，而破除此無明，乃能了解世界之眞相。而世界眞相，在未被了解之先，亦即為如潛在於此一虛妄或無明之後，而純為一形而上者。

〔註〕：Hirayana: Essentials of Indian Philosophy, P.46 論印度哲學之第一特色即為業Karma 之信仰。由業而有輪迴。據高楠順次郎及木村泰賢印度哲學宗教史第二篇輪迴說之起原，謂此說形成於奧義書時代。然淵原則可溯至梵書時代云。

上述之重由虛妄中解脫之思想，直根於吠陀及奧義書等諸聖典，在此諸聖典中，即已謂此解脫後所達之境界，爲一種忘我的歡悅，而同時與梵天之大我冥合之境。人如欲求達此境，或達此境後，人皆可有對此境界之讚美、歌頌等。故此諸書乃兼文學、宗教及哲學者。而其後之所謂六派哲學，皆由欲說明其中之所言者之某一方面，或反對其所言者之某方面而生。此與希臘哲學初乃離固有之民族宗教，而在殖民地獨立發展，唯在辟薩各拉斯及柏拉圖思想中，乃與希臘之宗教及神話相結合者，實大不相同。

第五節　印度各派形上學之分野

除印度傳統之原始的宗教哲學思想外，海芮雅納Hiriyana於印度哲學要義 Essentials of Indian Philosophy，分印度之各派哲學爲四組〔註〕：一爲耆那教；Jaina 及佛教；二爲勝論 Vaisesika及尼耶也派 Nyaya 即正理派；三爲數論 Sankhya 及瑜伽派Yoga；此皆在原始之印度思想外別立門戶者。而只以發揮

〔註〕：自Maxmuller之印度六派哲學以降，西方及日人皆有印度六派哲學之說Dasgupta及 Radhakrishnan 之書，分論六派哲學及耆那教與佛教。梁漱溟印度哲學概論，則又益以若提子爲主自然解脫論者，此乃唯見於中國佛經之外道之說。印度哲學概論二十一頁。

原始之印度聖典中之思想爲事者，則爲彌曼差Purva-Mimamisa及後之吠檀多派 Vedanta ，此合爲一組。除尼耶也派之主要貢獻在知識論，瑜伽派之主要貢獻在修持方法外，茲將其餘各派，略加簡介如次：

（一）耆那教。上述諸派中，耆那教爲由古至今尚存之一非吠陀的教派，釋迦佛初實受其影響。此教派拒絕以動物作祀神之用，並素食，亦不信宇宙有一至上之神。而信精神與物質皆無始無終之存在，及人之業識之自己流轉。在印度之宗教哲學之傳統中，大皆以業識爲非物質性的；耆那教則以之爲含細微之物質性者。耆那派亦承認物質宇宙中原子之存在，並以爲人欲求知形上實在之何所似，則有七步驟以思維之：一可能如是，二可能不如是，三可能如是又不如是，四可能是不可表示，五可能存在而不可表示，六可能不存在而不可表示，七可能存在又不存在，而不可表示。此種可能說之理論 Doctrine of Maybe ，乃兼以肯定、否定、不可表示等，論形上實在之思想方式，即爲一具代表性的印度式之言說與思想之方式，而亦爲佛教之所用者。

（二）勝論之哲學爲多元論，乃承認宇宙由原子（中國舊譯極微）構成之說，而帶更多唯物論之色彩者〔註〕。印度之唯物論者，據中國佛典所載，有水論師，以水能生萬物，亦有火論師，以火能生萬物，又有空論師，以空能生萬物，此與希臘哲學中之泰利士、海拉克利泰及安納克塞玥斯之說略同

〔註〕：據梁漱溟印度哲學概論六十五——六十六頁

〔註一〕。大約至喀瓦卡，乃一方主人之知識，只以感官知覺爲來原，一方以宇宙由地水火氣四物質之存在結合而成，此即近希臘恩辟多克之說。又在奧義書，曾以「空」爲宇宙五元素之一。據中國佛典所載之外道說，又有方論師及時論師，以一切物由方（即空間）或時間生，故在勝論與尼耶也派所謂九實體中包括地，水、火、風、空間（舊譯方），時間，Akasa〔註二〕（舊譯空），自我，及末那 Manas（執我識），並以人之感官認識，皆須透過一內在之末那，而後可能。是見勝論之唯物論之色彩，實不甚濃。又勝論論事物之範疇，除正面關涉存在者有六，即實體Dravya，性質（德）Guna，動作（業）Karma，總相 Sarravaya ，別相 Visesa，普遍性（舊譯和合性）Samanya之外，並有不存在Abhava之範疇。而不存在有四種，此派中之言末那，及以時空爲實體，及重論不存在之範疇，皆爲能代表印度思想之特色者。

〔註一〕：Radhakrishnan: Indian Philosophy, Vol. II. P. 202論印度勝論之原子論與希臘之原子論之不同，謂希臘謂 Democritus 以原子只有量之差別，而歸一切性質之差別於量之差別。又Democritus 與Epicurus 皆以原子之根本性質爲動，且以靈魂亦由原子而成，勝論之 Kanada 則以原子有性質之差別。又其性質初爲靜，且分別靈魂原子與物質原子之不同。

〔註二〕Akasa英文或譯爲Ether，乃遍滿一切處，以成爲一傳聲之媒介者。

〔註一〕。

（三）數論。爲印度哲學中之大一系統。此說之特點，爲自性與神我之二元論，有似笛卡爾之說，而又不同。因笛卡爾之心與物，仍由上帝創造。而數論之上帝，則只爲諸神我之一〔註二〕。神我與自性，皆無始無終，而另無創造之者，此爲一種西方哲學中所無之二元論。

數論所謂自性Prakti爲世界第一因，包涵三德Gunas，卽智材Sattva（喜）能材Rajas（憂）與質材Tamas（無感）〔註三〕。除神我外一切事物，皆由之而來，一切事物在未實際存在之先，卽已存

〔註一〕：印度各派哲學中，對「不存在」之討論，皆有莫大興趣（Dasgupta: A History of Indian Philosophy, Vol. I. P.355），故幾均有「不存在」或「空」之範疇，而以之說明世界。此亦與印度數學中有「零」之觀念有關。印度科學家諸數學中之「零」爲印度人所發明(V. N. Singh: Scientific Thought in Ancient India，論 Mathematics 之部。見 History of Philosophy Eastern and Western, Vol. I.P.432.)西方在希臘羅馬思想中，皆無「零」之觀念，後阿拉伯自印度傳入「零」之觀念於西方，乃有近世之數學。按斯賓格勒於 Decline of West 中，亦謂「零」之觀念對西方近代思想之影響至大。

〔註二〕：數論分二派，一爲有神數論，一爲無神數論，梁漱溟印度哲學概論謂應以無神數論爲正宗。Dasgupta之A History of Indian Philosophy 論數論，亦重其爲無神論之義。有神數論發展爲瑜伽派。

〔註三〕：舊譯勇（智材）塵（能材），闇，（質材，指無明之障）。

在於自性之中。故此說可稱爲因中有果論，而與尼耶也派、勝論派之「以果由因積合而成而與因異」之因中無果論者異。而此因中有果或無果，亦爲印度哲學中之一重要問題，乃由印度思想之重反溯存在事物之潛在的根據而來者。

數論以世界原於自性，由自性所生者，首爲理智 Intellect 即 Mahat，其次爲個體化之原理，即我執 Ahamkara〔註一〕。由我執而有感官及粗細之物質等，合以形成世界。此所謂自性，有類於西方哲學中之宇宙的實體。然在數論，則於自性以外，另立神我 Perusa〔註二〕。以神我與自性較，自性爲動的，不斷創生變化，而顯爲各形式之物的，而神我之本身則爲靜的，超於一切創生變化之事之外的。神我爲一純粹之能知能見者，或一純覺，此純覺中之一切印象觀念，皆爲夾雜由自性而來之物質成份者。此純覺，如不假借緣於自性而來之內在的或外在感官等，以與外物相接，亦不能實有任何之思想與意志。由此二者之結合，前者靜觀，而後者盲動，則神我將感一不自在，而覺爲自性之所束縛。由是而神我必須求自自性之束縛解脫。而此中之工夫，則要在人能如實知世界，並知世界之原於自性，而進知自性之別於神我。人眞知自性別於神我，則神我可回到其自己。而此眞知，則人在今生之所能達。由此眞

〔註一〕：中譯金七十論譯作我慢。

〔註二〕：Perusa 金七十論譯作神我，今沿用之，實則譯爲純我更佳。Dasgupta以Perusa爲絕對的純意識(Absolute Pure Consciousness) A History of Indian Philosophy, Vol.I.P.238.

知，人復可知由自性化生之自然世界，存在之目的，即在其最後之銷毀。

（四）彌曼差派（Purva-Mimamsa）與勝論之思想有相近處，即皆帶多元的實在論的色彩，而信靈魂之多，與物質的基本質料之多。然此派於勝論之諸範疇中，只承認實體、屬性、活動、和合性（普遍性），與不存在之五範疇。此派又以實體、屬性、特殊者與普遍者間之關係，乃異而同之關係，（Tadatmya即Identity in Difference之關係。）此與耆那教及數論之重異中同之思想相近，而與勝論之以異者即爲定異之說不同者。

其次，此派於勝論所謂實體中，又另加二實體，一爲黑暗，一爲聲，此即聲常論之哲學也。

又此派對勝論之原子論，亦有所修正。因原子可分，則原子非眞爲原子的。而對自然之觀念，則此派不以知識爲自我之屬性，有如勝論所說，此前已及。又在勝論尙承認一至高之自我，即上帝，位於一般自我之上。彌曼差派之庫麥利拉 **Kumarila** 則不承認上帝，而且以業說明宇宙。宇宙無創造者，而爲自存者，亦無始無終者。又在此派，對普遍者分爲二種：一爲諸不同事物之共同者，一爲貫於一事物中之普遍者，此後者頗有似於西方哲學中之具體共相之說。又此派以一切事物兼有其積極性質與消極性質，吾人必須兼以其積極性質與消極性質之全，規定之，乃能對事物有全體之知。

此派不似尼耶也派及瑜伽派 **Nyaya-Yoga** 之以吠陀所言之爲眞之根據，在其爲天啓。因此派不信天神。此派以吠陀所言之爲眞之根據，乃在其自存而永恆者，亦不必直照文字加以解釋，而可加以自由的解釋者。

又此派中之庫麥利拉Kumarila在認識來原論中，特提出「無體量」Non apprehension (Anupalabdhi)一種認爲消極的事實Negative fact之認識機能，此前文已論及。此雖爲此派中之普拉巴卡拉Prabhakara所不承認，然彼仍承認「相互之不存在」之一觀念。

（五）吠檀多派（一）近絕對唯心論者。

肯定吠陀之思想，除彌曼差派外，爲吠檀多派。此派之重要人物，一爲近絕對唯心論及神秘主義之商羯羅Sankara，一爲近有神論者或人格唯心論者之羅摩奴耶Ramanuja。商羯羅以前之吠檀多哲學家有巴普拉盤卡 Phatnprapance 以大梵爲世界一切差異之統一者，一切差異初乃隱含於統一中者，後乃由之而發展出。此說頗似數論以自性爲萬物之原，唯以自覺之大梵，代不自覺之自性而已。依此說，自我由大梵生出後，再得解脫，亦並不全沒入大梵，仍保存其個性，不過經一精神之超化而已。而商羯羅則反對此說之以梵與世界同而又異之說，而以此說爲自相矛盾者。由是而彼以世界中之一切差異，皆爲虛妄相，唯大梵爲唯一之永恆眞實，此大梵之本身爲上梵Para-Brahman。唯同一之大梵，又一面顯現爲世界。稱下梵 Apara Brahman〔註〕。下梵顯現於世界，亦與衆多之自我連結，然此等等本身，實皆爲

〔註〕：中國舊譯，以就梵之本身言爲上梵，至就其顯爲世界者言則爲下梵。梁漱溟印度哲學概論七十一—七十六。

依於虛妄 Maya 而顯之相。然此虛妄亦依於一眞實而生，如人之誤繩爲蛇，此蛇之觀念雖爲絕對之虛妄，然其所依之繩，則爲眞實。我們固可謂世界之根原，即虛妄 Maya，或數論之自性。然自虛妄之依於眞實處言，則世界之根原惟是大梵，而大梵即有如數論所謂自性之內蘊。於此大梵，吾人如加以人格化，人亦可視之爲上帝 God。然此上帝乃超離於世界，而非黏著於世界，亦非世俗所謂世界之創造者。其自身乃在虛幻之世界之外，而靜觀此虛幻之世界者。而此即商羯羅之絕對大梵觀，異於西方之關聯于世界之上帝觀者。

（六）吠檀多派(二)有神論者。至於有神論之吠檀多派之羅摩奴耶，亦以上帝爲自性與一切個體自我之內蘊，故世界與個體自我，不能離上帝而存在；上帝亦不能離個體自我與世界而存在。然上帝又異於諸個體自我與世界，而高高在上。由是而綜合巴普拉盤卡及商羯羅之說。

依羅摩奴耶之說，上帝既不離世界，故其世界觀中，亦包涵數論之自性之觀念，即承認萬物之有一「自性」，爲創造之本原。唯此自性，非離上帝的獨立，而有似上帝之身體或衣袍。羅摩奴耶論自我，以自我在爲上帝之精神所貫注時，亦同於上帝之身體。由此而世界與自我，皆由內在之上帝爲其主宰。而其間之關係之親密，則以心身之關係爲喻。此亦爲一特殊型之上帝與世界及自我之關係論，與西方之超神論泛神論之說皆不同者。

（七）佛學。至於佛學，則我們可說爲與上列諸派皆不同之哲學思想。其根本特色，即在其破除一切神我、自性、及原子極微之觀念。原始佛學即主：諸行無常，諸法無我，而只承認各種法之依因緣而生，而不承認任何自己爲因，自具動力，自具獨立實在性之任何實體。

故佛學在根本上初爲一徹底現象主義，因緣論者。佛學之發展，雖在小乘，有重分析諸法之說一切有部等，與說空之一說部及末期經量部等之別；後在大乘佛學中，又有重「觀空而空亦空之般若智慧」之龍樹學，與重「論一切法不離識，及瑜伽行」之無著，世親學之分別；然在破外道之自性及重緣生上，則迄未有變化。而佛學之終不行於印度，而只流佈於東南亞中國及日本，其理由之一，亦即在其與印度之其他派別思想，在此點上，根本不同。然佛學在重解脫，重超思議之境界上，又爲與其他印度思想之目標，未嘗有異者。至佛學之所以必破自性，及其他一切法執我執，則在佛學，以凡人在信有自性，神我等，而有任何之法執我執之處，人皆不能有眞實之解脫故耳。唯此問題極大，非今之所及論。

第六節　中國先秦之形上學思想

至於在中國之形上學方面，則與西方印度之情形皆不同。在古代中國，人亦未嘗無對天帝鬼神之宗教信仰。在此信仰中，天帝鬼神亦即是形而上的存在，但中國古代人之天或帝，只是世界之主宰，而初未嘗有「上帝自無中創造世界之說，亦無世界自梵天流出之說」。中國之上帝，固亦降天命於人，但無西方之上帝對世界有預定計劃之說，亦無希臘式之命運觀念，能決定人生與自然之行程之說。中國古人信天之降命於人，恆於穆不已，不主故常。中國古代人固信人死之有鬼，然無地獄或淨界與輪迴之說。人之聰明正直者死而爲神，神靈在天，又可與人間相感格。故中國古代之宗敎形上學思想，未嘗馳思於超歷史之無窮的大千世界，與潛隱的「業」之世界，亦未嘗特從事於對造物主或上帝之如何營造此如是如是之世界之玄思，更未嘗有人之罪孽深重，惟待上帝之化身以救贖之思想。而與信天命之於穆不已，不主故常之思想相連者，則爲一着重人在歷史中之承先啓後之實踐，而不重此歷史之始點與終點之玄思，而此承先啓後之實踐亦即所以奉天承命。是爲以後中國哲學中，一切論「天人相與」，「天人合德」，「人與天地參」，「天人之際」之思想之遠原。

在中國古代之尊天而不卑人，重天命之於穆不已，人在歷史中之承先啓後之思想中，中國人自始對物質宇宙之看法，皆不重思其最初由何而來，及其是否將歸於一最後之毀滅等。於物質事物，亦不只靜觀其形式與質料之如何配合，其自身與外之空間之對立，或加以分析，而視爲由原子或極微之所構成。亦不重思維此物質事物之運動變化之爲必然的或自由的。中國先哲，初唯由「人之用物，而物在人前亦呈其功用」，「物之感人，而人亦感物」之種種實事上，進以觀天地間之一切萬物之相互感通，相互呈其功用，以生生不已，變化無窮上，見天道與天德〔註〕。而此亦即孔子之所以在川上嘆「逝者如斯夫，

〔註〕：拙著中國文化之精神價值第五章中國先哲之自然宇宙觀。

不舍晝夜」，而以「四時行焉，百物生焉」，為天之無言之盛德也。

在此種不自物之質料與形式以觀物之定相定質，而自物之功用以觀物之變化之思想，使中國自然宇宙觀，不以物體之外即為虛空；乃此虛空中，見其相感相通之機，而視虛空之處，皆為天地之生意化機之所流行。於是人與萬物之形體之構造，皆不如充於此形體之內，而流行及於外之生意或生幾或氣或神之重要。此其所以不重物形體之幾何形狀之分析，及物之定數定量之計算，亦不以物之運動變化，為依必然機械之法則以進行者，而缺西方式純服從數理法則之必然論、機械論之物質宇宙觀也（註一）。

由此而中國哲學中之形上學，遂或為注重說明宇宙之生化歷程之歷代之易學中所陳之形上學（註二），或為直就人之道德行為，而探溯其根原於人之心性，而由心性以知天之形上學（註三）。遂與西方或印度之形上學，面貌皆不同。

唯此上所述之中國形上學之面貌，乃就其大體而言。其逐漸形成，乃歷經曲折，非一朝一夕之事。先秦思想中，孔子之思想，較為渾涵，各端之義，多隱而未申。墨子由天之兼愛人，並為一切「義」之

（註一）：拙著中國文化精神價值第五章。

（註二）：參考本書第三部第五章。

（註三）：參考本書第四部第十九章。

最高之原，而主天有志，並能施賞罰，乃爲最近西方或印度之上帝觀者。然墨子信天志而非命，又不以人有原始罪惡，則仍與他方之宗教中，言天志者必重天命之不可違逆，言天之至善，必以人之罪孽爲對較者異。此乃仍代表中國精神者。

至於道家一派，則去除人格性之天帝觀念，而重自然之天。其異於西方之德謨克利塔及伊辟鳩魯之唯物論與印度之唯物論者之處，則在其能知吾人上文所提及之「虛」與「無」在天地間之大用。而道家之重「虛」與「無」，及重「忘言」「无言」，乃其鄰於印度各派哲學之重「不存在」之範疇與超思議境界者。然道家言「虛」與「無」，皆重連於萬物之「生」與「化」上言。故老子言虛謂「虛而不屈」，無爲「生有之無」，而「虛無寂寞」遂爲萬物之本，「無有」爲萬物出入之天門。此又不必與印度之言空相同者。

至於儒家之思想，則不只如老子之重生，莊子之重化，而尤重生生。又不如墨子之直溯道德之原於天志，而直溯道德之原於人心之所安，人性之所存。而孟子之言性善言盡心知性以知天，亦即開啓儒家之道德的形上學。此道德的形上學，不似柏拉圖之提謨士對話中之道德形上學，乃由造物主之將至善之理念下徹，以創造世界，乃有宇宙魂之彌綸世界。而是由人之盡心知性以知天之工夫，以求上達，而歸於人之「萬物皆備於我矣」，「上下與天地同流」之境界之直接呈現。而此境界，則爲內在之形上境界，而非如柏氏所陳之超越的形上境界也。而孟子之形上學，又爲通於以誠爲天人一貫之道之中庸之形而上學，及以人之仁通「乾元」、「坤元」之易傳之形上學者〔註〕。

世稱孟子近柏拉圖，荀子近亞里士多德。荀子思想之重系統、重理智、重文化禮制之組織，實與亞氏精神有相類處。然亞氏哲學之最高境界，爲思上帝所思之純形式。而荀子則視天爲自然，以天有常行其象可期，然於天之本身，則不求知，謂聖人不求知天，唯重在立人道以與天地參。即與亞氏之言大異。

第七節　秦漢以後中國形上學之發展

中國思想發展至秦漢，其時之緯書中，頗涵種種迷信與宗教思想，漢末至魏晉南北朝有道教之興起，佛家之傳入。此中國之中古時代之思想之爲宗教的，未嘗不有似於西方中古思想之爲宗教的。在漢代之中國思想中，宗教之迷信與五帝之信仰相結合，而在淮南子及緯書中，論太始、太易、太初之由無氣而有氣，無形而有形，以及天地萬物所由生存，則皆宇宙開闢之哲學。此漢人之五帝觀與宇

〔註〕：詳論見本書第三部第十九章第四節。

關于先秦之易傳成書年代，乃一未決之問題。然其遠原於易經之辭，並應合於孔子四時行而百物生之天道觀，蓋無可疑。漢易爲後世易學之大宗。漢易之陰陽五行之說，與五德終始之說相雜，而通於漢人之宗教思想。然漢易之諸系統本身，則爲一宇宙論之哲學，而重說明變化者。

宙開闢論，與猶太教基督教之創世紀之神話中上帝觀之不同，則在此漢人之宇宙開闢論，乃遠原於騶衍，及漢人之由今溯古，遂由三代，以及太初之歷史意識之所成。而漢人之五德終始說中之五帝本身，亦在歷史中周而復始以當令。而非如猶太教、基督教之上帝，乃超於時間而存在之上帝。

中國之道教之思想見於道藏中者，多由受佛家影響後所成，然其根原，則在中國民間之原始宗教思想。而道教之宗教思想之特色，則在以超人格之絕對之道，爲第一位，以代西方之上帝。此近似西方或印度之以絕對眞理或絕對，爲第一義之思想。道教又另立玉皇大帝以統羣神，以代西方上帝之爲世界之主Lord，而主宰世界。然眞正之學道者，則能直接悟道，而不在玉皇大帝之治下。此則爲以「具最高之宗教精神者，超越於神之統治之事之外」之思想。此乃近印度及西方神秘主義之宗教觀，而遠於西方中古之上帝爲萬王之王，以神權制君權之政治化的宗教思想者。而中國道教中亦實有種種之形上學思想，恆爲吾人所忽略，而待後人加以研究者。

漢末王充及魏晉之玄學思想，則大體而言，皆重自然之義，而有承於先秦道家思想者。至魏晉之思想中之形上學成份，則多爲用以說明其人生與藝術思想，而可稱爲廣義之藝術的形上學。然與道教思想，則無大關係。

印度當今之爲印度哲學史者，多稱佛學爲道德的唯心論Ethical Idealism。釋迦亦實爲最重倫理生活者。而其傳入中國，即爲中國人所接受，亦正由其在此根本點上，與中國人之精神相近。但佛學在印度之發展爲龍樹、提婆、無著、世親之學，即包涵種種形上學之理論；輸入中國而有中國之三論宗，即大乘空宗，唯識法相宗，即大乘有宗之建立。三論宗之論不生不滅，不一不異，不來不去，不常不斷，乃用辯證之方法，以破除一切形上學之偏執，而近似西哲中柏拉德來之理論者。唯識法相宗之論賴耶緣起，則爲原始佛教之業感緣起說之進一步。此實爲依知識論而建立之形上學之系統。由此大乘之二宗入中國後，中國佛學家又有融合空有而近三論宗之天台宗，及近法相宗之華嚴宗。二宗皆自稱圓教。天台有一念三千，佛性有惡之說，以明「心佛衆生，三無差別」之義。華嚴宗重事理無礙，事事無礙，而統法界於一心，皆可謂即一即多之唯心論哲學。而此與中國佛學中重即心即佛之禪宗，亦可相印證。故後代中國之佛學，遂大體上成一「言教理則宗台賢，言修持則宗禪淨」之局面。至言淨土者之信阿彌陀，則有類西方印度宗教之重憑仗上帝大梵之力以得救者。此爲一重他力不重自力之教。但至明代，則善言淨土者，多兼言禪，而歸於禪淨合參之說。

宋明理學爲中國儒教之復興。其最初之反對佛學之理論，如周濂溪、張橫渠、邵康節之所持者，皆以「吾儒本天」，對抗「釋氏本心」。彼等之人生思想，在以人合天，而彼等之天道論，則爲一實在論之哲學系統。其中如周濂溪之言無極太極與陰陽動靜，張橫渠之言太虛與氣合一而成之太和，邵康節之以先天圖言易，及其木、火、木、石之自然哲學，元、會、運、世之歷史哲學，皆各爲先成立一宇宙論，而再繼以立人極以合太極（周濂溪），爲乾坤之孝子（張橫渠），及「心代天意，口代天言，身代天事，手代天工」（邵康節），之人生哲學。此皆近易傳中庸之思路者。至繼起之程明道程伊川，則其精神更近孟子，而直接溯道德之原於心性，由性即理，以言天理及道之「不隨人而絕續」，與「沖漠無朕，而萬象森然以備」諸義。此又爲一論道德之形上學之學說。朱子之承二程之學，又會通之於周張邵之論，遂成其一貫通心性論與宇宙論之一大系統。

至陸象山之對「宇宙即吾心，吾心即宇宙」之體悟，亦本於道德的本心之自覺而來，初非西方式之由認識論及純粹理性之推論而來之唯心論。唯後之楊慈湖之「己易」之說，則略有認識論的唯心論之嫌。然至王陽明之言「良知爲造化的精靈」，則又重回到就道德的心靈之兼通天心天理以說。至王陽明學生王龍溪之進而主「在混沌中立根基」，晚明諸家之理學中更多直就道德心靈，以直通天心之德者。其中絜靜精微，鞭辟入裏之論，不可勝說，可謂爲中國形上學之所獨造。

至於明末之王船山，自亦爲一曠代之大哲。其學宗橫渠而兼爲六經開生面，其形上學則全以大易爲宗，主乾坤並建，以明一陰一陽之道，而由「繼之者善也，成之者性也」，以通於宋明儒之心性之學。其形上學之路數，乃由宇宙論以說明心性論之路數。其宇宙論善言天之神化與大生廣生，及終以成始之論。由是而其論天道與人之心性關係，乃有「命日降性日生」之說，至其言人道，則喜即事言理，而重言古今歷史之變〔註一〕。

至於清代哲學中，顏習齋戴東原，亦各有其形上學，要皆以天道之本，在由氣化，以成其生生之事；而宋明理學之理與心，則皆成第二義以下之概念。至於淸代，則有胡煦焦循之易學。胡煦言生成，焦循言旁通，各爲宇宙論之系統，要皆以說明宇宙之變化之理爲事〔註二〕。

至由淸末至今，則初有章太炎先生之由儒而至佛，以「五無」爲宇宙之歸宿〔註三〕，又有歐陽竟無先生之由儒家之寂，以通佛家之寂〔註四〕，而後再有熊十力先生之再由佛之寂，以返於儒家之生化，而即寂以言生化，即生化以言寂，而兼寂與生化以言仁體〔註五〕，此皆屬於中國固有形上學之思想之流。至於國人數十年會通中西之論，吾雖以爲不在一般當今之西哲所見之下，然因國運顚連，其志不舒，今所不及論〔註六〕。

〔註一〕：一般論王船山之思想者，皆不得其要。參考拙著王船山之性與天道論通釋（學原第一卷二至四期）王船山之人道論（學原三卷二期）王船山之文化論（學原四卷一期）

〔註二〕：焦循胡煦之易學，友人牟宗三先生曾詳論之於易經與中國之元學及道德哲學一書。

〔註三〕：章太炎五無論見章氏叢書別錄。

〔註四〕：歐陽先生會通儒佛之論，見其中庸註（支那內學院出版）

〔註五〕：熊先生由釋入儒之思想，主要見新唯識論（商務印書館出版）。

〔註六〕：可參考本書附錄參考書目。

哲學之內容三、天道論——形而上學　參考書目

關於本章之論中西哲學處，可參攷一般西洋哲學史及中國哲學史及本書附錄中所舉中西哲學之書。

S. Radhakrishnan and C.A.Moore: A Source Book in Indian Philosophy. Prinston University Press, 1957.

J. H.Muirhead: Contemporary Indiann Philosophy. London, Allen Unwin. 1936.

P. A.Schilpp: The Philosophy of S. Radhakrishnan. Library of Living Philosophers Series. 1952.

除上章所引印度哲學史書籍，皆可供本章之參考外，上列之第一書；乃印度哲學原著之選輯。包括由古代至現代之 Sri Aurobindo & Radbakrishnan 等。此書後附有一西文中的印度哲學書目頗備。第二書爲當代印度哲學家各撰一文所輯成。第三書爲當代哲學家討論Radhakrishnan之哲學及彼之答辯，合爲一集者。讀此可知印度哲學家與西方當代哲學家之交涉，其中論及宗教問題者，尤值注意。

其餘關於西方及中國之形上學之書籍，及與此二章所論者相關者，可參考本書第三部之參考書目。

第七章　哲學之內容　四、人道論、價值論

第一節　人道論與倫理學、人生哲學、美學、價值哲學之名義

我們今以人道論之名，概括中國從前所謂聖賢之學，人倫之學，及德性之知之學，正心誠意修身之學；道家之教人成爲眞人，至人，天人，聖人之學，以及佛家之行證之學，與印度哲學中之瑜伽學。並可以之概括西方哲學中所謂倫理學，人生哲學，道德哲學，價值哲學及一義上之美學等。其中佛家及印度之瑜伽學，雖可不限於爲人而說，然在此世間，要爲人之所學。而西方哲學中所謂價值哲學，固亦不限於論人生價值，然要以論人生之價值爲主。其論人以外之價值者，亦恆以爲此乃人所當了解體驗，或當效法之，以求實現於人生者。因而亦可爲人道論之所涵。

人道之名，在中國當原於孔子所謂「人能弘道，非道弘人」。孟子嘗言「人者仁也，合而言之道也」。荀子謂「道非天之道，非地之道，人之所以爲道也」。人道，即人之所當行之道。此道可指一德性之理想，如仁義禮智。亦可指實踐此理想之行爲方法或行爲上的工夫。如中庸以「明善」爲誠身之

道，孟子以「强恕而行」，爲「求仁」之道。亦可指一使個人之精神通至他人之各種倫理關係，如中庸以父子、兄弟、君臣、朋友、夫婦爲人之五達道。亦可指一切人之行爲，皆能各有其合理的方式，或彼此相容不礙之一人間社會之境界。如「天下有道」，「人相忘乎道術」；亦可指人在天地間對死者對天地鬼神之道，如祭祀天地鬼神之道。故禮記謂「三年之喪，人道之至文也」。亦可指人法於天地之道，如老子之「人法地，地法天，天法道」。亦可指各種人之善或不善之行爲方式，如君子之道、小人之道。故其義可極寬泛，而人道論可通於各種人生之理想與方法工夫之理論。至於倫理之一名，則當原於孟子所謂「聖人人倫之至也」，「學則三代共之，皆所以明人倫也」之言。而樂記亦謂「樂者通倫理者也。」荀子嘗言「倫類不通，仁義不一，不可謂善學」。則倫理可指一切人與人之間所以相待之當然的道與理，亦指一人之所以待與我有倫理關係之人之道與理。

西方哲學中之倫理學一名，原於Ethos，初乃指人在羣體中之道德情操。在柏拉圖之弟子色諾克拉特Xenocrates，論述柏拉圖哲學時，即已將柏氏論及人之意志行爲方面之學，稱爲倫理學。以後亞里士多德於實踐之學中，分創作之學與行爲之學。行爲之學中分倫理學與政治學。伊辟鳩魯派亦以倫理學與物理學、邏輯學並立，各爲哲學之一部。而此名即流行至今。至道德哲學 Moral Philosophy 之一名，則爲英國哲學家所喜用，義全同於倫理學。

人生哲學 Philosophy of Human Life 之一名，則較爲德哲所喜用，乃較偏重於人在宇宙地位及整個之人生的意義、價值、理想之反省思索，而不只如一般倫理學家之重在道德價值、道德行爲之研究者。然在西方希臘之所謂倫理學中，亦可包涵整個之人生意義、價值、與理想等之討論，而道德之廣義，亦可概括人對各種價值理想之追求。故人生哲學與倫理學二名之義，仍無大出入。

西方哲學中，美學 Æsthetics 之一名，則鮑噶登 Baumgarten 於一七五〇年，乃開始用之。後康德所謂 Transcendental Æsthetics，乃論感性之先驗範疇，與美學不相干。黑格爾於一八二〇年，乃名其藝術之著作爲 Æsthetics。西方所謂美學之對象，初乃以藝術之美爲主。然在今日，則美的價值之共性與種類，及藝術之起原與分類，藝術之欣賞與創作之原理，皆美學中之重要問題。

吾人之以美學，亦可概括於人道論中者，則是自美之價值與理想，文學藝術之生活，皆是人所當體驗者而言。美之範圍中，除自然美，文學藝術美外，實以人格美爲最高。此在德之文學家，如哥德、席勒，皆有此論。人格美亦可謂爲人格之善之極致。孟子所謂「可欲之謂善，有諸己之謂信，充實之謂美」是也。美學所當論者，除美之共性種類外，尤當論美在宇宙人生中之地位，與人生如何能由至善而至美之道。而東西哲學中之論美者，亦恆連人生所求之眞、善、神聖等其他人生價值以爲論。故美學在一義上，亦可屬於人道論中。至如就人之文學藝術之起原，種類，而反溯其所實現之美之共性種類，並論如何欣賞創作之道者，則宜專屬於文化哲學中藝術哲學之一部門。此俟下章再及之。

至於價值哲學 Philosophy of Value 或價值論 Axiology 之一名，則爲十九世紀至二十世紀西方哲學中乃特注重者〔註〕，其義爲指一般之價值理論，此本可概括人生價值，自然價值，及超自然之價值，而並論之；然要以人生之價值爲主。人所能論之自然價值及超自然價值，亦不能離人之心，與人之價值經驗而說。人生之價值所在，恆即人所選擇之目標所在，人生之理想所在，及人生活動之方向道路所在。故價值論亦可包涵於人道論中。唯價值論只及於一般價值，而非專論某一特殊之人生價值者。故此名之所涵，不如倫理學、美學之更爲具體。而中國人之人道論一名，則必歸於由倫理之道以言人道，故人道論一名所涵，亦更爲具體，而內容亦較豐。

第二節　西方人生思想之發展——希臘與中世

西方之人生思想，畢竟何自而始？此當遠溯至希臘古代之宗教神話之文學中。如尼采之悲劇之誕生，即以希臘之悲劇，爲希臘之原始人生思想之所在。至蘇格拉底以降，即爲希臘人生思想之墮落。尼采以希臘悲劇原於狄奧尼索斯 Dionysius 精神及阿波羅 Apollo 精神之結合。前者爲一狂熱之生命精神，後者則爲一冷靜之觀照。二者結合而有悲劇。然尅就希臘哲人之人生思想言，則在希臘早期之自然哲學

〔註〕：C. Barrett: Contemporary Idealism in American Philosophy, P.17,引F. C. S. Schiller謂以價值爲獨立研究之範圍，蓋爲十九世紀哲學之最大成就之一云云。又同書P.113W.M.Urban 之文謂黑格爾在其精神哲學Philosophy of Mind 中只用價值Value一名一次云。

家中，除被稱爲哭的哲學家赫雷克利塔 Heraclitus ，與笑的哲學家之德謨克利塔Democritus 各有斷片之人生思想，及辟薩各拉斯派有一種特殊的生活方式，與其哲學宗教思想相結合外，其他無足稱。而希臘哲學之進入所謂人生倫理之時代Ethical Period，通常皆由哲人學派及蘇格拉底之時代始。

蘇格拉底同時之普洛太各拉 Protagoras ，嘗持快樂爲德行之目標之說，而柏拉圖之 Protagoras 一對話所載普氏之主張，大體上當非柏氏之依託。至蘇格拉底之追問：何謂快樂？何謂虔誠？何謂節制？何謂勇敢？何謂正義？及人靈魂不朽等問題，則爲希臘哲學中，自覺的對各方面之人生問題之反省之始。而蘇氏之反省，並不先依於一已成之知識論，形上學之理論，或宗教上信仰，而是直就人生問題加以思索。彼又以其一生之生活與從容就義之事，作其所信之人生道德之眞理之見證，可謂爲能表現其對於道德之獨立自主性Autonomy of Morality 之肯定而信仰，此點爲蘇氏以後之西方哲學家，多不能及者。

蘇氏後之柏拉圖之論人生，在其以詩人之態度，講述哲學的愛Eros與人所求之美善時，乃純從人之不由自已的向上嚮往企慕之情上，論人生之價值理想，可謂能繼蘇氏之精神，並更達於高明之境者。然當其將人生之價值理想，置定爲形上學之理念，而教人專以模倣此理念爲事處，並視藝術爲此理念之倣本的倣本之處；則無意間已使其人道論成爲天道論之附庸，而使人疑及人之道德的意志行爲，皆爲一形上之理念之抄本，而有類乎孟子所謂義外之論。至當其視倫理學爲其國家論政治論中之一部，對國家中各階級之人，各規定一特殊之道德，與不同之道德義務，以盡其對整個國家之責任時；則其論個人道德之倫理學，成爲其理想國之理論之一附庸，而可使人疑及除其所謂爲哲學家之統治者外，其他人民，有任何眞正自動自發之道德生活的自由與獨立自主性〔註〕。如專自此點言，則其精神與蘇氏之對一切人，皆重啓發其道德之自覺者相較，則毋寧爲一降落。而在蘇氏後學中，較能保持蘇氏之重道德之獨立自主性者，則毋寧是當時之小蘇格拉底派，如絕欲派 Cynics，快樂派 Cyrenaics 諸人之直重個人欲望之節制與苦行，或個人之快樂，以求人生之直接的安心之處者。唯彼等又失蘇氏之重羣體與道德之普遍性之精神，則爲其短。

亞里士多德爲西方哲學中首建立一系統之倫理學理論者。柏氏之只重國家而忽個人與家庭之缺點，在亞氏皆求加以補足。而亞氏之倫理學，亦爲力求個人之特殊性，與羣體國家之普遍目的能相配合而均得其實現者。然自一義言，亞氏之倫理學，仍可說只爲其政治論之一部。因亞氏相信，在國家中，全體先於個人，因而仍以各階級，當各盡其不同之道德義務，互相配合，以求羣體之全體之公共的普遍目的之達到。而其在論個人之道德目的時，以幸福爲一切道德之總目標，則不免以道德意志，道德行爲之價值，似唯是對此總目標，而有其工具價值。亞氏唯以幸福爲具本身價值之目的物，則其於道德

〔註〕：現代西哲中有 K. R. Popper著The Open Society and its Enemies（1945）即以柏拉圖與黑格爾爲西方極權思想之本。其言自過於偏激，不足爲訓。但柏氏之思想，亦有啓此過激之評論之處。

意志，道德行爲自身之獨立自主性，仍未能眞加以自覺的認識。而在此點上，除蘇格拉底以其人格，表現其對於道德之獨立自主性之肯定與信仰外，以後之西哲，在康德以前，亦蓋多未能於此有眞正的自覺認識者。

在亞氏以後之伊辟鳩魯派，斯多噶派，皆爲重人生思想者。彼等思想之進於柏亞二氏者，在彼等皆直就人之爲自然或宇宙之一份子以論，而不只就其爲國家之一份子以論。而伊辟鳩魯派所重之友誼，亦遠比亞氏之所重者爲廣，遂得形成伊辟鳩魯派人之學園生活。此爲一種由獨立之自由人或智者結成之一社會生活形態，而非一政治生活形態。斯多噶派則更依人之自然理性而有普遍的人道之觀念，個人爲宇宙的公民之觀念。由此而有一世界性的道德觀念，及法律觀念之建立。然而伊辟鳩魯派之順應自然以自得其樂，及斯多噶派之求遵奉自然律以自制情欲之道德意識下，人未能自覺其爲兼超於自然之上之自動自主的道德意志、道德行爲之存在，即仍爲未眞肯定道德生活之獨立自主性者。

由新柏拉圖派至中世紀之宗教道德性思想，乃使人自覺其爲超於一般自然物之上之存在，而另有一通接於超自然之神之道德責任與義務者。而耶穌之教，更多爲直指人之本心，啓發人之內在的道德自覺者。然自保羅之由重原始罪惡特重信望之德以後，則人之道德生活，乃要在由信仰耶穌與上帝，並祈望其賜恩典以成就。則人之道德生活，又成倒懸於對超越之上帝，及與上帝爲一體之耶穌之信仰以成就者，而使倫理學在整個中世思想中，仍未能有獨立自主性者。

但在此中世紀之宗教倫理思想中，人對於其道德生活之反省，如奧古士丁之懺悔錄中之所陳，則爲遠較希臘人爲深入者。在此種反省下，人對於罪惡之深植內心之體驗，及求超越罪惡以直通神境之內在要求之體驗，正爲西方之倫理學中之一無價之寶。然不必皆爲經人用其理性之光，全加以照明，而曾以清楚的哲學的語言，加以說明者。

在中世，多瑪斯阿奎那之道德哲學爲一大系統，並有較清楚之哲學的語言，對於道德加以說明者，彼企圖融攝希臘哲學中之正義、智慧、節制、勇敢等道德觀念於基督教之信、望、愛等道德觀念之下。因其所謂上帝之性質，乃以神智爲本，人之理性爲類似於神智者。故人之自然理性所認識之道德，皆可與神直接啓示於人之道德不相違。而超世間之宗教與世間之倫理道德，皆可不相違。然此大系統，仍以人之理性與神智相類似爲前題，故仍是以倫理屬於宗教神學之觀點。唯在一種虔篤之宗教信仰下，吾人似亦當肯定神之意志之絕對自由，則神亦未嘗不可隨時變更其意志，變更其所啓示於人之命令，如鄧士各塔 Duns Scotus 之所持。若然，則上帝之意志如一朝欲另定一善惡之標準，人亦即當改變其善惡之標準；人之善惡之標準，即繫於上帝之絕對自由的意志。而此處即見道德之隸屬於宗教信仰，終不能建立道德之獨立自主性。在此點上，中世之哲學家阿伯拉 Abelard 即已見及之，惟其說至近世而後漸伸耳。

第三節　西方人生思想之發展——近代

在近代之西方思想中，道德哲學初非西方哲人所特注目之問題。唯在英國之經驗主義之潮流及大陸理性主義之潮流下，人皆視道德之問題，爲人之意志情感理性之生活內部之問題，而非必須待一超越的神恩，以使人拔於罪惡過失之外，而自現實世界中求超升者。近代之初，笛卡爾以拒於教會，未敢多及於道德問題〔註〕，就其零篇文字以觀，彼論道德修養，亦有如其論一般哲學，乃以對正當者之清楚知識爲先務，而繼之者則爲意志之依知識而行，而不重對罪惡之懺悔者。來布尼茲以現實世界爲一切的可能世界中之最好者，罪惡皆只爲一負面的存在，用以烘托善而理當有者。而斯賓諾薩所創之倫理學系統，則欲人知一切人之情感行爲之產生，皆爲必然，因而其本身無所謂罪惡。而吾人能知一切事物之產生之爲必然，則人可由被動而被束縛者，轉成爲自動而自由之存在。此更爲純以人自身之理性之運用，爲解決人生倫理之問題之唯一道路者。

至在英國之經驗主義潮流方面，則由培根論文集之雜論爲人處世之道，霍布士之以自利心說明道德之根原，至洛克之以道德之目標爲快樂，並肯定人之自然理性之存在，以說明政治之起原，皆對道德哲學無特殊貢獻。赫齊孫F. Hutchison與莎夫持貝勒A. A. C. Shaftsbury則力主人有特殊之道德情操之說，

〔註〕：H. Hoffding: A History of Modern Philosophy. Vol. I. Ch. I(f)

克拉克 Clarke 卡德華士 Cudworth 之主張人有知性的道德直覺說相對。此外亞丹斯密 Adam Smith 以同情心論道德，休謨則以讚否之感情爲道德之本原，亦英國哲學中之名家。然凡此等等與上述斯賓諾薩等之說，皆只由一般純知的理性或直覺與自然感情，以論道德之起原，而仍未能見到人之自覺的自動自律之道德意志之存在，以論道德生活之成長與開展。因而皆未能建立道德生活之獨立自主性，亦皆未能眞建立倫理學之獨立自主性。而能建立之者，則爲康德之道德哲學。

康德初嘗讀盧梭之書而受感動，亦嘗受莎夫持貝勒之影響，而以道德之基礎，唯在人之自然的道德情操。然其思想終越過此一步，而純從「依於人之實踐理性而有之人之自覺自動自律之道德意志」上，論人類道德生活之核心。康德以形上學中之上帝存在，靈魂不朽，意志自由等論題，不能由純粹理性而證明者，皆惟賴人之實踐理性之要求而重被建立，又以人之道德生活，純爲自命自主之事；故道德生活，亦不直接立根於上帝之命令，而宗教非復道德之基礎。反之，人之所以須信上帝之存在及靈魂不朽，乃依於人之道德的實踐之要求。是宗教之基礎乃在於道德。由是而康德之道德哲學，遂爲西方哲學史中，眞能建立道德生活之獨立自主性與倫理學之獨立自主性之一人。

至於康德以後，後康德派中之非希特之哲學，乃直承康德重實踐理性之精神，而由人之道德意志之主宰於人之知識要求之上，以重開形上學之門者。然其思想之歸宿，乃在形上學。其後之黑格爾，更重形上學之建立，則又使倫理學無獨立之地位。黑格爾於人之道德意志社會倫理，皆置於客觀精神中之國家意志之下，而客觀精神又在絕對精神之表現之藝術、宗教、哲學之下。此外在叔本華之哲學中之道德之地位，亦在絕棄意志之宗教精神之地位之下。自此而言，則純就倫理學上說，彼等之哲學，亦為康德精神之一倒轉。至於秉受康德黑格爾之影響而生之英國之新唯心論者，如格林 T. H. Green ，柏拉德來 F. R. Bradley，鮑桑奎 B. Bosanquet ，及意大利之新唯心論者如克羅齊 B. Croce，甄提勒 G. Gentil 諸哲，雖於道德哲學各有所見。然彼等於「道德生活，可不必先假定任何形上學之絕對普遍意識、絕對精神之概念而成立，而後者反須建基於人之道德意識，而後可能」，及「實踐理性位在純粹理性之上」之二義，亦皆不能如康德所見之純。

在康德以後之人生哲學，能不將道德隸屬於宗教或形上學者，其一派為承西方之傳統之快樂主義，經休謨而發展出之近代的功利主義快樂主義之思想。如由邊沁 J. Bentham，穆勒 J. S. Mill，至席其維克 H. Sidgewick之所持。一為重人之利他的道德社會感情，如聖西蒙 St. Simon ，孔德A. Comte，克魯泡特金 P. Kropotkin 之所持。此為西方近代之社會主義思想之本原所在。一為遠原於柏拉圖，近承英國之直覺主義之流之新直覺主義如穆爾G. E. Moore，哈特曼 N. Hartmann 之所持。一為融康德之重實踐理性與功利主義及進化論之自然主義思想所成之實用主義者，如杜威式之倫理學。一為承休謨之以感情說明道德之邏輯實證論者如石里克 M. Schlick，艾爾A. G. Ayer 及史蒂文生C. L. Stevenson 之新型的以道德判斷為感情之表現，或對人之勸告命題之說。此上所述，唯哈特曼能承康德之先驗主義之立場，而又取席納Max Sheler等重道德價値獨立性之立場，而以實質的道德價値之直覺，代康德之形式主義的道德律之建立，爲最能深入人之道德生活之體驗中，以建立一獨立於宗教與形上學之外之倫理學體系者。

除此上所述外，康德以後之西方人生哲學之一大流，則爲眞正重人之生活，人之存在之人生哲學。此中之一支，爲原本十八九世紀之浪漫主義之精神而來。如歌德之重人多方面生活之和諧，居友Guyon之重生命之擴張，狄爾泰W. Dilthey之重文化生活之心理之體驗，倭鏗R. Eucken之重精神生活之奮鬥，柏格孫H. Bergson之重生命之創造進化，開展的道德宗教之生活。此可謂重在立道德之基礎於廣泛義之生活者。再一支爲由尼采及杞克噶，至現在之海德格M. Heidegger，雅士培K. G. Jaspers，貝德葉夫N. Berdyaev，薩特G. P. Sartre馬塞爾G. Marcel之一支，此爲重人自身之存在地位之內在的眞切而深入之反省，而屬於廣義之存在哲學。此可溯原於巴斯噶及中世之哲學家，如奧古斯丁之重人之存在地位之反省之思想。又可直接於蘇格拉底之人格精神者〔註〕。此二派之哲學，皆不限於狹義之道德問題之思索，而欲人對其整個生活與存在之有一具體的內在的直接的把握；而最不甘於只以抽象概念，對人之生活與存在，作間接的思維；不甘於將人之生活與存在客觀化，對象化；亦不甘於將人只隸屬之於人以下之自然，及人以上之形上實在者。因而亦最能面對人之生活與存在，而加以肯定，以直下保持人生與其道德之獨立性之人生哲學。

〔註〕：Kierkigaard於Concluding Unscientific Postscript Pt. I Pt. II 多處以Socrates爲Existing subjective thinker

至於就整個十九世紀至二十世紀之西方之人生思想而論，則有關人生價值人生理想之理論，在哲學中地位之提高，則爲一不容否定之事。除人生哲學之一新名外，重論價值之哲學家，又有價值哲學一名之提出，專以價值自身爲哲學研究之一對象。現代西哲，對於價值性質、價值經驗、價值之存在地位、價值之種類、各種價值之互相關係、價值之標準，亦多有作系統之分析討論者，而對各種價值之概念，價值之問題釐清，貢獻尤多。本書之第四部，亦即以價值論爲名，以論述此中之數主要問題，而此亦所以便讀者更易接上西方現代哲學中之價值理論者。

第四節　印度之人生思想之特質——其與西方之人生哲學問題之不同

我們現再回頭來看東方之印度及中國之道德哲學與人生哲學發展之大勢。我們可以看出其與西方之道德哲學、人生哲學之重點，有一根本上之不同。此不同在：西方哲學中許多人生道德之哲學問題，在印度與中國哲學中，皆不成問題。即成問題，亦不重要。而眞正成重要問題的，乃另有所在。大率西方關於人生道德之哲學問題，除上述之最後二派外，多是先把人之生活與道德現象，道德語言，先置定之爲一對象，而對之運用思維，加以研究。由此而對各種道德概念之分析，如何謂善，何爲正義等？成爲問題。人生理想道德理想之如何以語言，加以適切的規定，如人生行爲應否以快樂爲目標，人應重自利或重利他等？成爲問題。道德判斷之性質，是否同於認識判斷，與此判斷之對象爲何，（如行爲之動機或結果）成爲問題。道德與宗教形上學科學等之相互關係如何，成種種問題。道德生活之成就，與人之何種心理活動，何種情意，何種理性（如純粹理性或實踐理性）最爲密切相關，成種種問題。人生與其道德生活所求實現之「價值」，爲依其他實際存在而存在的，或爲自己存在，自己潛在的，或依上帝而存在的，成種種問題。惡之來原如何說明，成種種問題。畢竟人有無實現道德上之理想與命令，以拔除罪惡之自由意志，人有無靈魂，是否不朽，如何證明其不朽，個人與人格之存在與上帝或自然之存在如何相關？人在宇宙之命運之客觀的存在地位如何，亦成種種問題。這些問題，在東方哲學不是全莫有，但是在根本上說，都非是最重要的。

這些問題之所以對東方之人生道德之問題，爲不重要，因西方哲人在討論這些問題時，恆只是對這些問題，作一純外在的、理論性的、一般性的思索，而對其義理，以語言加以說明。此即西方存在主義所謂，非存在的思索；而在東方之哲學中，則大體而言，皆是直下以我個人之如何成就其生活與道德，而提高其人格爲問題，而對之作一內在的，實踐性的，唯一單獨的思索，並對其義理，加以超語言的印證。此即西方存在主義者所謂存在的思索或存在的照察。人在眞從事後一種思索時，則人自始不必將人之生活與道德，視爲一對象，以先論其客觀的存在地位，其與上帝，自然，他人或自己之各種心理活動，或與宗教形上學之關係等。而將視此一切，皆爲我在成就其眞正的生活與道德之歷程中，逐漸遭遇到，展現出，並成爲我之眞正的生活道德歷程，所由構成之成份之種種事物，乃初不能在此歷程的存在之先，加以預先的規定者。以至人之意志是否自由，人之有無靈魂，與其是否不朽，惡之來原，與其是否實在等，皆只當由人之實際的修養工夫，加以證驗。而不能視同一般邏輯問題，知識問題，可由純理論的討論，加以解決者，此可謂東方之印度，與中國之對人生與道德之哲學思想，大體上共同的路數。

在東方之此種思想路數下，對人生與道德之理想目標之概念的規定，不是重要的。唯有人自身之存在狀態之照察，才是重要的。人能照察其存在狀態中不能安、不能忍之處，即同時反照出人生之理想與目標之所向。譬如在印度之各派哲學，幾皆以求自業識、輪迴、煩惱，無明等解脫爲目標〔註〕。此乃由印度人之智慧之能照察到：「人之存在於此類事物之中，而此類事物，亦存在於人之自身，以形成一互相黏縛之結。」這些煩惱、無明等，就在我之當下之存在之中，使我欲捨難捨，欲離而不能離。由此即反照出，人之當有求解脫與求出離之目標。此目標只是代表一路向。畢竟人達出離與解脫之目標後，所得者爲何？在事先並不必知，亦不必須求知。而「眞知」亦唯在人能逐漸出離與解脫時，乃逐漸實現。此眞知亦即超越吾人今之知，而爲吾人今之知之所不及，亦吾人今之言語之所不能及者。此即吾人前言

〔註〕：M. Hiriyana: Essentials of Indian Philosophy. pp.50—56論印度各派哲學共同之目標，即在求自輪迴再生中解脫。

印度之知識論，必肯定超知之知，及超語言之境界之存在之故。

第五節　印度人生思想之各型及其不重西方人生哲學中之若干問題之理由

大率在印度思想，為求達到解脫出離之目標而生之思想，依印度之宗教與各派之哲學，約有數形態。其第一種形態，即為一面信仰梵天及其所化生之諸神之存在，一面讚頌梵天與諸神之功德大能，一面銘記誦讀其啓示之語言，一面祈禱其賜恩接引，一面對之表一無限的依恃之情，並求與之有一神秘的結合，以求由超升，而拔離於業力輪迴等之外之形態。此為類似西方宗教，而亦為印度相傳之民衆的宗教生活之核心。

其第二種形態，為耆那教及其他苦行宗派，重在本心靈之自力由生活上之自制，與對一般之意志欲望之折磨，以求自意志欲望與其業報解脫者。

其第三種形態，為既不如婆羅門教徒之依恃梵天，亦不如苦行者全從意志之磨折，直接下工夫；而重以智慧了解正法，作如理之默想 Meditation 以求解脫之形態。在此點上勝論數論及原始佛學，皆可謂屬於同一形態。其中勝論之多元論，乃以析物至極微，明上帝與諸自我之互不相待，並使人知物為和合而有，並破除人對於物、他人、及上帝之互相糾結黏縛之關係，以達於超苦樂之靜定 Moska 境界者。數論之二元論，則以純我爲純靜觀者，以使人知此純我之異於產生羣動之「自性」，而與「自性」所產生之羣動隔離者。佛學則由明諸行之無常、諸法之無我，以使人自一切我執法執解脫，而證寂淨之涅槃。

第四種形態，爲彌曼差派及吠檀多派，重肯定「吠陀」或「梵書」所啓示之眞理與法，以之寄託信心。其中之吠檀多派，尤重由智慧而生之對眞理與梵天之德之默想之工夫；但亦不廢祈禱以求與梵天合一，得無盡之道福，而不止於消極的去苦去縛，達靜定境與涅槃境者。

第五種形態爲如大乘佛學之一面重以智慧觀照眞理，而一面又不只求安住於靜定涅槃境，或只求個人與梵天之合一，而由智與悲雙運，並以視世間與出世間不二之菩薩行，爲眞正之解脫道者。

此各種形態之求解脫之實際的工夫，與所達之境界之高下，自亦不必全同。唯瑜伽行則爲各派所共同。瑜伽行有消極義與積極義。數論之瑜伽行，純重在知自性之非純我，而求純我與自性之隔離 Disunion，乃偏於消極義者。而吠檀多派之瑜伽行，其求與絕對之梵天合一，乃偏於積極義者。至佛教之瑜伽行，則爲重在對涅槃菩提境界之相應行，以使人逐漸「轉」化超升其存在狀態，以「依」於菩提涅槃之境界者。其即轉即依，似爲兼重瑜伽行之消極義與積極義者。而瑜伽行中之工夫，亦兼身體與內心之工夫之各方面，非吾人今所及而一一論者。

在印度之各派哲學，重實踐之思想中，人之一切純粹理性之應用，以求知世界之本相之事，如求知上帝與自然及人之關係等，皆爲所以使人知眞理所在，而默想眞理，以助人自苦痛，情欲，罪業出離者。故無所謂純粹理性與實踐理性之對立。又因一般之知與情意，同爲待修持工夫，加以超化；而解脫、涅槃、或梵我不二之境界，乃兼爲人之知情意之所嚮往，故亦無西方道德哲學中之主知、主情、主意之說之對立。西方之利己主義與利他主義之爭，在印度哲學中，亦無大意義。因人之修養工夫，正須超化此「己」。欲超化此「己」，則須有種種對人之慈悲謙敬之梵行。唯其中之大乘佛學，因特重開發自己之大悲心，以觀一切衆生之苦，並有「一切衆生皆令入無餘涅槃而滅度之」，「我不入地獄，誰入地獄」之教，則爲一人類宗教中胸量最爲廣大之思想。

此外，西方哲學中，對惡之來原之問題，意志自由問題，靈魂不朽之問題之諸理論，在印度之哲學中，同可目之爲戲論。因人所重者，在去除煩惱染汚等一切惡，而不在問其來原。如人中箭，重在拔箭，而不在問箭如何來。人之意志欲望，如爲有染汚者，則本爲幻而非眞，亦待他而起，其自身自非自由，亦人所當去者。至於道德意志、或解脫一般意志欲望之意志之爲自由，若只如西哲康德之視之爲一設定，亦不濟事。而要在於修養工夫中，處處證實此設定。至於對自我之靈魂之是否不朽之問題，則在印度哲學中，或主個人有純我，有獨立之我，如勝論數論；或主無我，如原始佛教；或主有梵我，爲大我，而個人之小我爲幻有，如吠檀多派。是皆不同於西方之所謂靈魂。然我或業識之不滅而輪迴不已，則幾爲各派之所共認。然只此不滅，輪迴不已，並非即可愛樂，而亦可爲至堪厭棄之事，須依此我此業識之存在狀態爲如何而定。遂與世人之以長生或靈魂不滅之本身，若即爲一人之所求之目標者，截然不同。

至於道德判斷之對象，爲人之動機或結果，價值之是否依於實際存在，或自爲永恆存在或潛在，在印度哲學中，亦非重要問題之所在。因人之只有某動機，與其行爲有某結果，皆不表示其人之存在狀態之超升。而此實際存在之世界中所具之價値，乃人所不能滿足於其中者。至人所求之價值如寂淨解脫等，在未實現於人之存在本身時，其自身之永恆存在於理念世界或上帝心中，皆與人之存在本身，爲不相干者。於此寄託人之玄思，並無助於人之實際的人生問題之解決；反可構成人之概念上法執，而以之掩蓋人之實際上的苦痛，罪業之問題之存在，亦掩蓋人由直接觀照世界之苦痛罪業，而生起大悲心者。故此類西方之道德哲學人生哲學所重之問題，遂在印度哲學中，皆無重要之地位。

第六節　中國之人生哲學之發展——先秦

中國哲學與印度哲學，同爲重由人之行爲工夫，以求人生存在之狀態之向上超升者。在西洋哲學中，關於人生道德之若干問題，在中國之不被重視，其理由亦與上述者大體相同。但中國之哲學所重之行爲工夫，及其向上超升之目標，與印度哲學所重者，又不全同。故對印度哲學所不重之若干問題，中國哲人又較重視。

我們大家對中國之人生道德哲學之一共有之觀感，是其初比較着重人對人之問題。此所謂人對人之問題，主要是個人對個人，如父對子，兄對弟，君對臣，夫對婦，朋友對朋友之倫理問題。此與西方哲學初更看重人對神、人對自然之問題，其論人對人之問題〔註一〕，亦偏重個人對集體之問題者不同〔註二〕。亦與印度之宗教哲學之初所重者，即爲個人如何自其個人之罪業苦痛等求解脫，以徹底改變其原始之存在狀態者不同。

中國之道德思想之起原，照孟子說，是「舜爲司徒」即「教以人倫」。其中即包涵上述之五倫。此或爲孟子推想之辭。然其所以如是推想，亦當有其理由。如說中國之倫理思想之起原，不當溯原至舜，則尚書之周書及詩經等，所言之倫理之教，當大體可靠。周書中教人主敬天。然敬天即當保民。周之宗法制度封建制度，乃依親親尊尊之誼而立。親親之誼，始於孝友。尊尊之誼，本於敬祖而敬宗君宗子。此皆是以人倫爲本。而詩經之所歌詠，亦多爲兄弟、父子、男女、君子與小民及對賓客朋友之情。吾人如以詩經所描述之生活，爲中國西周人民生活之實況，則此生活之情況，乃人民之散居自然界中，聚家成族，以與其土地田畝，及自然界之動植物，朝夕相依，以求人之相生相養之生活。此實與希臘羅馬人之殖民異地者，初爲個人之離其鄉邦之土地，住居城市者，則個人與邦國之關係，特形密切之情形者

〔註一〕：中國倫理之教之深義，除本章所論外，詳論見本書第三部十九章第二節，及第四部第九章第五節。

〔註二〕：梁漱溟中國文化要義，於此點曾詳舉西方社會歷史之事實以證。

不同。與印度古代人之處於草木叢生之炎熱地帶，謀食易而恆欲於森林中，求淸涼求休息者亦不同。吾人有理由說，殖民異地之人，其心情因與異地之土地與人民，原不息息相關，因而其思想更易傾向於對客觀之自然觀察玄想。此即希臘之自然哲學，原於殖民地之人之故。而住居城市者，個人與邦國之關係特密，此即希臘之倫理思想，始於雅典之個人與邦國之衝突〔註〕，蘇格拉底終爲忠於雅典之法律而死；而柏拉圖與亞里士多德之倫理學，皆連於其邦國之政治論之故。吾人有理由說，印度人在自然生活中之求淸涼、求休息，引發印度哲人之在精神生活上求拔除一切內心之煩惱，以獲得內心之寧靜。吾人亦有理由說，中國古代人之家人父子，同工作於土地之農業生活，使中國古代之哲學思想，更重家庭之父子兄弟夫婦間，君子貴族與平民間，及往來之賓客朋友間之倫理。

大約中國古代人對其禮教倫理生活之意義之自覺，始於春秋時代之賢士大夫。孔子則由敎孝敎友，進而敎人求仁，以仁爲禮樂之精神之本，並以其一生之人格，體現其全幅之道德理想者。由仁字之從二人，則其初爲人對人直接表現之德可知。故行仁要在忠恕。然孔子復以仁德之本在人之內心，而仁心

〔註〕：黑格爾之精神現象學 Phenomenology of Mind, tran. by Baillie PP.464—499. 論希臘人之個人之家庭意識與邦國意識之衝突，歷史哲學第二部希臘世界第三節中，論蘇格拉底一段，論蘇氏之個人主觀性與雅典之邦國之要求之衝突。

之充量，則又可及於鬼神，及於天地，以「事死如事生，事天如事親」，由是而人之德行即通於天命。而人對人之仁，亦非只所以維持人類社會之存在，而爲人之自成其爲人、爲君子、爲聖賢之事。孔子教人如何爲人之學，亦即重在教人如何改過遷善，以爲君子爲聖賢上。而此亦即一重人之對自己之存在狀態，加以超化，以向上升進，而自建造其人格之存在之學也。

自孔子之倡爲人之學以後，墨家道家及儒家之孟荀，皆無不將一切思想理論，收歸於自己之生活行事上言，以使人在其存在狀態之自身，有一超化。墨者以繩墨自矯，而墨之名，蓋亦即所以表示墨家之人之一生活方式〔註〕。莊子志在爲眞人，至人，神人，天人。孟荀則皆承孔子，而以君子聖人、大人、作爲人之目標。孔子爲聖，而自言「知我者其天乎」？孟子言「盡心知性則知天」。荀子言聖人之德，「經緯天地」。墨子以天志爲法。莊子以天爲宗。則諸家同以人成爲大人、聖人、眞人等之後，人即自能上達天德（儒）或同天（莊）或與天同志(墨)。而其中即包涵宗教性及形上學之感情與境界。然此種由人之正面的充其所以爲人之量，以上達天德，等等之說，則與印度哲人之重消極的自「惑業」「無明」「幻妄」等解脫，以上合於梵天，而證靜定涅槃之境者不同，亦與柏拉圖新柏拉圖派之以理念世

〔註〕：江瑔讀子卮言論墨子非姓墨，墨乃繩墨瘠墨之義，則墨子乃以墨爲教。至於墨之是否兼表示墨家人士之出身與職業，則是另一問題。

界之光之下照，「太一」之德之下流，以引人上升，及西方基督教之重上帝之降世，以對人賜恩之說不同。由此而中國之儒墨道三家，皆直下欲以其道治天下，或以仁義之道治天下，或以兼愛尙同之道治天下，或以使「天下人相忘，而不治天下」之道治天下。三家皆未嘗局限其精神於一階級，一邦國，一選定之民族，或一狹義之友誼團體，一宗教之教會；亦不如印度哲人之根本忘情於天下國家之政治之外。而此三家之天下一家之精神，即中國古代之重家族倫理之情誼之精神，擴及於對天下一切人之所成者也。

在中國周代之禮教之思想中，及先秦諸家之重充人之所以爲人之量，以使人之存在成爲天人、聖人、眞人、至人之存在之思想中，人並非由於先感罪業苦痛等之束縛，而求成爲大人聖人。故人之罪業苦痛之超越的來原，在西方或印度之宗教哲學思想中，成主要問題者，在中國皆未嘗成重要之問題。反之，人欲成爲大人聖人等，必人之心性中先有此可能。因而孟子之性善論，成中國思想中之人性論思想之主流。荀子雖言性惡，亦同時肯定心之能知道守道而化性。道家之以眞人、至人爲人之理想者，亦肯定人之原始的自然之性之本無不眞。

在中國之禮教中，不重唯一之天帝之祭祀，或自然之神之祭祀，而重人對人之先人之祭祀。人在祭祀其先人時，可直覺先人之神之洋洋乎如在其上，如在其左右，人念其死後，亦知其將存在於其子孫後人之祭祀之心情中。由是人之死，非只爲離形骸以孤往而入於幽冥，或輪迴而不返之事，而死後之靈魂之是否不朽，如何證其不朽，依何狀態而存在，皆非中國人生哲學中之主要問題。

在中國之使人如何成大人、聖人、眞人、神人之教中，重人之自力，而不重憑仗神力與外在之自然之力。而神與自然，亦初未注定人以一必然之命運。人之所重者，乃其自己之志氣精神之如何升起。「我欲仁，斯仁至矣」。「求則得之，捨則失之」。則儒家可無意志不自由之問題。墨子以命爲無，謂治亂禍福，由人自致。道家老子言自勝者强，莊子言逍遙無待，則墨道二家皆無意志不自由之論。此又不同於印度哲人之先有罪業束縛之感，乃勤求解脫，實證自由。故中國先哲不重意志自由與否問題之討論，雖與印度哲人同，而其所以不重此問題之故，又微有異。

第七節　中國之人生哲學之發展——秦以後至今

至於由先秦之人生道德哲學至今之思想之發展，則曲折至多。大要言之，則自法家之以政治統制人之道德行爲之思想產生以後，秦漢思想家，大皆轉而特重道德爲實際政治之本之義。呂覽、淮南、賈誼、董仲舒之思想，皆欲建立此義。而儒者之欲藉陰陽災變之說以儆人君，蓋由漢代陰陽家思想盛行，而當時之倫理思想，更與宗教性的天人感應之思想相混合之故。又漢初之道德思想，與求穩定政治上之大一統之目標相一致，故以孝治天下及三綱之說興。至漢末之知識分子之道德政治理想，則又以與實際政治相衝激，而人重節義之德操，對人品人物之評論或判斷之思想，相緣而起。而有漢末及魏晉之人物才性之理論及清談中之品藻人物之談。此乃上本於孔孟之知言知人之思想，合於尚書所謂「知人則哲」之言，而以具體存在之人格，爲人之思想對象之哲學，而異於西方之人生哲學，只以抽象之一般人生理想爲人之思想之對象者也。

印度高僧之東來，初本是重在以其佛教教義傳入中土，然魏晉時中國人之加以延接，則恆喜稱道其談吐、風誼、及行事。而中國本土之高僧，亦恆以其行誼之卓絕，爲世所稱。而其生活之方式，亦遠較印度之僧人富於藝術文學之情調，並更重報父母恩與國恩之義，此中皆有中國之人生哲學之透入佛教者存焉。

然自整個而言，佛家思想及由秦漢以降之道家思想，自爲重在遠離世間之煩惱，而趨於出世者；或修養心性、而趨於超世者。故在南北朝隋唐佛道二家之思想，極盛一時之後，終有韓愈之闢佛老，及宋明學者重復興儒學之運動。在此復興儒學之運動中，前有范仲淹、歐陽修等之在位者之提倡於上，宋初三先生之講學於下，北宋有洛蜀之學之分，南宋有湖湘之學，浙江之永康、永嘉之學，及朱子陸子之學之分。然其能承前啓後，師友不絕者，則爲由胡安定、孫泰山，至周程張朱陸王以下之所謂宋明理學之傳。吾人今擬說之一義，是宋明理學家，至少自表面言，似不如先秦儒者孔孟荀之更重「好學」，「擴而充之」，「積僞」之正面的修養工夫。而較重「無欲」（濂溪），「變化氣質」（橫渠），「去人欲以存天理」（程朱），「剝落」，「不求日增，但求日減」（陽明）之似消極的減損的工夫

〔註〕。而清人之所以疑宋明理學諸儒有近佛老處，亦不無一面之理由。

吾人探宋明儒者之較重此種消極的減損工夫之理由，實在於宋明儒之更信吾人之本來具足有能爲聖爲賢之「無極之眞，二五之精」（濂溪），「天地之性」（橫渠），「此性此理」（程朱），「本心」（象山），或「良知」（陽明），而無待於外面之增益之故。此種思想之根本點，在相信一切成終者，皆所以成始。人能爲聖賢，而志於聖賢，正由人在其生命本原之心性上，原即純善而無不善之故。而一切之修養工夫，即皆爲求去掉變化屬於第二義以下之「心性」爲「氣質之性」，「人欲之心」，或後天生活所成之「意見」「習氣」之事。至剋就宋明儒之較先秦儒者更重消極的減損工夫處言，謂宋明儒之修養工夫論中，包括佛老或印度哲學中去執去縛之精神，固亦可說。然嚴格言之，則宋明儒學所倡之修養工夫論，實大體上，仍爲一面體會人之生命本原上之天地之性，義理之性，本心良知之至善，而一面去除其反面之人欲、意見、習氣、以使之不爲人心之天理流行之障礙，之雙管齊下之工夫。

關於由宋至明理學之修養工夫之理論之發展，簡單言之，乃一步一步向人之心髓入微處發展。大率在開宋明理學之先河之三先生，如胡安定、孫明復、石徂徠所從事之工夫，皆不外以前傳統儒學之工夫，以與學者砥礪志氣，樹立風範，並未特別標出在學問工夫上之宗旨。至濂溪言「主靜無欲」以「立

〔註〕：拙著人類精神之行程一文，詳論宋明儒與先秦儒者在此點上之不同。（人文精神重建卷下）

人極」，以「希賢希聖」爲教，橫渠言「變化氣質」，而以「知化窮神」爲對乾坤父母之「繼志述事」，乃有特殊之工夫上之宗旨。然此猶偏在由人之矯偏去蔽，以合於天之處言工夫。而未直在心性之自覺上立根。至明道以識仁定性爲言，伊川以主敬及致知窮理並重，乃爲直在當下之生活中，從事存心養性，盡心知性之工夫，而體貼到天理即此人性，更無濂溪橫渠之不免「大天而思之」，以希慕於外之失。至朱子之中和說之歸於言一心之靜中之動，與動中之靜，而以敬貫乎動靜之中，主存養，省察，致知，格物並重，而後濂溪二程所傳之爲學工夫，乃融成一貫之系統。至陸象山之發明本心，直下契合「宇宙內事即己份內事」之旨，以「先立乎其大者」，遂又由朱子博大精微之論，轉爲一簡易直截之教。至王陽明之單提致良知，則是於象山之所言之本心，就其一點靈明之「是是非非而不昧」處，直下加以自覺，以爲聖賢之學中之點石成金之靈丹一粒。至於陽明以後之王學，如王龍溪之重「才動即覺，才覺即化」，聶雙江羅念菴之重「歸寂通感」，皆於良知之教，有所發揮。至劉蕺山則由陽明良知之學，進而以誠意愼獨爲聖學之核心。此皆是一步一步更向人之心髓入微處之所下之修養工夫也〔註〕。

至於由明末之王船山、黃梨洲、顧炎武至清代之顏習齋、戴東原，以下之學風，其與宋明理學之別，則在其重人文教化之流行，禮樂政治之施設，及知識技能之儲具，過於宋明理學家。而戴東原之以

〔註〕：拙著中國文化之精神價值第七八章。

情絜情言仁，以知照物言智，及焦循之以通情言仁，皆有補於宋明儒重性與理而忽情欲之失。及至道咸以後之公羊家，遂更重經世致用之教；下及於晚清之康南海、譚嗣同之本孔子大同之仁教，以變法維新，及孫中山之本中國道統之傳中貴民之義，以成民族民權民生並重之政治思想，其歸趣皆偏於立社會羣體中之人道。而與宋明理學之重立「人之成爲聖人之道」者自不同。然皆未嘗外人而爲道，遠人而爲道。且皆重由知到行，歸於實踐，以改變其自己之存在狀態，而不只爲世界之旁觀者，默想者，則中國數千年學術精神之所注，固未嘗有異者也。

哲學之內容四、人道論、價值論　參考書目

三浦藤　西洋倫理學史　謝晉青譯　商務印書館出版

此書幾爲中文中之唯一之西洋倫理學史之書。

伯洛特 C. D. Broad 慶澤彭譯　近世五大家倫理學　商務印書館出版

此書以斯賓諾薩　布特勒　休謨　康德　席其維克等五家之倫理學代表近世西方倫理學之五型

張東蓀　道德哲學

此書乃分型類，以論西方道德哲學書者。

黃建中　比較倫理學　第二章　何謂倫理學

此書乃以中西比較觀點，講倫理學問題者。

中西哲學中關於道德基礎論之一種變遷（拙著中西哲學思想之比較論集，三十二年正中書局版）

拙著此書多誤。此文之論中國之一半亦多誤。但論西方之一部，語皆有據，亦大體不誤。可供初學之參攷。

I. T. Hobhouse: Morals in Evolution

此書乃泛論道德之發展，及比較倫理學之書。其第六、七二章，乃論西方之倫理學之發展者。

A. K. Rogers: A Short History of Ethics

H. Sidgwick: Outline of The History of Ethics, 1925, Macmillan

英文中之倫理學書，多喜就倫理學之派別型類而分論之，倫理學史之書極少。此二書乃篇幅少而簡明之一西方倫理學史之書。

S. Das Gupta: A History of Indian Philosophy

L. E. Hiriyana: Essentials of Indian Philosophy

印度人論倫理學，恒連其宗教與形上學以為論。此上二印度哲學史之著：後者甚簡，前者最繁。吾人於本章論印度倫理學之部，乃抽譯後者之一部而成。唯間亦參攷前一書，及Radhakrishnan之Indian Philosophy一書。

Lin Yu-Tang 編 The Wisdom of India, 1944

林氏此書，重印度之人生智慧方面，對文學及佛家思想方面之材料，所選者較多。

鍾泰　中國哲學史　中國倫理學史之著，初有劉師培蔡元培之二種，皆不見佳。民國以來，爲中國哲學史者皆喜據西哲之義，以釋中國思想，又忽於中國倫理思想之部。鍾書論中國哲學，無甚新義，但甚平實。其所徵引中國先哲之原文較多，初學讀之，不致誤入歧途。

牟宗三　陸王一系之心性之學　自由學人第一卷一至三期　此文雖論陸王一系之心性之學，然直上溯至孔孟程朱之工夫論。而儒學實中國倫理學之核心。讀此可了解此核心思想之發展之一線索。

第八章　哲學之內容　四、文化哲學

第一節　文化哲學歷史哲學與一般哲學

吾人前以人文論之一名，概括文化哲學，歷史哲學，及分部之文化哲學如教育哲學、經濟哲學、政治哲學、宗教哲學、科學哲學（一般只以指自然科學與數學之哲學）、藝術哲學之類。然此類哲學之名之流行，無論在東方與西方，皆只爲一二百年之事。在以前之東西哲學中，皆未嘗視之爲獨立之各部門。吾人今既除數學、自然科學外，有研究人類文化之各方面之教育學、藝術學、政治學、經濟學等文化科學（今用此名，以概括一切研究文化之一方面之專門之學），何以尙另有所謂文化哲學、歷史哲學、及各種分部門之文化哲學呢？畢竟其與歷史學與文化科學等之分界何在？此爲吾人於此所須一略加說明者。吾人今所擬說明者是：如自所研究之對象上看，所謂文化哲學、歷史哲學、與歷史學、及各種文化科學間，原爲無嚴格之分界者。一切哲學與科學之分，亦本爲整個人類之學問世界中之一方便之劃分。然此方便之劃分，亦非無其根據。吾人今試分別一述在各種專門之文化科學之外，有各種之文化哲學，及在歷史學之外有歷史哲學之理由如下：

大率在諸專門之文化科學以外之文化哲學問題，一爲關於某一專門科學之範圍，當依何概念，加以規定，以別於其他科學之範圍之問題。一爲一專門科學中之基本概念名詞，如何加以界說，以別於其他科學中之基本概念名詞之問題。一爲一專門科學之方法，如何加以說明，一專門科學知識之限效，如何加以規定，以別於其他科學之方法，其他科學知識之界效之問題。此諸問題，即一專門科學內部之邏輯與知識論之問題。其次爲關於一專門科學之對象，與其他存在對象如自然之存在，上帝之存在，人之心理生理之存在，及其他形而上之存在，如理念或上帝存在之關係問題。此爲關於專門科學之對象之存在地位的形上學問題。再次爲一專門科學與其所硏究之對象，是否表現價值，是否合於人之理想，如何方能表現價值，以合於人之理想，此爲一文化科學內部之價值論人生論之問題。

至於總的文化哲學之問題，則爲總論文化之範圍，文化之概念，硏究理解文化之方法，及人對文化之知識之限效；總論文化與自然及上帝人生之關係，人類文化世界中各種文化領域之價值，及其與人生之理想之關係，與人類之不同類型文化之價值與理想，及其如何配合，以實現一最有價值最合理想之人類文化之世界諸問題。

至於歷史學之異於一般所謂專門之文化科學或文化哲學者，則在其不重從橫剖面論文化，而重在順時間之流行，以縱論人類文化之歷史的發展。在歷史中，吾人所注目者，乃文化之變遷中，承前啓後之迹。於是吾人當注目於其一時代文化各方面之參伍錯綜之關係，在此參伍錯綜關係中之人物，如何從事於各種文化活動，及其他活動，所成之種種歷史事件之相繼相承之迹。至歷史哲學之別於歷史學者，則首爲求規定歷史學之範圍，歷史學中之諸概念之意義，歷史學之特殊方法，歷史知識之限效，此爲歷史學中之邏輯知識論問題。次爲求通觀洞識一時代之文物文化所共同表現之時代精神，其對於後一時代之文化，或對整個人類文化之意義，歷史之變遷之根本動力之所在，其與自然環境之變化，或上帝之計劃，或人生之自然心理之要求，精神要求之關係，及歷史發展之有無必然法則，必然階段，或必然命運之存在，此皆爲歷史之如何關連於其他存在或客觀法則之形上學之問題。再次爲求估定人類過去之各階段之歷史文化與歷史人物之價值，討論人類歷史發展之目標及人當如何担負歷史之使命，以開創其未來之歷史，而實現人類之理想，此爲歷史哲學中之價值論人生論之問題。

吾人如了解上文之所言，則知在任一部份之文化哲學及總的文化哲學，與歷史哲學中，皆各同時包涵邏輯、知識論、存在論或形上學、及價值論或人生論，三方面之問題。同時吾人亦可知每一門之文化哲學，雖似只局限於一文化領域之中，實亦連貫於通常所謂哲學之知識論、形上學、人生哲學之三部門，而是將三者會通而論之者。因而亦即可謂爲會通此哲學三部門之哲學。於是吾人治哲學，如先自一專門之文化哲學下手，亦即可通於三部門之哲學之問題〔註〕。吾人今再不厭覶縷，依此觀點以分別說

〔註〕：此上之觀點蓋爲本書所獨有。

明吾人通常所謂數學與自然科學之哲學，藝術哲學及美學，宗教哲學及神學，法律、政治、經濟、教育，社會之哲學中之一般問題，以便初學者，更了解此義。

第二節　數學與自然科學之哲學

吾人以從事數學之演算，爲數學之科學之事。在數學的哲學中，吾人首可問者，乃何爲數學之範圍？因自數學之發展而言，數學之範圍，明爲不斷擴充者。其由原始之算術至代數，至解析幾何、微積分……羣論、數論……乃其範圍之不斷擴充。則吾人可問，吾人何以說其皆屬於數學中？畢竟吾人將如何規定數學之範圍？而此問題，亦即必引至吾人如何規定「數學」之概念及「數」之概念，數學之其他基本概念與公理等？數學之方法與推理原則如何？數學知識與其他學問之知識，如邏輯及自然科學之知識之關係如何？數學知識之客觀的限效性如何？此即爲關聯於數學之邏輯知識論問題。

於此吾人如進而問數之是否存在？是一實際之存在或一理念之存在？數與其他之存在，如自然之存在，人心之存在之關係如何？則爲由數之知識論之問題，而兼及於數之形上學的問題。而吾人如以「太一」名宇宙之至高實在，或主張「二」或「三」爲有形上意義之數，則構成形上學之數之概念〔註〕。

〔註〕：西哲皮耳士 Pierce 即以一、二、三之數，皆有一義上之形上意義者，在黑格爾之哲學中之「三」，及中國易學家心目中之數，皆有形上學意義者。

至吾人如問何種數爲最好之數？如辟薩各拉斯之重四之數與九之數，視爲表示正義者，則數成有價值論之涵義者。今之普恩加來 H. Poincare 與懷特海之謂數學中有美者，亦爲肯定數學之價值論之涵義者。此外吾人復可問數及數學，對人生文化之價值畢竟何在？或人是否必當重視數量之差別，過於性質之差別？人是否當特重視數學而置於其他科學之上？此皆爲關連於數理科學之價值論倫理學之問題。

在自然科學中，吾人以純粹從事自然之觀察與實驗，而不自覺的依自然科學之方法，以求得自然知識而記錄之，爲純粹之自然科學之事。然在自然科學之哲學中，則吾人可問：自然科學之範圍如何？如心理學可否屬自然科學中？依何義而可屬？依何義而不屬？由此吾人可引至「自然科學」之概念爲何？「自然的存在」之一概念爲何？科學中「物之概念」「能」之概念爲何？自然科學中人對自然之知識，與常識中對自然之知識之同異關係如何？自然科學是否依於人對自然之一先驗的知識而成立？因果原則，歸納原則，是否人對自然之一先驗的知識？自然科學可否離因果原則，歸納原則而仍能成立？函數律是否即因果律？概然律是否可代因果律？自然科學知識及一般自然知識，與吾人之感覺之知，邏輯之知識之關係如何？自然科學是否只以就人所經驗之自然加以敍述爲目的，或兼以解釋之爲目的？各種自然科學之方法如何？此皆爲自然科學之哲學中之邏輯知識論問題。至於吾人問科學之知識，是否只達於物之現象，或兼及於物之本身？科學知識爲反映客觀存在物者，或只爲主觀的構造？在人之自然知識中之自然存在事物，是否被人之主觀心理所改變？何種自然科學所研究之存在，爲自然界最根本之存在？

何種自然科學之知識，可以爲說明其他自然科學，與其所研究之存在之最後根據？各自然科學所研究之各類存在之關係如何？則爲自然科學之哲學中，涉及本體論、宇宙論，或形上學之問題。至於問科學知識是否眞有使人得客觀眞理之價值？吾人可否謂在不同之民族文化，歷史時代中，有不同之科學，故科學只有表現人之一民族一時代之文化精神之價值？（如斯賓格勒等之說）又如科學果能使人得客觀眞理，除得客觀眞理外，科學是否尙有其他價值？科學之實用價值，與科學之眞理價值，孰爲重要？科學眞理有無美的價值與善的價值？科學是否應對人之道德價值觀念加以指導？如何加以指導？此即成科學之發展與應用之價值論倫理論之問題。

第三節　藝術哲學與美學

吾人如以人之從事藝術之創作或欣賞，爲藝術活動。尅就藝術作品之形式、內容、技巧、風格、與創作之經過，而敍述之、研究之爲藝術學；則藝術哲學及與藝術關連之美學可問：何爲藝術？何謂美？藝術與美之意義與範圍，如何在概念上，加以規定？藝術與一般實用技術，在概念上如何分別？藝術美與自然美、人格美，又如何在概念上加以分別？美之認知，如所謂美的直覺，與其他之認知，有何不同？美之判斷與知識判斷及道德判斷，有何不同？藝術學之方法論如何？此可謂藝術哲學與美學中，關於藝術與美之邏輯、知識論之問題。至於問美之爲主觀的存在，或客觀的存在？美是否存在於自然之內部？有無美之理念之自己存在？美是否存在於上帝心中？及各種美如優美、壯美，與不同之存在事物之關係如何？各種美的事物之形式與內容之關係如何？則爲關聯於美之存在基礎之形上學問題。至於問藝術之起原如何？其與人之遊戲本能及勞働與實用技術等之關係如何？與感情、想像、理性之關係如何？藝術之創造與人之天才及靈感之關係如何？藝術批評或美的判斷、美的品鑒之標準如何？何謂理想的藝術？自然美與藝術美之價值孰爲最高？美之價值與醜之關係如何？何謂藝術之醜中之美，與美中之醜？美與快樂之關係如何？悲劇何以使人感樂？喜劇何以亦使人生悲？喜劇與悲劇之價值何者爲高？美與善之關係如何？人格美是否必涵人格善？美與其他之價值之關係如何？人當如何創造美？創造美其修養當如何？各種藝術各種美之如何配合，以成一整個之藝術世界與美的世界，以對人生表現價值？此皆爲涉及藝術與美之人生論價值論之問題。

第四節　宗教哲學與自然神學

吾人可謂人尅就各宗教之教義、教條、禁戒、歷史、儀軌、教會之組織，所信之神之性質、功德、及其與人之關係而敍述之，爲宗教學，或某某宗教中之神學。至於宗教哲學或自然神學，則當就人類之現有宗教生活，宗教信仰，宗教精神，加以反省，以了解何爲宗教一名之所指？其內包如何？其外延如何？宗教與迷信魔術，有何分別？何謂宗教信仰、宗教精神？宗教信仰，宗教精神中，是否必須包涵神之信仰？宗教信仰中之認知成份如何？宗教信仰是否出於無知？宗教信仰中之所信者，是否兼爲人所知者？信天啓或一教條，人所知者是否只是一名言，而無意義？天啓或教條，是否可爲人世間之知識之標準？其與世間知識衝突時，當如何解決？宗教學之本身之方法論如何？此皆爲關聯於宗教學中之邏輯知識論之問題。至於問宗教信仰中之對象，如神等，是否眞實存在？如何論證其眞實存在？如存在，其數爲一或爲多？如爲一，其性質是否兼全能、全善、全知等？如爲多，其分別之性質如何？相互之關係又如何？如神皆非眞實存在，是否可說神爲人之另一眞實存在之主觀要求之客觀化。此主觀要求爲何？是否即人之改造社會之要求？或人之求全能、全知、全善之要求？或人之下意識中欲返於母胎之欲望或其他？如視神爲眞實存在，則其與世界中存在之人，及自然與文化、歷史與宗教本身之存在之關係如何？神與世界爲合一而內在於世界或超越於世界？神在世界之先或兼在世界之後？爲創造世界者？流出世界者？或只爲世界之建築師？如爲創造世界，其創造爲一度之事？或繼續不斷之事？神與吾人之行爲之關係如何？神是否只爲賞善罰惡或兼寬恕罪人者？又人之靈魂是否爲神之所造？是否於死後仍存在？又是否於未生之前已存在？是否實有輪迴、實有天堂地獄與淨界？凡此等等皆爲關聯於宗教之形上學問題。至於問：人是否可同一於神？或成神成佛？或問：人賴其自力所成之德行之價値，是否可同一於神或高於神？人是否只有在神前自視爲罪人，乃能蒙神之恩救？又一切人是否皆能成神，或皆能升天堂？或若干人只能永在地獄，永無得救之可能？若然，則是否有礙於神之至善，或正所以顯神之威嚴與賞善罰惡之正義之德？一切人與衆生，是否皆能成佛，或是否有種性之別，而有永不能成佛之一闡提〔註〕？若然，則是否礙於一切衆生皆有佛性之說？人又當如何行爲、如何修養，方可得神恩，或成神成佛？又人升天堂成神成佛以後，是否重至人間？最高之宗教生活之內容如何？宗教與道德及文化之關係如何？宗教之價値如何？此皆爲關連於宗教之人生論價値論之問題。

第五節　法律哲學

吾人如以考究人之法律之歷史的起原與發展，一般立法司法之原則，現行法律之條文與其解釋，審判訴訟之程序，政府法律機關之組織等爲法律學；則吾人可謂法律哲學之問題，首當及於何謂法律？法律與自然律或神聖律道德律之名詞概念之意義，有何不同？人如何認知法律與命令之存在？此與認知自然律或道德律之存在，有無不同？人如何認知並判斷人之行爲之違法或犯罪，並依何種邏輯上之理由，方能確知此判斷之爲眞？此確知之確實性程度，能否同於吾人對於自然之知識之確實性？法律學之知識之本身之確實性如何？法律學之方法論又如何？此可謂關聯於法律學之概念、方法、知識之邏輯知識論問題。其次，吾人可問，法律畢竟依於何種存在事物而存在？依於上帝之命令，人之自然欲望或客

〔註〕：佛家法相唯識宗謂衆生有五種性，一，佛種性，二，菩薩種性，三，聲聞緣覺種性，四，不定種性，五，一闡提種性，具第五種性者，卽永不能成佛者。

觀理性或其他？吾人又可問，人之守法之習慣，可否化爲存在的自然的心理本能，將來之人類，可否進化爲自動的守法者，如斯賓塞之所說？法律與道德律、自然律與神聖律，可否說爲一宇宙之律則之分別表現？此諸律，畢竟依何種之結構關係，而存在於客觀世界或人心中？此爲關聯於法律之存在基礎論之形上學問題。吾人又可問：法律之目標如何？價值何在？其目標在報復，以顯正義之原則？或在勸化儆戒，以顯其教育之作用？或法律只爲維持一政治秩序一政治權力之存在之工具？最高之立法權應在君主一人，或少數人，或多數人？其最後之當然理由何在？吾人依何原理以估量各種法律之價值？理想的法律當如何？法律最後是否當歸於消滅？此皆關聯於法律之價值論倫理學之問題。

第六節　政治哲學

吾人可以研究政治現象，或「如何由人之政治行爲，以形成一政治制度，一政治制度下人之如何行爲」之政治現象者，爲政治學。至於政治哲學之所當研究者，則爲：何謂政治現象？其與其他之自然現象，文化現象，有何異同？所謂政治之領域與其他人類文化之領域，吾人如何在概念上，加以淸楚劃分，並加以關聯？人如何認識政治現象？人如何對政治作判斷？人對政治可有預言與神話，此預言神話之確實性如何？人在從事政治生活時，對政治之認識判斷之確實性如何？政治學之方法論如何？此皆爲關聯於政治學之概念、方法、知識之邏輯知識論之問題。其次，吾人可問：政治上之偉大人物之使命感、命運感由何而來，有無形上學的根據？政治上所謂天命當作何解？政治與國家之究竟根原，在人之自然之權力欲，或爲人之客觀精神之表現，或其他？此皆爲關聯於形上學中所謂命運，必然與自由，自然與精神之問題者。至於吾人問人類之過去與現代之政治之缺點何在？價值何在？人類理想國當如何？國家之價值，是否必然高於個人？政治中之偉大人物，政治制度，及政治風氣，孰爲重要？英雄造時勢或時勢造英雄？戰爭與和平之價值，如何估定？理想的人類世界中之政治生活如何？政治對其他文化，當有何關係，表現何價值？政府與政治是否最後當在人類社會中消滅？此則皆爲關聯於政治之價值論及倫理學之問題。

第七節　經濟哲學

吾人可以研究人之經濟現象，或人以其經濟行爲所構成之經濟上的生產、交換、消費、分配之關係，與經濟組織之學爲經濟學。至於經濟哲學之問題則當包涵：經濟現象與其他文化現象及自然現象，在概念上如何加以分別？所謂經濟之領域與其他人類文化之領域，吾人如何在概念上加以淸楚劃分，加以關聯？人如何認識經濟現象？人依何方法對經濟現象作預測？人之經濟知識之確實性如何？經濟學之方法論如何？如數學方法，在經濟學中重要性如何？歷史學方法，於經濟之研究，是否尤爲重要？此皆可謂關聯經濟學之概念、方法、知識中之邏輯知識論問題。其次，如吾人問人類之經濟生活之根原，是人類之自然的求生本能，或人類「精神」之求表現於物質的財富之生產與分配？經濟生活中有無必然律？其與人之意志自由之關係如何？則爲經濟現象之關聯於形上學中之自然與精神，及自由與必然之問題者。至於吾人如問人生理想，文化理想，與經濟制度，經濟生活之關係如何？是否經濟決定文化與人生理想，如馬克斯之說？或人之人生文化理想，決定經濟？如對於近代西方之資本主義經濟，德人韋柏 Weber 說其來原在清教徒之精神。斯賓格勒則說之爲近代西方人之無限追求之「浮士德」精神之表現。又經濟學上所謂價值，與一般價值論中之價值之關係如何？何謂理想的人類經濟社會？人當如何主宰其個人之經濟行爲？如何改變社會之經濟制度？何種經濟行爲爲道德的，何者爲不道德的？則皆爲關聯於經濟中之價值論倫理學之問題者。

第八節　教育哲學

吾人可以研究各種教材課程之如何編制，各種教育制度之如何訂立，各種以不同人爲對象之教育中，各種不同之教學方法如何設施，爲教育學之內容。在教育哲學中，則吾人可問何謂教育？教育之意義是否同於生活之意義？教育之意義與文化之意義同異如何？教育學爲一理論科學或只爲應用科學？或只爲一種技術？教育學之思想方法又如何？此即爲關聯於教育學概念、方法之邏輯知識論問題。吾人又可問教育之如何存在於世界中，其存在之地位如何？人之教育之事，是否爲自然世界中之動物之養育後代之本能之延長？整個宇宙或天地自然，是否皆可在一意義與人以教育？人之教育對整個宇宙有何意義與價值？此則為關聯於教育之存在論基礎之形上學之問題者。最後吾人可問教育之目標理想當如何？教育之目標應重在個性之發揚或羣性之發展？人在自我教育及相互教育中，人對其自己之關係及人與人之相互關係當如何？教育重在使人求承繼整個過去之歷史文化，或重在適應當前社會之需要，或在整個人格之完成？教育之價值何在？各種教育方法教育制度之價值，有何最後標準，加以衡定？何謂人類較合理想之教育？吾人當如何逐漸施行此較合理想之教育？此皆可謂關聯於教育之價值論倫理論之問題。

第九節　社會哲學

吾人可以研究人之社會現象或各種人與人之社會關係，社會組織，與在此關係組織中之社會行為者，為社會學。則吾人可問：人與人之社會關係之意義如何？人類社會、與動物等之社會，在概念上如何分別？人之社會關係與人之政治關係，經濟關係，法律倫理關係，分別如何？在概念上如何加以清楚的表達？人之意識，如何認知他人及社會之存在？此認知，是原於本能或經驗或推理？或原於移情活動或投射活動？此認知如何是客觀的有效？如何證其為有效？社會學之方法如何？此可謂關聯於社會之概念之邏輯知識論問題。其次吾人如問：社會先於個人或個人先於社會？一存在事物之個體性與其屬於一種類一羣體之性，孰為最根本？社會自身為一實體或只為個人之集結？人對人之社會意識，與人對神之宗教意識之關係如何？人之社會關係，可否離語言與文化而存在，如禪宗以心傳心？人之社會意識中，是否涵蘊一超個人之自我或普遍心靈之存在？人之社會意識與生物之羣居本能，養育後裔之本能，及無生物間之親和力，是否有同一之自然之根原？人類社會在宇宙之最後命運如何？則成爲社會之存在論基礎之形上學的問題。至於吾人如問何種社會爲最理想之社會？何種價值，爲屬於個人人格之道德價值？何種價值爲屬於社會之價值？如公平、自由、或安全是否即屬於社會之價值？此屬於社會之價值，是否爲眞屬於客觀存在之社會之本身之價值？或只對個人人格之完成，而有工具價值？社會價值與政治價值、經濟價值等其他人生文化價值之關係如何？又人當如何盡其對社會之義務與責任？如何護持屬於社會之價值，以完成其人格？此皆爲關聯於社會之價值論倫理學問題。

唯吾人以上所論之各種之專門之科學，與各種哲學之分別，實唯是吾人前所說之觀點之不同。而其分別，實爲相對者。故吾人在一般專門之自然科學及政治法律學之中，亦未嘗即無關於自然科學、政治學、法律學之哲學問題之討論。而在所謂自然科學之哲學，或政治哲學法律哲學之書中，亦包涵專門之自然科學、政治學、法律學之若干知識於其中。然此種現象，並無礙於吾人之自觀點之不同，以論此二者之分別。而觀點之不同之無礙於內容之相通，及同一之內容在此時代之此思想家屬於哲學中者，在另一時代之人，則又屬之於科學中者；則正所以證人類之學問之全體之原爲一整體，而一切科學哲學之分別，原只依於觀點之不同，而方便建立者也。

哲學之內容四、文化哲學 參考書目

禮記 經解 樂記 禮運

歷代史書中之書、志、敍

章學誠 文史通義

馬一浮 六藝論

文化哲學之一名，乃中國古所未有。然禮記之論禮樂各文，及經解之論詩書禮樂易春秋之教，即皆爲文化哲學之討論。而除經子之書以外，歷代史書，如禮書，樂書……藝文志，刑法志等之敍言，其論禮樂等之文化之意義與價值，多原本於性與天道，旁通於治亂興衰，即皆文化哲學之論也。淸人章學誠著文史通義，更以詩書、禮、樂、易、春秋之教，爲中國學術之大原。近人馬一浮先生，則有六藝論之著，亦意在以六藝之文化與其精神，通天人之故。此亦中國文化哲學之流。而吾人若自中國思想之一貫重視人文主義，以觀中國思想，則謂中國之哲學，一直以文化哲學爲中心，亦未嘗不可。唯中國之文化哲學之論，不似西方之重對各種文化之領域 嚴加分劃，並一一分別陳其問題，析其涵義。故此類論文化哲學之著作，其系統自不能如西方哲學著作之嚴整；然此亦整個中國之學問面目，著述體裁，與西方原來不同之故，固不限於文化哲學爲然也。

至於西方之文化哲學之輔助閱讀書及參攷書籍，則可略舉數種如下：

E. Spranger: Types of Men

此書由德文譯英文、中文本名人生之形式，由董兆孚自英文本轉譯，於商務印書館出版。

此書爲一家言之文化哲學書，兼倫理學書；然其論各種人生價值及宗教，政治、經濟、學術教育藝術等文化之關係，實爲最富啓發性之一書。

R. B Perry: Realm of Value. 1954, Harvard Press,

此中爲一文化哲學書。

A. J. Bahm: Philosophy: An Introduction, Part Ⅲ,

西方一般哲學概論之書，皆以知識論形上學之問題爲主，或再及於人生哲學或倫理學。論及文化哲學各部門之問題者甚少。本書第三部二十三章論美學問題，二十五章論宗教哲學問題，二十六章論社會哲學問題，二十七章論政治哲學問題，二十八章論經濟哲學問題，二十九章論教育哲學問題。其所列舉之問題甚多，但嫌瑣碎。不似吾人在本章之論此諸問題，乃分爲涉及邏輯知識論者，涉及形上學者與涉及價值論者三部，而加以貫串。然亦足資參攷。學者由此可知哲學之範圍之廣。

L. O. Katsoff: Element of Philosophy, The Ronald Press, 1953.

此書第十七章論美學，十八章論人類之哲學，十九章論政治之哲學，二十章論宗教之哲學，及涉及文化哲學者，亦較其他一般哲學概論者爲多，亦可供初學之參攷。

H. Sidgewick: Philosophy Its Scope and Relations

席其維克此書論哲學與科學及文化之他方面之關係，即可據以了解文化哲學之諸問題，及各部門文化哲學之涵義。

M. Black：The Nature of Mathematics.

此書論現代數學理論之邏輯斯蒂派、形式派、直覺派，可知數學哲學中之若干問題。

C. E. M Joad：Philosophical Aspects of Modern Science.

此書文字淺近可據以知現代科學中之哲學問題。

D. H. Parker：Aesthetics見D. D Runes 所編Twentieth Century Philosophy，由此文可知西方當代美學之大旨。

朱光潛　文藝心理學

此書名文藝心理學，著者亦不樂用哲學之一名。然此書實爲中文中出版之介紹西方之美學理論最多之一書，可作一藝術哲學之概論書讀。

E. F. Carritt：Philosophies of Beauty，Oxford University Press，

M. Rader：A Modern Book of Aesthetics. Henry Holt & co. 1952-

此二書皆爲西方美學論文之選集，後一書只限於二十世紀中之各家。

關於西方之美學之歷史，除 Bosanquet之History of Aesthetics 外B.Croce之Aesthetics as Science of Expression and General Linguistic，tr.by Ainslie D.，London，Mcmillan，1922中，後附錄一美學史，並可參攷，以知此書之歷史發展，及有關書目。惟二書皆已出版數十年，後出版之著，不能皆備。茲舉上列二書之各家美學之選集，以作此學之概論。

謝扶雅　宗教哲學　香港圖鴻印刷公司影印。

此爲中文中通論宗教哲學之書。

W. K. Wright: Philosophy of Religion.

此書分論宗教哲學問題，多爲與形上學密切相連者。被作爲美國大學之教科書垂數十年。本書除論西方宗教思想外，亦略及於東方之各大宗教。

E. A. Burtt: Types of Religious Philosophy. Harpers & Brothers, New York, 1939.

此書分西方之宗教哲學之各型類，比較各派宗教之異同。各以若干命題作結論，頗便初學。

H. R. Mackintosh: Types of Modern Theology: Nisbet and Co., 7 Impression, 1954.

關於宗教哲學之書，各宗教派別各有其觀點，最難客觀。此上三書態度皆甚客觀，故加以舉介。

吳俊升　教育哲學大綱　商務印書館出版

J. S. Brucher: Modern Philosophies of Education. Mcgraw-Hill Co., 1939

此上二書述西洋教育哲學之各派別略備。

蕭公權　中國政治思想史　商務印書館出版

梁啓超　先秦政治思想史　商務印書館出版

讀此二書可略知中國之政治哲學及法律哲學之若干思想。

浦薛鳳　西洋政治思想史　中華文化出版事業委員會出版

此書乃中文中西洋政治思想史中較好者，讀之可略知西洋政治哲學及法律哲學中之若干問題。

唐慶增　中國經濟思想史
此書所論大皆中國之經濟哲學思想。
斯盤（Span）　西洋經濟思想史　商務印書館出版
宋巴特（W. Sombart）　經濟學解　商務印書館出版
關於經濟學與哲學關聯之書，中文譯著之書中，蓋唯此二書爲最富啓發性。
黃文山譯素羅鏗 P. Sorokin 原著　當代社會學學說　商務印書館出版
西方當代社會學者，除德之 M. Weber 外，索氏爲一最重哲學與宗教在社會文化中之地位者。此書爲一敍述各派社會學說之書，然於每一派皆及其哲學上之基本觀念。中文譯本亦甚流暢。

第九章　哲學之方法與態度（上）

第一節　泛論讀文學、歷史及科學書與讀哲學書之態度

我們在以前章已說明，哲學與專門之文化科學之不同，唯是觀點之不同。哲學中之知識論，形上學與價值論，乃通於各種之文化哲學，以使哲學聯繫於人類文化之各面者。由此而我們可知哲學之方法態度，與科學之方法態度，及人之從事各種實際文化活動之方法態度，均有可相關聯而論者。在不同之哲學派別中，其所特重之方法及態度，又恆各與人之從事某種實際文化活動時之態度，或研究某類科學之方法態度，特爲相近。然除此以外，吾人亦可說有純粹的哲學態度之本身，及直接相應於此態度之方法。但在我們論此等之先，我們當向初學者略論如何讀哲學書，及如何引起學哲學之興趣，及如何感受哲學問題之方法。

學哲學是否必須要讀書？這本身亦可是一哲學問題。從一方面看，首先，我們可以說哲學之最高境界，或需要掃蕩語言文字，我們在以前數章中，所提到之中西哲學家，亦大都有此種主張。在我們所說之哲學意義中，亦承認有超語言文字之外之哲學的生活。其次，我們亦可承認眞有哲學的生活的哲人，

並不必是曾講過許多哲學理論，或著過許多書，讀過許多書的人。哲人之哲學造詣，或所達之哲學的境界，並不與其講說著述之多，讀書之多，成正比例。如孔子、孟子、釋迦、耶穌、蘇格拉底等，本人皆不著書，亦不必讀過許多書。希臘早期哲學家及孔門弟子，亦只留下少數名言，即名垂後世。如老子即只有五千言，即爲道家思想與道教之主。但從此二點，我們並不能說學哲學可不必讀書。此（一）因人要掃蕩語言文字，仍須先經過語言文字之運用；不經過語言文字之運用，亦不能眞知語言文字之所不及者何在？語言文字何以須在其所不及者之前被掃蕩。（二）因我們並不能輕易把我們自己與古今之聖哲相比。我們不必有與他們相等之智慧，以直接由宇宙、人生、社會中，識取眞理。縱然我們之智慧與他們相等，而他們講說了許多話，由後人載之於書，我們如能加以了解，我們亦對於同一問題少費許多心思。同時人費心思著書，即希望有人讀。讀書亦可說是一種我們對於著書人的義務。所以我們只要能讀的書，皆可說即是我們當讀的。此義可不須多說。

但古今哲學書籍，汗牛充棟。我們一人之精力有限，實際上能讀之書不多，我們當如何去選擇來讀？究竟應該讀最近的著作，或古代的名著，或原始的材料？究竟應該先順自己個人的興趣去讀，或先依專家的指導去讀？應該先求博覽或先求專精？究竟應該循序漸進，或先讀字字句句都能清楚理解的？或當先取法乎上，不能清楚理解的也讀？究竟讀書應依歷史的秩序，或依論理的秩序？這在學哲學的情形，與學其他學問之情形，不必相同。各人的性格，亦或宜於如此，或宜於如彼。又在各人之不同學問之目標上，不同之治學的環境下，學問之不同階段的進程中，亦有時當如此，有時又當如彼，頗難一概而論。

但我們可以說，讀科學書，大概是讀愈是最近出版的著作愈好。此乃由於科學知識，常一方是一點一滴積累而成，一方是愈後來之科學理論，愈能說明更多之事實，愈具備論理的一貫性；而後來之科學理論成立後，亦常可取以前之科學理論而代之。但讀文學書，則宜多讀經過歷史的淘汰後，所留下的過去名著，因文學作品是一具體性之創作，後人並不能將其創作繼續修補，以成一更完全之創作。後世人之創作，亦不能代替古人之創作之地位；文學之天才，亦儘可曠世而難一遇，文學之技巧，亦不必後人進於古人。讀歷史書，則如志在研究考證歷史，亦對愈古而愈是第一手之材料者，愈當注意。但如目標在了解他人研究考證之成績，則愈近之歷史考證之著作，常為總結前人研究之所成，而愈當注意。至於讀哲學書，則我們可以說愈與科學理論密切相關的哲學，亦愈是隨科學的進步而進步，因而愈是現代的愈重要。其次，科學之哲學的分析，在邏輯的精密程度上，亦常是前修未密，後學轉精。但如果是與文學較近的哲學著作，或表達個人直接的人生體驗之著作，則今人亦儘可不如古人。而在哲學史上，純綜合貫通宇宙人生之多方面，以形成一大系統之大哲，亦常曠世難一遇，而讀古代之大哲一家之書之所得，可遠多於讀無數從事一專門之哲學問題之瑣屑分析之現代著作。

至於讀書之究應依個人之興趣選擇，或求古人或師友，或專家之指導？當求博或求精？當循序漸進，或當取法於上？等種種問題，則當看各人情形而異其答案。亦儘是可並行不悖，相輔為用。唯大體上我們可說，在科學之研究中，比較更接近科學之歷史考證工作中，與哲學中之邏輯知識論與宇宙論之研究中，人最須循序漸進，逐步的用功夫，並宜先自一專門之問題下手。尤須先求思想之有一定之法度，或循前人已成之規矩，以求自己之進步。至於在純文學之欣賞與創作中，學歷史而求對一時代之歷史文化之各方面，加以會通的認識，學哲學而重在直契宇宙人生眞理之本原；則一方須由博以返約，一方亦常須在開始一點上，即取法乎上，研讀古今之大哲之代表作之書籍。唯此類之著作之境界較高，讀者一時可悟會不及。然此悟會，亦可不由層級。一時之悟會不及者，亦可於旦暮遇之，不宜以難自阻。

至於讀書，究應順歷史的秩序或論理的秩序？則我們可說：讀科學書，是必然當重其理論如何連貫之論理的秩序的，而各科學之間及一切科學之各部門之間，亦常是有論理之秩序可尋的，如物理學依於數學，化學依於物理學，生物學依於化學之類。讀歷史是必然要重歷史的秩序的。至於文學之各部門，及一部門之各文學作品間，則儘可各自成一天地，其間可並無一定之論理上的必然相依賴之關係。而由讀某一種文學作品，至讀另一種文學作品，亦恆須人全忘掉某一種文學作品之內容，而經一種心靈之跳躍。各時代文學作品之體裁變化，固為在一歷史秩序中者。然我們如不是意在研究文學史，則我們無論讀何時代之文學作品，皆同須設身處地，而視之如在目前，則歷史的秩序亦非復重要。而我們如要從事文學之創作，則人雖可先胎息古人，最後終須自出心裁。而每一篇文學之創作，就其為一單獨之整體言，皆可謂前無古人，後無來者，如根本不在一歷史的秩序中。此亦即吾人前說文學之創作，不必後勝於前之故。

至於哲學，則一方固重論理的秩序，此有似於科學。然今日之科學，即由昨日之科學，積累修補而成。而一新哲學系統或一新哲學派別，則只能說是由昨日之哲學，加以重造而成。自其爲重造言，則每一系統哲學之著作，即類似乎文學創作，而自成一天地。後代之哲學之不能代前代之哲學，亦有似於文學。此便與今日之科學，可代昨日之科學者不同。然後代之哲學問題，又恆由前代之哲學所留下。歷史上任一哲學系統與哲學派別，皆必留下若干問題。此便又不似文學之創作，如一成即永成，並無一定之問題，以留俟後人之解答者。由此而後人之從事文學之創作，亦儘可一切自我而始。人之學哲學者，則恆須由前人所留下之問題開始。而欲答此類問題，又必須了解前人之已成之哲學思想之本身。由是而學哲學者，對哲學史上之哲學思想與哲學問題，皆必由其個人之重新加以思索而後可。此所思索之過去人所留下之哲學思想與問題，所以如此如此發展，則又恆爲兼具論理的秩序，與歷史的秩序者。此即黑格爾之所以說哲學即哲學史之故。至於吾人之治哲學，若注重在歷史文化之哲學，則吾人更當重歷史的秩序中之事物，更不必論。由是學哲學之情形，又與學文學之情形不同。故我們之讀哲學書，無論是以哲學問題爲中心，或以一家一派之哲學爲中心，我們都兼須注意到一哲學思想在歷史中之地位，其所承於前，所啓於後者何在？而此亦即所以求了解一哲學思想之所涵之意義，而輔助吾人了解各種哲學思想，各哲學問題間之論理上的相承相反之關係秩序者也。

第二節　如何引發對哲學之興趣

我們以上略論讀哲學書之法。我們將進而略論如何引起哲學之興趣，及如何感受哲學問題之法。此是常有一些初學哲學的人，喜問我的問題。

關於我們如何可引起對哲學之興趣，及如何能感受哲學問題，嚴格說來，是並無特殊之方法的。因我們對任何學問之有無興趣，有無問題，是個人主觀心理上的事。如有則有，無則無。如何由無到有，則無方法可講。但是我們可以說，人在希望自己能對哲學有興趣時，實多少對哲學已有一興趣了。人在問如何能感受哲學問題時，人已對哲學發生問題了。順此興趣與問題，我們可以問如何延長此興趣，而進以求感到哲學內部的問題。於此我們可提示一些意見，以供大家參考。

我們可以說，我們要能對哲學有興趣，感受哲學問題，我們必須先對我們不自覺的信以爲眞的，一些由傳聞、習俗、個人成見、或書籍而來的有關整個宇宙人生的觀念、知識、信仰，忽發生某一些疑惑，或對我們生活所接觸的環境中一些之事物，何以會存在於世界中，曾感到某一種情志上之不安。同時對這些疑惑與情志上之不安，我們卻可並不想：立刻由詢問他人或查考書籍來求答覆，亦暫時不想只由改變環境中存在的事物，或轉移環境來求解決，亦暫不藉文學藝術上的欣賞與創作，以發抒此不安之情志，或藉一宗教性的信仰，以寄托此不安之情志。在此情形之下，則我們這些疑惑與情志上的不安，即沉入我們個人思想之內部，而逐漸化爲直接待我們自己之思想本身，加以解決之我個人的哲學問題。

我們上段的話之意思，亦即通常所說哲學起於驚疑 Wonder 之意。此所謂驚疑，或是純屬於知識上的，或是屬於情志方面的，但此二者有時實難嚴格劃分。如分而言之，則我們可說凡是由知識上之驚疑而起之哲學問題，都是我們不能直接憑藉於我們現成已有之知識，來解答的。並常是在現成已有知識中，無確定解答方法者。因而亦常非我們一經問詢他人，或查考書籍即可解答者。其所以不能由已有之知識來解答，並無確定之解答方法，乃由於其在現成已有之知識之範圍外，亦在現成已有之解答問題之方法之外。此解答，或在已有之各專門知識之間，或在專門知識與常識之間，或在專門知識與常識及我個人之若干直接經驗之間。而對此等等「之間」去用心，即延長我們之哲學興趣，並更深切的感受我們之知識上的哲學問題之道。

其次，屬於情志方面的哲學性的問題之感受之加深，則通常皆由於我們在情志方面感受一哲學性問題時，我們能暫不直接由上述之改變環境，以得情志之滿足等方法，以求解答。此亦可由哲學史上之哲學家之思想之所由生，加以證明。譬如我們看哲學思想之興起，常是在文化劇烈變動之時。在此文化劇烈變動之時，即人之情志上，感到種種挫折與阻滯，而又不能直接以改變人所遇之環境，以滿足情志之要求之時。又我們從哲學家之傳記，我們復知一哲學家之成爲哲學家，常由其個人之情志上之某一種要求，較常人為凸出，而又在性格上環境上，不願或不能，用一般之方法，以使其情志得抒發寄托；於是將此情志中之問題，關係於宇宙人生者，皆化為其內在的反省所對之哲學問題，並由之以引出種種深遠之哲學思想，此亦有種種之事實作證〔註〕。

我們如果了解上列二者，便知我們要能深切的感受哲學問題，或對哲學發生更多的興趣，第一步，正在使我們自己有一些知識上的哲學問題，非現成已有之知識及解答問題方法，所能直接加以解答者。亦應有一些情志上之哲學問題，非我在現成已有環境中之現成已有之活動，所能加以解決者。前者恆是於現成知識之邊緣上之知識論宇宙論之問題；後者則恆為個人之一生情志之所關心，而又連繫於超個人之客觀世界，非個人之力所及之蒼茫宇宙，古往來今之人類之文化歷史的，人生哲學、形上學、文化哲學、歷史哲學之問題等。而要對這些問題，皆能深切感受或發生更多的興趣，則人之情志之所關心者，不能不大，而人之求知的要求，亦必須處處能寄於一切現成已有的知識世界之上之外，以有所用心。

人如何使其情志之所關心者擴大，而及於許多普遍的宇宙人生之問題？這畢竟依於人之德性。人又如何能有及於各種現成已有的知識之上之外之求知的要求？這畢竟依人之智慧。此德性與智慧，同是

〔註〕：A. Herzberg著哲學家心理 Psychology of Philosophers. Kegan Paul Co., 1929. 即舉西方三十個大哲之生活上情志上所受種種阻滯之事實，及其不用一般之方法求情志之暢達等，以說明其成為哲學家之理由。

隨人之心量之開展而開展。但是人之心量，如果不能自然的開展，可有一種辦法助其開展。即由其感受種種之思想上之不和協、不一致，以及衝突矛盾，而逼迫之擴大開展。故人之感受知識與知識，知識與經驗，知識與存在，知識與價值理想，價值理想與現實存在，價值理想與價值理想間之不和協，或不一致，或衝突矛盾，而求加以融會貫通；正是人之哲學問題之所由生，此亦即是使人之心量，由其所感之矛盾衝突等，而自己擴大開展，以增長其智慧德性，並深切的感受哲學問題，對哲學發生更多的興趣之一條道路。

從此說，則人要於哲學生更多的興趣，在純粹知識的問題上，實無妨從聞知種種哲學上之詭論下手，以至從分析詭辯下手亦無妨。因詭論與詭辯，都是使人感到一種思想上之不和協與不一致或矛盾衝突者。我們看，無論東西方之邏輯學之原始，皆始於人與人之辯論。正當的辯論，則皆意在如何銷除詭辯。而邏輯學之進步，則常欲由解決邏輯上之詭論，數學上之詭論而引起。是知詭論與詭辯之注意與認識，正是引起人對知識方面之哲學問題之興趣之一最原始的道路。

其次，我們可以說，去儘量發覺各種知識與常識及存在間，與人之可能的思想間之不和協、不一致或衝突矛盾之處，亦是使人感受哲學問題，而對哲學發生興趣之道。常識中之空間爲三度，而近似歐克里得幾何學的空間的。然近代幾何學中，卻又有非歐克里得幾何學。現代之物理學，又有物理的空間爲近似非歐克里得幾何學的空間之說。並有視時間爲空間之一度而主四度空間之說，及物理空間之爲圓形及不斷膨脹之說。此皆爲表面與常識之空間時間觀念相違者。而近代無數的科學的哲學思想，正皆由於求對這許多知識及觀念，加以協調配合而來。

至於在涉及與人之情志有關之宇宙人生之價值理想的問題方面，則人亦無妨從許多人生之矛盾以及悲劇，不同文化生活中之觀念之衝突之認識下手。如人生之各種要求之互相違反，在宗教生活中之信仰與科學所得之知識之衝突，及不同文化相接觸時，所生各種思想上生活上之矛盾。無論在東西之文化史上，皆曾爲引起人之無數哲學上之新思想之來原。而亦唯在此處，吾人之一切有關價值理想之哲學之思維之進程，乃有其切問近思之始點。

然我們亦復須知，去發覺各種知識與常識及存在間與人生文化之諸價值理想之矛盾衝突等，雖爲使我們更深切感受哲學問題，增加哲學興趣之一道；然卻尚不能說，人之能認識此衝突矛盾，並任由此相衝突矛盾之兩面或諸面，更迭的引起種種思想，即能解決此中之問題。因一切衝突矛盾之能解決，實由於我們之有求不衝突矛盾之理想之先在，人亦須以不自己衝突矛盾之思想爲根據，而後其衝突矛盾之化除以歸於貫通，乃可能。一切哲學問題之解決，亦不能由此問題之本身得解決，而仍須以若干不成問題之思想爲根據，求加以解決。人學哲學，若只是學一堆永有兩面或數面道理可說，而永不能決之問題，則人之心靈將永在一疲於奔命之分裂狀態中。其哲學之興趣，亦即難久持。由是而吾人當說，人眞欲維持其哲學之興趣，人又復須有超越於問題之上，或不爲解決哲學問題，而自動自發之哲學思想存在，而此類之思想，又爲吾人自己所喜愛并視爲不成問題之眞理之所在者。反之，人若於任何哲學思想皆未嘗發生喜愛，而視之爲眞，只求到處發現困心衡慮之哲學問題，而所讀哲學書，又皆爲專以羅列一一哲學問題中之衝突矛盾之見解爲事者，亦不能對於哲學有繼續不斷之興趣。此亦正如人永在饑餓求食之中，而又未嘗飽者之必終於死亡，而不能維持其求食之興趣之繼續存在也。

然吾人何以能於若干哲學思想發生喜愛？則初不必皆自覺有種種顚撲不破之理由，因而其喜愛之事，亦不必能自證明其正當。而可只是人對若干哲學思想，有如是如是之會心，便有如是如是之喜愛。人於此，只須不覺其必不當喜愛，即有加以喜愛之權利。學哲學者於此，如因不知其喜愛之理由，遂立即自斷此喜愛爲不當有，而自斷絕此喜愛；則此態度似爲一最哲學的，而實亦正爲使自己之哲學心靈，成爲焦芽敗種，而使哲學之興趣，日歸枯槁，以自斷慧命者也。是義不可不知。

由人對若干哲學思想能加以喜愛，則人可再進一步，而對於若干哲學問題之本身，若干宇宙人生之疑謎之本身，亦發生喜愛。我們可說，有若干哲學問題，是我們未能解決者。亦有若干哲學問題，是我們能解決者；在解決後，問題即對我不存在，只對他人爲存在者。亦有若干哲學問題，是我們能解決，然解決之後，此問題仍須不斷出現，以使自己再重複自己已得之答案者。亦有若干哲學問題，在根本上，只是一種神聖莊嚴之疑情，與宇宙人生之神秘感。由此疑情與神秘感引生哲學問題，而此哲學問題解決後，則人可復歸於此疑情與神秘感，而更加深之〔註見下頁〕。然無論吾人之哲學問題，屬於何種，我們如能就其爲問題之本身而喜愛之，皆表示我們更進一步的對於哲學之眞興趣。此興趣乃一對問題自身之存在之興趣。既非一去解決問題之興趣，亦非一解決了問題所生之興趣，而只是一如是如是問之興趣。既得答案，亦還可囘到其「如是如是問」之興趣。此即如小孩之喜問，而亦可止於問，既知而可再問之興趣。人何以可對問題本身有興趣？此乃因每一問，即是在人心之前面，展現出數種思想之可能。此可能之展現，即是人之心靈之一生長、一開展。而尅在此生長開展之際說，則此數種思想同統攝於我們之心靈與思想之自身，其中可並無衝突矛盾之感，人亦並非必須解決此問題而後可者。此即猶如人行到歧道之口，在一時不知何往時，則二歧道同時呈現於吾人之前；而即此二途並望，便成風景，而足游目騁懷。又如草木之初發芽，而未嘗分枝葉，亦見生幾橫溢。而吾人之學哲學至於能感問題，又能不論問題之有答無答，已答未答，皆能直下發生興趣，吾人方可謂爲眞入於哲學之門中。但是我們以下論一般所謂哲學方法，仍只限於如何解決一般所謂哲學問題，以獲得堪爲我們所喜愛之哲學思想，哲學眞理之方法而言。

第三節　哲學方法及哲學中之科學方法之二型

究竟什麼是哲學方法？其與科學方法，是否有原則上之不同？這似乎有各種可能的答案。因哲學家

〔註〕：如懷特海即常謂哲學始於疑情與神秘感，而最後仍歸於疑情與神秘感。馬塞爾亦有相類之說。

中有自以爲其哲學方法即科學方法的，亦有以哲學方法與科學方法不同，並以各派哲學家，各自有其哲學方法的。若果我們以人之思想方法，並不能離人之實際思想之方式而獨立，而思想之方式又不能離思想內容而獨立；則我們亦可說，每一哲學家各有其一套思想方式，一種特殊的思想方法。而西方哲學家在陳述其哲學思想時，亦恆自介其思想方法，宛若與其他哲學家之思想方法皆不同，乃能表其哲學之特殊性。但是我們亦可說，各哲學家之思想內容雖不同，仍可分爲若干形態。因而其所用的方法雖不同，我們亦可分之爲若干形態。唯畢竟有多少形態，則不易說。所以我們以下所講的不同形態的哲學方法，只有先承認其本不求完備；但在我們先由哲學方法與科學方法之同異問題，以講到以哲學方法同於科學方法之說。

關於哲學方法與科學方法是同是異之問題，不僅在中國以前莫有，在西方十八世紀以前，此問題亦未正式成立。因當時之科學，仍可說是屬於哲學中，而常被稱爲自然哲學。這時與人之科學及哲學之態度相對的，是神學與宗教之態度。在神學中，人之理性的運用，最後必須與信仰一致，與上帝之啓示一致。在此，人之理性之運用，至少在某一方面，是不能絕對自由的。但在哲學與科學中，則人同可有其理性之自由的運用，而其如何運用理性之方法，雖在事實上有所不同，然亦未必爲人所重視，而自覺的加以提出。

哲學方法與科學方法之同異之問題，乃十九世紀之科學發達以後，方爲人所特加注意的。譬如在孔德，即以傳統哲學中之玄學爲非科學的。依他說，玄學之方法，乃是以一些不可實證的概念解釋事實，並非以精簡的定律，敍述事實之科學方法。而他所謂實證哲學的方法，實即同於敍述事實的科學方法。此外如斯賓塞之以科學之方法爲由一類之現象之研究，歸納出關於該類現象之普遍的原理、定律；又以哲學爲科學之綜合，亦即對科學之原理定律，作進一步之歸納工作，以求一更概括化的宇宙原理。這亦是以哲學方法與科學方法，並無原則上之差別，而只有應用的範圍之大小之別之說。

再一種以哲學方法在原則上並無異於科學方法之說，爲我們在第二章中所述之著哲學中之科學方法之羅素，及以後之一切重語言之邏輯分析之一切哲學家之說。依羅素在其哲學中之科學方法之意，哲學之本質即邏輯。眞正之哲學方法，乃依邏輯以分析一些爲科學所運用，而未爲科學家自己所淸楚的各種科學的概念、設定與方法之自身。而此後之重語言之邏輯分析之哲學家，則以哲學之工作，主要不外對各種語言之意義、其邏輯構造、及語句轉換之規則等作分析。而依此說去看傳統哲學思想中有價值的部份，如近代之洛克、巴克來、休謨、以至康德之哲學中之有價值的一部份，亦均在他們所作之對於語言的邏輯分析的工作。〔註〕依此說哲學之內容，雖可說與一特定科學內容不同，然哲學思維與科學思維之皆依於邏輯，以求說出的語言之意義之淸晰確定，則並無不同。哲學對於語言之邏輯分析的工作，本身亦可以語言表達，而此表達之語言，仍須依於語言之邏輯規律，以求此所說出者淸晰而確定，

〔註〕：A.G.Ayer: Language Truth and Logic, Ch. II. The Function of Philosophy.

由此而我們不能說，眞有外於科學方法之哲學方法

第四節　直覺法之二型

但是在其他派之哲學家，卻亦有以哲學方法與科學方法根本不同者。此尤以主直覺爲哲學方法者爲然。在哲學中，我們前曾說主直覺法者有二型〔註一〕。此中一爲柏格孫之一型。依柏氏說，我們之認識事物之方法，一爲位於事物之外，而以固定的理智概念對事物，不斷加以概念之規定，此爲對事物加以並排化 Juxtaposition 或空間化 Spacialization 之認識。此乃終不能把握事物之本身者，是爲科學的認識。一爲人之投入事物之內，而同情的了解或直覺其非固定的概念所能把握之內在運動或內在生命，由是以直達於事物之本身，此爲哲學之認識。此哲學之認識，最低限度可以用來認識我們人自己之生命之流，自己之意識之流，而了悟到一前後綿延相續，不能加以概念的分割，或加以「並排化」「空間化」的生命世界中之「眞時」Duration 之存在。此種以直覺〔註二〕爲哲學方法之說，與德國之各種以生命之體驗爲哲學之特殊方法之說，如尼采倭鏗等之說，雖不必相同，然大體上亦爲一路。

〔註一〕：本書第一部第二章第七節。

〔註二〕：拉丁文直覺 Intuition 一名始於安瑟姆 Anselm 以指直接知識。英之十七八世紀之道德哲學家，多以直覺論良心之知道德律，此近於下一義之靜之直覺，與柏格孫之所謂動的直覺異。

再一種以重直覺之哲學方法與一般科學方法不同，而仍可稱一嚴格的科學方法者，則爲我們前所提到之胡塞爾之現象主義之說。我們前於第二章謂此說所重之直覺與柏格孫相較，可稱爲靜的直覺。依此說，眞正之哲學方法，亦即現象主義之哲學方法。哲學與一般科學不同在：一般科學皆以實際存在者，爲其研究之對象，其所用概念之來原，固亦本于人對於各種法相之直覺——因每一概念皆是對一法相〔註一〕之直覺的把握，如方之概念即把握方，圓之概念即把握圓。但一般科學只應用已成之概念以說明存在；而哲學則當直接寄心靈於無限之法相之世界，以其心靈之光，去照耀發現無限之法相（此中包括心靈之「如何如何」去照耀之「如何如何」本身之法相，此爲胡氏所謂純粹現象學所研究之核心）。因而可能對哲學心靈而呈現之法相與概念，遂遠較一般科學中所已用之概念爲多。而我們之以心靈之光去照耀法相、發現法相，必須暫將實際存在之世界，用括弧括住〔註二〕。此則所以免去我們之心靈之光之只向外沉陷，而以我們所肯定爲實際存在之事物之範圍，限制住了我們對於未表現於實際事物之上

〔註一〕：胡塞爾之Essence不宜譯爲本質，因本質乃對存在事物言，而此處之Essence乃可離事物之存在性而言者。茲借用佛家之法相之一名爲譯，雖不全切合，然較爲相近。

〔註二〕：E. Husserl: Ideas; Pure Phenomenology 第一部第一章 Fact and Essence 及第二部第一章。

胡塞爾書不易看，W. Farber: Phenomenology 見D. Runes所編 Twentieth Century Philosophy於現象學有一簡單之介紹。

之超越的法相世界中，各種法相之發現。此各種超越的法相之眞理，初只是對發現之之超越的意識，爲直接呈現而自明，並不須先對實際事物，能有效的應用，或有對應的符合關係。由此而判斷衡量一般敍述實際存在事物之科學知識，是否爲眞之方法，均不能在此應用。現象主義之方法，唯是使發現照耀各種超越的法相之超越的意識如何成爲自己透明，以使關於法相的眞理直接呈顯，而成爲自明之方法。而此中語言之應用，在最初只是作爲一指示法相之標誌。然一語言所指示之法相及其與其他法相之關聯，則初可不眞實呈顯，而具於此語言之原來之意義中。而我們之由此語言，以眞實呈顯其所指示之法相，與其相關聯之法相，則是我們對於法相之直覺先行，而後賦此語言以一更充實之意義。由是而哲學之事，依此說，即不得說爲只是爲分析諸語言之已具意義，或諸語言所代表之已成概念之事；而是人如何擴充對於法相之直覺，以構造新概念，而不斷充實語言之意義，而擴建語言之意義之世界之事。遂與上面所說以分析語言之意義爲事之哲學任務觀，成一對反。

在古代之柏拉圖哲學之重觀照理型，及笛卡爾哲學之重觀念之淸楚明白，現代哲學中如桑他雅那G. Santayana之所謂超越絕對論之哲學方法〔註〕，及一切帶柏拉圖主義之色彩之直覺主義之哲學方法，以及印度大乘佛學中之法相宗之方法，在一義上皆可說與胡塞爾之哲學方法論爲一型。

〔註〕：Runes編Twentieth Century Philosophy·G. Santayana: Transcendental Absolutism一文。

第五節　發生論的哲學方法

再一種形態之哲學方法，我們可姑名之爲發生論的哲學方法〔註一〕。依此種方法來討論哲學上之知識、存在、及人生理想等問題，都是重在問其所以發生之時間上之先在的事件之根據。依此義，我們可說凡在知識論中，注重知識之心理的起原，或知識在生物進化歷程中，社會歷史之發展歷程中之如何出現，及其出現後對此等歷程之促進的功用，以論知識之價值者，皆是採發生論的觀點〔註二〕。由此而西方近代之經驗主義者如洛克，其知識論之重說明人之無與生俱來之知識，一切知識中之觀念，乃由後天之感覺與反省，次第一一孳生，即在根本上，是一發生論之觀點。而休謨之論因果，歸至人之過去之習慣之養成，亦可說是一發生論的說明。而現代之實用主義者，從生物之適應環境的要求，人之解決困難之心理的思維歷程，以論邏輯與知識之成長；及一切從社會背景歷史階段，論思想與知識之功能價值，以至如羅素在意義與眞理之研究一書中之論等，邏輯上之名字觀念之心理的起原（如「或 or」之名字

〔註一〕：Jerusalen 之Introduction to Philosophy 有陳正謨譯本名西洋哲學概論，即明倡發生論之哲學方法者。

〔註二〕：故此所謂發生論之觀點，卽重時間歷程中所呈現之經驗事實之觀點。而通常所謂重經驗事實之發生之考察者，卽屬於此類之哲學方法中。經驗主義實證主義之哲學方法，或爲重各類經驗事實、或可實證之事實之共同原理之指出者。此當屬於吾人上所述之第一種之哲學方法中。

觀念，原於人之心理上之遲疑）〔註〕，都可以是包括於我們所謂知識起原之發生論之觀點之中。而依發生論之觀點以論存在，則爲着重說明後來之存在事物，如何由以前之存在事物，發生而來，而或歸於以在時間上宇宙最早出現之存在，即爲最眞實者之理論。如宗教哲學上，以上帝爲時間上在世界之先，唯物論者以物質爲時間上先於一切生物人類而存在，即皆可成爲「上帝或物質爲原始之眞實」之理由之一。至於在人生哲學或價值哲學上之發生論觀點，則爲重道德之如何起原，如何進化，「善」、「惡」、「應該」、「義務」等觀念之心理起原，或原始的表現形態之推溯。此統可稱爲一發生論的哲學方法。此種哲學方法之目標，在尋求時間上之在先者，以說明在後者之所以發生。然此在先者，卻並非必已見於歷史之紀載者，而恆是由人之推想，以設定其存在者，故爲哲學而非歷史。然吾人卻可以說此種哲學方法爲近歷史方法的。此與重直覺之哲學方法，爲近文學藝術者，同非直接以綜合科學知識，或分析科學之語言或概念爲事之哲學方法。

第六節　純理的推演法

與此種發生論的方法相對者，我們可稱爲純理的推演法；此種方法乃純然是非歷史的。此乃純然是一由概念引出概念，由思想引出思想，由一命題引出另一命題，然又非被認爲或自認爲，只是純思想上

〔註〕：B. Russell: An Inguiry into Meaning and Truth 第五章 Logical Words。

語言上的邏輯推論者；而是被認爲或自認爲，具備知識上、存在上或人生論上之客觀的眞理價值者。此在近代，斯賓諾薩之哲學，可爲一明顯之例。斯氏之哲學，乃純爲非歷史的。他以一切歷史的事件之前後相承而發生，皆有如歸結之原自根據，乃理論的必然地如此如此發生者，如三角形之三內角之和，必等於二直角之類。則世間只有永恆的「如此」之連於「如彼」，而並無流變。而其哲學系統，亦自認爲純由若干自明之公理，必然如此如此的推出而成者。來布尼茲以「一切眞的命題，皆分析命題」〔註一〕，以一切眞命題中之賓辭之意義，均涵於主辭所指之存在事物之概念中；故吾人若能如上帝之把握一存在事物之概念之全部內容，則吾人對此存在事物之一切眞知識，即皆爲可由此概念中直接分析而出，推演而出。唯來氏並不以人能如上帝之把握一存在事物之概念全部內容，而彼亦未如斯氏之依公理以從事推演，以建立其哲學系統。然來氏之論靈魂之不朽，謂「人之靈魂，不是物理的東西，不是物理的東西不佔空間，不佔空間是不可分解的，不可分解的是不可毀滅的，不可毀滅的是不朽的」〔註二〕。

〔註一〕：羅素之來布尼茲哲學之批判的解釋 A Critical Exposition of the Philosophy of Leibniz, ch. 2. 卽以此義爲主以釋來氏之形上學。

〔註二〕：來氏之此一段論證，原文較長，初由 H. W. B. Joseph 引以作純粹推理之例證，見於其 Introduction to Logic 中，又經Henle及Chapman於其邏輯基本一書第一章（殷福生譯正中版）所徵引。

此仍是一純理的推演法，而此種方法之遠原，則可溯至柏拉圖帕門尼德斯 Parmenides。而柏拉圖在帕門尼德斯中，對範疇之關係之理論，亦依一純理的推演法而成。在中古哲學中，如聖多瑪之由上帝爲完全之有，以推至其至善、全知、全能等屬性之方法，亦類是。畢竟此種思想方法性質如何，價値如何，固是一問題。然要爲一非經驗的，超歷史的思想方法，而爲人類之哲學方法之一型。

第十章　哲學之方法與態度（下）

第七節　比較法

用比較法與發生法研究哲學，都是把哲學思想當作一存在的對象來看。其不同，是發生法之所着眼點，在一哲學思想之所由生之後面的歷史背景。而比較法之所着眼點，則在一哲學思想之本身之內容或系統，與其他哲學思想之內容或系統之異同。比較法本是人之最原始而最自然的思想方法。因人只要接觸兩個以上之具體事物，人即可施行比較。通常所謂抽象，乃是後於比較的。而人亦恆自然的將所接之各種天文上、地質上、地理上、生物界、社會界及歷史中種種之事物加以比較，以構成各種常識與科學之知識。而各種經驗科學中亦均須用到比較法。但在一般自然科學中，人常由不同事物之比較，得其共同原理後，即本原理以說明事實，而可不再重視比較研究之法。唯在個體性更顯著之具體事物，其個性不能由已知之抽象普遍原理說明者，乃使我們不得不重比較法。故比較法在生物科學、社會科學、歷史科學、文化科學之價值尤大。而比較法因係以具體事物爲對象，亦使我們最能不抹殺一具體事物與其他具體事物之一切同異之性質者。在人類各種思想中，我們又可說只有哲學家之哲學思想，最是各人自成一系統者。故我們前說哲學著作之各成天地，有如文學。因而我們研究人之其他科學思想，我們尙可只重在前後相承之迹者，而研究人之哲學思想，則必須就其各爲具體之個體存在而比較之。如將各哲學家集成各哲學派別看，則當就各哲學派別，作比較研究。而我們在把一時代之哲學，一民族之哲學，視爲一整體時，我們亦可從事各時代各民族哲學之比較研究。然此各種比較研究，在哲學上之所以較爲重要者，仍因哲學思想之各有具體的個性而來。

比較是兼較同與較異，然一切思想中恆有異，異中又恆有同。有似異而實同者，亦有似同而實異者。然吾人見同時，又恆易忽其異，見異時又恆易忽其同，因而比較之事，似易而實難。而比較法之價値，則在由比較，而使同異皆顯出，同以異爲背景，而同益彰其同；異以同爲背景，異亦更見其異。由是而使同異皆得凸顯，而所比較之對象之具體的個體性，亦皆得凸顯。而吾人之比較之思想活動本身，亦因而有更淸楚豐富之思想內容。故吾人之從事對哲學思想之比較研究，亦即使吾人之哲學思想本身，升進爲能綜合所比較之哲學思想，以成一更高之哲學思想者。

吾人於第二章，謂哲學家中有特重哲學與文學之關連者，此種人，恆善於在文學之具體描寫中，發現其抽象之義理。又或善於以具體事物，譬喩一抽象之義理。此實原於其能發現具體事物之某一方面所隱含之抽象的義理，與自覺的明顯表出抽象的義理，二者間之相同處而來。此正爲依於一種特殊形態之比較法之運用者。

第八節　批判法

通常說批判法，是指康德哲學的方法。但我們只以此名指康德之批判法之較淺一層之意義，而可通於一般之所謂批判者。

我們說批判法，乃一種從看我們之某一類知識之有效性的限制，或某一類思想之有無成果，或某一種認識機能之是否適合於某對象；於是對於我們之知識思想或認識機能之價值，重加以估定批評，以重安排判別其應用之適合的範圍之方法。此在康德哲學中，即表現爲對以前之理性派經驗派之知識論之批判。如理性派以由純理之推演，可建立形上學之知識，康德以爲不能。經驗派以一切知識起原於經驗，而以爲只須經驗即足夠爲知識成立之條件，康德亦以爲不能。由此而康德以經驗中之感性的認識機能，只能供給以知識之材料。知識之形式之來原，乃在吾人之理解活動中所運用之先驗的範疇。又以此先驗之範疇，只能用於可能的經驗世界之範圍，而不能應用之於此範圍以外，以形成對於形而上的物之自身之知識〔註〕。然而爲純粹理性之思維，所不能決定之形上學問題，如上帝是否存在、靈魂是否不朽、意志是否爲自由自動等，在依於實踐而有之道德生活中，則爲人所必須加以設定，而被信仰者。由是而康德之所謂批判法，即不外對於我們之知識思想或認識機能之價值，重新加以估定批評，而重新安排判

〔註〕：康德之知識論，可參考本書第二部第十章第十一節。

定其應用適合之範圍之方法。而我們亦可說，一切重新審核我們已有之知識之有效性，一切指出我們之向某一方向進行之思想不能有成果，而轉移其進行之方向，以使不同之思想，各向其可有成果之方向進行；使不同之知識或觀念信仰，各得其可能有效之範圍，即皆爲批判法之哲學方法。

第九節　辯証法

辯證法在西方近代，乃由黑格爾之應用，及以後馬克斯之應用而流行。然在西方，實遠原於赫雷克里塔 Heraclitus。辯證法之爲學，則初倡於柏拉圖。在近代則由康德哲學中之辯證論，經菲希特，席林之辯證論，然後成黑格爾之辯證法。而在東方中國之老子、易經，及印度之新吠檀多派，與佛學之大乘空宗，皆同重此法。此法之意義，可有多種，其一爲由人與人談話對辯，而逐漸證明發現一片面或不適切之觀念，與眞理或全體之實在不相合，遂逐漸移向一較合眞理或全體實在之觀念之法。此可謂爲柏拉圖之辯證法之重要意義。一爲發現一問題之正反二面之主張，皆似可因對方之不能成立，而反證其成立，實則又皆不能決定的成立。因而知吾人對此問題，不能眞有所決定，進而知此問題原不當如是問。此爲康德之辯證法之主要意義。一爲謂任一「正面」之觀念或存在，皆涵其「反面」之觀念或存在，而「反面」之觀念或存在，又涵其「反面之反面」或「合」之觀念或存在。因而吾人可由一正面之觀念或存在，以推至其反面與反之反或合。此爲黑格爾辯證法之主要意義。一爲一切正反二面之觀念，皆相對而相銷，因而使正反二面之觀念，皆歸於化除。此爲印度之新吠檀多派，大乘空宗所重之辯證法。一爲觀一切相對者皆相反而又相成、相滅者亦相生之法，此爲中國之易傳老莊之辯證法。一爲以正面之人生價值宗教道德價值，恆通過一反面者之否定而成就之辯證法，此在中西之正宗之人生哲學中多有之。菲希特黑格爾之哲學，及基督教之宗教哲學中亦有之。一爲肯定歷史之進行，爲依正反之迭蕩波動之歷程而進行之法。此可歸於歷史之循環論，亦可歸於歷史之不斷升進論。此在中國之歷史哲學及黑格爾馬克思，以及斯賓格勒O. Spengler 之哲學，及一切之歷史觀中皆多少具有之。然此各種辯證法之意義，雖皆不同，但皆同可謂爲要求人之思想由一面移至其能補足之之一面，以升進於全面之思想之認識，並接觸全體之實在或眞理之方法。

第十節　超越的反省法與貫通關聯法

這種方法乃上述之批判法辯證法所根據的方法，然其涵義又可比批判法、辯證法本身之意義爲廣。超越的反省法可有不同形態，其最易直接把握之形態，即爲一顯出辯證的眞理之形態。所謂超越的反省法，即對於我們之所言說，所有之認識、所知之存在、所知之價值、皆不加以執着，而超越之；以翻至其後面、上面、前面、或下面，看其所必可有之最相切近之另一面之言說、認識、存在、或價值之一種反省。譬如梵志向釋迦說，一切語皆可破，釋迦即問彼：汝之此語可破否？梵志行，旋即自念其墮負（即輪理）。此例與希臘一克利塔人說「一切克利塔人皆說謊」之情形相類。對此問題，現代邏輯家用類型之理論來解決。但不管如何解決，人如說一切語皆可破，而再回頭想到，此一語是否亦可破時，即是一超越之反省。由此反省，則人必須承認此語本身非可破之列，而反省到世間有不可破之語之存在。而此即至少可使其由思想一切語皆可破，至思想及有語非可破。亦可使其由說一切語皆可破，轉而說：「一切語可破」之一語非可破。此即由一言說之超越的反省，而知有另一言說之一例，如吾人由「一切語可破之一語非可破」，以謂「一切語非皆可破」，遂至「一切語皆可破」之反面。此中即顯出一辯證的眞理。

其次，如笛卡爾嘗覺一切事物皆可疑，然彼回頭自念，我之疑之存在，乃不可疑。於是有「我思故我在」之說。今人如羅素，謂笛卡爾不能由我疑我思以推我在，只能由疑以言疑在。然我們可姑不問我是否在，然由疑，至知疑在，終爲二事。如何人能由疑而知疑之在，此仍是由對疑作一超越的反省之所知。「疑」爲一種認識活動之形態，「知疑在」爲又一種認識活動之形態，此爲由超越的反省而有另一認識活動之一例。

又笛卡爾初之疑，乃疑一般所對所思之物質事物之存在。物質事物存在是一類之存在。彼由超越的反省，方知疑在思在。此疑此思之在，乃其原先所疑所思之存在之外，另一類之非物質事物之存在，此又爲由超越的反省，以知另一類之存在之一例。至於如羅素所說之一女邏輯家C. Ladd Franklin曾函羅素謂彼相信唯我論 Solipsism（即只有我一人存在之學說），然又奇怪世間何以無他人亦信此唯我論。此女邏輯家，即明缺乏一超越的反省，不知其奇怪他人之不信此說，及寫信與羅素之事中，已肯定有其他人之存在，而證明其並不能眞相信唯我論〔註〕。

人問王陽明，人有良知，如何又有不善？陽明先生曰：知得不善即是良知。人有不善，是一敍述有不善之存在之事實，但謂人能知不善而惡不善，則是敍述一更高一層次之事實。此事實是兼關於價值者。不善是一負價值，但良知之惡不善，則是一正價值。我覺我有不善，我只覺一負價值；但我如對我之覺我有不善，作一超越的反省，則我可反省到我對此不善之覺之中，即有「惡此不善之良知」之存在，而此良知中有正價值。此是由超越的反省，而由一事實、一價值，以知有另一事實，另一價值之一例。

此諸例中之超越的反省，皆可使人由一面之理，以認識相反之一面之理，即皆可謂爲顯出一種辯證的眞理者。而我們亦可說，一切辯證的眞理之由「正」至「反」，再至「正反之相銷」，或「正反之結合」，或「互爲正反之相反相成」；皆必俟我們對原初之「正」作一超越之反省，而認識其後或其前之「反」，進而再超越此「正」「反」等，而後可能。但是否一切超越的反省所顯出者，皆爲辯證之眞理？則不能說。譬如在我之前，有筆墨紙硯，爲我所覺，我初亦只覺此筆墨紙硯之存在；然如我對此「覺」，作一超越的反省，則我復知：我之覺此等物，乃統攝而覺之，且覺之於一整一之空間中。此「統攝而覺之」，「覺之於整一空間之中」，乃我之超越之反省之所認識；此所認識者之本身，乃在我

〔註〕：B.Russell: Human Knowledge, P.180.

原初對筆墨紙硯之認識之後之外之又一認識。然此二者間，即並無明顯之互爲正反之關係。杷克噶之哲學，論人之宗教信仰，謂此中重要者不在問所信者上帝之是否包涵眞理，而重在問人之此信仰本身，是否亦包涵眞理。此亦即爲一超越的反省所發現之問題。對此問題，杷氏答：此信仰本身不特包涵眞理，且其所包涵之眞理，較所信者中之眞理，尤爲重要。因此「信」爲「所信者中之眞理之呈現於吾人」之所依。此所信者中之眞理，與信之自身中之眞理，亦並無互爲正反之關係。又如我作一善事，於此再作一超越之反省，我可發現：對我所作之善事，有一心安之感，我對我所作之善事本身，能自判斷之爲善。此「所發現」與「我作之善事」二者間，亦無互爲正反之關係。然此等等超越之反省，皆同可使我於原初之認識，或所認識之存在事物外，另有所認識，而另發現存在事物。

吾人能經超越的反省，而由一認識至另一認識，由一知識，至另一知識，由一存在至另一存在，吾人即能以認識限定認識，知識限定知識，存在限定存在，而批判一切逾越其限制範圍之一切認識活動及一切知識、存在之觀念之運用。因而吾人即能有哲學上之批判。而整個康德之批判哲學，實亦皆依於超越的反省而建立。

大率而言，超越的反省之用，在補偏成全，由淺至深，去散亂成定常。知正而又知反，即所以補偏成全。知如此而知其所以如此者，即所以由淺至深。知如此與如彼之互爲局限，如此者是如此，如彼者只是如彼，不相混淆，則可以去散亂成定常。合此三者，使偏合於全，淺通於深，散亂者皆統於定常，是爲求貫通關聯之哲學方法，而此方法即兼涵辯證法與批判法之義而總之者也。

我們可說超越的反省，實一切哲學方法之核心。東西古今之大哲，蓋無不在實際上以此法爲其哲學方法之核心，而對此法之運用之妙，則存乎各大哲之心。而其例證，乃即見於其全般之思想系統中，而不勝枚舉者。然吾人可有一問題，即此法是否即邏輯之分析法，或爲一超一般邏輯之哲學方法？又其與邏輯之分析法或其餘哲學方法之關係如何？此問題之詳細討論，實甚複雜，然我們可略答如下：

第十一節　超越的反省法與邏輯分析

表面看來，我們似可說所謂超越的反省法，當即所謂對於我們之知識或思想所預設者之反省。如西哲柯靈烏 R. G. Collingwood 即由亞氏之形上學，乃反省吾人之知識之所預設者之學，以謂一切形上學，皆爲反省吾人之思想之所預設者〔註〕。而在一般邏輯家亦似可說，所謂一知識之預設者，即爲一知識本身之所涵蘊者，亦即爲可由對一表達知識之言說之意義，加以分析而得者。但吾人之意，則以爲超越的反省，是反省一種預設，然並不同於一般所謂邏輯上之分析一命題之所預設。而且，從一方面看，邏輯上之分析一命題之所預設，此本身亦實只是超越的反省之一形態，即邏輯上之分析之活動本身，亦是預設超越的反省之活動的。然超越的反省之活動之形態，卻並不限於邏輯的分析之一形態，超

〔註〕：R.G.Collingwood：An Essay on Metaphysics 第一部

越的反省之活動，亦不必然預設邏輯的分析之活動。

何以說超越的反省本身，不即是一般所謂邏輯分析？因一般所謂邏輯分析，只涉及語言或知識之意義之分析，而超越的反省則可涉及認識本身之存在與價值。我們可以經邏輯分析，由「此是黃或紅」，謂其中預設「此爲有色」，而分析出「此爲有色」之命題。我們可從「某甲爲動物」，謂其預設「某甲爲生物」，而分析出「某甲爲生物」之命題。我們可以從任何表達我們之一知識之語言，如命題或名項，所涵諸意義，分析出其一一之意義。但我們是否可由我們之所說或所知之命題中，直接分析出我們對此命題「說」與「知」之存在呢？此問似乎瑣屑，而實則重要。純從上一義之邏輯分析本說，此明爲不可能。因任一命題本身，可並不涵蘊對此命題等之「知」與「說」；此「知」與「說」之連於一命題，即成「我知此命題」與「我說此命題」之二命題。此二命題，乃綜合此知與說及原命題所成之新命題。然此新命題如何成立呢？此只是由上所謂超越的反省，以反省我之對此命題，確有此知此說之存在而成立。然在我們初反省此知、此說之存在時，用以說此知、此說之「知」與「說」之二名，卻可尚未說出，「我知此命題」，「我說此命題」之二語言或二命題，亦尚未說出。即此時此「知」與「說」之事實，尚存在於語言的世界之外，亦非由我原來已說之語言中，直接分析而出者。如果說邏輯分析，只是分析我們表達知識之命題或語言之意義，則此不能說即是邏輯分析。依此義，我們可說現代邏輯學中，一切所謂邏輯類型之理論，語言與存在事物關係之分析，邏輯與數學及科學之關係之分析，都不是上一義之邏輯分析。因這些分析，都要我們超越於當前之命題、語言、去反省其與其上、其外之其他事物之關係。然而流行之見，又似都承認這些都是邏輯分析。如果都是，則我們可說此各種之邏輯分析，都預設我們所謂超越的反省，我們可說除對我們所已知已說之命題，語言之本身所涵之意義，直接加以分析之事外；凡「對此命題名項及其所表達之知識、概念等之存在的地位，或存在的關聯」之反省，而由之以引出新的邏輯理論，或其他理論，皆是依於我們所謂超越的反省；因而我們可說此各種所謂邏輯分析，皆預設我們所謂超越的反省。

但直就語言意義加以分析，是否即絕對不預設我們所謂超越的反省呢？這仍不能嚴格的說。嚴格的說，人之一切邏輯分析，及我們以上所說之各種哲學方法，或人之一切思想方法，都不能不多多少少預設我們上所謂超越的反省。因我們可說一切邏輯分析，及以上所說之各種哲學方法之運用，都在使我們於原有之知識言說之外，另有所增加的知識言說。而其增加之目的，皆在解決原有之觀念思想上若干問題，而去掉其矛盾衝突，或把許多原有之知識言說間之裂縫，關聯貫通起來。而此事之所以可能，皆由於我們之能超越於原來之知識言說之本身所涵之意義以外，而另發現可反省的對象。譬如即我們上所舉之最簡單之一一般稱爲邏輯分析：由「此是黃或紅」分析出「此是有色」來說，我們可說「此是有色」之義，直接包涵於「此是黃」之中，亦包涵於「此是紅」之中。此不成問題。但我們之問題在：我們如何能將「此是紅」「此是黃」中，所包涵「此是有色」分析出來，成一單獨命題？此如依柏拉圖派之哲學，便唯因紅黃之概念，依於更高之有色之概念而存在。則我們如不對紅黃之概念，作一超越的反省，我們即不能達於有色之概念。但依現代邏輯家於此又另有說法，即我們所以能由此是黃，分析出此是有色，可唯由我們對於黃的東西，依語言的規則，以黃名之者，我們亦可以有色名之。因而我們可說其是黃者，亦即可說其有色。我們只依於我們先定立之語言之規則，即可從說其是黃而說其有色，而由「此是黃」之命題，分析出「此是有色」之命題。但是此說仍不能全否認我們所謂超越的反省之存在。因我們問：我們最初如何定立此語言規則？此明只由於吾人之曾自定立：「對某對象有以黃名之之活動，即可兼對之有以有色名之之活動」。而此整個活動，明爲「以黃名之之活動」與「以有色名之之活動」二者之綜合。唯由此綜合，而有此規則。在未有此綜合時，此二活動初實互相外在。則我們之由一活動至其他，由以黃名之至以有色名之，此中仍有一超越的反省。即由以黃名之之語言活動之超越，而反省到：吾人於以黃名之者，曾自定立爲，可以有色名之者。於是我們遂以有色名之。則此極簡單之邏輯分析，便仍預設我們所謂超越的反省之存在。至於較複雜的有關眞正哲學問題之邏輯分析，更無不預設我們所謂超越的反省之存在，亦可由此類推。

第十二節　超越的反省法與其他哲學方法

其次，我們當一略說其餘之哲學方法，亦無不在一義上預設我們所謂超越的反省之方法。譬如在斯賓塞式之「綜合科學知識系統，以成哲學知識系統」之方法之運用中，人仍必須經由一科學中，原理定律之省察，而又不使其心靈，即陷溺於任一種科學之範圍之中，乃不斷翻出以轉向至他種科學之範圍，從事他種科學之原理之省察。此本身即已是一超越的反省之歷程。又二科學之原理，無論如何共同，其所說明之具體事物，終有不同。如具體事物有不同，則與此共同之原理，相關聯之其他次級之原理，亦即必有不同。由是人之由一科學之範圍中翻出，而轉向至另一科學範圍，亦即必自原先之所反省者超出，而另有所反省。而人亦唯此不斷之超越的反省，人乃能由第一科學、至第二科學、至第三科學……以綜合科學知識成哲學知識。是知此種綜合科學以成哲學之方法，仍預設吾人所謂超越的反省法之運用。

復次，我們上所謂柏格孫式之動的直覺法，亦未嘗不預設吾人之所謂超越的反省。因吾人由一般之理智的觀點去看靜的事物，再轉至由直覺的觀點去看動的事物，此本身即是一種由「理智式之認識」超越出來，以從事直覺式之認識之事。而謂此直覺式之認識，爲沒入動的對象，而同情的了解之事，亦即一「依於動的歷程，而不斷自己超越，以成就此了解」之事。人在有此了解以後，必須再以譬喻式之言語，或其他言語，加以說明；則人又須再超越此直覺之本身，以移向適合的言語之尋求與運用。而此尋求，仍是一反省之事。此乃由人之再超越直覺活動之本身，而暫不沉沒於直覺所對之中，然後可能之事。由此而吾人上所謂柏格孫式之直覺法，亦預設我們所謂超越的反省。

其次胡塞爾式之靜的直覺法，亦復預設我們所謂超越的反省。其所謂現象學的括弧之用，在將人之純粹意識之直接所對的法相之現實存在性，加以括住，而使此直接所對之法相，如如呈現。此亦即使吾人之認識力，由直接所對者之現實存在性中拔出，而將此直接所對者在現實存在上之牽連，暫加以一刀兩截；而將常識心靈中，關於此直接所對者之現實存在性與其牽連之認識，加以超越。唯由此，而後人乃能反而以此直接所對之法相世界自身，爲吾人認識省察之活動之所凝注。則其中即預設一超越的反省之歷程甚明。

再其次，是我們上述之純理的推演法，其中亦預設我們所謂超越的反省。表面看來，一切依純理的推演法而成之哲學系統，似只爲一依其所肯定之諸前題原理，而從事一直線的推理之所成。然此只是其表達之方式如此。實則，此派之哲學家，若非先立脚於一般之知識，再向上層層翻溯，或向內層層剝落，則彼等將無由得此乾淨整齊之諸前題原理，以爲推演之根據。而此亦即依於一超越之反省而得。至其既得之後，再次第引申其涵義，並應用之以解釋具體事物時，則至少有賴於此前題原理之原始表現方式之超越，以反省出其可能引申之涵義，及說明具體事實之意義。故此中仍預設一超越的反省法之存在。

至於在吾人上所謂發生法中，則人所重者，乃在由一人之知識思想之本身之反省超越，而從事於此知識思想本身之存在的起原，與存在的歷史背景之關係之反省。在比較法中，則人所重者，在由一思想或思想系統之本身之超越，而從事於「其與其他思想或思想系統之或同或異之關係」之反省。而此二者中之超越的反省之特色，則與以前之其他哲學方法中之超越的反省皆不同。在科學之綜合法，與邏輯的分析中，人乃以已成知識與已成語言爲欛柄。在二種直覺法中，人乃以直覺所對之一般的生命性質，或法相爲對象。而在發生法比較法，則以「具體存在之知識思想，與具體存在之其他事實或其他知識思想」之關係，爲對象。

至於批判法與辯證法，吾人早已言其根於超越的反省，不須更論。批判法與辯證法，與上列其他哲學方法之不同，則在其乃以發見各思想知識之不同的有效性之限度，與不同的思想知識之互相轉化銷融之關係爲事。此中人必須有一涵蓋各思想知識之心靈之直接呈現。此約有似於人用發生法、比較法、以研究不同之思想時，人之必須有一「涵蓋一切所欲考察其起原之思想，所欲加以比較之思想」的心靈之直接呈現。然人在用發生法與比較法時，人乃置定其研究之思想，爲一存在對象，而求知其如何發生，與其他思想有何同異關係。人在用批判法與辯證法時，則人所重者，乃觀一思想之價值。如一思想之有效性之限度，即表現一思想之價值之限度。各思想之互相轉化而銷融爲一，則表現一思想誕生其他思想，融成更高思想之價值。在批判法，辯證法之運用中，人乃位於一更高之觀點，對其所研究之諸思想，重新估定其分別之價值，而加以重組。由是而其所研究之諸思想，即失其相對峙之隔離性，亦不復只被置定爲一存在之對象，而被納入研究之之哲學心靈之主體自身，而成爲此心靈主體內容之規定者，並顯其貫通關聯性於此心靈主體之前。故較其前之哲學方法，在理論層次上，爲較高之哲學方法。

至於所謂超越的反省法之自身，其別於批判法、辯證法者，則在其運用之形態，並不限於作批判的思維與辯證的思維，即不必須是有所批判而後存在，亦不必須是循正反之歷程進行者。而可只是由一低級的思想，至此思想所依之一更高一級之思想之升進，此升進，可純是正面的思想之伸展。如吾人前之所說。故人之超越的反省，乃可不爲解決問題，而自動生起。此法之要點，唯在吾人之由一思想自己超越，而思想其所依所根。此所依所根者，自其最切近處言之，唯是作此思想之吾人之心靈主體，及吾人之人生存在自己。而吾人能一度反省吾人之心靈主體，及吾人之人生存在自己，吾人即可有更高一層次之思想之孳生。只須吾人不泯失此主體及人生存在自己，並不斷反省，則此更高一層次之思想之孳生，乃在原則上可繼續不窮，而新新不已者。在此處，即有一無盡的哲學思想之泉原之呈現。然此境界，在古今哲人中眞能達到者，亦不多覯。對初學言，此亦只是懸爲標的，所謂「高山仰止，景行行止，雖不能至，心嚮往之」是也。但如吾人不就其最切近處，言此超越的反省之運用，則我們可說，凡在我們能超越一認識、一存在、一價值、以及於其他認識，其他存在，其他價值之反省處，均有一廣泛義之超越的反省。我們遂可說，人之一切哲學方法之運用中，均預設一種超越的反省。如上文所說。以至吾人尚可說，對人之任何語言之邏輯的分析，以及其他任何人的思想之引申推演，無一能離超越的反省而可能。因一切思想之引申推演，都是超越一思想之本身，而另有所思，即皆是一超越一思想，而反省及其他之事。然吾人之所以暫不如此說，則一因若如此說，須另建立理由；二因吾人若如此說，則吾人將不能辨別各種哲學方法之差別，亦不能辨別哲學與科學及常識之思維方法之差別。而我們之亦實可不如此說者，則以此「超越的反省」之存在於不同之科學與常識之思維中，及各種哲學方法中者，亦確有其各種不同之情形在。此當於下文詳之。

第十三節　超越的反省法與其他思維方法之分別

我們說在科學及常識之思維中，我們思維之目標及對象，乃我們先已限定者。在此限定之範圍之世界中，我們雖可不斷超越其中某一知識，某一存在，以及其他，然此範圍之本身，爲我們所不須超越者。由是而吾人在此範圍之世界中之一切思想，即皆爲對此範圍之世界中之事物之內在的觀察反省。而吾人亦可不說，此中之思維方法爲超越的反省。然而在哲學的思維中，則吾人之思維，爲原則上不受一定之範圍之世界之限制者。而在任何一定之範圍中之世界，亦皆可規定爲某一科學之研究之對象，其中遂可無哲學活動之餘地。人之哲學活動，只能在各科學知識或各常識所及之諸範圍外，或其相互之關係間進行，冀發現建立吾人之各種科學與常識之貫通關聯，及其與存在事物之貫通關聯等。此即哲學思維，永不能成爲只對一定範圍之世界，作內在的觀察反省者，而必須成爲對此限定範圍之世界，作超越的反省者之故。

至於我們說各種哲學方法，皆預設一意義之超越的反省，而我們不必皆名之爲超越的反省法者；則以其他哲學方法之預設超越的反省者，此超越的反省之事，並非是自覺的，而其中之超越的反省之活動，乃附着於另一自覺的目標者（如綜合科學知識，從事語言之邏輯分析，認識動的生命或法相之世界等）。此即同於說，在此諸哲學方法之運用中之超越的反省，乃隸屬於此目標之下，而未嘗自此目標等本身超越而出者。而在我們所謂純粹的超越的反省之哲學方法中，則我們可自覺純在從事如是如是之超越的反省。此反省本身，即是反省之目標，可另無其他自覺的目標。至畢竟人由此超越的反省所得者爲何，人亦並不能在事先加以自覺。人所自覺者，只是求超越此認識、此存在、此價值、而求知此認識、此存在、此價值之「所依、所根」之其他認識或存在或價值，並對之有一超越的嚮往，存於吾人之作超越的反省之目標中。此所嚮往者，初應爲其最切近之所依所根之自覺。然由此最切近之所依所根之自覺，亦可通至其較疏遠之「所依、所根」之自覺。又人在未得其最切近者時，亦可先自其較疏遠之「所依所根」開始思索，以反求其最切近者。而人之達於此最切近者所經之歷程，亦可千萬不同，而係於人對哲學之造詣。由此而人之超越的反省之哲學方法，亦可與任何哲學方法相結合，或暫隱於任何哲學方法之中，而疑若不存在，或暫棄置而不用。於是，人亦可進而再超越，忘卻「此超越的反省之哲學方法」之自身，而只肯定其他哲學方法之存在。吾人亦不能以超越的反省法，爲唯一之哲學方法，而必須兼肯定其他哲學方法，與超越的反省法之並在，以各成其爲哲學方法之一種。不能以各種哲學方法，皆須設一意義之超越的反省法，而並名之爲超越的反省法，謂只有此一種哲學方法之存在也。

第十四節　哲學心靈之超越性與親和性

我們以上論各種哲學方法之不同，及其自覺之目標之不同，然其最後之總目標，我們可說皆不外於：成就我們對於各種知識、存在、與價値之貫通關聯之認識或自覺。而此亦即我們前說哲學之所以爲哲學之意義之所在。於此，我們還可進而對哲學心靈，與其所欲貫通關聯者之關係，加以一描述，以終此章。

我們說哲學心靈，欲貫通關聯各種知識、存在、與價値，則哲學心靈須置身於各種知識、存在與價値之間或之下或之上，而不與其所欲貫通關聯者，居一層級。此爲哲學心靈自身之一絕對的超越性。由此超越性，我們可說哲學心靈，是可暫游離於一切已成之知識，已顯之存在，已實現之價値之外的，而若對此一切均有距離，如初不相識者。此即來布尼茲所謂「生疏是哲學的秘密」，今之存在主義哲學家所謂「不繫著」Detachment。此不繫著之義，在中國之儒道二家及印度之佛家論知道之方時，則幾爲一常談。

但是此哲學心靈在另一面，又須對其所欲貫通關聯者，有一普遍的親和性。此普遍的親和性，是一求對於一切知識存在與價値，皆求如其所如的加以自覺，加以認識之性。此普遍的親和性，亦即一具超越性之哲學心靈，在其再反省回顧時之所表現。由此親和性，而此哲學心靈對於呈現於其前之一切，皆不忍有所泯沒抹殺；而此哲學心靈自身，遂顯爲原能貫通關聯於一切知識存在與價值，而四門洞達之一心靈。此心靈在根本上實依人之仁心之如何能廣度深度的呈現，而賴於哲學家之爲人之修養工夫，但此則非今之所及論。

由此哲學心靈之具此超越性與親和性，此哲學心靈遂爲兼虛與靈的。虛言其無所不超越，靈言其無所不貫通關聯。虛靈而不昧，故一方能知異類者之各爲異類，而分析的知之；一方能知異類者之關聯處，而綜攝的知之。其執一而廢百者，謂之滅裂；而執一以概百者，則成魯莽。滅裂而思想之關聯斷，魯莽而知識語言之混亂起。關聯斷，故無以見其貫通；混亂起，則異類者互相糾結黏縛，似貫通而實非貫通。欲去執一以廢百之病，在超乎一以還望百，而歸於綜攝。欲去執一以概百之病，在析一中之百，以各當其位，而歸於分析。故分析與綜攝，似操術不同，然分析之使異類者，不相糾結黏縛而生混亂，正所以爲綜攝之初階，而使其眞正之關聯貫通之處，得以昭明者。故世之爲分析哲學者，恆分析之事畢，而所分析成者之關聯之處即顯。蓋知同者之同，固爲關聯，知異者之異，此異之本身，亦即已是關聯之一種。則知異者之爲異之本身，即已爲一綜攝異者而知之之事。故裂「分析」於「綜攝」，仍爲滅裂之事；亦猶以「綜攝」概「分析」，仍不出乎魯莽。唯使分析與綜攝相輔爲用，更無任何執一之習，以智周萬物，而後吾人之哲學心靈，乃無往而不表現其普遍的超越性與親和性，而得達其求各種知識、存在、與價值之貫通關聯之自覺或認識之目的也。

哲學之方法與態度　參考書目

本章各派哲學方法之參攷書，已見前附註。茲所舉者乃供讀者可自由閱覽之，以培養哲學態度，運用哲學方法之書。

禮記　學記　學記一篇，為泛論教學法之文。然哲學為學問中一種，故此文所論之為學方法，亦可應用於哲學。

朱子讀書法　朱子論讀書治學為人之道，最足開導學者。其所論者固不限於哲學。然及於哲學者亦不少。皆可為百世師者也。

十力語要　本書時論為學之道，然又嘗謂學哲學無一定之方法。要在學者有一段為學之精誠。實則此正為中國先哲教人，最重要之方法也。

漱溟卅後文錄　本書中有關哲學方法之講演及論文數篇，皆出自親切體會之言，不同稗販之論。

Pascal: Pense

E. S. Haldane 編　The Wisdom of Hegel. Kegan paul press.

A. H. Johnson 編　The Wit and Wisdom of Whitehead. Boston The Beacon Press 1947.

上列三書，前一書乃Pascal之名著；後二者乃分別輯錄黑格爾及懷特海言之所成。皆零篇斷語，不成系統。然初學者，欲知哲學之方法，則讀此類零篇斷語中之論哲學者，而有會於心，則儘可於一言半句，終身受用不盡。

P. G. Collingwood: An Essay on Philosophical Method. Clarendon Press, Oxford, 1938.

附註：宋禪師慧杲謂只載一車兵器，加以搬運，並非必能戰者，我則寸鐵足以殺人（大意如此）。故知只如本書本章舉陳種種哲學方法，加以敍述，猶是只搬運兵器之事。眞知寸鐵殺人者，所用之方法，固不必多也。

第十一章　哲學之價值

第一節　懷疑哲學價值之諸理由

我們在上章論各種哲學之方法之總目標，在求達到對於各種不同之知識、存在、與價值間之關聯貫通之認識或自覺，以成就我們之哲學的活動。但是我們可以問：此目標是否眞能達到？哲學之活動是否眞正可能的，而眞是有價值的？或哲學是否在今後還可以說，是應該存在的一種學問？這些問題，在事實上不僅一般人有，即哲學家們亦有。所以我們在本章，一一加以討論。〔註〕

人之懷疑或否定今後之哲學之存在的價值的人，有不同的理由。如我們略加以分析，大約有幾種重要的可說。

〔註〕：如從人類文化史上看哲學家對人類文化與思想貢獻之大，是不成問題的，試想在中國文化中將孔子、孟子、老子、莊子、程、朱、陸、王去掉，中國文化成何局面？西方文化史中將柏拉圖亞里士多德笛卡爾、來布尼茲、培根、洛克、康德、黑格爾等去掉，成何局面？但本章不自此哲學家之影響力量上說，而純是以一批判的態度，討論哲學自身之價值。

第一種理由，是對於哲學之目標的懷疑。譬如我們說哲學之目標，在求達到各種知識、存在、價值間之關聯貫通之認識或自覺，或說哲學之目標，在建立一整個之宇宙觀、人生觀、知識觀。這似乎都必須假定，人能把握各種知識、各種存在、各種價值之全體；亦似必須假定，學哲學者之個人，能如上帝之全知而後可。然此明非人智之所可及。而此假定，亦根本是不能成立的。由此而人之學哲學，即同於人之懸一人所不能達之目標。因而哲學在其定義上，即是一對人爲不可能之學問。

若果說，人之學哲學，只是綜合已成之知識之全體，而總結之，則在古代，或可說是可能的。如在中國有孔子之刪述六經。在希臘有亞里士多德之綜合希臘當時之知識於其哲學。在近代各科學尚未分門別類的發展時，亦尚勉强可能。如在中國宋代，有朱子之綜合其以前之儒學，在近代西洋，有黑格爾之遍論人類知識與文化之各領域，由宗教、藝術、法律、歷史、以及於自然哲學，邏輯與哲學史，有斯賓塞之建立綜合哲學。然而在現代各科學已分門別類的發展之時代，則誰也不能再說他能綜合一切已成知識，以成一無所不包之哲學系統。因而此形態之哲學，今後亦不能存在，如有人勉强求其存在，亦必無價值之可言。

第二種理由，是就哲學之內容中所包涵之問題說。哲學之問題，照傳統的說法，都是比一般之知識學術之問題，更根本更究竟的問題。如東西哲學史中，都充滿對於這些根本究竟問題的討論。如眞理之意義與標準是什麽？宇宙的最後的實在，是一元呢？或多元呢？是心呢？或是物呢？人之意志是否自由的呢？善之標準是什麼呢？這些問題，似乎從古到今，經無數哲學家之討論，而彼亦一是非，此亦一是非，無一定之答案。這全不似科學與歷史學上之問題，不斷發生，亦不斷解決，而解決後常有可永不再疑之情形。由是而在哲學上，每一哲學家永是在重新開始思想一些哲學上之老問題。此義，我們前亦說到。而其重新開始思想後所得之答案，亦重新爲後人所否定。則我們不能不懷疑到：這些所謂關於知識、宇宙、人生之根本究竟的哲學問題本身，是否眞值得研究呢？亦可以懷疑到：這些問題是否眞正成一個問題呢？或是本不成問題，而只是由人妄造的呢？如是人妄造的，則我們可以取消這些問題。取消了問題，亦即無異解決了問題。如人夢中遇虎，欲逃無路，困難萬分，突然醒來，知虎本是無有，則此如何逃之問題，即不解決而自解決。然取消此類哲學問題，亦即同時取消了研究此類問題之哲學，而使研究此類問題之哲學，再不復存在。

第三種理由，是從哲學之方法上說。我們上章，論了各種哲學之方法。但是這些方法，人都可說是主觀的，皆不如科學方法之精確。即哲學家能重視科學之結論之綜合，與各種語言之邏輯分析，力求思想語言之邏輯的精確，亦不能如科學家之親自從事實驗，並處處求數量上的精確。且人於此仍可說，哲學家之綜合科學結論，及從事邏輯分析時，其所採之觀點立場，依然不脫其個人之主觀色彩。在希臘之亞里士多德，即已以哲學之爲純思想的事，以表示哲學之地位之崇高。然換一觀點來看，則此亦正證明哲學知識，永不能如科學知識之切實精確者。

第四種理由是從哲學家之性格上說。我們可以說在任何學問中，皆有極困難之問題。但是在哲學以外之其他學問中，人遇大問題不能解決時，儘可縮小問題；遇一人之力，不足解決一問題時，則可彼此分工合作，共同研究。但在哲學上，則一哲學家如不能對一些大問題有主張，似即不能成眞正的哲學家。而一切哲學問題，似都須一哲學家，一一親身加以思索過，而自形成一整全之思想系統。每一哲學家，必須自構成一思想的天地，不同之哲學家，即構成不同的思想的天地。於是不同之哲學家，如何共存於一哲學之世界，即有一問題。故有人說，我們可以想像一不同的科學家，合成的共和國，然而我們卻很難想像不同的哲學家，能合成一共和國〔註一〕。哲學家似乎必須與其他哲學家表示異議，而與其他哲學家不斷爭論的〔註二〕。故哲學家可以主張人類之永久和平，而哲學之世界，則在永恆的戰爭中。此戰爭之根原，在哲學之思想系統，既是必須由哲學家個人之親身的思索，加以構成，而他又要以論證證明其爲涵普遍的眞理價值，以求一切人之同意的。文學之創作是個人的，但文學家並不以論證，證明其涵普遍的眞理價值，或審美價值，而可任由人之欣賞好尚。科學上之眞理是普遍的，但科學家可

〔註一〕：International Encyclopedia of Unified Science, P.3.

〔註二〕：哲學家之合作，恆不能久，如黑格爾與席林早年欲宣揚同一之哲學之合作；今之懷特海與羅素在作數理原理時之合作；與美之新實在論者批判實在論者間之合作，皆未有能長久者。

並不要求形成一整全無缺之思想系統；而哲學家則兼欲要求此二者。由此而哲學之世界，必在永恆之戰爭中。此即使一切哲學系統，在哲學世界中，皆不能安穩存在，而整個之哲學世界之一切哲學系統，亦似皆有相毀相滅，而同歸於盡之可能。

第五種理由，是從哲學之文化效用人生效用上說。畢竟哲學之存在，對人類爲禍爲福，亦是一問題。我們看歷史上有許多大哲，其對科學之貢獻，或對人類其他文化事業之貢獻，常是永恆的，如伽利略嘗謂其曾多年治哲學，只用數月於數學〔註〕；然他於數學物理，則有不朽之貢獻，於哲學之貢獻，則幾於無有。又如笛卡爾對解析幾何之貢獻，來布尼茲對微積分之貢獻，菲希特對德國之教育與政治之貢獻，及中國無數先哲，對中國社會文化之貢獻，都可說是永恆的。然他們之哲學主張，則明無同樣之永恆性，而時時在爲反對者之所反對。若果我們現在假定這些大哲，都把其聰明智慧貢獻於科學，及其他文化事業方面，而不浪費於永無定論之哲學問題的思維，豈不更是造福於人之事？此哲學問題之浪費這些大哲之聰明智慧，豈不明爲人類之禍？

尤其重要之一點，是從歷史上看，哲學明可把一時代之流行的觀念，某種現實社會之存在狀態，哲學家個人之偏見與意見，以及一時之科學上的學說，加以理由化。一時代之科學學說，加上哲學理由以

〔註〕：W. James: Some Problems of Philosophy 中 Philosophy and its Critics 一章。

後，即宛成永恆之原理，而反阻凝後來科學之進步〔註〕。個人之偏執意見，一時代之流行觀念，加上哲學理由以後，亦再不易化除，而某種現實社會之存在狀態，有哲學理由為之說明，其中之一切罪惡，更皆如化為神聖，而使人莫之敢非；而人亦可進而如戴東原所謂「以理殺人」，「死於法猶有憐之者，死於理其誰憐之？」我們看西方宗教上之殘殺異端，與廿紀之納粹黨共產黨之以集中營，待不同政見者，均同有哲學理論為其根據。此中一切被殺被囚者，皆還須自認無理，此實造成人間無數之慘痛。則哲學雖不殺人，而人實可為哲學所殺。世間若無哲學，則哲學之利雖不必得，然哲學之害則可得而除。利害相權，為得為失，固未易論，然此要足為人懷疑哲學之價值之理由。

復次，世間之人物莫高乎聖賢，然東西古今之聖賢，皆重行過於重言，亦無一重建立思想系統者。同時亦皆以為愈多世間知識，愈多思想意見之人，所謂博學善辯之士，愈難入於眞理之途。故在佛教，多聞之阿難，最後得道。佛教言理障之為害，亦過於人之欲障。在基督教，則耶穌決不與法利賽之知識份子論道。聖保羅亦以愈是當時自以為哲學家者，愈當改悔。在中國之道家，則以「博者不知」，「辯

〔註〕：法蘭克 P. Frank 論何以哲學家恆與科學家異議 Why Scientists and Philosophers Disagree 謂此乃由於哲學家之思想，恆將其時之科學學說加上理由，以僵固化為一永恆之哲學原理，遂與後來之科學上之進步理論相衝突。Readings in Philosophy of Science, pp. 473

者不見」，而欲人之「絕聖棄智」，「大辯若訥」。在儒家亦唯有「不違如愚」之顏淵，與似魯之曾子，能得孔子之傳。而善辯之子貢，長於文學之子游子夏，反不與焉。宋明理學諸大師，亦以記誦之廣爲玩物喪志，並以與有意見之人最難談。而今之一般所謂哲學家，皆無不唯以辯論言說爲事，且唯告人以各種不同之理論意見，而使人再各自形成其一人一套之理論意見，以爲其一人之哲學。城府既成，而距眞正之大道彌遠。自此而言，則世間之哲學，其能免於增益戲論，助成邪見之過者實甚少，而古往今來之哲學之價值，畢竟如何，亦正可疑也。

第二節　哲學家之消滅哲學論

對於上面所述各種懷疑哲學價值之論，吾人並不能以爲其中皆無理。在哲學家中，亦正多有主張人必須由哲學而超哲學者，如東西之聖哲及佛教中之禪宗與神秘主義者之徒，即多由先經歷哲學之思辯，而歸於超哲學之人生境界者。西哲柏拉德來所謂哲學之最後境界，爲哲學之自殺，亦有至理存焉。此外之哲學家，如孔德之實證哲學，亦歸於人類今後之文化，只當有實證科學之論。馬克思則有哲學家不當重在了解世界，而當重在改變世界之說。至依列寧之主張，則在哲學家皆成革命家以後，一切哲學家，即當只爲宣傳同一之哲學眞理而工作。而哲學世界中一切理論之爭，即可歸於休止，如在今之蘇俄之情形。此亦即同於謂純粹的哲學世界之可不再存在。此外在西方各派哲學中，多有謂哲學中當廢棄形上學者。在休謨，即已謂形上學類之書當燒去。今邏輯經驗論者，亦謂形上學之問題爲本身無意義者。又有謂認識論爲當廢棄者，如新康德派之納爾生Nelson即以認識論爲不可能。又有謂傳統之倫理學中，研究道德風俗之一部，應併入社會學，研究道德心理之一部，當併入心理學，而使倫理學中唯留下倫理概念之分析者。此外亦有邏輯經驗論者感於哲學之一名之內容涵義不清，爲宜加以廢棄者〔註〕。凡此等等，皆由感哲學之目標之難於實現，哲學中之某類問題，無由解答，哲學之方法不如科學之精確，及哲學家之彼此爭論無已，方有此等欲消滅哲學或廢棄哲學之名之論。而任一哲學家，如以其哲學已爲最後之眞理，或以其對哲學之判斷，即最後之判斷，亦似不必望哲學之繼續存在，使人再對此最後之眞理及最後之判斷，再孳生疑惑。由此而哲學家，亦未嘗不樂聞哲學在未來歸於消滅之論。而此蓋亦即消滅哲學之論，恆由哲學家自身提出之一故也。

吾人今既學哲學，則吾人對於哲學之價值，宜取加以肯定之態度，而此所以維護哲學之存在，即所以答上列之疑難。然吾人之維護哲學，亦不必歸於無條件之維護。上列之疑難，如確有道出哲學之害者，吾人亦當求如何避掉此害，以便吾人之哲學活動表現更高之價值。

第三節　哲學中之切問近思

〔註〕：A.Pap: Elements of Analytic Philosophy, Preface VI.

對於第一疑難，吾人可答覆曰：哲學之活動根本不須假定人之全知。哲學之求各種知識、存在、與價值之貫通關聯，並非賴於人之已知各種知識存在與價值之全體，而後可能。以至吾人可說，吾人如懸一無所不包之哲學系統，為吾人之目標，即吾人學哲學時開始點上之一錯誤。此不僅無人能達，而吾人亦不必以一哲學系統最大之哲學家，如亞里士多德，黑格爾，為吾人初學哲學時之外在的模範。實則吾人唯在覺各種知識，存在與價值間，似有一相矛盾衝突之情形，可有、宜有或當有一貫通關聯，以劃除此矛盾衝突時，吾人乃有一求知此貫通關聯處何在之哲學活動。如吾人觀一般知識，蓋皆以實際對象之存在與否，定其眞僞，而數學則又可不以實際之對象之存在與否，定其眞僞，此中似有一相矛盾衝突之情形。吾人遂有何謂眞僞？數學知識與一般知識之是同是異？等哲學問題。又如吾人望存在者皆涵價值，而存在者又多不涵價值，此中亦似有一相矛盾衝突之情形，吾人乃有存在與價值之關係之哲學問題。又如吾人有時望善人得福、得快樂、然吾人又似不能以我個人之快樂幸福，為我行善之目的，此中亦似有一矛盾衝突，吾人乃有快樂與幸福及善行之如何關聯之哲學問題。故哲學問題，皆由吾人所感之各知識、各存在、與各價值間，有似相矛盾衝突之情形而起。哲學亦即可直自吾人當下所感之似有矛盾衝突之處開始。而眞正哲學活動之進程，實乃自一問題，再進至另一問題，由一思想上所感之矛盾衝突之劃除，或裂痕之彌補，至另一思想上所感之矛盾衝突之劃除，與裂痕之彌補，由一貫通關聯處之發見，至另一貫通關聯處之發見，以使人之哲學思想之系統，次第增大之歷程。此方為由哲學活動以求各種知識、存在、價值之貫通關聯之切實義。而吾人如謂哲學活動開始點，即爲求一囊括一切知識存在價值之整全系統，則此固非人之所能，而如此爲哲學，亦實無開始點之下手處也。

吾人如知上文所說哲學之求關聯貫通之一切實義，則吾人可知：人之感受哲學問題，而學哲學，並非必須待於人之已先知世間之一切科學知識之盡頭處，方再欲由哲學，以百尺竿頭，更進一步。吾人亦儘可即在日常生活、日常談話中隨處因所見、所聞、所感而發生哲學問題。譬如吾嘗聞數小孩，討論何物爲最大。第一小孩曰山大，第二小孩曰地大，第三小孩曰天大，忽一小孩曰眼大。此時天旋黑，另一最小之孩子忽曰黑大，遂放聲而哭了。如何一小孩會想到眼大，此明是就眼之認識而言。此認識之可在一義上，大於山與地或天，正是哲學上之觀念論者之所持。然此小孩儘可無意間，觸發出同類之哲學思想。而另一小孩之覺黑蔽眼，遂覺黑大而哭，則此乃因覺黑之存在，使其所認識之世界不存在，而生悲。此悲乃依於「感黑之對知識之無價值」之價值感。則此小孩之哭，正由於發現一種知識、存在與價值感之交織關係。吾人若加以細思，則其中正又展示一極深奧之哲學問題；而引發此問題之小孩，卻只是一數歲之小孩。此外如童話中之阿麗思漫游奇境記等書，人皆謂其可啓發一種哲學思想，然皆是就小孩之心境而設想者。是可見哲學問題與哲學思想，儘可先於一般科學知識，科學思想而存在。此亦即人類在未有專門科學之知識，而先有宗教及哲學上之思想之理由之一（註見下頁）。

至於在人類之各種科學知識世界，既分門別類成立以後，人亦不必同時兼知各專門之知識世界之一切內容，而後可從事於哲學之研究。此理由亦甚簡單。即哲學之欲貫通關聯各專門知識之世界，儘可自各專門知識之世界，所由建立之根據之某一方面下手。而只須此某一方面之關聯貫通被發現，則各專門知識世界之全體知識間之關聯貫通處，亦即可被發現。此正猶如有二大城市於此，吾人只須於其間能建成一二道路與橋樑，加以貫通關聯，則二大城市間一切街道，互相往來之路線，亦即同時建成。此中，是否二大城市各街道皆有人與車輛行經此新建之一二道路與橋梁，非重要問題。亦正如吾人將二知識世界，所由構成之某一方面之關聯貫通之處，加以發現後，吾人是否對此二知識世界中一一知識，皆思維其如何直接間接可關聯貫通於另一知識世界中之一一知識，並非重要之問題。人對哲學之貢獻，亦並不必與其專門知識之多少，成正比例，而專門知識之多，亦可無與於哲學。此蓋即莊子之所以言「博之不必知，辯之不必慧」，而哲學之思維雖在於求知識之關聯貫通，並無待於人之全知，亦可無疑矣。

第四節　哲學問題之答案

對於上述之第二種對哲學之疑難，所謂哲學問題之思索，恆無一定之答案云云，我們可提出下列之答覆：

〔註〕：雅士培K. Jaspers: Way to Wisdom, tr.by R. Manheim, New Haven, Yale University press. 1951.第一章曾舉出哲學問題直接由小孩之心靈而發出之例，可供參考。

（一）我們可以說，哲學問題之思索，所以似無一定之答案，乃緣於人由哲學思維而產生之有**一定之答案的部份**，均已化爲人之其他知識常識之內容。如我們可以從人之學術史中，知道無數被今人認爲確定的知識，最初都是原於人之哲學上的玄想。如今之科學上之原子論，時空相對論，物質能力爲一論，進化論，下意識之心理學……最初都是原於人之哲學上之玄想，而經科學上觀察實驗，加以證實，而成科學內容者。以至我們還可由學術史以知，任何一專門科學之建立，皆由一些哲學家倡始其事。而哲學家之倡始建立某一科學，亦同時是把其知識中之比較確定的部分，置諸科學之範圍中，而只留下其成問題之部份，以作爲其哲學的思索的內容。則今之哲學中所以只留下無數未解決之問題，並非哲學的思維，不能解決問題之證；而只是其解決過之問題，皆移交與科學，以另從事進一步之其他問題之思索之證。此正如一開闢土地之大將，將其已開闢之土地，分交守令治理，更長征絕漠；此不足證此大將之未嘗開闢土地，而正所以證此大將之功成不居之盛德。若諸守令於此，反謂此大將一無土地，一事無成，則人必謂此守令忘恩負德。則人之本專門知識之立場，由今之哲學中充滿問題，而謂哲學之思維無價值者，亦無乃類是。

（二）我們雖可承認哲學上若干之根本問題，自古及今，迄無定論。但是我們並不能否認哲學史中所表現之哲學進步。我們絕無理由謂古之一元論與今之一元論，古之多元論與今之多元論，因其同名，而謂其只是同一答案之更迭出現，而忘其所以爲一元論多元論之思想內容之**由淺而深，由簡而繁**之發展與進步。自哲學史之發展看，後起之一元論者，對於以前之多元論者之主張，亦通常並非只持一往的反面之否定態度，而恆是綜合以前之多元論，以歸向於一更高之一元論。則所謂以前之哲學，只爲後來之哲學所否定，其間全無層累而進之迹，亦不合事實。至畢竟自古及今是哲學之進步大，或科學之進步大，亦有兩面之理由可說。如美哲詹姆士嘗謂「如亞里士多德笛卡爾復生，重訪問吾人之地球，則吾人之科學之進步，將並不使其如何驚異。然彼等如將今日之形上學書展卷而讀，或至哲學教室聽講，彼等將更感一切皆生疏或新異」〔註〕。則哲學之進步，亦正可說更大於科學之進步。

（三）我們可視哲學，爲一組哲學問題，且每一問題皆分別有其答案之一集合體。但我們亦可視哲學爲諸多哲學家之思想系統之一集合體。如依前一觀點看，則對一哲學問題，我們只要發現其有不同之答案，則可說此問題未決定。但如依後一觀點看，則每一哲學家對一問題之如何答，乃爲其思想系統之他部份之所決定者。在其思想系統之他部份爲如何如何之情形下，其對某一問題，有如何如何之答案，則可爲一邏輯上必然當如此如此決定者。故吾人若將一哲學問題之答案，置於一哲學系統之內部看，則每一哲學系統，對各哲學問題之分別答案，即可互組成一在大體上定然無疑之全體。此全體，要爲一人類思想之一表現、一創造。即其根本不合事實，而只是其中之思想之各方面之依邏輯的秩序，如是如是的配合形成，亦即有一價值。吾人如眞能以此觀點，去看一哲學問題之不同答案，則我們亦可說，此不

〔註〕：James: Some Problems of Philosophy中Philosophy and its Critics一章。

同答案在不同之哲學系統中，可各有其價值。以至可說相對於不同之哲學系統言，此不同之答案，皆有一意義上之眞〔註〕。而每一哲學系統之爲一包涵邏輯秩序之全體，即其內部爲有某一種貫通關聯，而可滿足人之自一種觀點出發，以了解世界之貫通關聯之哲學要求者。

（四）至於尅就對一哲學問題之不同答案，未嘗決定言，我們誠必要求一決定。但吾人並不能說，吾人之思想未能求得一決定，此思想即無價值。因吾人即未能得一決定，而吾人若能知：吾人之何以不能有一決定，而更清楚的了解此問題之本身，此仍爲吾人之一知識上之增加。如康德之純理批判一書之大部份，皆爲論吾人對形上學之問題，爲不能由純粹理性加以決定者。然吾人卻須經歷形上學之思維，乃能決定的知其不能決定。此形上學思維之價值，即唯在成就吾人之純粹理性之訓練；以使吾人之純粹理性，能自知其限度，進以知實踐理性之重要，及形上學之當依實踐理性之要求而建立者。吾人之舉此例，即以說明吾人對一問題，不能得一決定之結論，非即對此問題之思維皆無價值之證。一更淺近之一比喩，亦可幫助說明此義。如二人下棋，畢竟孰勝孰敗，固可在相當長之時間，皆不能決定。然此下棋之趣味與價值，亦即在其尚未決定勝敗，而不斷求決定勝敗之歷程中。若其至最後，仍不能決定勝敗，則成和局，或惟有撤盤另下。然復須知，此和局與撤盤另下之本身，仍爲一決定。即決定的「勝敗之不能決定」，而決定的留下「二人棋技之高下之問題，以俟未來之再定」。然此問題之能如此清楚的留

〔註〕：參考本書第二部十八章眞理之意義與標準一章，論融貫說之眞理論一節。

下，則又非先有一度之下棋不可。此即所以比喻，吾人眞要確知一哲學問題之不能解決，仍須先經哲學之思維，而後能說。而此亦即此哲學思維之價值。

（五）我們還可說所謂哲學問題之不能決定，都是我們對他人或自己已作之答案，似皆可再生疑難而說。但此實是從人之哲學思維之停息處，而自外看哲學思維所得之已成結果上說的話。我們如果眞回到哲學思維本身之內部看，則我們可反而說，每一思維之進行，其步步皆是求得一當下之決定。我們問甲是乙或丙，我們可想「甲是丙」，另一人亦可想「如甲是丙則非乙」，再另一人亦可想，「如甲非丙則爲乙」。然而無論我們如何想，此每一想，皆是一決定。以至我們可說，我們每一步之思想，只要有所想，即有所決定。此每一決定，都可說是答覆一問題。由是而我們可說，我們若未嘗不斷答覆問題，即不能不斷考慮問題。所謂不斷考慮一問題，即不斷決定此問題之一些部份。故我們如從我們思想歷程中之處處必有所思想，有所決定處，看任一思想之歷程，即都成「一一之思想之決定」之相續歷程，此中亦可不見問題之存在。此亦猶如人在下棋時，人可並不覺其下棋，是爲求解決孰勝孰敗之問題，而只是步步求決定一棋之如何下法。而其每一步之思維如何下法，實皆無不歸宿於一決定，亦即無不歸於一問題之解決。所謂終有問題未解決者，唯是自解決後，尚有新問題而言。此亦猶如自一着棋決定後，尚有後着之棋，待決定而言。吾人於此若專從每一棋，皆有後着而言，則說滿盤棋子，皆是問題之集結處固可，然說此滿盤棋子皆是問題之解答亦可。此二者觀點之異，唯是吾人之或自下棋者本身內部之思想之進程上看，或自其思想之落脚處看之別。吾人之畢竟以哲學唯是一串問題，永無解決之日，或哲學思維實步步在解決問題，亦唯是或由哲學思想進程之本身看，或自其落脚處看之別。然眞下棋者，必自其思想進程之本身看，而視其下棋乃步步決定一棋之問題之事。眞從事哲學活動者，亦必自其思想進程本身看，而視哲學爲步步決定一哲學中之問題之事。唯通常人之學哲學者，恆是自他人已得之結論處開始，則人儘可覺此結論爲可疑，其下之問題待決定，遂以爲哲學唯由問題始。此亦猶如人之接他人之已成棋局，而自着者，其第一步，唯見處處是問題；而不知此已成棋局，是問題，亦是答案。吾人只須思其如何而成，或自己依譜照下，便知其皆是答案。知此例，則知人之以哲學只是問題而無答案之說，皆自外看哲學之結論之不足處，而未嘗自內看一切哲學之結論之所以由生者也。

第五節　哲學思想中之混淆與精確

至於我們對第三疑中關於哲學方法之不如科學方法之精確，則我們可作如下之答覆：

（一）我們承認哲學中，莫有如科學中所謂以數量規定事物之數量的精確性。哲學之名詞之涵義，亦恆不如科學的名詞之涵義之精確。哲學之理論，亦恆不似科學歷史上之理論之可以其實驗工作，及歷史文物，作客觀的證明。於是哲學之思想，似純爲個人之主觀上的事。但是我們有理由詢問，是否人之心靈，處處皆要求對於數量有精確的認識？這明明不然。因人並不須：「簡髮而櫛，數米而炊」（莊子），而我們亦可以說，只有在我們對於一類事物之性質決定以後，我們才求決定其數量。凡我們要求決定數量的地方，即我們對「性質」已不成問題的地方。而凡在性質已不成問題，而只求決定數量的地方，此中即無哲學問題。因對一切同性質的東西，此性質之相同，即已將其關聯貫通起來。又對事物之數量的決定，唯係於標準的計算器之反復的運用。此反復的運用，在原則上總可繼續下去，則此中可無任何思想上觀念上之裂縫，或似矛盾衝突的情形發生，而亦無哲學問題之存在。故哲學問題，唯發生於有異質異類之知識、存在、或價值在此，而其間似有裂縫及矛盾衝突，而待吾人加以貫通關聯的說明之處。由是而哲學之不求數量之精確，乃由其問題本不由欲對事物作數量之規定而起。而我們亦可說：哲學問題，都是關於不同「性質」的如何關聯的問題，而無一爲直接關於事物之數量多少之計量之問題者。則哲學思想中無關於事物之數量的多少之精確的計量，皆由其乃哲學家之不爲，而非哲學家之所不能也。

（二）我們如果撇開求數量之精確之問題於哲學之外，則我們可說哲學之所求者，唯是概念之精確或概念之嚴格。而求概念之精確與嚴格，及思想系統內部之一貫，蓋爲一切哲學同有之一目標。然吾人今之問題，則在何以古今哲學之用語，實際上又不如科學家之用語之嚴格與精確？對此問題，吾人之答覆，爲哲學家之用語，恆不免取常識中之語言，及過去哲學家之語言。常識中之語言，本爲多歧義者。過去哲學家之語言，亦各有其專用之義。今再襲取而用之，歧義即勢所不免。而哲學又似不能倣效專門科學，以另造一套涵義精確之語言，而不能不兼用常識中之語言，與以往之哲學家所用之語言。此理由如下述。

何以哲學不能倣效專門科學，以另造一套涵義精確之語言？此即因吾人如爲哲學另造一套語言，而與常識之語言，及以往之哲學家之語言，全然脫節；則吾人新語言中之新思想，亦即與用常識之語言，及用已往哲學家語言之人之思想脫節，而失其彼此之貫通關聯之路道。哲學之任務，旣在成就貫通關聯之思想，則哲學家即無理由使其思想，失去其與他人之思想貫通關聯之路道。於是吾人即爲哲學另造一套新語言，吾人還須先說明常識中之語言，或已往哲學家所用之語言之一一之義，與此另造哲學語言之一一之相當。在此說明中，即還須了解常識與已往之哲學家之語言，而運用之。由是而在哲學範圍中，常識及已往之哲學家之語言，遂爲永無法完全廢止者。由此所導致之哲學語言之涵義多歧，遠於精確，遂爲哲學家之一永恆的負担，而在原則上無法完全解除者。

哲學家之用語，因其必須兼用常識中之語言，及已往哲學家所用之語言，而恆不能免於涵義多歧，遠於精確，固是一事實；然力求其思想之一貫，用語之一貫，並不斷對於包涵混淆成份之思想，加以分析清理，仍爲一切哲學家，大體上共同努力之方向。則吾人可問一問題，即：畢竟在「自始即用精確之概念與語言，以從事研究之科學家」，及「由分析混淆之思想及涵義多歧之概念語言，以歸向於精確之概念語言之哲學家」之二者中，何者代表一更重思想之精確之精神？或實現更多之此精神之價值，於思想言語之世界中？此亦猶如問：畢竟在吾人之依健康以致健康，由治平以達治平，與由疾病以致健康，由亂世以達治平之二者間，何者更代表一重健康重治平之精神，何者更能實現健康與治平之價值？

吾人對此問題之答覆，明可歸於：由疾病以致健康，由亂世以達治平者，更能實現健康與治平之價值。依同理，哲學家亦即有一更重思想之精確之精神，更能實現更多之「精確」之價值，於思想語言之世界中。在哲學家思想之歷程中，雖或仍不能免於夾帶若干涵義多歧之語言，及若干混淆之思想以進行，而不必能達於絕對之精確，其功過要亦足以相抵。而此中之哲學家之過失，實即由哲學家所用思想與語言，不能不求與常識及已往之哲學家之思想語言，相關聯貫通之故，而自願担負之過失。此正為耶穌欲救世人，不能不担負人間之罪孽，為其罪孽也。

（三）復次，我們尚可有一更進一步之問題，即人之語言概念涵義之多歧，及由此所導致的，人思想上之各種混淆，是否自始即全無價值者？吾人可承認，吾人所用概念與語言及吾人之思想，必須由混淆，以歸向於精確。但若自始無混淆，是否又有由分析混淆而得之精確？吾人可問：一切概念語言之混淆，由何而生？此豈非正由各概念語言之有不同涵義，又互相膠結不清而生？然此互相膠結不清，正由於此概念語言之有不同涵義之存在。則人之所混淆者愈多，亦即愈證我們所能分析出，原可不相混淆之概念語言之涵義愈多，而我們所可能有之精確思想亦愈多。則一切概念語言之混淆，豈非即精確之思想所由產生之母？吾人亦可再問：何以一語言，不與其他任何語言相混淆？何以一概念，不與其他任何概念相混淆？我們豈不可說，凡可相混淆者，其中必有某種可貫通關聯之處。唯此貫通關聯處，未清楚呈現，人乃依此可貫通關聯之處，而造成混淆，遂泯沒其彼此差異之處。則凡有混淆之處，即爲我們可由之以分析出各種差異者之處，亦即爲我們可由此差異者之淸楚認識，而愈發現其可以爲混淆之根據之貫通關聯之處〔註〕，如人之混狼與狗，正由狼狗之有相似處，爲其混淆之根據。而當狼狗之別，眞被淸楚認識之時，其相似處，亦復被淸楚認識，而此相似處，亦即其彼此間一種貫通關聯處也。由此而吾人遂可說，哲學之不能免於用混淆之概念語言，及哲學之又不能不以混淆之概念語言，爲其淸理之對象，求去混淆以歸於精確，正所以證明混淆之概念語言與精確之概念語言，同爲使哲學活動之繼續進行之所憑藉，乃人所不可不深察，而皆不可以一筆抹殺其價値者也。

至於哲學之方法之主觀性之問題，我們合併於下文對第四疑難之答覆中討論。

第六節　哲學思想相互了解之可能與道路

在第四疑難中人對哲學價値之懷疑，乃由覺各哲學家之思想系統，如各成一天地，恆不能彼此共許，以不斷相爭論而起。此亦即人之所以以哲學之思維方法，純屬哲學家個人的主觀之一主要理由。吾人對此疑難之答覆，是哲學家之恆相爭論，固是一事實；然相爭論是一相互表示異議之事，亦是

〔註〕：本書第二部知識之價値一章第三節重申此上之義。

不斷自己解釋自己之思想，以互求了解之事。哲學家無異議，不致相爭。然如不求彼此了解以貫通其思想，亦不致相爭。而相爭之際，若彼此無同一之問題，無若干共同之語言，與若干語言之共同意義之了解，亦使相爭之事不可能。而凡此等等，即哲學家相爭時所共許成份。則謂哲學世界中只有永恆的戰爭，其中無和平之成份，則絕無是處。

誠然，由哲學家之恆欲自構成一整全的思想系統，亦望人之整個的加以同意，則不同哲學家間之爭執，似即可成一生死之爭，而其中若無和平共處之可能者。然吾人可說，哲學家之欲構成一整全的思想系統，乃是只懸之爲一理想，而不必自以爲已完全實現。則此理想的整全的思想系統，可爲一開放的系統，而非一封閉的系統。若果哲學家皆自以其理想之哲學系統，爲已完全實現之一封閉系統，哲學家之爭執，誠爲生死之事。然若果哲學家，眞自以其理想系統已完全實現，而爲一封閉的系統，則此即與哲學之求各種知識、存在、價值之貫通關聯之根本精神相違。而一哲學家之自以爲已完全實現此理想，亦即此一哲學家之死亡。而實際上，在一哲學家一息尚存時，彼必皆有所用心，亦即從未自認其思想系統，爲一絕對之封閉系統者。而其與人之爭論，亦即不甘自封閉於其思想之世界，而求與人之思想世界相通之證明，如方才所說。

誠然，在實際上，哲學家不易互相了解是一事實。而今之西方現代哲學家之辯論時，亦恆以「我不了解你所說」，以爲排拒之計。而哲學家亦恆有妄執若干觀念，一生不肯變易者。哲學家亦時有一自甘於沉陷其成見或已成思想之機括，並由其與人辯論爭勝，而更增益其成見之趨向。然此仍非必使哲學家之相互之了解成絕不可能，使哲學之世界恆在戰爭中。此理由可略述如下：

（一）爲不易相了解，非絕不能相了解。吾人儘有理由謂：凡人之所思所知者，皆有相了解之可能。此中並無所謂絕對之主觀。

何以吾人可說凡人之所思所知者，皆有相了解之可能？此或即須一複雜哲學理論，爲之說明。但此理由可簡單說：甲、即吾人對吾人之任何所思所知者，吾人如就其本身看，皆不能看出其只有被我了解之性質。吾人通常皆承認，吾人之所思所知者，皆爲一理，任何理之本身，皆爲具普遍性，因而爲原則上，可能被人所了解者。乙、吾人還可以上所謂人之有言說辯論之事爲證。人在言說辯論時，人即在求人之了解其所說。而此求人之了解其所說之要求中，即已肯定其所說之可能被了解。吾人即以此二義論定，一切人之所思所知所說皆有被共同了解之可能。而此共同了解，待於一定之條件，亦如對科學眞理之了解，待於一定之條件。在一定之條件具足時，此共同了解即成立。則哲學之世界與科學之世界中，即同無絕對之主觀。此外吾人尚可說，若此中眞有一絕對之主觀，而使二哲學家之世界，永無彼此了解之可能，則無異肯定世間有絕對不可相關聯貫通之世界，使哲學本身成不可能矣。

（二）於此唯一可使哲學家間之相互了解，似成絕不可能者，即一哲學家之所說者，可全無意義，而只是一些混亂的言語，或只表示其個人之生活上之一些感情欲望，而彼亦不知其何以如此說者。在此情形之下，則其他哲學家可無法就一般哲學之觀點，而了解之。但吾人於此復須知，即在此情形下，說此全無意義之混亂語言之哲學家，本身亦不了解其所說。此中所有者，乃共同之不了解，亦並無絕不可共同之了解。又自另一面看，則此時爲說者之哲學家，不了解其自己所說，聽者仍可將此說者之所說，加以分析，而了解其何以如此說，以至了解其何以有此混亂之言語等。唯此可與哲學本身無干，而只爲一種心理學上之對人之了解之事，不在吾人所論之列。

（三）吾人若承認一切人所知所思之理，皆同有被了解之可能，則他人向我說出其所知所思時，即我有一同情的加以了解之義務。此義務，爲吾人對人之道德義務，亦爲吾人從事哲學活動，而求貫通關聯人與我之不同知識時，當有之事。自此而言，則哲學之活動，即不當只是要求人與我同意之事，而亦當是如何使我了解他人，而與他人同意之事。而我之只沈陷於我之成見，而只以與人辯論爭勝，而不肯虛心求了解他人之所說，即爲一道德上兼哲學上之罪過。然在此處，我如只知辯論爭勝，並只求人與我同意，而不求我之儘量了解他人，與他人同意；則我又儘有其絕對之自由，無外在之事物，可加以拘束者。故我與人之願意求相了解之意志之存在，即爲一哲學上之相了解之事可能之必須條件。而一哲學家如不願具備此必須條件，則彼亦可說一切哲學上之眞理，皆爲屬於各哲學家之個人主觀的，而哲學之世界中，即可說只有永恆的戰爭，而更無和平。吾人對此種哲學家，亦除謂其不具哲學之求貫通關聯之精神外，更無他話可說；而吾人與此種哲學家之一切辯論，亦即只能休止。然在此休止處，仍可說其間有一哲學的和平。

第七節　哲學對人生文化之價值與學哲學者之修養

至於吾人對第五疑難中，關於哲學對人生文化之價值之懷疑之答覆，則可略述如下：

（一）我們亦不否認人類之用於哲學之思維活動，從一方面看，可說是人類之智慧力之一種浪費於無用之地；但是我們並不能由古代哲學家，其對科學與人類文化之貢獻，常有永恆的價值，而其哲學之主張，則恆只成爲後人爭論之問題；遂謂哲學家之哲學的工作只是浪費。因我們儘可說一兼對科學有貢獻之哲學家，若無其哲學思想，則亦不必能對科學有貢獻。即以前文所舉之例來說，來布尼茲如在哲學上無「無限小」之哲學觀念，則他明不必能在科學上發明微積分。笛卡爾如無「形量可純以數量表示」之哲學觀念，他亦明不必能發明解析幾何。菲希特如無其如何如何之唯心論之哲學，亦必不能對德國之政治教育，有如何如何之貢獻。而伽利略若無對於哲學先下之工夫，是否必有其對物理學之貢獻，亦可成問題。至於中國之儒家若無其哲學，亦明不必能對中國之社會文化有所貢獻。至於哲學家之哲學主張之成爲後人爭論的問題，並不足證明此主張之無價值，此點吾人於上文第三段已加以答覆，今不復更論。

（二）至於哲學對於文化與人生之價值，有時是負面的，亦可說。但我們更不能否認哲學對人之文化人生之價值常是正面的。哲學固可將科學之假設僵固化，但哲學亦可將科學之假設，化為具更大之概括性之假設。哲學固可將某種之現實社會存在狀態及其流行觀念，個人之偏執意見，加以理由化，以造成種種之戲論邪見，而障人生之正道；但哲學亦為人之正知正見，建立理由，而以種種理由，開拓人之正知正見。一切改造現實社會、現實人生之崇高遠大之理想，多初由哲學家提出，此亦歷史上信而有徵之事；則哲學固可助人以理殺人，而哲學亦未嘗不以理救人。至於古今東西之聖賢，皆重行過於重言，不必自建思想系統，更不必特貴博辯之士，固是一事實；然一切聖賢之教之發揚，仍不能不待於辯論與言說。孔子之無言，若不繼以孟荀之善辯；耶穌之直指天國，若不繼以教父之哲學，經院之哲學；釋迦之徒事譬喻，如不繼以大小乘之經論；則孔子耶穌釋迦之教，又豈能光大於後世？得失利害相權，則哲學之價值，又焉得而被否認？

（三）吾人以上列之說，答第五疑難，吾人卻不能不對此疑難之重要性，另眼相看。吾人亦當更研討人之哲學思想，何以會趨於將個人之偏執意見，及某種現實社會之存在狀態及其流行觀念，加以理由化，以至造作種種戲論邪見，以障人生之正道之故，而求所以避免之道。亦唯如是，而後吾人之哲學思維，乃皆成眞正有價值之思維。

我們可說，人在哲學思維中，原有一趨於將一切內界外界之現實存在（包括社會流行之觀念個人之偏執意見等），皆加以理由化之趨向。此乃由哲學之目標，在求各種知識與存在及價值之貫通關聯而來。人欲求得此貫通關聯，原有二道，其一是以吾人所眞肯定爲有價值之理想，爲吾人之立場，以觀現實之存在之事物，而於後者之不合於前者之處，則謂應加以改變，以合乎前者，而提升超化原來之現實之存在，以成爲更合理想之現實存在，而使理想實現，以達此二者關聯貫通之目的。其另一道，則爲不求實現吾人原所肯定爲有價值之理想，而以哲學惟當就已成之現實存在，而貫通關聯的加以了解之爲事。然人於此，如又終覺不能完全捨棄其一切價值理想之嚮慕時，則人只有轉而以說明此現實存在者，亦原爲有價值合理想者，而加以理由化爲事，以達其貫通關聯此二者之哲學目標。在此二道中，人如取前一道，而求由改變已知之現實存在，以合於其眞肯定之價值理想，其事有如負重登山，乃逆而難。而人之只徒轉而順應其所知之現實存在，而設法加以理由化，則其事如輕車滑路，乃順而易。故人之哲學思維，實有一順其現有的偏執意見，與其所接之某種現實社會之存在狀態，及其流行觀念，而加以理由化之自然傾向。此傾向之深植根於人之意識之底層，即足以決定吾人之一切上窮碧落，下達黃泉之無盡的哲學思想運行之道路。而人如只就現有之哲學思想之內容本身看，則人對此意識底層之此傾向之存在，又可冥然罔覺。而人之順應其現有之偏執意見等，求加以理由化，以爲哲學者，其愈恃聰明，而所成之思想系統愈大者，其病根亦愈深，而愈不能免於滿盤戲論，與滿腹邪見之譏。此即東西之聖哲，所以不貴博辯多聞之士，而寧取似愚似魯，無多知識之人之故。是好學深思之士，所不可不深察者也。

吾人若眞知上述之學哲學者之病根所在，則若欲使吾人之哲學活動，爲眞有價值，吾人除論哲學之方法外，實當兼論哲學之修養工夫。而此修養工夫之要點，則在一對於自己之偏執之意見，與一切只求順應現實之習氣，加以一深刻反省，在吾人之哲學意識之本原上，求一清淨與端正。而此種哲學上之正心誠意工夫，乃東方哲人之所特重，而恆爲西哲之所忽。然此處忽過，則吾人終無法保證，吾人之哲學活動，不成爲吾人之偏執意見，用以維護其自身之存在之工具。亦不能保證，吾人所造成之哲學理論，不成爲現實社會之存在狀態中一切不合理者，與罪惡，所利用之以維護其自身之存在之工具；更不能保證，吾人之哲學不爲滿盤之戲論，與滿腹邪見，成人生之正道之障礙。而人之有偏執意見，橫梗於中者，則人亦將無我們上節所說之願意求與他人相了解之意志，以虛心了解他人之思想他人之哲學。若人人如此，則哲學之世界，亦即永爲各哲學家相互戰爭之戰場，各哲學家之世界，亦即永無互相關聯貫通之眞實的可能，而此亦即哲學之不可能。

然吾人如知人之將其偏執意見，橫梗於心，必不肯虛心了解他人哲學之意見；則吾人若力求有虛心了解他人哲學之意見，亦即所以自化除其偏執意見之一道。吾人如知人之無虛心求了解他人哲學之意見者，必以爲哲學之世界，只有不同其哲學思想之哲學家之相互戰爭，更無共同之眞理；則吾人能深信有共同之眞理，亦即所以去除吾人之偏執意見之一道。吾人如知吾人之精神，只求順應現實存在，必使吾人之哲學思想，亦趨於將現實存在，皆加以理由化；則知吾人有拔乎流俗之精神，兩眼不只看現實存在，而能尚友古人，瞻望來者，則吾人可轉移：吾人之將現實存在，加以理由化之意識傾向。而吾人若知吾人之偏執與意見，恆深藏於吾人之哲學意識之底層，則吾人有時亦當忘吾之哲學意識之存在，而超溢於哲學意識之外，以入於其他人生文化意識之中。由是而吾人眞欲使吾人之哲學活動，表現最高之哲學價值，則吾人須有一超越吾個人之哲學活動，而通於天下萬世之古人與來者之哲學活動，與其他人生文化活動之心量。而此在根本上，仍是一道德的心量。人唯力求有此道德的心量，乃能使其哲學活動，表現最高價值。則哲學之最高價值，乃由吾人之努力加以實現，而後眞實存在，而非可只視之為一已成存在，而加以討論者。而如何使人類之哲學活動，皆表現最高之價值，則為吾人之哲學之最後的理想。此吾人之本東方之哲學傳統，以論哲學之價值，而略異於世之只本西方之一種觀點，只化哲學為一外在之對象，而討論其價值之何若者也。

結論

本章論哲學的價值之問題，姑止於此，而此上所論，皆唯是對於懷疑哲學之價值者之答辯。至於哲學之正面的價值何在，則讀者可重覽以前論哲學之意義及哲學之內容諸章。我們可說凡哲學之意義之所在、哲學之內容之所在，亦即哲學之正面的價值之所在。如我們說哲學之根本意義，在貫通關聯不同之學問。此使不同之學問，貫通關聯，以印合於心靈之整個性，以形成一統一和諧之人生，亦即哲學之主要價值之所在。又如我們說在哲學特關聯於科學時，哲學求綜合科學之結論，分析科學之概念設定，……此亦即哲學對科學之價值之所在。再如我們說哲學之意義包涵對歷史、文學、宗教、及其他文化之根本原理之說明，此亦即哲學對歷史，文學、宗教等之價值之所在。大率以哲學與其他專門學問之價值之比較而言，則因哲學重貫通關聯不同之學問，恆要求人超越一專門學問之表面，而自其底層及周圍用心，因而恆較一專門學問之用心爲深、爲廣，而其價值亦恆在思想之深度或廣度方面表現。反之，一專門學問則恆要求人之用心，凝聚於一定之範圍，細察其內容，而其價值亦恆在思想之密度强度方面表現。此皆不及一一多論。

哲學之價值 參考書目

方東樹 漢學商兌 淸代顏李學派，以宋明理學爲無用，漢學家以宋明理學爲空疏，此皆可以指哲學之全體。東樹此書，爲宋明理學之空疏無用辯，亦皆所以爲哲學之價值辯護也。

方東美 科學哲學與人生 本書第一章論哲學之起原兼及其價值。

謝幼偉 哲學講話 第一部第五章論哲學之價值

W. James: Some Problems of Philosophy 其中Philosophy and its Critics將人懷疑哲學價值之理由，加以舉出後，再一一加以答覆。

A. N. Whitehead: Science and Modern World第九章 Science and Philosophy. 懷疑哲學之有價值者多依科學立論。此文對科學與哲學之相依並進，由近代之文化史之事實，加以指出，不同空論科學哲學之關係者。

J. Ratner: J. Dewey's Philosophy. The Meaning of Philosophy 項下所選三杜氏文。

懷疑哲學之價值，多就哲學對實際人生文化應用立論，杜威則以哲學爲當處處與實際人生文化相關，以有其實用價值者。

B. Russell The Value of Philosophy見其The Problems of Philosophy十五章

懷疑哲學之價值多從哲學問題之不能有最後之解決立論，羅素論哲學之價值則重在其養成人之懷疑態度，去成見，自狹小之我執解脫之一面。此即謂哲學之問題，縱無一能解決，而哲學之價值仍在也。

Plato: Republic. Book VI 484—501

柏拉圖論哲學之價值，重在使哲學家之精神，升至不變永恆之原理之認識處說。此爲影響西方後來之哲學傳統最大之哲學價值觀。

第二部　知識論

第一章　知識論之意義

第一節　中文中知與識之傳統的意義與今之所謂知識

我們可稱知識論，爲討論知識之所以爲知識之一種哲學。亦可說是對於我們之知識，加以反省，而欲對我們之知識本身，求有一種知或知識之哲學。由此而知識論之中心問題，即爲說明「何謂知識」。

在中文中，知與識這兩個字，如分開來說，知之一字用得比較早，而涵義亦比較多。知與智亦常通用。說文說：知，覺也。知從矢、從口，智從矢、從口、從曰。從矢，乃表示有所向、而有所注入之義。從口從曰，乃表示顯於言語之義。知與智之原義，當即指一切心覺有所向，而有所注入之義。由此而知之義恆通於行爲與意志情感。如孟子之以兒童之孝親敬長，爲良知良能。左傳以知政爲主政；後世之知縣知府之官名，皆從此出。至於從知之通於智說，則在先哲，智之主要意義，爲道德上之辨善惡是非。故孟子謂「是非之心，智之端也。」荀子亦謂「是是非非之謂智，非是是非之謂愚。」其次是所謂智謀、智巧之智，則與道德上之是非善惡無關，只是與事務上之成敗利害有關，而求如何求成去敗、求利去害之智。再其次，是辨事實上之然否，而「然於然」（如於馬，說是馬），「不然於不然」（如於非馬，說非馬）之智。至於老莊所謂大智或大知，及佛家所謂知慧，則可爲超一切是非善惡，成敗利害，然與不然之上之另一種智。

至於「識」之一字，則在先秦，初蓋爲存記於心之義。如孔子所謂「默而識之」，蓋即默而存記於心之義。此可謂爲知之結果。識之義，引申爲辨識之識，即分辨然否、是非、善惡等之識；再引申爲識見之識，即事未至而先知其歸趣之識。而至於志識之識，則爲自定一行爲之歸向，而能自覺其所當爲之識。識度識量之識，則爲指識見、志識之度量而言。此度量恆表現於自己之已有之識見志識之外，兼能知他人之志識識見所存，而加以涵容，或再加以分辨之處。由識之度量之大，而有所謂通識。至於在佛學中如法相唯識宗所謂識，則唯取識之分辨義，即分別義。此宗之佛學，尅就心之能分別之知以言識，而以智爲超分別以上之知。故人必須轉識以成智，方證佛果。宋明理學中如王龍溪，亦由此以分識與知。

至於吾人今日之將知識或智識二字連用，如所謂知識份子或智識份子，則其義可通於中國傳統之所謂知與識，但亦可不相通。因一般所謂知識，蓋皆不連人之情感行爲而言，亦不連古人所謂志識、識度、識量而言，更少有知「知」與「識」二者，在法相唯識宗爲截然異義者。而多只以知識，指一種純理智的關於事理名物之分辨之知，此與西方所謂 Knowledge 之一字之涵義為近。而吾人今所謂知識論（相當於西方所謂 Epistemology）所討論之知識，亦主要只是此種知識。但我們亦須知，此種狹義之知識，並不能全離開中國傳統所謂廣義之知與識而獨立。

第二節　知識與知識論

此種專指吾人關於事理名物之分辨之知，為知識之狹義之知識觀，在中國古代可說是導源於墨子與荀子。荀子在解蔽篇說「以知，人之性也。可知，物之理也。」又於正名篇曾說「所以知之在人者謂之知」，「知有所合謂之智」。墨子之墨辯，曾說「知，材也。」「知，接也。」「恕，明也。」「恕也者，以其知論物而其知之也著，若明。」此上所謂知，便純然是理智上的對事物之分辨之知。至於荀子墨子之言知「類」，則為由知事物之共同之理而來。而他們之重名，則是由重表達人對事物，與其類、其理之知而來。

依荀子墨子之此種知識觀，則我們對人之知識，可從三方面說：一是能知。此即荀子所謂「所以知之在人者」。墨子所謂「知，材也」之知。此中可概括我們今所謂感覺、知覺、記憶、想像、比較、分析、綜合、推理等各種人心之認識能力。二是所知。此即荀子所謂「知之所合」，墨子所謂「知之所遇」之物。此可概括我們今之所謂一切認識之對象與存在事物及其相狀、性質、原理、規律、法則等，以及已成爲被知之知的能力。(如我們求知我們之各種知之能力時，則此知的能力，成爲被知。)三是知識。此即「能知」知「所知」所成之結果，而可表之於語言文字等符號者。即荀子所謂「知有所合」時所成之「智」，墨子所謂能有所明之「恕」。此可概括我們今所謂各種常識、歷史、自然科學、數學、幾何以及邏輯與知識論之本身等各種知識於其中。此種能知、所知、知識之別，即印度因明中之能量、所量、量果之別。能知，是能量之見分，如尺。所知，是所量之相分，如布。量果，如以尺量布後所得的結果，如布有八尺。此即以喻我們能知知所知後，所得之知識之結果，此知識人能自證其有，屬於自證分。在西方哲學中則能知爲 Knowing 或知者 Knower，或知識上之主體 Epistemological Subject。所知是被知 Being Known，是知識上之客體或對象 Epistemological Object。由此而我們亦可說知識論，即求知「我們之能知如何關聯於所知，以構成知識」之學問。

第三節　知識論與心理學

我們要清楚了解知識論之意義，我們尙須了解知識論與心理學及一般之語言學、與各種專門知識、及形上學、宇宙論、邏輯學等之分別。

我們說知識由「能知」知「所知」而成，我們自然想到「能認知」之各種能力，如感覺、想像、推理等，是人之心理能力。則知識論之考察人之能認知之心理能力，豈不同於心理學？對此問題，我們可略答如下：

（一）心理學與知識論，固然同須論到人之能認知之心理能力；但心理學是直接以人之心理能力，及由之而有之對刺激所生之反應行爲，等等本身之存在狀態，原因及結果，爲研究的對象；而知識論之考察人之認知能力如感覺、想像、推理等，則是考察其對於成就眞正知識之貢獻。即知識論只把此諸認知能力，當作成就眞正知識之條件看。由此而其所重者，乃是此諸認知能力對眞知識之成就，所表現之價值意義，而不同於此諸認知能力本身之存在狀態及原因結果等。

（二）由知識論之將人之認知能力，只是視作成就知識之條件看，故我們可說知識論之直接對象，乃是我們已有之知識之本身。我們是先設定有種種知識在此，如各種常識科學與哲學知識，然後再回頭反省其如何構成。由此而吾人方追溯知識之所以起原，至我們之各種認知能力。我們之知識，雖是由我們運用我們各認知能力來，然我們在用我們之此各種認知能力時，我們並不必同時能自覺我們是用什麽認知能力，以成就某種知識；更不必能反省到，我們之各種認知能力，對各種知識之成就之分別的貢獻或價值安在，其能成爲某種知識之必須條件之故安在。我們之自覺的知道，各種認知能力之存在，與其對各種知識之貢獻價值等，恆是由我們在種種知識已成後，再回頭反省其由而何成，我們方知道。如我們已有數理之知識，我們回頭反省，其何由而成，又知其不能直接由感覺想像而成，乃知有成就數理知識之理性的心理能力。在此回頭反省的階段，我們恆須扣緊我們已有之知識，以求反省出其以何種認知能力爲條件；而不能直接取資於心理學，以解釋吾人知識之所由成。故知識論關於人之認知能力之一切討論，都是由我們之直接目標，在求知知識之所由成時，而間接引出的。

（三）我們可以說，知識論並非必須根據某種心理學，而心理學本身則是一種知識。如人初無知識，則心理學知識，亦不能有。此可稱爲知識對一切專門知識之在先性。而只要有知識成立，知識論亦即可成立。故知識論之討論上，可不必根據某一種心理學。反之，心理學要成爲知識，則必須有其成爲知識之條件。而知識論之研究知識之如何形成爲知識，亦同時包括研究心理學之如何成爲知識之條件。於此，我們可說，心理學不能全說明知識與知識論。因知識之條件，不只是人之認知能力，還有所認知之對象；而知識論則能說明心理學之成爲知識，並可以討論衡定某種心理學，能否眞成爲知識。此可見知識論對於心理學之獨立性。

第四節　知識論與語言學各專門知識及形上學

其次知識論與一般所謂語言學、以及語意學、語法學之意義，亦須分別。我們承認知識，恆必須用語言表達，而我們在思想時，亦恆離不開一心中之語言。但是否離開語言，即不能有思想與知識？此語言與思想知識之關係，本身是一極複雜的問題，此問題亦在知識論中。對此問題，我們不能在未研究之先，即預斷其關係之如何。照我們一般的說法，語言文字，只是表達我們之思想知識，則「語言文字」，與「思想知識」二者之涵義，明是不同的。因而直接以語言文字爲對象之語言學與知識論，即是不同之學問。而所謂語意學、語法學之目標，如重在說明「語言之意義」「語言之邏輯結構」，仍是與知識論之涵義是不同的。但思想知識既至少須由語言表達，則語言之是否能切合的表達思想知識，或同一語言，是否能表達同一之思想知識，不同語言，是否亦能表達同一之思想知識，語言對思想知識之貢獻如何，價值如何，亦是知識論本身中之一問題。而所謂語意學、語法學之目標，如果不只重在說明「語言」之意義與邏輯結構，而重在說明語言之「意義」與「邏輯結構」，對於眞正知識之成就與表達之關係，則亦可屬於知識論中。

至於知識論與其他各種專門知識之分別，則我們可說各種專門之知識，都是有其特定之知識內容的；而知識論則重在討論一切知識之通性，與其所關聯之問題。如我們上述之「一切知識，皆由能知所知合成」之一句話，即是論一切知識之通性之一句話。知識論之論及某一專門知識之如何成立，可稱之爲某一專門之學之知識論。但通常，某一專門知識之如何成立之知識論問題之所由生，皆由對照其他專門知識或常識而後有的。如對照自然科學，而後有關社會科學之如何成立之知識問題。故以知識論之問題，皆不在各專門知識之內部，而在其外或其間。只可說其屬於整個之知識界之內部，而爲吾人由一切知識之通性之討論，而求通於各種專門知識之性質之了解時，所當涉及者。

知識論雖與各專門知識相分別，然討論各專門知識之分類與關聯，即屬於知識論。如我們說「科學分數理科學與自然科學、社會科學」，此一語即不屬於數理科學，亦不屬於自然科學或社會科學，而爲知識論中之語言。又如我們說「自然科學須根據數理科學，社會科學須根據自然科學」，則此二語分別言之，前者可爲自然科學中之語言，後者可爲社會科學中之語言。然合而併列地言之，則爲知識論中之語言。我們能辨此中語言層次之不同，亦即可使吾人對知識論與一般專門知識之不同，有一親切之了解。

至於知識論與形上學或本體論宇宙論等之不同，在此我們只須提示一點，即形上學或本體論、宇宙論，皆直接以存在爲對象，而知識論則以知識爲對象。誠然，知識是能知與所知相關聯而成，而能知之心與所知之對象，亦皆恆爲存在者。但形上學、宇宙論、本體論之就此心與其對象爲存在者而論之，與知識論中之就其如何相關聯以構成知識而論之，至少有觀點之不同，則不能謂其爲同一之學問。

第五節　知識論與邏輯

至於對知識與邏輯之界限，則我們可以說，邏輯學本身只是從事純形式之推演之學，而知識論則是說明人已有之知識之學。此知識，由人之能知與所知相關聯而成，此如何關聯，乃有具體內容可說者。人之能知之能力，雖主要爲人之理性之思想，然亦不盡爲人之理性之思想。而邏輯上之推演，則唯在人之理性的思想中進行，且可止於一符號上之運算者。如自邏輯的推演，只在人之理性的思想中進行看，則邏輯可成知識論中之一章。但吾人若從一切其他認知能力，如感覺、想像等之運用於對象，皆須受人的理性的思想之主宰，然後有知識之形成，及一切知識，皆恆須用語言文字符號加以表達上看；則一切知識之形成與表達，皆同須依循邏輯之法則。而邏輯之分析，亦可及於一切理性的思想中之觀念、判斷、與一切語言文字、符號之運用上。邏輯之分析中，亦可包括知識論之思想之本身如何進行之分析，與知識論之語言之本身意義之分析。但我們須知，邏輯之分析之本身，並非邏輯學。我們亦不能由一切思想之進行，皆須依循邏輯，或一切知識之表達於語言文字符號，皆可施以邏輯分析，而謂一切知識論之研究，皆邏輯學之一章〔註〕。因我們如知邏輯之推演，只在思想中進行，則邏輯分析，亦只在思想中進行。而邏輯分析之目標，如只在清楚知識，而成就知識，則邏輯分析，仍只爲人之求淸楚成就知識中之一事。而論究此邏輯分析之所以爲邏輯分析者，仍只是知識論中之一章。至如吾人以邏輯的推演，只是符號之運算，則只在人之知識用種種符號表達時，乃有關於人之知識之符號之運算。而知識之如何形成之問題，即明在此義之邏輯推演之外。與此相關聯之邏輯分析，亦只在對符號與其所表達之意義及知識之關係，施行分析。則此義之分析，在符號對意義知識之表達關係已成立以後。而此分析之目標，乃在獲得「關於符號是否眞能表達意義、知識、如何表達意義及知識」之知識。此知識仍只爲知識論中之一章。

〔註〕：此爲吾人之見與邏輯經驗論者如卡納普等之以哲學只爲邏輯之一支之說不同者。

在此，人恆由其思想之進行，知識之形成，語言符號之運用，必須預設邏輯之規律與法則，而謂無邏輯則無知識，邏輯學對於知識論有邏輯上之在先性。但此後一語實並不能說。因我們儘可承認，抽象之邏輯規律法則，對於具體知識之形成，有一邏輯之在先性；但邏輯學對於知識論，卻並無邏輯的在先性。因邏輯學本身，不即是邏輯的規律法則之自身，而是對此規律法則之一種知識。邏輯知識對其他知識，並無邏輯的在先性。邏輯學對知識論，亦無邏輯的在先性。因吾人無邏輯知識，仍可有其他知識，無邏輯學，仍可有知識論。所謂邏輯之分析，在其有成果時，固可得一種由邏輯分析而成之知識。然我們儘可不自覺的依循邏輯的法則，以從事分析，而得此分析而成之知識；則此知識，亦不須預設我們「對邏輯之法則，先有知識」。是見由邏輯分析所成之知識，亦不預設邏輯學之知識。故邏輯學之知識，對於一切知識之形成，皆無邏輯之在先性；而知識論之研究知識，亦非必須人之先有邏輯學之知識。

第六節　知識論之問題

我們了解了知識論與其他學問之界限與關係，再連我們上所說知識由能知與所知相關聯而成，及求知識為人生中之一事，以看知識論內部之問題；則我們可以初步分析為下列幾個問題：

（一）知識之通性與知識之分類，此是泛指知識之內涵與外延而論列之。

（二）知識之起源。此是就已成之種種知識，而追問其原始之形態，或其所根源於人所具之認知能力或經驗者。

（三）知識之結構：能知所知之關係。此是尅就人之認知之能力與所知之對象，而論其關係，如所知之對象，是否離能知獨立，即此中之一重要問題。

（四）知識之推度：已知與未知之關係。此可概括：就不同意義之已知，以推不同意義之未知者，而論其關係與所依之原則之諸問題。如經驗知識中之歸納原則，因果原則，邏輯的先驗知識與其他先驗知識中之原則等問題。

（五）知識之理想：由人之以「能知」知「所知」，必歸於求確定而包涵眞理之眞正之知識，與各種知識之關聯貫通，而有知識之理想。知識之理想中之問題，即包涵通常所謂知識之確定性及眞理之意義與標準，及知識之系統化與統一如何可能之問題。

（六）知識之價值：由知識之可包涵眞理及各知識之相對效用，與知識對於知識外之整個人生存在之效用，即有知識之價值問題。

（七）知識與語言、行爲、德性之知，及知慧之關係。此是論究知識與「成就知識、表達知識、顯出知識之價值」之語言與行爲，及知識之知與超一般知識之德性之知及智慧等之如何關係，以決定知識之存在地位之問題。此爲知識論與存在論及人生哲學之交界之問題。

但這些問題本身有關聯性，我們常不能孤立而論，或孤立的加以解決。而此中之最後之一問題，關於知識與語言及行為之問題，尤為直接關聯於第一問題中之知識之通性及知識之分類之問題者。故此下各章，並不全依此上之次序，加以討論。亦有一二問題，如知識之系統化如何可能，及知識與德性之知及智慧之關係，乃今所不及論者。

知識論之意義　參考書目

F. G. E. Woodbridge: Perception and Epistemology, 此文載於 D. J. Bronstein Basic Problems of Philosophy 中。按對知識論與心理學之關係問題，主將知識論建基於心理學者，為十九世紀之心理主義者。詹姆士、杜威、以知識為人之一適應環境之機能，而重論思想之歷程，亦有將知識論建立於心理學之趨向。力反此說者為論理主義者，如德之胡塞爾，及美之新實在論者，以及此下之一切重知識之邏輯上的有效性者皆是。今選新實在論者之此文，以代表一種反心理主義之認識論觀點。

W. T. Marvin: Emancipation of Philosophy From Epistemology 載 Holt and Others 合著 New Realism. 1912.

B. Blanshard: The Nature of Thought, 1940

以知識論與邏輯對言，有重知識論之在先性者，有重邏輯之在先性者。如柏拉德來 Bradley 鮑桑奎 Bosanquet 二氏之邏輯書，實皆以知識論觀點論邏輯，而無異以知識論先於邏輯。至如新實在論及以後之重邏輯分析之哲學，皆以知識論之討論，只為邏輯之分析之一種應用，而邏輯乃先於知識論者，亦可獨立於知識論之外者。今舉馬文氏之一文，以代表主張邏輯與形上學應先於知識論，亦不須假定知識論而能成立者。舉後一書代表不混同知識論與邏輯，而又以知識論為邏輯之根據，以重申布鮑二氏一型之說者。

D. C. Macintosh: The Problem of Knowledge. 1915.

W. H. Werkmeister: The Basis and Structure of Knowledge. 1945.

對於知識論問題之分法，本無一定。庫爾培O. Kulpe之哲學概論，分為知識之起原，知識之限度，知識之對象三問題，頗為後人所習用。日本及中國早期之哲學概論中，論及知識問題時，皆以此三者為主。但如孟秦苟 W. Montague 認識之方法 Ways of Knowledge 一書，則欲以知識之來源之問題，概括各知識論派別中之中心思想。而一般新實在論者，批判實在論者，皆重以人對於能知所知關係問題之主張，分知識論之派別。如彼等在New Realism及Critical Realism 二書中所著之文之所表現。亦有重在以對於眞理之主張，分知識論之派別者，如詹姆士等實用主義者。及以對觀念之主張分知識論之派別者，如B. Banshard之The Nature of Thought。邏輯經驗論者，則以對知識如何證實之問題之不同主張，分知識論之派別。依吾人在第四章中之所說，則以為在西方知識論之發展歷程中，不同時代，實有其不同之中心問題，可參攷吾人於本書第一部第四章之所論。今舉上列二書，取其所涉及之問題較多。

第二章　知識之通性

第一節　直接經驗之知之性質

我們在前章中，謂中文中之知之最廣義，乃指一切心覺之有所向而有所注入之事，而恆是通於情感與意志行爲的；知識之知，則只是知之一種，乃指一種純理智的，關於事理名物之分辨之知，而其中有明顯之能知與所知之分別的。如從此最廣義之知說，則我們可說，人生之一切情志之活動中，皆幾於莫不有知。然此知，可是先於知識之知，亦可說後於知識之知。如我們在通常用語中，說人感痛感癢，而搔癢去痛，爲知痛癢；小孩能吮乳走路，爲知吮乳走路；少年春情初動，爲知識初開，久病思食爲知飲知食。都是先知識之知的知。而我們通常說，知古先聖賢之故事，再生崇仰之情，爲知崇仰聖賢；知國家之種種實際情形，而生憂國報國之心，爲知愛國；已有種種知識而愛知識，爲知好學，則是兼後於知識之知的知。關於後於知識之知的情形，比較複雜，但亦可與先於知識之知，有同類之性質。我們今要明白知識之通性，最好以之與先於知識之知，作一比較。此先於知識之知之最原始者，我們可說是一種感覺知覺，而通於情感意志行爲之知。此可稱爲一直接經驗之知，或親知或獨知。而上所舉之知痛癢之知，則爲最淺近之一例。而我們即可以此一例，來說明此種知之性質。

（一）譬如我們在知痛癢時，試反省此知之狀態如何？當然我們可說此時有一感覺。但此感覺卻同時是連着情感上之不快，與意志上之欲搔癢去痛之行爲的。此三者間，並無截然的界限，而此時感覺與其所感覺，亦不得分爲二；即此中並無能知與所知之分別。我正知痛癢時，此知初不在痛癢之上或之外，而是即在痛癢之中，痛癢亦在知中。此處只有整個之一感覺，一痛癢之知。如人在痛癢時，忽忘此痛癢，則知不在，而痛癢亦不在；痛癢不在，而其中之知亦不在。此知，如只是痛癢中之一明覺。此明覺，如自痛癢之中心，以照澈此痛癢，而未嘗以此痛癢爲一明覺所對之對象。而由痛癢之感覺，連於情志行爲上之不快與搔癢去痛等，此知此明覺，亦即貫注至此情志行爲。人去除痛癢時，亦自知其痛癢之漸輕漸減。故此知、此明覺，乃內在於此「由感覺至情志行爲」之具體的人生經驗事，而處處與其所知，直接相滲，渾然無間，而一體流轉之一知、一明覺。此即此種先知識之知之第一性質。此可稱爲此知之內在於具體之人生經驗事，而「能」「所」不二性。

（二）與此種先知識之知之「能所不二性」，相連之一性質，我們可稱之爲「超言說性」。謂此知具超言說性，即由此知之爲內在於具體之人生經驗事，而能所不二而來。因一具體之人生經驗事，皆爲特殊而唯一無二的。而言說之事，如眞是對一事有所說，而不只是一呼喚命令，或只是對一事物以一名指之，則必依對此事與他事之共同性相——即共相——之知，而用共名。而此共名，亦只能表達其對共相之知，而不能切合的表達內在於此特殊而唯一無二之事，之特殊而唯一無二之知。如人知痛癢時，人說此痛癢是那一類之痛癢，即一正式之言說。說此痛癢是那一類之痛癢，即是依對此痛癢與其他痛癢之共相之一種知而起。但此知，不是人正痛癢時，在痛癢中之知。其所以不是，即因在痛癢中之知，可無將此痛癢，與其外之痛癢，加以比較，而知其爲何類之痛癢之意。而人在感痛癢最深時，人亦無暇作此比較，且將排斥此去比較之念。由此而亦即可無此痛癢屬何類痛癢之知，同時可無說其爲何類痛癢之語言。而他人之說其爲何類痛癢之語言，亦即成爲不能切合的表達其在痛癢中之知者。此之謂此種知之超言說性，或不可言說性，此在宋明儒，則程子有所謂「如人飲水，冷暖自知」之說，「談虎色變」之喻；王陽明有「啞子吃苦瓜，與你說不得。若要知此苦，還須汝自吃」之說〔註〕。而吾人如假定，在現有之耳目等感官之視聽等感覺，與其相連之情志行爲以外，忽新增一感官一感覺，另有其相連之情志行爲，則此等等中，仍可有一知，而其初非吾人之言語所能切合的表達，亦彰彰明甚。

在此人易發生之二問題，是說這種知，雖在人生之具體事中，不能用一般依乎抽象的共同之認識，而生之語言來表達；但是我們說其皆是一種知，皆具有此能所不二性及超語言性二種性質，便仍是表達其共相之語言。但是這種駁難，實際上是不相干的。當然，我們可說此種種知都是知，他們皆有此二性

〔註〕：宋明儒此諸言，本所以喻德性之知，此常爲指後於知識之知而通於情志之知。今則還以直指先於知識之知。

質。此二性質，皆可說是此種知之共相。但是我們在說「知痛癢」，「知冷暖」皆是知之時，我們同時亦知道「痛癢之知」，不等於「冷暖之知」，亦不等於其爲「知」之共相，更不等於我們對其爲知之「知」，與說其爲知之「說」。故我們雖一面說其爲「知」，並知其爲知，我們仍並未說：可以「知」之概念，概括其爲知，以「知之一語言」，切合的表達其爲知。而我們上文之所以有說其具此二性質之一段話，亦正兼由我們之知其不能只以「知之一語言」，說盡其所以爲知者，亦不能以我們通常所謂「能知所知之分別之語言」，以說明其爲知而來。故上文一段話，並未正面的切合的說及其所以爲知之具體的，積極的性質，而只是普泛的說及其爲知之抽象性質，及其與一般之知對照，而顯出之反面的抽象的消極的性質。如不與一般之知對照，則無此二性質可說。而我們若不從事知識論之反省，我們亦可不說其皆爲知。故以上的話，都不是非說不可者。然而無論我們之說與不說，無論我們之是否知「知痛癢」「知冷暖」之皆爲知，而知痛癢中有一種知，知冷暖中有一種知自若。

(三)這種內在於具體人生之經驗事中，通感覺情志行爲之超言語性之知，我們前謂其爲直接經驗之知、親知、或獨知，而謂其爲獨知，亦即謂其有一絕對之主觀性。謂此獨知爲具絕對主觀性，非謂其他人必不能亦有之，而是說：在我們正有此知時，我們可並不知他人有之與否。如人在夢中之知，即爲獨知，然此亦不礙他人之或有作同類之夢者。而我在時時刻刻之生活中，我亦時時刻刻有此獨知，此亦並不礙他人與我共同生活時，有同類之獨知。此中之要點，唯在我有此知時，我不必同時知他人之有此同類之知。而我在知他人有此同類之知時，我之知他人之有此同類之知之知，初仍只是我之獨知。由此而我們可說，我們總是先住於一獨知之世界中。而即在我們知他人之所知時，我們亦未嘗全離開此絕對主觀之獨知世界。

第二節　直接經驗之知或獨知世界之相貌

我們在論直接經驗之知之性質後，我們可進而一描述此知之世界或獨知之世界之相貌。我們只須有一粗略之反省，我們都可發現，此世界中之種種知或直接經驗，是來來往往的。如忽而見此色，忽而聞彼聲，忽而知此痛癢，忽而痛癢消逝，忽而月東出，忽而月西沒。此世界中之種種直接經驗，皆不斷的消逝，亦不斷的生起。從其不斷消逝方面說，我們可稱之爲此世界之無常性。從其不斷生起方面說，我們可稱之爲此世界之創新性。從無常性方面看，則一切生起者，皆一度生起，由消逝而繼續的向下沉淪。從創新方面看，則此直接經驗之世界之前面一端，如永是不斷的向前面開展，我們如永不知何處是其界限之所在，而其前途亦不可測。要而言之，即此爲一變化無方之世界。此即此直接經驗之知或獨知之世界之一相貌。

第三節　知識之知之性質

我們了解了直接經驗之知之性質，即可由對較而了解知識之知之性質。

（一）我們說知識之知之第一性質，爲超越於當前之直接經驗而有所知；此所知者，爲當前直接經驗之所指，或所涵，而通於其他直接經驗者。今姑且暫舉日常生活中之最簡單之知識之知爲例，以便說明。如我見茅舍炊煙爲直接經驗，而知其下有人燒飯，此所知，即茅舍炊煙之所指。見電光閃閃是直接經驗，而知空中有無數電子跳動，此所知，即電光閃閃之所指。飛機過三峽，見蜀江水碧蜀山青，是直接經驗，而知夔府孤城在側，即水碧山青之所指。此外如聞弦歌而知雅意，與一切由文字語言，而知其所表之意義，皆是由直接經驗之弦歌與文字語言之如是形、如是聲，以知其所指。然吾人知此乃茅舍非華屋，此乃炊煙非暮靄，此乃電光非原子彈光，此乃蜀山蜀水非吳山楚水，此是弦歌非鼓樂，則是就直接經驗，而知其所涵，而分辨其所屬之類。凡所指者，皆在當前直接經驗外。此或爲其他個體事物，如當前茅舍中之人家之燒飯；或爲一類之事物，如一羣電子之跳動；或爲非事物之意理，如弦歌之雅意。而凡所涵者，皆不只在當前之直接經驗之事物內，而兼在非直接經驗之其他同類事物內者。故知一事物之所涵，而辨其類之知，乃通接於全類之事物者。如見茅舍而知其爲茅舍，則「見」雖只及當前茅舍，而此「知」其爲茅舍之「知」，已納此茅舍於一切茅舍所成之類中，而「知」通接於全茅舍之類矣。見三峽之水碧山青，而知爲蜀山蜀水，則「見」雖止於目前之水碧山青，而「知」其爲蜀山蜀水之知，則匪特遙接於平生往來於三峽，所見之水碧山青，亦通於劍閣峨嵋之山，岷沱嘉陵之水，所合成之蜀山蜀水之類矣。是證凡知一直接經驗事物內容之所涵，此所涵亦引吾人之心意，至此事物之外，而另有其所指向與所知。由此而吾人即可說一切知識之知，異於直接經驗之知者，皆在其恆指向此直接經驗之外，以有所知，而此所知者，與直接經驗中之知，相對而觀，則如爲外在而超越於此「知」者。而吾人之此「知」之「所欲知者」，亦若只是知一與此「知」成相對待，而超越外在之一對象。而此處即有能知與所知之分別。遂與直接經驗中之能所不二之知，截然不同。

（二）此種知識之知之第二性質，則爲可言說性。其所以可言說，是因此知識之知中，必包涵共相之知，亦必多少通過共相之知而成就。共相之知，可賴爲共名之語言文字，加以表達。何以知識之知，必包涵共相之知？此一因吾人所知之一經驗事物之所涵，乃可通於其他同類經驗事物者，此本身即一共相。此義易明，不須另釋。此外，吾人亦只能憑共相，以想像思維彼爲直接經驗事物之所指，而不在直接經驗中之其他事物。試想：當吾人見茅舍炊煙，而念下有人燒飯時，吾人於其下之人與飯，作何想像？作何思維？如只想其爲人、爲飯，則人與飯爲一共名，所表者固爲人與飯之共相。若進而想其人爲白髮老翁，或垂髫女郎，其飯或爲粒粒白米，或爲一半黃粱；此諸語，仍爲共名，所表者仍爲共相。而吾人之想像思維，無論進至何處，吾人所想像思維者，皆恆爲一共相。其證在：吾人不能由吾人所想像思維者之如是如是，以謂世界只有一個體事物，能合吾人之所想像思維者，而如是如是。譬如吾若想其爲白髮老翁，則天下之白髮老翁何限？吾若想其為垂髫女郎，天下之垂髫女郎又何限？此中吾固可將吾之所想像者，具體特殊化；至想像此白髮老翁狀如吾人之祖父，此垂髫女郎，狀如吾之幼妹。然吾之祖父幼妹之像貌之如是如是，亦非限於一日一時，而爲多時多日，早已如是如是者，則此仍爲一共相。即一人之一剎那間所表現如是如是之像貌，吾人在想之之時，可想之，又重想之，則其顯於吾人之前後相續之想中，仍爲一共相。由此而見，凡在吾人之想像思維中，而爲吾人所憑藉之，以指向一直接經驗外之事物者，皆只能爲一共相。而吾人亦唯在憑藉此共相爲媒介或通路，以達於所欲知之對象；再由對所欲知之對象之直接經驗，見其所顯之相狀，同於吾人之所想像思維者，而爲同一之共相；乃能證吾人之所思維想像者之爲眞。由此而見知識之知之成就，必賴於對共相之知，而爲共名之語言文字，則可表達此共相之知。此知識之知即具可言說性。

（三）知識之知之第三性質，即與主觀性相反之客觀性。吾人說，知識之知必包涵共相之知，而可用共名表達。共相既爲一類事物之所共有，亦即我所經驗之事物，與人所經驗之事物之所共有。共名既所以表共相，而可爲人所共用，而共知其義者，則我以一共名表共相，人聞此共名，即知我所知之共相，而使此共相爲人我所共知，而爲人我所知之心中共有之共相。由此而一直接經驗之知，雖若只爲人與我之所分別獨有，而分屬於人之各別之主觀者；然人我所共知之共相，與賴共相而成之知識，則爲人我所共有，超越於人我之主觀獨有之外，而有普遍性，亦有客觀性者。故吾見茅屋炊煙，而謂其爲茅屋炊煙之言果爲眞，則天下人之言其爲茅屋炊煙，皆爲眞。吾思茅屋之下執炊者爲白髮老翁，而謂其爲白髮老翁之言，果爲眞，天下人亦皆不得謂此言爲妄。而果天下人皆謂我言爲妄，則吾唯有自疑我言之爲妄。而將與人互求了解其言之所指，共勘定何言之爲眞，而歸於一是。一切求知識之知者，所以必互相辯論研討，而各抒己見，皆非止於各抒己見，而是望己之所知，成爲人之所知，或人之所知亦成爲己之所知，以共行於眞理之途，共成就一公共之知識世界之故也。

第四節　知識世界之相貌

最後，吾人可將知識世界與直接經驗之世界之相貌對較，加以描述。吾人如說，直接經驗之世界是變化無方者，則知識之世界是定必而有常者。吾人如說直接經驗之世界，是一切不斷消逝，不斷生起，其前途爲不可測，則在知識之世界中，人於不斷消逝者，如欲使之長留；於不斷生起者，如欲使之暫住；而於不可測者，必求所以測之。而其目標則在成就一定必而有常之知識世界。

人如何能成就一定必而有常之知識世界？其道無他，亦即由種種共相之知，以通貫所知之直接經驗之世界而已。每一共相既爲一共相，則在此事物如是，在彼事物亦如是，而必不不如是，亦常如是，此即其自身定必而常。而吾人如透過共相以觀世界之事物，則事物雖變化無方，而亦有不變不化者存。「前水復後水，古今相續流，今人非舊人，年年橋上游」。逝者如斯，而起伏之態，未嘗往也。死生大矣，而古今人性，不必異也。而吾人能通過共相以對彼今日已涸之江，思其前日之波光雲影，對彼長眠之枯骨，思其在生時之音容笑貌，固皆如宛在目前。而此亦即無異於使化者不終化，而挽此直接經驗世界之事物之沉淪，而長留其所呈之共相。至於日落星明，夜深不寐，憶彼皎日之光明，坐待來朝金輪之再出。此則既「懷故而又慕新」，以期必一共相之貫乎往昔與來今之直接經驗之世界，以爲其常之事。自常觀變，而今之紅日，猶昔之紅日，今之星月，猶昔之星月，今日之我，猶昔日之我，如各住於其自身者矣。即其變化，亦有律則可尋。律則亦共相。律則不變，而變化可測，則變化皆不變者之所顯。而古今之人之辛勤求知識之知，其於天文、地質、動、植、人羣皆欲分其類別，知其關聯，以一一明其不變之律則，其目標無他，唯所以化變化無方之直接經驗之世界，成定必有常之知識世界而已。

第五節　直接經驗之知及其世界，與知識之知及其世界間之關係與問題

我們以上分別說明，先知識之直接經驗之知，與知識之知之性質之不同，及直接經驗之世界，與知識世界之相貌之不同；我們所說的一切話，皆旨在描述，而未作詳細之分析。但即就此已所描述，我們已知此二種之知，與其所對之世界，一方有一根本之性質相貌之相反，而一方知識之知，又不能離直接經驗之世界而獨立。我們以後在論到知識之起原等問題時，更將見知識之知之一主要來原，即直接之經驗，與直接經驗事中之直覺之知。然而此知識之知，又永似要超越再造此直接經驗之知與其世界，

於不同之特殊具體之經驗事中，發現抽象普遍之共相，而表以共名，而使之由不可言說而成可言說，使之由能所不二，而化爲能所分別，由變化無方而成定必有常。而無數知識論中之專門問題，皆與「此直接經驗之知及其世界，與知識之知及其世界之性質相貌二者相反，而人又欲由前者以成就後者」之要求有關。如知識世界只爲一知識世界，直接經驗之世界，爲一先知識或超知識之世界，則哲學上之知識論問題，即大皆不只在知識之世界之內部，而恆是由求知「知識世界」與「先知識超知識之直接經驗之世界」之如何關係，所引出者。而其解決之道，亦正隨處有賴於我們對此二者之性質與相貌之認識。故我們以此章爲知識論一部之導言。而此下則將分別就知識論中之專門問題，從事分別討論。至在本章中未明之義，在以後諸章，亦將隨處涉及。

知識之通性　參考書目

J. S Mill: System of Logic 嚴復譯名穆勒名學導論第四節，穆勒論親知與推知之別，而邏輯只及於推知云云。

B. Russell: Some Problems of Philosophy. Ch. 5.

B. Russell: Mysticism And Logic. Ch. X 皆論親知與述知之問題。

W. James: Essays on Radical Empirism. Ch. 2. The World of Pure Experience.

F. M. Conford: Plato's Theory of Knowledge PP.62—65 Objection to a Simple Identification and Knowing.

此三者乃立於不同立場，而同歸於分辨直接經驗或直接知覺不同於知識之理論。

H. R. Lotze; Logic. Ch. I.

此書以直接經驗者之客觀化，爲一切知識之原始。

P. H. Bradley: Principle of Logic. Vol. I. Pt. I. Ch. I. The General Nature of Judgement.

B. Bosanquet: Logic. Vol. I. Ch. 1. II.

此二書皆力辨知識之始於判斷，而非始於觀念。判斷之表達爲命題爲句子。由此而有現代之知識論者，如羅素以降之以一切知識之眞妄，爲命題句子之眞妄之說。

C. I. Lewis: An Analysis of Knowledge and Valuation. Ch. 2. Knowledge Experience and Meaning.

路氏此書爲近年知識論及價値論中之一頗重要之著。此章所論知識之性質，較吾人所論者爲多，如知識必須爲眞、爲確定等；但吾人之此章，重辨知識與親知之不同，則毋庸及此。

第三章　知識與語言（上）

第一節　知識之知之外在的證明

我們在上章說，通於情感，意志，行爲之直接經驗之知，有一超語言性，又說知識之知可以語言表達。我們通常亦由他人之語言之運用，以斷定他人之是否有知識之知；而不能只由他人之情感意志行爲，以定人之是否有知識之知。此我們可先以一淺近之例，加以說明。

（一）譬如一小孩見虎則逃，並啼哭，他明有一情感意志行爲之活動，但我們並不能斷定其對虎之兇猛、能噬人等，眞有一知識。因其見虎即逃，可同於鼠見貓即逃之類，而只爲本能之反應。

（二）又如我們說虎，而小孩則有驚懼之色，或駭而逃，此小孩亦有一情志之活動。但我們是否能斷定小孩對虎有知識？此仍不能。此亦可能由於吾人前對小孩說虎時，曾打小孩，故今彼聞虎之名，即驚懼。此驚懼只爲一交替之反應。

（三）再如小孩見一虎，我說是犬，小孩曰否，曰是虎。則我們可說此小孩至少能知犬之一名，不能用於其所經驗之此物，而虎之一名能用。則吾人可說此小孩對犬虎二名之所指，及犬虎二物之名，有一知識〔註〕。其有知識之證明即其能用不同之名。

（四）在上述之情形下，如小孩於我說虎時，彼即進而說虎爲類似貓者，並說出虎與貓之共同性質，或共相，及虎與犬等之不同性質，則吾人說此小孩對虎與貓之共相有知識，且對貓虎二名之內涵意義有一知識。其有知識之證明，即在其能用語言以說明事物之共相，並解釋其所用語言之意義。

此上一例，即足證明吾人之不能只由他人之行爲表情，以確知他人之是否有知識，而必由他人對語言之運用，乃能確定他人之有知識與否。此外之例，不勝枚舉。而人之知識亦無不賴語言文字，加以表達。故吾人之論知識論之問題，亦即可由語言與知識之關係問題開始。而此中當先論之問題，則爲除語言表達知識外，語言是否皆有知識之意義，語言之符號與其他自然符號之異同，及語言何以能表達意義之問題。

第二節　語言之知識意義及其與自然符號之不同，與語言何以能表義之理由

我們問：一切語言是否都有知識意義？此問題似並不易作一簡單之答覆。如現代之西方若干哲學家，皆分語言爲二種：一種是陳述事理之語言，如科學中之語言，及文法中所謂直陳語句之語言。如

〔註〕：關於知名之義，亦爲知識之一種。見知識之分類一章第三節。

地球是圓形，二加三等於五。此是有知識意義的。另一種則是表達情志之語言，如文學中之語言，宣傳時所用之語言，及文法中所謂祈求之語句，（如說上帝助我。）命令之語句，（如快點來。）驚嘆之語句，（如天乎寃哉。）此是無知識意義的。此外還有人指出一切圖像式之語言〔註〕，如錶中有藍色而無重量之小魔鬼，然開錶彼即飛去，在錶中亦不增錶之重，故無由以經驗證其有，亦是無知識意義的。表達情志之語句之所以無知識意義，我們可說由其是我們之情志所引出的。亦可說由其只對我們之情志而有主觀的意義。圖像之語言之無知識意義，是因其只使人心中有某一想像，而無由證實所想像者之實有。此二種語言，皆非欲對實有之事理之內容共相，有所說明，因而無客觀的知識意義。此種分別，亦可由我們上章所謂知識世界與先知識之直接的經驗世界之分別中，導引而出，故是可以說的。

但是從另一方面看，圖像之語言亦可有知識意義者，如謂時間像流水，此流水亦為一圖像，用以譬喻時間者。此種圖像譬喻之所由生，乃是由於人對用作譬喻之圖像之內容，與所欲譬喻者之內容，其某一類似之點或共相有所知，則依吾人上章所謂知識之意義，便不能說其全無知識意義。此種圖像的譬喻語言之缺點，唯在其缺表達其所知之共相之語言。然吾人聽者，則可由其語言，以知其必有其所知之共

〔註〕：V. C, Aldrich: Pictorial Meaning and Picture thinking, Sellars Readings in Analytic Philosophy。此文論圖像式之意義與思考，後之邏輯經驗論者競引用此名為貶辭，實則此並非皆可貶。西哲如W. M. Urban: Language and Reality 一書第八章論 Language of Metaphysics處，論此問題遠較世俗之見為精深。

相之存在，而求知之，或代爲說出之。如說時間與流水二者之共相，爲「一去不回」……。至於純述一想像之語言，如錶中有藍色而無重量之小魔鬼之類，及表達情志之語言，因說者唯順其想像而隨意說之，或意只在以語言表情或達某目的，則其語言對說者固可全無知識之意義；因其不對一客觀事理而說。然對聽者，亦可有知識之意義。即在聽者，可將說者之語言，視作一符號，而加以適切之了解，而由之以知說者之想像情感意志之如何如何。由此而我們如從客觀方面看語言，則一切語言，皆可反指其所以說出此語之心意，而有一義上之知識意義。

吾人之進一步之問題，則爲語言是否一符號？如爲一符號，其與一般之自然符號有何不同？如吾人通常以電光閃，爲雷雨將臨之符號，以春風吹，爲花開之符號。此皆可稱爲自然之符號。而一語言亦可成爲一事物或一觀念之符號，此爲一人爲之符號。在人之實際生活中，一自然之符號，與人爲之語言符號，明似可有同一之效果。如電光閃之事與「電光閃了」之一語，同可使人思及雷雨，而發生躲避雷雨之行爲。而詩人之面容與詩人之詩，亦同爲吾人了解詩人之若干心情之符號。則此二種符號，似無嚴格分別。

然而此語，吾人以爲並不能說。因此自然之符號（如電光閃），與符號之所表者（如雷雨）間，恆先有某一種自然之一定的因果線索。然吾人明可任意共同約定　以有某聲某形之語言，表同一情感，或指同一之事理。吾人亦未嘗不可任意共同約定，以有某聲某形之自然符號，表任何之情感或事理，而化之爲語言之符號。如天上之電光閃之狀，在自然界只爲雷雨將臨之自然符號。然人儘可在實驗中製造同一之電光之閃狀，謂此閃狀爲任何情感之符號，或任何事理之符號。則此電光之閃狀，即同於語言之符號。

復次，自然之符號，因其所表者間，有某一種因果線索，故此自然之符號本身，爲一眞實存在之事實。然語言是否眞可作爲一存在之事實看，則甚難說。人所發出之語言文字，有一特定聲調有特定形狀，固爲一事實。但人以語言指事理時，此語言之特定的聲調形狀，皆爲不重要者。一字儘可以不同聲調讀之，不同姿態寫之，只須大體相同，吾人即仍視爲一字。以至將一字翻譯成另一國文字，吾人仍視爲一字。在此美哲皮爾士C.S. Pierce曾提出一字之「例」Token與「型」Type之別。謂吾人當下以一定聲調一定形態寫出說出之一字，只爲一字之「例」，而一字之「型」則包涵其一切可能之聲調與寫法。但若如此說，一字之「型」，即不能作一存在之事實看。而吾人之運用一字，顯然非以一定之「例」爲重要者，而乃以一字之「型」爲重要者。吾人恆自覺是透過一字之「型」，而隨意用一字之「例」。然如離一字之「例」，而言一字之「型」，畢竟是何物？則爲極難解答者〔註〕。然此「型」要非一可視爲存在之特殊事實，則可斷定。

〔註〕：Pap: Elements of Analytic Philosophy. P.311 以 Carnap 之 Expression Design 與 Type相當Expression event與Token相當。

如今吾人本前章所說，以答此問題。則吾人可說，吾人當前之直接經驗中之一有聲形之字之爲一字，其重要處，唯在其爲「吾人之用以思及或指向，超越於此字之對象」之媒介或通路。吾人欲達此對象，亦兼須超越此字之本身。此字之聲形之本身原爲待超越者。故人之用不同聲調與寫法以寫或說一字，以指對象時，只須所指之對象爲同一，此不同之聲調與寫法，在此對象前之功用仍爲同一。而具不同的聲調寫法的一字之各「例」，可說屬於一「型」，而爲一字。

至於吾人若問：一字之聲形，既爲待超越者，則人何以必須有不同類聲形之字或語言，以指不同之對象？則吾人可說其理由，唯在吾人必須有不同之字或語言，乃能使人之能知的心靈，分別各有其媒介或通路，以達於不同之對象。此不同之語言，乃所以成就：由吾人之能知之心靈，分途達於所知之對象之各通路，而非只在構成一一語言與一一對象之一定之聯繫之本身。此中每一語言與一對象之一定之聯繫之價值，亦主要在使諸語言所造成之各通路，不相混亂。故人於此，必須有具不同類之聲形之語言，與不同類之對象，分別構成種種一定之聯繫。而此中每一語言之價值，唯在其消極的足以別於其他語言上顯示。不同之語言所表達者，唯是各種不同之「由能知之心靈以達所知對象之種種通路」。此種種通路，乃一頭輻輳於能用諸語言之能知之心靈，如百竿在手。而另一頭，則散掛於不同之對象者，如竿各釣魚。此處如離能知之心與所知之對象，而言語言文字，即只有以不同之聲調寫法，而說出寫出之不同語言文字之「例」Token，並無語言文字之「型」Type可說，且此一一之「例」Token，亦皆無意義，亦無成就知識之意義者。

第三節　語言如何取得一定之意義

我們再進一步之問題，是文字之意義是如何加以約定或加以規定的？在此一簡單之說法，是歸其根原之於社會習慣。如最初有某人隨意用某字指某一類對象，其後彼自己及他人，復繼續用某字指某類對象，再以之教未知用字之小孩。由是代代相傳，某字即涵具指某一類對象之特定意義。此種說法，頗便於說明單個文字之取得一定意義，但尚不足以說明新文字之所以創造，文字之意義之如何有引申變化，及文字之系統之所以形成。吾人今提出另一說法，則爲先假定：吾人本有通過不同之文字，以達不同之對象之要求；而吾人亦有了解他人，以了解他人所用文字之意義，及與人相模仿同情，以共用一字表某義之要求。由是方形成吾人之用某字表某義之社會習慣。然某字之表某義，初乃只所以別於他字所表之他義。故一字只須不與他字之義相混淆，即儘可逐漸引申新義，而加以擴大，或縮小或改變，要以能與他字之他義，不相混淆而相配合，以成一文字之系統；而足夠使吾人之通過文字之系統，以達於世界中各種不同而相關聯以存在之對象爲準。吾人之此說，即涵蘊：一單個文字之確定的內包外延，尚非文字之有意義之最初根據，只有各文字向各對象而指時之各方向，及各方向間相互之界限，爲文字有意義之最初根據。文字之所指，最初亦儘可爲指一方向中之諸對象，而非指一定的抽象的性質，或具某一定性質之一類對象者。此上所陳，吾人可略加說明如下：

欲明上文所謂「各文字向各對象而指時之各方向」之意義，我們可先自這、This. 那、That、這些 These、那些 Those、這個 The 一個、a, an 等指示詞，冠詞或代名詞，如我、你、他等人稱代名詞之意義，及表示時間之現在、未來、過去、表示空間之關係之前後，左右、上下、內外之字上措思。這些字之意義，都可作多方面之不同分析。但有一點是確定的，即：這些字都是以說者自我為中心〔註〕，而兼表示說者向對象而指時之各方向。其意義，則是互相限制，互相規定，而其所指之一一對象為何，則初可是不定者。如我們說「這」一字，並非只是表我們之指示活動之本身，而是有所指之對象的。人聽我說「這」，人亦由聽此字，而求此字之所指。故此字雖由我而發，然對人對己，並非即全無知識意義。然此知識意義是什麼？則只有一點。即：我們可由此字為憑藉，以達某對象。然此對象為何，則因我們可用「這」字來指任何對象，我們便不能由此字本身之了解，加以確定。因而「這」字、無一般名詞之確定的內包外延之意義。「這」之意義，只有與「那」之意義相對相限制而規定。即指我所直指者為「這」，指非

〔註〕：羅素於 An Inquiry into Meaning and Truth 第1章稱這、那、等為非「對象字 Object Word 之「命題字」。於其人類知識之範圍及其限度 Human Knowledge: its Scope and its Limit 第四章，則稱「這」「那」「過去」「現在」「未來」等為自我中心之字 Egocentric Word。但其所據之立場，與本書所陳者異。

此所直指者則爲「那」。此指我所直指，爲一方向，指非此所直指者，爲又一方向，二者互相排斥。故非「這」者皆爲「那」，非「那」者皆爲「這」。「這」與「那」互相規定，而形成一最簡單的文字系統。

此外我們在說這個，乃就其爲一單獨之個體說。說一個，乃就其爲一類之分子說。任何事物，都可就其爲單獨之個體，而對之說「這個」，亦可就其爲一類之分子，而說其爲「一個」。「這個」之一字，使人之思想，向其單獨之個體性上措思。「一個」之一字，使人之思想，向其爲一類之分子之性上措思。而各表示一種向對象而指之方向。

我說我，指說者之我自己；說你，指聽者之你；說他，指在我你以外之他人。易地以看，則我爲你的你，亦是他的他。而人人皆我，人人皆你，人人皆他。則我、你、他，亦無一般名詞之確定的內包外延。然我們說我、你、他，亦皆有所指，皆能使人求其所指，則不能說全無知識意義。而其分別，亦唯在所指之方向不同。說者回指自己爲我，直指聽者爲你，旁指其餘人爲他。而此三字亦互相規定，以配成一系統，而可窮盡的指人所說及之一切人之全體。

過去，未來，現在之名，亦可配成一系統。人於一切正經驗者正說到者，皆可名之爲現在。今天、今年、現代、皆可爲現在一名之所指。其前者爲過去，其後者爲未來。現在、過去、未來三名，所指之內容不定，然各可使人之思想向一方向，以通向對象。此各方向之互相規定，即成一系統。

左右、前後、上下之各名，本爲表示空間方向之名。此諸名之各規定一「人由能知之心靈以達所知」之方向，而各方向互相限制規定，配成一系統，可以之窮盡的指空間中之事物，其理更易知。不須繁釋。

第四節　語言意義之互相限制規定性，及確定之意義與限定之意義之分

我們如果了解此類表示人向各方向之對象而指時之字，其意義之互相限制規定，以形成一系統之情形；我們即可由之以了解：一般之字之意義，亦同樣爲人用之以向對象而指時之方向所規定。由此我們亦最易了解，文字意義之所以有引申變化發展之故，及人之創造新字之要求所自產生之故。

首先，我們來看文字中之固有名詞。固有名詞畢竟有涵、無涵、或所涵爲何，即爲邏輯學家所爭之一問題。如一地名人名等固有名詞，其所涵之意義，即明爲隨其所指而不斷變化，而可使人發生疑惑者。我們試問：南京市一詞所指之市區，畢竟如何？在市區繁榮增大之時，何以仍可以南京市名之？人已老大，何以仍用幼年之名？從所指之對象本身看，此地名人名之涵義，明已有變；何以於此我們不說此一名有岐義，而涵義不清？欲知此中之理由，只有從我們用名向對象而指時，此名只規定我們向一方向中之對象去想。我們不能將此名黏著於一對象之一時之情狀上去想。我們說南京市，此名乃所以指非「南京市以外之地區」之一地區。南京市一名，只導引吾人向某一方向，想某一地區或某一範圍中之事

物，而實未嘗限定南京市本身之內涵。故南京市無論如何繁榮增大，只要不侵入南京市以外之地區，則永可稱爲南京市。依此，某一人之名，亦只規定我們之思想，繼續向某方向去想某人。某人無論如何變老大，只須其逐漸由幼小至老大之變化，乃相緣而起；則吾人即可順其相緣而起之變化之方向，而想某人仍是某人，並以原名指之。只須某人非突然變爲吾人原用另一名所指之另一人，吾人亦不須以另一名指之。故在此等處，一名之意義，皆純由其所指之方向，及其與他名所指之方向之不同，而互相限制規定，合以形成一語言之系統者。

其次，我們當論一般被認爲有確定的內包外延之語言，其意義是否即能完全確定。我們通常用以表示事物種類之名詞，表示事物之動態之動詞，表示事物之性質形狀之形容詞，副詞，表事物之數目之數目詞，表事物之關係之介詞及各種關係詞，表示語句之連接之接續詞，都是被認爲是有確定的內包外延之意義，而爲我們用以直指事物之如何如何之共相的。我們上述之以自我爲中心說出之字，如這、那、現在、過去等，亦必須與這些字相結合，由這些字以規定其意義，乃能正式構成表達知識之語句。如「這」與種類之名詞「馬」，形容詞之「白」，合爲「這馬白」，即爲一表達知識之語句。而人之以一具體名詞指一個體事物，而對此事物之種類，動態、性質、數目等，毫無所知，此亦事實上所未有。然人如對一個體事物之種類、性質等有所知，則我們亦即必須用到此類字，乃能表達我們對此個體事物之知識。表達我們之知識，既必須用到這些字，則這些字本身必須有確定之意義，否則其所表達者，是此又是彼，則等於非此又非彼，而同於無所表達。

我們在用上述這些字時，我們必須使之有確定意義，是不成問題的。但是一文字之有某確定的意義，不必同時是限定只有某意義。而一文字如未能有一限定的意義，我們亦可說一文字之意義，尚未由被規定，而達完全確定之最高標準。

所謂一字有確定之意義，而不必有限定之意義，可自各方面說。（一）是就對一字所指之事物之了解增加，而一字之意義即可增加生長而說。譬如我們以狗指某動物，此狗之意義，最初可只為某形狀之動物。但當我們知狗能守門打獵，對狗之了解增加時，則我們心中之狗之意義，即亦有增加生長。我們可以說一切實際事物之種類名詞之意義，皆無不可由我們對所指之事物之知識之增加，而增加生長。（二）是一字雖確定的涵某義，但亦未嘗不可兼用以指類似或所關聯之其他事物，以涵另一意義。如小孩初學語言，知以「紅」指紅，「藍」指藍。但如彼在顏色字中，只知此二字，則彼見橙色，亦可說之為紅，見綠色亦可說之為藍。又如蘇軾居東坡，「東坡」一名初指其所居之地，彼以東坡居士自名，而後人則以東坡為其名。在前一情形下，我們可稱為一字之內涵，由移用而增加生長。在後一種情形下，則是一名之外延，由改變而增加生長。其增加生長，固非漫無規則。如在上述之例中，乃由我們用一名向對象而指時，即依一對象與其他對象之相似關係如紅似橙，或在時空上之接近關係，如蘇軾居於東坡，以使一名之意義，順一方向而增加生長。然其意義增加生長後，其原義儘可不失，則此名仍有其確定之意義。卻不可說其有限定之意義。

從一字之意義之生長增加方面說，我們初無一**必然之權利**，以**直接限定一字之意義**。如**不由他字之意義，加以限制規定**，一字之意義，實未嘗不可由生長增加，以至無限。試想，如吾人今只有一字，初只以指某類事物或某性質，吾人試否眞有權利，以限定此一字之意義？此明爲不可能。譬如色之一字，初只以指顏色，但吾人如順顏色所類似或關聯之各方面事物，以向各方面伸展此一字之意義，而以色之一字指之；則色之一字之意義，即可不斷生長增加，以至無限。如吾人可以色指女色，男色。亦可以色指一切被感覺之對象。如聲、香、味、觸，在佛家同稱爲色。色亦可指成色之活動，如僧肇不眞空論中所謂之「色」色之「色」，亦可指有情所住之有色之整個世界，如佛家所謂色界。而當佛家言色涵空義時，則色即是空，空即是色，而色亦可指空。是見單就一字而言，如順任何一字初所指者之所關聯者，而以此一字指之，則任何字之意義，皆可無限的引申。而吾人實亦無任何必然的權利，加以限定。此亦略有類似：吾人於立名之初，吾人之原有本自由約定，以一字表任何意義之可能。

吾人以上說，單就一字而言，吾人並無一必然之權利，以限定一字之意義。然則何以一字之意義，又不能生長增加至無限？此則純由有其他文字之存在，足多少限定此一字之意義。而此限定之第一步，則爲相異而不同意義之字之互相限定。如吾人欲使色之一字，只限於所見之色，而不以之指聲香味，吾人即以色之一字所指，不當侵犯「聲」「香」「味」諸字所指之界域爲理由。而聲、香、味諸字，不能指色，亦在其不當侵犯色之一字之界域。此諸字之所指之界域，則唯由其互相限定，而漸歸於確定。而凡互相限定所指之諸字，或互相限定其意義之諸字，亦皆結成一系統。

在此，人恆發生一疑難，以反對吾人之文字之所指或意義互相限定之說，因如此說，則似一字之意義，待他字而定，他字之意義，又待此字而定，便成循環互待，而任一字之意義，皆不能定。但此疑難，實極易答。因吾人儘可承認，吾人最初用一字時，即已有一暫時的確定的所指。吾人只是說，此時之確定，並非限定。而吾人欲加以限定，則只能憑藉他字之意義，以還限定此字之意義。如吾人只能由已有不同之味字之表示味，而謂不當用色之一字以表味。然吾人在不知有不同之味字以表味時，吾人初並無權利，將色字限於最初之所指。此即佛家之可以色兼指聲香味等之故也。

第五節　定義之價值與其限度

吾人對一字意義之第二步之限定，爲通常所謂由定義法以對一字之意義加以規定。一般之定義法是指出一字之內涵，以造一定義。如「人」爲「理性之動物」、「兇手」爲「違法律之殺人者」之類。但吾人造一定義以規定一字之意義，此定義中新用之字，還須進一步加以規定，以再造定義。如何謂動物，何謂理性，何謂法律，皆可再加以規定，再造一定義。「如動物爲有知覺能運動之生物」、「法律爲人所製定的，人在社會中當遵守之行爲規律，人如違犯之，則當受社會或政府之懲罰者」等。然何謂知覺，何謂運動，何謂社會，何謂行爲規律等，似又還須用定義，再加以規定。每進一步之定義中，所新用之字之意義，亦復還須如上段所說，以具相異之意義之他字，加以限定。由是而定義之事，遂爲一串極複雜之事。而一字之一串之定義本身，亦爲結成一系統，而又與其他相異之字之定義，共結成一互相限定其意義之文字系統者。

然一定義之串系，必不能爲無限延長之串系。因如其爲一無限長之串系，則一字之所指，永只是其定義中之字，而不能對文字外之世界有所指。若欲其於文字外之世界有所指，則一定義之串系，最後必歸於指某一實有之對象事物。然在其指對象事物之階段，則文字意義之絕對的限定，又復再成問題〔註〕。譬如我們上說「人爲動物」，又說「動物爲能知覺能運動者」，我們可姑以後者已至動物之定義之最後階段。今我們試問：所謂能知覺能運動之所指對象爲何，吾人說犬馬能知覺能運動，故說其是動

〔註〕：現代重邏輯分析之哲學初起時，恆欲求一單位語言文字之最後的確定而限定的意義。如羅素穆爾及早期之維根斯坦，皆嚮往於此。然晚期之維根斯坦於其哲學研究中 Philosophical Investigations 中，則歸於文字語言之意義，唯當在人實際之用法中了解，而極反對其早期之說。I, Passmore: A Hundred years Philosophy, Ch. 18. 至於語言在指實在對象時，其意義非限定的，而爲開放的，則稱爲 Open texture of language，乃現代數理哲學家 Waismann 所特重。I. Passmore: A Hundred years Philosophy, PP.455-458.

物，此似無問題。蜂蟻有知覺能運動，故是動物，此亦似無問題。下至水螅，阿米巴，亦可說其能知覺能運動，是動物。但阿米巴如是動物，則其他微生物皆成動物。則在動植物間之一種單細胞生物是否亦是動物？如其亦是，則植物性之菌，豈不亦可稱爲動物？而其他植物，豈不亦可稱爲動物？而此處欲確定動物一名之絕對的界限，吾人只能另由一定義，以確定一標準。如吾人以固著於空間與否，或有某種細胞與否，爲動植物之分界，以分別爲動植物下定義。然即專門之生物學家，於所謂某種與非某種之辨，有時亦恆苦難確定。此中之理由，一方固由我們對對象之認識之恆有不足。在另一面，則由吾人所用以指對象之名之意義，亦儘可由對對象之認識之增加，而增加。吾人若無權利以限定一名之意義，不得增加，則吾人亦儘可增加一名之意義，以指我們原來用此名時所未指之對象。譬如吾人忽發現在猿人與人猿間之一動物，而不能確定其是否合吾人之猿人之意義時，吾人畢竟是引申猿人之義，而仍名之爲猿人，或以其不合猿人之義，而謂之爲人猿，或爲之另造新名，即爲無一定的決定之法者。在此處，除非吾人能另造新名，以新名指我們原來之人猿與猿人二名之所不指，並以之限定人猿，猿人二名之所指；則人猿與猿人之二名，即皆可改變其原義，而另增加新義，以指此在猿人與人猿間之動物，而其意義即爲未嘗完全限定，以達最高之確定之標準者。此即重印證吾人前所謂一名之意義，必須由相異之他名之意義，加以限定之說，及文字意義乃在與其他文字合成之文字系統中，乃能被規定之說。

吾人如了解上文之說，則知文字在應用至所指之對象時；此文字之意義之前程，乃開放者。此可以說明文字之意義，所以時在增加生長改變中之普遍現象。人如不憑藉相異之文字之意義，以限定一文字之意義，而只對一文字加以正面之定義，並只正面的用此文字與此定義中之文字，以指對象，則其所指者，皆爲不能限定於一定之範圍中者。吾人今若分世界中之對象事物，爲已有文字加以指及之一部，及尚未有文字指及之一部——如新經驗新發現之事物所成之世界——則對於尚未有文字指及之世界，吾人皆有引申已有文字之涵義，以指及之之權利。邏輯學家之欲於此限定文字之意義，在實際上，皆無效者。而此已有之文字之涵義之引申，如順對象間之種種關聯，而循種種曲曲折折之路道以進行，則任何字皆未嘗不可引申其涵義，以指任何對象，如吾人上所說。此事在事實上所以不發生者，則唯以各字之意義以彼此相異，而互相限制，又由其彼此相異，於是人就各字之原義以引申新義，而指一新對象時，其所循之道路，即有遠近難易之別。緣是而各文字，即各有其最易引申出之新義之範圍，以分別達於未有文字指及之世界之各部，而不致有將一字之意義，作無定限之引申之事之發生。

吾人如了解文字之意義，恆在由引申而增加生長，以達於初未爲文字所指及之世界之事物之歷程中；又知各相異之文字之意義，恆互相限定，以結成系統；則我們可以圖像式之語言，說一民族文化中之文字系統，乃如一有活的生命之存在，時在向初未爲文字表達之世界中，不斷伸出手足，以求增益其所涵之意義者。而各相異文字之意義，自其能互相限定其意義處言，則又可譬如冰山之各部之互相限定。而自其所指及之對象，乃時在變動中言，則又可譬如冰山之在海上移動漂流。然人若只住於冰山之中者，則不知此事。此即以喻只住在文字之世界中，而只觀相異文字之互相限定其意義處，看一文字之限定的意義者，恆忘卻文字之意義之在增加生長之中也。

第六節　語言意義之含渾與混淆之原因

然文字意義之可不斷引申，爲文字之意義之不斷增加生長之原，亦爲文字之有含渾 Vague 混淆，而可導致種種文字之誤用，思想之錯謬矛盾之原。

所謂文字之含渾 Vague，通常是指一個字可用以指某一情形中之對象，但又似亦可不用而言。即一字所能用之情形，似是不定的，而若可用於不定限的不同情形之下。如通常所謂剛柔、冷熱、遲速、長短、大小等表示相對的聯續量之字，應用起來，即常有猶移不定之情形。這時我們固可取一標準，以規定我們當用何者，以表示某情形之事物爲宜。但通常我們並不自覺我們之標準，亦可隨時更易我們之標準。在疑似之情形下，我們直不知用何者爲宜。如人以六七尺高者爲長人，三四尺者爲短人，但五尺九之人如何？五尺八者又如何？五尺五、五尺四者又如何？畢竟在若干尺寸以上稱長人，以下者爲短人或中人，吾人實無一確定之標準。於是我們恆對若干尺寸高的人，有時或稱之爲長人，有時稱之爲中人或短人。而長人中人之字，於此即成可用亦可不用，而可用於不定之不同情形下者。而此不定之情形之存在，即由一字之所指可以加以擴大縮小，而不能確定而來。此外在集合名詞之運用中，如問若干根頭髮，乃稱爲一撮頭髮？若干點灰，乃稱爲一堆灰？若干人乃稱一羣人？此所謂一撮、一堆、一羣之集合名詞之所指，亦同有一不易確定之情形。吾人如謂五十根頭髮，爲一撮頭髮，則吾人輒易思及四十九根，亦是一撮，四十根，亦是一撮。但如是遞減，至十根如何？三根如何？二根如何？一根如何？則吾人將於何處劃一界限，謂此上爲一撮髮，此下非一撮髮。由此界限之難定，於是我們對有若干根頭髮之人，吾人遂謂之有一撮頭髮固可，謂之爲禿子亦可。依同理，對若干灰點之集合，謂之一堆灰可，謂之爲一點灰亦可；於若干人之集合，謂之爲一羣人可，謂之爲幾個人亦可〔註〕。而此諸集合名詞之如何運用，亦即同樣有猶移不定之情形。

此外文字復有涵義混淆之情形，即一文字可以同時涵相異以至相反之諸義。如我相信你，我不相信鬼。此二句話中，同用一相信，然意義明非一。我相信你，乃信託你或信你所說之話之眞實。而我不相信鬼，乃不相信鬼存在之義。此二處之所以皆用「相信」一字，唯由於我們信人之言時，亦有「信人之言有其所指者在」之義。於是信鬼存在，亦爲信鬼，不信鬼存在，則爲不信鬼。然信人之言有其所指者在，與信一名之所指者存在，明爲兩種信。然因其間有類似關聯之處，遂使信之一字，有此岐義。而我們遂可視我相信你與我相信鬼，爲同一之相信，而加以混淆，或誤以此二句話之邏輯構造爲同

〔註〕：此種語言文字之游移性滑動性，稱爲Difficulty of Slipery slop. Hospers Philosophical Analysis, P.41.

一。

此外文字語言之字同而義異，而使人以此爲彼者，不勝枚舉。一字之所以有異義，皆由引申而來。而其所以如此引申之理由，則儘可爲偶然發現之類似，偶然之事件之聯想所形成之關聯。如畜狗似獅子，即名之爲獅子。而人眞以有此狗爲有一獅子，則爲由混淆一名之二義而來。而中國古代所謂郢書燕說〔註一〕雖其效可以治國，而其爲一名義之混淆與誤解如故。

復次，由文字而組成之語句，恆有文法相似，其中之邏輯字亦似爲一字，而實涵義各別者。如金「是」黃，孔子「是」叔梁紇之次子，孔子「是」人，人「是」動物，時間「是」金錢，人「是」無羽毛之二足動物諸語句，文法皆相似，而其中之邏輯字，亦皆爲「是」之一字；而實則自邏輯上說，各語句之意義全異〔註二〕。又如「當今之英國王是女性」，與「當今之法國王是男子」，文法亦相似。而

〔註一〕：韓非子外儲說「郢人有遺燕相國書者，夜書，火不明，因謂持燭者曰『舉燭……』。燕相受書而說之曰：『舉燭者尙明也，尙明也者舉賢而任之』。燕相白王大說，國以治。治則治矣，非書意也。」

〔註二〕：金是黃之「是」表屬性，孔子是叔梁紇之次子之「是」，表全同一。孔子是人之「是」，表一個體屬於一類，人是動物之「是」，表一類包括於一類，時間是金錢之「是」，表示如果有時間，則可工作以得金錢之「若果、則」之關係。

邏輯就說，二語句之意義亦異〔註〕。此皆爲今之邏輯哲學家所樂於分析者，在未經分析時，我們恆不能免於混淆者。而此混淆之原，亦在人之會將一語言之意義，依相似關係等而引申，而應用之以表不同之義。

此外，吾人之一切推理上之錯誤，各種邏輯上之詭論，均恆由對文字意義之不能分辨，而任意加以混淆，或不知如何加以分辨，以銷除錯誤與詭論而起。而此混淆之原，仍或由吾人之不自覺的將一字之意義，加以轉移改變，或隨意引申新義，以致侵入他字之意義範圍而起。如吾人不能分辨「孔子『是』叔梁紇次子」中之『是』，與「孔子『是』人」中之『是』之別，而見由「孔子是叔梁紇之次子」，可推出「叔梁紇之次子是孔子」；遂由「孔子是人」，以推「人是孔子」，則成一推理上之錯誤。至吾人如見「孔子是叔梁紇之次子」，「孔子又是孔伯魚之父」，可推出孔伯魚之父是叔梁紇之次子」；遂由「孔子是人」，「孟子是人」，以推「孔子是孟子」，則爲人人所知之大錯誤。然人由遇一廣東人而好利，再遇一廣東人時，遂亦以之爲好利，亦正爲此類之錯誤，而恆爲人所忽者。此亦唯由吾人見一廣東人而好利時，即不知覺間，於廣東人之意義中，加入好利之意義，而忘了廣東人爲人之省別之名，好利與否，爲人之德性之名。人忘了德性之名之涵義，不當侵入人之省別之名中，方有此邏輯上之錯誤也。

此外邏輯上之一切詭論，亦由名詞之意義之含渾，混淆或不易確定而起。其中問題較複雜，但邏輯

〔註〕：「當今之英國之王是女性」中之主辭存在，「當今之法國王是男子」中之主辭不存在。

書中，不乏其例證與分析之討論，今皆從略。

第七節　語言意義之含渾與混淆乃應用語言所必經之歷程

由文字意義之有含渾與混淆，人遂有以爲哲學思維之目標，唯在求我們所用之文字意義之確定淸楚者。但吾人今不擬作此斷定。吾人今所能說者，唯是求免除意義之含渾與混淆，要爲吾人求知識或表達知識時，所當抱之一理想，而吾人於此必須用不少工夫。

吾人今試問：吾人如何能絕對免除文字之含渾與混淆？其一答案，即吾人於一切不同之對象事物，皆與以一不同之名。此種想法，在柏拉圖對話集中曾提及。但柏氏以爲此乃不可能者。並以爲此事若可能，則吾人之知識，反成不可能。吾人今可說，依此種想法，以免除文字之含渾與混淆，有下列之困難。（一）吾人今姑不論世間之事物無限，即事物之數爲有限，而此有限之事物之情態變化，亦爲無窮複雜而無限者。由此而吾人勢不能於每一情態之事物，皆以一名表之，以成無限之名。此因無限之名，乃爲人之所不能製造，亦無法駕御運用者。至吾人如假定世間事物爲有限，其情態亦爲有限，而一名亦只指一事物之一情態，則此中有二可能。其一爲每一事物之情態，皆在變化中，從無完全相同之情態之再現，則每一名皆只能用一次，吾人即無保存任何名言之必要。另一爲一事物之情態之變化，乃反復循環，已逝可再來者。然在此情形下，一事物之情態，即成一共相，具同一共相之事物，即成一種類。此共相種類，關聯於不同之個體事物，並關聯於不同事物之其他情態；而表達共相之名，亦即有順此關聯而增益轉移改變其原來之意義，以指其他情態或直指個體事物之可能。如中國古之聖原指人之至，聖經原指儒家之聖之經。在基督教徒，則於耶穌門徒皆稱爲聖，並以聖經之名，專指基督教之聖經。而在另一方面，則表個體事物之名，恆亦轉爲表種類共相之名。如江河之原指長江黃河，今則泛指河流，西施原指一越溪之女，今則泛指美人。由此文字之意義之有改變增加，人亦即有加以混淆，而產生語言之誤用之可能。然人欲求知識之正確的表達，則正須以此可能之存在爲代價。故人之學習語言，亦幾無不多少須先經運用錯誤之一階段，而此亦爲必有而未嘗不當有者。

譬如吾人今試以年長之人之眼光，看小孩或年幼之人之運用語言，吾人皆可發現其包含錯誤，或可笑之成份。如小孩初習狗之字，則遇狼亦稱狗，而遇馬則或稱之爲大狗。然吾人可並不必以其錯誤而責之，或反覺其有趣者，正以在其不知狼與馬之名時，彼本可有自由引申一名之涵義之權利。此自由引申之事，正所以見其語言世界之在生長之途程中，如吾人前之所論。小孩之學習語言之歷程，實即不外由不斷學習不同之新字，以指不同之事物，而限定其原用之字之意義之歷程。由此一歷程之繼續，即可逐漸形成一有更高之確定意義之語言之系統。在此系統未能完全的形成時，人對語言意義之隨意引申之事，皆爲不可免，而語言運用之錯誤，亦爲不可免。然此誤用之經歷與其被改正，而代以他字之運用，正爲使人更注意分辨諸字之意義，而自覺其語言之何以當如此用，不當如彼用之理由者。如小孩之遇狼亦稱狗，遇馬稱大狗，而人再告以此爲狼或馬而非狗，即使小孩注意狗與狼馬之不同，而知此諸名之限定的意義，並知何以狗之一字，不能用於狼馬之理由。反之，人如未嘗試引申一字之意義，以指其他事物，而再發現其他事物已有他名指之，以自知其用之謬誤；則縱人所用之語言，一一皆當，彼亦不能自覺其何以當如此用，不當如彼用之理由。故人之能逐漸用有確定意義之語言，而用語言得當，並知其所以得當，正依於語言之原可誤用，及此誤用之可加以改正。今之邏輯家，如因感於人之自然語言之意義，恆不確定，而欲造一一皆有確定意義之人爲語言，以代自然之語言，以使人自始即不犯誤用語言之過者，實不知此爲不可能之事。亦不知如人不先經過意義恆不確定之自然語言之誤用，則即此意義確定之人造語言之價値，亦不能爲人所自覺，而人亦將無欲造作意義確定之語言之理想矣。

第八節　以表達共相之語言表達特殊的個體事物如何可能

我們前說人之意義確定之語言，恆爲表達共相或概念之語言。表達共相概念之諸語言，固可由其意義之互相限定，而能確定的表達一類事物之共相。然吾人將如何運用之，以確定的表達一特殊的個體事物？對此問題，吾人之答覆是：吾人決不能因此而只以直指個體事物之語言爲重，而廢棄表達共相之語言。吾人仍只有運用表達共相之語言，並賴其意義之互相規定，而以之爲確定的表達特殊的個體事物之用。

我們之運用表達共相之語言，以確定的表達特殊的個體事物，或被視為一不可能之事。因表達共相之語言，即表達「由吾人對諸共相之認識，而構成之諸概念」之語言。而一特殊的個體事物，明不能等於吾人對之之概念之和。如吾人說蘇格拉底是哲學家又是教育家。此哲學家與教育家之概念之和，明不能即等於蘇格拉底之所以為蘇格拉底。吾人即再加上吾人對蘇格拉底之其他性質；如身體短小，鼻子朝天，富有風趣，忠於國家，於生死淡然等之概念，仍不能等於蘇格拉底。由此諸性質之概念之互相規定，所構成者，仍為一抽象之集合概念。而在無限之時空中，亦未嘗不可有一人具同樣之性質或共相，而可以同樣之概念規定之者。則吾人之以表達共相概念之語言，表達個體事物，即永不能將一特殊的個體事物之個體性，加以表達出。亦即終不能絕去人之誤會此諸語言之集合，為指另一其他個體事物之可能。

但依吾人之見，則此問題，並不如此困難。因吾人之以表概念之語言，表達事物之原始目標，只在足够吾人自己之辨別一事物與他事物之不同，而足以為吾人心靈，分別通向此不同之事物之不同的通路或媒介為止。對上述之例言，吾人並不必思及：在無限時空中是否必無可以同樣之概念與語言規定表達之類似蘇格拉底者之存在，吾人只須問：吾人所用之概念語言，是否足够使吾人能辨別蘇格拉底與吾人所知之古今歷史中之他人之異？如其足够，則吾人之心靈已可憑藉之以通向唯一之蘇格拉底，而不至誤及於他人，而此諸概念語言已可謂將蘇格拉底之唯一的個體性表出。吾人如萬一再知另一人亦可以同樣之概念語言表之，則吾人可再進而研究蘇格拉底之另一特性，爲此一人之所無者。再加上此特性之概念，於吾人對蘇格拉底之概念中，則此概念與其語言，仍足够使吾人能辨別與此一人之與蘇格拉底異，而將蘇格拉底之唯一的個體性表出。

第四章　知識與言語（下）

第九節　定義之方式問題

吾人上文已說明，吾人可運用表達概念之語言，以表達個體事物。然此所謂表達，唯是吾人可通過此等語言之互相規定，以指及思及個體事物之謂。而並非謂此等語言之互相限制規定，即能一無遺漏的，將此個體之全部性質，完全表達之謂；——此全部性質之表達，仍爲吾人只能向之接近湊泊，而不能在知識境界中達到者——尤非謂此等語言即能切合的表達吾人對個體事物之直接經驗中之親知獨知之謂。因此乃在知識境界之外者。在知識境界中，吾人所要求者，唯在吾人所用以表達概念之語言之意義，能由互相限制規定，而逐漸形成一語言之系統，以爲成就系統化之知識之用。而欲求表達概念之語言之意義之確定，吾人須再一重論對語言之各種定義方式之問題。

吾人欲求一語言意義之確定，吾人必須對一語言下定義。然吾人如何對一語言下一確定之定義？則爲一不易答之問題。在西方傳統之邏輯與哲學中，有所謂唯名之定義與實質之定義之分。而在亞里士多德以及穆勒，蓋皆重實質之定義者。在亞氏所傳之邏輯中，論實質之定義，最重語言所指事物之本質的屬性之指出。至非本質之屬性，則稱爲事物之偶有的屬性，乃爲一完全之定義中，可提及或不提及者。然所謂事物有本質的屬性之說，在近代哲學中，已引起種種問題。科學家明可只研究事物之定律，而不研究其屬性。即研究其屬性，亦可根本不指定，何者爲本質之屬性。欲說何者爲一事物之本質屬性，亦儘可以觀點之不同而異說，及研究之進展而改變。而本質的屬性之指定，亦恆引起不易決定之問題。如亞里士多德以理性爲人之本質的屬性，而以理性之動物爲人之定義。然在柏拉圖對話中，則曾謂人爲無羽毛之兩脚動物。此似亦非不可說。近世人則儘可就人之所作之事，以定「人爲造工具之動物」（佛蘭克林）；或就人之表情方式，而定「人爲會笑之動物」（尼采）。現代人亦儘可以無理性之瘋子亦是人之說，駁斥亞氏之人的定義。由此而現代人乃有或特重事物之如何發生，而有發生之定義，或特重事物之有何功用，而重功用之定義者。然此皆同可稱爲一種廣義之實質之定義。至現代之若干重邏輯分析的哲學家，則多主張根本取消實質的定義之說，以一切定義皆是以語言界定語言，而重主張唯名的定義之說。又依此派人之說，吾人之爲一名下如何之定義，乃純屬任意自由者，因一一語言並無先驗的意義，而只有約定俗成之意義。故吾人如與人另作約定，或一人獨用某一名以指某義，皆未嘗不可。至於以語言界定語言之事，如欲免於循環，則必有不能界定之原始語言或符號。而此原始語言或符號，若爲未界定而又非指實物者，遂可爲無意義者。其意義唯待於吾人之解釋，乃能成爲指某一事物或實際觀念者。然此如何解釋之問題，乃在定義之本身之問題之外；而未嘗由定義加以規定，亦不能由定義加以規定，而屬於人之自由者。故一被定義之語言系統之原始的語言符號，爲儘可由人作不同之解釋者。而純關於語言之如何定義之問題，則現代邏輯中又有種種關於定義之理論。此上所述，可謂爲現代哲學中關於定義問題之所由生。

如依吾人上文之所說，以論定義之問題，則吾人可對各種重要之定義方式，作下列各項之提示。

第十節　定義之各種方式——第一種至第四種

（一）純語言之定義（Verbal Definition）。從語言之爲一可感覺之聲形的符號上說，一語言之所指者爲何，本來是由人定的。此中語言與其所指間，是本無必然之聯繫的。此如天上星球，人對之取了許多名字。但我們明可把其名字，一一互相換過。由此我們可說一切語言都是方便約定的，是儘可由吾人加以改變的。如吾人可以銀星代金星之名。但我們在作此一改變時，我們明可說一句話，即：「此新名之銀星之所指，即舊名之金星之所指」。此亦即可稱爲對銀星一名下了一定義。然我們了解此一句話，卻並非必須了解金星之所指爲何。這種定義，我們可稱爲純語言的。在我們查字典時，我們可知甲字之解釋中，用到乙丙二字，乙字之解釋用到丁字，丙字之解釋用到戊字。我們亦可對這些字一一之所指，都不知道；而卻知道戊可解釋丙，丁可解釋乙，乙丙可解釋甲。由此對甲之意義，有某一種了解。此字典上之對甲之解釋，亦即對我爲純語言之定義。此外一作家初用某一新字時，可以其他語言釋之，說所謂什麼即是什麼。此對新字之定義，亦是純語言的。嚴格言之，所謂純語言之定義，即「說一語言之所指，同於另一語言之所指」之定義。由此顯出此二語言之可相代替。而人所知者，亦可只及於其可相代替而止。在日常談話中，是很少有此純語言之定義的。在數學與邏輯中，則我們儘可處處有此種純語言之定義，以說出某一語言符號之所指，同於另一語言符號。此種純語言之意義，對於語言之同異關係，有一種確定。但對語言之所指，可無所說。因而可以說其所指是絕對的不確定，而可純由人任意加以解釋者。〔註〕

（二）指謂之定義 Ostensive Definition. Denotative Definition。

所謂指謂之定義，即直指一事物爲例證，以說明一語言爲能應用於何類事物之語言。如小孩學習語言時，我們恆指室中之某物，而名之曰桌曰椅。此即對小孩指示桌椅二字之意義，使其知桌椅二字爲能用於何類事物者。在我們用指謂的定義方式，以說明一語言之意義時，在說者心中，此一語言是確定的有所指的。但在聽者對一語言所指之了解，恆不必能與說者所了解者同一。如父母對小孩指一有書之桌，而謂之爲桌；在小孩之了解，可以桌之名指書。此須俟父母對一無書之桌，亦謂之爲桌時，小孩方

〔註〕：西方邏輯家有分語言之定義，爲語言的定義 Verbal Definition 及唯名的定義 Nominal Definition 二種者。謂後者純指以簡單符號代複雜符號，以別於一般之語言的定義之爲以定義者界定被定義者。然此分別乃不重要者。

由此處之無書可指，而知桌一名不指書，只指桌。然小孩之了解桌，亦可只自其形狀了解。如果他又不知櫈之一名，以表示形狀同而大小與桌異之櫈，亦可指櫈爲桌。此即吾人前所說語言之意義，必須由相限制而後能確定之例證。然此種確定，仍不能免於一意義上之含渾，亦如前說。如小孩遇一略小於其所用之小桌而大於櫈者，則彼甚難決定，應名之爲桌或櫈。

（三）功用的定義與運作的定義 Definition by Function and Definition by Operation。上述之小孩，在遇一略小於桌，而略大於櫈之傢具，而不能定其爲桌或櫈時；則小孩可由大人之是否坐於其上，以稱其爲桌或櫈。此處彼之用櫈之名於一傢具與否，即純從人之如何運用一傢具，此傢具有何功用，以爲決定。於是我們可說可置物者即桌，可坐者即櫈，可睡者即牀，可行於上者即路，可被目看者即色，可被耳聽者即聲。由是我們即可以我們如何運用一對象事物，如何活動於一對象事物，或一對象事物之有引起吾人之何種活動之功能作用，以爲對象事物之定義。此即功用的定義。故當我以可睡者爲牀時，則如我睡於桌上或地板之上，桌與地板即爲我臨時之牀。而我若死，則棺木與大地，皆可稱爲我之牀。此通常則謂之爲文學性之隱喻Metaphor。然依上文之所說，則謂之爲一種定義之方式，亦未嘗不可。在此種定義方式中，對象之本身爲何物，非我們所注目者。唯我之如何運用一對象事物，或對之作何活動，及對象能引起我之何活動，方爲我所注目。因而在我以可睡者爲牀時，其所指之對象事物，乃不確定者。然睡之活動之異於其他之活動，則爲吾人之所知，亦吾人可用語言加以確定者。由是而依此種定義之方式，可使前種定義之方式所不能確定者，化為確定者。如一小而似桌之物，為可用以坐者，則吾人可確定之為櫈。然在一對象事物，吾人可對之發生不同活動時，如一傢具可睡可置物又可坐，則吾人又將覺依此種定義之方式，不能構成一確定之定義，或有待於其他定義之方式，以使此不確定之定義，成為確定。

在現代哲學家，有所謂運作之定義 Definition by Operation。如硬之定義，即吾以手接之而不能透入者。鹽即吾嚐之而覺鹹者。一物五尺之長，即以尺顛倒量之之活動，共經歷五次，乃由一端至另一端者。此是兼以吾人對一對象試作一定活動後，所產生之一定結果，規定一對象之定義。此為較由我對對象之一般性的活動，或對象之一般性功用，以定一類物之定義者，進一步之求更嚴格的分辨、決定、不同對象事物之意義之定義方式。但專就其為定義之一方式而言，則與上述者屬於一類。

（四）實質之定義 Material Definition。所謂實質之定義，即由對一名所指之事物之本身之種類、性質、關係之指出，以定一名之意義。在西方傳統之說，則此中所最重要者，為知事物之本質的屬性。事物是否有本質的屬性？吾人以為可能有。因一事物之諸多屬性中，可能有一屬性，為其他一切屬性之共同根據，而為其他屬性之所由引生出。但吾人如何決定一事物之本質的屬性，則由吾人對事物之具體知識之情形，以為決定。若吾人之目標，只在求語言概念之意義之確定，則欲達此目標，並不待於吾人對事物之最後的本質的屬性之了解，故吾人今可不討論此問題。

吾人雖可不論本質的屬性之問題，但吾人不能否認有一種定義方式，乃從一語言所指之對象事物本身之種類、性質關係着眼，而非自其與吾人之活動之關係着眼者。此種定義，我們可說其目標在規定一語言所指之事物。亦可說其目標，在說明對什麼事物此語言能應用，否則不能應用。因而規定一語言之實質之定義，亦即求明顯的（Explicitly）指出應用一語言之必須而充足之條件，而仍兼是爲語言之應用下定義。

所謂就一語言所指對象事物之種類性質着眼以作定義，即看於一對象事物，吾人可以何種類性質之概念語言規定之。吾人若撇開本質的屬性之問題，則吾人可說：於一對象，吾人儘可自由以不同之種類性質之概念語言規定之。如吾人可以黃金之色澤，規定黃金，亦可以黃金之經濟上之購買力，規定黃金。又可以黃金之原子量化學性質，規定黃金。由此而稱黃金爲有某種審美價值之裝飾品之類之物，或稱黃金爲有極高交換價值之財貨，或稱黃金爲金屬中之某種原質，皆無不可。吾人之以何者規定之，唯是依吾人之觀點而定。由一觀點，即發現黃金之一性質，而可將黃金置於一種類之事物系統中，而以語言規定其在此系統中之地位。此語言，亦只須能足够說明其與在此系統中之其他事物之不同，而不與說明其他事物之語言之界域，互相混淆侵犯爲止。

至於純從對象事物之關係着眼，以規定事物之意義，則吾人可不看一事物本身之性質，而只看其與其他事物之關係。但關係本身可分爲多種。一類關係中之各關係，可構成一關係系統。在一關係系統內，我們可以其他不同事物與此物之不同關係，規定此物，亦可以此物與其他不同事物之不同關係，規定其他之不同事物。如以空間之關係系統而言，吾人可以距東京上海香港之不同的距離關係，規定南京市。謂南京市爲距東京、距上海、距香港、各若干里之一城市。然我們亦可謂東京爲在南京之東北經緯度若干里之一城市；香港爲在南京之西南之經緯度若干之一城市。在家庭之關係系統中，吾可以他人與吾之不同關係，以規定吾爲某父、爲某兄、爲某子。亦可以吾與他人之不同關係，以規定某爲吾子，某爲吾弟，某爲吾父。而在物理科學中，吾人亦儘可以各原質之原子量之多少之關係，而將各原質之意義，皆加以確定。故我們亦可不說黃金之原子量如何，而只說其爲較某某原質之原子量少若干，多若干者，即可使吾人確定黃金之所以爲黃金之一種意義。此外，我們如知黃金之原子量，我們亦可不說銀或鐵等之原子量爲如何，而只說其較黃金之原子量少若干多若干，以確定銀或鐵之一種意義。

在各種關係中，因果關係爲其中極重要之一種。如父母生殖子女之關係，即爲因果關係。父母與子女之代代相續，構成宗族之系統。而一宗族之系統，均可說由一遠祖開始。吾人遂可以一遠祖與宗族之人之不同關係，規定宗族中之一切人。吾人亦可說此全宗族之人與其相互關係，皆由遠祖成婚某氏而開始發生。由是而我們若對全宗族中之人，與其相互關係本身下一定義，亦即可說其爲由遠祖與某氏成婚而來。此即爲一發生之定義。而一切凡依因果關係而成之事物，吾人亦莫不可爲之下種種定義。如天文界、地質界、生物界、歷史社會界之不同種類之事物，同依因果關係而存在，即同可爲之下發生的定義。然對不同事物之不同的發生之定義，亦必須足够說明其所以不同。此與吾人之依性質、種類或其他關係，以爲定義之根據者，同依於一定義之規律。

在佛學中論定義有所謂持業釋、依士釋。此皆是依事物之體用關係上說。持業釋是依用以說體，依士釋是由體以說用。如謂人能言語思想，此是持業釋。謂能言語思想者爲人，是爲依士釋。持業釋是求知一事物之性質作用，依士釋則是求知其發生之原因與所依之實體。在此原因與實體二概念，可同一。

*第十一節　定義之各種方式——第五種至第九種

（五）概念構造之定義，Definition by Conceptual Construction。我們所用之語言，不只用以指及存在之實際事物，亦有用以表達各種理想事物之概念，及其中所包涵之理想事物自身者。如我們用以指及實際事物之各種關係、性質、種類之語言，即爲表達各種關係、性質、種類之概念之本身，亦爲表達此諸概念中所包涵之理想事物者。此外我們所假定爲存在之事物與其情狀，在未被證實之前，對吾人亦爲一理想事物，而吾人此時對之所有之概念，亦爲一對理想事物之概念。但此類理想事物之概念與表達之之語言本身，如何加以定義，則爲一極困難之問題。因我們通常只是用這些概念語言，以爲一般之具體事物之語言作定義，而不覺此概念語言之自身，有加以定義之必要。而我們如對一切用以作定義者，皆再作一定義，則成一無底止之歷程，亦爲事實上不可能者。故吾人必須承認，有不能定義之概念語言。此類語言乃唯有賴於上所說指謂之定義，加以定義者。性質語言如紅、黃、酸、甜等，關係語言如大、小、長、短等，似均爲不可再加定義，而其意義，唯由人於學習語言時，由他人對之作指謂的定義，以使其了解者。但畢竟此類之語言，是否絕對不能加以定義，或何種語言方爲絕對不能加以定義，乃不易決定之問題。如上所謂紅黃等，雖不能作直接的定義，但亦未嘗不可就紅色黃色所關連之光波振動數，爲紅色黃色作一關係之定義。然而此類語言中，要亦有能加以定義者。如種名即可以合類名與種差，以作一定義。而此類定義之性質如何，則須略加討論。

依吾人之意，是：凡此類表達理想事物之概念之語言之定義，皆是說明此概念之如何構造而成之定義。所謂一構造，有如一房屋，其所由以構造者，乃若干之材料。唯由此材料之互相架構，便形成一構造。而吾人對一理想事物之概念，加以定義時，其用以定義之概念等，亦可視如若干材料。唯由後者之互相架構，即構成此理想事物之概念。又凡一構造，在未形成之先，只有材料，與施於材料之活動。但在活動既施於材料後，則構造成，而原先之材料與活動，即隱於構造之中，而若不見。於是由一構造，以反溯其如何形成，人恆可有不同之想法。此乃由於對同一材料之不同活動方式，亦可形成同一之構造之故。由是吾人之求一概念之構造的定義，亦恆有不同之可能的想法。唯此又非有無限之可能。此乃因構造之形式有定，而若干材料又必須先加以架構，乃能從事其他之架構之故。如造屋之必先造地基，而不能先造房頂。此即所以喻欲形成一概念之構造之定義，必須依一定之方式與秩序，而非有無限之可能。

吾人如了解上文之比喻，則知一概念語言之構造的定義，不同於指出實際的一類事物或個體事物之本質屬性，並依此本質屬性而作成之定義。因吾人在作後一種定義時，吾人明知實際事物有其他屬性：因而被定義者與定義之內涵，即不能全一致。然在吾人對一概念作一構造之定義時，如吾人以圓周爲「一點以一定距離繞一中心而旋轉所成之軌跡」。或圓周爲「其中之任何點皆與一點之距離相等之一線」。或圓周爲「與一點距離相等之點合成之『類』」。此中被定義者因只爲一抽象之理想事物，吾人所作之定義亦只需要與此理想事物相合，故被定義者，與定義者之範圍，即可完全一致。又如我們定「種」之概念之自身，爲「類加種差」。此二者之範圍，亦全一致。此爲最簡單之構造的定義。至於今之數學家哲學家，如布魯維L. E. G. Brouwer之所謂數學之直覺之構造，哲學家羅素之所謂邏輯之構造，懷特海之依擴延的抽象法，以論各種點之概念、直線之概念、時間上之瞬之概念、所由而成，皆爲一種就已成之抽象概念，而討論其理當如何逐步構造而成之事，皆同可稱之爲概念所由構成之歷程之分析。唯凡此等等概念之構造的定義之造作，概念所由構成之歷程之分析，皆是就已有之概念，再返溯其所自始而成。人如純自此概念之本身看，則若皆各爲單一之概念，而初不見其所由以構造而成。吾人亦恆難臆斷，其只能經由如何如何之歷程以構造而成。由此而人可有各種不同想法，以論一概念之如何構造而成。其問題似極複雜。然粗略言之，則關於概念之如何構造而成，乃知識論中討論及每一抽象概念之意義時，皆多少須涉及之問題。吾人於此只須略說明此種構造之定義之性質即足。

（六）使用的定義。Definition in use,（Contextual Definition）對於包涵理想之事物之概念語言，尙有一定義之方式，即使用的定義。此所謂使用的定義，即不從一槪念語言之內涵本身上求其定義，而先看此語言之使用於一語句中，其外延上所指之事物如何，並據之而另使用一語句或語句之連結，以說明或代替此原來之語句，而在此後者中，則可不再用此我們所欲界定之語言。譬如我們如要對「種」之一語言下定義，我們可全不從「類加種差」上措思；我們只從在什麼語句中用到種類二字，及在此語句說到種類時，其外延上所指之個體事物間有何關係上措思；則我們可這樣規定種類之定義。如「說A類是B類之一種，即說：凡是具有A性之一切個體，皆是具B性之個體。但具B性中之個體，不必是具A性之個體」。則我們即由AB二種類之名所指之個體事物之具A性者，是否具B性，以爲此二名，下了一確定之定義。又如我們要確定一種關係之意義，如確定兄弟關係之意義，我們亦可只去看包涵兄弟之語句中，其中之個體名詞所指之個體事物間有何關係，具何性質，是在何種情形下；則我們亦即可界定兄弟關係之意義。如「說A是B之兄弟，即是A與B是同父母所生，而A是男性。」又如今之邏輯家界定各種對稱、不對稱、傳遞不傳遞之關係，邏輯上之凡與有之概念名詞，都是用此方式。如要界定不對稱關係，則說「如A對B有R關係，則B對A莫有R關係；此R關係即名不對稱關係」。要界定傳遞之關係則說，「如A對B有R關係，B對C有R關係，則A對C有R關係；此R關係名傳遞關係。……」如要界定什麼是凡人皆有死之一全稱命題之意義，亦就此中之人與有死所指一切個體事物着想，而想其是人者同時是有死者。於是說：「所謂凡人皆有死，即對一切個體事物，說其是人爲眞時，則說其有死，亦爲眞。」我們如以X指任何個體事物，則此上之語言同於：「對一切X，如X是人，則X有死」。而凡人皆有死之意義，即不須由人之內涵之性質，其有生必有死上着想，而可純從其外延上所指之一一個體上着想。於是當我們想到此「是人兼是有死」乃同時對一切個體爲眞時，則說凡人皆有死。而如當我們想到此「是人兼是有死」，對一切個體皆不眞時，則我們說凡人皆不死。而當我們想到此「是人兼是有死」，不是對一切個體皆不眞時，則我們說有些人有死。當我們想到「是人兼是有死」，不是對一切個體皆眞時，則我們說有些人非有死。由此而所謂AEIO之命題之意義，即皆由其所使用之語言之外延上所指及之個體事物之情形，來加以規定。此是又一種定義之方式，而爲今之邏輯分析家所常用者。

（七）設定的定義Postulational Definition，隱含的定義Implicit Definition。我們對於一符號，可不知其所指的是什麼，但是我們可提出若干設定的命題，以限定此符號之如何運用或其可應用的範圍。由是以規定我們之解釋此符號之路道。譬如數學中，表示相等之符號「＝」，與表示加法之符號「＋」，我們可不知其是什麼，但我們可提若干設定，以規定二符號之用法：如對於「＝」之符號，我們可以「若$x=y$則$y=x$，若$x=y$，$y=z$則$x=z$，及$x=x$」三設定規定之。對於「＋」之符號，我們可以$x+y=y+x$，$(x+y)+z=x+(y+z)$，$xy+xz=x(y+z)$三設定，規定之。

對於「$=$」之關係，上述之「$x=y$ 則 $y=x$，」表示了$=$之關係是對稱的。即表示其非大小之關係。大小之關係爲不對稱的。（如$x<y$則$y\not<x$。）上述之$x=y$，$y=z$則$x=z$，表示「$=$」關係是傳遞的。即表示其非不等之關係等。不等之關係乃非傳遞的，（如$x\neq y$，$y\neq z$則$x\neq z$或$x=z$）。$x=x$ 表示此關係是反身的。即表其既非大小之關係等，亦非不等之關係等，因其皆不反身的。而此三設定中，即隱涵的表出數學中所謂「$=$」之一符號之用法與意義。我們即可循此三設定，以解釋「$=$」一符號之意義。

其次對於「$+$」之關係，上述之$x+y=y+x$是數學中加法之交換律Comulative law。（$x+y$）$+z=x+(y+z)$ 是數學中加法之聯合律 Associative law。$xy+xz=x(y+z)$是數學中加法之分配律 Distributive law。交換律亦對乘法有效，因 $x\times y=y\times x$。但對除法及減法則無效，因 $x\div y\neq y\div x$又$x-y\neq y-x$。聯合律對乘法有效，因 $(x\times y)\times z=x\times(y\times z)$。但對除法減法則無效，因$(x-y)-z\neq x-(y-z)$又$(x\div y)\div z\neq x\div(y\div z)$。分配律對減法有效，因 $xy-xz=x(y-z)$。但對乘法除法無效，因 $xy\times xz\neq x(y\times z)$，又 $xy\div xz\neq x(y\div z)$。只有對加法，此三律乃皆有效。由是而將此三律加以表出之三設定中，即將「$+$」之符號之用法隱涵的表出，同時將加法之所以爲加法之性質隱涵的表出了。

（八）遮撥的定義，我們有時對於一語言符號之所指，可根本不作正面的定義。此或由我們不知其作法，或由此所指者，根本非語言所能表達，而只有待於人之直接經驗。或吾人雖能作正面的定義，然又知此定義，只能使人思及其所指，而不能正面的對所指有直接經驗。在此種種情形下，吾人如又望人對一語言文字之所指，有一直接經驗時，則吾人恆可一面以一語言指吾人之所欲指，而同時說一般用以說明此所指之各種定義，不能眞說明此所指，或非此所指。吾人於此時即可造作一遮撥之定義。如吾人可以「月」之一語言指月，但對「月」不說明其是什麼，而只就人之當前所見者而說：此不是山，不是水，不是花草，不是星辰……。待我們將人所思及而非吾人所指者，皆一一知其不是後，則人可自悟所指者爲「月」。而人之求悟解一文字之意義或一眞理時，亦常有上窮碧落，下達黃泉，皆無所得，而於無意間得之者。如辛稼軒詞「衆裏尋他千里度，驀然回首，那人卻在燈火闌珊處。」某尼僧詩「盡日尋春不見春，芒鞋踏破隴頭雲。歸來笑撚梅花嗅，春在枝頭已十分。」皆此之謂。中國畫中所謂拱雲托月法，亦即是以不表示爲表示之一道。此種遮撥之定義，即以「說不」爲說，而顯出「不說處爲所說處」之一種定義法。唯此恆爲一種玄學之定義法，而非一般之科學知識之定義法。

（九）勸服的定義，Persuasive Definition。

再有一種定義法，亦爲超乎知識範圍之定義法。即人之不知某名之意義，恆由其缺一種直接經驗；其所以缺此直接經驗，則由其行爲態度上或用心方向上，有一錯誤。吾人於此便恆須用一勸服的定義。如人有只向外求知識而不知良心爲何物者，則吾人此時，須一面勸導其暫停其向外求知之活動，而反省其覺有罪過而懺悔時之心，是何種心，則人可由此以自悟其良知。人又有不知聖賢境界爲何物，對聖賢之言覺無意義者，則吾人於此若亦無法用其他一般定義法，使人眞切了解聖賢境界與聖賢之言，則只有勸導人一面從事種種道德修養，一面虛心體會聖賢之言，以使人能了解聖賢境界之一名，及聖賢之言之意義。而爲達勸導之目的，有時我們可用今所謂勸服之定義。〔註〕即就人所喜好之語言，而爲之新造一定義，以誘人逐漸轉移其用心之方向。如人愛好知識，則謂眞知識爲如何如何；喜好榮譽，則謂眞榮譽當如何如何。而人對此知識榮譽之新定義，乃儘可不合於其一般之原義，而唯是表示吾人欲勸服誘導人，轉移其用心方向，而注意吾人所望其注意，以進而改變其道德上之行爲態度之方便而已。

我們以上舉了各種作定義之方式，皆在求使人對某些概念語言之定義，有一確定之了解。我們之所舉，不必能完備；但大體上已足够。我們可試循此各種方式，去對我們所用語言之意義，加以界定，以求其更能確定的互相限制，以配成一系統。但因語言之意義，終必由人之引申推擴，而增加改變，故語言意義之絕對確定，仍爲人所不能達。而語言之含渾混淆及誤用之事，仍將與語言之運用相終始。此理由仍如前所述。而補救人之運用語言之根本缺點之道，則一方繫於人之用語言者，儘量求其意義之確定。一方賴於人對他人所用之語言，善作同情的解釋。此所謂同情之解釋，即虛心探求他人所用語言之意義，而在他人之經驗知識之系統及所用之語言之系統之本身內，求語言意義之解釋。由人與人之日益相互了解其所用之語言之意義，則人可逐漸共用同一之語言，以表達同一之意義；同時保留其不同之語言，略改變引申其涵義，以表達其他尙未有語言表達之事物。如此，則人可一方逐漸減少由語言意義不

〔註〕：此名爲現代西哲 C.I. Stevenson 之所用，但其義較吾人今之用此名爲狹。

同而生之彼此之誤解，一方亦使不同語言，皆漸各得其所，使語言之世界更向超語言之世界而擴展，以增加語言所表達之思想知識之範圍。是爲人類運用語言之理想。

知識與語言　參考書目

公孫龍子　跡府篇

荀子　正名篇

董仲舒　春秋繁露　深察名號篇

拙著　中國思想中理之六義　第三節　論魏晉之名理之學　新亞學報第一卷一期

景幼南　名理新探　第一二章

陳大齊　名理論叢

章行嚴　邏輯指要

徐復觀譯　中國人之思維方法　中華文化事業出版委員會

李安宅　意義學　商務印書館

徐道鄰　語意學概要　友聯出版社

S. K. Langer: Philosophy in A New Key, A Mentor Book, The New American Library. 1942

Ch. 3. The Logic of Sighs and Symbols

此書爲一銷行甚廣而易引人興趣之論語言及其他符號在學術文化中之機能之書。

J. G. Brennan: The Meaning of Philosophy Ch.2. Language. Harpers New York 1953.

J. Hospers: Philosophical Analysis第一章

此上二者皆爲今之哲學概論書，而以語言問題之討論爲先，並代表一今日之哲學趨向者。吾人本書論知識問題，以語言與知識之問題爲先，亦未能免俗。吾人之立場，與下列之語言哲學之書籍中之前二種爲近。其餘近數十年較有名而以英文寫作之語言與哲學關係之著作，亦略列之於後。

E. Cassirer: Philosophy of Symbolic Forms, Vol. I. Language. Yale Uni. Press. 1953.

關於語言哲學之問題，爲現代西方之邏輯經驗論者所喜論。但彼等對語言哲學之認識甚狹隘卡西納此書順歷史之次序，述西方近代之語言哲學之發展，其觀點實較爲廣博。

W. M. Urban: Language and Reality, Macmillan. 1939.

此書爲承黑格爾所謂語言爲文化之現實化之義，以論語言之哲學。其書第一章 Theme of Philosophy of Language爲一簡單之西方語言哲學史。

Wittgenstein: Tractatus Logico-Philosophicus, Harcourt, Brace and Co. 1922.

此爲現代邏輯哲學及語言哲學之一經典性著述。

C. K. Ogden and I. A. Richards: Meaning of Meaning, Harcourt, Brance and Company. Third Impression. 1953.

此爲較早之語意學書籍。

C. W. Morris: Signs, Language and Behavour. Brentice-Hall New Jercey 1946.

此爲自行爲科學觀點論符號與語言之書。

R. Carnap: Philosophy and Logical Syntax. Kegan Paul London. 1937.

此爲論邏輯語法之經典性著作。

C. I. Lewis: An Analysis of Knowledge and Valuation, Bk I, Meaning and Analysis of Truth. Open Court Publishing Company 1946.

路氏初爲邏輯名家，此書爲其晚年之著。其第一部，乃反對一般邏輯經驗論者及約定主義者之意義理論，而近柏拉圖的實在論者。

A. F. Ayer: Language, Truth and Logic. rev. ed. Victor Colancy Limited. London. 1948.

Language and Philosophy. Cornell University Press. 1949.

前書爲英國之邏輯經驗論代表性著作。

R. Robinson: Definition. Oxford Press. 1954.

此書論定義之種類，與本書本章所論定義之種類相出入，而所分析關於定義之專門問題較多。

第五章　知識的分類

第一節　中國書籍之分類與知識之分類

知識之分類，與學問之分類及書籍之分類密切相關，而義又不全同。在中國過去，似不甚重知識之分類，然甚重書籍之分類；即所謂目錄之學是。西方則在希臘與中古時，已有各種學藝之分，近代由培根以降，至十九世紀末，皆甚重科學之分類。此乃近代科學不斷分門別類之發展途程中應有之現象。又以書籍種類之日益增多，最近乃有圖書館學之發達，而有重書籍之分類之傾向。現代西方學者，討論科學之分類者，反不若十九世紀以前者之多。人依不同觀點，以爲知識之分類者，亦可與書籍之分類、科學之分類、相應或不相應。今試先一述中國過去之書籍之分類之大概，及西方各種古代中世之學藝分類及近世之科學分類之說，然後再討論知識之分類之問題。

關於中國之書籍之分類，左傳有所謂三墳、五典，八索、九邱之說。國語有所謂故、訓、傳、等之分。但其義不能詳攷。至六藝之分，則初爲指禮樂射御書數，乃一種古代學藝之分類。何時以六藝指六經，而有六經之名，亦一待攷證之問題。論語載「子所雅言，詩書執禮」，尚無六經之說。孟荀言詩書禮樂，亦無六經之名。唯莊子外篇中，乃有六經之名，天下篇有一段討論詩書禮樂易春秋之語。禮記經解，亦爲一討論書禮樂易春秋之敎者。漢人乃多以六藝專指六經。至劉向劉歆父子校書，遂有七略之分。其中之六藝略即專指六經經籍。除六藝略外有：輯略、諸子略、詩賦略、方伎略、兵書略、術數略。以後班固漢書藝文志，即因之分藝文志爲七志。荀勗提出四部之分，初名甲乙丙丁四部，至唐玄宗乃名爲經史子集四庫之名，直至淸之四庫全書之分，皆因之。

中國歷史上之所以重書籍之分類，而不重知識學問之分類，其長短得失，甚未易論。本來七略中之詩賦略，即今所謂文學，方伎略即今所謂應用科學，兵書略即軍事學，術數略則包括各種占卜星相之術數。術數爲一種以特殊之方法，求一種特殊之應用知識者，如西方先科學之占星學、骨相學之類。其諸子略中儒、道、陰陽、名、法、道德、農、墨、雜、縱橫各家之分，則爲一種哲學派別之分，亦爲一種各派所重之知識內容之分。如漢書藝文志，謂儒家者流，出於司徒之官，則意在以倫理教育之學，爲儒家之學。其謂道家者流，出於史官，即以知歷史之成敗興亡之學，爲道家之學。其謂陰陽家者流，出於羲和之官，即以天文之學，爲陰陽家之學。其謂墨家者流，出於淸廟之守，則以宗敎祭祀之學，爲墨家之學。此外又以刑賞法律之學，爲法家之學，正名別位之學，爲名家之學，外交之學，爲縱橫家之學，農業之學爲農家之學。故此各家之分，即有學術知識之分之涵義具於其中，而其所以如此分，亦並非無其理由者。

上言七略之分，後變爲四庫之分。四庫中經之爲經，唯以其爲中國學術文化之本原與標準之所在。一切歷代學者，註釋闡揚古經之書，皆所以爲古經之羽翼，以更確立此標準，故亦屬於經部。子部則爲一家之言之積集，而除九流十家之諸子外，佛老之言在其內，兵、醫、天文算法、術數之書，亦在其內。史部爲一切人物、史事、典章制度之紀載，而地理、金石等凡屬實物實事之紀載，皆在其內。集部爲個人之專集，而個人文學與思想之作品，及個人與他人之書信，對他人所作之碑、銘、傳誌及個人之所見所聞所感等，可並載一集中。章實齋校讎通義嘗論集爲子之流。蓋子與集同爲一家一人之私言之集輯。又論史爲經之流。蓋經與史同爲整個民族之學術文化之精神命脈所在，而爲天下之公言。然子與經皆以「義理之闡揚」爲主。而史之足以見整個文化歷史之治亂盛衰，與集之足以見一人之平生之志業行爲，則皆所以「彰眞實之事情」。是見經史子集之分類標準，乃依言之爲公言或私言，與言之重在言義理，或言事情以爲分。而經史子集中所包涵之知識學術，亦即不外屬於義理與事情之二大類。唯以義理有已被共同認許與否之別，故或在子或在經。事情亦有只屬於個人或屬於天下萬世者之別，故或在史或在集。

唯經史子集之書中之所載，有不屬於一專門之學術者，如雜錄之類。亦有不屬於純粹知識學術之範圍內者，如詩賦文藝之類。足見語言文字與書籍之範圍，大於專門知識學術之範圍。然我們對純表達知識之語言文字，與絕對不表達知識之語言文字，除在概念上可嚴格分開外，在實際上是否能嚴格分開，則本身可是一問題。至少，從一人之表達思想知識、抒發情感、與記錄所見之三種語言文字，可屬於一人言，此三者爲不能嚴格分開者。則所謂重表達義理之子部書籍中，兼有文學性作品，與若干歷史故事；而所謂以文學作品爲主之集部書籍中，兼有思想性之文章，與紀錄所見所聞之歷史性記載，亦不足爲異。吾人亦無必加以割裂之理由。此即謂吾人是否必須把表達思想知識之語言文字，在實際上與非表達思想知識之語言文字，嚴格加以劃分，此本身仍只代表吾人一種思想知識觀點，或一種人生文化之觀點。此觀點之採取，本身並無必然性。如吾人根本不取此觀點，則吾人即可使表達知識之語言文字，與不表達知識之語言文字，互相連繫，而分別隸屬之於一一之人，或一一之時代之民族與人類，如四庫之分類法之所爲。此四庫之分類法本身，亦爲對表達知識之語言文字之一種分類法，同時亦爲對人之語言文字所表達之知識之一種分類法。此可稱之爲以人爲主體，而將表達知識之語言，與非表達知識之語言相連繫，同隸屬於人之主體，以使「吾人更能合此二類語言，以了解人之主體」之一種知識分類方式。此又可稱爲依於「將知識連於具體之人」之一具體的知識觀，而有之知識分類方式。其意義與價值亦甚高。但依此具體之知識觀，以作知識之分類，則不如直接以表達知識之語言與知識本身爲對象，以作知識之分類者，較易於使人了解知識世界之全幅圖像。而此即爲由希臘、中古之學問分類觀，發展而來之西方近代作學術知識分類之觀點。此將於下文略論之。

第二節　西方學問之分類與知識之分類

常言西方一切之學問，皆原於希臘之哲學。但在蘇格拉底以前，尚無哲學之名；與蘇氏同時之知識份子，多自稱爲智者。當時之智者及蘇格拉底，雖傳授知識，講論各種學問，但似尚未及於知識學問之分類問題。在柏拉圖之理想國論教育，於其所謂由音樂、體育、至數學、幾何學、辯證法次第中，似涵一學問之分類觀，但彼未明說爲論知識之分類〔註一〕。至亞里士多德，乃於其形上學中〔註二〕，分學問爲：一，理論之學，其中包括自然哲學，數學及第一哲學。二，實用之學，如倫理政治之學。三爲創作之學，後人將詩學，修辭學皆列入其下。此三者之分，乃以人治學問時之目的爲標準。如純爲求眞理不計實用功利者，爲理論之學。應用於人生者，爲實用之學。創製造作者，爲創作之學。至中古而有七藝之一名，乃代表當時學校教育中之一種學問分類觀。七藝中之文法學、修詞學、及論理學爲一組，稱三學 Trivium。此皆與語言文字之運用，直接相關者。算學、音樂、幾何、天文學，爲一組，稱四術 Quadrivium。此爲關於形數等之理者。然亞氏之學問分類觀，與七藝之名，明不能包括盡希臘中古所傳之全部知識。如一般之實用技術知識，及歷史知識，皆不在其中。至近代之初之培根，乃首本人之認知之機能，而提出一系統之學問分類法。彼以人類認知之機能，主要有三：一爲理性，一爲想像，一爲記憶。於是分人類之學問爲記憶之學、想像之學、與理性之學。記憶之學爲歷史，想像之學爲文學，理

〔註一〕：柏拉圖論教育及各學科之意義價值，主要見於 Republic, Book VII.

〔註二〕：Aristotle: Metaphysics, Book I

性之學則依其對象而分爲神學與自然哲學。自然哲學分自然神學，自然界之學，與人類之學三者。自然界之學中，又分理論之學與實用之學。人類之學又分爲關於人之心身之醫學倫理學等，及關於人之社會性活動之商業政治等〔註〕。

培根之方法，較亞氏之分類所包括者自較廣，而其依人之認知之機能，以爲其分類法之根據，則不同亞氏之依學問之目標以爲分類之根據。

在培根以外，近代西方學者科學分類之論，尚有孔德之說，亦頗重要。其說乃以各種科學之普遍性及複雜性之增減，與各科學之相依賴之關係，以分各種科學。如下表：

社會學
生　物　學
化　　　學
物　　理　　學
天　　文　　學
數　　　　　學

〔註〕：培氏之學術分類觀，見其學問之進步 Advancement of Learning 及 De Augmentis Scientiarum 中。前者有中文譯本。尤佳章譯西洋科學史（W. Libby: An Introduction to the History of Sciencs）四十六頁——五十七頁，對培根之科學分類法，有一介紹。

依孔德意，在此表中愈居於下層之科學，其所研究之對象愈簡單，其所得之原理之普遍性愈高，而研究之方法，亦較為簡單。愈居於上層之科學，所研究之對象，則較為複雜，研究之方法，亦較為複雜。然所得之原理，其應用之普遍性反較小。又愈居上層之科學，亦愈須以更多之下層之科學為基礎，而其成立亦較晚。其中如數學因其只以形與數之計算為目標，數學原理又為可普遍應用於一切對象者，故為一切科學之基礎，而成立亦最早者。至天文學則為研究無機之自然現象，而為須根據於數學幾何學者。至其方法則須於計算外兼用觀察。天文學之原理，只能普遍應用於天文現象，遂不及數學之普遍性之大。至物理學與化學，則為研究地球上之物體者，其範圍又較天文學之研究一切天體者為小。而研究之方法，則除計算觀察以外，尚須增以實驗，以研究物質能力之變化。故物理化學之方法，又較為複雜。至於生物學，則為研究有機之自然現象者。因動植物各成種類，不能只用一般的物理化學之原理，加以解釋。故除觀察實驗之方法外，尚須再加以比較之方法，則生物學所研究者及研究之方法，又更複雜。生物學原理之應用範圍，又更小。至於社會學，則為研究集體的人類社會者。人類為生物之一，故社會學所研究之對象，在上列之表中，範圍為最小者。人類不只為一般之生物。一般生物之形態生理，多受其遺傳環境決定，人類則能創造文化，並保留文化於社會。社會之發展，人類之行為，乃兼受其過去文化之影響。而構成社會現象之因素，又為更複雜者。故研究社會現象，須於上述之科學方法之外，再益以歷史法。其研究之方法，在各科學中，為最複雜者。此即孔德之科學分類之理論根據之所在。

除孔德外，英之斯賓塞曾著科學分類一書。彼不似孔德之自各種科學方法之簡單複雜，與各科學之依賴關係上着眼，而自各科學知識之對象着眼，以主張科學可分爲三類。一爲具體科學，爲研究具體事物者，如天文學、地質學、生物學、心理學、社會學等。二爲抽象科學，爲研究抽象的形式關係者如數學。三爲抽象而兼具體之科學，爲研究具體事物之抽象法則關係者，如力學、物理學、化學。

至在德國方面，則黑格爾在其哲學中，以自然哲學與精神哲學相對。而在科學中，亦有自然科學與精神科學相對之論。天文、物理、化學、生物學，皆屬自然科學。其研究人類之主觀精神之心理學，與研究人類客觀精神之倫理學政治學，及研究宗教藝術之學，皆屬精神科學。此亦爲純從所研究之對象之性質，以作科學分類者。然此與斯賓塞之初從對象之爲具體與抽象之形式性質，以分科學之類者又不同，而可謂純是由對象之內容性質之爲屬於精神與自然之某一方面者，以分科學之類者。

在黑氏後之新康德派之西南學派之文德爾班 W. Windelband，亦重各種科學性質之分類之討論。其說之特色，在力辨自然科學與歷史科學之不同。前者只以普遍原理之知識之形成爲目標，而後者則以研究唯一無二而具個體性之歷史事件爲目標。前者唯及於存在之事實，後者則及於歷史上之人物事件之價值。此派之李卡德 H. Richert 則進而以只研究自然之事實者爲自然科學，以研究文化之價值者，爲文化科學，而有自然科學與文化科學二者之並立。

此外翁德 W. M. Wundt 之科學分類，則一方有形式科學（如數學）與實質科學之分。於實質科學中，又依對象而分爲自然科學與精神科學。於此二者中，再依對象之三方面，即現象的phenomenal方面，發生之歷史的genetic方面，及組織結構系統的systematic方面，而分出各種科學。如在自然科學中，現象的自然科學，爲物理化學生理學等；發生的自然科學爲地質學，天體發生論等；系統的自然科學爲天文學、地理學、動物學、植物學等。在精神科學中，現象的精神科學爲心理學社會學等；發生的精神科學爲歷史；系統的精神科學爲經濟學法律學等。

大約上述之各種學問知識分類法，皆是就人類之各種學問知識系統已成立後，再就其目標方法、對象之異同，加以省察，爲之作種種之分類〔註〕。然吾人亦可不就已成立之各種學問知識系統，加以分類；而可先就一一之知識或表達知識之單個命題，就其不同之起原，與如何被認爲眞之方式，以直接對知識加以分類。如墨子之分知爲聞、說、親三種；印度哲學中之分知爲感覺之知、比量之知、與聞知等；來布尼茲之分一切知識命題爲邏輯之分析命題，與形而上學中之分析命題（實即現代所謂經驗的綜合命題）；康德之分知識爲經驗知識與先驗知識；而後者中包括先驗之分析命題與先驗之綜合命題；及現代若干哲學家之分析一切有知識意義之命題，爲邏輯之分析命題與經驗的綜合命題。此皆爲先自一一單個之知識命題之如何起原，如何被認爲眞上着眼，以作知識分類之論。而非先就已成之學問知識系統

〔註〕：關於科學分類之說，此外尙多。可參考Encyclopedia Britanica科學及有關之項目。中文可參考何兆清科學思想概論及李石岑哲學概論，皆較本章所述爲詳。

上着眼加以分類者。而吾人欲求對於不同知識有淸晰之概念，最後亦恆須歸於自此單個之知識命題上着眼。唯此種單個的知識命題之分類，雖較就人類已有之各種學問知識系統作分類之事，較爲簡單；然人欲決定某單個之知識命題之畢竟爲分析的或綜合的，及其如何起原等，又另具一種複雜性。此可於哲學上對知識之起原問題，與何謂分析命題與綜合命題之爭執中見之。此乃吾人以後所當討論者〔註〕。在此處，吾人仍宜先以人類已成之學問與知識，爲一參照的標準，以求對於人類知識世界之劃分，有一粗略之認識，然後乃能及於此類較精微之問題之討論。

然吾人上之所謂以已成之學問與知識爲參照之標準，不能在開始一點，即求對各專門學者所研究之各種學問知識系統，皆與以一精確之分類；而當先就一般常識中之所謂學問與知識之種類，爲一參照之標準。如小學中學之課程中，所授之各種知識，亦可爲吾人討論此問題之一最好之參照標準。由此吾人可先歸至一下列之知識分類說。此爲自知識之對象與目的上作分類，而非自認知機能與方法上作分類者。

第三節　語言文字之知識

（一）語言文字之知識，吾人皆知在小學中學之課程中，語言文字之課程爲最基本者。人之欲求得

〔註〕：見本書本部第十五章。

任何專門之學問知識，與獲得一切對人處世之常識，亦必以了解語言文字爲先。但吾人是否眞可說語言文字之了解本身，亦爲一種知識？

通常之觀點，皆以語言文字，除表達人之情感意志外，兼可表達知識。吾人儘可由了解他人之語言文字，以了解他人之情感意志，兼獲得他人所獲得之知識；但語言文字之了解與應用本身，並非知識，而只爲傳達知識之媒介與憑藉或通路。又語言文字之表達知識，亦常不能適切的表達。因語言文字之意義，時有引申與改變，恒不能完成其如實的傳達之功能。而不同之語言文字，亦可爲傳達同一知識之媒介與憑藉或通路，此皆爲吾人上二章之所論及。故語言文字本身之了解與應用，非即知識。

但此問題尙不如是簡單，即吾人可說，在吾人正了解或應用語言文字時，吾人乃緣語言文字，以思其所表達與所指。此中之語言文字，誠只爲我之能知之心靈，由之以達其所指或其所表達者之媒介或通路。於此，語言文字之本身，固至多只爲知識或知識之傳達之一條件，而非知識。但在吾人正學習語言時，吾人知一語言指示某對象事物，表達某意義時，則吾人此時並非在應用一語言，以表達吾人所欲表達，亦非在了解他人語言，以知其所表達；而唯在求自己記取、自己形成建立：「有如此之形聲之言語，與其所指所表達者」之連結。〔註見下頁〕並知「與吾在同一社會中之他人，亦恆以某語言指某事物某意義」之事實；兼知「某事物某意義，爲可以此語言表之，而其他之事物意義，則不可以此語言表之，而當以其他語言表之」。由此看，則學習語言文字，儘有可說爲學習一種知識之理由；因吾人此時之目標，並不在以語言爲媒介或通路，以過渡至其所指所表達，而在直下的自己記取、自己形成建立語言與其所指所表達者間之一種連結也。

在此，人之另一不以學習語言爲學習一知識之理由，爲謂：此上所說之連結爲一鬆懈之連結，可由人自加以撤消；又各民族各社會所形成建立之「語言與其所指事物及意義之連結」，又各不相同，因而此連結乃無必然性者。但吾人是否有必然之理由，以說一切知識，皆須有必然性普遍性？吾人亦可問：所謂知識之必然性，作何解釋？此等等皆爲一待決之問題。如依吾人在本部第二章所論知識之性質上說，則知識之異乎非知識，唯在知識之境界中，必有能知所知之相對，及吾人之能知對對象之有所知。至於此所知者，是否必然連繫於某對象，乃另一問題，可並不妨礙知識之爲知識者。在一般之用語中，吾人亦承認若干無必然性之知識爲知識。科學中之知識，亦儘可爲只具概然性者。吾人亦有理由說，一切關於存在事實之經驗知識，皆爲只具實然性者。吾人之知「一語言在我所在之社會中，乃指某事物某意義」，此即只爲具實然性之經驗知識。吾所在之社會之實以某一語言表某事物與某意義，有某歷史之

〔註〕：此種學習，乃人對語言之自覺的學習。除自覺的學習外，尙有不自覺的學習。此卽唯由一交替反應所構成之「語言之刺激，與他物或行爲之連結」而來。此乃類似於動物之由學習而對符號作某種之反應者。然人不能由人亦有此種學習語言文字之方式，以否認人於此種學習外，或此種學習中，兼有自覺的學習：卽自覺的建立「語言與意義之連結」之事。此乃人之學習與動物之學習不同者。

原因，及其他之心理的原因。然此諸原因，皆可改變，則此語之意義，自亦爲可變者。此亦如此時之天氣爲熱，有其物理原因，此原因變而天氣之熱亦可變。然此無礙於吾人之知此時天氣之爲熱。依同理，則在一社會中一語言之意義可改變，仍無礙於吾人之知在此時之一社會中，此語言被公認爲表某義者。

在此之又一種駁論，是說：如吾人之學習語言，乃是在求知此語言在我們所在之社會中之通用之意義；則無異於謂吾人之學習語言，乃意在獲得「某社會以某語言指某意義之知識」。此乃社會學家語言學家所求之一種經驗科學之知識，然非即吾人初學習語言時之目的。吾人初學習語言時之目的，乃在求了解他人所用語言之意義，而自己應用之，以表達自己之所欲表達；而非意在知吾所在之某一社會以某語言表某意義之經驗科學之知識。故語言之學習，仍不同於學習知識。

對此問題，吾人可如下答：即所謂「學習語言，乃求知此語言在吾人所在之社會之通用之意義」一語本身有二義：其一爲將吾人所在之社會，客觀化爲一對象，而謂此社會中之某語言表某意義，此自只爲語言學家社會學家之事，而非吾人初學習語言之目的。然此語之另一義，則爲求知：「吾人所常接觸而同在一社會中之一一個體人，如父母、兄弟、朋友、鄰人等，恒用某一語言，以表何意義之事實；而由此以規定吾人自己對一語言之用法，並便利吾人以後之了解他人之語言。在此中，則吾並不須客觀化吾人所在之社會爲一對象，以使吾人之此所求得之知識，成社會學語言學中之經驗知識。然吾人之學習語言之歷程中，其第一步之知此語言在吾所常接觸而同在社會中之他人心目中之意義，仍可說爲一經驗知識。在常識中，吾人亦明承認人之知一他人之名字，爲一種知識。則知任一事物或任一意義之名字語言之知，自亦爲一種知識。一人儘可有不同之名字，或改變其名字，然此無礙吾人對其一一名字之知，皆爲關於某人之一種知識。則一事物縱有不同之名字，一意義縱可以不同之語言表之，仍不礙吾人對此一一名字語言之知，爲關於某事物或某意義之一知識。

然吾人學習語言時「對某語言之恆連結於某事物或某意義」或「某事物與某意義可以某語言表之」之知識，畢竟與一般的經驗知識不同。此不同處，在一般經驗知識中之知A連結於B，如知電光連結於雷聲，此中之電光與雷聲，皆只爲屬於所知之對象者。而在吾人知一語言連結於某意義或某事物時，則此語言，一方面固亦爲所知對象，亦唯以此，吾人方可說吾人之知「語言之恆連結於某意義」爲一知識。但自另一方面說，則在吾人運用語言或通過語言，以知他人由語言之所表達者時，語言爲吾人所運用通過後，即爲吾人所超越，而終於不成我們所知之對象。此亦即上文所謂：語言在日常談話及文章中作爲傳達之用時，只爲一由之以達其意義或所指之媒介或通路之義。在此處，語言即不復爲知識之對象。而吾人之學習語言，以知一語言之連於何意義，而由此以得之語言之知識，最後無不歸於以語言作爲傳達之用，而使語言不成知識之對象；於是吾今之「知某語言之連結於某意義」之「知識」之本身，亦即成「使語言成非知識之對象」之「媒介或通路」。語言成非知識對象時，則吾人對語言不復有知識。由是而人之求語言之知識，遂即所以歸於對語言知識之超化。此即人之所以在以語言爲彼此傳達知識之用時，不覺吾人對語言有知識，而只覺有語言所傳達之知識之故。實則此並非吾人對語言從未有知識之證，而只是因語言之知識，爲由經驗而有之知識，又爲異於其他一般經驗知識者。其異處，即在語言一被作爲傳達之用時，即不成知識之對象，而吾人對之，亦即如無知識之可言。故語言之知識，亦即一種歸宿於非知識之知識，而可稱一種知識界與非知識界之交界之知識。

第四節　歷史及地理類之知識

（二）歷史及地理或對在時空中分佈之事物之知識。歷史地理中之事物，即在時空中分佈之事物，此皆爲具體事物。此諸具體事物，吾人皆可以一一語言名之，而吾人遂知此一一語言之分別指何具體事物，並有關於諸具體事物之名字之知識。然此尚不能稱爲關於諸具體事物本身之知識。

吾人關於具體事物本身之知識有多種。其中一種爲不把一具體事物，視作一類之分子而觀之，而只視之爲在某一時間空間中之存在，並就其與其他具體事物之時間空間關係及其在某一時間空間中表現之性質而觀之之時，所得之知識。此知識皆可稱爲廣義之歷史地理知識，或對在時空中分佈之事物之知識。

吾人之廣義的歷史地理知識，或對時空中分佈之事物之知識，可包括：對吾人所接之當前環境中之事物之知識，最近之過去經驗中之事物，至較遠之過去經驗中事物之知識，及與此類事物有直接間接之時空關係之一切現存在或曾存在事物之知識。故由吾人對當前房屋中之桌、椅、牀、櫃之空間關係之知識，至此房屋與鄰近房屋之關係，此房屋之街道與鄰近街道及此城市中其他街道之關係，此城市與其他城市及全球各地之關係之知識，與此地球及日月星辰之空間關係之知識，皆可屬於一「空間中之分佈事物之地理知識系統」中。而由我今日之起牀、穿衣、吃飯，至我昨日前日所作之事，我昨年前年所作之事，我青年、幼年時所作之事，及我未生之前，一切成爲我之生之原因之事，如父母之結婚，我祖先之存在，及最早人類之存在，人類如何存在於地球，地球與太陽系之如何產生……及此等事之相互之時間關係，亦皆可屬於一「時間中分佈事物之歷史知識系統」中。此種對時空中分佈之事物之全部知識之系統，乃爲無窮複雜，而非任何人所能實際的加以形成，而可容無數之人由之以獲得無盡之知識者。

此種對時空中分佈之事物之知識，有某一種之必然性或定然性，爲吾人對一事物之名字之知識中所缺乏者。吾人對一事物之名字之知識，固根於事實上若干人們之常以某一名字，指某一事物。然吾人並不於此重視一事物所以有某名之歷史原因。吾人用一名字，以表達一事物時，吾人因自覺亦可不用此一名字，遂易覺其間之連結，無必然或定然之理由。然吾人就某事物在時空中之地位，及其與其他事物之左右先後，相近相遠等關係而說，則可說其中有某一種必然性定然性，乃爲不能由人任意自由的加以改變者。如當前之筆與紙較近，與桌較遠，卽爲關於此筆與紙及桌之「空間關係」之一定然之知識。此定然之知識，肯定其當下之是如此而非不如此。而自此當下之是如此，乃爲其原因所規定而說，卽有一義之必然性。至如吾人之說此筆與此桌，可分離而不必有此空間關係，如此筆可連於另一桌，則此非就所知之現實時空中之實物實事說，而只是就可能說。此所說之「此筆可與此桌分離」，乃只是關於筆之抽象的物理知識，而非就現實之筆，在實際上與他物相關之現實的空間關係上說。純從其與他物之現實的空間關係上說，則其是如何即如何，此中即無其他之可能，而爲定然及具一義上之必然者。由此而吾人對一切時空分佈中之事物，皆同可有此種定然必然之知識。

第五節　各類事物之原理定律知識

（三）對各類事物之原理定律知識。此即如對天體之物之天文學知識（非指一一星球在空間中之分佈之知識，而只指對各類星球如何分佈之共同原理定律之天文學知識），對礦物類之礦物學知識，對動物植物類之動物學植物學知識，及對人類之人類學知識。此種知識之特徵，非就一一具體事物，在時空中之特殊地位，以論其與他事物之關係，而只以研究一類具體事物之共同原理定律爲目的。由是而具體事物在時空中之地位，縱彼此差別，皆可無礙其爲一類。如一同類之鼠，在中國與美國，仍同屬一類，今年所生者與去年所生者，亦同爲一類。由是而對一類具體事物中之一個體或少數個體之若干知識，亦可應用於同類之物。此種知識，即通常被認爲有普遍性必然性者之知識。至於人之知識，如只可應用於一類中之某些個體，而不能應用至其他某些個體，則爲人之用以分一類事物之種別或次類者。然人對於一類事物中之種別或次類之事物之若干知識，仍必須爲可應用於同一種別、同一次類中之任一個體事物者。由是而此種知識，仍有其一範圍內之普遍性必然性。至於關於知識之普遍性必然性之進一步之問題，則非今之所能討論。

西方之爲科學分類者　如上述之斯賓塞翁德等，皆將生理學與生物學分別，物理學化學與礦物學分別，此在一義爲可說者。即生物學之研究生物，礦物學之研究無生物，皆直接是本於種類之觀點；而生理學之研究生命現象，化學物理學之研究化學現象物理現象，皆非直接依於種類之觀點，而純是依於理之觀點，或性質及關係之觀點。故吾人可說，就各生物種類而分辨其形態與構造，爲生物學中事；而研究各生物有機體之如何對環境之刺激，產生生理反應，生物有機體之各部份，如各組織各器官系統、如何表現其營養、消化、呼吸、生殖之生理機能，則爲生理學中事。又吾人之就礦物而分類研究，爲礦物學；研究各種物質之結合分解時，所產生之化學變化，爲化學；就各種物質之能力，如聲光力電之動靜聚散，而研究其定律，爲物理學。唯此二類之學之分別，亦可說爲從一類之事物着眼，與從一類之現象上着眼二者之不同。實則吾人之不能離生理學，以言生物學，亦不能離物理學、化學，以言礦物學。生理學、物理學、化學所研究者，只是各類之物之生理現象、物理現象、化學現象。而離各類之物所表現之各種現象以外，是否尚有各類物之分別可說，亦極成問題者。唯吾人之指出各類物之存在，其第一步可爲直本吾人之一般觀察，以作一初步之分類，後乃進一步，就事物之內部之各種構造之各種機能，與其他物發生關係時，各種可能的反應與變化之現象，加以考察。由是而吾人遂可說，前者純爲由類之觀點研究事物，而後者則爲由性質與關係之觀點研究事物也。

無論以類之觀點或兼以性質關係之觀點，從事研究，以求知識，皆可以自然事物爲對象，亦可以社會事物、或文化事物、或所謂精神事物爲對象。人類學亦即爲一面通於自然與文化者，故有自然人類學，文化人類學之分。而人之心理現象，亦可爲自然心理現象，而與其他高級動物所有之心理現象，相差不遠者；亦可爲人所獨有之所謂純精神的心理現象。自然與非自然之界限，亦不易論。故人多有以一切自然科學、社會科學、文化科學、精神科學，彼此間無本質上之分別者。唯吾人由各別科學所研究之對象種類之不同，以定各科學之分別，並非必須對於一類對象與他類對象之邊界，加以嚴格的劃開。而自人獨能創造文化，自覺的組織社會，及人之有超自然之精神活動言；則人非只爲一般之自然之存在，乃可定然無疑者。吾人亦理當於研究人類社會中之政治、經濟、法律、社會文化現象之原理定律之學，稱之爲非自然科學之社會科學或社會文化之科學；並稱研究依於人之超自然之精神活動，而有之藝術、文學、宗教、道德之學，爲一般社會科學以上之一種學問。因人之藝術、文學、宗教、道德之活動，均可爲人既超越自然，亦超越社會，而唯面對着蒼茫宇宙，以運其神思、靈感及信仰、祈禱、修持之工夫，以補造化之所不足，而升天、成佛、參贊天地之活動；故研究藝術、文學、宗教、道德之學，不宜稱爲社會科學。即稱爲社會文化科學，亦不甚相宜，而稱之爲精神科學或人文科學較宜。然其爲研究宇宙間之一種存在之事物，而可使人得若干知識，則與其他研究自然社會之學同。至於人在社會所從事之政治、經濟、法律等活動，文學、藝術、宗教、道德之活動之本身，則可爲超知識之活動。而人之如何一面求得知識，一面使知識連繫於超知識之智慧情感行爲等，則爲人生哲學、文化哲學所當討論之問題，而非吾人所能及論者。

第六節　數學、幾何學、邏輯等純形式科學之知識

（四）再一類之知識，吾人可稱之爲數學、幾何學、邏輯等純形式之科學知識。此類之知識吾人可說其初不以實際存在之某類事物爲對象。一切類之事物，皆可說有數，則數學之知識可應用於一切事物。幾何學如只研究空間中形之關係，則只能及於存在於空間之各類事物，而不能用於只存在於時間中及人之內心中之事物。然如視幾何學爲研究各種方向 Directions 區域 Regions 之關係者，則幾何學亦未嘗不可兼應用於存在時間中及內心中之事物。如吾人以直線之意義，爲「線上之諸點，皆指向一方面」，並以此點爲一抽象符號，可以代任何事物者；則吾人亦即可說：在射獵時不僅射獵之槍頭、槍尾可成一直線，以向目的物；吾人對目的物之感覺，由感覺而生之觀念，觀念後之矜持之情感，與情感後之意志，及其所引起之動作，皆同在一直線上。又吾人如以圓之意義，爲一點繞一中心，次第歷各點，以周而復始回到原來之點，而吾人又視吾人之一觀念爲一點；則吾人亦可說，當吾人以一觀念指物，歷其

相近之觀念至較遠之觀念，最遠之觀念，再回到較近之其他觀念，而歸於原來之觀念時，吾人之思想即爲歷一圓周以進行者。吾人通常說某人之處事爲周到，或某人之人品爲方正，此固爲譬喻之辭，亦未嘗不可持以證：吾人所謂精神之事物間之關係，亦有類似一般所謂空間中之物質事物之關係，而同可以一種幾何之語言，加以敍述或規定者。唯關於此中之問題，有極深微之處，而非吾人今之所能及者。

至於邏輯之學，則無論吾人如何加以規定，要皆爲一純形式之學。如吾人以邏輯之學，爲研究存在事物普遍之理，則一切類之存在事物，皆同表現此邏輯之理，而邏輯之學即爲一切事物之共同的存在之形式之學。如謂邏輯之學爲研究思想之規範或推理之法則者，則邏輯之學，是研究吾人求一切存在事物之知識時，吾人思想之推理之形式，或一切存在事物之知識所由組成之共同形式者。如吾人謂邏輯之學，只是研究語句之涵蘊關係，或語句之形成及轉換之規則，則邏輯之學，是研究一切存在事物之知識由語言表達時之共同規則或形式者。

數學、幾何學、邏輯學，皆爲一純形式之學。此諸純形式之學，皆可應用於實際存在之各種具體事物之研究。邏輯原理之應用於具體事物之研究，則成爲各種學問之方法論。數學之計算與幾何式之圖表，應用於具體事物之研究，則爲統計學與各種之圖表法。至數學、幾何學、邏輯三者之關係，及其與存在事物及思想語言之關係畢竟如何，則尙爲哲學中之一聚訟不決之問題。

第七節　應用科學之知識

（五）再一類之知識，吾人稱之爲應用科學之知識。應用科學與理論科學之不同，主要在目標之不同。即理論科學乃純爲知識而求知識，而應用科學之目標，則爲求應用知識於實際生活中，以達吾人所懷抱之各種目的者。吾人欲應用知識，以達吾人所懷之目的，吾人一方須選擇吾人已有之有實用價值之理論知識，而引申其涵義，以便於吾人加以應用；而同時對應用時所新發生之問題，一一加以思索。凡一種知識之應用，皆應用於某一些特定之具體場合中或某一些特定之時空中之事物。亦須由某一一特定之人或人羣，自己配合組織其各種活動行爲，以從事於某知識之應用，方能達吾人所懷之目的。吾人所懷之目的之達到，如何不致與吾人之其他目的之達到，不相衝突，而相配合和諧，尤爲吾人從事知識之應用時，所必當思及之問題。此諸問題之答案，即成吾人之應用科學之知識。此應用科學知識獲得後，人之下一步之事，即實際去應用。在實際應用中，人如不斷感受新問題，則人又須不斷修正、擴充、其原來之應用科學知識。由是而應用科學知識，乃爲達應用之目標而有，亦在實際之應用中，不斷增益成長者。此亦即今之實用主義之知識觀，以知識當與行爲結合之一理由所在〔註〕。

〔註〕：參考本書本部眞理論之一章論實用主義之知識論之一節。

吾人如知方才所謂應用科學之意義，則知人在求應用科學知識時，人必須還回到其具體之環境、具體之生活中。由是而人必須先有對時空中之事物分佈之歷史地理性之知識，人必須將其對一類事物之性質關係等之抽象普遍之原理定律之知識，特殊化具體化，以成爲關於存在的各類事物之若干個體之知識。而此對客觀事物之抽象普遍之知識之價值，亦即須在此攷驗。而此時之邏輯思維，遂亦在根本上成爲方法論的、數學、幾何學之知識，亦皆成作統計表格之工具。而此一切知識，乃皆受人之應用之目的所主宰。至於此目的欲與其他人生目的配合和諧，則係於人之道德意識。此時人之一切知識，亦即間接爲人之道德意識所主宰。此道德意識之本身在被反省時，雖亦可入於知識之範圍，而形成人對道德之知識。然在此意識正存在而向上生長時，則亦可不爲人之知識性的反省之所對，而屬於超知識境界。由此而應用之知識，遂又爲一種與超知識境界接觸，而位居於其下之一種知識。

第八節　哲學知識

（六）哲學之知識。吾人論知識之分類之一最後之問題，爲哲學是否爲知識之一種？在吾人論哲學之意義時，已言及各哲學派別之哲學家，對此問題，有不同之答案。有以哲學爲知識者，亦有以哲學爲非知識，而只爲一活動、一態度，或超知識之智慧，或一種生活者。然吾人於此可作一折衷之論，即在知識範圍中看哲學，哲學即是知識。吾人之此章，乃論知識之分類，則儘可自知識範圍中看哲學，而以哲學爲人之知識之一種。

所謂哲學爲人之知識之一種，乃指在哲學心靈中，亦有能知所知之別而說。如吾人在知識論中研究知識，此知識即爲哲學之心靈之所對。吾人之哲學心靈，明可對知識之性質，以及知識之分類等問題，加以反省，而對知識之本身，有種種或是或非之知識，如吾人以上之所論。而吾人以上之所論，若非全爲廢話，則吾人明可對知識有知識；此對知識之知識，即一種哲學知識之例證。

但懷疑哲學之爲知識者，亦可循吾人上之所論，首提出一理由，以謂哲學非知識。即哲學討論知識時，知識爲所討論之對象，則哲學心靈在知識之上。如吾人由哲學，以討論知識之種類性質構造等，此哲學心靈即在所討論之知識之種類之上，因而不在知識之各種中，以爲其一種。如更嚴格言之，則涉及現代邏輯家所謂類型之理論。依此類型之理論，一類之本身，不可視如此類下之一分子。如人類本身，非人中之一分子，人類非一個體人。故吾人說類之語言，與說類中之分子之語言，乃屬於二層次，亦不爲一型之語言。如說人類之語言，非說一一個體人之語言。由是而吾人雖可說知識有多種，其每一種皆爲知識類中之一分子。然「知識類」本身並非知識之一種，亦非知識類中之一分子，正如「人類」非人之一分子。由是討論知識類有若干分子或知識有若干種之哲學語言，亦即非一種屬於知識中之語言。此語言之所表達者，亦非知識之一種。而此外之一切討論知識之性質構造等之哲學語言，亦非屬於知識中之語言。此即可證哲學之非知識。

但依吾人之見，則至少在此處，類型之理論乃不能應用者。即吾人雖承認討論一般知識之種類性質等之語言爲哲學語言，此哲學語言乃屬於另一層次語言；但吾人亦可以哲學之語言講說哲學之語言。吾人在講說哲學之語言時，則此被講說之哲學語言，與其他語言，同爲語言之一種，而可同爲語言類中之分子。由此即可謂：此哲學語言所表達之哲學知識，亦爲各種知識之一種，爲知識類中之一分子。依類型之理論，吾人可說：當吾人初論知識有若干種時，此論之之哲學不在一般之知識中；而此論之之哲學語言，即不在一般知識語言中。但吾人在論其他知識之種類既畢，則儘可說「此知識有若干種」之本身，亦爲吾人之知識，而爲人類所能有之知識之一種。因而可將其與他種知識並列，而於知識中，再增加一種。此亦由如一人在隊外點名時，其數爲十，此時彼不在隊中，而不爲隊中之一員。然當點名完畢，彼亦可再入隊中，成爲隊中之一員，乃謂隊中之人數爲十一。此並非在理論上必不可說者。由此可知，吾人並不能引用類型之理論，以說論知識之分類等問題之哲學之非知識。此即爲自知識範圍中看哲學，哲學亦爲一知識之理由。至於自超知識範圍中看哲學，則哲學亦可非知識者，則是就哲學之活動，恆爲對一切知識以及已成之哲學知識，皆能加以超越反省，並恆能引導人之心境胸襟之改變，及行爲生活之改變而言。此與上所說，並不相悖。

知識之分類 參考書目

班固漢書藝文志

章學誠文史通義

H.E.Bliss: The Organization of Knowledge. With Introduction by J. Dewey Henry. Holt and Co. New York此書中Historical Survey of System of Knowledge 一章，曾論自柏拉圖亞里士多德至斯賓塞孔德之知識分類觀。

何兆清科學思想概論下篇第二章統觀科學之種類，對培根孔德斯賓塞之科學分類理論，有一簡單之介紹。

F.Bacon: Advancement of Learning有關琪桐譯本，名學問之進步。

Thomson: Outline of Science中文有譯本名科學大綱，此中論科學者雖多嫌陳舊，然其中第三十六篇科學與近世思想論科學之分類者仍可取。

第六章　普遍者與知識

第一節　共相、概念與共名

在常識中，我們大皆承認在知識中，須用到各種普遍的概念。普遍的概念之內容，可稱爲共相。其表達於語言，可稱爲共名。我們在求知識之歷程中，明似隨時都要去認識各種事物之共相，由之以形成概念，再以共名表之。而我們同時亦由他人所用之共名，而知其有對某種共相之概念。

譬如我們隨便說一句話，說桃花是紅而美麗的。此桃花即可指一切具體存在的一一特殊的個體之桃花，而爲一共名。此共名之成立，應當由於我們對一切桃花之共相，有所認知，而對桃花有一概念。所謂紅與美麗，亦即二共相。我們認知紅與美麗，又即對紅與美麗各有一概念，而有紅與美麗之共名，以遍指一切紅物，如朝霞大火之紅，及一切美人與美物之美。即「此是紅而美麗」中之「是」與「而」，亦明爲一共名。「是」可見於一切肯定之句子中，如「人『是』萬物之靈」，「人『是』有死」中。「而」可見於一切並舉二事物之句子中，如「孔子是温『而』厲，恭『而』安」。由此而「桃花是紅而美麗的」一句中之文字，即全是由共名組成，而我們亦可說，此句子所表之知識，全由共相之概念所結合而成。

但是從另一方面說，則我們亦有專指個體事物之專名，如人名地名之類。而一切共相，亦似皆只是特殊個體事物之共同的性質或關係等之相。我們用概念共名，以指示事物，成就知識時，我們所指示之事物，亦恆爲特殊個體事物。如我們以桃花是紅而美麗，指當前之桃花。此當前之桃花即爲特殊個體之事物。我們亦似有理由說，一切抽象普遍之知識，最後都須用來指特殊個體之事物。我們通常亦只承認特殊個體之事物，是眞實存在的。如這一株桃花，那一株桃花，這一個人，那一個人是眞實存在的。至所謂共名所表之概念，共相之自身，如紅、美麗、桃花之概念共相之自身，則似不能自己存在，而只是用以形成我們對具體事物之知識者。這一種常識中對於共名、概念、共相，及特殊具體事物之是否實在之觀點，亦是我們在以前諸章中論知識之性質，知識與語言，知識之分類等問題時，所設定者。表面看來，其中似無什麼哲學問題存在。但是我們一細推求共名、共相、概念之是否爲實在，及其與個體事物之關係，則可引出種種嚴重複雜的哲學問題，爲東西古今之哲學家，所同樂於討論，及今未決者。

第二節 東西哲學中之唯名論與實在論之爭

關於共相、共名、概念之問題，從哲學史上看，有似針鋒相對之二派主張。一爲唯名論者 Nominalist 之只承認有共名，而否認有所謂共相之眞實存在之說；一爲由共名及概念之存在，以推論共相亦爲一實在之實在論者 Realist 之說。但在東方之中國之哲學中，幾無徹底之實在論與徹底之唯名論。在中國先秦諸子如墨家，與儒家孟荀，皆重類之觀念。類即共相，類名即共名，對類之「意」即概念。但二家皆不以共相或類，能離一類中之個體事物而存在。唯公孫龍子重分別諸共名之異，如白馬與馬之異，堅與白之異，及名之所指與事實之異。其說似可解釋為：肯定共名所指之共相自身，亦為實在者〔註一〕。然此解釋未必諦當。在印度哲學中，則對於共相、共名、概念之問題之討論，雖極複雜；但除勝論有以共相為自己存在之思想，近於實在論，及佛家之三論宗，有以一切共名共相，皆是「假」非實，近於唯名論外；其他各派，皆非徹底之唯名論或實在論。而此一問題，在東方哲學中之重要性，似不如其在西方哲學中之重要性。

在西方哲學中，對此問題之一最早而直影響至今之一主張，即柏拉圖之實在論。彼乃由對人類之共同知識與共名之反省，而進以主張共名所表之理念（即概念或共相〔註二〕）自身為眞實，且較現實之個體事物為更眞實者。其目標乃在成立一形上的理念世界之存在於現實世界之上。此為一力求超越於常識之見之說，而將此問題之重要性，加以凸顯者。

〔註一〕：如馮友蘭之中國哲學史論公孫龍子即如此解釋。

〔註二〕：柏氏之理念，可視為概念，亦可只視為共相。大約依西方之唯心論者之解釋，則視之為概念；依西方之實在論者之解釋，則只視之為共相。

柏氏之此種主張，明與常識極相遠者。亞里士多德即提出反對之論，謂共相不能離個體事物而存在。然亞氏亦同時承認有只存在於上帝心中之共相，並有「種類」永存之論，此實與柏氏之說不相遠〔註〕。中世之哲學之實在論者，即承此說，而視一切人及物，皆依於上帝心中之人及物之原型Archytype而造，並以此原型為實在者。而中世末期之唯名論，則循亞氏之言共相不能離個體事物之義，進而主張，共相及認知共相所成之概念，不能如個體事物之為實在，而只有共名者。而近世之經驗哲學家，更提出種種理由，以指出共相概念之不能為我們思想之所對，由此以歸到一經驗主義之唯名論。而在現代邏輯家，更濟以種種邏輯上之技術，將吾人運用共名之語句，或將表達我們對類之知識之語句，化為表達我們對個體事物之知識之語句，而使一普遍知識命題，皆化同於我們對一類中一一個體事物之一一單個的知識命題之集合。由此以歸到一邏輯的唯名論。然而在另一方面，則理性主義、理想主義及直覺主義、實在主義之哲學家，亦提出種種之論據，以反駁唯名論。由是而此問題之重要性，遂貫於西方之整個哲學史中。而其爭辯之烈，亦遠較東方哲學中為甚。但我們以下不擬敍述此問題在東西哲學上之爭辯之歷史。而唯試一先分析唯名論者之所以以共相概念，不能與個體事物同為實在，而只有共名為成就知識之工具之主要理由。然後再進而依據實在論者及反唯名論者之主張，以說明共名與概念共相，在知識之成就歷程中之地位，而對此問題，作一疏導之工作，與暫時之答案。

〔註〕：史特士W.T, Stace著批評的希臘哲學史（有中文譯本）論此點頗清晰易解，讀者可參考。

第三節　唯名論反對共相概念爲實在之理由

（一）唯名論者以共相與概念不能與個體事物同爲實在之理由，首是依經驗主義立場說，我們並不能將共相與概念作爲想像之所對而認識之。譬如巴克來（Berkeley）曾說，我們試反省，我們想三角形之概念時，我們心中所想的是什麽。抽象的三角形之概念，乃指一切三角形之共同之處。故抽象的三角形之概念，既非指直角三角形，亦非指兩等邊三角形，或三等邊三角形，或不等邊三角形。但我們試問：我們能否想像一抽象三角形呢？實際上我們在想三角形時，如不是想此三角形，即想彼三角形。而每一人所能想的三角形，如非直角者，即兩等邊者，或三等邊者，或不等邊者，且必爲有一定角度，一定大小之三角形，決無一抽象的三角形，能爲吾人思想之所對。由此類推，則我們想人時，非想張三即想李四；想桃花時，非想此樹桃花，即想彼樹桃花。故一切概念共相本身，皆不能成我們想像之所對。而其本身亦即非實在者。故我們不能說，我們眞有由對共相之認識所構成之抽象概念；而只可說，有重複的用以指各特殊個體事物之共名。如我們以一三角形之共名，指一一三角形，以人之名，指一一人〔註〕。

（二）第二種可以說明概念共相等，不能視同個體事物之實在之理由，是如佛家之分假法與實法。

〔註〕：G. Berkeley之說之簡單說明，見人類知識原理 Principle of Human Knowledge 導論中第十段至第十一段。

實法乃有實作用者，而假法則無實作用者。一切概念共相等本身，正是假法。一實際存在之個體事物有實作用；如當前之一襲衣，穿了可使人暖，一碗飯，吃了可使人飽，是有實作用的。當前一株桃花，可使人生某一感覺，生某一情緒，亦是有實作用的。然關於衣之共相，衣之概念，飯之共相，飯之概念，則衣之不暖，食之不飽。桃花之共相概念，與桃花之紅與美麗之共相概念，亦不能使人生一感覺情緒。便皆是無實作用者，因而亦非實在者。

（三）第三種可以說明概念共相之非實在之理由，即一切指「類」或「抽象之性質關係」之語言，皆可翻譯爲指一一個體事物之語言（註，見下頁）。如所謂「凡人皆有死」之一語言，初爲指人類而說，而人類爲一概念。但我們可說，所謂「凡人皆有死」即指張三、李四、趙大、錢二等一一個人之有死之和。吾人即可以「張三有死，李四有死，趙大有死……」之語，代替「凡人皆有死」之語。此語中之「凡」與「人」之共名即可不用；而其所指之人類之概念，與爲此概念內容之共相，亦即無單獨之實在性可說。如吾人說藍是顏色，此似是表示我們對一抽象普遍的藍之一知識。但我們可說，這句話之意義，乃是說「對任何個體事物如果他是藍的，則他是有色的。」又如我們說凡人皆有死，這句話之意義，乃是對「對任何個體事物，如他是有人性的，則他是有死的。」至如我們說「貓比狗多」一類的話，則情形誠較複雜。因此時吾人所說是全體之貓之數，比狗之數多，此非是說的關於某一個體之貓與個體之狗的話。此中之貓與狗，皆普遍之類名，表示類概念者，因而此語所表者，似只爲一對貓類與狗類數量關係之一抽象知識。但是我們在說貓比狗多時，我們所想的可即是：「有一隻貓，不必有一隻狗，」「有二隻貓，不必有二隻狗」，「有百隻貓，不必有百隻狗」……之種種情形。則貓比狗多一語，可翻譯爲「或至少有一貓，而不至少有一狗；或至少有二貓而不至少有二狗……或至少有百隻貓而不至少有百隻狗。……。而在此一串話中，即將「貓比狗多」一語，所指種種情形表出。而所謂「貓比狗多」之一語似表示人之抽象普遍的知識之語言，即化爲表示：一特殊具體的貓與狗之集合在一起，被思想所把握時之一一特殊具體的情形之語言。而此語所說者，即：或是「有一貓而非有一狗之情形」，或是「有二貓而非有二狗之情形」，或是「有百貓而非有百狗之情形」，或是「有千貓而非有千狗之情形」……。此中，每一情形，皆是一具體特殊情形，亦即一具體特殊事物。於是更無抽象普遍的貓類與狗類之概念，爲貓比狗多之一句之所指。而此語，亦非對「抽象的普遍的『貓類之數』與『狗類之數』的數量之關係」之知識，而唯是對於可能有的一一之特殊具體情形之一種知識，或一種陳述。

依類似於上述之邏輯技術，我們即可以從原則上說，一切「表示人對於抽象的性質、關係、種類之知識」之語言，都可翻譯爲「表達人對其所指之特殊具體事物之性質、關係之知識」之語言，而我們最後亦即實無「以抽象之性質、關係、種類等，爲我們之認識所對」之知識。

〔註〕：此即邏輯的唯名論者之說，如蒯因 Quine 之所持。Pap: Elements of Analytic Philosophy PP.89—91有一簡單之介紹。

第四節　實在論者及非唯名論者以有共名必有概念共相之理由

上述各種唯名論所提出之理由，從一方面看，似皆可以成立的。但是我們是否即可由此以眞正歸到唯名論，而謂在知識歷程中，只須有共名而不須有概念、共相之存在？又我們是否眞正能在實際上將我們對概念、共相之知識，化爲對一一個體事物之知識？此皆是成問題的。吾人如主張在知識歷程中，必須有概念、共相之存在，及人可有純粹的對共相、概念本身之知識，亦有下列之理由可說：

（一）如果唯名論者主張在知識歷程中，吾人所須有者，只是以一共名，指各特殊事物，如以一「三角形」之共名，指一一特殊之三角形，以「人」之共名指一一特殊之人，則吾人可問：吾人如何能知一共名之運用，是適切的？即畢竟我們之用一共名於一對象，是否有一內在之標準？如無標準，則吾人何以於某一形，名之三角形；於某一生物，名之爲人，而不名之爲其他？如我們承認有共相，有概念，則此共相與概念，即爲一標準。我們可說一三角形與他三角形，有同一之共相，一人與他人，有同一之共相，故我名之爲三角形或人。我們亦可說，此形合於我們之三角形之概念，此生物合於我們之人之概念，故名之爲三角形與人。若我們否認共相與概念之有，則特殊之物，既爲個個不同者，吾人何以不只以個個不同之名名之，而必須以一共名名之？此共名之成爲「共」，其根據在何處？若無根據，則不能有共名；而一切須用到共名之知識，即不可能。且吾人如承認有共名，豈非即已承認「一名之可用於不同之特殊具體事物之本身」為一名之共性共相？若名可有共性、共相，而吾人對名之此共性、共相，可有一概念；則其他事物豈可即無共相？吾人豈不亦可有其他概念？

（二）一種唯名論者，對上列問題之答覆。是說：我們之用一共名於不同之特殊對象之根據，唯在此各特殊對象間，或我們對之之觀念間，有某一種相似之關係。因一人與他人相似，故我們同名之為人。一三角形與三角形相似，故同名之為三角形。此中並不必須設定：有同一之共相，存於不同之事物中，亦不須設定：我們對不同事物，有同一概念，以為我們用同一之共名之根據；而只須設定：我們能認識各特殊事物，各種特殊觀念之相似之關係即足。此即休謨之主張。

但是此種只承認有特殊事物或特殊觀念之相似，而否認有對同一之共相之認識所成之概念，為用同一之共名之根據之說，又有其他之困難。即我們在常識中說，二物相似時，即指其有一部份之同一，此部份之同一即其共相。如因貓與虎同有某共相，故貓虎相似。二物之同一之點愈多者，即其同表現之共相愈多，而愈相似。然二物只要有不同之點，則亦有其不相似之處。故凡相似者，皆可說不相似。唯視吾人之着眼其同一之點與否為定。若吾人根本否認共相，否認二物有其同一之點之存在，以為相似之根據，則我們說其相似時，何所根據？若無根據，則凡相似者皆既可說有不相似處，則我們何以只說其相似，而不只說其不相似？又我們如謂世間只有各特殊事物、各特殊觀念，無同一之概念，則所謂相似之概念，亦即不能成立。因吾人如有相似之概念，則相似之概念即是同一於相似之概念者，而「相似」

之概念之內容，即一切事物之相似性或相似關係。此相似性或相似關係，表現於各種不同之相似之事物之中，則其相似性或相似關係，即又成一共相。唯依此同一之共相之認識，乃有同一之「相似」之概念與「相似」之一共名。如吾人於此又進而謂：一種事物間之「相似性」或「相似關係」，亦只是與他種事物間之「相似性」「相似關係」相似，因而亦無所謂同一之「相似性」或「相似關係」之共相；則「相似」之概念，與「相似」之概念，應亦非同一，此一「相似」之一名，與彼一「相似」之一名，亦即非同一；「相似」之一共名，即不能成立。而吾人之說「A與B相似」，又說「C與D相似」，吾人只須用「相似」之名二次，即為用一不同之「相似」之名，非用同一之「相似」之名，只是此「相似」之名與彼「相似」之名相似而已。是即歸於共名本身之否定。而唯名論者，如承認共名之存在，至此則歸於自相矛盾〔註〕。

（三）誠然，一唯名論者，亦可為求其理論之一貫，而主張根本無共名之存在，只有名與名之相似，如吾人之用手寫或以口說一名時，在不同情境下所寫所說，亦確非為同一而只為相似者。但世間若絕無所謂同一之共名，則「同一之共名」之一名，又何由出？此亦如世間之決無同一之概念，同一之共相，則「同一之概念」「同一之共相」之名，何由而出？此亦使人難於理解。唯名論之所以說無同一之概念共相之根據，唯在其提出有共名之說，以解釋人之所以覺有同一之概念與共相之故。若其說必歸至無共名，則彼亦即不能解釋人之所以覺有同一之概念及共相，與有此「同一之概念」及「同一之共相」

〔註〕：Bradley於Principle of Logic, Vol. I論相似與部份的同一之處，甚精，可參考。

之名之故。如吾人說，所謂同一之共名，皆非同一，或說「同一之概念」，「同一之共相」之名，亦自己與自己不同一；則此無異根本否認吾人之邏輯。而吾人說一名自己與自己不同一之一語時，此中之「不同一」如說二次，亦應即自己與自己不同一，則亦將無同一之「不同一」。而吾人才說其「不同一」（A）後，而再說其「不同一」（B）時，即已非復是初所說之「不同一」（A）。於是吾人所說一切之「不同一」，便皆才說即逝，永無重復，而吾人亦即無曾說之「不同一」之可說；而說「不同一」，亦同於無所說。故吾人若欲有所說，而否定有同一之共名，乃畢竟不可能者。而人承認有同一之共名，亦即必須承認一切同一之共名間之有一共性共相，而對此共性共相有概念，此乃吾人在本節之（一）項所已論。

（四）上文（一）所論者是：人如承認共名，則不能否定共相概念之存在，（二）（三）所論者是：在言說界，人必須承認有同一之共名，故人必須承認有共相概念之存在。因我們不能否認共名與概念共相之存在，故所謂邏輯的唯名論者，嚴格言之，皆非能眞成爲唯名論者。邏輯的唯名論者之所爲，唯是用邏輯技術，將吾人對於普遍之「性質」「類」等有所說之語言，化爲對於具體之個體事物，有所說之語言。此自爲可能者。然此並不能完全取消對「性質」、「類」等有所說之語言之存在，亦不能否定有「性質」、「類」等之共名與概念之存在。一切邏輯語言，如所謂「是」與「或」，「如果，則」等本身，即爲表示種種邏輯關係之種種共名。而此種種共名之所表者，即吾人對種種邏輯關係之種種概念。吾人如謂：在不同之以「或」，「與」，「如果——則」等構成之諸語句中，有「或」與「如果——則」等共名，爲其共相；或謂在不同之依「或」之概念，與「如果——則」之概念，而構成之判斷思維中，有「或」之概念，與「如果——則」之概念之運用，爲其共相，亦明爲可說者。又吾人除可將對於性質與類等有所說之語言，化爲對一一個體事物有所說之語言外；我們亦明可由我們對一一個體事物有所說之語言，以構成出，或抽繹出，對類與性質有所說之語言，爲今之邏輯家所習爲者。如吾人可由前者以主張邏輯唯名論，則我們應亦可由後者以主張邏輯實在論。而引向邏輯實在論之根據，亦即在一切邏輯之討論，皆不能離共名，而承認有共名又承認共名之有所表，則不能否認有概念與共相，如上一段文之所說。

第五節　共相概念與特殊具體事物之關係

我們以上論唯名論與實在論兩面所持之理由，似爲針鋒相對，而二者不得同眞者。然自另一面觀之，則二者亦實並非能針鋒相對。因唯名論者之所堅持者，唯是謂共相概念之不能如一般之特殊事物，特殊觀念之成爲存在對象，並謂吾人對性質與類之知識，可化爲對一一個體事物之知識。而實在論者之所堅持者，乃由共名之存在，以論定共相概念之存在。而此所謂存在，本可不同於一般所謂特殊事物之存在之意。而自柏拉圖以來之實在論者，論概念共相等之存在，初皆唯是謂其爲存在於：人求知識時，而欲對特殊事物，說其是什麽與非什麽之思想歷程中者，或說其爲形上世界之另一種存在。故吾人儘可一面承認共相概念等，不能如一般存在的特殊事物之成爲想像之對象；然吾人仍可肯定其存在於思想中，而在人之求知識歷程中，有其不容抹殺之存在地位。至於其本身是否有形上之獨立的實在性，則吾人在知識論中，可暫置諸不論。吾人今所當注意之問題，唯是在人之求知識歷程中，吾人之如何連繫概念共相於特殊之具體事物，以成就知識，及普遍之概念共相，應用於特殊之具體事物時，其與特殊具體事物之結合之如何可能？

關於吾人之如何連繫概念共相於特殊具體事物，以成就知識之問題，吾人須指出在一整一之求知識歷程中，此特殊具體事物與概念共相，初乃吾人視爲屬於不同之層次，而可不相黏附者。無論吾人是由諸特殊之具體事物中，發現其貫通之之共相，或持共相以求應用於特殊事物，此二者，皆在高下不同之二層次。在吾人之日常一般之求知之歷程中，吾人通常皆是：以一共名表一共相概念，並以之應用於特殊具體之事物，以對特殊具體之事物有知識。而在吾人此知識歷程中，吾人應用一共名，表一共相概念，以判斷特殊具體事物時；吾人之心，乃如吾人在知識與語言一章所言，一方雖直覺此諸普遍者如共名、概念、共相等之存在，然同時又通過之，以達於特殊事物，而全不留駐於此共名、概念、共相之上，因而可不自覺此共名之另有所表。此正有如吾人通過窗櫺，以看外面之風景，通過道路兩旁之事物以前行時，吾人之不可覺窗櫺與道路之存在。於是此時吾之能知之心，所視爲心之所對者，遂可唯是種種特殊的具體事物。此共名與概念共相，皆至多只爲此特殊具體事物之屬性或賓辭，而不能有單獨之實在性者。而此亦即唯名論之所以只肯定特殊事物爲認識之所對之理由所在。

但自另一面觀之，則如吾人非只是應用一共名與其所表之概念共相於特殊事物，而是由於特殊事物，以發現共相概念，再以共名表之；或吾人於應用共名於一特殊事物時，同時能轉而回頭反省我們之何以用此共名，而不用彼共名之理由；則吾人將立即發現：一共名之必有其所表之概念共相之存在。此亦猶如吾人在路上前行時，可不自覺路之存在。然吾人在問路在何處，或行過一路而回頭眺望時，則必自覺路之存在。而此亦即實在論之所以恆由共名之存在，以反證共相概念之存在理由所在也。

至於吾人應用一共名所表之概念共相於一特殊事物時，二者之結合如何可能，亦可爲一極複雜之問題，而爲常識中可不發生者。如吾人說一性質如紅，是一概念一共相；一關係如大，是一概念一共相。則此問題所問者是：紅之概念共相與各各之紅花、紅霞、紅玉、紅火中之一一特殊之紅，如何結合？或大之關係之概念共相，與各各之表現大之關係者如「某甲身大於某乙」，「某山大於某石」中之一一特殊之大之關係，如何結合？此處之問題之所以發生，是因：如紅之概念共相，大之概念共相爲普遍者，各特殊之紅，各表現大之關係之事物皆爲特殊者，普遍非特殊，特殊非普遍，則其二者之結合，便似無可能。又任一特殊事物皆可同時表現不同之共相，以不同之概念思維之，如紅花既紅而又圓，而此不同之共相概念，就其自身而言，乃一一分別者，此非彼而彼亦非此，則其結合又如何而可能？如其不可能，則一切爲普遍者之概念共相皆不能應用於特殊事物。而一切以普遍者之概念共相，說明特殊事物之知識，即皆不可能。

對此問題，吾人如不欲在知識界中陷於普遍者與特殊個體事物之二元論，亦不欲陷於「普遍者唯存在於主觀思想，而不存在於客觀的個體事物」之概念論，則吾人只有謂普遍者與特殊個體事物之關係，乃一方爲內在，而一方爲超越之關係。此即謂：吾人必須一方肯定普遍者在特殊之個體事物之中，如人性在某個人之中，白在某個白物之中，三角形在某一三角形物之中，紅與圓皆在某花之中；而在另一方面，亦須肯定普遍者之超越於特殊個體事物之外，如人性之超越於某個人之外，白之超越某個白物之外。因如人性不內在某一個人中或某一個人中無人性，則吾人之說其有人性之知識成無所指，而吾人即不能對某個人之人性有知識。反之，如人性只在某個人中，而不超越於某個人之外，則吾人不能說其他個人有人性。故在吾人知識世界中之共相，同時爲內在於個體事物，而又爲超越之者。而吾人用對共相之知所構成之概念，以指一具體事物時，此概念本身亦須內在於對一具體事物之觀念之中，而同時亦超越於此觀念之外，以便應用於其他具體事物者。由是而此概念在應用於具體事物時，即須融入於吾人對具體之事物之觀念中而具體化，而具「具體性」。然其具「具體性」，亦不礙其兼具一超越特定具體事物之超越性與普遍性。如吾人只承認概念之可具體化而具「具體性」，否認其具普遍性，則我們將主張只有對具體事物之觀念，與具體事物之存在，而歸於唯名論。反之，吾人如只承認概念之具普遍性，而否認其具具體性，則吾人便只有歸於普遍之概念，與具體特殊者之二元論，並使此二元成不能溝通者，而吾人於此，如從普遍之概念本身看，則必歸於：否定個體事物之實在性，或以個體事物之實在性，由分享普遍的概念或其內在之共相之實在性而來，於是此普遍的概念或共相遂升爲一更高之實在。如柏拉圖式之實在論。然吾人如視普遍者與具體特殊者爲二元，則普遍者之存在，可無待具體特殊者之存在，普遍者之如何關聯於具體特殊者以成就吾人之知識，亦爲永不能眞正答覆之問題，而將引出無窮之詭論者。至吾人之以普遍者之共相或概念，一方內在特殊之具體事物，而一面又超越之，則可再以一圖喻之。

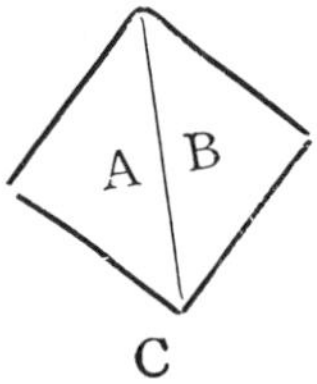

此圖中之中間線C，喻普遍者。此普遍者分別觀之，爲內在於左之三角形A而屬於左之三角形A，亦內在於右之三角形B而屬於右之三角形B者。然合而觀之：則吾人自其不只屬於左之三角形，而屬於右之三角形說，則此線亦爲能超越左之三角形A者；而自其不只屬於右之三角形，而屬於左之三角形說，則亦爲超越右之三角形B者。

此種共相概念與特殊具體事物之關係之理論，在希臘爲亞里士多德所持，而在近代，則爲黑格爾以下之理想主義之所持，亦爲與吾人在本章第一節所述之常識中「對於共相概念及特殊具體事物之關係」之想法，大體上相合者。唯其中之問題，關於知識論之他方面及形上學者，則不能盡於本章中討論，當俟後文再及之。

普遍者與知識　參考書目

公孫龍子白馬論指物論。

荀子正名篇。

熊十力因明大疏刪注十一十二頁，熊先生釋自相共相，較窺基原疏更清晰。

R. T. Aaron: The Theory of Universals. Oxford University Press, 1952

柴熙認識論第一部第五章。

A. Pap: Elements of Analytic Philosophy. Macmillan, New York, 1949 PP.77—92 Nominalism and Realism

B. Russell: Problem of Philosophy IX及X論普遍者之問題。

B. Russell: On the Relations of Univeasals and Particulars。此文載入R. C. Marsh: 所編B. Russell: Logic and Knowledge. Arrowsmith 1952. 此乃羅素早期之一論文，經R. C. Marsh編入此書者，與羅素後來之意見，頗有改變，但此文陳述問題頗清楚。

第七章　經驗、理性、直覺與聞知——知識之起原（上）

第一節　常識中之四種知識之分別及知識起原問題

人都有許多知識，但我們如問一普通人，其知識是如何來的？則對不同之問題，常有不同之答覆。

一、如我們問一人，你如何知道孔子至今已二千五百年？如何知道海王星之光到地球，光行須歷四小時？人可答覆：此乃老師教給我的，書上或報紙上紀載的。此種知識之來原，我們說是聞知。

二、又如我們問一人，你如何知道糖都是甜的，如何知道某甲對你的友誼眞是很好？人通常的答覆，是我曾吃過許多糖，與某甲長期交往。則此種知識，我們說是由經驗而知。

三、又如我們問一人，你怎樣知道你父母亦曾當過兒童，怎樣知道隔壁說話的是一個人，而非其他牛頭馬面之動物？如何知道你自己將來亦會死？父母在兒童時之情狀，與隔壁之他人之面目，及其自己之死，皆是在其自己已有之經驗以外。故人通常對這些問題之答覆說：這是由推想推理而知。此所謂知，我們稱之爲一種理性之知。

四、如一人生而盲，忽經醫生治愈，而他人置紅綠二色於其前，問其此二色是否相同？彼必說不同，但彼以前對此二色並無經驗，彼之知其不同，亦非由於推理。則彼之知此二色之不同，乃直接覺知其不同。此種知，我們可稱爲直覺之知。再如一人從未聽過京劇或貝多芬之音樂，而一聽則知其美。我們試問他何由知其美？則彼不能以已往之經驗爲理由，亦不能說由推理而知。彼於此恆答覆道，我直接覺知其美。此種知，我們亦稱爲直覺之知。

此是常識中四種知之分別。

但是在常識中，人們亦承認人之某一種知識，可同時有幾種起原。如吾人知郊外有某種風景美，此初是聞知。而後來親自去看而感其美時，則初所聞知者成今日本直覺之所知。又如人在小孩時，聞大人告以多食傷身，此亦只是聞知。然到自己長大了，其繼續不斷的經驗，而更知此語之不虛，則初所聞知者，成後來本經驗之所知。至於人在學了生理學，知人之胃之消化機能，與人之生理上之其他部份之關係時，則人又可由推理而更知此語之眞。我們可以舉無數之例證，以說明一人之知識之來原於此者，可進而兼來原於其他。

人之知識，固必有其來原。但其來原如何，卻可初不爲我們所自覺。或初爲我們所知者，後來又忘了。亦有許多我們已認之爲眞之知識，我們覺不易決定其來原如何。如我們如何知道二加二等於四，如何知道有原因必有結果，又如何知道共相而形成概念？此畢竟依於經驗或理性或直覺，亦不易決定。而在一般常識中，亦不必有此類之問題。

其次，我們還可問：如知識有此各種之來原，則何者爲最根本的？是否可說有一種是最根本的？

其他知識之來原，皆由之而來？如何由之而來？或我們可否將他們縮減爲三種、二種或一種？依何理由加以縮減？如不能縮減，則那一類知識之來原，爲以聞知爲主？那一類知識之來原，爲以經驗之知爲主？……又各種知識之不同來原，如何相依爲用，以形成人類之知識？對此種種問題之思索，即使我們由常識之說，入於哲學中知識起原問題之討論。

第二節　中國及印度哲學中對於知識起原問題之理論

在中國哲學史中，孔子有「生知」「學知」之分，孟子有「聞知」「見知」之分。但此皆爲德性意義之知，初非指知識意義之知。孔子所謂生知，乃指人之生而質性純厚，能於道德安而行之者而言。學知，則指由不倦不厭之修養工夫，以知德者而言。孟子之聞知，其義乃指聞百世之上之人之風而興起者言。見知則指人由自己之動心忍性等工夫，而有道德之覺悟者而言。故皆非知識意義之知。唯孔子孟子之所謂生知、學知、聞知、見知，雖皆爲德性意義之知，其中亦非全不包括知識意義之知。如孔子之學知中，包括好古敏求，孟子之聞知中之聞古人之風而興起者，亦必先知古人之行事。好古敏求與知古人行事之知之本身，即亦爲知識意義之聞知。

至於純粹偏在由知識意義以論人之知之來原之說，則當推荀子及墨辯之說。墨辯謂「知：聞、說、親、」。此爲明白持知識之有三來原者。此所謂聞知，當即本文之初之所謂聞知。而其所謂說知

〔註〕，即推理之知。而親知則當概括吾人篇首所謂經驗之知與直覺之知。

至於荀子之論知，亦兼重此四種知。其正名篇論人之用名說：「刑名從商，爵名從周……散名之加於萬物者，則從諸夏之成俗曲期。」吾人前曾說，人對語言文字之知，亦爲知之一種。今荀子謂用名當依歷史成俗。然人如何知一名在歷史成俗中之意義，並隨而用之？此則捨由聞知不得。至於荀子正名篇言心，又說心有徵知。「徵知則緣耳而知聲，緣目而知形」，此則爲指由經驗而來之知。然荀子又謂「心徵之而無說，則人莫不然謂之不知。」故只有徵知尚非眞知。必由徵知而辨所知之物之同異，並以或同或異之名表達之，論說之，乃爲眞知。而此分別物之同異以用名之知，則當賴於人之對物之同異之直覺。至於分別物之同異後，由同以知物之所共之相，而有共名，由大共名以至小共名，所謂「推而共之」；並由異以知物之所不共而相別之相如何，而有別名，由大別名以至小別名，所謂「推而別之」；及荀子所常言之「以類度類」，則明依於一種理性之運用而連繫於推理之知者〔註，見下頁〕。故荀子之論知識之來原，亦爲兼重上文所說之四種者。

至於中國宋明儒所謂聞見之知與德性之知之分，則德性之知純爲道德意義之知，聞見之知純爲知識意義之知。而此所謂聞見之知，與孟子之所謂聞知、見知之本爲指德性之知，而只包涵知識意義者，

〔註〕：墨辯謂「以說出故」。故卽謂由，由說出理由，而知者，卽推理之知。

又截然不同。此可謂是將孟子之所謂聞知見知中之「知識意義之知」之一部份提出，以通於墨子所謂聞知，荀子所謂徵知等，所成之新名。此宋明儒所謂聞見之知，亦非只指由感覺經驗而來之知，乃概括一切不屬於內心之道德覺悟，而與聞見有關之一切對事物之知而言。其中可概括由聞見之感覺經驗而起，及由對文字語言符號聞見而起之一切「對客觀世界之事物，在時空中之分佈，同異之分辨，及共同原理」之知。故此聞見之知之名之意義範圍亦甚廣。然大體上言，宋明儒對此純知識之見聞之知之內容，乃尚未加詳細分析者。

至於在印度哲學中，則其知識論較重知識意義之知。其知識起原之論，在吾人第一部，亦曾略加敍說。此中與中國學術史關係較深者，爲佛學之理論。佛學與多派之印度哲學，在論知識來原時皆將現量之知與比量之知，嚴加分別。佛學所謂現量之知，乃指現成現見而現在之知。此可稱爲一種如其所如之直接經驗之知。比量之知乃指比類已知之事，以量知未知之事，則爲推理之知。然一般人之現量比量

〔註〕：依荀子正名篇，物爲大共名，鳥獸爲大別名。然對物言，則鳥與獸皆爲較小之共名。而各種鳥對鳥，卽較小之別名，各種獸對獸，亦較小之別名。凡可以別名或較小之共名表之者，皆可以較大之共名表之。如是鳥獸者必是物。由是而吾人卽可由A之是鳥以推知其是物，此卽一最簡單之推理之知。至於荀子之以類度類，卽由同類者之一以推其他，如以一人之情推他人之情等，此卽今所謂類推也。

所不及者，可爲聖者之現量所及。由是而聖者之述其現量所親證之境界，如諸法之實相，亦爲人所當信。由是而聖者之言，亦爲人之知識之一來原。此稱爲聖言量。人之知此聖言量，則初只爲一聞知。由是而人之眞知識之來原，即爲現量之經驗，比量之推理，與對聖言量之聞知三者。而人欲由聖言量，以求自己亦親證其所親證之諸法實相，則待於人之修養之工夫。由此而依此種佛學之知識論，不僅人之德性之知，待於人之道德修養，即人之對諸法實相求親證而有眞知，亦待於人之一種道德修養。而道德修養亦即成此種知識之知之一來原。此乃與中國後儒者之分德性之知與聞見之知之知識之爲二，及西方之知識起原論，大皆不以道德修養爲知識之知之一來原，皆不同者。唯其詳，則非吾人今所及論。

第三節　西方哲學中知識起原問題之爭論及經驗論之知識起原論

至西方哲學中之知識起原之論爭，則主要爲經驗論與理性論之爭。此可溯原於柏拉圖之重普遍者之超越於特殊事物，與亞里士多德之重普遍者之內在於特殊事物二說之不同，及中世之唯名論與唯實論之爭，乃成近代之理性主義潮流與經驗主義潮流之知識起原論之不同。大率注重人對共相或普遍之概念原理之認識，並本之以作推理，而應用於具體事物與具體經驗之說明者，恆被認爲理性論者。而注重人對具體事物之認識或經驗，而緣之以發現共相，成立普遍之概念與共名，並以對具體事物之認識與經驗，爲一切普遍之概念原理定律之證實者或否證者，恆被稱爲經驗論者。故理性論與經驗論之爭，與唯名論唯實論之爭乃相關連者。然在康德所開啓之理想主義哲學潮流中，理性論與經驗論之思想，即有一融合。而現代哲學中之實用主義與邏輯經驗論，亦皆爲由二者之融合而成之一種哲學形態。至重直覺之直覺主義之知識起原論，則同時表現於理性論者與經驗論者之思想中，而又可獨立成立爲知識起原論之一型。至於聞知之重要性，則表面頗爲此上各派之所忽。然實則無論在理性論之重共名之分析，及經驗論之重具體事物之經驗觀察之報告之分析，及一切哲學思想之重文字語言意義之解釋者，皆包含聞知爲一知識之來原之肯定。唯不注重道德修養之「足使人之求知之理性日益開發，對事物之經驗與直覺，日趨眞切，對他人之語言之同情的了解，日益增加」之種種效用，則蓋爲西哲之知識起原論共有之缺點。今試分別述西方哲學中經驗論、理性論、直覺論等之知識起原論據如下：

經驗論之理論可以下列四者說明：

（一）無經驗即無知識：經驗論之知識起原之主要論據，乃謂人若無經驗，則無知識。此所謂經驗之意義，可指甲：人對於通常所謂由具體事物之認識所成，特殊的觀念感情之知。亦可指乙：吾人所經歷的一切已往之事。亦可指丙：吾人與環境之交互感應所成之事變。亦可指丁：吾人對具體事物之純粹之覺識之歷程，及其所覺之內容。亦可指戊：吾人對具體事物之觀察。亦可指己：吾人之一切事物之猜想假設之得事實上之驗證者（註，見下頁）。無論依何義，經驗皆爲涉及特殊具體事物者，而我們亦都可說，人若無經驗，則人不能有知識。由此而可說人之有知識之本身，亦即人所經驗之一事。而人亦最易相信知識之範圍，皆在經驗之範圍中，而相信經驗論之理論。

經驗論者恆自稱其與非經驗論之差別，在其否認先天或先驗的知識。即人在未有經驗之先，人根本即無任何知識。此即洛克之所以說在人之初生，人心如白紙之說。我們每一人亦皆知嬰兒之初生，幾無任何知識；是見一切知識皆後於經驗而有，而證明一切知識皆原於經驗，人無經驗即無知識之說。

（二）普遍概念普遍定律之起原，可由經驗加以說明：經驗論者大皆不否認一一經驗皆爲具體特殊者。如一經驗必爲某一人之經驗，而非其他人之經驗。一個人之諸多經驗，亦各各爲其人之各各時、各各地、對各各特殊環境、特殊事物之經驗。此亦即一般人在常識中對經驗之看法。然若果人之經驗皆爲具體特殊，則每一經驗即皆爲唯一者，一次出現者，旋生旋滅者。然吾人在知識中，則似明有抽象普遍之概念定律。此概念定律之意義，似可爲永恆不變，亦可普遍的應用于一切同類經驗事物者。則經驗論者對此普遍概念定律，將如何說明？

大約經驗論對於普遍概念定律之說明方式，主要有二種。其一即持上章所謂唯名論之說。謂世間本無普遍概念之存在，而只有各種之共名。而此說應用於科學定律之說明，則爲以所謂定律，亦只是對各種經驗事實之常相連接者，另以一簡約之符號公式，加以記述，以節省人之思想，而產生思想經濟之效

〔註〕：G.H.Randall, J. Buchler: Philosophy, An Introduction 第七章，經驗與理性，分析西文中之經驗理性二字之諸義，可供參考。

果者。此即為馬哈E. Mach皮爾遜K. Pearson之科學理論之所主張〔註一〕。

其二即為承認有普遍之概念，與由概念相連結而成之定律之知識，而以此概念乃由人對各種特殊而具體之事物之種種觀念印象，施行一比較、分辨、抽象、或其他之心理活動而形成。如依洛克之說，則人所有之各種抽象概念如數之概念，距離之概念，廣袤之概念，各種關係能力之概念……皆是由人之根據感覺之經驗，加以反省，而將不同之具體特殊之觀念，加以比較、分辨，並對其某一方面或相互關係，並特加注意抽象而成；或是將一由抽象而成之觀念，與其他觀念加以組合而成。其詳見其人類理解論之一書〔註二〕。而其他經驗主義者論共同概念之形成，則又或歸之於各種特殊觀念印象之可互相混融，而使其特殊性隱而不顯，由此遂構成一普遍之概念。如吾人將各直角、鈍角、銳角三角形之觀念、印象互相混融，則成一既非直角亦非鈍角銳角之三角形之觀念印象，亦成為可兼指各鈍角銳角三角形之概念。而吾人能由抽象、組合、或混融，以形成概念，即可進而再連接概念，以形成各種普遍之原理定律之知識。

（三）普遍之原理定律之知識根據經驗而建立，亦可為經驗之所否證。經驗論者可承認人對於具體事物之知識，恆由人之推理而知。然依經驗論者說，人之一切推理，皆始於經驗，或歸於經驗。人之推

〔註一〕：馬哈感覺之分析，與皮爾孫之科學典範，皆有中文譯本，商務書館出版。

〔註二〕：洛克Locke人類理解論An Essay Concerning Human Understanding第二卷。

理，或爲所謂歸納推理，即由特殊事物之經驗，以求普遍之原理定律。此普遍之原理定律之求得，乃原於人對特殊事物之經驗，施行上文所謂比較抽象綜合之活動之結果。至于所謂演繹推理。此則或爲以一普遍之原理定律爲大前提，而據以定然的推斷特殊事物之情狀；或爲以臆構之假設爲前提，而試演繹出其理論上必然之歸結，以試假然的推斷一特殊事物之情狀。然實則此二種推斷，並無根本之分別。譬如在前一情形下一普遍的原理定律，其所由建立，初仍是本於經驗之歸納。而根據普遍的原理定律，以定然的推斷特殊事物之情狀者，最後仍須以對特殊事物之經驗，加以證實。此時如人對特殊事物之經驗，與吾人初所推斷者不合，則吾人可謂由此特殊事物，不屬於此普遍定律能應用之事物之類，但亦可否證此普遍定律之存在。如吾人由過去經驗之歸納，而知凡服砒霜至一定量者皆有死，並視之爲一普遍定律，吾人即可以之爲根據，以推斷某甲之服砒霜至一定量者必死。但若吾人由經驗發見某甲之服砒霜，至一定量者不死，則吾人可謂某甲非吾人所謂凡人中之人，而爲某一種特殊人，或視之爲非人而爲仙。但吾人通常則儘可由此否證「人服砒霜至一定量者必死」之爲一普遍定律。此外，一切我們所謂科學上普遍定律，亦皆同有此被經驗所否證之可能。如依牛頓之天文學之理論，所推算之天體之運動，爲現代人之實驗觀察之所否證，即爲一例。由此而一切所謂爲演繹推理之大前提之原理定律，在根本之性質上，與一切科學上臆構之假設，其性質亦相同。一切科學上之假設，得若干實驗與觀察之證實者，我們即可稱之爲原理定律。然一切已往所證實者，同可爲以後之觀察實驗之經驗所否證。由此而吾人之一切依於所謂普遍之大前提或假設而生之對於具體特殊事物之推斷，皆非眞普遍必然，而唯由經驗之證實或否證，以決定其是否爲眞知識者。此之謂一切普遍之原理定律皆根據於經驗而建立，亦可爲經驗所否證之說。

（四）數理知識之普遍性必然性可由其從未爲經驗所否證等加以說明。至於對傳統理性論者所認爲具必然性普遍性之知識，如數學邏輯之知識，及關於存在與知識之基本原則之知識，如因果原則，自然齊一律Uniformity of Nature之類，依經驗論之立場，仍謂此類之知識，乃由經驗而來。如自洛克至巴克萊至休謨等經驗論者，皆以數學之知識中之一切觀念之來原，同出於經驗。至其所以具必然性，則休謨以爲，此乃原於數學原爲只反省吾人自己之觀念間之關係而成。如吾人之以二加二必等於四，此唯由吾人之反省：吾人對二事物之二觀念，與對另二事物之二觀念之結合，即產生此四之觀念而來。因吾人此時所反省者，只限於吾人之主觀之觀念內，吾人反省而得者是如此，亦總是如此；故此知識即有其必然性。至於對歸納推理所依之因果原則，則休謨以爲所謂因果之關係，即二事之出現，常相連接之關係。而吾人之所以若覺其間有必然性，並以爲吾人可由其因以必然的推斷其果，則由二事常相連結所養成之心理習慣而來。後之穆勒對於數學之知識，及歸納法所依據之自然齊一律之說明，亦謂其皆由於歸納而來。其異於其他由歸納而來之知識者，唯在其乃由各種不同類事物之經驗，歸納而來，故有其更大之普遍性，且爲人類自古及今之經驗從未嘗加以否證者，故似有其絕對之必然性。由是而依經驗論者之觀點，即可不否認我們有具普遍性必然性之數學知識，及「若干關於存在與知識之基本原則」之知識，然仍溯其起原於吾人之經驗之自身。

第四節　理性論之知識起原論

至於在理性論者之立場，則其立論，適足與上列經驗論者所提之四點相對應，以說明理性爲知識之主要來原之理由，可略如下說：

（一）有經驗不必有知識：對應經驗論者之主張「無經驗即無知識」之第一理由，理性論者之理由是說「有經驗不必有知識」。理性論者可承認：人如自始無任何經驗即無知識，故經驗是人之有知識之生起因或歷史因。但只有經驗，人不必即有知識，人必須有理性之運用，人乃有知識。故理性方爲人之知識之成就因或實現因。如在經驗論者之所謂經驗之廣義，可謂人之「自覺其有知識」本身，亦是人之一經驗，則理性論者將說，如人無理性而只有經驗，則人亦不能有「自覺其有知識」之經驗。

吾人所謂經驗，有不同之意義。吾人所謂理性，即在知識範圍中之說，亦有不同之意義。甲：理性可指一切由已知推未知事物之具體情狀之能力。此或爲不自覺的依一普遍之知識原理，以由已知之具體事物之一方面，推未知之具體事物之另一方面。如吾人隔牆見角，而推知有牛，此即依於人有一不自覺的「凡此類之角，皆牛之角」之原理之肯定而來。或爲自覺的依一普遍之定律知識作大前提，以之爲已知，以推未知之具體事物之情狀。如由普遍之萬有引力律，推日月之相吸引。乙：理性可指一切把握或認識共相或普遍者之能力。其中可包括由經驗事物中認識共相或普遍者，如白，色等之能力。或直接把握一切呈現於思想中之共相或普遍者，如各種思想範疇之「有」「無」「一」「多」等之能力。丙：理性可指一切純依抽象的概念，原理或假設而作純理論之推演之能力，如數學推演之能力。丁、理性可指綜合貫通不同的經驗之內容，概念，共相，發現其關聯，或納之於一系統，及綜合貫通零碎的知識，以構成知識系統之能力。戊、理性可指自覺依邏輯或思想規律以思想，並批判思想，兼校正經驗中之幻覺錯覺等之能力。然要之無論何義之理性運用，皆爲不限於某一特殊之經驗事物，而求貫通不同事物經驗，而多多少少包涵一對普遍的概念共相及其關聯之不自覺或自覺的認知，而可依之以推知：某一不在已有經驗中之事物之情狀，或推知其他普遍的概念共相與其關聯者。故吾人如謂一切經驗，皆爲屬於一時一地之某人，而各爲一特殊者，則一切理性之運用，皆爲依於一普遍者，以突破一人之一時一地之經驗之限制，而求通於不同時不同地，以及不同人之經驗，或其他普遍者之事。經驗中所包涵者，唯是一一特殊具體之事，而理性活動之所通過者，則爲諸普遍抽象之理。吾人依此對理性與經驗之分別之了解，遂可言，一切經驗只能爲知識之生起因，而不能爲知識之成就因。因人之最低知識之成就，皆依於以共名所表之普遍者或共相，而以之指一特殊具體之事物。此爲吾人上章之所已論。故知識之成就，其關鍵在人之有理性以認識普遍者，而不在人之有對具體事物之經驗。而所謂無經驗則無知識，乃惟是自人必須先有經驗乃有理性之運用上說。然人由理性之運用，而已構成若干概念與原理原則之知識後，人儘可無新經驗之增加，而只依概念與原理原則之知識，作純理論的推演，以產生一新知識或新形式之知識（如依邏輯之理性，而由「凡人是動物」之知識，以推出「有些動物是人」之知識之類）；則理性活動即可為一獨立之知識之來原。故不能由人之一切理性之運用，皆有賴於人先有之經驗，遂謂人之理性之根原，唯是人所先有之經驗。

（二）共名與概念必待於理性之運用而建立：對於經驗論之主張一切所謂普遍之知識，皆只為經驗之簡約的記述，或普遍之概念，皆由將經驗事物加以比較抽象等而得之說；理性論則主張一切共相之認識，共名與普遍概念之建立，皆待於理性之運用，而人之一切理性之運用，皆在所謂經驗事物之上一層次上。理性主義者可承認，吾人知識之開始點，只是記述，而最原始之記述，即對吾人之感覺經驗而作記述。此感覺經驗，自可說為特殊具體之事物，初並非普遍概念或共相。但理性論者不難指出：人因不能對每一特定感覺經驗，都為之取一特定之名字，於是其一切記述，皆須用我們前所謂共名〔註〕，而共名所表者，即為一概念或共相。此概念共相，即只為人之理性所認識。如吾人記述吾人在一荒山所見之果，而謂之為紅而圓。此紅與圓即各為一共名。吾人如問：吾人見此從未見過之果時，何以即憶起此紅字圓字以記述之，而不憶其他字？此只能謂由吾人直覺此果之色與所見之紅物之紅相同，而有同一之

〔註〕：本部第三章語言與知識第八節及第六章普遍者與知識第四節。

共相。又覺此果之形與所見之圓物之形相同，亦有同一之共相。此中吾人若否認此對共相之直覺之存在，則吾人無任何理由，以說明吾人之所以以紅圓二字記述之，而不以他字記述之之理由。而此共相之直覺，即爲一不自覺的依理性而有之直覺。故當人懷疑其記述中所用之名，是否適切於當前之物時，人即恆反而回想，吾人之曾否用此名指同類之物。而當吾人憶起曾用此名指同類之物時，則吾人即可進而自覺的認識，此當前之物與其他同類之物之共相。而此共相之是否眞有，即爲判定我們之是否可用此名於當前之物之標準。此亦爲吾人在本部第六章所言及。是見吾人若不肯定共相之存在，及其可爲吾人所自覺之認識，則吾人永不能知吾人之從事記述時，所用之名之是否適當。而一切之自知爲適當之記述，即必待於肯定吾人之能自覺的認識共相。而此自覺的認識共相之能力，即一種理性。

復次，除一般簡單之共相、概念、共名外，理性論者自亦可承認若干抽象之概念與共名之形成，有賴於人之將不同經驗事物，從多方加以比較，再繼以種種抽象、分辨、組合之工夫。然此種抽象分辨組合之工夫，畢竟爲經驗之活動或理性之活動？在經驗論者如洛克等，固可說此比較、抽象等，即吾人之反省活動，反省亦爲吾人之內在之經驗。但在理性論，則可以此諸活動之目標，在發現共相、概念、定律等，說其爲理性的活動。於此，經驗論者固可由「比較」「抽象」等所造成之概念，其材料爲經驗事物，而主經驗論。然理性論者亦可由人在「比較」經驗事物之異同，而加以「抽象」，留同捨異，以形成概念時，人亦同時將其原先之經驗之若干方面，加以削除，加以捨棄，而改造超越原先之經驗，以成就對共相之認識，以形成概念者；而視此比較、抽象之活動，爲運行於原先之對事物之經驗之上之高一層次之理性活動，而不稱之爲經驗活動。

（三）理性對經驗之選擇與校正，安頓引導之作用

與經驗論者之「知識由經驗建立可爲經驗所否證」之理由，相對應之理性論者之理由爲：理性亦決定其所選擇之經驗，並可校正、引導吾人之經驗，以形成知識，而一般對具體事物之知識之所以可受經驗之否證，正由其非依於純粹理性而成之知識。

所謂理性之決定其所選擇之經驗，乃指吾人之經驗中，恆有種種之幻覺與錯覺，種種不正常之經驗，與其他正常經驗相分別。而人之求知，至少在其最先之一步，必須選擇正常經驗，以爲形成各種對具體事物之知識之根據。但若自任何經驗皆同樣爲一經驗觀之，則一切幻覺錯覺等不正常之經驗，亦同爲一經驗世界中之事實。然則吾人將依何標準，而謂錯覺幻覺爲不正常，而不在第一步，即取之爲形成知識之根據？此只能由於吾人之感到幻覺錯覺恆相矛盾衝突，不能彼此配合。至其他之正常的知覺經驗，則大體上爲能彼此配合者。此種配合與否之發見，則由吾人之能超出各特殊的知覺經驗之限制，而通觀各知覺經驗之內容之關係，及其能否納之於一系統中。依理性論者之說，吾人不僅可應用吾人之理性，以定正常經驗與不正常經驗之別，而選擇經驗，以形成知識；吾人亦可依理性以校正吾人之經驗，引導吾人往求另一新經驗，或依於對不正常經驗之一般的原因之探索，而使吾人對不正常之經驗本身，

亦求有一正常之理解與正常之知識，如由生理學心理學之知識，以說明其所以產生。例如，吾人對一「依極細微之分別，而構成之一串系之事物」之諸經驗，恆覺難於分別。如光譜即爲只有極細微之分別之諸光色構成之一串系。吾人在光譜中，於鄰近之諸光色間，恆無法由經驗加以分別。吾人恆覺A色與B色無別，B色與C色亦無別。然吾人又恆能由經驗以發現A與C之有別。於此再濟以理性之運用，則吾人可推知A與B間或B與C間，必實有別。因如A與B及B與C間皆無別，則A等於B，B等於C，A亦應等於C。今A不等於C，是必由A之不等於B，或B之不等於C。由此推理，吾人遂可校正吾人之經驗，知在經驗中之無分別者，實有分別。於是吾人遂又可本理性所先已預斷者，使吾人以更細心之觀察，或以顯微鏡助吾人之觀察，以冀發現其中必有之分別，由此而導引出：吾人「對其分別之認識」之經驗。於此，吾人亦可再回頭以生理上或心理上之原因，解釋吾人最初之所以不能加以分別之故。由此以將吾人之原初「對之不能加以分別」之經驗之本身，亦納入另一種生理學心理學之知識之系統，而使之有一安頓，而得其所。此亦即心理學之解釋一切不正常經驗，以形成心理學上之正常知識之路道。

至於經驗論者所謂：吾人對於具體事物之一切依理性而作之推理，其所依據之大前提，恆必依經驗之歸納而建立，最後皆可由經驗加以證實或否證云云，理性論者亦可加以承認。然在歷史上之理性論者，則不由此以論證人之理性之缺點，而反由此以論證：人對具體事物之經驗本身之不完備，吾人又恆勢不能免於以由此不完備之經驗歸納而得者，爲推理之根據。此正所證吾人之經驗之缺點。如吾人說，凡吃某定量之砒霜者必死。吾人之此知識，自是由經驗之歸納而來，而亦可爲未來之經驗所否證者。然其所以如此，正因吾人之凡吃某定量之砒霜者必死，所根據之經驗爲不完備者。吾人只根據此不完備之經驗，如純依理性而推，原並不能推出或歸納出：凡吃某定量之砒霜者必死之結論，以爲其他推理之大前提。此在近代，則稱此類知識，始終皆不能脫離假設之性質，或爲只有概然性之知識。然在傳統之理性主義者，則以此類知識，乃不具必然性普遍性之低一級之知識。而高一級之知識，正當爲不依具體事物之經驗之歸納，以爲推論之根據者；而當爲依對理性爲自明之理，以爲推論之根據者。而此類知識，即非依於經驗而建立，亦無由經驗之證實或否證以決定其命運之情形。而此種知識，即爲邏輯與數學幾何學等之知識之類。由此即見人之對於具體事物所作之推理之恆有錯誤，其咎遂不在此推理所依之理性之本身，而唯在此中之理性，未能純以「對其自身爲自明」之理，以作推理之根據，而反依人之不完備之經驗，作推理之根據。而此推理之所以必須不斷要求以後之經驗證實之者，則唯證不完備之經驗之本不足形成必然普遍之知識，而必須要求以後之經驗以完備之而已。而此求經驗之完備之要求，在理性主義者，亦可稱之爲一理性之要求。

（四）具普遍性必然性之知識不能由經驗而建立

由上所述經驗論者與理性論者之論爭，最後即逼至一問題，即是否有對理性爲自明之理，而可由之以推出種種純粹理性的知識；及邏輯數學幾何學等知識，是否依於純粹理性而建立之知識之問題。而經驗主義之第四理由，即爲否證依於純粹理性而建立之知識之存在，而主一切數學邏輯之知識，皆依經驗而建立者。對應此經驗主義之主張，理性論者之主張爲：經驗世界中之經驗事物，根本無「與構成普遍必然之知識之概念」全相切合者。而此類之知識——其中包括經驗的歸納所依之原理原則，如因果律自然齊一律之類——亦皆不能由經驗而建立。

西方之理性論者，自柏拉圖至近代之笛卡爾，來布尼茲，斯賓諾薩以來，一貫的指出數學知識中之概念，爲無經驗之事物，能全與之相切合者。如經驗中無絕對的圓與方；數之本身之非感覺的對象，數學知識中所謂負數、無理數、無限數等其不直指一經驗之對象之數量，皆人所共知。邏輯上之基本原理，如思想律中之同一律之「A是A」，或「任何是A者不能兼是非A」，與事物存在之充足理由律，因果律等之本身亦皆不能直接成爲經驗之對象。而我們對數學邏輯之知識，則又公認爲有普遍性必然性者。近代之經驗主義者，由培根、洛克、巴克來、休謨、穆勒之說此類知識皆原於經驗，實亦從未嘗眞由一一具體之經驗，以導引此種種數學邏輯之概念與知識。洛克休謨謂邏輯數學爲只涉及主觀之觀念之關係者。休謨穆勒以一切邏輯數學上之知識原理等之所以具普遍必然性，唯由吾人經常發現吾人之主觀觀念有某種數理關係或邏輯關係及已有經驗之從未加以否證；此實皆同忽視數學與邏輯之知識、原理等，何以能應用於一切客觀事物，或一切可能之經驗，以成就吾人之知識之問題。而彼等亦不能說明何以一切可能之經驗，皆不能否證數學邏輯之知識原理之理由。我們凡說經驗，皆只能說已有之經驗。未來之經驗及可能之經驗，皆非已有之經驗。然而人明可思想及未來之經驗及可能之經驗。吾人對一切涉及具體事物之知識，吾人都可設想其或在吾人對該具體事物之未來經驗及可能經驗中被否證。然而我們並不能設想一數學邏輯上之原理，如A是A，二加二等於四，在任何對具體事物之經驗前被否證。如此中之理由，只在此等原理知識，從未在過去一切經驗中被否證；則此只足證明其在過去一切經驗中爲眞，而終不能證明其在一切未來之可能的經驗中之爲眞。而吾人於此之斷定其對一切可能的經驗皆爲眞，此即當下爲一超越已成經驗之一斷定。此一斷定，既不依於已有經驗；即只能說是依於其對吾人之理性自身爲自明，或由對理性自身爲自明之知識，依理性推演而成者。此一斷定，同時是斷定其可通過一切可能經驗之具體事物，而不遇任何足以否證之者。如吾人能在當下，即可斷定在未來之任何時間內之任何處，是A者之必是A，二加二必等於四。是見吾人之知此類知識之眞，乃通過一切時間或超越一切特定之時間，而知其爲普遍的眞，必然的眞亦永恆的眞者。然吾人之任何經驗，莫不存在於某一特定時間，而爲某特定時間之特定經驗。吾人亦無一經驗，就其自身言，爲必然的永恆存在者。吾人更不能將一切可能經驗，全部化爲一吾人已有之經驗。則吾人之所以能知此類之知識，爲超越一切特定之時間而普遍必然的眞，永恆的眞；其根據即決不能在人已有之經驗，而只能在人之直就其眞之爲普遍，必然永恆而認識之把握之之理性。

第八章　經驗、理性、直覺與聞知——知識之起原（下）

第五節　理性論與經驗論之異同及加以融通之諸形態之哲學思想

由上文所述經驗論與理性論之論爭，其中自尙有若干問題，如邏輯、數學、先驗知識、歸納原則、因果律等之本性問題，待於進一步之分析者，此在本部第十一章至第十五章之五章中再及之。但由吾人上之所論已可見，哲學上經驗論與理性論之爭，並非如人初聞此二名之所聯想，以此二者之爭，乃一只知經驗，一只知理性之別。實則倡經驗論，亦未嘗否認理性運用之價值，而倡理性論者，亦不否認人之若干知識之根於經驗。二者爭論之焦點，唯在普遍者或共相，在知識中之地位問題，及是否有純依理性而建立之普遍必然知識之問題。依吾人上文之討論，則知經驗論，乃較近於常識者。因其不承認純依理性而建立之知識，故所肯定之知識之範圍，乃較小者。而理性論則較遠於常識，其所肯定之知識範圍，乃兼及於一般對經驗具體事物之知識，與由純理性而建立之知識者。然理性論者，恆有以後者爲高一級之眞知識之意，於是被其認爲眞知識之範圍，則又較狹。然就上文所述之雙方所持之理由以觀，則經驗論者至少不能否定：有「異於一般之對具體事物之知識」之數學邏輯知識之存在；亦不能否認：人之認識共相或普遍者之理性，不同於直接接觸具體事物之經驗，而理性論者，亦未嘗否認一般對具體事物之經驗知識，亦為知識之一種。吾人今如從經驗論者所指出：人之推理知識之起於經驗，並由經驗而加以證實否證；及理性論者所指出：人對經驗之記述，亦須本於共相之認識；二者合看，則經驗論與理性論之自有其相互為用，而互相融通之處。而此種融通之哲學，大約有數種主要之形態可說。

此中之第一形態，即為同時肯定理性與經驗為人之知識之來原，並分開理性的先驗知識，與一般所謂經驗的知識，再進而說明理性與經驗之如何關聯，以形成吾人對整個世界之認識者。此即康德哲學之所為。

第二形態為以理性為主，而着眼於理性所知之普遍者或共相，必須視為能特殊化，以貫入具體事物而內在其中，以成具體之共相者。故人之思想，亦必須由抽象的理解，走向具體事物，而以理性認識其具體之共相，而於所經驗之具體事物發展變化之歷程中，同時獲得在理性上為必然之知識者，此即黑格爾哲學之所為。

第三種形態，為將人之認識普遍之共相，或形成概念之理性能力，自始即放在一整個的經驗之流，或經驗相連續所成之經驗系統中，或由大字母所表之「經驗 Experience 」中看。由是而理性之功能，其所形成之普遍的觀念或概念之價值，即在其聯繫經驗，組織經驗，使經驗自身更成一和諧配合之系統；而理性之活動之所以引出，與普遍的觀念或概念之產生，亦即由人類經驗，在進行發展中，遭遇困難阻礙，而後引出產生，用以解決其問題者。由是而理性亦即經驗自求其和諧配合，而進行發展時之一種內在之機能；而一切普遍之觀念或概念，則可說爲達其進行發展之目標之工具。此即實用主義之哲學家，如詹姆士、杜威等之所爲。唯此派之哲學，爲表示理性之自始在經驗中活動，不承認純理性之知識之獨立，故在杜威恆用智慧Intellegence之一名，以代傳統西方哲學中理性Reason之一名。

第四種形態，爲確認對具體事物之經驗的知識與數學邏輯之先驗之知識之別，而以一切先驗知識，皆爲分析命題，因而否認康德所謂先驗的綜合判斷爲知識之說，此爲現代邏輯經驗論者之說。此說在實際上，亦爲求綜合理性主義與經驗主義之思想。然因其邏輯數學理論，恆歸於視邏輯數學上之原理，乃建基於對若干符號之意義之約定上，而於數學邏輯之知識，皆或視同一種符號之演算，故不重以理性爲邏輯數學之基礎。

關於此四種理論，皆涉及知識論之其他問題，吾人以後論其他問題時，當再加討論。

第六節　權威主義及直覺之諸義

在西方哲學史之論知識起原論，除理性論與經驗論之論爭外，尚有所謂權威主義、直覺主義與理性論與經驗論相互間之論爭。如中古時期及今之宗教家之以新舊約爲神之語言，亦人類之知識之來原者，即屬於所謂權威主義。而凡以一切歷史上被人共認之知識，即當成爲後人所共信而不容輕易懷疑者，亦權威主義之一型〔註〕。權威主義之根原，乃在重聞知；然聞知之範圍，則可較西方所謂權威主義之範圍爲廣大。此俟後論之。

至於所謂直覺主義，則或爲着重超越一般經驗之一種神秘經驗之直覺主義，如宗教上之所謂神秘主義。或爲重吾人之日常生活中之直覺者，而此直覺，則或爲價值之直覺，亦或爲純知識意義之直覺。此純知識意義之直覺，又或爲特殊經驗之直覺，或爲理性上之認知普遍者與普遍者間之關係之直覺。此亦爲近世經驗主義與理性主義哲學家所重視。然以直覺主義標宗者，則尤强調人之經驗及理性活動中之直覺之認識，爲一切人之當下顚撲不破，確然無疑之知識來原。而與一般理性主義之重純粹理性之推理，及一般經驗主義之重經驗之積累，及本過去經驗，以由已知推未知者略異。

關於此後二者與前二者在西方哲學中之論爭，乃頭緒紛繁，而迄今未已者。吾人亦不必詳加介紹。但吾人可本吾人上文對於經驗主義理性主義之討論，並本吾人自己之經驗與理性，以論究人之直覺之知及聞知，皆確爲人之一知識之主要來原，而可與較狹義之經驗與理性之運用，併列爲人之知識之四種來原。此下當先略論理性主義者經驗主義者亦重直覺之知之說，然後直就直覺之知之內容，一加分析。

對於直覺之知，在西方近代之理性主義者與經驗主義者實皆同是重視的。如笛卡爾以一切知識皆由

〔註〕：關於西方之權威主義之知識論之陳述，以孟泰苟之 W. Montague，認知之方法 Ways of Knowing 之第一章所論爲扼要，有施友忠譯本，商務版。

直覺與演繹來，而稱直覺爲理性之光。因由直覺來者爲更簡單的，故其確定性更高於由演繹來者。彼以人皆可直覺其自己之在思想，及其自身之存在，人皆可直覺：三角形之只由三直線圍繞而成，圓球面爲一整面〔註一〕。洛克亦以人之知二觀念之一致與不一致，如知白與黑之不一致，三與「二加一」之一致，皆原於直覺。而人之一切三段論式之推理，皆須以對此二觀念之一致不一致之直覺爲基礎。如吾人直覺A與B之全一致，又直覺B與C之全一致，即可推知A與C之全一致〔註二〕。但笛卡爾所謂直覺我在思想，如只指一思之事實，當爲一經驗的直覺；而洛克所謂直覺一觀念與一觀念之一致，如其中包涵共相之認識，則爲理性的直覺。故二家之所謂直覺，其涵義尚可作進一步分析。而各種直覺之存在，固有爲吾人一般之自覺所及者。但亦有不在一般之自覺中，其存在之本身，亦有待於推知者。故其中之問題，亦頗複雜。今試順前已論，更分析直覺爲數種以論之。

（一）第一種之直覺爲吾人於本書本部第二章中所謂親知之直覺，如啞子吃黃連之類。此即在人之一切活動中之一種知，或一種明覺。此爲人於未有反省自覺之前，亦在人之語言之運用之前，內在於一一活動中之直覺，因而亦爲本身無直接之知識意義之經驗之直覺。

（二）第二種之直覺，爲對於第一種意義之直覺，加以反省，而由其「所是」，以直覺其與他時之

〔註一〕：R. Descartes: Rules for the Direction of the Understanding, Rule Ⅲ.

〔註二〕：J. Locke: An Essay Concerning Human Understanding, BK. IV. ch. 2.

所經驗之同類事物之「所是」，有某種共同之相狀性質，而即以語言表之之直覺。此為理性之直覺之原始形態。而吾人於某經驗事物，所以能不待思維而直接以某名表之，亦恆由吾人直覺其與某類之經驗事物，有某一種共相之故。否則吾人將不能解釋，吾人何以能直接用某名表之之理由。然此種直覺之存在，則初可不在吾人之自覺中，而為由對我們之用名之事，加以反省後，方推出其存在者。

（三）第三種直覺為自覺一共相之為一共相，或一共名之為一共名，必有其共相為其所指，遂對共相之同異等關係之一種直覺；此為一種自覺的理性之直覺。如吾人之直覺方之異於圓而同為形。此中之共相，皆為明顯的，表出的 Explicit 被直覺者，而異於第二種直覺中之共相乃隱涵的 Implicit 被直覺者。笛卡爾所謂三角形為由三線圍繞而成之直覺，即此類。因此三角形中，三線皆為共名，亦各表一共相。

（四）第四種直覺，為我們自覺以共名、概念、共相指事物或預期事物，而後來之經驗事物竟適如所期時，吾人之發現後來所經驗者與自覺的預期者相合之一種直覺。如吾人自覺的預期某物之形為三角，後經驗某物時，發現其正為有三角。則此中即有兩重直覺，其一為經驗某物時之一親知的直覺，其另一為直覺「此所經驗者之所是」，同於「吾人用以預期之共名之所指或概念共相之所是」之直覺。此種直覺，乃一切假設或知識之證實階段，皆不能全無者；而此種直覺，則為兼通於理性與經驗者。

此四種直覺，為貫於吾人之理性經驗之活動，而對其存在，人大皆可無異辭者。

（五）第五種直覺為直覺一一經驗之存在之直覺。譬如我們方做了某事，人問我是否已做過，我答做過，是即我知某一經驗事之存在之直覺。此時，我之知我曾做某事，乃不由推理而知，亦非只知某事之共相，而只爲知某事之存在。此種對於一事之存在之直覺，在一般知識中，或無甚大之重要性；然在知識論，形上學中，則有甚大之重要性。此後文當再及之。因吾人之知某事之存在，乃直就某事之存在性而知之。故吾人可知有某事之存在，而忘其爲何事。如我一日外出，某人託我一事，而歸來忘記了；然我卻可覺彼曾託我某事而耿耿於懷，我即可再往問之。彼再說一次，我即頓覺忽然開朗，並知其今所說者即彼昔之所說，而憶及其昔之向我如何說之事。是證當我之忘其所說之事時，我亦知其曾向我說之事之存在，此知，初乃直向該事，以知其存在性，而不必知其內容者。

（六）第六種直覺爲直覺一經驗事，與他一經驗事之分別之直覺。此乃與第五種直覺相連者。因吾人如肯定吾人有對一經驗事之存在之知，則吾人亦可有對不同經驗事之分別存在之知。譬如我方才舉手再舉足，吾人於此亦不經任何推理，而知此爲二事。然吾人如何能知其爲二事非一事，是否必需憑二事之不同相狀性質，乃能知之？此似不能說。因縱然此二事之相狀性質全同——如吾人閉目舉手再舉手，此二次舉手時吾之筋肉感覺之相狀可全同——吾人仍知其爲二事。此知其爲二事，自可說由其間有間隔之事，或由二事之前後相關之事不同（如第二次舉手，有前次之舉手爲前事，第一次則無），故吾人可加以分別。但吾人如根本不能直下將事與事加以分別，即亦不能分別出前事與中間之間隔事，及中間之間隔事與後事，亦不能知事之有其前事。故對事與事之分別之知，必爲一原始之直覺。至於吾人所以有此原始之直覺，以分別事與事，則由於吾人不特能感事之存在，且能感其「不存在」。如吾人之所以覺後之舉足，非前之舉手者，依常識說，此唯因吾人知舉足之事乃繼舉手之事而起。而所謂舉足之事繼舉手之事而起，亦即「舉手之事由存在而歸於不存在後，舉足之事乃由不存在而存在」之謂。而吾人之所以覺前一次之舉手，非後一次之舉手，此中亦有「前一次之舉手之由存在而不存在」，先為吾人之所覺。故後一次之舉手，雖與前一次之舉手完全相同，然因其為繼前者之不存在而起，即為其「與前者分別之感」所由生。此前者之由存在而不存在之「不存在」，即可使前者別於後者，如空間之空無所有，即為可分別一切相狀相同之二事物者。

此種能分別經驗事與經驗事之直覺，實一切經驗主義者理性主義者之所以同謂「一經驗事為具體特殊唯一無二者」之一原始理由之所在。唯吾人欲確知一經驗事之所以異於其他經驗事，則尚須依理性，以對一一經驗事，施以不同之概念規定。而此種能分別一一經驗事之直覺，亦應與「能對不同經驗事，與以不同之概念規定之理性活動」，有一種分別。惟依此分別，吾人乃能知經驗事之不同於一切概念與共相。又此直覺之本身，既為能分別諸經驗事者，則不當與其所分別之諸經驗事，屬於一層次。此能分別之直覺之運於諸經驗事之間，與人之理性活動之運於諸經驗事間，亦正有一方面之類似。故此直覺，亦即不能只說為一般之經驗之直覺，而亦可說之為一理性之直覺。此直覺在形上學上亦有其深奧之意義，為今之所不及。

（七）第七種直覺，爲對於經驗事歷程之始終相涵之直覺。吾人之經驗事，蓋皆爲一有始有終之歷程。此乃詹姆士之心理學，所特着重加以說明者。在吾人有一般所謂自覺之目的或潛在之目的之活動中，此歷程之性質，尤爲顯著。如吾人忽忘某人之名，遂求知其名，初若不得，而既得後，便知此爲吾人初之所求。又如飢餓求食得食，吾人亦不特感一滿足，且知此食物爲吾人之所求。吾人今試問：此知爲何種知？此亦只能謂之爲一直覺。此直覺乃直覺一歷程之終，即所以完成「一歷程之始之所向」之潛在之目的。而吾人前所舉第四項之直覺，則爲直覺「一經驗事物之完成吾人求知之歷程中開始時之自覺的目的」——即望經驗事物之如所預期——。此即可在一意義上，屬於此一種直覺之下，而爲其一特例。

在此種經驗事之始終相涵之歷程之直覺中，尚可概括吾人之經驗中一種因果連鎖之直覺；如吾人吃飯即飽，人恆直覺吃飯爲飽之因。被打即覺痛，吾人恆直覺被打爲覺痛之因。吾人感疲倦則求休息，吾人亦直覺感疲倦，爲求休息之因。此種因果連鎖之直覺，在化爲明顯之判斷與知識時，似常包含因果之錯置（如因被打而覺痛者可以其覺痛由於身體中有病）。然此中之一種對因之存在感，則可並無錯誤，亦只爲直覺一爲因之事之存在。然以此中之爲因之事，如有一種向性，而以果之事爲其終，吾人即直覺其爲始終相涵之二事，其間有一因果連鎖。此因果連鎖之直覺中，既包涵「爲因之事與爲果之事之分別」，又包涵「爲因之事如有一向性以向爲果之事」。由此而在因果連鎖之直覺中，吾人乃「一方直覺爲因之事之由存在以走向不存在，一方即直覺爲果之事之由不存在以走向存在」。此與吾人上（六）中所謂對二事之分別之感中，吾人乃於前事不存在後，再覺後事之存在者又不同。但關於因果之問題，尚有其他種種牽連，爲吾人今所不及論〔註〕。

除上述之在吾人之日常生活即可證實其有之理性之直覺與經驗之直覺外，尚有其他之直覺，如生命經驗之前後連續滲透之直覺，如柏格森所說。及對於他心之存在之直覺，此皆可謂爲常人之所共有者。至於對上帝或神秘境界之直覺等，則可非常人所能有。然因吾人不能預斷吾人之常人之經驗，即人之唯一可能之經驗，則吾人亦不能以常人之經驗爲標準，以斷其必無，故亦即在原則上皆可成爲人之一知識之來原者。

第七節　直覺知識、理性知識與經驗知識

吾人將理性主義者經驗主義者思想中所謂理性之直覺及經驗之直覺析出而論，則吾人可謂純粹之理性，應爲表現於推理或演繹歷程中之理性；而所謂經驗之爲知識之原泉，則當純從已有之經驗之積累爲知識之來原，及經驗之能證實或否證人之一切依普遍原理與假設而成之推斷處說。而直覺知識與理性知識及經驗知識之分別，則在理性的直覺知識，乃不待另一前提而作推理，即直接認知共相之所以爲共相，及共相與共相之關係之知識。經驗的直覺知識，則爲不待過去之經驗之積累，而直接認知經驗事及

〔註〕：關於因果問題，本書中較詳之討論，在因果原則與知識一章。

與其他經驗事之分別等之知識。然在後一種知識，以概念語言表達時，則同時亦即可化爲理性之直覺的知識。如覺糖甜，爲經驗的直覺；而在說糖是甜時，吾人即更直覺其同於一切糖之甜。此後一直覺，即兼爲理性的直覺。至於一般之理性知識，則爲待推而知，由推以知，不推則不知之關於不受時空限制之共相之知識。一般之經驗知識，則或爲根於過去已有之經驗，並可據以推知未經驗之具體事物之知識，或爲根於現在之經驗，以證實已有之推斷，或更規定過去之所經驗之具體事物之爲如何之知識。是爲此數種知識之界限。由是，吾人亦即可說直覺之知識，與一般理性經驗知識之差別，即在前者之爲當下可確然無疑的完成的，而後者則爲當下不能確然無疑，不經推斷或不由經驗之積累，則不能完成者。前種知識可說爲靜觀之所對，而後種知識，則在動的推理，動的經驗之歷程中不斷發展者。

第八節　聞知之種類與價値

至於聞知之所以亦可與經驗之知、理性之知、直覺之知同爲知識之一來原，則我們之意，是重在聞知乃一種「由他人之語言，以間接的知他人之所知」之知。誠然，他人之所以有其語言，以說出其所知，如非亦由其聞另外他人之言而知，則必由於他人自身之經驗、理性、直覺之活動。而他人之由另外之他人而得之聞知，一直追溯上去，其最初仍皆莫不原於人之經驗、理性、與直覺。又我們之由他人而得之聞知，亦必須多少經我自己之經驗直覺或理性之印證，然後才眞成爲自己之知識。否則道聽途說，以訛傳訛，則不能成知識。故吾人亦似可不將聞知，視作一獨立之知識之來原。但是我們亦有理由說，聞知爲一獨立之知識來原。而聞知可說有下列數種：

（一）語言文字之意義之聞知：我們當承認我們之知文字語言之表達某義，亦爲吾人之知識之一種，其理由如在知識之分類一章中所說。而一文字語言在一社會中之表達某義，即我們只有由聞知以知者。在此，除中國之若干象形文字外，我們皆不能由直覺以知某字之爲某義，亦不能只由推理以知某字之有某義，更不能由我個人之主觀經驗，以知某字有某義。至多只能說，由我之社會經驗以知某字有某義。然此所謂由社會經驗以知某字有某義，亦即由聞見社會中之他人，大皆以某字表某物指某物，以知某字之具某義。此即是由聞而知。

（二）由聞知而來之歷史地理知識：除關於文字語言之表達某義之知識外，歷史地理之知識，亦恆由聞知而來。我們恆只須知若干文字語言之意義，而再由聞他人將諸字連結成文，便可得某種歷史地理之知識。然此知識，卻非憑我個人之理性、經驗、直覺之運用所能知者。而亦大皆非可由我個人之經驗或直覺，所能加以證實者。且吾人縱可依個人之理性、經驗、直覺，及已有之自然社會之知識，以定所傳之某一事之妄，亦不能用我個人之理性、經驗、直覺，以定某一事之必眞。吾人之相信其眞，乃唯由吾人對於十口相傳，史家所載，遊歷家考察地理者所言者之信賴。吾人之有此信賴與否，固爲有所依據於我自身之經驗與理性者。如吾人信託某甲之報告，而不甚信託某乙之報告之理由，恆在某甲之觀察力之銳敏，記憶之少訛誤，能正確推斷事理，並說話誠實等；而此則爲可由吾人自身與某甲相處之經驗，並本我之理性以推知者。於是我即可進而由之以推知：如一人爲除我以外之衆人所信賴者，其報告亦更堪信賴；一人之爲某堪信賴之人所信賴者，亦更堪信賴；爲衆堪信賴之人所信賴者，尤堪信賴。由是而吾人相信名記者、名遊歷家之所報告，名地理學家、史家之所撰述，而彼等即成此類知識上之權威人物。然復須知，吾人所以信賴他人之所述，有我自己之經驗上理性上之理由是一事；而吾人對他人之所述，可全無我自己之理性經驗直覺爲之證明，又是一事。故此處我之能有此類知識，遂可全依於吾人對他人之信賴，吾由他人之語言所得之聞知。此聞知自不保證此所知者之絕對眞確性。然吾人之由自己個人之經驗理性直覺而知者，亦非即皆有絕對眞確性。而此中之眞確性之問題之所以發生，唯是因吾人恆缺乏絕對充足之理由，以絕對的信賴他人所言者之眞。然吾於此，在亦無絕對充足之理由，以懷疑他人所言者之眞時，吾即有一依於對他人所言者之道德性之尊重，而自然生出之信賴。由是而人遂有自然的願相信他人之所言，以得歷史地理之知識之傾向。

（三）由聞知而來之科學知識。至於在語言文字之知識與歷史地理之知識外之各種自然科學，社會科學，數學幾何學之知識，則其中除屬於純事實之報告一部份，吾人可由聞而知，即加信賴外；至於其中之理論的部份，則大皆兼賴於吾人之運用自己之理性，方能加以了解。至涉及經驗事物之原理者，則吾人亦隨時可本於我自己之經驗實驗，加以證實或否證。然吾人在用自己之理性加以了解，而未有自己之經驗實驗，加以證實時，吾人亦可本於對科學家之人格與經驗，觀察力，理性之思想力之信賴，而信其所得之結論爲眞。則吾人於此結論之知識，亦即是一種聞知。如吾人聞依愛恩斯坦之相對論：物質之質量，以速率增加而增加，吾人既不知其理論根據，又不知其實驗根據，此即只爲一種聞知。

至於吾人之聞一種科學理論，而又依自己之理性加以了解，並本自己之直覺經驗或實驗，加以證實，則吾人此時之由聞而知者，即最後皆可化爲由我之理性、經驗、直覺之運用而知者。然因人之智慧有高低，學術知識之待各時代有智慧之人，不斷的運用智慧，以積累而成；則吾人如不先由讀他人之書，聞他人之言下手，循其言之所指示，以運用其理性，求證於經驗、直覺，吾人仍不能單獨的由我個人之理性經驗直覺之運用，以有此知識。

（四）由聞知而來之關於我自己之知識。吾人雖皆可憑藉吾人自己之理性、經驗、直覺以得知識，然吾人對自己之理性經驗直覺，所憑藉之感官身體之外表態度，及吾人行爲時身體之狀況，恆在原則上不能有直覺以外之知識者。吾人不能在運用感官身體時，皆同時對鏡以自知此感官身體之態度狀況等。故其畢竟如何，如吾之眼之近視程度如何，乃大多只能由聞而知者。他人並可憑其對我之感官身體之所知者，以考核我自己經驗及經驗性直覺之是否正常，或是否與一般人相同。而此即與吾人之憑此經驗直覺所構成之知識，是否正確，或是否有普遍性，是否爲眞正之知識，密切相關。此亦即心理生理學之所以有助於知識之說明之理由所在。

本於上文所說之四者，於是吾人可說至少對個人之求知言，聞知爲知識之一主要之來原，而與其他個人之直接運用其理性、經驗、直覺以求知，爲同樣重要，或更爲重要者。聞知之直接對象爲言語，間接對象爲言語之所指與所表。此與運用我個人直覺、經驗、理性活動而求知時，吾人之直接對象，初在經驗事物或概念共相，後乃歸於以言語表達我所對經驗事物及共相概念之所知，乃一不同之知識進行之方向。我以言語來表達我之所知，其本意亦在使他人由聞我言語而有知。學者著述家之勤於著作，珍愛其著作，以至過於其生命，亦正由於其覺若無此著述，則他人將不能知其自己所有之知識。是見聞知之可爲本吾自己個人之理性、經驗、直覺以求知外之另一種知識來原，乃吾人必須加以肯定者。

復次，吾人若深探語言文字與吾人之所知之關係，吾人皆知，以語言文字，清晰的表達吾人之所知，而免於一切混淆之難。然吾人之不能以語言文字，清晰的表達吾人之所知，亦恆即吾人對語言文字之所表所指，尚未能清晰的把握之證。故吾人於吾人之所知，恆必求表達之於語言。其既表達於語言之後，則吾人可直由寫下說出之語言，以隨時提起其所表達。而吾人之知識，亦唯在此時，方爲吾人所能自由運用，而眞實的加以主宰者。吾人之由自己說過寫下之語言，以知吾人初說寫此語言時之所表達，亦即吾人今日之所知，與昔日之所知，互相交通，而可使我更能進而循昔日之所知，以求新知者。至吾人之由他人之語言，以知他人之所知，則爲一種自己之所知與他人之所知之交通，而亦使我可循他人之所知，以求新知者。又吾人於自己之所知，恆有表達之於語言之要求，故吾人恆樂聞他人之所言，能表達我自己之所知。我於我之所知，若未能表達之於語言文字者，尤望人能以其言代爲表達。由此而吾人之欲聞人之言，不僅可出於求知己所未知者之要求，亦可出於一望人之所言，能表達己之所知者之要求。在後一種情形下，則吾人由聞人言之所知者，遂一方是知他人言之所表達，而知他人之所知；一方亦是知他人之言之能表達自己之所知，再一方則爲知「自己之知與他人之所知之相同」。此知「自己之所知與他人所知之相同」，即可爲我之知「他人之理性、經驗、直覺，與我之理性經驗直覺之相同」之根據，亦爲我心之能兼知他心與我心之根據。凡此等等本身，亦可爲一義上之知識。然此知識，乃由語言之爲公共的，以知「知識本身之爲公共的」。而除非人彼此相互由「聞」以知他人之所知，則吾人終難知「知識之爲公共的」。如知識不能成爲公共的，則知識之眞正普遍性，即無由見。知識之普遍性無由見，則一切知識，亦即可能只對我爲眞，而對人不眞。一知識如對我眞而對人不眞，則互爲不眞，而吾人即可懷疑此一知識之爲眞；人遂必再以語言與人相討論，必至同歸於一共同之結論，得證其有公共知識時，人之求知，乃得其最後歸宿處。是見人之聞知，不只爲人之一知識之來原，而亦爲「人之求知識之事之達其歸宿處，而互證其知識之爲公共的」之一來原。

知識之起原　參考書目

墨辯論知識諸條

荀子　正名篇

梁漱溟　印度哲學概論第三編第一章知識之本源之問題

J. Hospers: Introduction to Philosophical Analysis. 2. I Ⅶ

此書爲近年英文出版之哲學概論類書籍中，對理性與經驗論之問題分析較多者。其中 2. Necessary Knowledge Ⅶ 所假想之理性論者與經驗論者之問答對辯，頗足啓發思想。

W. P. Montague: Ways of Knowing，中文有施友忠譯本，商務版。

此書乃以知識起原問題爲中心之知識論著作。施譯本頗佳，惜略去原著附錄之知者與所知 The Knower and The Known 之對話一篇。另有鍾兆麟譯本，名哲學方法概論，開明版，兼譯此對話。但此二譯本皆不易購得。

第九章　知識之對象問題——能知與所知之關係（上）

第一節　知識對象或所知之意義

關於「知識對象」、或「所知」之名，可有不同意義。在一意義，乃指一切能知之心之所向。則不特經驗之具體事物，是知識對象或所知，一切抽象的性質、關係、共相、概念、原理、定律等，在被反省時，亦爲知識對象，而爲所知。以至吾人可謂知識本身亦爲人之所知之對象。如吾人在本部中討論知識問題，亦即可謂以知識爲對象，爲我們之所知。但狹義的知識對象，大皆指經驗之具體事物。

所謂經驗之具體事物之一名，亦可有不同意義。一是指吾人之一一具體經驗，一是指所經驗之一一具體事物。而在通常之語言中，事與物又不同，如手執筆是一事，而手與筆則各是一物。筆之放在桌上，是關於筆之一事，筆之成毁動靜，亦是關於筆之一事。而所謂對事物之經驗，亦有多義。如經驗筆之好寫，是一經驗，感筆之形狀之美，亦是一經驗。但我們可說，我們對事物之原始經驗，乃是一單純的感覺知覺之經驗，感覺知覺某一物，是一較單純之經驗事。在此經驗事中，我們可說，所感覺知覺之物，其所表現之現象與所依之本體等，是所知之對象。而能感覺知覺，及緣之而起之其他認識活動，皆爲能知之心。我們當前之問題，則在討論以感覺知覺爲中心之能知與所知對象之關係，由此以展示能知之心之各方面，所知對象之各方面，及其中間之關聯者，所合以構成之能知所知之結構之大體

關於能知所知之如何關聯，此中可有各種不同之看法或理論。此各種看法與理論，亦大體上可排列成一秩序。後一種之看法與理論，常由前一種看法與理論中之困難與問題引出。

第二節　素樸實在論

第一種對於能知與所知之關聯之看法與理論，可稱爲素樸實在論 Naive Realism，即常識中之實在論。此乃代表常人對此問題之看法者。此種實在論，如分析言之，包涵下列數者之肯定：

（一）能知之心與所知之外物對象爲二，能知之心，非創造所知之對象者；所知之對象，更非創造人之能知之心者。如我心不創造門外之樹，門外之樹亦未創造我之心。

（二）所知之對象不被知時，仍可繼續存在，故可離能知之心而獨立。如門外之樹不被知，仍繼續存在。

（三）所知之對象，有種種性質屬性，屬於所知之對象，而爲對象之一部。如紅、軟、圓，同爲一橘子之屬性。而人之認識之，亦未曾改變其屬性。如人不見橘子，橘子亦是紅的。人之認識之，亦未嘗使之更紅。

（四）所知之對象像什麼，即是什麼；而說其是什麼，即說其像什麼。故在此說法中，並無哲學上之所謂現象與眞實之本體之別。如水像綠的，即其本身是綠的。

（五）對象直接被吾人所知，亦可說吾人之心直接接觸對象，中間並無第三者爲媒介。如人看山，即是人直接看山。

（六）所知對象與其性質是公共的，即我能如是認識之，他人亦能如是認識之，或一切有同樣認識能力者，皆能如是認識之。如山我可看見，大家都可看見〔註〕。

這種常識之實在論，粗疏的說，亦爲可成立的。但這種說法，以爲人心能直接認識外物對象，外物像什麼，即是什麼，首先不能說明我們之認識，何以有種種錯誤的知覺？或我們何以對於同一外物，我們有時認識其如此，有時認識其如彼？如同一竹竿，在空氣中，我們覺其是直的，插到水中，則又覺其像曲。如果外物像什麼即是什麼，則竹竿應又直又曲。如我們於此再本觸覺，以斷定其爲直，則其插入水中時之像曲，便只是現象，而非眞實，只是錯覺，而非正常之感覺。人之此錯覺，便不能是對竿本身直接認識所生。

〔註〕：本節及下節將素樸實在論及代表實在論之特色，分爲六點，以便相比較之說，乃根據 Bahm: Introduction to Philosophy, 1953。此書知識論之部，專討論能知所知之關係論之諸說。於每一說，皆分爲六點，以便比較，讀者可參看。

其次，我們即不將外物之地位改變，以同一感官與同類外物接觸，只須我們以前之經驗不同，外物之性質亦可有所改變。如入芝蘭之室，久而不聞其香，入鮑魚之肆，久而不聞其臭。吃同一之糖，第一塊甚甜，第二三塊則次之。如吃十餘塊，則可反覺酸。吃橄欖，則初覺苦而後回甜。提同一重量之物，初提覺輕，後又覺重。同一之溫水，手初插入，覺其甚熱，久則不覺熱。同一之時鐘之聲，本無高低，然吾人聞之，則覺滴答滴答，而前低後高。同一物之色，我們初看甚鮮明，再看則不似以前之鮮明。再其次，以同一之感官，對不同物，加以感覺後，互相對較，則所覺者亦變。如吃甜後吃酸，則淡而無味。一手置熱爐旁，一手置冰雪中，則冷者特冷，而熱者特熱。以紅綠相對較，亦紅特紅而綠特綠。試問：如果我們所認識之外物對象之性質，皆屬於外物之自身，則何以外物有時有此性質，有時又無？而不同之人，其對同一物之感覺，可各不相同，亦正如吾之一人在不同時，對同一之物之感覺之不同？則我們又何能說外物對象與其性質是公共的，我如是認識，他人亦能如是認識的？

復次，在常識中之以外物爲離心獨立而自己存在，在實際上常是並無自覺之理由的。人只是如此相信；然人之此相信，並不保證其所信者之必眞。如人在夢中，亦以夢境中之外物，爲離心而獨立存在的。初看電影者，據云亦有視之爲眞事，而以槍射擊銀幕上之壞人者。又吾人如何斷定吾人之一生非一大夢？如中國小說中之黃粱夢之類。此在常識中，並無一定之理由，以答覆此問。故在常識中，人亦常喜聞人生如夢之語。而此語果爲眞，吾人即不能斷定外物對象之果爲離心而獨立存在，而非夢境中之事物。

此種常識之實在論之根本缺點，在其爲未經過批判，而建立之實在論。此種實在論，乃將吾人之所直接經驗者，皆視爲客觀存在之一種實在論。此種實在論，亦即可謂是：將吾人直接經驗之世界之內容，初步加以反省時，而直下即視作客觀眞實存在之世界之本相之一種知識論。此種知識論，全未嘗思及：一外物在不同環境條件下，在吾人之不同之心理生理情形下，皆可顯出不同之相狀與性質。吾人之直下所感覺者，不過其在一種之環境條件下，吾人之生理心理之一種情形下之一種相狀性質。我之個人與其他之人，在不同之心理生理情形下，與在不同之環境條件之同一外物接觸，儘可所感覺者千殊萬別。因而吾人亦即不能由吾人當下之見其相狀性質之爲如此如此，而即以爲外物眞是如此如此，並以其相狀性質，亦皆爲離心而獨立存在者。

第三節　代表實在論

代表實在論 Representative Realism 爲一種經批判後的常識所持之知識論，亦爲西方十六、七、八世紀若干哲學家科學家所持之知識論。此種理論，與上一種理論之大不同點，在不主張我們能直接認識外物，而主張：吾人乃通過由感覺知覺所得之對於外物之印象觀念，以間接認識外物。此說不以我們對外物之印象觀念，即外物自身。此印象觀念，亦不必與外物本身之相狀相合。故此說可解釋各人對外物之印象觀念之差異的情形，與緣是而有之一切所謂錯誤的知覺如幻覺錯覺等。這種理論，在西方哲學家中主張者頗多，可以洛克爲代表。其要點與第一種理論相較，可分爲下列數點說明：

（一）我們能知之心與外物對象爲二，且可說是不同的實體。吾人之心對外物有感覺後，再繼以吾人對由感覺所得之印象觀念之反省，此即是我們之一切經驗之來原，亦是一切知識之來原。外物與吾人之心之本身，彼此不互相創造。但我們之一切印象觀念，卻是由人感覺外物，外物對人心發生影響後，由人心自己創造出來的。

（二）外物本身可離人心而存在。如無外物本身之存在，則我們之感覺，即無外面之來原，而不能發生。又我們在感覺外物時，對外物之存在，亦可有一直覺之確定性〔註〕。

（三）外物具備各種性質，而其中之性質，可分爲二種。其一種稱爲外物之初性，或第一性質 Primary Qualities。即如外物之形狀、大小、長度、數量、堅實性、密度、能動靜之性、與運動之速度等。此即一般自然科學家所研究之物之性質。其第二種爲物之次性或第二性質 Secondary Qualities，即如眼所見之色，耳所聞之聲，口所嘗之味，鼻所得之嗅，身所感之冷熱等。但此二種性質，只有初性乃是外物之本身所具備。至於物之次性，如色聲香味，則並非外物本身所具備，而只是我們之感覺觀念。但是外物以其初性與我們之感官接觸時，外物即可說有引起我們之色聲香味之感覺觀念之能力。故

〔註〕：洛克人類悟性論承認感覺中之直覺確定性，但其他代表實在論者如笛卡爾，則初會懷疑此點。

吾人亦可說外物有此次性。至於我們之所以要分初性與次性，則因我們所感到之色聲香味等，是人各不同的。如同一之聲波、光波，其長度、振動數則是一定的。同一之香氣與食物，其密度、體積等之量，亦是一定的。而各人之香味色聲之感覺，在各情形下，則明可各不相同，如上節之所說。故後者不能稱爲客觀外物所具，而只能說是主觀的。如後者亦稱爲外物所具，則必同一之芝蘭又香又不香，同一之糖又甜又酸，便產生矛盾。

（四）因外物有二性質，一爲客觀，一爲主觀。故我們不能說外物在我們之前所顯之相狀現象，或由我們對外物之感覺知覺，而得之觀念印象，都是與實在外物之性質相合的。即外物像什麽，不必即是什麽。如糖似甜，而糖之自身並無甜。水似冷，而其本身並無冷……。於是我們所覺之色聲香味等，即屬於一假像之世界。眞正之外物世界本身所具有者，只是其各種形狀、大小、長度、堅實性、密度等。由此而可確立所知之現象與實在自身之差別。

（五）我們只能直接認識我們之觀念與其間之關係，而不能直接認識外物。我們只是通過我們對外物之觀念，以認識外物。我們對外物之觀念，有與外物之性質相符合者，如我們對外物之形狀數量之觀念。亦有並無外物本身之性質（初性）與之相符合，而只有外物之能引起我們之感覺觀念之能力（次性），與之相切應者。我們一方通過此等等觀念，以認識外物；我們一方亦能自覺的根據此種種由接觸外物而得之觀念，再加以比較、組合、抽象，而創造出種種觀念。如由對外物感覺時所得之紅綠等五色，及各種物之形狀之觀念中，抽象出普遍的形色之觀念，並將各種形狀組合，成想像中之形狀等。此在洛克稱之爲複雜觀念 Complex Idea 。至我們初對外物感覺時，所生之各各個個之感覺觀念，則稱爲單純觀念。我們之單純觀念，最初雖由與外物接觸時之感覺所生，但當其既生出，則與複雜觀念，同爲人心之所具有。而人可直接認識其一致與不一致之處。由此以形成關於觀念與觀念之關係之知識。人亦可自由運用其所有之觀念，以判斷外物，而對外物有知識。然此卻不能保證其必眞。因人儘可自由運用其心中之觀念，以指任何外物。如以方的觀念指圓，以紅指綠，以心中製造之天使觀念，指一小孩。由此而人對外物之知識，常可錯誤，而缺乏確定性。至如何使吾人確知吾人之觀念與外物相符合切應，則仍唯賴於我們對外物之繼續的經驗，或進一步的加以感覺。由此感覺，人對外物之性質與其存在之認識，即可漸有一確定性。

（六）外物之本身與其本身之性質，乃客觀存在者，故爲人人所可認識，而爲公共的。但人對外物之觀念，則皆由一一人之心，分別與外物接觸而得。一人之一切觀念，皆屬於一人，而爲私有的。即二人同觀一外物，得同樣之方形之觀念，然各人仍各有其方形之觀念，其中絕無混淆。每一方形之觀念，仍只爲一個人之所私有。故物可有共性共相，人對之亦可有概念；然此概念本身，則爲不共者。此概念，在洛克則名之爲抽象之觀念。

第四節　主觀觀念論

主觀觀念論 Subjective Idealism 乃表面上與常識最相違之一理論。此理論之要點是：主觀觀念即外物，外物亦即等於觀念。此可以西方哲學中巴克來G. Berkeley之說爲代表。

巴氏之說，是從洛克發展出來。我們今避掉機械之比較法，試說明其理論之如何可由洛克式之代表實在論發展而來。此我們可首試問：洛克所謂物之初性與次性之分之說，是否眞能成立？如依洛克說，色、聲、香、味是次性。形狀、動靜、大小數量等是初性。但我們試想：一顏色能否沒有形狀？而我們所看見的任何形狀，能否全沒有顏色？全無顏色之形狀，我們能否感覺？如形狀與其大小之數量動靜等不能相分離，則與顏色亦不能相分離。如顏色是主觀的，則其形狀大小數量動靜等，又如何能獨是客觀的？

洛克等所以說外物之色聲香味是主觀的，乃由其隨各人主觀之感覺知覺印象觀念而變。但我們試想：一物之形狀之大小數量，動靜之形態，從各人對之之感覺知覺，及由之而得之印象觀念來看，是否即全相同？同一山近看則高可落帽，遠看則低於屋簷。同一桌，正看爲方，側看爲斜。人在岸上覺船動，人在船上覺岸動。人頭暈時，亦可覺天地旋轉。則吾人對外物之形狀動靜之感覺觀念等，豈非亦相對於吾人之主觀而變？若物之色聲香味之性質，相對於主觀而變，便可說其非屬於客觀外物自身的；

則我們何以不說：物之形狀大小之數量、動靜等，亦相對於主觀而變，而非屬於客觀外物自身？

由此而巴克來即提出一根本的問題，即：什麼是客觀外物自身？除了我們對客觀外物之各種性質，如色、聲、香、味、形狀、大小、數量等之觀念之和外，是否還有離能知之心，與獨立之客觀外物自身？如有，我們如何能知其有？

於此，我們試反省，我們對於所謂客觀外物自身之觀念是如何。我們即可發現：我們無論如何反省，我們所得者，皆只是關於外物之性質之觀念。如我們反省我們對橘之觀念，我們所得者，便唯是關於橘之形狀、顏色、軟硬、味嗅等觀念。是否除此等等之外，尚有如常識及洛克等所說，在後面支持此種性質，並將其集合在一起之外物之自身？是否我們因覺我們之感官之觀察，不夠銳敏，而以顯微鏡望遠鏡等，幫助我們觀看外物，即可達於外物之自身？依巴克來之理論，則我們無論在任何情形下，皆只能知所謂外物之性質之表現於吾人之前者。我們是永不能知此性質之後的外物之自身。而我們對外物性質之一切所知，亦即是吾人對物之諸性質之觀念。

巴克來此種理論，他自稱並沒有否定常識中所謂外物，而只是要我們重新反省：在我們常識中，所謂外物及外物之性質，畢竟是什麼？所謂外物存在，畢竟是何意義？人如問人，你所謂門前之桃花存在是何意義？此豈不即是同於說其形在，其香在，其色在？如果說其形、香、色等一切性質都不在，你又如何能說桃花存在？但是什麼是香，豈不即是我們所嗅的？什麼是形色，豈不即是我們所見的？由此以推知：聲即是我們所聞的，味即是我們所嘗的，外物之性質，皆是我們所知覺的。此外並無外物之自身。故外物存在，即等於說其性質存在，而其性質存在，即等於說我們對於性質之知覺或觀念存在。故巴克來說存在即被知 To be is to be perceived。至於所謂外物之自身，根本從未爲人所知；則吾人亦不能知其存在，說其存在。

在相信有外物自身存在的人，常是從我們之觀念知覺之必有一來原，及我們之觀念如果是眞，必需符合於一外物，或與外物自身之性質相類似去想。但巴克來問：何以我們之觀念，必須與另一在觀念外者相類似？我們試問：我們之觀念，如何能與一外物之自身或外物之性質相類似？如果我們說觀念是思想性的，外物是非思想性的，則思想性的東西，如何能與非思想的東西相類似？我們在經驗中，只知一觀念與另一觀念之相類似，如對於霞彩之觀念，與對於虹之觀念相類似；只知我在此時此地之觀念，與我在彼時彼地之觀念相類似，如我在今日看門外之桃花所得之觀念，與昨日看時所得之觀念相類似。我們何時曾經驗過，一非觀念的東西，與觀念之相類似？此乃在原則上不可能者。因我們如有此經驗，則我們對於非觀念的東西已有經驗，並已有一觀念。我們便仍只是發現此觀念與另一觀念相類似，而仍未發現非觀念之東西與觀念之相類似。故我們之觀念，如必須在我們之外另有所類似，並以此所類似者，即我們觀念之來原；則此來原，亦只能是另一觀念或思想性的東西，而仍不能是「非觀念非思想性的東西之外物自身」。

然而巴克來之此種理論，並未嘗主張整個世界，等於我個人已有之觀念，亦不抹殺感覺知覺之本身，與由感覺知覺而有，並存記於人心中已有觀念之差別。巴克來只是說，人之一一感覺知覺之本身，即是一一之觀念。感覺知覺之觀念，其異於人之其他存記於心中之已有觀念者在：對前者，人並不能以其意志，使之自由生起，或任意加以消滅；而對後者，則人可以其意志，使之自由生起，或任意加以消滅。又我個人之觀念之由感覺知覺而有者，亦時在增加之中，我們不斷的生活，不斷的有新經驗之生起，亦即不斷有由感覺知覺而來的觀念之增加。感覺知覺之觀念之生起，亦有其自己之一定之秩序。如我們之看一花之生長，由發芽生葉，至開花結果，我們此中之一串之感覺知覺之觀念之生起而連結，即形成一秩序。此秩序，並不能由我們隨意加以顚倒。而我們之各串之感覺知覺之觀念之生起連結，亦皆各有其不同之生起連結之秩序定律。今如我們自由生起的內心中之一串觀念，其秩序又能與某一串感覺知覺之觀念生起之秩序，互相一致，則吾人有所謂自然之知識。依此以論，則吾人不須假定任何觀念與其外之外物自身之一致，亦可說明自然知識之所以成立。

至於我們之感覺知覺之觀念之不斷生起，旣不是由我們之意志，自由使之生起，而其生起，又有一定之秩序定律，則此當有一客觀之來原。此來原，我們前已說其不能是非思想性的、非觀念的外物之存在，便只能是一思想性的而又實含具人心所可能有之一切觀念之存在，而此即爲一無限心或上帝心。於是一切觀念之尙不屬於我與他人之有限心者，皆先屬於此無限心或上帝；一切觀念之由不屬於我與他人，以成為屬於我與他人者，皆來自上帝心中原有之觀念，而由上帝為原因，以賜與吾人者。至吾人之一切感覺、知覺、觀念之生起，其秩序定律之所以不變，其最後根據則在此上帝之繼續不變的依此秩序定律，以相類似之觀念，賜與吾人之意志。此即巴克來之主觀觀念論之大旨。

第五節　休謨之純印象觀念主義

上述之巴克來觀念論之根本論證，在以我們之觀念之來原，或其所類似符合者，只能亦是觀念。故不能有外物之自身為我們觀念之來原，為其所類似符合者。於是為人之繼續不斷生起之感覺知覺觀念之來原者，即為一無限心或上帝心中之觀念。但如順此巴克來所謂只有類似於我們之觀念者，才能為吾人之觀念之來原或原因之說，一直推下去；則我們之能知之心之本身或自我及上帝之本身，亦可皆不能成我們之觀念之來原或原因。因依巴克來說，我們之心之本身或自我為統屬我之諸觀念者，上帝為統屬一切觀念者，其自身皆在所統屬之觀念之上，而與其所統屬之諸觀念實並不相類似者〔註〕。則他們又如何能成為我們之觀念之原因？於是巴克來之後學休謨，遂進而一方根本否認我們能知外物自身之存在，亦否認我們能知上帝之存在，以及在我的觀念之上，統屬一切觀念之我的心之本身或自我之存在；而以一切經驗知識之內容，只是各種觀念之聯結，此外並無在觀念之外或觀念之上之外物，心之本身或自我之

〔註〕：巴克來於其人類知識原理之開端，即分別一般觀念 Idea，與能知觀念之心或精神或靈魂之自身。

存在〔註〕。所謂外物，是一束色、聲、香、味、形狀之觀念之連結。而我試反省我之心，我之自我，亦只見有許多印象、情感、意志之觀念，在這兒往往來來，而互相連結在一起。至一切通常所謂可由人自由喚起之觀念與感覺之差別，則在休謨看來，只在其鮮明之程度之不同。即前者似不如後者之鮮明，同時我們總是先有此種鮮明之感覺知覺之觀念，後來才有可由我們自由喚起之觀念。故後者亦可謂前者之倣本。為表示其差別，休謨乃稱感覺知覺之觀念為印象，而以通常所謂可由人自由喚起之觀念為觀念。而真觀念之所以為真，則在其能為印象之一倣本。依休謨之理論以論知識，則一切知識皆依於觀念之聯結。觀念或依相似而連結，或依時空之鄰近而連結。而其連結之秩序，能與印象之連結相一致者，則為真知識。如我們隔牆見角，而想是牛，發生一牛之觀念。此如能與吾人去看時所得之牛之印象一致，則此知識為真。反之則為假。而依此理論，以看因果之連結，亦只為某一所謂因之事物之觀念，與其他所謂果之事物之觀念，恆常的相連結之謂。我們唯因過去曾經驗一觀念與另一觀念之恆常的相連，遂養成見一觀念即思另一觀念之習慣，而覺為因與為果之觀念間，有一必然關係。此即成一將常識及他派哲學中，所謂所知之外物及能知之心之本身或自我，皆加以懷疑掉，而只留印象觀念與其連結，以說明知識之理論。

「註」：D. Hume: Treatise of Human Nature, Book I. Pt. Ⅱ. Section Ⅵ 論無印象觀念以外之外物。又同書 Pt. IV. Section Ⅵ 論由反省人無「自我」可得。

第六節　現象主義與不可知主義

休謨這種理論，雖去掉了能知之心之本身或自我與所知之外物；但在其理論中，印象與觀念之地位，是不同的。觀念是來自印象。若先無印象，則無印象之觀念。觀念之種類之範圍，不能超出於印象之種類外，而另有所增加。然而印象之範圍，即通常所謂感覺知覺之範圍，則是可以隨人之生活而不斷擴充，以增加的。在感覺知覺不斷擴充之歷程中，我們明可覺我們是不斷的新有所感覺知覺，則感覺知覺之「能」，與所感覺知覺者，當有一分別。此所感覺知覺者，乃是呈現於此感覺知覺之前者。此呈現於感覺知覺之前者，如不稱之爲外物，以免除巴克來式之駁難，則可稱爲現象。於是我們即可稱此一切，爲我們感覺知覺之所知，而不斷呈現於其前之現象之和，爲一現象世界。由此而有所謂現象主義 Phenomenalism 及實證主義 Positivism 之能知所知關係論。

西方近代之現象主義有數形態。其一爲康德之現象主義，此是在現象之上，再肯定種種原於能知之主體的範疇之加施於此現象之上之知識論。其理論比較複雜，不宜只以現象主義一名概之。其二爲斯賓塞式之現象主義，此是同時肯定一現象所自生之不可知之本體，以爲宗教信仰之所寄託處之現象主義。亦非徹底之現象主義。其三是只肯定各種現象之如是如是相關聯而呈現，即順其如是呈現，而積極的求認識之，記述之，以發現現象相關連之定律之現象主義、此即孔德所謂實證主義，及馬哈之感覺主義。

孔德之實證主義，重在去掉一切現象之後面的原因之追求，而以凡從事後面原因之追求者，皆爲玄學思想，而非積極的肯定現象，以求認識現象之思想。故其說稱爲Positivism。馬哈之感覺主義，乃以感覺中，只有種種感相呈現。而此感相，爲非心非物，而可兼隸屬「對於所謂心之知識系統」及「對於所謂物之知識系統」的。第四種形態爲皮爾孫K. Pearson式之現象主義，此乃爲人之「只能知現象」，提出一生理學心理學上之理由之現象主義。此說謂人之一切感覺知覺，皆由外物刺激感官，傳至大腦而生。故一切感覺知覺中之世界，皆由人之大腦受外物刺激後，而顯於感覺知覺思想之心靈之前之現象世界。人之心靈，永不能離其感官大腦，以認識世界，則人亦永不能達於外物之自身。而人之心靈之依大腦感受刺激，而傳來之消息，加以連結，以認識外面之世界，有如接電生在電話局，接得各方來之電話，並加以連結，以知外面之世界之情狀。在此處，接電生之不能離電話局以出外訪問，正如人之心靈之不能離大腦感受刺激而傳來之消息，以直接認知外面之世界。依此，人之心靈之只能知外物在心靈之前，所呈現之可感覺知覺之現象，而不能離現象以另有所知，即可由此而得一科學的說明。

然此數種現象主義之形態中，第一二兩種，皆承認有現象外之物之自身，或不可知之本體。上已言其實非徹底之現象主義，而唯謂現象以外之物之自身及本體乃不可知，而爲在知識之外者而已。至此二說，在西方哲學史上所引起之問題，則在：吾人既謂物之自身及本體不可知，則吾人又如何知其必有此物之自身、物之本體？第四說以我們所知者只是外物刺激感官大腦後，在吾人心靈中所引起之感覺知覺中之現象，然又肯定有外物存在，亦非徹底之現象主義。因如吾人從未直接接觸外面的世界，而只知大腦傳來之外面世界之消息，在我心靈中所引起之現象，有如一接電生之一生從未離電話局，終生除聽電話外無他事，亦未嘗遇見任何人與外面之世界；則吾人試問：此接電生又有何理由，以推知必有外面之世界？彼豈不可想，只是此接電話之機器，自己不斷發聲？依此說，一生理學家或一心理學家，亦首當懷疑有外面世界之存在。而彼亦不能將其生理學心理學之知識，應用於其外之他人，謂其具客觀的有效性。如一生理學家一心理學家，相信其生理學心理學知識，必可以應用於其自己以外之他人，而具客觀的有效性，則彼首須假定其對外界之他人之身體、大腦、感官等，皆有客觀之認識。而承認此一點，即不能謂生理學家心理學家之心靈，乃封閉於其個人之大腦，所接受之刺激之界限之內者。而其他人之心靈亦應如是。故此種學說，雖意在以心理學生理學證明現象主義，而實則其肯定心理學生理學之知識，具客觀有效性時，即已否定其所主張之現象主義。

在此上諸說中，唯第三種形態之現象主義，乃爲一徹底之現象主義。然此種徹底之現象主義之根本問題，則在如何說明現象之繼續不斷之生起？因依此種現象主義，所謂因果，只是現象之相連，人亦唯在已有一現象後，乃能進而視其他已有之以前之現象，爲其原因；再本過去經驗，凡此類現象生起後，其相繼者，恆爲某類現象，以推想其以後之結果；而此推想，則唯待於以後生起之現象，方能爲之證實。然未來之是否必有現象之繼續不斷之生起？或除我所經驗或感覺知覺以外，是否必另有現象之繼續呈現於我之前？則是只經驗已有現象之我，所不能保證的。如必須肯定有現象之生起，則須於我所經驗現象之外，另肯定一生起現象之外在的原因，而屬於形上學之一種肯定。此乃反形上學之現象主義，所不願加以討論的。但是實際上，此肯定，不僅爲一形上學之肯定，亦爲人求知識時之所要求。因人之求知，不只是求知其所已知之現象，且是求知其所未知之現象。而實證主義更是要人儘量的去觀察各種自然社會之現象而認識之，敍述之，並發現其關聯之律則者。然而在人求去觀察各種現象時，即必已先肯定有尚未被觀察，而可被觀察，或尚未呈現於前，而可呈現於我前之現象之必有或可有。此必有或可有之現象，爲如何之現象，可不爲我所知。然在我之不斷求知之活動中，已包涵我之肯定其必有或可有。然我們將依何根據，而肯定其必有或可有？此要不在我已知之現象，或已呈現於我前之現象之和之自身。因此必有可有之現象，乃超越於並外在於此已知已呈現之現象之和者。而另一種可用以說明「我們所已知之現象之外，必有可有其他現象之爲我們所知」之理論，即謂世間本有種種客觀之實在，爲現象之所自生之根原。由是而吾人還須回到一種實在論之思想。

但吾人在了解主觀觀念論，現象主義中所涵具之眞理成份後，吾人所將回到之實在論，即不能再是素樸實在論或代表實在論。而西方現代哲學中，遂有一種新實在論之提出。

第七節　新實在論

此種新實在論 Neo-Realism之要點，是說呈現於吾人之能知心靈之前之現象，皆爲一種實在。此實在唯於其呈現於吾人心靈之前時，乃稱爲現象。然其呈現於我們能知之心靈之前，卻並非此實在所必須具有之一種性質。此實在，不呈現於吾人能知之心靈之前，仍可不失其爲一種實在。而世間亦儘可有其他無數未呈現於我心靈之前以成爲現象之其他實在。然此實在，要必爲可呈現於能知之心靈之前，而爲可知，以獲得一被知之性質，或與能知之心靈，發生關係者。故依此種新實在論，將不肯定任何在本性上在能知心靈之外，爲心靈所不可知，或不能直接認識之實在。然亦不主張一切實在，皆必爲能知心靈之所知之印象觀念，或已呈現於心靈之前之現象，而反對「存在即被知」或「現象即實在」之說。

依此種新實在論之理論，其所謂實在之範圍，除包括吾人通常所認爲實際存在事物，如人物山川等外；亦包括吾人所謂存在事物之性質、關係、定律、價值等。而除存在事物之性質關係等外，吾人心中所幻想其存在之事物，理想中與希望中之事物，或似純由人之思想所臆構之假設理論，及一切可能存在而尚未存在、可能被思想而尚未被思想之一切具體抽象之事物或「有」，皆爲一種實在。除通常所認爲實際存在之事物，可直稱爲存在者外，其餘可存在而未存在及不能單獨實際存在者，如性質關係等，皆稱爲潛在（Subsistents）。由此而潛在之世界，乃廣大於存在之世界者。數學家所研究之一切從未爲實際事物適切的表現之數理關係，文學家之幻想世間所無之境相，皆是對一潛在之有之一種認知。而此潛在之有，則爲一最廣大的所知之對象之世界。至所謂實際事物之世界，則不過一部份之潛在之有，實現於實際時空之所成；而我們對之之知識，乃遠少於我們對此「潛在之有」可能有之知識者。此潛在之有之世界，就其自身言，乃無所謂生滅變化者。因生滅變化，只是緣於不同之潛在之有，更迭的實現於實際時空而來。如所謂天上彩霞之由紅變橙，由似鯨而變爲似山，不過由於潛在之紅與橙、鯨形與山形之更迭而顯現，我們遂覺有生滅變化。然此紅與橙，鯨形與山形，就其本身言，則無所謂更迭而顯現，亦即無所謂生滅與變化。由此而人對於潛在之有之知識，亦爲一以超生滅變化者爲對象之知識。此即類似柏拉圖之以永恆的理念，爲最後之眞知識之對象之說。此說實牽涉一形上學之問題，非我們在此處可能詳論者〔註〕。

新實在論以人之所知對象，包括實際存在於時空中之事物，與一切潛在之有。則人之所知之世界，乃遠較常識或素樸實在論，只以實際存在事物爲所知之對象者，更爲廣大。但其以人能直接認識所知之實在，中間不須以第三者爲媒介，則正同於素樸實在論之說。其主要困難，亦與之相同。即此說不易說明知識之何以有錯誤。新實在論以幻覺錯覺之所對，亦是一種「有」。如在空氣中之竿爲直，在水中者爲曲，直與曲二者，皆爲知覺所對之一種「有」，一種實在。又如在近處之鐵路，兩軌平行，遠處之兩

〔註〕：對此新實在論之主張，除後文所列之參考書外，中文中施友忠所譯英人約德 C. E. M. Joad 所著之物質生命與價値 Matter, Life and Value 1929. Oxford Press 一書及飯後哲學一書，皆加以介紹，二書皆淸晰可誦。

軌相交，亦皆各爲知覺所對之一種有，一種實在。幻覺中之空花，與正常知覺中之花，亦各爲一種有，一種實在。只要我們不視此爲彼，則皆不爲妄。而我們之所以視此爲彼，亦只因二者原皆爲有，然後有視此爲彼之事。故錯誤亦有客觀實在之根據。但是現在之問題，是人何以會視此爲彼，而有錯誤？人之視此爲彼之事，畢竟是如何一回事？如果人對一切實在，皆是一一分別的直接認識，則視此爲彼之事，又如何可能？

第八節　批判實在論

由上述新實在論之問題所引出之一現代西方哲學中之理論，可稱爲批判實在論Critical Realism。依此批判實在論，人對對象事物有認識時，其認識並非直接認識，而是通過第三者爲媒介之間接認識。此第三者非如代表實在論所謂觀念，而是一種性相之叢 Character- Complex（或Essences）。我們憑藉此性相之叢，以認識對象。如我們認識竿是直，是圓筒形，是綠。此直、圓筒形、綠等，即合爲一性相之叢。我們憑藉此性相之叢，以認識竿。我們不必說此性相之叢，只是我們主觀之觀念。因此性相之叢，可說在心，亦表現於一物或多物之中，且未嘗不可離心靈與外物以自成爲一種潛在（註）。此性相之

（註）：批判實在論之二派中之一派，謂此性相之叢兼存在於心靈中或外物中，但不承認其能離心靈與外物，而成爲一潛在，另一派則承認其能離心靈與外物，以自成爲一潛在。

叢，即我們前所謂之共相之聚集。我們可說此性相之叢，爲我們認識時之心靈之內容，而爲心靈所直覺，以別於超越於我們心靈之外，而自己存在之實際存在者。我們通過此性質之叢去判斷對象，指及或論謂對象，或定置之於對象之上後；而對象亦實表現此性相之叢，而實以之爲其存在之內容時，則我們即於對象有眞知。反之，則我們發現一對象不表現此性相之叢時，我們即發現我們之錯誤。而依此說以解釋方才所謂人之誤此爲彼之事之所以可能，則當說此唯由於人之將此所表現之性相之叢，誤定置於彼，誤用以判斷彼，指及彼，論謂彼之故。非人之眞能將此與彼之爲二對象之本身，混而一之也。

依此種理論，去看我們之能知心靈與所知對象之關係，因此中有一第三者之性相之叢爲媒介，遂成爲一種三項關係，與代表實在論之以能知之心，通過觀念爲媒介以認識外物之說略同，而與素樸實在論，主觀觀念論，新實在論之視認識關係，爲只有能知所知二項之關係者，或視能知所知爲一項者異。然其理論上之困難情形，亦與代表實在論有相同處。即如果我們能知之心，所憑藉以認識外物之性相之叢，只是我們能知之心之內容，外物乃超越於此心與其內容之外，而自己存在者；則我們如何能知此心之內容與外物之內容之合一？在此，只說我們憑藉我們心靈之內容，以指及論謂對象，而定置此內容中之性相之叢於對象之上，是不够的。因爲如果對象眞是對心靈與其內容爲超越的，則我們將永不能知此二者之是否相合。反之，如我們眞能知此二者之相合，則對象不能只對心靈爲超越的。而當我們眞知心靈之內容與對象之內容相合時，我們又如何能說，此認識仍只是一三項關係之間接認識，而非以「同一之內容」貫於「心靈之能知」與「對象之所知」二端，而連二端爲一，以形成心靈對對象之直接認識者？此正爲此說所難答覆者。

第十章　知識之對象問題——能知與所知之關係（下）

第九節　實用主義

依實用主義Pragmatism，此上之各種理論之言能知之心靈與所知之對象之關係，都是把能知之心靈與所知對象，置於靜的對待關係中去看者。但是我們可根本不把心靈與對象，置於一靜的對待關係中看。我們可以說：所謂所知之對象事物之畢竟是什麼？根本上應當由其在各情境下所表現之作用功能而見，亦要從其能影響於我們之行爲，或我們之行爲施於其上後，其所表現之作用功能而見。則我們並不能直截的說：某一對象事物之性相是什麼，只當說其在何情境下，及我們對之如何行爲，或如何加以運用時〔註〕，彼即表現何種作用功能而呈現何種性相。我們要決定我們對一對象之作用功能與性相之判斷是否爲眞時；則我們之心靈，不能只是一靜觀之心靈，而當兼是一能發動行爲，以在種種情境下，運用對象之心靈；並由此對象，所表現之作用功能或性相，以驗證我們之判斷之是否爲眞。依此說，則一

〔註〕：我們之行爲施於一定情境下之某物，此行爲之本身，亦屬於一廣義之情境中，而爲其中之一成份。

所知之對象所表現之作用功能與性相，爲一變項而非一常項。而我們對所謂一對象之知識，亦爲一變項而非常項。譬如依此說以論我們對於水之知識，則我們當說水是置於火上則能滅火的，水是人吃下即能解渴的，水是在置於電流之下，則將分解爲氫二氧一的。凡此等等與水爲目所見時之爲流動的物體等，皆爲我們關於水之知識。而此每一知識中，皆可謂包涵一種對於水之性相之認識。然而我們卻不能離開水所在之情境，及我們行爲後，水所表現之一切作用功能，去懸空孤立的論水之一定之性相，及其外在而獨立的存在。這種理論，可以說是把一對象，置於其與其情境中之其他對象之交互作用的系統，及與我們之行爲之交互作用的系統中，以看我們之能知之心靈，對於對象之所知之認識理論。

此種「一對象事物可在不同情境下，及我們對之有不同之行爲時，表現不同之作用功能或性相」之說，固是眞的。但某一對象，在某一定之情境下，或人對之有某一定之行爲時，其所表現之作用功能，仍必爲一定，且必呈現一定之性相。而每一定之性相，就其本身而言，仍皆爲如其所如，無所謂變化，亦不與其他性相相淆亂者。而我們之說某一對象在一情境中，與其他對象發生關係，則可改變其功能作用性相云云，我們最初亦仍必須先以一定之性相，來指定標別某一對象，另以其他一定之性相，來指定標別其他對象，再指定標別二者間之關係是什麼關係；然後說「由其發生關係，而其作用功能性相皆改變」之一語，乃有意義。否則我們將不知我們所說的是什麼。由此而至少在我們認識對象之第一階段，我們仍必需先有種種「關於一定之性相」之概念，來指定標別各種不同之對象。此仍爲一不易之眞理。

第十節　邏輯經驗論

在近代西方哲學中，一方以一定的關於所經驗之對象之性相之概念，標別不同對象，一方又以我們對對象之命題，亦待於我們對對象施以行爲，加以運用，以求對對象之新經驗，予以證實，而去掉以前之實證主義現象主義之只是接受現象而描述之者，爲邏輯經驗論。依此說，我們用以指示論謂事物之一切語言概念之意義，皆必須是一定的。於是我們可對之施行邏輯的分析，演繹出其涵義。但是只本此語言概念之分析，我們可以有邏輯的知識，我們不能有關於存在的對象事物之知識。一切關於存在的對象事物之知識，皆是綜合的，而非只是分析的。其所成之命題語句，皆是綜合的。換句話說，即除我們先依語言定義，以某語言指某一事物外，我們尙須於某事物之他方面，另有所知，另以語言表此所知，而連結此語言與原先用以指某事物之語言，以成綜合的命題語句。如我們依人之定義，而指某物或某類物爲人，我們若能於其是人之外，兼知其他性質，如有死，而以有死一名與人之名連結成人有死之命題語句，則成一綜合的命題語句，而表示我們對人之知識者。因我們對對象事物之知識皆爲綜合的，則其是否爲眞，不能只依定義以從事分析演繹而知。如吾人以有理性之動物爲人之定義，吾人可由此定義，以分析演繹出人爲有理性與人爲動物；然不能分析出人有死。而我們之所以說人有死，唯在吾人除經驗過人之外，兼曾經驗過人之有死。而吾人之經驗人有死，皆在種種特殊情形下經驗。如在人之種種老之情形下，病之情形下，或遇其他災害之情形下，經驗人之有死。吾人欲證實人之必有死，亦即必須在種種情形下，求證實之。而純科學家爲證實此理，亦可將人置於病中，災害之中，以實驗其是否必有死，如其實驗其他事物。此即待於種種之實驗行爲。然由此證實而得之知識，除人之有死外，亦包涵在不同情形下，有不同之死法；然此不同之情形與不同之死法，既可各以一定之概念語言確定的表達之，則吾人仍處處有確定之知識。

依邏輯的經驗論，以言能知所知之關係之問題，其特色在：視吾人上所謂觀念論實在論之爭，皆爲無意義者。即無論吾人說所知之對象，獨立於能知之心靈外，或在其內，而只是人心之種種觀念，皆爲無意義者。而問何者爲眞，亦無意義之問題。依此說，吾人如問人之是否有死，則爲有意義之問題。其所以有意義，乃因吾人知如何去證實人之是否有死。如至戰場中病院中去看。縱我們不能看，然他人可去看。故凡有意義之命題，依此說，皆爲人在原則上可加以證實者，雖或爲在現在之技術上所不能證實者〔註〕，如月球上有人之類。而在證實之之時，則吾人可有不同之經驗，以決定其爲眞或爲假。然而

〔註〕：此派論可能不可能分三種。一爲邏輯的，二爲經驗的，三爲技術的。邏輯上之不可能，及經驗上之不可能者，爲無意義。至於一時技術上之不可能，則儘可爲原則上可經驗，在邏輯上亦可能者，而亦有一意義者。Readings in Analytic Philosophy. H. Feigl Operationism and Scientific Method 此卽與老實證主義者如孔德之以涉及一切技術上不可能加以證實之命題皆無意義者不同。（如孔德以研究天上行星之化學構造爲無意義，見同書H. Fiegl Logical Empiricism 之一文）

吾人如只說有外物存在於人心外，在人心外爲絕不可經驗者，則吾人將不知如何證實之。如泛指外物，而未指定某一種在如何如何情形下存在之外物，吾人亦不知將如何證實之。然吾人如指定爲在某種情形下存在的外物，則吾人可有證實之之道，即：置身於某情形下。然在此情形下，吾人證實某外物存在之經驗，同時亦即證實吾人對某外物之觀念存在。由是而依實在論說，某外物自身獨立存在，與依觀念論說某外物之觀念存在，其證實方法無別，其意義亦即無別。而吾人亦另無方法，由不同之經驗，以分別決定何說爲眞，何說爲妄。而此問題即成無意義者。

依此說以論吾人之知識，一切涉及存在事物之綜合命題，皆必須爲可被證實者。然在吾人本種種經驗以證實此種種命題時，吾人亦可以種種之命題，敍述種種經驗；而此敍述種種不同經驗之命題，則可爲合以證實一命題者。如吾人謂桌下有貓，吾人可俯至桌下而觀之，遂對桌下之某物有種種經驗，而可以種種命題表之。如謂其頭如何，其身如何，爪如何，尾如何。而此諸命題，即合以證實桌下之某物爲貓之命題。由此而說某處有某外物或某實際事物存在，即同於說有種種可能用以證實之種種經驗。而說其存在之命題，皆可消歸爲說此種種經驗存在之命題。或說當吾人在某情境下對對象如何如何行爲時，此種種經驗即出現之命題〔註〕。此直接陳述經驗之命題，可稱基原命題。

〔註〕：如「某甲A、某時T、觀察得某現象P，於某地位L」Carnap及Neurath名之爲一基原命題Protocal Proposition. Ayer 則以直接陳述經驗之命題爲 Basic Proposition義實無別。

此說所引生之問題是：是否除邏輯命題外，一切對存在之對象事物之知識命題，均可消歸為：陳述諸證實一命題之經驗之基原命題，一切知識是否皆可由亦必須由經驗加以證實？所謂對象事物存在之意義，是否即等於我們能證實之之種種經驗存在之意義？觀念論實在論之爭，是否皆為一無意義之爭？或何謂「有意義」、「無意義」之意義？此類問題，皆牽涉甚廣，亦此派中學者及西方現代哲學界正在爭論中者。我們以下只能略對此說，加以批評〔註一〕。

我們對此說批評時，首當注意者是：最初倡此說者之石里克 Schilick 初所提出之一切有意義之命題，皆可由經驗加以完全的證實之原則，在此說之發展歷程中，已不得不不斷加以修正〔註二〕。如我們對存在事物，明有種種之假設，此假設本身，即不能直接由經驗加以完全證實者。如科學中關於原子核之構造之假設等，即明只能作一間接的證實者。此猶如人之說其所不能進入之黑暗之屋中之構造如何如何者，只能加以間接的證實。於此，我們初只能說，若原子核中之構造為H，則我們對之作某種實驗，如以電光射入，則反射出之光譜為L等。遂進而以電光射入，以求間接證實H之假設。然此證實能否完全

〔註一〕：關於何謂有意義之命題有各種說法 Hospers: Philosophical Analysis 第二章可參考。

〔註二〕：C. G. Hempel: Problems and Changes in The Empirist Criterion of Meaning L. Linsky 所編 Semantics and The Philosophy of Language.1952.pp.163－185. I. Passmore: A Hundred Years Philosophy 十六章－十八章。

證實？則此派之學者已知其不可能。此因同一之歸結，不必原於同一之前提，而對於同一之現象，恆可以不同之假設，加以說明。故一切假設，皆不能證明其自身為唯一之假設；吾人對存在事物所作之假設之命題，不同於敍述證實之之經驗命題，亦皆此派學者之所承認。

但吾人只須承認吾人對存在事物所作之假設中之命題，不同於敍述證實之之經驗之命題，即須再進而承認：肯定存在事物之存在之命題，並不同於肯定我們對此存在事物之經驗之存在之命題，而前者亦永不能消歸於後者〔註〕。我們可仍自常識中舉例。如我們說天上之月亮存在，我們亦有種種經驗，以證實月亮之存在，如種種舉頭望月，及望遠鏡中望月之事。然古往今來，江上何人初見月？江月何年初照人？我們畢竟何時開始對月有經驗，我們對月之全部經驗有若干？乃非人之所能統計。吾人以各種不同之地位與遠近之程度，望與地球在不同關係下之月，吾人可能有之經驗，乃可無限者。然吾人至少在常識中，卻只說一月。是否吾人可說，吾人每一次見月，皆有一新觀念、新印象，而見一新月。此依主觀觀念論及現象主義，均可如此說者。但如此說，則必歸於在人不見月時，即無理由以肯定其存在。至

〔註〕：此派學者如英之艾耳 Ayer 於其經驗知識之基礎 Foundation of Empirical Knowledge 一書亦承認敍述一物之陳述辭，不能銷歸為敍述吾人直接所經驗之感相之陳述辭。然彼仍謂前者由後者構造出，並以二種陳述辭之別，唯是語言之問題（I. Passmrse: A Hundred Years Philosophy. pp. 390–383）。依吾人之見，則此處二種陳述辭之語言之不同，卽表示有二種對象之不同。

多只能如巴克來之說其存於上帝之知見中。而邏輯經驗論者，卻並未如此主張。因其仍承認在人未經驗月之時，天上有月之命題爲有意義者。但天上之月爲一，而可用以證實之之經驗，乃爲無限之多。則說「天上之月存在」之命題之意義，明不同於說：「可用以證實之之經驗爲無限」之命題之意義。而此可用以證實之經驗爲無限，又明異於我們實際上用以證實之之經驗之爲有限。則謂「吾人諸證實之之有限經驗存在」之意義，亦不同於謂「有可用以證實之之無限經驗」之意義。於是我們不能不問一問題，即：月畢竟是否存在於我們已有之經驗之外？或我們不望月時，月是否存在？是否此問題眞爲無意義者？如吾人於此答謂月仍存在，則此即已爲實在論。如謂月存在於其他望月者之心及上帝之心中，則爲觀念論。如謂我們只知呈現於經驗之前之月之現象存在，則爲現象主義。此諸答案，豈皆爲無意義者？而邏輯經驗論者如不否認其存在，則仍爲一實在論。

依吾人之意，在知識論中，吾人乃可承認一意義之實在論者。說「有在吾人已有經驗以外之存在事物」，此一語本身即有一意義。其意義，乃與說其被經驗或可由經驗證實之語言之意義，乃不同者。吾人此語自身，亦可由經驗證明。即吾人之經驗本身，原在更迭發展之歷程中。在此歷程中，吾人一方不斷經驗新事物，亦即不斷經驗本不在舊經驗中之新事物。於此新事物，吾人固可說其在新經驗中存在，然亦同時可說其不在舊經驗中存在。此語本身明爲有意義者。今設吾人之經驗，由A發展至B，A經驗中所經驗者爲a，B經驗中所經驗者爲b。吾人於此，明可一面說b在B中存在，一面說b不在A中存在。但吾人果能如此說，則吾人只有A經驗而未有B經驗時，無論吾人何所根據以說「b將存在」，尅就此語本身而言，乃明不同於說「b將在B中存在」之一語。而「b將存在」本身之意義中，亦明不涵「b將在B中存在」之意義。由此即可證明吾人在室中時，吾人之說窗外之月存在，及一切山河大地之存在，並不同於說其將爲我們所經驗，或可爲我們所經驗，而可由經驗證實。吾人如重憶上段所說證實一物，如月之存在，其經驗之數可爲無限，此無限經驗，乃並不能實際皆呈現而存在者；則吾人之說「一物存在」，不同於說「其爲經驗所證實」，或「存在於我們之經驗中」，或「對之之全幅經驗之存在」，乃明顯而無疑之事。

第十一節　康德之能知所知之關係論

由吾人對邏輯經驗論之批評，於是吾人可進而討論康德之超越唯心論之理論。此理論在西方哲學史中看，雖出現於上述之實用主義、新實在論、邏輯經驗論者之前；而在若干細節上，後來諸說自有「後學轉精」之處。然在整個知識之規模上，則此說亦實有爲後來諸說所不及者。

康德之能知所知關係論，在根本上，乃綜合實在論與觀念論者。所謂綜合實在論觀念論，即此說並不否認有在人之已有經驗外之實在，或所知之外物之對象之自身之存在。然此說以物之自身，可思而不可感。可感者，乃此物之自身與吾人感官接觸時，呈現於吾人之前之現象。然只直覺此感覺現象，並不成知識。此感覺現象，必須呈現於時空之格局中，並納於種種經驗概念之規定下，乃成爲知識。人之能有經驗概念，以規定所感覺之現象，則係於人心本具各種理解感覺現象之方式或範疇。如吾人皆能自某現象之如何呈現，以了解某物之「有」什麽，是什麽；其不如何呈現，以了解其某物「無」什麽，不是什麽；「統一的」了解：一切什麽皆是什麽，一切什麽皆不是什麽；分散或分「多」的了解；有些什麽是什麽，有些什麽不是什麽。此中之有、無、一、多等本身，即是我們用以規範我們之如何運用種種經驗概念，於經驗事物之範疇，以正式形成經驗知識者。如凡人皆有死之「凡」，有些人是教育家之「有些」，即規範此人之概念，及人之概念所指之事物，以成一關於人之經驗知識者。此範疇等，乃經驗知識所由成立之條件，而內在於人之理解之活動，以爲其活動之方式，初不由所經驗之對象來者。此亦如時空之格局（即時空之範疇）之不由時空中之感覺現象來。故皆爲先驗的。於是我們對此種種範疇之本身及時空格局之知識，皆稱爲先驗知識。由是而數學幾何學及若干之物理知識，如因果律，物質常住律，皆可成爲先驗知識。而此諸先驗範疇，先驗知識，皆統於我們之能知心靈本身之超越的統覺。然因此諸先驗範疇，初唯是我們能知心靈之統覺，用以統攝一切所經驗之現象，而認識之之各種中間之架構，用以獲得對存在事物之經驗知識者。故此諸先驗知識之有效性，仍只限於可能經驗之世界，而亦實只對可能經驗之世界而有效者。如數學幾何學及若干物理的知識皆然。然人若離此可能經驗之世界，視此諸知識本身爲眞，並本之以構造出人對於物自身之形上學知識，則皆爲只能引出問題，而不能得定然不移之結論者。康德之龐大的知識論系統中之問題，固極複雜。而其哲學系統中之每一點，亦幾皆有後人對之提異議；其關於先驗知識之理論，及數學幾何學爲先驗的綜合之知識之說，近人之所論，亦爲較康德爲精密。然吾人即就此上所說，已可見康德之能知所知之關係論，有其不容抹殺者數點，而爲他派之知識論所不能及者。

（一）康德知識論之第一要點，是認定只有感覺現象之直覺，而不通過概念之規定及範疇之運用，則知識不可能。我們可依此以簡別一切素樸實在論，主觀觀念論，及現象主義之說。而依吾人以前諸章所論，亦謂不通過概念共相，則一切知識不可能。

（二）康德知識論之第二要點，是在確立我們之能知之心靈，決非只是爲「分別的呈現於其前之現象」之經驗者，而是能統攝的把握一切已經驗之現象，及可能經驗之現象，而超越的涵蓋其上之心靈，即具超越的統覺之心靈〔註〕。我們可說，人無此心靈，以超越其已經驗之現象之範圍，則對一切未呈現之現象之求知與預測，對一切超出於已有之經驗外之任何實在事物之肯定，及對實在事物之內部構造所作之假設，以及求未來經驗對吾人之預測、肯定、及假設等加以證實，皆同爲不可能。

（三）康德所謂時空之格局，不特爲一般感覺現象之格局。吾人尚可謂之爲吾人前所謂一切歷史地理性之知識之成立所必需之格局。此點乃康德所未論。然吾人可引申其義，以論吾人在本書本部知識之

〔註〕：超越的統覺之涵蓋性與超越性，詳論見本書第三部第十七章第四節。

分類一章中所言者之根據。吾人可謂，如吾人不承認已經驗事物所佔之時空外，尙有吾人之能知之心靈自身所湧出之對其外之時間與空間之想像，合以構成統一的時空之格局；則吾人之逐漸擴充吾人對歷史地理之知識，並配合之於一系統中之事，即不可能。而在人之求知遠古事物及遠方事物之時，吾人亦明可在不知其事物之內容時，已將一時間與空間之範疇，運用於其上，或預設其在空間時間之中。故吾人可想伏羲以前之時間，可想像星河之背後之空間，而卻不知其中曾有何事何物之出現。吾人在日常生活中，所以能想有明天或明年，吾人之行於道中，所以能想前面之必有下一步之空間可容此足，亦皆由於吾人對於「時空之有」之知，乃斷然可先於其中之「事物之有」之知者。故吾人之經驗可未及於某事物，而對某事物尙未有種種具體之知識時，已知道某事物之必有其所在之時空。中國小說中有謂蘇東坡嘲其妹之高額曰：「未出庭前三五步，額顱先到畫堂前」。此可以喻吾人對「時空之有」之知，總是先於對其中之事物之經驗而有。至於康德之所謂時空純爲主觀之說，是否眞能成立，則吾人可暫不加討論。

（四）康德所謂先驗概念或先驗範疇之數目，吾人儘可有不同之異議。然經驗概念之不同於先驗概念，則爲吾人所不能否認。經驗概念爲只可應用於某類事物者，而先驗概念則爲可用於一切類之事物者。如有、無、一、多之概念，即爲可用於一切類事物者。吾人對先驗概念之產生，如何說明，固亦可與康德持不同之意見，如人或主張此先驗概念仍是由經驗概念抽出，或只爲人所發現的。然吾人欲對任何事物有知識，必須兼以經驗概念與不同于經驗概念如康德所謂先驗概念規定之，則爲確然而無疑。而吾人於先驗概念本身，可有知識，亦可確然無疑。如有異於無，即一先驗之知識。數學邏輯幾何學知識之爲先驗的，而異於其他之對經驗事物之知識，亦爲吾人於知識之分類一章所曾討論者。

（五）康德知識論之最受人批評者，在其以物之本身爲不可知之說。因人可問：如其爲不可知，則吾人又如何知其有？然吾人可說康德所謂物之自身爲不可知，乃謂其未入於經驗，則吾人不能知其何所是，故對之不能有知識。然吾人對之不能有「知其何所是」之知識，不同於謂吾人不能知其存在。此種對其存在之知，則康德名之爲思〔註〕。而依吾人之見，則吾人之直覺的感知一事物之存在，而不知其何所是，亦並非絕不可能者。此可以吾人前在知識之起原一章第六節所舉之例，幫助說明此義。如：當吾人憶一人之名，在此名若隱若現之際，吾人即明可知此一名之存在，而不知其如何。吾人在突然受一打擊時，吾人亦可知有打我者，而不知其爲人、爲石、或其他。須知：吾人所謂知某物之存在，可只是由於其作用之顯於另一存在而知，而此作用即可初只是一排斥其他存在，或使其他存在改變其性質或喪失其存在之作用，則吾人可於感其作用時，知其存在，而不知其爲何。故吾人受打時，吾人可不知打我者爲何物，而只因此打，使我改變我之存在原來之狀態，便直接感知一物之存在。吾人憶一名，亦可不知一名之爲何，而只因此存於潛意識中之一名之時隱時現，若在引動吾人之回憶之活動，吾人便直接感知其存在。吾人在感知事物之存在而不知其爲何時，用以表示此所知之存在之語言，可只爲「這」或

〔註〕：Caird: Critical Philosophy of Kant. Ch. IX 特重說明此義。

「那」。康德謂有物之自身爲我們之感覺知覺現象之來原，彼固尙未能如吾人上文之所說，加以指證。然其所謂物之自身不可知，而可思其存在之說，亦當初依於吾人先能直接感知其存在而後起者。故吾人即依康德之說，而主張有在經驗知識外之物之自身之存在，並非必然導致一理論上之自相矛盾，而非不可說者。

至於純從理論方面說，則在一已經驗世界之外，肯定有物之自身之存在，亦爲說明我們所經驗之現象，何以不斷生起，與可能經驗世界之何以不斷開闢，及知識世界之何以不斷成就之所必須者。依康德哲學言，只有由吾人之能知之心靈所發出之先驗範疇或先驗概念及諸已成之經驗概念，吾人乃明不能由之以推斷不斷生起之現象之爲何所似者。此不斷生起之現象，唯如此如此展現，如此如此給與吾人，吾人於此並不能作自由的選擇。則某一現象何以如此展現，如此給與吾人，必須有一客觀外在之理由。否則吾人將不能說明吾人何以不能自由的選擇吾人所經驗之現象，並說明此種種現象何以不斷生起，此現象世界何以能不斷開闢，而不頓時大地平沉，山河粉碎之故。吾人以上評論休謨及現象主義之哲學時，已謂欲使人之求知識之事成爲可能，必須肯定有繼續不斷之印象觀念及現象之生起。然肯定有繼續不斷之印象觀念及現象之生起，即須肯定在已有之印象觀念現象外，有能生起其他之印象觀念現象之一客觀的根原。而此亦即物之自身之存在。

在此，人所產生之一疑難爲：吾人如欲假定一物之自身，以說明吾人之知識，似仍必須兼假定我們對外物之已先有所知。如吾人之假定地球之內部有溶液，以說明火山之產生，則吾人已知此地球內部之物爲溶液。此所知者，仍屬於吾人之知識之範圍內，而不在其外。但吾人於此可如是答：即吾人亦儘可全不知一外物之爲如何如何，而只假定或肯定其存在。如吾人由外返家，忽見室中什物大亂，吾人即可假定亦可肯定，有外物使之如此擾亂。然吾人卻儘可不假定其爲人，或其他動物，或因地基振盪。又如一科學家在實驗室中，忽發現電流場發生擾亂，彼亦必先假定或肯定有某物之引生此擾亂，而亦可初全未思及其爲何物。此中人之對於一原因存在之假定或肯定，亦明爲在原因是什麼之假定之先。而此中人之所以必假定或肯定一原因之理由，亦即唯由吾人感到原來狀態之事物由存在而不存在，而另一狀態之事物又由不存在而存在，此中有一變化。吾人又知此原來狀態之事物之自身不能自動有此變化；遂覺必須假定或肯定另一外在之物之存在，以說明此變化。即吾人此時必須應用因果原則以說明此變化，並先假定或肯定此因果原則，必能向一可能經驗之物而運用。吾人在正作此假定或肯定之時，則吾人明可對此可能經驗之物之爲如何如何無所知，而只知其爲存在。此「單純的對其存在之知」，亦無別於對此物之自身之存在之知。對一此知，依康德哲學，亦應名爲思。

吾人如承認吾人可不知一物之爲爲何，而仍可假定或肯定其存在，並對其自身之存在之一點有所知有所思，則吾人儘可於已經驗之世界外，肯定一物之自身之世界。謂吾人所經驗之現象之繼續不斷生起，皆由物之自身爲根原，由是以使我有種種對現象之印象觀念。此諸印象觀念之納於時空之格局中，種種概念範疇之運用下，以一一為我之超越的統覺所統攝，即知識之所由以不斷形成。由此而吾人之能知與所知之關係之構造，即可以下圖表示〔註〕。

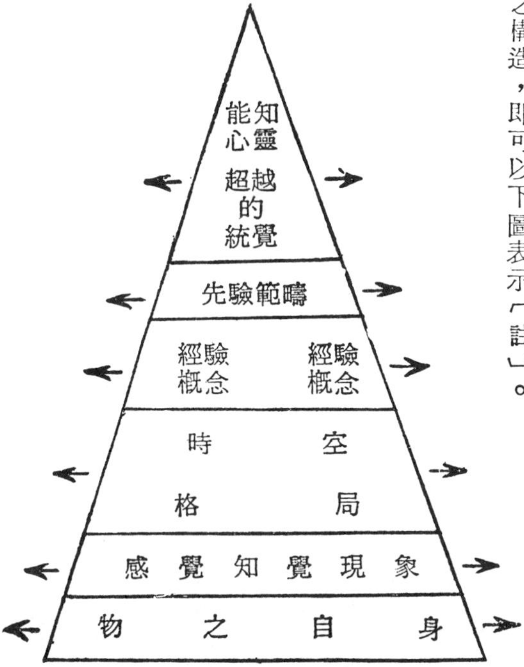

康德之此種知識論之論能知與所知之關係，在規模上，實較以前之諸說為博大。依其理論以觀人之知識，乃視為一立體之架構，其中心包涵不同之層面。吾人如依其系統以觀，吾人前所論之素樸實在

〔註〕：箭頭表示整個知識世界經驗世界之不斷開闢而成就。

論，主觀觀念論，休謨之現象主義，即皆爲只視知識爲一平面層者。依其系統以觀新實在論，則爲只知重所謂先驗概念、經驗概念之內容之共相者。依其系統以觀批判實在論及代表實在論之說，則見彼等皆忽略超越之統覺之重要性，並忽略物之自身之問題，不能在已有之知識內決定。此等之說，皆欲對於超越而外在之外物之自身之性質、相狀之存在有所肯定，而不知一涉及外物之性質、相狀，即爲在知識內而不能在知識外者，遂成矛盾。然在康德哲學，則凡涉及吾人對外物之性質相狀之知識者，則皆在知識或經驗之範圍之內之決定，即無此矛盾。然康德又肯定在知識範圍外之物之自身之存在，以保留一切實在論之優點。

對於康德之理論，所唯一可能有之原則性之批評，唯是其所謂外物之自身，是否眞對能知之心靈，爲超越而外在之問題。依上文所講，在理論方面，康德哲學之所以必須肯定物自身之存在，蓋唯所以說明吾人之所經驗之現象之不斷生起與知識之不斷成就。即唯因我們不能說存在之世界，限於我所已經驗之世界，故必須肯定已經驗之世界之外，有物之自身存在。但外物之自身存在於已經驗之世界之外，是否即眞能存在於一切可能的經驗世界之外？依康德之說，吾人對物之自身雖無知識，亦不能知其性相之如何，但人仍可思其存在，而知其爲存在；則其存在即終不能離此心靈之思其存在之思。而由此義，以改造康德之物之本身與能知心靈之二元論之觀點者，則爲客觀的唯心論。然此客觀唯心論，最後乃歸向於一形上學之成就，而不重在一知識論上之成就者。

第十二節　客觀唯心論之能知所知關係論

關於客觀唯心論一名，可以指由菲希特、經席林至黑格爾及英美之格林 T. H. Green 柏拉德來F.H. Bradley 鮑桑奎B. Bosanquet 羅哀斯I. Royce 等之理論。人於此或再分別客觀唯心論與絕對唯心論。但至少自知識論上言，此乃不必須者。因此二者在知識論上主張之要點，同在以能知之心不只爲主觀之心而爲一客觀之心，並由此以論一切存在事物皆不外在於此心，以超越康德之二元論觀點者。唯諸客觀唯心論之理論甚繁，吾人今只順菲希特之思想，以指陳其一義。

此義是說我們誠可視外物存在於吾人之能知之自我之外，而視之爲非我。但吾人方說其在吾人之能知自我外而爲非我時，吾人即同時呈現一「兼知此我與非我」之「我」，以「統一此我與非我」之「心靈」。而此即爲「超越於我之主觀，以超越的涵蓋客觀之非我」之一客觀之心靈。對此客觀的心靈言，則一切非我之外物，皆不能眞在其外者。

何以對上述之心靈，一切外物皆不能眞在其外？因上述之心靈之本性，即是一行爲 Deed。此心靈之繼續求知本身，便是一繼續進行之行爲。吾人如認清吾人之求知是一繼續進行之行爲，則知：在此求知之進程中，不僅有我之面向非我之客觀外物而對之求知，亦有此非我之外物之逐漸內在化，爲此能知之心靈之內容以屬於我；而此亦我們之求知之心靈，賴以逐漸達到其求知之行爲之目的，而實現此心靈之本性者。由此而見人之知識之相續成就之事，亦即外物之逐漸超越其外在性而內在化，以屬於我之此心，以繼續實現此心靈之本性之事。而在此求知之行爲下，外物既必逐漸超越其外在性以內在化，而屬於我之此心，則外物亦即以：實被知而內在化以屬於我，爲其本性。由此而能知之心與所知之物，即不能互外而視爲二元，而知識之不斷形成之歷程，在常識說之爲能知之心靈與所知之外物，二者不斷求相連結，以次第形成一一之統一體之歷程者。依此說則當爲由此心靈與外物之實現其本性，以使此一一之統一體，次第呈現之歷程。而吾人如果能置心於此一一統一體之次第呈現處，以觀吾人知識之不斷形成，則所知之物無盡而無限，此能知之心靈，應亦與之同其無盡而無限，而不能有任何物能外在於此心靈之外。

對此種說法，一般之懷疑，皆由人恆以吾人之能知心靈之認知能力，在實際上不能爲無限，人只有有限之生命與心靈，而外物爲無限，非人所能盡知。但依此說，則所謂吾人之生命心靈爲有限，外物爲無限云云，此亦爲吾人之心靈之所知。吾人之知吾人心靈有限，此知豈不已超出此有限？吾人豈不可說，有此知之心靈即非有限？而吾人之能知外物之無限，則此能知外物之無限之心靈，如何又能爲有限？如有限之心靈，只能知有限之外物，則彼將何所據，以言外物爲無限？如其能確知外物之無限，則彼又豈能不與外物之無限，同其無限？如其並不能確知外物之無限，而只是有一無限數之外物之概念，則此概念豈非由此能知之心靈所形成？則能形成此無限數之外物之概念之心靈，如何可說之爲有限？此人心可非有限而爲無限，而可與所謂無限之外物合爲一統一體，以形成一無限之知識歷程之理論，最後必歸至通一切人心與上帝心以爲一心之理論。此即一形上學之理論，而超乎知識範圍之外，非吾人今所及而論者矣。

第十三節　能知之心靈與所知之對象之互爲內外關係之種種

吾人上文述西方哲學各派之能知所知之關係論，已在大體上指出如何由一派之問題，以引出他派之主張。而康德之理論，自知識論立場言，明爲較能把握能知與所知間之整個結構者。至在知識論中之客觀唯心論，則吾人今只視之爲康德之理論之一種補充的討論。純從知識論之立場，吾人亦並非必須證明，吾人之能知之心靈爲無限，乃能有知識之成就。至康德之說之缺點，則在其未明顯的指出由經驗的直覺以感知事物之存在之義。而忽此義，則彼所謂由「思」以知外物自身之存在，乃畢竟無經驗上之證實者。吾人於上文指出，吾人可由經驗的直覺以感知外物之存在，而可不知其爲如何如何之存在，則一方可證成康德所謂在知識以外，有存在事物之自身之說，一方亦可與常識或素樸實在論之直接認識事物之存在之說相印證。而吾人之所以能直覺的感知外物之存在，實由吾人自身之存在狀態，可由外物之存在狀態以引起改變而來。此即謂如吾人只有一靜觀之心靈，則吾人並不能知實有外物之存在。吾人在只以概念共相爲所知之對象，或只是被動的接受一切呈現給與之現象時，吾人之心靈即純靜觀的。此時吾人亦確上窮碧落，下達黃泉，皆只能發現如是如是之共相或現象之呈現，更不能知有外物之存在。而一哲學家如不能由靜觀共相及現象之呈現，以返自現實生活上多少有一體會之工夫，而以其自身之存在，與外物之存在相遭遇，則彼亦將永不能直覺的感知，一其自身之心靈之外之客觀對象之存在。此亦即代表實在論、現象主義、批判實在論、新實在論、及邏輯經驗論者、皆不能確立客觀對象存在之故。然於此復須知，吾人能直覺的感知客觀對象存在是一事，而知其爲如何如何之存在又是一事，在吾人未知其爲如何如何之存在時，則不能有知識，又是一事。吾人之知一對象爲如何如何之存在，皆須用共相或概念。吾人之用共相與概念，以知吾人所感知之存在，皆可是可非。如人之被打，而以思想猜測假設打我者爲人或石或木，即皆爲概念，而皆可是可非者。如其是，則必須在吾人之思想中所呈之概念共相，與事物之性質有一種應合。然此應合，則儘可只有間接之證實，而無直接之證實，因而人之一切預測與假設，初皆爲主觀的而非客觀的。而由預測或假設所生之一切推演，亦爲在主觀思想中進行，而亦不必一一有客觀外物，與之應合者。吾人之所以可用不同之假設，說明同一之經驗事實，即證明此假設之爲主觀的而非客觀的。然一假設亦可逐漸證明爲唯一之假設；即不能證明爲唯一之假設者，此假設之內容，亦爲可合於客觀事物之眞實者。則吾人於此時即不得說，一假設中之內容只爲主觀思想之內容，而非客觀事實之內容；而當說，同一之共相或理，可兼表現爲思想之內容與客觀事物之內容。由此而一切客觀事物之內容，亦皆無一在原則上永不能成人之思想之內容者。吾人即可據此以謂客觀存在事物必爲可知者，必爲有可被知性，而非絕對在能知心靈之外者。一切求眞知識者，同嚮往於求得對客觀對象之知識，即已肯定客觀對象之爲可知，而有此可被知性。吾人亦即可說，當吾人無定限的求知識世界之開闢時，吾人之求知識的心靈，即超越的涵蓋此一切可被知之客觀對象之全體，而求實現吾人之一一實知，於其一一之對象，以成就吾人之知識世界之開闢者。而人如謂有在此心靈的超越涵蓋之量之外的客觀對象，即無異於謂有對象爲必不可知，此乃與吾人求知識時所已肯定者相違，而自相矛盾，亦畢竟不可說者。至於吾人所實現之實知，畢竟有多少，則爲一事實問題。吾人之心靈所能實際的實現之實知，以吾人生命力之有限而爲有限，亦無礙於吾人在求知之時，可有一超越的涵蓋的心靈，居臨於一切可知之對象之上。此亦猶如白居易之詩，謂唐明皇之於楊貴妃，「後宮佳麗三千人，三千寵愛在一身」，無礙於三千人之同在唐明皇之後宮，而爲其權力涵蓋之所及。

由是而吾人欲對於能知心靈與所知者之關係作一較詳之分析，則當知其相互之內在或外在之關係，應依不同意義之能知與所知，以爲鑒別。此可略述如下。

（一）如吾人之能知之心，只指一當前之感覺心，則除當下所感覺之感相及其存在，可爲此心之所知，而皆在一意義內在於此心；此引起感覺感相之存在的客觀外物及共相等，即皆在此感覺心外。

（二）如吾人視所感覺之感相爲一共相，並以吾人之知此一類共相之心，爲我們之能知之心，則其他共相與此共相所指之可能感覺之事物，皆在此心外。

（三）如吾人只以能自由回憶想像各種客觀事物可感覺之非共相之感相，而綜合的或更迭的把握之者，爲我們之能知之心；則一切抽象的共相概念，皆在我們之能知之心外。

（四）如吾人只以能靜觀一切共相與其關係者，爲我們能知之心；則一切感覺所直接接觸之非共相之感相，與實際存在之客觀對象，皆在我們能知之心外。

（五）如吾人以由各種客觀事物之感覺的感相，以發現各客觀事物之共相或概念者，爲我們之能知之心；則未被感覺或未被經驗之事物之存在，皆在吾人之能知之心靈外。

（六）如吾人以能知可能經驗事物之存在，而不知其爲如何如何之存在者，爲吾人之能知之心；則此心或爲對事物之存在之直覺，或爲對事物之存在性之本身之思；而此外之一切感相、共相、概念，皆在此心之外。

（七）吾人如以能思一切可能經驗事物之存在，而又能以時空之格局及其他之經驗概念，先驗概念規定之，以成就吾人對之之知識，並能將由此以得之一一知識，配合成一不相矛盾之系統者，爲我們之能知之心；則一切可能經驗之事物，皆在吾人之能知之心超越的加以涵蓋之量之下，而不能有任何可能經驗事物，在此心之外。

（八）然如吾人只以能實際形成某一知識，實際構造成某一特定之知識系統之心，爲吾人之能知之心；則具其他知識之心靈，或形成另一特定之知識系統之我自己以後之心，與他人之心，皆在此能知之心靈外。

（九）如吾人以能不斷的構成特定知識或特定知識系統，而又能不斷的批判之，或任順可能經驗之事物加以否證，並力求知他人之所知而虛心的了解之者，爲吾人能知之心；則此能知之心，爲超越的涵蓋一切可能形成之特定知識與特定知識系統之心靈，而無任何特定知識與特定知識系統能在此心靈之涵蓋之量之外。

（十）由（七）與（九）吾人可說，世間無在吾人之心靈之超越涵蓋之量之外者。然謂此心靈之超越涵蓋之量之無外，而於一切可經驗之事物及可能有之知識，皆能加以涵蓋，乃是依理上說其有此「能」，而非依事上說其已於一切皆加以盡知。以理與事對言，則事非理。故就理言，吾人雖有能無所不涵蓋之心靈，而就事言，則一一對經驗事物之眞實知識在未成就時，皆無不在此心靈之外。此成就眞實知識之事，乃一無底止之歷程，而其中之每一事，亦爲在他事之外者。

（十一）然此超越涵蓋之心靈之本身，可並非只是靜觀的涵蓋可經驗之事物與可能有之知識，而同時又是兼求落實，以求實知一一切可經驗之事物，以成就此一一求實知之之事者。則吾人即可說，實無一事，眞能在此「自超越其超越涵蓋性以落實」之超越涵蓋的心靈之外。而吾人之求實知之事，必須一事後再繼以一事，亦即此心靈之不自限於一定之事，以使求知之事成無底止之歷程者。由此，而一不斷有求實知之事之心靈，則爲一眞正無外之心靈。然此心靈，亦爲不自限不留駐於一切已經驗事物與已成知識，而對一切可經驗之事物，可能有之知識，皆持一絕對開朗的態度之心靈，而其內部亦如空無所有而無內者。故於此心靈，謂一切經驗事物與知識在其外與在其內，即亦皆可同爲戲論。而吾人於此亦可說西方哲學中之實在論觀念論之爭，皆爲戲論，而無意義者。然吾人卻須先經過此中之問題，而全幅透過之，乃能達此結論。故如邏輯經驗論之說其爲無意義之爭，仍非吾人之所取。而其說之本身，亦只爲吾人所當透過之一說，以達吾人之結論者。

知識之對象問題——能知與所知之關係問題　參考書目

本章參考書除洛克巴克來康德等本人著作外，下列者爲便初學之書。

A. J. Bahm: Philosophy, An Introduction. pp. 36—168.

此書論知識論共分十二派，每派之主張各分六點論，以比較其同異。吾人於此章，曾取其論素樸實在論及代表實在論之說，其餘則非本書所取。但亦足資參考。

L. Wood: Recent Epistemological Schools: 見 V. Ferm: A History of Philosophical Systems. pp. 516—539.

此爲對五十年來現代西方哲學中之五派認識論，皆自能知所知之問題，加以敍述者。

柴熙　認識論　商務版

此書著者爲德人，用中文所寫，乃天主教之哲學立場，但對各家認識論皆有介紹。

W. P. Montague: The Story of American Realism 載 W. G Muelder and L. Sears 所編 The Development of American Philosophy. Houghton Mifflin Co. 1940.

此文雖只論美國實在論，然可由之以了解現代各派實在論之問題及論據。

I. Locke: An Essay Concerning Human Understanding, Bk II. Ch. 8. Bk VI. Ch. 9.

G. Berkeley: A Treatise Concerning the Principles of Human Knowledge.

D. Hume: A Treatise of Human Nature. P. IX.

E. B. Holt and Others: The New Realism. Macmillan 1912.

D. Drake and Others: Essays in Critical Realism. Macmillan 1920.

I. Kant: Critique of Pure Reason. I. The Elements of Transcendentalism, Second Part. First Division. Book I. Ch. 2.

第十一章　解釋與歸納原則

第一節　常識中之解釋與推知

純自一一求知之事上說，人所求知者，皆爲一特定之知識。此特定知識之種類，不外吾人於知識之分類一章所說。而此各種知識中，吾人所首當討論者，爲關於各類具體事物之經驗知識之成就，所依之根本假定或原則之問題。此問題蓋皆由吾人之求說明一經驗事物何以如此，及以後將相連而起之經驗事物如何而來者。

大約人在能說話不久，即能發問。而小孩最初之所問者，除問什麽東西叫何名字外，即問事物之爲什麽如此？或爲什麽存在？如天爲什麽下雨？蜜蜂爲什麽採花？爲什麽有他自己？而人之根據於經驗事物，以推斷另一經驗事物之已存在或將存在，則可能在未說話之前，已在嬰孩之不自覺的心靈中進行。吾人皆知嬰兒之見母解衣，則已準備吮乳。一次火燒手，以後見火即會縮手。此是否由其已推斷母乳將呈於其前，火再燒彼手當感痛？此似不能說。但其行爲至少貌似有一推斷。羅素曾稱之爲生理上之推斷。而在嬰兒稍大能言語時，則他明能說出種種推斷。如見桌上擺碗筷，即知說要吃飯了；門外鈴響，即說有客人來了；母親將衣服穿整齊，即知其要出門了。再到大了一些，則知由天上陰雲，以推知將雨，由寒暑表上升，以推知天熱。由父親收入減少，以推知以後生活將更困難。而人之一切常識與科學知識之發展，亦即主要不外使我們能一步一步根據一些現已經驗之事，以推知未經驗的事。而醫生可由病徵，以推知腹中之寄生蟲，生物學家可由一動物之齒，以推知一切動物之構造，天文學家可由現在之日月星辰之位置，以推知千百年後之日月星辰之位置。但畢竟我們何以對一切事物要問爲什麼，又何以能由什麼以推斷其他的什麼？此卻是屬於知識論中之大問題。

我們之問一事之爲什麼而有，是一返溯性之思維。我們之由一事之已有，推斷另一事之有，是一前推性之思維。但吾人通常對於常見事物，恆不問其爲什麼而有。我們總是對突發之事，未常見之事，才問其爲什麼而有。而我們之前推性的思維，通常亦要根據一突發的事或所特別注意的事，以進行推斷。我們很少根據我們常見之事物，不特別注意之事物，以向前進行推斷。故人並不由其日日所用之桌椅及時時滴答之鐘擺，一直是明亮之燈等，以推斷其他何事物當由之而發生。

大人對於小孩之「爲什麼」一類問題之答覆，通常有四種方式。（一）如小孩子問爲什麼燕子冬來南飛，爲什麼太陽天天都從東方出來？大人可答，每年燕子到冬皆南飛，太陽天天都從東方出來。此是要把小孩所視爲突發的事，而化歸爲常見的事或恆常經驗中一例，以取消問題。(二)如小孩問爲什麼人要吃飯？大人說因食飯才可飽暖。小孩問爲什麼天下雨？大人可說天下雨，穀子才能熟，人才有飯吃。

此是以一般性的目的之達到，作爲事物之發生之理由。（三）是小孩問父母你爲什麽不許我拿鄰家的東西？則父母可不說理由，而只說我不許就是不許。又如小孩問糖何以甜？父母亦可答：因它是甜的所以是甜的。此是以一命令或一語句本身，爲一命令一語句本身成立之純邏輯之理由。此中大人解釋時，乃在求其語言命令之一致。（四）是小孩子問，何以此樹心空了？大人說因蟲在樹中蛀了樹心。小孩問何以腹中發脹？大人說因你吃得太多。此種答爲什麽的方式，則純是一種以原理或律則解釋現象的方式。

至於人之在常識中，本一事以推知另一事之發生，亦有各種方式；但與我們之答覆爲什麽之各方式，不必相對應。如我們在常識中，很少由人之目的是什麽，便推知將有一合目的之事之產生。我們很少從人之有欲飛之目的，便推知其能飛。從某人有爲大將之野心，便推知其能爲大將。我們亦很少只是從一事物之過去現在之如此，以推知其以後將長久如此。或只由其今是什麽，以推知其永是什麽，如我們很少由月圓以推知其必永圓，花紅以推知其必永紅。我們通常恆是由一事物一方面之如此，以推知其另一方面或另一事物之如彼。而我們之由此以推彼，亦不必是由因推果，而可是由果推因；又可根本不是由因推果，或由果推因，而只是以同爲一因之果之一事，以推知其另一事。如由電光以推知雷聲將臨，此二者同爲陰陽電衝擊之果。亦可是由一物之一面相，以推知其另一面相。如由日之升，推日之將落。或由在一觀點下之一物之面相，推知其在另一觀點下之面相。如吾人由距一物遠時，物形較小，以推知距一物近時，物之形必較大。或由一事物爲另一事物之符徵，以推知另一事物之存在。如由一人衣袋上之徽章，以推知其官階，由酒旗以推知酒店。但是在常識中答爲什麽有雷時，人恆只謂此原於陰陽電之衝擊，使空氣振動，而少有人答爲什麽有雷，謂此原於電光之閃，亦少有人以電光之閃原於雷。人在答「一物在遠距離何以小？」亦很少說此因其在距離近時則大。亦很少有人答「何以日會落？」謂此由於日之升。又少有人答「何以某人有某官階？」謂因其有某徽章。更少有人答「何以此店爲酒店？」謂因其有酒旗。此即見吾人之由一事以推知另一事之方式，與吾人答覆一事之爲什麽之方式，二者不必相對應。至於其何以不必相對應之相由，則我們可暫存而不論〔註〕。

第二節　科學中之解釋與普遍律則及其種類

至於純屬於科學知識範圍之解釋與推知，則其與常識之不同，主要在常識中之解釋與推知，常未能自覺的提出其解釋與推知中所根據之普遍律則。此普遍律則，在常識之解釋與推知中，實際上亦是包涵

〔註〕：大率在常識中，人在從事解釋時，總想把一特殊之事物化爲常見事物中、一般目的、語言規則、或普遍原理下之一例；而在推理時，恆是由我們所知事物之如此，以推事物之其他方面或他事物之如彼。而事物之「如此」，亦只須可作爲吾人推其他方面或他物之「如彼」之充足理由，而不須爲其必須理由，故亦不能逆轉，而由「如彼」以推「如此」。但常識對其如何解釋及如何推理之歷程恆不自覺，吾人亦可暫不深論。

着的。如常識中以蟲在樹中蛀了樹心，解釋樹之心空，即包涵「凡蟲蛀樹心則樹心空」之普遍律則之肯定；見電光以推知雷聲將臨，此中即包涵「凡有電光即有雷聲」之普遍律則之肯定。由寒暑表下降以推知天氣將冷，即包涵「凡寒暑表指示氣溫」，「凡寒暑表水銀柱下降，指示氣溫下降」之肯定。此與科學中一切定律皆為一普遍律則，並無本質上之分別。然在科學知識範圍中，將一切足以為解釋與推理之根據之普遍律則，皆加以自覺的提出，則可以對常識中不自覺肯定之普遍律則，加以批判，加以釐清，加以分析，與加以歸併；並由是以演繹出其他普遍律則，解釋其他可能解釋的事實，或應用至其他事實，以進行其他的推知。同時去對宇宙間之各種事物作研究，以發現關聯各種事物之各種普遍原則；而人類知識之範圍，遂得大為擴展。

實際上，從事各類事物之研究以發現其普遍律則者，為分門別類之科學工作。研究「人如何從事各類事物之觀察實驗，如何從事於分析所觀察實驗者，如何從事於假設之構造，並求如何建立有效之普遍律則」之方法者，為邏輯家之工作。但吾人如果問一般普遍律則之建立之最後根據，畢竟在何處？是否被建立為普遍律則者，即是真正之普遍律則，必可有效應用於一切特殊事物？其可有效的應用之保證在何處？則是一哲學中知識論之問題。而要討論這些問題，我們須以較簡單的普遍律則為例證，以論究所謂應用於特殊事物之普遍律則之性質。

譬如我們從「凡寒暑表之水銀柱下降則氣温下降」之常識中，所承認之普遍律則下手。我們問：何以寒暑表之水銀柱下降則氣温下降？我們說此乃因寒暑表中之水銀柱遇熱則脹，遇冷則縮。即「凡水銀皆爲熱脹冷縮」，先已被認爲普遍律則。然「凡水銀皆爲熱脹冷縮」，是否依於一凡「物質皆熱脹冷縮」之普遍律則？則似乎不能說。因水冷至成冰時則反脹。但除水以外，其餘之物，皆熱脹冷縮。如我們問，何以這些物皆熱脹冷縮？則可說：熱脹由於物體之分子，以熱而運動速度增加，而分子遂相衝擊，使分子運動所佔之空間擴大，而體積增加。冷縮由於物體之分子，以冷而運動速度減少，再依於分子之黏合力，使體積減少。在此例中，我們一方看出：一普遍律則之依於另一更普遍之律則而成立的情形，及普遍原則亦有例外之情形。而此中所謂水銀柱之熱脹冷縮，在常識則以之爲一因果關係。然人看寒暑表，以知天氣將冷，則亦可不知此水銀柱與天氣冷熱之因果關係，或不想及此因果關係；而只是以寒暑表水銀柱之降下之事實，爲一指示天氣之將冷之另一事實者，而由之以推知天氣將冷。因而亦可忽視或至否認其間眞有因果關係。於此則我們可問下列種種問題：即這些普遍律則，如水銀熱脹冷縮等，畢竟是根據什麽而建立的？我們如何斷定一普遍律則之必無例外，而保證其必可應用於特殊事物？是否一切可應用於特殊事物之普遍律則，皆依於因果關係而建立？皆是因果原則之化身？又此因果原則，依什麽而建立？是否一切事物皆有因有果？是否同因必同果，異因必異果？因果間之關係是否必然？因果是連的或不相連的？這都是東西古今哲學史中極困難的問題。

關於應用於特殊事物之普遍律則之建立，其最後根據何在？一般粗略的說法，是說其皆原於經驗。

因特殊事物，必須由經驗以認知。但由所謂廣義之經驗而得之普遍律則知識，實可有好幾種情形。

（一）一種由經驗而認知，而可應用於特殊事物之普遍律則，乃我們通常視為人在自然之所發現之自然律則者。如人由火燒灼膚，而知凡火燒必灼膚，及上述之水銀熱脹冷縮之類。

（二）一種由經驗而認知而可應用於特殊事物之普遍律則，乃不屬於自然律，而只為社會人羣之所約定之人間律。如吾人知鄰家之父之姓，即知其子之姓，與其子之兄弟之姓。此乃依於子女皆從父姓之普遍律則。但此律則並非自然律，而唯由人之習慣所約定。但約定之後，吾人又由「聞知」，以知此普遍律則，亦即可據以由一家族中之父姓或祖宗之姓，以推知其一切子孫之姓。

（三）再一種所謂由經驗之認知而可應用於特殊事物之普遍律則，乃似具直覺之確定性者。如吾人可一次見方物與圓物之不相掩，即知一切方與圓皆不相掩。若有人眞信天圓地方，而又謂天地相合，吾人可立即斷其絕無此事。又如吾人由經驗，知於二堆相等之蘋果中，各除去相等之蘋果，其剩餘之蘋果相等；即可知等量減等量，其差相等。此亦為明以具直覺之確定性者。

（四）再一種所謂由經驗而認知，又可應用於特殊事物之普遍律則，乃依於理性之構造而成者。如由諸自然律所綜合而成之自然律。譬如我們知熱脹冷縮為一自然律，又知壓力大體積小亦為一自然律；則合此二者，我們可說一物體積之大小，與其溫度之高低成正比，並與所受壓力之大小成反比。此律雖亦根於經驗，然人不經理性之運用，先分別在壓力不變與溫度不變之情形下，考察溫度與體積之關係，及壓力與體積之關係，再加以綜合，則此律不能構成。而吾人如只在壓力與温度同時變化之具體情形下，經驗體積之大小，則吾人縱集有無數次之經驗，仍不能知此自然律〔註〕。

通常所謂由經驗而知普遍律則，恆於此四者不加分別。而依吾人在論知識之起原一章所論，實唯有第一種可謂直由經驗而知者。

第三節　因果律與函數律

其次應用於特殊事物之普遍律則，是否皆依於因果原則而建立，則吾人可如是答。

（一）凡表示形數、時空、與其他共相間之關聯而建立之普遍律則，而可以幾何學數學、及時空之形式關係與其他種種共相間之形式關係自身加以說明者，皆至少在表面非依於因果原則、因果關係而建立者。而此種普遍律則，可說為只表示事物之形式性質之函數關係者。譬如物體近看則大，遠看則小，我們可說物相之大小，與吾人感官之距離成反比。而物理學上所謂反平方之定律，亦可兼應用于力學、電學、光學中。如牛頓力學中所謂「二物體之吸引力之大小，與二物之距離之大小成反比」。但吾人不能尅就此「距離之大小」本身，而說之為一物相之大小或吸引力之强度之大小等之原因。因此距離之大

〔註〕：若所觀察之例，皆為壓力與温度同時變，如壓力變大時温度亦變大，則未變前與已變後，其體積可相等，則吾人不能知壓力温度與體積之關係。

小，只是一空間關係。二物相之相對的大小，亦只是一空間關係。物理學上所謂吸引力之大小，表現於相吸引之物體之運動之速度；此速度只是在一定時間中所經過之空間量。則此中之距離之大小與物相之大小，物體之速度之關係，乃一純粹之時、空、數量之形式關係。吾人於此所知者，唯是此三者之相倚而變，以表現一自然律。然吾人恆不易決定，此諸變項中何者爲因，何者爲果。即所謂「二物相吸引而互爲其速度之因果」一語，亦可不說。（如在今之相對論物理學中）。此外，吾人在經驗中凡遇相異相反之物相對較時，則二者之强度皆似增加。如紅與綠相較，靜寂與響音相較，聖潔與無耻相較，其强度量皆似增加。此亦可成一普遍律。然此中亦難于決定，在相對較者之二者中，何者爲因，何者爲果。而似只能說其强度量之相倚而變。

（二）凡直接表示一事與另一事之關係而建立之普遍原則，則爲因果關係。如由敲桌生聲響，由陽光照草木、雨水潤草木而草木生長，由飢荒而戰爭，由貨物出產多而價格低落，皆爲依一事與另一事之關聯而建立之因果關係。在因果關係中，通常或以時間上在先者爲因，在後者爲果。或以倚賴而變者爲果，被倚賴而變者爲因。或以決定者爲因，被決定者爲果。在寬泛義上，此皆爲可說者。

然此上所說之函數關係與因果關係，畢竟以何者爲主，或是否可通而爲一？則是一問題。譬如吾人說貨物出產多，則生產者競售，消費者觀望。由是生產者競削價，而價格低落，此自純爲一因果之連鎖。但如純從貨物之生產量之增多，與消費量之減少上，推知價格之逐漸降落，則其中之關係，亦可說只爲量與量之相倚而變之函數關係。而經濟學家亦儘可只研究計算此相倚而變之函數關係。然吾人卻可說此函數關係，乃依於貨物之多少，所引起於生產者消費者之心理反應之因果關係。則吾人又如何知物理界中之一切函數關係，不在根本上亦依於一因果關係？然此問題，在知識論中，吾人儘可存而不論。因吾人之求知識，至少有時是直接以因果關係之認知爲目標，而有時則並非直接以因果關係之認知爲目標者。於是吾人即可說，有此二類之關於特殊事物之普遍律則或所謂自然律之知識。

第四節　歸納原則與其根據問題

現在我們可以不問，畢竟吾人對於事物之普遍律則或自然律之知識，是否關於事物之形數等共相間之函數關係之知識，或因果關係之知識；我們都可說其同須根據歸納原則之運用，由個別特殊事物之情形之觀察實驗而建立。譬如吾人可由觀察一物體由一斜板滑下時，在不同的單位時間，所經過之空間距離，以知其下降時之加速度。而伽利略遂有物體下墜律之提出。我們可觀察在不同時間中，在太陽系中之行星之位置，便知各行星之運行之軌道與運行之速度，由此而凱蒲勒有天體三大定律之提出。我們亦可由幾次實驗，知溫度與體積與壓力之關係，而波以耳 Boyle 與查理士 Charles 有氣體定律之提出。這些定律，都是我們只對少數之事例，作觀察實驗後，便能依歸納而加以建立之普遍定律。普遍定律是可用於一切事例，即無限數之同類事例的。然而我們之觀察實驗，無論重複多少次，皆只是少數有限事例。此無限事例可不須遠求，而即通常所視爲一事例者中，亦可包涵無限事例。如依伽利略之物體下降律，則物體下墜時，在每一點每一瞬之速度，皆是合乎此定律的。而一物體之下墜所經之空間時間中，即可分爲無限點、無限瞬，或無定限的分爲更小之時空之片段。一物體在任一點之一瞬，或在任一片段之時空中，皆可爲一事例，則一物體之一次下墜之事例中，即可包涵無限事例。於此，吾人便不能不發生一問題：即吾人何以能由有限的若干次對特殊事例之觀察實驗，以歸納出可應用於無限事例之普遍律則？然而我們在日常生活與科學研究中，實無時無地不在由少數特殊事物之觀察實驗，以歸納出普遍之律則。吾人隨處從事歸納，則歸納本身成爲我們思維活動之一種進行之方式，所經常遵照之一種原則，而爲一切吾人對其他自然界之普遍律則之知識，所由建立之根據。然我們卻可問：此歸納原則之本身，畢竟又依何根據而成立？

對此問題在哲學史上有數種答案。

（一）亞里士多德之答案，即將歸納原則之根據，歸於存在之特殊事物，原是各有其類者。每一類之特殊事物，原有其共同之形式或性質，而此形式與性質即其律則。而吾人之所以能由少數特殊事物之觀察，即可建立一普遍律則者，乃由特殊事物中之本有普遍律則之內在。故吾人所觀察者，雖爲特殊事物，然吾人所推知者，則爲普遍律則。此種由一類中之特殊事物，以推知一類事物所同遵照之普遍律則，在亞氏稱爲直覺之歸納 Intuitive Induction 。如由一魚之構造，以推知一切同類魚之構造；由物體向地心落，以推知一切物體皆向地心落。

亞氏式之答案在形上學上，未嘗不可說。然若就知識論之立場觀之，則爲一種獨斷之論法。因吾人如謂歸納原則之根據，在一類之物，有其共同形式或性質；則吾人必須已先知一類之物，有其共同之形式與性質。然吾人如何知一類之物，有其共同之形式性質？此本身正是由吾人之先施行歸納而後能知者。吾人之必先施行歸納，乃能知某一類之事物，有某些共同之形式性質，則吾人不能以吾人之施行歸納之根據，在一類之事物有其共同之形式性質，以成一循環論證。

（二）爲穆勒式之說，此說以一切自然現象，皆表現一自然齊一律 Uniformity of Nature 。所謂自然齊一律，即「在以同類現象或事象爲條件下，所發生之現象或事象恆相同」之律。此自然齊一律，可謂乃一切具普遍性之自然律所同依之律。因若無此自然齊一律，則一切自然律，亦皆不能成立。然此自然齊一律之根據何在？則穆勒以爲一切自然律之建立，其根據皆在經驗，故自然齊一律之根據，亦在經驗。吾人之所以知此自然齊一律，即因吾人在經驗中，無往而不證實同一條件下，所生之現象之相同。而凡現象之不同者，其所以生之條件必不同而已。

此種穆勒式之說與亞氏式之說雖不同，然亦同犯循環論證之過。因其一方以自然齊一律爲一切經驗之歸納的根據，而一方又以自然齊一律，乃由經驗之歸納而次第建立。然如謂自然齊一律，乃由歸納而次第建立，則無異謂永不能完全建立。而在人所已歷之歸納之事以外，一切繼起之歸納之事中所處理之其他事物，是否服從自然齊一律，亦不可知者。而若謂此繼起之歸納之事之進行，必須先根據對自然齊一律之肯定，則此自然齊一律，應爲不須待歸納以建立者。而此兩難，穆勒必不能逃其一。

（三）爲羅素之論歸納原則之生理心理之起原之說，即謂人從事歸納之事，可溯原於人之生理的推理，或交替反應。此乃人與動物之所有者。如人對犬或小孩每一次搖鈴（A）即與以食物（B），則下次搖鈴（A），犬及小孩皆口流涎，而期待食物（B）之來。此正與人之作歸納推理者，每見A事即連B事，於是於再見A類之事，即推測B類之事之來，有相同處。而後者之起原亦即在前者。此說不代表羅素對歸納原則全部之理論，然吾人亦可取而視爲人之肯定歸納原則之一種生理心理之根據之論。

吾人如論人之所以信歸納原則之主觀的生理心理之起原，則羅素之此說，亦未嘗無足資啓發之處。然吾人明不能以吾人求知時之運用歸納原則，其根據只在此種生理之推理或交替反應。此首因後者乃非自覺的。次因後者之例中，如犬與小孩之反應，乃純爲被動的，被制約的。三因後者之例中，如犬與小孩之反應，乃並非眞能建立成一普遍之律則者。如犬與小孩可因鈴得食物，乃唯對其主人或家人等之鈴爲然，而非對一切鈴皆然者。因而乃不能由此以建立：「凡有鈴聲即有食物，當對之流涎」之普遍律則者〔註〕。然吾人在依歸納原則從事歸納時，吾人乃自覺自動的求建立種種現象間或事物間之如何連結

〔註〕：羅素亦承認此點，故在其人類知識之範圍及其限度一書之末，終於謂歸納原則爲一設定Postu-iate，此即略同下列第四說。

之眞正的普遍律則者。

吾人如知歸納原則之根據，既不在一類之客觀事物本身所有之形式性質，亦不在由經驗所得之自然齊一律，又不在吾人之生理的推理或交替反應，則吾人尙有二可能，以說歸納原則之根據。

（四）歸納原則只爲人求知時所遵循之一規則，吾人亦只能假然的設定歸納原則之有效，然不能定然的肯定歸納原則之有效〔註〕。吾人只能不斷依此原則去由少數特殊事例，以推得普遍之律則；然吾人並不能事先保證吾人處處皆可由若干特殊事例，以推得普遍之律則。依此說，則吾人亦非不可能遇見若干特殊事例，爲吾人所不能由之推出普遍律則，或其中之一事象與一事象之連結，乃根本不見普遍律則存於其中，而一一皆爲一偶然之聚合者。

人之謂歸納原則，只爲人所遵循之一規則，吾人只能假然的設定其有效，又非謂其同於一般之假設。因一般之假設皆可否證，吾人亦能設想可加以否證之種種情形；然此歸納原則，乃吾人所不能否證者。吾人至多只能說，吾人於若干事例中，常未能推得其普遍律則。然吾人永不能斷其無普遍律則，則吾人仍可依歸納原則，以進而求其普遍律則。吾人雖可想一一之事象與事象之聚合爲偶然，然吾人亦永

〔註〕：此即今之邏輯經驗論之說。H. Feigl: The Logical Character of Principle of Induction. H. Reichenbach: On The Justification of Induction, Readings in Analytic Philosophy. Pt. V.

不能證明其爲偶然。而吾人之知識之進展，正爲一步一步發現吾人昔所認爲偶然聚合者，實非偶然；則吾人永不能證明事象與事象之聚合爲偶然。而此亦即同於謂：人永可遵循歸納原則以求知，而永不能加以否證。而自其不能否證處說，則不能謂之爲一般之假設。

然此歸納原則既爲永不能否證者，則其所以不能否證之理由何在？如無不能否證之理由，則吾人何以必須遵循此歸納原則以求知？又如其必不能否證，則何以吾人不可定然的加以肯定？何以不可說其有定然的理性根據？則爲此說所未能答者。

（五）除上列諸說外，吾人之論歸納原則之根據，尚有一可能；即此是直接根據於吾人在思維活動中，吾人之理性之自身，原爲能自覺自動的肯定普遍律則之存在，並依歸納原則，以由特殊事相之經驗，求建立此普遍律則者。至於何以人之理性自身，肯定有普遍律則之存在，而客觀事物亦即有普遍律則之可求得而被建立，則最後只能說由於客觀事物之存在本身，即涵合理之意義，而爲理性的 Rational。即人之理性本身，與存在於客觀事物中之普遍律則之形上之根據原爲一。然此乃是一形上學之命題。在知識論之立場說，則吾人只須說，吾人永當依理性，本吾人對事相與事相〔註〕之相連結之經驗，以求

〔註〕：此所謂事相，可指事，亦可指事中之相，如性質關係之共相等，故事相與事相之關係，包括事與事之因果關係，及其相與相之函數關係。

建立普遍律則於其中；亦無任何經驗事相，能在原則上拒絕吾人之求建立普遍律則於其中之活動。此即已足證吾人之理性活動，與其中所包涵之歸納原則之具普遍的有效性矣。

人之懷疑歸納原則之根於人之理性者，恆是從人之依於歸納原則而建立之普遍律則，可爲錯誤的，或可爲以後之經驗所否證處着眼。然實則此中所否證者，唯是吾人本理性中之歸納原則，而夾帶經驗概念，所建立之關於某種經驗事相之連結之普遍律則，而非此歸納原則，與其所依之人之理性之自身。吾人之謂歸納原則，依於吾人之理性之自身，即謂吾人之所以必由經驗事相之連結，而求建立普遍律則於其中，初乃原於吾人之將所經驗事相之連結，加以普遍化之性向。由此普遍化，此連結，當下即化爲普遍律則。而所謂歸納原則，亦即此加以普遍化之性向，而更無其他。此加以普遍化之性向，乃吾人自身所具有，而自覺自動的表現於吾人之思維之進程中者。吾人所謂理即普遍者。因而此普遍化事相之連結，以使之成爲一普遍律則之性向，即一理性。吾人之理性，可說是使一一理成就之性，而此成就理之性，亦即見於吾人之普遍化事相之連結，以建立普遍律則之思維進程中。而此思維進程本身，亦即顯吾人之「成就一理」之性，而爲吾人理性之呈顯。而此理性之呈顯，初即在將事相之連結，加以普遍化處呈顯，故初亦即夾帶吾人所經驗之事相之連結以進行。而世間亦初無任何吾人所經驗之事相之連結，爲吾人之理性所不能加以普遍化者。故吾人只須一次經驗二事相之連結，亦可立加以普遍化，而試建立一普遍律則。宋人之一次在株邊得兎，而即守株待兎，與科學家之一次見氫能自燃，即知一切氫皆自燃，皆同依於人之理性之可將一次所經驗之事相中之連結，加以普遍化之理性。而前者之所以爲大愚，唯在其於一次之兎在株邊之事中，所發現兎與株之連結，加以普遍化以後，再難證實，而恆被有株無兎之經驗所否證，而後者則無否證之者。然吾人若初無普遍化當前所經驗之事相之連結之理性，則亦無所謂以後之證實與否證；而此中之所證實與否證者，皆唯是吾人之理性，據所經驗之事相之連結，加以普遍化後，而被吾人試建立爲普遍律則者。而非此求普遍化之理性活動之自身，或其中所涵之歸納原則之自身也。

吾人上說歸納原則，包涵於人之理性活動中。然復當說明，一切歸納之知識，或關於經驗事物之普遍律則之知識，欲求更確定的建立，惟賴於經驗。因依理性，吾人原可將一切事相之連結，加以普遍化，試建立之爲普遍律則，以求證實於未來者。然此中有能證實而眞成爲普遍律則者，有不能證實而不能眞成爲普遍律則者。此何者被證實，何者被否證，關鍵全在後來所遇之經驗。因除非事相之連結，依於一數學邏輯上或某種直覺上之必然，則此事相之連結，即皆爲可不如此連結者。而知其如此連結之根據，便惟在經驗。而吾人之將其連結，加以普遍化後，如無後來繼起之經驗加以證實，則亦即當被思爲可不如是連結，而成不必然相連結，亦不能眞成爲普遍律則者。由是而能眞成爲普遍律則之事相之連結，即必須爲橫通一切經驗而無阻者。其能如是橫通，而只須有A事相即有B事相者，吾人即以A爲B之充足條件。凡無A即無B者，吾人以A爲B之必須條件。凡有A即無B者，吾人謂A與B相排斥。凡無A即有B者，吾人謂A與B合以窮盡一情形下之各種可能。由此吾人即可得各種關於A與B之關係之種種之確定之知識。而吾人如欲建立「A——B」之一普遍律則，或欲證明A爲B之充足而必然之條件（即只須有A則有B，無A必無B），則吾人須攷察在一切經驗中，是否皆只須有A即有B，無A即無B。然此中則有一大困難；即吾人之經驗，永爲有限。吾人不能在實際上，具有一切可能之經驗。由是而吾人雖在已有之經驗中，皆發現有A處即有B，無A處即無B；然吾人終不能證明，無與A俱起之C，此C爲B之生之另一必須條件，而此C爲吾人所未經驗而未知者。由是而吾人即永不能證明，A爲B之充足條件。而當在一情形下有A而無CB時，吾人之由A以推B，即可產生錯誤，不能有絕對之確定性。

「A——B」之普遍律則之絕對確定性，雖不能由經驗而建立；然吾人如在各種時間空間之情境下，由觀察實驗而得之經驗，皆見有A即有B，則吾人可謂A爲B之充足條件或充足理由。因如上述之未知之C，亦爲B生起之一獨立的必須條件，則在不同之時間空間情境下，C即爲可不存在者。故如在不同之時空情境下，吾人皆見有A即有B，則吾人可說C之存在與否，與B之生起爲不相干者，而此A即可爲B之必須而充足之條件。如此C仍實處處存在，而爲與A恆相伴隨而起之B之另一必須條件，則吾人雖不能說A爲B之充足條件；然此仍無碍於吾人之由A以推B，而以A之存在爲吾人推B之充足理由。吾人之推理，即仍有效。故吾人愈能在不同時空情境下,由觀察實驗而得之經驗,皆發見有A即有B無A即無B，則吾人所建立之A——B之普遍律則之確定性必愈高，即其概然性（註，見下頁）愈高，而幾於絕對之確定性矣。

解釋與歸納原則　參考書目

J. Hospers: What Is Explanation?見A. Flew所選Essays in Conceptual Analysis. Macmillan 1956.

B. Russell: Problems of Philosophy. VI. On Induction.

J. S. Mill: System of Logic. Book III. Ch. III on The Ground of Induction

H. Feigl & W. Sellars: Readings in Philosophical Analysis.第五部Induction and Probability.其中有H. Fiegl H. Reichenbach, R. Carnap等論歸納與概然問題之文。又本書第七部Problems of Description and Explanation in Empirical Sciences 其中包括H. Fiegl C. J. Ducasse 論解釋之二文。

Max Black: Problems of Analysis, Ch.X.Pragmatic Justification of Induction, Routledge & Kegand Paul 1954.

〔註〕：西文之Probability或譯爲蓋然，今譯爲概然。按蓋爲虛辭，概有平均之義。概本爲平斗斛之木，所以衡滿，管子曰「斗斛滿，則人概之，人滿則天概之」。一切概然率之計算，係於正例與負例之相衡，故今譯爲概然。

第十二章　因果原則與知識

第一節　歸納原則與因果原則之關係

我們上章說，關於普遍律則之知識，乃原於我們將我們所經驗之少數特殊事相中之連結，普遍化而成，而此去普遍化之思維活動中所涵之原則，即歸納原則。我們所知之少數特殊事相中之連結，可以是一種因果的連結，而表現一因果關係者。亦可以是表現其他關係的，如形數等之相倚共變之函數關係。但無論為何者，如果我們不依歸納原則，以將此所知之連結關係，加以普遍化，則我們同不能有普遍律則之知識。換言之，即如歸納原則無效，則一切關於因果關係與其他關係之普遍律則，皆不能建立。但屬於因果關係之律則，只是普遍律則之一種。故吾人不能說，歸納原則有效，因果關係之律則，即必然能實際建立起來而被肯定。因果關係，似不類其他之形數等關係，常有一種直覺之確定性，並可以理性幫助其建立。因果關係，乃為純粹之事與事之關係，似並無直覺之確定性，亦不能由理性幫助其建立，而似只能靠反復的經驗為根據，加以建立者。其所以如此之故，在因果關係非如形數關係等，其中之相關係之項，與其間之關係，似皆可同時呈現於我們之前者。因果關係中之為因之事與為果之事，乃恆在異時出現，而中間若有時間之間隔，或時間之經過，而若可截斷以觀者。由是而歸納原則之建立，不等於因果原則之建立。而吾人欲建立因果原則，則一方包涵歸納原則之如何建立之問題，另一方，亦包涵因果原則自身如何建立之一特殊問題。所以我們分出此章，以專討論因果原則之如何建立問題。

第二節　常識中對普遍的因果律之信仰及其疑難

我們方才說因果原則似更無直覺之確定性，這是純從因果關係非共相與共相之關係，我們不能有一理性的直覺，以直接確定其間之必然關係上說。但照我們前在知識之起原一章所論，與常識之信念上說，則因果原則又似最有直覺上之確定性者。而常人亦總相信一切事之發生皆有原因，且必有結果。吾人對常人說，一事無因而生，無果而逝，乃極難被相信者。如說一小孩忽然自空中生出，或一物忽然消失，無任何結果，人不以為是夢境或幻覺，則只有以之為神所創造之奇蹟。然而以此為夢境或幻覺，即謂此為人心所造，而以人心為此種現象發生之原因；如以此事為神所造之奇蹟，即以神為此種現象發生之原因，人仍未嘗廢棄其因果原則之信念。

常人不特相信因必有果，果必有因；且信同因必同果，異果必異因。常人相信同樣耕耘，應同樣收穫。如耕耘同而收穫不同，必因土地磽瘠不同。如耕耘同，土地磽瘠同，收穫仍不同，必因雨水之多少等其他條件不同。如說一切條件同，如同在一鄰近而土質相同之田，同樣耕種，同得一定之雨量、陽光，施同樣之肥料於同樣之種子，而一則稻穀滿倉，一則一粒無收，則人必大爲駭怪；相信此外必有不同之原因，以使一人稻穀滿倉，一人一粒無收，而將往請農業專家，來加以研究，必至發現另一原因（如田中之某種害蟲），而後駭怪可消。

然吾人如反問持常識之見之人，何以知因必有果，果必有因，同因必同果，異果必異因？則其所舉之理由，初仍不出於經驗。譬如彼可舉出火爐使室溫暖，以爲因有果之例。以爲室中之忽然溫暖，由爐火正紅，或春陽入戶，以爲果有因之例。以同一之鏡，照出同樣之容貌，以爲同因同果之例。以人在不同之哈哈鏡中，即有不同之奇形怪狀之容貌出現，以爲異因異果之例。然而吾人若問：人何以由已經驗之若干事物之有某因者，必有某果，遂知一切未經驗之此類事物中之其他事物，有某因者，亦有某果？或問：如何知一類事物其相同處，必可生同果，必有同因，其相異處，必生異果，必有異因？如何知一類事物與他類事物之相同處，必有同因與同果？其相異處，亦必有異因與異果？或再進而問：人何以知宇宙間之無窮無盡之事物，皆有因必有果，且同因必同果，異果必異因？此經驗上之根據在何處？則人可茫然不知所答。而此一問題，亦即「於已知之若干事物上，發現因果關係，再應用歸納原則，以建立普遍的因果律，畢竟何所根據」之問題。唯吾人在上章，既已說明歸納原則之本身之根據，在吾人之理性，謂吾人本有權將特殊事象中所發現之連結，加以普遍化；則吾人似亦即有將吾人於事物中所發現之因果連結，加以普遍化，以建立上述之普遍因果律之權。

然此中有一情形，乃事與事之因果之關係，與其他形數之關係不同者；即一切形數間之普遍關係（即普遍律則），或表現在具體事相中之形數間之普遍關係，皆爲抽象的形式上之普遍關係。如吾人可由甲物之大於乙物，乙物之大於丙物，而知甲物之大於丙物，並普遍化此三者之關係，以建立一：「對任何三物，如x大於y，y大於z，則x大於z」。此即一抽象的形式上之普遍關係，或普遍律則。此種普遍關係或普遍律則，有一性質，即縱如世間除此甲乙丙三物，以「大於」之關係相連結外，實際上更另無由「大於」之關係連結之事物，吾人所建立之此種普遍關係或普遍律則，仍不失其爲眞，只是不能再應用而已。然因果之關係，則純爲具體事與具體事之關係，而非只是一抽象的形式上之關係。抽象形式上的關係，不應用仍可不失其爲眞。但具體事與具體事之關係，如爲可普遍化而成一爲普遍律則者，則必須爲可普遍應用於其他同類之具體事者，否則此關係，非眞能普遍化以成一普遍律則者。

然具體事間之因果關係之普遍化，有時雖似不成問題，有時則大成問題。譬如在同類事物間，其中所表現之因果關係之普遍化，誠似不成問題。如一鼠見貓而逃，他鼠亦幾莫不然。此水可以電解，而成氫二氧一，其他之水，亦莫不然。但是我們如將世間之一一事物，視作一唯一無二之具體事物看，則其中所表現之因果關係，是否皆能普遍化，則成問題。于是同因同果、異因異果之普遍因果律之本身，亦可成問題。

在唯一無二之具體事物前，所以有種種因果之問題發生，乃緣於我們在此，根本上不能發現有完全人亦即無法保證此知識之必然可應用於推斷。茲先論前者。

切加以重複應用之所謂普遍之因果律之知識，一落到唯一無二之具體事物上，亦無一眞能完全切合；而一之因果關係，而皆爲不能眞正加以普遍化，以建立之爲普遍的因果律之知識者。在另一方面看，則一同一之事物，亦即不能有同一之因與同一之果。由是而一方面看，一切因果關係，似皆只是各各爲唯

譬如我們以雙胎之二兄弟爲例。此二人皆由同父母一時所生，其存在之原因，可說大體相同。然此二人出生以後，最後之事業、學問、人格上之成就，決不全相同。何以不同？我們說是因環境不同。但究竟有多少環境中之因素，可決定二人之事業學問及人格之成就？此只能說是無限數。則我們無論由多少因素之相同，以推論二人之事業學問及人格之成就之相同，皆成無效。我們縱說其受教育之機會同，所交之師友同，所遊歷之地方同……如是列舉，無論至多少項，我們仍不能由之以建立一普遍的因果律，而由一人之情形，以推知其他人之情形。因一人之情形，只須有一項與另一人不同，如一人忽聞一高僧之一句話而感悟，另一人則由受一人偶然之誘惑而犯過，則可使二人以後之活動方向全部不同。而其以前之一切相同之處之意義價值，皆以此一項不同之處，而隨其以後之活動方向之不同，以全部不同。此正如羅素所舉之喜馬拉雅山上之二接近之雨點，因所受風力微不同，可一入於印度洋，一入於大西洋。世間一切關於唯一無二之具體事物之因果關係之情形，皆無不類是。

第三節　因果律知識應用之疑難

從唯一無二之具體事物之因果關係上看，一方是不能眞正加以普遍化，以建立爲普遍的因果律之知識；一方是我們之無法保證，我們之加以重複應用之所謂普遍的因果律之知識，必然可應用於推斷。因各唯一無二之事，既各有其所連結之不同之事，而使其所生之結果不同，而一事在未來所能連結之事，又非事先所能決定者；則我們不能運用我們所謂普遍的因果律之知識，以從一爲因之事之存在，而推知其必有果。因此爲因之事，儘可能隨時與另一事連結，而使爲因之事不復存在，或使其效果，不復存在者。如通常說，人吃砒霜必死；但人吃砒霜後，旋即吐出，或服解毒藥，則人可不死。又人如使一爲因之事與另一事連結，又可使此另一事代替原可爲因之事而爲因，以生同樣之果或異果。如人吃砒霜以求死後，再立即以手槍自殺，則其死之果，不可說由於吃砒霜，而由以手槍自殺。此死之果，可與服砒霜之歸於死相同。但亦可相異，如服砒霜死者，無槍口之傷。由此而吾人初用以推斷之因果知識，如人服砒霜必死，於此即不能切合的應用。而一切因果知識之應用於具體事物，其所遇之情形，皆同可能如是，而無必然可應用之保證者。

然此上對於因果知識所生之問題，尚只限於因果知識之如何可應用於具體事物之問題，而未及於因果律之觀念之自身，因果律亦可不因此而被否認。此下之疑難，則爲及於因果律之自身者。

第四節　因果律觀念自身之疑難

一種對因果律自身之疑難，是從因果爲相繼而相異之一串事而起。即如因與果是相繼而相異之一串事，則我們可問：因與果是連續的或不連續的？因中是涵有果的成份，或是莫有？此乃在印度哲學中，早曾引起之嚴重論爭之問題。於此，人可主張因果間之關係是連續的，而主因至果，以及因中有果；由因到果，非絕對的變異，而爲常（如數論）。人於此亦可由因果之異，而主張因果之關係是不連續的，而主因不至果，以及因中無果，因到果乃絕對之變異，是斷而非常（如勝論）。而佛家之大乘空宗，則主因果間之關係，非斷非常，因中既非有果，亦非無果，果事只是依因事，而如是如是現；至常識及他派哲學中，所謂因能生果之因果觀念，則根本是虛妄的法執。依此說，無論說因中有果，與因中無果，因皆不能生果，若因中有果，則既已有果，何必生果？如帽中已有蘋果，何必再生蘋果？若因中無果，則其中既無果，又豈能生果？若一切無果者皆能生果，應石中生飯，火上生蓮。而說因中有果，由因至果，非斷而是常，明與現見（即經驗）相違。因現不見蛋中有鷄。由蛋至鷄，明有變異而非常。若說因中無果，由因至果非常而斷，是亦與現見相違。因現見果依因起，相續而現，如鷄依蛋起，蛋形鷄形，相續而現，亦實無斷處。如因果間有斷處，則果非依因起，鷄非因蛋起。故此派反對一切因能生果之說，而謂無論因中有果無果，皆不能生果，因果之關係，非斷非常，而破斥常識及他派哲學中之因能生果之觀念〔註〕。此種破斥一般因能生果觀念之理論，在西哲中如柏拉德來所說，與佛家之大乘空宗或三論宗所說，大體相同。唯今可不論。

除此種純以哲學上之辯證，破斥因果觀念者外，則有休謨純從因果觀念之經驗上之來原上設想，以懷疑一般常識及他派哲學中之因果觀念者。他說一般所謂因能生果，乃謂因有生果之能力，然此能力本身，實不能成爲被經驗之對象。吾人說火有溶化蠟之能力，但吾人所見者，只是火在蠟旁，則蠟漸溶化。吾人並不見此能力。吾人說一彈子有推動另一彈子之能力，吾人所見者，只是一彈子接觸另一彈子，另一彈子即相承而動，吾人亦不見此能力。以至於吾人謂吾人有舉手之能力，亦實只由吾人有某種筋肉感覺之後，便見此手之舉起。由是而所謂因果關係，唯是一種所經驗之印象觀念，與另一印象觀念相承而起之別名。而謂一印象觀念另有一產生其他印象觀念之「能力」，則其本身從未被經驗，吾人亦不能謂其有。故吾人亦不得說因眞有一生果之能力。

然吾人既未經驗因之生果之能力，則吾人何以覺因似有此能力，且因似趨向於果，有因亦必有果？此能力與「有因必有果」中之必然觀念，從何而來？休謨於此，則歸之於吾人過去屢次之經驗，所養成

〔註〕：可參考龍樹所著之中論卷五，及柏拉得來之現象與實在（Appearance and Reality）第一卷第五章。關於二家思想之相同處，拙著有三論宗與柏拉得來一文發表於北平出版之哲學評論（民國廿三年）。

之心理習慣。

依休謨說，因能生果之必然觀念，明非吾人對所謂因之事及爲果之事，所經驗之印象觀念中所能導引而出者。吾人只先經驗火之在蠟旁，而有火在蠟旁之種種印象觀念。繼而經驗蠟之溶化，又有蠟之溶化之種種印象觀念。吾人實從未經驗其間之必然關係。今試假定有火在蠟旁，吾人亦有種種火在蠟旁之印象觀念，而蠟不溶化，即無一切有關蠟溶化之印象觀念，此明非不可設想者。吾人若說有一方形而無角，此即爲不能設想者。因此爲自相矛盾者。故方形之有角，可說爲必然。然火在蠟旁而蠟融化，則非必然。因火在蠟前，蠟不融化，並非自相矛盾，亦非不能設想者。而今試假定，人在初經驗蠟在火旁時，從未經驗蠟之融化，則彼豈能知蠟在火旁之必繼以蠟之融化？是見我們之所以相信蠟在火旁，必有蠟之融化，其根據唯在過去之迭次經驗二者相連所養成之心理習慣，於是吾人經驗其一，即依此習慣而思及其他。而此中之因果觀念所自生之根據，正與吾人上章論歸納原則時，所謂歸納原則根據於人之生理的推理或交替反應之說相通。然吾人之恆依此心理的習慣，而由一爲因之事物之印象觀念，以思及另一爲果之事物之印象觀念，則並不保證在客觀上所謂爲因之事物，其後必繼以爲果之事物。此亦正如吾人之不能由過去每次聞鈴聲之得食，以保證今後聞鈴聲之必得食相同。由是而對一般人所信之因果有必然聯繫之說言，休謨之理論，仍自稱爲懷疑論。

第五節　原因與理由合一之理論

對於上述因果問題之疑難，人有各種解答之方式。其第一種解答方式，爲以一事物之產生，必須有其充足理由，而將一事物之因，與其所根據之充足理由合一，以建立因果律者。此乃西方哲學中由柏拉圖，亞里士多德，至近代之理性主義者，大體上一貫相承之理論；而亦與印度佛學中之唯識宗之因果理論，原則上相通者。依此說，一事物之發生，必有其所以如是如是發生之理由，否則不當如是如是發生，而可不發生。然通常所指爲一事物之因者，實常不能說明事物之所以如是如是發生。如通常以種子爲樹木成形之因，然種子中實無樹木之形。種子本身之形，並不能成樹木之形之所以如是如是之理由。由此而亞里士多德，即承柏拉圖之理念論，謂種子之所以能發育成樹木之形，有其形而上之形式因，爲樹木之所以實際上之依如是如是形式而發生之理由。此形而上之形式因，亦在邏輯上可說爲涵蘊其實際上如是如是發生之形式者。而一切事物之爲如何如何之一事物，以及其如何如何變化生長，皆有其先在之形而上的形式因。此形式因，即爲亞氏所最重視之因，而被其視爲眞足以說明一事物之果，所以如何如何者。此說之異於因中有果論者，則在此說中所謂因，乃只是一形而上的形式因。此形式因之本身中，只有爲果之實際事物之形式，而並無其實質。此實質乃由實現形式之材料物，與此形式相結合而有。此說並不以實現形式之材料物中有果，故並不以種子中已有成形之樹。此說遂無上述之因中有果論之困難。此說之問題，在其所謂具體事物之形式因與質料因中，皆只有具體事物之所以形成之因之一部份，則此二者如何相結合，以成具體事物，仍須另有說明。故亞里士多德又有動力因目的因之說，以說明質料之實現形式之動力之來原，及質料實現形式時所歸向之結果。亞氏之哲學，最後又以一切事物之形式因、目的因、動力因歸諸上帝，而上帝遂爲一永恆常住之第一因。中古哲學承此說更進而謂一切物質材料皆由上帝自無中所造，而上帝遂成世界之唯一因。近代之來布尼茲，亦承此中古之思想，而以任何個體物全部之形式性質，皆先在上帝之神智中，而再由上帝意志加以實現，合以爲一具體事物之存在之充足理由或眞因〔註〕。

上述因果之理論，吾人今不能詳論，而其在形上學之價值，吾人亦不能加以否認。然自知識論之立塲觀之，則縱其能確立一切事物發生必有形而上之形式因或其他因之義；然實並不能成就吾人之因果知識，亦不能使吾人「由一般所謂爲因之事物，以推斷其果之事」，成爲必然有效。如吾人儘可承認一種子生長爲成形之樹時，有其形式因，然吾人請問：吾人如何可由見一種子，以推斷其將爲如何之樹？此形式因於此，若只存在而非吾人所知，明爲全無助於吾人之推斷者。若其爲吾人所知，則還須歸原於吾人過去之經驗中，曾經驗何形之種子，在何類環境下，曾長成何形之樹。由此以形成吾人一般之因果知識。然吾人如何能由過去經驗中之何形之種子與何形之樹之印象觀念之連結，以推知吾此後所見之何形

〔註〕：以上諸說之討論，見本書第三部第六章及第十一章。

之種子，必然與何形之樹相連結？吾人如何保證此推知之爲必然有效？如何能確知種子與樹形間有必然的因果關係？此說於此明不能有絲毫幫助於吾人。而此亦即見此說並不能解答休謨所提出之疑難。

第六節　因果觀念之廢棄與現象之相承

對因果之疑難之第二種解答，爲承休謨之思想而根本廢棄一般的因能生果之觀念，而只以有規則性的現象之相承，說明因果，或逕廢棄因果觀念，而以科學知識只簡約的敍述現象之相續呈現或前後之相承爲目的，而不以說明現象之何以發生之形而上的原因爲目的者。前者即穆勒及今之石里克〔註〕之說，後者即孔德馬哈等實證主義之說。依此類之說，吾人經驗中之有現象之相承，乃一事實。如月暈而風，礎潤而雨，陽光照草木而草木生長，刀入身而血流。時時處處，吾人皆見有現象與現象之相承，並可容人之分類而敍述之，以成知識。而世間所謂因果之知識，亦即不外此類之知識。吾人如能於此現象相承處着眼，則前一爲因之現象中，是否有後一爲果之現象存于其中，或除前一爲因之現象外，是否有另一產生後一現象之形上之原因，即皆非吾人之問題所在。吾人唯須依求因果之規則以問：有前一現象處，是否有後一現象或只有後一現象？又有後一現象處，是否皆有前一現象或只有前一現象？然吾人由

〔註〕：石里克 M. Schilick: Causality in Everyday Life and in Recent Science 歸於以因果爲承續之規則性 Regularity of Sequence.

經驗可知，有一定之前一現象時，常有一定之後一現象，其間有一定相承之秩序，吾人即可由之以形成種種之普遍律則之知識，以之爲推斷未來之根據，如吾人上之所論。此外亦更無其他之關於因果關係之知識。

此上之說歸於：由一定之現象相承之秩序，以形成吾人對普遍律則之知識，並以之作爲吾人推斷未來之根據，而代替一般之必然之因果關係之論，誠不失爲一主張。然此中之問題，則爲吾人已由經驗以發現，有一定之前一類現象與後一類現象之相承處，吾人固可說其中有一定之現象之相承之秩序；然在吾人未嘗由經驗以發現有一定之現象與現象相承處，是否其中亦必有一定的現象相承之秩序？於此問題，則依穆勒之說，便只有引用自然齊一律，謂依已往之經驗，凡在以一定現象爲條件之情形下，皆有一定之現象相承而發生，故知一切現象皆相承而發生。然吾人上章已論自然齊一律由經驗而建立之說之不能成立，則吾人今亦即不能只由已經驗過之現象，皆相承而發生，以斷定一切現象，皆必與其他現象相承而發生，以形成秩序。而吾人如不能證明一切現象皆必然相承而發生以形成秩序，則此說即不能代替一般之必然之因果關係之論。因後者乃以一切現象皆必依因果關係而發生者。

第七節 康德之因果理論

第三種對因果之疑難之答案爲康德之說。此說之第一要點，在承認吾人之所以有因果之觀念，乃由於吾人對果之事之印象觀念，與吾人對因之事之印象觀念之相承而發生。然依康德說，相承而發生，並非只是相聯而發生。印象觀念之相聯而發生者，不必有因果之關係。如吾人觀一房屋由左至右時，其中亦有印象觀念之恆常的如此如此相聯以發生。然吾人並不說此爲因果之關係。因此中之印象觀念相聯之秩序，可以逆轉。如吾人由左至右後，再由右至左，則所生之印象觀念之相聯之秩序，即全部逆轉。然吾人對於有因果關係之事物，所生之印象觀念之秩序，則只能先有對因事之印象觀念，而後有對果事之印象觀念，而不能逆轉。如吾人之必先有食飯之印象觀念，乃有飽之印象觀念。先有推船之印象觀念，乃有船行之印象觀念。先有船在上流之印象觀念，乃有由船至下流之印象觀念。而由因至果，亦正如水之向下流，爲不能逆轉者。此不能逆轉之相承之諸印象觀念，乃在一時間之系列中，先先後後，以呈現於吾人之意識之前者。由是而因果之關係，不能離吾人「憑之以認識世界，而安頓吾人由世界所得之印象觀念」之「時間格局之秩序」而理解。

康德之說之第二要點，在承認因果關係之必然性，並不能自先後呈現之事物之印象觀念之本身中求根據。如吾人並不能直接由諸手推船之印象觀念中，必然的推出船動之印象觀念。然則吾人如何可說，一定之印象觀念之後，必可有一定之印象觀念相承而起，而以前者爲因，後者爲果？則此初只根據於吾人通過時間之秩序，以認識世界事物時，依吾人理性之要求，吾人必求在一單線之時間之前後段中，先後呈現之印象觀念間，發現一定然不移之關係或連結，可爲吾人之綜貫前後時間之統覺，所確定的把握者。唯在吾人有此確定的把握，而自覺其所把握之關係或連結之是如此，而非如彼；吾人乃能自覺吾人之能知自我之是其自身，而爲一統一之自我，吾人之理性要求，乃得滿足。故依康德之說，外在事物之自身，是否有因果之關聯，本非吾人所能先驗的決定者。印象觀念與印象觀念間之必然的關係，亦非吾人所能由經驗發現者。然吾人認識世界事物時，依於吾人之理性，吾人卻必然要求先後呈現之印象觀念，其相承而起，有一定然不移之關係或連結，爲吾人所把握，以成就吾人之所謂確定的因果關係之知識。吾人之必然如此要求，亦即同於謂吾人之必然要求通過因果方式，以認識世界。而因果在康德之哲學中，即成爲吾人之理解世界之一先驗範疇。

康德之因果理論，以吾人之所以必通過因果方式以認識世界，方能滿足吾人理性要求之論，可先自淺處，連吾人上章所論，再加以說明。譬如吾人在日常生活中，先有一印象觀念，如吃飯，繼有一觀念，爲飽。吾人明能依吾人之統覺，以統一的把握此二者，而關聯之爲一全體。則依於吾人在上章所謂本於理性而有之歸納原則之應用，吾人即將普遍化此關聯而望下次之吃飯亦飽。亦即使此吃飯與飽之關聯成定然不移者。如下次吃飯不飽，則吾人必感一失望，而覺不同時之我之所知者，不能相互一致而不確定。同時亦感一吾人之能知自我之自身，不一致不統一。故吾人可說，依於吾人之理性，吾人乃必然要求，吾人所經驗之印象觀念，其相承而起之關聯爲確定者；亦即吾人乃必然要求「一定之因生一定之果」之確定知識者。

於此，吾人對於康德之因果理論，仍可生一問題。即吾人雖必依理性而通過因果方式以認識世界，而求確知種種事物間之因果關係，然吾人將如何保證吾人之必能確知事物間之實有因果關係？吾人如何能確知每飯之必飽？如不飽又將如何？則此問題依康德之理論，當說，吃飯不飽，必有外在之原因。如胃失感覺之能力，或所吃之飯乃似飯而實非飯……者，故吾人當求知此另外之原因。而人如再問，何以人必須求知此另外之原因，知之有何必要？則可如是答：即人知此另外之原因使吃飯不飽後，則此中之同吃一飯而一飽一不飽之矛盾即解消，即同因不同果之矛盾解消，同因同果異因異果之原則得照舊維持，而吾人之理性要求，即再得滿足。至於人如果更進而問，吾人如何知於上例中必有可能求得之另外之原因，則康德之答案，當仍回到：依吾人求知之理性，吾人必通過因果之格局，以認識世界。因而吾人必先肯定於上例中有另外之原因，為人所可能求得。此肯定乃吾人之求知之理性，不容自已的發出者，亦更無反面之理由，以謂其不當有者。至於此另外原因之存在之證實，則原為在對之未有經驗之先，所不能證實者。此即康德在先驗辯證論中，所以未嘗否認世界除因果律外有自由律之存在之故。

至於在康德以後其不滿意上列諸種因果理論者，則或如實用主義之視因果律為一可應用的假設，或如羅素之視因果律只為人之求知識時之一不能證明之信念、一設定，或則以人之謂事物必有因果律可發現，只是一願望（註，見下頁）。然皆與上列休謨穆勒石里克之說，同欲去掉康德之以因果律有先驗根據之說。於是在一般論科學方法者之觀念中，因果律漸成一外無所附、內無所根，而純為人之知識活動進行時之一虛懸之架格，用以條理化吾人之所經驗者之一工具，而此工具之價值，則只須就其能成就種種經驗知識之結果上，加以肯定。至其應用於經驗事物之是否必然有效，其保證在何處？依此類之說，則認爲人之求知活動，並不須待於得此保證，然後乃能進行，而亦不須求其必然有效之保證。而此種之說，實亦除廢棄康德所謂因果律有先驗理性根據一點外，與康德之以因果律在應用時，只是一凌空的認識之方式或範疇之說，在原則上並無差別。

*第八節　因果關係爲實事與實事之關係及因果關係之直覺的確定性

康德一派下來之因果理論，只將因果方式提擧爲一虛的範疇規則，以求條理化人之各種經驗內容之說，仍有一終不能令常識滿意者。即依此類之說，人之謂事物有因果，可只表示一主觀之信念願望，至多亦只有內在理性之根據，而另無經驗以直接認知此關係之存在，亦無其必可繼續應用之保證；則人仍未嘗不可隨處撤回此因果之範疇或規則之應用，而不求知事物之因果。則吾人之求知因果之活動，即亦可無繼續進行之必要。

〔註〕：如Pap: Elements of Analytic Philosophy P. 226卽指出事物有因果可發現，唯是人之願望。

依吾人之意，欲於此問題，求一更滿意之解決，唯有先回至吾人在知識之起原一章第六節及能知所知之關係一章第十一節所說，而重新肯定：世間之有因果關係之存在，至少具一義之直覺的確定性。而欲眞了解此義，則係於吾人之重新把穩因果關係爲實事與實事之關係，而非只是由一形式之理與形式之理相涵蘊之關係，或單純的現象與現象，或印象觀念與印象觀念之相續呈現，之前後相承之關係而撰成者。以上之說，皆不能免此數途，以論因果。而由此數途以論因果，則謂世間之確有因果關係之存在，乃終不能證成。因形式之理與形式之理之涵蘊關係，只爲一邏輯關係，非即因果關係。現象與現象之關係，印象觀念與印象觀念之關係，皆爲可截斷分離而觀者。而此即使其間可無一定相聯繫之關係，亦即不能證成因果關係之存在。

如吾人把穩因果爲實事與實事間之關係之說，則上述之一切以因果關係只是依現象與現象，印象觀念與印象觀念之相續呈現，前後相承而撰成之說，即皆爲對吾人之經驗，未加深一層之反省，而只在其浮面上反省之見。如依此類之說，人之吃飯而飽，亦只是一吃飯時之飯之色如何、味如何之現象或印象觀念之呈現於吾人之前，後再繼以一飽之現象或印象觀念。然前一類之現象或印象觀念，何以必須繼以後一類之現象或印象觀念而起？自其二者爲可截斷分離，視爲不同相異之現象印象觀念以觀，其中實無一定之聯繫可說，即亦可無因果關係之存在。但吾人如進一步看，則吾人當說，吃飯爲一實事，而覺飽爲又一種實事，此中之因果關係，唯是指前一實事與後一實事之關係。此種二實事之關係，乃由「前一實事如有一向性，以向後一實事，而此二實事又更迭而生處」以見。即此中之前一事由存在以走向不存在，後一事即由不存在以走向存在；二者如秤之一低一昂，可合為一全體，以俱被把握，吾人亦即可直覺二者之相依而不離，而對此相依而不離關係之存在，有一直覺之確定性。而此關係，即吾人生活經驗中之因果關係也〔註〕。

吾人以上所謂一事之由存在而不存在，即一事之消逝，所謂一事之由不存在而存在，即一事之生起。故吾人亦可說吾人之直覺一實事之生起與一實事之消逝之相依而不離，亦即直覺一因果關係。如以中國哲學之言說之，則一事之生起為陽，一事之消逝為陰。而直覺此消逝與生起，或陰與陽之相依，亦即直覺一因果關係。

吾人在生活經驗中，能否只覺一事之生起，而不覺他事之消逝，吾人以為是不可能者。表面觀之，吾人於覺一事之前，似可另無所覺，如吾人覺一聲以前，可不覺其他任何事物。實則吾人不覺聲，則所覺為一片寂靜，繼而方覺聲之繼寂靜之境界而起。則在覺聲之前，並非無所覺。而在吾人覺聲時，實有聲之生起與寂靜之消逝之二實事之相依而起。而此二者間，即仍有一因果之關係。故吾人可說，聲破寂靜。此外在吾人之生活中，吾人雖儘可於若干實事生起後，或不覺其所引生之另一實事，然未有不覺其生起乃同時依於他事之消逝者。如吾人之吃飯而覺飽，吾人如向前看，此覺飽所引生之實事為何，

〔註〕本書本部第八章第六節。

吾人或不知。然吾人如向後看，則吾人覺飽時，亦即不再吃飯，而吃飯之事已消逝時。此中即至少有吃飯與覺飽因果關係。

吾人所說之一實事之生起與他實事之消逝間，有因果關係，恆被人加以忽視。人恆以爲無論因或果，皆當爲積極的實事之生起，而不當只爲消極的實事之消逝。且人又以爲吾人在論客觀事物之因果關係時，更罕有指一事之消逝，爲一事之因或果者。然依吾人之意，則以爲吾人即在論客觀事物之因果關係時，吾人所謂爲果之事，雖似皆指一積極之事之生起，而試細加分析，仍可見此中任一積極的事之生起，皆恆以消極的一事之消逝，爲其背景〔註〕。如吾人在常識中謂置紙於火，則火燒紙，二者皆使人有積極性之印象觀念，或使人見積極性之現象，因而若只爲積極的二事之相聯繫。然實則置紙於火，即移動原來在他處之紙以就火。而此中即已有「紙在他處」之事之消逝，與之同時。而紙之覆火，即有未被紙覆前之呈何狀態之火之燃之事之消逝。至紙被火燒，則爲火中之紙之消逝。唯由此，乃有火之更熊熊燃燒之事，依紙之不斷消逝以俱起。又如吾人自電池發電以入水中，將水加以電解，成氫二氧一。

〔註〕：在因果關係有所謂與果並存之因，即果生而因仍不消逝者，此除所謂形上學中之因果關係，非今所論及外，世間之因果關係中亦似有之，如以人爲因而生之鏡中之影，即似爲因果並存，果生而因不消逝者。但吾人如以因果爲二事時，則未有果事存而因事不消逝者。因如因事與果事眞爲同時並在，則吾人應可稱爲一事，而上述之例中，人之光至鏡面，鏡乃反映影，則此中仍是由前者之消逝，乃有後者之生。

吾人亦似處處只見諸積極的諸事生起之聯繫。然實則在電流池中出時，即有在電池中電流之消逝。而電流之入水中，即在水外之電流之消逝。水被電解，即原來之水之消逝，由是而後有氫氧之氣之生起。以此類推，則知一切積極的事之生起，皆依於一消極的事之消逝。而一切所謂積極的事之生起之相聯繫，皆以消極的事之消逝爲媒介。此消逝雖可只暫時消逝，而以後亦可再來，然要是一暫時之消逝。由此吾人遂可說，一事之生起之直接的原因，即在一般所謂原因之他事之消逝。而由一事之生起，所以引起之另一事之生起，則正在此事再歸於消逝。故一事之生起之似爲積極的成就他事之生起者，亦實爲消極的以其消逝以積極的成就他事之生起者。吾人如只從一事之生起積極的成就他事之生起上看，則一事之現象與他事之現象，既截然相異此中無彼，彼中無此，而並在對立，則此中之一定的聯繫，即可有可無，而不須肯定其存在，亦即吾人不須肯定有所謂因果關係。然從一事之生起而又消逝處，看其與另一事之生起之聯繫，則在二者中，此之有與彼之無，如天秤兩頭之一低一昂，並在對立而相反相成。吾人遂可直下覺「此之有」與「彼之無」之相依而不離之關係，必須肯定世間有此一關係之存在，此一關係即上文所謂一定之聯繫，而吾人亦必須肯定有因果關係之存在。

吾人上謂世間之有因果關係之存在，初乃依於一事之消逝與一事之生起之相依不離之直覺而建立。而在其建立後吾人即可依理性，而將此直覺所建立者加以普遍化，以成對「凡有因必有果之原則」之信念。此信念亦即「任一事由存在而向不存在時，必有他事由不存在而向存在」之信念。此乃吾人可本吾人之生活經驗之進行，而在有生之年，隨處可由生活經驗以證實者。此點亦一切對因果之懷疑論者，所不能懷疑者。因人之懷疑因果此本身，亦爲一實事。而人在有懷疑因果之實事時，此懷疑本身，即有使其心中之因果觀念暫消逝之效果。而其懷疑之事既起而消逝後，此懷疑後所引起之心境行爲，亦可與未有此懷疑之前有不同。故人以後再提及因果觀念又可再現此懷疑，以使其因果觀念再歸消逝，此即爲其以前之懷疑之事所生之效果。休謨論因果無客觀必然性，乃唯依於過去之經驗中之二印象觀念。恆常相連而生之主觀之習慣，實亦同不免有類似之自相矛盾。因如人在過去經驗中，經驗一印象觀念與另一印象觀念相連，即使一印象觀念之孤立狀態消逝；而此相連之經驗已消逝後，人仍可留下一習慣〔註〕，以使其以後遇一印象觀念時，即思及其他；並於此中使所遇之一印象觀念之孤立狀態消逝，此本身正證明過去之經驗之有一效果，故過去經驗，由存在而消逝後，仍能爲因，再以引起一類似之經驗也。

〔註〕：人之留下此一習慣，可說留於一潛意識中，人之由「無某習慣之潛意識狀態」，至「有某習慣之潛意識狀態」，亦可說爲由一前者之消逝而有後者之生起。又在潛意識習慣之再表現於意識中，亦可說爲「其在潛意識狀態」之消逝，而存在於意識中，以成爲「乘在意識中之存在」。此即下文：「吾人之遇一印象觀念即思及其他」之事。

✽第九節　已成世界與方生世界之因果關係

然此種由吾人自身之經驗生活，所能處處加以證實之因果關係之存在，是否能保證客觀世界之一切事物間，皆有因果關係之存在？則吾人之意是，如將其他一切事物，皆視爲絕對外在於吾人之生活經驗之事物，則此保證，自仍爲永不能有者。然吾人如謂吾人所謂客觀世界之事物，皆只爲吾人之更迭而起之經驗中之事物，或視一切事物，皆爲吾人可能經驗之事物。則吾人在發現世界事物有一新變化時〔註〕，吾人至少可說，吾人原先所可能經驗之已成現實世界，與後來所可能經驗之現實世界，乃更迭而起者。而依吾人上所謂因果之意義，即應說其間有一因果關係。即一前者由存在而消逝即有後者之生起之因果關係。

吾人一般所感之因果問題之複雜性，皆由吾人在發現世界事物之一新變化時，吾人恆不能知其因果之所在而起。吾人所視爲因者，或非必然，或非充足；而吾人所有之關於事物之因果律之知識，亦不必皆普遍而必然。然吾人之所以相信果必有因，因必有果者，吾人所信者唯是如因不在此處，必在彼處，果不在此處，必在彼處。而吾人只須於已成之現實世界之任一處，發現吾人所求之因，或以後之世界之任一處，發現吾人所求之果，吾人皆可滿足吾人之要求。故吾人之信因必有果，果必有因，初乃

〔註〕：在形上學上說，客觀世界可無新變化，此一切變化亦可如幻影。然在此情形下，則人可不求知事物之因果，而人亦可不以因果方式思維世界，而因果之問題，亦根本取消。

以整個世界之已成全部事物（即先所可能經驗之已成的現實世界），與方生之全部事物（即後來所可能經驗之現實世界）間，有因果關係存焉。初未標別何者爲何者之因，何者爲何者之果；而吾人之視爲有因果關係之事物，則恆只爲一極有限之少數經驗事物。則欲由對後者之知識，以證實凡有因必有果，有果必有因之普遍原則，自爲不可能。然此卻無碍於吾人之肯定：在可能經驗之世界中之已成之事物，與方生事物間之必有因果關係。因而吾人終可依因果方式，以觀可能經驗之世界事物，進而逐漸求標別何者爲何者之因，何者爲何者之果。

吾人此上所論一切事物之變化，有因必有果　有果必有因之原則，乃純形式之普遍原則。此形式原則，吾人亦可再依純理性加以討論，以論其在吾人理性自身中之根原。但非吾人今之所及。然將吾人上之所說與康德之論合而觀之，已大體上足够確立此原則。此原則亦即可引申出同因必同果異果必異因之原則。蓋如異果不異因，則有果爲無因；同因不同果、則有因爲無果。然由此原則，卻不能證明世間有完全相同之具體事。因自整個世界看，任何具體事皆有其唯一無二之地位，而爲不可再者。而此有因必有果，有果必有因之普遍原則，亦不能使人保證其已有之因果知識之必眞，更不保證條列之抽象的因果知識，能全部說明一具體事物之爲如何如何；更不保證吾人對一具體事之因與果，能有完全的知識。而只保證：如世界有任何新事物之由生起而存在，必同時有與之相依而不存在或消逝者；亦必有繼其自身之消逝而起者（註，見下頁）。因而吾人求知一事物之因與果之事，在原則上，必可逐漸求得。即不得，亦有理由以信其有，如上之所陳。至於過此以往，如一切因果知識之如何逐漸求得而確定的建立，則非哲學之思辨之事。仍要在本可能經驗世界中之實事與實事之繼起，所呈於吾人之前之現象與現象，印象觀念與印象觀念之連結，而依歸納原則加以普遍化，看其孰為能不斷由經驗證實，而眞實普遍化者，以定其是否為眞，以建立因果知識。此則為吾人之常識的觀察與科學研究之辛勤工作，而另無巧妙之道路可循者。

因果原則與知識 參考書目

牟宗三 認識心之批判 第二章生理感中心之現起事之客觀化，論因果之直覺的確定性

中論 破因果品。又梁漱溟印度哲學概論第二篇第四章因果一異有無論

F. H. Bradley: Appearance and Reality Ch. VI. Causation.

F. H. Bradley: Principle of Logic. Vol. **II. Pt. II.** Ch. **III.** Validity of Inference

〔註〕：如世間事物，由互相衝突而互相毀滅，以消逝淨盡，世間固可只有一片空虛。但吾人仍可說，此世界之成一片空虛之事，為事物之衝突毀滅而消逝淨盡之事之果。至於此後之世界，若長在空虛中，而另無新事之生起，則吾人亦再不能以因果方式思維世界，而因果之問題亦取消。

本書此章評穆勒之因果之五法，皆不能確定的建立必然性的因果。

Hume: An Inquiry Concerning Human Understanding, On the Idea of Necessary Connection. Ch. 7. 中文有關琪桐譯本A Treatise on Human Nature. BK I. part. Ⅲ Sect. II-IV.

B. Russell: Mysticism and Logic, IX. On the Notion of Cause. Pubished in Felican Book 1953

B. Russell: Human Knowledge its Scope and its Limit, Pt. Ⅵ. Ch. V.

關於羅素對因果理論在其哲學問題、哲學中之科學方法、心之分析、物之分析等書，皆有所論。有E. Gotlind 並著有羅素之因果理論 Bertrand Russells Theories of Causation. 可見其一生盤桓於因果問題。

M. Schlick: Causality in Everyday Life and in Recent Science. 選載於 H. Feigl: Readings in Philosophical Analysis. pp515-534. 及Krikorian & Edel Contemporary Philosophical Problem 二書中。此文力主因果只爲現象承續之規則性。

R. G. Collingwood: An Essay on Metaphysics. Part ⅢC論因果之爲一形而上學的預設。

A. C. Ewing: A Defence of Causality, 選載於 Contemporary Philosophical Froblems. Ed. Y. H. Krikorian and A. Edel. 此文爲反對因果只爲現象承續之規則性，而爲實在事物間之必然關係者。

第十三章　數學與邏輯知識之性質（上）

第一節　數學與邏輯知識及經驗事物之知識

吾人在上章已提及，實事間之因果關係，與抽象之形數之理及邏輯之理之關係之不同。而數學與邏輯之知識，在一般觀念中，亦明不同于一般之經驗事物之知識。此種不同，最顯著處有三：

（一）吾人對一般經驗事物之知識，皆由擴大吾人經驗性之觀察實驗之範圍而增加。而數學邏輯之知識，則似惟待吾人之理性之推演與反省而求得。

（二）吾人對一般經驗事物之知識，皆原於吾人對經驗事物之為如何如何，預先作某種猜想或假設，此猜想或假設，乃可用後來之經驗加以證實或否證者。然此一切證實，又皆不能為絕對完全之證實。因而此一切猜想或假設，亦皆可修正，或為其他假設所代替而被放棄者。然在數學或邏輯之知識之本身中，則可無關于經驗事物之為如何如何之猜想或假設之成份。而數學邏輯之知識，亦似無待于經驗之證實，同時亦不能為經驗所否證者。

（三）由一般經驗事物之知識，待于經驗之證實而後眞，故其眞，非本身自明而必然的，亦非只由演繹推理可證明其爲必然者。而數學邏輯之知識之若干，則似爲本身自明而必然的，而其餘者，則皆可由演繹以證明其爲必然者。

數學及邏輯之知識，與一般經驗事物之知識之性質固不同，然二者亦同爲人之知識。且人由數學邏輯所得之知識，亦實可應用于吾人對一般經驗事物之求知歷程中。唯其如此應用，又並不能使吾人一般經驗之知識，同于數學邏輯知識之不待經驗與假設而成就者，更不能使前者同于後者之必然而確定。由是而數學邏輯之知識之根據畢竟何在，即成一嚴重之哲學問題。

第二節　數學邏輯知識之根據於客觀存在事物性質之說

第一種數學邏輯之知識根據之理論，是從數學邏輯知識與其他經驗事物之知識，皆同對客觀之存在事物有效着眼，而以數學邏輯之知識中之根本觀念，皆爲客觀事物之存在的性質之反映，或代表某種客觀之存在者。而數學邏輯知識之根據，亦即在客觀存在之自身。依此理論，人之所以有數學之知識，唯因客觀事物本身有一二三四等數。人之所以有幾何學，唯因客觀事物本身有方圓等形。如西方最早之數學家辟薩各拉斯對于形數之觀念，即以每一形數，皆代表一客觀存在事物之某種性質。如一代表事物之統一性，二代表事物之對偶性，四、九、方、表示正義等。而中國易學中對于數學之觀念，亦以奇數代表宇宙之陽性，偶數代表宇宙之陰性。後來人之以河圖洛書之數，代表宇宙之一種構造之圖像，亦爲類似之主張。

至于在邏輯中，則西方邏輯上之思想三律，照亞里士多德所說，亦爲代表客觀事物之普遍的共同性質者。如在亞里士多德之邏輯思想中，三律之意義如下：

同一律之意義爲：對于同一之主辭，以一賓辭表之，即以一賓辭表之。

矛盾律之意義爲：同一賓辭，不能同時在同一意義下，表一主辭，而又不表一主辭。

排中律之意義爲：對于一主辭，或以一賓辭表之，或不以一賓辭表之，此外無其他可能〔註〕。

然亞氏論此三律之根據，則歸于任一主辭所指之任一存在事物之性質，是爲如何即如何，而非非如何等。

同一律矛盾律，在西方哲學史中最早之提出者，乃巴門尼德斯。彼以有是有，不是非有，即一同一律之提出。然此同一律即爲一方在思想中，亦一方爲宇宙之眞實存在之律者。

此外西方之講辨證邏輯者，遠溯至赫雷克利泰，近至黑格爾與馬克思恩格思等，皆以思想之律，即存在事物之律，乃兼反映客觀事物之存在之律者。

〔註〕：此段釋亞氏三律之意義，未全照亞氏原文。

第三節　數學之觀念知識根據於客觀存在事物性質之說之疑難

上述此種理論，爲一種數學邏輯之形上學理論。如從數學思想邏輯思想，爲一種存在于人之思想看，則此思想既存在，即亦應有其存在之根據，而可在形上學中加以討論。然在知識論中，則吾人之問題唯在問：吾人之如何有此數學邏輯之思想與知識。吾人似不能先設定，此思想與知識內容本身，皆爲在思想知識外之存在事物之內容。而若其果兼爲存在事物之內容，吾人尙須問：吾人如何知之？

于此，吾人若說數學邏輯之思想中之內容，皆存在事物之內容，吾人當先證明吾人之數學邏輯觀念，皆由吾人對存在事物之觀念而來，或數學邏輯中之語言，皆所以指示存在事物之性質或狀態者。然事實上似明不如此。如方圓之觀念，固可說由方圓之物而來，然柏拉圖已指出：世間並無絕對方與絕對圓之物。而數學中則可有此絕對方與絕對圓之概念，可由其他之數學概念，加以規定者。又如世間之物固有數，吾人亦可將一物與一物之數，相加成一總數。如一加一成二。吾人固可說，一物有一之數，二物有二之數，此皆爲屬客觀存在之外物者。吾人可說一爲奇數，二爲偶數，亦可說：凡能以二除盡之數，皆偶數，反之皆奇數。然吾人可否說奇數偶數之觀念，亦爲由客觀存在之外物來？如有一物在此，則其中有一奇數；再一物在此，其中亦有一奇數。然將二物相加爲二，則其中即有一偶數，而無奇數。然則最初之奇數何往？偶數又由何而來？如說物之自身中之奇數忽不在，則存在者如何能忽不在？如其在，則偶數豈能來于二奇數之中？是知奇偶之數之觀念，不能說直由客觀存在外物來。此亦為柏拉圖所已提出之論點〔註〕。而柏拉圖所歸至之說，則以數之自身，乃在理念世界中自己存在者，而非依于通常所謂客觀外物之存在而存在者。

此外吾人今可復試思，在幾何學中有無厚薄之面，無寬窄之線，無長短之點，此類之物又豈能實際存在？

又吾人有可任意增大之數。如由十百千萬至億兆京垓以至無限，此豈皆有實際事物之數與之相應？實際事物之數，豈必為無限？又無論事物之數為有限或無限，吾人豈不可總事物之數而思之之後再加一數，以成一數？則謂數之觀念皆由實際事物之數來，即不應理。

又吾人之數中有負數，是否負數乃負性之存在之數？世間能否有負性之存在？負性之存在豈能是存在？

此外吾人有分數，小數。此分數小數是否即與一物所能剖分成之分子原子電子之數相當者？一分數一小數，可再分以成更小之分數小數，以至無窮。豈每一小數分數，皆可同時分別各指一具定量之存在之物之量？存在之物，是否眞成一由大至小至無窮小之串系？吾人又何由知其有此串系？則吾人豈能說每一小數分數，皆同時分別指一定量之存在事物？

〔註〕：見柏氏Phaedo篇100—101節。

又吾人以數指一存在事物時，恆是用以規定存在事物之量之多少。此量本身是否亦爲一存在？而吾人以數規定量時，明可以不同之數，對同一之量作規定。如以十寸與一尺或十分之一丈，規定同一之量。此中之存在事物之量爲一，而數爲多。如數原于存在事物之量，則何以有多種數皆同可規定一量？

此外數中又有無理數。無理數之爲數，乃不能實求得其數値之數。吾人如何有無理數之觀念？此豈能是先由用無理數所表存在事物之量之計算而來？然一存在事物之量，可以無理數表之者，亦可以有理數表之；反之亦然。如一直角之二等邊三角形，其二邊各爲二尺，則弦之量爲八尺之平方根，而爲無理數。然吾人如試將此三角形之弦之二分之一，定之爲一尺，另造一種尺，則此弦爲二尺，勾股之量皆成二尺之平方根，遂皆成一無理數所表之量。如無理數之觀念，由存在之物之量來，則何以同一之量，可以無理數表之，又可不以無理數表之？

此外吾人尙有序數。如第一第二第三之數。對若干存在之物，吾人明可以不同之標準，以定其序數。吾人可說某甲之智慧第一，某乙之智慧第二。亦可說某乙之德性第一，某甲之德性第二。此序數豈皆由存在事物本身之性質所決定？吾人豈不亦可任意思想事物，而以先思想者爲第一，次者爲第二？此第一第二之分，與存在事物之性質又何關？

此外數學中尙有種種抽象複雜之數之觀念，皆難說其直接由存在事物之量與性質抽撰而成，而亦無待于數學家對存在事物之新經驗方能構成此種種之數之觀念者。則謂此種種觀念，皆由存在之事物之性質反映而來，更決難應理。

第四節　邏輯之觀念知識根據於客觀存在事物之性質之說之疑難

其次關于邏輯上之觀念，說其爲存在事物之普遍性質而來，亦難應理。

譬如依亞里士多德之說，同一律及矛盾律之根據應爲一物之是什麽者即是什麽，而不能不是什麽。吾人試設此爲邏輯上之同一律矛盾律之根據，則吾人當問：此中所謂「不能」與「是」「不是」，果何所指？是否存在事物中有「不能」或「是」「不是」，爲一存在事物之性質？吾人說人不是犬，不是馬，不是神，是否在人之存在中，同時有此無窮之「不是什麽」亦存在于其中？吾人今可謂，人不是機器人。但在未造機器人之先，是否已有一人之「不是機器人」，已存在于人中：此豈不同于謂機器人未存在，而人之「不是機器人」已先存在。然此「機器人」既未存在，人之不是機器人如何能先已存在？則謂一物之「不是什麽」本身，直接爲一吾人所知之存在事物內部之性質，終爲難于成立者。而是之爲是，是否即直接爲存在事物之性質亦難說。如吾人說此花是紅，此紅爲花之性質。但吾人是否可說此「是紅」本身亦爲花之性質？若然，則花應先有「是紅」之性質，然後乃有紅之性質。然吾人如何說花有「是紅」之性質？是否吾人當先說花是「是紅」。若然，則在吾人未說花是「是紅」之先，花又應先有「

是是紅」之性質。如有，則吾人又如何說其有「是是紅」之性質？豈非又須說花是「是是紅」……？如吾人之所說皆本于存在事物之性質，吾人勢必謂花在有紅之性質時，已有是紅、是是紅……等無限之性質之串系，同時客觀存在着。然若非因吾人之原有可能說其是紅、是是紅……之思想語言之串系，吾人又豈能說其有無限之性質之串系之客觀存在着？則吾人豈能說吾人之思想語言之串系，乃依于先已客觀存在的無限之性質之串系？而謂吾人之思想語言之串系中之能說「是」，其根據唯在存在事物之性質？

復次，吾人在邏輯中之說「凡」all，說「有些」some，說「如果——則」if-then，說「或」or，說「與」and等，此一一之觀念，豈皆有存在事物與之相對應？豈吾人一接觸存在事物，即必能有此諸觀念？若然，何以禽獸與人接觸同一存在事物，而彼等皆不能說，「凡」與「有些」，「如果—則」等？

至吾人之可決定的證明此諸觀念不能由所知之存在事物本身之存在狀態而來，則在：吾人對同一堆之存在事物，可自由應用此諸觀念及是或不是之觀念于其上，而說出不同之命題。如當前之事物，為風吹皺一池春水，吾人明可依吾人以不同方式思維之，而說「凡風來水上，皆有波瀾」或「有些池水，有風吹起波瀾」，或「若果風靜，則水將平靜無波」，或「任凭風來或風去，同是一池春水」，或「風來又風去，波動再波平」，或「風來非風去，波動即非平」……種種命題，及由之推演出之種種命題。而此可能推演出之命題，即依一單純之換質換位法，亦為一無窮之串系。如風來非風去，風去非風來。風來非非風來，風來是非非風來。風來非非非非風來……。然在吾人當前存在之事物，實亦不過風吹皺一池春水之一事而已。此一事畢竟干卿底事，而可引出人之種種思想，在此思想中，應用種種邏輯之觀念，以形成種種邏輯命題，此要非由此一事之存在本身決定，實爲彰明較著之事。則吾人如何能說邏輯中之觀念，皆直接反映存在事物之存在性，或直接代表客觀存在事物之自身與其狀態者。

第五節　數學邏輯之觀念知識根據於經驗之說

第二種數學邏輯之理論，爲承認數學邏輯中種種複雜之觀念與知識，並不直接表示客觀存在事物之性質或狀態，亦可無存在事物之性質或狀態，直接與之相對應。但此說以一切知識觀念，皆始于經驗，一切具體之觀念，皆由經驗而來。至一切抽象之觀念或概念，亦必根據由經驗而來之具體觀念，經層層之抽象而成。及其既成，雖若與原初之經驗，渺不相涉，然探其最初之本原，仍在于經驗，然後方可再應用于經驗。此亦如萬丈高樓，最初之必由地起，其最底層，乃直接于地上者。由是而此派論邏輯數學，遂從其最原始之觀念與經驗之關係處着眼。此即洛克、巴克萊、休謨、穆勒之經驗主義之數學理論。

此理論並不以數學邏輯中之觀念，皆反映客觀存在事物。因吾人由對所謂客觀存在事物之接觸而得者，唯是種種具體之印象或觀念。此中可並無數學與邏輯之觀念。然則此類之觀念何自來？答，由于對具體事物之印象觀念之反省與抽象而來。

依洛克說，人初由反省所成之觀念有「統一」與「繼續」。如吾人直對某觀念自身，加以反省，覺其爲統一的，則產生「統一」之觀念。如對若干觀念之相續生起，加以反省，則有「繼續」之觀念。如吾人直對紅之觀念，加以反省，可有一統一之觀念。對黃亦然；對任一聲亦然。以及對複合之觀念，如紅而美麗之花，亦然。換言之，即吾人對任何觀念加以反省，皆可生「統一」之觀念。而此「統一」之觀念，遂可自任何觀念之內容中抽象而出，而爲具普遍性之統一之觀念，此統一之觀念，即數之始之「一」之觀念。吾人于是可以「一」之觀念，指任何觀念與任何引生觀念之事物，或觀念所指之事物。而一飲一啄，一顰一笑，一花一草，一家一國，皆是一。吾人對世界隨意任劃出一範圍，皆是一。然此一之觀念，則實唯在吾人之反省中，而初不在所反省之觀念之自身，更不必在其所指之客觀對象中也。

吾人有「一」之觀念，再依于吾人之知何謂繼續，便能將此一之觀念，繼續的加以重複。則由一，又一，對此「一又一」再加以反省，而視之若一，則成二。由此遞展則成三，成四，成五。然無論由此以成何數後，吾人皆若可再加一，以再成一更大之數。而吾人于此「數皆有其更大數」再加反省，則知一切數之數爲無限，而任一數亦可由不斷加一，以大至無窮。于是有無限數無窮數之觀念〔註〕。

順上文之思路，吾人可引申洛克之意謂甲數大于乙數，則乙數小于甲數。其所小之數，則爲負數。

〔註〕：按洛克之論數，見其人類理解論第二卷第十六章，論數之無限問題，見第二卷十七章。彼只及於數之由逐漸加一而成，亦未明說此依於繼續之觀念。但實際上是依於繼續而有加一。至於吾人下文之說，則純爲吾人依洛克之思想所作之引申。

吾人又可由反省而知，任一物之形，皆有其部份，而各部份又皆可分。由此而吾人知任一物之爲一，皆可分爲多。可以一表之者，亦可分爲二，而以二個二分之一表之。分者可再分，而有可無窮分下去之分數。由分數亦可以解釋小數之所以成。如「〇、一」即一之十分之一之數，「〇、〇一」即百分之一之數。又設一物之量可分爲三部份，每部份又可分爲三；則一物之量，可分爲九部份。即三乘三，或三之三倍，而一物之量，可以倍數表之。

對于一量，我們可視爲他量之幾分之幾，而以他量之分數，爲此量之數，亦可以他量之倍數，爲此量之數。故吾人可稱一量爲十倍一寸之十寸，或十分之一丈，或只稱之爲一尺。而此事之所以可能，唯因每一量皆爲一定量。此定量可視爲他量之一部份，亦可視爲他量之諸部份所合成。至于一物之全體之量之可分成各部份，及所分成之各部份之和之等于全體之量，則爲吾人可由反省「全體之量」與「分成之各部份」二者之契合而可知者。

依此對經驗之反省，吾人知經驗事物之有數量，而亦有形。吾人將物之形體，自其色抽離，便成一幾何形體。將體上之面，自體抽離，則成幾何之面。將面上之線，自面抽離則成線。將線上之點，自線抽離，則成點。而幾何學之基本觀念以成。

至于幾何學上之公理，如等量加等量其和相等，等量減等量其差相等……，則皆可訴諸對于形量之部份全體之關係之經驗之直覺。

由是而數學幾何學之觀念，即皆可依經驗之反省與抽象而說明。

至于邏輯上之思想律，則依此派所說，其根據乃在觀念與觀念間之同異關係之直覺。如同一律A是A，即謂一觀念與其自身之同一，及與其相同者之同一。矛盾律即謂一觀念與其相異者之不同一。排中律即謂一觀念與另一觀念非同即異，另無第三可能。而此諸律之所以爲眞，唯因吾人確可由經驗直覺，以知紅之同于紅，而異于非紅之黃綠。亦可由經驗以知，一物之色，如不異于紅，即同于紅，不同于紅即異于紅。此中無一例外。又對一切經驗事物，吾人亦皆可發現其相互之同異關係，而思想律即成一普遍必然之律則。而穆勒之論數學、幾何學眞理之爲普遍必然，亦從其對一切經驗而皆眞上立論。此亦前所提及〔註〕。

第六節　經驗主義之數學邏輯理論之批評及康德之數學邏輯理論

對于上述一派之數學邏輯之理論，如純自數學邏輯之心理之起原上看，亦大體上，未始不可說，並有親切易解之長。但此中有數大問題。一者吾人縱承認數學之觀念，皆由反省抽象而成，吾人仍可問：如人最初之感覺經驗中，原無數學之觀念存在，又人之反省抽象之能力之本身，亦原爲一空無所有之一反省抽象之能力；何以一接觸經驗事物，則有數學觀念之生出？人之反省抽象能力，要必有其運用之方

〔註〕：本部第十一章第四節。

式，此方式，豈能不存在于此反省抽象之能力之內部？如吾人說，由反省吾人之觀念，而生出統一與繼續之觀念，則吾人可問：此統一與繼續之觀念，畢竟是由反省而出，或爲吾人反省進行之方式？假若吾人之反省活動本身非統一的，吾人是否能反省出統一之觀念？如吾人不繼續反省，吾人是否能反省出繼續之觀念？則此統一繼續之觀念，初應爲吾人反省之方式，而非反省一般由感覺經驗來之觀念所產生。而如其爲反省之方式，則應爲隨反省而俱現，初亦內在于吾人之反省之「能」之中者。

此外，吾人即假定由此統一之觀念，所成之「一」之遞加，即可構成數之串系之說爲眞；吾人之如是如是以由一再至一，而綜合之以成二等，之思想活動中，又豈能不依一定之思想方式進行？由此以推，則吾人之每一數學觀念之出現，數學知識之形成，皆應由吾人之依一定思想方式，以思想以前所成之觀念，而後可能。而此諸思想方式，方爲諸數學觀念，得以出現之眞正根據，眞正起原，而不必以一初無內容之反省抽象之活動與感覺經驗來之觀念接觸，爲各種數學觀念之起原也。

其次，吾人如以一切數學幾何學之觀念，皆由經驗之反省抽象而來，則其所以還可應用于經驗之理由，似易得一說明。因吾人所謂經驗，可只指已成經驗。吾人所謂反省抽象，乃對已成經驗而反省抽象。由對已成經驗之反省抽象而來者，對已成經驗必眞，即不成問題。而在已成之一切經驗中，已證其爲普遍之眞者，對已成之一切經驗必然爲眞，亦不成問題。則穆勒之謂數學知識，因其從未爲經驗所否定，故爲對已成經驗已證爲普遍的眞，必然的眞者，亦不成問題。然吾人于此可問：由已成經驗所反省抽象而出者，如何能應用至一切尚未有之經驗，或一切可能經驗，而對之亦普遍必然的眞？此便仍成爲一問題。然吾人卻似明可先絕對的確定：數學邏輯之知識，對一切未來之可能經驗皆爲普遍必然的眞，而與一般由經驗而得之知識，吾人之不能絕對的確定其對未來可能經驗爲眞者不同。

吾人之此二種批評，即導出康德哲學中之數學邏輯理論者。

依康德之哲學，吾人論任何種抽象之觀念知識之產生，吾人皆須溯原于吾人之思想活動，認識活動之方式。而一切知識論之最大問題，則在說明可應用于一切可能經驗之先驗知識如何可能。而數學幾何學知識，實即各爲先驗知識之一種。

依康德說，吾人之知識命題〔註〕有三種。一爲先驗之分析命題，如物體是有廣延的。此種命題中之賓辭之意義，可直接由主辭中分析而出。而吾人肯定主辭，即不能否定賓辭。如否定之，則陷于自相矛盾。故此命題爲必眞，亦非待經驗而眞，並非經驗可加以否證以使之成不眞者。此之謂先驗之分析命題。二爲經驗之綜合命題，如物體有重量。此種命題之賓辭之意義，不能直接自主辭中分析而出。而吾人如肯定主辭而否定賓辭，並不陷于自相矛盾。如一夢中之物體，即可無重量。經驗的綜合命題之所以爲眞，唯因吾人所經驗者之如是如是。如經驗中之所見之物體，在被提舉時，吾人確感一重量。故此命題，待經驗而眞。而一朝經驗中之物體變爲無重量，此命題亦即成爲不眞者。而此成爲不眞之可能，

〔註〕：康德原用判斷二字，義同於命題。

乃吾人所可在事先，加以承認者。第三者爲先驗的綜合命題。此種命題之眞，非可只由分析此命題中之主辭之意義而得者。在此種命題中，賓辭之加于主辭，乃對主辭之意義，有所增益。但其眞又不待經驗而眞，而爲一切經驗所不能加以否證，並對一切已成經驗可能經驗皆眞者。此如各種數學幾何學之命題，及其他之先驗綜合命題。

數學中之命題如「『七加五』等于十二」，「『三角形三角之和』等于二直角」之二命題中之賓辭，皆不能自主辭中分析而出。吾人之說七加五等于十二時，此『等于十二』之賓辭，對『七加五』之主辭之意義，有一增益，使吾人對『七加五』有一新了解，故爲一綜合命題。然此命題之眞，非只對已成已有之經驗爲眞，而是對一切可能經驗皆眞，故爲先驗命題。三角形三角之和等于二直角亦然。

康德知識論之中心問題，則爲問：此種先驗的綜合命題，如何可能？即其成立依于何處？至其對數學與幾何學之先驗綜合命題之所以可能之討論，則在其時空與數學幾何學之關係之理論。

依康德說，一切可能經驗事物，皆在時空之格局（即範疇）下被經驗。而時空即爲感覺認識之方式，乃內在而非外在，爲感覺經驗可能之先驗條件，而非感覺之所對。幾何學之知識，乃關于依空間而起之形相之知識。數學中之知識，乃關于依時間而起之數之知識。數學幾何學之知識，所以能普遍有效于一切經驗事物，即因一切經驗事物，皆在先驗之時空之格局下，而數學幾何學知識，則正爲依此格局而成立之知識。

康德何以說時間空間爲經驗事物之先驗條件，而不說時空之觀念，由經驗而來？此簡單言之，即爲吾人對事物之經驗，皆必須被安排于一整個之時空之格局中，而在時空有一地位；然時空之本身，則非被經驗之事物，而只爲吾人之超越之統覺之所攝。吾人之統覺，能統攝一切無定限之向東西南北上下伸展之空間，亦能統攝無定限的由過去伸展至現在，以達未來之時間，以形成一囊括經驗世界事物之時空大格局。然吾人不能視此格局爲一已成之所對，或外在之對象。亦不能離此格局，而對事物有經驗。吾人乃必須憑此大格局中之不同時間不同空間，以分別安排所經驗之事物，故此格局，爲經驗之先驗條件，而只爲吾人之超越之統覺所攝。

依康德此說，則所謂幾何學所研究之形相與關係無他，即此整個之空間中各種界劃所成之圖形與其關係。而吾人亦不難依吾人之想像，以想像此面前之虛空中，此處有一三角形，彼處有一圖形，並或想像一方形在圓形中，而對之求有種種之知識。吾人此圓形三角形之知識，亦即對表現圓與方形之事物之幾何學的知識。在表現圓與方形之事未出現之先，吾人對此圓與方之知識，明可先有。此先有之知識，亦必將對一切表現圓或方之事物皆有效。因此知識，乃只涉及事物所表現之圓或方，而不涉及事物之其他方面者，則事物之其他方面，無論爲何，皆與此知識爲不相干，對之亦無加以證實或否證之效。而此事物所表現之圓與方，亦只是此知識中之圓與方。故此知識，可成爲對方圓之物之方圓之先驗知識也。

至于對數學之知識，則康德以爲吾人之所以有數之觀念，不能只原于經驗事物。因經驗事物之現象，乃各各差異者。而數之爲數，乃由同質之單位構成者。而吾人在用數以規定一事物之量時，吾人所着重者即不在事物之性質。如三尺布，三尺草，三尺木中之布、草、木之經驗性質之不同，吾人對之之印象觀念之不同，皆與此中之三尺之三之觀念，所由產生不相干。依此，洛克之由對印象觀念自身之反省，以成就數之單位之「一」之說，遂可不用。而數之觀念所由生，則要在相繼之計數之活動。此相繼之計數活動，不只是將一與一加以堆積，以成一本身爲客觀對象之二三之數，如洛克之說；而要在依于次第之綜合的前進之思維歷程，以成一屬于主觀之心，而可應用于經驗事物之數。此思維歷程之所憑，既非經驗事物或其印象觀念之統一性之一，則其所憑爲何？康德則謂之一般性的齊同的直覺 Homogeneous Intuition。再由此思維歷程，將此齊同的直覺，次第加以綜合所成之諸統一，即爲一一之數。

康德之此種理論之重要點，在將人之一一印象觀念，納之于時間之系列中。吾人在每一時間，直覺一印象觀念，（康德名表象）實即通過對時間之直覺，以直覺一印象觀念。然今吾人試將一時間中所直覺之印象之內容，置之不顧，則唯留下時間之直覺。吾人在不同時間，固有不同之印象。然吾人皆可將其內容，一一棄置。則吾人此時便只有諸齊同的時間之直覺，每一直覺可爲一單位。而吾將此諸單位，次第加以綜合，而再統一之，則成數矣。

康德依時間之直覺以言數之理論，其特殊價値，一方在時間之直覺本爲可分爲齊同之單位者，一方在時間具前進不回之性質。吾人依時間以計數，亦即一方求爲將其所分成之單位，皆加以把握，一方亦自具前進不回之性質。吾人之計數之思維，若非前進不回，並將其所計過之各單位，皆加以把握；則吾人可旋計旋忘，永止于一；亦儘可前進後又折回，重複計已計之數，而永不能止于一定之數。然吾人依于時間之可分爲單位，及其具前進不回之性質，以次第計數，則可無此問題。而依洛克之理論，只就各單位之綜合以言數，則蓋難保證其綜合之事，不來往重複，而物之數，如何能加以確定，即可成一問題。

康德依時間之直覺言數，而吾人對事物之一切可能之經驗，又皆在時間歷程中，在時間之直覺中，同時被直覺；故依時間之直覺而生之數，與對此數之知識，亦皆可應用于可能經驗之事物。由此而可說明數學之所以能對一切可能經驗事物皆爲眞之故。而吾人所以于未來之可能經驗之事物，皆知其必有數，且知吾人今之數學，亦必對之應用而有效者；亦唯以吾人今已知：任何可能經驗之事物，當其在次第之時間單位中被經驗時，此一一時間單位之直覺，乃吾人所必能加以綜合以成數者。而此數，亦即此可能經驗事物必能有之數也。

第七節　康德理論之批評

康德之數學理論，其中心問題，在數學之何以能應用于可能經驗之感覺事物，其說自有一匠心。但以時間之直覺釋數之起原，至多只能及于常識中用以計事物之數。因在常識中，吾人對事物是在時間單位中加以直覺，故可以此時間單位之直覺之綜合，以說明數之產生。然此能綜合時間之單位，而計之之活動，其本身必不只爲直覺；亦必爲在諸時間單位之上，施行其綜合之事者。於此吾人即可問：此計數之活動，即此在時間單位之上，逐步施行綜合之事之活動，是否亦在時間中？如亦在時間中，則對其所經時間之單位，應再可計其數。而此計其數之綜合的活動，仍應又在此諸時間之單位之上。然無論如何，在計數時，吾人自身之綜合活動之步驟之數，要不能在此綜合活動之一一步驟未存在之先，已先存在，而當是依此綜合活動之一一步驟已存在之後而有者。則此數，便應爲由此綜合之活動自己所誕生，而初不依于對經驗事物之直覺以起者。此爲純依康德之思路設想所應有之一問題。

復次，康德所謂由次第綜合所成之數，實唯由加一所成之加數。加數既成，再去其所加，則成減數，此皆可說。然依此說，如何講乘除之數？如今有二數相乘，吾人若欲對其乘積之數，依直覺一一加以印證，並與一系列之時間單位相配合，便只能在乘積之數既得之後。今吾人可問：在乘積未得之前，二數相乘畢竟是數非數？如說非數，則與一般之數學觀念相違；如說是數，則此時並無直覺加以印證，亦未與時間單位相配合，則依康德義，如何可說是數？此中勢須于數之定義，另換說法。于乘數之反面之除數亦然。此外對于可無定限的分解整數所成之分數小數，及無定限的以數相乘所成之倍數積數，平方數，及其他，如無理數、無限數、級數等，皆同難一一以康德所謂直覺，加以印證，並難與時間之系列中之單位相對應配合而論者。

其次，康德之幾何學理論，乃以歐克里得之幾何爲唯一之幾何；然康德以後，事實上已有二類非歐克里得之幾何學。此三種幾何學，對于直線平行線之基本假設，彼此相異，如三者皆同為對實際空間中之形相關係之理論，勢必其中只有一為眞。然依純幾何學觀點，吾人並不以其任一之本身為假，而可各為一種幾何學。則其所以皆可成為幾何學之故，即不可說在其為研究實際空間中之形相之關係，而當別有所在。

再其次，康德說數學與幾何學之命題，是先驗必然的綜合命題。所謂數學幾何學知識為必然，可有二種意義。一是數學幾何學知識之本身之必眞而不能為假，有如對一主辭以一賓辭表之者，則不能不以一賓辭表之。例如對七加五只能說是十二，不能說是非十二，此是一義。二數學幾何學之知識，必能應用于一切可能經驗。例如七加五等于十二，不僅可應用于當前之事物，且必可應用于未經驗而可能經驗之事物。康德心中之主要問題，乃後者，故以時間空間為數學幾何學知識之應用于可能經驗之事物之媒介。而對此問題之解答，亦在其關于時空之理論。。然吾人將應用于經驗之問題撇開，而惟着眼于一一數學幾何學知識本身之必然性由何而來，則其時空之理論，即可對數學幾何學為多餘。而彼縱能以此理論，保證數學幾何學知識，必可應用于一切經驗事物，數學幾何學知識本身之必然性，仍有待說明。如七加五何以必等于十二，而不等于十一，此畢竟如何說明？仍為一未決之問題。

至于對邏輯之理論，則康德之說是于一般形式邏輯之外，另立超越邏輯之名，以為形式邏輯之概念之知識論基礎，並說明人之先驗範疇所以可應用于經驗事物之認識之故。依其超越邏輯論，形式邏輯中之概念與命題，皆依于吾人之認識理解經驗事物之有不同的先驗方式或先驗範疇而有。如依「統一」之範疇，以看事物，則構成「凡」之概念，全稱之命題。依「雜多」之範疇，以看事物，則將事物分爲各部，而構成「有些」之概念，特稱之命題。依「實有性」之範疇以看事物，則有說事物「是」什麽之肯定命題……。依「虛無性」之範疇，以看事物，則有說事物「非」什麽之否定命題等。緣此而成其十二範疇之論，以爲十二種形式邏輯命題之知識論上的超越根據。而此十二範疇，則一方與時間之圖型Schema可相應，以便吾人之透過時間以看經驗事物，形成經驗知識之原則者，一方又統于人之超越統覺者。故康德此說，與洛克之以邏輯之基本規律，依于觀念間之同異關係，及亞氏之以邏輯規律兼爲普遍的存在事物之規律之說，皆截然不同。而爲將邏輯之基礎，純建立于吾人之認識事物之主體之說。

然吾人如只遵循康德之將形式邏輯之概念，由超越邏輯加以說明，以形式邏輯之概念命題，皆由吾人之理解經驗事物之先驗的方式中，導引而出之說；吾人卻不易說明，無知識論意義之純粹邏輯命題，如當代邏輯家所論者，所以產生。又吾人在討論超越邏輯時，吾人思維此超越邏輯之思維之本身，亦明須運用到或展示出種種形式邏輯之概念，如吾人說「統一之範疇『非』雜多之範疇」，「先驗範疇皆『是』可應用于經驗世界」等語句之本身，即直接連用到或展示出種種邏輯概念，如肯定之『是』否定之『非』等。然吾人于此卻可不說此諸概念，亦只是由吾人認識經驗世界時之實有性虛無性之先驗範疇等導引而出。因此處之邏輯概念，乃可用以論謂所謂先驗範疇之本身者，亦即可超越于康德所謂知識論意義之先驗範疇之本身之上者。由是而康德之以超越邏輯爲形式邏輯之根據之說，亦不必能成立。

*第十四章　數學與邏輯知識之性質（下）

第八節　數學與邏輯合一之理論

以上各種數學邏輯之理論，皆爲欲於數學與邏輯之知識本身外，求其中觀念之來原；並說明其所以能對經驗世界有效應用之故。但今吾人試問：若數學邏輯之知識本身全不應用，或將其與一切客觀存在、主觀心理、及時空等之關聯，完全截斷，是否其本身即不能爲眞，或不能成立？我們又試假定，我們所經驗之世界，表面全變爲不合邏輯數學者，是否邏輯數學中之規律，即可被否定？

譬如吾人今試假想：我們將二蘋果加二蘋果，由經驗得者乃爲五蘋果或三蘋果，又試假想一蘋果方是綠，又忽是紅，或方是蘋果，再看即成一條金蛇，又看則成一美女。吾人於此是否即必懷疑數學邏輯之知識之眞，而謂二加二不等於四，或A不是A？

但我們一細想，便知吾人即在此情形下，仍不能懷疑數學邏輯知識之眞。因如吾人將二蘋果加二蘋果而得五蘋果或三蘋果時，我們通常可不懷疑二加二等於四，而可想此由於另一蘋果自他處出來，或一蘋果被人偷去，亦可想此乃我們之視覺看錯，亦可想我們計數時，少計了一個，或多計了一個〔註〕。

〔註〕：D. Gasking: Mathematics and the World 載 A. G. K. Flew 所編 Logic and Language之第二集，亦論此問題，可與本章所論相參證。

此外，我們還可以想，蘋果是如人之能生殖，由二人可生出第三人者；或蘋果是能合併的，如一體積水之透入另一體積之物，仍成一體積。總之我們不願懷疑二加二之等於四。而此數學中之二加二等於四之意義，亦實並不全等於我們通常所謂把二個物與另二個物置於一處之意義。因將二個物與另二個物置於一處，依其相互之因果關係，其最後之結果，可等於任何數。如二狼與二羊，置於一處，則最後只有二狼。一國之二戰士與敵國之二戰士，置於一處，可互相鬥殺，最後無一戰士。二阿米巴與二阿米巴置於一處，最後之結果為無數之阿米巴。吾人如知「二加二等於四」之意義，並不等於「二物與二物置於一處必有四物」之意義，則任何經驗界之二物與二物置於一處所生之結果，其數如何，即無一能否證二加二等於四者。而無論此結果是什麽，我們都可以經驗界之物與物之因果關係等，加以解釋；並在此解釋中應用到數學。如二狼與二羊置於一處成二狼。則吾人說二加二再減二等於二。如二戰士與二戰士相鬥而皆死，則我們說：二減二等於零。如二阿米巴與二阿米巴自己分裂成無限，則我們說二乘二乘二……成無限。由是而無論二事物與二事物置於一處其所生之結果變如何數，永有其他數學知識可應用。

其次，在幾何學中，其知識之不能由經驗世界事物之存在狀態之變化加以否證，其情形亦相同。如在歐克里得幾何學中，吾人說三角形之三角，等於百八十度。今試設有三角板，才量是百八十度，再量似只有百七十九度。吾人亦必不說三角形之三角之和，可少於百八十度，而只說此三角板上之三角形，非幾何學上之三角形；或說因其他物理原因，使原為三角板之三邊之直線，由直成曲，成非三角形。因而不再將此三角板之形，當作三角形看，而當作非三角形看。於是對之不應用三角形之幾何知識，而應用其他形之幾何學知識。由是而幾何學之知識，亦永不能為所經驗事物之幾何形狀之變化所否定，而吾人亦永可有其他幾何知識，可應用於變化後經驗事物之上。

此外在邏輯上，吾人說A是A，A非非A，亦不能為經驗事物所否定。即如一物才紅又綠，才是蘋果，又成一條金蛇，再成美人，此固可能。但只要變化後之物有其所是者可說，吾人仍可說紅是紅，而非非紅。蘋果是蘋果，而非非蘋果。說A是A，只是說是A者是A，或如是A則是A，並非說，是A者必須永遠是A。則是A者之由是A而不是A，並不能否證是A者之是A。而若一是A者，由是A而是非A之B，則我們可轉而對於B說「是B者是B」。而此即同於「是A者是A」，之為表示邏輯上之同一律者。由是而此邏輯上之同一律，亦永不能為經驗事物之所否證。而無論事物之由是什麼之變為什麼，此同一律皆為對之可應用者。對矛盾律，排中律者，皆同可如此加以解釋。

吾人如了解上述之數學與邏輯之知識應用於經驗事物，乃永不能被否證，且無論經驗事物之如何變化，皆可有可應用之數學邏輯知識；便知我們討論數學邏輯之知識，所以有必然性及其根據，可全不從其與經驗事物之關係上着想，而可純從數學邏輯之知識本身，如何形成上着想。

如自數學本身着想，我們如要問為什麼二加二等於四，則我們儘可不問一二三四是什麼，「加」是什麼。但是我們可說一加一叫做二，二加一叫做三，三加一叫做四。或說二之定義即一加一，三之定義即二加一，四之定義即三加一。則我們可以純從此定義推演，以證明二加二等於四。

2＝(1＋1) A
3＝(2＋1) B
4＝(3＋1) C
依B以(2＋1)代3
4＝(2＋1)＋1)) D
移動括弧
4＝(2＋(1＋1)) E
依A以2代(1＋1)
4＝(2＋2) F
移項
(2＋2＝4) G

此即來布尼茲對於2＋2＝4之一證法。

依此種說法，我們可不問一二三四是什麼，而只須知我們對一二三四之定義，即可證明二加二等於四。此亦如我們可不知道唏唏，呵呵，哈哈是什麼，但我們如說呵呵之定義是「唏唏加唏唏」(A)，哈哈之定義是呵呵加唏唏（B），則我們即可說：哈哈是「唏唏加唏唏」加唏唏(C)，哈哈是唏唏加「唏唏加唏唏」(D)，哈哈是唏唏加呵呵(E)，唏唏加呵呵是哈哈(F)。由此而數學之推理之原則，即可與邏輯之原則若完全相同。

我們上述之依定義而作之數學推理，其中亦實假定某種律則。如ABCD純依定義而立，可無問題。但E中之＝2＋(1＋1)與D中之＝(2＋1)＋1，二者之形式，仍然不同。E乃由將D之括弧拆開，而將其中之「1」與其外之「1」，聯合在一括弧中而成。此種將一數學公式中括弧拆開，而將其中之數之項，另與其他數之項聯合之規則，此稱爲數學中之聯合律。聯合律之形式，可以（A＋B）＋C＝A＋（B＋C）表之。又F與G之形式亦不同，而吾人之可將一數學公式之＝號兩旁之數項，加以移項，則爲數學中之交換律。交換律之形式可以A＋B＝B＋A表之。

此二律則在邏輯中亦同樣有之，如上所舉之唏唏哈哈之例中由C至D，即依於聯合律，由E至F即依於交換律。

但是我們可以不知一二三四是什麼，而純依諸數之定義以推論；與我們不知唏唏哈哈等是什麼，而可依對之之定義以推論，在邏輯形式上之相同，仍只是一方面的說法。因我們在常識中，仍覺我們是知道一二三四是什麽的，至少我們知其是數。我們又知由數一二三四，可數至五六七八九十……以造一無窮盡的數之系列，我們知其中後之一數，皆可由不斷的加一於以前之數而成，又知由不斷加一，我們即不斷有一新數。然在唏唏哈哈之例中，我們並不能由唏唏加唏唏，以生出哈哈。我們必須先有「唏唏」「哈哈」等名詞，並對之先加以定義，乃能有上述之推論。但我們卻可不必先有一一之數之名，先有一一數之名之定義；而可由加一於以前之數以生一數後，再與以一名；並可即以一數之所由生，爲一數之名之定義。而我們之由加一於以前之數以生數時，我們必須有一起點之數。此起點之數即爲零之數，故「零爲一數」。而對零加一所成之數，即可稱爲，繼零之數而起之繼數，繼數亦爲一數。如0＋1成1。此1即0之繼數，而亦爲一數。而此1之定義亦即0＋1。繼數復有其繼數，如1＋1成2，2即爲1之繼數。此2

之定義，即1+1，亦即0+1+1。此處吾人如假定：吾人之不斷加一以產生數，乃一直前進之歷程，或假定「無兩數有同一繼數」，即一數只有一繼數，一繼數亦只爲一數之繼數，又「零不能成任何數之繼數，又假定「由零而次第產生之一切繼數，有其共同之性質」；則吾人即可造成一自然數（Natural number）之系列。而此數之系列中之一切數，因皆具有共同之性質，以屬於一系列，吾人遂可以同一之方式，加以運算〔註〕。依上述之思路以說明數之產生，吾人可只須有若干之基本觀念如〇、數、繼數等，若干基本命題，如上述之「零爲一數」「無兩數有同一之繼數」等，即可構造出自然數之系列，而此數之系列中之一切數，又皆爲具有共同之性質，並可依一定方式加以運算者。然吾人於此卻可不須先知此基本觀念之意義，及諸基本命題之其他根據，而只說有此諸基本觀念及諸基本命題，便可構成自然數之系列，其中一一之數，皆爲可依一定方式加以運算者。此即爲將求數學之基礎，建立於吾人所自覺的設定之基本觀念，基本命題上；而求化數學爲純粹的邏輯的演繹系統之一種現代數理哲學之路向，而可由符芮格 **Frege** 之說以代表者。

但是在知識論上，我們總不能完全滿足於任何未加以說明觀念及基本命題。故人總想知道〇是什麽，數是什麽，繼數是什麽，並由此以確知運用此諸基本觀念，所成之基本命題之根據何在。此在現代

〔註〕：如依聯合律（x+y）+z=x+（y+z）則（1+2）+3=1+（2+3）、（2+3）+4=2+（3+4）……（10+30）+70=10+（30+70）……。此皆爲依同一之方式而作之運算。

哲學中一條道路，即羅素之以類說明數之理論。此可配合以前他家之數學理論，略加介紹。

羅素這種理論，其目標在欲自符芮格 Frege 進一步，以求連繫數學與邏輯。因「類」乃是邏輯中之概念。我們要定一類，只須某一性質，具有某性質之一切個體，即合成一類。如具有人性之一切個體成人類。依羅素說，性質與類之概念，皆初可不假定數之概念。一類中有許多個體，每一個體皆可各予以單獨之名字，亦可不用到數。但一類中之各個體，與另一類之各個體，可有一與一之相當 One to one correspondence。如一類中有三個體者，其三個體，即可與其他類有三個體者，有一與一之相當。而諸有三個體之類，又可合爲一類。此類所合成之類，即名爲類之類Class of Classes。而此處之三，即所以標別此類之類之異於其他之類之類（如有四個體之類之類）者。此三即數。此三之爲數，在其爲諸有三個體之各類，被視爲一類之共同根據。依常識，吾人似可直就某一類中有三個體，以說其爲三。但實則吾人在說其爲三時，並非只在此一類中有三個體之事實上說其爲三，而是從其與有一切有三個體之類，有相類似處，而可合爲一類之類處，說其爲三。依此，每一數可定一類之類，而數之概念乃可指一切數者，則「數」爲一切「類之類」合成之類。

依以類言數之思路，每一基數皆爲一類之類。一類之類中，其分子爲類；而一類中之分子，則爲個體。吾人以某性質規定一類，一類中可有多個體或一個體爲分子。（如聖人之類可只有孔子）或無個體爲其分子。無個體爲分子之類，如龜毛兔角，即爲空類。由此可導出零爲一數之說。

以類言數，則所謂數之相乘，亦以類之觀念界定。即吾人可以一性質定一類，又可合併二性質以上以定類，或合二類以上以一成類，如人而神之類。今設有二類AB於此，吾人可設定一類中之一項，各能與另一類中一項，分別配列成對，則吾人即定一類，即「二類之各項相互配列成對」所成之類。而此類中分子之數，即爲二類中之分子數之相乘所成之數。而此即可成爲乘法之基礎。

此種以類言數之理論，其歸根在一類中個體之存在。如一切類中皆無個體，則類皆爲空類而除零外無數。因有一個體之類，故有一，又有二個體之類，故有二，以至有千個體之類，故有千。然吾人在數學中，明可於任何數皆加一以成另一數，而異於前之數。由此而「數」之數，應爲無窮而各各不同者。欲使此一切之數，皆能各定一類，則世間應有無窮之個體事物。因若世間之個體事物爲有窮，如止於千，則千零一及千零二以上之數，皆爲空類，而所定之類遂無分別可言。今欲使其分別成可能，使一切之數，皆能各定一類，則必待於世間之有無窮個體。然此爲不可證者，吾人只能如此設定。此在羅素稱之爲無窮公理之設定 Axiom of Infinity。

此外一類之所涵，爲其中個體之全部；類之類之所涵，爲諸類之全部。類之數可多於個體之數，因一個體可屬於多類，而類與類集合成之類之數，又可多於類之數。如設色有五類，形有三類，五色與三形分別集合成之類之數，即有十五類。類本身不能視爲一個體，類之類本身亦非類中之一，此中有層次之不同。然類之所指，只爲其中之各個體。而類之類之所指，初爲各類，最後仍爲各類之各個體。依各個體而有類，依類而有類所集合成之類之類。而集合成之類之類還指類，再還指個體，即爲數有意義之必須條件。而設定此事之可能之公理，爲還原公理 Axiom of Reducibility。

此外又有相乘公理 Axiom of Multiplication，爲上文所謂「二數中之分子配列成對之事爲可能」之設定。如無此設定，則乘法無根據。此與前二公理，皆爲所以使數學之基礎，得建立於邏輯中之類與個體之概念之上者。

第九節　依類言數之理論在知識論中之價值

羅素這種數學理論之全部系統，自非我們之所能詳論。但即上之所述，我們已可說其以類論數之說之價值，在指出一般之認識歷程中，數之觀念並非最先生起，而爲後起。同時確定數爲普遍的概念；而並非直接依於外在之存在事物，或主觀觀念或直覺以起者。

在常識之見，恆以爲吾人一看世界，即能直覺數之存在。如一見而知這裏有二個人，那裏有三個馬。然又奇怪何以有當前一二十人以上時，吾人可一眼望盡此一二十人，而不能直下即知其數？實則吾人之認識世界，最初只有一片感覺、感相、或現象呈於目前。此感覺、感相或現象呈於目前，我們可並不覺其數。對於三個馬，我們可一次看盡，或分二次看，三次看，然亦儘可不注意其類，亦不知其數。而我們在對世界有所感覺後，我們如要對世界有知識，我們首先一步，乃以我們之所感覺之內容，而對外物作一判斷。如見馬形，則謂這是馬；見人形，則謂這是人。此判斷在日常經驗中，亦常有誤。如判斷草人爲人，判斷牛爲馬之類。而我們之說我們直見一人、一馬、一花、一草，乃唯因我們自信所判斷者之無誤，而在日常經驗中亦大皆不誤之故。於是忘此中之判斷與感覺之俱起。實則，凡我們有所感覺而知其是什麽，或謂之爲什麽時，無不有判斷俱起。而在此判斷中，我們最少是以一普遍之性質，論謂對象，而施於對象。如謂其是人，即謂其有人之性質，謂其是馬，即謂有馬之性質。故我們在日常經驗中，實持種種性質之概念之套子，以施於對象之上。此時因對象本身是什麽，尚未決定，我們可稱凡能合此性質概念之對象爲x。於是吾人可說，在我們之認識事物之歷程中，吾人乃先想種種之「x是有馬性」，「x是有人性」之套子，套於種種對象之上，而俟以後之決定。在決定時，吾人乃可說，彼物是有馬性，此物有人性，以成眞正之命題。依此命題，乃知彼屬於馬類，此屬於人類，而謂彼是馬，此是人。在此命題未形成之先，「x是有馬性」，「x是有人性」之套子，則只可稱爲一命題函值 Propositional function。對此命題函值之x之變項，以常項加以決定後，乃有種種之命題。而吾人在日常經驗中，所謂直接經驗之這是花，這是草，對山上者是樹，在池中者是影，實則皆依吾人之判斷而有，亦即依吾人之將種種命題函值，加以初步之決定後，以成之種種命題。

依此以看，吾人之常識中所謂這裏有三個馬，便不當說之爲吾人一次之直覺之認識所成。而當說吾人對這些對象，一一將「x是有馬性」之命題函值之套子套上去，而一一皆發現其眞而成：甲是馬，乙是馬，丙是馬之諸命題。此即吾人對這些對象之第一步的知識。在此知識中，吾人發現有甲乙丙之個體對象，皆能滿足「是有馬性」之條件，而爲「x是有馬性」之命題函值中x之值。至吾人之說這些個體對象之數爲「三」，則不只是就這些個體對象本身上說。因「三」亦可指三人（亦即指能滿足「x是有人性」命題函值中之條件之個體對象之數目）三牛等，故三之數爲一普遍者，而可成一類名者。即指「三個體對象之類之類」之名。

依此，便知吾人在常識中之直說三個馬，三個人，此數字排列之次序，乃並不與吾人之認識次序相應者。如要使之相應，我們可試說，馬個個個三，人個個個三，此三乃又可通於三人、三牛、三光等者。如再以圖形表之，則三在諸三馬，三人，三牛之地位，可如圖：

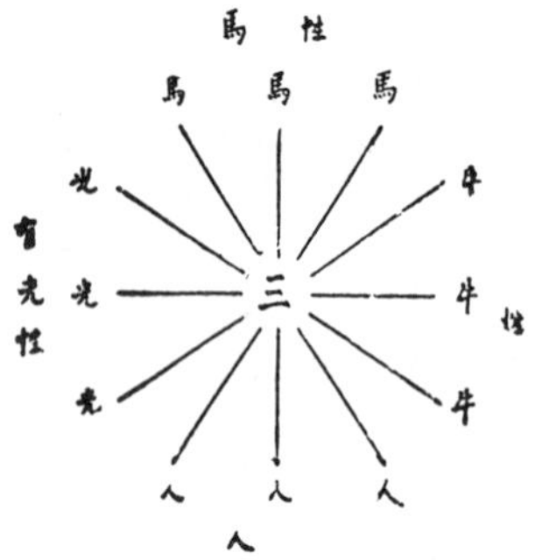

上述之三爲一概念一類名之說，可應用於一切數，而視一切數皆爲一概念、一類名。依上文所述，在認識之次序中，吾人乃先依種種之性質之概念，以判斷對象，成種種命題後，乃有數之出現。故數又爲後於上述之命題之形成，乃形成而被認識者。此種將數確定爲概念爲類名，並確定其在認識次序中後命題之形成而形成，乃羅素之理論之根本價值之存在。

第十節　數之產生與理性活動及依類言數之理論之改造

羅素之理論，除將數視爲概念類名外，又將數之成立依附於個體之存在。於是有個體非無窮則數不能無窮之無窮公理之設定；又以數之概念依附於類，以類與類之分子配列成對之可能，爲相乘數之根據，而有相乘公理之設定；再以類依附於個體，而有還原公理之設定。其說遂使數學之基礎，建基於本身不能證實，亦無必然之理性基礎之設定上。此中之根本問題，則唯在：數之在日常經驗中，乃指個體之數者，是否即必然歸於「數必依個體之存在而後能說」之論。

吾人在日常經驗中，數誠大皆爲指個體之數者。如三指三馬等。但吾人可試問三馬之三，畢竟是初由外面之三個體，能滿足爲馬之條件而來，或由吾人之三次發現有對象，能滿足爲馬之條件而來？於此吾人固可說，唯因外有三馬，故吾人有此三次發現。然吾人何以不說，唯依吾人有此三次發現，乃說有三馬？吾人如取後一說法，則三馬之三，即可不依外面之馬而成立，而唯依吾人之認識馬，判斷馬之認識判斷之三次相繼而成立。而吾人若欲說三之爲類名，何不說之爲：吾人對有三項之類，皆可同樣有之「三次之認識判斷之活動」之類名？若如此說，則吾人說有三馬時，所說之三，雖似在馬上與一切涵三項之物上，而其根原正在吾人之認識判斷活動之爲三次之上也。

吾人若能於此轉念，求數之根原於吾人之認識判斷之本身，則吾人可說，當吾人以任一概念，判斷一對象時（即求一對象以決定「x有某性質」之命題函值中x之變項時），因一概念爲理，吾人即有「肯定對象爲如何」之一理性之活動。此判斷爲眞，則此肯定之活動，即完成其自身，而對對象之爲如何，有一置定。此吾人對對象之爲如何，有一置定，即可於對象說「一」。而此「一」之根原，則唯在吾人之有此判斷，有此理性之活動。而對另一對象，如吾人又可以同一概念判斷之，則吾人又可說一。而吾人由前一至後一，乃有一判斷之更迭者。從客觀方面說，即可說此由於前對象與後對象間，有一距離。此距離可爲空間之距離，亦可爲二對象之性質之除相同之處外，又有不同之處，所造成之距離。然如從吾人之理性活動之本身方面說，則此更迭，乃原於理性活動之生起，而消逝後，又再生起。由是而吾人之能說有一一之對象，其根原便唯在此理性活動之繼續不斷之生起，又再生起。而吾人之依自覺心，以綜攝此生起至再生起，亦即同時綜攝前一與後一，此豈不可即爲二之所自來？更綜攝此生起之一，再生起之後一，與再再生起之再後一，此豈不可即爲三之所自來？此一二三等，即常言之基數。又吾人如於覺「後一」時，再回頭望「前一」；覺「再後一」時，再回頭望「後一」；則吾人即覺此諸一之相繼而起之次序。而吾人既已於「前一」生起時說一，「後一」生起時，可回頭望前一，而綜攝之以說二，再後之「一」生起時，又可回頭望前一與後一而綜攝之以說三；則吾人爲實表此諸「一」之相繼而起之次序，豈不可即有第一第二第三之序數之名？

如依上文之說，則吾人仍可保留羅素之數爲後起，及數爲概念及類名之說。吾人不僅可承認，吾人之能說物之數，乃後於吾人之認識判斷之理性活動之相繼而起者；吾人亦可承認，在此理性活動正相繼而起時，吾人亦初無其相繼而起之自覺。此自覺，乃由吾人之心靈，升高一層，以反省吾人之認識判斷之理性活動而來。則吾人此時應有一去置定吾人之認識判斷之理性活動之存在之高一層的理性活動。吾人去置定一認識判斷之活動之存在，則吾人可說有一認識判斷之活動。再置定一認識判斷之活動之存在，又可說有一認識判斷之活動。而合此二者，則吾人亦即可說，吾人有二次之認識判斷活動。緣是而吾人在認識判斷外面某類物有三個體時，吾人亦應同時自覺吾人之有三次之認識判斷之活動之存在。唯在常人因恆缺此反省，故在說外面某類物有三個體時，不能同時自覺吾人之有三次之認識判斷活動，與之相應。因而亦即不能自覺的了解「此某類物有三個體」之「三」之根原，在吾人之三次之認識判斷之理性活動也。

吾人方才說吾人有三次認識判斷之理性活動時，吾人可不自覺其有三次。此自覺，必待於更高一層之理性活動。人如問：此高一層之理性活動本身，是否有數？則吾人之答案爲：此數，仍必須待再高層之理性活動，以對之加以自覺的反省，即對此理性活動再加以置定，乃能說者。若無此再高一層之理性活動，對之加以自覺的反省，則此理性活動未被置定，其數乃仍不能說者。而即在其被反省置定而有數可說時，此反省置定之再高層之理性活動，仍無「數」而在「數」之上。如此逐漸翻上去看，則最高之理性活動，亦畢竟在數之上，而爲數之根原之所在。故吾人說「一」與「一」之理性活動，與綜合「一」與「一」成「二」，綜合「一」與「一」與「一」成「三」之理性活動，同在此諸「一」及「二」「三」等之上，而亦初無所謂數者。（至吾人在形上學上之說，理性活動爲一，乃自其爲一切「一」之根原，或能綜合諸「一」以成他數，而倒說之之名也。此當作別論。）

吾人能循此思路以論數，則數可不必待外在對象之存在而成立。其所以在日常經驗中，似必待外在之對象而成立，亦唯由一外在之對象，可引發吾人之一理性活動，而使吾人得置定一如何如何之存在而言。然吾人之任何主觀之觀念，及任何認識判斷之活動，在被反省自覺時，吾人亦皆可置定此觀念之存在及此認識判斷之活動之存在。此乃與吾人之置定一如何如何之外物存在，同爲完成吾人之一理性活動，亦同可使吾人有「一」之數之概念，及綜合諸「一」所成之其他數之概念者。故吾人在常識中，亦承認吾人於有三對象如三馬在前時，吾人如一次數之，則謂之爲一堆馬。二次數之則爲二堆。而再重複數之，則馬之堆數可爲三四五六……以至無盡。而此事之所以可能，其理由正在吾人之可直接由吾人之「觀念及認識判斷活動之存在」之分別置定上，建立數之觀念也。

由是而吾人可改造羅素之數學理論，以謂吾人無論對外界之一如何如何之存在加以置定，或對吾人之任何觀念之存在，任何認識判斷之活動之存在，加以置定，同所以完成吾人之一理性活動，吾人皆可依之而有「一」之概念，及由其綜合而成之二三四五之基數，及第一第二第三……之序數。由此而數之可成無盡，其根原即可在吾人之理性活動之生起，可相續無盡上說。而吾人亦即無須假定無窮個體事物之存在，以說明數之數之可無窮；而又不必謂實有無窮之數，獨立於吾人之認識活動理性活動，而懸空外在的存在也。

吾人如自理性活動上言數之根原，則所謂數之可分爲諸分數，及數之可相乘爲乘數，皆不必如上章第五節之從量上說，亦不必如羅素之自二類之分子之配列成對上說。因吾人之理性活動原能綜合諸「一」以成數，如二、三。綜合之事畢後，吾人亦知此綜合活動之爲一，如二爲「一」個二，三爲「一」個三，而此二又原爲二個「一」，三原爲三個「一」；此處即見分者之可合，與合者之可分。而此即已可作爲分數乘數及其串系之根原。

譬如吾人在說有一個三，而此中之三即三個一時；則吾人認識一個三之理性活動，與認識三個一之理性活動，即有一貫通或同一之處。今吾人假定『一』個三中之『一』爲大一，則三個「一」中之「一」爲小一，此三個「一」中之每「一」，爲三個「一」中之一，亦即所謂『一』個三中之『一』之三分之一，此即爲分數。而『一』個三中之『一』爲三個「一」之綜合，亦即所謂「一」之三倍，而此所謂三個

「一」，其本身即爲倍數乘數。又此中每「一」既爲『一』之三分之一，則『一』即三個「三分之一」之綜合，亦即爲「三分之一」之三倍，或三乘「三分之一」，而此『一』個三，亦爲倍數乘數。此上之『一』之可分爲三，三之可視爲三個「一」，三個「一」之可綜合爲『一』個三之關鍵，唯在認識『一』個三之理性活動，與認識三個「一」之理性活動之貫通與同一而已。

至於所謂分數乘數之串系，如由三分之一，再三分之，爲九分之一，更三分之，爲廿七分之一……由三乘一爲三，至再乘以三爲九，九再乘以三爲廿七……則其根原不外由於吾人依理性以繼續其分合之事之所成。因吾人既可於『一』分之爲三個「一」，則吾人自可普遍化「此分爲三之事」於「一」之中，而將此「一」再分爲三……以成三個更小之「小一」。又吾人既可綜合三個「一」，三倍「一」，以爲『一』個三，則吾人亦可普遍化此綜合三個「一」而三倍「一」之事，而將『一』亦三倍之，綜合此三個『一』以成更大之『『一』』個『三』……。而吾人由此以產生之九分之一或九，廿七分之一或廿七……之串系中之項目，因其可無盡的增加，於是，總覺其前另有數，而此數之串系亦若爲自行伸展而可視一如外在客觀之存在之串系。然自其本原而觀之，此串系之繼續，其根據唯在吾人之繼續依理性之運用，以普遍化此「分一爲三個一」，或「合三爲一個三」之活動。唯吾人有依理性之運用，以普遍化此分合之活動之趨向在後、在內，乃有此似向前伸展而似爲外在之數之串系也。

吾人於此，可不將吾人之如何依理性之運用以構成一切分數乘數之串系之全部次第，以嚴格之形式，加以說出，亦不能於此窮盡「以理性之運用所產生之活動，說數」之說之涵義，以說明一切數之所以產生，與數學知識之形成。吾人之意，唯在指出數之可分爲分數，與可合爲乘數，及分數乘數之串系，皆不須直接依物之量之可分可合而成立，亦不須依一類之分子與他類之分子可配列成對而成立；而可直接如上述之由吾人之理性活動之相續施於其自身之成果之數，而貫徹於其成果之數之中以成立，另無待於外，至於其他之問題，則可不多及。

第十一節　邏輯中所謂思想律之問題與各可能之答案

至於對邏輯中所謂思想律之問題，則現代哲學之趨向，亦皆不自所經驗之事物觀念之同異上，或事物之有某性質或無性質上，說所謂思想律之根據。而多喜由判斷、命題、句子之眞妄之値或符號意義之約定上，說所謂思想律之所由生。或則逕將所謂思想律，視作一種邏輯命題。亦有欲取消思想律中之不矛盾律、排中律；並有以吾人可對邏輯名詞之意義，另作約定，以任意造成不同邏輯系統者〔註〕。

關於以思想律之根據，在吾人對事物之觀念之同異，或存在事物之有無某性質之說，其不當之處，在不知思想律中之是非，或肯定否定之概念，與有無同異之概念，似可相對應，而涵義又不同。誠然，

〔註〕：如布魯維 Brouwer 主排中律可去掉，卡納普 Carnap 以邏輯中無道德，並以人可自由約定邏輯名詞之意義，以另造邏輯系統，下文將討論之。

我們可以說因甲與乙相同，故說甲是乙。甲與乙相異，故甲非乙。亦可因甲有某性質，如白，故甲是白。甲無某性質，如無白，故說甲非白。然事物之同異，是自二事物之關係上說，性質之有無，是自一一事物與某性質之關係上說。此皆是就對象方面說。而是非或肯定否定，則唯是吾人之判斷活動之形態。一爲對象之事物，與其他爲對象之事物，可由同而異，由異而同。一事物可由有某性質而無某性質，亦可由無某性質而有某性質。事物自身並不能保證其同不能異，有不能無，因而亦不永自有其所有，或永同其所同。然吾人之思想事物與陳述事物，而說其是如何或肯定其如何時，吾人同時即自求確定吾人之是如何說，是如何肯定。故吾人於一定之事物對象，肯定其是如何，即確定的肯定其是如何，同時否定其不是如何，或否定否定其是如何。唯依此而後有思想律。故思想律只可說爲吾人思想時所自定之是是而非非之律，不可說其直接依事物對象之同異有無之關係而建立者。

我們說或肯定：一事物是如何或是什麼，即成一命題。謂一事物是什麼，亦即表示吾人肯定什麼於一事物。吾人肯定什麼於一事物，是肯定什麼於一事物，此即同一律。吾人肯定什麼於一事物，非否定什麼於一事物，即不矛盾律。吾人「肯定甚麼於一事物」，或否定什麼於一事物」，而非「既不肯定什麼於一事物，又不否定什麼於一事物」亦非「既肯定什麼於一事物，又否定什麼於一事物」，爲排中律。

但吾人之肯定什麼於一事物，即說所肯定之什麼，對一事物爲眞；亦即說，一事物成爲：是什麼之「x」中之一項，或可代入「x是什麼」之命題函値中，以造成一眞命題者。由是而吾人可說，肯定什麼於一事物，即同於說一命題爲眞。而否定什麼於一事物，即同於說一命題爲假。於是所謂同一律，即等於「說一命題爲眞，即說一命題爲眞」。不矛盾律等於「說一命題爲眞，即說「說一命題爲假」爲假」。排中律等於「說一命題爲眞，或說一命題爲假」。故「若P則P」爲同一律之表示。「若P則非~P」爲不矛盾律之表示。而「P或~P」，則爲排中律之表示。此可爲現代邏輯家所共認。

然現代邏輯中所發生之問題，則爲如所謂思想律必須聯繫於命題之眞假而說，則一命題如無眞假，或吾人不知其眞假，又當如何？如吾人肯定什麼於一事物時，吾人有時固確知吾人之能如是肯定者，有時確知吾人之不能如是肯定，然有時亦可不確知吾人之能與不能。如吾人肯定前面之一對象是人時，有時吾人確知能如是肯定，而「彼爲人」之命題爲眞。有時確知不能如是肯定，則「彼爲人」之命題爲假。然如吾人在夜間遙望一物，不能決定其爲人與否，即似既不能有所肯定，亦不能否定吾人試作之肯定。又吾人通常對未來之事物作一肯定時，亦恆不能決定吾人之肯定之是與否，爲眞或爲假。於是吾人即可說於肯定或否定一命題之外，或以一命題之爲眞或爲假之外，另有第三種態度。即既不確定的肯定，亦不確定的否定，或只抱一疑問之態度。此疑問之態度，亦爲一認識態度。在此認識態度中，似無排中律之存在。而於此，肯定否定之活動，既皆不能確定，則自吾人主觀思想方面言，此中亦似根本無思想律之存在。

然就另一方面言，則無論吾人之是否能知一命題之眞假，吾人總可說，對一事實言，一命題之非眞即假。如吾說前面之物爲人，此命題之眞假，吾固可不知；然要必有眞假，而不能同時皆眞或皆假。此乃因前面之物是否爲人，乃一客觀之事實。此事實或是如此，或不如此，應爲一定者。故吾人可知此命題之非眞即假。而此即現代之邏輯家之或只就對一定事實而言，一命題之眞假之不相容，以論排中律同一律之根據，而忽去其與思想中之肯定否定之關係之論所由生。

然吾人如以一命題不眞則假之根據，唯自其與客觀事實之關係說，則此是先假定客觀事實本身之已存在而後能說。而未來事實之爲如何，則不能謂爲已存在者。吾人如何能謂一涉及未來之命題，其眞或假，爲已確定者？涉及未來之命題，似只能說其大概爲眞或假，而此大概爲眞或假，可有各種不同之程度。此即於一命題之眞假二値外，再立一不定値，或無數之不定値之三値邏輯或多値邏輯之理論之所由生〔註〕。

涉及未來之命題之眞假値，以未來事實之未存在，固可說爲吾人所不能確定。然吾人仍可說未來之事物，總有所是。即不是如此，即如彼，或是如此，則非不如此，而終不能又是如此又是非如此。則吾人仍可對一命題有一確定，即確定其或眞或假，不能旣眞且假。由此以知其不眞即假，不假即眞，而仍保持排中律，謂一命題之只有眞假二値，無第三可能。

然吾人若欲建立排中律於事物之總有一定之所是上，此本身乃立邏輯之基礎，於一本體論或形上學之上。因吾人如何能純自吾人現有之經驗與知識之立場，以斷定未來事物之必有一定之所是。仍爲

〔註〕如盧卡色維克 Lukasiewicz 卽以未來事之未定論三値邏輯。

難決之問題。未來事物豈即不可爲一團混沌，而一無所是？吾人如建邏輯之基礎，於事物之有一定之「所是」上，則於其「所是」之常在變化遷流中者，如辯證法邏輯之所重者，又將如何說？如吾人純自事物有一定之所是處立邏輯，則事物之在變化遷流中，不斷揚棄其一定之是，豈非即爲邏輯之否定？

由此而另一更爲正宗之邏輯家之說法，則謂邏輯既不以思想爲基礎，亦不以事物之有無其所是爲基礎，而唯以吾人所用之語言必有一定之意義爲基礎。

依此說則所謂同一律、不矛盾律、排中律，唯是所以規定，吾人用語言時，每一語言之有其一定之意義，而不能前後矛盾。故吾人以水是柔之語言，指某物之有某性質，而有何意義，水是柔之一語即有某意義。吾人在繼續用水是柔之一語言時，亦當使其所指之意義，前後同一而一致。於是吾人之規定一語言之意義而謂：一語言之意義如是，則此語言之意義如是，如「說P即說P」，此便是同一律。謂一語言意義如是，則非不如是，如「說P即非說~P」，則爲不矛盾律。謂一語言意義如是或不如是，「說P或說~P」，則爲排中律。由是而傳統之邏輯中之三律，仍可保存。

然吾人可問語言之意義，何由而定？此當只是由人而定。人何以必須規定某一語言意義爲如何？此則無客觀上之必然之理由可說。人亦未嘗不可任定一語言之意義。唯吾人可說：如人已定一語言之意義，則人當自遵守其所定。然何以必當遵守？依此說，則最後歸至：如語言之意義才定即改，則人對其所繼續運用之語言之意義，永不能有一確定之了解。而人即不能達其運用語言之目標，使人了解其語言。故人若欲達其運用語言之目標，則必須確定語言之意義，並肯定邏輯上之同一律，不矛盾律及一切邏輯規律。由是而邏輯之學即成：爲達吾人運用語言之目標，使語言之意義能一貫，而爲語言之運用，語言之構造，語言之轉變，指出種種規則，並將此規則，以邏輯命題表之者。

依現代邏輯家之以語言之意義爲約定之說，邏輯學中之邏輯語言之意義，亦或被視爲由人約定者。如吾人之以～表否定，以·表「與」，以⊃表「如果—則」，以P表「命題」，以S表語句，即現代邏輯家共同約定者。而此諸符號之如何加以定義，則可由一邏輯家在其邏輯系統中自己規定，以符號之連結表之。如$P \supset Q = \sim Pvq$.df.，再將若干符號，結成若干邏輯之基本命題。此基本命題與定義，恆亦爲表示吾人運用符號，或以符號代符號之規則者。依此規則，而吾人即可以基本命題爲前題，而將其中所包涵之項代以其他，而施行邏輯上之演繹，以構成邏輯系統，其中可包括傳統邏輯中之若干命題，及其他。於是在現代西方有種種新邏輯系統之出現。

第十二節　邏輯之約定主義與邏輯之理性主義

然吾人不論各種新邏輯系統之如何構造，其中同有一屬於知識論上之根本問題。即：畢竟吾人之將若干邏輯上之符號，連結形成定義與若干基本命題，並定下運用符號之規則，是否其本身全爲任意者？如其非任意，則其根據應求之於何處？此任意約定之是否可能，同可由同一律，不矛盾律，排中律之意，能否加以任意約定之問題，以論之。

譬如在一般邏輯系統中，皆承認同一律之表示，爲如P則P，不矛盾律之表示，爲若P則非非P。吾人試問：此是否只爲一約定？如爲一約定，則吾人可否另作約定，而謂若P則非P，以造成一邏輯系統而免於自相矛盾？吾人首當說，據若P則非P之約定，以另造之邏輯系統，而免於自相矛盾乃不可能者。因吾人若約定「若P則非P」，則吾人可以『非P』代入其中之P，而成「若『非P』則非『非P』」。而此非『非P』即同於P，則還證「若P則P」之同一律，遂與原約定相矛盾。如吾人說「若P則非P」之義，同於「若P是眞則P是假」，則以「P是假」代入P即成：「若『P是假』是眞，則『P是假』是假」，而『P是假』是假，同於P是眞，則還證「若P是眞則P是眞」之同一律，仍與原約定相矛盾。

然人或以爲此唯由吾人將眞與假之意義，先依同一律而加以規定之故，乃有此矛盾〔註〕。若吾人自始不假定同一律，則眞假之意義即無事先之一定之規定。而吾人之第一次用假字時之意義，與第二次用假字，即可爲全然相反之另一意義。此假如以～表之，則吾人第一次用～之符號，與吾人第二次用此符號時，可有全然相反之義。眞字亦然。吾人於是如以『P是假』代入「若P是眞則P是假」之命題中

〔註〕：W. V. Quine: Truth by Convention (Readings in Analytic Philosophy. pp.264—266）一文，即指出如P則~P，可因符號意義之另作約定而成爲眞。

之P時，固可成「若『P是假』是眞，則『P是假』是假」之一新命題。然此中眞假之意義，皆已改變至其反面。則新命題中之『P是假』是眞，同於：『P是眞』是假。『P是假』是假，同於：『P是眞』是眞，而新命題同於：「若『P是眞』是假，則『P是眞』是眞」。在此中，如以『P是眞』爲P，則『P是眞』是假，可以~P表示。『P是眞』是眞，仍以P表示，則整個之命題，應以~P∪P表示。再以~P代入此中之P，則成~~P∪~P。如~~P即P，則成P∪~P。是仍返證成原命題，而未嘗自相矛盾。

依此上之說，則吾人如對於一邏輯名詞之意義，如一一皆另作相反之約定，則吾人縱假定P∪~P，而取消同一律不矛盾律等，仍可構成一不自相矛盾之邏輯系統。於是吾人所以以違背同一律不矛盾律之邏輯系統爲不可能，其根據唯在吾人已依同一律等以規定諸邏輯名詞之意義。如吾人自始未嘗依同一律等以規定諸邏輯名詞之意義，吾人未嘗不可造成一違背同一律等之邏輯系統。由此而見吾人之造成何種邏輯系統，純可由吾人之自由決定，唯視吾人之如何規定一邏輯上之符號語言之意義而定。而在吾人未依同一律等以一一規定邏輯語言之意義之先，吾人乃可使一符號語言之意義，同於其反面之意義，亦未嘗不可使一符號語言之意義，在每次上之符號語言之運用時皆不同者。在此情形下，則吾人依同一律等而建立之邏輯系統，亦即整個無效。而其有效，乃吾人之邏輯語言已規定後之事，而非其以前之事。由此而邏輯上之同一律等，唯依符號語言意義之約定而成立之說遂立。

然吾人今日之問題，則爲誰爲約定或規定語言之意義者？吾人既可隨意規定一語言之意義，並規定一語言涵其相反之意義，或使一語言之意義，每次用之皆不同；則吾人何以又不願隨意規定一語言意義，且必求一語言之意義之定而有常？此除爲利便於人之相互了解之外，是否即別無理由或理性根據之可說？

由是而吾人之問題，即還至語言之意義如何被規定之問題。譬如吾人規定「方」之語言，指某一種形，規定人之語言，指某一種動物，吾人在如是規定一語言之意義時，吾人心中豈能無所思之對象？此對象豈能不表示一共相？此共相豈能無普遍呈現於不同時空之同類事物之性質？則吾人之認識此共相，豈非即本於吾人之理性？豈非以吾人之理性有對此共相之認識，而後有語言意義之規定？則語言之意義之規定，又豈能不本於吾人之理性？

又吾人規定一語言之意義，豈非同時規定吾人以後亦將以此語言，指同一之意義？而此規定，豈非即一超越吾人當下之用此語言之事，而對人之將來之如何用此語言，施以一規定？豈非規定吾人任何時用此語言，皆有共同而普遍呈現於吾人之不同時思想中的意義？此中又豈能不依於一理性之活動？

然吾人如承認吾人之能規定語言之意義，乃依於吾人之理性之活動，則吾人縱謂同一律不矛盾律等，唯在語言之意義之規定上表現，同一律不矛盾律之根原，仍不在已規定之語言之意義中，而在能規定語言之意義之理性活動上。

吾人規定語言之意義，如必以白之語言指白，是吾人理性活動之一種表現，吾人之對白物而自規定：必思之爲白，亦是依於吾人之理性活動之一種規定。在吾人規定語言之意義，謂此語言之意義，是如此即是如此等處，可表現同一律，則吾人對白物思之爲白，豈不亦表現同一律？吾人在自思此用語言之活動，或白物爲白之判斷活動時，而自謂「此用一語言之活動是用一語言之活動」，或「一判斷之活動，是一判斷之活動」，此中豈不亦表現一同一律？吾人在此諸活動中，自動規定語言之意義如此如此，即自肯定「語言意義如此如此」；自規定對白物思之爲白，即自肯定「於白物思之爲白」。自謂用一語言之活動是用一語言之活動，或一判斷活動是一判斷活動，即自肯定「用語言之活動，是用語言之活動」，「判斷之活動是判斷之活動」。此中皆同有同一律之表現。則吾人豈不可說：凡人有肯定其所肯定者處，皆同一律之表現？而吾人之肯定其所肯定者時，同時否定「吾人之否定其所肯定」，此豈非即不矛盾律之意義？至吾人「肯定吾人所肯定」，或「否定吾人之所肯定」，而否定「對此二者之皆加以否定」與「對此二者皆加以肯定」，則爲排中律之意義。由此而吾人乃不復只是由吾人肯定或否定什麼於一對象處，求同一律不矛盾律排中律之意義與根據；而可純由吾人之理性活動之自肯定其所肯定，而否定對此肯定之否定等上，求同一律不矛盾律排中律之意義與根據。由是而傳統邏輯中之思想三律，即重由理性之保證而建立。而吾人之所以不隨意規定語言之意義，而必求語言意義定而有常，亦即有其理性上之必然理由；而不只是爲利便他人之了解，以實現語言之目標者矣。

由此而吾人之論邏輯之基礎即歸於理性主義，而不止於約定主義。

至於現代哲學中之論幾何學之基礎之問題，則自非歐克里得幾何學產生後，人大皆懷疑幾何學中之基本命題，爲先驗知識之說。而欲將幾何學化爲一與數學及邏輯類似，而只依若干基本定義與基本命題而演繹所成之系統。然其中涉及先驗綜合命題之是否可能之基本問題，故只於下章中論先驗綜合命題中附及之。

數學與邏輯之性質　參考書目

牟宗三　認識心之批判第二部

H. Feigl & Sellars: Readings in Philosophical Analysis. PT. III, The Nature of Logic and Mathematics. 中 E.Nagel, F. Waismann, C. G. Hempel, W. V. Quine等之文。

Locke: An Essay Concerning Human Understanding. Pt.II Chap. 16. 17.

Kant: Critique of Pure Reason. First Division BK. I. Chap. I.

M. Black: The Nature of Mathematics. London, 1933.

B. Russell: Introduction to Mathematical Philosophy. Macmillan, 1919.

R. Carnap: The Foundations of Logic and Mathematics. 見International Encyclopedia of Unified Science. Vol. I. Uni. of Chicago Press. 1938.

C. G. Hempel: Geometry and Empirical Science. 見Reading in Philosophy of Science.

D. Gasking: Mathematics and the World.見 A. G. W. Flew 所編：Logic and Language. Philosophical Library, New York, 1 53.

E. Nagel: Logic without Ontology,見 Fiegl & Sellars.所編Readings in Analytic Philosophy中。

*第十五章　先驗知識問題

第一節　西方哲學史中之先驗知識問題

關於經驗論理性論之爭，我們前已多少論及。但那只是就知識起原問題，對之作一廣泛的討論。現在我們單就他們所爭之牽涉到西方各派哲學之先驗知識問題，對其發展作一進一步的討論。所謂先驗知識之爲先驗知識，有各種意義。我們如說，不直接由經驗觀察而得之知識，即先驗知識，則在西方哲學史中，柏拉圖所重之理念知識，即第一種意義之先驗知識。

此第一意義之先驗知識或柏拉圖之所謂理念知識，一爲形上學的先驗知識，一爲幾何學數學的先驗知識。他論理念知識之特色，即在其不由感官經驗來，而可純由人之反省來。譬如我們以其曼諾Meno篇所舉之例來說；在此對話中，蘇格拉底問曼諾一奴，如何可造一方形，其面積等於八平方尺。此平方之邊，應當大於二尺，小於三尺。因二尺邊之平方，應爲四平方尺。三尺邊之平方，應爲九平方尺。然小於三尺而大於二尺之邊，其平方尺爲八尺者，卻非整數。即小數多少，亦不易定。此小孩初想此問題時，亦一時茫然不知所措。但當其換一思想，卻終於想到八平方尺之一倍爲十六平方尺。而十六平方尺之邊爲四尺。此十六平方尺之方形，是我們所能造的。然後再想到：將此十六平方尺之方形每邊之中點，互相以直線連結，構成一內部之小平方，此小平方，正爲大平方之一半，其量正爲八平方尺。

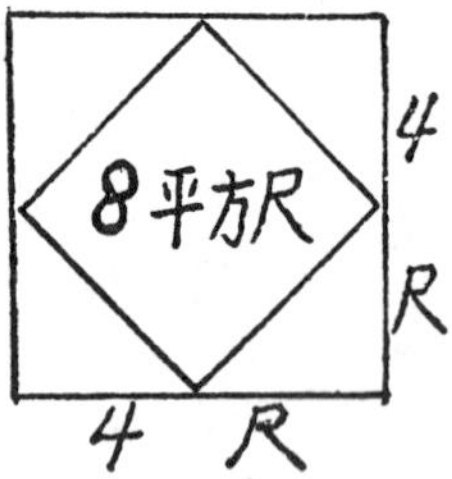

我們試思此知識之由何而來，此明是純由人之反省而逐漸發現，並非由向外觀察經驗而來。依此，柏拉圖名此類知識爲理念的知識。其來原可說是由於人之前生之靈魂，原曾住於理念世界中。由此而一切數學幾何學之知識，同爲理念之知識，不由後天之感覺經驗來。

除此種知識外，柏拉圖在帕門尼德斯篇，對各種形上學中之有無同異之範疇，可互相引申，而互相關聯之論述，亦可算一種形上學之知識。此與其他形上學知識在柏拉圖之系統中，同爲純理念之知識。

第二意義之先驗知識，是西方中古神學家之先驗知識。如安瑟姆St. Anselm之由上帝爲最大之存在，以證上帝之存在，即以吾人可不待經驗，唯由吾人之有上帝爲最大存在之一觀念，以推知客觀之上帝之存在。此亦爲一種先驗知識。後來聖多瑪，雖反對安瑟姆之論證上帝存在之方式，而主張本經驗事物，以推證上帝之存在。但其由經驗事物以推證上帝存在時，所本之原則，如「凡物必有因」、「動必有使之動者」、「有較完全者必有最完全者」等，則爲彼所直接加以肯定而不疑者。而彼於人如何知此原則，則最後歸於自然理性之能力。而此諸原則之知識，亦即非經驗知識，而爲先驗知識。此外，在其神學之論述中，對於上帝之屬性之種種知識，亦皆由上帝之爲全有，以一一推演出來，而皆爲必然者。則此亦可謂不由經驗來，而唯由理性來之知識。此皆可謂爲形上學或神學之知識。此外關於數學及邏輯之知識之眞，皆可由人之自然理性而認識，亦爲聖多瑪一派之經院哲學所承認。

此種以自然理性能認識若干不由經驗來的知識之理論，最後恆須歸此諸知識之根原於上帝。因自然理性原由上帝賦給。而此自然理性所認識之必然性知識，何以如是如是，其最後根據，亦在上帝所立之法則之如是如是。由是而即可產生一問題，即如上帝所立之法則變了，此一切知識之必然性亦即不可說。故在經院哲學中之另一派如鄧士各塔 Duns Scotus 一派，遂謂如上帝一朝眞規定三角形三角不等於二直角，則此幾何學之定律，亦即不復成立。然上帝之是否不改變其所立之法則與定律，非人所能知。由是而一切依上帝所立之法則與定律而有之此類知識，亦即無絕對之必然性。

在西方近代之另一種對先驗之知識之理論，是自笛卡爾至來布尼茲斯賓諾薩之理性主義之理論。此種理論，雖多由中古經院哲學而來；但其根本精神，我們前已說其不同〔註〕。其不同處，就其對先驗

〔註〕：本書第一部第五章。

知識之問題來說，是他們之論數學、幾何學及邏輯知識之爲先驗的，乃重在自此類知識系統之諸基本命題（或明白之公理）上說。因除此基本命題外之其他知識，皆只是由此基本命題演繹而來。故只須說明此基本命題，不依經驗，而依理性之直覺以建立，亦即說明了這些知識系統，爲不由經驗而建立。其次，是他們論這些基本命題之不由經驗而建立，即直接從其對人之理性爲自明，或不容人不加以肯定處說。由是而使一切不由經驗而來之基本的先驗知識，成爲被人所自覺的加以肯定者，而不只是不自覺的加以假設者。同時亦即無異於以其對人心之自明，爲其絕對確定之保證，而非以此諸知識內容中之觀念律則等，爲自存於理念世界，或爲上帝所如是規定者，以爲其絕對確定之保證。笛卡爾後之西方哲學之討論數學邏輯之知識是否不由經驗而來，或只由理性而來者，亦即可專就其基本命題，是否不由經驗只由理性而來，與是否對一切人心爲自明處，加以討論。

至於近代哲學之經驗主義潮流，則是趨於否定一切先驗知識之存在者。洛克即從一切所謂先驗知識，並非對一切小孩子、大人、文明人、野蠻人同爲自明，以論無先驗知識。然彼同時承認，人之直覺，能得絕對確定之知識，如知三與一加二之一致之類。此乃不以後來之經驗之變而變者。此仍可是一意義之先驗知識。英國之經驗主義之潮流，自巴克來否定概念之存在，與休謨否定因果律之必然性後，遂歸於只承認人對於其內心之觀念與觀念之反省而成之知識，如數學知識等，爲有必然性，可不爲後來之經驗所否定者。此亦爲一意義之先驗知識。

先驗知識與經驗知識之問題，成爲西方哲學之一嚴重問題，乃由康德之分先驗之分析命題，與經驗之綜合命題，及先驗之綜合命題三者，此在前章已論其意義。

實際上，無論在近代經驗主義者與理性主義者，中古之唯名論者與唯實論者，對於康德所謂先驗分析命題與經驗綜合命題之意見，大體上是相同的。因對於一切命題，其賓辭之意義包涵於主辭中的，人皆可承認其爲邏輯上必然的。而於一切涉及經驗事物性質之關聯之知識，如砒霜是有毒的之類，亦無人認爲全不由經驗而認知。而康德所提出之三種命題所最成問題者，唯是康德所謂先驗之綜合命題。

在康德以後之後康德派哲學，大體上來說，乃是要擴大康德所謂先驗之綜合命題之範圍的。在黑格爾以人對一切邏輯之知識，皆爲先驗的。即人對自然與精神之知識，其中亦有理性上之必然之成份，而有一意義之先驗性。至綜合與分析，則黑格爾以爲乃相輔爲用者。故於康德之依綜合分析，以分命題爲三種之說，亦不以爲然。但大體說，則由後康德派、至後之英美及意之新唯心論及新康德派，都是在哲學上，兼重理性及經驗的。而在英國之新唯心論者，如柏拉德來，與鮑桑奎之邏輯書，更着重討論綜合與分析在知識之歷程中之相輔爲用，而處處反對綜合命題與分析命題嚴格劃分之說。此亦即承黑格爾思想而來〔註〕。

〔註〕：黑格爾之以綜合與分析相輔爲用之說之簡略討論，見其小邏輯 227 節。然此精神則貫注其全部哲學。後之新黑格爾派善論此二者之相輔爲用者，有柏拉德來之邏輯原理 Principle of Logic Vol. I. Pt I. 第1章 The General Nature of Judgement.

照柏拉德來及鮑桑奎等之意，我們之一切認識皆始於異中見同，以同貫異。故一切知識皆不能只是由單純之分析或綜合而成。而一切表面是分析命題者，皆同時有綜合之意義；反之亦然。譬如他們說，一切判斷皆爲以一賓辭加於一主辭，而主辭最後之所指則爲實在。故無論吾人對一主辭說一什麽，都是綜合一賓辭於主辭之上。而賓辭之意義，亦不限於只應用於一主辭，而有通於其他之主辭及賓辭之意義者。因而我們以賓辭加於主辭之上時，同時亦即將其他意義，亦聯繫於主辭，而綜合於主辭之上。譬如康德所謂物體是有廣延的，在康德以爲此純是分析命題。但如照此派說，則所謂物體最後必指一實在之物體，如眼前之桌子、石頭之類。但我們試想：我們在說其有廣延時，我們豈非即將此廣延之性質，聯繫綜合於桌子石頭之其他性質，如顏色、重量等之上？此廣延，又爲石頭桌子以外之山川大地所共有。則我們說其有廣延，豈非同時指出其與山川大地有相同之處，而說其爲一類的東西？此外廣延之爲廣延，亦連帶有其他性質，如可量性。則我們說其爲廣袤，豈不同時將其與可量性連結？以此類推，則世間一切將一賓辭加於一主辭，所成之判斷與命題，即無一是純粹分析的。

其次：一切綜合命題亦有分析之意義。如康德所謂物體是有重量的，或砒霜是有毒的，皆是綜合命題。但如物體皆指實在的物體，則我們之知物體有重量，固然待經驗。但我們之知物體有廣延，初又何嘗不是待於對物體之經驗？然我們既由經驗以知物體有重量後，我們豈不亦可說，物體本來有重量的性質，而說物體之意義中本涵有有重量之意義？如我們說物體之意義，本不涵有重量之意義，則我們如何可以有重量之賓辭施之於它，而說此有重量，對它爲眞？至少，我們在說此有重量對物體爲眞時，我們是從所了解之物體之意義中分析出其有重量之意義，而構成之分析命題。

此種理論，以一切判斷命題皆兼爲分析的與綜合的，其根據在以一切概念皆爲異中之同，又爲統異者。由同言同，是爲分析。同皆統異，則爲綜合。不用概念，則判斷或知識不成。而一用概念，則一判斷中賓辭之概念，要對主辭爲眞，即必須是與主辭之概念有所同一之處，而可從主辭中分析出的。然此亦不礙主賓辭概念之同外有異，而用一賓辭施於一主辭，亦即在一方面使一主辭增一新義，而爲綜合的。由此而一切判斷知識之所以爲判斷知識，亦即不外於異中見同，以同貫異而已。

依此種理論，以看邏輯中之同一律，則此同一律皆指異中之同。純粹爲同語重複 Tautology 之同一律，乃無知識意義者。如說A是A，白是白，馬是馬，此不成知識。而凡成知識者，如白是色，馬是動物，此主賓辭之概念之同一，皆爲異中之同。即此表達同一律之A是A之符號，其中之前一A與後一A，亦非只是同而無異，因其前後之地位，即已有異。若欲使其無異，則只有視二A爲一A，便只能說一A。則同一律之本身之意義，亦即無由表達。人欲表達同一律，必須用不同地位之A之是A，以爲表達，即證同一律中之所指之同，不能爲一離異之同，而只能爲一異中之同。

第二節　現代科學哲學中之先驗知識問題

然此種新唯心論者所立之論，雖甚圓融，然實未眞正與科學知識本身之具體問題關聯而論。即如數學知識與一般經驗科學知識之不同，要爲一事實。數學要非直接以所經驗實在爲直接對象之科學。則其知識之畢竟爲分析與綜合，仍必須另作討論。而此派學者，皆未能深及。

然十九世紀至二十世紀之數學與符號邏輯之一大發展，則一方爲非歐克里得幾何學之出現，一方爲形式論派 Formalist 主數學可由若干後數學 Meta-mathematics 中之基本公理演繹而出，一方爲邏輯斯蒂克派（Logistic）之主數學可歸約於邏輯。而現代邏輯，亦逐漸能形成嚴格之演繹的邏輯學之系統。此種演繹的邏輯學之系統，乃只依少數基本觀念、基本命題而建立者。由此種種現代之邏輯學、數學、幾何學之發展情形，以看傳統之先驗知識問題，則更顯出種種之新問題，爲傳統哲學家所忽略者。

自柏拉圖至近代之理性主義者以至康德，其心目中之先驗知識之標準，恆爲數學與幾何學。而幾何學中如兩點之間以直線爲最短，直線外一點只能作一平行線之公理，更似爲既不能證明，而又必眞之眞理。則其知識之來原，似只有歸之於先驗之理性之直覺。然李曼 Riemann 之假定「直線外一點，不能作任何平行線」之幾何學系統，及羅伯求斯基 Lobachewsky 之假定「直線外一點能作無定數之平行線」之幾何學系統建立後，其皆爲無任何自相矛盾之命題之系統一點，旋即爲人所共認。相對論之物理學，又表面爲應用李曼之幾何學者。於是二千年來，以幾何學之公理爲絕對必然而自明之先驗眞理之說，遂若從根動搖。而數學與邏輯之知識系統，既可由若干之基本定義與基本命題，演繹而出，此基本命題亦似不須再視爲自明之公理或思想律，而可只視爲人之所自由設定者。於是現代之數學、邏輯、幾何學中，即皆似可無所謂傳統意義之自明的先驗知識。

而在另一面，中古傳下之神學形上學之先驗知識，在康德即已謂其爲不可能。而現代人對形上學神學，更不加以重視。於是縱此類知識中，包涵有先驗知識，亦無大助益於近代哲學家之欲證明先驗知識之存在者。

又對因果原則，在理性主義者，夙視爲一先驗知識，在康德則視爲先驗範疇。然自休謨以後，若干西方哲學家，只視因果原則爲一求知時之設定或規則，不以其本身爲一知識〔註〕。由此而近代哲學中之一趨向，即爲廢棄一切傳統意義之「如爲前生所知」、「代表上帝之法則」、「對理性爲自明」、「基於人心之先驗範疇」等意義之先驗知識，而只承認一種邏輯上之先驗知識。至此外之人之知識，則皆爲經驗知識。而最代表此種傾向之哲學，則爲邏輯經驗論者。而此傾向之哲學，亦即只承認康德所謂先驗分析命題，而否認其先驗綜合命題之哲學。

依此派之理論，純邏輯之先驗知識，爲數學幾何學及邏輯學之知識。此知識之所以爲先驗的，其根據爲吾人對於語言文字之意義之約定。如物體之有廣延之所以爲先驗，唯因吾人在物體之名詞之意義中

〔註〕：參考本書本部第十二章論因果原則。

包涵有廣延之義。幾何學數學知識爲先驗的，因一切幾何學數學知識，皆由其基本定義基本命題中推演而出，亦即由此基本定義命題中之符號所約定之意義中，推演而出。於是一切先驗知識之來原，歸根到柢，皆爲依語言符號之定義之約定，以演繹之所得。此演繹之所得者，亦未嘗溢出於吾人初所賦予於語言符號中之意義之外者。故一切幾何學數學之先驗知識，在本性上，皆同於說A是A，而皆爲同語重複。（Tautology）不過在演繹之所歷之程序，過於繁複時，吾人可不知吾人所演繹出者，皆原爲涵於前提之語言符號之意義中者耳。

然在現代哲學中亦有另一派，乃遙承笛卡爾之思路，以「自明」爲各種先驗知識之保證者。此即胡塞爾 E. Husserl 一派之說。現代數學家如普恩加來H. Foincare 雖亦倡一種約定說，然又反對數學只爲同語之重複之說〔註〕。亦有以直覺爲數學公理之根據之直覺學派之數學理論，如布魯維L. E. G. Brouwer 之說。而英國亦有一派承其傳統之直覺主義思潮，以說明先驗知識之不限於狹義之邏輯性知識者，此如尤隱A. C. Ewing 約德C. E. M. Jaod 等之說。

由此而畢竟有無在康德所謂先驗分析命題，及經驗命題以外之知識命題，在現代西方哲學，今仍爲一未決之問題。

〔註〕：普氏之數學，見其科學與假設一書，其中即懷疑數學只爲同語重複之說。

此上所述爲西方哲學中先驗知識問題之發展之一簡單歷史，而吾人在以下則當對此問題，試作一些討論。

第三節　「先驗知識命題必爲分析的」一命題如何建立之問題

關於先驗知識是否只有一種（即先驗的分析命題）或二種（即先驗之分析命題與先驗之綜合命題），所以成爲不易解決之問題，首因此問題本身，不能由經驗知識以決定，亦不能由分析先驗知識之概念或名詞，以作先驗之決定。因經驗知識只是經驗知識，其不能對先驗知識之只有一種或二種，有所決定甚明。而先驗知識之只有一種或二種，亦明不能只由分析先驗知識之概念以決定。因無論說其是一種或兩種，似皆爲對於先驗知識之一名，加以進一步之規定，而爲對先驗知識一名，加一綜合的賓辭。而吾人如欲使「先驗知識只有一種」之一語成爲分析的，則必須在先驗知識之一名中，先加上只有一種之意義。如吾人在先驗知識之一名中，已先加一只有一種之意義，則先驗知識固可說只有一種。然人亦可於先驗知識一名中，不加上只有一種之意義，或加上有二種之意義。由是而無論吾人之謂先驗知識，只有一種二種，皆同爲可由人任意規定，而無法加以討論，以決定是非者。

故欲使問題，成爲可討論，吾人必須先對人類之知識，皆作一分析，看其中之先驗之知識命題，是否只有一種。然此則實無異把人類所有之知識全體，當作一人所經驗之事實看，而檢討其情形之爲如何。然人類所有之知識之全體，又為人所不能一一加以檢討者，因其內容為無窮。故吾人即把人類所有之知識全體，當做一所經驗之全體看，我們仍不決定其中之先驗知識是否只有一種。因縱然我們就已檢討過之知識，而指明其中只有一種，仍不能保證在吾人未檢討之知識中，不有另外之一種。由此而見邏輯經驗論者，謂人類之知識只有邏輯之分析命題之先驗知識，與為經驗綜合命題之經驗知識本身〔註〕，乃一既不能由先驗決定，亦不能由經驗決定之一問題。

我們如試看，邏輯經驗論者之謂人類先驗知識只有一種之理由，則其意蓋是：一切純粹之演繹知識，皆是純由其預定之前提，以引申結論者。結論之由前提引出，必須前提足夠引申出結論。而前提之足夠引申出結論，即同於謂表達前提之語句中所涵之意義，可引申出結論之語句所涵之意義。而此所引申出者，便絕不能超溢於其所自引申出者之所涵外。因如此超溢為可能，則其超溢之部份，不在前提之所涵之中，即不當由前提引申，而前提亦即不足夠引申出此一部份。由此而一切純粹演繹知識，只能為分析的。然此中有一問題，即吾人可承認前提必需足夠引申結論，但吾人可問：前提之引申出結論，畢

〔註〕：對邏輯經驗論之嚴分命題為分析的與綜合的二種之說，與此派接近之現代西哲，亦有以此二者畢竟不能嚴格劃分者。如亨培爾 C. G. Hempel，蒯因 W. V. Quine，懷特 M. G. White（據菲格爾H. Fiegl 證實性與證實一文Confirmability and Confirmation，Wiener: Readings of Science P.527）

竟為何義？結論之意義不能超溢於前提之外，又爲何義？如所謂「結論之意義不能超溢於前提之外」之意義是說：吾人所了解之結論之意義，不超溢於吾人所了解之前提之意義之外。則此明爲悖理者。因吾人雖承認數學幾何知識爲一演繹知識，然無人能承認吾人逐漸學習數學幾何學後之所了解，從未超溢於吾人最初所了解之爲前提之諸公理等之外。如所謂結論不能超溢於前提之意義，是說結論之所涵，不能超溢於前提之所涵之外，則此前提之所涵，又畢竟爲何義？如謂其所涵者，即爲其所能引申出之結論，則此無異於先定其所涵者之意義，爲「其所能引申出之結論」之意義。則此結論自不超溢其所涵。但吾人若自一結論之實際引申出後，看吾人此時之「兼知前提與結論之情形」，即明與吾人初之「只知前提與前提有其所涵之情形」不同。而前一情形明對後一情形，在實際上有一增加。則吾人何以不可說，由前提實際引申出結論，乃由一知識，再增加一知識，而爲一綜合歷程？

然此上之批評，尙未及問題根本處。此根本處，在一切演繹知識系統所由構成之基本定義，基本命題之有其所涵，是否唯以吾人對此：基本定義、基本命題中，所用之語言符號之意義之約定爲基礎？吾人亦可如是問：此基本定義與命題之有其所涵，其基礎是在吾人之約定其中之語言符號，以如何如何之意義之一事上？或在其意義之本身有其所涵？如謂其基礎唯在吾人之「約定語言符號以如是之意義」之一事上，故此基本定義與命題有其所涵；則其所涵者，應不能出乎吾人約定以如是之意義時，所自覺之意義之外。因而其所涵中即不能包括吾人初所不知，而後又引申出之結論。如謂其基礎，在其意義本身有其所涵，則吾人順其意義之所涵而思，固可引申出吾人初所不知之結論。然在此情形下，則吾人不能說：以此基本定義基本命題爲前提，所以能引出結論，唯由於吾人之約定其中之語言符號，以如何如何之意義之事上，而當說在語言符號之意義之本身有其所涵之上。

第四節　常識與科學中之先驗綜合命題

吾人上文將約定某一語言文字以某一意義，與一意義本身之所涵之二者分開，則吾人可說，吾人在自覺的約定某一語言文字以某意義後，再說其有某意義，此固純爲分析之命題。如吾人自覺的約定以馬指黃馬白馬等，則說白馬爲馬，自爲分析的命題。但吾人不能說，由一意義以知其所涵之意義，而造成之命題，皆爲分析的。因一意義所涵之意義，儘可是在吾人了解一意義時所不了解，亦不能由之直接分析而出，而唯順其所涵以措思時，乃能了解的。此所了解者，因對於原所了解者有所增加，而一意義，與其所涵之其他意義，即可是二，或是一而兼是二，而非只是一；則由一意義分析出所涵之意義之事，亦即同時是發現一意義與其所涵之意義之綜合的聯結之事。

對上文所論，我們可先從一淺近之例討論起。如我們說任何有色的東西必有廣延，請問此命題是否是一經驗命題？如非一經驗命題，是否卽亦純依語言之意義之約定而成之先驗分析命題？

我們明很難說此只是一般之經驗命題。因爲一般之經驗命題，我可假想否證之之經驗；然而此命題，則似不能有任何經驗加以否證。我們決不能假想一有色而無廣延之對象。然此命題是否即純依語言之意義之約定而成立的？此似乎可說，而實不可說。我們似乎可說：有色的東西之所以必有廣延，是因我們在經驗有色者與廣延之相連後，於是在有色之一語之意義中，加上有廣延之意義。故「有色者必有廣延」一命題，即等於「有色而有廣延者必有廣延」。此即成一分析命題，其所以必眞，純由此中之主辭中已包涵賓辭之意義而來。而主辭之所以包涵賓辭之意義，則唯由吾人之約定有色一語言中包涵有廣延之意義而來。

但是我們試想，我們之所以要在有色之一語言中，包涵有廣延之意義，畢竟是因有色之一語言所指者之色之本身，涵有廣延之意義呢？或是因我們可自由約定有色之語言，包涵廣延之意義呢？在此，似乎我們可並不約定有色之語言，包涵廣延之意義。如我們只以有色之語言專指色，則此語言中不包涵廣袤之意義；因而有色者之必爲有廣延，即非必然的了。而有色者之必包涵廣延之意義，即全由於人之自由約定。

然而此種答覆，明不能完滿，因爲我們固可自由約定有色者之包涵廣延與否，然我們卻並不能自由約定說有色者必不包涵廣延。我們不能說有色者莫有廣延。此不能說之理由，便只能在有色者之一語言，所指之色本身兼涵有廣延之意義，而不能在我們對於語言之自由約定上。由此例，我們可知一語言之意義之可自由約定，並不同於一語言所指之意義及其與其他意義之關聯之可自由約定。在此例中，顏色與廣延之關聯，明非可由人自由約定的。

此外同類之例證，爲西方現代之哲學家所舉出的尚有：

一、凡有體積者必有形式。

二、聲音必有高度。

三、顏色必有濃度。

此類之例，雖似乎瑣屑；然其不同於一般經驗命題之可爲未來經驗所否證，而皆是表明一種共相之與其他共相之同時呈現，而不能相離者。

除此類表示共相與共相之必然同時呈現之命題外，則有表示一共相與另一種共相之必不同時呈現之命題。如．

一、一片顏色不能同時在一空間面，又不在一空間面。

二、兩片不同的顏色，不能同佔一空間面。

三、相異的聲音，不能在同一時間內，如其相異的被一聽官所感覺。

四、聽官不能看見顏色，視官不能聽聲音。

此類之命題，一些邏輯經驗論者，亦以爲只是依於語言意義之約定而後成爲必然的。如第一命題之成爲必然，即可說由我們之先約定一片顏色之意義之一片，即涵不在二空間面之意義。如我們不如是約定，則一片顏色，並不必然涵不在二空間面之意義。如我們稱在二空間面者亦爲一片顏色，如稱一花之顏色與鏡中之花之顏色，爲一片顏色，則一片顏色亦未嘗不可同在二空間面。

但是這種說法，明包涵觀念之混淆。誠然，我們亦可只想一片顏色而不想其不在於二空間，而稱在不同空間面之顏色，爲一片顏色。但是在我們以一片顏色，只指一空間面之顏色時，此顏色之不在其他空間面之意義，卻並非以我們之不想而不在。我們於此，只可不想其此意義，而不將此意義包涵於一片顏色之意義中，然而我們卻並不能想其莫有此意義。我們要了解此中一片顏色一名，所指者之全幅意義，我們只能承認其有此意義，而不能加以否認。是即此命題之爲必然之理由。

此外聽官不能看見顏色，似亦可說純由我們對聽官、聽、顏色意義等字之約定。因如我們約定聽官之一語言指視官，則聽官即能看顏色。或約定看之意義同於聽，顏色之意義同於聲音，則聽官亦能看顏色。但對這種辯論，只須有一答覆即：我們必須約定聽官之語言以指視官，然後聽官能看顏色，豈不正證明我們之以聽官之語言指聽官時，聽官本涵有一不能見顏色之意義？對其餘問題之答覆，讀者可自求而得之。

除上述兩類命題之外，對於時間空間與形量關係，我們通常還承認下列一些命題是必眞的：

一、A事在B事之先，B事在C事之先，則A事在C事之先。

二、A事在B事之後，B事在C事之後，則A事在C事之後。

三、A與B同時，C與B同時，則A與B同時。
四、A在B之上，B在C之上，則A在C之上。
五、如上述之上之關係換爲下之關係，或之東、之南、之北、之西之關係，亦然。換爲之內、之外、之關係亦然。
六、如A色B形同在一空間，B形與C位同在一空間，則A與C亦同在一空間。
七、時間爲一進向。
八、空間爲三進向。
九、一直線不能成角。
十、二直線不能圍繞成一平面圓形。
十一、三直線不能圍繞成一立體。
十二、全體大於部份，而等於其部份之和。
十三、兩點之間只有一直線。
十四、平行線不相交。
對於這些命題，在常識皆以不能由經驗否證之命題。然是否皆爲只由語言意義之約定而建立，則亦有問題。

對上述之命題，如關於同時之意義，及時間為一進向，空間為三進向，在相對論之物理學，皆似不能成立。而同時之意義變，則先後之意義亦變。如空間與時間合為四度空間，則宇宙可視為四度空間之球面，則第四點，第五點皆成問題。而同在一空間者，如時間不同，即亦非同在一空間。又如空間為球面形，則其上所繪之直線，皆可相交，亦即平行線可相交，而二直線即可圍繞成一平面圓形，三直線可圍繞成一立體，一直線即成一圓周角，兩點之間之直線皆成曲線，則直線非最短。又在一無限數之系列中，抽取其中之一部份之數，亦可構成一無限數之系列，而其中之項與原來之一無限數系列中之項，皆可有一與一之對應，則部份可等於全體〔註〕。於是此上各點，皆成問題。然吾人是否即能因此而謂常識中之此類命題，皆無一意義之先驗之必然性，或此一切命題之為眞與否，純由人對於時空形量之語言名詞意義之如何約定而定？

依吾人之意，吾人之不能說常識中此類命題，無一意義之先驗必然性者，即吾人無論如何不能否認此類命題，與一般經驗命題之不同。至少對常識中所了解之時空及一般之形量言，此類之命題，為普遍而必然的眞者。吾人可謂當吾人將時空合為一四度空間，或將同時之意義改變後，則常識中之此類命題，皆成非必眞者。然此並不碍在此四度空間之觀念下，及改變後之同時觀念下，仍另有對之為必眞或

〔註〕：如在1 2 3 4 5 6……之無限數系列中抽取其偶數之一部亦可成一無限數之系列如2 4 6 8 10 12……而二系列之項皆可有一與一之對應，如 $\begin{matrix}2&4&6&8&10&12\ldots\\1&2&3&4&5&6\ldots\end{matrix}$ 而彼此相等。

普遍必然眞之命題，或必不眞之命題。試想吾人之假定空間爲球面，則其上之直線皆成曲線且相交，此豈不同於謂將一平面之紙，摺成球形，則其上之直線，皆成曲線且相交？然在平面成球形時，其上之直線，即成曲線，此本身豈亦非一普遍必然之眞理？豈此等等眞理，純由人對直線曲線之意義自由約定而來，而不由於在平面上之直線與平面原有一定之關係，及平面成爲球形時，與其上之直線所成之曲線亦有一定之關係而來？

第五節　非歐克里得幾何學之解釋

由此以論非歐克里得幾何學所引起之問題，則吾人以爲對非歐克里得幾何學之存在，至少有下列數種，加以解釋之方式：

（一）爲純視每一種幾何之基本觀念皆爲無意義之符號，其基本命題，唯是表示符號間之可彼此代替之關係者。依此種解釋，則吾人可以任何符號，代替一種幾何學中所謂直線與點等原始觀念，而使一幾何學之系統，不失其爲眞。則一幾何學之系統之構造成爲一純邏輯之構造，而由各種幾何學之原始觀念之互相代替，我們亦不難將一幾何學之語言翻譯爲另一幾何學之語言。然在此情形下，則人不當對一種幾何學中之直線曲線等，有任何具體想像，亦不能以之指任何想像中之空間或物理空間〔註〕。則吾

〔註〕：J.Nicod：知覺世界中之幾何 Geometry in the Perceived World 第1章，論純粹幾何爲1邏輯之練習。見維納 P.P.Wiener所編 Readings in the Philosophy of Science PP.21-23.

人於此有何理由稱之爲幾何學系統，而非如吾人前章所舉唏唏哈哈呵呵一類之純邏輯的構造之系統？至此種純邏輯之系統之仍不能只依名詞之約定而形成，吾人將另論之。

（二）爲謂歐克里得幾何與非歐克里得幾何學之差異，乃由於所設定之空間關係、空間性質之有根本差異。如一設定線外一點上只有一平行線，一設定其無，另一設定其多。則人至少在設定此不同之空間關係、空間性質時，必須對於空間先有一不同想像。而於此不同空間中，分別直覺此設定之空間關係空間性質之意義。然在此情形下，則此不同幾何學，乃各對所想像之不同之空間而眞，因而亦受其所想像之空間中，所可能有之空間關係空間性質之決定。則一幾何學之名詞指何意義，雖可由人任定，然其所指意義如何相關聯於一想像空間中，卻非可由人任定者。此下爲吾人想像三種不同空間之一方式。

吾人可想像：依常識中所謂直線，而向上下四方伸展之空間爲歐克里得之空間。吾人亦可想像，此空間中之平行之直線與平面，皆覆於一球面上。於是在其伸展之途程中，一切平行線與平面，乃逐漸皆趨於相交。是即成無平行線之李曼幾何學之空間。

吾人又可想像，一空間之二平行直線，其一爲靜止之直線，其二乃在另一平面上之旋轉之直線，由其旋轉而所成之直線無窮。然此無窮直線既皆爲此直線所生，即皆可說與原一直線成平行；則吾人可想像過直線外之一點有無數平行線之羅伯求斯基之幾何學。

此爲吾人想像三種不同之空間之一種方式。此外尚可有其他方式，以想像各種不同之空間。然因吾人常識中，所想像之空間爲歐克里得式，故吾人之想像其他之幾何學，必須以歐克里得之幾何之空間爲根據，再改變其中之若干性質關係，乃能形成。因吾人所根據之歐克里得之空間，有其一定之空間性質、空間關係，則吾人改變其若干性質、若干關係，而想像出之不同空間，仍必有其一定之性質關係，因而亦即各有對之爲眞之幾何命題，非可由人自由約定者。

（三）以幾何學中之空間，爲兼指有物理事物關聯而成之物理空間者，如吾人實際生活於其中之地面上物理空間，或天體間之物理空間，或原子核中之物理空間等。依此說，則每一幾何學中之名項，皆兼指一實際事物之空間性質，空間關係，如以直線兼指一剛體上之線，或光之進行之方向等。但在此情形下，則吾人初視爲一直線者，如剛體之線或光之進行之方向，緣於物理空間中之物理關係，乃隨時可變曲，亦可本爲不直者。由此而吾人肯定有某種直線之幾何學，如歐克里得之幾何學，即可成爲不能應用於物理空間者。而能應用於物理空間者，即可爲不肯定有此某種直線之其他幾何學。然如一物理空間，眞有其一定之空間關係空間性質可說，使某種幾何學，能應用或不能應用，則其中之空間關係空間性質之相涵，仍爲一定，非可由人任意約定者。而幾何學之空間，若必須能兼指物理空間者，方爲眞正幾何學，則幾何學中之名項所指者之意義，亦即非由人任意約定者。

第六節　數學與邏輯之基本命題爲兼綜合與分析的

吾人最後之問題，爲一切數學邏輯之基本命題，是否只爲依於語言意義之約定，而無一先驗必然性之命題？

表面觀之，一切嚴格的數學邏輯之知識系統，其基本定義與基本命題，乃皆明白的標出者。而此種系統之構造，唯賴吾人之依此基本命題中所陳之推斷原則，進行實際的演繹。於是此演繹之歷程，唯是引申出基本定義、基本命題之所涵之歷程。如謂此演繹所得者爲知識，則此只能爲一純由符號意義之分析而得之知識。但吾人前章已論到，由一前提之語言，所以能引申出結論之語言，其關鍵不在吾人之先約定某一語言以何意義，而在某一語言所指之意義之能涵其他意義。而此意義之相涵，乃不只爲分析的，而兼爲綜合的。吾人今即將重說明此義。

譬如吾人在數學中承認聯合原則、交換原則、分配原則，在邏輯中承認代替原則、推斷原則，承認雙重否定原則（即否定之否定同於肯定）等，吾人可問：在吾人從事數學邏輯系統構造之始，即將這些原則，明白以若干語言符號之定義加以表示，是否即可使這些原則之全幅意義，皆被納入於定義之中，並使諸原則全無先驗之性質？吾人將說此明爲不然者。

其所以爲不然，是因此諸原則本身，是由吾人分析吾人已有之數學知識、邏輯知識，並反溯吾人實際作邏輯思維、數學思維時，實際所經之歷程、規則、及所必然先已肯定之預設等而形成。故亦必至數學邏輯進步至今日之階段，乃有此諸原則之自覺的提出，而納之於定義之中。初並非人類自始即依此定義而思想，以產生邏輯與數學。則此諸嚴格定義之出現，明為人依其對於邏輯知識、數學知識等之反省之所發現，而後納之於語言文字中者。則吾人今日之只能有如是如是之定義等，乃為吾人實際上已成之數學邏輯之知識與思想歷程等之所制約，而明非由吾人之任意先賦給以某一語言符號，以一定之意義而來者。

吾人在數學中承認聯合律 $(A+B)+C=A+(B+C)$，交換律 $A+B=B+A$，吾人試問，吾人何以必須承認此聯合律、交換律？此豈非吾人在實際作數學演算時，吾人之曾先依此而演算？故吾人亦唯在數學性之思維中，對上列之ABC等代以一數時，然後此聯合律交換律等，乃有意義。如以ABC皆指實際之人，「+」指實際之人與人之聯合關係，則AB聯合後再與C聯合，明可不同於B與C聯合後，再與A聯合。而先有A再聯合B，與先有B再聯合A，亦彼此不同。則此交換律聯合律等，豈能離吾人之數學演算之實際歷程與數學思維，而由吾人之任意加以建立？若吾人將此諸律則加以否認，則吾人一般之數學演算與數學思維又豈可能？

此外在邏輯思維中，吾人所運用之各原則，豈不亦同樣為吾人之實際的已有能有的邏輯思維所制約，而非由吾人任意加以建立？

復次，吾人在已肯定諸數學邏輯原則時，吾人之直接加以運用而思維其意義，固可說其只為分析其意義之事。然此中仍須辨明：吾人所運用之原則之本身之構成，是否只賴一分析的思維活動，或兼賴一綜合的思維活動？吾人之或依原則而進行思維時，此思維活動是否同時爲綜合的思維活動？

即如吾人在數學之聯合律中，吾人試問（A＋B）＋C＝A＋（B＋C）之畢竟只爲分析的或兼爲綜合的？吾人固可言其爲分析的，因左項中亦只此三項，在此「＝」號之左右二端，即爲同義語。但左端中之括弧，在A與B外，右端中之括弧在BC外。二者之意義，亦可不同一。則其間之「＝」之符號所代表之意義，豈不可說爲綜合的？因此「＝」號，實並非表示其左右二端之數項之全同，而是表示左右二端之數項，在數學之演算中爲可相代者。然左右二端之數項既不全同，如何又可相代？此不能說由於人之任意約定，因人之實際的數學思維皆依此交換律聯合律而進行。若此中之理由，不在人之任意的約定，則此中之理由，便只能由吾人之思維之本身中之理性求之。即唯有謂此「律」，乃兼依於吾人之分析的思維之理性與綜合的思維之理性而立。而此二種理性，本身之如何統一，亦只能由吾人之理性自身中求之。

如吾人求之於吾人思維中之理性，則吾人可了解此聯合律，唯依於吾人之直覺：如有二數項AC於此，B爲可特與A相聯合（A＋B）＋C，亦可特與C相聯合A＋（B＋C），此二聯合同爲可能，而皆與B之爲B、A之爲A、C之爲C不生影響者。亦即與A是A，B是B，C是C之自同中，所表現邏輯上之同一律不相害者。無論B特與A聯合或特與C聯合，皆爲一綜合。然此二綜合，皆與ABC之自同不相害；則吾人可說此二聯合、二綜合之方式，對A、B、C之價值，爲同一。依此同一，吾人即可以一聯合代另一聯合，而（A＋B）＋C＝A＋（B＋C）。由此而有聯合律，故此聯合律所表示者，即B特聯A及A特聯C之二綜合方式之同一。則此律乃兼由分析與綜合之思維之所成。

依同理，我們可說明交換律亦爲兼綜合與分析者。此即由於吾人之直覺一數項在另一數項之後與先，對一數項與另一數項之自身，爲不生影響者。故其在一數項之先，與在一數項之後，即有一同一。其次，吾人亦可說明，合二數以成一數時，如1＋1＝2，此不只可說爲分析的，亦可說爲綜合的。因1＋1與2二者之符號不同，意義即不能全同。則說其相等，即爲綜合之聯結之之事。吾人何以可綜合此二者，而說1＋1＝2？此唯由吾人直覺以數觀對象時，分爲二個一以觀之，與合之爲一個二以觀之，乃吾人之二種活動，然此二活動可互相代替，而皆與對象之自身，不生影響者。因而吾人可直覺此「分之爲二個一」，與「合之爲一個二」乃同一，吾人遂可說1＋1＝2，即二個一等於一個二，其數値相同。

吾人能知二個一與一個二之同値，則知凡二個數，皆可合視爲一個數，一個數皆可分爲二個數；而吾人如以一數與一數相乘，再與另一數相乘，即同於一數之與後二者合成之數相乘；而一數與後二數合成之數相乘，亦同於與此二數之分別相乘，由此即有數學中之分配律。即A×（B＋C）＝（A×B）＋（A×C）。而此分配律中之＝之兩端，仍非全同，乃異而同，即兼爲分析的與綜合的。

由此而吾人再進一步看，邏輯本身之定義規律亦當爲兼分析與綜合者。如吾人說P眞，等於說

P假或P假假。P眞與P假假之意義，是否彼此全同一？至少此二者語言符號不同，則吾人如何可謂其意義爲全同一？如非全同一，何以說P眞又可同時說P假假？此只能歸於：吾人之知一切肯定同於否定之否定。然何以肯定同於否定之否定？此二名豈非亦不同？此最後仍只有求之於吾人之思維之理性。此首因吾人可直覺：當吾人想一命題如草是綠時，與吾人之想草非綠再否定之，吾人所思想者仍爲同一。由是而吾人知：無論吾人直接想此是綠，與由想此非綠再非此非綠，吾人思想之對象與內容，仍爲同一。此爲P眞與P假假之同一之一外在之講法。

另一內在之講法，則爲吾人自覺吾人兼有肯定與否定之活動，此二者同爲吾人之活動，然二者又相異。此知其相異而肯定其相異，即爲一綜合的活動。然吾人一面知其相異，又知吾人肯定什麼於一事物時，即不復有否定什麼於一事物之活動。於是吾人知肯定之活動存在，否定之活動即不存在。反之亦然。吾人復知使否定之活動不存在，即同於使肯定之活動存在，而直覺：有一否定否定之活動，即同於有一肯定之活動。此爲由主觀之活動之存在與否，講P眞與P假假之同一。

再一種更深之講法，爲吾人肯定時，在吾人所自覺之肯定活動之上之後，有一自知肯定之爲肯定，並任持此肯定之爲肯定，而繼續生起此肯定，亦即肯定此肯定之心之性。此即心之理性。吾人依此理性，一面生起此肯定，一面即遮撥否定活動之生起，以成就此肯定活動之生起。而此遮撥否定之事，與成就肯定之事，實一事之二面，亦一理性之二面。而此一理性即反反以顯正（即正正），否定否定以肯定肯定之一理性。此中離否定之否定，則肯定之肯定不成；離肯定之肯定，則否定之否定亦不成。遂顯出一否定之否定與肯定之肯定，互不相離所成之全體。此全體爲一綜合肯定之肯定與否定之否定二者所成。而肯定之肯定與否定之否定，亦同依於此全體，並依此全體而俱成。此即二者之同一之處。此一全體之理性之二面，互異而又同一。由是而吾人可說P眞與P假假之同一。P眞則P眞是同一律，P眞則P假假，是不矛盾律。如P眞與P假假，依於一全體之理性而爲同一，即同一律與不矛盾律之同一，依於一全體之理性而同一。至於所謂排中律，則當兼自此全體中之理性之「肯定之肯定」之排斥或否定「對肯定之否定」，及「否定之否定」之排斥或否定「對否定之肯定」上說。此爲其與單純之肯定之肯定，及否定之否定之不同者。而排中律與同一律不矛盾律之意義之同一，亦唯有自其同依於此全體之理性處說。由此而所謂思想三律之成立，皆兼依於思維中綜合性與分析性。綜合是合異證同，分析是由同證同。三律之異而不相離，顯出一理性之全體，爲合異證同；三律之同依於此理性之全體，而可互證，則爲以同證同。是皆待學者之深思，而自得之。

至於除此以外，其他之邏輯原則，如一般之代替原則，推斷原則，之是否只爲以同代同之分析活動，或兼爲綜合活動，亦二者皆可說。因吾人之以符號代一符號，此二符號即畢竟非同。以一符號代他符號後所成之命題，明爲一新命題。則謂由代而成之命題，與原來被代之命題，有同無異，即畢竟不可說。因吾人如連邏輯之命題於思維中之理性言，則命題不同，意義皆不全同。如知上所謂P與~~P之不全同，則知由肯定P再經～～P而肯定之P，二者亦不全同。然吾人不經～～P不能再肯定P。故肯定P與再肯定P亦不全同。由此而一切所謂同語重複 Tautology，皆非絕對之同語重複，皆非只是以同證同，而皆是通過異以證同。而人之任何推理之再進行一步，任何推斷原則，再運用一次，吾人只須自其皆須經其否定之遮撥（即否定之否定），而後可能之一點上說，即可謂其皆是通過「異」或「否定」以進行，亦即與此「異」或「否定」發生一綜合性的遮撥關係以進行。而任何之演繹思維，或引申一前題或基本定義命題所涵之意義，以成結論或新命題之思維歷程，皆爲一兼分析與綜合之思維歷程。而即一切將絕無意義之符號，依規則而加以播弄之邏輯演算，數學演算，只在其必須依規則一點，即須自求去其不依規則之思維並依自然理性以遮撥不依規則之思維。而此即已爲一兼分析與綜合之思維歷程。除非人之邏輯數學演算，眞全同於計算機器之活動，則無任何無綜合活動而只有分析活動之演算爲可能者。

如吾人知人之思維活動理性活動，皆包涵分析與綜合之成份，則謂先驗命題皆爲分析的或皆只依於語言符號之意義之約定而成立，乃無當於理者。亦即吾人絕不能依邏輯數學之先驗知識之皆爲分析的，遂謂此外更無先驗的知識。因邏輯數學之知識之成立，至少在其所依基本規律上看，此規律之如何形成，即非只原於人之分析性之思維。而對各種幾何學，對時間空間，對事物之共相與共相之同異關係，吾人皆明可覺有：非可由以後經驗所否證，而與一般經驗知識不同之先驗必然之知識之存在。至於此種知識之種類內容，畢竟如何？及其先驗必然性之依何條件而建立？其先驗必然性，是否能離人之一切可能經驗與理性而成立？此皆尚待人之再進而求之。

先驗知識問題　參考書目

此下所舉之書目，爲本章之前四節所涉及者，至於本章之後二節之所陳，則多爲我個人之意見，尙待於發揮引申並加以討論者。

Kant: Prolegomena to Future Mataphysic, 4, The General Questions of the Prolegomen

H. Feigl & W. Sellars: **Readings in Philosophical Analysis**, PT. **IV.** Is There Synthetic **Apriori** Knowledge? M. Schlick, C. I. Lewis. 二 皆有文，可資參考。

A. J. Ayer: **Language** Truth and Logic, Ch. IV. The Apriori.

A. C. Ewing: The Fundamental Questions of Philosophy, II. The Apriori and the Empirical.

B. Blanshard: The Nature of Thought. 第三十二章 Concrete Necessity and Internal Relations.

J. Hospers: Introduction to Philosophical Analysis, Ch. 2. Necessary Knowledge, especially Sec. VII

M. G. White: The Analytic and the Synthetic, An Untenable Dualism. 見Semantics and Philosophy of Language. ed. Linsky. University of Illinois press.

第十六章　知識之確定性與懷疑論

第一節　日常生活中之眞知識與意見之難於分別

我們在日常生活與學術研究中，皆恆自信自己之意見即爲眞知識。然有時我們亦懷疑到，所謂我們之眞知識，不過我個人之意見，或不過我所在之人羣與整個人類之主觀之意見。我們如何確知，我們之知識是眞知識，而非只是意見？此與確知我們之意見只是意見，而非眞知識，同樣是不易的。此問題中包涵：何謂眞知識，或眞理之意義與眞理之標準之問題，對已有之眞知識，吾人如何能自確定其爲眞知識，在信念上如何可確定不移，我們有何自覺的理由，以爲此確信之根據，而別於泛泛之意見等問題？今姑從後一問題說起。

譬如，我們在日常生活中，恆自然發出許多信念，其爲眞知識或意見，我們恆未暇加以分別。亦不知我們之信念之是否眞爲確信，其不能不信之理由何在。如我們恆不自覺的相信人所報告於我之消息，而其涉及於我個人之利害毁譽及所特別愛惡之人物等者，尤易使我輕信。我們亦恆相信二人以上所同說之話，故三人可成市虎。三人對曾參之母說曾參殺人，可使曾參之母斷機而起，意曾參之果然殺人。我們信報紙之所記載，與書上之所說，及一切我與人所共佩敬之權威人物之所說。這些即可構成我們之知識之大部份（如歷史地理之知識，更多是由傳聞與書籍而知），亦構成我們自己個人對人、對事物、對世界之意見之大部份。而其所以為我們所信之理由，我們常並不確知。這些意見，亦常可以我們所接觸的他人之不同，所在人羣之不同，所聞之他人之言語與所讀之書不同，而即亦可不知不覺間，逐漸全然改變者。其中之很少眞知識，亦由此可見。

但在另一方面，則我個人對人、對事物、對世界，亦恆有許多隨意發出之意見。而對人之好壞善惡之意見，尤最易與我個人之利害、興趣、私人之感情等相夾雜，恒最無定準。故人莫知其子之惡，莫知其仇之賢。吾人之預測一事物之未來或客觀社會與世界之前途，亦常以吾人所希望者為事實。如在亂世，人恆以其所欲往之地，或無法離去之地區為安全，以星相家所言吾人未來將有之福祿為可信；至其所言之災禍，則恆不願信，而或視為荒謬。此外，吾人恆憑一最近所見某人物之表情等，為代表其他人物之常性。如以昨日見某人之曾發脾氣，謂某人善怒，而忘其過去之種種忍耐之事蹟。或以偶然所遇之一二事，概括一般之情形。如以偶見一二英國人狡詐，遂斷定一切英國人皆狡詐。又我們亦恆以特殊之奇異事或大事，與我們之一特殊遭遇相連結，而謂其間有因果關聯。如方接媳婦而家門頓衰，方見天有奇象而人間刀兵頓起，便以二者有因果關聯。是見吾人在日常生活中之意見，常順吾人之情感欲望與自然之聯想，及輕率之推理而發，並不必自覺其確定之理由者。吾人一加反省，亦可自知其並無確定之理由者。

我們在能知其自己之意見之未必是後，恆求之於他人之意見，如大多數人所說與社會權威人士之所說。當發見大多數人所言之衝突，或社會權威人士所言之衝突時，則求之於專門之學者專家之言。當我們又發見學者專家所言之衝突時，則或自己去親加研究。至當自己親加研究之結果，與學者專家或大多數人所言衝突時，則與之討論辯論，以求歸於一是。然當此討論辯論仍無結果時，則人又將何爲？人於此，則只有反而求其所信所以爲必是，其確乎不可拔之理由何在，而望有以自堅其獨信者，以再求人之共信。然人之所以自堅其獨信者，將於何求之？則仍只有求之於人之自信爲顚撲不破之理論根據。而此根據，除原於人之理性外，亦必須兼原於經驗。

由是而吾人欲求有確信，必須先在吾人之理性與經驗中，求其必不可疑者。且必須先求去確定最簡單最平凡之意見知識中之不可疑者。而此則最後必逼至種種哲學問題。

第二節　吾人對經驗世界之事物及知識可能有之懷疑

如吾人在日常生活中，所認爲最不可疑者，爲吾人過去曾有之經驗，與吾對吾當下的主觀心理之反省自覺。然吾對於吾過去曾有之經驗之記憶，亦常有錯誤。吾可將過去所經驗之事之時間秩序，加以顚倒，或誤記他人所作之事，爲吾自己所作之事。吾對吾之主觀心理之反省自覺，據心理學家言，亦常不可靠。如吾人以吾人之惡某人，由於某人之德性不好，而實則可是因在愛情之關係上，吾對某人有一嫉妬。吾以吾之自負，由於吾之學問之好。實則由於吾人少時之受人輕賤，而本於心理之補償作用，故有今日之自負。吾以吾之厭惡象，由於其形狀醜陋，而實則由吾在小孩時曾爲象之鼻捲起，而此事今已遺忘，而餘怖則化爲今之厭惡。凡此等等，今之心理學家，類能言之。

由此而人所認爲最不可疑者，遂或以爲唯在吾人日常生活中所知之外在客觀事物之存在，過去所經驗過之客觀世界事物之曾存在。但吾人在能知所知關係之問題中，已論吾人所視爲客觀存在之世界，並不必眞爲外在之存在。而吾人所視爲屬於外在事物之性質，如酸甜等，皆不必爲外物所有。而依主觀觀念論而產生之懷疑論者，即可謂吾人所見之世界，皆全同於吾人夢中之所見。以至懷疑吾所遇之他人，亦如夢中之他人，乃並無心靈，而只是貌似有心靈者。而哲學上亦有唯我論 Solipsism 以神與世界之其他人物，皆只是我一人心中之虛影，而我則成爲唯一之作夢者。而人亦有假定此整個之世界，乃五分鐘以前之所造，唯其造成以後，宛若爲經過無數世代者而已。如進化論者恆據地層中之古生物之化石之由世代而成，以證生物之進化論。有宗教家反駁其說，遂謂此地層中之古生物之化石，皆上帝一時所造，不過其造成之後，可使人想其宛若由積世代而成而已。羅素嘗謂今吾人若謂此世界爲五分鐘以前所造，而使在五分鐘以後之我看來，若如經無數世代者，亦非邏輯上所不可能之事。此猶如電影乃五分鐘以前所放，夢爲吾人昨日所夢，而電影中之古老房屋，夢中之古人，即亦可若爲千多年前早已存在者。

吾人即姑不論此對客觀外在世界事物之存在之懷疑，然吾人對客觀事物之知識，明爲相對於吾人之主觀者。如吾人前所說在不同角度下，不同媒介物下，不同生理心理情境下，吾人對一物之所感覺者不同。此外，吾人對外物之判斷，更爲多不確實，而只依於吾人之推想者。如吾見鏡中人迎面而來，我遂忘其自後至。吾聞鄰室收音機所放出之歌聲，初亦可以鄰室中有人唱歌。而推想之起，速如電光，恆使人不及辨孰爲所感覺，孰爲所推想。吾人不能保證吾人之判斷一事物有某性質，不包涵推想之成份，則吾人可懷疑吾人對一事物所作之任何判斷〔註〕。而在事實上，除吾人當下所感覺者外，其餘吾人對外在世界之所判斷或所知所信，皆多少依於吾人之推想。如吾人自晨離家出門，而思及門庭宛然，似如在目前，便信其尚在，此即明只依於推想。吾傍晚歸來，居舍大可已被火燒，什物蕩然。是見本諸推想者之皆不必眞。而人如因知推想者之不必眞，遂去除此一切推想，則可成一哲學上之懷疑論者，於其離家時，即不信其家尚在。至其出外歸來，門庭依舊。此哲學上之懷疑論者，亦無妨謂：「在吾離家時，吾之房屋及其中什物，實已化爲烏有而不在。唯吾歸時，乃從新頓現。而吾在離家時，亦實無感覺中之親證，以謂此時房屋及其中什物尚在。至若吾由觀離家之時炭火熊熊，今則唯餘灰燼。亦不必足證吾離家時，炭火之尚燃。因此炭火亦可在吾不見之之時即滅，此灰燼乃於吾見之之時所頓見。由此灰燼，遂

〔註〕：據云一德國哲學家因懼一切判斷之誤，至只稱其妻爲一「有」或「物」，而不敢再加一字。J. G. Brennan: The Meaning of Philosophy (P97)所引。

可使吾可推想在吾離家時，炭火尚燃，而實則炭火亦儘可早已先滅也〔註〕。至於若他人謂在吾離家時，親見吾之屋與其中什物尚在，則吾亦未嘗不可不信。且亦可依同樣理由，以懷疑此人在吾不見時，亦如房與雜物之皆爲不存在者。如吾人循此哲學的懷疑論者以用思，則吾人可進而謂，除我當前所經驗直覺之某特殊事物特殊現象外，一切事物皆只在推想中存在，而實不存在之懷疑論。

若吾人對於吾人之主觀經驗、主觀心理及客觀外物之存在，皆可發生懷疑，則吾人之所不能懷疑者，當唯有純依吾人之理性而成之知識，如數學與邏輯之知識。然人如欲懷疑此類知識，仍非必不可能。即人可懷疑數學邏輯之推演之歷程之有錯誤，人亦可懷疑吾人之肯定數學邏輯之原則之直覺，是否明白而淸楚。人亦可懷疑其所用之語言符號，是否前後一貫。人並可由數學邏輯之恆歸至若干詭論，如無限數之詭論等，及吾人不能保證吾人在邏輯數學之推理演算中，詭論之永不發生；以懷疑數學邏輯所依之理性本身，不足達眞理，以形成確定不移之知識。人亦可由數學邏輯之知識，不必皆能直接應用，其應用，唯待於世界之爲某一種經驗世界（如吾人所經驗之世界，爲絕對的變化無常之世界，其變化之迅速，使吾人不能於任一物說是什麼或是何數時，則一切數學邏輯之知識，即皆成不能應用者），則吾人縱對數學邏輯知識能絕對的加以確定，仍無助於吾人對世界之無確定之知識。即吾人對數學邏輯本身

〔註〕：此乃取 W. Stace 於 Refutation of Realism 中所舉之例。見 Readings in Analytic Philosophy. 唯今改之作懷疑論之思想之例。

之內在的有效性，不能懷疑，對其外在之有效性，仍可懷疑。而果數學邏輯知識，不能應用於某一種經驗世界，而無外在的有效性，則以經驗世界爲唯一眞實之哲學家，亦可以此類知識爲不眞，爲虛妄之知識。然則人之絕對不可懷疑，而可絕對加以確定之知識，可爲人在知識世界所抓住之欛柄，以爲人繼續求知之顚撲不破之根據者，畢竟爲何？吾人又如何由此以建立種種其他知識之確定性？

第三節　懷疑態度之根原與消除一往懷疑之道路

吾人如欲對此問題求得一答案，當知吾人之懷疑態度之所以可無所不運之故何在。此實唯由於吾人心靈，對其所知之任何經驗事物，或理論，或知識，皆可超越之而漫過之。由此心靈之能超越之而漫過之，則吾人即無任何理由，亦可對一切所知者，抱存疑不信之態度。吾人欲求確信吾人所知者之眞，遂唯有進而求此所知者之根據，以使此心靈得一止息安頓之所。然吾人如已知一所知者之根據，則吾人之心靈，又可超越此所知之根據，而吾人之懷疑，仍可對之再生。由是而吾人遂必須再進而求其根據之根據。然此不斷追求根據之心靈，如不能發現一根據，足以爲其自身之根據者，則此懷疑之根，似即永不能絕。

如吾人進而將吾人本經驗之直覺所知，與本理性以推知者，分別言之，亦可見此懷疑之根之所自生。原一切本經驗之直覺之所知者，皆止於所直覺者之如是如是。然吾人一朝超越此所直覺者之如是如是，以觀此所直覺者，則此所直覺者即成非吾人所直覺。吾人亦若不能保證在未來必有同類之直覺，而吾人之所直覺者，即若成可疑。至吾人以一定之普遍原則爲前題，本理性以推知者之爲何，非至實際推出時，乃人所不知。而吾人在超越此所知之前提及已推知者，以觀此可能推知者時，則對其所可推知出者，是否皆能應用於經驗，再由經驗之直覺以證實，及其是否皆不與人之其他所知者，發生矛盾，以反證此前提之必眞，亦皆初非吾人之所知。於此吾人亦即可對此普遍原則亦發生懷疑。

然吾人如知吾人之一切懷疑，唯是由超越吾人之所知者，而問其是否對吾人所不知者亦必爲眞，而生懷疑；則一切懷疑，皆不能及於吾人之止於「對吾人之所知者之本身之如是如是」之反省之知。故吾人可懷疑吾人由經驗直覺所知爲如是如是者，是否合於外在之客觀存在，是否在將來仍有同類之直覺以證實之，然吾人不能懷疑吾人當初之有如是如是之直覺。吾人可懷疑吾人所經驗過之一事，畢竟爲吾人何時之所爲，及是否我之所爲或他人之所爲。然吾人不能懷疑世間之有此事。吾人可懷疑吾人之一切本經驗直覺及一定前提所推斷者之是否爲眞，然吾人不能懷疑吾人之有如是如是之推斷之事。此乃因吾人如懷疑吾人之有如此如此之推斷，或宇宙間有某一事，或我有某一直覺，則此已設定此所懷疑者之先存在。而吾人之懷疑之，實亦即無異於存想之。則此懷疑，即非懷疑。故一切懷疑，皆只能是對一所推斷者之是否爲眞，或一直覺、一事之涵義爲何，與存於何處之懷疑，而不能是對推斷本身之存在，及吾人所直覺者之有，或經驗之事之有，而生之懷疑。

吾人如由反省以看吾人自己之一切推斷之事，則其所推出之結果，雖可爲錯誤或不眞，或無客觀實在與之相合者，然此推斷之事，所由構成之內容成份，則分析至最後，其中皆無所謂錯誤與不眞，亦可無待於客觀實在與之相合者。

譬如吾人由鏡中人對面走來，而依吾人看一般鏡外人之推理原則，推斷其乃向我們之身體前面而來，此固然是錯的。但吾人此時之看見鏡中人對面走來，則亦是一事實。於是我們即可改而依另一原則，「凡在對面鏡中對面而來者，皆實由後面而來」，以推斷其實自後面走來。亦可根本不作任何的推斷，則我們之見其自對面走來，即無任何之錯誤可說。而其餘一切我們之不自覺的進行之推斷，如我們加以反省，而分開我們推斷所據之經驗的直覺，與所依之原則及推出之結果，亦即無此結果之眞與不眞之問題。而此所直覺者與原則分開後，則所直覺者在此，而原則可移用於他處，或存而不用，即可去掉一切不眞或錯誤之根原。

吾人若將由推斷而生之眞與不眞之問題撇開，而唯將一切推斷之事之所由構成者，分析開來看；則吾人亦即不能由我們之推斷之可誤，而據此以說，只有我當下所經驗直覺者乃存在，此外皆不存在。因由我們之推斷可誤之本身，亦不能推出一切推斷皆誤。而我們若將一切推斷之事皆放下，則我們固可不說在我現在所經驗直覺者外之事物，皆照常存在。然亦不能說其必不存在；則我們至多只能對我之直接經驗者外，無所說。而此無所說，並不同於說其不存在。

至於我們之所直接經驗或直覺者，是否即同於夢中之虛影，或只爲我個人主觀之心所現？或除我以外，是否即無客觀之事物與他心之存在？欲答此問題則須知：謂吾人之日常生活中所見之客觀外物與他人，同於夢中所見，因而皆不離我一人之心，此本身仍是一推斷。而此推斷之是否有效，則待於日常生活所見，是否皆同於夢中所見。然此乃明不能說者。一是吾人明知吾人上床閉眼後乃有夢，然吾人非在夢中，上床閉眼乃成醒。二是吾人可以醒時之所經驗者，解釋夢之所以成，而不能以夢中之所經歷者，解釋醒中之所經歷。三是吾人今夜與昨夜所作之夢中之世界，不相聯續，而在醒時之世界，則今日與昨日乃相聯續者。則由夢中之世界中亦有人物，而推證醒亦如夢，夢中之境爲我一人之心所呈現，而推斷醒時所見之人物亦然，則失其所據。至謂吾人所見於他物與他人者，唯是其顯於吾人之感官前之現象與印象，故吾人不能知他物與他人之本身是否眞實存在云云，乃假定吾人不能由他物與他人之印象現象，以直覺其存在，或假定吾人之知一物一人之印象現象，與知其存在爲不相容而來。然此假定本身，並不存於吾人所有之他人他物之印象現象之本身，而唯由吾先視吾對他人之印象現象，爲唯一之存在，而後乃有此結論。然吾如何能說，吾對他人之印象現象，爲唯一之存在，此外即更無存在？此仍是依於吾人之一種推斷。由此而吾人眞將一切推斷之事放下，則謂我之世界爲我一人之變現，或他人他物皆不存在，亦不得而說。

復次，吾人之說吾人所思之世界，可爲五分鐘前乃存在，而只宛似以前早已存在之說，仍爲一推斷。此乃是假定五分鐘前存在之世界，可全同於現被認爲經由無數年代而造成之世界，而作之推斷。然此假定，果何所據？若無所據而成立，則吾人固可說，此經無數年代所成之世界，即爲五分鐘前所造之世界；然如此二語爲全同，吾人豈不亦可再重說，此爲五分鐘前所造之世界，即經由無數年代之所成之世界，而仍回到常識之論？而吾人將本於無所據之假定而作之推斷放下，則吾人亦即不能有世界或爲五分鐘前之所造之疑矣。

此上所說者是：人如暫放下一切推斷之事，或放下一切推斷之是否眞之問題，而純從其所經驗直覺及推理，所由構成之成份上着眼，則一切懷疑論，亦即同時失其所據。而此即一消除一往之懷疑態度之一道路。

第四節　不可疑的事物

吾人將一切推斷之事，暫時放下，則吾人將暫不由推斷以定何物之存在與不存在；而吾人亦將不據吾人之經驗直覺，以推斷何物之存在與不存在，或推斷只有此經驗直覺之自身存在。由是而吾人即達於一心靈境界，即於一切皆無所將迎，亦無所排拒，皆如其所如，而順受之、觀照之、之心靈境界。而由此心靈境界，我們即可逐漸發現，一切知識所由構成之一些必須條件或成份，其存在乃至少在知識世界中，爲人所不能疑，而其本身卻尚非我們通常所謂知識者。

（一）即上所謂經驗之直覺所對。如眼前呈現之青黃碧綠，軟硬滑澀，香臭腥羶，酸甜苦辣，等純粹之感覺與料；及我們之感情之煩憂悲愁，欣喜愉樂，以及我們前文所謂我們所作之具體事，如種種行、坐、視、聽之種種活動。這些東西，我們對其存在於何時、何地、屬於何人，與如何彼此關聯而存在，皆儘是可疑。然若我們不問其存在何地等問題，則其「有」，皆爲不可疑。其理由即前文所說：吾人疑之，即必須存想之。吾人既存想之，吾人即不能存想其爲非有。又吾人若不論其存在於何地等，亦不依之作任何推斷，則吾人亦不能說，只有在我眼前呈現之經驗直覺所對，乃存在，乃有。呈現於我之過去未來者及呈現於他人者皆無。因吾人如此說，仍本於一推論，而非本於經驗直覺之本身。如依此本身說，只能說凡呈現於經驗直覺者，即呈現於經驗直覺者。然此語初未規定限定所謂呈現者之範圍，與經驗直覺之名所指之範圍。現在呈現者，既可變爲過去，亦可重現於未來。過去與未來所呈現者，當其正呈現時，亦皆在現在。又呈現於我今日之經驗直覺者，亦兼可呈現於我明日之經驗直覺，及他人之經驗直覺。反之亦然。故吾人無理由謂，只有呈現於我此現在之經驗直覺之所對乃爲有，其餘皆非有。而吾人如必說，只有此呈現於我之此現在者乃有，餘皆非有，則此呈現於我之此現在者，瞬即成爲過去，而成非有；則我應即視世界爲空無所有，而頓時大地平沉，山河粉碎。如吾人以爲呈現此一時之現在者，亦爲有，則凡呈現於任一人任一時之一現在之經驗直覺者，應皆爲有，不得說只呈現於我之此現在之經驗直覺中者，方爲有也。

（二）如吾人能肯定經驗直覺所對者之爲有，則可進而肯定各種關係、性質等共相之爲有。此等共相之有，初乃呈現於吾人理性之直覺者。此即如大小、長短、上下、前後、左右等關係，及方圓曲直之相之本身。此共相亦不限於通常所謂物界之物中有之。精神界中之一切煩憂悲愁之情調，同有一不歡之共相，一切欣喜愉樂之情調，同有一歡快之共相。而此各種情調間，遂或有一互相排斥之關係，或互相引生之關係，此關係亦爲一共相。

此類性質關係之共相，如不論其如何關聯，以存在於何時何地，屬於何人，亦爲一不可疑之有。因吾人如疑之，仍必先存想之。而存想之即已肯定其有。

（三）諸經驗的直覺所對，及理性的直覺所對之必互有關聯，爲不可疑。經驗之直覺所對，恆有共相，而相關聯以存在，如紅橙黃有淺色之共相；青藍紫有深色之共相，諸色同有色之共相。而諸色之呈現於吾人之感官之前，則有左右前後之關係，大小方圓等形相之共相。此諸共相，亦初不能離經驗之直覺，而被發現。如世間無單純之左右關係，方圓形相，可被發現。又共相間彼此亦互有關係，如同異之關係，即遍於一切共相世界中之共相間者。故經驗之直覺所對，與理性之直覺所對，乃必相關聯，以合爲一世界者。此可爲吾人之所確知。而諸共相間之如何關聯，亦可爲吾人之所確知。如紅同於色，方異於圓，即爲吾人知一一共相後，所能確知者。

（四）推斷之前提與原則之有爲不可疑：吾人之推斷，恆有錯誤；然吾人之推斷，必有其前提與推斷原則。此前提與原則，爲可反省出者。而在吾人之推斷錯誤時，此前提與原則，更易呈現於吾人之反省之前。無論吾人之推斷如何錯誤，然吾人之曾用某前提某原則，以資推斷，要爲一事實。此前提與原則，曾存於吾人之推斷之活動中，亦爲一事實，否則錯誤亦不會有。由是而吾人之推斷中之種種前提與原則之有，爲不可疑者。

至於此前提與推斷原則，是否有充足理由爲之根據，或是否適合於吾人所欲推斷之對象事物，則是另一問題。

（五）能知之心之存在，亦爲確定無疑者。此乃依於：無論我之推斷如何錯誤，我必可知我有錯誤。又無論我如何懷疑，我之推斷所據之前提與原則，是否有充足之理由爲根據，及是否適合於對象事物，而使我得眞知識；然我之有此懷疑，乃吾之所確知。此即笛卡爾所謂我疑故我在。我疑是否我必在？自亦有人懷疑。因如我指一常住之實體，則我疑不必證此常住實體在。但我疑必有知疑者之在。此知疑者，即能知之心，此心可非一實體而只是一明覺。此能知之心，乃無論吾人得眞知識與否，或自覺錯誤與否，或吾人在疑中與否，皆爲必在者。否則吾人固不能說我有眞知識，亦不能說我有錯誤與懷疑。人在任何種認知狀態下，皆必有此心之存在，爲其知有某認知狀態之必須條件。故此心之存在，亦可說爲一切認知狀態，得被認知之超越根據；而超越於疑之認知狀態之上，非疑之所及，亦不可疑者。

吾人可說此上五者，即吾人之知識所由構成之條件或成份。此諸條件之本身，一一分別觀之，皆可說不是吾人通常所謂知識。然知識即由之以合成。而此諸條件之有，即知識可能之根據，亦吾人據以構造知識之欛柄。吾人對其有，皆可確然無疑者。吾人之知其有，亦即爲一吾人所確然無疑之一種知識。此即爲一知識論中之對於知識之確定知識。然吾人若欲由此以實際構成種種其他對存在事物之確定知識，則吾人仍不能不處處與疑相俱，且亦必須以疑本身爲一認知之條件。理由下詳。

第五節 懷疑與先驗知識之確定性

我們說將上述之知識之諸條件成份結合，以形成種種一般之知識，亦必須兼以懷疑本身爲認知之條件。此乃因此種一般知識之確定性，乃由一面懷疑，而一面逐步建立者。此不僅對經驗之知識爲然，對所謂先驗的知識亦然。

先驗之知識之所以仍以懷疑爲一認知條件，是因先驗知識之形成，乃係於吾人之理性之直覺，對於普遍之共相，原理、原則之認識；並依此原理原則而作之推理，以次第形成者。而吾人之直覺之是否淸明，吾人所自覺之原則外，是否夾雜入其他不自覺之原則，以進行推理，皆待於吾人之不斷之反省。故吾人亦可懷疑，吾人所思之方形之是否有角，懷疑吾人之前提，是否足够達到一結論。如在歐克里得之數學中，吾人通常皆以除其公理與諸定義外，其餘定理，皆由以前之公理定理，即足够推出。但經希伯特 D.Hilbert 之檢討，則發現若干之定理，並非由其已舉出之公理等，即眞能推出者。而其所以能推出，實另假定若干公理或原則〔註〕。至於此外，吾人之推理，常有以不充足理由爲充足，不必然之理由爲必然，乃人所共知之事。在此處，吾人若不對吾人之推理歷程之進行，是否步步皆妥當，先抱一存疑之心，再加以反省檢討，吾人實不能保證其無誤。此外，吾人認爲純由理性之直覺，而直接認知的關於共相關聯之知識，亦可由於吾人之觀念之混淆，或對眞正關聯之是否存在，無清明之直覺，而陷於錯誤。如人初以物之向地下落，爲一必然之眞理，物之概念乃必然關聯於下落之概念者。然實則物之下落，唯是一經驗之事實，而物之概念中，實並非必關聯於向地下落之意義者。故吾人儘可想像，沙之飛，石之走，而吾人今亦皆知：如在眞空中，無吸引力處，物亦未嘗不可長住而不動。又如吾人或以動靜爲物本身之狀態，而可由物之本身直接認知者。然實則如離其與他物之地位關係之認知，則至少客觀外物之爲動爲靜，實不得而被認知。故動靜之爲物之狀態，乃連於其與他物之地位關係之變與不變來。動靜之共相，乃與物之相互之地位關係之共相，相關聯者。然吾人則儘可因吾人可在一義上，直覺我自身之動靜，與我之周圍之物之地位無關係，及一外物自身之存在與他物之存在，似可無關係；而遂以一物之動靜之相，只與物之自身有關，以爲一物之狀態，其被認知，若與其周圍之物之地位關係之被認知無關。而此皆由於吾人對共相之關聯之直覺，未能足夠清明之故。

〔註〕：亨培耳 C. G. Hempel 幾何學與經驗科學 Geometry and Empirical Science，見維納 Wiener 所編 Readings in Philosophy of Science pp.41—42.

然如吾人理性之直覺，恆有不夠清明之情形，又吾人推理之進行，亦恆不能處處妥當無誤，而俟於人之不斷反省檢討，則吾人可問：畢竟吾人之反省檢討至何種程度，或直覺之淸明至何種程度，乃絕對保證吾人之一無混淆之觀念與錯誤之存在？此問題似不易答，而亦不易求得一外在之標準。但吾人可說，吾人每人自身皆可有一最高之標準。即吾人皆可至少對若干觀念，可自覺其中無混淆之成份。如吾人知白異於黑；對於若干推理，知其前提乃完全足夠達一結論者，如由一物存在，足夠推知其非不存在。而吾人即可以此類之直覺與推理，爲吾人一切直覺與推理之最高標準，而求逐漸接近之。至人如問：何以知吾人必有不能懷疑之最單純之直覺，或絕對無誤之最單純之推理？則吾人可以如是答：即如吾人否認吾人之有無誤之直覺與推理，則吾人之懷疑吾人之一般直覺與推理之是否有誤有混淆，亦不可能。因如吾人之一切觀念皆相混淆，則亦無混淆與不混淆者之分別。吾人有此分別，則吾人必有對非混淆之觀念之認識。如一切推理皆誤，則吾人亦不知何謂正當之推理。而吾人之疑吾人之推理之不正當，即吾人實已知何謂正當之推理，而已有正當之推理之證。故吾人今若由人有不正當之推理，有混淆之觀念，遂疑及人之一切推理皆不正當，一切觀念皆混淆，此本身正是一觀念之混淆與不正當之推理。此即混淆「正當推理」與「不正當推理」，混淆「混淆之觀念」與「清楚之觀念」；由「不正當之推理，混淆觀念之存在」，以推論「一切推理皆不正當，一切觀念皆混淆」，之不正當推理。是不知吾人之不能由不正當之推理之存在，以推論正當之推理之不存在；亦不能由混淆之觀念之存在，以推論清楚之觀念之不存在。然吾人卻可由人之知何謂混淆之觀念，以推知人之知何謂淸楚之概念；吾人亦可由人之知何謂不正當推理，以推知人之有正當之推理。此即因混淆之必對淸楚而爲混淆，不正當必對正當而爲不正當也。

第六節　懷疑與經驗知識之確定性——辨物類定名之知識之確定性

至於其他之經驗知識之確定性，亦爲逐步建立的。唯此中似無絕對確定之最高標準可得，而其程度之增高，唯待於外在之經驗的證據之增多。

所謂經驗知識，皆將一種對存在對象之經驗的直覺所得，與其他共相概念相結合而構成之知識。如吾人謂當前所感覺之一紅色集團爲橢圓之橘，此即以橢圓與橘之概念，連於此直覺所得之紅色集團。此知識似最爲確定無疑者。然實則此中之絕對無疑者，唯此紅色集團是橢圓形，而其是否爲橘，則亦儘有可疑。因此物可能爲人造之似橘之玻璃球。而吾人之謂其爲橘時，必意涵其有味、可食，並生於樹上等意義。此玻璃球則無味，而不可食。則吾人之謂其爲橘之判斷命題，即可非眞知識。於是吾人欲證其是否玻璃球，可試取之而食。如其與一般所涵之橘味同，則吾知吾之謂其爲玻璃球之推想爲假。但吾人之謂其爲橘，是否即爲全眞？則亦當視吾人之謂其爲橘之意義而定。如吾人謂「其爲橘」中，涵有生於樹上之意義，則吾之食之具橘味，尙不能絕對證明其爲生於樹上者。因此可能爲以橘汁置於海棉中，所造成之假橘。而於此物縱名之爲橘，亦不涵具吾人通常所謂橘之意義。因而吾人之謂之爲橘，而涵具生於樹上之意義之判斷命題，亦爲假。然如吾人再加以細看，看其並非海棉所成，而與我所見過吃過之橘完全相同，則吾人之視之爲橘，且爲生於樹上者，是否絕對無誤？則人仍可有疑。因吾人亦可假想，此爲科學家用一精巧之方法，所造成之橘，而非生於樹上者。但吾人於此可立答此疑曰：今之科學之技術，絕未進步至此，此乃不可能有之事。然人如問，吾人何以知其不可能？則吾人可答：今之科學技術，尙不能造一植物之一葉，豈能造構造如此複雜之橘？亦可答科學根本不能造生物之果實。於是吾人對此紅色集團之物，除謂之爲吾人所見過之生於樹上之橘一類之物外，不能再說之爲他物。則吾人之謂其爲橘，可稱爲一確定之知識。

此種單純定一事物所屬之類之知識，吾人可稱之爲較易確定者。因吾人於求定一物爲何類時，吾人恆先以數種性質之具有與否爲標準。而只須一物具此數種性質，此諸性質，又非他類之事物所同樣具有者，吾人即可稱之爲某類之物。故吾人不難決定，吾人眼前之物孰爲椅，孰爲桌，孰爲樹，孰爲草，孰爲人，孰爲犬。然吾人如對此類之物，未嘗經類似吾人對上段所言之種種考核歷程，則吾人犯錯誤之可能，並不能根絕。唯此錯誤之可能，畢竟甚少。吾人方才所說之考核歷程，在常識亦視爲不必需。此則因在吾人通常之經驗中一紅色集團之物，外似橘而其味非橘，或外似橘而爲海棉所成，或科學家所造之假橋，其存在之可能，實甚少而幾可謂絕無也。

然此種常識中，由辨物類以定名之知識，初只是一語言之知識。即由知一物之屬於何類，而以何名名之知識。此知識亦即一半係於吾人用名之定義。然名之定義，乃可變者。吾人以前已謂，有若干之物，乃可以不同之名名之者。如在諸類中間之物，（如猿人之畢竟爲人或猿即難定）或自不同觀點視之，則可分入不同類之物者。（如對獅身人面獸，畢竟稱之爲人、爲獸，則視吾人自其頭看或自身看而定。）而在此種疑難之情形下，吾人如不另立中間類，而必須歸此物於某一已定之類，則唯有由諸觀點，以多方面的考察此物，計算此物與已知之之物類之類似點之多少，與重要性之程度，以求決定。至此類似點之重要程度之估量，則係於吾人之標準，及其與標準之距離之判斷。而吾人若同時有數種標準，以衡量諸類似點之重要性時，則吾人又必須再有一標準，以衡量各標準之重要性而後可。然此最後標準，則非吾人所必能建立者。由是而吾人辨物類以定名之知識，即終有其不能完全確定之成份，如獅身人面獸畢竟爲人爲獸之難確定。而吾人所能加以確定之程度，亦恆是在變動之中者；即隨吾人所依之觀點，以發現之類似點，及所採以衡量其重要性之標準而變者。

辨物類以定名之知識，固有難確定之情形，然吾人如說出吾人之依何觀點以看一物，依其與何類物之類似點，或依何標準，以衡量類似點之重要性，而以何名名之，則他人可相喻而無諍。如一人對獅身人面獸之身而說之爲獸，另一人自其面而說其爲人，此二人可無諍。此處人之用名之不同，即並無礙其對物有共同之知識。於是吾人儘可與一物以不同之名，而共確認此不同之名之可用。亦即共確認：對若干事物所用之名之可不確定，仍無礙於人與人之相互了解，及共同之知識之形成。

第七節　由辨物類而應用普遍律則以推斷個體事物知識之確定性

人之眞正較難確定之知識，非由辨物類以定名之知識，而是由辨物類以求對於一個體物有所推知，及由辨物類而知普遍於某類物之各種普遍律則之知識。在此，吾人所求知者，或爲關於自然生成之物類者，或爲關於人間之事類者。二者之情形又不同，唯其詳則非今之所及論。

如吾人知某個體物爲某類物，吾人通常即依吾人所知於某類物之性質，以推知某個體物之性質。如吾人知道某個體物爲中國人，則推知其能說中國話；如又爲中國廣東人，則推知其兼能說廣東話。然吾人皆知此中恆有例外情形。如中國人可爲生長於外國者，而不能說中國話。廣東人可生於北方者，不能說廣東話。則吾人究須有多少條件，乃能知一個體之不在例外，或確知一個體之情形；則不能徒恃吾人原有之對於一類中之諸個體之一般情形之知識，而待於對一個體之特殊情形知識。

此種由一類中事物之一般情形，以推知一個體之特殊情形，所以不能必然可靠，通常之說法，是說此乃因吾人用以標別一類之性質者，不必與吾人所欲推知者必然相連。因人之爲中國人　，乃表示其國籍；此國籍，並非與其所說之語言必然相連。如吾人用以標別一類之性質，與吾人所欲推知者必然相連，則吾人可有必然之知識。如吾人以帶電者爲磁鐵，磁鐵必與鐵相吸引。則有鐵於旁，吾人即可推斷其必可相吸引。而此外一切凡表示一類事物之性質與性質之關聯之普遍律則之知識，皆有必然性，而吾人依此知識，以作之推斷，即皆有必然性。

然此中之問題在，吾人如何確知一普遍律則之必然性？又吾人已確知一必然之普遍律則，吾人憑之以推斷個體事物之情形，是否即能達於絕對確定之知識？

首先，吾人當說一切普遍律則，其建立如非根據於某種性質與性質間之有一「對理性的直覺可爲自明之共相之關係」，則其根據只能在吾人之經驗。而依吾人之經驗，以建立之普遍律則，皆只能有概然性而無必然性。其所以如此之故，即因吾人過去之經驗之如此如此，並不保證未來經驗之如此。吾人之由過去經驗以推斷未來，只依於吾人之理性。而此處吾人本理性之所推斷，既必須求證實於未來之經驗，即已見吾人並不能完全確定其所推斷者之爲眞。然吾人既必根據過去之經驗，然後有所推斷，則過去經驗之從未有例外，即可增加其眞理性及確定性之程度。（參考本部十一章及十二章）

其次，吾人本普遍律則而應用之於特殊具體之個體事物所產生之推斷，更明不能有絕對之確定性。因一個體事物有多方面之性質與關聯。其每一性質與每一方面之關聯，皆可表現一普遍律則。而其諸性質諸方面之關聯之集合，則可使吾人依一普遍律則而成之推斷失效。如吾人謂磁鐵必吸引鐵。然吾人是否可由此以斷定，一當前之鐵必向磁石而趨？則吾人明不能斷定，因此鐵可被另一物絆住。而物之可被物絆住而不動，亦其一性質。又此鐵亦可正與他物化合，遂不向磁鐵而趨。因其可化合，亦其一性質。由此而吾人不能由磁鐵必吸引鐵，以斷定當前之鐵必向磁鐵而趨。

此一種物之有多方面的性質，恆使一事之生起與其他諸事之生起相錯綜，以共成產生一結果事之諸因。此諸因可互相增上，亦可互相尅制。則使吾人據任何一抽象普遍律則所成之推斷，皆無必然性。而欲使吾人據一抽象普遍律則所成推斷，有必然性，則唯有待於吾人假設一物之只有一性質在當下表現，或當下只有一事生起，而此性質及此事所依律則，乃必然關聯於另一事另一性質者。否則待於吾人對一物之諸性質與同時生起之諸事，均加以認識，而合以爲推斷之根據。然吾人如何確知一物之只有一性質在當下表現，當下只有一事生起，或確知吾人已將一物之一切性質，或同時生起之諸事，皆加以認識而更無其他，則恆非吾人之所能者。此亦依於吾人經驗之有限性，使吾人只能知一事物之何性質所關聯之何者爲存在，然不能知：此外之絕無其他性質與所關聯之其他者之存在。

復次，吾人縱已知一事物之各性質，與其各所關聯者間所表現之普遍律則，吾人如不知一事物現在之具體情形，仍不能推知一事物未來之具體情形。如吾人縱知一鐵之各種性質，又知其現在所關聯者，只有磁鐵，當下所有之事，唯是鐵被吸引之事，其中所表現之律則，唯是鐵被磁鐵吸引之律。然吾人如不知磁力之大小，鐵之重量，與所涵雜質之多少，則不能知鐵被磁石吸近所需之時間，與鐵移向磁鐵之速度。對此等等，吾人如欲求確知，則賴於吾之其他知識及對磁鐵與鐵之計量等。然吾人如何計量之，則賴於各種計量之器具。然計量之器具，如何能達於絕對的精密，吾人如何知一計量器具，如尺秤本身，不以種種物理的原因而改變？而在實際上，一計量器具本身，亦總在與各方面之物不斷發生因果關聯中，而其當下之如何，乃爲各種因果關聯所決定者。由此而吾人對於一具體事物現在之情形之計量，仍只能達某一種確定之程度〔註〕，而必留待若干未知之成份，即或如此、或如彼之成份。而吾人據之以推斷未來，亦即永只能有概然性而無必然性。

復次，吾人對未來之推斷，或吾人所欲對未來確知者，本身亦有不同之程度。如吾人如欲知明日本地之氣候，吾人可本空中之濕度，空氣之温度，風力之方向與强度，及此等等之集合與下雨之因果關聯之普遍律則，進行推斷。然吾人此時，所欲由推斷而確知者，可只爲明日之下雨與否。則何時下雨，非吾人所欲確知。因而無論何時下雨，只要明日下雨，即可證我今日所知者之眞確。然吾人所欲求知者，如兼爲明日何時下雨，或是本地何處下雨，雨量多少，雨之分佈地區有多大等。則吾人本今日所知事物

〔註〕：數學之知識本身可爲絕對確定者，然其應用於計量，則非必能達絕對確定之標準者。故愛因斯坦嘗謂當數學之律涉及於實在時卽非確定的。當爲其確定的時，則並不涉及實在。As far as the laws of mathematics refer to reality, they are not certain; and so far as they are certain, they do not refer to reality. Wiener: Readings in Philosophy of Science P51 所引。

之現實情形，以一一加以推斷時，其確定性即愈少。由是而見吾人所欲確知者之多少，與吾人之推斷本身之確定性，成反比例。而吾人欲使吾人推斷本身之確定性增加，則係於吾人今日所已確知之事實之情形之增加，亦係於吾人各種相關之普遍律則之確知。吾人之推斷之確定性，則與此等等成正比例。然因吾人對相關之普遍律則之確知，及對事物之現實情形之確知，只能達於某一定之程度，故吾人之一切推斷，亦只能達某一程度之確定性。然吾人只須減少吾人所欲由推斷以確知者，則吾人之推斷之確定性，亦可增加；然亦終不能抵絕對無誤之境。此則原於吾人不能確知：一事物之必無其他方面之性質，與其他所關聯者之存在，可使吾人之此極少之推斷，亦成爲無效者。故吾人之對經驗事物之知識，乃必然不能有絕對之確定性者。然吾人卻可確知吾人之何以無絕對之確定性之理由，此理由則可爲確定者。而此則爲一知識論上絕對確定之知識。 亦唯因吾人能有此絕對確定之知識，以知一般知識之無絕對的確定性，然後我們乃能不斷去求進一步之增加我們之一般知識之確定性也。

知識之確定性與懷疑論 參考書目

莊子 齊物論

荀子 解蔽

J. G. Brennan: The Meaning of Philosophy, part II.3. Truth and Certainty.

W. T. Stace: Critical History of Greek Philosophy. 本書論希臘哲學中之懷疑論者可參考。此書有彭蘧澤譯本。

W. P. Montague: Ways of Knowing. pt. I. Ch. 6. 論懷疑之知識論。此書有施友忠譯本。

Descartes: Discourse on Method.I. Of the things of which we doubt.

Locke: An Essay Concerning Human Understanding, BK. IV, Ch. 6. Of Universal Proposition, Their Truth and Certainty.

P. Pap: Elements of Analysic Philosophy.PP.150—168.

J. Dewey: Quest of Certainty. Ch. 2.

第十七章　眞理之意義與標準（上）

第一節　眞理問題與知識之確定性之問題之不同及非知識意義之眞理

眞理之問題，與知識之確定問題，密切相關。然二者之意義，仍有不同。

我們可說確定的知識，必須是眞的知識，或包涵眞理的。但眞的知識，不必皆已是我們所有，更不必是我們已確定的知道的。故在常識，大皆承認眞理之不必爲人所知。而無論人之知與不知，皆不害於其爲眞理。在一般之眞理之意義中，涵有客觀的意義。與眞理相對者爲假。眞爲客觀的，假亦爲客觀的。故眞理不能成假，假的亦即非眞理。而知識之確定與否，則只可說是相對人之主觀心理而言的。與確知相對者，爲懷疑，即不確知。而人可由不確知或懷疑，進至確知而去疑，亦可忘其所確知，或再疑其所確知，以求進一步之確知。

因知識之有無確定性是對人而言，故人之不同種類之知識，有不同之確定程度。如對於經驗事物之知識，則確知之程度較低。而我們欲使此確知之程度增高，則係於對其諸根據之所知之增加。而無論如何增加，亦似終不能達一絕對之確知。但在一般人之心目中，似乎很少以眞理本身是有不同之程度的。一句話、一意見，即關於經驗事物的，亦是似非眞即假，並不能在眞假之間。亦不能有所謂較眞與較不眞之程度之分。同時似不能因我們對可爲一意見之根據，所知者較多，則眞變爲更眞。

依我們以前所討論，我們固假定人之所確知者，必須兼是確知爲眞，而且在實際上亦必須是眞的。我們以上凡提到知識之時，亦恆即指眞知識，而包涵眞理者而言。但眞知識之眞，畢竟爲何義，或眞理畢竟爲何義，則我們尚未加以討論。眞理之標準如何，我們亦未專加討論。我們只是假定大家對眞理之意義，大體上有一共同的了解。並假定大家心中都有一眞理之標準，足用以決定何類之知識爲眞，何者爲假。而實際上大家對眞理之意義與標準，亦本是可相差不遠的。但是我們眞要把我們所共同了解的說出來，則亦並不十分容易。我們如加以試說，便可發現大家所了解的，可並不是處處相同的。而在哲學史上，哲學家對於眞理之意義與標準之了解，亦有各種不同的說法。這些說法，有將眞理之問題與知識之確定性之問題會通而觀的，亦有將其嚴格劃分的。而眞理之意義與眞理之標準二問題，亦復可會通而觀，或分別而論。又哲學家在討論眞理之意義問題時，亦復可與客觀存在之眞實之問題，或會通而觀，或分別而論。遂使其中之問題，亦十分複雜，而待於吾人之細心加以辨別，把各種問題分開，然後再看有無會通關聯而觀之可能。在常識中所謂眞與眞理之意義，本來很多。其中首須與知識上之眞理之義分開者有三：

（一）同於價值上之善美之眞理。如我們通常稱一人之人格之心口如一，表裏如一，爲眞誠、率眞、或天眞。或稱之爲眞人；反之則爲妄人，僞人。又一藝術文學作品之不蹈襲模仿前人，不落入格套者，中國人稱之爲有眞趣，見眞性情，爲「此中有眞意」，爲「眞體內充」；反之則爲僞襲，爲模擬。西方詩人濟慈 Keats 以美即眞，眞即美，亦同此意。又有以社會政治之黑暗無正義爲無眞理。此中所謂眞或眞理之意義，亦或可包括知識中所謂眞或眞理之義。但在第一步，亦不宜相混。因此上所謂眞或眞理皆涵價值上善與美之義。亦可兼涵一形上學中所謂眞實之義者。

（二）爲純粹之形上學上所謂眞理。此可同於先天地生之道，或一切理之自身。佛學所謂眞如，亦稱爲眞理。此皆形上學中之眞理，乃可離人之現有知識及現實事物而言者。西方中古哲學稱眞美善爲實有之超越的三屬性 Transcendental Attributes of Being。懷特海於其理念之探險一書，謂眞理爲現象與實在之應合。Conformation of Appearance and Reality〔註一〕。宗教家及神學中所謂上帝即眞理、耶穌所謂我即眞理之眞理，亦皆有爲宇宙萬物及人生事物之形而上的根原之義〔註二〕。

〔註一〕：A. N. Whitehead: Adventure.of Ideas.P303

〔註二〕：Herbart of Cherbury（1581—1648）論眞理有四種：一、物自身之一致。二、物與其表象之一致。三、概念與被概念所指之物之一致。四、概念與概念之一致。（日人認識論之根本問題，羅幹青譯，商務出版）

（三）爲指客觀事物或理之本身，而稱之爲眞　或眞理。如我們可說一切客觀事物之理皆爲眞理，如自然界之萬有引力律，爲自然界之眞理。又可指一客觀事物之本身，而稱之爲眞，如以紙幣之由法定銀行發出者爲眞紙幣，一學校之正式註册而好學之學生爲眞正學生，合法而良善之政府爲眞政府；反之，則爲僞幣、僞學生、僞政府。此外我們又以自然界之草爲眞草，樹爲眞樹，而鏡中之樹則爲假樹，以實際之人爲眞人，其牙爲眞牙；人造之蠟人爲假人，人造之牙爲假牙。此中所謂眞假之分，乃或是由上文所謂價值上所謂眞僞之分，移轉而來。而眞假之分同於好與不好、善與不善之分（如合法而好之政府，爲眞政府），或是由其所引生之判斷之爲眞或假而來　。（如鏡中之人爲假人，僞造之紙幣爲假紙幣，即因其可使人視如一般之人，視如法定銀行所發行之紙幣時，所生假的判斷也。）

第一義中之所謂眞理，兼涵善美等價值意義之眞理，可謂是知識之眞理之外的眞理。第二義中之形上學的眞理，是超越於人之現有知識之上，而其本身，可不爲人之知識所能及之眞理。第三義之眞或眞理，是用以形容客觀事物、或其理之本身，乃指人之知識之所對之事物與其理者。此三者，皆非指直接關聯於人之現有之知識及眞知識一名之涵義的眞理，亦即非知識論中的眞理。吾人今所欲論者，則爲此知識論中之眞理。

知識論中之眞理一名，乃與眞知識一名相關聯，或即與眞知識一名爲同義語者。所謂眞知識，人或以指眞觀念，或以指眞判斷，或以指眞意見、眞思想、眞信仰，或以指眞命題（Proposition），眞陳述

（Statement），眞語句（Sentence），眞的語言之表示（Expression）。此皆在一義上爲可說者。而吾人所謂眞理之意義與標準之問題，亦即關聯於眞知識之眞理之意義與標準之問題。我們要討論眞理之意義，我們當先討論觀念、判斷、意見、信仰、思想、語言等，是否皆可說具有眞與假之性質，又在何意義上，乃可說具有眞與假之性質。

第二節　觀念、判斷、意見、信仰、思想、語句是否皆具眞假之性質

（一）眞假爲觀念之性質之說

我們可否說一單純之觀念，能具眞理之性質？一單獨之字，一名詞如「馬」，一形容詞如「黃」，一關係字如「在前」，我們就其所代表之單獨觀念而言，是否可說其具眞假之性質？此在一般義，是不能說的。因此一單獨之字與其觀念，無對象事物爲其所指，則無眞亦無假。

但是我們有時亦用眞觀念之名。在柏拉圖之哲學中，所謂觀念或理念，爲形上學之唯一眞實的，亦即在知識論上涵眞理之意義的。在斯賓諾薩之哲學中，亦以眞觀念即一確能實際形成之觀念。此問題當如何決定？今從淺處講，我們可先看下列三種情形。

（甲）我們可否在對着馬時，說一馬字，而謂此馬所代表之觀念即是眞的？

（乙）我們可否在我們想着一觀念，即對此觀念本身，重複此觀念，而說重複之觀念是眞的？

（丙）我們可否說「圓之方」之觀念，「半人半馬之物」之觀念本身是假的？

這似乎都是可說的。但在甲之情形下，此時我們所說的雖只是一字，然此字不只表示我們之一觀念，而同時是表示我們對某一動物所下之判斷。此處不是說馬之觀念爲眞，而是用此觀念所成之判斷爲眞。

在乙之情形下，我們之說重複之觀念爲眞，亦是用之以判斷原初之觀念。而非說此重複之觀念本身爲眞。若我們只是重複觀念，如想一次馬，又想一次馬，諸觀念彼此分別出現，則亦即無所謂眞。

在丙之情形下，如我們說圓的方之觀念是假的，但我們實並不能形成圓的方之觀念，則所謂圓的方，只是一語言的集合，並非觀念。而說其是假的，正同於說，無觀念爲其所指，或其不能有所指，或其所指者乃不存在。否則所謂圓的方之觀念是假的，等於：我們對「方」下一判斷，謂其是圓，而我們說此判斷是假的。此皆不是說：眞有圓的方之觀念之存在，而其本身是假的。至於說到半人半馬之觀念，則可以只是一語言之集合，亦可是我們心中眞有一半人半馬之存在之圖像。則此處之說其是假，不同於說其無觀念爲其所指，而是說此觀念不指實際存在世界之物，或用此觀念以造成一對實際世界之判斷時，此判斷是假的。

故吾人若把一語言所代表之觀念，孤立的看，乃無眞假之意義者。而謂其爲眞或假，常同於謂此語言或觀念無所指，其所指者不存在，或不指實際存在事物之義。然而我們在試用一觀念求有所指時，則我們此時已形成一判斷，我們實是由此所形成之判斷之眞假，而說此觀念之眞假。只要我們了解此點，則謂一觀念有眞假，亦可說。

（二）眞假爲判斷性質之說

我們說一切判斷，皆是有所謂眞假的。一切判斷，皆有其所判斷之對象爲主辭，與我們用以判斷對象之賓辭。一對象可爲我們所用之賓辭之所能指，或不能指，由是而我們之判斷即可眞可假。如對人之主辭，說其是動物以動物指之，則眞，說其是馬，以馬指之，則假。此賓辭在判斷中，總有其所指，便與一單純之觀念之可無所指，而可無所謂爲眞與爲假者不同。

但是我們之判斷，常是要用語句或命題表示的。則此中有二問題：一、是否一切語句或命題所表示者，皆是判斷？二、我們可否只說語句命題有眞假，而不再說判斷之眞假？

首先，我們似可說有些語句，並不表示判斷，因我們說判斷必有主辭。但在有些語句中，似很難決定何爲主辭，或其表面之主辭並非眞主辭，或可說無主辭。如我們說「二加二等於四」，是否二加二即主辭呢？因此語句，可同於「四等二加二」，則四亦可作主辭。此外如說甲大於乙，則甲爲主辭。說乙小於甲，則乙爲主辭。而甲大於乙與乙小於甲之語句，在數學上，其意義可是一樣的。依此而一切數學幾何學中，及其他知識中之關係命題中之各項，都難斷定孰爲主辭，孰爲賓辭。此外我們說天下雨，英文說 It rains，此中文法上之主辭之天或 It，是否即主辭呢？此明很難說。至少我們之說天爲主辭，不同於說人吃飯中之人，爲吃飯之主辭。因此中之天，並未發出此下雨之活動。天乃指一空間，此空間，亦不能說有下雨之屬性。則天下雨一語之主辭，至少不是此表面上之文法之主辭。人於此或說，此主辭之天或 It，乃指一實在的情境或實在自身而言，而下雨之賓辭，則所以指此實在之情境或實在者。然而果如此說，則我們豈不可說，一切判斷，皆實際上是判斷一實在之情境或一實在，其表面之主辭皆非眞主辭？如人吃飯之表面主辭爲人，而實際上則爲「人＋吃＋飯」之情境。則「人吃飯」一語中所表示者，豈不可亦合而視之爲一賓辭？此即英國之新唯心論者如柏拉德來鮑桑奎等所主張。

然而另一派的人，又可由此以謂：既然表示判斷之語句中，可無確定之主辭，故一切語句所表示者，並非判斷。因而不用判斷之一名，不將眞假連於判斷。由此而有眞假乃爲意見、信念、或思想或語句之性質之說。

（三）眞假爲意見、信念、思想、語句之性質之說

我們以眞假爲意見與信念之性質，亦是爲我們之常識之所許的。我們所謂判斷，乃是對一事物而作判斷。我們所謂意見與信念，亦是關於一事物之意見與信念。意見與信念，既是關於一事物者，則亦實際上涵判斷之成份。但我們可說，我們有某一意見信念時，我們可無確定之主辭，我們心中可只有一些觀念相連結，以成意見與信念，並用一些語言之連結，來加以表達。而此意見與信念本身，則全是屬於

人之主觀心理的，而可並非意在判斷客觀事物的。故實際上人在對事物有某信念意見時，亦可不自覺在對事物作判斷，且並非必將其信念意見表達之於語言。如我們常對我們所正作之某事，有其必能成功之信念；然吾人此時亦明可不自覺在作一判斷。在西方哲學家中如羅素，即曾主張眞假爲我們之信念之一種性質，而不取眞假爲判斷之性質之說的。

至於將眞假之名與思想連結者，則除有時此思想之一名之義，即同於思想中之觀念、判斷、信念諸名之義者外，主要的則是以思想指思想歷程。依此說，則眞假不能稱之爲形容詞，直用以形容一觀念判斷信念之性質者；而當稱之爲一表狀詞或副詞，乃表狀我們之運用觀念之思想活動之歷程者，如想眞了，想假了，Think truly or think falsely。在此思想歷程中，觀念是動的。我們依之而有之判斷信念，亦是不斷被我們所檢討反省，而在一一思想歷程中存在者。此即如西哲中詹姆士杜威等實用主義之說。依此說，所謂眞的思想，即其所用之觀念，皆可繼續運用，以產生效果的；反之則爲假。此俟後文再詳之。

至於將眞假之名與語句、陳述、或語言相連結者，則初是從人之觀念、判斷、信念、思想，皆可表於語言上看。由此而語言本身，亦即可說有眞假之分。如街上之一標語，書中之一句話，我們人一看時，似即可分其眞假。而從東西之思想史上說，則亞里士多德已謂對於某些東西，「說」些什麽，即有所謂眞與妄。而現代西方邏輯經驗論者，亦多以眞妄爲屬於語句之一種性質。中國十三經無眞字，誠即眞，而誠即從言。反誠爲妄。莊子墨子孟子荀子，亦大皆是就人之言，而論其是非誠妄。而言之是者誠者，亦即言之眞者；言之非者妄者，亦即言之假者也。

但以眞假與語言連結講，則通常皆是與語句連結講，而不與單個字連結講。此與單個觀念之初無所謂眞與假同。

至於西文命題Proposition之一名，或以指判斷之表現於語言者，或以指一信念判斷中之內容，或以指一語句之內容，或者逕界定之爲「我們之所信、或所不信、或假定、或存疑，而有所謂眞假之一種東西」〔註〕。故可兼包括一切有所謂眞假之觀念、判斷、信念、語句等。而中文之「命題」一譯中之命，即「名之」或「以言說之」之義。題乃指題說，即可以指言說之內容。比較譯爲「命辭」之一名，只見其爲一語言之表示者爲好。

我們現在已說明觀念、判斷、思想、意見、信念、語句，皆在一義上，可與眞假之名相連結，而其眞者，我們皆可稱爲眞知識。於是我們可進而討論，關聯於眞知識之眞理之意義爲何，及眞理之標準之爲何？

第三節　眞理之意義與標準論之種種

〔註〕：L. S. Stebbing: A Modern Introduction to Logic, Ch.4

（一）我們以前論知識之來原時，曾說知識之一種來原是聞知，即由聞他人之所說而來之知。而說一語之他人，如爲有某一種學術上或知識上之權威的地位者，則他說之語，更可成爲我們之較眞之知識之一來原。又如一語爲人人所同說時，亦常爲較可靠，而亦可成我們之一知識來原者。由是而人在無意間，可覺所謂眞理之意義，即同於爲一權威人之所說，爲大多數人所說；而權威人之所說，大多數人所說，亦同時可成一眞知識或眞理之標準。此皆可稱爲「以他人之所說所承認」爲眞理之意義與標準之理論。

（二）我們以前亦曾說，經驗爲知識之一主要來原。人之經驗中，一種是個人對其主觀之情感慾望之經驗。我們在前章又曾說，人常有把能滿足其主觀慾望之要求之意見，即視爲眞知識之性向。人之此性向中，亦涵有對一眞理之意義與標準之看法。此可稱爲「以能滿足主觀之要求」，爲眞理之意義與標準論。

（三）人由經驗而來的知識，主要是由人對所謂客觀事物之經驗而來之知識。人對於由經驗而來之知識，恆以其所以爲眞，乃由知識與客觀外物之有一種符合。於是由此而推擴出之一眞理之理論，即以一切眞知識，都是與客觀對象有一符合的。此對象可爲外物，亦可爲柏拉圖所謂理念之類。此稱爲符合說之眞理論Correspondence Theory of Truth。

（四）我們前又說，對於若干之共相之關聯之認識，可對人是直覺上自明的。由此而生之一種眞理論，即以凡共相或概念之相關聯，共相或概念與事物之相關聯，或事物與事物之相關聯，其能自己明白的呈現於人心之前，即眞理之意義；而其實際上之是否自明，即衡量其是否眞理之標準。此爲自明說之眞理論 Self-Evidence Theory of Truth。

（五）我們以前又說，若干知識乃由推理而得，亦即爲其前題之所涵蘊，而其本身又可作爲推得其他知識之前提者。由是而其眞假，便是與其他知識之眞假相連帶的。即如其眞，其他若干知識即不得假，如其假，其他若干知識即不得眞；而若干其他知識如眞，他亦不得假，若干其他知識如假，他亦不得眞……。我們將此知識與知識之眞假間之連帶關係，加以推擴而成之一種眞理論，即稱爲融貫論 Coherence Theory of Truth。所謂融貫論，即說一知識之眞假，必與其他知識之眞假，有一互相依賴之關係，以合成一系統。因而我們要決定一知識之眞假，我們應看其與其他知識，能否彼此不矛盾，並彼此互相涵蘊，以爲決定。如能達此標準，則此知識與其他知識是融貫的，否則爲不融貫。能與其他知識融貫，或彼此融貫之知識，亦即眞知識。而一知識之爲眞知識或眞理之意義，亦即涵有與其他眞知識或眞理能融貫之意義。如一知識，只是與其他知識能不矛盾，但不必能處處互相涵蘊，或我們暫不管其能互相涵蘊的方面，則只稱此知識爲能與其他知識一致 Consistent；而此知識與其他知識連結，而推演出之若干其他知識，所合成之系統，即爲自己內部一致之系統。至只以一致不一致，定一知識之對一知識系統之是否爲眞者，則爲眞理論中之一致說 Consistence Theory of Truth。此中融貫說之內涵，可包括一致說之內涵。故可統稱之爲融貫說。

（六）其次，我們前論知識之分類時，曾提到一種知識是實用之知識，即可應用之以達人生之某種目的之知識。而我們亦可說，人之求任何知識本身，皆是一目的的活動，任何知識，皆是可達到人生之某種生活上之目的的。由是我們可說，一切知識中之觀念，都是可用的。我們之以觀念指示一對象事物，或指導我們如何對一對象事物，加以行爲，以證實我們對之之觀念，是否爲眞時，亦是運用觀念之事。於是我們即可說：一眞的觀念，即可運用，而有意想中之效果的，並有其繼續運用之保證的。假的觀念，即不能運用，或能運用至一階段，而不能用於再下一階段，而無可繼續運用之可能與保證的。此可稱爲實用說之眞理論Pragmatic Theory of Truth。

第四節　以大多數人及權威人物所說，及以能滿足主觀之要求爲眞理之意義與標準之批評

對於上述各種關於眞理之意義標準的說法，其中之第一種第二種，乃人在日常生活中，不自覺的採取的。就其本身言，實無學術之價值，且常爲導致不確定之意見者，如吾人在上章所論。因縱然大多數人所言者，或權威人物所言者，常常爲眞，亦不能說其爲眞理之意義，即在爲權威人物所說，或大多數人之說。因若其言眞，則縱然只爲少數人所說，或一般常人所說，亦爲眞。而我們如只以他人之言或權

威者之言，爲眞理之標準，則在他人之所言與權威者之所言，彼此衝突時，即必使我們失去一切眞理之標準，而陷入懷疑論。此亦我們上章之所已言及。然而人之不自覺的，恆以大多數人或權威人物所說，爲眞理之標準，除有時是出於我們之畏懼羣衆與權威之心，及以受暗示，而隨便盲從倣效之心外，亦常由於我們在知識之起原章所說：對大多數人或知識上之權威人物之尊重之心。此尊重之心，乃人對大多數人或權威人物之理性的思維力、經驗能力之一種信賴的心。此信賴尊重，則可以是有理由的。大多數人之所說，如是由各人分別獨立運用其理性的思維與經驗能力而形成的；知識上之一權威人物之所說，如是經其多方面之思維，與多方面之經驗而形成的；則其眞理之價值，亦確是可較我個人之單獨用思，或憑一人僅有經驗之所知者，更爲可靠而近眞。然而我們知其較爲可靠而近眞之本身，亦是我們運用我們之理性思維之結果。由是而我們說：「大多數人或權威人物之意見思想，可較一人之意見思想爲可靠爲近眞」，此一語本身之所以成爲眞之意義如何，標準所在，仍不能在外面之大多數人與權威人物，而當在我們自己。又大多數人及權威人物，分別用其理性的思想與經驗以求知識時，其心中所謂眞理之意義如何，標準何在？亦不能又在其他之知識權威人物或其他之大多數人。而一切所謂大多數人共信爲眞之知識，最初皆只爲少數人或一人之所信。一切知識上權威人物，亦非生而即成知識上之權威人物，而恆是如吾人前所說，由其所信所說，成爲人所信賴，或爲人所信賴之人所信賴，乃成爲權威人物。則最初之少數人與大多數人或權威人物所信所說者，其初所以被信爲眞之理由，並不在其爲其他大多數人之所信所說，或其他權威人物之所信所說。由此吾人雖承認聞知之重要，及分別運用理性的思維能力、經驗能力之大多數人與知識上之權威人物，其思想意見之重要；但我們卻不能主張，眞理之意義即在其爲大多數人或權威人物之所信所說上。亦不能說大多數人與權威人物之所信所說如何，其本身即足成爲人之第一義之眞理標準。

至於可滿足個人之希望情感欲求的話之不必爲眞，則更爲常識所共認。人如果只爲此類話尋求理由，則通常稱之爲一向情願之思想 Wishful thinking。人之恆不免於此類思想，亦爲一事實。人由此類思想之常遭幻滅，而更易懷疑到人之一切知識之確定性，亦是一事實。但是人只要多少有一反省之能力，亦都知道一語之能滿足個人之希望慾求等，不同於其爲眞，更不能成爲眞理之標準。

然而人之所以要以滿足其希望情感慾求者爲眞理，亦有一爲人所不必自覺之更深之理由。即人可直覺其希望、情感、欲求之存在，本身爲一事實。人之願見客觀世界中，有與此希望等相應合之事實存在，並有對此客觀事實之知識，此本身亦爲人之一理想。此理想，即希望「人所要求的客觀事實，與人知識所知之客觀事實相配合而一致」之理想，此在吾人論哲學之價值一章第七節亦言及。依此理想，人遂願意相信，與其希望要求相配合一致的關於客觀事實之知識，而願信與此希望要求相配合的關於客觀事實的話。此理想本身是合法的，亦未嘗不是當有的。而此理想之所以導致一向情願之思想，並以悖於事實的話爲眞，乃由於人不去依於理想，以求自動的改變某些事實，以求達此理想，而只是被動的願望事實之合於此理想。然而人如能依此理想，以求自動改變某些事實，以合此理想，則人儘可一面求知當前之客觀事實，而對之有一客觀的知識；同時由此知識，以幫助我們去改變事實，以獲得一未來之合於人之理想之事實，及對此事實之知識。由此而我們亦可以能幫助我們得達其欲求之知識爲眞。此意義下之眞理論，即爲我們前所說之實用主義之眞理論。此實用主義之眞理論，即可包括此種眞理論中之眞理之成份而代替之者〔註〕。

第五節　符合說之分析與批評

除上節所批評之眞理論外，其餘四種眞理之意義與標準之說法，則爲哲學家自覺的提出之理論。我們可以再進一步分析其涵義，並評論其得失，並希望能銷解其中之不必要的相互間之誤解與衝突。

依符合說之理論，眞的觀念、信念、或語句，必須有其所應合之客觀對象，並以是否與之符合爲眞理之標準。此中之問題，是所謂客觀對象爲何義，所謂符合爲何義？及如何知其符合與否？

如我們說所謂客觀對象，即存在於我們自己之外之自然物、他人、人類社會等具體存在之事物：則我們可說，我之門外有山，地球有地心，原子中有原子核，他人有情感，白種人有文化等命題，都是與客觀對象有某一種符合的。而一切關於歷史地理之知識，與對各種個體事物及各種類事物之知識，都可說

〔註〕參考本章第十一節實用主義之眞理論之第三型態。

是必須與一些客觀對象有某一種符合，乃爲眞者。這皆是可說的。但是對於存在於我們自己心中之事物，如觀念情感，或對於「非個體事物種類事物之抽象事物理想事物」，如對形數等共相，想像中的未來世界等之所知，則依此說，皆成爲無客觀對象與之相符合者；而我們對之之所知，即不能有所謂眞了。

故欲使符合說成爲普遍的眞理意義論，則我們當說，一切能成爲我們所知者，皆可稱爲一客觀對象。而將柏拉圖之知識理論中，所謂理念世界之形數、價值、及其他理想事物之各種共相，以及爲我們反省之所對的，我們內心之觀念情感等，都視爲一客觀對象，而成爲一較廣大之符合說之理論方可。

我們今姑以客觀對象一名，泛指一切所知之對象，但我們尙須問：所謂觀念或信念或語句等知識，與客觀對象之「符合」爲何義？是爲此說所包涵之第二問題。對此問題，則有各種深深淺淺之說法。

第一種最粗糙之說法，是說我們之知識與客觀對象符合，即我們身體中與客觀對象中，有同樣之物質的成份。如希臘德謨克利泰以我們所以能知道外面之水，由於外面之水之原子，入我們之感官內。我們所以知道外面之土，由於外面之土之原子，入我們之感官內。但依此說，則我們不能知道各形數等共相，如方圓等，因其本身並無物質之成份。我們只可說有角之方物中，涵物質成份。方形本身與有角本身，卻只是一純形式，而無物質之成份者。然我們說方形有角，卻是一知識。如果我們在知水知火時，必須有水火之物質成份，入我們之感官內，則此「入」，與水浸入眼中、火燒眼無別。然則我們何以知水時，眼不濕，見火知火說火時，眼與口不被燒。（在印度哲學中之唯物論之知識論，亦有以物質成份入感官時，乃有認識者，而一種破之之論證，即以「人說火時，何以口不被火燒？」爲言。）

第二種符合說之符合之意義，是說我們在有眞知識時，我們心中有一具體之觀念，與具體對象之相狀相合。此說亦不能應用於我們對共相之知識。因我們不能視一共相爲具體對象，我們對共相只有抽象概念，而無具體觀念。即將此說用在對具體事物之知識上，亦有三點可批評。第一、是如我們心中所有之具體觀念，與具體對象之相狀偶合，亦無知識意義。如我們閉目心中想一人，那人正在身邊，此時我們心中之觀念，與那人相狀相合。但我可並不知道。則此觀念，並無知識意義之眞〔註〕。第二、是所謂我們心中之具體觀念，與具體事物之相狀之相合，常只是我們之具體觀念，與具體事物之一面之相狀相合。而非與具體事物之一切方面之相狀相合。如我們心中對一具體事物，如一桌子，所有之具體觀念，可只是一斜方形之物。然此一斜方形之物之具體觀念，至多只與此桌子之一方面之相狀相合，而與從另一方面所看來的，此桌子之不斜之相狀，即不合。第三、是具體事物之正呈現之相狀，及我們對其相狀之具體觀念，與在我們知識中所謂具體事物，所具之各方面之意義，在事實上亦恆不相符合者。如在我們之知識中之桌子之意義，是可包括其可以置書，可用以吃飯，及與其他各方面之意義的。然而此當前之具體存在之桌子，卻不必能實際呈現其各方面之意義，而此桌子所呈現之相狀，與我們對其相狀之

〔註〕：羅素之人類知識一書中曾舉一例，謂人如說「我是叔父」，則如遠地之伯兄忽生一子，此語便成爲眞，然實則此眞，亦無知識意義者，因我並不知其眞。

具體觀念中，亦即可不包涵此各方面之意義，即不與與我們知識中所謂桌子所涵具一切之意義皆相合。

第三種符合說之說法，則不從我們所想之具體觀念與具體事物之相狀之符合上講；而說所謂「一語句是眞的」之意義，只是說一語句之所指的，是一種事實 Fact，或一種事實之情狀 State of affairs。故亞里士多德說：所謂一陳說是眞的，即事實如此而說如此；所謂一陳說是假的，即事實如此，而說不如此。此說為今之邏輯家塔斯基 A. Tarski 所持〔註〕。他說：如雪是白的，而我們說「雪是白的」，則我們之「雪是白的」一句話是眞的。於此，如說「雪不是白的」，即假。此中前一句之雪是白的，是指一事實或一事實之情狀。第二句「雪是白的」，是我們所說的話。至於說「雪是白的」是眞的，則是我們對我們所說的「雪是白的」一句話，所說的話。在此句話中之「是眞的」乃指「雪是白的」一句話。而此句話如何可以是眞，即因「雪是白的」一句話，乃指一雪是白的之存在的事實情狀。故他說：如果雪是白的，亦僅僅如果雪是白的，則「雪是白的」一句話即是眞的。依此，只要依語句規則而形成之一句話，能指一種存在的事實或事實情狀，即一句話有所符合，而此一句話即是眞的。並不須從我們在說此話時，心中所想具體觀念，與具體事物之相狀是否相符合上去想。

〔註〕：A. Tarski: The Semantic Conception of Truth 一文，下列二書皆加以選載。Linsky: Semantics and The Philosophy of Language. Sellerss: Readings of Analytic Philosophy.

如果說只要依語言規則而形成之一句話，能指一存在的事實，則一句話即有所符合，此或可以把所謂符合之意義變爲更簡單。但此說至少連帶一問題，即如何可知一語句，有其所指之存在之事實，或我們如何知一語句所指之事實是存在的。由此而連到符合說之第三問題，即如何知我們之知識，是符合存在事實或客觀對象的？

對於此第三問題之一種說法，是說我們要知我們之觀念、信念、語句之是否符合事實或客觀對象，須將我們之所知與事實或客觀對象相對較。好比我們要知某一個人之像片是否某人，即持其像片與某人相較。如我想桌下有貓，欲知其是否眞，即實際去看桌下是否有貓。如有，則知事實與我們所想相合，或我們之所想，確是想的一客觀存在桌下之對象，我們之所想，遂得證實其與事實之符合。

但是證實之問題，有時可並不如此簡單。如我們說某人有肺結核，此即並非將肺結核之觀念，與某人對較即知。因其肺結核非我所能見。而醫生要證實此語，恆須用x光線照其肺。而在其照肺時，同時須想到，如x光所照之結果之反映於膠片者，是如何如何，則證實其有肺結核。因而我們在說某人有肺結核時，我們的話之涵義中，即有「其肺在x光之照射下，將有何結果呈現於膠片」之意義。而我們要證實此話，亦即必須實際以x光照某人之肺，而在膠片上看見些什麽什麽時，乃能加以證實。

但是如果要知我們之觀念或語句之是否合事實等，必有待於證實；則所謂符合事實，同時亦是我們對諸事實之經驗，符合於我們之所預期者之意。而此時亦即只有所謂證實一事實存在之諸經驗之符合於我們之所預期者，能為我們所知。然則我們何以不說，所謂符合，即我們所預期者與證實此預期之經驗之符合，而必說為我們之觀念語句與存在之客觀事實或對象之符合呢？

在此，依符合說之理論，便必須把一觀念或語句之所指，與證實此所指之經驗分開。譬如我們說某人有肺結核，其所指，乃一客觀存在之病菌，曾在某人肺中，使其生肺結核之事實。而醫生之由x光而看見些什麼，是醫生之經驗。此經驗是關於某人之肺結核之經驗。而此某人之肺結核，是存於醫生之經驗之外，而牠亦不僅可使某一醫生，以x光照之之時有某一經驗，而且可使其他醫生由x光照時亦有某經驗者。同時某人有肺結核，亦可使其個人在生活上有種種經驗，如發熱，呼吸困難等種種經驗。此一切經驗，即可分別、或合起來，證實其有肺結核。然此一切經驗，並不能等於某人有肺結核之事實本身。因此一切經驗，乃分別屬於各人，而肺結核則只屬某人者。是見事實與證實事實之經驗之不同。我們如欲知「某人有肺結核」一語，是否符合事實而為眞，固必待經驗之證實，此證實為我們知此語為眞之必要條件；然在我們未證實此語之先，此語之畢竟指存在事實與否，符合事實與否，即眞與否，仍應為先已決定者。而如其本不眞，亦即無證實之之經驗能使之眞。故一語之為眞與否，似當為一語與其所指之存在事實間之一直接之符合與否之關係，而可與吾人證實之經驗之有無不相干者。故我們遂不能以證實一語為眞之經驗，與我們所預期者之符合，即符合說中之符合之涵義。

第六節　符合關係中之四項關係者

然而我們之問題，繞此一周，再回到「一語句所指者爲存在事實」乃語句爲眞之意義時，仍將再引起我們如何知一語句所指者爲事實之問題。因我們既以語句所指者爲存在之事實，以界定眞之意義；則我們必須先知「語句所指者爲存在事實」之意義。然而當我們將語句所指之存在事實，視作爲在我們之所知之外，經驗之外時，在我們之當前，便可只有此語句。則我們如何知此語句必有其所指之事實，或爲有所指者？我們豈不可在說雪是白的時，只想此數字之聲形，不視爲有所指者？如不視爲有所指者，豈此語句本身，亦可有眞假之可言？（若然，則鸚鵡之說同樣之一句話，亦應有眞假之可言。）然如吾人以爲此數字，爲必有所指者，則吾人即必須能超越此數字之語言符號本身，以往思及其所指。即吾人必須能思及：有某形狀爲突出而寒冷之物，爲雪，其色爲白，爲此之語所指。而吾人之信此語爲眞，亦即信吾人之必可能有種種經驗存在，其所經驗者，亦爲一形狀突出而寒冷之物，其色爲白者，能與吾人之所想者符合，而證實吾人之所想者。則所謂此語爲眞，便不只是謂此語有其所指之客觀事實之存在，而與此事實符合，亦是謂「對此所指之客觀事實之經驗之可能有，而可能存在，」以證實此語。吾人亦唯在信此經驗之可能存在處，乃信此語爲眞。亦即唯在吾人信其與此可能存在之經驗，有一符合處，乃能信此語爲眞。此並非必須說，如此語不眞，吾人證實之之經驗能使之眞，亦並非必須說，能證實之之經驗存在，即等於此語所指之事實存在。而只是說，此語爲眞之意義中，不只涵所指之事實存在之意義，且必須兼涵：證實此事實存在之經驗，亦爲可能存在，而與之有一符合之意義者。

如吾人將符合說之意義，如上加以解釋，則所謂一語句，與事實符合之關係，即不爲一項之關係，即非爲：一語句與其自身之符合之一項關係。亦不爲二項之關係，即非爲：語句與客觀存在事實符合之二項關係。且不只爲三項之關係，即非爲：語句，語句之涵義爲吾人所思及者，及客觀事實符合之三項關係。而爲四項之關係，即：一爲語句，一爲語句之涵義爲吾人所思及者，亦即吾人由語句所思及者，一爲客觀存在之事實自身，一爲可能存在之對事實之經驗，而能證實吾人由語句所思及者。所謂一語句爲眞，即涵此四者在一定之關係互相符合下之意義。可以下圖表之。

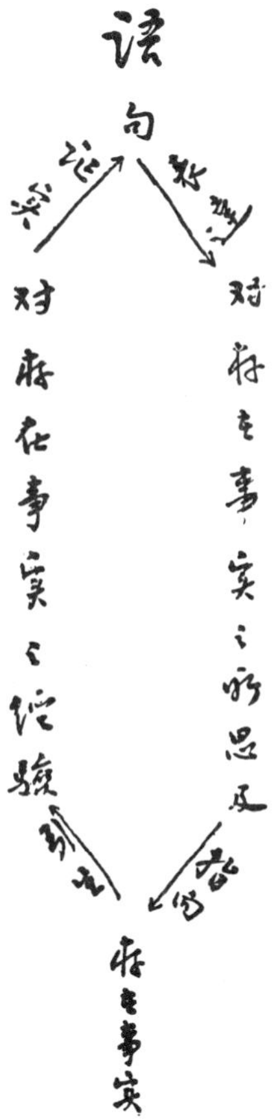

如吾人只是寫字說話，不思其意義，可只有語句之聲形一項。如只對存在事實，與以一名號，可只有名號之語言與存在事實二項。如對一存在事實有知識，則必有語句，吾人對存在事實所認識所思及，及存在事實本身三項。然吾人謂一「知識爲眞」，或「『一語句所表達吾人對某存在事實所思及者』爲眞」，則必須知吾人所認識所思及，指向某存在事實；某存在事實，又確爲能引生吾人對存在事實之經驗；而此經驗，又能證實吾人之所思及者。由此吾人即見對「語句之聲形」，「對存在事實加名號」，「知識」及「眞知識或眞理」四者之涵義，加以說明時，所牽涉之關係項之不同。

吾人今以此上述四項在一定之關係中，解釋符合說之意義，並不須以此四者之內容爲全然同一，處處符合者；而只須言此四者間有相符合之處，即足爲形成眞知識或眞理之條件。而在所謂眞知識中，吾人如將其所自構成之此四者，分別對較而觀，即可見其不全相符合而非同一之處，如語句可使吾人思其所指；然此同一之語句，不只可使吾於此時此地思其所指，亦可使我於另一時另一地再思其所指，或使他人亦思其所指。則語句與吾之思其所指之事，非全同一，亦可說不全相符合。又吾人由一語句思其所指，而更對此所指有所思及時，此所思及之內容，恆可用之以思及其他事實，而不限於用在吾人所指之事實者。如吾人由雪是白的，而思其所指之雪時，此「白」即爲吾人對雪所思及之內容，此內容即不只可用以思及雪，亦可用以思及梨花者。故吾人所思及之內容與吾人所指之事實之內容，亦不全同一。

復次，「證實吾人所思及者，及某一語句爲眞」之特定之經驗事實，亦可同時爲證實其他吾人所思及者，與其他語句爲眞之經驗事實。如雪爲白之特定之經驗事實，證實雪是白的之一語句，即吾人對雪之所思及者。亦證實「有寒冷之物爲白」一語句，即吾人一種對寒冷之物之所思及者。又雪爲白之一事實，亦不限於由吾人之某一經驗而證實，更不限於吾一人之能思之說之；而爲可由不同人之不同經驗加以證實者，亦可由不同之人，分別由不同之思想道路，加以思及，而可以不同言語說之者。（如不說雪是白的，而說冬天由天空降下，而由水所成之物爲白。）是見在此四者相關聯以形成知識時，此四者並非彼此全然同一，全相符合；乃有相符合處，亦有不相符合處，有所同一，而又有所差異者。

吾人如將此符合說，重加以改造，則吾人亦可言：吾人在思及一共相之關聯而以之爲對象時，吾人之語句，依語句所思及，對象，與對象之直覺，四者間，亦有此關係。如吾人說「方形有角」，此本身爲一語句，吾人可由之以思及一方形，並思其中有角。此爲吾人之所思及或吾人之思想。吾人思一方形而又思其有角後，再直接呈現一有角之方形，於吾人之意識之前，則爲吾人對整個之有角之方形之直覺。至於此思想直覺所對之有角之方形之本身，乃不限於吾人今日之思之，今日之直覺之，而可容吾之將來及他人，再加以思想直覺者。由是而此有角之方形之本身，即包涵超越吾人當前之思想與直覺之意義，而可視之爲吾人所思想所直覺之客觀對象者。而當吾人謂實有此客觀對象時，亦即涵有「吾人將來或他人可再如是思想之，再由其爲方形而思其有角，再直覺一有角之方形」之意義。而方形有角一語之可重加證實，即在吾人之總可有如此之思想與直覺繼續出現之謂。此種在直覺上爲可自證自明之知識，在下文再詳之。

第十八章　眞理之意義與標準（下）

第七節　自明說之分析與反面之不可設想或反面之自相矛盾

至於所謂自明說之眞理論，則吾人上已言，此說乃依於吾人對共相或概念與其他共相或概念之關聯之直覺的認識而引出者。但吾人在前章已謂一知識之是否爲自明，乃與一知識之確定性之問題密切相干者。一知識之對吾人爲自明，乃使吾人更能確定一知識之爲眞知識，而祛除吾人之懷疑者。然吾人今日之問題，則爲問吾人是否可以具自明性爲眞理之意義，或只以自明爲衡量知識上眞理之標準？

我們要解答上述之問題，亦須分析幾種所謂自明之意義：

（一）爲常識中之自明義。在常識中恆以某些意見或道理或知識爲自明的。如常識中討論某些問題，恆以這當然是如何如何，或這一定不然，或豈有此理，爲根據或結論。在此處，人實假定某些道理是自明的，亦即不待另作證明的。然此所認爲自明者，實常非自明的，而可是下列各種之一種：

（甲）個人或社會習慣所養成之成見。如在有貴族平民階級之社會中生活之人，可以人有階級之分爲自明的，在男尊女卑之社會中生活之人，以男尊女卑爲自明的。

（乙）人所聽慣之教條或陳言。如習於一宗教教條者，可以一宗教中之教條爲自明的。一般人以其所在社會中流行之格言爲自明的。

（丙）個人之本過去經驗與推理以求知後所得之結果。如人在依種種經驗推理得種種知識後，人可忘其所根據之前提，遂覺一知識之本身是自明的。而實則是先經證明的。

（丁）此外亦可有確對個人爲不須證明，而又必然自明之理。此爲眞正自明的。

因在常識中恒將此四者混淆，故此種常識中自明說，最易以下列理由，加以駁斥。

甲、我們可指出，人之覺何道理之爲自明與否，純是個人主觀心理上的事。我們可由在不同社會文化與風俗習慣下，人可有不同的視爲自明的道理；不同宗教有不同之教條，不同時代有不同之天經地義之格言，以指出對一社會中之人，其眞爲自明者，對另一社會中人，則其妄亦爲自明者。如在無階級之社會，以人之無階級之分爲自明；在有階級之社會，人亦以有階級之分爲自明。

乙、我們可爲人所視爲自明者，找出理由，或反省出我們最初相信之之理由，而見自明者並非自明，而是待他而明，即可證明的。如 2+2=4，一般人可視爲自明之眞理，然我們亦可以加以證明。如在本書本部第十四章數學與邏輯知識之性質第八節及十二節之所論。

丙、我們可以指出許多學術上較高深的眞理，如天體運行之定律，對一般人並非自明，然而卻是眞的；人欲知其眞，實待於辛勤之推理與實驗，以證明其眞。

丁、我們可以對常識所視爲自明，而原亦爲必眞而自明者，如方形有角之類，試加以懷疑：問常識中人何以知其自明而不容疑？或必不能有證明？然常識中人，恆說不出。是見常識之以此自明者必爲自明，而不待證明，此本身並非自明的。

（二）自明說之第二意義，是一種哲學之理論。此理論是說人必須有若干基本之眞理，是自明的。其所以爲自明而不能有證明，亦有理由可說，由此而我們可說自明爲這些眞理之一種性質，爲這些眞理之所以爲眞理之意義中所當涵。

依這種說法，我們不能主張一切眞理都是待其他而證明。此即蒙旦 Montaigne 之懷疑論所由生〔註〕。依蒙旦說，如一眞理待其他眞理而眞，他眞理又待另一他眞理爲眞……一切眞理，皆待其他眞理而眞，即無一眞理能自眞，亦即無一眞理爲眞。故有待證之眞理，必有用以證明待證之眞理之眞理。而最初必須有不待證的眞理，亦即自明之眞理。

這種自明說，在西方近代，可以笛卡爾之說爲代表。他即是由幾何學數學中之眞理，皆自若干原始之公理等推演而出，而以此原始公理等，必爲自明的眞理；並由反省我之一切懷疑，皆由我之能懷疑而來，而以我之能疑能思，與我之存在，爲不可疑之自明眞理者。

依此說，以論若干眞理之所以必爲自明之故，恆一方由此若干眞理之爲不容證明之最簡單最單純之

〔註〕：Brightman: Introduction to Philosophy第二章所引。

眞理處看，再一方則是從其不容人之不如此想，或不能想其不如此，不能想其反面，或想其不眞處看。故此種說法，恆與反面之不可設想之說相連。如西哲斯賓塞，即以反面之不可設想，爲眞理之標準者〔註一〕。如吾人說，部份小於全體爲自明，即因其反面之「部份等於或大於全體」，乃不可設想者。如謂白異於黑爲自明，即因其反面之白同於黑，乃不可設想者。反之，一切眞理，其反面之可設想者，則非自明之眞理。如此樹六尺高，即吾人對此樹之一最簡單之經驗眞理。然此樹不六尺高，而七尺八尺，皆可設想者，則此眞理非自明，而惟待經驗而明者。

與反面之不可設想之說相連，而亦可包括於其中者，爲「反面之包涵邏輯上之自相矛盾，或導致其他矛盾者，爲自明」之說〔註二〕。如我們說方形有角爲自明，此即因我們所謂方形之概念中本涵有角之意義。今謂其無角，即與我們所謂方形之概念相矛盾。此爲純邏輯的自相矛盾。又如我們謂凡有色者必有形爲自明，此則因若吾人否認有色者有形，而謂有色者無形，則將導致一與吾人之一般的直覺中「形與色恆相連」之矛盾。

與「反面涵邏輯上之自相矛盾或導致其他矛盾者爲自明」之說相連者，是「正面爲反面之所預設

〔註一〕：E. G. Spaulding: New Rationalism, P.181 徵引斯賓塞H. Spencer心理學原理Principles of Psychology, PP.420—437. Cf. J. S. Mill: Logic. Ⅱ. VII.1—4.

〔註二〕：此卽西方傳統邏輯中所謂歸謬法reductio ad absurdum

者即爲自明」之說〔註〕。即我們可說一道理之爲自明者，乃吾人如否認之，必須同時預設之者。如吾人說有命題，若人否認此說，謂無命題，則此人必已有「無命題」之一命題。則此主無命題者，已預設有命題。又如吾人說有人說眞話，人如否認此說，謂無人說眞話，則此人已預設其所說之此話是一眞話，即至少有彼一人說眞話。此皆因一語之爲其反面之所預設而爲自明者。

笛卡爾由我之能疑、能思以知我在，而謂「我思故我在」爲自明，其涵義中實已包括「爲反面之所預設」，「反面之自相矛盾」，「反面之不可設想」，以證此「我思故我在」爲自明之義。因如我疑「我思」，思我不能思，此即是思，而預設我之能思；則謂我不能思，即成自相矛盾；而此我之不能思，亦即成不可設想者。

如哲學上之自明說，涵此諸義，則我們亦確可說，若干眞理乃涵具一自明之性質；而其所以爲眞理之意義中，乃包涵對人爲自明之意義者。而吾人欲考核一眞理之是否能自明，亦有一定之標準。此（一）即其是否爲其他眞理所待之以證明之最原始、最簡單之眞理。（二）即其反面之是否亦可設想，反面之是否必包涵自相矛盾，或爲反面之所預設等。而持此標準，以考核我們通常所視爲自明者，即可將一切由證明而得者與若干本非自明者，抉剔而出。此上爲自明說之大旨。

〔註〕：Spaulding: New Rationalism, P. 182. 謂以反面之所預設Presupposition by Denial爲眞理之說最好之論述爲P. Coffey: Logic, 1912. Cf. Jevons: Principle of Science云。

對此說，我們可作下列之批評：

第八節　自明說之批評

（一）自明說如只應用於肯定有若干自明之眞理，則自明說即似不能用以說明一切眞理之共同意義，亦不能爲衡量一切眞理之標準者。但我們亦可說，如非自明之其他眞理，皆待自明者而證明，則其他眞理所以爲眞理之理由，皆根據於自明之眞理；而自明之眞理，即爲其他眞理所間接涵具者。且吾人似亦可說：當一眞理，據自明之眞理加以證明時，其本身亦似可漸成爲自明者。（如常識中可以已證明之眞理爲自明。）於是我們似亦可說，一切眞理皆可化爲自明者，而一切眞理亦即皆可由證明，以成爲具自明性者，或即本來具有一潛伏之自明性者。吾人今試設想：一人有一種「能一眼望透一推理之串系」之直覺之知慧，則彼亦即儘可不依此推理串系之一一之次第推理，以由前提直達結論，而使前提與結論如在一平面上；則吾人所視爲由證而明者，在此智慧下即皆成直接呈現而自明者。如天才之智慧，則正近乎此。而西方哲學中所謂上帝的智慧，印度哲學中所謂佛之知見，中國思想中所謂慧觀、神智、神解，不待推而知之知，皆近乎此。對此智慧，則應言凡可由證明而知之一切眞理，皆可成爲自明而具自明性者。西方現代哲學中胡塞爾之現象學派，蓋即爲在哲學上嚮慕此境界，而以眞理皆當具一自明性者。於此自明的眞理，與證明的眞理之分，即成爲不必要。而吾人亦可說，一切證明之眞理與自明之眞理，皆同爲具自明性者。但對吾人一般之智力言，則不能如此說。

（二）對吾人之一般智力言，反面之不可設想者，是否即爲自明之眞理，亦不能直下加以斷定。因人於反面者之所以不能設想，可只由於人之思想之限制陷溺於正面，而並非眞由於反面之不可設想。如人之習於地平與物向下而墮落之觀念者，必以地球彼面之人，頭向下而不墮，乃不能設想者。然實則此並非眞不可設想。如吾人之儘可設想一手持一畫，其畫中之人頭皆向下。唯如何辨此二種之不可設想，則不能只有一主觀之標準，而當有一客觀之標準。而反面者之是否必自相矛盾，反面者之是否必須預設正面，則爲一較客觀之標準。因反面者如爲自相矛盾，則其不可設想，不只爲主觀的心理上的，而是客觀的論理上的。即此反面者乃論理上必不能成立者。反面者如必預設正面，則可證正面乃不容否定的。如反面者不自相矛盾，亦不預設正面，則反面者皆爲可設想的。而其可設想，即可引導我們往設想之，而打破我們之主觀心理上之限制與陷溺；並使我們更能將本非自明，而只由我們之主觀心理之限制與陷溺而視爲自明者，加以抉剔而出。此即「反面者是否爲自相矛盾」，「反面者是否涵正面」，更可爲一決定正面者之是否爲自明之客觀標準之理由。

（三）但由反面者之包涵自相矛盾，或預設正面，而知其爲自明之知識，即非只是本身爲自明者，而是可由反面者之包涵自相矛盾而不能成立等，加以證明者。我們由反面者之包涵自相矛盾，以證明正面者之必爲眞，依於我們之先肯定「反面不眞則正面必眞」之原則。然此原則乃一理性之原則，而其是否處處皆有效，亦不可一概而論。如在一情形下，吾人對一問題儘可無論作正面之答案或反面之答案，皆可導致一自相矛盾。亦即任一面之答案，皆爲必須預設其反面者。此即如康德純理批判中所謂二律背反（Antinomy）之說。依康德之此說，吾人無論說空間是有限或無限，時間是有始或無始，物可分爲最小單位或不可分爲最小單位，皆同可導致一思想上自相矛盾，而必須歸於再肯定另一面之所說。故反面者之導致自相矛盾，與必須預設正面，並不證明正面之必不導致自相矛盾，而不須預設反面。因而反面者之不能成立而爲假，並不證明正面者必能成立而必爲眞。而其畢竟是否爲眞，即不能只由其本身之似自明，與反面者之不眞而建立，而應求之於其他之理由。

由吾人以上之批評，則一正面的知識，除在「其反面者必預設此正面，正面者可不預設反面」之情形下，吾人可說其必眞外；吾人並不能由反面者之必預設正面，包涵自相矛盾而爲假，以論定正面者之必眞。而吾人在討論此諸問題時，吾人實已是在本理性上之思維，以求建立「衡定一知識是否自明」之標準。至吾人之運用此諸標準，以論定一知識之是否眞爲自明，吾人實亦已在從事證明。由是而自明說，即不能離吾人上所提及之融貫說而獨立。

第九節　融貫說之說明

依融貫說，一知識之爲眞，不能只從一知識之正面看，即能直接知其爲眞；亦不能由其反面之不能成立，即知其必然爲眞；復不當只從其爲反面所預設，而其本身可不預設反面，以孤立的肯定其爲眞。而要在一方看其本身是否內部自相矛盾，一方看吾人之以爲眞，是否將導致此外之其他矛盾；而在另一方，則復當看吾人可否由之引申演繹出其他知識，且可由其他知識以引申演繹出此知識。此爲其進於自明說之一要點。

此說之根據，在先肯定我們之任一判斷或命題，皆有其所涵蘊之判斷或命題，亦可被其他判斷或命題所涵蘊。其能相涵蘊者，則各對他爲眞，而同屬於一系統中。其不能相涵蘊而相矛盾者，則各涵蘊其他之一爲假，而爲不能同屬於一系統中者。故眞與假，皆不當自一判斷或命題本身孤立的看，而當聯繫其他判斷或命題，而綜合貫通的看。至於一切可能之判斷或命題，是否皆合以構成一唯一之知識系統，則不必爲一切持融貫說之眞理論者之所共許者。而所謂融貫說，亦可有下列二種不同之意義。

其一意義，乃只指內部一致融貫之孤立系統。此可指一切純依若干不矛盾之基本命題（包括基本定義）而演繹所成之思想系統，或語言符號系統，如一數學系統純邏輯系統。亦可指由若干不矛盾之語句而構成之誑話系統、神話系統。此皆爲一孤立系統。在此種系統中，我們可說凡相涵蘊之命題，皆相互爲眞，而諸獨立之命題，則可合以涵蘊其他之命題。至此其他之命題，則又可與此諸相獨立之命題，依不同原則，而互相涵蘊，以相對爲眞。如設 a＝b，c＝d，此二命題爲相獨立。然吾人可依數學上等量加等量其和相等之原則，而合以涵蘊 a＋c＝b＋d。然我們如承認 a＋c＝b＋d 及 a＝b，我們又可依數學上等量減等量其差相等之原則，知其合以涵蘊$a+c-a=b+d-b$，即涵蘊$c=d$。我們如承認$a+c=b+d$及$c=d$，我們亦可依同樣等量減等量之原則，知其合以涵蘊$a+c-c=b+d-d$，即涵蘊$a=b$。此即可說$a=b$，$c=d$，$a+c=b+d$，三者依不同原則，而互相涵蘊。

在此種內部一致之思想系統語言符號系統中，其基本命題本身如何可說爲眞？或此系統是否能對實際經驗事物皆眞？則皆可不成吾人之問題。而吾人如以「依與之相矛盾之基本命題所構成之其他思想系統語言符號系統」爲標準，並設定之爲眞，以判斷此思想系統語言符號系統中之命題，則亦未嘗不可說此系統與其中之命題爲假。然反之，吾人亦可以此系統爲標準，並設定之爲眞，以判斷其他系統中之命題爲假。於是吾人可說二者皆眞，亦皆假，亦即無所謂眞假。而一能自圓其說之神話系統，誑話系統，自實際經驗世界言，亦可說之爲假。由是一內部融貫一致之思想系統或語言符號系統，可不涵有：此系統本身對系統外之系統之有所謂眞或假，亦不保證其對實際經驗世界之必爲眞。因而亦不必能成爲一對實際經驗世界之知識系統。（由此而人有以一內部融貫一致之思想系統語言符號系統，只有邏輯的一致性Logical Consistency，其由前提至結論之推論，只有邏輯的有效性Logical Validity，而不宜稱之爲一眞理系統者。但我們則以爲在一由有效之推論而形成之內部自己一致之系統中，凡推出之結論，即皆可說對此系統內之前提爲眞，亦即對此系統本身爲眞。唯可不對此系統外之系統爲眞而已。）

第二義之融貫說，則爲以一思想系統或知識系統之所以成爲眞，乃由其中之命題或判斷，互相一致而融貫，而亦與經驗世界中所經驗之事物之理，及吾人能構造種種系統之理性中之理，相與一致，互相一致而融貫者。而此即其所以對吾人之思想知識自身以外之存在或實在亦爲眞之根據與理由之所在。因而眞理之意義，即通於存在或實在，而以融貫爲眞理之標準，亦即包涵求知「吾人之知識，吾人所認識之經驗世界中之事物中之理，與吾人理性中之理」如何可相融貫之義。

然吾人如謂融貫說包涵求吾人之知識與經驗世界中事物之理，與理性中之理相融貫之義，則融貫說如何與符合說相分別？吾人何以不直說，吾人之思想系統知識系統中之判斷或命題，皆必須符合存在的事實之理而後能眞，而必取融貫說之眞理論？

對此問題，融貫說之一種形態之答覆，是：我們不能將我們主觀之思想、判斷、觀念等，視爲主觀的，而與客觀之經驗世界或存在於人之理，彼此分離而相對待，以論其符合與否。因吾人論其符合與否本身，仍依於吾人對此符合與否，先加以思想判斷，而後可能。如吾人欲問吾桌下有貓之一判斷，是否符合客觀事實，吾最後必須至桌下望，以求證實，如吾人前所說。然吾人在桌下望見有貓，而證實此中有一符合時，吾人所發現者，正唯是吾人原初之判斷，與後來所經驗者之不相矛盾，一致而融貫。吾作桌下有貓之判斷時，此判斷乃對客觀之桌下而作判斷，故此主觀之判斷，即對客觀的桌下有貓之一事實，作一肯定。而此判斷如爲眞，必須涵蘊此桌下有貓的事實之客觀存在。而吾人所經驗之桌下之貓之一事實之客觀存在，亦涵蘊吾人桌下有貓之判斷之爲眞。而此二者，則皆在吾人之思想中與知識中，合以表示：吾人所經驗之存在事實，與吾人之判斷之融貫，此外可另無其他。

人對此說之主要懷疑，是如何依此說以說明吾人對於吾個人所不能經驗之事物之判斷語句之爲眞？如吾人如何可說：地心有火，或二千五百年前之孔子爲魯人，或原子有原子核，吾人之說此諸判斷，諸語句爲眞，如非說其與客觀事實相符合，則所謂其爲眞之意義爲何？

如何依融貫說，以說明此諸問題，雖似較桌下有貓之問題爲困難；然實則亦同爲一類。吾人仍可由符合說之論此類判斷語句之是否眞，最後仍須求決定於吾人之如何證實之；以見融貫說之正不難對之有一說明。且此說可較常識中之符合說，只一直肯定一客觀事實之存在，而謂吾人之判斷語句，直接與之相符合者，更易於對此問題加以說明。

在常識中，人謂孔子爲魯人一語爲眞時，彼恆自覺此語乃直指二千五百年以外之一人，而與之相符合。在常識中，人謂原子有原子核時，亦恆直想此語與原子中某處之核相符合。然當人問何以知此二語，爲與一客觀事實相符合時，人又恆茫然不知所對。實則，人所謂此二語與客觀事實相符合者，常實只是與書中之話，及他人之言相符合之謂。然此書中之話及他人之言，正爲先已呈現於其經驗中者。而此符合，正不出於今之所想者與昔之所見聞者之自相一致融貫之外。如人於此，謂他人之言、書中之話所以爲眞，乃由其合客觀事實。則吾人可試問：何以知吾人所讀書中所載孔子爲魯人之語，必爲合事實？便知吾人實只能求其根據於他書；見各書載關於此點者，皆爲一致。至如問何以此一致爲可信？則最後必追溯至此各書之爲一代一代之紀載，由古留傳至今者。而最初紀載孔子行事者，則當爲孔子之弟子及族人等。最初人之信孔子一人爲存在者，亦正如吾人今日之信吾之師友爲存在，或信桌下有貓之存在。依融貫說，其理由正在如吾人否認其存在，必導致吾人思想上之矛盾。由最初親見孔子之人，信孔子與其行事之存在，而加以紀載，以告後來之人；後來之人，又信親見孔子之人，所說孔子之行事，再以口說或紀載，傳之更後之人；而更後之人，亦信之爲眞；如是代代相傳，乃有吾所讀之書，及此書之爲吾所信。則吾之信孔子爲魯人一語，實依於一歷代人信心之互相信託之系統之存在。而孔子爲魯人之一知識，實無數代之人，本其相互信心，而代代傳下之一知識。於是吾人可說，此知識乃存於顏子心中，存於孟子心中，存於荀子心中，存於董仲舒韓愈及程朱陸王等心中，及吾所讀之某一載孔子爲魯人之書，之著者心中，最後乃存於吾之心中，以爲吾之一知識。而上述之此等等本身，又爲吾人今所有之一一知識，而可結合成一知識系統者。於是我之「孔子爲魯人」一知識之所以爲眞知識，正在其爲與此系統中顏孟荀等無數歷代之人之知識，爲能彼此一致而融貫者。而吾復信確有此一致與融貫之存在，故吾亦信吾之此知識爲眞。

至於吾人之信原子爲有核，則可初由於吾人信科學家之所言。此科學家之言，所以爲可信，則初仍本於科學家之依於理性與經驗，而感到如不肯定原子核之存在，則不能解釋種種實驗所得之現象；或覺如肯定此現象之存在，而又不肯定原子核之存在，必導致一種思想上之矛盾。反之，如肯定原子核之存在及其他科學上之原理，則可推演出此種種現象之存在，而與吾人之所經驗者，能彼此融貫而一致。

由此而吾人不難擴充吾人所謂「融貫一致之知識」之意義，以包涵：一切吾人所知者與所經驗之事實及他人之所知者之相互一致融貫，及「吾對此一致融貫之存在與否」之知；以知一切眞知識，皆當在一彼此一致融貫之知識所構成之系統中存在。至一切相矛盾之知識，則必有一爲不眞。而由包涵有相矛盾之知識，所構成之知識系統，整個言之，亦即爲不眞，必須加以拆散而重造，乃能產生一眞知識之系統者。於是考察一切所謂知識，是否能與其他知識，融貫一致，亦即可成爲衡量一知識是否爲眞知識之標準。

依此義之融貫說，其最後恆不免歸於人之一切知識，皆合成一唯一絕對之相依賴之大系統之說。因如有二獨立之知識系統，則一系統中之知識，可只與此系統中之其他知識相融貫，而不與其他知識系統中之知識相融貫。於此吾人如提舉一系統中之知識，以對較其他系統之知識，而問其是否互相融貫，便不能得答案。在此情形下，則融貫說爲不能應用，亦即無意義者。故欲使融貫說有意義，而隨處皆能應用，則恆須假定每一知識之眞，皆與其他知識之眞，直接間接相關聯，如其不眞，則必直接間接與其他知識之眞，相矛盾；如其眞，則皆可更證成其他眞理之眞者。由此，而人類之全部知識所合成之系統，即須成一唯一絕對之系統。

然在此唯一絕對之系統中之知識，雖皆可有互相依賴之關係，然其互相依賴之情形則不必同，而一知識亦不必同時依賴一切知識。如金星運轉、土星運轉等一一行星之運轉之眞理，皆可說直接依賴凡行星皆運轉之眞理。而凡行星皆運轉之眞理，亦可說直接依賴金星運轉、土星運轉……等一一行星運轉之各眞理。然金星之運轉，是否必直接依賴於土星之運轉，則看如何說。如謂行星運轉之軌道，乃互相規定，則每一行星之運轉之如是如是，皆依賴其他行星運轉之如是如是。但吾人如謂無金星而土星亦可照常運轉，則土星之運轉，亦並不依賴於金星之運轉。又如吾人可說橘之紅而圓，依賴一物體之有色者必有形。一物體之有色者必有形，亦依於吾人所經驗之物之有色者皆有形。然此中各有色有形之物，其各各之色形，則儘可互不相依賴。又此物體有色必有形，與凡行星皆運轉，二者間亦可不相依賴。但我們又可說，此二者皆依賴於「凡存在之物皆有其所是」之一眞理。而此眞理即爲將前二眞理關聯，以合成一系統者。由此而一切知識，雖可互相關聯成一系統，然並不必一切知識，皆平等的互相依賴。其中之知識，有更爲其他知識之所依賴者，亦有較不爲其他知識之所依賴者。由是而此說必歸至各種知識之眞理價值不一之說，及眞理之有各種不同之等級之說。而最爲一切知識所共依賴之知識或眞理，而可由之以推出其他知識眞理者，則爲更能貫通於衆多之眞理之較高層級之眞理。

第十節　融貫說之批評與討論

至於對融貫說之批評之第一種，即爲謂此說之將一切知識，皆納於一大系統中，必至以一切知識之眞假，皆相依爲命，則吾人似當由一知識之眞，肯定一切知識皆眞。亦當可由任一知識之假，以推知一切知識皆假。然此實悖於事實者。如羅素曾擧例，謂如一印度國王有鬍子，與莎士比亞寫哈姆雷特，二事之眞假，即渺不相涉。然吾人如了解此說中之眞理層級論之義，則知此種批評，並不眞正相干。因此說，只謂一切眞理皆有其所依賴而眞，亦有依賴之而眞者。在此點上，人實甚難加以否認。（如人可有鬍子，即印度國王有鬍子所依賴之而眞者。某印度國王口邊有毛，即依某印度國王有鬍子而眞者。而莎士比亞有寫悲劇之天才，即莎士比亞寫哈姆雷特之事依之而眞者。而英國之有演哈姆雷特之劇院，即依莎士比亞之曾寫哈姆雷特之眞而眞者。）然此說並非必須以一切知識，皆平等的相依賴、相涵蘊；即在有涵蘊關係之前題與結論間，其前提眞而結論眞者；若前提假，結論亦不必假，結論眞，前提亦不必眞；並不必歸於一眞一切眞，一假一切假也。

然此說亦可在一義上，歸至一眞一切眞，一假一切假之說。此即就一切知識皆依於某一種存在之共理之肯定上看，以謂吾人之肯定一知識之眞，乃同時肯定一存在之共理之眞；而否定一知識之眞，則同於否定一存在之共理之眞。如此則亦可說，一切知識皆在一義上，平等的互相依賴，必一眞然後一切眞，一假則可一切假。如說孔子有死爲眞，吾人可說，此乃依於吾人之肯定凡人皆有死之共理。則吾人之肯定孔子有死，即連帶肯定凡人有死之共理。而此共理，即爲孟子等一切人有死所依之而眞者。反之由此而如吾人否定孔子有死，則可歸至否定人之有死之共理，而孟子等人之有死，亦即同時爲被否定者。以上述羅素所舉之例言，如吾人否定某印度國王有鬍子，此可依各種理由以否定。然吾人亦可依於根本否定一物之有其所是之性質，以否定印度國王之有鬍子。至少在此情形下，則吾人之否定印度國王之有鬍子，即兼包涵吾人否定一物之有其所是之性質之一理。而吾人若否定一物之有其所是之性質，則無一物能有其所是之性質，而莎士比亞即成不能是寫哈姆雷特者。由此而吾人可說，凡對有共同之理貫通之一切事物，吾人如對其中一物，否定吾人對之所知之某共理之爲眞，亦即無異連帶否定：此共理之對其餘同類之一切物之爲眞。反之，吾人如肯定吾人對之所知之某共理之爲眞，亦無異連帶肯定此共理，對其餘同類一切物之爲眞。由此而在一絕對之知識系統中，如其中有一切知識所共依賴之一眞理，則在此系統中，吾人亦可說如其中一知識眞，則其他一切知識亦皆依之而眞，一假則一切知識亦理皆依之而假。而可說一眞則一切眞，一假則一切假〔註〕。

對於融貫說之第二種批評，是一知識系統對經驗世界之事物爲眞時，所謂吾人之知識判斷與所經驗者之融貫，畢竟爲一判斷與另一判斷之融貫，或與經驗中之事物之內容相融貫？如爲前者，則我們永只

〔註〕：上文謂如一切知識，有其所共依賴共同之眞理，則如吾人由否定一知識而連帶否定此一共理時，則我們可說一假則一切假；反之，如肯定一知識，而連帶肯定此一共理時，則我們可說一眞則一切眞。然此共理未被指證出之先，吾人乃不能說一切知識皆有共理者。而此共理之指證，則必待於形上學。故在知識論範圍中，泛說一眞一切眞，一假一切假，仍可爲一不切實之說。

有主觀心中之判斷與判斷之融貫。如爲後者，則吾人對經驗中之事物內容之認識，實爲吾人一切判斷知識之爲眞之最後的根據。而此認識之內容，則可爲客觀事物內容所決定者。此爲客觀事物內容所決定之認識之內容，如爲眞，則似應直接對客觀事物之內容而爲眞，並與之相符合者。由此而吾人即似必須以符合說爲融貫說之基礎。

融貫說如欲答此疑難，則只有謂：所謂爲客觀事物內容所決定之認識內容，此本身乃只是知識之材料，而尚非知識。因而只就此認識內容之如此如此而觀，乃無眞理之意義者。眞理必在吾人之判斷已生起後說。而在判斷已生起時，則一切眞理皆通過判斷而見，亦即由吾人「初用以判斷之認識內容」，與「所判斷之事物之內容，其呈現於吾人之認識之前而兼爲事物之內容與認識內容者」，之是否一致融貫而說。由此而融貫說之眞理論，仍爲不可駁者。

然融貫說之眞理論，仍常忽視一問題，即吾人由經驗事物而認知其內容時，此內容可並非只爲知識所由形成之材料，或純粹之給與者。吾人在生活中，實恆一方由所認識之事物，以獲得吾人認識之內容；而另一方亦爲立即以此認識之內容，判斷未來之事物，而求決定此判斷於未來之事物者。在此處吾人實可有一對不在經驗中之事物之肯定，並以未來可經驗之事物之內容果爲如何，作吾人之知識之是否爲眞之標準之所在，而非只以吾人自身所已經驗認識之事物內容，與用以判斷之認識內容之是否一致融貫，爲眞理之標準之所在。吾人於此，如欲兼取符合說與融貫說之所長，以解決此問題，則爲實用主義之眞理論之所由生。

第十一節　實用主義之眞理論之三型及其批評

依實用主義之眞理論，吾人之認識歷程，在根本上，乃吾人之生活與環境交互反應之歷程。故吾人之認識內容，一方爲客觀事物所決定，一方吾人亦以此認識內容，預期或預指一將有之事物，並常連帶吾人對當前事物與其所指之事物之反應活動，以求規定一認識之內容或一觀念之意義。如吾人出門見天色陰沉，即由所見之天色陰沉，以預期天之將雨。而謂此天色陰沉，乃表示將雨，以形成一「天色陰沉——將雨」之整個觀念。而此觀念，同時可引起吾人之反應活動，如爲避雨而携傘。此天色陰沉、將雨、携雨傘，亦可合爲一整個之觀念。而天色陰沉之意義中，即包涵將雨、與携雨傘等，以共合成一意義系統。至於此天色陰沉之指示將雨之是否爲眞，則全視以後之是否有下雨之事之經驗，加以證實爲定。而下雨之是否當携雨傘，則視携雨傘，能否達吾人避雨之目標而定。吾人如預期天將雨，而天竟雨，即合吾人之預期，而實現吾人之一目標，吾人即謂此預期者爲眞。吾人之携雨傘之觀念，能使吾人達避雨之目標，則此觀念亦爲眞。爲此說者，或重前一義之目標，或重後一義之目標，或兼重二者。於是此說即可有三型態，玆略分別論之如下：

其一種型態，即着重觀念之所預期或所指示者爲何，以求未來之經驗或未來所觀察之事實，以證實其眞或假者。此說一方與吾人上論符合說之眞理論之重以未來經驗，證實吾人之經驗者無別。唯在實用主義者，更着重一觀念之可能有的各種意義之自覺。此所謂一觀念可能有之各種意義，即在各種具體情境下，此觀念所指者當涵具之意義。依此而吾人之如何考核一觀念之是否對某一物爲眞，即須由未來之觀察經驗，以看此某物是否涵具此觀念之各種意義。如吾人謂一馬爲駿馬，畢竟此駿馬之觀念是否對此馬爲眞，則看其在各種情境下所表現，是否涵具駿馬之各種意義而定。吾人可說：所謂駿馬者，如人駕之可日行千里，是一意義。如在戰場，則此馬臨敵不懼，又是一意義。如不得食，此馬能照常工作，又是一意義。而吾人決定此馬之是否駿馬，即當看在此種種情形下，此馬是否表現此種種預期結果。若其能表現此種種預期之結果，則吾人說其爲駿馬之一語爲眞，亦可說此馬之存在中，涵具其爲駿馬之種種意義。此蓋即皮耳士 Pierce 型之實用主義之一要義。

第二型之實用主義，爲將上述之理論，再推進一步。即由觀念之意義中，包涵吾人所預期之結果之經驗，而說所謂一物存在之全部意義，亦即爲其在各情境下所表現之直接或間接之種種功能，或種種效果之所窮竭。而對一物之種種觀念之爲眞，亦即對此物之有此種種功能，或種種效果之表現爲眞〔註〕。由是而吾人所持有之觀念，只須其能滿意的工作，或引導吾人之達吾人之目標，而有預期之效果者，皆

〔註〕：本部第十章知識之對象問題下第九節論實用主義之知識對象論，即發揮上述數語之涵義者。

爲眞。依此義尤可幫助吾人解決「某種不能由純粹之思想理論本身，決定是非」之主張爭執。如人在哲學上或謂意志能自由，或謂意志不能自由；或主多元或主一元；或主有神或主無神。此皆數千年，所未能解決者。其所以未能解決，因其皆各有其思想理論。而每一思想理論，皆可自成一內部融貫一致之系統。然由其彼此相衝突，則證明其不能納入一絕對之知識系統，亦非皆能自明者。則欲解決此中之問題，唯有在思想理論本身以外求解決。然此類問題，又不能以一客觀事實爲對照，以看何者爲符合事實。因此中，亦無一般所謂客觀經驗之事實，足資對照。即見以上之三種眞理論，於此皆不適用。然吾人如看此各種理論之用之於人生，對人生行爲之影響與效果，及其與各種不同性格之人之關係，及對之之影響，則可見其實用價值之所存。而吾人即可由此實用價值，以定其何者爲眞，或對不同性格之人，何者之宜成爲眞。

依此種理論，一事物在各情境下所表現之功能效果乃在變化中者，故人可不信有不變之事實；因而亦不信有絕對不變之眞理。更不信有眞理之預先存在，或必須符合於鐵的客觀事實之眞理。如吾人明不能說，吾之未來之命運已定，即吾亦不能說，關於吾之未來已有預先存在之眞理。吾之未來可爲成功，亦可爲失敗。然吾可造成吾未來之成功，亦即可使吾之預斷我未來之成功之思想或判斷，成爲眞。吾人可改造社會與自然，以使如何如何之社會與自然存在，亦即使吾人所想之如何如何之社會與自然之思想成爲眞。由是而可說人能造成眞理，眞理乃爲人所造者。此蓋即詹姆士式之實用主義之理論。

第三形態之實用主義，爲兼綜上列二者。而謂吾人之知識乃兼包括對事物之存在於情境中，所發生之效果之探究與預期及以後之觀察，即憑之以規定事物之存在之意義，及如何改變已成之事物，以達吾人之目標者。由是而重事物之存在於一情境中之工具意義，亦即其助成吾人之目標之實現之意義。依此說，吾人之加一行爲於一情境中之事物，即可改變事物，而同時亦造成眞理。如我們之以手將水中之人救起，即造成某人爲得救的人之眞理。而人之所以能造成眞理，亦正由事物之存在的意義，不只由其本身而決定，而是相關於其所在之情境，吾人之行爲，及吾之目標而決定。其存在之意義中原有助成吾人之目標之實現之工具意義——亦即「可引致某結果之產生，而此結果又爲吾人之目標所在」之理想的存在意義。由此而吾人對事物之眞觀念中，亦必須包涵對事物對吾人目標之實現之工具意義之認知。此蓋即杜威式之實用主義之理論之要義。

至於對實用主義之批評，則通常之批評有四種。其一，即此說畢竟是否眞能化所謂客觀對象事物，爲其所表現之一切功能與效果之和。因吾人可問：如客觀對象事物本身不存在，則孰爲表現此功能與結果者？吾人固可設想，如一事物將其全部功能與效果表現完，則一事物爲空無所有。然一現實存在之事物，亦實從未將其全部之功能與效果表現完；則一現實存在之事物，不能等於其所表現之功能與效果之和。而除其所以表現之功能與效果外，應尙有其事物之本身。因而吾人之說一觀念判斷，對事物所表現之功能效果爲眞，亦實同於謂對有此功能效果之表現之事物本身爲眞。於是，符合說之理論，即不能全由此說而代替。

第二，此說之謂眞理可由人造，如自吾人能改造事物，以間接使吾人對一事物之觀念判斷成爲眞上看，此亦爲可說者。但此處有一問題，即人可改造事物是一事，然人之改造眞理本身又是一事。我們固可說一事物造成後，則吾人對一事物之觀念或判斷，原不眞者可成爲眞。然此眞，仍是自觀念或判斷與造成之事物之關係上說。此觀念或判斷之爲眞，則純可與一事物之由何而來不相干。畢竟一事物爲自古存在或由人所造成，在吾人問一觀念或判斷是否爲眞時，吾人皆可不問。則判斷觀念之爲眞，唯當在一判斷觀念與事物之符合或一致或融貫處說。而此中之符合、一致、融貫、則只表示一關係，而呈於吾人思想中者。唯人在此思想中，發現此關係處，乃同時發現眞理。則人之造一事物，不同於造一眞理。

第三，吾人固有改變事物之時，然有若干事物卻非人所能變，如過去之事物，即非吾人所能改變。然吾人對過去之事物之認識，亦有眞與不眞。此眞與不眞，可依自明說講，亦可依符合說講，亦可依融貫說講，然不易依實用主義之說講。因現實事物可變，而過去事物則爲不可變。無論吾人如何改變一現實事物，吾人仍不能改變過去時間中，此現實事物之曾如何如何。而過去事物本身之爲如何如何，與其功能效果之爲如何，亦明可視爲二事。故吾人亦不能以過去事物之功能效果上之意義，全同於過去事物之本身存在之意義。吾人之知識之關於過去事物之本身者，亦即不同於吾人之知識之關於其功能效果者。而知一過去事物之功能效果，雖有時爲考核過去事物之是否存在所必需，然有時亦爲不必需。至於謂吾人之對過去事物之認知，爲過去事物之一效果，此固皆可說；然認知過去事物之本身，仍不同於認知此「對過去事物之認知」。此仍見一事物之效果，與其本身，終不能全然混同。過去事物之功能效果，可時在變化中，而過去事物之本身則儘可不變。則吾人之認知過去事物之本身爲如何，若爲眞，亦應爲不可變，而不能由人自由改造者。

第四，謂吾人可由改造事物，而改造眞理，尚有一問題。即吾人之改造事物，必因事物本有可如何如何改造之理。吾人之以何事物爲工具，以引致某結果而達吾人之目標，亦必因某事物原有可引致某結果之理，而自具有助吾人達某目標之工具的意義。然吾人今試問：吾人能否造「此事物之可如何如何改造之理」，或事物之所具之工具的意義之自身？此明爲不可能者。因如其可能，則吾人應可由某一事物造出任何事物。如一事物本無其一定的可如何如何改變之理，與一定之引致某結果而助吾人達某目標之工具的意義，則吾人欲用何事物爲工具以改造事物，亦不知將循何軌道。而此改造之之事，亦即無處下手，而爲不可能。故吾人必須肯定事物之理與其工具的意義，非人所造。而此則或爲人憑經驗或直覺所發現，或爲人依理性而不能不肯定者。至於剋就人所抱之目標理想自身而言，此理想，固人之所形成建造，然人之能形成建造如何之一目標理想，此亦即依於人之能建造此目標理想之性；然此性，則不能說皆由人所建造。因人如能建造人性，此仍本於「人之能建造人性」之性。此性仍非人之所建造。由此而見，人之可建造理想，以改變事物，並不證明事物之理與人之性，皆由人造。亦即不證明關於事物之理與人之性之一切眞理，皆由人造。而此一切眞理，正當爲人之能「建造理想，以改變事物」之所依。由此而吾人不能由事物之可變，人之理想之可變，而謂一切眞理皆可變；而正當由一切變之所以可能，由於理之有定，而證理之不變。而人對此理之知識，或此知識中所顯之眞理，亦即應爲不變。

吾人如以此數點，批評實用主義之眞理論，並未抹殺實用主義之理論之價値。而其旨，唯在重申其餘諸說中之眞理之成份，以見其非實用主義之眞理論，所能抹殺。

第十二節　四種眞理論之比較及其融貫

吾人以上分析符合說、自明說、融貫說、實用說之四種眞理理論，乃一方敍述之，而一方評論之。吾人亦即可不需再另作一詳細之結論。而由吾人以上之分析，可知此四眞理說，如善加解釋，皆可有其顚撲不破之眞理成份。符合說之眞理成份，在眞知識之必有一意義上之符合於客觀事實，而對於客觀存在之個體的經驗事物之知識，歷史地理中之事物，則尤宜用符合說爲標準。此爲各派所不能否認者。而自明說之眞理成份，則在說明有待證明之眞理，則必須肯定有不待證明之眞理。而待證明之眞理，亦可漸化爲對人若爲自明，而亦可對一種智慧成自明者。又對於若干之基本原始的直覺性知識，亦最宜以自明說爲標準。融貫說之眞理成份，則在說明自明眞理與諸待證明之眞理，爲可相互涵蘊，而相互爲眞，亦即可相互證明，以成一系統之知識者。吾人可說，對於一切科學哲學之純理論系統之形成，最宜以融貫說為標準。實用說之眞理成份，在指出吾人對經驗世界之觀念判斷，恆為預期未來，並指導吾人之行為，以改變事物者。吾人可說，對於一切實用應用之知識，最宜以實用說為標準。又此四說中，符合說，偏自吾人之知識，對客觀之外在事物之為眞上說。自明說，則偏自吾人之知識，對吾人自己之為眞上說。融貫說，則偏自各知識眞理，相互之內部關係上說。實用說，則偏自各知識眞理，對經驗事物與人生之他方面之目的之關係上說。其中，自明說融貫說，皆偏重自知識本身之所構成上看，人之運用其理性之直覺與推論，皆依於定然不易之理上說。符合說實用說，皆偏重自知識眞理之應用於經驗事物，乃隨所對經驗事物而變處說。其中自明說與符合說，皆偏於孤立一一觀念判斷命題，以見其眞者。融貫說實用說，則皆為關聯諸觀念判斷與命題，以見其眞者。由是而此四說，乃可彼此不相矛盾，而相融貫者。而此融貫，亦可說為此四種眞理論本身間之一種客觀之關係。吾人之說其為融貫，亦即合客觀事實者。至於此融貫，是否具自明性，則吾人可謂，當吾人眞證明上列諸說可相融貫之後，則其可融貫，亦未嘗不可逐漸成為自明〔註〕。唯此非一朝之事。至將此四說，加以融貫之後，有無實用價值，則亦俟吾人之如何分別應用之於各種知識，與人生之目標之達到為定。然其至少能達吾人之哲學上要求關聯貫通各種眞理論之目標，則為顯然者。而此目標之達到，亦即有一種實用價值。

〔註〕：參考本章第八節。

真理之意義與標準　參考書目

L. O. Kattsoff: Elements of Philosophy.PP.151—177. The Meaning and Truth.

J. G. Brennen: The Meaning of Philosophy.PP.73—113. Truth and Certainty.

P. Pap: Elements of Analytic Philosophy.PP.344—379. Theories of Truth.

B. Russell: Problems of Philosophy, Ch. XII論眞妄問題。又Truth and Meaning Ch. XVII.

羅素前書代表一符合說之眞理論。後一書十七章，乃說明眞理爲信念之性質，而與事實符合者。

H. H. Joachim: The Nature of Truth.此書已絕版不易得。Krikorian & Edel之Contemporary Philosophical ProblemsPP.213—223選載有其中Trurth as Coherence一篇。

B. Blanshard: The Nature of Thought. New York Co. 1940.

本書二十五章至廿七章，論眞理之標準及融貫說，被認爲述此說最淸楚者。

C. E. M. Joad: Matter Life and Value. Oxford press. 1929.

本書有施友忠譯本，名物質生命與價值。商務書館出版。其中論知識與眞理之問題處，可代表直覺之眞理論。此書中國讀者易於覓得。

C. S. Peirce: How to make our Ideas Clear. 見 Buchler Philosophical Writings of Peirce. Dover publications preface.

W. James 之 Pragmatism's Conception of Truth 可代表實用主義之眞理論。

W. H. Werkmeister: A History of Philosophical Ideas in America. Pt. II. Section B 及 Section F. 中論 C. S. Peirce, W. James及J. Dewey 三人之實用主義，可與本章之分實用主義爲三型之說相印證。

第十九章　知識之價值

第一節　不同之眞理論與不同之知識價值觀

我們討論知識之價值問題，可自兩方面看。一是就知識之內部，看各種眞知識之正價值，及與眞知識相雜而又相違之種種認知狀態中之負價值。二是從知識之外部，看知識對整個人生文化之正價值及負價值。今先論前者。

從知識之內部看，我們可說一切眞知識所實現之價值，即眞理。眞理本身是人求知時所欲獲得的，亦人所認爲當獲得的，而獲得之是好的，悅我心的。故眞理是有價值的。

人獲得眞理而有眞知識時，人同時可知道其有眞知識。人有眞知識，而肯定其有眞知識，此本身是一眞知識。人能肯定其有眞知識，即同時亦能不懷疑其有眞知識。一人之懷疑其有眞知識，乃由不知其「有眞知識之本身」爲眞，而以其有眞知識之事，乃或眞或假。但人在有眞知識時，其有眞知識之事是眞，即依不矛盾律，而不能爲假。並亦當依排中律，而否定其假之可能。故在人有眞知識時，而不懷疑其有眞知識，而只肯定其有眞知識，此本身亦是依眞知識之有價值，而有價值的。吾人前所謂知識之確定性，乃依於吾人之知吾人之眞知識之不可懷疑，及其有所根據於其他眞知識而有，因而此確定性，在事實上是可增加的。然此增加，亦是我們之所求，並以得之爲好的；故眞知識之對我顯確定性本身，亦爲有價值的。

至於在所謂眞知識之範圍中，何種眞知識之眞理價值最高？則本身是不易確定的。而依各種不同之眞理之意義與標準論，即可有不同之說法。

如依符合說之眞理論，則一切知識之能符合存在之客觀事物者，爲最有價值的。而所謂存在之客觀事物，則常是指一一具個體性之客觀事物。由此而最後必歸至：或以對個體事物之紀載之歷史性地理性一類之眞知識，爲一切知識之基石，爲具第一義之眞理之價值，是最確定而不容疑，兼爲一切眞知識賴之而眞者；或以對一類個體之事物之普遍律則之知識，爲求知之最高理想。而經驗主義者如培根之分知識爲螞蟻式、蜘蛛式、蜜蜂式三種，而以蜜蜂式者爲最高，即以對一類個體事物之普遍律則之知識，爲最高知識之說。

如依自明說之眞理論，則以一切知識，其本身爲自明，不待證明，亦不待外在之事物之存在而眞之眞知識，乃既對我眞，即無假之可能，而爲我們自己所能定然的確知其眞者。因而在知識範圍中，應爲具第一義之眞理價值，而爲一切其他知識賴之而眞者。此即爲笛卡爾、來布尼茲、斯賓諾薩之以自明之知識爲最高之論。

依融貫說之眞理論，則恆歸於以一切知識與知識之結合，能構成一內部一致而融貫之系統者，爲知識之理想。由此，而以愈龐大之內部一致而融貫之知識系統爲最高。此恆歸於以一系統哲學之知識，爲人類知識上最高成就。因唯哲學爲能綜合一切科學之原理，以成一大系統，故黑格爾即由此以論哲學爲高於一切分門別類之一般科學知識者。而最高之哲學，則爲對一切哲學亦作哲學的反省之哲學史，即人類相續的哲學思想所造成之哲學史。此即其所謂大字母寫之哲學。

依實用說之眞理論，則以一切知識之能連繫於一應用之歷程，而不斷與生活發生關係，以改進其內容，並實現其知識價值於生活者爲最高。如杜威之將純理論科學包括於廣義之應用科學中，即此理論〔註〕。

此各種知識之價値之高下之評論，乃依於不同之眞理論而生，亦即從人看知識時，可有其不同之重點而生。依此不同之重點，即必有此不同之知識之價値觀，而其間亦無必然之衝突。符合說重客觀事物之知識，此即重知識之對外之有效性。自明說重自明之知識，此即重在知識之對內之確定性。至融貫說之所重者，則在系統之知識內部之融貫。實用說之所重者，則在知識與知識以外人生活動之配合。我們

〔註〕：此理論爲杜威哲學之根本立場，其簡單之說，可參考其作爲一社會問題之科學統一觀。The Unity of Science as a Social Problem，載於由Neurath. Carnap, Morris合編之 International Encyclopedia of Unified Science vol. I.中。

在論眞理一章，曾論四種眞理論之互相限制、互相規定，以調和四種眞理論之道，則四種眞理論之知識價值觀，亦同於此得一調和之道。讀者可自求之。

第二節　表現負價值之認知心態

其次在吾人之求知歷程中，亦有種種之認知狀態，是表現負價值，而與上所述之知識所具之價值相反的。

（一）與上述之知識中之「眞理之價值」直接相反的，即錯誤。所謂錯誤，或爲不合事實，或爲違反對直覺爲自明之理，或爲思想之缺乏內部之一致與融貫，亦或爲思想觀念之不能達一實用之目標。此皆分別與吾人前所說某一眞理之意義相反者。

（二）與上述之由自覺知識之爲眞而生之「對眞知識之確定的肯定」相反者，爲對於非眞知識之意見、成見、教條等之固執與盲信，及對於眞知識之不必要的懷疑。所謂眞知識與非眞知識，本難分別；但人如對一意見成見或教條，若從未疑其不眞，而思其所以成立之理性根據時，則其中縱包涵眞理，人亦不能知其中所包涵之眞理，而使此眞理之價值，實現於人之心靈中。故固執與盲信之認知狀態，乃非眞有價值者。

反之，人之崇尚懷疑，而歸於一無所信，亦復非一眞有價值之認知心態。因人之懷疑，可爲有理由之懷疑，而其目標在求得一眞理者。然人之懷疑，亦可只緣於對其已被肯定爲眞之知識之不加以自覺而越過之，於是成一無所信。亦可由於因恐所信者之萬一錯誤，而無勇氣以試有所信。人能試有所信，而又不固執其所信，視所信爲一待證之假定，以逐漸求證，方有學問上之種種心得與發見或眞知識。反之，人若安於一往之懷疑，則由疑至眞知識之道路即打斷。故一往狐疑、猶豫無決，爲作人之大戒，亦爲一本身無價值之認知心態。而其害於人之知識學問之進步，可過於人思想之時犯錯誤，仍由人信眞理之存在，而勇於判斷、勇於思想之結果也。

（三）再一種表現負價值之認知心態，即爲由無意義之語言之播弄與構造，所成之心態。

所謂無意義之語言可有多種：

甲、純粹聲形之編造或不成句之字之連結所成之無意義語言。如 Smgleds Busay re Themsk 即不成字只有聲形。又如格磔打鉻塔亦爲不成句之字之連結。

乙、用非其類之無意義語言，如三角形吃酒，五愛紅色，人在普遍者上坐。人作此類語言時，乃明知「三角形」無所謂吃酒不吃酒；「五」無所謂愛不愛紅色；「普遍者」亦不可坐。而人之所以造作此類語言，唯出於一將語言自由播弄，以與其他語言連結之動機，而原非志在欲由語言以表示何種意義者。

丙、涉及經驗事物之認識，而又否認「吾人對之有以經驗多少加以證實之可能」之無意義之語言。

如人謂其身上著一仙人之衣，五色繽紛，但他人不能見，彼亦不能見。此可為文學式之游戲語言，只有圖像意義，然不可視為有知識意義者。在知識上，此類語言之構造，恆是連若干語句，表示一可經驗之某事物之存在，而其中若干語句，又再否認其被經驗之可能，因而即合成無知識意義者。

丁、不斷自行改變語言意義之無意義語言。人為語言指物，恆可自改變語言之意義。故人若才規定語言以某一意義，又自行取消之；或使一語言在諸自由規定之意義中輪轉，則此時所重複發出之語言，合而觀之，即為無意義者。如人問山是何物？曰土；更問山是何物？曰水；再問山是何物？曰天。則此山之意義才定即變，合而觀之，則為無意義者。

戊、謂語言無意義之無意義語言。丁項中之語言可謂為無意義。然其為無意義，乃用語言者所自覺，或依於用語言者以一語言表示一意義，又以一語言，取消其所表示而來。故人如自己先不使其語言成無意義者，他人並不能隨意臆斷他人所用語言為無意義。而語言之意義實有多種。自一意義之「意義」之觀點看來，為無意義者，自另一意義之「意義」之觀點看來，則為有意義者。所謂語言之意義，亦不僅有所謂情感之意義，圖像之意義，及認知意義之別；而認知意義中亦可不只一種。如吾人只以語言之涉及可經驗之事物乃有意義，則邏輯上之分析命題，如甲是甲，依維特根斯坦哲學名理論之所說，亦為無意義者。如吾人只以此二者為有意義，則一切先驗之綜合命題與形上學中之命題，皆無意義者。然此只由於對意義之任意約定或限定而來。如吾人無此限定，則所謂無意義者皆可有另一意義。故只假定一種「意義」之意義，而不自覺其只爲一假定，乃泛言表示其他意義之語言爲無意義者，實爲忘其所假定之「意義」之意義，乃可改變者，而並非確定者。由是而彼如直謂表示其他意義之語言爲無意義，即本身爲無意義者〔註〕。

此各種無意義語言所引起之認知心態，可各不相同。然有一點爲相同，即此所引起之心態，皆恆爲一浮游無寄之心態。此心態可有一美學之價值，然其本身，則爲與求成就確定之眞理之認識要求相反者，而亦可使吾人一切表達確定知識，有確定意義之語言之意義，成爲惝恍迷離，猶移不定者。由此而在知識範圍說，則此種心態，乃只表現一負價值之心態，而亦爲求眞知識者之一大敵。因其使本可有確定意義之語言，成爲無意義，故其害可甚於一單純的對一切加以懷疑之心態。因在後一心態中，唯是一無所知，對任何意義無所了解之心態，尚未使本可有確定意義之語言，成爲無意義也。

（四）又一種表現負價值之認知心態。我們可稱之由名實之淆亂所產生之認知心態。我們以前已在語言與知識章，論及語言意義之混淆之問題。人由語言意義之混淆，使人不能運用有確定意義之語言，以表一內部一致而融貫之思想系統，亦使人不能認識一致而融貫之眞理。同時語言之意義之混淆，亦可使人將吾人用語言時，心中所想之語言與所指之「實」，互相混淆，而使我們對於「實」，不再求正確

〔註〕：J. Hospers: Philosophical Analysis中有一章於當代哲學中所謂「有意義之原則」，曾詳加討論。但彼忽略當代之邏輯經驗論者之所謂無意義本身，常爲無意義者。

之認識。由此而語言之意義之混淆，名與名相亂，即爲同時使吾人之心靈與實物間，加上一層重霧，而使吾人之心靈與「實」間，憑空加上一間隔者。

復次，因語言可指實物，故語言之用亦可代實物之用。如一命令之可使人行動，正有如一在後面驅迫之物質力量之使人行動。而語言所引起之觀念，與一實物所指之觀念，亦可相類。由是而人可將一語言與其所引起之觀念，加以實物化 Hypostatized；同時人亦可將實物，加以觀念化名言化，以爲實物亦不過一觀念一名言。如在統計家心中，則一切人物，皆只是一名言與觀念而已。此即使名實彼此互相淆亂，使人亂實於名，以名亂實，以抽象之名言觀念，爲具體事物；而反視具體之事物，如吾人抽象之名言觀念。而此二者，皆可使人更不求知具體之「實」，而只住於名言觀念之世界中；同時亦即使人不能注重名言觀念與「實」如何符合之眞理，而至多只能有一貫而內部一致的運用名言觀念所成之符號系統，與思想系統中之眞理。

（五）再一種表現負價值之認知心態，我們可稱爲思想觀念本身之混淆。此種混淆，常是由文字之意義之不確定而起。但吾人亦不能武斷其皆由於文字之意義之未確定，而亦可說文字之意義之未確定，乃由人之思想觀念本身之不清楚或混淆而起。以至吾人可說一切思想發生錯誤的根原，皆起於我們之把一事物視爲另一事物，把另一事物之性質，加於此一事物之性質之上；或把一概念視爲另一概念，把一判斷命題視爲另一類不同之判斷命題；或在正應用這種推理方式時，插入不相干之另一種推理方式，或把某一問題，當作其他不同類的問題來處理。這都可說是原於混淆。而其所以產生之原因，可以是由觀察之不精，可以是由偶然之聯想，可是由於對諸不同概念、判斷、命題、推理方式之未加以淸楚之反省，以分辨其幾微之異。於是依此視彼，視彼爲此，而移彼就此。我們不能說凡此等等皆爲文字意義未確定之果，而亦可視爲文字意義難確定之因。故應別立爲一類。而其所產生結果，可爲一明顯之錯誤之思想，但亦可爲一問題之不能淸楚，而不知所以解決之道，使人猶疑不定；於是或進而以其所暗，疑其所明，導致種種不必要之懷疑思想。然而即捨其所產生之錯誤思想之結果，及種種明顯之懷疑思想外，我們亦可說，凡有不同之觀念思想之任何互相混淆之處，皆可使我們之觀念思想，因與其他觀念、思想，互相牽掛拉扯，而更不易被淸明的反省把握。遂使一觀念、思想本身內容中所涵之眞理——如一觀念、思想內容之是其本身之眞理，——皆由與其他觀念、思想相混淆，而被掩蓋。此有如吾人之將二圖繪於一紙上，則二圖皆因之而不淸，使每一圖之形式格局中所顯之眞理，皆同歸於泯失。由是而此所引出之認知心態之本身，即爲一與眞理之呈現相違之負價值之認知心態。

（六）再一種表現負價值之認知心態，我們可稱之爲詭辯之心態。此乃由人之欲運用其思想知識，以達一歪曲之目的而生者。此所謂詭辯，不同於邏輯上之詭論。詭論乃引起一眞實之問題，而爲人所力求加以解決，以化除此中之矛盾者。詭辯之所以爲詭辯，乃在人之造作詭辯者，恆是自覺的要掩蓋自己所承認之眞理，而欲由其他知識編排所成之似是而非之論證，以證明其明知與眞理相違者之意見思想，而化之爲合理。此時彼一方掩蓋其所承認之眞理，一方又將其他知識皆作爲編排似是而非之論證，以證不合理者爲合理之工具。故由此活動所引起之認知心態，實爲人之求認識眞理之活動之一最大之顚倒。

然此各種表示負價值之認知心態，皆爲人之所不能免。其所以不能免之理由，可說在我們所知者之本有限，而不免於有所不知；而我們又可將我們之所知者，自由的加以播弄編排，以應用於我們之所不知而來。我們可對我們之所知者，自由的加以播弄、編排、應用，故我們可以之造作詭辯，亦可將各種思想觀念，加以混淆，並將一名言之意義，任意加以改變；或將所知之實物棄置，而只以名言代之，或視名言爲實物。亦可由觀念思想之混淆，及對所知者之超越，而誇大我們之有所不知，以懷疑我們之有知，而產生種種懷疑論；及由觀念思想之混淆，或一往以我們之所知，判斷我們所不知，而產生種種錯誤。故在所知有限，而又能自由運用其所知之人類，乃不能免於上述之種種表現負價值之認知心態者。

第三節　表現負價值之認知心態之轉化

然而自另一方面言之，則人有種種表現負價值之認知心態，人亦能以人所求得之眞理或知識之價值爲對照，而知其爲表現負價值者。由此而人遂又能求轉化此負價值爲正價值。自人之整個之求知歷程看，人亦恆不經錯誤，不能得眞理；不經懷疑，不能有確信；不經無意義之語言之播弄，不知何謂有意義之語言；不經種種名實之相亂，思想觀念之混淆，不知何謂名之意義之確定，名實之分，思想觀念之清楚明白；不見人之造作詭辯曲說，不知正大之推論辯說之所以爲貴。而人之能由經錯誤以達眞理，經懷疑以成確信；經無意義之語言玩弄，至求一一言皆有指；經種種名實思想觀念之繁然淆亂，至一一思想觀念，名與實，皆各得其位，各居其所，而天清地寧；經種種詭辯曲說，至以正當之推論辯說，破邪顯正，申眞理大道於天下；正表現一更高的知識價值之實現，而使眞理之光輝，得更照耀於人之知識世界、及種種認知活動、認知心態之中者也。此如浮雲散而月更明，烟雨過而山更青；亦如人生聚合之樂，以離別患難而增，人之堅固不拔之操，由貧賤憂戚而成，同根於反反而正之理益顯也。則通人類整個之向上的求知歷程以觀，其中之一切離於眞理之途，表現負價值之認知心態，皆無不爲更高之眞理之價值，由之以得實現之憑藉，而亦有其爲過渡工具之價值存焉。由此而吾人即仍可在知識世界之範圍內，肯定一切知識及認知心態之價值。然人類之整個之向上的求知之歷程之是否存在，則係於人自身之努力，而不在人已成知識世界中。惟人是否有此努力，自人已成之知識世界中看，乃仍不能有保證者。此義又不可不知。

以上所論，唯是自知識世界內部看知識之價值。至我們如從知識世界外看知識之價值，則又是一問題。對此問題，依吾人之意，首先我們必須肯定求知活動，只是整個人生活動之一方面，知識與學術，亦只是整個文化之一方面。吾人皆知，在人之反省的求知識之活動，未出現之前，人已先有種種本能、情感、意志之活動，其中雖無反省的知識之知，然其中亦有一種直覺之知。此為吾人在本部第二章所已論。而在我們求知識活動之上，亦可能有超知識之智慧之知，或其他之直覺之知，為吾人所尚未及論者。人除有知識學術為人文化之一部外，又有藝術、文學、宗教、道德、政治、經濟等，各為文化之一部。此各種文化，雖無不多少依據於人之知識學術而有，然亦不可以知識學術盡之。此外，人對之有知識之世界本身，為一存在之世界。此存在世界，雖為人之所知，亦不能全納於知識世界之內。由是而我們即可位於知識世界之外，以看知識之價值。至我們對知識價值之所知，則可為知識之一種，亦可不為知識，而只是對知識之價值之一種直覺之知或智慧之知。此知乃並非必須具以知識之形式，以表知識之語言文字表之；乃可不以語言文字表之，或以非知識之語言文字，如文學之語言文字表之者（如謂知識可驚天動地）。

第四節　知識之實用價值，審美價值，及道德宗教價值

我們如立於知識世界外，看知識之價值，則知識乃不只所以達我們之求知之目標，以表現或實現眞理之價值為事者。我們可說，人類知識，尙有實用之價值。此即實用主義之眞理論之所重。而知識之實用價值中之最重要者，即「由知識之使我們能知現實環境中之事物之理，而知我們對之如何行為，即可加以改變，以達我們之人生目標之價值。由此而人乃不只是被動的受環境之支配，而成為能支配環境之

一主人。人之所以能由自然人至文明人，能製造種種工具，以開發礦藏，運用水火，栽培植物，畜牧動物，醫療疾病，建築房屋，裁製衣裳，烹調食物，修築道路橋樑，製造一切日常所需之什物，及爲達文化目標之用器，由紙筆以至精密之儀器，無不本於人對自然之知識，面對自然加以改造之結果。而人之一切改造社會，建立各種政治社會經濟制度之事業，亦無不多多少少，本於人對社會本有之種種知識。此知識，或爲常識，或爲科學，其爲知識則一。故我們無論要改造自然與社會，皆不能不根據於我們對之之知識。我們此知識之爲眞，亦即不只有純粹之眞理價值，而是同時有實用價值者（註）。

我們從知識世界外看知識，知識不只有實用價值，而且某種情形下，亦有一種審美價值。一內部一致而融貫之系統知識，如一數學幾何學系統，或一邏輯系統，或某一種哲學系統，尤更能具一審美之價值，使人生一美感。此種美感，主要可謂由此種系統中之各部之互相配合和諧而來，而爲一種超感覺性的寧靜而高卓之美感。我們只須看依數學比例而成之樂音之配合，可產生美感，亦即可了解數學的思想，及一切內部一致融貫而配合和諧之思想系統，同可使人生一美感。在西方哲學史上，柏拉圖已論感覺之美外，有美之理念自身。而美之理念，亦即在其所謂理念世界中之理念之關聯配合上見。在現代則

註：此所謂知識之實用價值，乃自知識之實際上的對外之價值說。此固實用主義者之所重。然此與實用主義之眞理論，謂一觀念或知識能助吾人達其目標卽爲眞，乃純從人之求知歷程之內部看，而自一觀念或知識之具有「可使人達其目標之效用」上，以說其爲眞理者，又略不同。二者須加以分別。

如普恩加來、羅素、及懷特海等，亦皆曾論及數學之美。

知識除具審美價值外，亦可說具道德價值。如人在求眞知時，一心唯眞理是求，則人可只見眞理而忘我；同時亦於一般世俗之利害得失，不再縈擾於心。由此而人即養成一超拔之胸襟，而自然少私寡欲。此即可爲一切德性之起點或根原。西方近代哲學家，如斯賓諾薩之以人必須能求眞知，而後能爲自愛、愛人之自由人，亦即從此立論。至蘇格拉底之以知識即道德，則是從道德原理皆爲普遍者，人必能知普遍之道德原理，乃有眞道德上說。此是就另一義，以言知識之具道德價值者。至於近代之羅素，論科學知識之價值，亦偏重從科學知識之解除成見偏見，並訓練人之從宇宙眼光，看人類自己。而自種種擬人的宇宙觀中解脫上說。然此亦正即所以使人漸自其個人之私欲超拔，而養成一廓然大公之心情之道。

人之求知識，除表現道德價值外，從一方說，亦表現一宗教性的信仰之價值。此可從人之求知識，恆由於相信宇宙事物之可知可理解，而有「理」可知上說。人對已知事物，覺其必可理解，而有理可知，此固無問題。但人對於未知之物，何以說其必可理解，而必有理可知？則此儘可只是人之一信仰。人之有此信仰，實即人之求知識之一動力。近代之西方十六七世紀之自然科學家，如伽利略，牛頓等，皆由相信上帝所造之自然萬物，必由簡單之數學定律，加以統治規定〔註〕，然後從事此自然律之探

〔註〕：貝德 E. A. Burtt 近代物理學之形上學基礎 Metaphysical Foundation of Modern Physics 一書，論此點最詳盡。

索。現代之愛恩斯坦，亦自謂其發明相對論，由於先相信宇宙之爲和諧的〔註一〕，彼並以追求理性的知識，即到眞正的宗教性之道路〔註二〕。我們如果說宗教性之信仰，是一超越而絕對之信仰，則科學家與求知識者之眞相信「未知之物必可理解而必有理可知」本身，即爲一超越而絕對之信仰。而其中涵具一宗教價值。

第五節　知識之價值之限制及其與其他價值之衝突

然而我們如從知識世界以外，去看知識時，我們對於知識之價值，亦可有種種反面之看法。

（一）是我們如將人之知識之範圍與存在世界之範圍比較看，我們無論怎樣相信一切存在事物之可理解，而必有理可知；我們仍不能否認人實有之知識範圍，遠小於存在事物之範圍。莊子所謂「計人之所知，不若其所不知。」到今日仍是一顚撲不破之理。此人之所知，所以永「不若其所不知」，可說由於「吾生也有涯，而知也無涯。」在此吾固可假定整個人類之知識，能無窮進步，因而可說世間之一切秘密，皆爲終可呈現於人之前者。但是此全部之知識，在實際上，仍非任何一人之所能具有。而我們即在

〔註一〕：Reichenbach: Philosophical Significance of Relativity 見（維納 Wiener: Readings in Philosophy of Science P61）

〔註二〕：Einstein: Science, Philosiphy, and Religion（見同書 P607）

現在，亦不能每人皆知他人之所知。而此即證一切人之所知，可互爲其所不知。因而任何人以其有生之年，皆爲只能有限之知。此有限之知之範圍，乃遠小於存在事物之範圍者。然而人在求知時，卻可有一求無限之知之目的。此目的以其生命之有限，遂爲永不能達者。此即見人之求無限之知之目的，與其所知者之有限之一事實間，有一不可解之矛盾。而此目的本身，最後之必須屈服於事實之前，即證此目的本身，可有某一種虛幻性，而非眞有價值的。

人求無限之知識之目的，不只可說因一人壽命之有限，故永不能達；而且可以說，縱然人之壽命爲無限，亦永不能達者。此一方是因如人之壽命無限，則其在宇宙中所歷之事亦無限，其中亦有無限事物。而此無限事物中之任一事物，皆可就其關聯，而說其各有無限之複雜性。（如一具體存在之事物，在時空中，亦即與其前前後後，左左右右一切其他具體事物，發生種種關聯者。而只就其時空之距離關係而論，即已爲無限複雜。）再一方是我們之將一切已成知識，加以組織、結合、推演，所成之知識系統之數目，亦爲無限。（如將一命題換質換位所推出之命題，即已無限。）由此而人縱有無限之壽命，人仍不可能在實際上窮盡一切可能之知識，而盡知之。此實際上之不可能，乃依於一原則上之不可能。由此而人之求無限之知識，即爲一原則上具一虛幻性之事。

然人若不能實際求得無限之知識，則人所知之範圍，即爲其所不知者之所限制。而此亦即知識中所可能實現之眞理價值之一不可越之限制。

（二）至於知識之實用價值，固爲人之所不能否認。然人之如何本知識以改造事物，以達吾人之目標之事，可爲建設的，亦可爲破壞的。我們可改造事物，以達吾人和天下，育萬物之目標，亦可改造事物，以達吾人之鞭笞天下，奴役萬衆之目標。吾人由一知識，以知一事物之由如何之條件而成，亦即同時知此事物無此如何之條件之必毁。故人之改造事物之事，可爲如何使某一事物更成爲某一事物之事，亦可只爲使之毁壞，而不復成某一事物之事。由此知識之實用價值，畢竟在成物或毁物，在和天下、育萬物，或在鞭笞天下、奴役萬衆，全係於吾人之如何立定吾人之目標。而此則非知識自身之能決定者。而知識之實用價值，亦即爲可爲正性的，亦可爲負性的。合以言之，則當爲中性的。故泛言知識之實用價值，亦尚不足以確立知識之價值者。

（三）至於知識之具審美價值，固爲可說。然自另一方面言之，則知識亦爲可破壞人之美感者。此即由人將任何一般之美境相，化爲知識之對象時，此境相之美即隱退。如在山明水秀之地，考察地質，則山水之明秀，即隱而不見。而人之徒測量人之顏面之長短寬窄者，亦不能同時發現人之容貌之美。此皆爲人之所承認之事。此中之理由，則在美之欣賞主乎直覺，而知識之事，則始於對直覺之反省；而又須以種種概念共相，規定界劃直覺之所對，而使此直覺之所對，爲概念共相之所間隔者。

（四）至於人求知識時，而唯以眞理爲目標者，固可使人更有一廓然大公之心。然此廓然大公之心，是否即能眞孕育出一道德情操，則明是另一問題。因人之求知識之心，爲一冷靜而不夾雜情感者，則一般人之盲目之激情，固可由之冲淡，而眞摯熱烈之道德情操，亦同不易由之而孕育。在一般情形下，人在對其道德情操，加以反省，而只以得對此情操之理智的知識爲目的時，此情操亦即隱退。而此亦即倫理科學家與道德哲學家，恆不必有眞正之偉大的道德人格；而眞正之偉大之道德人格，亦罕能由此類倫理學道德學之知識，得眞正道德上之啓悟之故。

（五）至於人之求知識之態度中，包涵一對理性之信仰，其中固亦可實現一宗教性之價值。但此求知識之態度中，所信仰之理性，乃純粹之認知活動中之理性，而非道德的理性。人信仰此種理性者，亦恆可據之以破壞一切不合此種理性，與非此種理性或超此種理性之信仰。自歷史上觀之，人之求知識之態度，恆爲摧毀人類固有宗教信仰者，亦爲一信而有徵之事。人以此種理性摧毀反理性之宗教信仰，固可爲合法；然以之摧毀非此種理性或超此種理性之宗教信仰，則可由於此種理性之忘其自身之限制，而此本身即可爲不合理者。縱吾人不用此種理性，以摧毀非此種理性與超此種理性者，吾人如何只憑此種理性，以建立超越此種理性之上之信仰，要非此種理性本身之所能爲。由此即見，表現於人之求知之活動中之理性的信仰之宗教價值，乃亦兼涵正反二面，亦尚不足以成就人其他非理性超理性之宗教信仰者。

我們上所說知識活動對人之審美活動及道德情操、宗教信仰所表現之負價値，乃依於一共同之義。即：人之求知識之活動，在本質上，爲欲將一切存在之事物，無論是屬於外界自然或人生內部之事物，皆化爲反省之對象，並以種種概念共相加以規定界劃；而此共相概念，亦即成爲所知之對象，與能知之心靈間之媒介與間隔者。於是即使人所直覺之美的世界，與生活於其中道德情操、宗教信仰、皆可外在化為自己對面之一對象。由此而人亦即可喪失其所體驗之美、善、神聖之價值，只體驗一種知識上之眞理之價值。此眞理之價值，依我們上述之第一理由，又為人在原則上，所不能完全無限的加以實現者。人欲求無限之知識之目的，乃包涵一虛幻性之目的者。由此而人之一往求知識之態度中，亦即為同時表現一負價值者。而此所表現之負價值，與其所表現之正價值，如有限之眞理之求得，知識系統之美之欣賞，私欲之超拔，及理性的信仰之形成，互相抵消後，即使人之求知識之事，在價值上成為中性之事。而其畢竟是否能有價值，則全繫於具有知識之人，如何限定知識在人生中之地位，及對於知識以外之價值，如何加以體驗而定。而人若能於知識活動所已外在化為對象之人生活動等，再加以內在化，則人之由知識活動所生之負價值，亦可被超化。於此則人之將人生活動等，加以外在化為對象之事，亦可成為人對此諸人生活動之價值，求進一步的加深其自覺，而對之有一眞正之同情而兼智慧的了解之前一步之事；而其價值，亦可再被肯定。

知識之價值　參考書目

莊子・莊子書中，多反對求無涯之知，而主知止乎其所不知。此為一最能使人自覺知識價值之限度之書。

王陽明拔本塞源論

王陽明此文，謂聞見、記誦、與知識，皆須隸屬於德行，否則「記誦之廣，適以長其傲也。知識之多，適以行其惡也，聞見之博，適以肆其辨也。」即吾人本章之歸趣所在。

B. Russell: Sceptical Essays・羅素此書，有中文譯本，商務版，名懷疑論集。此書中若干文，皆論不求實用、不依附宗教信仰之純粹求眞理知識之態度，對人生文化之價值。

J. Dewey: Reconstruction of Philosophy・杜威此書有許崇清譯本，名哲學之改造。此書論哲學與文化生活之關係，亦即論知識與文化生活之關係；其結論為知識之價值，乃在包涵知識之生活中表現。

唐君毅全集卷二十二

哲學概論

（下）

形而上學

價值論

臺灣學生書局印行

目錄

哲學概論（下）

第三部　天道論——形而上學

第四部　人道論——價值論

附　錄　參考書及進一步閱讀書籍（除每章參考書附每章之後外，此爲全書所關聯之書籍，可供讀者進一步之閱讀者。）

附編：精神、存在、知識與人文

言說；六、日常生活與陷落；七、人生之本質與怕懼及怖慄；八、死之智慧；九、良知罪業感與發決心；十、人生之時間性；十一、世界與時間；十二、人生之歷史性；十三、海氏形上學之方向；十四、眞理之本質；十五、存有與無。

㈢諾斯羅圃論東西文化之遇合：一、導言；二、協調文化衝突之道路；三、論文化之着眼點；四、組織與內容；五、對世界文化之眼光；六、英美文化思想；七、英國之民主之特殊成份；八、德國理想主義；九、俄國共產主義與希臘中世思想；十、西方文化思想之意義；十一、東方文化之意義；十二、現代世界文化問題；十三、世界文化之改進原則與世界文化思想之融通。

哲學概論

（下）

本書分上、下兩册，一九六一年三月孟氏教育基金會初版，一九六五年三月再版，加附編三文。一九七四年改由學生書局與友聯出版社分別在臺灣、香港印行第三版，並加第三版序。至一九七八年共發行五版。全集所據爲第三版本，並經全集編輯委員會校訂。

第三部　天道論──形而上學

第一章　形而上學之意義

第一節　中文中之形而上及天道之意義與西方所謂形而上學之義之相通

我們稱形上學或天道論，爲討論全體或一切實在事物之所共由之道，或普遍表現之原理的一種哲學。關於此名之涵義，其與知識、知識論之名之涵義之不同，及其所包涵之主要內容，前在第一部中雖有所涉及，今再作一簡單之討論。

中文中之形而上一名，前已說〔註〕其首見於易傳中「形而上者謂之道」一語中。天之一名，在中

〔註〕：本書第一部第五章。

文中則有各種意義。依說文，天之一字，從一大。程明道亦謂「詩書中……有一個包涵徧覆的意思，則言天」，則天道，即全體或一切實在事物所共由之道。道之與理，在宋明理學中之一義上可以通用，而所謂道爲萬物所共由，亦即爲萬物所共同表現、普遍表現之義。

形而上之形，在易傳原指形器，所謂「形而下者謂之器」。器可兼指一切自然物與人造之器物。但後來之中國哲學家，將形與無形者相對說時，則形乃指有定形而爲感官所可感覺者言，則不限於指具體之器物。

道，猶路也。本指人之所行，人由之而從此至彼者，引申爲人當有之行爲方式。如人當有之對父之行爲之方式，爲孝道。又引申爲人達某一目的之方法，如治國之道即爲治國之方法。再引申爲一切事物之共同法則，如老子所謂「天之道，其猶張弓歟？高者抑之，下者舉之。有餘者損之，不足者補之」。莊子漁父篇謂：「道者，萬物之所由也。」道路，人人可行，人人亦可採同一之行爲方式，以同一方法，達某一目的。故道爲公共的、普遍的，可引申爲一切萬物之所共由，或共同法則，而同於今所謂萬物普遍表現之理。

中國古所謂理，本指治玉使紋理見，紋理乃在玉中。故理字初指內在於事物中之條理。理乃偏自個體事物，或某一特定類之事物之內部或本身上說。不似道之一字自始便是從人所共行，萬物所共由上說。但是一個體事物或某特定類事物，所具有或表現之理，亦可爲其他類事物或一切類事物，所同具有或共表現之理。在此情形下，則理爲公共之理、普遍之理，可爲萬物所共由之而成者，而意義即同於道。

在西方哲學中，所謂 Metaphysics ，原爲後物理學之義，可包括 Ontology與Cosmology 。後物理學之一名，雖由安德羅利卡斯Andronicus 編亞里士多德書而來，但其所以將亞氏論第一原理之書，編次於物理學後，亦可涵有視此部之學問之討論，乃「自然物之所以爲自然物」之進一步或上一部的研究之義。此正略同形而上之義。Ontology 之語根Onto指「實有」，Cosmology 之語根 Cosmos 指宇宙。此皆前在第一部中已說及。則西方之此諸名之義，正爲研究宇宙萬有或全體實在事物共由之道或普遍表現之原理之學。

第二節　形而上學與知識

形上學之是一種知識，從西方哲學史看，在休謨與康德以前，蓋不成問題者。唯懷疑論者，亦嘗懷疑形上學知識之有效性，而在休謨康德以後，則頗多不以形上學爲一般知識者。此中之討論，亦甚爲複雜。玆略述對此問題之主要答案如次：

（一）明主形上學爲知識之一種者。大約由亞里士多德直至休謨康德以前之形上學者，及以後承亞氏式之知識分類觀者，皆直以形上學爲知識之一種。因研究一類事物之理之科學，既爲知識，則研究一切類事物之共同普遍之理之形上學，自亦應爲知識；因其皆以求知事物之理爲目標，皆對事物之理有所知也。

（二）明主形上學非知識，並無知識價值者。此即由休謨以降，至今之邏輯經驗論者之說。依此說，知識只有數學邏輯知識及經驗科學知識二種。依此說，知識之命題，只有邏輯的分析命題及經驗之綜合命題二種，而形上學命題不在其內。故形上學非知識，亦無知識價值。由此而休謨主張，一切形上學之書籍，皆當焚燬〔註〕。惟今之邏輯經驗論如石里克等，則謂形上學雖無知識價值，然可爲一概念的詩歌，而有文學價值或表情之價值。

（三）主依純粹理性而建立之形上學，皆不能成爲知識，而形上學仍能成立，並爲有價值者。此即康德之說。此說謂依純粹理性，而建立形上學，不能成爲一般知識。其理由，在此種形上學，無經驗的直覺內容，而視之爲知識之論證，皆爲邏輯上之丐辭，並可以對反之論證，加以抵消，或犯其他推理上之錯誤者。但康德又以爲依人之純粹理性之運用，此種形上學必然將產生，既產生，吾人又當依理性，以知其不能構成確定之知識。由此而形上學之研究之價值，要在訓練吾人之理性，此訓練本身對理性爲不可少者。唯由此訓練，吾人乃能由實踐理性，以另開一形上學之門，此即道德之形上學。此道德之形上學，雖仍非一般之知識，然仍爲哲學之一部，而眞實可能者。

〔註〕：見休謨所著人類理解研究最後一章最後段。

（四）主形上學非一般之知識，而爲更高一級之知識或絕對知識。此爲後康德派由菲希特、席林、黑格爾以降之說。此說以形上學或哲學之本身爲絕對知識。謂其爲絕對知識，主要是自形上學或哲學之本身，乃以知「吾人之知識與行爲意志自我之關係」（菲希特），知「知識與自然、直覺之關係」（席林），知「知識與全部實在或絕對理性之關係」（黑格爾）上說。此種「知」，乃超越於一般之以「能知」知「所對之外在事物」爲事之科學知識之上，而自覺其所根據，以成「對自我、自然或理性之實在」之一種知者。故爲高一層次之知識，亦爲超越於一般之能所相對以上之絕對知識。

（五）主形上學非理智的知識，而爲以直覺透視實在之學。此即如柏格孫之所持。唯柏格孫畢竟是以直覺透視實在，爲形上學之方法，或以直覺透視實在本身，即形上學，則甚難說。如兼此二者，則形上學應兼爲一種生活上之學。大約此外一切神秘主義之形上學家，如普羅泰諾斯 Plotinus 以降，皆同重以直覺透視實在，而其哲學或形上學之活動，皆爲過渡於以直覺透視實在之生活或神秘經驗者。而吾人在第一部中論哲學之意義時，亦原承認哲學之有「由知識以至超知識之行爲、生活等」之一義。

至於在東方之印度與中國之哲學方面，則極少爲形上學之是否知識而生之爭論。在東方哲學，亦原不以知識爲人生中最有價值之事物。關於畢竟形上學之是否爲知識，在印度與中國之哲人，蓋皆可作兩面觀。大約就形上學之會悟，可表於語言文字者言，皆可稱之爲知識。而自此會悟之本身，依於行爲上修養或生活上體證，及引導人至一精神境界或一種生活行爲之方式言，即應非知識而爲超知識者。如在中國，於知道之知，其可表之於語言文字者，即爲可屬於知識者。而由知道而體道、證道、行道，則應爲超知識者。然在中國，凡此等等皆爲道學之所攝。

依吾人今日之觀點以評論此問題，則亦以爲此應作兩面觀。吾人在知識之分類一章，已提及在知識中看哲學，哲學即爲知識；如從知識外看哲學，哲學亦非知識之一語。唯該處只就知識論之討論亦爲知識以舉例。知識論可說非知識，而又爲一種關於知識之知識。而形上學則爲更明顯的兼具此兩重性質者。

（一）形上學之所以可說是知識，首是從對一切類之事物之共同普遍之理之知，不能不亦是知識說。此即上文之第一種說法。吾人似不能說，吾人不能知一切類事物之共同普遍之理。更難說一切類事物決無共同普遍之理，而只有不同之理，或只有不同類之事物而無理。因如謂其有不同之理，即其有理一點，即已爲共同，其理之彼此不同，亦爲吾人對任一類事物所同能說之一理。反之，如吾人謂只有不同類之事物而無理，此無理仍爲其所同，此「無理」亦可爲一義上之理。唯吾人如謂吾人既不能確知一切事物之共同普遍之理，亦不能確知其無理；則吾人亦無此義之形上學，而可說此義之形上學不可能。

（二）復次，吾人縱設定第一義之形上學不可能，並謂凡吾人視爲一切事物共同普遍之理者，皆可爲後來人之經驗與理性運用，所證明爲非一切事物共同普遍之理者；或一切形上學之理論，皆可爲反面之理論所抵消。吾人亦不能否認，人有求普遍化概括化其所知之理，以應用於一切類事物之思想傾向。

因此傾向，亦即一切科學知識之所由成。此傾向中之思想原則，即歸納原則。人依此傾向，以形成科學知識，爲合法者。則依此傾向，以形成形上學之種種命題與思想，亦爲合法者。縱然此命題與思想，皆無不可由以後所建立之形上學命題，及以後之形上學思想，加以否定抵消；然此中之形上學命題之次第而更迭的建立，形上學思想之次第而更迭的產生之思想歷程之存在，則一成永成，而無能否定抵消之者。由此而一般形上學之知識，縱皆不能成立，然形上學之思想仍爲實際上存在，亦必然存在者。而吾人之反省此思想之如何進行，與何所是，而加以說出，則仍可爲一義上之知識，即知「此思想之如是如是進行，吾人對形上學問題作如是如是之思辨 Speculation」之知識。此即黑格爾之所以說反省思想進行之辯證歷程，亦可使吾人得一種知識也。而世間之哲學書，陳述其作者之如何分析一問題，如何向一答案湊泊之思辨歷程，所與吾人之哲學知識，亦大皆此一類之知識。

（三）由休謨至今之邏輯經驗論者，謂形上學不能稱爲知識，乃根於其知識命題只有兩種之說。而形上學之若干命題，似又非邏輯上分析命題，亦非可由一般經驗證實或否證之經驗綜合命題，故說其非知識。然此中之第一問題，在其只分知識命題爲兩種之說，是否能成立。吾人於此，已在知識之對象先驗知識問題等章，加以批評。此說如要成立，唯有根於吾人先約定「知識命題」之一名，只指此兩種命題。此自爲可說者。然吾人亦可對知識命題一名之所指，另作約定，則吾人亦可以此一名，指其他命題，如非一般經驗所能證實，亦非由邏輯分析而來之形上學命題。第二問題在縱然命題只此二種，形上學命題，亦非必不能由經驗證實或否證者。此一：因吾人無理由限定經驗於一般之經驗，如上帝存在之命題，不可由一般經驗證實，未嘗不可由神秘經驗證實。二：因形上學命題亦不必爲肯定一超經驗而不可經驗之事物之存在之命題，而可只爲求建立：對一切經驗事物，皆普遍必然爲眞之命題。而此類之命題，即皆可由經驗否證，亦可由經驗逐漸證實者。若謂人不能有無限之經驗，以證實此種形上學命題；則應憶起吾人對於任一科學定律之由經驗加以完全之證實，亦同待於無限之經驗，而非人所能具有〔註〕。此非形上學知識所獨有之問題。

至於形而上學，又可說非知識者，則可自二點說：（一）是自形上學之爲一種知識之根據說。吾人以前已論一切知識之知，根於一先知識之直接經驗之親知。唯在吾人求知識之知時，只以直接經驗之親知爲根據，則吾人在得知識之知後，亦可暫忘此直接經驗之親知之重要性，至少可以之爲次要。然此直接經驗之親知，又爲吾人實際生活行爲中或與實在事物直接接觸中之知。形上學既以求知實在事物之理爲目標，則當更重此種直接經驗之親知，而求有此種親知。此亦爲人從事形上學研究時，所特當先學求多加以具備者。因而此亦即屬於形上學之一學問中之事。而此事本身，則可非知識上之事。（二）是自形上學之爲一種知識之歸趣上說。吾人說形上學是求知全體宇宙之實在事物之道或普遍之理。但此道此理，既一方可爲吾人之所知，又一方爲實在事物之道或理，則其一方可爲吾人之知識之所知，一方

〔註〕：參考本書第十六章第六節。

亦爲使吾人得通達於實在事物之一切心情、意向、志願、行爲所經行之橋梁與道路。吾人在求一般知識時，吾人乃以一般生活經驗所供給者爲材料，而對之反省，以得知識，並表之於文字。故吾人可知而不行。然在形上學中，吾人之所知者，乃被吾人直接視爲實在事物之本身之道或理，則此知即爲使吾人之生命或生活與實在事物相接觸者。吾人之生命或生活，與實在事物接觸，無不有吾人之具體的心情意向志願行爲等，繼之而生，簡言之，即吾人不能止於知而不行。而此行，亦正爲增益吾之種種親知者。於是形上學之知識之獲得，即可不以表諸文字爲事，而可直接過渡至種種行爲，以增益其種種親知爲事。並以此爲形上學之歸趣。而此時人之形上學之知識，即爲導人入於超知識之境界者。而人之形上學上求知之工夫，亦爲直澈入人之形上學的生活行爲中，以與之相輔爲用者，而形上學亦即成爲一超知識或非知識之學。

第三節　形而上學與知識論

我們以上對形上學爲知識或非知識之討論，可稱爲形上學之知識論的討論，但亦可稱爲站在知識與形上學之上，而對知識與形上學之關係，作形而上學的討論。畢竟在哲學中，知識論居於在先的地位，或形上學居於在先的地位，亦是值得一討論的問題。

首先我們似可說：知識論乃居於在先的地位。因如形上學是知識，則形上學只是知識之一種。除形上學之知識外，人尙有其他種種之知識。知識論乃是通論一切知識的，則知識論應居於更高之理論層次形上學在理論上，必須先成爲知識，或知識論所可能討論之一對象，然後能成立，則知識論居於理論上在先的地位。人如說形上學非知識，亦須由我們先知知識與非知識之界限乃能說。而欲知知識與非知識之界限，乃賴於知識論之研究，或吾人對知識論之知識。此仍見知識論居於理論上在先之地位。

以上之說，在一義上，未嘗不可成立。但由此以謂形上學必以知識論爲根據，則大誤。因知識實乃依於實在事物而有。而我們亦可說形上學可先知識論而有，且知識論亦可只爲形上學之一章，故形上學乃居理論上在先之地位者。因如依常識說，知識乃由能知之心與所知之實在事物二者結合而成，此能知之心，亦先爲一實在事物。是實在事物，明先於知識。至如依本書上部之知識論及本章上文所說，則知識之根據在直接經驗之親知，此親知乃實事，亦先於知識之知而有者。如知識皆可應用於人之生活，形上學亦可引導人與實在事物接觸，而由知到行，以行證知；則吾人只能說，人之求知識本身，乃全幅人生之歷程中之中間一段事，知識之事並無特殊之優越性。又我們尙可說全幅人生歷程中，其他事皆爲實事，而知識之事，則我們可說其中乃有實亦有虛。此更足見知識之事無特殊之優越性，茲略論之於下。

知識之事之所以有虛，是因人之求知歷程中，人可時時經驗到吾人所知者之不如實而生之錯誤等，此爲吾人在知識之價値中所已論。如人想繩爲蛇，此即只能爲虛而非實。此中之實處，唯在人之想之活動之本身爲實。世間有繩有蛇之事，亦皆爲實。然人之想繩爲蛇，則畢竟虛幻。人之求知，恆通過嘗試假設與錯誤以進行，亦即恆通過若干之不必實或虛幻者以進行。知識之目標，在去誤存眞。眞知之所以爲眞知，在如實而知。人眞能如實而知，則此知稱爲實知。實知如實，而定然不移。則實知本身，即爲一宇宙人生中之一實事。而人之求知，是成就知識，亦即成就此實知之實事。而此實知之實事，則爲宇宙人生全部之實事之一。

我們如果了解知識依於實事，亦歸於成就一「如實知之實事」，則可知我們如只是提舉我們之求知之心，以求知種種其他實在事物爲對象，而只自覺以成就種種抽象知識爲目標，我們之求知之心，乃尚未落實者。必待吾人自覺的求成就吾人之一一如實知之實事，並知此實事，亦只爲宇宙人生中之一事，吾人之求知之心，乃不特以實事爲對象，且以成就實事爲歸宿而落實。而當其落實時，則人知實事之範圍大而知識小。而知「此實事之範圍大而知識小」之知，即兼通於「知識之知」與非知識之「知實事之知」，而知其異者，遂不可只以知識之知名之。亦非必待知識論而後建立者。道途鄉里之人，固無不知其生活中之其他種種實事，非皆爲求知識之事，及其生活中全部實事之範圍，大於其求知識之一實事也。

吾人如眞扣緊「實事大而知識小」之一義以用心，則知形上學初並不須在知識論上立根，而可直接在其所接之一一實事上立根。其求知一一實在事物之共同普遍之理或道，初儘可直接以此理此道，爲所嚮往之對象，而一方求知此理此道；一方亦同時欲由此知，以接觸實在事物，而非只以成就形上學之知識爲目的者。其成就形上學知識，亦只是由形上學要求所發出之全部思想活動、精神活動之中間一段事。至於形上學知識之成爲知識論所研究討論之知識之一種，則爲形上學知識既成後之一事。形上學知識，固不待知識論之加以研究討論而後有者也。

誠然，知識論可研究討論形上學之知識之所以爲知識，而形上學知識，亦必可爲知識論所討論之一對象，故可說知識論居於一更高或在先之理論層次。然吾人如自上述求知識之事，爲宇宙人生中之一實事而論，則知識論之討論知識，亦不外討論一宇宙人生中之一實事而已。形上學乃以研究一切實在事物之共同普遍之理或道爲目的者，則形上學之範圍豈不廣於知識論？知識論豈不可只視爲形上學之一章？然自形上學之不只爲知識言，則形上學又不能只視爲知識論之一章。若然，則形上學之概念，豈非可包括知識論之概念，而應居於更高亦在先之理論層次？

第四節　形而上學之問題

我們如果了解形上學不須根據知識論而建立，知識論亦可只爲形上學之一章之義，則我們在討論形上學問題時，可暫忘我們上部之所論，而直接以求知一切實在事物之普遍之理或道爲目標；並同時考察我們之認知實在事物之種種態度，以及認知之方式，是否切合於實在事物。而此考察，乃唯所以達形上學之目標，而非在求得吾人對於此認知之態度方式之知識論的知識者。又由形上學之知識，恒與人之超知識非知識之人生行爲等相連，故論人生行爲之理想與價值在宇宙中之地位，亦可屬於形上學中。由此而形上學之問題，遂約可說有下列數者。

（一）對各類存在事物，即上文之實在事物，之普遍的認知態度之決定問題。如直觀之態度，及以概念規定事物之態度，只看現象之態度，及探求現象之後之本質與實體之態度。此即引起現象與本質及實體之形上學問題者。

（二）各類存在事物之普遍的性質之問題。如物質性、生命性、心靈性、精神性之問題。

（三）各類存在事物之普遍的範疇之問題。如有無、變化、數量等問題。

（四）每一個體存在事物之個體性之原理問題。吾人說每一個體存在事物爲具個體性，然此個體性本身，則爲一切個體事物所具，故其本身亦爲一普遍者或普遍概念。

（五）存在之個體事物爲多，是否可通爲一，即一元多元之問題，或一本萬殊之問題。

（六）各存在事物所共在之時空之問題。

（七）各類存在事物或各種普遍的性質，如何關聯之問題。如物質性事物、生命性事物、及心靈性事物之如何關聯；人之物質性、生命性的身體，與其心靈性之如何關聯之問題。

（八）存在事物之變化與不變或常，及動與靜之問題。

（九）存在事物於變化中，恆顯出種種自由變化之可能，則事物之可能與其現實如何關聯，成一問題。此變化乃由後面之原因決定，或由一前面之目的決定，或由存在事物自由決定者？亦爲一問題。

(十)存在事物所表現之性質、範疇，所共在之時空本身，是否亦爲一存在，或爲一種實有之問題。

(十一)宇宙中各存在事物之變化中之秩序與方向之問題。如直進之秩序，或循環之秩序，連續之秩序，或不連續之秩序，保存與創造之秩序，封閉的系統與開放的系統中之秩序等。

(十二)人之理想中所欲實現之價値，在宇宙之地位之問題。

(十三)宇宙有無一最高之主宰或神之問題。

(十四)宇宙之最後的眞實爲何，與最後之歸宿爲何之問題。

(十五)人在宇宙之究竟地位如何，及人之不朽性之問題。

凡此等等問題，不必能窮盡形上學之問題，吾人以後亦不必能一一討論。然此類問題，皆爲具普遍性之問題，而或直接與人之理想要求相關者。又吾人對此類問題，如有一確定之答案，即可本之以解釋吾人當前所遇之任何事物，此答案，皆可不以一事物之特殊情形之爲如何，而成爲假或錯誤者。吾人亦即可於所遇之任何事物，皆得印證吾人對之所知之一眞理，而使吾人時時覺眞理之呈現於目前，而知「道」，體「道」。吾人對此類問題之與吾人之理想相關者，有一確定之答案，則對於此理想與其所關聯之事物，在宇宙間之地位，亦即有一確定的認識，足以增强吾人對理想之自信，或以免除吾人緣理想而生之幻想。由是而吾人之理想，亦可由之而更確定。吾人持此理想以與現實世界之事物接觸，亦即當更求逐漸實現之於現實世界之中，而此亦即中國先哲所謂知「道」體「道」而行「道」之事也。

第五節　形而上學之系統性與本部各章之次第

我們在上節雖舉出種種形上學之問題，但吾人在本部中，並不擬一一依次討論。吾人之舉出此諸問題，惟所以使吾人知形上學之意義或性質。而實際上人之從事形上學的思維，亦並非必須經歷此全幅之問題。在任一問題中，所包涵之問題，與由問題及問題之相聯繫而生之問題，亦無人所能一一加以舉出者。實際上人之從事形上學之思維，恆只由一問題或少數問題開始。在開始時，人亦恆姑假定某種答案爲眞；而由此某種答案，以引繹出或關聯於對其他問題之答案，並不斷去除其不一致而相矛盾處，及思想中之多餘或駁雜之成份，以歸於貫通與純一。由此而形上學之思維，即有一緊密相連息息相關之系統性。形上學思想之價值之高下，亦不重在其對一一問題之答案之是否爲眞，而在其如何透過種種思想上之困難，遵循種種新異不同之道路，依據嚴密之論證，或憑藉獨到之洞識與超妙之智慧，以湊泊一答案。浸至一答案成，而其他問題之答案，亦或緣之而成，如一結解而百結皆解；或使其餘之問題之本身，亦化爲烏有，而不答即同於答。故一切形上學，皆恆爲一家之形上學。家之爲家，或爲寒門，或爲巨室。寒門可茅屋數椽，巨室可千門萬戶。然亦各有其起居食息之室，而皆足養生送死。然彼此亦不能相亂，各成一房屋之系統。游觀之士，亦當分別觀之。如以此一椽與彼一椽，以此一柱與彼一柱，析而觀之，則興趣索然。故學者誠有志於形上學，必須就歷史上之形上學系統，取其性之所近者若干，藏焉、息焉、修焉、游焉。以觀其千門萬戶，迴廊曲道，緣何而通，又由何而入，由何而出。能入能出，再至另一家門，亦如是觀之。及對數家建築之圖案，皆歷歷了然於心，乃能慢步前山，擇淸靜地，冥然凝慮，意構吾將如何築室而居。

唯形上學雖各家自成系統，然就其根本之觀點及中心之觀念而論，亦可分爲若干類型或派別。至如何加以分別，亦可有不同之觀點。有以自然主義與超自然主義爲二大類者，有以唯心唯物爲二大類者，有以一元多元爲二大類者。而凡吾人上所舉之任一問題中之不同答案，亦皆可擴充爲分別形上學類型之根據，亦皆可爲初學之士，藉以分別了解不同之形上學系統之構造之一種方便。

唯依類型之分，以了解不同之形上學系統，則不同形上學系統間，其問題之相沿相仍之迹，又不能彰顯。而學者徒知各系統之「此亦一是非，彼亦一是非」，亦不能引導其思想，以達於逐漸深入之途，由此而哲學史之研究尚焉。蓋惟由哲學史，人乃能知一哲學思想之緣何而來，向何而往，而此哲學思想之變遷之跡，亦即前後之大哲，在思想上之出出入入之跡；而助吾人之出入於大哲之門庭，以進而自建樹其思想者也。

吾人以下對東西形上學作概論式之論述，乃兼取類型之分，與歷史之線索之二觀點。並力求說明其問題之相承而起之跡，以導學者之思想，由切近以及於深微。

（一）吾人以下於本部之第一章，首論純現象主義之形上學，此可稱爲反形上學之哲學。然亦可稱爲形上學之一種。理由後詳。純現象主義與非純現象主義，爲形上學之二大類。除此章所論者外，其餘各章所論，皆非純現象主義之形上學也。

（二）第二章論以「有」爲形上學之第一概念之形上學，第三章論以「無」爲形上學之第一概念之形上學，第四章論以變化及陰陽五行爲形上學之主要概念之形上學。此乃爲直就呈現之現象，而謂其另有根原，或陳其共相，而未確定劃分形上實在與現象爲二界之形上學。

（三）本部第五章論理型論，第六章論有神論之形上學，此爲確定現象界及自然世界與形上實在之分，而揚後者以抑前者之形上學。

（四）本部第七章論唯物論，此爲肯定自然世界之最低層之物質之存在，而視爲最根本之實在者。

（五）本部第八章，論宇宙之對偶性與二元論，第九章論泛神論兼及泛心論。此爲求銷解自然世界與形上實在之二元論，或對宇宙之二元現象，求加以綜合的把握，並加以肯定之形上學。

（六）第十章論一多問題。多元論爲一肯定一切多之實在、一切現實之個體存在之實在之形上學，此乃異於上述各派形上學，只重肯定普遍者之理型、或遍在之神、或物質、或心靈之實在者。

（七）第十二章論對宇宙之大化流行之解釋及斯賓塞之進化哲學，第十三章論柏格森之創造進化論，第十四章論突創進化論，皆爲論變化之哲學，而以近代西方之有關進化論之哲學思想爲主。第十五章論相對論之哲學涵義，第十六章論懷特海之有機哲學，此皆爲著重以關係之概念說明動變者。此四章所論皆屬於西方哲學中所謂宇宙論之問題，皆可稱之關於變之哲學Philosophy of Change，而與由第六章至第十一章所論者，主要屬於西方哲學中之本體論之問題，皆可稱爲存有之哲學 Philosophy of Being者不同。

（八）第十七章論西方哲學中之唯心論或理想主義，第十八章論印度傳至中國之佛學之唯識宗之哲學，第十九章論中國儒家倫理心性論之形上學涵義。此皆爲直指吾人之人心（亦即吾人能研究哲學與形上學之心），而謂其亦即宇宙之究竟眞實之形上學。三者皆爲攝外返內而求諸己之形上學。而其中之印度之佛學與中國先儒之形上學，則爲能眞知人之修養之工夫與行爲本身，即人之能眞知形上實在之一條件，而亦爲形上學之一部份者。依中國之哲學，尤重人之立人道以知天道，由此而形上學亦爲人道論之一章；吾人即可過渡至本書第四部之人道論或價值論之討論。

形而上學之意義　參考書目

熊十力　新唯識論第一章。此文代表東方重體證之形上學觀。

W. James: Some Problems of Philosophy, 2. The Froblems of Metaphysics.

R. G. Collingwood: An Essay on Metaphysics, Pt. I.

柯氏以形上學乃反省知識之最後的預設 presuppositions 之學，彼謂此乃直承亞氏形上學之原義者。

A. E. Taylor: Elements of Metaphysics, ch. I. Problems of Metaphysics, New York, Macmillan, 1903.

泰氏之形上學觀，以形上學爲研究究竟實在與現象之關聯，代表客觀唯心論之形上學觀。

A. N. Whitehead: Process and Reality, ch. I. New York Macmillan, 1929.

S. Alexander: Space-Time and Deity, Vol. I. PP. 1-31, Macmillan Company, 1950.

懷亞二氏之形上學代表非唯心論，而重現實宇宙之構造之形上學觀。

J. Maritain: Degree of Knowledge, first Part, V. Metaphysical Knowledge. Geoffrey, London 1959.

A Preface to Metaphysics, Sheed & Ward, London, 1949.

馬氏爲今之新多瑪派名家，前一書爲其代表著，後一書爲講演稿，彼乃承亞氏及聖多瑪之說，以形上學爲研究實有者。

M. Heidegger: What is Metaphysics, 見 W. Block: Existence and Being, PP. 355--392, London, Edward & Charles Straker, LTD, 1949.

M. Heidegger: An Introduction to Metaphysics, ch. I. tr. by R. Manheim, Yale Univ, 1959.

W. Kaufmann: Existentialism, PP. 207– 221, New York Meridian Books, 1957.

海氏之論形上學代表重實有Beings與虛無Nothing之交界之形上學觀。

D. F. Pears ed: The Nature of Metaphysics, first ch. and last ch. Macmillan & Co. LTD, London. 1957.

此小書爲一討論集，讀之可知現代英美哲學界對形上學之性質之討論。

第二章　現象主義

第一節　現象主義與形而上學

現象主義，可稱爲一反形上學之一種哲學，但亦可稱爲反形上學之一種形上學。

現象主義之特色，在只承認有所謂形形色色之現象。而不承認此形形色色之現象之外、之後、或之上、之下、之一切實體、本質、底據Substratum之存在。我們在常識中所謂自我之心體、外在之物體、及宗教哲學家所謂神、上帝、及物之自身、或自存之本質、本性、自性、理念等一切超現象非現象者，依現象主義，同不承認其實有。其有，只爲人憑其所知之現象，而構想成者；因而至多爲第二義以下之有，而非眞正之實有者。我們可說形形色色之現象，皆是在形以內，而非形以上的。而現象外之一切，皆是形以外，亦可說爲形以上、形而上的。此說承認前者之實有，不承認後者爲同樣之實有，或以後者之有，只爲人所構想成，而非眞正之實有；即等於不承認形而上學，而可稱爲反形上學之一種哲學。

我們以前在知識論之關於知識之對象之問題中，曾講到現象主義，而視之爲一種關於知識對象之一種學說。其義是以知識之所對，只是種種相繼之現象，而更無其他。故我們可只以現象主義，爲哲學中知識論之一派，根本上否定有所知現象外之超現象非現象之存在，亦即否定有形而上之存在，否定形上學之一種哲學，

但是我們亦有理由說，現象主義，亦是一形上學之學說。因現象之爲現象，可以只視爲一知識之對象，亦可視爲一實有的事實。我們在論知識之對象爲現象時，現象主義固只是一知識論中之學說；然我們把現象視爲唯一之實有的事實時，則是表示我們對實有的事實之一種看法、一種主張。依我們上章之形上學的定義，形上學爲研究討論實在事物之何所是者，則我們說現象爲實有，非現象或超現象爲非實有，即是一形上學的看法或主張。

其次，依現象主義說，非現象超現象之形而上者，固爲非實有，但我們之說其非實有，仍是關於此形而上者之一種論述。至少是關於其他人心中之所謂「形而上者之名言」之一種論述。我們知道一個人之有，是一種知；知道龜毛兎角之無，亦是一種知；學好是學，學去掉壞亦是學。故我們學求知道形而上的東西是什麽，是關於形而上者之學。學求知道莫有形而上東西，還可說是關於形而上者之學。從歷史上看，一個哲學家眞要相信現象主義，還是要用許多心思。此用心思之事，不能不說是一種學習。此學習或用心思之結果，固可只是知道超現象非現象之形而上的東西之莫有，因而人可亦無新知識之增加。但是人於此若無新知識之增加，則此用心思之學習，不是成就科學等知識之學，亦不直接是成就知

識論之知識之學。此時人最後所得者，只是知形而上的東西之莫有，如龜毛兎角之莫有，如夢醒時之知夢境之莫有，而突然幻滅。此時根本無知識之形成，亦無對此「無知識」之反省，即可無知識論之研究。然而我們畢竟用了一番心思，此用心思之學，總應有一名字。此用心思之學，是學的知形而上者之莫有，即仍可稱為形而上學。

第二節　常識中現象主義與純現象主義

我們方才說純現象主義，是只承認有形形色色之現象為實有，此外更無其他，或其他者皆「非有或構想出之第二義之有而非實有」之形上學。然則何謂現象？此即呈現於我們之前之種種象或相。如我們舉頭一望「滿山之青黃碧綠」（朱子語），即都是直接呈現於我們之前之現象。而我們前在知識之意義等章，凡論到我們之直接經驗或親知或直覺之所對者，皆是直接呈現於我們之前之種種現象。人飲水時之所知，啞子吃苦瓜之所覺，與我們看所謂外物時之所知所覺，同是現象。但我們說其是直接經驗或親知、或直覺之內容或所知，而此所知又與能知之心渾然不二等，則是以我之主觀之經驗等為中心而說。今我們之只說其為直接呈現之象或相、或現象，則是尅就其自身而說，而不帶任何主觀中心之色彩。而實際上，在我們經驗此形形色色之現象時，當前所有者，亦唯此形形色色之現象在呈現；我們可並不自覺其為我們所經驗，亦可不自覺我們之經驗之活動之存在，或我們之自我之存在的。

依純現象主義之立場，是以呈現者與有者同義。在常識亦以呈現者即為實有。但在常識之所謂現象中，則包涵種種之非呈現者。而純現象主義之思想，則當推類至盡，而求將一切非呈現者，皆加以剔除，只承認眞正之呈現者，方為眞正之實有。我們可先舉一詩來討論。

李白詩「牀前明月光，疑是地上霜。舉頭望明月，低頭思故鄉。」

在常識中，明月發光，射到牀前，是物理現象，舉頭是生理現象，我之疑與思是心理現象。此皆為實有，而此目、此頭、此心、此我，亦皆為有，乃與此種種現象不分者。

但如依純現象主義之立場，則李白初見者乃牀前之光，此時應唯此如是如是之所見之光為實有。而此光則李白初亦不知其為光，故可疑之為地上之霜。然彼雖不知其為光，而可疑之為霜，彼要必有所見，而後能疑。此所見者即為直接呈現之一現象，此為必有而實有者。然彼之疑之為霜，則此霜實不呈現於前，而此疑中所包涵之「此所見為霜」之判斷，即一錯誤之判斷，此「霜」乃畢竟非實有者。且不特彼在此時，不能言此所見為霜，亦不能確知此所見為明月光。彼此時只在地上牀前有如是如是之所見，尚未舉頭見月，亦尚不知其為光，更何能確知其所見，為明月光？如彼未見月，不能確知所見為明月光，則月亦應為非呈現而非實有者，其謂之為有，初亦是一可能錯誤之判斷；必待舉頭見月，證實其所判斷，乃能謂之為實有。而此證實，則由於其舉頭時，又有一如何如何之所見之形，此所見之形，乃與吾人平日名之為月之形相似者。此所見之月之形，與一串光線相連續，以貫至牀前，故吾人稱牀前之光爲明月光。此月之形與一串光線，皆似可直接呈現於吾人之前，故皆可稱爲實有之種種現象。然吾人之所謂明月，不只包涵李白此時之所見之月之一如是如是之面相，且包涵其呈現於一切古人今人之前之面相，與其從不呈現於人前之背後之一面，及其核心或內部中無數層面；而吾人所謂光，亦除其光色之外，兼包涵光之温度及其他種種作用。此皆不呈現於李白望月之時之前者。而李白舉頭時，彼固必有一筋肉感覺呈於其前，然彼實不能自見其頭，則頭亦非呈現於前。其思故鄉時，故鄉中固可有若干景象呈現於其前，然除此景象外之故鄉之其他方面，亦不呈現於其前。又其心在作如此思如此疑時，其心之如此思如此疑之活動，固亦呈於前，然其心之其他方面，亦不呈於前。此在常識，則又皆承認，肯定信仰此等等之皆爲實際存在而實有者；然依現象主義之立塲，則皆當謂其只爲構想之有，第二義以下之有，非眞正之實有。而自其不如呈現之現象之有之實而言，逕視爲非有，亦無不可者。

吾人由上述之例，可知在常識中之現象主義，實爲不徹底而包涵種種非呈現者，不呈現者，非現象者之種種承認、肯定、或信仰者。而吾人在日常生活中聞鈴聲而知客至，見容色而知憂喜，實無時不有對非直接呈現者存在之承認、肯定、或信仰。而一切知識上之對於非直接呈現者之判斷假設，初亦無不依於對直接呈現者之外之存在之承認肯定信仰，亦即皆欲翻過直接呈現之形形色色之範圍之「形之內」而有所構想，並不覺以所構想之此形以外，形以上之有爲眞正之實有；而未達純現象主義之思想標準者。由此而吾人亦可說純現象主義者，於此有其不容抹殺之眞知灼見在。

此純現象主義之眞知灼見之所在，吾人如爲之說明，可說有二。（一）爲凡非直接呈現者，自其別於直接呈現者言，畢竟缺乏一直接呈現之性質。如直接呈現者涵實有之一義，則非直接呈現者，畢竟缺少此一義。而以此義爲標準，則非直接呈現者即非實有，至少亦由缺少實有之此義，而非兼備實有之一切義之實有。而直接呈現者，則能兼備其所缺少之一義，而爲最眞實之實有，或眞正之實有。（二）是凡非直接呈現者，皆有永不呈現，及不待吾人之證實其存在，而已消滅之可能。故吾人對一切非直接呈現者之判斷信仰，亦無不在原則上，爲可錯誤者。此亦爲吾人以前在知識論中，所承認者。由此而其存在，即不能爲吾人必可確知者。此即如李白舉頭望月時，月之可以，彗星之來而消滅，及其初判斷之爲霜之可誤。然直接呈現者則如在即在，吾人在說「在」時，即已證實其在。而其「在」，亦同時，即如其在而在。此即如李白之見牀前月光時，雖可不知其是月光，而仍有其所見者之在。而此所見者之在，亦如其在而在，遂爲無錯誤者。依此二義，則純現象主義者之以直接呈現者爲最眞實之實有，或眞正之實有，即爲可說者。

第三節　純現象主義之態度中之理或道

依純現象主義之態度，現象之爲實有、爲在，乃如其在而在，即如其實有而實有。然此中並不包涵：視在者爲必在或長在永在之義，即不包涵實有者爲必有長有或永有之義。人亦不能有對此在者實有者之任何執定或執着。純現象主義之承認肯定現象之在與實有，唯是如其在，如其實有，而承認肯定之；則亦即同時可如其由在而不在，由有而非有，而不復再承認肯定之。純現象主義者唯見現象，現象如是，即視之如是。至吾人對現象之執定或執着，乃吾人之活動之施於現象之上，亦在現象之「如是如是在」之外者。吾人如只承認現象，而不承認此外之一切，則吾人亦不能承認此執着與執定之當有。而吾人果對現象無執着或執定，則亦即能不望某一現象之長在長有、必在必有。而現象亦現即現，不現即不現。其「現」，不排斥其先與其後之「不現」，其先與其後之「不現」，亦不排斥其當下之「正現」。故純現象主義，能任順現象之任何變化，任順任何種現象之呈現於前，與其無定限之更迭，而無所執定，無所期必，無所沾戀，無所排拒，而皆加以承受。吾人亦可說純現象主義之態度，爲一純承受之態度，其宇宙觀或世界觀，爲純承受所遇之現象，而如其所如而觀之之態度。

在此種純承受之態度下，則一切現象之千殊萬異，皆同爲人之所承受，此中可無一切現象之共同普遍之原理或道之可得。而純現象主義者，亦可不承認一切抽象之理或道之自身爲實在或實有。吾人如以形上學爲必求知一切實在事物之共同普遍之理或道者，則現象主義，即應爲反形上學者，而其自身亦非形上學。

唯現象主義，雖可對於一切千殊萬異之現象，皆加以承受，亦不求其抽象的共同普遍之理或道；然現象主義者之承受千殊萬異之現象，而一一皆如其所如而承受之，以如其所如而觀之；此一貫之如其所如而承受之觀之之態度本身中，卻有一一貫之觀點、一貫之方式。此一貫之觀點方式之本身，即一道一理。人依此道此理，以於千殊萬異之現象，皆一一如其所如，而承受之，以觀之之態度，乃遍運於千殊萬異之現象之中之上者。則此態度爲運於現象之形形色色之上之形而上的態度，而此態度中之觀點方式之道之理，即仍爲一形而上之道之理。而由此態度所觀之千殊萬異之現象之一一之如其所如之本身，亦可說爲一切現象之共同之理，共同之道。

我們說，如A則A，如P則P，此是邏輯上之同一律；以A指定一事物，以P表一定之命題，而以P說A，則成一特定事物之知識。而以一命題P說A，實即就指定之A之所如，以說其所如。而我們今以現象代事物，亦不指定特定現象，以說其所如，而唯說任何現象皆如其所如。於任何現象皆如其所如而觀，不增益一分，亦不減損一分；則惟是一位於現象之上，以平觀一切現象之形而上的態度。此態度如在一一現象之上飛翔，而不留鴻爪；即對每一現象，觀其如其所如後，亦可不留其觀後之所得，則可無知識之留存。亦可不反省其觀之之方式是：「如A可以P表之，則A可以P表之，」則亦無邏輯上之同一律之可說。然而我們卻亦可說此態度是「先通過邏輯上之同一律，以觀一一之現象，不斷觀象知象；而又不斷掃除「象」，忘卻「對於象之知識」，以超邏輯之思維超知識之一種形而上的態度。而學有此態度，即一種形而上學。

此種純現象主義之形上學之最高成就，當爲佛家之般若宗、中國之禪宗，此須就上文所說之義，再進一步以為論。其次者為莊子及郭象之注莊子之一部。西方之現象主義，於此蓋相距尚遠。吾人今取法乎中，略舉莊子及郭象注莊子之言，以為印證。

莊子齊物論「道行之而成，物謂之而然。惡乎然？然於然。惡乎不然？不然於不然。物固有所然，物固有所可，無物不然，無物不可。」

郭象莊子注對德充符，「自其同者視之，萬物皆一也」注曰：

「雖所美不同，而同有所美。各美其所美，則萬物一美也。各是其所是，則天下一是也。」

又對齊物論「參萬歲而一成純」注曰：

「夫舉萬歲而參其變，而衆人謂之雜矣。故役役然勞形怵心，而去彼就此。惟大聖無執，而芚然直往，而與變化為一，一變化而常游於獨者也。故雖參糅億載，千殊萬異，道行之而成，則古今一成也。物謂之而然，則萬物一然也。無物不然，無時不成，斯可謂純也。」

此上所引，讀者可配合上文所論，加以了解。

第四節　因果觀念之超越與外在理由之捨棄

純現象主義者，在形上學上，反對一切超現象或非現象者之眞正的實有，而至多視之為假有，或俗諦（即世俗眞理）中之有。而其所以破斥一切超現象非現象者之實有，而說明其只為第二義以下之有或假有者，其理論皆可極爲複雜。在原則上，乃可與其他哲學之證明「其所執之非現象超現象之實有」之理論，同其複雜者。吾人今亦不必皆加以介紹。吾人今唯指出純現象主義，與他派哲學最大一點之不同，即因果觀念之超越。

吾人以前在知識論中，曾說明因果觀念，對於知識之成就之重要性。但依一純現象主義之形上學觀點，則視因果觀念與一切溯因究果之思維，皆爲使人離開直接呈現之現象，亦不能引人達於其他更眞實之存在事物者。此中之理由，亦可甚簡單。即一現象之因或果，依吾人以前之所論，乃恆爲已消逝或尙未存在者，因而即非直接呈現者。而如一直接呈現之現象，其因果若爲吾人所未知，則吾人之溯其因或究其果，謂此因果之爲如何，恆不免出於吾人之一種推測與假定。而此溯因究果之一念，亦即使吾人離開此直接呈現之現象者。此溯因究果之事，由因再至因之因，由果再至果之果，所求知者愈遠，亦即愈遠離直接呈現之現象。至於尅就吾人所推測假定之如何如何之爲因者之「相」及爲「果者之相」言，雖亦可說其一一皆如是如是，以呈現於吾人想像之心思之前，在其正呈現時，亦皆爲直接呈現；然如尅就其皆爲如是如是直接呈現而觀，此所謂爲因者之「相」爲果者之「相」本身，仍各各只爲一現象，而在吾人之心思之前，如是如是相繼呈現，吾人亦即可不思其間有因果之一定的關聯之存乎其間。

吾人如超越因果之觀念或因果思維，以觀世界，則吾人對一現象之何以如此如此呈現，或由何而來之理由之答覆，不能求之於與之相異之任何現象，而只能求之於其本身之如是。如吾人問何以糖是甜，此不能說由糖之分子構造之如何，亦不能說由舌之構造之如何。因糖之分子之構造之如何之現象中，實無甜。舌之構造之如何之現象中，亦無甜。然則糖何以甜？此直無由答覆。而吾人亦無法將甜之相附於糖之相，只能視爲相繼呈現之相。此二相各如其所如。則此之如是之理由，不能求之於彼之如是。則甜之所以甜之理由，只在其自身，而不在糖或其他。則糖何以甜之唯一答覆，即唯是因甜是甜，而此亦同於謂甜之所以甜，別無理由；而一切現象之所以是如何之現象，亦別無理由。而吾人之求理由之心，即全止於一現象之內，而不溢出雷池一步。中國西湖有冷泉亭與飛來峯。嘗有一對聯曰：「泉自幾時冷起？峯從何處飛來？」或答「泉自熱時冷起，峯從住處飛來。」然熱中實無冷，住處亦無飛。或乃答曰：「泉自冷時冷起，峯從飛處飛來」。此方爲善答。因冷唯由冷爲理由，飛亦唯以飛爲理由也。

第五節　結　論

此種純現象主義之形上學，其價值畢竟何在，甚爲難言。但吾人可說，此種形上學之根本態度，是吾人之一般溯因究果，追求現象之外在理由之求知識之心習之一倒轉，而將吾人之全幅心思，凝聚收歛，以止於直接呈現者；而同時對一切直接呈現者，又皆加以順受，對一切可能呈現者，皆不加以排拒，而洞開門戶者。而此亦即所以使吾人之心思與實有之現象，眞正接觸遭遇，而還至直接經驗與親知之世界者。人在本其向外求知識之心，以上窮碧落，下達黃泉；而發現其一切推測假定無不可能錯誤，並於此感四顧茫茫，無所依止之時，即有回至此直接經驗之呈現者之前，以求一當下之依止之傾向。此直接經驗之呈現者之來，吾人果無所排拒，無所執定，其內容亦即爲無量無邊，而此亦即可爲一最廣大之眞實世界觀。

然吾人若果止於此種形上學，則將無他派之形上學可講。而吾人欲透過呈現之現象之外，以追求現象之所由生之心習，亦非可輕易加以馴服，而自甘止息於此種形上學者。此或須吾人在遍歷其他種種之形上學之思維後，乃能再在一義中，發現此種形上學之價值。

此種現象主義之形上學，是要否定一切非現象或超現象者之存在。但如果現象眞是實有，而又不可執定爲必有長有，且現象之有者，亦可成非有而無；則更徹底的現象主義，應當是視實有者，皆有而非實，或有而非有，或即有即無者。若然，則現象主義一名，亦將不立。然至少一般現象主義，皆不願承認現象之有而非實，謂有即非有，或即有即無。因如謂有即非有，即有即無，對一般思維，明是一自相矛盾。而不求一切有者之所自來，亦非常情所能安。由此而有下列各派之哲學。

現象主義　參考書目

莊子郭象注，自莊子郭象注否定一切先物之道與陰陽，而以一切有皆自然、自在、自因一點說，爲一徹底之現象主義。但彼其他之思想，又當別論。

龍樹中論　佛家大乘空宗以現象之如是如是有，爲俗諦，其畢竟空，爲眞諦，捨其畢竟空一面不論，即一徹底之現象主義。

G. Santayana: Skepticism and Animal Faith.

於桑氏之哲學，吾人如除其所謂「動物信仰」一面，並不將其所謂 Essence 視爲潛在之自存者看，而只「視爲如是如是展現者」看時，即可謂之爲一純現象主義。

F. H. Bradley: Appearance and Reality, PP. 121—126, Phenomenalism.

柏氏以實在不能離現象，然現象自身又非實在，如以之爲實在，必導致矛盾。

第三章　唯一之實有論

第一節　超現象主義之形上學——「有」之形上學及「無」之形上學

吾人在本章及下章所將論之形上學，爲直接肯定一超現象之形上界，而視之爲大有——即唯一而無限之實有——或視之爲杳冥之虛無、無形之「无」之形上學。此二者皆不同於上述之現象主義，而皆爲眞正肯定有所謂形以上之境界，乃直寄其心思於此；又對此形上界，未加以其他特定概念之規定之形上學。此可稱爲一切其他以特定概念規定形上界之形上學之模胎。

此二種形上學所由產生之根原，在吾人之心思可不只凝聚於當前直接呈現之現象加以承順而觀之，並可超出直接呈現之現象以有所思。吾人以前已論人之一切求知時之推測假定之事，皆緣於此。唯吾人一般科學哲學上，對未呈現者之推測假定，皆夾帶種種特定之概念以進行，以求建立種種確定之知識。然吾人之心思，亦未嘗不可只一往超出呈現之現象，以有所思，而此所思者初唯是一非現象超現象之境界。吾人亦可不運用任何特定概念於此所思之境界，加以規定，以成就確定之知識。此乃吾人之心思之所能爲，亦即此二種形上學之所以可能之理由所在。

上段所言，人能超出當前直接呈現之現象而有所思，又不運用特定概念對其所思加以規定，以成就確定知識，此並非難解者。即依現象主義之說，亦可預設此一義。蓋依現象主義之說，吾人唯見相續相繼之現象，更迭呈現於吾人之前；此即無異於謂：在當前呈現之現象外，尚可有繼起之現象。然吾人試思，此將繼起而未起之現象，畢竟何所似？則姑無論吾人用概念以形成之推測假定常有錯誤，即其全眞，此概念亦只能及於繼起者之輪廓，或其所可能表現之抽象普遍之共相、共性。此繼起者之具體特殊之性相，畢竟不能呈現於吾人之前，而爲超吾人之思議之所及。然吾人如謂其亦爲「實有」，則吾人於此，已思及其爲實有，而具實有性、存在性；而除其具實有性存在性以外，此時吾人亦可不更思及其他。又吾人亦可就其未呈現，只思其爲不可思議，爲無形之无，而在杳冥之虛無中。此即已可爲上述之二種形上學之思想之所自始。

現象主義之預設此二種形上學之思想者，尙有一義可說。即現象主義者，謂世界只有種種相繼呈現之現象而另無其他，此乃假定吾人之可總一切現象之全而思之。然吾人之思維，是否能總一切現象之全而思之，可是一問題。如其不可能，則吾人不能說確有此現象之全。如其可能，則吾人既總一切現象之全而思之之後，吾人仍可再有心思，以思及此現象之全之外，而達於超現象非現象之形而上之境界。則吾人之自限吾人之心思於現象之世界，即至少非現象之自身所能爲，亦非現象主義之所能爲。

第二節　恆常純一之唯一實有觀之意義

上文論人之心思可超出現象之範圍，以思其上亦有種種實有或存在，並將此種種實有或存在，合為唯一而無限之實有或「大實有」或「大存在」而思之。此實即東西哲學中，於形形色色之雜多變化之現象外，另立一超此現象之恆常唯一實體，以與現象界成相對之二界之思想之模胎，亦為一神論之宗教思想之一根。中國思想中所謂「太一」，印度思想中所謂「生主」Praja Pati 或「有」Sat〔註〕，西方希臘哲學中依里亞派之「太一」One或「「大實有」Being，與後之新柏拉圖派之「太一」One，於此皆同類之概念。其中較簡單而在西方哲學史中引起之問題最多者，則為依里亞派之說。吾人今即暫以此派之說，為一代表。至其餘持太一之論者，皆有其餘更多之概念，以規定此太一之涵義，當於他章論之。

希臘依里亞派Eleatic School中之巴門尼得斯Farmenides 及齊諾 Zeno 之理論，一方在論太一 One 或「大實有」Being，為形而上之眞實，而為由吾人理性所可認知者。另一方在論一切只由感覺所認識之

〔註〕：據高楠順次郎木村泰賢印度哲學宗教史一書第四章第二節梵書之哲學，謂生主之觀念，乃由梨俱吠陀過度至奧義書之特重大梵與我之觀念者。又同書第二編第二章第二節，謂奧義書中亦有「太初只有『有』Sat唯一而無二」之思想。

變動，與雜多之現象，皆非眞實而爲假象，而只此唯一而恆常之太一或大實有爲眞實。此爲西方哲學中將形上界與現象界視爲對反，而揚前者爲眞實，抑後者爲虛幻之最原始之一型態。

關於依里亞派之所謂太一或大實有，哲學史家或本唯心論之立場，釋之爲思有合一之理念，或本實在論之立場，釋之爲一無限之大物〔註〕，然以本書立場觀之，皆非重要者。重要者，唯在其以唯一恆常之「太一」或「大實有」爲眞實，以動變與雜多爲虛幻，而與吾人上章之現象主義，成一明顯相對反之說。

畢竟此派如何正面論證此唯一而恆常之「太一」或「大實有」之存在，吾人今亦不能詳考。吾人今所能確知者，唯是此派之如何論證變動之非眞實，雜多之非眞實。「恆常」爲「變動」之反面，「一」爲雜多之反面。吾人果知變動雜多之非眞實，亦可反證唯一恆常之「太一」或「大實有」爲眞實。而吾人在未略介其所以論證變動雜多非眞實之理由之先，吾人亦可以一較簡易直截之用心思之方式，以體悟此說之義。

此簡易直截之用心思之方式，即是吾人上所提及之總一切現象或存在之事物，去其一切差別相，而只就其實有性或存在性而思之。吾人說一切山川日月各各不同，然如吾人只就其實有性存在性而思之，

〔註〕：黑格爾之哲學史History of Philosophy, Vol. I. Pt. 2. Section one, P. 2.代表前者。貝勒特J. Burnett 之Early Greek Philosophy, Ch. IV之希臘哲學，代表後者。

則山只是實有而無山相，川只是實有而無川相，日月只是實有而無日月相。於是山川日月，即成同性質之實有，而純一無別。果其無別，則不得說爲多，只是純一之實有。蓋一切變化之事，所謂一實有變爲另一實有者，皆自二實有之差別相言，如山由黃變綠，即自黃綠之差別相而言。如吾人今去此差別相，則黃綠各只是一色，或各只爲一實有。由黃變綠，即由色變色，由實有變實有，此即同於未變，如色恆是色，有恆是有。吾人採此觀點，以看萬物萬形，則「山非山兮水非水，生非生兮死非死」。一切雜多，皆不雜不多，一切變動，皆無變無動；而窮天地，亘萬古，凡吾人目之所及，耳之所聞，心之所思，皆惟是一恆常純一之大實有之所充塞周遍、彌綸布護，而更無移動，更無封畛，道通爲一矣。

至於變動與雜多之非眞實，則吾人無妨先自變動者皆有而非有，雜多之分，必有統多之一，以知其義。我們說現象由此變彼，如山由黃變綠。說黃可變綠，即同於謂黃可由有而非有，綠可由非有而有。然有果爲有，何來非有？如有可成非有，則於非有之際，有又何有？有成非有，明爲矛盾，矛盾者不實，故一切有之由有而無，以成變動之事，應皆不實。故現象主義之思想，推類至盡，如佛家之般若宗，亦必以一切現象之實有爲幻有，而知現象之實有非實而爲幻，則亦可轉證依里亞派之義。唯依里亞派由此以進至現象之有之外，另立恆常純一之大實有，則與佛家般若宗之義又迥別而已。

復次，雜多不實之義，吾人亦可先由「雜多之分必有統多之一之義」，加以湊泊。吾人固可思彼雜多，觀彼雜多。然思彼雜多之思，觀彼雜多之觀，則儘可爲一。如吾人上章所謂現象主義者之於一一現象，皆如其所如而觀之思之，此一貫之如其所如而思之觀之之態度中即有一道。是見多不離一之義，已為現象主義之所預設。多果不離一，則多不能自成為多。凡可視為多，分為多者，皆必先視為一。而多之為有，即依一之有而有。如直往分一為多，凡分出之多個小一，皆可再分為多個「小一」，直至無窮，無駐足處。則有「多個之小一」一語，亦不可說，而世界可為空無。果多必依「一」，則「一」為更高義之眞實，而一往之分一為多，以多能自成為多之見，便為非眞實之見。吾人即可由此以湊泊雜多不實之義矣。

第三節　依里亞派齊諾破斥變動與多之論證

吾人如能先順上列之思想，以由上章之現象主義之形上學思想，過渡湊泊至此派之形上學，則吾人可進而略介此派之論「變動為虛幻」，並論「直往分一為多，只以雜多之觀點看世界之謬妄」之論證如次：

對於變動，在此派之齊諾 Zeno 曾由變動之一概念中，所包涵種種之自相矛盾，以反證變動之為虛幻而非眞實。此相傳有四論證。

（一）為「飛矢不動」之論證。此是說如有一動者，由此至彼，則此動者，必須歷一段時間，乃能由此至彼。此所歷之時間，可分為無限瞬。所歷之空間，可分為無限點。則此動者於一瞬間，必在空間上之某一點；於次瞬間，在空間中之次一點。在不同之瞬間，此矢即在不同之點上。而我們從此動者之於一瞬間只在空間之一點上看，則此動者便是不動。

（二）爲「歷動之全程必先歷其半」之論證。此是說，如有一動者，由A至B，則必先經AB之距離之二分之一。設此二分之一之距離，爲AC。此一動者，如欲由A至C，又須先經AC之全程之二分之一。設此二分之一爲AD。此動者欲由A至D，再須經AD之全程之二分之一。設爲AE，……其

由A至E，又須先經其二分之一AF……而此即成一無窮之級數。由此無窮之級數之存在，一動者經歷任一距離，皆須待於先經歷其一半之距離而後可能。此即如一列車，每一列車皆須待前一車之動而後動，而其前之列車之數爲無限。則任一車皆不能動。

（三）爲「阿溪列斯 Achilles 永不能追及龜」之論證。阿溪列斯乃希臘之善走之英雄。齊諾謂其永不能追及龜，以證變動之非眞實。因阿溪列斯欲追及龜，必須先到龜原在之地。然當其經一定之時，至龜原在之地，則龜行雖慢，在一定之時中，必已自其原在之地，前行若干距離。如設龜原距阿溪列斯二十里，而阿溪列斯一小時行二十里，龜一小時行一里。則一小時後，阿溪列斯即抵龜原所在之地。然此時龜至少已行一里。如阿溪里斯在一小時之二十分之一，即三分鐘，再行抵龜所行之一里之地，則龜至

少又已行二十分之一里。至阿溪列斯再抵此二十分之一里，則龜又已行$\frac{1}{400}$里。而阿溪列斯至此$\frac{1}{400}$里之地時，龜則行至$\frac{1}{400\times20}$里。……依此而龜即終在阿溪列斯之前，而彼即永不能追及龜。

（四）爲「二動者同時依相反方向而動時，於一定時間又可經歷倍數之空間點」之論證。

如設有二動者AB，皆爲佔空間之有量之物體。今設其長度包涵四空間單位或四空間點，而應合於其原所在之空間C上之四空間單位，或四空間點者。今設A單獨向某方向動，B暫不動。A在一單位時間歷一空間點，則A須歷四單位時間，乃能越過C中之四點。設B單獨動，A不動，亦然。今設AB同時依相反方向而動，如甲圖，則在經二單位時間後，AB對C言，皆只越過二點。然AB相對而言，在二單位時間後，AB之關係，即如乙圖。

甲圖

乙圖

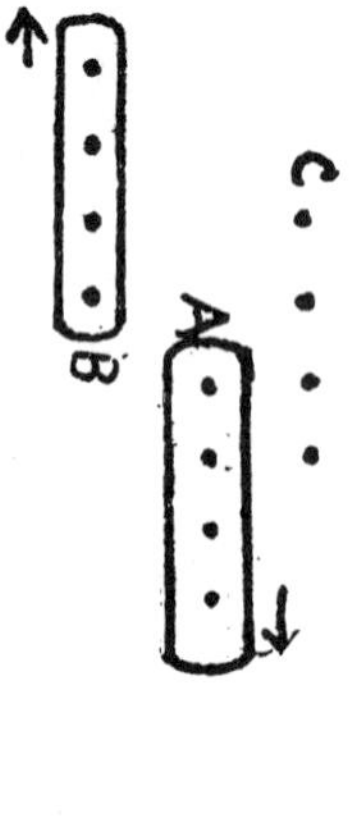

在乙圖中，於二單位時間後，A越過B上之四點，B亦越過A上之四點。此即同於半單位時間，越

過一空間點。此便與吾人原所假定之一單位時間越過一空間點者，在四單位時間越過四空間點者相違，而發生矛盾。如吾人原假定爲眞，則此當爲妄；如此爲眞，則原假定爲妄。吾人如肯定有動，則不能逃於此二難之外。欲逃於此二難之外，則只有否定動之爲眞實。

齊諾除本此四論證，以論動變之非眞實外，復有種種論證，以說明「一存在之物分析爲多，而視一物爲多之積集」之不可能。因如一存在之物可分爲多，設分爲三，再繼續將所分成者分爲「三」，則分而又分之結果，直至無窮，即成無限小之量。而一物之量，即等於無限個之「無限小之量」之和。然如一物之量，分爲無限小之量後，吾人試問此無限小之量，爲有量或無量？如此無限小爲無量，則無限個無限小之和，仍爲無量。此與事實相違，而成矛盾。如無限小之量有量，則此量無論如何小，而乘以無限，皆可成無限大之量。則一物之量，應爲無限大。此又與事實相違，而成矛盾。然吾人之視一物，爲可分爲多之積集者，則必導致此矛盾。是即證視一物可分爲多，而視之爲多之積集之妄。

第四節　齊諾所提問題之答覆及齊諾所提論證之目標

關於齊諾之論變動與多之爲虛妄不實之論證，乃明與吾人所現見之事物之有變動，一動者能越一空間之距離，並能追及另一動者；二動者亦明可依相反方向而動，以一半之時，互歷其所佔之空間量，及吾人之明自覺可對一量，加以分析等，種種事實，皆相矛盾者。而在西方之哲學史中，後亦有不少之哲學理論，求有以解答齊諾所提出之問題者。此重要者，有三者可說。

（一）以依里亞派之謂變動爲不可能，乃依於有者不能成非有，即形式邏輯中之是A者不能是非A之律則。但此種形式邏輯之律則，可不適于說明事物之變動。而此種邏輯，亦非最高之邏輯。或只爲一理解上之邏輯，而非理性之邏輯。理性之邏輯，乃當肯定是A與是非A之統一，肯定是A者之能自己否定，以成非A者。依此邏輯，則在運動中之物，即爲在空間中之某一點，而又不在某一點，以在另一點者。此即黑格爾辯證法邏輯對齊諾之問題之解答。

（二）再一種對齊諾斥變動爲虛幻之答覆，即以齊諾之錯，在其以靜之觀點看動，故以一物之由此至彼之動，爲一串之「靜」之集合。然實則動爲一整個之歷程，根本不能由靜的觀點去看，並分之爲一串之「靜」之集合者。吾人既視動爲一串之靜之集合以後，則動自爲不可能。然此實唯證以靜的觀點看動，永不能眞把握動而已。此爲柏格森式對齊諾問題之答覆。

（三）再一種對齊諾所提出之問題之答覆，則爲以一種數學上關於聯續與無限之理論，以解消齊諾論動與多所產生之矛盾。此即爲羅素之承康脫Contor、德地鏗Dedekind之論聯續與無限，在其哲學中科學方法與數學原理等書，所陳之對齊諾之問題之答覆。此種答覆之主要目的，在說明動的歷程之數學分析，並不破壞動的歷程之聯續性。而「無限數之系列」之概念，聯續之概念，皆可由數與數間之關係，加以界定，而亦可並不導致矛盾者。

關於此數種形態之理論對齊諾之問題之答覆，其詳細內容，非吾人今之所能一一討論。唯吾人須知，依里亞派之思想之目標，實不在其消極的懷疑數學知識之可能之一面。其論變動與分物爲多之不能免於矛盾，其正面之目標，唯在顯示實有之不能眞成爲非有，及實有之整體，不可視爲無限之部份之實有之集合體看。而數學之分析，本只爲概念上之分析，用以成就數學知識者。吾人承認數學上之分析之爲可能，亦並不同於肯定一實有之整體，眞可視爲無限之部份之實有之集合體。因而亦不同於全答覆此派哲學所提出之問題。

至於黑格爾及柏格森之說，其目標乃在說明存在之變動爲可能者，固與此派之說不同。然實則黑氏與柏氏，亦並未能否定齊諾之一根本論點，即實有不能眞化同於非有。因黑格爾辯證法，以「有」可自己否定成「非有」者，亦繼之而言「非有」之可再自己否定以成「有」。則辯證法之歷程即爲「有——非有——有」之一歷程。此中仍包涵「有」終歸於「有」之一眞理。而人之以有可成非有，如一物可毀壞者，亦恆以爲毀壞後，仍有原質原子或能力之未嘗毀壞。此仍同於肯定有者之不能成爲非有。而柏格森之肯定變動之歷程，同時肯定已過去者之保存於現在，現在之保存於未來。此仍是肯定有者之必爲有。而彼在創化論一書，亦嘗論「無」之概念之虛幻。吾人若純從此派之一根本義上措思，則此派之斥變動與雜多爲虛妄不實之理論，雖皆可駁；然此派之所以斥變動雜多爲虛幻不實之根本目標，即說明有者之不能化同於非有，此實極少人加以否認者。其餘之義，吾人可暫不及。

唯一實有論參考書目

Hegel: History of Philosophy, Vol. I. Pt. One. Greek Philosophy C. The Eleatic School. 2. Parmenides PP.249—257. 4. Zeno PP. 261—278.

H. Bergson: Introduction to Metaphysics.

有楊正宇譯本名形而上學序論，商務版。

B. Russell: Scientific Method in Philosophy, ch. 6. 7.

有王星拱譯本名哲學中之科學方法，商務版。

W. Montague: Ways of Knowing, Ch. 6. Skeptism II

有施有忠譯本名認識之方法，商務版。又有鍾兆麟譯本名哲學方法概論，開明版。

M. Heidegger: Introduction to Metaphysics, tr. by Manheim, Ch. 4. The Limitation of Being.

此書第四章中於實有 Being、「變」、現象、及思想、之關係處，皆分別論及。海氏據希臘文所對巴門尼德斯之哲學之解釋，與一般之說迥異，可供參考。

第四章　無之形上學

第一節　無之形上學所由生

吾人於上章論與現象主義形上學相對反之超現象主義之形上學，可思超現象之形上界為一「大實有」，亦可思之為一杳冥之虛無，或無形之「无」。吾人在上章所論者為前者，本章則將進而論後者。此種以超現象之形上界，為一杳冥之虛無或無形之「无」之形上思想，亦由吾人之能泯除超越形形色色之現象之差別相而生。吾人泯除超越形形色色之現象之差別相後，吾人之心思，可更有其所思之實有或存在，故可有上章之形上學。然吾人之心思，亦可由一切形形色色之現象，超越解脫後，而徬徨於無何有之鄉，更無所思。亦可思：吾人上章所謂唯一恆常之大實有，既非現象，即不可以「由吾人之認知現象所形成的，有一定內容之概念」加以規定，因而可謂其同於一無形、無相、不可知之大混沌。亦可思在此形形色色之現象外之無何有之鄉，只是一寂寥虛曠之世界。又可思吾人所見之形形色色之現象，即自此無形之混沌，冉冉而生。亦可思此形形色色之現象，乃自始是呈形於此寂寥虛曠之世界中，如浮雲之在天。而凡此等等，皆可導引吾人之心思達於無思，而再產生種種「思無」與「有生於無」之形上學思想，而爲形上學之一種。

此種形上學之思想，在西方除以前之神秘主義者，曾有以上帝爲「神聖之黑暗」Devine Darkness，或同於「無」之思想之外，蓋極少有人視爲形上學之一型者。唯現代之海德格何謂形上學一文，曾由論及一切科學知識之範圍，而及於一切知識所及之範圍外之「無」Nothingness，而謂形上學當思此「無」，並追問「何以世界，不只是無而是有」？然此思無之形上學，實以東方爲大宗。佛家般若宗之現象主義，言有復言空，亦可稱爲思無之形上學之一型。而此外之印度哲學及中國哲學中之老莊及儒家思想之一部份，皆涵極深邃之「思無」之形上學。吾人今取法乎中，先徵引一印度之無有歌，及老莊中片斷之言爲據，以略釋此中之義。

第二節　創造之歌及老莊之言

印度之創造之歌可名無有歌 Nasadasiya Sukta（梨俱吠陀一〇一二九）〔註〕，茲據英譯重譯如下：

〔註〕：Radhakrishnan and C. Moore: Anthology of Indian Philosophy, P.23載Mcdonell英譯，茲據之重譯。程觀廬所譯日人高楠順次郎木村泰賢名著印度哲學宗教史及糜文開印度三大聖典，各有一譯文，但皆散文，並未能表其情調與意趣，故今加以重譯。

（一）惟時何所有，無無亦無有。寥濶無元氣，隱約無蒼穹。伊誰藏在裏？伊誰作護持？淵淵深不盡，探測果何爲？

（二）惟時無死亡，亦復無永生。黑夜與白晝，未兆更何分。太一自呼吸，天風不可尋。彼自超然在，彼外復何存。

（三）玄冥隱何處？隱處亦玄冥。洪波無涯畔，是名爲滄溟。萬物化欲作，還被虛空覆。煦煦一陽生，太一從茲出。

（四）太一在太初，倏忽生塵欲。塵欲爲始種，思慮由之育。聖者發睿智，自探其衷曲。昭然有所見，「有無原相索。」

（五）光輝自流行，還渡彼玄冥。太一在何所？上下試追尋。有勢能生生，有力能潤生。潛能藏在下，「生意滿天庭」。

（六）此義孰能信？此義孰能宣？太一由何生？造化由何成？旣有此造化，乃有諸神明。吁嗟此太一，孰知其自生？

（七）造化何自起？知者更無人。太一果生物？抑或無所生？伊彼妙觀察，高居在蒼旻。惟彼能眞知，或共「不知行」（註，見下頁）。

老子：天下萬物生於有，有生於無。

道可道，非常道。名可名，非常名。無名天地之始，有名萬物之母。故常無欲以觀其妙，常有欲以觀其徼。此兩者同出而異名，同謂之玄。玄之又玄，衆妙之門。

有物混成，先天地生。寂兮寥兮，獨立而不改，周行而不殆。可以爲天下母，吾不知其名，字之曰道。强爲之名曰大，大曰逝，逝曰遠，遠曰反。

道之爲物，惟恍惟惚，惚兮恍兮，其中有象。恍兮惚兮，其中有物。窈兮冥兮，其中有精，其精甚眞，其中有信，自古及今，其名不去，以閱衆甫。

視之不見名曰夷，聽之不聞名曰希，搏之不得名曰微。此三者不可致詰，故混而爲一。其上不皦，其下不昧，繩繩不可名，復歸於無物。是謂無狀之狀，無物之象，是謂惚恍。迎之不見其首，隨之不見其後，執古之道，以御今之有。能知古始，是謂道紀。

莊子庚桑楚篇：　有乎生，有乎死，有乎出，有乎入，入出而無見其形，是謂天門。天門者無有也。萬物出乎無有。有不能以有爲有，必出乎無有，而無有一無有。

秋水篇：物有死生，不恃其成。一虛一滿，不位乎其形。

〔註〕：據高楠順次郎印度哲學宗教史中譯本二〇二頁，言祈禱主歌，亦謂有由無而生。與此歌皆涵有泰初爲「無」，並有一「造物者之一」之思想。但仍與後來之明顯肯定「生主」Prajapati「有」Sat「梵」Brahman爲造物者之說不同也。

田子方篇：消息滿盈，一晦一萌，日改月化，日有所爲而莫見其功。生乎有所萌，死乎有所歸。始終相反乎無端，而莫知其所窮。非是也，孰爲之宗？

第三節　由無出有由有入無之切近義

無有歌與老子莊子這類的話，從深處講，可以有不同的講法。但是我們亦須有一淺近的講法，使我們從日常生活中的世界，逐漸升進我們之世界觀，以湊泊其義。我們可說這一類的話，都可由我們在眼前所見之世界中之形形色色之現象或事物之皆先無後有，復歸於無處，去體會了解。此與上章之「大實有」，當自一切現象或事物之共同的實有性存在性上，去體會了解，乃一不同而相對反的了解體會現象或事物之方式。

試想，我們之在日常生活中，每日日出而作，即時時刻刻與形形色色之外界事物之現象相接，而吾人自己之生活本身，亦顯出種種之起居食息之現象，於我們自己之自覺之前。但是到日入而息，夜深人靜，沉然入夢，則白日所見之一切之日照月明，山靑水綠，及吾人自己之起居食息，談笑讀書之種種現象，即頓歸於寂，而悄然無聲，杳然無形。而今日思明日，則明日之事在今日雖可有種種打算預期，然未來之事，畢竟未來，其來也亦不必如今日之所期。此上章所已言。則對今日而言，明日之世界，即恍惚迷離，亦悄然無聲，杳然無形。一日如此，一年可知；一年如此，一世可知。而吾人試思，在我未生之前之世變如何，我此生之後之世變，又如何？我們無論如何遇事不忘，讀史萬卷，或料未來事如神，然除此眼前景象，宛然在目，餘皆同在杳冥之中。已逝與方來，皆如夢如寐。而當前者之宛然在目者，原來自杳冥、交臂之間，即向杳冥中去。來自杳冥，是由無出有；向杳冥中去，是由有入無。由此以觀，則此眼前所遇，亦即在一杳杳冥冥，亦混混沌沌茫茫昧昧之雰圍中。一切現象，皆由之浮出，還沉沒其中。於此，吾人欲求體會親切，便須於此眼前景象中，白雲之一舒一卷，窗帷之一開一歛，身旁之人之一顰一笑、一呼一吸、與吾之一喜一悲，一思一想，皆同須逐一觀其同自杳冥、混沌、茫昧中來，還向杳冥、混沌、茫昧中去，同是來也無跡，去也無痕。而茲就其如是如是而來，此情此景以觀，皆自昔所未有，亦永不能再遇。亦可謂前空千古，後絕萬世，四無依傍，而只暫有於一無限之虛無之面上。吾人如再本此對眼前情景之親切體會，故眼觀其他之萬物，以及上天下地，此天地萬物，其存在之量，固各有大小，其存在之時，亦各有久暫；然我們只須能以小觀大，視久如暫，則天地之成毀，亦如眼前人之一顰一笑之來自杳冥、混沌、茫昧，而歸於杳冥、混沌、茫昧。而吾人於此，果能連此杳冥混沌茫昧，以還觀其中之繼繼繩繩之現象之流，即皆爲惚恍中之繩繩不可名之象，既昧還明，似明還昧，迎之無首，隨之無後，視之不見，聽之不聞，摶之不得，混然爲一，不知其所以然，而無可致詰。然其中之繼繼繩繩者，卻又綿綿若存，用之不勤，往來周行者，又相續而不殆，如有精信不改者，獨立於此杳冥茫昧混沌之雰圍所包裹之世界中，以成此宛然之現象之旋生而旋遊，以反於所自生，而出入、生死、始終於「無有」之天門。對此諸義，則並不待吾人之抹殺任何當前之現象，以翻自其上面以用心，亦能知之。惟待吾人直下親切把握一切現象之「出乎無有，入乎無有」之一義，而以當前現象之前後之杳冥混沌與茫昧，將此現象之繼繼繩繩，加以包裹而觀，則人人皆不難見得。是老莊之無形無狀之道，固即在目前，而最易見易知，不待遠求者也。

第四節　道家思想中「無」之二義

然此上所謂爲一切現象事物所自來自出，與所歸所入之「無」，畢竟是什麽？則此中至少有二解釋，同爲可能。一者此「無」即是同於空無之「無」。一者此「無」並非空無之「無」，而唯是無形之義。此無形，乃所以狀一形上之有。此無應作「无」，而「无」之義實通於「元」，即萬物之本原。大率郭象註莊子，其所謂無，即空無之無，而重在以此空無之無，托顯出其中之一切有，皆憑虛而立，御空而行，而皆自有、自因、自然、獨化，前有後有，互不相生，此有彼有，彼此無待，皆無故而自爾。如天上之繁然衆星，各居其所，各是其所是，然其所然，同以太虛之無，爲托寄之所，而托實無托，寄亦無寄。而老子所謂「有生於無」之無，則蓋只爲無形無象之義，故爲萬物之母，玄牝之門，天地之根。此乃實有一物混成，爲天地之始。故老子謂「有名」「無名」，同出而異名。至莊子書中之言道言無，則兼具此二義。如其謂「視乎無形，聽乎無聲，冥冥之中，獨見曉焉。無聲之中，獨聞和焉」，此無形無聲，便明不同於空無之無。而其以道爲「物物者」「自本自根」者，則道亦非空無之義。然莊子之言「道行之而成」，又謂「天門者無有也」，則道亦如只爲虛理，「無」有如「門」之中虛無物。於此二義中，說此任一義之無，爲天地萬物或一切現象之本，皆有可通。

對此二義之無，如純就現象而觀，則第一義爲勝。因吾人如就一一現象本身，分別觀之，皆可視若憑虛而立，彼此無待。如吾人前論現象主義時，嘗謂物之由黃變綠，乃黃自黃而綠自綠，各如其所如，是其所是，而以其自身之如是，爲其所以如是之理由。故黃之由有而無，以入於無，與綠之由無而有，以出於無，此「無」，亦即可只爲：黃與綠及其他一切諸有所自出入之門。此無，乃畢竟空無，別無所有。如黃之由有而無時，此時之無黃，純就現象而觀，即畢竟空無之無。而當綠之未由無而有時，純就現象而觀，綠亦畢竟空無。由此而吾人如以現象之相繼，乃前後殊別，一一節節截斷，皆以無爲門，爲界隔，一一分懸於時間之線，空間之面上者，亦未嘗不可。吾人專自此中之有，皆暫有，以浮於「無」前，沈於「無」後而觀，亦即可以此寂寥虛曠之「無」，爲天地萬物之本。

唯上述之論，在常情蓋不能安。因如謂有從無出，則未出之前，似應先有。有入於無，既入之後，亦似不應即歸無有。如波由海出，未出不應無波；波還入海，海底應有波沉。若無能出有，則所謂無者，當唯是無形無象之義，此無中仍有「物」方可。然此「物」既無形無象，則應爲一混沌杳冥之渾然一體之物，足以爲一切有之所根者，或一切有之母體者。而此即第二義之無爲通於元之无之說。依此說，則一切現象事物，所自出之无，應爲一尚未分化成界限分明之形象之一全體。現象事物之所以繼繼繩繩，動而愈出，唯由此全體爲根爲母者之能「虛而不屈」而來。則此無形無象者，實兼爲一無窮無竭之「自古及今其名不去」之長有者。

吾人今欲了解此後一義之無形無象之有物混成之道，亦可直從吾人所觀之自然萬物，所由以生成之歷程，加以體會。如吾人試觀一已受精之鷄卵孵化爲小鷄之歷程，吾人最初即明見此鷄卵之蛋白蛋黃，渾然爲一全體。其逐漸發育爲小鷄，而何部成頭，何部成眼與口，何部成肢與足……便明是一逐漸由渾然之全體，而分化爲各部界限分明之形象之歷程。此處如純從我們之知識上說，則此由原始之渾然一體之鷄卵，至各部界限分明之形象，乃使吾人得認識此不同之現象之相繼，而得此諸現象之如何相繼之種種關於鷄卵發育之知識者。此現象之相繼，又復一一相異，而可視爲各如其所如，亦皆由無而有，再於變化時，由有入無者。然吾人於此，如純從存在方面說，則我們亦可說，此具各部界限分明之形象之小鷄，即原始之渾然一體之鷄卵之所化成。此化成之關係，即鷄卵化而小鷄成之關係。而自此鷄卵化而小鷄成，所生之現象之全部而論，則吾人之所知者，即鷄卵之現象漸隱，而小鷄之現象漸顯。此中鷄卵之現象及小鷄之現象，二者之互爲隱顯之關係，即可構成此二者之相依賴而不相離之關係。吾人遂可說，當鷄卵化爲小鷄時，鷄卵即如隱於小鷄之內之中；而當鷄卵尚是鷄卵時，則小鷄如隱於鷄卵之內之中。吾人遂可在此義上說：各部界限分明之小鷄，乃由渾然一體之鷄卵之所化成。而此渾然一體之鷄卵中，其無各部界限分明之諸形象，正所以使其得成具諸形象之小鷄之根原。無形者之「无」可爲有形者之「元」，即於此義上可說。

吾人以上述小鷄之形象，以「鷄卵之無此形象之時」之「无」，爲其「元」之例，即可應用以說明一切萬物之所以生成。因小鷄如是，小鴨亦然，一切鳥類亦然，一切卵生者亦然。而一切動物之胎生者，其受精之卵子，在母體腹中，亦初無已生出之動物之種種形相。植物之種子中，亦復無其長成時枝幹葉花之種種形象。由此推類廣說，則水之初流，只是滾滾滔滔，其中並無種種波瀾之形象。雲之初起，只是停停靄靄，並無種種雲霞之形象。大風初起，只是蕩蕩飄飄，並不聞種種入林木之聲。大火初燃，只是騰騰烈烈，並無種種烈焰之姿。吾人由此以遙想地殼之初形成，亦必不如今日之川原交錯。天體之初生，亦必不如今日之日月星辰之秩序井然。人文之初建於榛榛莽莽之世，亦必不如今日之經緯萬端。即在今日之從事於人文創造者，亦無不始於渾合而終於分明。如畫家之執毫運色，文人之下筆成文，其初豈非只是此渾合之顏料與墨，如椽之筆，及一片空白之紙。其轉瞬畫就文成，琳瑯滿目，此豈非即已同於混沌破而天地開萬物出之事？即此文人畫家之胸中之意境之形成，又何嘗非神思先運，而後脈絡分明？是見有形之生於無形，蓋萬物之生，皆莫不如是。則吾人將形象宛然之一切萬物，推本窮原而論，皆必同達於一渾合未分，萬形皆隱之「元」。而人能宅心於此，亦即達於天地萬物之「根」與「母」「玄牝之門」「無名之樸」或「造物者」「物物者」，而由形象以超形象，由無形無象，以「歸根」「食母」，與造物者同游矣。至於由此再轉進一步，則老莊所謂無、無形、虛、天門、根、母、玄牝之門、無名之樸，又皆所以狀得道者之心靈與生命之自身，則非吾人之所及論，而待於好學深思者之進而自得之。

無之形上學　參考書目

老子

莊子

淮南子道應訓

列子天瑞

Ra thakrishnan and C. Moore編 Anthology of Indian Philosophy, PP. 23—24.

第五章　生生之天道論與陰陽五行之說

第一節　儒家之形上學觀點

關於中國儒家之形上學，亦是東方之形上學之大宗。儒家之形上學，主要在其天人合德之理論。其言人，則主要在其言人心、人性、人道、人德，而人道皆可通於天道，人德亦通天德者。其言天道人道，天德人德之勝義，則在其言生、言善或價值。並言善或價值之本之仁，言善或價值之表現於中和或大和，或至誠無息。此皆爲可兼貫通天與人而說者。此諸義，當於本部之最後章，及下部之價值論中，分別略論之。至於本章之主旨，則唯在將儒家之天道論中，純將天道視爲一客觀所對時之一主要論點——即由萬物之所以生之性，以觀天道或天之變易之歷程之論點，——加以說明。而陰陽五行之論，雖初不出自孔孟荀之正統儒家，然爲易傳及漢宋儒者所採用，以說明萬物之所以生之性，及天之變易歷程者，故亦於此並論之。

儒家天道論，與老莊天道論之明顯不同，在老莊善游心於「物之初」「未始有物之先」，此根本態度爲超物的，亦重「無」的。而儒家之天道論，則初爲直對當前之天地萬物，而言其生生與變易。此根本態度爲即物的，亦重有的。但儒家之說，又不同於希臘哲學之依里亞派，肯定一在現象之上的，恆常純一之「大實有」或「太一」之說，亦不同於現象主義之以世界萬物，只爲一相繼之現象之說。此乃由於儒家所視爲有者，並非不變者，亦非只是已呈現之現象。儒家亦肯定一未呈現之「有」，而此「有」，又與當前之現象不離，而爲生此現象，成就此現象者。此即天地萬物之生生之性，生生之德。就此性此德之不全呈現於現象而言，則說其爲無形，爲形而上者亦可說。由此又可通於道家之義。唯儒家欲彰其有，則不名之爲无或無，而易經只名之爲元。

儒家之重生、重變易，乃自孔子已然。論語載子曰：「天何言哉，四時行焉，百物生焉，天何言哉。」又載子在川上曰：「逝者如斯夫，不舍晝夜。」就天不言而四時行百物生說，則此四時之行與百物之生，亦以一至寂至默之境界爲背景，故孔子有默識之教。此處與莊子之「天地有大美而不言」，老子之「行不言之教」，而重觀宇宙之至靜至寂之一面，未始無相通處。然「四時之行」，「百物之生」，與「逝者之如斯」，又即爲一現象相繼之歷程。唯依純現象主義之觀點，則現象只有呈現與消逝，而無「逝者」，有四時之象之更迭，而無所生或能生之百物。因「逝者」與「物」，同可爲一實體之概念，乃不全呈現於現象者。然儒家之孔子則承認有逝者，有所生能生之百物，此則轉近乎常識。而儒家之進於常識者，則在其以物之所以爲物，唯在其性其德，離此性此德，則亦無物。故物亦非現象之後之實體，如常識之所執。此是儒家之天道論，與他家之說之界限之所在，乃學者所宜先知。

第二節　由他家之萬物觀至儒家之萬物觀

關於儒家之重物之所以生之性之理論，與上述他家觀物之理論之不同，可再就上章所舉鷄卵化爲鷄雛之例以爲論。

如依常識之觀點，則鷄卵是一實物，鷄雛是一實物。常識亦承認鷄雛乃由鷄卵所生，或逕以鷄卵爲因，鷄雛爲果，而謂其間有因果關係，並以此爲吾人之一知識。依此，而吾人即可由見一鷄卵，以推知其可成爲鷄雛，見一鷄雛，以推知其由鷄卵而來。此知識，亦可成爲科學知識之一部。而純從常識或科學之求知立場看，則除此知識之外，人亦可更不對鷄雛與鷄卵之關係，求有所知，不再有其他思想上之問題之產生。

但如依哲學之立場，則對此鷄卵之成爲鷄雛之事，則明可加以種種不同之解釋。如取現象主義之觀點，則吾人觀鷄卵時，此中之實在者，唯是鷄卵之圓而白之現象，及其他種種現象之存在。吾人觀鷄雛時，則又有關於鷄雛之種種形狀之現象之存在。就此不同現象之如其所如而觀，則鷄卵之現象只是鷄卵之現象，鷄雛之現象只是鷄雛之現象。此現象中無彼現象，彼現象中亦無此現象。我們只能說此二現象之相繼相承，所謂因果，即現象之相繼相承之謂。而除此現象之相繼相承外，亦另無鷄卵與鷄雛之實體。於是吾人對鷄卵鷄雛之內內外外，所可能見之全部現象之和，即是鷄卵與鷄雛二名之所指。

但照依里亞派之說，則於鷄卵之變成爲鷄雛，如說此中眞有變動，則此乃爲一不可理解者。因鷄卵之現象中，只有此鷄卵之現象；而鷄雛之現象中，亦只有鷄雛之現象。無者不能生有，唯有乃能生有。則所謂鷄卵生鷄雛，如非謂鷄卵中原有鷄雛，即由吾人於此乃專自鷄卵之實有性存在性，鷄雛之實有性存在性之本身而思之，不復注視鷄卵鷄雛之差別，而逕視此差別爲假相時，然後可說。於此時，則由鷄卵至鷄雛，即同於由實有至實有，由存在至存在，而無變無動，唯顯示一恆常純一之大實有，並無所謂鷄卵變成鷄雛之事可說爲眞實。

但如自道家之老莊郭象之觀點，則於此可有二種說法。其一爲自鷄卵中無鷄雛處言，以前之世界，亦從未有此當前之鷄雛，此鷄雛之有，爲空前絕後之一現象上說。依此，吾人當如上章所說，謂此鷄雛之有，爲一依於無盡之太虛或空無而有——有如莊周之夢中之蝴蝶，其一時之栩栩然，乃在前無所根，而後無所據之虛無面上翱翔——則謂之爲鷄卵所生，亦爲廢辭。其二爲自上章所謂鷄雛之形象，實由無形而爲一團混沌之鷄卵所生，以此證有形生於無形，無形之无或元，爲有之所根之說。依此說以言雞雛爲鷄卵所生，亦非是自鷄卵之白而圓之形象，能生鷄雛之形象上說。自此二形象之相異上看，其不能相生，此說亦可承認。然依此說，以論鷄卵之生鷄雛，卻可兼自鷄卵之能自己超化其形象，以成其他形象之處說。此種一物之能自己超化其形象，以成其他形象之能，即可名之爲氣。此氣可連之於初具某形象之物，而稱之爲某物之氣。然某物在不斷變化其形象之歷程中，其形象旣無不可變化，則所謂具某一形象之物之本身，即可說只是一氣之化，或氣化之歷程。而物亦即可說爲由氣化以成形者。此義則爲吾人上章之所未及，而亦爲老莊之所有。故老子言物皆「冲氣以爲和」，莊子亦曰「通天下一氣耳」。老莊之此義，亦爲儒家之天道觀中之所有，其是否原於老莊，則不必深究。

然吾人如承認一物之有超化其形象，以成他形象之可能，或一物爲由氣化而成形者，則吾人即須同時承認物之有其性。此性即指其能超化一形象，以成他形象，或生他形象之性。此「性」，乃自其由化形象而生形象處說。故性不在其所已化去之形象上，亦不在其所生出之形象上；而在其能由化而生，以更易其形象之「幾」上。物有性，而依性以相續化生其形象，物亦即顯爲一氣化之歷程。故在宋儒又以此物之性，即氣化中之「理」。物有性，能化生形象，以自成爲新物，兼使其他新物化生。故此性即物之德，而可稱之爲物德。

第三節　性與陰陽之相繼義

儒家之天道論之言物之性之德，乃自其由化而生處說。故其所謂性，不同於吾人於一物所直接認識之性相或性質，如所謂物之色聲香味，方圓長短之類。凡此等等，可稱爲呈現於吾人之前之現象或形相。依儒家義，蓋皆不當稱之爲性。儒家所謂性，乃當說爲不在此形之中，亦不在此形之外，而如位於此形與形之相繼之間，以化此成彼者。故物之性，雖爲物今之所具有，而其所表現或成就者，則恆在未來，不可由直接認識物當前所呈現之形相而得。故鷄卵之性，不在其圓而白之形上，而在其能化生鷄雛。嬰兒之性，不知其短小無知，而在其能長大，以成童子，成大人。火之性，不在其色赤，而在其能熱他物，使他物由生而熟，或燒壞他物，以使他物易其形。水之性，不在其上正顯之波紋，而在其能潤澤他物，以使他物生長，而亦易其形。故所謂物之性，實只由物之呈其所能或作用而見。而凡物之呈其所能與作用處，無不有化於物之舊形，而有成於物之新形。其有化於舊形之處，即舊形由之而入，而隱，此即名之為陰。其所有成於新形之處，即新形由之而出，而顯，此即名之為陽。然此有化於新形，與有成於新形之二事，恆相續無間，而更迭以起。故陽之後，繼之以陰，陰之後，亦繼之以陽。由此而道家之言萬物萬形由無而有，復歸於無，仍是一半道理。因有既歸無，無亦還當再有。則萬物之生，並非只由生而返其所自生之本而止；而是由返本以再生。則萬物即在一生而化、化而生之大化流行或生生不息歷程中。在此生生不息之歷程中，由陰之必繼以陽，則見陽之不屈於陰，而恆能自陰再出，以成相續不斷之陽。此之謂陽性至健之乾德。而陰之恆承陽而起，固為使顯者隱，使生出之物返於所自生之本而歸藏；然此亦即為物之生而又生之所本，所以順成繼起之生者。此之謂陰性至順之坤德。而就此陰陽相繼，以使萬物生生不息言，則見善之相繼流行。至就陰陽乾坤之德，似相反而實相成，以生萬物，並使萬物各有其生之性，而為萬物所以生之根原或「元」言；則此「元」，當稱之為「乾元」「坤元」。此二者之相反相成，似二實而不二，即名之為太極。於是元為善之長，即善之相繼之本也。故易傳曰：

「大哉乾元，萬物資始」。曰「至哉坤元，萬物資生」。又曰：

「一陰一陽之謂道，繼之者善也，成之者性也」。又曰：

「易有太極，是生兩儀（即陰陽乾坤）」

第四節　陰陽之相感義

宋儒朱子論陰陽曰：「陰陽有個是流行的，有個是定位的。一動一靜，互爲其根，是流行底，寒來暑往是也。分陰分陽，兩儀立焉，是定位底。天地四方是也。易有兩義。一曰變易，便是流行底；一曰交易，便是對待底」。又謂「陰陽流行的是一個，對待的是兩個。」〔註〕朱子所謂流行的，即是上段之所說。此可謂爲縱的陰陽。朱子所謂定位對待的陰陽，可稱爲橫的陰陽。此爲吾人本段所將說。

所謂橫的陰陽，即並在之兩物，相對相感時之陰陽關係。如天降雨露是陽，地承雨露是陰。銅山西崩是陽，洛鐘東應是陰。凡感者皆陽，應者皆陰。施者皆陽，受者皆陰。主動自動者皆陽，靜而被動隨動者皆陰。此是橫的陰陽，即朱子所謂定位的，對待的陰陽之義。此中之兩物，其一居陽位，一居陰位，一主動，一被動，似相對或二；然其由感而通，而應，自此感通或感應之際上說，亦仍是一個。於此亦可見太極。

〔註〕：見朱子語類論陰陽項下

此二義之陰陽，如只自縱的陰陽之相繼上說，此仍較鄰近現象主義之觀點。然此二義之陰陽中，如以橫的陰陽之相感義爲本，則與現象主義之觀點大不同。何以吾人可以橫的陰陽爲縱的陰陽之本？因陰陽之相繼，皆可說爲由陰陽之相感而來。

譬如我們以上所舉之鷄卵發育之鷄雛來說。表面觀之，由鷄卵之形象之化生出鷄雛之形象，純爲前者隱而後者顯之陰陽相繼之歷程，而二者互爲其根。然吾人試思，此鷄卵若非先經雌雄交配，則無生幾，不經母鷄之伏卵，或新式之孵卵器，其生幾亦不能自顯，由是而不能發育爲鷄雛。此雌雄之交配，與母鷄及孵卵器之伏卵孵卵，即皆爲二物交感之陰陽關係。此中雄爲主動，爲陽，則雌之被動，爲陰。母鷄之伏卵爲陽，卵之被伏則爲陰。主動者施發一作用功能，即使此作用功能顯，被動者承受一作用功能，即使此功能作用隱。然被動者之受感而動，其動又有一作用功能之顯，是又爲由陰而陽，以有陰陽之相繼。如卵被母鷄伏，而發育成雛，即其由陰而陽，以成陰陽之相繼之事也。

吾人如曠觀萬物，則知萬物無不在定位相待，而又互相感應之歷程中。在此歷程中，復有物之作用功能之互相貫徹，而無遠弗屆，此即足以使萬物依此感應而相通，以互結爲一體。如日光照水，日光之作用功能，即貫徹於水，而水受之，即日水結爲一體。水之蒸發爲雲氣，再接天上之日光，而天上之日光受之，則又與天上之日光爲一體，以成霞彩。霞彩入於詩人之目，詩人受之，其心美之，又與詩人之心目，結爲一體。於是詩人之見此霞彩，亦不僅於霞彩中見霞彩，亦於霞彩中，見日光與雲氣，亦遙見雲氣之由地上之水蒸騰而來。至詩人之感此而發為詩，吾人讀之，吾人遂不僅見此詩，亦見詩人之心，與詩人之心中之霞彩。故吾人依人與物之直接間接之感應之關係，以看當前自然界中之任一物之生，則其中皆有無限之天地萬物之作用功能之互相貫徹，以使之生。於是吾人亦即可於一當前之物之生幾生意之中，透視天地萬物之生幾與生意。此即中國詩人之所以言「數點梅花天地心」。吾人以此眼光觀人間之事物，則古人往矣，而其遺教遺澤，流風餘韻，由世代相續以及於今者，苟有一絲一毫之尙在，吾人亦即可由之以上通千古。此即詩人之所以言「千古意？君知否？只斯須。」則吾人固不必待於捨離當前之事物，以游心於物之初或觀恆常不變之太一，而後能通萬物以為一；而即觀此當前之天地萬物，皆無不依一陰一陽之道，而相感相通，以相承相繼，使其作用功能互相貫徹，而無遠弗屆。吾人亦可泯化其形象之宛然相異，唯見一生生之易道之流行周遍，而視此天地萬物，渾然是一太極之呈現矣。

第五節　五行與橫面之萬物之相互關係

我們以上所說之儒家天道觀，乃自整個天地萬物，而言其生生不息之道之常在，與其作用功能之相貫徹，而結為一體。然吾人如只將此一一之事物，分別對峙而觀之，則物與物間，除有互相感應而生之關係外，亦未嘗無互相阻隔，而相毀相尅之關係。而不同時之相繼而存在之事物，亦同有相毀相尅之關係。惟此相生與相尅本身，仍相反而又可相成，且終以相生為主，而非以相尅為主。故上段之義，仍自成立。至於重觀此世間事物之分別對峙，兼觀其相生相尅之天道論，則爲漢宋儒者所喜言之五行之論。此五行之論，爲中國之醫學，及其他術數之理論之所據，其中亦夾雜各種迷信穿鑿之說。然吾人今可只就其連於事物之相生相尅之基本觀念者而論之，則可無迷信穿鑿之成份。

中國思想中之五行之論，乃由陰陽之觀念而開出。其以生尅之義爲主，頗似西方及印度哲學中，以正反及生滅，爲事物之基本範疇之說，然實則有根本上之不同。其不同，在西方印度思想中之正反生滅之範疇，皆直接根據於人對於先後呈現之現象之互異而建立。如一後呈現之現象，異於前呈現之現象，則我們即可說後者有而前者無，後者生而前者滅，後者亦即可稱爲前者之否定者；而前者爲正，後者爲反。凡有現象之相承而變化而前後互異處，依黑格爾之辯證法，皆可稱後者爲前者之反。由此而種子之生芽，芽即爲種子之反；蛋之生鷄，鷄亦可稱爲蛋之反；人之由童年而成年，成年亦可稱爲童年之否定；而在歷史世代之更迭中，後一世代亦可稱爲前一世代之否定。

然中國思想中之陰陽五行之論，則皆非直接自前後呈現之現象之互異，前無後有，前滅後生，以謂「後」之爲「前」之反者。此中關鍵，在中國思想中陰陽五行之論，並非重在觀前後之現象之互異，而重在觀物之能由化去其所呈之形象，以生出新形象之作用，功能，或生之性之德。由此而物所呈之現象之更迭，其由有而無，由生而滅，以另有所有所生，正爲表現實現其此作用功能或生之性之德者。由此而現象之更迭中所顯者，唯是正面之作用功能，或生之性、生之德，其中可無反之可說。譬如吾人之走路，若純自所呈現之現象上看，則吾人之足必須不存在於前一地，或前一地之足必先無先滅，乃有吾之足之存在於後一地；則吾人似可說，存於後一地之足，爲存於前一地之足之反。然吾人如自吾之足原有欲至後一地之要求，作用，功能或性上看，則其至後一地而離前一地，即只爲此正面之要求、作用、功能或性之一表現實現，而非由正至反，唯是由正至正也。

吾人如以看上述吾人之行路之觀點，以看世間一切現象與事物之相繼而生，則皆不得言其爲一有無、生滅、正反交替之歷程；而只當說爲由有而有，由生而生，由正而正之歷程。如種子之發芽，卵之化雛，及人之由幼而壯，歷史世代之變遷，皆同當自一功能、作用、或性，之逐漸實現表現處說，而視爲一由正至正，生而又生，有而又有，以進於易傳所謂「大生」「廣生」而「日新」「富有」之歷程。而凡一正呈現之現象，或正生起之事物，亦即皆承前之生，亦啓後之生者。此承前與啓後，即一物之概念本身中之所涵。其所承之前，可稱爲生之者；其所啓之後，可稱其爲所生者，合以爲一「初」「中」「終」之歷程，以使一事物成其爲一事物者。此之謂「物成於三」。而易中之八卦之以三爻表示，其義亦蓋在於此〔註〕。

然一事物有能生之者，有其所生者，其他事物，亦有能生之者，及其所生者。緣於一事物與他事物之功能作用或性之不必同，則此物之所趨向於生出者，可非彼物之所趨向於生出者。而此物與彼物之二

〔註〕：易緯乾鑿度謂：「物有始壯究，故三畫而成乾。」

歷程，又可同賴於與某一共同之物發生關係以完成。於是此二歷程，可相交會，而發生衝突。如桃杏之二種子之生之歷程，同賴於某養料之吸取以完成，則此二生之歷程，即可交會而發生衝突。在此衝突中，則有相尅之關係。於是物即有尅之者，亦可有其所尅者。由此相尅之關係，亦可使一現象，一事物，由有而無，由生而滅。然此相尅之關係，唯以原有二生之歷程，各欲成就其自身，而適相交會或衝突乃有。如此二歷程，不如此交會——如桃杏之種子分種各地，使各有其養料——則此衝突與相尅之關係可無有。由此而相尅之關係，乃依於相生之關係而有之第二義之事物之關係，亦非必然存在而為可改變之一種事物關係。故將有無生滅，相對成名，無與滅，終為次於生與有之形上學概念也。

吾人如設以任一物之自身為一，而以生之者，所生者，尅之者，及所尅者，為四，即合為五。而中國五行之理論中之一義，即為選自然界之五物：金、木、水、火、土——而於其中，設定任一物為中心，以其餘四者，分別為能生之者，其所生者，尅之者，與所尅者——以表狀象徵此一切事物之在此相生相尅之範疇中之說。

第六節　五行與縱的生化歷程

上述五行之義，仍可謂為由橫的觀點，以論一事物與其他事物之相互之生尅關係者。至五行說之另一義，則純為由縱的觀點，以五行表一事物之生化歷程之全程之義。如木、火、土、金、水表一年之春、夏、季夏，秋、冬之全程。此即以五行之序，表示一事物之初生、生盛、盛衰之際，始衰、衰極而化之全程之說。而此亦即無異將一事物之全程，分爲五段，而各各視爲一事物之說。

此種將一事物分爲五段之五事物，或將五事物視爲一事物之五段，其用意何在，頗爲難言。實則吾人只如上文之合三事爲一事之初、中、終，或分一事爲三段爲三事物，（即一爲能生之者，一爲其自身，一爲所生者），亦未始不可。然吾人如只說「三」，則關於「其所生者兼爲能生他物者，其能生之者兼爲所生者」之一義，不能彰顯。然在五行之說中，則每一行皆有其所生，而所生復爲能生，以有其所生；亦皆有其能生之者，而能生之者，更有能生此能生之者，以使能生之者成爲所生。於是「能生一物者兼爲所生，一物之所生者，兼爲能生」之義，即由此而全部彰顯。

此種以五行表「相續之一事物歷程之五段」，或「由五事物之合成之一整個事物之歷程」之說中之一義，即爲「迭相生間相尅」之義。此爲中國之五行論中最流行之說。依此說，則在木火土金水之序中，木生火，而尅其次之土，火生土，而尅其次之金，土生金而尅水，金生水而尅木，水生木而尅火。依此說，則如將一種子之生長，分爲五段，如種子（木），發芽茂盛（火），開花結實（土），花葉枯黃（金），葉落歸根（水），似應說「種子」生「發芽茂盛」，而尅「開花結實」，「發芽茂盛」生「開花結實」」而尅「花葉枯黃」……此其義果何在，亦不易明。

然吾人今可試作一解釋。即在五行之論中，所謂尅原非消滅否定之義，而可只是尅制限定之義。如吾人說霜尅草，即霜降而限定草之生長之義。此限定，乃外在的限定。然吾人亦須承認一物之如何依序生長，有其內在之限定。如就一種子之能發芽，茂盛、開花、結實而言，此同爲種子之性。然此性卻並非一時全部實現，而只能依序而現，方成一歷程。其只能依序而現，即表示其生長之一段歷程中，只實現其性之一面，此即爲一內在的限定。由此內在的限定，而種子在發芽時，即不能同時有開花結實以下之事，而此以下之事至，即爲其一面發芽時，一面加以尅制限定者。至在其由發芽而生開花結實時，亦尅制限定其花葉枯黃之事；……。而此正爲使其生長之全程，成爲表現一定之段落，節奏之歷程者也。

如以五行表示一事物之五段，如初生（木）生盛（火）盛衰之際（土）始衰（金）衰極而化，及終（水）之一歷程，則吾人亦可說其由始生至盛，爲一「自生」或「生之者之助使之生」之歷程；而由盛至衰極而化，爲「自尅」或「尅之者促使之化」之歷程。在此五者間，吾人亦本可說「始生」之木，生「生盛」之火，而尅制土之「盛衰之際」者；「生盛」之火，爲生「盛衰之際」，而尅制「始衰」者；由盛而來之「盛衰之際」，乃生「始衰」，尅制「衰極」者；「始衰」乃生「衰極而化」，而尅制「初生」者；「衰極而化乃使他物繼之而生，即生他物之「始生」，而尅他物之「生盛」者。此皆非不可理解，而亦非此不足以表示一一歷程中之物之所以生之有限定，而表現一定之段落節奏者也。

生生之天道論與陰陽五行之說　參考書目

周易　繫辭傳

蕭吉　五行大義　知不足齋叢書　此書總述漢儒之陰陽五行之理論，其雜配處不可取，然大義則足資啓發。

王船山之性與天道論　拙著此文載學原一卷二——四期，此文雖只爲講王船山而著，然亦涉及對中國之陰陽乾坤，及生化之哲學之解釋。

中國先哲之自然宇宙觀　拙著中國文化之精神價值第五章。此文以中國先哲之自然宇宙觀與西方之自然宇宙觀相對較而論，與本章所論，互有詳略。

第六章　理型論

第一節　理型論之形上學之特徵

我們在上章所論中國思想中之一種形上學，乃是著重在從事物之作用、功能及性、與其始終生化之歷程上，看事物間之生尅關係之形上學。而不是從事物之形相上，看一事物之所以成某一個體之事物，與某一類個體事物之所以成某一類之個體事物之形上學。因而依此形上學以看物之形相，乃以之爲第二義之概念；並以物之形相，乃時在自己超化之歷程中，而不特加以重視者。吾人在本章所論之形上學，則爲以物之形相爲第一義之概念之形上學。依此形上學，以論物之作用功能及性，則此作用功能與性，皆是以實現某一形相或形式爲目的者。此即西方哲學中由柏拉圖、亞里士多德所開啓之一種形上學，而可與上章所述之形上學，不必相反，而着眼點迥異，亦可補上章所說之形上學之一種缺點者。

此種形上學之看世界之事物，乃不重在事物之如何生，而重在某一事物之如何成，及其所成時之「所是者」，與「所是者」之恆常而不變化之處。因唯此事物之「所是者」之恆常而不變化之處，乃吾人最可用概念加以把握，以構成吾人之知識者。而此種形上學，實亦即一種：視知識概念所把握之內容，即存在事物之本質的形上學。

此種形上學，亦為一具智慧之形上學。其最後亦能使人由知識、至一意義之超知識境界。然此種形上學之智慧之來原，則初非由觀地上萬物之相互間，由感通而生生化化，及互為生尅等關係而來，而主要是由觀天體之永恆的形相與其運動之永恆之秩序而來。亦初非由觀生物中之動植物之自然的生長化育之事而來，而初蓋是由觀人之如何將無生之物，加以製造，而賦以人為之一定之形式而來〔註〕。吾人眞要了解此種形上學之智慧，亦宜當先由一無生之物，如何獲得一人造之形式，及天體之永恆的形相與秩序之由何而來上用心。然後再看此說之如何說明生物等之如何生長，而獲得其自身之形式。

西方此種哲學之傳統，始自西方希臘哲學中之天文學與數學、幾何學之思想。在柏拉圖亞里士多德，皆同有以天體之形相秩序，為標準之形相秩序，而以地上之物之變化，為最缺乏整齊分明之形相秩序，而視之為屬於一較低之存在世界之思想。故柏拉圖嘗托諸蘇格拉底之言，謂思及毛髮泥土之物，則使之欲發狂，而彼與亞里士多德，乃同以天體為純形相，幾無物質成份者；並以地上之物之多物質成份，即其存在地位所以居於較低之層次之故。又於一切物體，將其自身中之形相形式，全加以去除後，二家皆以此物質，為有而兼非有，同於混沌，乃屬於存在世界之最下層者。此與中國思想之由物之在生

〔註〕：Windelband 西洋哲學史英譯本 P.144，亦謂亞氏之宇宙歷程論乃由造型藝術之類比而來。

化歷程中，能不斷超越形相，以言物之生德生性，而以無形之混沌與元氣，爲最高之形而上之實在者，正有一哲學上出發點之基本差異。故吾人欲了解此派之哲學之價值，亦待於吾人之暫忘吾人在上章之說，而超越吾人上章之所說，乃能對之有一眞實之了解。

第二節　形式對質料之獨立性與人實現形式之目的性活動

方才吾人已說，此派之形上學，乃以知識概念所把握之內容，爲存在事物之本質者。而我們亦可說：吾人如不由知識概念所把握之內容，看各種存在事物之本質；則吾人恆不能淸楚的確定各存在事物之分別存在。吾人在本書前一部中，已論吾人之知識概念之內容爲共相，並謂吾人不通過共相，則不能認識任何事物。然吾人如須通過事物之共相，乃能認識事物，則吾人亦可說，此共相即爲存在事物之所表現，而有其存在性。此種實在論之觀點，實爲柏拉圖亞里士多德所同承認。如吾人觀天上之日月爲圓形，而其運動之軌道，亦爲圓形〔註〕，且似皆終古爲圓形。此與水火等不斷超越其所表現之形而無定形，若只有質而無形者，便全然不同。然吾人試思，此日月星辰之自依軌道，周天而行，吾人似明不能說此軌道，即在日月星辰之中，正如吾人今之不能說火車之軌道在火車中，行人道之在行人之中。吾人

〔註〕：此軌道在今日吾人已知爲橢圓形，但在常識及亞里士多德則視之爲圓形，今姑假定爲圓形。

於日月星辰經行之後，只須瞑目一反省，即不難想出種種弧形之軌道，爲日月星辰之所經。又於日月星辰之爲物，吾人初只見其光與形，而不見其質。吾人亦不難只思其爲呈如此如此之形與光者，而不思其質，如吾人思鏡中之影，可只思其形與光，而不思其質〔註〕。於是吾人即可以天體之運行爲只表現純形式者。此外，吾人再試想，人之製造物，如雕石成一人像，是如何一囘事？此中之石，實初只是一團無形式之物質，而亦可稱之爲一混沌。然在雕刻家心中，卻儘可先有一純形式之人像。雕刻家之手，則爲逐漸將石之混沌，加以鑿破，而以其心中之純形式之人像賦於此物質者。由此吾人方可雕出這人的像、那人的像、以及獅虎豹的像，以及希臘之神如維納斯 Venus 阿波羅 Apollo 等之像。此外，人之建造房屋，及一切製作之事，皆莫非人之心中先有其所思之形式，而後再實現之於事物之事。

在此種人之依其心中之形式以製造之事中，各物乃依賴於其不同之形式，以成爲不同之物；然此形式，卻並非必依賴任一物，以成其爲某物者。譬如，我們試想，上述之各雕像，乃由分裂同一之大石塊而雕成，此各種不同之雕像，所以成其爲不同之雕像，明唯賴於其形式上之分別；然此任一雕像之形式本身，卻明非必待於人之將其雕在某一石塊之上，而爲可離於任何石塊之上者。以至用木頭、石膏、磁

〔註〕：希臘哲學家多以天上星辰爲火。亞里士多德物理學中，則以爲其體乃由較火更輕靈之第五種質料（地水火氣以外之一種）所構成，而更能附著於其形式以運動者。B. Russell: History of Western of Philosophy, P.229.

土、金、銅，來雕出此形像亦可，只是畫出此形像亦可。縱全不加以雕出畫出，我們亦可用文字，加以近似的描述，或只以吾人之心思想之。故我們縱然把這些雕像、木像、石膏像等一齊都打碎，再磨再鍊再調和，成爲一團混沌，此諸形像，仍可宛然在心，並無增減。人們亦無妨再去雕刻，再把成混沌之泥土，摶成種種之形像。故我們不能說這些形像本身，乃依賴於表現此形相之物質而存在。由此再進一步，即可說這些形像或形式，乃依其自身而存在，或自存自有者。此俟下文，逐步略加以說明。

我們由上述之雕刻之例，不僅可知雕像依賴其形式，以成雕像，而且可知此形式之實現於物質之材料，乃一次第之歷程。在此例中，一形式之完全實現，明待於人之努力，此人之努力，亦不必皆眞能達到我們之目標者。譬如我們試看一雕刻家之雕一石像。最初用刀東一削，西一削，即已破壞了原來之混沌之石；然其初卻儘可什麼都不像，必歷一相當之時間，然後手足漸分明，眉目毛髮漸現。此即爲一次第之歷程。此歷程到何時終止？到雕刻家心中之雕像之形式，完全實現於石爲終止。然此完全實現，則並不容易。雕刻家可明覺其心中之像，宛在目前，然而手卻可不從心，而石頭之頑梗性，亦可處處爲其雕刻之事之阻碍。又其如一刀雕刻錯了，到後來亦可無法改正。他在此時，最後只有說此雕像雕得不好，不合標準，而或另外再去雕一個。但他卻決不至埋怨其心中之像之形式，不應當有，或使此形式不存在；而只能責備他的手與石頭，不能順從依合於其心中之形式。此即謂一切缺點，皆原於實現此形式之物質材料，不堪體現此形式，不受此形式之規範主宰，而不在此形式之本身。

其次，在一雕像形成之歷程中，我們之目的，乃在使石頭表現某一形式。然此事之所以可能，重要者並不在物質材料之增多，或其自身之能生長。因當前之物質材料，是已足够的，不僅足够，而且有多。這時我們的工夫，正在把多餘的加以削除。唯我們不斷削除，然後在石外之雕刻家心中之像，逐漸實現於石頭。在石頭不斷削除時，石頭豈非亦表現一串形式？我們豈不可說其最後形成之形式，只是此一串形式之最後之一個，與其前之一串形式中之形式之地位是平等的？但依此派哲學，則決不能如此說。因除其最後一個，此前之一串形式，都是要被削除的。這一串形式，只是不斷接近其最後之一形式之一串形式。亦即其最後之形式，尚未完全顯出時之一串形式。此一串形式之形成，乃由此物質的東西，逐漸去完全的實現其最後之形式時，與此最後之形式，尚有各種不同程度之距離而來。當其最後之形式已實現時，則此一串形式，即不復存在。故其先之存在，只能視爲此最後之形式之不完全、不適切，而帶幾分矇矓含混之成份的倣本。這依最後之形式爲標準來看，是多多少少不合標準的，故亦非此雕像之眞正之形式之所在。

第三節　形式之不變性

關於一切人之製造物，皆依一先在之形式之實現於物質材料而成，可以莫有很大的問題。而我們亦即可依此人之製造物之如何形成，以透視、了解、一切地面上自然物之如何形成。

譬如依中國之儒家道家之思想，來看草木禽獸或人之生命，其一生實整個是一生化之歷程。但說其是一生化歷程，可以說其無論如何變，都是一個生化歷程。然而從一方面看，則一切草木禽獸之生長，又似均要生長成一定的什麼形式。如以我們前所舉蛋生鷄雛、種子發芽之例來說，此蛋即必須化出鷄雛之形式，種子亦必須化出芽之形式，但鷄雛之發育，乃尚未完成者。何時才完成？必俟此鷄雛，長爲一成熟而毛羽分明的鷄雛時，才完成。種子只發出芽之形式，種子之發育亦尚未完成。何時才完成？必須由芽而花葉分明才完成。而我們對於此等等物亦必俟其發育完成，而形相分明時，我們亦才可對之有一清楚的概念；並對此分明的形相，更易加以幾何學數學的處理。在此處，我們便不宜說卵爲鷄雛之本原，種子爲芽之本原〔註〕；因此如純從卵看，鷄卵與鴨卵及其他鳥類之卵，便很難分。從種子看，各種植物之種子之形相，亦差不多。人對初生之鷄與鴨，及各種植物初生之芽，亦恒難加辨別。通常一切事物之種類之分別，皆必至其特殊之形相，分明顯出時，人才能加以分別。而一切種類之自然物，所以成爲不同種類之自然物，亦如吾人前所說之雕像，乃唯依賴於其各種特殊之形式，即彰彰明甚。此自然物，在未發育完成，以實現其種類之形式前，必力求生長發育，以實現某一形式。此豈不正有類似於雕刻家之於雕像未成時，必努力求加以雕成而後已？而此二者，又豈不可同說是由於一先在之形式之存

〔註〕：亞里士多德曾謂：哲學或自混沌之質材開始，或自有秩序之宇宙開始，如以卵爲鷄雛之本原，種子爲草木之本原，即自混沌之質材開始。

在，以爲其標準，爲其規範，爲其主宰？又一自然界之生物，在已生長發育完成，某一形式，既已實現之後，則不再生長發育，亦不再化爲他形式之物。此豈不同於雕刻家之一雕像既成，即不能再於其上，另造一雕像？此豈不可說，同緣於各種分明之形式，不能互相淆亂？又一自然界之生物，在已生長發育完成，某一形式既已實現之後，則其自身日益就衰老。然而他卻同時生下種子，留下子孫，而在其子孫之身上，重現其自身之形式，以代代相傳，至於無疆。此豈不正近似一雕刻家，知一雕像成後，可歸於剝落毀壞，於是繼續再造同類之雕像，以使此像，得傳之久遠？合此上所論，即足證明：在自然界與人，皆以求形式之保存與其繼續實現，以成爲變化流轉之宇宙中之貞常不變者，爲最重要之事。於是形式之概念，亦即應爲形上學中最重要之概念。至物質之材料，乃唯所以實現形式，則爲次要之概念。

第四節　形式之客觀性

此種哲學，在根本上乃建基於一物之形式，與其物質材料相對之二元論。此種二元論，與常識最相違之一點是：在常識，皆以一物之形式，乃依附於其物質材料之上，而此形式乃不能自存自有者。此種哲學，則必須肯定一物之形式，爲能自存自有者。故吾人欲了解此哲學，首宜於一切種子之上，如見不同之花葉之形式，將實現於其上；於一切嬰兒之上，如見不同之大人之形式，將實現於其上；於一切鳥卵與爬蟲之卵上，見飛鷹、鳴鶴、長蛇、與千年之龜之形式，將實現於其上。而此無限之事物之形式，雖初皆視之不見，聽之不聞，然實潛移默運，以由隱之顯，而化出形形色色之萬物者。即當地球爆裂、天地混沌之後，此形式依然自存自有，而待得一朝一日，又來鳥啼花笑，草長鳶飛；而一切同此形式之物之再來，亦即無異於一物之再來。故彼能觀此形式之貞常不變者，視此地球爆裂，天地混沌，亦視如小孩兒一時將其用泥土塑成之人物打碎，用水再揉和，以便再塑人物之類，固可不致其嘆息也。然此義，則詩人之所喜聞，而爲常識所駭怪，視爲大荒誕不經者也。

依常識之見，對此種哲學最大之懷疑，是以爲此種將形式視爲自有自存之說，乃全由於人心之構想，而謂單獨之形式、亦實只存於人之思想想像之中。唯因人之思想想像，可預想未來，故吾人亦可想在種子上，將有花葉等形式之實現，及天地歸於混沌後，亦可能有形形色色萬物之再現；然決不能說，此形式等能自有自存。他派之哲學家，亦多有緣此常識之說，進而立論，以批評此種哲學者。此中之問題，實亦極深邃。吾人今可據此種哲學之義，以略答此中之疑。

依此種哲學之路向，對於形式之是否懸空自有、自存，本可有不同之主張。此種哲學之要點，乃在指出一物之所以爲一物，必由其形式加以規定。如物爲有、爲存在，則其形式不得爲非有、爲不存在。且此形式，正當爲物之所以能如此有、如此存在之本質、理由、或根據。依此哲學看，此形式固恆存於人之思想想像之中，然卻不能說其只存在於人之思想想像之中。此有二理由可說：其一，是我們須知我們之主觀的思想想像本身，亦並非能自由構想一事物之形式者。我們之思想想像活動之進行，本身即須依一定之形式而進行，而受其規定。如吾人可想一橢圓之葉與另一橢圓之葉，合爲二橢圓之葉。但吾人並不能想此二葉構成一三角形。吾人可說當吾人想一橢圓之葉時，吾人之思想中體現一形式，再想一橢圓之葉時，又體現一形式，而合此二者時，則體現二橢圓之形式。此二橢圓，可有左右之空間關係，大小之數量之關係，此關係亦爲一形式。此「二」之數之本身，亦爲一形式。然吾人在將此二橢圓，合而想之之時，吾人即不能不想，此二者之「空間關係」及「二」之形式，之如此如此。此何故？此只能說由於吾人之思想想像之進行本身，要受形式之關聯之規定。此形式之關聯，不僅規定我們目前之所想，而且規定我們之所當想。我們對我之所當想者，可尙未想，則此所當想者，不能說在我們之現實的思想中，而當說其爲超越於我們之現實之思想之上，以規定、領導、主宰我們思想之進行者。此爲我們不能直說「形式」，由我們自由構想而成，而只存於我們主觀之思想想像中之一理由。

其次，我們在說一物將發展出某形式時，我們當然必對某形式，有一概念，有一知識。然而在常識中，亦實並不能眞相信此概念；此知識之內容，只屬於我們之主觀思想的。譬如我們說一蛋將發育爲鷄，我們並不只是說，我思想他將發育爲鷄，而是說蛋本身要發展爲鷄。如果只是說，我思想其將發展爲鷄，則無論其是否發展爲鷄，我都是可思想其將發展爲鷄的。然而我們之思想其發展爲鷄，而他不能發展爲鷄時，我們卻可說我們之思想錯了。必我們思想其發展爲鷄，而他又實能發展爲鷄時，乃能說我們之思想是眞的。是見眞思想、必須有其客觀所對。然而我們在說蛋能發展爲鷄時，客觀所對之蛋中，卻又明是無鷄。則我們之說其將發展爲鷄時，我們眞思想之客觀所對，遂仍只能是一超越於現實之蛋之上的鷄之形式，而此形式，即不能說其是只存於我們之主觀思想之中的。

但是我們方才只是說此形式之不能只存在於我們之思想中，而可說之爲一種自有自存者。但其自身畢竟如何能自有自存，仍是一問題。在此，依柏拉圖之理論，有二種解釋的可能。（一）此形式（彼名之爲理念）之自身，即構成一世界，乃超越一切現實事物，與吾人之一切思想而自存，有如懸空外在，以成一較現實事物之世界，更眞實之世界者。此更眞實，乃自其恆常不變，爲一切在變動之歷程中之事物，所嚮往、所欲實現者說。（二）此形式理想之世界，並非純爲懸空外在者。此乃因此各種形式理念，無論一般事物是否能表現之，然吾人之思想，皆未嘗不可思之。在吾人思之之時，此諸形式理念，雖規定主宰我們之思想進行之方向路道，如上所說；然而我們在思之之時，我們卻亦可覺其如由我們之心靈或靈魂之內部，自己逐漸呈現出來。由此而我們如逐漸加深，並提高我們之思想，我們即可逐漸進入此形式理念之世界。故柏拉圖或用比喻，以謂人之靈魂，原住於一潔淨空濶之理念世界，原能明白洞鑒此理念之世界者。唯因墮入人間，乃漸對理念世界之理念遺忘。人今之運用理性的思想，以逐漸認識理念，則同於遺忘後之再回憶。此比喻之所涵，亦即同於謂理念之世界，原在人之靈魂之明白洞鑒之中；雖爲其客觀所對，而亦並非離此靈魂之明白洞鑒而純爲懸空外在者。由此而吾人今之用理性的思想，以了解理念，亦實不外將本在吾人之靈魂明白洞鑒之中者，重加以昭顯而已。在柏拉圖之提摩士

Temeaus 語錄，於至善及理念世界之下，肯定一造物主之能依照理念，以造世界，亦有此理念世界並非離一切觀照之之造物主而存在者之義。

此上所述之二義之理念世界論，同爲柏拉圖形上學中之所涵，亦不必然相衝突者。但吾人可說，專發展前義，以申論一切形式或理念之不依賴任何其存在，而自有自在者，乃西方現代哲學中若干新實在論者；而能發展後義，並將一切形式或理念與現實存在或實體，連繫而論者，則爲亞里士多德之哲學。

第五節　實體及變動與四因

在亞氏之哲學中有十範疇之說。此十範疇是實體、性質、數量、關係、時間、地方、位置Position、情態State、主動、受動。亞氏即以此十範疇，爲一切實有之範疇，而爲我們可普遍的應用，以論述一切實有，而形成種種知識命題者。然此十者之中，實體居第一位，其次乃有性質、數量、關係等。如我們必須先有某物爲一實體，如一銅器，乃有其性質，如圓而黃。而後我們乃能以此性質，論述此實體，謂此銅器爲圓而黃。次乃能以量論述此實體，如此銅器之圓，其面積爲一平方尺左右。再其次，乃能以關係、地方、時間、位置等，論述此銅器。如謂此銅器爲大於某錫器（關係），及此銅器今在何地（地方），爲何年所造（時間），如何置放，如倒置或順置於其環境之物中(位置)，在何情態（如充滿食物或空虛），主動或受動，（如被人移動爲受動，落地敲地板爲主動）。由此而實體爲亞氏之形上學之第一概念。

但是一實體如何能成一實體，則賴其形式。如此銅器之圓，即其形式。若離開如是之圓，則此銅器即無以別於其用同一物質質料所成之銅器。在此處，亞氏之重形式，全由柏拉圖之重理念來，而實與柏氏之哲學無殊。但是我們卻又不能眞主張一物之形式，能離其物質質料而存在；而當說此形式與質料，合以存在於一實體中，此卻是亞氏之哲學，更近常識之處。

此更近常識之哲學，由何而建立？或我們何以知一實體除其形式外，必有質料，此形式必屬於一實體？我們豈不明見一物之形式可以變化，而不再屬於一實體？此豈不證明一實體之可離開其形式，一形式之可離開一實體？亞氏之答覆此問題，則係於其如何說明變動之理論。

亞氏分析變動爲四種。一爲性質之變，如物由白變非白。一爲量之變，如由小變大。一爲位置之變動，如由此至彼。一爲成毁之變，如由成而毁。然而此任何一種變動中，必有一能變動者。此即實體，如一物之色，由白變非白，則此物之實體，即能由白變爲非白者。此物之實體，能由白變非白，則彼當兼能是白而能是非白者。此即謂凡能變動者，皆須兼能表現已成及變成之二情態者，如其不能，則亦即無所謂由此變彼。

我們何以說一物之實體，方爲能變動者，而不只說其形式變動？此則因形式本身不能變。其說，亦承柏拉圖而來。如我們見一物由白色，變爲非白之紅色。當此物正爲白時，白爲其現有之性質，非白之紅爲其所缺之性質，即缺性 Private Quality，其白中亦實無此非白之紅。至當其變紅之後，其現有之性質爲紅，而非紅之白，遂爲其所缺之性質，其紅中亦無此白。此即同於謂：紅與白不能同時存在，而相反對、相排斥。則此紅與白之自身，如何能相變？由此故知，一物之由白變紅，必除白與紅以外，有一能白亦能紅，能由白變紅之第三者之存在，以使此變化之事成可能。此第三者，即爲此實體之物質質料。一物之實體，必包涵此物質質料，及其所正表現之形式，與其現所缺乏之形式三者之結合，然後可進而變化其所表現之形式。故吾人只能說，一物之實體爲能變動者，而其形式則屬於實體。

但一物之能變，是一事。而其實際變，又是一事。如一紙在此，我說其能捲折而變成筒形。但是何以牠不立刻自己捲摺而變成筒形？則我們於此通常皆知，除此紙有其質料，與能變成筒形之形式外，尙另再有一使之變成筒形之動力。又我們如要使一物變成如何，我們亦應先有一使之變成如何之目的。如我們要使此紙變成筒形，我們恆先有使之成筒形之目的。由先有此目的，我乃以手施一動力，以使之成筒形。由此亞氏遂有四因之說，以說明一物之所以變成或形成。是即形式因Formal Cause、質料因、Material Cause、動力因 Efficient Cause、目的因Final Cause。

我們可以此四因，說明一切實體之物之所以變成或形成。我們又可以二概念，說明一切實體之物之能變之能，與其實際上之所變成者或所形成者之分別。此即亞氏哲學中之潛能與現實之概念。

第六節　潛能與現實

如一物此時尚白，而能由白變紅，則白是現有之性質而爲現實，能變紅則是潛能。而當其實際變紅時，則此潛能化爲現實。一切物之變動，皆是一物之由其潛能，而化爲現實之歷程。在一切人造之物中，一物之何種潛能，能化爲現實，何者不能化爲現實，則恆係於人之對物施以何種動力，及人之目的，在使一物變成某一形式之物而定。

然而在自然界之若干物，卻都似自己能變，而自己將其潛能化爲現實者。如一橡樹之種子，具備成橡樹之潛能，而其自己，亦似即能使此潛能化爲現實，而長成橡樹，而實現橡樹之形式者。則此橡樹之長成，即可說只有二因。一爲形式因，一爲質料因。當一物之質料往實現形式時，此形式本身亦即同時如在接引質料往實現之，此中即可說有一動力。至形式之實現於質料之結果，亦即質料實現形式之目的。於是不須另立質料因及形式因以外之動力因及目的因，即足說明此物之所以能變。

然而在一自然物，如一橡樹之種子之質料，往實現一形式——如橡樹之形式，而成橡樹之現實時，此橡樹之現實，似爲後有，種子乃先只有一潛能者。此先有潛能後有現實，亦即常識之觀點。然依亞氏之哲學，則現實應先於潛能。因潛能可化現實，即亦可不化爲現實。如潛能爲必化爲現實者，則應依於一先在之現實者貫注動力或現實性，於尚在潛能狀態之事物中，以使其所能者現實化。此可稱爲事物之現實的原則。如一石頭之能化爲雕像，乃因有雕刻家之心中之形像，與乎其動力之先是現實的。則種子之化爲橡樹之現實，此現實之原則，當求之於何處？

在此，依亞氏生物學之理論，首當說一切橡樹之種子，原亦爲現實之橡樹之實體之所生。而此橡樹是原有其現實之形式的，並與其質料結合的。以原具現實之形式之橡樹，生此種子，此種子，方能發展出現實之橡樹之形式。由此而我們即可說「此種子之潛能之化爲現實」之現實原則，不當求之於此種子之有其潛能，而在其前代之橡樹之原具有其現實之形式。如由此推上去，在前一代橡樹之種子，存在之先，亦有再前代之現實的橡樹之形式之先在。由此而一直推至宇宙之原始，仍應是現實的橡樹之形式在先（此形式亦存於上帝之現實的思想中，下節再詳之），而不能說是橡樹之種子在先。

但是亞氏之論現實先於潛能，謂現實之橡樹先於其種子，一直推至宇宙之原始，都應說現實的橡樹之形式在先；又非謂一一生出之橡樹種子，能化爲現實橡樹之動力或現實原則，皆原自一假定的最初之現實之橡樹。因在無數的世代中，可有無數橡樹種子之化爲橡樹。如其動力，皆由此最初之橡樹來，則此最初之橡樹，似應包涵無窮之動力；而此所假定之一最初之橡樹，實亦只是橡樹之一，他如何能包涵此無窮之動力？於此，在亞氏之哲學中，遂有地上之物之生長變動，其潛能之化爲現實，原於現實之天體之運動而來之動力之說，而地上之物亦確是順四時中天體之運動而生長變動者。天體之運動是永恆者，如日月星辰，皆周而復始，萬古如斯。亦唯因其爲永恆者，亦方能成爲動靜無常之地上萬物之動力之根原。此中之最後問題，則爲此天體之運動之動力因，又由何而來？此天體之運動既爲永恆者，如運動皆依於動力之存在，則此永恆的運動，應依於一永恆的動力。此永恆的動力，自何而來？對此問題，亞氏之答覆，即只有直截以天體運動之形式因之所在，為其動力因之所在。天體運動何以為永恆？此即在其周而復始。此周而復始為一圓形。此圓形即其運動之軌道之形式。則其運動之所以為永恆，豈不可即說在此形式之永恆之存在？此形式永恆存在，而天體之欲永恆的實現此形式，豈不可即說為其具永恆動力或此運動之永恆不息之理由？

✽第七節　形式及理性的思想與上帝

然上述之一抽象之形式本身為不動者，則其如何能使天體永恆運轉，並由此以引使地上之萬物，亦變動生長，而生生不窮？對此不動者如何引出變動之問題，最後仍須求證於吾人之理性的思想。

吾人之理性的思想之嚮往種種普遍的理念與形式，而受其規範以進行，乃柏亞二氏哲學，同肯定之一真理，而亦可為常識在所共認者。吾人亦在前文，曾舉例說明吾人之理性的思想，嚮往一理念與形式時，吾人明可覺此理念與形式本身之不動。然在吾人之思想進行之途中，卻有吾人之思想之活動。此即為一「不動者引生變動」之最切實之例證。茲再稍詳加說明於下。吾人之理性的思想之求知，恆為由未知到知。吾人由未知到知，必先已有能知之能力。故亞氏以一切吾人之運用理性的思想，以由未知而知之事，皆同於吾人之理性的思想自身，由潛能而化為現實之事。在其潛能之階段，亞氏稱為被動的理性。在其化為現實之階段，亞氏則稱為能動的理性。此理性的思想由潛能化為現實時，吾人即由未知到知，使吾人本能知者現實化，以實爲我們之所知。然吾人眞有所知時，此所知者卻必爲如其所如之形式理念。如三角形即是三角形，而無所謂動者。於此，吾人之理性的思想，亦即止於此所知者，而如如不動，以靜觀此所知。然此卻並不礙於當吾人於未知而求知時，吾人有一理性的思想之活動。此活動，亦不礙其活動之目標，即在使其自身成一不動而靜觀形式理念之思想。由此而即證明：「吾人之活動可嚮往一不動之形式理念，一不動之形式理念可引起吾人之活動；此活動之目標，即所以使不動者實現於吾人之中」之一眞理。亦證明「不動之形式理念，可成爲引生活動而動他者」之一眞理。依此眞理，加以推擴應用，吾人即可用以說明，一切永恆不動之形式軌道，所以能使天體發生永恆不息之運動之理由；以及一切自然事物所嚮往之形式，皆如在接引質料往實現之，以使之生長變化之理由。唯吾人所思之任何形式理念，必存在於吾人現實的靜觀之思想中，不能離之而虛懸，故吾人亦可本之以推知：可爲吾人所思之一切使天體及其他萬物，運動生長之形式，在其未存於吾人之現實之靜觀思想中時，亦必爲存於一「客觀存在之現實的大思想之靜觀」中者。此「靜觀一切形式之現實的大思想者」，即爲亞氏之上帝。此大思想者之所思想，皆爲現實於其內部者。故在上帝思想其所思想時，即同於思想其自身。又吾人在思想吾人所眞知之事物形式時，亦同時自知在思此形式，而自思「其思此形式」，而在一自思想其思想之境界中。此時吾人思想之形態，即暫同一於上帝。

關於此種不動之形式，可使事物發生變動之理論，我們可由我們之嚮往種種不動之形式理念之理性的思想活動中，加以識取；亦可自吾人在一不動而表現美的形式的雕像或圖畫前，所引起之情感之活動中，加以識取；亦可自吾人之面對一不動之道德行爲規律，實用之行爲規律前，所引起吾人之行爲活動中，加以識取；亦可自社會上之不動之法律，引起一般人民之活動，求與之相合中，加以識取。而天體及其他萬物之依形式或一定規律而活動，亦即其中之一種。而此一切規律形式，皆同爲可能存在於吾人之現實的理性的思想中，而又皆爲在已現實的存在於上帝之思想中者。於是上帝即爲一切不動之形式規律之總體之思想者，而爲一「自身不動，而使萬物動之不動的動者」。亞氏之此哲學，亦即希臘哲學中之一最高而最偉大之一成就。

但是亞氏之上帝，雖爲一切萬物之形式之總體的思想者，而兼爲一使萬物動之一不動的動者；但萬物除其所表現之形式，乃根原於上帝外，其自身之物質材料，仍不能說原於上帝。我們一般所見之物體，都是形式與質料之和。我們可試把其一切形式皆抽出，此最後使仍剩下一東西，即亞氏所謂原始物質或設定之爲絕無任何形式之物質。唯在常識中，人所共見者，唯是各具物質之物體之自己變動。則如亞氏之哲學未能否定上帝與其形式之外之物質之存在，人亦即可據此物質之存在，以謂其所表現之一切形式，皆屬於物質；而將亞氏一一歸諸上帝之形式以至上帝之自身，再拉下來，屬諸物質世界。此即希臘哲學中，遙承亞氏以前之自然哲學之伊壁鳩魯派，斯多噶派之唯物的宇宙觀之所爲，而可直接於近代之自然主義、唯物主義之一哲學傳統者。此當俟後論。另一順亞氏哲學思想，再向上發展之道路，則爲將此上帝以外之剩餘之物質材料，亦視爲原於上帝，而由上帝所流出，或上帝自無中所創造。此即爲由新柏拉圖派，至西方中古之基督教形上學之發展之道路。而東西之宗教性形上學中，亦同有大體上相似之上帝觀或宇宙眞宰觀。此將於下章中論之。

理型論　參考書目

W. J. Stace: Critical History of Greek Philosophy，慶澤彭譯批評的希臘哲學史，商務版。

西方學者講柏拉圖與亞里士多德之哲學，或重其差異之處，或重其相同而相承之處。此書屬於後者，而文字甚流暢，最便初學，亦可幫助本書所論之了解。

G. Santayana: Transcendental Absolutism,見 Runes 所編 Twentieth Century Philosophy。

桑氏之以法相 Essencc 爲自存，乃柏拉圖理念自存論之一現代的翻版，讀此文可知此型思想之一要義。

Aristotle: Metaphysics, tr.byW. D. Ross。

亞氏形上學原著不易全看，R. Mckeon: Introduction to Aristotle, pp. 243—296,所節者已足夠了解亞氏形上學之大體，尤以 Book A, X II，爲本章論亞氏之思想之所本。

第七章　有神論之形上學

※第一節　如何了解宗教家神秘主義者之超越的上帝之觀念

人類之宗教思想，本與形上學思想，密切相關。因二者皆求對人所自生之宇宙之根源，有一究竟之解釋。其不同處，唯在人之宗教思想，恒包涵較多之想像成份，及獨斷之教義，不容人一一與以理性的說明。而形上學則必要求一理性的說明者。

在人之宗教思想與形上學思想，對於宇宙之根原之究竟的解釋中，皆同有關於神之思想。畢竟此關於神之思想，其歷史的起原與心理的起原如何，乃一極複雜之問題。亦不在本書範圍內。但無論在東西文化中，人對神之思想，皆有一由多神以逐漸出現一最高之神之傾向。而此一神，則恒被視為一切天地萬物之根原所在。此時之神，即同時成為一形上學上之概念。此種為形上學之概念之神，我們是可對其涵義，加以理性的了解，而對其是否畢竟存在，可加以理性的討論的。我們在本章之內容，亦即一方在說明對此形上學之概念之神，如何加以了解。再一方則擬對其是否存在之問題，亦作一簡單的討論。

成為形上學上之概念之神，可以有多種。一種是如上章之亞里士多德之所謂上帝。此上帝即一靜觀的思想一切萬物之形式之上帝。此上帝之概念，是只要我們了解何謂形式，何謂思想，何謂靜觀，再把一切形式視爲一總體，當作此思想之內容，即可加以清楚的把握者。至於其他宗教性或神秘主義者之上帝之概念，如流出世界之上帝，自無中創造天地之上帝，則我們不必皆能淸楚的加以把握。但我們可試循上章亞氏之所謂上帝之概念，再進一步，以求把握此其他上帝之概念。然後，我們再討論其是否存在之問題。

我們在上章曾說，在亞氏之上帝之外，尙有非其所造之物質材料存在。現在我們試順從亞氏之所謂上帝之概念，及其哲學之他方面，再進一步去想；我們便可看出此物質材料之概念，如何可加以解消去掉，而將亞氏之上帝，逐漸化爲一流出世界之上帝，或創造天地萬物之上帝。譬如我們在上章說，亞氏之所以相信有物質材料之存在，純是從物體之有變化，及有其所現實具有之性質或形式，又有其所缺乏之性質或形式上說。如物體只是純形式，則一形式不能有其現所缺乏之反對的形式或性質，因而不能有潛能，亦不能由實現其潛能，以變化其形式，而不能有所謂變化。然而在亞氏所說之上帝，其所思之內容，正爲純形式。從純形式之立場，看一物之現所具有之正面的形式，與其所缺乏而可能表現之反對的形式，既同爲形式，即可同爲上帝之所統攝的思想，而爲在此思想中可並存者。因亞氏之上帝自身又無潛能、無物質材料之故，則在其觀點所呈現之世界，亦即可爲一無潛能，亦爲無物質材料之世界；而在上帝本身，亦無肯定一物質材料之存在，以說明世界之變化之所以可能之必要。由是而物質材料對於上帝本身，即可爲一不存在者。而吾人若能肯定如此之上帝之存在，並試由如此之上帝之觀點看世界時，吾人亦同樣無肯定物質材料之存在之必要。吾人之心中亦即可只有如此之上帝之存在，直下以之爲天地萬物之根原，而更不思及其他。

如吾人心中只有一爲一切純形式之思想者之上帝存在，則吾人亦可有一超乎一切形式之上帝之觀念。因上帝之思想一切形式，當爲同時思其反對之形式而統攝之者。此上已說。但如上帝能兼思想一切形式與其反對者而統攝之，則任一正面或反對之形式，皆不能用以規定上帝，限制上帝。而上帝即必爲超越於任何正反之相對之形式之上，亦超越於對任何正反相對之形式之思想之上者。由是而上帝即不當只是一思想者，且爲能無所不思想而又超此思想者。純自其爲一超思想者處言，則吾人不須以其所能思想之一切正反之形式，規定吾人所謂上帝；只當說上帝爲超越一切形式，亦不可據人之任何形式之思想及此思想所成之知識，與表此知識之語言，加以規定以了解者。由此而吾人即可由亞氏之所謂上帝，以進至一超形式、超思想、超知識、超語言之上帝。而我們對東西之神秘主義之所謂上帝，即可由此而悟入。

復次，如吾人了解「一能思想一切形式，而又超越一切形式」之上帝，再來看世間之物，則世間之任一物之所以爲物，即皆不外其能表現某種一定之形式。其所異於上帝思想中之形式者，唯在其所表現之形式，爲有限定。如一物能圓而黃，則不能兼方而紅。唯此限定的形式之內容，從其積極方面看，又皆不出乎上帝所思想者之外。則吾人可說一切世間之物之形式，皆只爲上帝思想中之形式之重複體現。此限定之形式之內容，從其消極方面看，則由於其缺乏上帝所思想之其他形式，乃使其不得上同於上帝，而只能成爲世間之物者。於是世間之物之所以爲世間之物，即可說乃由於其能有上帝之所有者之若干，又「無」上帝之其他所有而來。由是吾人即可說世間之物之所以爲世間之物，即在其「有所有，而又有所無」。，上帝則「有世間一切物之所有，而又無世間一切物之所無」，以爲一全有者。由此而吾人即可說世間之一切物之有，皆來自上帝，根原於上帝，由上帝之所流出或造出。至世間之一切物之所以有缺憾，或所以有所無，則不根原於上帝，而唯由於世間之物之不能有上帝之所有，而「無」上帝之所有之故。吾人於是即可進而了解，宗教家及神秘主義者之以世間萬物，由上帝流出造出，而於世間之物之所以有缺憾，或所以有所無之理由，又不歸原於上帝之故。依此種理論，以解釋世間萬物之所以爲一有限之存在，一時只能表現某一形式，而不能表現其他形式之故；則只須歸於物之「有其所無之形式」而已足。不復再有另設定一在上帝外之物質材料自身之存在之必要。縱然設定之，其意義亦爲消極的，而同於「一物之未能有其限定之形式之外之形式，而無此限定之形式之外之形式」之意義。此即如黑暗之爲一消極的表示未能有光而無光，而其本身，則並非能與光相對之另一存在也。

第二節　新柏拉圖派之太一觀與其所流出之各層次之存在

我們能對以上所說，完全了解置於心底，即可進而了解東西哲學中以神或太一，或梵天Brahman爲流出萬物創造萬物者之思想。我們今可以普羅泰諾斯Plotinus之思想作一代表。

普羅泰諾斯之哲學之最高概念爲太一，此亦無異一上帝之別名。而其不名之爲上帝者，蓋自其自身完全具足，亦爲超乎世俗所謂人格神而說。

普羅泰諾斯之所謂太一，乃指一無部份之絕對的統一體。因其爲絕對之統一體，而無部份，故亦不可破壞，亦無內部之矛盾，而爲一永恆存在者，圓滿自足而完全者，亦超越於一切有部份之時間空間之上者。同時亦超越於知識之上者，因知識中即包涵分別，如分別其是此非彼，而此太一則爲在一切彼此分別之相對之上者。我們亦不能由知識以了解之。以致我們之只說其爲統一，而與多相對，說其爲完全，而與不完全者相對。我們對其爲「一」，爲「完全」之了解，尙不能眞正適切。我們必須視彼之爲「完全」，爲「一」，乃超越於「一切與多相對者之一」之外之「一」，超越於「與一般不完全者相對之完全」之上之「完全」。而此「一」此「完全」之本身，亦即超越於我們之「一」與「完全」之名詞與概念之外之上者。我們在眞了解悟會此「一」此「完全」時，我們即在「一」中與「完全」中，而亦即超越「一」與「完全」之概念與語言之外之上。此即其神秘主義之太一觀之根本義。

依普羅泰諾斯之說，此完全之太一，本不賴於世界萬物之存在而存在。故他亦不需要創造世界。然而他雖不需要創造世界萬物，然世界萬物卻可由之流出。他是完全。完全者無所賴於不完全者。但不完全者，卻可由取得完全者之一部，以成其爲不完全者。此不完全者之異於完全者，唯在其有所缺、有所無。故不完全者即完全者與虛無Void之一結合。唯不完全者，雖取於完全者之一部，以成不完全者，但因此完全者，乃是一絕對的完全者，故亦爲取之不竭者。而無數較不完全者，在得其一部，以成不完全者後，其自身仍不增不減，而不失其爲完全。他比喩此完全者，猶如太陽的光。此太陽的光，雖不斷放出，以使世間之物，各分享一部份的光，然而其自身之光明，卻永恆如故。

這種由太一流出世界之歷程中，所生之各層次之存在，照普羅泰諾斯所說，可分爲四：

（一）在太一下一層次之存在爲理靈 Nous〔註〕。此所謂理靈，乃表示其爲一切世間萬物之統一性或合一性之所在——亦即表示其爲世間一切萬物之形式理念之思想者。此理靈乃一方同於太一之爲一，而又別於「太一之自身之爲超越於一切思想之上，亦不與世間一切萬物發生關係者」。故此理靈，一方爲不可分，然在另一方，又包涵無數世間一切萬物之理念或形式於其中，而亦包涵一分化之可能，或多之可能 Possibility of Plurality 於其中。此一切萬物之理念或形式中，則包括各種類之物之普遍共同之形式，及各物之個別特殊之形式。由是而此理靈中，亦即包涵一切種類之物及個體之物之創出之可能性。

〔註〕：此理靈正近於亞氏之上帝。

（二）在理靈下一層次之存在，爲心靈。此所謂心靈Soul有二：一爲世界心靈，一爲個體心靈。此所謂世界心靈，其別於理靈者，在理靈爲超時間的、永恆的，包涵一切形式與理念者，而爲其永恆的統一者。而世界心靈，則非超時間，乃長存於世界之一切時間中，而爲一切存在於世界中之事物之統一者。至所謂個體心靈，則爲由世界心靈中分化而出之心靈，而互相分別，亦與世界心靈相分別者。至一個體心靈之自身，則又一方有其不可分之統一性，一方又可以心靈中之意識作用之出現，而使其成爲一意識之主體，而與客體對象相分別，亦與其對各種客體對象之觀念，相分別者。至心靈中之慾望之出現，則又更增加一其自身之「爲一慾望者」與「所慾望之對象間」之分別，或分裂。而此即爲人之罪惡之起原。人之分別心愈多，則人對物之了解愈多，而離眞實之太一則愈遠。

（三）再下一層次之存在，乃爲由心靈所流出之物體。物體之低於心靈，在其本性爲可分，爲多。物體之物質性，即其無底止的可分性。但世界一切物體合起來，仍可看成一整體，而表現一統一性。至各個物體，則爲彼此分離的，而只各有其統一性的。此各個別物體，即由個別心靈之所流出的。因物體之本性，爲可分爲多，亦恆趨向於分爲無定限的多者。故必賴心靈加以聯繫統一。而人之心靈，亦即恆有控制其自身之感官之只是向雜多之外物而分散，以求還歸於統一之要求。故當人之身體離去心靈之控制時，則此身體之物，即解體而逐漸分散爲塵土。

（四）居宇宙最下層者非存在，而爲虛無。此所謂虛無，即表示一切存在之反面。在物體不斷自己分散時，即爲物體之向虛無而趨。但一微塵之物體，仍有其自身之某一種統一性，尙非絕對之虛無。所謂絕對之虛無，乃此物體之無底止之分化歷程中，所顯出之「對於一切統一，皆加以分化，以使統一成不可能」之虛無性。宇宙之統一原理，如日光。由此日光之放散，而至於任何一道光線，皆分而又分。則一切光線，即皆逐漸沉入黑暗，而化同於黑暗。此黑暗即喻此虛無性。其爲光之絕對的反對面，有如此虛無之爲太一之完全之有的反對面〔註〕。

第三節　聖多瑪之上帝屬性論

普羅泰諾斯之形上學，間接影響於奧古斯丁之神學。自奧古斯丁以後，中古之神學中之問題極多，亦多皆有形上學之意義。而對於上帝之性質，及其與世界萬物之關係，作一最嚴整之系統的說明者，無過於聖多瑪。聖多瑪之思想，在哲學方面主要是承繼亞里士多德之形上學，而加以發展。但其系統極大，亦非在此處所能多論，唯其關於上帝之屬性之說明，可略加介紹。

聖多瑪對於上帝之一切說明，根本上係於其「上帝之本質與其存在爲合一」之說。此即亞氏所謂上帝爲純現實而無潛能之義。我們說世間之事物皆有潛能。凡有潛能者，其所能實現之形式，乃不必爲其

〔註〕：A. G. Bahm: Philosophy, An Introduction第十七章Emanationalism對普羅泰諾斯之哲學有一扼要之介紹，並繪有圖以助了解，爲論普氏思想最淸楚者，亦吾人本章之介紹所取資。

現實上所實現者。如種子能長成橡樹，而未長成，即其所能實現之橡樹之形式，尙非其現實上所實現者。而即種子長成橡樹後，此橡樹可砍伐，以製木器，此仍爲橡樹之潛能。此木器之形式，亦非橡樹之所已實現者。至在木匠之製造木器之歷程中，木匠心中雖有木器之形式，現實於其思想中，然此形式，仍初未現實於橡樹之上者。而木匠之製造之活動之本身之種種形式，亦初未爲完全現實化者，而當其製造此木之活動之形式，全現實化，而製成此木器後，此木匠尙有能製其他形式之木器之種種形式的活動，此仍爲未現實化者。由此我們可說，世間一初現實存在之萬物，無不有其潛能，無一能完全實現其可能實現之形式。而一物之形式，即一物之本質之所在。故世間萬物之不能完全實現其可能實現之形式，即其存在與其本質之不合一。

至於上帝之所以爲上帝，在亞氏則以之爲純思想。此純思想之內容，爲一切純形式。而此一切純形式，乃全幅現實於此思想者。因而上帝中無潛能，而只有現實。而此即同於謂除其現實之存在外，彼另無其可能成爲之存在。因其所可能成爲者，皆全部現實於其存在中。如其所可能者即其本質，則此本質乃已全部現實於其存在中者。此之謂存在與本質之合一。

此存在與本質之合一，即所以規定上帝爲完全者，而與世間一切物之爲不完全者相對照。世間之一切物之所以爲不完全，因其有潛能，有可能實現而尙未實現者。如我有種種要求，能作種種事而未作，我即不能爲完全者。而吾人之謂上帝爲完全者之意義，常言在其無所不備足，亦即在其無可能實現，而未實現者，一切可能，對之皆已化爲現實之意。由此而吾人可說，上帝之爲上帝，即在其爲完全的存在，無絲毫缺漏或空虛，之一單純充實的存在。或即大字寫的「存在」BEING之自身。

由上帝之爲完全的存在，充實之存在，則上帝之各種屬性，都可依理性的思維而推演出來。

如上帝是完全的存在，則上帝是至善的。此乃因所謂一物爲善者，即謂一物爲可欲之義。唯完全者爲可欲，亦唯現實之完全者爲可欲。吾人在有所欲時，吾人所求者乃目的之實現，亦即一種所想之形式之實現，亦即求一種現實之完全。上帝爲絕對之現實的完全，故上帝爲至善。

其次上帝爲無限。因一切物之爲有限，或由形式之爲物質所限，而成一特殊個體物，或由物質爲形式所限，以成具某普遍形式之物。但物質不爲形式所限時，則物質爲更不完全者，故形式使物質更完全。而形式爲物質所限時，則形式不由物質以更完全。故不爲物質所限之形式，乃具更完全之性質者。而上帝之爲純形式之實有，即爲本質上具完全之性質，亦具無「限」之性質者。然此無限，非體積之無限。因體積皆有邊界，即不能無限。而一切存在之物體，其有形式，有數量者，同不能無限。故上帝之無限，非體積 Magnitude 之無限。

再其次，上帝爲遍在。因上帝爲完全之存在，一切存在事物之存在，皆以之爲因，以上帝所有之形式之一部爲其本質。故一切存在物之所在，皆上帝之所在。而一切存在事物，亦皆爲其完全之神智，及完全之權能之所及。

再其次，上帝爲不變 Immutability 因世間事物之所以有變動，唯因其有潛能。而上帝無潛能，故無變。一切變動者皆一部變，一部不變，而爲變之部份與不變之部份之復合者。然上帝則爲一存在與本質合一之單純之存在而非複合者，故無變。又變動者皆爲可由變動而有增加者，而上帝乃無限完全，不能增加者。故無變。

又上帝爲永恆而超時間者。因時間必有先後，先後由運動而見。因有所缺乏而運動者，乃有先後可說，而在時間中。然上帝爲無所不足，亦無運動，因而亦即不在時間中，而爲永恆者。又有開始與終結者，乃可以量其時間之長短。而上帝無開始與終結。故上帝不在時間中，而爲永恆者。眞正永恆，亦惟屬於上帝。但其他事物之由上帝以接受不變性者，亦可說能分享上帝之永恆。而人之能見上帝者，亦即有永恆之生命。

其次，上帝爲具統一性者，即爲一 One 。說其爲一，並無增於上帝之存在。此只消極的表示上帝爲不可分，因上帝爲一，故只有一上帝，而無衆多之上帝。此（一）原自上帝之單純性，及其存在與本質之合一。一物之所以可以有多個，因一物之本質可存在於此物，亦可存在於他物，即其本質與一特定存在可分離。而上帝之本質與存在合一，故上帝之本質不能離一上帝之存在，而存在於另一上帝。（二）由上帝之完全無限性，不容其有二。因如有二，則彼此互異，而各有所缺，即非完全無限。（三）由世界萬物皆在一秩序中。此一秩序之所以可能，應由一因而不由多因。

上帝爲眞理。此因上帝之爲完全之存在，乃由其神智能知一切事物之形式而來。所謂善，乃自意欲上說。眞則自理智 Intellect 上說。意欲得實現爲善，理智得應合於了解之物爲眞。一人造物之稱爲眞，乃自其合於製造者理智所預定之形式言。自然物之爲眞，乃自其合於一種類之形式言。而此形式，乃在上帝之理智，即神智中者。故眞之第一義，唯指理智之合於所了解之物。而上帝之理智，爲應合於一切現在存在或可能存在之一切事物之形式，而了解之者，故上帝爲眞理。

上帝有理智，亦即有意志——即神意。一切事物之趨向於其形式之性質，即一事物之意志。意志不只表現於尋求某一形式，亦表現於安住於某一形式之中。故一切有理智能了解一形式者，而尋求或安住於一形式者，皆有意志。上帝有理智，亦即有意志。唯上帝之本質爲完全，爲至善，故上帝之意志，非向外以尋求所得之意志，而唯是愛悅其所已有之至善而安住其中之意志。此至善，爲其意志之對象，而亦即上帝之本質之自己。故上帝之意志，不由他動，而唯是自動。且皆爲不可改變，而具必然性之意志〔註〕。

〔註〕：A. C. Pegis: Basic Writings of Saint Thomas Aquinas PP.25－90 之神學集成 Summa Theologica中Questions 3—11 爲上文之所本。此書在康熙時有利類思譯義，名超性學要，民國十九年公敎敎育聯合會重刊，但不易購得。且譯文艱深難解。

第四節　西方哲學中上帝存在之論證

由此上所述，尚可進而再推演出上帝之其他性質，及其與世界萬物之關係，均見聖多瑪之著作中。然其根本概念，唯是上帝之爲一「存在與本質合一之單純的完全存在」。吾人如承認此上帝之眞正存在，則上帝之一切性質，及其與世界事物之關係，皆不難由此推出。但吾人如何可說此上帝爲眞正存在，並如何證明其存在？則爲一更重要之問題。

關於上帝存在之論證，在中古哲學中，前有安瑟姆 Anselm 由上帝之觀念以證明上帝之存在之先驗的論證。後有聖多瑪由世間事物之存在，以推論上帝之存在之後驗的論證。而神秘主義者則多由直接的神秘經驗，以證上帝之存在。

安瑟姆之論證，簡單言之，即上帝之觀念，爲包涵有「最大之實有」之意義者。吾人可說一最大之實有，乃必然存在者。因如其不存在，則「存在的最大之實有」，即大於此「最大之實有」；此最大之實有，即非最大之實有。故其爲最大之實有，即必須包涵存在。在近世之笛卡爾，即略變此論證，而由上帝爲最完全者，以論上帝之存在。因上帝如爲「最完全者而又不存在」，則上帝即不如一「最完全而又存在者」之完全，而上帝即非最完全者。今上帝既爲最完全者，故上帝必然存在。笛卡爾又謂我之有一完全者之上帝之觀念，要爲一事實。我之有此一觀念，必須有一眞實的來原，以爲說明。然我爲一不完全者，即不能爲此完全者之觀念之來原。因而必有一客觀眞實存在之上帝，以爲我之此觀念之來原。此又爲一上帝存在之論證。

然此安瑟姆之論證，在中古則爲聖多瑪所反對。聖多瑪謂：吾人不能只由吾人之上帝之觀念，以推論上帝之眞實存在。人亦原可有上帝存在之觀念，亦未嘗不可無上帝存在之觀念。吾人如欲知上帝之存在，只能由上帝所造之事物——即以上帝爲因所生之結果上，逆推上帝之存在。於此，彼指出五種方式以證明上帝之存在〔註〕。

（一）世間之一切運動，必有使之動者；然使之動者，如又有使之動者……直至無限，則任一動者，皆待他而動，而動爲不可能。今動爲可能，且爲事實。則世間必有不待他而動之第一動者，方能說明動之事實。此第一動者即上帝。

（二）世間一切事物之存在，必有其所以存在之動力因Efficient Cause，而一事物不能爲其自身之動力因。因一事物之動力因，應爲先於一事物之存在而存在者。故一事物不能爲其自身之動力因。而一事物存在之動力因，如在其他事物之存在；其他事物之動力因，又在另一其他事物存在……以至無限，而另無不待其他動力因之第一動力因之自己存在；則亦當無第二因以下之中間因，亦不能有其最後果，

〔註〕：A. C. Pegis: Basic Writings of Saint Thomas PP.18—21 Summa Theologia Question 2

而任一事物即皆不能存在。今既有事物存在，故必須有第一動力因之自己存在。此即上帝。

（三）世間一切事物其存在，有生之者，而存在後，亦可毀壞。即其存在非必然，而爲偶然者；亦即可存在，可不存在者。由此而世間亦即可有「無事物存在時」。而世間果有「無事物存在時」，則亦即不能有其他開始存在之事物。因開始存在者，必依於一先存在者。由此而世間之事物，不能皆爲可存在，可不存在之偶然存在，而必須有一必然存在者。而必然存在者，雖可由其他必然存在者，以取得其必然性，然此亦同不能推至無限，而吾人最後遂仍須承認有本身具備必然性之存在。此即上帝。

（四）世間之一切事物，有各種不同高下之眞善高貴之程度。然此不同高下程度之眞善等，必須對照一最高度之至眞、至善、至高貴完美者爲標準〔註〕，並依其與此標準之近似之多少，乃能定其程度。而一存在之涵最充實之有者，亦即爲至眞、至善、至高貴完美者。而此存在之至眞至善，即爲其他一切存在之眞善與高貴完美之原，此即上帝。

（五）世間之自然物之活動，多爲達一目的者，然此諸自然物無理智知識，以知其目的；則其達目的之活動，必須由一有理智知識之存在，加以指導。如箭之能中的，必由有射箭者之理智知識，以指導之。而此指導一切自然物之達目的活動之理智的存在，即上帝。

〔註〕：聖多瑪此段文據英文譯本，前用高貴Noble一名，後又用完美Perfect之名，前後不一致。今並改譯高貴完美，以便了解。

關於安瑟姆笛卡爾之「上帝之觀念包涵其存在」之論證，通常稱爲上帝存在之本體論論證 Ontological Argument。至聖多瑪之由世間事物之爲偶然的存在，以推知必然的上帝之存在，通常稱爲上帝存在之宇宙論論證 Cosmological Argument。至其由世間萬物之活動之適合於目的之達到，或世間萬物之表現秩序，以證有上帝之理智之指導，及上帝之計劃之存在，通常稱爲目的論之論證 Teleological Argument。

在近代哲學中，除笛卡爾外，來布尼茲亦提出上帝存在之四論證。其中除上述之本體論之論證與宇宙論之論證外，彼又加上永恆的眞理之論證，及預定和諧之論證〔註〕。此永恆眞理之論證，亦由中古哲學中，永恆眞理皆存於上帝之神智中之觀念來。所謂永恆眞理，即不待任一特定個人之思維之，而必然眞之眞理。如2+2=4等。然此類眞理，又不能離一切思維而自眞。故必須有一永恆的必然存在之上帝之加以思維，並爲上帝之知識內容。至於其預定和諧之論證，則由於來氏哲學之先肯定個體物之各爲一世界，則其活動之相配合，便非一一個體物之本身所能爲。故必須肯定有一超越於各個體物之上，而並保證其活動之配合和諧之上帝之存在。羅素稱此爲目的論論證之特殊形式，而專爲適應其單子論之宇宙觀而製造者〔註〕。

〔註〕：B.Russell: A Critical Exposition of the Philosophy of Leibniz. Ch. XV. PP.173—190.

此上所述之上帝之論證，乃由亞里士多德至近代理性主義之傳統的上帝存在之理性的論證。除此以外，則爲由柏拉圖、新柏拉圖派至中古至近代之神秘主義者，直本一種忘我之經驗，而接觸一神境，或與上帝直接相遇之「上帝存在之經驗的論證。」此在詹姆士之宗教經驗之種種一書〔註一〕所舉之例，不少皆足資參攷。然此種宗教心理經驗之敍述，可容人不同之解釋，是否足稱爲論證，乃一問題。

對於由安瑟姆至近代之來布尼茲之上帝存在之論證，自經康德在純粹理性批判一書之批評以後，皆從根柢上發生問題。吾人亦將於論其他派別之哲學時，對以上之論證，加以評論。而除此傳統之上帝存在之論證以外，尚有斯賓諾薩所提出由「部份事物之存在，以推證全體之存在」之上帝之論證。然此所論證出之上帝，已同於自然，而迥異西方由柏亞二氏至中古之超越的上帝。至在康德以後之理想主義哲學家，如菲希特、黑格爾、席林、及後之新黑格爾派如鮑桑奎羅哀斯等，雖皆肯定上帝之存在，並或提出上帝存在之新論證〔註二〕，然此上帝之意義即同於普遍心靈、絕對心靈之意義，亦與傳統之由無中造世界之超越的上帝有別。而在彼等之哲學系統中，上帝之概念之重要性，亦低於「絕對」(Absolute)之概念。至在十九世紀至廿世紀之人格唯心論者及實用主義者詹姆士等之化神爲一有限人格，而與人共

〔註一〕：W. James: Varieties of Religious Experience 有商務版唐鉞譯本可讀。

〔註二〕：如在當代，則羅哀斯之由錯誤與眞理之所以可能證上帝之存在，即上帝存在之一新論證。

同奮鬥者，亦與傳統之全能之上帝之觀念，大不相同。至於現代倡生命哲學之柏格森，新實在論者，與突創進化論者如亞力山大、穆耿，及倡有機主義哲學之懷特海之所謂上帝，皆同爲參與宇宙創化歷程之上帝，而與中古之在時間之流變之外之上帝觀念，大不相同者。至如杜威哲學之所謂上帝，則成人之統一的價值理想之代名詞〔註一〕。更失上帝一名之舊義。故此諸哲學之理論，所證明爲存在者之上帝，皆儘可非西方宗教及希臘中古及康德以前之哲學傳統中之上帝。其理論，亦不宜一一皆相提並論。而在傳統之上帝之論證動搖之後，亦有各種奇奇怪怪之上帝論證之提出。如替齊主義者 Tychists 謂在一無限之時間，一切可能者皆可實現而存在，上帝至少爲一可能者，故上帝必會存在。法之巴斯噶 Pascal 謂上帝之存在不能由理性證明，吾人之信上帝之存在與否，如下一賭注，然吾人寧下一上帝存在之賭注，因爲上帝存在，則吾人即贏得一切；萬一上帝不存在，我們亦無所失。此則由於巴斯噶由深感上帝存在問題之苦惱，而後獲得之唯一結論也〔註二〕。

〔註一〕：J. Dewey: Common Faith, P.43.

〔註二〕：關於巴斯噶之嚴肅的懷疑思想，可參考 A. Castell: An Introduction to Modern Philosophy, PP.24—38.

有神論之形上學 參考書目

A Castell: An Introduction to Modern Philosophy, Topic I.A. Theological Problem, New York The Macmillan Company, 1949.

本書論神之問題以聖多瑪巴斯噶休謨穆勒詹姆士之說爲代表，頗得要。

利瑪竇 天主實義 孫璋性理眞詮。此二耶穌會士所著之書，文章爾雅，說義亦頗精審。

Plotinus: Enneads。此書不易看，A. G. Bahm: Philosophy, An Introduction，根據W. R. Inge: The Philosophy of Plotinus及J. Katz: The Philosophy of Plotinus 二書，對普氏之說，有一簡單之介紹可讀。又Pistorius Plotinus and Neo-Platonism, Bowes 1954.一書以普羅泰諾斯之太一及理靈Nous與宇宙魂Psyche，實爲自三方面看一上帝之異名，亦可參考。

A. C. Pegis: Basic Writings of Saint Thomas Aquinas, PP.25—90.

W. K. Wright: A Students Philosophy of Religion, Chap. XIX. The Evidence of God, Macmillan Co. 1922.

E. Gilson: History of Christian Philosophy in The Meddle Ages, Random House Co. 1952. Pt. 8. Ch. 3. 論聖多瑪哲學

J. Royce: Religious Aspects of Philosophy, first published in 1885, reprinted by Harper & Brothers, New York, 1958. 有謝扶雅譯本，名宗教哲學。在此書，羅哀斯Royce從錯誤之如何

可能上，對上帝之存在，提出一新論證，頗爲當世所稱。

E. Gilson: God and Philosophy, Yale University, Newhaven, 1951.

Gilson 爲當今中古哲學名家。此書雖只爲一講演稿非其主要著作，但頗扼要。

P. Pistorius, Plotinus and New Platonism, Bowes 1954.

第八章　唯物論

第一節　唯物論與日常生活中之物體

在人類對於宇宙之思想中之又一型，爲唯物論。此與上章所述之有神論相較，乃正相對反的。德人朗格 F. A. Lange 著唯物論史，曾謂唯物論可說與希臘哲學俱始。在印度與中國之唯物論思想，雖較不盛。但在印度除喀瓦卡（Carvaka）外，如勝論，尼耶也派，亦有唯物傾向。而中國之術數家之陰陽五行思想，亦或多少帶唯物論之色彩。

東西之唯物論之思想，雖派別甚多，但皆有一共同之處，即以爲我們之感官所感覺之外物，是第一義之實在。我們在日常生活中，亦似無時不與這些外物相接。不僅日月山川、土石水火是物，一切人造之食物、衣服、房屋、舟車、用器，亦皆是物。一切動植物，及人自己之身體，亦是物。在常識，亦皆以我們之眼耳鼻舌身之物，與外物發生關係，乃有感覺思想等。人之身體必賴外物之營養，乃能生存。由此而唯物論，亦恆爲人之所自覺或不自覺的最易接受之哲學。

但是從哲學史上看來，唯物論者卻極少以此外面一切物體之和之存在，即足爲建立唯物論之根據。

因此外界之一切物體之一意義下之存在，亦儘可爲各派哲學所公認。而只說此一切物體存在，並不等於說出：此一切物體存在之共同根原。從西方哲學史上看，最早之唯物論者泰利士 Thales，以水爲一切萬物所由來之共同根原。後來之安那克塞曼德 Anaximander 代之以無限體，安那克塞門斯 Anaximenes 代之以氣，赫雷克利塔 Heraclitus 代之以火。其後恩辟多克 Empedocles，則以地水火氣及愛恨二力，爲萬物之共同根原。然後發展爲琉西蒲斯 Leucippus 及德謨克利塔 Democritus 之原子論，及安那克塞各拉斯 Anaxagoras 之原質論。這都並不是直接就當前人所共認之物體之存在，以主張唯物論；而是由一切物體之共同的物質的根原，以主張唯物論。在印度方面之帶唯物論色彩之思想，亦或以地水火風之物質，爲萬物之共同根原，或以類似原子之極微爲萬物之共同根原。至於在近代物理科學發展以後，則西方之唯物論者，恆歸於以科學上之原子、電子、質子、中子、或以太等，爲一切萬物之共同根原。而除少數唯物論者，如霍布士等外，多不肯安於只據當前一切具體之物體之存在，以成立唯物論哲學。

何以人不安於只以當前之一一具體的物體之存在，以成立唯物論之哲學？此歸根到柢，則由於人如只肯定此一一具體之物體，如山川、土石、衣服食物之存在，則我們即不能形成一概括性的物之概念。我們亦不能建立「一切皆是物或原於物」之哲學命題。我們要說一切皆是物或原於物，我們必須對一切物之所以爲物，有一普遍之概念。此普遍之概念，則只有根據一切物體之共同之性質，如物體之物質性、佔空間性，或一切物體之共同之來原如原子、電子，乃能形成。

第二節　唯物論者之共同主張及物質宇宙之問題

人對於物之概念，實際上是隨人對物之知識而變遷的。如在現代人想到物時，即皆在不知不覺間，即想到其由電子、質子、中子構成。在一百多年前，則人可能只想其由不可分之原子構成。在中國古代人，則可以之為陰陽五行之氣所構成。在古代希臘人及印度人，則以之為由地水火風等所構成。如將來之人，對於物體之構造，更有進一步之知識時，則其想到物之所由構成時，亦可不再想到電子、中子、質子，而想到x子或y子。而所謂物質的物體，畢竟為何，亦可隨人對於存在的物體之知識與了解之進步，而不斷改變。

但是無論各時代之唯物論者，對物之概念如何不同，然一切唯物論者，在若干點上之主張，仍是共同的。（一）是從消極方面說，一切唯物論者同不承認，我們所見之山川土石，及一切自然物，為一超自然之神所造；亦決不承認，物是我們之主觀心靈之所變現，或我們主觀心靈中之觀念。即一切唯物論者，皆在宗教上形上學上為無神論者，而在知識論上，則必為一實在論者。（二）是從積極方面說，則唯物論者，雖不必以人當前所見之一切具體之物體之自身，即最根本之物；然此具體之物體，仍為一切唯物論所最先肯定之實在。至此外之物體物質，如原子電子等，皆以此具體之物體之存在為根據，加以分析推論而來。此一切物體物質之存在於空間中，有一定之大小寬窄，即廣延 Extension ；存在於時間中，有一定之久暫，即久延 Duration。此二者可以數量規定。此一切物體物質，並皆在此時空中運動或靜止，分離或結合，以產生新物。亦爲一切唯物論者所共認。（三）是唯物論者，皆可不必否定：生物與人類及無生物之表面上之分別，亦很少眞否定：常識中所謂生物之生命現象，或人之心靈精神現象之存在。亦有唯物論者，可承認人之靈魂之不朽，以至某一種鬼神之存在者〔註〕。但唯物論者大皆以無生物、一般生物及人類之差別，乃其身體之物質之構造之簡單繁複之程度不同所形成。而一切生命現象、心靈現象，皆依附於生物與人之身體之物質而存在。縱然人死後靈魂不滅，或宇宙間仍有鬼神之存在，此靈魂與鬼神，亦是附着於一物質之氣，而後在時空中存在的；而此靈魂與鬼神，所以能有種種造作，亦必待其所依附之物質之氣之有某種活動，然後可能。故此靈魂與鬼神，實亦只是宇宙中之一部之物質之功能，絕不能有宗教上所謂在世界之上而自無中創生萬物之神或上帝。

此數者，可說是古今中外之唯物論者，大體上共持之主張。但人對於物質世界還可有種種問題，如物質或物體，孰爲眞正之實在？一切物質及物體，可否視爲一大物質或大物體？可否能視爲無數可分之物質或小物體之所合成？最小之物體爲何？吾人是否有理由說，電子爲最小而不可分之物體？是否必有不可分之物體與物質？物質、物體之變化運動，爲循環的，或進化的、發展的？物質、物體與物之能力

〔註〕：如西哲伯洛特 C. D. Broad 即自稱爲層創的唯物論，而承認人之靈魂之存在者，見其 Mind and its Place in Nature 一書。

如光、熱等之關係如何？一切物質、物體，最後可否化歸爲其所潛藏之能力之和？當其能力完全放散以後，是否物質、物體亦可消滅？又物質、物體與其所在空間之關係爲如何？物體之空間，是否亦爲一眞實之存在？如空間中無物體，是否空間亦可存在？我們所在之物質宇宙，是否有一中心之物質？（如中古時代人多以地球爲中心之物質）物質宇宙之空間，爲有限或無限？爲有邊或無邊？是否在不斷擴大之中？或在不斷縮小之中？物質及光等能力，在空間中運動放射，是否皆循直線進行，或可向一方向（如東）行，而歷若干光年復由另一方面相反（如西）而返？又我們常識所見之空間之量度，爲三度，可否與時間合爲四度空間？時間是否眞可視同空間之一度？除我們所居所知之此有三度或四度之空間之物質宇宙外，另外是否可能有一度二度，或五度六度以上之空間之物質宇宙？或是否可能有另一三度空間之物質宇宙，與我們所居所知之物質宇宙並存，然又各爲一獨立之物質宇宙之系統？吾人所知之物質宇宙，畢竟由何而來，是否在未有天地或太陽系與其一切星球之前，此物質宇宙中之物質，初爲聚合在一處者，後乃散開？或最初無物質，而只有游氣，或只有光或一種冷輝，或其他能力如熱，然後由光熱之凝結，以產生物質？又此物質宇宙中之物之熱，依今之熱力學第二律，乃逐漸在放散之中；則一切熱力均有全部放散，而平均分佈於空間之可能。此時則一切熱力，即再不能發生運動，而此物質宇宙，即有歸於死寂之可能。則在此物質宇宙未有之前，或已滅之後，是否再有其他物質宇宙之存在？此物質宇宙，是否可爲一經無數次之成而又毀、毀而又成之物質宇宙？凡此等等問題，其中或爲一純粹之物理科學之問題，唯有待實證而後解決者，或爲涉及物質、能力、空間、時間之概念之分析之哲學問題，或爲可容人自由作假設作推論之理論科學與哲學間之問題。對此等等問題，提出主張者，亦不必爲唯物論者。不同時代中之諸唯物論者，對此諸問題之主張，亦儘可各不相同。人對此諸問題之如何主張，亦不能即作爲衡定其爲唯物論者或非唯物論者之標準，故皆非吾人今所能一一加以討論者。

第三節　唯物論對於有神論之批評

吾人今所欲討論者，唯是依吾人上文所舉一切唯物論者大體上之共同主張，以看其論據之何若，及其論據之是否能成立。吾人在上章既論有神論之形上學，則今可先由唯物論者，如何反對此種有神論，而主張無神論或物神論之論據開始。

吾人上章所述之有神論，乃以神爲流出萬物，或創造萬物者。而有神論所信之此種神，又恆被認爲至善者，或能力無限之全能者。在歷史上之唯物論者，及其他派哲學之攻擊此種有神論之論據，則恆爲指出此種神之觀念之包涵自相矛盾，或與其所創造之宇宙現實事實，互相矛盾。此我們可先以西方在宇宙論中爲唯物主義者的伊辟鳩魯派，破斥神造世界之說爲例。

伊辟鳩魯派，並未全否認神之存在，然他卻否認世界爲神所主宰，支配或建立之說。因世界之處處有缺憾，有不完滿，而人有種種之苦痛罪過，皆是一事實。如世間眞有神主宰，則我們可問：彼何以不將此一切缺憾去除？此或由於其力有所不能，或由於其心有所不願，此外無第三可能。如其力有所不能，則神非眞有支配主宰世界之全能者。如其心有所不願，則神非眞對世界上之人能同情，而爲全善者，亦不配主宰世界者。故若非神之能力有缺憾，即神之善德有缺憾，二者必居其一。任有其一，彼即不能爲世界之主宰。

伊辟鳩魯派對於主宰世界之神之存在之懷疑，後亦爲希臘之懷疑論者所同有。在新柏拉圖派起後，將惡之原，歸於宇宙間之「虛無性」。在希伯來之猶太教中，則假定上帝所造之世界，初本爲一樂園，以言上帝初未嘗造此有缺憾有痛苦罪惡之世界。此世界之所以如此不滿人意，乃由人類始祖亞當之不服從上帝命令，受魔鬼誘惑，偸嘗善惡樹之果，而犯罪，然後人類乃受種種苦難。此乃將人所感到之世界上一切缺憾，全歸於人之犯罪，初與上帝無干，亦不由上帝負責，以保持上帝之尊嚴與至善之說。而基督教則再以上帝之化身爲耶穌，代人類贖罪，以解救人類之苦罪爲己任，以見上帝之諒恕罪人，及對人之無盡之恩典。然此說如視爲一種理論，則明不能解答唯物論者及其他哲學對於上帝之懷疑。因縱然人類之所以受苦難之故，由此以得一解答，然罪何以由一人以進入世界？人類是否當純以最初之一始祖之犯罪，即當永遠受苦難，仍爲甚難解者。又人類以外之生物之受苦難之理由，如何能本此說，加以說明？此尤爲基督教思想所未嘗加以深思熟慮者（註一，見下頁）。故如何使一主宰世界，全善而又全能之上帝之觀念，與世界之有種種罪惡苦難缺憾之事實相配合，實爲一極困難之問題。而人亦恆最易由此以懷疑如此之上帝之存在，而歸向無神論者。

唯物論反對世界由神造之一更大之理由，則恆爲據科學及比較宗教學以立論。由比較宗教學，吾人可發現各宗教中，關於世界如何造成之神話，乃互相衝突者。舊約中所謂「創世紀」之神話，不過其中之一種。而各民族各宗教所信之神之性質行爲，似皆可由各民族之古代社會之情狀，及人性之要求，對之作一說明。人類所想之神，皆爲人格化之神，而類似人之情感意志者；正可證明神之爲人所造，而非人爲神所造。故在希臘極早之哲學家塞諾芬尼斯Xenophanes，即謂如其他動物能想神，則神亦當爲如動物之形狀者。此種由人之社會生活，人性要求，以說明宗教中之神之觀念之來原，除若干社會學家外，在現代可以唯物論者佛爾巴哈 Feuerbach 宗教本質講演錄〔註二〕一書所論爲代表。其他唯物論者，在此點上之主張，亦大皆類似。而歸於謂：神不能說明世界之所以產生，而以人之社會生活及人性要求，則可說明神之觀念之所以產生〔註三〕

〔註一〕：西哲許維徹 Schweizer 於文明與倫理學 Civilization and Ethics 卽以西方倫理宗教思想，皆只重人對人之道德感情，而不似佛教之有一對一切生命苦痛之有一大悲心。唯彼仍反對佛教。

〔註二〕：此書有林伊文譯本，頗佳，由商務印書館出版。

〔註三〕：休謨非唯物論，然其在 Dialogues Concerning Natural Religion 中，對宗教神學之信仰之批評，則多與唯物論者同，而透闢過之。

第四節　唯物論與實在論

吾人上說唯物論之主張，在消極方面，爲反對世界由神主宰之說，並以世界之外物，非依附於人心而存在者。在此後一點上，唯物論乃與一切實在論之立場爲一致，以反對一切觀念論唯心論之說。然唯物論者之論究外物之獨立存在之理由，除純粹知識論上理由外，亦常取生活上之所遭遇，爲證明外物獨立存在之理由。當巴克來倡觀念論，以否定外於心而存在之物質時，有人問當時之文學家約翰孫 Johnson，如何否定之。約翰孫 Johnson 即以足踢石，謂此即以足否定之。其意蓋謂當人以足踢石時，則人明覺有在足之外之石，成爲人之意志之阻碍，此即證明客觀物質之存在。而吾人之平日之覺外物爲外，實亦常由覺外物之可爲吾人意志欲望之阻碍，並不隨吾人之意志欲望之變化而來。故吾人試假設此外物之世界，如能由吾人之心願而變化，則吾人將甚難覺其在我之外。人通常之覺其身體爲屬於自己之心而爲我之身體，亦實不外因覺此身體爲我所較能自由加以運用之一物之故。故當吾人之身體之一部痲痺，而自己若指揮不動時，吾亦可即覺此身之此部，非我所有。故外物之不從人之意志欲望而變，恆爲人之信外物獨立存在之一極主要之理由。唯物論者如今之辯證法唯物論者，所謂由生活之實踐，以知物質之獨立存在，亦即是從外物與人之意志欲望之關係，肯定外物之獨立存在之說。

第五節　唯物論之生理心理論證

然唯物論之所以爲唯物論，並不能只賴上列二者而成立。因他派之哲學，亦儘多非上述之有神論，亦肯定外物之獨立存在者。唯心論觀念論者，否定有離心之外物，亦不必否定有不隨人之主觀的意志欲望而變之外物之存在。故唯物論之思想之特色，當在其主張在時空中之物體物質，爲第一義實在，及一切生命心靈等，皆依附此物體物質而存在之二點。此亦爲西方由德謨克利塔 Democritus 以降之唯物論者，所同亟亟於證成之二點。此二點，又可互爲根據，亦可說只爲一點。

唯物論者欲證成上述之一點，其表面之根據，似爲由知識論上之經驗論，以謂一切經驗，皆始於吾人對外物之感覺經驗，以論外物爲第一義之實在。然實則唯物論者，並不如休謨穆勒等經驗主義者，以感覺經驗，爲其哲學之出發點與歸宿點，必進而求說明此感覺經驗之所以發生之故。此感覺經驗，所以發生之故，依唯物論者所說，乃在未有經驗之先，已存在之外物，與身體感官之接觸。由此接觸，乃有吾人對外物之經驗與認識。何以外物與身體感官相接觸，即有認識？此在希臘唯物論者，或以爲此乃由身體感官之物質與外物之物質相異，異故相吸，而生認識，如恩辟多克 Empedocles 之說。或以爲此乃由身體感官之物質，與外物之物質可相同，同故相接而生認識，如德謨克利塔之說。而此種以「必須有外物之物質原子入身體，乃有認識」之說，在近代則化爲「外物之光波、聲波等物質能力，入身體感官，再經感覺神經，以入大腦，乃有認識」之說。此皆理論精粗不同，原則上並無差異者。而以認識之事，初爲吾人之反映外物世界之事，亦成爲古今東西之唯物論者之所共同肯定。一切認識之內容，就其對象方面說，依此說，亦即全由外物而來，而皆可由外物自身之情狀，加以說明者。

至於從人之認識之能力，及人有認識後，所生起之情感意志等心理活動方面說，則唯物論者皆以此認識之能力，與所生起之情感意志等，初只爲人之身體之大腦內臟等，作某一種活動時之一種機能，或一種附帶產生之現象。如燭燃燒時，而附帶產生光，便能照物之類。唯物論者之所賴以證成此義者，則爲人在常識中所共認之若干事實，及由生理學、心理學之進步，而不斷發現人之思想、意志、情感受其身體之生理決定，及身體之生理又受物理之決定之事實。

人在常識中，皆知如灰塵入眼，則眼不能視；若目生眩翳，則視不得其正；若目重病，則視而無睹；以物塞耳，則耳不能聽；耳病重聽，則聽不得其正；若耳重病，則聽而不聞。此在五官皆然。人之思想固似可無假於感官之接物，而能獨自運行。然人酗酒狂醉，則頭腦昏眩，而所思想者皆蕩漾而不定，終至於不能思想，以懵然無覺，此亦常識所共認。而依生理學以觀人之感官之構造，如目官之適於反映物影，耳官之適於聽聲，實皆無不合於光學聲學上之物理。而神經之傳達刺激，以及於腦，則可以電學說明。此與手之舉物，合於槓杆之物理，血之上流，合於壓力之物理，並無不同。是見人之一切感覺思想之認識之能，皆由人之身體之生理所決定，而生理則以所接之物而生變化，爲物理（包括化學之理）所決定。此外，人之思想之運行，恆不能離乎潛伏的語言符號之運用，此中即有一身體之生理活動。故今之行爲派心理學家華遜 Watson ，謂思想即自己對自己之默語，而人在思想時，恆可測出其喉頭顫動之迹云云；而吾人於閱讀書籍時之恬吟密詠，可促進輔助吾人之思想上之了解，亦人所共有之經驗。則思想之不能離身體之生理活動而存在，更可證知。

至於人之情感意志，雖似可與外物之認識之事無關；然其所以發生之故，亦明多是原於身體之生理狀態，及身體與外物之關係。人皆知飢寒之爲苦，而飽暖之爲樂。苦樂固爲人之情感也。然飽原於食物之入胃，而生化學作用。暖由於衣之被體，而熱得不散發，此爲物理作用。人之飢，由無食物之入腸胃，腸胃自身遂轆轆運轉，而欲有食物以充實之。人之寒，由無衣被體，而身體自生顫動，而懍慄之意生。人受飢寒之苦，使人產生求立去其飢寒之意志。人得飽暖之樂，則又使人產生欲長保其飽暖之要求。然設人正感飽暖之樂，飢寒之苦之際，由醫藥將人之全身，加以痲醉，則人之飽暖飢寒苦樂之感，又皆頓爾消滅，一去無痕；人求保其飽暖，去其飢寒之意志，亦一去無痕。則此處人之情感意志之存亡，乃爲身體所接之物體與其生理之所決定，即彰彰明甚。

在西方中古時代，以人之瘋狂者，皆由魔鬼附體。一般思想，皆以人之脾氣暴烈，喜怒無常者，由人之精神之修養之不足。然今之心理學醫學，則常能指出瘋狂之生理心理上之原因。而此原因，常可由其所遭遇之物質環境之爲如何，加以解釋。人之脾氣暴烈、喜怒無常者，今之生理學家，亦常可發現其與人之內臟之狀態，及各種內分泌之關係。即在常識，人亦知一夜多食，內臟之氣，鬱積不舒，則夢中恆見憂危之境，而生憂危之情。人皆知當人在感煩惱憂愁之際，若能從事賽跑游泳，以改變其身體之生理，其煩惱憂愁，亦至少可暫時喪失。而今之醫家，已能試將一犯罪之囚犯，作爲試驗，將其內腺之分泌，加以改造，以使人改其性格，勇者變怯，怯者不怯，以至喜怒不生，宛若癡呆。

照唯物論以外之哲學，及一種常識中之意見，恆以爲人之行爲，皆以思想爲先，情感意志繼之，然後有外表之行爲。如人恆以爲我們見虎而逃，是因我們之思想情感上先知其兇猛可怕之故。我們聞人之哭聲，不自覺落淚，由於我們之對人之苦痛，有一了解有一同情之故。但是近代心理學家，詹姆士與朗格 James and Lange 卻合提出一學說，即人若干之情感與連帶之思想觀念之發生，不是先於身體之行爲，而是後於身體之行爲者。如人見虎而逃，並非因先知虎之猛，怕之而後逃，而是先逃而怕，再思及其猛。人之聞人之哭聲而亦哭，並非必因由同情，而生悲遂哭，而可是因哭而悲，乃發現自己在同情別人。而實際上人之行爲，亦實常隨感官之覺一刺激，而立即發生者。如我們見虎而逃時，當時實亦不及想到虎之如何可怕，我們已先逃。而確是逃定後，再反省到虎，乃覺其可怕。又人哭亦哭時，亦可初無所悲，而確可是由哭生悲。我們在逃時，恆愈逃而愈怕，在哭時，恆愈哭而愈悲。反之，人如能立定不逃，或拭去眼淚，亦即可暫節制其怕與悲。此皆證明逃與哭之生理上之活動既成時，即可引出相連之心理上之怕與悲。而我們看動物之行爲，更明顯看出其多爲感受刺激後，立即發生行爲者，如鼠之見貓即逃之類。而人之遇虎即逃，亦正可與鼠之遇貓即逃，有一共同之處。

此種由感受一刺激，即引起一串身體之行爲活動之現象，在生理學、心理學中，稱之爲一種本能現象，或直接反應之行爲。誠然，在人之行爲，其出於本能者，遠較其他動物爲少。而表面上之直接反應之行爲，亦多由過去之習慣經驗所養成。如動物恆出自本能的避火，然小孩則儘可去抓火。小孩初見虎，是否必畏懼，亦甚難說。小孩之避火，乃由其曾被火燒，而其怕虎，則或由其聞大人告以虎之兇猛時，彼即已有一遇虎即逃之準備。於是其以後遇火或見虎時，可不待思維，即求避虎避火。故此種似爲直接反應之行爲，仍當溯原於人之過去之習慣經驗。此外之人之無數行爲，以及所謂思想及運用語言之行爲，皆可說由人之過去之習慣經驗而來。而俄心理學家巴洛夫 Pavlov 所提出之交替反應之說，則頗有人以之爲說明「人之一切用語言、思想、與其他一切行爲、習慣，及其他動物之行爲習慣之所以養成」之根本原理者。

但吾人試思，人與動物之行爲習慣，或交替反應，如何養成？人何以一次見火又觸火，以後再見火，手即後退。或何以人於一次見犬，而人說犬字，則以後人說犬字，即可喚起一犬之印象，或重複一昔日對犬之外部的或內部的反應行爲？此在唯物論者，儘不難以吾人之神經在感受一刺激，而又發生一反應行爲後，即形成一由刺激至反應之反應弧或神經通路說之。由此吾人可純本生理學神經學以輕易說明吾人何以在同時或在一極短之接近時間中，感受二刺激，以發生一反應，則以後只須感受刺激之一，即可發生同一之交替反應。至於此種反應由反復而成習慣，遂一觸即發，即可歸因於此神經中之神經通路，日趨於滑熟；而此亦猶如以一鐵爲電流所通過或磁力所吸後，則第二次之電流，亦易於通過，而鐵如帶磁性。循此用思，則人之一切行爲習慣之養成，均可由人之神經之生理的性質或物理之性質，加以說明〔註〕。

第六節　唯物論之宇宙論論證

上述之唯物論之論證，可稱之爲唯物論之生理心理之論證。除此論證之外，唯物論之又一主要論證，可稱之爲宇宙論之論證。此即從生物學、地質學、與天文學上，吾人似必須承認宇宙之進化論而說。從人類學上，人今皆知人類之在世間，並非自始即存在者。人類之有文化，約不過二萬年，人類之存在於地球，約不過百萬年。近代之科學家從解剖學生物學上，已發現人與猿人及人猿之近似，人猿與其他猿類之近似，猿類與其他哺乳類動物之近似。從地質學，又發現在未有人類之化石之先，先有猿類之化石，及其他哺乳類之化石；在哺乳類之化石之先，則有鳥類、爬蟲類、魚類之化石；在脊椎動物

〔註〕：C. E. D. Joad: Guide to Modern Thought 稱巴洛夫Pavlov之交替反應之說及行爲派心理學之哲學，爲現代唯物論。此書第三章所述，可供參考。

化石之先，又有無脊椎動物之化石。而各種類之動物與各植物，遂可以不同之類似之程度，及其化石之存在於地層之先後，而連成一系統。再加以人由畜牧農業而知：生物之種類，可以環境之不同而改變之種種事實，由此而一切生物由一單細胞生物進化而來之進化論，即可成立。而在胎生學上所發現人之胎兒之發育，其形狀上之變化，由似魚類，似爬蟲類，至似猿，亦宛若一動物進化歷程之複演。並可幫助證明進化論之說。依進化論，以看亞里士多德之種類不變說，及中古哲學神學中所謂各種類之物，各依於上帝心中之原型，而分別創造之說，即明似爲較缺乏事實根據之玄想。依進化論以看今日人類之心靈，固尚未進化至最高之階段；然人之有如是如是之智慧等，則明爲歷若干萬萬年之生物進化，人類進化之結果。至地球上之生物之如何而來，則雖有人主張，此乃由其他星球之種子，降入地球而來之說，亦有以之爲自始存於地球之物質分子中之說。然吾人亦可說，最原始之生物，乃由無生物之物質進化而來。吾人觀單細胞生物之原生質之構造，與生物化學中所製成之膠體之相似，此膠體之可由結晶而分裂，亦與單細胞生物相似。則吾人將來似亦未嘗不可由無生物，以製造一生物。吾人今並不能臆斷此事爲永不可能。即此事在人類爲永不可能，吾人亦仍有理由以說，最初之單細胞生物，乃由某一時之地球中之各物質，在某一宇宙之情形之下，由某種特殊方式之結合，進化而成。唯以當時之宇宙情形，可一而不可再，故以後亦即不再有由無生物結合，以進化成生物之事。人亦可永無能力，以製造一當時之宇宙情形，故人亦可永不能造生物。然此仍無礙於生物由無生之物質結合進化而來之說。吾人今如欲擴大生物進化論之涵義，以與物質世界之進化相聯續，亦宜最後歸至生物由無生之物質進化而來之說。吾人亦唯有相信此說，乃能將物質世界與生物世界及人類之世界，合為一整個之自然，而與之以一簡單一貫之說明。而不違背於各種自然科學所述之事實與理論者。

第七節　唯物論之方法論論證與歷史論證

復次，唯物論尚有一論證，此可稱為一方法論之論證。唯物論之思想方法，在根本上，乃以宇宙之前事，說明其後事，即以簡單者說明複雜者之所以產生。前者乃本於一因果原則，以思維事物之產生。後者則為人思維之進行之一最自然之秩序。唯物論之不雜入物質以外之存在，如生命、心靈或上帝，以說明一切現象之產生，則所以守思想之經濟之原則。即「一切思想上之項目如無必要，則不增加」之原則。而吾人如增加此類項目，以說明各種現象，則或不免破壞物理化學等科學上已建立之原則。如上帝之使奇蹟發生，即為破壞物理化學上之原則者。而世間如果有物質外之生命或心靈之存在，而足影響及物質的自然之變化，則亦必破壞物質的自然之變化之原來之規律；而與上帝之奇蹟，同為干涉自然之秩序者。故唯物論者雖可承認，今日人類尚對於生物之如何由物質進化而來，及物理之如何影響生理，生理之如何影響心理之一一具體情形，皆未有完滿之知識；然吾人觀近代自然科學之進步，人已日益能應用物理學化學之原理，以說明生理，且日益發現人之心理之依於生理；則吾人不難由過去以推未來，而謂將來之科學，終有將物理生理心理，以一貫之原則加以說明之一日。此一日雖不知何時到達？吾人終可日益向之迫近。故吾人即永不能完全證明：一切心理可化歸於生理，生理可化歸於物理，吾人亦可以之為哲學所提供於科學之研究之一指導原則。至少人為求思想之經濟，欲由簡單者以說明複雜者，並欲依因果原則，而以宇宙之前事說明其後事時，人不可不求把穩此指導原則。而此亦即從唯物論之思想方法上，以證成唯物論之一論證。

除此以外，唯物論之應用於社會文化之說明，則有所謂歷史之唯物論。而歷史唯物論，亦即為完成唯物論之系統者，而亦可稱為唯物論之歷史論證。

依歷史之唯物論，人類文化之開始，乃原於人在自然界之求生存。由此而人能造工具，以幫助其生存。而工具之中，則以能生產財富之生產工具為最重要。唯由此，而人類乃由漁獵游牧，而進至農業與工商業之時代。生產工具，初乃為人所共有。及其為人所私有，而人與人之由種種生產關係，所成之社會，遂由無階級而分出階級，而未握生產工具之奴隸、農奴、與工人，與握生產工具之奴隸主，地主、及資本家之間，遂有階級鬥爭之事。由此鬥爭，以造成社會中之生產關係之改變。此改變，即同時造成人與人一切社會關係，政治關係，及上層之學術、文化、倫理、宗教之意識形態或思想等之改變，而促成人類整個之社會、歷史、文化之發展與進步者。人類過去之社會，自始為一有階級鬥爭之社會。故在過去歷史中，人之一切學術文化、倫理、宗教等意識形態或思想，亦無不帶階級性；而所謂超階級之學術文化，與倫理宗教之思想等，皆爲自始未嘗存在者。而此亦即所以證明；實際存在的物質性之生產工具與人之經濟生活方式，乃決定其社會關係，而決定其意識與精神；並非其意識與精神，決定其社會關係，經濟上之生活方式，與所運用之物質工具等。此種存在決定意識之歷史唯物論，遂可完成唯物論之系統之應用於歷史社會文化之說明。此歷史唯物論，亦正爲當今幾於征服人類之半個世界之一種哲學。自人類有哲學以來，哲學之與現實世界之政治勢力之結合之深，亦未有能及此者。然吾人如欲求眞正之哲學眞理，則不能以政治勢力之所在，爲眞理之所在，必須再進而觀他派之哲學理論，以求衡定此整個唯物論之是非。

唯物論參考書目

F.A. Lange: History of Materialism. 郭大力譯唯物論史，中華書局出版。此爲唯物論史之唯一佳作。

C. E. D. Joad: Guide to Modern Thought, Ch 2. 3. 述十九世紀及現代之唯物論。

I. Somerille: Dialectic Materialism 見 Runes 所編 Philosophy of Twentieth Century 中一文。此可見辯證法唯物論之要義。

R. W Sellars: The New Materialism載Ferm所編A History of Philosophical Systems.

R W. Sellars and Otheas: Philosophy For The Future, The Quest of New Materialism.

New York. 1949.

Sellars 等自稱新唯物論。實則彼等於物質外，兼肯定種種高級之存在，實宜稱爲一種自然主義或突創進化論者，而不宜名爲唯物論。此有如自稱唯物論而重精神對法相之體驗之桑他耶那，亦同不宜名爲唯物論者。

第九章　宇宙之對偶性與二一元論

第一節　中國思想中陰陽之遍在義與交涵義及存在義與價值義

在西方哲學上之一元二元之爭，是一極複雜之問題。但此問題之根原非他，即由常識所同知之世界事物與其性質關係等，皆有一對偶性而引起。然中國思想中，則對一切事物之對偶性，已有一原則性的說明，足以解消西方哲學中之一元二元之爭，此即中國思想中之陰陽相對，似相反而實相成之理論。對此陰陽之理論，吾人在本部第五章，已就其關連於天地萬物生生不息之歷程及其作用功能之感通貫徹者，略加論列。今更就其相對而似相反之意義，析而觀之，並論此陰陽之相反而相成之說，所以能解消西方哲學中之一元二元之爭之理由何在。

我們抬頭看天上之日月星，或可見或不可見，而有陰晴之分。天上之光，或能照見地上之物，或不能照，而有晝夜之分。我們撫摸地上之物，有軟硬、剛柔、動靜之分。此是一最原始之對偶性之發見。在中國之思想中，則大約在晚周，即分別以陰陽名之。漢宋儒者承其說，於凡近乎明者、顯者、暑者、動者、皆謂之陽。於凡近乎幽者、隱者、寒者、靜者、皆謂之陰。由是而一切生長發育皆陽，一切成就終結皆陰。一切放散、施發皆陽，一切收斂、接受皆陰。一切萬物之相互之流行運轉皆陽，一切萬物之各居其位，各得其所皆陰。此爲吾人之前文所已及。依此以類分世界事物，則天施光、發熱、降雨露爲陽。地受日之光熱、天之雨露，而使萬物得其滋生之具爲陰。地上之物，火熱而上升爲陽，水寒而下降爲陰。風雷之擴張放散爲陽，金石之凝聚收斂爲陰。凡物之有剛柔之別者，即有陰陽之分。在人與禽獸中，則禽之雄，獸之牡，人之男，皆性剛而爲陽。禽之雌，獸之牝，人之女，皆性柔而爲陰。而尅就人類之社會倫理之關係而言，則凡一切居於發動而善始之地位者，皆爲陽；居於承繼而善終之地位者，皆爲陰。由是父爲陽，則子爲陰；君爲陽，則臣爲陰；夫唱爲陽，婦隨爲陰；長者行於前爲陽，幼者從於後爲陰；登高一呼者爲陽，四方響應者爲陰。此諸一切陰陽皆相對而似相反，又可互相感應，以相和相成，以統爲一太極者。

由上述之陰陽之分，而尅就一物以論其作用與功能，則又見一物之復能兼具陰陽之德。此乃由於物之凡能放散、施發、創新、以善始者，亦莫不兼能收斂、接受、承繼、以善終。反之亦然。故天氣下降而地受之，則天爲陽；地氣上騰而天受之，則天爲陰。雌牝受精，爲陰之事；而其生出後代，又爲陽之事。子繼承父志，則子爲陰；子事父幾諫，則父爲陰。臣承君命，則臣爲陰；臣爲諍臣，則君爲陰。夫唱婦隨，則婦爲陰；婦德感夫，則夫爲陰。由此而物皆能陰能陽，物皆能動能靜，能柔能剛，能進能退，能弱能強，能隱能顯，能行能藏，能闢能闔，能弛能張，能升能降，能伏能揚。而一物之有任何活動者，莫不可轉化出似與之相反而實相補足以相成之活動，由此而一物之自身，即爲兼具陰陽之一太極。而一物之一切相對之活動，與此活動所由生之作用功能，其相反而相成者，皆可由一物之概念，加以統一。

由此思想，以看各種宇宙事物之抽象的存在範疇之相對，如空間中之上下、左右、前後、內外之相對；時間中之新故、古今之相對；數與形量上之大小、多少、奇偶、增減、方圓、曲直之相對；及兼存在範疇與知識範疇之有無、存亡、成毀、造化、幽明、純雜、變常、斷續、一多、正反、同異之相對；以及人之價値理想上之範疇如是非、善惡、美醜、毀譽、利害、得失、成敗、吉凶、禍福、險夷之相對；以及天下國家之安危、興衰、治亂、災祥之相對；世道之消長、升沉、顯晦、隆替之相對；及人之人格氣質德行之種種形態，如高明與沉潛，剛健與厚重，狂者與狷者，仁者與智者，獨善其身者與兼善天下者；以及智愚、賢不肖、君子小人之相對；皆可在不同之意義下，以陰陽之理說之。此則由於凡一切相對者，皆互爲隱顯，互爲消長，互爲進退，互爲出入。而相對者之一之所以得名，亦恆由於吾人所指定之一物之一性質，一狀態，一關係，或一物本身之隱或顯、消或長、進或退、出或入而得名。而吾人能了解此一根本義，則不難以陰陽之理，說明一切相對者而統攝之。

譬如就事物之時空關係而說，依中國之陰陽之理論，大皆以已往者爲陰，而方來者爲陽。此陰之名之所以用於已往者，即由已往者之爲歸向於潛隱，而如在退消，以由可見向不可見；而方來者則正趨於顯現而如在進長，以由不可見，入於可見而言。然吾人如從另一面看，就已顯者皆爲可見可知，而未顯者爲不可見不可知，遂謂凡屬已顯者皆陽，凡屬未顯者皆陰，亦未嘗不可。又在空間關係中說，則一般皆以上爲陽，前爲陽，外爲陽。此亦自在上者在前者與在外者，恆顯而爲一切物之升進放散時之所向者說。至一般之以在下者、在後者、在內者爲陰，則是自在下者、在後者、與在內者、恆隱而爲一切物之降落收斂時之所向者說。而右之爲陰，則蓋是自人恆用右手把持物，其時右手恆收斂，亦使物被把持而如被掩藏上說。左手則反是，而左爲陽。然吾人如換一觀點，以下觀上，以後觀前，以內觀外，以右觀左，則下顯而上隱，後顯而前隱，內顯而外隱，右顯而左隱，則其中陰陽之關係，亦即顚倒。

又如在數與形量上說，則一般以大者爲陽，多者爲陽，數量之增爲陽，而反面之小、少、減爲陰，此亦當是自物之放散升進，則趨於多，趨於大，趨於數量之增而說；而物之收斂降落，則趨於少、小與數量之減而說。然人如謂此小所以成彼之大，此少所以成彼之多，此減所以成彼之增，則謂小、少、減爲陽，而以其所成之大、多、增、爲陰，亦未嘗不可。至奇之爲陽，偶之爲陰，則蓋是由於陽之施發，爲自動，自動則單獨進行，故爲奇；而陰之接受則爲被動，被動則必與動者相應而合成偶上說。此外又可說一切陽之施發，皆必及於他物，遂連此物與他物爲一，故爲奇。而一切陰之接受，皆歸於成就其自身，而居位得所，以與他物相對，故爲偶。至直之所以爲陽，曲之所以爲陰，則當是就剛健則直，而柔順則曲上說。或是就直爲空間一進向說，故爲奇；而曲爲包含空間之二進向說，故爲偶。然就曲者之聯繫二進向爲一，二直者恆異向而馳上說；則謂曲者爲一，爲奇，謂二直者爲二，爲偶亦可。此蓋中國思想中所以謂曲成圓，而圓爲陽，直合方，而方又爲陰之故。圓之所以是陽者，蓋以圓上之任一段，皆兼二進向，依圓而動，則凡向東西而行者，皆兼向北或向南；而向南北而行者，亦皆兼向東或向西，而皆兼涵空間之二進向也。故圓又可表一切之流行運轉，一切由分而合，以連二爲一，連偶爲奇之事。至方之所以是陰者，則蓋以方中之橫直之線，各向其所向，則雖相交而異道異行也。故方又可表一切由合而分，開一爲二，散奇爲偶之事。然反之，如自方由「直」成，而言乾陽爲方，以圓由「曲」成，言坤陰爲圓，亦未始不可。

至於從各種兼爲存在範疇知識範疇之概念上說。則依於凡顯者皆陽，凡隱者皆陰之說，即可說有爲陽，存爲陽，明爲陽，一切正面皆陽。無爲陰，亡爲陰，幽爲陰，一切反面者皆陰。自由分而合爲陽，由合而分爲陰上說，則一爲陽，純爲陽，同爲陽，常爲陽，續爲陽；而多爲陰，雜爲陰，異爲陰，變爲陰，斷爲陰。由此而凡積極的、正面的，具某價値者皆爲陽。而凡消極的、反面的，缺某一價値者皆陰。故成爲陽，敗爲陰；得爲陽，失爲陰；陽生故吉，陰殺故凶；陽爲善，陰爲不善；陽爲君子，而陰爲小人。然有於此者恆無於彼，成於此者恆毀於彼，而無於此者，則恆有於彼，毀於此者恆成於彼；始吉者或終凶，始凶者或終吉；君子自恃其爲君子，則君子即漸成小人；小人不自居於小人，則終爲君子。則此中陰陽之可相代易也如故。

又具正面價値者之所以爲陽，而具負面價値者之所以爲陰，乃唯對價値而言陰陽之說。若對存在之狀態而言陰，如以動爲陽，靜爲陰，則動未必吉，未必善，而靜未必凶，亦未必惡。如吾人今以存爲陽，亡爲陰，剛爲陽，柔爲陰，同爲陽，異爲陰，一爲陽，多爲陰，圓爲陽，方爲陰，進爲陽，退爲陰；則在此中之存、同、剛、一、圓、進亦未必吉、未必善，亡、異、柔、多、方、退亦未必凶、未必惡。唯知動而不知靜，知存而不知亡，知剛而不知柔，知進而不知退，知同而不知異，知一而不知多，乃爲凶爲惡。知靜而不知動，知亡而不知存，知柔而不知剛，知退而不知進，知異而不知同，知多而不知一，亦爲凶爲惡。則所謂吉者善者，即兼知存亡、剛柔、進退、同異、一多、而知陰知陽、以能陰能陽之別名。所謂凶所謂惡者，則如亢陽不返，孤陰自絕之類。由此而見陰陽相得相和、之謂吉、之謂善，爲具正面價值者。陰陽相離相乖之謂凶、之謂惡，爲具負面價值者。吉善而具正面價值之謂陽，凶惡而具負面價值之謂陰，乃唯對價值之存亡隱顯而立名，而非就諸相對之存在之狀態，而謂凡陽皆善，凡陰皆惡也。此處見陰陽之有二義。一爲只就存在狀態而言者，一爲就存在之狀態中之價值而言者。而在後一義之陰陽中，其陽之吉及陽之善，正繫於前一義之陰陽中，陰陽之相得相和。其陰之凶、陰之惡，則繫於前一義之陰陽中，陰陽之相乖相離。此二義，乃不可混而一之者。然吾人如視價值亦爲存在之一面相，則我們亦即可以是否具價值，分陰陽。而陰陽之範疇，即可遍應用之存在界、價值界，而見其爲一普遍的形上學兼價值論之範疇。此段中之涉及於價值之部者，在價值論中當再及之。

第二節　中國思想中之陰陽之論，可根絕西方哲學之若干問題之理由

吾人如依此種中國之哲學思想，以看西方哲學中之若干問題，在中國即可根本不發生，或可謂已解決者。一元二元之爭，宇宙爲變爲常、爲動爲靜之爭，在中國思想中之宇宙觀下看來，皆可不成問題。而畢竟物以質爲主，或以力爲主；以物質材料爲主，或以形式爲主；以潛能爲主，或以現實爲主；自然是由超自然者而來，或自然爲自己存在；在中國哲學，皆可謂無此問題。蓋以陰陽乾坤之理以觀質力，則質爲隱爲幽，而力爲顯爲明。質者物之陰，力者物之陽。質發力而陰成陽，力入於他質，而陽入於陰〔註〕。自陰陽乾坤以觀物質材料與形式之分，及潛能與現實之分，則物質材料之具潛能者，陰也。現實之形式者，陽也。然現實之形式，能顯亦能隱，則不能如柏拉圖亞里士多德之抽離形式，而孤懸之，以臆造一純理念或純形式之世界。物質材料，似無形而能化爲有形，則又不能如彼等之臆造一絕無形式之原始物質。而依中國之哲學，以觀柏亞二氏之形式質料之二元論，則純形式與純理念之世界，乃亢陽之世界，而絕無形式之第一物質，則爲絕陰之世界；而由柏亞二氏之思想，進至純形式之上帝，西方中古思想謂其能自無中造世界，則無異以孤陽生世界；而反面之唯物論者，謂一切皆原於太初之混混沌沌之物

〔註〕：嚴復於天演論序，即早有以陰陽乾坤會通西方之質力之分之論。

質，又無異以絕陰成萬物；是皆不知陰與陽、自然與超自然之不可二，自然之生生，即無時不自超越其爲自然，而亦超自然者之自降於自然之事。然吾人所以又不能以此簡單之結論，解答西方哲學問題者，則以西方哲學之問題，自有其自身之線索。唯有順其自身之線索之發展，而有之解答，方爲眞正之解答；不能以另一文化系統如中國者，對於此中之問題，原未眞正發生，或從根處加以截斷之論，爲解答也。

第三節　西方哲學中之二元論之思想之淵源

吾人如欲探求西方哲學中之各種二元論發生之線索，吾人當以方才所說質力之二元論爲開始。此乃始於恩辟多克之以宇宙爲地、水、火、氣，及愛、恨二力所合成。在印度與中國哲學中，亦有地、水、火、氣之四大，或金、木、水、火、土之五行，爲宇宙之所由成之說。然在中國與印度之古代思想，皆以此等等物爲能自動，而自聚自散，自分自合，能陰能陽，能柔能剛者。然恩辟多克之地水火氣之物質，則爲不能自動者。故必另有愛力以聚合之，恨力以分散之。此蓋原於一開始點上之以物質本身爲靜止之思想，故其外應另有使之運動之力。然人之所以以物質爲靜，實唯由見若干物之形狀，在一時爲靜而不變來。吾人只須一朝以物之形狀之靜而不變者，爲物之常；並以此爲物質之屬性，則吾人必以物之所以動，由物質外之力使之動，而有此質力之二元論。此質力之二元論，在近代之物理學則化爲物質常住，能力常住之二定律。直至物理學上之放射之理論、相對論、量子論之理論出，而後打破者。

由此質力之二元論，化出之另一二元論，則爲吾人前章所論到之柏拉圖亞里士多德之以理念或形式爲本之「物質質料與形式之二元論」。此爲將物之形式與其所附之質料，加以分離，以理念或形式本身爲不變不動，而以質料爲可變其所實現之形式之二元論。依此說，則質有潛能而實無動力；質之能實現形式，由不動之理念形式，引使之動，此即無異以不動者爲動之根原。

此種二元論之再進一步，則爲由亞里士多德之將一切物之形式，化爲不動的上帝之思想之內容，進至中古之以一切事物之原型，爲上帝之神智之內容，而以超自然之上帝，爲自然物得存在、得有形式之根原，而成方才所說到之以超自然之神爲本之自然與超自然之二元論。

然在此種以超自然者爲本之超自然與自然之二元論中，同時包涵以靈魂爲本之靈魂與肉體之二元論。此亦爲西方中古哲學之形上學與人生哲學之交界之一重要思想。茲就此思想而言，其原於柏拉圖者，過於其原於亞里士多德者。因亞氏以靈魂爲身體之形式時，並不以之爲相對立而相衝突者。而在中古哲學中，則大體而言，皆爲視此二者爲相對立，而相衝突者。而此亦多多少少，可由一般人所共能反省到之靈肉之衝突，以爲印證。東方之中國之哲學思想中，所謂天理與人欲之交戰，於此亦未嘗不有相類之處。

譬如吾人在日常生活中，吾人明覺吾人之若干慾望，乃似直接以吾人之肉體爲根據而發出，而吾人之若干精神要求，又明爲反乎此慾望者。如人之飲食男女之慾，或煙酒積癖，好勇鬬狠之習發動時，吾人即明覺吾人之身體自身之內部，有一種擾動。然當吾人視此諸情欲爲不當時，則吾人之精神之要求，即首爲求平息此擾動，而加以節制超化。此時吾人明覺吾人之肉體之所安者在此，而精神之所求者在彼，二者相爲對反。吾人如一朝徇慾而忘理，則後恆繼以愧悔。而此愧悔之心情，則爲順精神之要求而發，以自譴責其順從肉體之行爲者。如經愧悔之後，人仍不能戰勝其慾望，則人即將求逃出於一切足以誘惑吾人縱慾之環境之外，而入山修道，或竟自己以種種磨難，施諸自己之肉體〔註〕，以至甘任肉體之經歷劇痛，以遂其精神上之要求。此種現象，如依唯物論之以精神爲屬於肉體者之理論言，蓋爲無從加以說明者。而如只視人爲一純心靈看，亦難加以說明。然在以靈魂直接於超自然之神，其肉體由泥土而成之宗教家，或直接謂人乃由此常相衝突之靈魂與肉體二者結合而成之二元論者，則最易直接對此種現象，加以解釋。

此種靈肉之二元論，即西方近代之心身二元論，心物二元論之前身。然因西方近代之文化與中古之不同，近代心身二元論者、心物二元論者，所以說明二者之爲二元之論證，遂較不重從人之道德宗教生活中靈肉衝突處立論，而偏自吾人對心身與心物二者之不同性質之不同知識上立論。此吾人可首以笛卡爾之二元論爲一代表。

〔註〕：此義西哲叔本華所論最精，見叔本華之World as Will and Idea 一書論 Will-Denial之各段。

第四節　笛卡爾之心身二元論及心物二元論

笛卡爾以心之根本性質爲思維，而身體與一切物體之根本性質，則爲廣延Extension。其以心之根本性質爲思維，是因心之其他活動如意志信仰等，皆緣人心之思維一觀念而有。心之能思維，乃吾人不能否認之事實。此即吾人在知識論之部第十六章知識之確定性與懷疑論中所說。吾人如懷疑心之能思維，此懷疑之本身，亦即是思維。故思維乃心靈之所必然具有之本質的屬性。而心之思維之所對，則可爲自明而永恆不變之眞理。以至完全之上帝，亦可爲心之所思維。然吾人之身體，則明爲只有此七尺之長，而位於一定之空間者。是見心身之性質，實截然不同。而身體及其以外之其他物體，吾人如將其色聲香味等帶主觀性之次性去掉〔註〕，則物體所剩餘之普遍性質，即其佔據空間，而有長寬高之廣延，並能在空間中運動之性質。在笛卡爾哲學，所謂物之廣延性，亦實即同於其空間性。物之廣延性之外，亦更無所謂虛空之空間。吾人所謂虛空之空間中，亦實爲具廣延性之物之所充實。而吾人試將任一物之色聲香味觸等皆去除以後，吾人所思維於一物者，亦正可除其同於其所佔之空間之廣延者，與其運動以外，更無其他；此物之廣延，與其外之空間之廣延，亦無分別。故凡有空間之處，亦皆同於有一遍在之大

〔註〕：參考知識論之部，第九章知識之對象問題，第三節。

物。而笛卡爾亦嘗謂：「給我以空間與運動，我即可予汝以一物質之世界」。

關於宇宙是否眞有虛空，虛空是否亦爲物所充滿之問題，乃一物理學之問題，亦當視吾人對虛空與充滿Plenum，如何加以定義，乃能解決。今可不討論。然笛卡爾之以物體身體之廣延性與心之思維性相對，以見心身心物之二元，其中亦包涵一種眞理，而爲唯物論所不易加以否定者。吾人今亦暫以心物二元論爲根據，對唯物論之說加以一討論與批評。

第五節　心之思想與身體及腦之不同及唯物論之否定

唯物論者以精神或心靈皆爲屬於人之物質身體者，而爲人之物質的身體之屬性或機能，或爲物質的身體有某種物質的接觸變化時，所生之附現象。但唯物論者並未說明，其所謂精神心靈何以只能是物質的身體之屬性、機能、或附現象之理由。唯物論者至多只能指出，人之精神心靈之活動，依於人之身體所接觸之外物之存亡而存亡，及依於身體內部之物質的變化而變化。然此是否即已足夠證明唯物論所欲證明者。吾人今依心物二元論，以討論此問題，便知此顯然爲不足夠者。

譬如唯物論者，謂人思想時，恆有運用語言之生理活動，又必依於人之腦之健常，然後人能思想。此固皆可爲一事實。然此所表示者，儘可只是人之思想與其腦及身體之生理活動之相關，而非即謂相關者之一，乃由另一相關者所生出，而附屬於另一相關者，以爲其屬性、機能、或附現象之證。吾人於此，可以一粗淺之比喻，加以說明。如人對水望影，人皆知水清則影明，水濁則影昧，水動則影潦亂，而無水則影亦不存在。然此豈能證明此影之全由水而生？則人之大腦之健常與否，人用語言之生理活動，關連於人之思想是否清明，以及人之是否有某思想，又何能證明此思想之根原，全在於人之生理活動〔註一〕？吾人豈不可說，人之思想另有人之心靈之自身為其超越的根原，如水中之影另有水以外之根原？吾人豈不可說，吾人之腦之不健常，及某種生理活動之缺乏，使吾人不能有某思想，亦如水之昏濁之使其不能照影？吾人豈不可說：人之能思想之心靈，不以其是否有某思想，或其思想之是否清明，而不存在，正如人之不以水之不能映其影而不存在？

依二元論之主張，吾人如欲討論心是否附屬於身體之物質及物質與心之為二為一，唯有自心或物之本質或本性上求解決。因吾人唯有自一存在之本質或本性，以了解一存在，規定一存在，或論謂一存在。故吾人如對二存在者之本質本性之所了解者不同，或當吾人將二存在之名，分別視為一主辭，而吾人所以論謂之賓辭不同時；則吾人即當說其為二存在〔註二〕。如吾人對李白與杜甫之了解不同，吾人

〔註一〕：柏格孫 H.Bergson 物質與記憶一書論心非依賴於腦而存在之理由，及今猶為顛撲不破。

〔註二〕：此亦為今之重邏輯分析之哲學家所承認之一原則。如石里克即以此謂人之靈魂可離身而存在。On The Relation Between Psychological and Physical Concept, 見 W. Sellers所編 Readnigs in Analytic Philosophy

對二人有分別不同之論謂，則二人爲二存在。今吾人對心與身體及物之本性之了解，一爲思維，一爲廣延，即一不佔空間，一佔空間；則吾人只有謂心與物爲二存在，二實體。除非唯物論能證明心之本性之思維，即同於物之本性之廣延，則唯物論者無理由，以謂心與其思維依附於物，而爲物之一屬性、一機能、一附現象。然對此點，則唯物論者實從未能加以證明。

此種心之具思維性，與身體或物體之具廣延性而佔一定空間者之差別，乃在常識中，亦爲人所共認者。如吾人之身體，在此時間，此空間。然吾人卻不能說吾人之心，即在身體所在之時間空間內。如吾人之身體在此處，吾人之所感覺之日月山川，則明在吾人身體之外之彼處。吾人之心，明可游神於所見之日月山川，而與境凝合，若忘吾身之安在。則吾人之心之思想，不爲身體所在之空間所限制甚明。然此猶可謂彼日月山川之光彩，必先達於吾目，然後吾方有所見。然人之身在江海，心存魏闕。或身在牢獄，而心存江海。此時之感官明對於外物無所接，而吾人之心神之所往，則全超溢於吾人感官所接受之物質環境之外，以有其對過去之回憶，與對未來之幻想。此處唯物論者唯一答覆，即謂此類回憶幻想，其內容皆不出乎吾人過去之經驗。此過去之經驗，初留其遺跡於吾人之腦之神經細胞中，今再自動冒起，故可有吾人今日之回憶等。然此中之根本問題則在：吾人可否說此遺跡本身，即包涵吾人過去之經驗內容？如吾人今正作「廬山煙雨浙江潮」之回憶，吾人可否說吾人昔所經驗之廬山煙雨浙江潮之全幅景象之內容，皆存於吾人腦髓之神經細胞中？若然，則有一全知此腦髓之構造之生理學家，應可只觀察吾人之腦髓，即同時觀察廬山煙雨浙江潮。而此生理學家亦可不去游歷世界，而只以觀察游歷世界者之腦髓構造，代替游歷世界。然吾人豈能眞相信，一游歷家所見之世界之全幅內容，皆存於其大小不及一立方尺之腦髓中？此蓋爲極難信者。因游歷家在世界游歷時，乃覺其自己身體及其中之腦髓，在世界中旅行；而並非覺世界萬物之內容，在其腦髓中旅行。彼明覺世界之大過於其身體腦髓，乃在腦髓之外，而未嘗覺世界在其腦髓中。然而彼卻可同時自覺其所見之世界，在其認識中，在其心靈之所了解所思想者之中。則此中，心與腦髓之不同，豈不即已顯然？

吾人今之討論此問題，並無意否認上述之游歷家於世界中見任何事物時，其腦髓中皆必留下一遺跡。吾人亦可假定一全知之生理學家，能將此遺跡，皆一一加以觀察而記錄之；則此生理學家，自可對其腦髓有完全之知識。但吾人稍一反省，便知此生理學家之知識之內容，明不外種種此游歷家之神經細胞、神經纖維、神經流之知識，而此知識絕不同於游歷家之知識，仍爲確定無疑之事。如游歷家所見之世界，明有種種顏色，但此顏色之光波入腦髓後，今之神經學家，皆承認其爲腦髓之物質所吸收，而與腦髓之物質發生化學作用，則腦髓中即不能再留顏色。故人看顏色後，其腦髓上所留之遺跡之顏色，即絕不能同於其所見之顏色。今之解剖學家解剖腦髓時所見之顏色，亦不過一堆灰白之色而已。則游歷家見天上雲霞燦爛，五色紛披之時，吾人並不能視此時之腦髓與以後之遺跡，亦雲霞燦爛，五色紛披。誠然，一全知之生理學家，研究一游歷家之腦髓後，可知其腦髓中某些神經細胞纖維之活動，與此游歷家之某一種所見所知者，有某種之相應關係，而推知其所見所知者爲何。然此推知之所以可能，仍由此一生理學家原對世界事物，亦有種種之直接經驗與知識，並知「人之某種腦髓之活動，與人對世界之某種直接經驗與知識，相應而發生」之故。否則，彼明仍不能由其對游歷家之腦髓之知識，以推知游歷家之對世界之經驗內容與知識。是見此生理學家對另一人之腦髓之知識，與另一人直接對世界之經驗內容與知識，終爲絕然不同之事。而一生理學家對於另一人之腦髓之物質，所能有一切論謂、一切陳說，或視之爲主辭時，所能加於其上之一切賓辭中，亦即必不能直接包涵另一人對世界之經驗內容與知識。然吾人卻可說，吾人之一切經驗內容，吾人對世界之知識，皆爲吾人之心之所知。吾人對「心」之論謂與陳說中，亦必須包涵其所經驗之內容與對世界之所知。吾人將人心視作一主辭時，吾人亦必以其所經驗之內容之爲何，所知者爲何——即其所思維者之爲何——以爲規定此主辭之全幅賓辭之內容。由心與腦髓之物質之存在，須由不同之論謂、陳說，不同賓辭之內容，加以規定，即又可證其爲二存在，或二實體，而非一。

除上述之一問題外，尙有一問題，亦爲唯物論者所無法解答者。即吾人如謂人之回憶幻想之事，皆不外吾人過去之經驗留於腦中之遺跡之自動冒起，則吾人須知：此腦中之遺跡之自動冒起，乃一現實的物理事實，而腦與其遺跡之存在於今，亦是一現實的物理事實。但吾人在回憶過去時，吾人所想者，乃一已過去之經驗內容。此經驗內容之中之對象，則可爲在物理世界已不存在而消失者。如吾人可回憶兒時所居之家園早已燬於戰火，吾人在想未來之事，如明日之事時，其所想之內容，根本上亦尚未在物理世界存在者。當吾人回憶家園時，吾人之淚乃落於現在，此淚乃屬於存在的物理世界者。吾人爲明日之事憂慮時，亦可如伍子胥之過昭關，一夜之間頭盡白。此白頭之效應，亦現在，亦爲屬於存在的物理世界者。然吾人如何可說，吾人所憶之家園與所想之明日之事，皆存於現在？吾人豈不明覺其爲存於過去或可存於未來，而今已不存，或爲尚未存於存在之物理世界者？此豈非證明吾人心之所想者，能及於現在的物理世界之外，亦及於現存於物理世界之吾之身體腦髓之物質自身之外？

此中唯物論者唯一自救之道，是說吾人之思想過去、未來時之思想，仍只是吾人現在之思想。此現在之思想，乃發自吾人現在之腦髓之活動，而此思想之內容，亦只存於現在。故吾人之往思想未來或過去，並非吾人之思想直達於眞正之未來，與眞正之過去；吾人實從未越過現在之雷池之外，亦未嘗越過現在之腦髓活動之所及之外。然此答案，明不能解救其困難。今姑撇開未來之問題不談，即專就人之思想過去之事而論。吾人是否眞能說：吾人思過去時，思想從未達眞正之過去？如思想從未達眞正之過去，或現在思想中，從未包涵眞正之過去，則所謂眞正之過去，果爲何義？眞正之過去之一名、一觀念、又如何來？吾人固可說，吾現在思吾之家園時，此家園，唯是吾人現在心中之家園，非眞正的過去所見之家園。然吾人在說吾人現在心中之家園外，另有眞正之過去之家園時，吾人豈不已思及眞正過去之家園？又如此眞正過去之家園，從未爲吾人所思及，吾人又如何能說現在所思及者，非眞正過去之家園？

故謂人只能思想現在，而不能思想過去，明爲自相矛盾者。至於由吾人思想之發自現在，即謂其不能達於過去，明爲一觀念上之混淆。此亦猶如吾人之從飛機之自地起，以證其不能直上雲霄，乃混淆事之所自起與事之所能達者。

若吾人肯定人之思想能及於過去與未來，則人之思想之性質，即與只存於現在物理事實之性質，根本不同，亦與吾人之物質的腦髓及其中現存之遺跡之性質，亦根本不同。在此，唯物論如尚欲謀自救，則唯有說一現存之物理事實，可指一過去之物理事實，如一植物之年輪，可指其經歷幾許春秋。一現存之地層，可指其經歷若干次之地殼變遷。而吾人之面紋與腦髓中之遺跡，亦即可指示其過去經驗之內容。故現存之物理事實，亦即涵具通達於過去之意義。此即回憶之所以可能之根據。然此言雖巧，其所證者，亦唯是吾人之現在的腦髓之構造，與過去之經驗內容之相關，而吾人可以此現在的腦髓之構造爲符號，以讀出其過去曾有之經驗內容；如吾人之可以植物之年輪及地層爲符號，以讀出其歷幾許春秋，若干世紀。然吾人豈能謂現存於植物中之年輪其本身，能讀出其歷幾許春秋？若無吾人之思想，以此年輪爲符號，而思其所涵之義，思其過去曾歷幾許春秋，吾人豈能謂此幾許春秋，皆在此重重年輪之圓圈上？則吾人縱謂吾人腦髓中之遺跡，皆指示過去曾有之經驗內容，然若吾人不能緣此遺跡以思想及過去之經驗內容；此純物理的遺跡，又與植物的年輪何殊？如此遺跡亦只能視同符號，則其所涵具之通達於過去之意義，或其所指之過去經驗內容，豈能不待思想而自呈現而存在於此物理的遺跡之中？於是此唯物論者最後之自救，仍爲無效。

由上列二問題之討論，故知吾人將心之思想混同於物質的身體之腦髓，或物理的事實而論之說，輾轉皆不可通。而其關鍵，則在說二者之相關是一事，而說二者之本性與本質之不同，又是一事。而心身二元論、心物二元論者，即可建基於此二者之本性與本質之不同之上，而有其不可拔之眞理在。唯吾人以上之所說，則實已多超溢於笛卡爾之所說者之外，而爲純就理論上對心身二元論、心物二元論，加以發揮，以評唯物論之說者。

宇宙之對偶性及二元論　參考書目

太平御覽及圖書集成中「陰陽」項下所輯中國先哲論陰陽者。

朱熹：太極圖說註及朱子語類陰陽項下。

拙著心物與人生第一部全爲對物質與心靈生命之不同之討論，文字淺明易解。

R. Descartes: Meditation, VI. Of The Existence Of Material things and of The Real Distinction between the Mind and Body of Man.

A. O. Lovejoy: Revolt against Dualism, Chap. I.

在西哲中重對偶性者，前有Cusanus, Schelling，今有M. R. Cohen於其Reason and Nature中重對偶性之概念，又有**G. E. Mueller: The Interplay of Opposites.** 1956. Book Associates. New **York,**

第十章　泛神論

第一節　二元論之問題與由超神論至泛神論

上章所述心物二元論及身心二元論，固有其眞理，但亦有其莫大之困難。因二元論者必須承認心與身、心與物之相關。此相關畢竟爲何種之相關？及此相關又如何可能？仍爲一極不易說者。而人類之思想，在對於相關者，皆加以思想之時，此思想即爲統一此相關者，而連二爲一，或連多爲一者。由是人之思想，即有一自然不安於一切之二元論，而必求通二元爲一元之趨向。而笛卡爾之心物二元論，亦承認一在心物二實體之上之上帝，爲兼創造心物之二實體者。吾人今欲述西方哲學中，如何通貫心物二者之論，則宜先從如何通貫以超自然之上帝爲本，而劃分「超自然」與「自然」爲二之二元論之思想講起，此即泛神論之宗教思想與哲學思想。

泛神論之思想，即以神與自然爲一之思想。此在希臘之斯多噶派之哲學中，即已有之。斯多噶派以神爲遍在於自然之自然律之本原所在，亦爲一內在於自然之統治者。此派中人，並或以神爲物質性者，是即爲一泛神論之思想。而中古哲學之神秘主義之潮流，即大多特重上帝之無所不在，而恆帶一泛神論之色彩者。然由奧古斯丁、至聖多瑪之正宗基督教哲學，則皆主超神論而反泛神論。依超神論，以世界萬物為上帝所造，上帝又為全知全能而無所不在，則世界萬物即非離上帝而外在者。至上帝所以仍為超越於世界萬物之上者，則在萬物皆有限而不完全，遂與上帝之無限而完全成對反；萬物之有，皆有所缺乏而包涵潛能，又與上帝之為純現實之有，而無潛能者成對反。故自然萬物與超自然之上帝，遂相對而為二。此理論乃為聖多瑪所加以系統化者。但聖多瑪論上帝，以神智為主，神意原於神智，上帝只創造其神智所視為善者，而其神意即附從於神智。然在鄧士各塔之論上帝，則以神意為主，以神意之決定為絕對自由，亦不能追問其何以如此決定之理由者。由神意之為絕對自由，而上帝於其所創造之如此如此之世界，即可全然加以改變，以自由創造另一如彼如彼之世界。而上帝為此世界所定之道德律、自然律，皆無不可加以改變。於是一切違悖今所謂自然律之事物，如上帝意欲之皆有出現之可能；一切違悖今所謂道德律之行為，亦皆未嘗不可於一日為上帝所視為善，而一切吾人所視為荒謬悖理之事，如上帝意欲之，亦皆無所謂荒謬悖理。

鄧士各塔之言，上帝有絕對自由之意志，可改變一切已成之自然律道德律之說，乃所以更顯上帝之超越性。然吾人如循上所謂上帝有絕對自由之義，一直想去，則上帝既能有任意創造世界萬物之自由，則其何以無同時創造無數之其他世界，並化其自身為任何世界之萬物，或在任何一物中顯示其自身之自由？如其有此自由，則吾人焉知此當前之世界、或世界中之一山一石、一花一木、一人一鳥、非即上帝之化身，而藉以表現顯示其自身之所在？此即引至一泛神論之思路。印度之婆羅門之哲學，則爲包涵更多之泛神論之思想者。

此種泛神論之思想，在超神論觀之，恆以爲此乃將上帝與世間之物不分，而使上帝失其超越性與神聖性無限性，而與有限之世間物相混雜者。然在泛神論者觀之，則此問題儘可不如此簡單。即一上帝如只能爲創造自然界之萬物，而超越的昭臨於自然界之萬物之上，不能眞內在於自然界之萬物之中，只能爲無限，而不能表現於一切有限者之中，此豈非上帝自身之一限制？而無限之上帝之表現於有限者之中，亦爲正宗神學中所並不能免者。依三位一體之教義，上帝之化身爲有血有肉之耶穌，即爲以此似有限之血肉，爲其無限之存在之所化身。今上帝既可有此一似有限之化身，則上帝何以不能再化身爲其他似有限之存在？上帝豈不可再化身爲孔子，爲釋迦，爲甘地，爲一切人類中之聖者？上帝既可初化身爲木匠之子，又豈不可化身爲鐵匠之子，銅匠之子，或任何人之子？上帝可化身爲人之血肉，又豈不可化身爲一切動物之血肉，上帝可化生爲耶穌之毛髮，與分泌之淚與汗，又豈不可化身爲山上之草木及一切江水，與似無知之物，而化身爲宇宙之任一微塵？上帝既爲無限，則其化身爲無數之有限者，豈非正所以表現其能不限於其自身之無限，以成爲無限之有限者？若然，則眞正無限之上帝，豈非必須爲能同時化身爲任何之自然物，而在任一微塵中表現其自身者？由此而以上帝爲超越的昭臨於自然世界之萬物之上之思想，即可引致出：世界之任何一物皆上帝之化身，皆上帝之表現其自己處之泛神論之思想。一花一世界，一沙一天國，即一自然之結論，而捨此亦無以見上帝之眞正之無限也。此種思想在西方中古之末期庫薩尼古拉Niconus of Cusa，及布儒諾Bruno則明白主張之。

布儒諾以上帝乃表現於無數之世界，無數之個體物中。因表現於無數之世界與無數之個體物中之上帝之神性，必較只表現於有限定之世界，有限定之個體物之上帝之神性，更爲完全；而超越於世界之上帝，亦不及內在於無數之世界之上帝更爲完全〔註〕。

此種泛神論之哲學，可視世界一切卑下之自然物，皆爲上帝表現其自身之所在，在超神論者觀之，乃不能忍耐者。故布儒諾必被焚。而超神論者，最易提出之一理由，以反駁泛神論者之說，即：如上帝眞可化身爲一自然物，如在一草一木中表現其自身，則人之心中，將只有此一草一木之觀念，而忘上帝，而使吾人之心靈，離上帝以下降於一草一木，此即導致一精神墮落之歷程。而一切泛神論之思想，亦皆爲導致此精神墮落之歷程者。反之，如吾人心靈欲求上升，而念念在上帝，則必視上帝只爲創造世間之物而超越的昭臨於世間之物之上，而非眞在世間之物中表現其自身者。然在泛神論者，於此仍可有一回答。即人何以在念上帝表現於一草一木時，即必須心中只有草木，而無上帝？何以人念草木時，即不能同時念上帝、見上帝？如謂草木爲只具有限之形相者，吾人念草木時，吾人之心靈即爲此有限之形

〔註〕：G. Bruno: On The Infinite Universe and Worlds，見 Theories of Universe edited by Milton K. Muniz PP.174—183

相所縛，故與無限之上帝相違；則泛神論可問：人何以不能即有限之形相，而同時見無限之上帝，而必爲此形相之所縛？吾人如眞了解此有限之形相，即無限者之在此表現，在此顯示，則此有限之形相，豈不可即有限而非有限，即形相而無形相？此有限之形相豈不可成爲透明？若然，則此有限，又豈能阻止吾人透過之，以見無限？吾人可由耶穌之一言一動之形相，透視上帝，吾人何以即不能由一花一葉，透視上帝？此豈非只證吾人之宗教心情，宗教智慧，或對上帝之無所不在之認識本身，有一限制？吾人如無此限制，則世間又果有何物之形相，可限制吾人由之以念上帝、見上帝？吾人之能即任何有限之形相，以見無限，豈不更表示吾人之宗教心情，宗教智慧之有更大之開展，並對上帝之無所不在之認識，更爲親切？則吾人之隨處，即有限以見無限，亦即吾人之隨處有「由有限以超升至無限」之一精神歷程。此豈能謂爲只導致一精神墮落之歷程者？反之，吾人若只能於世間念及耶穌時，方能念上帝見上帝，或只能隨處思上帝創造萬物，及其超越的昭臨世間萬物之上；而不能思其化身爲世間萬物，並在其中直接表現其自身；乃正表示吾人之宗教心靈之封閉，而未達其充量之開展者。

吾人以上所述之泛神論之思想，乃表示其爲超神論思想自身之發展，所亦不能不引出之一思想。此思想爲東方之印度及中國之宗教思想形上學思想之一大宗。在西方，則爲由希臘之斯多噶派，歷中世之神秘主義，至庫薩尼古拉布儒諾之說，至近代爲斯賓諾薩所宗，而下接康德後之德國英國之文學上哲學上浪漫主義思想潮流中，極多之詩人與哲學家之思想者。吾人以下，則當一略述斯賓諾薩之泛神論思想，看其如何本其思想，以解答笛卡爾哲學所引之心身心物之關係之問題。

第二節　心身二元論之問題

自笛卡爾指出心物之性質之根本差別，一爲思維、一爲廣延之後，西方由亞里士多德傳下，爲中古之聖多瑪所承之對心身問題之解答，即嫌太簡單，而不能適合種種之新問題。在亞氏之理論，乃以心爲身體之形式。此乃謂心爲能思維普遍之形式，以形成概念，並能規定身體活動之形式者。此皆甚切合常識。如吾人心思一圓圈，而以手畫一圓圈，此即爲心以其所思之形式，規定身體活動之事。吾人之一切有目的之活動，則皆爲以一形式規定身體活動之事。然亞氏之哲學，乃以身體所涵之原始物質，爲無形式者。即吾人之身體之形式，亦初非此身體之原始物質所有，而原只爲永恆的在上帝之思維中存在者。而依笛卡爾之哲學，則一切身體物體之基本性質，唯是廣延〔註〕，及與之相連之運動。而此廣延與運動，乃全部可以幾何學數學之概念，加以規定者；即此中之一切，皆是屬於形式之概念的，遂另無亞氏所說之原始物質之質料。依笛氏之哲學，以論人之思維，此思維之內容，亦爲種種概念，亦即對種種事

〔註〕：依笛卡爾所謂空間實無虛處，空間即一純廣延。所謂各物體，如日月星辰等，及其他物體皆不外此純廣延之作各種運動所成之各漩渦 Vortices。由此各漩渦，而純廣延即化成各種物體。

物之理與形式之概念。然心之思維，與人之身體之有廣延而能運動，又有根本不同之形式爲內容。心身之問題，遂非一爲形式，一爲質料，而如何加以關連之問題，而爲心與身物之不同形式之內容，如何加以關連之問題。如一爲形式，一只爲無形式之質料，則此無形式之質料，可不拒絕其與任何形式之相關連。然如此心此身物，各有其形式爲內容，則可互相排斥，而拒絕吾人之輕率的加以關聯。此即笛卡爾之理論所開始之問題，所以更難解答之故。

笛卡爾對心身如何相關聯之說明，簡言之，是說：當外物刺激感官時，此刺激即漸傳至腦髓中之某一部，彼設定爲腦髓中之松子腺。此是外在的物體之影響身體的物質而生一運動之純物理之歷程。然當此歷程終於身體腦髓之某處後，則發生一心之思維之歷程，由此而有對物之觀念概念等。至當吾人之緣思維而生意志時，則吾人是先有一心之思維歷程，此歷程亦終於身體腦髓之某部，由此而後有身體之運動，以傳達吾人之意志作用於外之物理的歷程。至吾人在不感覺外物，亦無意志活動時之思維，則當爲只住於其所思之明白清晰之觀念或概念之世界，而與物體之世界，若無交涉者。而此說，即使心之思維之形式，與物體及身體之運動形式，成爲不直接相關聯，而爲通過心與身交界之腦髓中之某處，以相關聯者。此中心身之問題，亦遂較亞氏之問題更爲複雜。

由此身心之形式性質之不同，及吾人前所已說之心不能爲身體腦髓之屬性；則此身心如何關聯之問題，不能由唯物論而得解答。然心與身之相關聯，既爲一事實，則對此關聯，必須有一說明。唯如笛卡爾之指身體腦髓之某處，爲心身互相影響，發生因果關聯之所，則種種極明顯之困難，立即產生。（一），如此說，則無異於謂心能佔據空間之地位。然原無空間性的心，如何能佔據空間，以與空間性的腦髓之物及外物之物，互相影響，發生因果關聯？空間性的身體之物，又如何能引起在非空間性的心之思維上之效果？非空間性心之思維，又如何引起空間性的身體之物上之效果？（二）吾人以心爲有空間地位者，而將心定置於一空間之地位，此豈非以物之性質規定心之性質，而以物之觀念觀心？則心之思維內容，無論如何廣大，吾人皆可就其在空間上所佔之地位之微小，此外另有無限大之物質之空間，以謂此心唯依此微小之空間地位，方能存在。吾人亦即終不能逃於唯物論之結論之外〔註〕。（三）如吾人以心之思維之認識外物，唯由外物之影響及於身體大腦中之某一部，以使此心之思維中，有關於外物之種種內容，此心之思維，亦只能在此處接受此種種內容，而不能越此雷池一步；則此心之思維便只能發現其自身中之有此種種內容，而不能將此種種內容，與外物本身相比較。若然，彼又如何眞知道：除呈現於其自身之種種內容外，必有外物之本身？在此，笛卡爾唯有以吾人之思維中若干觀念之生起，有一强迫性，故知有外物爲原因以爲答。但吾人夢中之虎之來，亦如有一强迫性。瘋人之觀念之生起，亦有强迫性。只以觀念之强迫性，證成外物之原因之存在，在知識論上，乃明無必然之效力者。此亦吾人

〔註〕：朗格 Lange 之唯物論史 History of Materialism 及其他哲學家，多以近代唯物論之一根原爲笛卡爾。

在知識之對象問題一章所已論。由此而依笛卡爾之說心之思維，只能在腦髓中某處接受外物之刺激之說，又爲可導致一主觀唯心論之結論者。

對笛卡爾之心身二元論及心物二元論之困難，嘗試加以解答者，初有玖林克 Geulincx 之遇合論 Accasionalism 之說，後有馬爾布朗哈 Malebranche 之「心靈通過神以看世界」之說，皆意在說明不同性質之心與身物，如何能發生關係者。依玖林克之意，由心與身物本不同其性質上言，則其相互之因果關係，原爲不可能者。故所謂心身之活動之互相影響，實非互相影響，而只爲二者之同時遇合，亦即互爲其所遭遇之一「塲合」Occasion。由此而人心之認識外物，並非先由外物影響人心，而只是在所謂外物與身體相接，而身體有某變化時，人心中同時有某種對外物之思維觀念，適與之相遇合以生起而已。而眞正使人有一定的思維觀念之生起，以與外物之接於身體時及身體之某變化，相遇合者，實爲第三者之上帝。如當某光波入目時，上帝即使吾人之心中有色之觀念。至於由人心之思維觀念，以引起身體之動作，亦非人之思維觀念，眞能影響人之身體；而亦只是在人有何思維觀念時，上帝即同時使人之身體，生起如何之一變化，與之相遇合。如人心欲看色時，上帝即使眼球動。此說乃將笛卡爾視爲心與身物之共同原因之上帝，化爲一時時作用於心與身物二者，以使其活動相配合之上帝。至於馬爾布朗哈之解答心與身物二元論之困難，則再進一步。謂人心之認識外物，實乃通過「統攝人心及外物」之上帝，以認識外物。而人心意志之影響於身體與外物，亦實只是通過此上帝，以影響身體及外物。故人之所直接認識者，初非外物，而爲上帝心中之外物。人之意志，亦初非能直接影響於外物，而是經由上帝之意志，以影響於外物。然此二說，皆使吾人在常識中，所感之心與身物之直接關聯，成爲時時由上帝爲媒，加以結合者，則反使吾人之覺其有直接關聯之事本身，成爲不可解。而依斯賓諾薩之泛神論，以解答此問題，則可無此種缺點。

第三節　斯賓諾薩之實體論及神即自然論

依斯賓諾薩之理論，宇宙只有一唯一無二之實體，即神、即自然。故一切常識所視爲不同之個體物，並非眞正分別之實體。一人之心與身，及其所識之物，亦非不同之實體，而神與自然，亦不能爲二。實體之所以只能一，而不能爲二爲多，乃因所謂實體者，即：能自己存在，並只須「通過其自身以設想其存在者」之謂。凡不能自己存在，而附屬實體以存在，並通過實體方能設想其存在者，即爲屬性Attribute與樣態Mode。此定義初與常識立名之義，亦不相違。如常識以名詞之所指者爲實體，如人與馬。以形容詞之所指者爲性質，如人之高，馬之白。以動詞之所指者爲樣態，如人之坐，馬之跑。常識亦以唯實體爲能自己存在，而樣態、屬性則爲附屬於實體者。如人馬即能自己存在，而其高、白、坐、跑等乃附屬於人馬者。然依此實體、屬性、樣態之定義，斯賓諾薩所導向之結論，則又大異於常識之以實體爲多之論，而以實體爲一。此乃由於如吾人承認此實體之定義，而依定義以思想，即必歸於實體只有一之結論，而須否定常識中以實體爲多之論。

何以實體只能是一？依斯氏說，眞能自己存在，而只須通過其自身，以設想其存在者，只能是一。因如實體有二，則吾人不能只就一實體想一實體，而必須就其與其他實體之關係，以想此實體，此實體，亦即存在於與其他實體之關係之中；則此實體即非自己存在，而爲依賴於其他以存在，亦必通過與其他之關係，乃能加以設想者。故實體只能有一。此一實體，又必爲無限。因如其爲有限，而爲其限外者之所限，則吾人亦即須通過其限外者，以設想其有限，並視其存在，乃在爲限外者所限之情形下存在者。亦即非能自己存在，而非只須通過其自身，以設想其存在者。此實體唯一而無限，即斯氏所謂神，亦即斯氏所謂自然。

如吾人欲落到實際，求對斯氏之說加以理解。則斯氏所謂之實體或神或自然，亦即吾人張目所見，閉目所思之全部之自然。此全部之自然，包括其所生出之森羅萬象，此爲所生之自然 Natura naturata；亦包括其能生出此森羅萬象之本質或本性，此爲能生之自然 Natura naturans。

自然所生之森羅萬象，明有不同，吾人亦明見有衆多事物之存在；則吾人何不依其不同，而謂自然爲衆多個體之實體之集合，而必謂之爲一實體？今吾人可試去對通常所謂個體之實體之如何產生，加以設想，以了解斯氏之意。譬如試假定我自己是一實體，而試問我之一實體如何生？如何能存在？此明非由我自己使我生，使我存在。因我乃由父母使我生，亦由外在之空氣，陽光，食物，及我所在之社會人羣使我生。我之父母，又有其父母，以及於無盡之祖宗。此父母之父母以及無盡之祖宗，又皆一一通過其所接之空氣、陽光、食物……以生。則我之生，我之存在，即不能只就我之自身，以加以設想，我亦非能自己存在者。因而我亦不能說是一實體。而我以外一切他人及他物，以及眼前之微塵，吾人如溯其所以生，所以存在之原因，即知其皆同為依於其外之整個大自然中，無窮數之物，以生以存在者。由此即見自然中一一之個體，皆為不能自存，而為互依他以存在者。而自其互依他以存在，而合為一整個之大自然上看，亦即見其皆不能分別獨立為一實體，唯此整個大自然，方為一實體。在常識，吾人因一身之手足耳目，為互依而存在，故吾人不以手足耳目，各為一實體，而唯謂吾人之整個之身體為實體。則吾人觀大自然中一切物之互依以存在，即只能謂此整個之大自然為一實體。此為吾人理解斯氏之實體論之一路道。

依斯氏之實體論，一方超化常識中之以衆多事物各為分立實體之論，另一方亦即不容許一超越於大自然之上的有情感意志欲望之神之存在。吾人以全體之大自然即神，此全體之大自然或神之存在，乃可證明者。因吾人可由一物之存在，即證明支持其存在之全體之自然之存在。如我可由我存在，即可證明支持我存在之大自然之存在。至此大自然之存在之非有限，亦為依理性所可證明，如上所已說。而在經驗上，吾人亦隨處可由此自然之永不限於其當前之所已生出者，恆超出其所已生出者之限制，以更有所生，以為其「所生」無限之直接證明。然此自然之能超出其所已生出者之限制，而更有所生，使所生無限，亦唯是依其「能生」之無限，而如此如此表現，其一一之表現，皆順永恆必然之律則；而並非先有意志欲望情感，而後如此表現者。一切人之有意志欲望情感，皆爲其有所缺乏，有所不足而外有所求，而爲有限者之證明。則對此無限之大自然之神，吾人便不能說其有意志、欲望、情感。如謂之爲有意志、欲望、情感，即純爲以人之有限之眼光，看無限之大自然之神，亦使人永不能超出有限之眼光，以眞認識唯一無限之大自然之神者。由此而西方傳統之猶太教、基督教之神學、及哲學中，謂神爲有意志欲望情感之說，遂皆爲斯氏所否定。對凡不以神即此無限之大自然，而以神爲超自然以上之存在之說，在斯氏之哲學觀之，皆同於使神自絕於自然之無限性，成一在無限之自然之外，而亦爲其外之自然之所限之有限之存在。此似所以尊神，而適所以小神矣。

第四節　心身一元論之說明

依斯氏之哲學，此神或大自然，或無限之實體其所具有之屬性，亦爲無限者，而一切萬物之屬性，亦同不外此大自然或神之屬性之不同表現。如一切物體身體所同有之廣延性，亦即皆此大自然之廣延性，分別表現於各物體身體者。一切人心所同有之思維性，即皆此大自然之思維性，分別表現於各人心者。除此廣延性思維性外，大自然亦尚可有無限之其他性質。然此則非吾人之所知。就吾人之所知者而言，此大自然之廣延性與思維性之自身，亦各爲無限者。物物皆有廣延，而物之生也無限，則見大自然之廣延性無限。吾人往思維廣延性之無限時，則此思維亦與之同爲無限。而此思維之呈於吾人之心者，其爲大自然之無限之思維性之表現，亦如物體身體之廣延，爲大自然之無限之廣延性之表現。依笛卡爾哲學，既已說明，捨廣延無以言物，捨思維無以言心；依斯氏之哲學，實體又不容有二；則心之所以爲心，只此思維性，物之所以爲物，只此廣延性。心物皆爲同一之大自然之神的實體之屬性，而不能視爲不同之實體。由此而笛卡爾之心與身、心與物之二元論，即從根上摧毁。然笛氏所言之心與身體物體之二性質之不同，則在斯氏哲學中，仍照常保存，於心物之性質之差別，仍未動分毫，而不同於唯物論或唯心論者之混同心物性質之論者也。

吾人如依斯氏之哲學，以觀心身之關係及認識之問題，則吾人即可去掉笛卡爾所說，心與身物，在腦之某部交會，所導致之種種困難。依斯氏說，則人之思維物之事，實爲大自然之思維性之表現於人者，與大自然之廣延性之表現於物者，兩兩相孚，同時呈現，以進行伸展之事。如吾人在此悵望長空一片，而心與白雲共遠。此時白雲之廣延性，與此心對之之思維，即兩兩相孚，同時呈現，以進行伸展者。於此時，吾人之說此是心向白雲而往，或此是白雲之來入我心，皆非最切合吾人之直覺之知見之陳述。在此直覺之知見中，吾人之觀念，乃與其內容不二者。故物之形相如是現，則思維如是現，則形相亦如是現。如謂吾人所以見如此物之廣延之形相，乃由物之廣延之形相，先接於吾人之感官，再達於吾人之神經，此自亦可說。然此所證者，唯是吾人之感官與神經，自一方言之，亦爲具有廣延之形相之天地間之一物。此天地間之一物，與其他天地間之具廣延性之形相之相接，亦如天與水分相即，山與雲分共色，而在同一空間中互相延接。此延接成，而我之思維，即與之俱現。此所現之思維，即對來延接者之思維，亦與來延接之有廣延之形相俱來之思維。人謂形相由外來，思維內出，不如謂形相與思維，皆俱時而來，俱時而出也。人當心與白雲共遠時，白雲固從天而降，冉冉而來，然吾人對白雲形相之思維，又何不可說亦從天而降，冉冉而來乎？當此之時，吾人在自然中，果能視自己爲自然之一部，而不作分別想，則此時之自然，既出此白雲，亦出此思維。此二者同爲自然之所生。白雲與吾之目與身相延接，吾對白雲之廣延之思維，則與吾對吾身之廣延之思維，相延接。此中廣延者連於廣延者，思維者連於思維者，而廣延者爲思維之所對，又與思維兩兩相孚同時呈現，合以成爲一大自然之思維性廣延性之表現。此方爲斯氏之智慧之核心。以此觀笛卡爾之位心之思維於身之大腦之松子腺中，以成內外隔絕之論，及玖林克 Geulink 馬爾布朗哈 Malebranche 之以上帝爲牽合內外之媒人之論，及唯物論者於腦髓中之細胞與神經纖維中，求人對世界之思維與知識之說相較，是皆不知「思維之未嘗封閉於體內，而實遍運於一切之廣延，外物亦未嘗被拒於體外，而乃兼與此體同內在於思維」之一曲之見也。

第五節　附論泛心論

由上述之斯氏之理論，以觀每一個體之人，則吾人可說一個體之人，即其形體，而此形體乃在一切形體中之一形體。個體人亦即其思維，而其思維，則爲通於一切可能的思維之思維。由此而相緣之一結論，則吾人論人可自兩面看，一爲自內部反省而自知其爲能思想者，以視人爲一精神之存在。一爲自外部看人，而唯見其爲有形體者，以視人爲一物質之存在。故人看自己，恆自覺其爲一精神存在。而看他人，則初恆只以之爲一只有物質的形體之存在。然我根據，人之自外看我時，我亦只爲一形體之存在，而我又實自覺其爲一精神之存在；我即不難推知他人之亦爲一精神之存在。於是吾人可建立一原理，即「外部看來是形體的存在者，在內部看來，皆可爲精神之存在」。而將此原理加以充量應用所產生之一種哲學，則稱爲泛心論。

依此種泛心論之哲學，即不僅人有形體、有心，一切動植物以及無生物亦有心。而吾人如承認人由自然而得生養，並兼信人由自然進化而來，亦可引至一泛心論之哲學。

此種哲學之所以產生，乃依於因必似果及類推之原則。依因必似果之原則，則能產生具思維性之人心之自然，其中理當具有心之成份。因如其無心之成份，則因果之連續斷，而果成無因而生。故依此說，如人眞由自然進化而來，而終於有此心，則在未出現之自然中，亦即有此心之成份。一直溯自未有生物以前之星雲中，其中仍應有心的成份。然因此時星雲中之物質分子，散佈太空中而未凝聚，則其中之心之成份，亦爲散佈而未凝聚者。至當物質逐漸凝聚以成生物，則此中之心之成份即漸聚於生物之體內。及至生物之體內，進化出神經系及大腦時，此心之成份，即更集中，而顯爲吾人所謂能思維之心。依此說，以論人在自然中之飲食呼吸之感覺運動，何以能一面健強其體魄，一面亦增益其智慧與神明之理由；亦即在吾人之與外物接觸，亦與其中所涵具之心之成份接觸之故。在西方現代哲學家中，明倡泛心論者，有批判實在論者之施創C. A. Strong及卓克D. Drake；而十九世紀之唯物論者，如赫克爾之一元哲學，亦以太初之原子中即有心之成份者〔註一〕。十九世紀唯心論者，如叔本華A. Shopenhaur. 哈特曼K. B. E. Hartmann 謂一切無機物皆有一無意識之意志，亦可視同一種泛心論之哲學。

復次，依類推原則，吾人亦可說一切有形體之物，皆同有心。如吾人謂他人有心，此初實由見他人之形體，類似我之形體以推知。然猿類又類似人，則人有心，猿類亦應有心。而狗亦似猿，則狗子亦不得言無心。以此推之，則成佛家一切動物皆有心識之論。然植物又類動物，所謂無生物，亦與低級植物相去不遠。是見一切存在之形體，皆有多多少少之相類似，以構成一連續之系列。今此連續之系列之一項為人，其有形體兼有心，既已為一事實；則其餘之項，亦即必多多少少具心之成份；其所具之心之成份，亦宜成一連續之系列。而對此義論之最詳者，則有德哲鮑爾生之哲學概論一書，可資參考〔註二〕。

〔註一〕：馬君武譯赫克爾一元哲學（中華書局出版）及劉文典譯生命之不可思議（商務印書局出版）

〔註二〕：F. Paulson: Introductoin to Philosophy tr. by F. Thilley, 1912.

依此有形體者必有心的成份之原則，而吾人一方可說，形體之構造愈複雜者，所涵心之成份愈高，如人所涵之心之成份高於其他生物。再一方可說形體愈大，而構造之複雜性程度相同者，其心之成份即愈多。由此而吾人可以說一山中之心之成份，多於一塊土。而整個之地球中，其心之成份，又多於一山。太陽系中，其心之成份，又大於地球。由此而吾人可對原始宗教中之以一切自然物，皆有一精神存在於其中之思想，重加以肯定。如對於地球、太陽系之其他行星及太陽星球，均可肯定其中之精神之存在或心之成份之存在。此諸存在，亦即皆可有其生活。此哲學即成爲唯物論之一倒轉。而對地球太陽等之心靈生活之一最生動之描述，則爲詹姆士於其若干哲學問題 Some Problems of Philosoply 一章中，對於德國心理學家兼哲學家菲希納 G. T. Fechner 之思想之介紹。此亦爲治哲學者，所當知之一種形態之思想也。

泛神論 參考書目

G. Bruno: Concerning The Cause, the Principle and the One. 見 B. Rand: Modern Classical Philosophers 1 ...23 中。

Spinoza: Ethies, Part I and Part II.

Goethe: Conversation With Eckermann，哥德談話錄，中文有周學普所譯節本，中華書局出版。

哥德為最佩服斯賓諾薩哲學之一詩哲，其思想亦深受泛神論影響。此外十九世紀中德英之浪漫主義文學家，亦多同有一泛神論思想。而泛神論之哲學本身，亦實一帶文學性之哲學，故吾人能讀哥德談話錄中涉及人生及文學之思想處，亦可幫助吾人對泛神論之了解。

薄伽梵歌 Bhagavat，徐梵澄譯。

由誰奧義書 Kena Upanishad，徐梵澄譯，印度阿羅頻多哲學院出版。以印度之宗教思想與猶太阿拉伯之宗教思想相較，吾人亦可說印度之宗教思想，為較近泛神論者。蓋其更重梵我合一及梵天遍在萬物之一義也。而自所涵之哲學情趣上說，印度之宗教哲學經典書籍中所具，亦較舊約新約及可蘭經所具者，為豐富而深遠。徐譯信達且雅，嚴復而後，中國之操譯事者，蓋罕有能及者也。

第十一章　一多問題與來布尼茲之多元論

第一節　一多之問題與中國哲學中一多相融論及心身交用論

吾人在以上所論之形上學，大皆最後歸向於一元論之形上學。斯賓諾薩之泛神論，尤爲一元論之思想之一極致，而將一切個體之差別，各種實體性質之差別，銷歸爲一無限之大自然之實體中者。由哲學之重在求通貫統會之原理，一元論亦恆爲哲學之最終傾向，此吾人上面亦會說過。故黑格爾嘗謂：斯氏之哲學，爲學哲學者必經之門。然世間萬物之互相差別而爲多，並各各成爲一唯一無二之個體，更爲吾人之常識所同肯定之事實。此多之爲多，一個體之成其爲一個體之理，亦復可爲一普遍之理。若吾人在哲學上，主張宇宙之根原只爲一唯一之實體，如太一或唯一之超神，或唯一之遍在之神，或只重種種普遍之形式理念，或只重實體之普遍的性質，如廣延性、思維性等；則吾人將如何說明此種多之事實，與諸個體之存在？吾人如何以概念規定個體之成爲個體之理？吾人可否說，個體爲唯一之最後實在，而多之爲多，乃本身不可說明者，而唯有「一」爲待說明者，如當今西哲懷特海之說？吾人可否說，一與多皆同爲法爾如是，不可再加以致詰，如佛家之說？吾人又可否說，凡多皆爲虛幻，如依里亞派及印度吠檀多派之商羯羅之說？然人之哲學思維，恆不甘安於任何不可說明者。人於不可致詰者，亦必先試加以致詰。縱然「多」爲虛幻，仍有此虛幻如何來之問題？於是此「多」之爲「多」，在西方和印度哲學中，皆引出種種問題。唯在中國哲學中，則對於此「多」之問題，較不嚴重。其理由，亦可一先言之。

中國哲學中對於「多」之問題，所以不感嚴重，乃由中國哲學中無純粹之一元論。中國哲學中如老子言「道生一」，易傳及漢儒以太極、元、與元氣爲一，宋儒喜言一本，此「一」殆皆未離陰陽之「二」之對偶性而言，亦恆不離萬物萬殊之多而言。而中國思想主流之儒家思想之善言一者，亦幾從無持一以與二與多相抗而論，更不如莊子所訶之「勞神明爲一」，以經營一元論之哲學系統。而此即是從根銷化由一多對立所生之一切問題。

所謂中國之儒家思想之不離二與多以言一，即不在諸個體之事物之外說一；而常只於事物之相互間之作用、功能、德性之感應通貫處說一，或自事物之兼具似相反而又相成之二不同作用、功能、德性、或原理處說一。由是而儒家思想，即自始無意銷融個體之多，於一太一或一自然之中，以執一而廢百。換言之，即個體之存在，乃爲吾人所直下肯定者。然從任何個體之可與他個體互相感通處看，則任何個體，並無一封閉之門戶。而所謂一個體人物之形骸或形相——即西哲所謂物之廣延性——在中國儒家思想中，亦自始不視之爲劃分各種物體與身體之疆界；人心之思維性，亦非標別人心之根本的性質者。至於人之思維之內容中，一一特定的觀念概念，亦無足以當人之心之規定者（註一，見下頁）。由此而吾人之身體與外物之形相之別，不足造成此身體與外物之相限隔，吾人之有其一一特定之觀念概念，亦不足造成其與此身及外物之相限隔；而斯氏之通萬物之廣延性與思維性爲一，以明天地與我一體之論，在中國之儒家思想看來，即皆可爲不必需。茲試略論中國之儒家思想之此一面如下：

如依中國之儒家思想，以論物與物之發生感通之關係，則我們與其說其爲廣延性之相延接，不如說爲其廣延性之互相延納、以互相攝入而歸於超化。如當吾人見水流入草木之根時，則水之廣延性，即遇草木之根而沒。吾人此時明只見草木之廣延性，而不見水之廣延性。又當草木化爲土壤時，則吾人只見土壤之廣延性，而不見草木之廣延性。則各物之依其功能作用，而互相感通變化之歷程，亦即各物之廣延性之互相延納、互相攝入而歸於超化之歷程。而此萬物之互相感通變化之歷程，即不得只說爲合以成一一具無限形體之世界，而只當說爲合以成爲「無數之形體由有形而互相延納攝入其形相，超化其形相，以成無形，由無形而再流出有形之世界」。此在中國名之爲一大化流行，以氣化爲本，而不以形相爲本之自然世界觀之深義〔註二〕。

〔註一〕：拙著中國文化之精神價值第六章中國先哲之人心觀。

〔註二〕：此義在本部第五章已言及，該章因承現象主義一章而立論，故用形象一名，此與本章之「形相」同義。唯該章未論形相之互相攝入延納義。又拙著：張横渠之性與天道論，香港大學出版東方文化第一卷第一期。前二節論中國哲學中所謂氣，亦與此章所言相發。

將上述世界觀，應用至吾人之自身，以看吾人以耳目身軀認識外物之事，即亦非只以吾人之耳目身軀之廣延，與外物之廣延互相延接之事；而爲所謂外物之形相，亦如爲吾人之身軀耳目所延納攝入，以入於無形之心；而吾人之身軀耳目，亦不復爲與外物相對之存在，而若無形體之可言者。今試詳其義於下。

何以吾人認識所謂外物時，吾人之身軀耳目，可化爲若無形體之可言者？即吾人在認識所謂外物如山河大地時，吾人可視此身軀耳目，亦只爲一能與外物如山河大地相感通之一功能、或一作用。如此，則吾之耳無他，即全幅只是一能聽之能。目無他，即全幅只是一能視之能。身軀無他，即全幅只是一能感觸神應之能。於是當吾之此心，用此耳目，此身軀，以與世間之山河大地相接而認識之時，此耳目此身軀，即通體只是此感通之能，而合以承托呈顯此山河大地，而延納攝入其形相，以入於吾人之心者。故吾人此時之一心注目於山河大地之形相，又明可「忘」此耳目身軀之形體之存在。對此「忘」言，吾人之耳目身軀亦復無形體之可言。此即陽明先生之所以言「目無體，以天地萬物之色爲體。耳無體，以天地萬物之聲爲體。」而耳目身軀之形體，既唯在其被心所用，被忘，以成無形體之可言者時，乃顯其感通之能；則此感通之能，可謂爲吾人有形體之耳目身軀之能，亦可只謂爲能用此耳目身軀之心之感通之能。而此心之感通之能亦無他，即善用此身軀，善用此耳目，使此身軀耳目，通體成爲一承托呈顯山河大地，而延納攝入其形相之感通之能而已。

依此上吾人所加以說明，而視爲中國先哲大體上所共許之心身關係論，則人之認識世界之感通歷程，亦可稱爲一陰一陽、互相回應之歷程。吾人之心身在此，則山河大地之接於我者，皆可謂向我而來，爲我之所延納、攝入，以入於陰。然我心之用此身軀耳目，使之竭其功能，以承托呈顯此山河大地，則又如我之向山河大地而往，以此心之光明使此山河大地，昭昭朗朗，而存於陽。然實則此二者，則爲俱時而起之一事。故宋儒有心爲太極之說。

依此種心身之理論，吾人亦可說，若無吾人之身軀耳目，則吾人亦無心對山河大地之認識。然吾人却不能說，此身軀耳目之性，爲物質性的，或非心的。因此身軀耳目，即吾人用以成就此山河大地之認識，而亦成就此能認識山河大地之心者。則此身軀耳目，亦即以成就此心之認識，爲其功能作用，爲其性。於此，吾人即決不能說：吾人認識山河大地時，吾心乃在吾形軀之腦中之一部位，反映山河大地，而認識之，如笛卡爾之說；亦不能說此時吾人所認識之世界之內容，乃繫託附屬於神經之細胞纖維之中，如唯物論者之說。實則當山河大地之聲光入吾耳目時，吾之耳目即一面呈其功能，一面即變化耗竭其物質。而當其由耳目而入於腦時，腦亦一面呈其功能，而亦變化耗竭其物質。唯以此耳目與腦之變化其物質，以呈其功能，而後心之認識成〔註〕。心之此認識，自是認識彼山河大地，而非認識此耳目腦髓。心之認識之依於耳目腦髓者，乃依於耳目腦髓之質之「化」，而非依於其質之「存」。則此心之認識之存與此質之化，正是互爲陰陽。質化而後認識生，而所生之認識，則爲昭朗彼山河大地之認識，如

〔註〕：拙著道德自我之建立第二部第四節。商務三十三年版。

日光之昭朗山河大地；而非在一腦中幽陰之角落，以反映山河大地之虛影之認識，如月之反映日光以爲光之類也。知此，則吾人自更不可如唯物論者之視此認識之能，如同神經細胞纖維上之熒火，以照察由瞳仁耳鼓而入之電流與聲波爲事者。是皆住於腦髓之地獄之哲學家之談，又何足以言此身軀耳目與此心之大用乎。

至於此種理論之進於斯賓諾薩之說者，則在其不將吾人身軀之廣延性，與外物之廣延性相延接而說；亦即不將吾人之身軀之廣延性，併入整個自然之廣延中而視其爲一片。同時亦即不將吾人之心之思維性，併入整個自然中之無限之思維性中，而視之爲其一部。由此而我之此身軀與此心，即有其獨立性，以卓然自立，而足與其所接之他物不相亂，而自爲一與他物相感應之一中心。當吾之耳目，未與物相接時，物之形相，不呈於我之前，對我爲無形。我之耳目，未嘗自見其爲耳目，則我之耳目亦不呈於我之前，對我亦爲無形。而吾人之心未用，則其中亦初無特定化之觀念、概念。此時吾人之心身，只是渾渾穆穆，冲冲虛虛，又昭昭靈靈，清明在躬，渾然太極呈現，並無此疆彼界。此即陽明所謂「無聲無臭獨知時，此是乾坤萬有基」，與易傳及宋明儒所常言「寂然不動」，而又能「感而遂通」之境界。而當其實有所感時，則如天地初開，混沌初破，此心身之光明，即又自爲樞極，以周運於所接之萬物，而初無所定在，以一一加以虛涵覆照，以自成一世界，一天地。而此心身之光明，充極其量，又天地萬物皆莫能外。斯乃既不壞此個體之心身與個體之人格，而又能達於天地之大全，以遙與天心神明相接。是則中國先儒言心身與天地萬物之關係之深義，而進於斯氏之說者也。

第二節　一物一太極義及道家之言一

至於將上來之說推而廣之，以論一切其他存在之個體事物，則自每一個體事物自身，皆爲一與萬物感通之中心言，亦即皆自爲一太極。此即朱子所謂「一物一太極」之深義。一物既自爲一感通之中心，而自其感通之處言，則每一感通，又皆與他物有所一，而連此物與所感通者爲一。故此中之每一感通，亦同有一施一受，陰陽應合，而成之一太極。在此一施一受，陰陽應合之際，又陰入於陽，陽入於陰。亦即此物之功能澈入彼物，彼物之功能還澈入此物，新物即由是而化生。此爲吾人所屢論及。此事之最具體者，即爲牝牡雌雄男女，由相交合而生子女。此交合即一「連多爲一」之事。子女又與其他子女相配合，而生後代之子女，則爲進一步之「連多爲一」。而此子女之代代相續，即同於連重重之陰陽，以成繼長增高之太極，亦即同於一陰陽太極之理，繼續流行於萬物之「相與感通，以化生新物」之歷程中。依此理以觀天地之化，則元始之天地，固亦未嘗不可只有一太極元氣，而無萬物之分化；而萬物之分化，亦未嘗不可說爲一由「一分二，二分四，四分十六……」以次第展開之一歷程，如邵康節之所說。然此，由一而分散展開者，亦同時相與感通，而再互相凝合，以成一昭顯原始之太極元氣於已分者之中之歷程。故太極元氣，可說在天地萬物未分之前已在，復繼續流行於天地萬物已分之中，以使分者歸於再合。此之謂「太極成，乾坤行；乾坤行，太極大成。」〔註〕而此即中國先哲大體上共許之通一元二元及多元之論者也。

至於在中國哲學中，固亦有較不重個體之觀念，並欲超陰陽及一切相對者以言「一」者之一派。此即如莊子老子等道家之思想。依此派之思想，言陰陽之相對，皆落入第二義。故於萬物之芸芸，萬象之畢羅，皆不足以歸心，而必求「得其所一而同焉」。故老子謂「天得一以淸，地得一以寧，……萬物得一以生。」莊子謂「神何由而降？明何由出？皆原於一。」是皆重知萬物之所一。而此派之思想之言一，亦正有同於西方之新柏拉圖派、神秘主義、泛神論，及斯賓諾薩之說之處。然在中國之此派思想中，仍無嚴重之一多問題，亦不重多之說明者；則由中國老子莊子之思想之最高義，乃由「一」而超「一」。老子以道爲先於一而生一者，莊子之思想則尤重忘「一」之爲一。

莊子齊物論篇曰：「天地與我並生，萬物與我爲一。既已爲一矣，且得有言乎。既已謂之一矣，且得無言乎？一與言爲二，二與一爲三，自此以往，巧歷不能得……」

此段之意，即謂眞能以萬物與我爲一者，則無「一」可說。此其本旨，與新柏拉圖派之以太一之名，及西方中古神學之以上帝之一之名，只消極表示不可分之義，亦有相通。即皆爲以最高之得道之境界，

〔註〕易緯乾坤鑿度。

或太一與神之一之本身，爲不能正面的加以解說者。然在西方傳統哲學，仍始終特有愛於「一」之一名，而斤斤於以一之非多，一神之非多神爲言。此即終不免於執一。於是在西方思想中，如何求對於「多」與「二」，有一說明，即可成一極複雜之問題。然在莊子，則言一而不執一，其言一，亦不得已而言。並知人之言「一」，則「言」與「一」爲相對而成二，故莊子未嘗將「一」視爲一對象，以造成一元論之哲學。而依莊子之說，亦正不當有此一元論之哲學。因人愈言「一」，則「言」與「一」愈相對，以成二、成三。而莊子之言一，遂恆只寄之於夢爲蝴蝶，與物相忘相化之寓言，或荒唐之言，與無端崖之辭。而其言一，亦不復爲與多相反之一，而恆由人之游於萬化處言一。由此而「一」，即不特不與多對，而只與執多而不化者相對，亦與「勞神明爲一」而執「不化之一」者相對。而莊子之言一，遂初不與萬物之多相碍，而多之如何由一而說明，亦即不爲莊子與後之爲道家之學者之問題。

第三節　來布尼玆以前西方哲學中對於多之說明之諸說

然在西方之一元論者，則大皆莊子所謂「勞神明」，以造成一而不化之一者。由此而如何說明多與個體，則成爲西方哲學之傳統上之一大問題。

由西方哲學史，以看西方哲學家對「多」之說明，最早者爲依里亞派之說。依吾人於本部第四章所論，此派乃只以太一爲眞實，而直斥多與動爲幻象者。對此幻象之如何生，此派固無說明；然謂其爲一幻象，亦是一種說明。

繼依里亞學派之希臘哲學中對多之說明者，爲唯物論之多元論者，原子論者，如德謨克利塔等對原子之多之說明。此即以空間之存在，爲物質原子之有多之根據。若吾人設定宇宙間無空間，則一切物質合爲一。然物質間有空間，則物質間有間隙，而物質之原子，即不能不爲多。

再進一步之希臘哲學對多之說明，是爲柏拉圖亞里士多德對一類之物之所以有多個之說明。吾人可說一類之物，如其形式爲全同，則儘可只有一個，而無多個。如吾人依一定之半徑，以畫一圓，則此圓儘可只有一個。然吾人何以又可畫出多個同一之圓，或何以稱多個圓爲多個，而不就其形式之同一，而說其爲一圓？則此唯因在不同空間中，有不同之物質質料如墨粉等，故吾人可畫出多個同一之圓。此「多」乃原於物質質料之有不同。依此理，而吾人可說，一切同類而形式相同之諸個體物，其所以不同，遂皆唯在其物質質料之不同。若捨此物質質料而言，則一切同類之物自其形式之同上言，亦儘可稱之爲一而非多。故有物質質料，即一切同類之物之所以多之根據。

然物何以又有各類？世界何以不只有一類之物？則在柏拉圖與亞里士多德，皆直接歸之於理念及形式之多。然造物者何以必依不同之理念形式，以造各種形形色色之物，而不只造一類物。則在柏拉圖有一神話式之解答，即宇宙之造物主，所以必造出各色各類之存在事物，此根本上，乃由此造物主之至善，而不嫉妒不同存在事物之產生，故任使不同之存在事物之產生。此是以世間不同事物之產生之根原，在造物主之至善之說〔註一〕。

此種柏拉圖之說之進一步的發展，即爲新柏拉圖派之太一流出各級之存在之說。此太一流出萬物之歷程，即無異柏拉圖之造物主之洋溢其善德，而成由一以化生多之歷程。而「一」之所以必流出以成世界萬物之爲多，則兼由於虛無性之存在，以使此「一」分化。此如吾人之本部第七章所已論。

西方中古之基督教之哲學，由肯定上帝之創造萬物說，而與柏拉圖新柏拉圖派之思想異。然其謂世界之有各級不同之存在，初由於「至善與完全之上帝之欲在各方面中，各程度下，表現其完全與至善於所造物之中」之根本觀念，正由柏拉圖新柏拉圖派而來。而自然中之受造之物與超自然之上帝之發生距離，則由於其缺乏上帝之完全；亦如柏拉圖之以原始物質之不能接受理念，新柏拉圖派之以「虛無」，爲世間諸物與理念世界造物主及太一發生距離之根原〔註二〕。

在此西方中古之哲學中，洛夫舉所謂「存在之大鏈索」〔註三〕，可謂正式具體的形成。此即一

〔註一〕：A. O. Lovejoy: The Great Chain of Being第一章論柏拉圖之此說。

〔註二〕：參考本書本部第七章論普羅提諾斯之說處。

〔註三〕：A. O. Lovejoy「存在之大鏈索」The Great Chain of Being, University of Harvard Press,1957. 此書謂此存在之大鏈索，乃西方哲學之一大傳統而由柏拉圖所開啓，形成於中世而直貫至近代者。

「由上帝經重重之天使至人，由人以下之動植物及無生物之重重等級所構成」之大鏈索。

中古哲學中對個體問題之一較有系統之理論，爲聖多瑪與鄧士各塔之理論。依聖多瑪之理論，一切精神的存在之個體之差異，皆由其形式之內容或本質之不同而形成。如二天使、二人之個體之差異，必由其靈魂之本質，亦即其心靈之形式內容，有若干差別之處。然物質的存在，則儘可其形式內容或本質全相同，如一沙與另一沙。而其差異，遂可唯在其物質材料之不同與空間上之地位之異〔註一〕。唯鄧士各塔，則以一切個體物皆有其本質或形式內容之不同，方成不同之個體，因而每一個體皆與其他個體有不同之性質。彼之思想亦爲中世思想中最重「個體」者〔註二〕。

此上所說爲西方哲學中由希臘至中古對多與個體之說明之一簡史。而此大皆爲以「一」爲本，而求對於多與個體，有一說明者。

第四節　來布尼茲之多元論——物質觀，知覺觀與一單子一世界之理論

〔註一〕：羅素 B. Russell之人類知識之範圍與限度Human Knowledge, its Scope and its Limits 第八章聖多瑪之個體理論，有一依現代邏輯的分析之討論，頗清楚。

〔註二〕：Windelband 之哲學史，論鄧士各塔處，即特重其對個體之理論。

在中古哲學中之末期，除鄧士各塔外，其他之唯名論者如威廉阿坎William of Occam等，皆爲明顯之重個體者。唯名論者之重個體，乃重在直指種種經驗中之個體事物，而視爲吾人之經驗之所對，故初不重在個體之所以存在之說明。故對於個體之所以爲個體，當如何加以規定，以構成吾人對個體之概念，即非此派思想之所重。承此唯名論而來之近代英國之經驗主義之傳統哲學家，如洛克、巴克來、休謨等，亦不重此問題之討論。在西方近代哲學家，首把握此個體當如何加以規定說明之問題，而又上承中古哲學之傳統，以求對個體之概念，有清楚的了解者，即不能不推來布尼茲爲首。而西方哲學中之多元論之理論，亦至來氏乃系統地形成。來氏之多元論，亦包涵斯賓諾薩之一元論中之一部份之眞理。在斯氏，有每一存在皆通過大自然而存在之思想。此是通過全體以思一個體之存在之思想，來氏有每一個體之存在，皆反映整個世界而存在之說。此實亦是一種通過由全體以思一個體之存在之思想。唯斯氏納個體於全體自然中，以歸向一元論。來氏則使世界反映於個體中，以歸向多元論。而來氏之匠心獨運處，則在其依「不可辨別者之同一」之原則（the Principle of the Identity of Indiscerniables)及一個體事物之存在，皆有其充足理由而包涵無限數之賓辭之理論，以建立多元論。下文即對其說，略加介紹，以見此多元論之規模。

方才所謂「不可辨別者之同一」之原則之意義，乃謂必二物之一切屬性全同，而不可辨別者，乃爲同一。而實際上則一切之存在事物，實無二個體之性質爲完全相同，而不可加以辨別者。故此原則之正面意義，唯是謂無二個體之性質爲完全相同。依來氏說，唯單子爲個體，故此原則，亦即謂無二單子之性質爲完全同一。此原則之立，大體上有經驗之根據。因吾人將任何同類之二物，即如一樹上之二葉，細加觀看，皆可發現其分別。而此原則，在來氏尚有一純理的根據。即他說：如有二個體物，爲眞完全相同，則上帝無理由，使此物存在於此處，而彼物存在於彼處。而其分別存在於不同之處，即爲無充足理由者。故依充足理由之原則，通常所謂不可辨別，而似同一之二物，其性質必有某種之差異而可辨別；唯有此差異，方可以爲其分別存在於不同處所之理由。

由一切個體事物必互相差異，以爲其存在之充足理由，故以每一個體事物爲對象，而視爲一主辭時，即須賴無限數之賓辭，乃能標別其與其他個體事物之性質之差別。欲明此義，我們宜先了解，一事物之性質或「是什麽」中，亦包涵一事物之是「與其他事物有某關係者」。如甲是乙之兄，此甲是乙之兄即甲之一性質。而就一事物與其他事物關係而論，只是一事物與其他事物，在空間中之關係，即一無限數。如一事物距A之空間距離爲a，距B之空間距離爲b，距C之空間距離爲c……世間之無限物，此物皆與之可說各有一空間距離。而吾人在說此物是什麽時，即須將其「是與此無限物有無限之空間關係」者，皆包涵在內。此即已須賴無限之賓辭，而在此無限之賓辭中，包涵其與其他宇宙一切事物之空間關係。

復次，在來布尼茲對於物質，復另有一觀念。即彼不以物質之根本性質是廣延性。因具廣延性者，是可分的，既是可分，我們即不能說其是實體。唯最後不可分者，方可說是實體。然一廣延性之物，如果分而又分，最後不可分者，只能是一無廣延之一點。由此而眞正之物質的實體，在空間上之地位，只能相當於一點。

然此物質實體之根本性質，畢竟是什麼？此可從二方面看。從外面看來，則物質之根本性質，只能說是力。如我們在常識中，所以覺到此桌椅等是物質，我們只是因覺其有一抵拒力。而物之所以能運動，皆由於其力。故我們如將一物之抵拒力等全部抽去，而只有一廣延之形相，如幻覺中之空花，我們即不能視之爲物。可見物之所以爲物，其根本性質，乃在其力，而不在其廣延性。

至於從內部方面看，則來布尼茲之思想，是以一切存在的實體，皆反映世界其他一切存在的實體者。如我們自己之心，即是一最明顯的例。我們的心之認識世界，依來氏說，即我們的心之反映世界，以成此一心之世界。不同人的心，即各反映世界，以成各人之心之世界。這個說法，明亦有一眞理。即如我們五人在一房中，此五人之心，明是各有其對房中什物之表象或觀念。此什物雖是公的，然各人心中之什物之表象觀念，則是私的。由此而我們可說，每人之心，各反映一世界。

但是我們如何可說，我們之心反映世界之全體？此似極難成立。因我們之知覺，能認識或能反映之事物之範圍，明極有限。但是來氏以爲人對世界之知覺，有各種不同之清明之程度。我們有許多知覺，雖不清楚，仍然存在。如我們在海邊聞潮水聲音，此潮水聲音，乃一點一點極小之泡沫之聲音所合成。然此極小之泡沫聲音，如分開來，我們卻聽不見。必積至若干泡沫之聲音，我乃自覺有所聞。但我們卻不能說，我們對一一小泡沫之聲，初全無所聞。因初若全無所聞，則無論積多少，我們都不能有所聞。故知我們除清明的自覺的知覺之外，尚有不清明的或晦暗的不自覺的知覺。而只要其他存在的事物之作用，能達到我這裏，即皆在我之此不自覺的知覺之範圍中。而一切存在的事物之力，依物理學上所說，乃直接間接可貫徹於其他一切事物者。由此而我雖在此時此地，整個已成的世界之存在事物之力，即皆可達到我這裏，而在我之不自覺的知覺範圍中。由此而可說，我之能知覺之心，反映世界之全體，而一切無自覺的心之存在的實體，如動物、植物、礦物，亦即同樣可對世界有種種不同清明或晦暗程度之知覺，而亦皆能反映一世界者。於是「一實體之概念中，所以包涵無限的賓辭，此賓辭中所以能包涵與此實體發生關係之一切事物」，亦即與「一實體之能反映世界之全體」，爲可互相證成之二理。

來氏之一實體能反映世界之全體，以成其一單獨之世界之義，與其一實體自外看來，在空間之地位，只是一點之義相結合〔註〕，則來氏所謂一實體之內容，即同於從一點或一觀點上，所看出的世界，所構成之一觀景。然一實體只能有一世界觀景。此世界之觀景，即在此觀點之內部，如一鏡中所照的世界，在鏡之內部。此種能反映世界而包含之之實體，在來氏稱之爲一單子Monad。

〔註〕：關於來氏之哲學 R. Latta 所編 Leibniz The Monadology Etc. 最便初學。但關於來氏之思想之分析，則以羅素A Critical Exposition of the Philosophy of Leibniz 爲能將來氏思想自多方面加以討論。而來氏對點之觀念，更爲羅素書所特加以分析者。

依來氏之哲學，一切實體皆是一單子。單子在外看來，只是一點。無數的點之密接，而相連續處，即有無數的單子。我們通常所謂一可分之物，實爲無數的單子之集合。然無數的單子，有高下不同之層級，其愈能清明的反映世界者愈高。如有理性之人心之單子，即較只有感覺知覺之動物之單子爲高。有感覺知覺之動物之單子，又較只能感光而反應之之植物之單子爲高。植物之單子，又只較能感外物之力量，而作機械的運動的無生物之單子爲高。在人以上，又有更具完全之理性之天使之單子；而具最完全之理性之單子，則爲上帝。由是而此高下各單子，亦合以形成一連續之秩序。

依此說，以看我們通常所謂爲一實體之人，其所以爲一實體，便只能就其心靈之單子上說。我所知之世界，皆在我之心靈中。此心靈乃不可分之統一體，由此而我能說我。但在此心靈之本身外，我還有所謂物質的身體。此物質的身體之本身，實乃無數的其他層次高下不同之單子所集合而成，而爲我們之心靈之單子之所統率者。我們通常所謂死亡，只是此諸單子之離散。然卻並非表示任一單子之毀滅。而自單子之不可分處說，除上帝，乃無能毀滅之者。故我們之心靈之單子，在離開其現在統率之身體中之其他單子後，仍可照常存在。

照來氏之此理論，每一單子是自成一世界。如我與他人之心，各自成一世界。就其各自成一世界處說，則各爲一封閉的系統，而彼此不能相通。故我們無論如何去設想他人之心，我們仍不能進入他人之心。我們所能設想者之全部，只是我對他人之心之所反映。此所反映者，仍在我之心內。而我們無論如何去了解世界萬物，我們仍同樣只能作到在我心中反映世界萬物爲止。我之心靈，永不能跑到其自身之外去。而其所反映者，亦即永只是其原可能反映的，而把其可能反映的實際加以呈現而已。各人之心靈，以及一切單子之實體之彼此互相反映，所合成之世界，亦是彼此互不相通的。然而其中，卻可有一和諧。如他人心中有一觀念，由其口說出時，則我心中亦即有一觀念，與之相對應配合，而有一和諧。此即如許多鏡子在此互照，雖每一鏡子，自成一世界，然各鏡子中之世界，都可彼此對應配合，而有一和諧。然而此和諧本身，卻不在任一單子之實體中，亦非任一單子之實體所能爲。如裝置各鏡子，使其中之世界能配合對應者，非任一鏡子之所能爲。然吾人又必須設定一裝置鏡子者，乃能說明其配合對應。由此而吾人如欲說明各單子之實體之內部之世界，所以有和諧，必須視此和諧爲預定。而形成此預定的和諧 Pre-established Harmony 者，則爲創造此一切實體之存在之上帝。

第五節　來氏之上帝理論——實體存在之充足理由及可能的世界之選擇

然吾人如何知上帝之存在？此在來氏，乃主要據其充足理由律。即一切實體之存在，皆應有其所以存在之充足理由。因若無充足理由，則彼當可不存在。今既存在，則必有其存在之充足理由。而依來氏之一實體反映全世界之說，欲證明一實體之存在之充足理由，必爲上帝，更有一方便之處。譬如吾人欲問我之心靈之存在之充足理由爲何？如依一般人之說，則我之父母，即我之存在之充足理由。至依唯物論而謂我只有一純粹之物質的身體，更可說其全由父母之物質的身體來。然如說我有心靈，我之心靈之所以爲我之心靈，在其能反映萬物，而自成一世界；則我之父母，即不能成爲我之存在之充足理由。因我之父母之心靈之世界，非我之心靈之世界，我之心靈之世界，與父及母之各各心靈之世界，乃相異而並存者。而我們於任一實體，如皆視爲各具一世界者看，則任何實體，皆同不能成爲其他實體之存在之充足理由。然一切實體之存在，必須有一充足理由。否則我們不能說明其何以必存在，而不「不存在」。而此充足理由，即必須爲在一切世間之實體之上，而足以爲此一切存在之根原之一實體，此即上帝。

上帝爲世間一切實體之根原，而世間之每一實體，又皆爲自一觀點反映世界者。上帝既能爲此一切實體之根原，則上帝應爲能自無限之觀點，反映世界者。彼亦應爲能自無限的觀點，以分別創造，「表現任一觀點」之實體，並加以組合，以成無數之可能世界者。而此現存的世界，初即不過上帝心中之可能的世界之一，而由上帝加以實際的造出者而已。

然上帝心中，既有無數之可能的世界，則何以彼只造出此一實際的世界，而不造出其他世界？此充足理由又爲何？依來氏說：此乃由於上帝在各種可能的世界中，依善之目標，而加以選擇之結果。何以要選擇？依來氏說，此乃原於各種可能者，其中恆有相衝突之情形。所謂衝突，即此可能如實現而存在，則另一可能者，即不能實現而存在之謂。如人生有從事各種事業之可能，然爲農則不能兼爲商。

即見此二可能爲相衝突。然世間之若干種可能，又可爲「同時可能」Com-possibility，不相衝突而和諧或一可能實現，即可兼使其他可能，皆得實現者。而吾人之所謂善，即求各種可能者之最大最多的實現，或最大的和諧之謂。故一能使其他可能有最大最多之實現之可能，即爲最善之可能。如吾人可在山之東遊覽，以觀山東之風景；亦可在山之西遊覽，以觀山西之風景。然吾人登山之頂，則可兼眺四方，而可使二種可能，二種目標，皆達到。由此而吾人於此說登山頂乃一最善者。上帝之意志，吾人可說其爲善之標準所領導者。故上帝之造世界，必選一可能之世界，而其中所實現之可能，最大、最多者，而創造之。由此而上帝即不需創造其他可能之世界。如創造其他可能之世界，則其所實現之可能，皆爲較少者，亦即違上帝之善的意志者。由此而上帝心中之可能世界雖無數，而依其善之意志，以實際造出之世界，遂唯有一。此一即吾人現在所居之世界。由此而吾人現在所居之世界，亦即唯一實際存在之世界，亦一能實現最多之可能而最善之世界。

此上所述，爲來氏之形上學之一簡單之規模。此形上學乃在西方哲學之多元論中，實體之數最多，（如一空間點即可有一單子，一人爲以一單子統率無數單子所成等，）而又能以實體之相反映而相涵，以說明單子內部之構造，及如何合以組成有一和諧之世界者。在此系統中，以物質之實體，亦爲能反映世界，則物即實無異於心。而整個宇宙，即如成一透明之水晶（註，見下頁）。其以一切存在之實體之內容，只包涵對世界之反映，亦即同於只包涵世界之種種形式與關係，而另無其他。而由希臘中古以來之所謂非形式之物質之觀念，即全部化除。而所謂物質性之實體與精神性之實體之差別，便唯是其反映世界之清明與晦暗之別。而宇宙間如有所謂物質性，亦即此反映之不免於晦暗之無明而已。此即無異於化一實體之物質性，爲一實體之認識上之缺憾。而其肯定上帝之有各種可能，足供選擇，以上帝之選擇乃以至善爲標準；此即將神智之所及（各可能的世界）與神意之所爲創（造最好的世界）二者加以分別。在中古哲學中聖多瑪一派，以神意爲至善，然神意必合於神智之所及，另無任意之神智。鄧士各塔一派，以神意有絕對自由，而凡神意之所欲即爲善，神意又不受其他之標準所衡定。來氏之說，則將神智與神意分開，神意遂不受神智所決定，而有在神智外之選擇的自由。而此選擇，又以善爲標準，遂又不似鄧士各塔之以神意自身即善，不受任何善之標準規定之說。此實爲一綜合此二說之一新神學，而遙契於柏拉圖之造物主之巡視觀念世界，依至善以定世界之計劃之哲學者。而其哲學之可導致種種之問題，正表示爲一極大之綜合，而爲學者所宜知。至於後之帶多元論色彩者，如赫巴脫 J. F. Herbart 洛慈 R. H. Lotze 之哲學，以及二十世紀之懷特海 A. N. Whitehead 之哲學，皆可謂在基本上與來氏之哲學爲一型者。

〔註〕：Friedell 之近代歐洲文化史，以文化史之觀點對來氏之各單子互相反映之世界觀，有一生動而帶幽默感之描述。

一多問題與來布尼兹之多元論參考書目

劉咸炘 內書 推十叢書，四川成都出版。

此書論中國哲學中一元多元等之種種問題，皆透闢圓融，以泯除一切一多對立之論。

Smith and Greng: From Descartes to Kant, Chapter VI. Leibniz.

B. Russell: Human Knowledge, its Scope and its Limits, ch. 8.

W. Carr: Leibniz.

羅素 **A Critical** Exposition of Philosophy of Leibniz, Chapters III, IV, V, VII, XI, XII and XIII.

W. James: Pluralistic Universe, Longmans Green and Co. 1909.

此書爲絕對唯心論以後代表多元論對一元論之反抗思想。

W. Jame: Pragmatism, ch. IV, The One and Many.

此文爲主要論所謂宇宙爲一之各種意義者。

第十二章　宇宙之大化流行之解釋與斯賓塞之進化哲學

第一節　大化流行之科學的敍述與哲學的說明之不同

我們以上所講之各派哲學，都是重在指出宇宙之根本原理，與一切存在之普遍的性質與關係及分別的變化歷程，而不重在把握整個宇宙之大化流行之階段與歷程者。對此後一問題，似乎其答案，只能求之於專門之科學。科學中天文學、地質學、生物之進化論，及人類社會之進化史，似即可供給我們以一頗爲具體的答案，而另無哲學置喙之餘地。但是這問題，實不如此簡單。此中至少有三方面，是必須牽連到哲學的。（一）是對於科學所陳之事實之綜貫的解釋之問題。即我們縱皆承認此各科學所陳之事實，但對同一事實，仍有各種可能之解釋。而每一科學之理論，雖皆爲一解釋，但求綜貫的解釋，則非襲取一現成之科學理論，所能爲功。而綜貫之解釋中，何者爲最適切，則賴於哲學的討論。（二）是科學上之進化論，只是指陳出種種演化的事實，與演化之現象，此演化中，可無價值意義上之所謂進步。而這些現象與事實，亦不必眞表示宇宙之究竟的實在之不斷有所增，因而亦可不表示一存在意義之進步。而此二者，在哲學上皆是可討論之問題。（三）是科學上之進化論所陳者，仍不過無窮時間中之一段宇宙之情形。畢竟宇宙之大化流行，是以進化爲根本原理，或以退化爲根本原理，或以循環爲根本原理，仍是一可純理論地加以討論之問題。對此宇宙之大化流行，人類過去之哲學思想史中，明有不同之看法與思想。而科學上之進化論本身，亦不過一二百年中，人類對宇宙之一種看法，一種思想。如果宇宙是在變化，人類之思想亦在變化，則人類亦儘可有其他與之相反而相補足之思想之形成。哲學家若要成爲一切時代之觀察者，亦即須成爲不同時代之各種可能的思想之觀察者；而須跳出一時代之思潮，以看人類對此大化流行問題之各種可能之答案，然後我們才可再來看，有什麼一些哲學思想，能與近代進化論相配合相融貫，而能成爲說明進化的哲學。

第二節　常識與東西傳統思想中之大化流行觀

我們現在先假定，我們無一切科學哲學之知識，只憑常識的經驗之所及，來看世間之一切相續之變化，是否皆表示有一種價值意義及存在意義之進步問題〔註〕。此明不易肯定的說。譬如我們一日早上精神好，晚上衰退，是一種存在的精神之由進而退。早上清明在躬，雜念不起，而至晚，則或動枉念邪

〔註〕：西方之科學上之進化論或主譯演化論，因其不必包涵進步之觀念。然據 J. B. Bury, Idea of Progress 一書，謂此進步之觀念，乃三百年中西方思想中之一新觀念。而哲學家之將此觀念與進化論之思想相配合者，亦大有人在，故實際上進化之觀念中，常涵有進步之意義。

思，是一價値意義之由進而退。然次日再起，則精神又好，淸明又在躬。人之一生，由幼至壯，爲存在的生命力之進；由壯至老，爲存在之生命力之退。然衰老之舊人旣逝，少壯之新人又來。至於個人之德業人格，是否與年俱進，老而優入聖賢之域，則人各不同。有老而仍自强不息者，亦有老而志氣衰墮者，並無一定。而世間之賢者與不肖者，亦恆相繼而出。至於吾人每日所見之日月之升降，年年之寒來暑往，則皆明爲有進有退，而循環不息之變化歷程。則直接與人之常識的經驗相應之哲學，正宜爲一切有進有退之循環輪化之哲學。

日人初治西方哲學者，有井上圓了〔註一〕。曾以「輪化」一名，代表東方哲學之宇宙變化觀，以與西方哲學中之進化論相對。此言實大致不差。唯此事與東方思想中之無西方近代之科學進化論，初不相干。實則在西方未有生物學上之進化論以前，已有一類似進化論之直線發展之世界觀。承猶太教而來之基督教之世界觀，謂自上帝某日開始創造世界〔註二〕，七日完畢，若干年後耶穌降世，再若干年後耶穌再來，作末日審判。此即一直線進展之世界觀。然由柏拉圖至新柏拉圖派哲學，則皆以造物主或太一，其創造世界，或流出世界，乃由一完全之存在，化爲善惡雜糅之宇宙之一退降歷程。而基督教之世

〔註一〕：井氏之書，曾由傅銅翻譯，連載於民國十年左右出版之哲學一刊。

〔註二〕：奧古斯丁之歷史哲學，以世界之創造不過紀元前四千年事。比芮 J. B. Bury 思想自由史，謂十七世紀有一宗教家，算出上帝於紀元前四千零四年十月二十三日上午九時造人云云。

界觀，與此不同者，則在其相信基督之降世，爲一拯救此降落之世界，以使之再行上升之事。唯在希臘哲學中之一部份，如在斯多噶哲學及早期自然哲學中，又皆有一宇宙爲成毀相繼之循環歷程之說。在亞里士多德之以永恆之形式定類，之「類不變雖久同理」之哲學下，則整個宇宙之歷程發展之問題，非其所重。然在東方之哲學中，則蓋自始缺乏一直線發展或直線退降之世界觀，亦無亞氏式之以永恆之形式定類，而類不變之哲學。反之，以宇宙爲進退升降之反復循環之歷程，蓋東方之印度與中國之哲學之常。

在中國之世運論中，孟子即早有「天下之生久矣，一治一亂」，及「五百年必有王者興」之說。後漢儒則有應用五行之理於歷史之五德終始之說，謂帝王之德皆有始有終，有盛有衰，而天之災異與祥瑞，即應人王之德以相繼而生。此皆是世運之進退升降，循環無端之說。後佛學入中國，又帶來印度人之刼數論、輪迴論，以說宇宙之有成有毀，及人與衆生之造業受報，終則有始之說。故人即上升入天道，受報既盡，還當再輪迴轉入他道。至宋儒則邵堯夫有元會運世之說，以論歷史之變，而以十二萬九千六百年爲一元。其中之世運，則依皇、帝、王、霸之序而移轉，一元既終，乃周而復始。朱子語類載朱子亦嘗論天地之成而毀，毀而再成。即王陽明亦嘗謂一日之淸晨如三皇世界，繼如五帝世界，繼如三王世界，至下午則如三王以後之戰國世界，而天下無道以至於今云云。然一日既過，尚有明朝，則三皇之世，宜又當再來。晚明黃道周，著三易洞璣，亦以易數論世運之循環。而王船山之言歷史與大化之流行，雖重日新之義，然亦未嘗不常言往復周行之義。唯視一歷史之變，世運之行，宇宙之大化流行，歸向於一定不移之目標，如猶太教基督教之世界觀之所示者，蓋中國之思想中所未有。

中國這種思想之根原，當然主要在我們前所說太極陰陽之理。然而亦與一人生哲學相連。此亦如西方之猶太教、基督教之世界觀，與其人生之哲學之相連。中國之此種世界觀，與人生哲學之相連處，主要在此世界觀，可使人對於當前世界之事物之存在狀態或價值狀態，不生任何有所倚恃之心，但亦無須有餒怯厭棄之意。如當前世界事物之存在狀態或價值狀態之變化發展之方向，是向一定目標一直進展上升的，則人可以於此有所倚恃，而或產生傲慢或懈怠之意。又人如覺世界事物之存在狀態或價值狀態，變化發展之方向，是一直退落下降，則人或因而餒怯，並對世間產生厭棄。而信世運之往復循環之義者，則在精神上較不易陷入二邊之見。

但是人之此信循環往復之世界觀者，如其心中所想之歷史上一度之循環，所歷之時間太長者，則人仍可落入此二邊之見。如印度哲學宗教所言宇宙之一刼，動輙無數億萬年，則此仍可使人感此輪轉之歷程，如一必然之命運，而覺其可怖，並易生起求自此世界厭離超升之心。然在中國思想中，則論世運之循環者，如邵康節所說者，亦只十二萬九千六百年。唯此在常識上看，仍嫌太長。而邵氏之此思想，亦使其在作人之情調上，帶一種任運隨化之色彩。至如孟子之言五百年必有王者興，則孟子乃以之論當時理應有王者興。漢儒之五德終始之說，亦所以言人之當奉天承運。故此中國之世運循環之說，恆被引用而流行於國家之鼎革之際，世道之剝復之交。每一循環，其爲期之長短，在較正宗之儒者與道家，多無所說；而只說「治亂、消長、盈虛，盛衰等世運循環之理」乃一定。「盛與盈之不可恃，衰與虛亦不能久之理」爲一定。而人如能知此理而不恃其盈與盛，而先期以虛謙自守，並於進知退，於存知亡，於治知亂，則人之盈中已有虛，而可不再虛。人於進中已有退，而可不再退。由此而人仍可持盈保泰，而世亦仍有長治久安之可能。於是一切世運之循環，皆可由人力而打破。此之謂人定勝天。然此人定所以能勝天，正由於人知此天地間，原有之此盛衰消長之理，離人以看自然，則萬物之有盛有衰如故。而暫外於人之努力，以觀世運，世運之有盛衰消長亦如故。人之能斡旋世運，唯由其知此理，而於盈盛中，以虛謙自守，於進知退，於存知亡，以先體現此理之全。則此人定勝天，亦未嘗外於此貫於天人之理。又人果知此理，則當盈盛之時，人固可以謙虛自守，而持盈保泰。當衰亂之世，人亦可由知衰之可再盛，亂之可再治，而依此理以撥亂返治，振衰起敝，於是剝復之機，即在當前，不必待諸世運之自轉。故人在既知此理，而轉其問題，以如何依此理以行爲時，則此理即攝入於人生行爲界，而人亦可不再只依此理，以靜觀世運之盛衰循環治亂，及其所歷之年期。凡命數之說，在中國之思想中，終爲落入第二義以下之旁流，即由於此。而循此思想，以觀自然宇宙之變化，中國哲人所喜言之循環往復，亦即只取證於當下之日往月來，寒來暑往之事。而不喜究心於整個之自然世界之如何生人類，及人類在自然宇宙之命運等問題。亦不重將此盛衰消長之理，擴大爲自然宇宙之大循環論，如印度哲學中之劫數論。而此亦即陰陽家及秦漢緯書之言天地剖判以來之論，所以皆爲儒者所輕，上述之邵康節黃道周之學，終成絕學，朱子之言天地成毀，亦只偶一及之之故也。

第三節　傳統之東西思想中之世界生成論之比較與科學的進化論所引起之哲學

吾人上所言及中國思想中之世運循環論，及印度思想之刼數論，皆可謂為世界之多次生成論。吾人如再持之以與西方傳統之世界觀相比較，則我們可說除上述之希臘早期自然哲學家之循環論等外，為西方傳統思想主流，而由柏拉圖之Timaeus語錄所陳，猶太教基督教之宗教神話所開啓之世界觀，在根本上，皆可稱為一世界之一次生成論。此一次生成，乃依上帝或造物主對世界之一全盤計劃。然何以知上帝未在創造此世界之前，不曾創造出無盡之世界，此無盡之世界，曾歷無數次之成毀？又何以知，上帝未在此世界之外，另同時造出無數之世界，與此世界並存？是皆在此哲學宗教之傳統下，為一未嘗思及之問題。此即與印度之婆羅門教中之梵天為在無盡之時間空間之無數世界中，轉無數世界大輪者之說，及中國邵康節之元會世運，周而復始之說皆迥異。而在此上帝或造物主依全盤計劃所造成之此世界中，其世運之進行，則為歸向於一定之目標者。此在猶太教即為上帝選民之猶太民族之再君臨世界；在基督教，則為最後之耶穌之再來審判。而此世界之歷史，雖有一進退升降之歷程，然卻不能說為循環論。如說之為循環論，亦只為一次循環論。此或為一由上帝創始世界，上帝之選民受苦，再由上帝之選民君臨世界之一次循環論（猶太教）。或爲上帝創始世界，人類整個墮落，上帝自己獨生子拯救人類，以使之上升之一次循環論（基督教）。

西方猶太教基督教傳統之宗教性的世界觀，雖爲近代科學上之進化論之世界觀所代替，但科學上之進化論，所陳之世界之進化之圖像，亦爲一直向前進展之圖像。此一直向前進展之圖像，即一萬物之由簡而繁，由純而雜，由無生至有生，由無心至有心之一繼長增高，如一直上升而趨盛之圖像。故吾人前說此二者爲相類似之直線發展之世界觀。唯此科學之進化論所陳之圖像，乃大體上有顚撲不破之事實，足資佐證；而不同於印度及希伯來傳統一切宗教性之玄想，無事實爲確證者。亦不同於中國過去陰陽家之天地開闢之理論，及漢儒五德終始之理論，及邵康節之說，仍只爲一種玄想者。此科學上進化論之理論，亦百年前之世界之大哲所同不知者。則其出現後對哲學之影響，亦應爲空前者。吾人今固不能確知，將來必無新發現之事實，以重證明以往人類之宗教性玄想，及其他哲學上之玄想；使吾人於此進化歷程之外，再發現一同應此進化歷程之退化歷程。如人類之再退入猿類，退入單細胞生物，地面之道路再退入荒原，地面之山川與星球之分佈，再退入一原始之洪荒，有如日出而再沒於西，此皆爲可能者。若然，則大循環之理論，可再得證明。然在今日，此大循環之理論，因缺有事實之佐證，即不能與科學上之進化論同日而語。吾人以下所講之哲學，亦只能爲與此科學上之進化論能相配合，而對此進化論之事實之存在意義及價值意義，能與以一解釋，而不與之相悖反之哲學。故吾人今所最當了解之宇宙大化如何流行之哲學，仍只是大化流行至此一時代之哲學。然而我們卻仍可在此能與科學上之進化論相配合之若干現代哲學中，多少看出東西傳統思想中之成份。故上文先一論此傳統思想之說。

吾人此下，即限於專論與科學上之進化論相配合之哲學，然此哲學中，仍有吾人自由思想之天地。因此進化論所展示之世界觀，如世界之由無生而有生，無心而有心之歷史，亦是引起人對於宇宙之種種驚奇神妙之感，與其他之玄想者。而人欲使此科學上之進化論，與人以往之宗教思想藝術思想，相融貫調和，亦待於人之種種苦心焦思，與冥會洞鑒之功。西方近百年來此類之哲學思想，爲人所宜知者，亦有數者，可於下文略加介紹。並對其與吾人以前所說之各派哲學之異同，亦將略加以標出。

第四節　斯賓塞之進化哲學之根本原理

在西方近百年能與科學進化論相配合之哲學，首當推斯賓塞之綜合哲學。唯斯氏之綜合哲學，關於生物學、心理學、社會學、倫理學之理論，皆非我們之所及。今只及於其論形上學者。其形上學之第一部份之第一要義，在劃開可知界與不可知界。可知界爲現象，不可知界爲本體。科學只及於可知界，而宗教則欲由可知界之現象，至不可知界之本體。然人由知識，永不能達於不可知界。人之賴以入不可知界之門者，則爲信仰。信仰之對象，既屬不可知界，在知識之外者，亦即不能由知識以論其是非者。而此即一調和科學與宗教之哲學，同時爲主張：凡人之求達於不可知界之本體之玄學，皆不能使人得眞知識之哲學。

斯氏所謂不可知之本體，即指一切現象之究極之根原。此究極之根原，在斯氏初並不疑其存在。因如其不存在，則一切現象何以動而愈出，生生不窮，而現象世界無一息之斷絕？依進化論以謂人類原於生物，生物原於無生物，地球原於太空中之物質分子；則此最初之物質分子，又由何而有？若自無而有之事爲不可能，則必另有一本體爲根原。此根原，就其爲現象之所從出言，則非現象，而爲本體。然此本體，則爲不可知。而從知識之立場，謂此本身爲神，或非神，爲一或多，皆不能有決定之結論或知識者。由本體雖有而不可知，而此不可知之本體，即稱爲一「大不可知者」Unknowable。然吾人能知有此不可知者，吾人之知，亦即達於宇宙本體之門前。故斯氏之哲學，雖不能使人有形上學之知識，亦可使人有形上學之情調。

依斯氏之哲學，吾人當知此不可知者之存在。然又當知其爲不可知，而使吾人之知，止於其所不知。由此而吾人之知，即可轉面回頭，專以知宇宙之現象，及其發展之規律爲事。芸芸總總之宇宙萬象，在其發展進化之歷程中，正有其大律存焉，爲吾人遍觀天體之進化，生物之進化，心理之進化，人類社會道德之進化後，所能知者。而此即綜合哲學，所能與吾人對於整個宇宙之存在現象之一具普遍性綜合性之知識。

依斯賓塞所說，現象界的事物之進化之原理，一方是物質的凝聚，一方是運動之散失。在此歷程中，物質由比較不確定未整合的、同質的 Homogeneous 存在，逐漸進化爲比較確定而整合的、異質的 Heterogeneous存在。而一切運動之形態，在此歷程中，亦有一相應的轉變。此一原理，即可用以說明宇宙間之一切進化。如據天文學上之星雲說，天體之進行，最初只是許多同質的星雲之分子，佈於空間，其位置殊不確定。而太陽系之形成，則是分佈之星雲之逐漸整合，而成各種行星、衞星，各星球亦各有其形狀，自轉之軸心與公轉之軌道，並具不同之吸引力，而化爲確定分明的異質之天體。是即上述之原理之一證明。

其次，從地質學上說，地球最初乃一熱的融質。此亦即是一各部未確定分明之一同質體。及其冷卻，水與水融和整合，土與土融和整合，然後有水陸之分，山谷平原之分，而地殼之山岩，乃一一變爲固定堅硬，地面之各部之構造，遂成一各部確定分明之異質。是上述之原理之又一證明。

再其次，從生物學生理學上說。任何植物之生成，都是由於先聚積許多物質，如水分、空氣、養料，再加以融和整合，以成一有機體。而胚胎學亦可證明一有機體之發育，原於整合。如心臟初只一長管，由其折轉而自己整合，乃成有四房之心臟。而人之頭蓋骨之發育，常到三十歲，乃完全而變爲堅固穩定。而生物之進化，亦一逐漸趨於整合之歷程。如就骨節而言，蚯蚓等一身有一百節，進至昆蟲，則只有二十二節、十三節，或更少。蜘蛛與蟹，則全身皆整合起來。至脊椎動物出現，則一脊椎成其整個身體之整合之根據。但在脊椎動物之魚類之脊椎，分散成爲魚刺，尚不能互相交會。然至鳥類及哺乳類中，則脊椎旁之肋骨，多能互相交會。而在猿類與人，則脊骨肋骨，皆互相交會，而環抱堅固。其運動，亦同時有最大之整合性。是見生物愈進化，而愈發育完成，其各部之器官組織之形態機能，即日益確定分明，而日益顯爲一異質者之融和整合所成之有機體。

又在生物界中，同一種族之生物之個體，初恆是散處於自然。然在高級之動物，則漸結成羣體，並有領導者。達爾文復指出生物界中，若干較高之生物，有互相依賴而生之現象。此又是一種生物之生存之趨於整合之趨向。此是上述之原理，在生物學上之證明。

再其次，我們看社會進化，亦一方面是社會諸份子，趨於融和整合，一方面是社會諸份子，由担任同質而不確定之任務者，化爲担任異質而確定之不同任務者。如一原始社會之人，皆爲游蕩家族。社會漸進步，則家聚成部族，弱小之部族又漸屈服於强大部族之下，以漸成邦國。而今之世界，則有各國逐漸合爲一世界聯邦之趨向。而社會之生產事業之進步，亦是由一城之事業，進至一國內之同類事業之聯合及世界性之事業聯合。此皆爲一由分散趨於整合之趨向。在原始社會之分工，初蓋只有男女之分工。而每一男子，兼爲狩獵者與打漁者。及由家成族，而有領導者之出現。此領導者，初乃一面爲王，而一面又兼爲教士，以向神禱告者。及後乃政教分離。而社會之分工之事，則隨社會之進步而日增。在社會之分子之職務日益分工，而彼此成異質之後，其職務與所屬之社會之階級等，亦日益確定而分明。

其次，我們再看人類社會文化之基本之語言與藝術、科學、物質工具等之進化，此中亦有由同質趨於異質，由離散趨於全體之整合與各部之確定之趨向。如語言之進化，初乃由多音節者，進至單音節者。如在英語中，星球一字，原爲 Steorra，後變爲 Star。月之一字由 Mona 變爲 Moon。名之一字爲 Noma 變爲 Name。上帝與你同在 God be With you 變爲 Good-bye。而原始之語言，只有動詞與名詞，後乃分化出各種介詞副詞等，而一一語言方有確定之意義。

藝術之進化，如埃及敍利亞之壁畫及雕飾，皆較散漫，亦不成分明之結構。畫即在雕刻廟宇建築之中，而藝術亦與宗教不分。古代音樂，皆只重用同一之口唱，或用簡單之樂器，而聲調亦多混雜。近代之藝術，則各種藝術彼此獨立分明，亦離宗教而獨立。而無論繪畫、雕刻、音樂，皆一方重各部份之配合成一整體，另一方重各部份之形界與聲調節奏之分明確定，各有功能，以形成一整個之藝術品。而人類科學知識之進步，亦復是由觀念、概念不分明清楚，語言之意義不確定之常識，進至「系統的綜合的依一貫原理，以說明各種事實及分散之常識，並用意義而確定之語言，表達淸楚分明之概念觀念，而成組織嚴整的科學與哲學。」

此外，人類之物質工具之進化，則在文明初起時，人所用之各種工具，每一工具恆有多種用途，而不能確定分明一工具之作何用，各工具亦不相配合成一系統。物質工具之進化，則爲各種工具之連接配合，以成一大機器或工廠。而每一工具之性質，亦成各不相同，而其用途，歸於日益確定者。是即見人類文化之進化，亦與生物之進化，天文地質之進化，乃表現同一之從分散至整合，從同質至異質，從比較不確定至確定之原理者。而斯氏此哲學學說之本身，亦代表一科學知識之一整合。

第五節　斯賓塞對於進化現象之最後的解釋

但是此理論有一根本問題，即我們可以問：何以不相整合之同質者，必分化爲異質而相整合者？此如追問到一切進化之開始處，則爲宇宙最初之同質之物質分子，如何會趨於整合，並變爲異質之物質分子之問題。於此，斯氏是根據於物理學上之機械論，以求一說明。即謂最初之物質分子，雖爲同質而分佈於空間者，然其地位不同而運動不同，遂表現一彼此之不平衡之關係。不平衡而求平衡，則物質必漸歸於凝聚而整合；而凝聚整合後，則動力歸於平衡而散失。至當具不同動力者互相結合時，則結合體成爲一異質者。此結合體又與其他環境中之物，以動力不平衡，而生運動，遂再求整合，以歸於平衡，成更高之結合體。如此遞展，遂成進化之歷程。

然平衡之達到，既一方是原於動力之散失，故宇宙之趨於平衡之勢，如至一最高點，則進化之歷程，亦即停止，而繼之者則可爲退化。如日與行星間，因有力量之不平衡，故日吸引諸行星，使之繞日轉，同時散出熱。但日之熱力，至散盡，則諸行星，亦不能有秩序的在軌道上行，而可因解體分散，互相衝擊，而反於原始之星雲時代。此亦如人之身體之發育至各部平衡，而動力用盡時，即趨於僵固，而由老至死。繼之者則爲一身體全然之分散朽壞之歷程。當一社會之發展，至各種力量因素，皆彼此平衡時，社會亦即停滯不進，而歸於開始分散解體。由此而斯賓塞之進化論之哲學，即包涵吾人所在世界，可再由退化以歸於消滅之論。然而在吾人之世界（如吾人之太陽系）消滅時，其他之世界（如其他太陽系）之由不可知之本體而來者，可正在進化之階段，或尚在平衡之階段。唯此一切世界之進退與平衡，皆只屬於現象中世界之事，而不關於現象世界之不可知之本體，而此本體，亦可無所謂進化者。由此而斯氏之進化論之哲學，遂亦包涵吾人前所謂退化及進退循環之觀念，亦包涵眞實之本體爲無所謂進化退化之觀念之一進化哲學。

宇宙之大化流行之解釋與斯賓塞之進化哲學　參考書目

G. T. W. Patrick: Introduction to Philosophy, Part II.
本書爲哲學概論類書籍中，論進化之理論較多者。

J. B. Bury: Idea of Progress.
由此書可知三百年來西哲對於進步之觀念之發展。

H. Spencer: First Principle of a New System of Philosophy 選載於 J. Rand: Modern Philosophers pp.714—732 中
斯賓塞原著極繁，此爲斯氏原著中涉及進化之根本原理者之選錄，頗扼要。

W. Durant: Stories of Philosophy, VIII, H. Spencer.

本書據云乃數十年來通俗哲學書中最暢銷者，但不爲哲學專家所重。然其中論尼采叔本華及斯賓塞之哲學，數章皆頗佳。本章論斯氏哲學，據此書加以約簡。

W. R. Sorley: A History of English Philosophy. G. P. Partnam's Sons Co. 1921本書第十二章第五節Spencer and Philosophy of Evolution.

論斯賓塞之進化哲學及當時英國之進化思想。

A. K. Roger: English and American Philosophy Since 1800, Macmillen.

本書述斯賓塞之哲學一部份，所佔比例甚大，並有評論。

第十三章　柏格森之創造進化論

第一節　綿延、直覺與理智

西方現代哲學，再一個對於科學上之進化論，與以哲學的解釋之哲學家，即法之柏格森（H. Bergson））。柏氏之哲學思想，由心理經驗之性質與自由意志之說明，及物質與記憶關係之問題之討論始，而以創造進化論之宇宙觀，自別於斯賓塞之機械論的進化論，聞名當世。其晚年之著作，則歸於論道德與宗教。唯今只重介紹其思想中之對於進化之解釋之一部份〔註〕。

柏氏與斯氏之進化觀點之大不同，在對於生命之解釋。斯氏以物質之凝合，動力之散失，及運動之求平衡等觀念，解釋一切進化，於是以生物之活動之目標，不外求適應環境，以達其自身與環境間之一種運動的平衡，求其體質之存在環境之物中。此乃由物理學到生物學，以物理眼光而外在的觀察萬物之生命之哲學。而柏氏之生命哲學，則根本上是由心理生活之反省，以求認識我們自己之內在的生命之流

〔註〕：對柏氏之哲學，介紹之著甚多。一般哲學概論之書，亦多論及之。以我所見，似以 Leighton 之 The Field of Philosophy 第二十四章所介紹爲最好，可與本文所論相參看。

行，而再由此以透視生物之生命與宇宙之生命，而論進化之所以進化之哲學。

我們如從事對我們自己之心理生活之反省，最初所得者，可是如英國經驗主義所說之許許多多之分散的印象觀念。如我們正在從事認識活動，則我們尚可反省出，種種抽象概念及認識之範疇，展現於我們之心中。但此種反省，依柏氏說，皆尚只能及於我們之意識之浮面，而未達於我們之心理生活之本質，以及我們之生命之流行自身者。而欲達此，則須知我們之心理生活進行時，不只其前面有種種繼續的散開之觀念等鋪陳於前，使此心理生活有其廣度，而且此心理生活自身中，實尚具一強度。此強度乃質的而非量的。此強度之質之所由生，乃由我們之心理生活之進行，不只是前前後後，更迭而起，而是後承前，前即融入後中，以存於後中。譬如我們會見一人，初次見面則生，再次見面則覺較熟，朝夕相處，則更熟。此熟習之感，不只是由於多次見面之經驗之存在，而是由於在我們之後一次見面之經驗，承前一次之經驗而起時，前一次之經驗，即融入後一次經驗中；如此次第融入，互相滲透，則熟習之程度，或熟習之感，便次次不同。此中有質上之差別。然而卻可無量上或所對之內容上之差別。從量上及所對之內容上看，則我們無論對一對象，如何熟習，仍只是一對象而已。此中質上之差別，由後承前，前融入後中，而存於後中而來。亦即由過去之融入現在，現在再融入未來而來。在此，我們對於時間之流行，便不能只分析之為一瞬一瞬之相繼之片斷來看，而當視為前後通貫，密密綿綿，前伸入後，後延納前之一體。至我們如只將時間分段來看，於其中分別安置不同時之經驗觀念於其中，柏氏稱之為空間化了的時間 Spatialization of time，亦即鄰次舖散的時間 Juxtaposition of time；而將之通貫來看之時間，則是眞實存在於我們之心理生活之進行本身中之時間，亦即眞實存在於我們自己之生命之流行中之時間，此在柏氏稱爲眞時或綿延或久 Duration。而我們之能感到此綿延或久之存在，不能由於理智之劃分。如從理智之劃分出發，則我們對於一對象，無論經驗多少次，我們將每一次散開來看，其中皆無綿延或久。如我們上所謂熟習感，亦在任一次中皆不存在。故我們之自覺有上述之熟習感，及一切綿延或久之感，皆不能原於我們之能劃分的理智，而只能原於我們能於「現在」中，直覺其中所涵之「過去」。我們如無此直覺，則過去者乃在過去，現在者方在現在，則時間之流，節節截斷，我們亦即只有一平面之現在經驗內容或印象觀念之呈現於前，而無任何認識方式，以使我們有此對綿延或久之認識。

由我們之心理生活或生命中，有此所謂綿延或久，則知我們之心理生活之進行或生命之流行，實如滾雪球，層層增大，一方是後異於前，而新新不停，一方亦是前存於後，而生生相續。新之所以是新，乃對故而見。然如「故」不流入現在，而爲我們所感，則無故，亦不成新。而「故」若爲現在所感，則故即不只在過去，而同時延入於現在。然「故」能延入現在，則「故」本身亦即更新。是見新新不停與生生相續，乃一事之兩面。如生生不相續，則無所謂新新不停。而若非生生相續乃攝故於新，則亦不成生生相續。然而我們若不能識得綿延之義，或不能將過去經驗融入於當下之新經驗中，以直覺其通一無二，而屬於一整個之心理生活之進行或生命之流行中；而只以理智劃分此疆彼界，將時間空間化，而片斷割裂之；則仍將如一般經驗主義者，視人之心理生活之進行與生命之流行，乃一堆之觀念印象或概念等之積集，有如嵌鑲所成之美術品，而不足以言得此新新不停而又生生相續之心理生活與生命之眞理，亦不足以透入形上之實在之門。

此種直覺的認識與理智的認識之分別，柏氏又稱之爲內在的本性之認識，與外在的關係之認識之別。所謂外在的關係之認識，即在我們所眞欲認識之對象之外，去看對象對我們之關係，或對其他物之關係是什麼。由此我們可以認識靜的物質，亦可以把生命靜化爲物質之組合而認識之，並認識任一物之多種面相，亦可認識一切物之「多」。然卻不能認識動的生命，亦不能認識宇宙生命之「一」。而所謂內在的本性的認識，則是我們之意識，投入所認識者之中，而生活於所認識者之中之認識。唯由此，我們可認識動的生命，並可視物質亦只爲一種凝固化靜化的生命，而認識其中所涵具之生命性，由此以認識宇宙生命之一。

西方傳統哲學，由齊諾Zeno傳下之一老問題，即動是否眞實的？不少的形上學家要以動爲非眞實的。照柏氏之意，則以爲我們如以理智去從事外在的關係的認識，則我們畢竟不能認識動。因從外在的關係的觀點去看動，則每一動者，在不同時即關聯不同之空間點，而從任一空間點上看，他便必然都是不動的。此如以快鏡，照一動的人物，或一風景中之水流雲散，我們所得之像片，無論有多少張——以至有無限張——每一張仍然是不動的。（故羅素之以無限的聯續批評柏氏，於此乃不相干的）。由此而動之實在性，即永無法建立。而我們之所以仍覺有動者，唯因我們在認識動時，我們仍多少有另一種投入對象，生活於對象中，與對象爲一之直覺。故我們只看風景片，即看了無限張，仍不能認識風景中之水流雲散；然我們在游風景時，而心與雲水共流行，則能認識雲水之動。我們之心與雲水共流行時，所以能認識雲水之動，唯賴一直覺。此直覺，乃可與我們對我們自己生命之流行之直覺俱時而起之直覺。我們之直覺我們生命之流行，由於我們之直覺到我們前後經驗之相融入，一面新異於故，一面故入於新，而生生相續，新新不停。我們之直覺水流雲散，亦是直覺前水之融入後水，後水既異於前水，而前水亦在後水之中。若離此直覺，而只以理智的分析，以分別平觀前水與後水之差別相，則一一之相，皆永恆而不動。吾人對之之一一觀念概念，亦各爲永恆而不動者。則客觀之實在中固無動之可言，而吾人之內心或吾人之生命中亦爲此永恆不動之觀念概念所充塞，而亦無動之可言。故對吾人之生命之流行之動之認識，與客觀實在中之動之認識，於此，儘可俱時而起，以有則俱有，無則俱無。關鍵唯在吾人之是否能由直覺吾人自己之生命之流行，而以同一之眼光或認識方式，以認識客觀實在，而視客觀實在同於吾人之生命。吾人能視客觀實在同於吾人之生命，則吾人能認識客觀實在之動，亦同時能發現其動中之生命的意義矣。

第二節　生命的宇宙觀—礦物及動植物之分

依柏格森之哲學，我們眞由直覺以看世界，則整個客觀實在、整個宇宙，皆在動中，而是一變化之流，亦即生命之流，其中實無所謂全不涵生命意義之物質。而所謂人之意識生活、心理生活，亦即此宇宙生命之一表現形態。因而此種哲學，可稱之爲變之哲學，亦可稱爲唯生命論之哲學。

依此哲學，存在即是變化，變化即是創造。存在不是一狀詞，亦不只是指實體之名詞，存在乃是去存在，去存在乃一動詞。去存在即是變化，於保存外，更有所增益，是即創造。然此變化、此創造，乃後無機械的原因，前亦無預定之目的，加以決定者。故爲自由。而除創造與變化以外，亦可說無外在之創造者，或存於變化之中之固定的實體。此即大異於西方希臘中古哲學所謂存在之意義。故柏格森又謂宇宙有變動而無變動者，因所謂變動者，必須由變動而自己創造其自己。此自己與變爲一，則可說只有變動，而另無外在之創造者，與變動中固定的實體，或變動者也。

我們說意識，恆想到意識中之觀念概念，此爲不變者。我們一般說物質物體，則想到其一定之形狀與分別在空間之地位。但我們說生命，則我們所想到的，只是其生而又生，及其生之相續存在。只說有生而又生之生命，而撇開一切常識中用以規定生命之靜定的概念等，則此同於說：一變化之流或「純變」之相續存在，而二者之涵義可無別。而純變之哲學，亦即唯生命之哲學。

但是說宇宙只是一生命之流變化之流，此乃以直覺眼光看宇宙之究極之論。然人有直覺，亦有理智，理智仍能發現宇宙之一方面之面相。此理智之所發現者，即宇宙之靜的一面，非生命性而爲物質性之一面。然此一面，亦不能說純爲理智自身所造之幻象，而亦爲宇宙之生命之流，變化之流進行時，其所呈之一面相，或其所呈之一種似與其自身相逆反之一傾向。而人之理智本身之根原，亦即此宇宙生命之此一傾向之表現於人，而存在於人之生命或人之心靈中之故。

所謂宇宙之靜的一面，非生命性之物質性之一面，仍爲此宇宙之生命之流進行時，所呈之一傾向者，即謂此宇宙之生命在其變化創進之歷程中，同時有一分散而凝固，以成靜定之物之傾向。此傾向並不能絕對的完成，故宇宙無絕對靜定之物，而動的生命終爲第一義之實在；一切靜定之物，皆繫屬於整個宇宙生命之動進歷程中者。然此傾向，雖不能絕對的完成，然其相對的完成，對一直向前動進之生命言，即已顯爲一逆反的傾向，而若爲反乎生命性者，此即稱爲宇宙之物質性。如喩宇宙生命之流，似江水之浩瀚而進，則物質性，有類其旁之無數漩渦，迂迴不進，而似後退者。如喩宇宙生命之進行，如炮彈之前進，則物質性，即紛紛先落下之碎片。而吾人如欲體驗此生命性與物質性之分別，亦有其道。如當吾人志氣如神時，口講指畫，手舞足蹈，吾人可並不覺此手足等之存在，則吾人此時即通體是一活潑潑地生命，在此流行。反之，當吾人覺生命力衰時，則手足之墮性即顯出，而與吾人生命之活動之方向，若背道而馳。此手足之墮性之顯出，恆欲歸於靜定，以使手足分散佈列於空間，而不再移動。吾人於此，即可認識一吾人生命中之物質性之傾向爲如何；而所謂宇宙生命中物質性傾向，亦同可作如是觀。

由此宇宙生命中之物質性傾向之存在，而宇宙生命自身之向前動進之傾向，亦即表現爲：一方隨順此物質性傾向之所在，並透入此傾向之中，而一方加以扭轉，以化分散爲集中，化靜者爲動，化空間性者爲時間性。此有如江流之繞後退之漩渦而再進。由是而此宇宙之生命之流，亦即恆爲在一約束此生命之流之「物質化傾向所成之物質」中，求奮迅鼓湧而出，一面不離此物質，而一面則又如與之奮鬭，而欲化物質自身爲其表現之場所或資具，而自由加以運用，並不甘受其約束者。故此宇宙生命，亦即處處於物質中表現衝力者，而柏氏則稱之爲宇宙之生命力或宇宙之生命衝動 Elan vital。

由此宇宙生命之與其自身之物質性傾向所成之物質奮鬥，而同一之宇宙生命之大流，或宇宙生命力 Elan vital，遂因物質化傾向之爲一分散之傾向，而亦散爲無數之分流，而分別裹脅於不同之物質中以前進；而依其役物而不役於物之程度，亦即其生命性之戰勝物質性之程度，生命性之是否能充量顯發之程度，而顯爲人與動物、植物、礦物等之不同存在。

此各種存在中，礦物及各種所謂無生物，乃物質化傾向最顯著，亦即其物質性最顯著，而幾可謂全部是物質者。然實則亦並非全部是物質。此即如倦怠欲死，而寸步難移之手足，並非全部是物質，亦如斷港絕潢中之水，並非全爲死水。故當礦物或無生物，一朝重接上宇宙生命之大流，如成爲生物之養料，而化爲生物體之一部，則此同一之物質即活轉，而昭顯其生命性。如冰遇熱而化爲流水。唯剋就其現實之狀態，並與生物界之動植物等相對較而觀，則謂之爲無生命之物質而已。

在生物界中，吾人通常分動物與植物爲二類。其所以爲二類之大別，在植物之靜止於空間，其根與土石相接。諸植物分植根於地之大物上，而不相往來，故在生物中，其分散性、空間性、物質性爲最重者。而動物之能在地面之空間上運動，即表示其較能不受此地之大物之束縛限制，亦非分散的定置於各空間之存在，而爲物質性較輕者。

動植物雖或能在空間中動轉，而或不能，然自其同稱爲生物而言，其與無生物之大別，則在其能應付環境以求生存，而亦能生殖，並有遺傳與進化。生物之有自求生存與生殖遺傳之事，乃表示其變化活動，能一生前後相續，並能傳續於其後代者。此即與無生物之變化活動之情形不同。無生物之一變化活動，亦在一時間歷程中，則自其內部言，亦有變化活動之相續。然無生物之一變化活動，恆爲外力所決定，於是其前後之變化活動，恆各有其方式，而不相配合；則由其一變化活動，轉至另一變化活動，即可相間斷而不相續，而此二變化活動即不能通爲一歷程。而在生物之自求生存中，則其今日之變化活動與明日之變化活動，必求配合而足以相成，以達其繼續生存之目的。而其一生之前後之變化活動間，即足以相承而相貫相續，以通爲一歷程。此即更足表現吾人前所謂生命之本性。生物之生殖遺傳，則表示前一代之生物之形態，與變化活動之方式，皆可重保存於後代之新生命中，而此則更見生命之通過不同之時間，而保存過去於現在與未來之性質。故生命之通過種子胚胎，以成其生殖與遺傳之事，亦不能尅就種子胚胎之物質分子而了解。此種子與胚胎，毋寧視爲生命之流行，所通過之一關節與媒介，以形成前後代之生命之通貫，而成就一繼續不斷之生命之流行者。由生殖與遺傳，而見前一代生物之生命，能超過其自身之物質的軀體之限制，及其自身之死之限制，而表現為：後一代生命之生出，以及其所經歷者之由遺傳而存於其後代之中。由是而生物之代代相傳，即前代之生命內容，次第融入滲透，於後代之生命中，而後代之生命，又可日新不已，如波波相疊，以繼長增高。由此而吾人可說明生命進化之事之何以可能。

然在此生命之進化歷程中，動植物實自始分途，而各有其發展進化之方向。因植物乃定住於空間，故其愈發展至高等之植物，其根與枝葉，即愈顯為由一中心點，而向上下四方分散，以吸收養料、水份、陽光，以成就其軀幹者。而植物之在世界，遂為一能力與物質之攝聚者，儲蓄者。而自然界中原分散在四方之陽光、水份、養料之物質與能力，由植物之加以接收攝聚同化，以成其軀幹中之質材與儲能，遂得保存於生命之世界。此即與「其物理世界中之動力與熱力，恆逐漸歸於散失之變化趨向」相反，而逆轉之者。至動物之賴植物以生，而又以在空間中游蕩運動為事，於是復將植物所儲積之質材與儲能，化為其運動時之動力，再分散而之四方。此動植物二者之相輔為用，以並存於世界中，一以攝聚四方質材與儲能為事，一以化散此質材與儲能為運動，散諸四方為事，此正如中國先哲所謂一陰一陽之相配。

原動物初以在空間中運動為本性。然軟體動物以下之動物，皆膠著於地上以移行，而較不善運動。及甲殼動物，而其體可與地不相黏著，而漸善動；然其甲殼之束於身，則表示其所受之物質硬體之束縛之大。至節足動物，則硬殼化為段段之環節，乃更善卷曲其體，以成其宛轉之動。而由脊椎動物以上，則支持其身之硬質，轉入體內，並賴此體內之脊椎與筋骨，以成其運動，而體外遂唯存皮與羽毛。及至人類羽毛脫化，皮薄而柔，其身體遂盡脫外面之硬質之約束，而表現一自物質之約束有更大之超拔，及生命活動之更大的自由。然此中之進化，又可分爲二大方向。其由節足動物之進化者，爲逐漸表現一本能之優越者，其極者爲蜂蟻。其由脊椎動物進化者，爲逐漸表現智慧之優越者，其極者爲人。此發展本能、與發展智慧，乃動物進化之二大方向，而其差別，亦有原則性之差別。

第三節　智慧與本能

上述之一發達本能，一發達智慧之二種動物之差別，乃爲顯然者。譬如我們試靜觀蜂蟻等生活，我們都會讚美其生活方式之奇妙。如蜂之如何採花如何釀蜜、如何造成一六角形之蜂房、如何分工合作、如何又會分封、〔註〕之一套之活動，都配合得非常巧妙，皆似有目的存焉，以達一蜂羣之生存。然此一區區之小蜂，如何會有此一套活動？此明不是由於後天之學習，而只能說其乃出自先天之本能。這先天之本能，好似依於其體內之有一先存之機括，而遇外面之刺激來，即一觸即發。如蜂嗅得花香，即向之飛去。然而何以其能直向花蕊，而吸取其足以釀蜜之汁，而貯之體內？又何以所釀出之蜜來，適足

〔註〕：柏氏喜舉之例，爲螟蛉之例，與此略異。因人（如羅素）對此例有疑，故改取一更簡之例。

營養後來之小蜂，而不自己使用？此蜂於此，當然不能有自覺之知識。然而我們卻又似不能說他全無所知，而同於木石，因木石並不能爲此。而在一義上，我們尚可說其所知，較人爲尤準確。如人嗅得花香，可不知其來處。人於此花香之現象或符號，欲求其根原時，人可東西南北，任意猜想。而蜂子則可直由此花香，如循一因果線索，直至花香之所自發之因。此即同於謂：其「知」能直由果以至因，由現象以透至發此現象之本體。彼才嗅得花香，便向花進發，即才知此花香，便知得此花。其知非在花香外，而是內在於花香之中，循花之香氣，以直達其原，有如游泳者之投入水中，以逆流而上溯。此知即爲一種直覺之知。此直覺之知，即規定其往一方向飛，並至某處而止，以與花蕊接觸，而吮吸之之一套行爲者。此一套行爲，亦即環繞相應於花蕊之本性之一套行爲，而亦連繫、並足以引動、其採花之後之飛回、及釀蜜等之各套之行爲者。故其採花一套行爲完結，彼似亦即知發動另一套行爲。此如善泳者之沒水而游，而知隨江流水勢以宛轉。此善泳者之隨感而應，並無對一一水勢之概念的知識，而可不失其有一種直覺之知；正如此蜂之行行止止，亦可不失其有一種直覺之知，以別於木石之不能與物宛轉，而發其相應之運動行爲者。而此種直覺之知，亦可謂遍在於一切動物之本能活動中者。故如魚之覓地產卵，蛇之築洞，鳥之結巢，哺乳動物之哺乳等，同有此直覺之存焉。

然魚鳥犬馬等動物之先天的本能活動，實遠不如蜂蟻等之精巧靈妙。然彼等卻有多少之後天的學習之能。如奏樂聲，而同時以食物飼鳥魚，則以後再奏樂聲，而魚鳥皆集　持　而驅犬馬以行走，則以後取鞭而犬馬自行。凡心理學上所謂交替反應之事，皆爲一種後天之學習。此後天之學習之能，可稱之爲智慧之能。而動物之後天學習之智慧愈發達者，則先天本能愈減弱。反之，先天本能愈强者，如蜂蟻等，則幾無所謂後天之學習智慧。

此種後天之學習智慧，與先天本能之差別，我們可說在動物之先天本能，雖極其精巧，然恆只有一套。且生生世世，總是此一套。如蜂所造六角形之巢，以顯微鏡察之，其六角六邊之相等之程度，即幾何學家之所繪之六角形，亦恆不能如此之精密。然彼卻只能造六角形之蜂巢，而不能造一三角形之蜂巢。由此而吾人可說先天本能發達之動物之生命，雖有一能透入物之本性之直覺，然此直覺，則爲限於與其本能相關一定之物者，而爲此一定之物所束縛限制者。故吾人喻之如游泳者潛入水中之直覺。此即見其生命之流行，尙未能自物質中，有更大之解放與超拔，而極其開展與變化之能事。

然在具智慧之生物，即其較低者，如魚鳥犬馬，亦能由後天之經驗，以有所學習。此即表示其生命之活動，更不受先天固定之一套本能機括之束縛。如蜂子聞花香，只能向花進發。然如吾人以花香與食物，經常呈現於犬馬之前，則犬馬可向食物進發。而一主人，如常佩某花，則犬馬可向主人進發。又如凡有茉莉香處皆有野兎，則獵犬可即只向野兎進發。故知動物之能由後天經驗而學習，其生命活動之範圍，即大爲開展，而有各種不同之變化之可能。此變化之可能之範圍，乃可與其對世界之各種事物之經驗範圍，同時開展，而無定限的增大者。

在用智慧之動物中，由猿類以進化至人，而人爲其最高者。然在本能活動方面，則人正爲最弱者。其他動物，多生下即能行走，幼兒時期甚短。而人在初生，則除極少之反應動作，如吮乳握拳之類外，幾無一所能，人之幼兒時期，亦最長者。人之能適應環境之能，幾全賴於後天之學習。人亦最善能學習，幾無一事不可成人之所欲學習者。動物各有聲，而人則能學習一切鳥鳴獸吼之聲。動物各有其動作之方式，或爬、或走、或游、成飛，人則能爬、能走、能游、唯恨其無翼，而不能飛；乃有爲仙以飛昇之想，而終有飛機、降落傘之造成，以使其能飛。故人之初生，可說只是一渾然的學習之能，另無一定之能，全憑其後天之一一經驗，以與環境相接，而逐漸增益其所不能者。人之由經驗以與當前環境相接，亦即同時移用其過去對同一之環境之了解，與行爲之反應方式，以了解應付當前之環境。蜂採花，而人類之初，則採果而食。蜂採花，自然不採有毒汁之花蕊，而人類之初採果而食，則未嘗不可食得苦味之果。然人積其食果之經驗，則於苦味之果，遂只見其形，即不再採取，唯取甜味之果而食之。此猶人與其他動物如猿之所同者。唯人由此可又再進一步，即人且能本其經驗，於同時見諸果時，依其回憶與反省，立刻念此爲其前所經驗之某類之果，乃可食者。彼爲其前所經驗之另一類之果，乃不可食者。由將所見之諸果，劃入不同之類中，而了解之，人於是對不同類之果，即有不同之自覺的概念，而「此爲桃」、「彼爲李」等知識，即由此出。人能對果，加以類分，而有種種之概念知識，人亦即能對上天下地之一切事物，皆加以類分，而有無窮無盡之對世界事物之概念知識。每一概念知識，則又皆可直接間接規定，人對事物之行爲反應之方式，亦皆爲能增益人之所不能，而使之更有所能者。由此而人在自然界，即如成爲能役使支配一切萬物，在原則上，如可成爲全能者之一存在，而居於自然之進化之頂。

然吾人如細察有自覺的概念知識，以指導其行爲之人，與無此概念知識，或只有本能以應付環境之其他動物，其生命活動方式之不同；便知此中最重要者，實在人有自覺的概念知識，則人可自覺的普遍地應用之於任何時空中之同一之情境。此概念知識，初雖由人在某特殊具體情境、具體之事物經驗中得來；然其既得之後，則可若與此特殊具體經驗無關。人有此概念知識後，即自由應用之，以遍接其他同類之情境。此即表示其生命活動，如全不受某一特殊之具體情境、具體經驗之束縛限制者。而其能遍求各類事物之概念知識，則更表示其能知之心，亦不受任一類事物之約束限制，而能超拔之，以自由的運用其知之能力。然其所以能如此應用概念知識，並自由運用其知之能力者，唯是此知之能力所寄之吾人生命。唯吾人之此生命能相續流行，且能遍流於所接之世界，然後有此「知」之能力之自由的運用，而有種種概念知識之形成與應用。若吾人之生命，不能相續流行而停滯不前，則一切人之概念知識之形成與應用，亦歸於不可能矣。

第四節　人之理智與同情的智慧及道德宗教

然人之有概念知識，是否即人類之最高之生命活動之表現？此仍不能說。即人之有概念知識，雖表示人爲用智慧之動物之最高者，然智慧本身之認識世界，仍有其根本之缺點。即由智慧所成之一切概念知識，皆只表示各事物之相類似之處，或共同之性質關係等。因而皆只及於事物之靜的抽象的形式或骨骼，不能眞及於一一具體之個體事物之動的生命或本性。此即同於謂：人之此智慧之運用，雖爲人之生命活動之一開展流行之表現，而原於生命；然此智慧，因其只以事物之靜的抽象的形式骨骼爲對象，而不以存在事物之本性或動的生命爲對象；即具此智慧之生命之開展流行，尙仍受此靜的對象之約束限制，而仍未充量開展流行，而未能兼「原於生命，歸於生命」，以達於宇宙之眞實之門之證。

人之越此最後一步之約束限制之道，則在由其智慧之再與直覺結合，以成一直接透入存在的具體事物之動的生命之智慧。此種智慧，在柏氏，則稱之爲同情的智慧。此同情的智慧，非反理智者，然爲超理智者。其所以非反理智，乃因此智慧，亦爲遍運於所接之事物，而具理智之普遍性者。其所以爲超理智，則在其無理智之抽象性靜定性，而爲包涵透入具體事物之本性或動的生命之直覺者。自其包涵此直覺處說，則此智慧中，即包涵了用本能之生物之所長。然自其乃由人之自覺的理智進一步而成處說，則又爲無一切本能之機括之限制，亦不似本能活動之爲非自覺者。由此同情的智慧之兼理智與直覺之長，亦即爲兼發達本能與發達理智之二種動物之長者。故人有此自覺的同情的智慧，人之生命，即可通於理智與本能所自出之宇宙生命之本原，而實成爲宇宙生命創進之頂點，亦實成爲宇宙生命之直接表現。此自覺的同情的智慧，使人之生命成爲內在的透明的，即與植物之意識之如在睡眠狀態，而只以攝聚質料潛能爲事者，成一對反。其與生物以外之無生物，只分佈於空間，其運動皆處處表現一物質的墮性者相較，則此自覺的同情的智慧，爲周運於生物界與無生物界，而由一切變化運動之流，以透識其底層之生命者。二者遂互處於相對之兩極。然此同情的智慧，既能透識生物界與無生物界中之底層之生命，故對此同情的智慧言，亦實無只表現物質性之純物質，一切物質皆只爲生命之僵化而已。此如吾人上之所說。

然人如何能培養出此種自覺的同情的智慧？此亦非容易之事。人之異於其他動物者，初乃在其具理智的智慧，而能形成概念的知識。故人之以分立的、靜定的眼光看世界，乃一自然之習慣，而最難爲人所克服者。其難於克服，亦如生命之難於克服其物質性的墮性，或物化之傾向。實則人之有此理智之靜定的眼光，亦即依於此物化之傾向，仍存在於人之生命與自覺的心靈之底，如吾人前之所說。故如以人之同情的智慧爲標準，則此理智的智慧，可稱爲此同情的智慧，尚未出現之前一階段之智慧之表現，亦可稱之爲人之同情的智慧之再向下降墮之所成。而人之求克服超升此理智的智慧時所須之努力，亦即宇宙生命之欲根絕其物化趨向之一種努力。而此種努力之表現與成就，則顯爲人之眞正之藝術、道德、宗教之活動，及知「理智的智慧之所不足，而加以批判，而補之以直覺」，亦即知「此同情的智慧本身，爲最高之智慧」之哲學。如柏格森之哲學之類。

我們說同情的智慧，爲眞正之藝術、道德、宗教、哲學之根，此乃並不難理解者。因吾人在藝術生活中，皆知對一切自然事物、人間事物之同情的直覺的了解，爲最重要者。而此同情的直覺的了解之內容，正全幅爲生命。在藝術之世界中，一切無生物之水流雲散，日往月來，亦皆被視爲有生命者。此處即見藝術爲更能接近宇宙之生命之本體或宇宙之眞實者。

至於對道德與宗教，則柏氏晚年有道德與宗教之二原之著。在此書，柏氏以宇宙生命衝動，亦即在變化歷程中之上帝，此上帝即在人與人之共同的生命活動，或社會活動上顯示，由此以逐漸形成種種宗教性、道德性之風俗規律。而人即以此風俗規律，制裁其個人之小己之活動，使合於公共之風俗規律。然此風俗規律，後恒歸於僵化，柏氏稱爲封閉的道德靜止的宗教。於是人另有直接與上帝交通之宗教生活。此即人之宗教的直覺，或神秘經驗。此種宗教生活，及其相緣之道德生活，遂爲不以消極的對個人之制裁爲事，而純重個人之心靈，自一切「空間化之時間觀念」超拔，以使人與上帝自身或宇宙生命力之純綿延，或純久自身合一者。此與前者相對，稱爲開放的道德動進的宗教。是卽見所謂人之宗教道德生活之核心，在柏氏，仍歸於人對宇宙生命力自身之一種同情的直覺、或同情的智慧。

柏格孫之創造進化論參考書目

H. Bergson

Time and Free Will. London, New York, 1910.有潘梓年譯本，商務版。

Matter and Memory. London, New York, 1911.有張東蓀譯本，商務本。

Introduction to Metaphysics, New York, 1912—194). 有楊正宇譯本，商務版。

Creative Evolution, New York, 1911. 有張東蓀譯本，商務版。

Mird and Energy. New York 1921 心力1920.有胡國鈺譯本，商務版。

The Two Sources of Morality and Religion, New York, 1935.

介紹柏氏哲學之書有W. Carr之柏格森Bergson及Maritain之柏格森哲學與Le Roy之柏格森哲學。此三人皆哲學名家，但未讀其書，不知其優劣。

第十四章　突創進化論

第一節　突創進化論與柏格森之創造進化論之異同

在柏格森以後，廿世紀初，西方尚有一派重進化之說明之哲學，即所謂突創進化論者 Emergent Evolutionists。此名乃由英之生物學家兼哲學家之穆耿 L. Morgan 所用以爲書名者。然此外如英之亞力山大（S. Alexander）及凡著重說明宇宙之各級存在之層層創出，而後異於前，不可預測之自然哲學家，皆被稱爲創化論者。今擬先論此派之說，與上述柏格森之說之不同，及此派諸說之異同點，然後略及此派中之問題及分歧之答案。

依所謂突創進化論以看柏格森所謂創造進化論，我們可說，柏氏之思想，根柢上乃依於一生命之一元論，其通一切無生物、植物、動物及人類，於一宇宙大生命之流而觀之之說，固處處表示一圓而神之慧見；然柏氏之謂宇宙根本上是一大生命，而又謂此大生命有一物化之傾向，即使其一元論中，仍潛有二元論之成份。柏氏以一切生物皆原於一大生命，而又謂其分途發展，以成各類植物及各類動物後，其間只互相差別而無互相轉化之關係；則人可問其來原，既爲一大生命，何以由此分途發展，所成之各種生物之差別之存在，又不能互相轉化？如說此諸差別之存在，所以不能互相轉化之故，純由其存在之固定性，空間上之分別性或物質性使之然，則無異反證此固定性、空間性、物質性、爲宇宙之一切存在事物之根本性質。吾人平心觀柏氏之哲學之所長與所短，吾人亦不能否認其不免忽視西方傳統哲學所重之存在事物之形式及層級之原則。而依柏氏之哲學，既承認宇宙存在事物，乃逐漸進化而成，亦即不能否認宇宙生命之進行，乃有其一定之步履，而非只是渾灝流轉，以任意分化，爲各類存在者。突創進化論者，則正是能補此諸缺點，而亦肯定進化與創造之原則之哲學。故吾人如說柏氏之哲學爲「圓而神」之進化哲學，則突創進化論之哲學，可稱爲「方以智」之進化哲學。

依突創進化論之哲學，純物質性之存在、具生命性之存在，與兼具生命性、心靈或精神性之存在，乃原則上不容互相歸併者。自其不能互相歸併處說，則我們不能只以單純之物質之原理、或生命之原理、或精神之原理，加以說明。由此而無論唯物論，唯生命論，或唯心論之哲學，皆必導致一種存在事物之特性之抹殺，而犯佛家所謂「減損過」，或西哲所謂 Reductive Fallacy。然宇宙之各級存在，非自始皆同時存在者。依天文學、地質學、生物學，吾人皆不能謂有心靈之人類、有生命之生物，在地球之初期或星雲時代，即已存在，而實是歷長久之時間之進化歷程，而後次第出現者。由此而吾人即必須一方肯定各級之存在之不同，一方肯定此各級存在，乃次第在進化歷程中生成之眞理。而此即爲一突創進化論之哲學。至現代西方哲學中之突創進化論者之大體上共同主張之要義，則約有七，於下節論之。

第二節　突創進化論之要義

（一）所謂突創進化論之第一要義，是於宇宙間畢竟有若干層級之存在，純視為一事實之問題。即我們只能就其為事實上之存在而加以肯定，而不能本先驗之原則以推知。換句話說，即我們發現多少，即是多少。我們發現多少，我們即當以一如亞力山大所謂對自然之虔敬Natural Piety，加以承認。而此派之哲學家，對於各存在者之劃分，雖不全同，然對於無生物之物質、生物之生命、及心靈三者，乃不同之層級之存在一點，則是大家所共認的。

（二）此派之哲學第二要義，是此派哲學，既肯定一切存在之層層創出，即不能承認有絕對超自然，在自然存在之先，預定計劃以造世界之神。此派之哲學家，雖亦可承認上帝或宇宙之神性之存在，然此並非即西方之傳統的宗教中之超自然之神。唯此派之哲學，同時承認自然之為一不斷超越其自己，以創出新的自然，於舊的自然之上有所增益者，此即又異於西方之傳統的自然主義者，以自然為一永守其故常之自然者。依此派哲學，此自然界之層層創出各級之存在，雖初無神之預定之計劃在先，亦不能為人所預知，然在其創出後，再看其所以創出，卻非無理路可尋。而各級之存在之次第創出，亦有一定之秩序，可由人之理性，加以把握，以清晰的了解，而不需假手於超理智之直覺，乃能認識者；亦不當只視為一大生命之連續體，以混淆其疆界者。故此派之否認神之預定計劃，否認人能預知此自然進化之事，與柏氏同，然其重自然之存在之秩序性，則與西方傳統之希臘中古思想更爲相近。而柏氏之思想，如稱爲帶藝術色彩、美學情調的，爲軟心者之進化哲學，則此派哲學爲更近乎科學，而更爲一硬心者之進化哲學〔註〕。

（三）對於此各級存在之所以創出，及其性質之說明，則此派哲學大皆着重關係或結構之概念；即於一存在之所表現之性質，所呈顯之功能作用，亦重在連繫於關係結構之概念，加以說明。故各級存在所由構成之基本材料之有無差別之問題，爲較不重要者，而一切存在之基本材料，亦儘可無差別；吾人仍可由其關係結構之差別，以說明其性質功能等之所由別。

此種材料同而關係結構不同，而使存在者發生性質與功能之差別，首可由物理學化學以取證。譬如我們知道許多物體原質相同，而性質功能不同，如金鋼鑽與炭，皆是以炭氣爲原質；養與臭養，皆是以養氣爲原質。而其性質功能之所以不同，則化學家皆歸之於原質之排列構造之關係不同。又各種原質之差別，亦多歸之於同一之陰陽電子中子等之數目，與排列構造之關係之不同。而小孩子亦都知道，同是幾塊七巧板，以排列構造之關係不同，而可像各種之事物。關係可以是外在於關係者的外在關係 Extrinsic Relation，即關係者於發生關係後，並不生任何改變的，如在一建築中之二頑石之相互關係之類。但關係亦不必皆是外在於關係者的外在關係，而可是內在於關係者的內在關係 Intrinsic Relation，即關係

〔註〕：軟心哲學硬心哲學之分，由美哲詹姆士主之，見其實用主義一書第一章。

者在發生某種關係之後，遂構成一關係的全體組織。在此全體組織中，關係者以互相關係，即發生某種改變，同時整個全體組織之性質，亦即可非原來之任一相關係者之所有。因而我們亦即不能由原來之相關係者原具之性質，以推知此全體組織之性質。如由輕養發生關係後所成之水之性質，即非原來之養氣與輕氣之所有。故無論我們對輕氣養氣原來之性質與數量之知識，如何完備，我們皆不能由此以推知其所成之水之性質。此種由關係者發生關係後所成之全體組織所具之性質，其非原關係者之所有，而亦不能由原關係者之性質，加以推知者，則穆耿稱此性質爲一突創的性質Emergents。至於關係者發生關係後所成之全體之性質，可由我們之知原關係者之性質數量，便能推知者，則穆耿只稱爲總和的結果 Resultants。如我們知江水流之力及推船之力，便可推知船過江時所受之力，及其所經路線。我們亦可由某一强度之光，加另一强度之光，以知其和爲某强度之光。此時關係者所成之全體組織之爲何，即爲可由我們先知原關係者之性質數量以推知者，只可稱之爲一總和的結果，不可說此中有突創的性質之產生。

（四）我們只要能承認關係或結構之重要，及關係者發生關係，組成一全體後，可有突創的性質之產生；則宇宙各種存在事物，所由構成之最後的材料或實體是什麽之問題，即不是最重要的。重要的只是我們之肯定有各級之存在，而各有其不同之關係結構與性質功能。我們可說某些物質的分子，依某種關係，而結構成一全體，即突創出一生命的性質，如新陳代謝、生長、生殖、遺傳等性質，而成爲生物。某種生物之有機體，其內部之各部份，如何相關係，而構成一全體，即有繁密之神經系，而突創出心靈之性質，如自覺的記憶與理性等性質，而成有心靈之生物，如人類。此不同級之存在之所以產生，即由不同的關係或結構之相重疊而產生。此不同級之存在，一面有其共同的基礎，一面亦有其不同之層次地位；而既有其共同之性質，亦有其不同之性質。如我們依穆耿之說，設定宇宙之存在，有物質層、生命層、心靈層三者，則此三者可以一圖形，表示其關係或結構之相重疊。在此圖中，左斜右斜及頂上三角形中之橫線，乃所以表示關係或結構之共同處，與相互重疊處者。

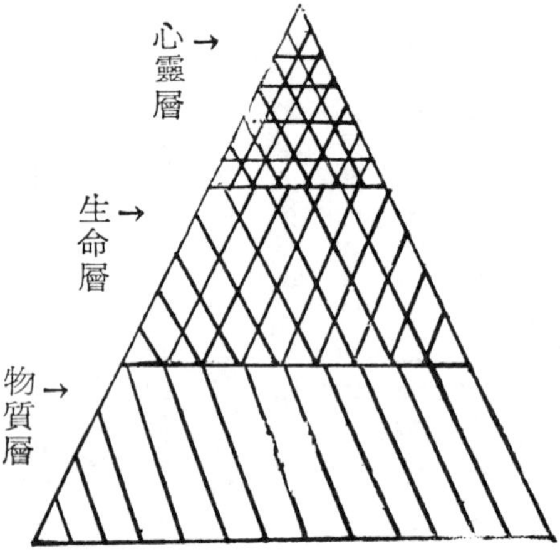

至於其他之突創進化論者所分之存在層，雖與穆氏不必全同，然皆亦同有此三層。

（五）在此宇宙之物質層、生命層、心靈層等之各級存在中，我們可以說物質層的存在，爲一切存在之基礎，而亦包涵於其他二層之存在之中，而可稱爲最下層。生命層則包涵物質層，而又爲心靈層之基礎。心靈層則爲兼以生命層物質層爲基礎，又包涵此二層之最高層之存在。此種上層包下層，而下層爲上層基礎之關係，在穆耿稱之爲一涵基之關係 Involution。亞力山大則以每一層之存在，皆享有 Enjoy 其自身，而觀照 Contemplate 其下層，而視之爲認知之對象，及其存在之所據。由此種上層必以下層爲其所據，而可說一切心靈性之存在，必須兼爲有生命性之存在，一切有生命性之存在，必須兼爲有物質性之存在。故人必須爲生物，生物必須兼爲一物。反之，若無生命即無心靈，無物質亦無生命。唯物論者之所長，即在其見得此物質層之爲一切存在之基礎；而一切心靈性的存在，生命性的存在，皆兼爲物質性的存在之一義。

（六）然而從另一方面看，此各級存在之關係，則除下層爲上層基礎，而可包涵於上層中之外，凡在下層者，又爲上層之所統屬、支配、或主宰。故吾人之心理之變化，可統屬支配吾人身體中之生理之變化。如吾人之依一目標理想，以決定吾人身體如何飲食、運動、行爲，即連帶統屬支配吾人之生理之變化。吾人之身體之生理變化，可統屬支配身體之生理中之一切物理化學之變化。如一食物入身體，即隨身體之生理結構，而運輸至各部後，其所表現物理化學性質，皆與其在體外時不同。此皆爲吾人之經驗與科學，所能加以證明之事實。此種下層受上層之統屬支配，亦即下層之仰賴於上層，以形成其自身之變化。故穆耿稱之爲一仰賴之關係Dependence。在亞力山大，則謂一切相連接之上下層之存在，其上層之主宰下層，與下層之仰賴上層之關係，皆如心之主宰身，身之仰賴心之關係。如心靈爲心，則生命爲身；而生命又可說爲物質之心，物質可說爲生命之身。此則爲擴大心身關係之涵義，以表此種上下層之主宰仰賴關係者。依此說，唯心論之長處，即在其見得最上層之心靈主宰下層，而下層皆仰賴上層之一義。

（七）此各級存在乃次第在時間中出現的，在未有心靈層之先，有生命層，在未有生命層之先，有物質層。如順此時間次序而上溯，則我們可承認物質層之存在，爲生命層之存在之前因；生命層之存在，爲心靈層之存在之前因。前因若不如何存在，則後果不能如何存在，此爲因對果之決定，即低層者對高層者之決定。而在高層出現後，高層之一切活動，雖可主宰低層，使之變化，然亦並不能在低層之可能變化之範圍外，使之變化。亦即並不能改變低層之存在之定律之自身，此亦爲低層對於高層之一種決定。自此而言，高層並非絕對自由者，而決定論機械論者有其眞理。然自另一面言，則高層出現後，又能相對的支配主宰低層，而高層即可說有其自由。此自由，即表現於其自決，及對低層之決定上。然其如何自決，與如何決定低層，乃依於其自身之性質與功能，而有其自身之律則。故此自由，亦非與決定論相反者。而只是表示此高層除在一義上爲被低層所決定之果外，而在另一義上，亦爲決定低層之因。故依此突創進化論，以言在進化歷程中之前因後果之關係，不如唯物論之視爲一進向的前因產生後果之關係，而是後果復可爲因，以再決定前因、改變前因之交互的因果關係。在此交互的因果關係中，由始成終，而終亦可爲始。故目的論者之以心靈之目的，生命之目的，可決定身體與物質之變化之事，即亦爲此派哲學之所肯定，而見目的論者之有其眞理。於是傳統哲學中機械論、自由論、決定論、目的論之爭，同可有一解決之路道。而各級存在間之因果之關係，亦即化爲一互爲因果，終始相生，如一循環之關係。

第三節　突創進化論之問題

此上所述，大體上爲此派之哲學所共許之義，亦大皆合乎人類所共有之經驗理性，而在原則上可成立者。然此派之哲學，亦包涵種種更根本之問題；此派哲學家及他派哲學家，皆可不同其答案者。

此派哲學之第一問題，爲宇宙之最低層之存在與最高層之存在，畢竟爲何之問題。吾人如只就所發現者而論，則此宇宙之存在之數目，似儘可隨我們之所發現，而無定限的增加。然而如眞是可無定限的增加，則此各級存在層所連成之系列，爲無始項亦無終項，而如懸於空中，上無所繫，下無所根者。此宇宙之進化歷程，亦即如爲一無出發點無歸宿點之行路人。人之行路，若兼無出發點與歸宿點，則吾人對此行路之事，即不能加以一整個之把握。此亦如一向兩頭無定限延長之線，吾人之不能加以整個的把握。因而吾人欲對此進化歷程有一整個的把握，吾人恆自然要求有一出發點或終結點。對此問題，亞力山大會提出一答案，即以時空爲最低之存在層。由此而有運動，再有物之第一性質，物之第二性質，及其他之物質層生命層等。至穆耿則於物質層中，雖有分子、原子、電子之分，然彼卻未言物質以下之更基本之存在層爲何。至對人之心靈以上之存在層，則色勒斯R. W. Sellars以爲是人格所成之社會文明，然彼未以社會文明爲最後之存在層。亞氏則以爲神格（Deity）〔註〕爲心靈以上之存在層。然亞氏所謂神格，唯指當前宇宙之存在層所嚮往，而欲加以創出之一更高的新存在層。故在時空中創出物質時，則物質初爲時空之神；由物質創出生命時，則生命初爲物質之神；由生命創出心靈時，則心靈初爲生命之神。而在新存在層之次第出現後，則宇宙之神格，亦不斷繼長增高，以指將創出而未出之更一新存在層。故由神格之在宇宙，而宇宙中所可能創出之新存在層，原則上亦無最後者。

此派之哲學之第二問題，是各種存在層之創出，其動力自何而來之問題。吾人如承認有一基本之存在層，則吾人將問此基本之存在層，是否具備創出後之存在層之動力？如其不具此動力，則任一存在

〔註〕：Deity一名之本義爲神性，然此神性之表現，乃表現于宇宙中之新存在之創生者。故此神性，即是一神之格位。亞力山大不以實具神性或神格之上帝爲存在者，而以此整個宇宙之嚮往于神性之實現，或在神格之新存在之創生，即上帝。此上帝則爲存在者。Space-Time and Deity第二版序Vol. I, P23.

層，何不即停於其自身？此存在層中之事物，如何能互相結成種種關係結構，以創出其他更高存在層？然吾人亦似不能承認有一基本的存在層，並以一切存在層所由創出之動力，皆在此存在層中。因綜各存在層而觀之，此一存在層，亦不過各存在層之一，其性質與其他存在層，彼此不同，彼又何能具各存在層所由存在之動力？然則此各存在層所由創出而存在之動力，將何往而求之？對此一問題之答案，在亞力山大，乃以時空為最基礎之存在層，並以宇宙之創進之動力，彼名之為奮力（Nisus），乃自始存在於時空中，而又貫注於各級存在層中者。此奮力，即一存在層欲突創出更高之存在層之一種要求，而使更高之在神格之存在層之創出成為可能者，亦即使宇宙之神格不斷實現者。在穆耿亦肯定此奮力 Nisus 之存在，而以之為內在於自然的上帝之導引活動。然色勒斯則以為論自然之突創進化，無設定任何形態之上帝或神格觀念之必要，而以無機的自然世界或物質世界自身，即具備一自己組織成高級存在層之動力。另有美哲布丁 J. E. Boodin 於其 Cosmic Evolution 等書，則以為欲說明宇宙間各級存在之創出如何可能，唯有肯定精神的上帝與物質的自然之同時存在，而交相感應，以組織成逐漸升高之存在層之系列。而此即無異於傳統哲學中之有神的宇宙論與無神的唯物論之爭，再現於突創進化之解釋之中。

突創進化論之第三問題，是宇宙既有各級不同性質之存在層，我們畢竟依何種原則或何種存在層之性質，以謂此宇宙為一整個的宇宙？在一切唯神論者，皆可依於一切物皆神造之原則，以謂此宇宙為一整個之宇宙。唯物論者、生命主義者、唯心論者，則依一切皆為物質性的，或皆生命之表現，或皆依屬於心，以謂此宇宙爲整個的宇宙。西方哲學中多元論者如來布尼茲，二元論者如笛卡爾，皆肯定上帝爲一切存在之創造者，亦不難依一切由上帝創造，以謂宇宙爲整個之宇宙。至如絕對之多元論或絕對之二元論者，亦可根本否認此宇宙爲整個宇宙。然突創進化論者，則因其承認進化之聯續，故不能以各存在層，代表不同之宇宙，而必須視爲同屬於一整個宇宙。然突創進化論者之信上帝者，亦不以一切存在層皆上帝之所創造。在穆耿，上帝明只爲存在之創出之動力因，而非其形式因，與質料因。在亞力山大，上帝只爲宇宙對神性之實現之嚮往。此神性之實現，即在神格之新存在層之創出。故依此二說，吾人皆不能以一切存在層之同由一超越的上帝創造，以爲其同屬於一整個宇宙之根據。然除上帝以外，各級存在層之性質，又爲彼此不同者。則吾人畢竟以何種存在層之性質爲主，以說明各存在層之屬於一整個宇宙？此爲極難決定者。如吾人以最基層之存在層爲主，謂一切存在皆是物質的，物質的存在一概念之外延最廣，以說明一切存在之合爲一整個宇宙，吾人即落入唯物論。如色勒斯之歸於物理的實在論，Physical Realism，即唯物論。如以吾人所知之最高之存在即心靈的存在爲主，謂一切存在中，唯心靈的存在之內容最豐富，心靈的存在一概念內包涵最多，以說明宇宙爲整個宇宙，吾人即落入唯心論。吾人於此，又不能由宇宙之兼有物有心有生命，以說明宇宙之爲整個宇宙。因此中無一貫原則，以規定整個宇宙之一概念。在此一問題上，在所有突創進化論者中，蓋唯亞力山大之哲學中有一概念，可說明此一切存在層之屬於一整個宇宙。此即其所謂時空之概念，而此一概念，亦即中文中所謂「上下四方之宇」

及「往古來今之宙」所合成之「宇宙」之概念之自身。在此點上亞氏之所言，亦頗有值得略加介紹者，而此下卽略及其說之時空觀。

＊第四節　亞力山大之時空觀

在亞氏之意，是在進化歷程中，層層創出之存在層，一方是以時空爲一最低之存在層，其他存在層，皆由此時空之存在層中，湧現突創而出；而在另一方，則一切存在層，皆存於此時空之存在層中。時空乃一切存在層之胎藏 Matrix，或所由構成之材料。一切存在，皆爲時空材料種種特殊的結構 Specifications 之所成，而亦爲一切存在層之長養之舍，與還歸之所。其所謂「時空」，實大類於斯賓諾薩之所謂上帝或自然之實體。

亞氏之哲學，對時空有特異之看法，卽不以時空爲一知識之範疇，亦不以之爲物體之屬性，或物與物間之關係，而以之爲一實體。印度哲學之耆那派尼耶也及勝論皆有以時空各爲一實體之說。中國佛經亦載印度外道中有以「時」能生一切法，故萬物皆隨時間而來，隨時間而去者。又有外道以方(空間)能生一切法者。而在西方哲學中，則有笛卡爾以物質性卽廣延性，亦卽空間性，故空間性之所在卽物質性之所在之說。此外在牛頓之物理學中，又有空間皆爲一無形之物質以太之所充滿之論，是見將空間與物質同一化，亦並非不可想像者。而亞氏之以時空爲實體之思想，卽與此印度之將時間空間實體化，與西方之將空間與物質合一之思想相類似者。

亞氏之所謂時空之理論，固與相對論之理論，有相關聯之處，然他自稱為一形上學之理論。且他除相信時空之相對性之外，亦信有一整體之大時空，而此為一無限而絕對之全體。依愛因斯坦之相對論，如時空中無物質，則時空卽不存在或無意義；但依亞氏，則一切物質皆來自一整體之大時空。

何以時空為一整體？在亞氏有一頗複雜之理論，以說明時間與空間之相依，以成所謂「時——空」Space-Time。如其書第一章論物理的時空，謂時間之三性：相繼性，不可逆轉性，及傳遞性，與空間之三度相配合等，此皆非我們今之所及。我們可只須了解，其所謂每一時間，皆遍於一切空間，而每一空間，亦通貫至一切時間之義，則知吾人並不能想像一離時間之空間或離空間的時間。

我們如不能想一離時間之空間或離空間之時間，則我們通常所謂一物體佔一空間之廣延 Extension 與其佔一時間之久 Duration，此二者，卽為不可分者。而一佔空間之廣延與時間之久之物體，亦卽可視同於在時間中運動的空間形構，此形構可視為大時空中之一無數「瞬——點」(Point-instant)所集合成之形構，亦可視為大時空中之一部份。

此種思想似難了解，而實亦不難。此只須我們將吾人所謂物體之觀念，加以分析，而把吾人常識所信之物之次性，及物理學家所說若干之物之初性如惰性、質量、能力等除去，以想像吾人當前所見之一桌一杯，則我們最後卽不難發見：此桌此杯，最後所留者，只是其在時間空間中之形構，而此形構則為包括於一大時空中，而爲其一部者。故吾人今試於大時空中之其他部份，亦割截出一相同之形構，吾人亦即可得同一之此桌此杯之物體之概念。

吾人能自大時空中，割截一部份，以形成一物體之概念。吾人形成一物體之概念後，亦可將此概念與大時空分離，而視之爲由此大時空所湧冒而出之一部份。然此又仍不礙吾人之可再想此概念之內容，依然存在於大時空中，而爲其一部份，兼爲整體時空之他部所環繞者。而吾人今之在思維上之可如此想，亦即所以反證：此大時空原有「可湧冒出其中之部份，以成獨立之物體之可能或理」。於是一物體之所以產生之根原或胚胎，亦即可說在大時空中。唯實際上將其所可能湧冒出者，湧冒而出，尚須另有一實現原則。此實現原則，即爲其所謂存於時空中，而欲創造一存在層之一奮力 Nisus。時空中有此奮力，即可不斷湧冒出其自身之各部份，以成運動中之形體，即物體。而世界之各種運動之形體，亦即皆可謂自此大時空之胎藏中化生而出。

第五節　亞氏之範疇論

亞氏之此種以物體乃由一爲實體之時空中湧冒而出之思想，猶視時空爲一大海。大海湧冒出其自身之一部份，以成種海波，而海波又還沈入大海。此即可以喻一切物體之來自時空，再還歸於時空，而以時空爲其歸宿。此說復可由吾人用以規定存在事物之諸最具普遍性之範疇，如存在、同一、差別之意義，皆來自時空，以得其印證〔註〕。

依亞氏說，所謂「存在」，亦即與佔大時空中之一部份之時空同義。我們又可謂每一存在或一「時空」，皆與其自身爲同一，而與此外之其他「時空」，皆相差別。而此同一 Identity 與差別 Diversity 亦即一最普遍之範疇。在一大時空中之任一部之時空，無不彼此互別，而又無不各自同一於其自身。由此存在間之基本之同一與差異之關係，我們即可說明所謂有與無，以及思想上同一律，不矛盾律之形上基礎。即：任一存在皆爲一有，而所謂無或非有，則只爲非此有之義。然世間並無所謂絕對之無。有於此者，無於彼，無於此者，有於彼，由存在者之有其所有，而無其所無，即同一律矛盾律之根據。

其次，哲學上之重要範疇，爲普遍性特殊性之範疇。依亞氏說，所謂普遍性即一類之同一，此乃別於存在者之自身之同一者。所謂存在者自身之同一，乃指其所佔之一定之時空而言。至於一類之同一或普遍性，則是指能聯結各特殊者爲一之同一性或普遍性。我們可以說，任一存在之稱爲一個體，皆爲普遍性與特殊性之聯結。因任一存在，皆必屬於某一種類，乃成一個體。於是任一存在，皆具有某普遍的性質，而任一存在，亦由其異於其他存在，而爲一表現特殊性者。此普遍性與特殊性，乃任一存在事物，皆具有者。即如此一極暫時間中存在之一片顏色，亦具有者。至於有較複雜之組織之存在事物，則

〔註〕：唯彼不以事物歸宿于大時空，即被吞沒于大時空，而全失其特性。

可有其一定之形式及習慣性格等，以使之成為一個體。而此形式等之所以稱為普遍者，亦全由其能貫徹於不同時空，而能在不同時空中表現而來。至於離時空之抽象普遍者，則雖可為人之思維之對象，然其自身並不能眞涵有存在之意義。在其涵存在之意義時，則普遍者亦即為存在於時空者。

其次，在哲學中之一重要範疇，即關係。然關係如為一眞正之存在事物之關係，即必依於存在事物在時空中之聯續，而非能離時空而自存者。如離父親生子及對子之各種活動，與子對父之各種回應之活動，在時空上之聯續，則無所謂父子關係。離君主與臣民之相互反應行為，在時空中之聯續，亦即無君民之關係。

再其次為秩序之範疇。人之年歲之老少、物之大小，皆可排列成一秩序。依亞氏說，離中間Betweenness之概念，吾人即不能將各項之事物，排列成秩序。如人之老少，物之大小之秩序，皆由有中間者而形成。而一切事物之秩序，亦皆在時空之秩序中。至如色之深淺，聲之高下之秩序，則表面看來，固若與時空無關。然色依於不同光波而生，聲依於不同聲波而生。光波與聲波，皆各為一時空中之存在，而可依空間上之長短，時間上之久暫，以連成一串系者。故聲色實兼表此光波聲波之時空性。而聲色之秩序之構成，亦由聲色之有中間者以構成，亦即依時間上空間上之不同長短久暫，而形成之光波聲波之串系，原有中間者而來。

再其次為實體、因果、交互之範疇。在亞氏，以一切可作為一時空之複合體看者，皆為一實體。吾人如將任一片空間，視為一串繼續在時間中發生之事出現之輪廓 Coutonr，則此一片空間即為一實體。故即循直線而生之一次運動，皆可視如一實體之生命。至較複雜之實體，如各原子分子之稱為實體，亦是說其各為一空間之輪廓，而其中可有種種運動發生，以與其所表現之性質，如光聲等相關聯者之謂。至於因果，則是一運動與一運動之連續。運動者即實體，故因果之連續，亦即實體與實體之連續，至在一因果關係中，果之復能成因者，則此因果關係成交互之因果關係。

再其次，亞氏又指出所謂廣度量、强度量之範疇，皆不能離時空而論，並以數之觀念依於全體部份之觀念而來，而全體與部份之觀念，則依時空之有全體與部份而來。亞氏之論範疇，歸此一切範疇於一運動之基本範疇，以反證一切存在，皆為原由時空中之運動而來之義，最後又論一切存在之為多為一，皆須連於此大時空之連續體以為說。此皆不及論。

由此存在事物之普遍範疇，皆須關聯於時空，而後能規定其意義，並應用於存在事物；是見一存在事物之所以能說為存在，其根據乃在時空。故吾人所謂存在，即存在於時空之意義。然若時空本身非存在者，則一切存在事物，即皆不能存在。而此即以轉證時空之為一切實體所依之根本實體。

亞氏之哲學以吾人所視為最空虛，而看來一無所有之時空為一大實體，不能不謂有其哲學的匠心。而此實為一由一般之唯物論，所謂物體之概念，加以分析後，所本可產生之一種哲學形態，而又較一般唯物論，更能形成一理性的思想系統者。此乃因時空之概念本身，原為一包涵極豐富複雜之關係構造，而惟賴理性的思想，乃能加以說明者。一切突創進化論思想中，所謂突創進化，本爲指此在時空中之自然世界之突創進化。故時空之概念，本可爲包括此一切突創進化之事，而加以統會總持之一概念。而經由此概念，則各種由突創進化而出之存在層，無論其性質如何分別，吾人即皆可總持地把握之，而視之爲一整個宇宙之突創進化。若離此概念，純就各存在層之性質之不同而觀，則吾人亦即可無任何一貫之原則，以形成一整個宇宙之概念，而突創進化之一統會總持的概念之本身，亦即成無客觀上之根據以成立者。而此即亞氏哲學在突創進化論之思潮中，當居一較高之地位之理由之所在。

然亞氏之哲學，實亦包涵種種更深之問題。即其所謂以一大時空爲實體，由其奮力 Nisus，以創生各級存在之說，終不能使人無其所謂大時空如魔術箱，其所謂奮力 Nisus 如魔術家之感。吾人於此實極易據常識以懷疑：如何一渾然初無性質之差別，而只可以數量及抽象範疇規定之時空之連續體，能湧冒出此世界中之有種種之色彩或性質之存在事物，如具色香味之物質性事物，具苦樂之生命性事物，具思想意志情感之心靈性事物？此諸存在事物，皆爲有性質差別之存在事物。此不同之「性質」，乃彼所不視之爲一範疇，以與其他範疇並列者〔註〕。彼以「性質」及「變化」，乃爲泛稱「經驗性質」及其「變化」的名詞，而非普遍範疇。如吾人之哲學，不只是描述此諸存在事物及其性質，如何在時空之次第出現，及其在時空中之地位；而兼在對此進化之歷程，作一全幅合乎理性之要求之解釋，則此種哲

〔註〕：Space-Time and Deity vol. I, p.326.

學，即顯然爲不滿人意者。而亦可較唯物論者之物，尚具有種種色彩或性質，更不易滿人意者。至如吾人謂此一切存在事物之種種色彩性質，皆原存於時空實體之胎藏，則必須對其所謂時空實體，另作規定而後可。即其所謂時空實體，必須化爲一無數之潛能之集結，亦須外有一使此無數之潛能眞正現實化之現實原則然後可。（不必爲其所謂奮力）否則其所謂時空本身，必須依於一涵蓋時空，並賦予時空以實際內容之現實存在，如現實存在之心靈與上帝等，然後可。然如此，又爲其他別派之哲學矣。

突創進化論　參考書目

S. Alexander: Space-Time and Deity: Reprinted, The Humanities Press, New York, Macmillan, 1950.

本書第一卷第二部論範疇論爲吾人本章論亞氏哲學之主要根據。

L. Morgan: Emergent Evolution　有施友忠譯本名突創進化論。商務版。此書第一講與吾人本章所論關係較密。

張東蓀編進化哲學，世界書局出版。

張東蓀層創進化論見其新哲學論叢中商務版：

J. E. Boodin: God and Cosmic Structure 載 W. C. Mueldar and L. Seare 所編 The Develorment of American Philosophy，讀此文可知其哲學之大旨。其進化哲學，爲對傳統之宗教思想及唯心論之哲學所取較多者。

A. O. Lovejoy: The Meaning of Emergence and its Modes，此文討論突創之進化之觀念，曾轉載於Krikorian Edel 所編 Contemporary Philosophical Problems 及 P. P. Weiner 所編 Readings in Philosophy of Science.

第十五章　相對論之哲學涵義

第一節　常識中之相對論

在現代西方科學思想中，影響人之思想最大者，一爲進化論之思想，一爲相對論之思想。吾人在上章論亞力山大哲學時，雖及於相對論之時空合一之義，然未及於相對論之思想之本身。本章則擬略及其哲學涵義。

欲知西方現代科學思想中之相對論之思想，當先知西方近代之物理學中的物理世界觀。而欲知西方近代物理學中物理世界觀，則宜先述吾人之常識中之物理世界觀之特色數點，以資對照。

在常識中，吾人與物理世界之物體之接觸，初爲與吾人之人生，密切相關之各種物體之接觸。如食物，衣服、房屋、用具，及人所行之山川大地，與寒暑晝夜相關之日月等。是皆爲無生命無心靈之物體；而爲人賴之以生，亦不可須臾離者。在常識中，人對此諸物體之存在，固從不加以懷疑。然人若問何以知其存在？則人必謂：吾之眼見之，耳聞之，手觸之，而吾之心靈知之。在常識，亦視諸物之存在，爲能引起吾心靈中之種種情感意志之存在者。由此而在常識中，此物理世界之物體之存在，乃與吾人之生理心理之存在，可相關聯或相依賴，相連續以存在者。

在常識中之物體，其本身具備種種所謂物之初性，如形狀、數量、動靜之類。但亦具備種種次性，如聲、色、香味等。而尤重要者，則在常識中之物體，因其與吾人之生理、心理、情感、意志等相關聯，而爲處處能引起吾人之價值感者。如其存在得失，皆與吾人在價值上之取捨、好惡、悲喜等相關聯者。因而此一切物體又爲具價值性者。此可稱爲物體之第三性。此物體之價值性，則皆由物體之功能與作用而表現。由此而在常識中一物體之所以爲物體，所重者不在其爲物體，而更在其功能與作用。

又在常識，雖以物體具初性次性及第三性，然因常識着重物體與吾人之生理心理之關聯，及其功能作用，故一物之性質，乃相對於人之如何接觸之而變化，亦常識所默認者。常識對於：一衣服爲我所喜，而被視爲有價值，爲他人所惡，而被視爲無價值，並不感驚訝。依常識，人亦皆知糖在病人口中，其味爲苦，鐘聲在爲人所注意時，其聲特響；物之大小形狀，隨遠近距離及方向角度而變。依常識，人皆知：吾人之覺一段事所經時間之長短，隨吾人之心理上之是否樂於做某事而變。如做所苦之事，則覺時長，做所樂之事，覺時短。人亦知在行路時，人之覺其所歷空間之長短，隨吾人之行路時之難易之感而變；如登山則覺路長，下山則覺路短，精神好則覺路短，精神疲倦則覺路長。此一切事物之性質與時空之相對性，在常識，皆不引起知識論或形上學及科學上之理論問題，而視若固然。

此外在常識中，亦肯定事物之動靜之相對性。如人在岸上，則覺船動。在船上，則覺岸動。亦肯定一物之重量質量，與運動遲速之相對性。如吾人持物而行時，氣力大，則覺物輕，而一物之內質，若空無所有。氣力小，則覺物重，而一物之內質，若爲一極結實之硬塊。吾人在行動如飛時，則自覺身輕如燕，身體之物質，亦若不存在。然自外來看，則一有大力而善賽跑者，其跑愈快，愈成一快勢，其軀幹亦似變爲更偉大，其身體中之質量，亦似更增加。反之，如吾人行動艱難，則又覺身體之物質的重量加增，如一頑石。然自外來看，則我們之身體之疲軟無力，如敗柳枯樹，一推即倒，又似物質之密度最疏，而所涵之物質性極少者。

又在常識中，對於物體物質之觀念，乃並非以物體物質，爲不可消滅者。在常識中，以炭燒成灰，則儘可視炭爲不存在而消滅。食物消化爲糞，則食物亦即消滅。常識於此，並不思有一物質之分子、原子、電子，常住於炭灰之中及飯與糞之中。常識對物，着重其功能與作用。故一物之功能作用用盡，則物即非原物。故炭成灰不能燒，即非炭，而炭滅。食物成糞，而不能養人，即非食物，而食物滅。由此而在常識之世界中，一切物皆有生滅成毁，而亦無離功能作用，而單獨存在之物體物質之觀念。

凡此上述常識中物理世界觀，正爲與相對論之物理世界觀，及其所引起之哲學思想，有相類似之點者。此可稱爲一常識中之相對論。然此常識中之相對論，則由西方近代之初哲學科學思想之興起，而全然破滅。代之而起者，則爲懷特海所謂科學的唯物論〔註〕。而此種科學之唯物論之產生，則有其思想

〔註〕：懷特海，所謂 Scientific Materialism 見於其 Science and Modern World. 一書中。

史上之線索可尋，及一定之理由；而其本身，亦代表人類思想之一偉大成就者。

第二節　近代科學中之物理世界觀

此種科學之唯物論之產生，第一步之事，即是先將物之性質分爲初性及次性二種，而視物之初性，爲客觀之物之所有；視物之次性，爲隨人心而變，屬於人心而爲主觀者。連帶亦將物之一切似只對人而顯之價值性，加以剝除。原來在吾人之常識中之自然物，本爲有形狀、能運動、有色、有香，亦具備對人之價值性之自然物。然依此初性次性之分，一切自然之性質即剖分爲二，一半屬人，一半屬自然。而吾人之常識中之整個自然，亦即剖分爲二。一爲主觀心中有色有香有價值之自然，一爲只有形狀有質量，能在時空運動之無色無香無價值之自然。此在懷特海稱之爲自然之二分法 Bifucation of Nature。自然科學家所研究者，爲此客觀之自然，而此主觀之自然，則爲只屬於人之主觀，而封閉於人之主觀的心中，而實際上並不存在於自然者。

此科學的唯物論之成立，其第二步之事，爲只具初性之自然中關於空間、時間、動靜之觀念，發展爲牛頓之絕對時間、絕對空間及絕對運動之觀念，及以物體之物質與運動相對爲二之觀念。吾人看笛卡爾尚有空間與物質爲一之論，來布尼茲之思想，亦實未嘗以時空爲分離，並以運動與物質能力爲不可分；便知牛頓之物理世界觀，乃一近代物理思想之一特殊之成就。而其所以有此成就，則由其不似笛卡爾、來布尼茲之心中，包涵有其他更多之哲學問題。然亦正由其心中之未嘗包涵其他更多之哲學問題，故其物理世界觀之最後結論，亦更顯為：一往由科學的抽象思維，所意構成之「與人生經驗他方面，彼此脫節，之似嚴整而實偏叵之一物理世界觀。」

然牛頓關於絕對的時空運動之理論，所由產生，亦實由欲解決吾人在常識中及他派哲學科學思想中，關於時空運動之相對性之思想所引生之問題而來。依牛頓說，如時空運動等，皆為相對，則吾人將如何說明一公共之時間空間，與一物自身之運動？此公共之時間空間及物自身之有運動，亦為常識所承認，亦他派之哲學在知識論上，同不能不承認者。然吾人若無一絕對之空間，則一單純之物體在一空間中，即無所謂運動。因所謂運動，乃由一物體在空間中之位置之改移而見。若無一絕對之空間，其上有一一確定不移之空間位，則一物體自身在空間中之運動，即無意義。而牛頓復尚有關於物禮之旋轉之實驗，以證明物之在絕對空間中之絕對運動，應為存在者。而吾人承認一物體在空間中有絕對運動，則其運動亦即應有一定之絕對速度。即一物於一定之時間，由空間上之一位置，至另一位置之所經之距離，或空間量，應為一定者。運動有絕對速度，則應有一絕對之時間。因如無一絕對時間，則所謂一定時間，經一定距離或空間量之運動之速度，亦即無意義。由此絕對的空間時間，及絕對速度之觀念之成立，而一切物之運動速度之大小，及所經之時間空間之久暫長短之量，即可以絕對的時空中之絕對運動，為一普遍公共之標準。而依此標準，以將一切相對的時空運動，皆互相關聯對應，以配成一絕對的時空運動之系統，則物理世界中之一切物體之運動，及所經之時空，皆同屬於此唯一之系統中。至於牛頓之自言其所謂絕對之時空之意義，則可以下之一段話幫助說明。

「絕對的、眞實的、數學的時間，依其自性與外物無關，而齊一的流動下去，稱爲延續（Duration）。相對的、表面的、一般的時間，則只爲對此延續之感覺的外在的量度，由此而以時、日、月、年，代眞的時間。絕對的空間亦依其自性，與外物無關，永自己同一而不動。相對的空間，則是對此絕對空間之一測量，由吾人之感覺，依物體之地位而決定者。如吾人對地球而定之天體空間之量向等」〔註〕。

在此絕對時空中運動者爲何，此即物體。而物體之所由成，則原於物質。所謂物體，除其中所包涵之空間外，即物質。依傳統物理學，物體之質量，除以物體所佔之空間，所得之商數，即等於其密度。由此而一切運動，皆爲佔空間之物體之物質之運動。然空間可分析爲點，時間可分析爲瞬。則物體之物質，可分析爲質點 Particle。每一質點在一瞬中，即只佔空間之一點。然此質點，如爲運動之物體之質點，則其在此一點一瞬上，仍當有其速度。而此速度，即表示其動力者。依於動者恆動之原理，此速度亦決定其在第二瞬所在之空間上之點。而二物體，如彼此發生關係，而動力互相影響，亦即同於二物體

〔註〕：見牛頓自然哲學之原理 1.6. 茲據 E. A. Burtt: The Metaphysical Foundation of Modern Science 第七章第四節的轉引。Burtt 書論十六、七世紀之科學思想所涵之哲學假設，及與哲學問題之關係，乃一最値得參考之書。

之質點之速度之互相影響，而決定以後二物體之運動之方向與速度者。此決定之關係，乃一機械力學上之必然關係，另無不如此之可能者。

然如物質之質點，各居於空間中之一點，則此質點，如不與其他質點所佔之空間點，相互密接，此質點之動力，如何能傳至其他一質點，以決定其速度？此似爲理論上所必不可能者。然吾人如承認物體間有空間，則質點與質點，即不必爲密接者。如太陽之吸引地球，地球之吸引地上之物，其間皆明見有空間之間隔。則太陽之動力如何傳至地球，以使地球運動，地球之動力又如何傳至地上之物，以使地上之物體運動？於此牛頓曾假設有以太之存在，爲充滿於一切空間中之一種物質。唯有此以太之物質之存在爲媒介，然後一物體之物質之運動力，乃得傳至其他在空間上遠隔之物體之物質，而使遠隔之物體發生運動或增減其動力，以改變其運動之速度方向等。由此而牛頓式之物理世界觀遂發展成爲一「以太充滿於空間，一切物體之運動，皆賴以太之物質爲媒介，以互相推迫，而互相影響」之機械力學的物理世界觀。

依此種物理世界觀，以看一切無生物，固是物質，即動植物及人之身體，亦是物質。而一切動植物及人之活動，皆依於其身體中物質之運動，乃一事實。故此身體中之物質之活動，亦理當同服從上述之物理的法則。由此而人即可說：如吾人能了解一切動植物及人之身體物質中之一一質點之所在之一一空間點，及在此一一空間點上之運動速度，及其外之一切影響此身體之運動之其他物體之物質之一一質點，在其空間點上之速度；即可必然的推斷：動植物及人之身體物質之一一質點，在以後一一瞬一一點中之運動速度，及由此而發生之一切生理心理上之活動，與人在自然之一切活動。而此即形成一科學的決定論。由此而赫胥黎 T. Huxley 可說〔註〕：若人能知星雲時代之宇宙之一一物質分子之動力，則人亦即可據以推知一八六九年英國之深海動物 Fauna 之情形。而廷達爾 Tindall 於一科學會之開會演辭中則進而說，人亦可由此星雲時代物質分子之分佈，以推斷今日開會之一切情形云。

如此種科學唯物論眞能成立，而使宇宙人生中後來之一切事變，皆爲宇宙最初之一時間中，物質分子或物質質點在空間中之分佈情形，及運動速度，所完全決定；則此宇宙亦未嘗不表示一整齊秩序之美。然人生之一切自由，及宇宙之眞正的創造進化，即應更無可能。而如何由此純物質之世界中，能進化出一能了解此物質世界之秩序，而欣賞此秩序之美之物理學家及哲學家？此物理學家與哲學家，如何能一方以物質世界爲其了解之對象，而自居於能了解者，再一方又謂其自身亦爲一物質世界之運動之必然之產物，而爲其所了解中之對象之一？尤爲不易解答之問題。由此而有康德之哲學，一方承認牛頓之物理世界觀，另一方又建立一能了解此物理世界之超越的心靈主體之存在之哲學，及後康德派之各種哲學之興起，謀求所以對抗此科學唯物論者。然此非吾人之本章所欲論。

〔註〕：J. G. Brennan: Meaning of Philosophy (1953) Pt.2, P.34. 所引。

第三節　現代之新物理學之興起

然近代西方之物理學本身之繼續發展，卻日益將牛頓之物理世界觀之基本觀念，加以修正或否定。此一爲由十九世紀以來之電磁學之進步，放射原素之發現，而發現物質之根本性質，並非其機械力學的性質，而爲其電磁性。而原子之可分爲電子原子核等，皆可爲電磁波所穿過，及原子之構造中之電子、原子核等，所佔之空間之比例之小；皆證明以前之物理學上所謂物質具不可入性之說，難於成立。而放射原素之發現，則見傳統的物理學所謂原質不變說，及物質與能力分立之說之非。而二十世紀物理學之論物質之性質，則歸向於以物質與能力合論，而着重一物質所形成之力場磁場，而不重物質之質點之觀念之本身。遠隔之運動，在牛頓視爲不可能者，由磁場力場之觀念之提出，即不復爲不可能。而依量子論之物理學，以論物質之能力之放射，亦不取舊日之連續之理論，而以能力之放射爲不連續；且每一次所放射之能力，皆包涵一定單位，而非可無限小的加以增減者。由此而牛頓之質點與質點，必相密接，其動力與速度，乃能互相影響之說，亦爲物理學自身之進步所否認。而在此現代物理學之進步歷程中，對於牛頓思想之一致命的打擊，則爲麥克孫與摩勒 Michison-Moley 所合作之實驗，對於以太之存在之否證。由此否證，「而物體之運動必以以太之物質爲媒介，以互相推迫」之機械力學的之物理世界觀，即亦被否證。由此實驗及費玆格拉德 Fitzgerald 與羅倫玆 Lorentz 之收縮理論之提出，謂一物之長度爲其運動之方向與速度所決定，與閔可斯基 Minkosky 之「時空合爲四度連續體」之理論之提出，遂合以開啓一在西方哲學中影響最大之物理學理論；而足代替牛頓之物理世界觀者，則爲愛因斯坦之相對論。至於其後量子論之物理學，雖亦有其在哲學上之影響，如對因果問題及自由與必然之問題，及對邏輯上概然之理論之影響；然因其所涉及者，乃小宇宙 Micro-cosmos 之物理世界，而非大宇宙 Macro-cosmos 之物理世界，故其影響人類思想者，似尚不如相對論之影響之巨大。

第四節　動靜之相對性

對於相對論之思想，吾人爲對照上文所說之牛頓式之科學唯物論，吾人可提示下列數點：（一）動靜之相對性。（二）時空之相對性。（三）速度及形量質量之計量之相對性。（四）物理世界即四度連續體中之全部物理事之和，以說明其涵義。本節先論第一項。

在相對論以前之物理學，以物體有相對之運動，亦有絕對之運動。絕對之運動，乃對絕對空間而言。即一物如在絕對空間之某一定之位，移至另一定之位之運動，爲絕對運動。但依相對論，吾人可不假定絕對空間之存在，則一切運動皆相對運動。如在一絕對空間中，另無他物，則無論是另一人離我而動，或我離另一人而動，或我與人同時相反向而動，我皆無法分別此中孰爲眞正之動者。於此，我若設定我自身爲靜，則他人爲動；而設定他人爲靜，則我爲動。故吾人在船上，設定船靜，則岸爲動；在岸上設岸爲靜，則船爲動。設太陽爲靜，則地與其上之物皆動。自太陽系與其他星球相對而言，則皆可自設定爲靜者，而以他者爲動。依此說，以言動之所以爲動之意義，唯是二物體，經一定時間，其空間距離發生變化之謂。在物體之空間距離，發生變化時，吾人可以任一物體及與之無距離變化之他物體，所合成之一系統，爲一靜的系統；而以其他與之距離不斷變化之物體之系統爲一動的系統。

由此動靜之相對論，而所謂一經不同時間而佔不同空間之一運動的物體，在住於此一物體中之觀者看來，即儘可只覺其在一繼續之時間，常在於此一物體之空間中而未動。如吾人乘船一日，吾人可覺吾人此一日皆在船之空間中，而如未動。在地球上工作一年，吾人可覺吾人之一年，皆在此地球之空間中，而未離此空間。由此即反證所謂在一繼續之時間中常在一空間，與在不同而變易之時間，歷不同之空間，實可爲一事之二面。而吾人之設定一物在絕對空間之一絕對位置，歷長時而恆常不動者，在住於其他「對之依不同速度而向各方向運動之物體中，而自設爲靜之觀者」看來，則此一物正爲依不同速度，而分別在一定時間，分別經度一距離，而佔據不同之空間之動者。而此一動者，亦爲分別對其他自設爲靜之觀者，爲分向各不同方向而運動者。如在其東之動者，則以其向西而動；在其西之動者，則以其向東而動等。於是吾人可建立一原則，即一切佔據一定空間，在時間中繼續存在而自視爲靜之物體，同時爲可被視在不同時間中佔據不同空間而向不同方向而動之物體。此不過對一物體之二看法而已。

第五節　時空之相對性

此種動靜爲相對之觀念，同時即包涵時間空間爲相對之觀念。吾人通常或想時間爲一線，而在一切不同之空間中，有同一之時間，時間亦如可離空間而了解。然依相對論，則時間不能離空間而了解，而在不同之空間，即有不同之時間。此乃因在不同之空間，即有不同之同時。原吾人謂二事爲同時之義，即二事在一時間中被觀察，或可在一時間中被觀察之義。故在一空間中，吾人在一時中所能觀察之一切事，皆互爲同時。如吾在此時寫字，而鐘聲自遠處來，日光自雲邊出，此數事即爲對在此空間之我，皆爲同時者。然一由日所發出之光線，由日至地球，吾人可說之爲一運動之歷程。在此運動之歷程中，吾人亦可說其在不同時間，歷不同之空間，而先歷距日較近之水星、火星等，乃及於地球。則對同一之光線，如水星上有一觀者，彼實最先見，在火星上之觀者後見，吾人在地球上者更後見。吾人知太陽光到地球，共歷八分鐘。則對同一之光線，吾人在八分鐘後乃見，而與吾之寫字爲同時者，在火星水星上之觀者，可於三分鐘、五分鐘前已見，而與其處之三分鐘或五分鐘前之事爲同時。由此而吾人可說在不同之空間，有不同之同時，與不同之過去未來，及不同之時間系統。而吾人如以地球之時間爲標準，以看吾在此時所同時看見之天上之諸星之光，則此諸星之分別發出此諸光，皆在不同之過去時間中。如太陽之光爲八分鐘前所發，海王星之光爲四小時前所發，織女星之光爲若干年前所發，……即爲排列在不同之過去時間中者。又吾人於此時，在地球同時發出各光線，以到此各星球，則又應在八分鐘後、四小時後若干年後……等未來之不同時間，分別依次序，以抵達此各星球者。由此而吾人即可姑立於此地球之空間上，形成一由過去伸向未來之時間系統，以安排在此空間中，向此空間而來，及由此空間而往之一切光線。（連帶可安排與此一切光線之發出與降臨，在地球上爲同時或先後發生之其他種種事件。）於是吾人只須知光之速度，及地球與其他星球之空間距離，則吾人亦即知：此在地球上同時降臨與發出之光線，乃不同星球上在過去之一一時所分別發生，或將在未來之一一時，於不同星球上，分別發生者。吾人並可由地球與其他不同星球之不同空間距離，而依地球之時間系統，以定其在不同星球上分別發生之時間距離。然在另一面，如吾人知二道光線，分別向一方向發出之時間距離，亦可知二者，在一定時間後，在此方向之空間中之空間距離。由此遂可知：依地球之時間，吾人去年今日此時，向一光行二年之距離之一星球A，所放射之光，與今年今日此時向另一光行一年之距離之星球B，所放射之光；將在明年今日此時，同時抵達星球A與B。吾人亦可知：如A與B皆同在某一方向時，在此星球A上，明年此時亦有由B在今年今日此時所放射之光，同時抵達，有與距A二光年之星球C二年前所發射之光，距A三光年之星球D三年前所發射之光，同時抵達……等。於是吾人不僅能知地球上之同時，亦可知其他星球上之同時，與其上之時間系統及地球上之時間系統，相互間之時間上的對應關係，及凡此等等與其相互之空間距離之關係。由是吾人遂可將不同空間上之不同時間系統，配成一整個之大時空連續體。

第六節　速度及形量質量之計量之相對性

由此動靜時空之相對性而連帶之觀念，則爲物之運動之速度，及形體之量之大小，及質量之大小之計量，亦爲相對於某一空間中時間之系統者。此亦皆並不難加以了解。唯此種所謂速度之量及形量之相對，須與下列二種相對，加以分別。一種是如「一形體遠看則小，近看則大」之相對。一種是如「人乘船上行，則見水下流之速度較快、較大；乘船下行，則見水下流之速度似較慢、較小」之相對。此二種相對，前者可以一般物理學之光學解釋，後者在傳統物理學，亦可以船行之速度與水流之速度相加或相減，加以解釋，非今之所涉及。而另一種速度大小之相對，則爲唯在相對論之物理學系統中，乃能加以解釋者。

關於上述船與水之速度之問題，在傳統物理學之所以可以船行之速度與水流之速度之加減，加以解釋者，是因人於此可直下以地面之空間爲靜，以計量水之下流之速度，及船之上下行之速度。由此再或加或減，即對於船與水之相對運動之速度，可有一確定之答案，爲地面上之一切觀察者所共認者。然吾人今假設在太陽系外，有AB二星球，依不同之速度，向同一之方向而動，此外更無一絕對之空間，作計量速度之標準；則吾人只能設定吾人之太陽系爲靜，以計算其對太陽系之相對運動之速度。此速度之計量，則可以公認爲恆常之光速爲標準，以計算此二星球，對太陽系之相對運動之一定的速度；（此亦即其對光之速度之一定的比率。）然吾人設太陽系爲靜，而以光速爲標準所計算出之此二星球運動之速度，便可與在此二星球上，分別自設爲靜時，所計算出者不同。此中之理由，可略述如下。

譬如吾人設AB二星球，皆向同方向而運動極速，A之速度爲光之速度之一半，設爲一秒鐘九萬里。B之速度爲光之速度之四分之三，設爲一秒鐘十二萬里。此爲吾人由以太陽系爲中心，依三角術之觀測所能得者。然今設B由M至N，其相距亦爲十二萬里。則吾人由太陽系上觀B由M至N所經之時間，應爲一秒鐘。因吾人乃是於一秒鐘之始，見其由M處所發之光，於一秒鐘之後，見其於由N處所發之光。其於一秒中經行十二萬里，則其一秒鐘之速度，正爲光速之四分之三。然吾人如忽移至A上以觀B，則緣於A與B乃向同方向運動，其相對運動之速度爲三萬里，則歷吾人所謂一秒鐘後，B距A只爲三萬里。而吾人在A上，如設A爲靜，並以光速爲計算之標準，則吾人所觀察者，B在一秒鐘內，只多行三萬里；其一秒鐘之速度，即只爲光速之六分之一。由此而吾人雖以光速爲普遍之標準，而速度之爲相對於觀測者所在之空間系統也如故。

至於對質量之相對性之問題，則相對論以一物體在速度增加時，則質量亦增加去說明。如何可說一物質之質量，隨速度而增加？此只須從傳統物理學，所謂質量與吸引力之關係加以一引申，便可得。譬如依傳統物理學，謂二物體相互之引力，與二物體質量爲正比，與其相距之平方爲反比。而吸引力之表現，即表現於一速度之增加。如地球之吸引力，表現於地面之物體，向下運動之加速度。而吾人亦可由物體向下運動之速度，以測知地球之質量。然吾人今試假設，天空有一隕石向地球墮落時，地球同時亦對該隕石，作向上運動，則吾人必發現該隕石之迅速下降。如地球向上運動之速度，不斷增加，則該隕石之向地球運動之加速度，亦必不斷增加。在該隕石上之觀者看來，則由此隕石之加速度本身之增加所推得者，則正只爲地球吸引力之增加，及地球之質量之增加。而由地球上之觀者看來，亦可謂該隕石之迅速下墮，由其質量之增加。由此即見一物體之速度之增加，與其質量之增加，實爲一事。速度增加，吾人通常乃只視爲原於能力之增加。而依相對論說，則能力增加，亦即質量增加。故一切能力，如光，同可說有質量。而一物質如鐳，其能力不斷放射，其質量亦即逐漸減少，其質量亦化爲能量，而傳統物理學中之質能分立之說遂打破。

又依相對論，一系統中之時間上空間上之長短距離之計量，亦爲相對。一計量時間長短之鐘錶與計量空間距離之尺子，在不同速度之運動系統中，其本身亦有變化。依相對論，一物如由一運動速度較小之系統，移至一運動速度較大之系統，則其自身在該系統內之運動速度，即反成較慢者，而其自身之長度，則又因而縮短，由是而其經行在原來之系統中一定之空間距離，其所需之時間，即較原定之時間爲多。然量時間之鐘錶，在其上之運動，其速度亦變爲較慢，則其上一物之運動——如人行一步——須若干時間者——如一秒——今仍是一秒，而其上之觀察者，可不覺此所需時間之增多。然自原來之系統中觀察者，以原定之一秒爲標準以量之，則實不止一秒。所謂一物在其上之速度之變爲較慢，亦無異於謂其在原定之時間內，所經行之空間距離之縮短。然在其上之物與其他物及其上之量空間距離之物如尺子，如皆同時縮小而變短，則一物於其一定時間內，經過一尺之物，以其上之尺子量之，今仍是一尺，而其上之觀察者可不覺此縮小與變短。然在原來之系統中之觀察者，以原定之一尺爲標準以量之，則又實不及一尺。由此而時間上空間上之長短距離之計量，亦爲相對。

由吾人以上說動靜、時空、及物之運動速度所經之時間之長短，及空間之距離皆爲相對，吾人遂可知一物體之形量及質量計量之事，乃不能離觀測者所在之時空系統，以加以決定者。而由此即導引出之一物理世界觀之根本改造。

第七節　物理世界即四度連續體中之全部物理事之和

此物理世界觀之根本改造，即不再視時間、空間、物質、與其運動，爲互相分離之概念，而將時間空間合而爲一四度之連續體，而一切物質與其運動，則化爲四度連續體之全部之物體事件之和。

所謂一物理事件，即在時空中所可能觀測之事件。譬如吾人能於此時觀測太陽射至此地球之光線，此一一光線即分別是一物理事件。而人在月球、火、水、木、金、土、等星球，及其他恆星上，亦能觀測太陽射發之光線，此亦各爲一物理事件。而一切可能的觀測者，在一一之不同時，皆可觀測到之太陽繼續發射之光線，亦皆爲一物理事件。此一切可能觀測者，在此不同時、不同地、亦皆可觀測太陽之運動之移位，如何關聯於其他星球之運動之移位；其光熱之發射，如何關聯於各行星及地面上之什物之生長，皆一一為一物理事件。此外，一物之由振動而發聲，傳至各聽者之耳鼓；電波之由電廠發出，以接於一一之電線，一一之電燈，而再傳至室中每一人之眼簾，眼球神經之各部，皆一一為物理之事件。然依此觀物理事件之眼光，以觀一物體，則吾人不能說一物體，乃只存在於空間中之某一單純定位 Simple Location，而單獨佔據宇宙之一段時間者；而實是連結於由之而相繼發生之一切事件，以兼存在於不同之空間系統中之不同時間中者。吾人實不當說，太陽只存在水星軌道之中心，而實連結於由之而發生一切之事件，以存在於一切時空系統中，可能觀測及其光其熱，及其運動之一切時一切處者。而由此再進一步之思想，則為除所謂由之而繼續發生之一切事件之全部以外，亦即根本無所謂太陽。吾人今不難設想太陽之光熱之能量有散盡，而其質量亦有隨能量之散盡而消滅之一日，則吾人所謂太陽，除其在無數之空間時間中，所引發之一切事件之全體以外，即另無剩餘。吾人今所視為實有一太陽之空間中，在此諸事件皆實現後，即空無所有。而實際上吾人此時此地所見之太陽，亦只是此時此地所發生之一事。除吾人之相續看太陽，而有相續之看太陽之事發生以外，吾人亦另無對太陽之經驗，或所謂對太陽之其他接觸。由此而吾人即可將此太陽，化歸為一切關於太陽，或所謂由之而發生，在一切時空系統中之事件之總和。而此總和中之一切事，則為散列於不同空間之不同時間，或不同時間之不同空間之時空連續體中者。在此大時空連續體中，每一關於太陽之事，可以四量向之座標，確定其在此時空連續體中之位置，及其與其他事件，在此時空連續體中相續而生或相連而生之關係與秩序。而吾人對於太陽以外一切星球之存在，以及一切日常所見之物體之存在，同可作如此觀。於是吾人即可說，除依一定之關係與秩序以連結，而在一時空連續體上一一有確定位置之一切物理事外，亦無所謂物質之世界。而吾人今只須去設想，一切物質皆有全部化爲能量，以實現爲種種物理事之時，則吾人皆不難了解，「除此物理事外，另無物質」之物理世界觀。此即相對論之解釋者，所以或「喻此宇宙爲一四度之時空連續體，而其核心爲空的，如一大肥皂泡，唯泡上有種種事點，以喻一一之物理事」之理由所在。

*第八節　物質之實體觀念及機械的決定論之否定

至此種思想之所以畢竟爲人所不易把握者，則在此宇宙間之事，乃一直在繼續發生之歷程中，而並未至一最後之境。如其眞至一最後之境，一切質量皆化爲能量，實現爲種種物理事，此即如一原子彈之爆炸，而化其質量爲種種光熱，及毀滅他物之事時，其自身之物質，誠皆空無所有。然此要非目前宇宙之情況。吾人在覺宇宙尚有繼續發生之事時，則吾人不能不就此當前之有繼續發生之事，而推知其有所以如此如此繼續發生之實體爲根原。如吾人之在一空間中，繼續見有太陽之光之發生，或吾人乘飛機，以逐漸向上對太陽而飛行時，亦見太陽之光之繼續發生；於是吾人即必以此諸事件之繼續發生，必有一實體爲根原。吾人遂謂實有一太陽之實體，位於吾人所見之空間之某方向某地位，而恆常存在，而此實體、此根原，則若又爲異於由之而發生之諸事者。

然今吾人即假定此太陽之光之相續發生，由於在吾人所見之空間之某方向、某地位，確有一太陽之實體，爲恆常存在者，於是吾人即循此方向，向太陽進發；而復假定吾人有金鋼不壞，能大能小，有如孫行者之身，及萬古無疆之生命，以直入太陽之內部，以探尋此實體之何似；吾人又仍將發現，吾人所遇之太陽之光、熱力之放射，仍皆不外種種物理事之呈現於吾所在之一一時空中，而被吾所分別被定置於一時空之連續體之上者。由此而吾人仍可說除物理事外，另無物質的實體。而所謂爲一切繼續發生之物理事之根原者，仍只是種種串系之可能有的物理事，而另無其他。吾人之覺有物理事之外之物質的實體爲根原，此只能是原於吾人之根據各物理事之相續或接連之關係，再經由抽象之構想之所成，其本身乃正不必有實在性者。

吾人如從物理事之觀點，以看物理世界，則吾人不難將機械的力學觀點之物質宇宙觀，加以打破。吾人可不必用外在的壓力、推迫力、吸引力之名詞，以說明物之所以運動。而只以一物理事之繼另一物理事而生起，以說明運動。此相繼而生起之事，乃在時空連續體中，各居一不同之位置，其前後之關係，即不必說爲機械的決定關係。而吾人在想像宇宙之星球之相吸引，如太陽與地球之相吸引時，吾人即不必想此中間如有一拉力之存在。而可只想像一地球等繞日之事，如循一時間之軸線，而繞太陽之中心，作螺旋之運動。地球一朝如眞被太陽吸引，而向太陽接近，則有似此螺旋之運動之直徑，日益變短。吾人如以此循時間軸線而環繞，所成之螺旋，爲一四度空間之連續體，則此空間之頭，遂爲逐漸變小而凹進者。於是吾人可說此空間，爲一有曲度之空間（Curvature）。而所謂太陽之吸引地球，地球之逐漸向太陽接近，亦即無異其循此空間之曲度，而螺旋地滑下。如此時忽然地球直向太陽落入，則亦無異其向此空間之凹曲之中心沈入，而不須說另有吸引之以沈入太陽之不可見之力。而宇宙中所謂物質最密，質量最大，而吸引力最大之處，亦實即空間之曲率最大之處〔註一〕。由此即形成一廢棄傳統力學觀念，只有物理事在時空連續體中相繼而生，並對之可只作純數理的規定，及純現象之描述之一物理世界觀〔註二〕。

依此種只有在時空連續體各居定位之物理事之物理世界觀，則人並不能由：設定宇宙之一開始時之物理事之分佈情狀，以推斷以後發生之一切物理事。因宇宙之爲一時空連續體，非謂不同空間，有一唯一之時間截面，吾人可於此截面上思一宇宙之最初之情狀，並以此爲決定宇宙繼起事之全部因。而當謂宇宙自始在不同之空間，即有不同之時間。而在任一空間之一時間截面上，皆只能包括同時聚合於此空

〔註一〕：Eddington 物理世界之本質 The Nature of Physical World 對於空間之曲度之說曾作多方面之譬說，頗便於學者之了解，此書有嚴鴻瑤譯本，名物理世界眞詮，商務出版。

〔註二〕：關於四度空間之想像，俄人 P.D.Ouspenski Tertiary Organon Ch.II 及 A New Model of Universe Pt.6. Ch.2. Routledge & Kegan 1957 有極生動之描述，並繪有圖，以助人之練習此想像。

間中之物理事。然對一空間爲同時之諸物理事，其所以分別發生之最初因，或其所承之諸物理事之串系之第一項，則可爲在不同之過去之時間中發生者，如吾人上所謂吾人於一時所見之日光，由八分鐘前之日所放射，所見之海王星光，爲四小時前之海王星所放射。又以在此空間中同時發生之事之爲因，其對不同之他物所生之果，亦在各種不同之未來之時間中發生者。如地上發出之數光線，一至太陽在八分鐘後，一至海王星在四小時後。此外吾人亦不能有一平面之空間，以包括一切空間。此則由於一切空間中之物，皆循上文所謂時間軸而繞動，而物之運動所經行之空間面，既皆爲凹曲者，吾人亦即不能將空間視爲一平面。因而亦不能以此平面上之一切物之質量與距離關係，及當前之運動速度，爲能決定此空間中一切物之未來狀態者。

由吾人之必須連空間時間及物體與運動，以構成一在時空連續體中之物理事之世界，而此世界並無一截面之時間中、或平面之空間中之情狀，爲足決定後來之一切事者；故此物理事之世界，即當爲隨時間之流行於其各空間，而不斷增益創生者。然此物理事之世界，亦爲徹入於吾人之自身之內者。如目之接光，亦初爲一物理事。於是此物理事，復爲連繫吾人之生理事，心理事，及吾人之社會事者。則吾人於此，即須有一哲學，以說明一切事之所以爲事，及物理事與生理事、心理事之哲學。在現代西方哲學家，從事於此者，則有羅素與懷特海。而懷氏則更爲富於價值感，能以此科學上新知，商量西方傳統之哲學，而又能有所承繼於傳統之哲學史者。故下文加以略述。於羅素，則暫不擬涉及。

相對論之哲學涵義　參考書目

傳統先現代哲學之科學基礎（商務）

C.E.D.Joad: Guide to Modern Thought,ch. IX, The World of Modern physics,Farben. LTD, 1948

M. K. Munity: Theories of Uuiverse, The Free Press, Glencoe, Illinois, 1957

此書對由巴比倫至今之不同之宇宙論，皆各選若干文爲代表。近代者包涵牛頓等共十一篇。現代者包涵愛因斯坦等亦十一篇。讀此可了解西洋之科學的宇宙論之發展。

L. Barne t: Einstein and the World 此書經陳之藩譯名宇宙與愛因斯坦，現代國民基本知識叢書，台北中華文化事業委員會出版，又有仲子譯本，香港今日世界社出版。

L. Infeld: The World and Modern Science, 此書原著有愛因斯坦序。中文有顧均正譯本，名科學在今日，開明書局出版。

A. D. Abro: The Evolution of Scientific Thought, From Newton to Einstein. New York 1950.

此書近有新版，但較專門。

Einstein: Meaning of Relativity

愛氏之此著，論相對論只用一二數學公式，全部只是說明相對論之意義，文字淸楚易解。

I. A.Coleman: Relativity for the Layman. A Mentor Book, 1958.

此乃專爲一般讀者所寫之論相對論之書，文字淺顯而所繪之圖甚多，頗便人之了解。

P. A, Schipp: Philosophy of Einstein, 1955.

此爲當代學者合著論愛氏思想之論文集。

E. Cassirer: Substance and Function.

此書論近代科學思想中，以功能、關係之觀念，代古代之種類實體之觀念。此書附錄論愛氏之時空理論與康德之時空理論，可相融通，乃一重要之論文。

*第十六章　懷特海之機體哲學

第一節　懷特海哲學之方向

懷特海之哲學，自稱機體主義Organism。而其前後之思想，亦爲一有機之發展。其後來之思想，乃由其早期之思想，逐漸開展而出，然前後亦有不一致之處〔註〕。其成熟之著作，歷程與實在一書，與其兼論文化與價值之「理念之探險」一書，合以表一極具匠心之一部形上學體系。唯其書皆充滿其專門之用語，亦不易割裂，而加以論列。吾人今所擬一爲介紹者，則在其形上學之若干論點，及其與西方傳統哲學之若干關係。

吾人以前曾說，近代初期之自然科學及哲學思想，將自然加以二分，一爲只具初性之客觀的自然，一爲具次性而與各種主觀的情感意志要求，各種價值感相連的自然。懷氏哲學之根本方向，即爲欲將此二分之自然，重加以整合。同時將近代科學中之視一物有其「單純定位」Simple Location，只居於一特

〔註〕：參考N. Lawrence: Whitehead's Philosophical Development此書論懷氏在歷程與實在一書以前之哲學發展，及前後不全一致之處極備。

定之時空，只與其直接接觸之他物相關聯之說，加以打破；而視一切存在事物，皆有其有機之關聯，以成爲一連續體。然其欲成就此自然之整合，及一切事物具有機之關聯之哲學，又不取絕對唯心論者及亞力山大之以「絕對心靈」或「時空」，囊括一切存在事物而統攝之路數。更不採西方傳統之唯神論者或唯物論者之以神或物質，爲一切存在事物之根原之說。而是以當前之衆多之現實存在 Actual entities 或現實情境 Actual occasions〔註〕，爲其哲學思維之注目點。故其思想初帶多元論色彩。在現代西方思想中，如謂亞力山大爲近斯賓諾薩者，則彼爲近來布尼茲者。然自其重現實存在或現實情境對於永恆之法相之企慕言，則近乎柏拉圖。而其最推尊之西方哲學家，亦爲柏拉圖。彼嘗以整個西方哲學，皆不外柏拉圖之註釋。而自其重自然中之創進言，則其思想爲十八九世紀之進化哲學之一大流中之一形態。至由其思想之重感或情 Feeling，而彼自稱其歷程與實在一書，爲純感或純情之批判，以別於康德之純理批判，及其將理性融入感或情中而論，力反「以抽象者爲具體」之思維方式，並於自然之創進中，見生生相續新新不停等義言；則其哲學又近柏格森之思想，並與中國之易學家之自然宇宙觀相通者。

〔註〕：懷氏所講 Actual Entity 之一名，頗不易翻譯。然其所講之 Actual entity 爲一存在者，其提出此名之目標，亦實意在代替西方傳統之實體之存在者之觀念，故本文譯之爲現實存在。而自一現實存在中包涵情境言，則可名之爲現實情境，今用以譯懷氏所謂 Actual Occasion。此二名可互用。

第二節　事與現實存在現實情境

至於就懷氏個人之學問思想之進程言，則彼本爲數學家科學家出身。然在其早期之自然知識之原理、自然之概念等書，即已表示其反對「無久之瞬」所積成之時間觀念，而以自然之根本爲具體之事件，並反對自然之二分法，兼指出科學家以「抽象者爲具體」之謬誤。其書着重在由所經驗之具體形相之擴延關係所成之系列，以說明數學物理學中之抽象的「點」「直線」……等觀念，如何逐漸構造而成。而在科學與近代世界一書，則對於具體事與永恆法相之關係，加以論列。至在歷程與實在一書，則其所謂「事」之觀念，正式發展爲其所謂現實存在 Actual entity 或現實情境 Actual occasion 之觀念。

懷氏所謂事或現實存在，現實情境之觀念，乃所以代替西方傳統哲學中所謂實體 Substance 之觀念者。懷氏以由亞氏所傳下之實體與屬性，普遍者與特殊者之觀念，皆爲不適切之形上學觀念。亞氏所謂屬性，有本質之屬性與偶有之屬性之分，而前者爲不可變，則實體成爲在原則上不能變者。而懷氏所謂事或現實存在或現實情境，則自始爲在宇宙之變化創造之歷程中者，宇宙中唯有此爲最具體之眞實之存在。而近代之相對論，正爲以物理事代傳統之物質的實體之觀念者。此處即有懷氏之哲學與現代之物理科學思想之應合。

但畢竟何謂事？吾人通常說，寫字爲一事，我會客爲一事，皆爲及物之事。我唱、我走，亦各爲一事，此爲似不及物之事。日光射至分光器爲一事，此爲及物之事。只是日光射，亦爲一事。此爲不及物之事。是見常識中所謂事，或指一實體之有某一活動，或指一實體之一活動之及於其他實體。但如吾人換一眼光看，則除我一生所作之一一事外，即無我。除日不斷發光之事外，即無日。我並非在一一事之後，而支持此我所作之諸事之諸實體，我實只是我所作之全部之事之串系。亦即由此串系之事，以成爲我。其他之任一物，亦由其所生之一一事，以成其爲任一物。而此處吾人如不由事外以觀事，而由事內以觀事，則一事之爲及物者或不及物者之分，亦非重要者。我們可只須說，任一事皆在一情境中發生。而任一事之本身，亦即皆爲有情有境之一事。我在客來時談話，此在談話之先之「客來」，是我談話之境。亦如我在唱在走之時，已成之周圍之環境，及路道等，爲我之唱與走之境。而吾人說太陽之自己發光時，太陽如有知，仍可說其爲向其他環境之物發光。故此二義之事，如吾人純從事之內部看，可不須分別。

吾人如欲從事之內部看事，則吾人必須直自吾人之作一事時之現實情境看事。而所謂一事，亦即一現實情境之本身。譬如，吾在此寫一描寫景物之文，此筆墨紙硯、及屋中之佈置，房外之山光雲影，即一整個之境。對此整個之境，吾人可有整個之情，加以攝握。由此境此情，引動種種觀念意像，及相應之文字，而由我之手加以寫出，以實現之於紙上。此全部之歷程，吾人亦可有一整個之情，加以攝握，以爲此情之境。此全部之歷程，則爲一「寫文章」之事。而吾人如將此一事，分爲若干事而觀之，則見此房桌上之景象爲一事，思種種觀念意像及相應文字爲一事，手寫爲一事。而每見一景象，如見一山，每思一觀念，寫一個字或寫一筆，亦可分別爲一事，而其中皆有情有境。此處即見事與事之相包涵，及事與事之相續相承。

吾人上說每一事皆有情境，故吾人可說現實存在之事，即一現實情境。在此現實情境中，一面是情，此情之作用，即對於境之攝握。此爲屬於主體者。一面爲境，此爲屬於客體或對象者。在二元論之哲學，即由此分別主客與心物。但在懷氏，則以此二者，只爲一事之二面。此二面如分開來看，皆是一抽象，而非具體之實在。我們亦不能說，先有一純粹之主體及純粹之客體二者，再合爲一現實存在之情境。因此處無聯合二者之第三者之可得。但是我們可以說，每一事皆承宇宙其他之種種前事而起。即每一當前之現實情境，皆承宇宙間之其他情境而起。此已成之事或現實情境，即爲方生之事或方生之現實情境之所緣，而由之以有其客體者。如我之寫字是一事。我看我所寫之字，或自覺我之寫字，又是一事。而我之自覺我之「寫字」，即以寫字之前事，爲其客體。我之看「字」，即以寫字之前事中所包涵之一成份，即寫成之字，以爲其客體。我之看自然，如看雲，則以自然中之事，如雲之行，或自然中之事之成份，如雲行所成之天上長鯨形，爲其客體或對象。此前事與其所包涵之成份，亦可稱爲後事所由成之一基料 Datum。

然在一事承宇宙已成之諸他事而起，以有其客體或對象時，此一事之主體亦即與客體或對象，同時在此事中成立。因無主體，亦無客體。我在看我所寫之字時，必有看字之主體。此看字之主體之成立，與字之成爲被看之客體，二者實無先後。然此主體之看字之活動，必歸向於一完成。其完成時，即字爲其所完全攝握，其自身如超升於此客體或對象之字之上，而成爲不再與之相對之主體之時。此時之主體，在懷氏則名之爲一超主體 Super-subject。主體成超主體時，而一事完成，亦即一現實情境之完成，一事亦即消逝爲已成世界之一部，而繼起者，則爲繼此已成之世界而生之新事。

在此種事之相續而起之歷程中，新事緣已成之事以爲其基料而起，亦由已成之事物以有其客體或對象，此新事爲前所未有，其存在乃一宇宙之衆多潛能之具體化 Concrecence of Potentials，而爲一創始。及其完成，再有新事。如此生生相續，新新不停，懷氏即名之爲一自然之行程 Passage of Nature，或自然之創進 Creative Advance of Nature。此中之每一新事中，皆有一新主體。然並無一唯一之主體。此新主體，雖緣已成之舊事爲基料而起，並由之以得其客體或對象者，然此時之客體或對象之自身，亦爲屬於新主體者。由此而一新事與舊事，主體及其客體之關係，尙可分析爲一較複雜之關係。

第三節　攝握之方式

吾人說一事或一現實情境，可分爲主體之情與客體之境之二面，而又實爲一整體。此情爲整個之握境之「能」，故此情即是與境感通之「感」。故下文直譯之爲感。但此「能」所對之境，可分爲二者。

一爲境相之境，一爲環境之境。此環境之境，即已成之事合成之世界。境相之境，則爲此環境中所正呈現之種種法相。此二者尙須分別說。由此而吾人對境之感或攝握，亦須加以分別。此攝握有二，一爲物極之攝握 Physical Prehension，由其所成者，即物極感 Physical Feeling。原一事中之主體，既承已成之他事而起，以有其客體或對象；則其對已成之他事，應有一攝握。此種攝握，即稱之爲物極之攝握。此攝握，乃直接以已成之他事，亦即以環境中之事，爲其所攝握者。一爲心極之攝握或概念之攝握 Conceptual Prehension，其所成者即心極感或概念感 Conceptual Feeling，此攝握則爲以種種境相或法相爲對象者。如吾人之看雲爲一事。此看雲之一事之前，有雲行之事，雲行之事，連於雲之光色入眼簾之事，及一串之視神經腦神經之事。此看雲之事，即直接承腦神經之事而起，而間接承雲行之事而起。在此諸事之相繼相承，後事之承前事，而以前事爲所承，即前事對後事之一物極之攝握。然此雲之如何如何行之形構，經此媒介之諸事，而在吾看雲之事中，呈現爲如此如此之一形構，以爲吾人所攝握。此攝握則爲一心極之攝握。此心極所攝握之雲之「形構」，不只在吾人之看雲之事中，亦爲雲之形構與中間之媒介之事之形構　。此一如是如是之形構，如通過由雲行至看雲中間一串事，以爲此一串事之形構。則其最後雖呈現於吾人之看雲之一事中，然不得說爲只屬於我之看雲之事者。而他人之看雲，及以後之雲行，皆可同攝握或同表現此形構者。故此形構爲一普遍者。而此普遍者，即一超時間者。懷氏則稱此一切普遍者，爲永恆之法相，即吾人上所謂境相。而對此永恆之法相之心極之攝握，即稱爲概念之攝握 Conceptu al Prehension，其所成者即心極感或概念感 Conceptual Feeling。而此外一切對普遍者之攝握，無論爲已成世界事物所已表現或未表現，皆爲一心極的攝握或概念之攝握。如人對其理想之攝握之類。

然一事或現實情境之形成，此中之主體之攝握，尙可從此攝握本身之形成，分爲二類。一爲積極的攝握，一爲消極的攝握。此所謂積極的攝握，即正面的承受如此如此之境；消極的攝握，即反面的排斥其他之境。此二者乃俱時而有。如吾人只攝握此桌爲方時，即拒斥其爲圓。吾人在只攝握雲行之事時，亦拒斥對水流日出之事之攝握。而此拒斥，亦爲一攝握之方式。一現實情境中之主體，必須兼有此積極的攝握與消極的攝握，然後乃成爲一規定或確定的現實存在，而有其所是與所不是，並對於永恆的法相世界及全幅的已成世界之現實情境，形成一確定之關係。

由此上所說現實存在（即現實情境）自身之能依其物極感，以相攝握，又能依其心極感，以攝握永恆之法相，故一現實存在，一方有永恆法相爲其所攝握，以爲其一成份 Ingredient。一方又因與其他現實存在，相攝握，而形成結聚 Nexus。此諸現實存在所成之結聚，復可爲後起之現實存在，以其諸多物極感，分別攝握此諸多之現實存在後，再加以整合，而轉化出對此整個之結聚之物極感。在此轉化之歷程中，此後起之現實存在，又可緣此物極感而有其心極感或概念感及其所感之永恆法相，並將此永恆法相亦整合於此結聚之上，以形或一對較（Contrast），並以之普泛的指涉形容此結聚中之現實存在。此轉化之歷程中之「感」，懷氏稱之爲轉化感 Transmuted Feeling。緣此轉化之歷程或轉化感，吾人遂有通常所謂共同普遍之永恆法相或概念，對於一事物加以規定，或以一概念爲賓辭，以論謂一主辭之事物，以形成各種判斷或知識之事。（如吾人謂吾口中之糖爲甜，此甜即一賓辭、一概念，亦一永恆之法相。此口中之糖，原爲一結聚，而吾人之感覺此糖，初乃有諸多對糖之分子之分別的物極感，後乃整合而轉化出對整個口中之糖之一物極感，並緣此而有對甜之心極感，乃有以此甜普泛的指涉形容此口中之糖及其分子之事。）

此上所述，爲一現實情境或一現實存在之自身之構造，與永恆法相之關係，及其所包涵之攝握或感之種類。由此而一現實情境之生起與完成之歷程，即一已成之世界之種種現實情境，在其消逝時，同時化爲正生起之現實情境之基料，而爲其所攝握，以助成其生起與完成之事。此中純從一一現實情境看，則前前後後，皆互不相亂。任一現實情境已消逝者，皆不再來。但自消逝者同時成爲方生者之基料Datum，而爲其所攝握言，則一切消逝者爲不滅Immortal；而一切消逝者在其消逝時，即如同時貢獻其自己於繼起之世界。由此而一切消逝者，在其消逝時，即如化爲潛能，而待繼起者之攝握，以成就繼起者之現實。當一現實情境正現實時，我們說其只在整個之現實之世界中，佔一限定之地位，而亦爲一限定之存在，亦可說只存於某一特定之空間時間；然當其消逝而化爲潛能時，則在原則上可爲一切後起之現實情境中之主體所攝握，爲一無定在，亦可無所不在，而可能存於任一空間與時間者。如吾人兒時之在某空間發生之一經驗，即一當時之現實情境，可爲以後居於任何空間之我在任何時間，所加攝握者。

第四節　知覺之兩式

吾人以上對懷氏所謂現實情境或現實存在本身之涵義之分析，乃可由吾人生活之當下一現實情境之所以爲現實情境，加以一深細之反省，皆可有一印證者。吾人既有此了解以後，則吾人可推擴其涵義，以論吾人對整個自然之知識，及宇宙之基本構造。

在懷氏論知識問題，其最精彩處，在其論知覺之二程式。一爲其所謂直接呈現式 Fresentational Immediacy，一爲其所謂因果實效式 Causal Efficacy。所謂直接呈現式之知覺，其對象即略近一般所謂對形色聲音等之感官知覺，然其意又略不同。依懷氏所界定〔註〕，此乃指吾人對於呈現於吾人之當前之外界世界者之直接知覺。此呈現之世界，一方爲吾人之經驗所由構成之一成份，一方亦展示出：與吾人自身同爲現實存在，或現實事物者之共在於一自然中。在此呈現世界中之聲色香味等一切性質，皆爲一方屬於吾人之知覺，一方亦屬於吾人所知覺之現實事物者。然吾人之知覺此種種性質，則爲通過各種空間格局、空間關係所成之觀景，以知覺之。而此空間之格局關係，空間之觀景，與聲色香味等，皆原

〔註〕：Symbolism its Meaning and its Effect. P.21.

不可加以抽象分離而論，而同在一具體的當前所知覺世界中者。吾人之有此當前之所知覺，則以吾人之身體感官爲媒介。而吾人之身體感官及其他所謂外在之現實事物，則合以構成吾人之當下之知覺之環境。吾人此知覺中所呈現者，展示出一當前之世界，亦同時展示此世界中之現實事物之團聚於一公共的空間的擴延之系統中〔註〕。

此直接呈現式之知覺，乃一明朗精確而乾枯之知覺世界。此亦即傳統西方之經驗主義哲學家依感覺主義原則，所最重視之世界。一切西方之實證主義者，現象主義者，及羅素與今之邏輯經驗論者，所謂經驗知覺中之世界，亦不出此世界。然在懷氏，則以爲此直接呈現之知覺世界，雖包涵一「劃分出原子性之現實存在之可能」，然亦只具此可能。人如欲由此世界，以達於眞正之現實存在之世界，必須將此直接呈現之知覺中所知覺之性質等，加以客觀化，吾人亦必須知其另有廣遠之關係，非此呈現出之當前世界之表面之所能表現者。而欲知其廣遠之關係，則當知另一種知覺之程式，此即因果實效式之知覺。

此因果實效式之知覺，吾人可由問直接呈現式之知覺之來原以了解。譬如吾人問，吾人何以能有此直接知覺之世界，此必溯之於在此知覺出現以前，吾人之物理的生理的身體之活動之現實存在。而吾人之身體之活動，又可溯原於更遠之過去。此更遠之過去，乃可兼爲吾人此時之知覺，及其所對之當前世

〔註〕：**Symbolism** its Meaning **and** its Effect. **P.23** 並參考本章第六節。

界之共同之過去者〔註〕。由此而當前之直接知覺所對之色聲等，即爲兼聯繫當前世界，吾人之知覺，及過去之現實存在或已成世界者。而吾人當前之此知覺，此現實情境，亦當視爲由其與已成世界之一定關係，而自已成世界中生起者。因其乃是自已成之世界中生起，故其生起時，同時在另一面，即包涵一對於已成世界之現實存在之知覺。此即吾人前所謂物極感。而在此知覺中，吾人一面攝握已成或現已消逝之現實存在，一面即知覺其因果實效。故吾人之知覺之另一程式，即爲對已成世界之過去之現實存在之因果實效式之知覺。

此種因果實效式之知覺，乃康德及休謨等，所同忽視者。在彼等皆以因果觀念，乃吾人之主觀之觀念或範疇，而置定於直接知覺之世界中之零散的知覺所對Sense Datum之上，而加以聯繫，以構成吾人之知識者。而此二說之共同錯誤，皆在不知吾人另有一知覺程式，以直感已成之現實存在之因果實效。而此直感，則常非明朗精確，而爲似晦闇不明者。然在吾人之憤怒、怨恨、恐懼、被引誘、愛、飢餓等之各種情感中，吾人即可感到，其他已成之現實存在，對吾人之行爲活動之因果實效。而愈在低級之存在，對因果實效之知覺，即愈準確。石頭之能轉動，以應合於環境之情勢，又較花之向陽光爲準確是也。

〔註〕：如吾人所聞一鐘聲，此聲乃我過去之耳之所攝握，此鐘聲亦不在當前世界之鐘之中，而屬於鐘之過去，因其由過去之鐘所發，而今乃達於耳也。

由人有此二種不同知覺程式，在前一種知覺中，呈現出一當前之世界，在後一種知覺中，展示吾人與已成世界之事物之關係。二者交截，即可形成一確定的時空參照系統 Reference System 。有此參照系統，吾人即可據以估定吾人之投射一直接呈現之知覺所對 Datum ，以指涉一外物，而規定其地位之事之是否錯誤。而吾人之一切科學知識，或常識上之一切觀察，亦皆不外求規定：觀察者之身體感官與吾人所投射於某地位之物之直接呈現知覺所對間之空間關係而已。如吾人見一灰色，而謂此指某處之石，吾人此時，即投射一直接呈現之知覺所對之灰色，於某空間地位之石，即一與吾之身體有某距離，而有某空間關係之一空間地位之物。然吾人之覺此灰色之後有一石，則初由此石對吾人之感官有一因果實效。吾人會以因果實效式之知覺，加以攝握之故。然吾人以因果實效式之知覺所攝握之石，初則為與吾人有一定之空間距離者——設為三尺。今吾見此灰色，遂投射之於某空間地位，設亦為三尺，謂其處有此石則眞；否則妄。由吾人有此二種知覺程式之存在，及吾人之能將直接呈現之一知覺程式中之知覺所對，投射至某空間地位，以指涉因果實效式中所知覺，而實與吾人之身體之有某空間關係之某物，即知識上之眞妄之來原。

第五節　具體存在與抽象對象

此種將直接呈現式知覺中之知覺所對等，用以指涉一現實存在之具體事物，在傳統哲學中，乃視此知覺所對，爲普遍的屬性或狀詞，而具體事物即稱爲特殊之實體。在懷氏則以爲此唯是二種知覺程式之求結合。由此結合，而直接呈現之諸知覺所對，即以指涉及諸現實存在事物而落實，此直接呈現之諸知覺所對即客觀化，並隨諸現實存在事物之爲原子式，或個體式的，而分化，以分別形成各種知覺對象。而吾人之常識及科學知識中之客觀對象之世界，即由諸知覺對象之成立〔註〕，而可逐漸進至科學之對象，如原子電子等對象之成立。

此種種對象之成立，在若干西方傳統之哲學家，皆以爲此不外若干可爲思想主體所思想之普遍者之集結。因此種種對象之性質關係及結構，皆所知之普遍者。懷氏則以此爲主觀性原則。並以此原則在形上學上是不適切的。因每一抽象普遍者之下，皆有種種之具體事爲托底。普遍者乃以具體事之存在爲其呈現之情境。如日之發光，即爲其色彩形狀呈現之情境。而此諸普遍者之呈現，所依賴之情境，恆非一單純之情境，而爲衆多之情境結成之「結聚」Nexus。在此衆多情境合爲結聚處，即可有一形構之普遍者之呈現，如色彩形狀之形構。而吾人之將一形構溯原於諸現實情境——即諸現實存在事物——即爲由現象以達眞實，由抽象以還具體。然吾人之一般知識，所能把握者，皆只及於諸普遍者，如此色彩形狀之形構，及其他形構爲止。吾人在科學中所了解者，亦只爲原子分子之形構。實則在此原子分子之形

〔註〕：知覺對象之非虛幻者，懷氏或名之爲物理對象 Physical object。

構之底層，另有眞實之物理事，此乃唯是吾人因果實效式之知覺之所攝握，亦即吾人前所謂物極感之所攝握，而恆不明朗呈現於自覺之意識中者。在人之自覺的知識中，一切抽象普遍者，皆爲明朗確定。然其所賴以呈現之具體事，則爲彼此互感，相攝握，成結聚，表現爲一自然之流行或一自然之創進。此則非一般科學知識之所及。科學知識之所及，唯是在自然之流行創進上，就此流行創進中不同之事之「結聚」，所表現之普遍而恆常之形構或律則，加以了解。至由較低之普遍者之了解，至較高之普遍者之了解，則賴於次第之抽象。由此抽象之所得之愈高之普遍者，即愈爲貫注於更多之具體事中之普遍者。而其所以能實成爲貫於諸具體事中之普遍者，則由於此諸具體事之互感而相攝握，而諸普遍者遂得重複呈現。而此具體事之相攝握，亦即事與事「由此伸入彼，而彼涵蓋此」之一種擴延之關係。由此擴延之關係之存在，乃有普遍者之重現。故此普遍者之認識，即依於事與事之擴延關係而來之抽象。今由知低級之普遍者，至知高級之普遍者，則爲依於更廣博之事與事之擴延關係而來之抽象。而由此以形成對抽象之普遍者之概念之法，在懷氏則稱之爲擴延的抽象法 Extensive Abstraction。而此即證所謂抽象之普遍者，無論自其概念之形成，及其存在上之地位上說，皆緣於具體事而來，初亦不能離具體事而自存。

第六節　擴延連續體

由上述之具體事與具體事或現實存在與現實存在，彼此積極的攝握或結聚，而表現之自然之流行或自然之創進中，一方有現實存在與現實存在之互相內在，並有普遍形構法相之重複的貫於諸相攝握之現實存在中。而在另一方，亦有各各現實存在，依於不同之現實存在之結聚爲根據以生起，並各有其所感攝之不同法相。由是而有各現實存在之分別成就而原子化。各現實存在間之相互的消極的攝握，亦即各現實存在所賴以自持其爲原子式之存在者。然此仍無礙於各現實存在間之另有積極的攝握，依擴延之關係而互相內在，以形成世界之公共的基本秩序。

懷氏論此擴延之關係，或爲全體涵部份，或爲二全體涵共同之部份，或爲二部份在一全體中相銜接。世界諸現實存在，即依此諸擴延之關係相擴延，合以構成一擴延之連續體。由此而世間之任一現實存在，在此連續體中，因其可爲一全體所涵之部份，又可再分爲相銜接之部份，並可與其他現實存在涵同一之部份等，即兼具有無定限之可分性，或以分別擴延及於其他存在，或被其他存在所擴延及，或與其他存在同擴延及於另外之其他存在，或同被另外之其他存在所擴延及。此擴延之連續體中之擴延關係，即構成現實世界之最基本之秩序。而一切現實存在之其他關係，皆依於此基本之秩序而來，合以成就自然之流行，自然之創進。

自此擴延之連續體中一切現實存在之恆依擴延關係，以構成現實世界基本秩序，合以成就一自然之流行，自然之創進言，即爲包含未來世界之事物之潛能者。吾人可說，一切未來事物，皆以此現實之擴延連續體爲根據之基料而生起。其生起，亦即有此擴延連續體自身之擴延。此擴延連續體，亦即任何新生起之現實存在，與其所攝握之其他已成之現實存在，得結爲公共世界之根據。至此擴延連續體中之新現實存在之一一生起，即爲將其潛能中所包含者，一一現實化。此一一現實化之次第成就，亦即此擴延連續體之一一時間段落化。然此擴延連續體，所包涵之已現實之過去與可能之將來，則又同爲正生起之現實存在之所攝握。一現實存在之物極感，即爲攝握已現實之過去，其心極感即爲攝握可能之將來者。而任一現實存在，在攝握諸現實存在之結聚時，一現實存在，即爲使此結聚所由構成之諸現實存在，結成一統一體，亦將諸現實存在之諸攝握，結成統一體者。而自一現實存在攝握一結聚時，亦依於其分別攝握其所由構成之諸現實存在言，則一現實存在又爲涵具一可分性者。由是而此一切現實存在依擴延關係而形成之一擴延連續體，即爲一通貫古今，若斷還續，多而復一，以「範圍天地之化而不過，曲成萬物而無遺」之一連續體。

第七節　存在事物之種類層級差別與自然創進中之冒險

至於尅就我們所經驗之自然界已發生存在事物之種類言，則粗略地言之，可分爲：（一）人類存在，其身體與心靈。（二）人以外之動物生命。（三）植物生命。（四）單細胞。（五）一切無機的聚集 Aggregates。（六）由近代物理學之精細分析而發現之小宇宙中所發生之種種物理事件（如光量子、電波之放射等）〔註，見下頁〕。至於對自然之最初與未來所可能創進出之存在事物之種類層級，畢竟有多少，則懷氏未詳加討論。即各種之存在事物之性質之差別，懷氏所論者亦甚略。懷氏以一切在自然之創進中。彼所重者，在論一切現實存在之普遍性相，及宇宙之普遍秩序，如上文所說。除此以外，此自然之創進，亦有表現各種不同之特殊秩序之可能，即今之空間之三度，彼亦以為只為一特殊之秩序。故彼不重各存在事物之種類、層級及性質之差別之討論也。

唯對於存在事物之層次高下一問題，懷氏思想有一點，應加以說明者。即在彼之意，自然中愈高級存在之事物，其心極感之所攝握者，即愈不全為其物極感所攝握之前事所決定。而其後事之形構，即不必全應合於其諸前事之形構。而此則由於其心極感之對永恆法相之另有創新性之攝握。此創新性之攝握，可對宇宙原有之秩序，加以促進，以開出一另一生生相續之存在串系；亦可破壞自然原有之秩序，並可使其自身不適於存在舊秩序中，而陷於失敗之命運者。由此而一切由創新性之攝握，以成一創新性之存在，皆為一原來之自然之流行之路道之歧出與分化，而為一不守故常之事，亦為一冒險。然宇宙間之高級存在事物，在自然之創進歷程中產生，皆原於此一歧出、分化與冒險。此歧出與分化，亦即為在自然流行之舊路舊物中僵死之潛能之一活轉。然由此而果得歸於創新性存在之出現，則又為此潛能之凝聚與整合。依物理學之第二律所說，此有限之物質世界中可用之能力，原為不斷放散，以成不可用之潛能，而不斷下降毀壞者。而吾人如以一切事物，皆為其前因所決定，為因之事物之力，逐漸用盡，則

〔註〕：Modes of Thought. pp. 214——215.

其形構之應合於爲因之事物之繼起事物，亦即漸不能產生，而自然中之一切潛能，即僵死於其舊路舊物之中。故自然欲成就其創進與流行之事，必須有逆反此下降毀壞之傾向的，另一向上之創建之趨向。而此則見於新事物之自舊路中超拔，自有其對新法相之攝握，而產生新奇與變異。而此種對新法相之攝握之要求，亦即爲自然中產生千差萬別之高級存在事物之理由。在此處，吾人欲說明此自然之創進流行之新新不已，亦即必於物理學上所謂前因決定後果之外，並肯定每一後果之各爲一創新性之存在，而其所以能存在，則兼依於一「嚮往永恆法相，以生起此創新性之存在」之目的因。而此創新性存在之生起與冒險，亦爲自然中所不可免者。因無此生起與冒險，則此自然之流行，即只有下降，而不能向上升進。人類原亦即此自然之經無數冒險而有之一存在。自然之流行創進，到人類之有自覺心靈之存在，則表示其對永恆的法相之心極之攝握，已可與其對現實存在事物之物理的攝握，構成一「對較」Contrast。由此而人之心靈、及其文化歷史中，更充滿所謂理念之冒險。吾人之有各種要求、希望、理想，皆同原於此。此理念之冒險，乃表示自然之創進之一尖端，而爲形上學的應有者。

然由人類心靈之以永恆之法相，爲其所嚮往，故人恆易產生一二元論之思想，而以永恆不變之法相世界，爲一世界，自然之世界爲另一世界；以人心爲一實體，人之身體與他物，又各爲一實體。人心之世界爲一主觀之世界，而外有一純客觀之外物之世界。然此實不能說者。其所以不能說，是人之所以嚮往永恆之法相，乃所以實現之於自然，以成就自然之創進。而此永恆之法相之得實現於自然，亦不能全破壞已成之自然之秩序，而必須兼爲能促進自然之秩序，使已有之自然之秩序，得保存於以後之自然中者。人在以其心極感攝握永恆的法相時，亦實同時以其物極感，攝握已成之自然世界之現實存在；而已成之自然世界、已成之現實存在之合存在於一擴延之連續體中，即包涵一切創新性之存在，所以能生起之潛能。故一切創新性存在之生起，即一方原於永恆法相之昭垂於其心極感，一方原於其對已成之世界之潛能之存在之物極感。由此而吾人不能將超自然之永恆法相，與自然世界相對立，亦不能將吾人之心與身體及外物相對立。吾人當說此自然之創進，與人生之創進，皆一方是永恆法相之昭垂於現實存在，以由上而下；一方是已成之世界之潛能，重重被繼起的現實存在所攝握，而層層增積擴延，以由下而上。自人言，則一方是吾人之心靈之攝握永恆法相，而通過吾人之對當前世界之直接呈現式之知覺，而對當前世界抱一理想等，再以吾人之身體之活動體現此法相，此理想等，以實現之於外物之世界，以成人類之文明，以由內而外。另一方則是此外物之因果實效之及於吾人之身體，爲吾人之神經所把握，最後爲吾人之因果實效式之知覺所攝握，以由外而內。由此而吾人當說，自然固向超自然之法相世界而進入，超自然之法相，亦向自然之世界而進入，而彼此互爲內在。至於人以外自然環境中之外物與身體之形相，爲心之知覺所攝握，固可說爲其主觀化而內在於人心中。然此主觀化者還可再客觀化以指涉形容或論謂自然環境中之外物與身體。人心在有所知覺時，其所知覺者，固可說包括此當前呈現之世界，及其所承之過去之世界；然人心亦同時知其與當前呈現之世界之共在一由過去以伸向未來之自然之創進或流行之中，由此亦知其存在於自然中。於是不特人之環境存在於人中，人亦存在於其環境中。至於人之所以自覺其爲一我，則由於人可由對過去之回憶與對將來之希望預期中，以自覺其過去、現在、與將來之「同一」與「連續」。而此對過去之回憶之所以可能，則在過去對現在之因果實效；對將來之預期之所以可能，則係於其在當前之世界中，兼抱一對未來之理想等，而有一對永恆的法相之嚮往。實則人之所以爲人，乃初爲有各串系之心理事、生理事之相續並在，而合成之一「社會」〔註〕。唯以其中之事，有共同之形構之遞嬗，及潛能之擴延增積，而又被人所自覺，故人有其自我之統一性之自覺，而可說有一貫通過去、現在、與未來之自我或靈魂。至人之一切欲有所創新，而預期一未來之活動，如自其所欲創新者，所預期者之根於現在說，即其產生，有一必然性；其存在，乃爲現在之目的之所決定。而如自吾人正享有一活動時，於其目的，皆視如內在於此活動之形構法相上看，則吾人之活動，皆爲吾人當前之自己所自由創造。由此而目的論與自由論，即有一調和。而自過去之因果實效之決定現在處說，則當爲哲學中之機械論，亦涵一部份眞理之理由。

第八節　上帝之根本性與後得性

〔註〕：此所社會 Society 由各串事之相續並在上說，乃社會之一特殊義。

依懷氏之此種哲學，最後亦必需涉及西方傳統哲學中之上帝問題。而吾人如問此自然創進之事，何以可能，亦必逼出上帝之概念。因如吾人說自然之創進，表示於一一現實存在對永恆之法相之嚮往，則吾人不能不問：此永恆之法相是否爲現實者。如非現實，則其如何能爲現實存在之事物所嚮慕，又如何能現實化，爲現實存在事物，所現實的攝握？又一切巳成世界之潛能，如何得再加以攝聚，而使一能攝握法相之具體化的現實存在，得繼以生起？此必須根於一現實之原則，不能根於單純之可能原則。因可能者，可永不現實。於此，懷氏哲學，有一本體論之原則，即「非現實者不能存在，一切永恆之法相，皆不能虛懸，當依於一現實存在，而存在、而實現」之原則。依此原則，懷氏遂以一切永恆的法相，皆初爲一現實存在之上帝之心極之所攝握，亦爲上帝之永恆之法相。懷氏之本體論原則，在根本上乃同於亞里士多德者。然其只以永恆的法相爲上帝心極之所攝握，而非上帝之實體上之屬性，則其上帝近於柏拉圖之造物主，只仰觀理念世界，依以造世界之說。又懷氏並不以上帝，爲能無中生有，乃於上帝外，兼肯定有無數之世界中現實存在。此又略同於柏亞二氏之於理念形式世界，及上帝創物主外，兼肯定物質之存在之義。然在柏亞二氏之物質，純爲一被動之接受者，而爲一非有之有。而在懷氏，於上帝之外，所肯定之無數之世界中現實存在，則爲與上帝自始並在者。此世界之現實存在，與上帝自始並在，而其並在，同時爲互相依賴以並在。於是有上帝之根本性及後得性，玆略釋之於下。

世界之現實存在之依賴上帝，在其所嚮往之永恆之法相，初爲現實的上帝之所攝握。即此諸法相其所以能現實化，所根據之原則，乃在其原爲現實的上帝所攝握。此現實的上帝之攝握永恆的法相世界之全，以爲世界之現實存在所嚮往，是爲上帝之根本性（Primordial Nature of God）。

然上帝除根本性外，尚有後得性Consequent Nature of God〔註〕。此即因上帝之一面攝握此永恆的法相世界，一面亦昭垂此永恆之法相世界，而待世界之現實存在之實現之。如無世界之現實存在之實現之，則法相世界雖上有所根，而下無所寄。有世界之現實存在之實現之，然後上帝所攝握者，乃兼爲世界之現實存在所攝握，法相之世界乃上有所根，下有所寄，而如卓立於天地之間。世界之現實存在，攝握此法相世界之法相，而此法相存於上帝之現實中，則世界之現實存在，亦同時攝握現實之上帝。而上帝之法相，既爲世界之現實存在所攝握，則上帝之攝握其法相，亦即同時「對攝握其法相之世界中之現實存在」，亦有一攝握。上帝之此攝握，則爲「後於世界中之現實存在之攝握法相，而已成其爲現實存在後」之攝握。此上帝之攝握世界中之現實存在之事，則可說爲上帝對世界之已成之現實存在之接受，而爲上帝之物極之攝握。此即爲上帝之後於世界之已成之現實存在，而有之「後得性」。如世界無現實存在，上帝亦不能有此後得性；則上帝雖可以其根本性，以攝握法相世界之全，然卻無依此法相世界之法相之實現，而有之世界之現實存在，爲其所攝握。上帝之現實中，若無世界之現實事物爲其所攝握，則其所具之現實性，尚非能充實完滿之現實性。即上帝尚未能得全成就其自身之現實。故上帝欲

〔註〕：此二譯名，由佛家唯識宗所謂根本智，後得智之二名來。

全成就其自身之現實，正須待於現實世界之現實事物之存在，此即上帝對於世界之依賴。

在此世界與上帝之互相依賴之關係中，同時有上帝與世界之互相超越之關係。上帝之超越世界，在其所攝之法相，多非世界之現實存在所能攝。世間之超越上帝，在世界之現實存在，亦有其自具之動力與要求，以向上升進，而使上帝所攝之法相，如不得不下澈，以爲其所攝，而不爲上帝之所私有。又上帝依其根本性，攝握法相世界，乃爲永恆的、全幅的、無限的、正面的、積極的攝握，而不能有消極之攝握。此見上帝之無限，與上帝之常，亦見上帝之不能兼有限。至世界之現實存在之每一事物，則只能積極的攝握若干法相，而消極的攝握其餘之一切法相世界，唯有由不同之現實存在物，分別依次實現法相，方成就一自然之創進；此則見世界之現實存在物之有限與變，而不能如上帝之無限與常。此二者即互相超越，而互爲對反。然世界之現實存在在變中，又不斷顯出恆常之形構，此即使恆常之法相，存於變化之世界中。又世界之無限數的不同現實存在，在相繼而分別生起中，又可合以顯其對全幅無限法相世界，求全幅的正面的積極加以攝握之要求。而上帝既由其後得性，以攝受世界之現實存在，則世界的現實存在之有限與變，亦爲上帝所攝握，而上帝亦得兼具有世界之現實存在所有之積極的攝握與消極的攝握。由此而上帝之常與世界之變，遂相互爲用；上帝之無限與世界事物之有限，亦相互爲用。此相互爲用，即以見整個宇宙變化無窮，而又秩然不亂，合以爲「多合於一，一分爲多，一多相對反而又相成」之悠久無疆的Everlasting 自然之創進。

第九節　價值之地位

在懷氏之整個哲學中，價值之觀念，實爲中心觀念。其全幅思想之宗旨，可說即在成立價值之內在於自然，或世界之現實存在中之一義。依其說，任一現實存在之生起成就，皆爲一價值實現之歷程。任一現實存在對永恆法相之心極的攝握，或對其他已成之現實存在之物極的攝握，凡足以促進此現實存在之生成，或使其攝握感增强者，皆對此現實存在表現一價值。反之，則表現負價值。而在自然之創進中，整個言之，實處處是法相之昭垂，以爲現實存在之心極感所攝握，亦處處是已成之現實存在，爲繼起之現實存在所攝握，以成就現實存在之生生相續之歷程。由此而整個世界，即處處顯爲一價值流行之世界。

在西方傳統各種哲學所重之眞善美之價值中，懷氏以「眞」爲現象與實在之應合，美爲和諧，善則爲已成之世界之秩序之保存及其升進。此義前已說。然在懷氏之哲學中，則尤重在自然之創進歷程中新異者之創出。此則原於吾人前所謂「冒險」。而此冒險，即爲一根本之價值。由之而有人類文化中之理念之冒險，此尤爲文化之生機所在。人類社會中，能以指導未來之理念，使人悅服，以代替强力脅迫，亦即爲目的因之代替動力因。此即文化之進步之原，亦即爲一切藝術之根原。然每一新異事物之生起，皆爲一定之可能之實現，亦即爲其他無限可能之排斥。此一定之可能之和諧的實現，即爲個體化之原則，或和諧之原則。一個體只能實現一定之可能，則其他無限之可能，即只有由其餘之個體實現。而最大之和諧，即當爲無數之存在之個體，在一背景之統一下，所成之和諧，此即其所謂太和 Great Harmony。此太和，乃以整個宇宙爲背景。吾人可說一切存在的個體，皆在此一太和中。然此以宇宙爲背景之太和之中，一方依冒險而有不同個體事物之各自生起而成就，一方亦依冒險，而有不同事物之陷於一失敗或悲劇之命運。然此悲劇乃冒險者之還入於其背景，而歸其根；則此中仍有一悲劇美。而此整個宇宙之進程，亦即恆爲始於青春之幻夢，而以悲劇之美爲收穫者。而此處即見由宇宙之內熱而有之冒險，與其最後之「平安」之一結合之秘密。而吾人亦當視此平安之使一切失敗者受苦者，得其休息，爲一根本之價値，而與眞、美、冒險、藝術之價値相結合，所同存於一宇宙之太和中者。

懷特海之機體哲學 參考書目

F. S. C. Northrop & N. W. Gross: An Anthology of Whitehead, Cambridge Fress, 1953.

此爲懷氏著作之選集

A. N. Whitehead: Science and Modern World, New York, 1925.

Frocess and Reality New York, 1923.

Adventures of Ideas.　New York, 1933, 1948.
Modes of Thought.　New York, 1938.

D. M. Emmet: Whitehead's, Philosophy of Organism. 1932.

P. A. Schippe: Philosophy of Whitehead, Tudor Co.. 1951.

此書乃論文集。其中以V. Lowe: The Development of Whitehead's Philosophy,及C. Hartshorne: Whitehead's Idea of God 二篇文，爲最足供一般讀者之參考。

N. Lawrence: Whitehead's Philosophical Development: A critical History of the Background of Process and Reality. Univ. of California Press, 1956.

A. H. Johnson: Whitehead's Philosophy of Civilization, 1958.

W. Mays: Philosophy of Whitehead (Muirhead Library of Philosophy.)

第十七章　西方哲學中之唯心論

第一節　唯心論與理想主義之意義

廣義之唯心論或理想主義，可說是在東西哲學史中，佔最重要地位之一哲學傳統。此廣義之唯心論或理想主義，即一看重精神在宇宙中之地位，並以心靈爲身體之主，而以內在之精神、心靈、人格本身之價值，與一切倫理道德價值，高於其他外在的物質事物之價值，與世俗之權力、財富、名譽之價值，並注重理想之必可實現於事實之一種思想。此種思想，自始爲人類之能在黑暗中看見光明，於光明中，求保有此光明，開拓其光明，而使人類之社會文化，能不斷向上進步之核心思想。

但此廣義之唯心論，或理想主義，可以只是一人生哲學上之主張，持此主張者，在理論上或必須歸於一形上學之唯心論；然在實際上，則他在形上學上，儘可不信唯心論，而儘可主張此一切精神價值，人生理想之最後根本在神，而初不在人心，或其最後根原在自然，而不在人心。

但是我們即限唯心論於形上學之唯心論，唯心論仍爲一東西哲學中之一主潮。此種形上學之唯心論之一箇單之定義，即直接以心靈或精神，爲宇宙人生中最眞實之存在，或一切價值與德性之根原所在之思想。由此種思想，可最後發展爲：肯定一超自然之上帝心，而肯定上帝之存在，亦可肯定內在於自然之一宇宙心靈，或心靈質素之遍在，而成爲前文所謂泛心論。亦可於肯定此心靈或精神，在宇宙人生中之最重要之中樞地位外，兼肯定其他非心靈性之存在，如生命之存在，物質之存在。然而爲別於其他之唯神論，自然主義之哲學等，則唯心論之第一概念，必當爲內在於吾人之自身之心靈或精神。唯心論之思想，由此心靈或精神出發，即上通至上帝，或外通至自然之後，最後仍當再歸宿於吾人之自身之心靈或精神之活動，然後能成爲典型之唯心論。由此而唯心論者之思想，雖不能限於論人心，然必始於人心，終於人心。其始於人心，恆是由人心以透視神心天心，或涵攝自然，即以人觀天。其終於人心，則或是以人心代天心，或是以人心上承天心，而裁成自然。然東西哲學之唯心論，於此仍有種種不同之思想路數。即所謂人心，果何所指？吾人畢竟重此心之認識方面，或情感意志方面？畢竟除一般所謂表面之人心外，是否尚有更高或更深一層之人心？吾人之認識此心，是否只賴思辨之理性即足，或尚有待於超思辨之直覺，或德性修養上之工夫？此皆有種種問題。粗略言之，則西方哲學之唯心論，大皆主要由心之認識上講心，其唯心論之發展，恆歸於肯定一超越意識，或上帝心、絕對心，爲更高一層之意義之心之存在。而印度哲學中之唯心論，則歸於肯定一在一般人心以外之更深之心。如梵我不二之心，如來藏心。而此更深之心之昭顯，則必賴於修養上下工夫。中國哲學中之唯心思想，則恆以道心，本心、眞心，爲更高或更深一層意義之心，而亦重由工夫以昭顯此心；並更重在以此心主宰身物，裁成世界，而由徹上以徹下，徹內以徹外者。此爲中西印傳統唯心論哲學之大別。本章略論西方之唯心論。下二章再各以中印之一唯心論之思想爲代表，加以論列。

第二節　西方唯心論思想之淵原

在西方哲學中唯心論之傳統，可說始於普洛太各拉及蘇格拉底。普氏之思想雖爲感覺主義，然其以人爲萬事萬物之權衡，而重感覺，即西方哲學中別人與神及自然，而自覺重人心之始。蘇氏之思想，雖主要爲屬於人生哲學方面者，然其不直接以神之教條爲道德標準，亦不重對自然之認識，而重人之憑其理性，以求眞知眞德，亦即柏拉圖、亞里士多德以降之西方一切形上學之唯心論之所由生。柏亞二氏之論宇宙，多由人之知識概念之反省以透入，此爲一入路上之唯心論。然其歸宿點，則在超越之理型，或上帝心中之形式。二哲皆不特重人心之裁成自然，而贊天地之化育一面，而歸於將人心隸屬於理型世界上帝心之下，故尙不能成爲唯心主義之正宗。吾人謂之爲唯心論者固可，只謂之爲理型主義者亦可。而西方 Idealism 一名用以指柏亞二氏時，亦重在指二氏之重超心理意義之理型或形式之處（註，見下頁）。至於後期希臘哲學中之斯多噶伊辟鳩魯之重人生之安心立命，亦爲一人生哲學上之唯心思想。然其溯人性於自然之性，而歸於自然之順從，則又非歸於人心之哲學。

西方中古之哲學思想，原於耶穌之宗教道德思想，與希臘之思想之結合。耶穌反對猶太教之重向外祀神，奉行律法，而欲人以其內心爲神殿，此本爲由超越外在之神，以廻向人心之思想。而奧古斯丁之神學，亦純從人心之反省入。然彼與其他之基督教思想家，無論其最初之思想之入路如何，其最後皆歸於以神心，爲人心之所託命，人心賴之以得救者。人心之參贊化育，蔚成人文之義，亦非中世思想之所重，故終不免神重而人輕。

近代之初，笛卡爾之以「我思故我在」，爲哲學之出發點。此亦爲一以心之「思想」，爲第一義之眞實之哲學。然其歸宿，則爲二元論。在歐洲大陸之理性主義之哲學家，唯來布尼茲通常被歸入多元的唯心論者。然其所謂單子Monad實爲一中性之概念，乃兼指上帝與人心及自然之一切實體者。其哲學之

〔註〕：西方之Idealism一字可以Ideal爲語根，此可泛指人心所抱理想；而凡重人心之理想之思想，皆可稱Idealism。此即吾人在篇首所謂理想主義或廣義之唯心論。Idealism亦可以Idea爲語根。此Idea在柏拉圖乃指理念或理型，亦通於亞氏所謂形式者。故以Idealism指彼等思想時，宜譯理型主義。Idea在近世經驗主義之哲學中，又爲專指主觀心理中之觀念者。如巴克來之Idealism，乃主要是一認識論上以外物只爲吾人之觀念之一學說。則Idealism宜譯觀念論。至於Idealism指一形上學之學說時，則其主要之涵義，唯是重心靈或精神之眞實性之義。其語根爲Idea，亦可爲Ideal，宜譯爲唯心論。但譯爲理想主義亦未嘗不可。因重心靈或精神之眞實者，即重心靈精神中之理想之眞實者。

中心問題，乃在宇宙之形式結構方面，而較不重在決定存在事物之本性。自其哲學以一切單子皆有知覺，足包涵一整個之世界言，謂爲唯心論者固可；然自其以每一單子之世界皆爲一封閉之系統言，則人心之世界，亦爲一封閉之系統，而爲原則上可使上帝自然，皆在其外，而不稱之爲唯心論亦可。至於英國經驗主義之潮流，固皆自人之主觀經驗出發。然霍布士歸於唯物論，洛克歸於二元論，休謨歸於無物無我論。其中唯巴克來之以心統一切念，可稱爲純粹唯心論者。然巴氏爲一教士，其論唯心論之歸宿，乃在證明自然之存在於上帝心。其唯心論，亦乃重在說明唯具體之觀念爲眞實，而不重在說明心本身之統體性。故其唯心論，乃以觀念Idea爲語根之觀念論 Idealism。

除巴克來之唯心論外，西方哲學中復有所謂泛心論 Pan-psychism。此與原始之精靈主義Animism，亦可稱爲形上學之唯心論之一支。但此乃視心靈爲自然之一成份，亦不得爲標準之唯心論。此在本部第十章中亦嘗附及之，茲不復贅。

第三節　西方近代之唯心論

在西方哲學中之標準之唯心論，乃康德之超越的唯心論，及其所開啓之後康德派之客觀唯心論，絕對唯心論，新康德派之唯心論、十九世紀以來德之洛慈翁德及英美之人格唯心論、與意大利之新唯心論等。此種種形態之唯心論，立說不必同。其中或以自然只爲人之超越的統覺之所攝，如康德。或以自然爲精神之客觀化或外在的表現，如絕對唯心論客觀唯心論者。或重確立自然與精神及歷史之分，以確立精神與歷史之地位於自然之上，如新康德派之西南學派。或以自然爲成就人格之工具，如人格唯心論者。或以自然對人之現實精神經驗言，乃潛能而非現實，如意大利新唯心論者。或以上帝之存在，爲由人道德意志之要求以建立，如康德。或以上帝即人之大我，如菲希特格林。或以上帝即絕對精神，客觀精神，此絕對精神客觀精神，即表現爲人之哲學、宗教、藝術、國家、倫理、法律中之精神中，如黑格爾。或以人之人格能輔助「至善而力有限之上帝之人格」之所不及，如人格唯心論。或以人當下之新新不已之精神，即具神明性，如意大利之新唯心論者。此皆爲將人之心靈與精神之地位，特別加以凸出，以一方涵蓋昭臨於自然之上，一方見天心帝德之皆未嘗眞超越人心而外在，與人心相隔離者。此乃與中古宗教思想中之神本論，特重神之超越性；及希臘與近代之自然主義唯物主義之觀人心，只爲一自然中之存在，與其他自然中存在並立之說，皆不同者。大體而言，則此諸派之哲學，皆能始於人心之反省，而終於人心之地位及其責任之確認，以使人成爲一上天（上帝）下地（自然）中之一存在，即三才之一者。在此義上，此諸派之哲學，皆可稱爲西方合標準之唯心論者。

綜上所論，西方之唯心論者，可分爲下列數者，茲分列複述其特色如下：

（一）柏拉圖式之理型主義之唯心論——注重心所向之理型者。

（二）來布尼茲之多元之單子論之唯心論——注重心之自成一封閉的系統者——此說歸於以神心，

爲人心之單子及自然之單子之外在的配合者。
（三）巴克來之主觀觀念論之唯心論——重心之觀念者——歸於自然之存於神心。
（四）泛心論——歸心於自然者。
（五）康德式之超越主義批判主義之唯心論。以自然爲人心所對，而由道德意志之要求，以建立上帝之存在者。
（六）非希特黑格爾式以降之絕對唯心論。自然爲精神表現，上帝爲大我或絕對精神。
（七）人格唯心論。自然爲成就人格之工具，上帝爲一至善而能力有限之人格精神。此可概括德法之重個人之人格意志或精神之新唯心論者，如德之洛慈 R. H. Lotze，倭鏗 R. Euckin，法之勒魯維 C. Renouvier 拉西列 I. Lachelier 及英美之人格唯心論者。如塞斯 A. Seth 霍維孫 G. H. Howison 等。
（八）意大利之新唯心論。以自然對現實經驗言只爲潛能，另無神。人之精神即具神明性。
對以上各派之唯心論，除前四者，非標準之唯心論，且多已於上列各章中述及之外；對由五至八之各派，吾人可指出，其所以必歸於以人心或精神在自然之上，而又以天心天德，皆不外於人心或神心之大體上之理由如下。

第四節　康德之超越唯心論中之認識的主體觀

西方唯心論者之以心靈在自然世界之上之一根本理由，是從我們之對外物自然物之知識之形成上說，心靈實供給此知識所由構成之主要成份。即此種知識之有客觀性、普遍性，其根據亦在此內在的心靈，而非外界之物之自身。此即康德之純理批判一書之一主題。而亦大體上爲其他唯心論者所共認者。

在康德之唯心論，我們要先注意二點：一點是他不否認物自身之存在。如我們前論康德對知識對象問題之主張時所說。另一點是爲一切知識所由形成之眞正根據之心，並非常識或科學的心理學，以及一些經驗主義者所謂心之經驗，如感覺、印象、情感、欲望、或意志等，可由我們之一般反省所得，或可由他人之所觀察者〔註〕。此爲一切知識所由形成之眞正之根據之「心」，乃超越於一般所謂心之經驗，及一般所謂外物之上，而同時加以認識之主體。此即其所謂超越的統覺，超越自我意識之超越的統一。這些名詞，初學者恒感到玄妙，配在康德大套範疇論中看，尤易使初學者感到惶惑。但此中有一較簡單之求迫近的了解的方法。而我們亦無妨由此法，並對照以前所已論之他派哲學，以指出康德之所謂超越意識、超越統覺之涵義。

〔註〕：W. Hocking 有一文名 Mind and Near mind 謂此等等通常所謂心者，皆爲 Near mind 非Mind 此略近黃道周所謂心邊物之非心，（參考本部第十九章最後一節）Hocking 此文載 The Devolopment of American Philosophy。此書由 Muelder & Sear 合編，Houghton Co. 1940 出版。讀此文可對西方唯心論者所謂心之異於一般所謂心，有一了解。

此簡單的求迫近了解之方法，卽試想我們在此豈非一面看見外界，有種種形形色色之物，佈列於空間；一面又可反省到，我之內界有種種起伏之感覺、印象、情感、欲望等，在一心理之時間中相續生起？我在如此想時，我豈非卽已同時統攝此一切對外界之所知，及對內界之所知？此對內外界之所知，豈非明屬於一統一的我之統覺？此統一之我之此統覺，旣然兼知此內外界之時空中事物，而統攝之；則此我卽爲超越此一切內外界之時空中事物上之一認識主體，而不與其所認識之一切，居於同一之層次，而可稱爲超越之統覺，超越之我，意識之超越的統一，以別於通常之經驗統覺，經驗的我，經驗意識。

此所謂超越統覺，亦可從康德所謂純意識 Pure Consciousness 去了解。所謂純意識，卽把我們之意識中特殊對象之內容，抽掉後之原始的純一的意識之能，或一純粹之能覺。而此純粹意識亦卽一般意識 Consciousness in general。此一般，乃就其能普遍運行於一切特殊對象，而形成種種可能的普遍概念上說。而說其爲超越統覺，則一方是自其位於通常之所謂意識經驗及其所對現象之上一層次，而加以統攝處說，一方則是就其能兼統攝各種感性範疇，理解範疇，以成就吾人對整個自然世界之種種知識上說。故此超越統覺，有其更複雜的關聯。然而我們可暫不管此複雜之關聯，而可只就此超越統覺之爲一原始的純粹意識，一般意識上，去了解其普遍運行於一切特殊對象之上，而加以統攝之一根本義。

我們今試將此說之根本義與他派之哲學，如前述唯物論者以及亞力山大、懷特海之說相比較，便可明白此說之根本義，至少從一面來看，是不可動搖的。譬如依此其他諸說，都可說世界除我們人之經驗外，還有外面之日月星辰土石動植等，林林總總之事物。這許多事物，都可在我們自己未生之前，早已存在。由我們自己之父母祖宗，一直推至人類存在以前，生物存在以前，及地球存在以前，亦早有天空中之星雲存在。而此存在之世界之空間時間，亦儘可是無定限的廣大，無定限的長久，由過去經現在，直伸至未來，以新新不已者。如依康德哲學說，則這些亦都可是眞的。康德本人在初年，亦對於太陽系之生成，提出星雲學說。但是康德於此，只須轉問一句：誰是知道此一切者？或你如何知道這些？這些知識如何可能成立的？則此全部人所知之世界，即全部如被拋回於人之有此知識，能形成此知識之能知之心靈。依康德說，我們之能知之心靈，其形成此一切知識之第一開始之條件，即我們在受外物之影響，而生感覺知覺時，即同時將感覺知覺所得者，安排於一時空之範疇或形式中。此時空形式，卻非感覺知覺之對象，而是我們去感覺知覺事物，及安排感覺知覺所得者之一先驗之形式。此在本書第三部第十章第十一節已論及。這我們只須試把方才所說對自然之一切知識，再回頭一想，便可更反證康德所說。即如方才所說日月星辰，土石動植等，林林總總之事物，我們都承認其在空間中，而自古及今之一切事變，我們皆承認其在時間中。則我們如不將此一切，安排於空間時間之秩序中，或不透過時間空間之格局，去看他們，我們明不能有知識。然而我們有無理由說，時空是外在於我們自己的？如所謂「我們自己」，是指我們之身體，及視爲只與此身體相連之我們個人已有之主觀經驗，我們是可以如此說的。因我們可以說在我們之身體外有空間，我們已成之經驗外，尚有未來時間中之種種經驗。但是如所謂我們自己，是指此能認識一切之主體，則不能說。因此認識主體，乃超越於我之此身體之上者。我之此身體與其外之事物　同是此認識之主體所涵蓋，而加以認識者。我乃同時認識我之身體之在某空間，與其外空間中之事物。則在身體外之空間，並不在我之認識之主體的涵蓋之量之外。而我們無論如何去想像此空間之無定限的伸大，我們都不能證明此所想像的空間，能較想像此空間之心靈爲大，而在此心靈之外。對於時間，亦復如是。我們雖可想像時間之能無定限的伸長，以溢出於我之一切已成之經驗之外，然而他仍不能溢出於此能想像時間之無限之伸長的心靈之外。由此，而我們縱然假定時間空間，乃合爲一無限之時空之整體，如亞力山大所說，或時空之秩序，皆依於宇宙之擴延連續體中之基本秩序而來，如懷特海之說；依康德之思想來看，此皆同不能證明時間空間，在我們之能認識之心靈之外。因我們在知此所謂無限的時空之整體，或擴延連續體中之秩序時，我們之認識的心靈，亦即同時體現此整體之秩序。至於說我們認識時空之整體，只是以我們在此時此地之觀點上，所構成之一時空觀景，此外尚有無數之觀點之觀景，在我們之觀點之觀景外，此話依康德思想來看，是可說的。然此仍不能證明此外之無數觀點之觀景，在此能認識之心靈主體外〔註〕。此理由仍甚簡單，即因此心靈亦知道：此外可能有無數之觀點。說我們之心靈之當下認識，只是一現實存在之事，此事雖以整個宇宙之擴延連續體爲

〔註〕：E. Cassirer: Substance and Function 一書之一附錄，即說明康德之時空理論，可不與相對論衝突之一文。

其背景，然此外尚有無限之事，在我們當下之認識外，此話依康德之思想來看，亦是可說的。然亦不證明有當下認識以外之事，在此心靈之主體外。此理由亦復簡單，即此心靈之主體，亦知道此外有無數之事。此心靈之能知此外之可能有無數觀點，及無數之事，則有此知之之心靈，並非限於其當下之觀點所認識之事之「知」中之心靈。有此知之心靈，乃是一能兼取一切可能之觀點，兼知此一切可能之事，而超越其上之一心靈。由是而依康德之哲學，以看此時空中世界，無論其如何廣大複雜，皆是在此心靈之主體之所涵蓋之下，而屬於康德所謂可能經驗之世界，而永不能溢出其涵蓋之範圍之外，而亦永爲其所統率者。此心靈之主體，亦即一超越的主體，其意識即一具超越的統覺之意識。

對於康德之此種以人之心靈主體，涵蓋統率一切所知之一切對象之義，一般人所以覺到不易了解之一種心理之障碍，是一般人看知識，皆只自其開始處看，而不自其成就處看。在人開始求知識時，人總是想所知之對象是外在的，我們是不斷自內向外追求，又如自下向上遙望。但是我們之求知之目的，乃以知識之成就爲歸宿。我們試去想，在知識成就時，我們之能知之心靈，與所知之對象之關係，便知此心靈，總是超越於對象之上，而將對象加以涵蓋者。由此而一切可知者，亦即我們之心靈，所可能經驗可能知，而在其所能涵蓋之量之內者。若眞有在其外者，則吾人對之之知識，亦永無成就之可能，而吾人亦永不能確知其是如何存在的。因而一切吾人所能確知爲如何存在者，吾人亦即能同時確知，其必在此能知之心靈所能涵蓋之量之內者。由此而一切人對自然之知識，皆統攝於人之能知之心靈之下之義，卽可在原則上成立。然此能知之心靈，並非限於現在之一特定之知之活動之心靈，而是能無定限的超越其特定之知之活動，以普遍運行於一切對象可能經驗者，而能加以涵蓋並對之作種種超越的規定之能知心靈。此種唯心論，康德卽自稱爲超越之唯心論。

第五節　康德論自然之合目的性與美感及心靈之超越性

康德此種超越唯心論，方才已說其並不否認物之自身之存在，亦不否認自然之本身之存在。其所爭者，唯是從人對自然知識之成就上看，自然只是人之能知之心靈主體之所知，而爲其所統攝。此外，人對於自然，除純粹之認知之態度外，尙有一態度，卽康德之判斷力批判，所謂審美的態度，於自然中感識某種目的性的趨向之態度。

關於自然之活動，有一目的性趨向，可以爲自然中有理性之證明，如在斯多噶派。亦可爲自然由上帝依計劃目的而造之證明，如在若干中古哲學家。亦可爲有目的性之活動之人，與有目的活動之自然界之生物，在進化上之相連續之證明，如在進化論者。然依康德，則自然之表現有目的性之活動，乃人之美感之一主要泉原。如動物植物之各方面配合和諧的生長，所成之形態，卽爲人之優美感之一主要之泉原。在人有此優美感時，卽更易覺到人之心靈與自然之合一。

在此人對自然之美感中，包涵一美的判斷，卽判斷自然爲美。此美的判斷，根於客觀自然之形式，與人之目的之有一種應合，與一種統一，是康德哲學所承認的。但是人對自然之合目的性的判斷，其最後根據，唯在人之為一有目的之存在。人必須以其目的為背景，然後乃能判斷自然之合目的性，而生出美感。人之自覺的目的之具普遍性者，皆依於人之道德理性而建立，而人之道德理性，則為一超自然之情欲之理性。由此而人之判斷自然之合目的性，及人之眞正之美感，亦間接根於人之道德理性；而人之判斷自然之合目的性，此目的性，亦實為超越於自然之上之理念。純依人之求知識眼光看，一切自然之合目的性現象，亦未嘗不可依因果之原理，作一解釋。吾人之如目的之原理，解釋自然，亦並不能解釋自然中之種種至少在表面上不合目的之原理之現象。如動物植物之環境，對於動物植物之生存之種種妨礙災害等，皆不能直接依目的原則，加以解釋。由此而人之所視為自然之目的者，皆只能為自然現象之變化發展之一超越的目的。而此超越之目的之理念，乃不能落下，而隸屬於外在之自然，以對自然作規定的判斷者。唯依於人之道德理性心靈之提挈、懸起，此超越的目的理念，並依之以對自然作反省的判斷，然後能應用之於自然者。故其成立之根據，亦在人之道德理性心靈，而不在自然。

此外，人依其目的原理以看自然所生之美感，在康德亦以為有二種。一種為優美感（Sense of beauty），上已提及。一種為壯美感(Sense of sublime)。此優美感，或可直接由見自然物之各部之配合和諧，以適合一特定之目的而生。而壯美感，則依於自然之表現一超越一特定有限形式之目的，之不可限量的廣度量或强度量而有。而自然之種種對生物為災害之現象，如火山、洪水，亦未嘗不可引起人之壯美感。此壯美感，由自然所表現之不可限量而引起，尤不能以自然物之特定的形式目的，加以說明者。然則此壯美感由何而生？康德則謂此乃依於人之道德理性之具無限性，而原超越一切特定形式目的之限制而來。由此而自然所表現之壯美，乃唯對具道德理性之心靈而表現。此美雖似呈現於自然，而其根據，則純在人之超自然之道德理性。人亦唯有此道德理性，乃能將自然合目的的現象，與表面不合目的之現象，統一於變化發展之歷程中，而視之爲達一超越的目的理念者。

對於康德之自然之合目的性及美學之理論，乃康德哲學之一最後成果。其詳非通過其道德哲學，不能了解。吾人此上之所說，重要者只是指出自然之被判斷爲合目的性，及自然之美感之根據，乃在超自然之心靈中，超越的目的理念之存在。由此而凡人之由自然有合目的性之現象，及對自然之美感，以證心靈與自然，屬於一層級，而爲一具直接之連續性之理論，則皆依此哲學，而成爲無效。至於人之心靈如何可說由自然中進化而出，又如何不妨礙其眞實性之高於其他之自然物，則在康德哲學中，尙無此問題。至在進化論興起後，西方唯心論者於此問題，則另有答覆。

第六節　康德論上帝之存在與人之道德理性

至於對人以上之上帝之地位問題，依康德之唯心論，則一切傳統之以純粹理性論證上帝之存在者，亦皆爲無效。此在康德之純理批判（或純粹理性批判）一書，超越的辯證論第二卷第三章，有極詳盡之討論。今吾人自不能一一於此加以分析介紹。但此一切詳盡之討論中，可說有一極簡單之邏輯原理貫注，此即：吾人之據任何前提，以推斷一結論，此結論中之所包涵者，皆不能超出前題之所包涵。吾人欲論證上帝之存在，吾人所能有之前提根據，只有二來原。一是吾人之上帝之觀念，一是吾人之所見之世界上之存在事物。由吾人之上帝之觀念，以推證上帝之存在，乃傳統之本體論論證。然吾人如由一觀念推證其存在，此乃對此一觀念有所增加，而形成一綜合命題。依上帝之觀念爲前提，吾人只能分析此觀念，以成一分析命題。而此分析命題，皆爲只關於上帝之觀念者。故由上帝之觀念，只能推知上帝之觀念，或此觀念之存在，而永不能得上帝之觀念，代表一存在，或上帝實際存在之結論。此結論如由上帝之觀念推得，即必然爲一不合法之結論。

至於從世界上之存在事物，以推證上帝之存在，如由世界上之事物之爲偶然存在，以推有必然存在之上帝，及由各種次完全之物，以推必有最完全之上帝等，（如吾人在有神論哲學中之所論者），則依康德，凡此等等，皆由於將人之理性，作顚倒的誤用而來。因此種論證，如眞是以世間事物之存在作前提，則所能推出者，只爲世間事物之存在，不能爲上帝之存在。因上帝之存在之概念，乃不包涵於世間事物之存在之概念中者。則吾人此時推知上帝存在之根據，唯在「偶然者外，有必然」之一理性原則，「一次完全者之上必有更完全者，以至最完全者」之理性原則等。然此原則，只是吾人在求知識歷程中繼續運用之原則。此原則，只引導軌約吾人之求知活動之進行，以求一切偶然者之必然之因。並由對不完全者之知，以嚮往較完全者之知。此諸原則，乃吾人理性所繼續運用之原則，亦永不能完成其運用之事，而永只存在於運用進程中之原則。因而由此原則，吾人只能推論出：吾人可再繼續運用之以成一無限伸展之「因復有因之串系」，「較完全者有更較完全者之串系」。然此中之第一因與最完全者，則只爲吾人之此求知進程所嚮往之一理念，而不能外於此求知進程，而懸空自己存在者。於是吾人之由此原則，以推論在吾人之求知進程以外之上帝之存在，亦爲一結論溢出於前提所涵之事，而仍爲一不合法之推論。

康德在純粹理性批判中，否定一切傳統之上帝存在之論證之後，在實踐理性之批判中，又再由人之道德理性之要求，道德與幸福之必須結合爲至善，而由此至善之理想之存在，以論人必須設定上帝之存在，以保證此二者之必然結合。然在此處之上帝之存在，即全爲依於人之道德理性之要求而立。人之道德理性，亦確有一使「善人在永恆世界中得具德亦具福」之超越之要求，此要求爲人所不容已的發出；亦無現實存在事物，能阻其不發出，或足使人疑此要求之不正當者。因此要求本身，即一超越現實存在事物之要求，而依於人之定正當不正當之分之道德理性而發。而由此要求之存在，以設定滿足此要求之上帝之存在，亦爲超越吾人一切依純粹理性，而生之思辨之事。吾人之有此設定，亦不同於一般科學之假設，可由經驗而否證者。此乃一不能由經驗證實或否證，而又爲人依其道德理性，所不能不設定者。因而此設定，非假然之設定，而爲一定然之設定，終則成爲人之信仰之所對。依此，而康德謂人必當信仰上帝之存在。然離人之道德理性，則此信仰即無根而發，而其本身，亦可隨時動搖。此即建立宗教信仰之根，於人之道德理性之說，並無異於以人之道德理性之心靈，爲第一義之實在，而以神爲依此實在而被信仰之第二義之實在之哲學。

第七節　後康德派唯心論哲學—菲希特之大我論

在後康德派之菲希特、席林、黑格爾之哲學，與康德之不同，是將康德之超越之唯心論，逐漸發展爲客觀唯心論、絕對之唯心論。這是更複雜之論題。但簡單說，此皆本於辯證法的運用，而將康德哲學中之「相對者皆統一於一絕對」而來。

譬如在康德哲學之知識的世界中，能知的心靈與所知之現象世界，是相對的。所知之現象世界，與物之自身，又是相對的。但此所知之現象世界，既是物自身之表現，其表現又是表現於此能知之心靈之前，則我們何必說物自身爲現象世界之後的本體 Noumena ？何不說此現象世界之表現於心靈，所構成之統一體，即物自身之呈現之地，而此即眞正之本體之世界〔註〕？康德所謂自然世界，只是指知識中

〔註〕：Caird: Critical Philosophy of Kant，即由此後康德派立場，一面解釋康德，一面說其隱涵後康德派之思想者。

之自然世界，亦即指呈現於感官之現象世界。此是能知之心靈主體，所涵覆統攝之世界。對此現象，我之求認知牠，本於我之求知之理性意志，似乎只有我是能動之能知，牠只爲被動之所知，而爲非我，我之能知，爲超越於牠之上者。但是從另一更客觀之立場看，則我之知此世界，亦即是此世界自己向我而呈現，以成爲我之能知之所知。即此認知之歷程，不只是我之心靈超越於此世界之上，而加以認知之歷程，亦是此世界之自己升起，以逐漸內在化於我之心靈、我之知識中，而使非我屬於我，以成一統一體之無限歷程，如我們前之所說〔註〕。當我只是與視爲非我之世界相對時，我只是能知之心，非我只是所知。但當非我之世界內在於我心，而合爲一統一體時，則我之心即亦可升進爲「同時自覺此所知之內在於此能知者」之心，而我之此自覺心，即爲在此所知與此能知之上一層次，而兼統此二者之心。由是而我於知世界時，果再能自覺其「知世界」，則此能自覺之心，即爲一「統一我與世界」之一客觀的我、絕對的我、或客觀心、絕對心。而此即菲希特之唯心論之發展之道路。

依菲希特之此思想，所謂自然，所謂世界，在根本上即一對我而呈現之世界。我之自身爲正，則此自然世界爲非我、爲反。但此爲反，乃對我自身而爲反，亦即無獨立存在之意義。而當我自覺其「爲對我自身爲反，而內在於我之能知我之此自覺中」時，則他即「非非我，而自反其反」，以入於我之正。

〔註〕：參考本書第二部第十章第十二節。

此爲一反之反，而合正反之合。此即一辯證法之應用。

依此辯證法，一方可將自然與我之能知之心靈或精神之相對，加以統一成一絕對，而另一方，亦可將我們自己之自我，與他人之自我，統一爲一絕對我。本來在康德哲學中，論人之道德理性意志之最根本之表現，即在其能處處爲自己行爲建立普遍之規律。此普遍的規律，必須兼對人與我爲有效。由是而人必須視他人，亦爲有同一之道德理性意志，而將他人本身視爲一目的，對之有一絕對之尊敬，而不能視之爲手段或工具。在此，康德之將人與我之意志，視爲彼此獨立，而如互相外在，亦尚不免有一多元之色彩。然我們試想，我在以他人本身爲一目的，對之有一絕對之尊敬時，我豈不亦同時超出我自己對我自己之自尊之限制，而兼去尊敬他人？我在肯定人與我有同一之理性意志時，我豈不亦同時在把人與我平等觀，而肯定此同一理性意志之兼存於人與我？而此能超出我自己去兼尊敬他人，並平等肯定人我之有同一理性意志之「我」，豈非即一在人我之相對之上，將人我同一化，而在他人中看出與我同一之我者？則此「我」，豈非即一方能分別人與我之相對，一方亦統一人與我之相對爲絕對之絕對我。

此所謂絕對我，乃在人之道德理性意志中呈露之我。唯人在其道德理性意志呈露時，乃能在此非我之他人中，發現一同一於我之我。若離此道德理性意志，人亦無處能眞了解：此合「人之我與我之我」所成之爲一絕對之大我。此絕對之大我，乃表現於人與人一切眞正之倫理關係之中。在國家成爲賴人與人眞正倫理關係而結成之統一體時，此大我亦即表現於國家。此絕對我，乃通人我以爲一我，亦即通人我之精神，以爲一客觀之絕對精神者。西方傳統宗教中所謂上帝，其道是愛，以一切人爲其子，亦即一通人我爲一我之精神實體。而在菲希特，則此宗教中之上帝，亦即在人與人之有眞正倫理關係時，呈現於其中之絕對我。由此而將康德之建宗教上之上帝於人之道德性意志之義，再推進一步。

第八節　席林之自然哲學

至於席林對康德哲學之推進，則除其晚年思想外，主要是對於康德之自然哲學，及美學方面之思想之推進。席林之自然哲學之根本義，在由自覺的精神與不自覺的自然之相對，而互爲正反，以指出其根本上之同一。精神乃自然之內在之本質，自然即精神之外在之表現。其與康德之不同，關鍵在康德之美學所重者，尙在美感，而席林則更重此美感之表現爲藝術。美感表現爲藝術，則在外面所見者，可只有藝術品之形聲色香，而藝術天才之所創造，亦似除此形聲色香之種種表現外，更無其他，於是藝術之形色聲香，即一新自然。藝術天才之創造，其初爲不自覺而後被反省，正如自然之一切表現之初爲不自覺而後被反省。故人由藝術眼光去看自然之形色聲香，人亦最易直覺其爲一潛伏於自然內部之一宇宙性之精神之表現。而康德哲學之所以不能及此，亦尙有一理由可說。

我們說康德哲學之所以不能使自然，整個成一宇宙性精神之表現，此乃由於康德之尙拘拘於其優美與壯美之辨，及自然之合形式目的性的現象，與不合形式目的性的現象之辨。然在席林，則承當時之浪漫主義之潮流，而以無限生命精神與有限形式目的之結合爲美感之根原，而重視無限之生命精神表現尤爲近代藝術之特徵。席林復以合形式目的之自然物之產生，恆通過自然之流行而產生。在此自然之流行中，自然物之特定形式目的，原須不斷形成，亦不斷超化。而其不斷形成，亦即通過其不斷超化而後形成。故在此自然之流行中，一切特定之形式目的之達到，原非重要者，而只爲一過渡。自然界之萬物之形形色色，更迭而生，正所以見自然之生命精神之無限，而使其無限性，正面的昭顯於人之心目之前者。而依此眼光以看自然，則一切自然環境與有限之生命精神之目的性活動，其一時之相違反衝突，亦即當只視如一無限的生命精神，在其作各種可能之更迭之表現時，所呈現之浪花。此思想之進於康德者，亦在其依於一辯證法之運用，而將具特定形式目的之有限者，與超特定形式目的之「無限」者，加以統一之結果。

第九節　黑格爾之絕對唯心論

至於黑格爾，則依於辯證法之更廣大的應用，而造成一層層疊疊之正反合，所積成之一龐大的唯心論系統。而此系統對於西方唯心論之大貢獻，則在依於眞理爲具體之共相之原則，以論愈爲具體之全體者，愈表現眞理，亦愈爲更高之實在，以證精神之爲更高之實在。而成就此結論之道，自淺處言之，有三點可說。

（一）爲西方傳統形上學之一中心問題，即何者爲宇宙之最普遍之原理，或應用最廣而及於一切存在之範疇之問題。在西方傳統哲學家，於此亦始終有意見提供。康德在知識論中，曾自以爲已能將知識中之所應用範疇，配成一完全之系統，更無遺漏。然卻無一根線索，以次第引繹出其由感性至理解與理性中一切範疇，則人亦儘可疑其爲拼湊而成。而黑格爾之邏輯之大企圖，則是欲依一切思想範疇之由內容較抽象貧乏者，至內容更具體豐富者之次序，而以辯證法的思維，展示其內在聯繫。此在西方哲學史上，乃一空前之事。其所成之系統，雖不能如天衣之無縫〔註〕，然彼之以一切具普遍性，而可應用於存在事物之範疇，皆同時爲呈現於人之思想者，則可說爲直承柏拉圖以來之西方理性主義之傳統之一顛撲不破之論。如果此諸範疇間之內在的聯繫，眞可由人之辯證法的思維進程中，次第展現，次第建立；即無異證明此可應用於存在事物之範疇，初乃直接存在於人之思想之自身者。此諸範疇之兼可應用於所謂思想外之存在事物，皆同時爲「此諸存在事物，唯是體現此思想中之範疇，以得其存在性」之證明。

譬如我們通常應用有、無、變、一、多、因果，本體屬性等概念於存在事物，此皆爲具普遍性之範疇。如存在事物不能納入此諸範疇之下者，則不能存在。如吾人說一物，既非有亦非無，既非一亦非多，則非吾人通常所謂存在事物。由此而吾人即可說，一切存在事物，至少必須具備一可納於諸範疇之

〔註〕：Mctaggart: A Study of Hegel's Logic 對黑格爾之範疇之推演何處爲有效，何處爲無效，有一詳盡之分析。

下之性質，而此性質，即一切存在事物之存在所必須具有之性質。然此諸範疇本身，則依其普遍性，乃不能只存在於一一特殊存在事物之內者，而初只能對人之思想而呈現，而直接存在於人之思想中者。由此而一切存在事物，即依於其能納於此諸思想中之範疇之規定之下，而體現此思想中之範疇，以得其存在性之義，於是可說。

（二）是黑氏之自然哲學，雖被認爲其中包涵無數穿鑿之論。然其自然哲學與席林之一不同，在其特重自然中之存在事物之高低之層次劃分，而此劃分所本之原理，仍是其存在之內容性質愈豐富者，則其層次愈高之說。故物質高於空間，動物高於植物，自然人類學中之人類，高於其他動物。而人與其他動物之大界限，則在其由意識而發展爲對自己之意識，即自覺。由此自覺，而人乃不只是存在，且自己對其存在有一確定感，進而能自己肯定其自己之存在，把握其自己之存在（註）。人能回憶過去，以使消逝者重歸於存在，及有其他種種理性之活動；即使人成爲純精神之存在，而可將一切自然之存在之形式內容，化爲人之知識內容，而加以自覺者，亦將自然之存在，化爲精神活動之表現之憑藉（如在藝術及其他人對自然之文化活動中）者。今只就人之得生存養育於自然，而又能自覺其自身之存在，及其他自然之存在一點上看，吾人已可說人之超越於一般自然之上。而人之超越於自然之上，又如自自然中

〔註〕：黑氏之精神現象學即由此開始。

生出，而又有此上之自覺，自自然之眼光觀之，亦即同於自然之自求通過人之心靈，而被自覺被肯定爲存在。若離此心靈，則自然之存在，亦無由以被肯定而不得稱爲存在矣。

至於在精神哲學上，黑氏之說，亦極爲複雜。其所謂主觀精神，爲個人精神；其所謂客觀精神，即社會精神；其所謂絕對精神，則爲通人與宇宙之精神，如藝術、宗教、哲學中所表現之精神。其客觀精神之理論，與菲希特之大我之理論，大體相通。在其絕對精神之理論中，對於藝術與美，黑氏乃確定的主張，自然之美居於較低之層次，而人之藝術居於其較高之層次者。至在論宗教中，則彼謂基督教爲絕對之宗教，而其在宗教中之地位所以爲最高，則在上帝之必下降化身爲人而神之耶穌，與遍運之聖靈，成純精神，以存在於世界；此即同於謂上帝之必須超越其在人與自然之上之超越性，以兼內在於人及自然。而此義，在宗教上只以圖像之語言表達者，在哲學中，則可以黑氏之辯證之理性，加以說明。而宗教上上帝之自身非他，亦即哲學中之絕對理性自己。此理性若欲眞爲存在，即須成爲：存在於似非理性之自然，而表現於自然中；再由自然升起，以自覺其自身，而表現爲「精神」者。至於從縱的方面，看此「精神」在地上之行程，即爲人類之歷史之自身。而黑氏之哲學，最後即歸於唯歷史爲最後之眞實，其自身爲一理性之表現，亦同時即上帝之顯現其自身之行程之說。此即無異於將西方中古哲學中之上帝，全化爲透過人類之歷史精神而表現者。此乃西方泛神論者之通上帝與自然以外，另一種通上界與下界，而融貫上帝與人於一大精神中之西方哲學。而其所根據之原理，仍爲以離人與自然歷史之上帝，乃一較抽象之存在；因而不及通人與自然歷史及上帝爲一「大精神」者，更爲具體，而更爲眞實之原理。

第十節　黑氏以後英美之新唯心論之發展

此種愈具體者愈眞實之原則，而以「精神」爲最高眞實之說，爲黑氏以後之英國之柏拉德來、鮑桑奎等所承繼，而成彼等之絕對唯心論之哲學。其中柏氏並確立：決定形而上之眞實之二原則，一爲無所不包 Comprehensiven ss，一爲融貫（Coherence）。依此原則，以論吾人通常所視爲眞實者，如物之第一性質、第二性質、時間、空間、運動、自我、上帝，以及一切有限之精神經驗，如道德經驗、宗教經驗等，皆同爲只表現一程度之眞實之現象，而不能表現絕對之眞實者。絕對之眞實爲一包涵此一切，而又超化此一切，所成之絕對經驗。此絕對經驗，即一感通或感攝的經驗〔註〕。其哲學爲運用一正反相銷之辯證法，以由現象透入眞實而與黑氏之合正反，以次第迫近更高之眞實者不同，以爲黑氏以後西方唯心論哲學之一最大成就。

至於鮑氏之哲學，則爲正面的承繼黑格爾，重在說明無限之絕對，即在一切有限之世間事物之後之

〔註〕：柏氏之原文爲 Sentient Experience。然其所謂 Sentient，具有『對一全體之感攝而與之相通貫爲一』之義，故不宜譯爲感覺的經驗。

上，而爲其依據者〔註〕。吾人對其哲學只介紹一點，即其個體性之原理與價值 The Principle of Individuality and Value 一書第一部所陳之人之心靈與精神，在何義上，亦可說是自自然中生長而出之義。

此書之論上述之問題，乃全幅承受進化論者所說之事實。唯心論者之承認進化論者所說之事實者，前在英有格林 T. H. Green，及華德 J. Ward，均論進化論之事實，與唯心論之肯定自覺的心靈之自古固存之根本前提，不相爲碍。在鮑氏此書，則根本不先假定自覺的心靈之自古固存，而唯由人之自覺心靈出現前之種種事實上之情勢，以論此自覺心靈之必歸於出現。故麥克太噶 J. E. M. Mctaggart 曾以爲其言實與唯物論者之論心靈如何由自然長出者無殊別。然此中實有一大殊別；即在鮑氏之衡定眞實之原則，爲愈能成一系統之全體者，乃愈眞實，此乃黑氏以降之唯心論之根本原則。由此而吾人縱肯定太初之只有物質與自然生命，或蒙昧之心靈，然吾人仍不能主張唯物論，或其他自然主義之哲學。此乃因此太初之物質與自然生命之發展進化，既必歸於有心靈之存在之人類之出現，唯此心靈最能表現「其所關聯及所由構成之成份」之系統的全體性，而爲更眞實者；則吾人仍可說此自然之發展進化之歷程，乃以人類心靈之存在出現，爲其歸宿與意義之所在。而吾人如通宇宙之前後始終以觀，則吾人又當說此整個爲一全體。此全體之始，即所以成終，而終亦所以備始。則從人類心靈之出現於自然，乃爲後來之事，

〔註〕：對鮑氏之哲學之與柏氏之不同 R. F. Hoenle: Idealism as Philosophy 之說明最佳，但其書對柏氏之了解，尚不足。

仍無碍於其爲宇宙間之具最高之眞實性之存在。此並非謂宇宙間，唯有一心靈，其餘存在皆爲虛妄之謂。只是謂此心靈之存在，爲最表現系統之全體性，而亦爲整個宇宙之一切存在所合成之系統──即「絕對」──中之樞極之所在。而此則一可由此心靈之思想中之邏輯秩序，即知識世界之秩序，亦在知識中之存在世界之秩序得其證明；又可由此心靈之美感、道德感之通內與外、人與自然、人與我等、以得其證明。此則由柏拉圖以來，至近代之唯心論者，所指證者已多。而鮑氏之學，於此實多所承受，以爲其一家之言者也。

在西方現代之唯心論者中，尚有美之羅哀斯，乃與柏鮑二氏大體相近，而同屬絕對唯心論者。然羅氏之唯心論之一特色，則在其唯心論之論證，不本於亞氏之邏輯，亦不本於亞氏之辯證法，而是運用一種新形式邏輯中，對於無限數之觀念，以論個體心靈與絕對心靈之關係，有如一由無限數之系列，所抽出之一部份之項，所構成之無限數之系列，可與此無限數之系列之全體，有「一與一之對應之關係」者〔註〕。而此亦即同於謂，每一有限之個體心靈，其內涵亦爲無限，而可一一直接反映無限之絕對心靈。至各有限之個體心靈，所賴以表現無限之絕對心靈者，則要在各個體心靈，相互之交通了解，以相

〔註〕：羅氏之此理論見其名著 World and Individual 一書之附錄之一文，或謂此文較全書尤爲重要。所謂於無限數之系列中，抽出一部份之項再成一無限數之系列，可參考本書第二部第十五章第四節註。

互反映，所成之羣體社會生活。至當個人有對羣體社會之忠時，亦即同於此統攝諸個體心靈之絕對心靈之通過羣體社會，而爲個人之忠之所體現。至當個人更有對此忠之忠時，則此絕對心靈，即同時爲人所自覺，而內在於此自覺中。此亦爲一種通宗教與道德，使神人之關係，成互相依待之關係之思想。此乃大別於中古之以上帝在其自身外造人，亦未嘗不可造之思想；而是以個人之心靈，與超越而又內在其中之絕對心靈，合爲一眞正之實在之思想也〔註一〕。

除羅哀斯外，西方唯心論之再一系統，爲麥克太噶 I. M. C. Mctaggart 之系統，彼初亦爲治黑格爾哲學者。然彼之釋黑格爾哲學之方式，與其自己所提出之唯心論論證，乃自成一型。彼自稱其唯心論之爲本體論之唯心論〔註二〕，美人康寧漢 G. W. Cunningham 以其本體論的唯心論之論證，爲唯心論三形態之論證之一〔註三〕，餘二者一爲主觀主義之所知不離能知之論證，如巴克來之說，一爲部份

〔註一〕：羅氏之忠之哲學 Philosophy of Loyality 有謝幼偉譯本，商務版。

〔註二〕：麥氏之存在之性質一書，論證頗嚴整，不易讀。彼在 Muirhead 所編現代英國哲學 Contemporary British Philosophy 中有本體論的唯心論 Ontological Idealism 一文，可見其說之大旨。

〔註三〕：W. Cunningham: The Idealistic Arguments of Recent British and American Philosophy: 1933.

之存在蘊涵全體之存在之論證，如黑格爾至鮑桑奎一派之說。西哲伯洛特 C. D. Broad ，嘗推尊麥氏存在之性質一書，在唯心論中之地位，在柏拉德來鮑桑奎所著之上，應與斯賓諾薩之倫理學黑格爾之邏輯之地位相比〔註〕。麥氏所謂本體論之論證，乃自存在之概念之分析下手，先指出眞正存在，所必須具備之形式之條件，然後指出，唯有心靈乃具此諸形式的條件，故爲眞正之存在。而此種唯心論之一特色，則爲否定時間之眞實，而視時間爲虛幻。此乃一遙承柏拉圖、奧古斯丁，近承來布尼茲、斯賓諾薩之以永恆代流轉變化之思想；而與近代之進化論之思想，以及黑格爾之重變化與歷史之思路皆不同者。其唯心論肯定有衆多心之永恆存在，各有其表面之生死，實則無始無終，又不另肯定上帝心之存在。並以絕對之概念，唯所以表衆多心間之以愛爲聯繫，以有形式上的統一，彼並以此解釋黑氏之哲學。此乃較來布尼茲更接近眞正之多元唯心論者。乃西方哲學中從所未有，而近於印度佛學中之唯識論，只肯定衆生各有八識，另無在上之神或絕對普遍心之論者。彼之哲學，後繼無人，亦不成一派。故前文論唯心論之派別時，未加以提及。吾人今提及之，亦意在視之爲吾人於下章論印度佛學中之唯識論之一過

〔註〕：參考 C. D. Broad: An Examination of Mctaggarts Philosophy, Combridge, 1933-38 一書之自序，及其 The Local Historical Background of Contemporary Cambridge Philosophy 一文。後者見 C. A. Mace所編 British Philosophy in The Mid-Century, Allen and Unwin Co., 1957 年。

渡。自麥氏以後，西方唯心論，亦幾於音沉響絕矣。

除上述諸唯心論者外，二十世紀在西方哲學中，尚有所謂人格唯心論，及意大利之新唯心論。此二派，亦各有所見。人格唯心論之肯定上帝之全善而否定其全能，肯定人格之獨立，而又謂其有所依賴於人外之自然與上帝，實爲一折衷綜合之理論。大體上言之，頗似來布尼玆之哲學之一現代形式之表達。唯人格唯心論者特重道德價值，並不以人格以下之存在事物爲有心，亦不以一一人格各爲一封閉之系統，則異於來氏。至於意大利之新唯心論，除克羅齊之美學有創見，並其通歷史與哲學爲一之論，亦尚可取外，其餘如其對邏輯及實踐哲學之見，實少可取。甄提勒之以「純動」說心，重當下現實之精神活動，立論有瑩淨之處。意哲魯絜諾G. Ruggiro有近代哲學Modern Philosophy一書，於十九世紀末期之德法之唯心哲學，多加以譏評，而於意之唯心論者外，則盛稱此二氏。惟區區之意，仍以爲其規模宏濶，則終不足以與唯心論者之前賢並論。今並亦不擬多及。

西方哲學中之唯心論　參考書目

B. Rand: Modern Philosophers

此書爲近代哲學之選集，其中所選之康德菲希特席林黑格爾之文，皆頗得要，而其所選之菲希特之文，乃取自其A. F. Kroeger所譯之The Science of Knowledge。而此書已絕版不易得，其所選席林之超越唯心論，則爲Rand所自譯，另似無單行本者。

A. C. Ewing: Idealism, A Critical Survey. London Methuen, 1936.

The Idealist Tradition, The Free Press, Ilencoe, Illinois, 1957

本書爲近代唯心論著作之一選集，唯割裂過甚，其所選者爲只見一斑，不可據以測全豹。此書所附唯心論者著作之目錄，可資參考。

G. W. Cunningham: The Idealistic Arguments in Recents British and American Philosophy. New York, Century, 1933.

本書路近代英美唯心論之三型態之論證。

蔣方震近世我之自覺史，此書論近代德國唯心論之發展處，頗簡要。

彭基相譯（Levy-Bruel原著）法國哲學史，由此書可知法國之唯心論大旨。

G. Ruggiero: Modern Philosophy, London: Allen & Unwin, 1921.

G. Royce: The Spirit of Modern Philosophy, New York, Houghton Mifflim, 1892

Lectures On moderm Idealism, Yale University Press. 1923.

前者樊星南譯本，後一書有賀麟節譯一部份，編入黑格爾學述中，商務出版。

R. F. A. Hoenle: Idealism as Philosophy, Harcourt Brace. 1927.

此書有傳統先譯本，名唯心哲學，中華書局出版。

I. Passmore: A Hundred Years of Philosophy, Gerald Duckworth & Co, 1955.

此書第三與第四章，論近百年來之英美之絕對唯心論者及人格唯心論者、本體論的唯心論者，所討論之問題頗簡要。

第十八章　佛學中之唯識宗之哲學

第一節　由西方哲學到東方哲學之道路

我們以上論各派形上學，仍大體上以西方之形上學系統爲主。我們可以說西方式之形上學之系統，彼此之界限，都比較分明。因每一系統，大皆是自覺的位於一確定之觀點，並依邏輯的推理，去對宇宙作一整個的說明。而我們所在之宇宙之巧妙，亦即如一片美麗的自然風景。你無論位於何觀點去攝影，都可構成一有秩序構造之圖畫。如果你在樹前攝影，則此樹特顯高大。如在一石前或人前攝影，則此石此人，特顯高大。至其餘之物，則依其關聯於此最大者之次序，以顯其在風景中位置。而哲學史上各派形上學之爭點與異同之所在，其實很少是一派形上學，要絕對否定宇宙間任何一存在事物之存在，而只是在各種觀點上，所看出之存在事物之大小輕重，及構造關聯，彼此顯得不同而已。至西方之形上學家之長處，即在其恆能取一觀點，即一貫的持某一觀點，如定立於此觀點而不移動。由此而更能形成一確定而與其他形上學界限分明之系統。我們能多了解或研究此種形上學之價值，則一方可訓練我們之定於一觀點，以竭心思，去看世界之能力。再一方，亦可使我們能不斷掉換我們之觀點去看世界，而逐漸自己亦能獨選取一觀點，以看世界；以使我們對形上學，亦有創造的思想，或一信念。

但是在此各種西方式之形上學中，唯心論在歷史上恆佔一優勝之地位，帶唯心論色彩之哲學家，亦最多。此理由亦可得而說。即我們之位於任何一觀點，去看這世界，此中都有我們所看之世界，及我們之「看」。故我們要論世界之全是什麼，最後必須包涵我們之「看」於其中。而且最後必須說，世界是在此看中所展現之世界。由此而哲學家之思維世界，上窮碧落，下達黃泉以後，最後還須歸到對其思維之思維，對其心靈之思維，而使此思維心靈，至少成其最在眼前，而居於最大最重要之地位之事物。此即唯心論哲學之所以恆佔優勝之一最自然的理由。

但是我們可以說，人不只是一在一定觀點看世界，思維世界，並思維其思維與心靈之存在的。人同時是在世界中生活行動的存在。人在生活行動時，其看世界，乃永在不斷變化其觀點之歷程中。如人之游覽風景，便不同於照像，而決不能只定立於一觀點不動。在一名勝風景之地，大多數人皆游人，只少數是攝影者。在美景之前，不去游覽，而只務攝影，此亦不必是能欣賞風景而了解風景者。

從人之在生活行動中，去看其所採之觀點，此觀點實受其存在地位的決定。哲學家的思維，與哲學家的心靈，亦同樣可受哲學家自身之存在地位的決定。此主要者即哲學家所在之歷史文化之傳統，及哲學家之爲人。菲希特嘗謂：人之哲學是什麼，依於其人是什麼。此語大體上是不錯的。

又從生活行動中去看世界，此世界之是什麼，亦如人在游覽風景時，我們可並不必處處皆能形成一輪廓分明的圖像。在游覽時，此一切圖像，皆在不斷顯出，而不斷超化之歷程中。然而人於此仍可以對世界有欣賞、有了解，而人亦恆只在其行到某處，特有所會心時，才說幾句話，吟一句詩。在此，人即不必處處要去構造嚴整的思想系統，寫哲學著作，而只是隨處發生些智慧的語言。此亦即古今東西之先知、詩人、聖者之哲學。東方之哲學，更大多是此類。此類之智慧的語言，常可以編入任何哲學系統中，然又超越於一切哲學系統之外，不受任何觀點之限制，而只是卓立於天地之間。這種智慧的語言，從特定之哲學系統之觀點去看，是零散的。但是從其常可編入任何哲學系統之內去看，則正可爲不同之哲學系統之聯繫者、整合者。若無這些語言，則一切不同之哲學系統，可能只是永遠的分歧。世界如只是一一哲學系統所照出之照片，世界仍然是分裂的，而哲學亦即不能達其眞正之關聯貫通世界之目標。此處即見東方之哲學之比較缺乏系統，並非一絕對的缺點。

又人從生活行動中去看世界，世界之畢竟眞實如何，即不全是一理論問題，而同時是一實踐問題。人在自然風景中游歷，人同時在改造自然風景。此一是因爲人之在自然中游歷時，人亦即風景之一部。「春水船如天上坐，秋山人似畫中人。」「煩君添小艇，畫我作漁翁」。則人即是自然風景之一部。其次，人在自然風景中，人可移動土石，依其意願與希望，去改造自然風景。則此風景之是什麼，必須連帶人之意願其爲什麼，希望其爲什麼，乃能決定。此意願希望，則由人之視什麼風景爲美，爲有價值，爲合理想之價值感，以爲決定。

人之最大之實踐，即其如何作人的實踐。此作人的實踐，包涵其外表的行爲與內心的修養之實踐。此實踐則依於人對其所接之一切事物，及其行爲意念之善惡是非之價值感，及由此形成之理想，以爲決定。人經由此實踐，人一方改造其環境，及其外表行爲，而人之心靈自身，亦由之而有一改變。由此而我們要討論我們之心靈之畢竟是什麼，亦不能離我們之實踐，以爲決定。我們應當說：心靈是什麼，以心靈之如何存在爲定。而此心靈之如何存在本身，則並非全是一已成之事實，可由我們之冷靜的反省，即可完全知道者；而是要在我們外在行爲內心修養之實踐歷程中，去隨處反省，乃能逐漸知道者。

我們如說東方之唯心論形上學有何特色，即在其所謂心，不只是指此現成已有之心，而是指由行爲修養歷程中，逐漸成就呈現展出的心——此亦即上章之始，所謂更深一層高一層之心，爲東方唯心論所特重者——。而由此心所看出之世界，亦不必是指我們現有之心，所已如此如此看出之世界；而是此逐漸由修養而成就展現出的心，所看出之世界。其所了解之世界之畢竟眞實之如何，亦不是離人之行爲修養之實踐而了解的，而是透過人之行爲修養之實踐而了解的。而此形上學，亦即與人生哲學、宗教及道德哲學，不能分離，並通貫人之知與行，通貫人之存在意識與價值意識，以成就建立之形上學〔註〕。

〔註〕：西人治印度哲學之Max Muller 早注意及印度文中之 Sat 一字，兼表眞實 Real與善 Good（Hirayana, Essentials of Indian Philosophy, P. 51）而中國哲學中之「誠」，亦兼涵眞實與善之義。

此種形上學，在西方雖亦有之，然非其思想之主流所在，而東方之形上學，則以此爲主流。唯因此種形上學旣處處涉及行爲之問題，則究心於此種形上學，亦不只是空講理論之事。故以下只擧印度之佛學中之唯識宗，及中國儒家之言，爲此種形上學之二代表，並略加討論。而此亦已足使學者知東方之形上學，異於西方之形上學者之所在，並知如何由西方之形上學，以通向東方形上學之道路矣。

第二節　印度之唯識論中之八識、三性、與四緣

在印度哲學方面，我們在本書第一部第五章，說其在原始宗教之思想中，即有一當前宇宙爲一「虛妄」Maya所覆之觀念，及人生由「業」而成之觀念〔註〕。此皆直接與人之價值感相連之觀念。所謂當前宇宙爲虛妄所覆，並非只是指陳一事實，說我們因之而不能知此宇宙之眞相；而同時是謂此「虛妄」，乃人所當求捨棄脫離，而無價值者。而此爲「虛妄」所覆之當前宇宙，即人所不當沾着其中，亦不當於此寄希望，而亦不合乎人之眞正希望者。而所謂業之效果之爲苦爲樂，爲善爲惡，爲染爲淨，亦皆是有價值之涵義的。印度哲學中所謂梵天、神我等概念之立，如與西方哲學相較，皆很少是直接爲說

〔註〕：業Karma原義，即行爲活動及其結果。依印度宗教思想，凡一行爲活動之結果，皆不散失，而是影響至無盡之將來之來生者。故吾人之今生之行爲活動，亦受過去無量世中所作之業之決定與束縛。

明知識所對之事物之所以存在之原因，而更是所以表示人之求解脫的目標，及所欲達到之境界的。如說印度哲學家亦多帶唯心之色彩，則其所謂心，亦恆分爲不同程度之眞或妄之心。此眞或妄之程度之分，亦即其價值之高下之分，人之視爲當有者與否，當希望其有者與否之分。人之所視爲不當有，或希望其無者，所以不眞，則因其雖亦爲存在之事實，然人正在求否定其存在，以使之成爲不存在之故。此人之求使之成爲不存在，亦即人所當直下肯定之一最眞實之事實。透過此最眞實之事實，去看此事實之存在，則其存在自爲暫有，即雖有而非眞。

在印度哲學之各派中，佛學入中國，幾近二千年。然佛學中之唯識宗，則是純粹的印度佛學，而又較爲中國學者所習知者。故我們以之爲印度思想之一代表。

唯識宗，我們可說其爲佛學中之一種唯心論。依於我們方才所說，一般印度哲學之特色，是論心要分眞妄。唯識論所謂識心，實乃指妄心。唯識宗之歸宿，是要轉識成智，唯此智心乃爲眞心。依唯識之理論說明我們之人生與世界，亦即只說明到涵虛妄性之人生與世界。要知何謂無一切虛妄之眞實之世界與人生，則待於我們之經轉識成智之修養工夫，使識心成智心以後，然後眞正可能。涵虛妄性之人生與世界，乃對涵虛妄性之心識而存在。無一切虛妄性之人生與世界，亦對無虛妄性之心識而存在。由此而不經人之修養工夫，亦即不能知眞正之眞實的世界。世界與心識俱起俱現，而形上學的智慧，亦即隨心靈之修養工夫而轉。另無離工夫而入眞實世界之門之道路可得。人離此工夫，則其一切思辨言語，皆只爲依於吾人當前之涵虛妄性之心識而生之戲論，終不與眞實世界完全相應者。此猶如持燈看物，燈明則物明，燈暗或燈外之玻璃有塵障，則所照之世界，即處處是塵障。除非人將此燈本身中，一切塵障拂拭乾淨，此燈所照見之世界，即永只限於其能照之世界，而永不能達於全幅的眞實。

依唯識宗之理論，我們之人生，與所見之世界之如此如此，乃依於我們之心識之如此如此。此乃由以前佛學一貫的人生世界觀下來的思想。在小乘佛學，原來極早即有六根、六塵、合爲十二處，加上六識爲十八界之說。此即是說我們所對世界，自始即是顯於我們之根與識之世界。我們不能先成立一所對之世界，然後再說我們之根識，如何由之而產生。亦不能說先只有一純粹的心識，懸空存在，如西哲所謂純靈之上帝，或印度婆羅門教所謂梵天，然後由之形成形色的物質之世界。而是將心識與其所依之根與所對之塵境，同時並舉，而以此爲世界之全。至唯識宗之進於傳統的十八界等之說者，則在其兼立第七識末那識，與第八識阿賴耶識，並貫徹此境與識同時並舉之義，於此第七識及第八識之論列之中，以立「境不離識」，及「一切法不離識」之義。

唯識宗謂境不離識，一切法不離識，此並非抹殺境之存在，亦非抹殺識外之一切法之存在。然則何以只講唯識，而不講唯境，或唯一切法？則唯識宗之答覆，是識勝境劣，即識爲主要，境爲次要。何以識勝，爲主要？境爲劣，爲次要？此可從識能顯境，變現境，而境不能顯識，變現識，識可自證其存在，境不能自證其存在；境隨識轉，而識則不必隨境轉，等不同之義說。而以識與萬法之關係說，亦唯有識能攝一切法。以下我們先解釋唯識宗之幾個基本名詞，再論其思想之涵義。

什麼是識？此名與心、意二名相連。成唯識論，謂積集名心，思量為意，了別為識。識即是明了，分別，此是一切識之通性。

識有八，可分四組。（一）為前五識，即眼、耳、鼻、舌、身五識。此五識之所緣（即所知）境，即色、聲、香、味、觸。此五種境，皆現量境。即此境皆為現成，現在，現見之實法。

（二）第六識，此即通常所謂意識。意識之境，遍一切法。其中包涵實法，如前五識境之色聲香味觸，亦為意識所緣〔註〕。但意識除緣現在之色聲香味觸外，亦緣過去所曾經驗，及未來所可能經驗而現只在想像中之色聲香味觸，及各種事物之共相，以成各種類之概念，以及次第、時、空、數等不相應行法（略同西方哲學中所謂普遍範疇），亦可由比量（即推理）以知末那識、阿賴耶識之存在，及諸法之眞實性相之眞如之存在。故此識為一切識中，能遍運於一切境，而以一切境皆為其直接間接之所知者。

（三）為第七識即末那識，所謂末那識，即執我識。此即以第八識本身為其所緣之識，此義下文再解釋。

（四）為第八識即阿賴耶識，或種子識或藏識。此乃包括「我們之心識與其所緣之一切法」之潛能

〔註〕：此緣，為緣慮，即認識。意識所緣，即意識所知。緣之另一義，為條件憑藉，略同於今所謂「因」。

之全——即種子之全——之識。此識以一切種子爲其所藏，亦能藏一切種子而執持之，而以一切種子爲其所緣。

依唯識論，吾人之宇宙，除此八識，及其所緣之一切法外，即另無他物。所謂一切法，除八識自身爲第一類外，第二類爲色法，即前六識所對之色聲香味觸等。第三類，爲心所有法，此即指八識所統屬之各種心理活動。此各種心理活動，有遍行於一切境者，稱遍行心所，如觸、意、受、想、思等。有專運於某特定之境者，稱別境心所，如欲、勝解、念、定慧等。心所又有善與不善即淨與染之分，善而淨者，稱善心所，如信、慚、愧等。不善而染者稱煩惱心所。煩惱心所中，又分根本煩惱，如貪嗔癡等；及隨從根本煩惱而起之隨煩惱，如忿恨等。其善惡染淨不定者稱不定心所，如悔眠尋伺等。第四類爲不相應行法，即如上述之次第、時、空、數等，此乃依色心之法而假立之法。「假立」言其自身無獨立之實在性，非謂同龜毛兎角，一無所有。不相應〔註〕，蓋言其雖依具體色心之法而立，以爲其上之分位，但又不同於具體之色心之法之自身。如二片顏色之「二」，爲數，即不相應行法。此「二」，可說依二片顏色而立，然又不同於二片顏色自身之有實作用，此「二」所指者亦不限此二片顏色。因此「二」

〔註〕：安慧廣五蘊論：云何心不相應行？謂依色心等分位假立，謂此與彼，不可施設異不異性。此當即謂不相應行法，爲依色心諸法上分位而立，故不異；然又不即不同於色心諸法之自身，故亦非不異，而爲另一類之法。

不同於此二片顏色之自身，亦不能與此之二片顏色之色法，全相應合。亦不與吾人思此二片顏色時之心理活動（即心法）全相應合。由此而不相應行法與色心之諸法，之自身之眞實性相，亦不相應。第五類無爲法，即上述諸法之眞實性相之眞如。

此八識有三性：（一）爲遍計所執性。即此八識及其所緣之境或一切法，皆有「可由人之周遍計度，以被執着，而被視爲實我實法」之性質，而「一切衆生之識，亦有如此如此周遍計度以生執着」之性質。此是一切妄執所以生起之根原。（二）爲依他起性，此爲八識及其所緣之一切法，皆待於其他之緣而生起呈現之性。（三）是圓成實性，此是由八識可由空上述之實我實法之執着，而顯其自身與所緣之一切法之眞實性相，即眞如，而轉識爲智，以圓滿成就其自身之實在之性。

此八識皆依他待緣而起，即待條件憑藉而起。緣有四：一爲因緣，即一切識生起時之親因，此即識之種子或識之功能。二爲所緣緣，此謂識生起時所對之境。三爲增上緣，此謂輔助促成識之生起之一切條件或憑藉。四爲等無間緣，此謂識之生起，乃前滅後生，無間而相續。此亦爲識之生起之條件之一。

此八識所緣之境有三種：（一）爲性境。此即上所謂現成、現見、現在之境，此乃對於境，無所增益減損時，所對之境。（二）爲獨影境，此乃意識中有此所對之境。而五識所對之境中，又無此境者。如夢中定中所見。（三）爲帶質境。此簡言之，即由境另有本質而增加一實我實法之執着時所對之境。

第三節　實我實法之否定與緣生

依唯識論，其正面的主張，是境不離識，一切法不離識，識與一切有為法，皆為因緣生。其反面的主張，則是說一切在識外所執之實我實法，皆不存在。亦即一切我們通常所視為恆常不變之實體，不待因緣而自具主宰力，以生萬法之上帝、神我等，皆不存在。此即與東西哲學中一切唯神論、唯物論，及以人之心靈為一實體之論，皆不同。而凡以此類之概念，說明世界與人生之所以如是如是者，依唯識論說，皆為不正因。

何以此皆為不正因？以此類因之性質，皆不能說明其所欲說明之果。如謂世界由一恆常不變之全能全善之神造，則神之一何以能生多？神之恆常，何以能生變化？神之全能，何以不一時頓造一切？其全善，何以不使其所造者皆善？如世界由多原子極微成，則此極微為有方分（即有量）或無方分（即無量）？如有方分，應再可分，即非極微。如無方分，則如何能合成有方分之物？又無心識之原子極微，何以生出心識？又如以人之心識，皆原於一恆常不變之自我為實體，何以心識又變易無常？何以眼耳鼻舌身意識等，各有其性質，各有其不同之境？何以心識有各種不同之心所，或各種心理活動？諸行無常，諸法不一，各現象之在變化中，而彼此不同，乃一現見之事實。則無任何人所執之恆常的單一的實我實法，能就其無常與變化，而加以充量的說明。

但一切法或一切現實事物之生，不是在一時生，亦不是在一處生，則其生必須有一理由加以說明。此說明：即任一事物之生，必有其自身之種子，此是現象之生之眞因。而此外則必有其他外緣。種子與現象之別，即功能（約相當西方哲學學所謂潛能）與現行（約相當於潛能之現實化）之別。然種子功能，何以能化為現行或現實化？此即在其外緣之先為現實。如無其外緣之先為現實，則種子功能，亦即永不能化為現實。此外緣包括已現實之心識，及其所緣之全部的已成世界。依此說，吾人不能假定宇宙有一無現實事物，只有功能種子之一境，或只有一上帝，而彼自無中造世界之一境。因在此境中，則無世界中之現實的外緣之存在，則無物能在此世間現實。如無外緣而種子功能，能自現實，或上帝能隨時自無中造世界，則一切事物，亦應可在一時俱生，一處俱現。而事實卻不如此，故知種子功能之顯為現行或現實化，必先有現實之外緣。一切法皆由因緣和合而生，而因亦可說是緣之一。簡言之，即一切法皆緣生。

依一切現實事物皆因緣生之理論，則世間不能有恆常之實我實法，能不待因緣，而本其自性或其自身之主宰力，以生任何事物者。一切事物，皆因緣和合，即緣聚則生，緣散則滅，因而只能為無常。

此緣生之理論中所謂緣，可以極其複雜。此可概括一事物所以生之條件之全部，如看一色之活動，即賴於人心之注意，色之存在，光之存在，看與色間之空間之等順緣之存在，及一切其他違緣（如眼病等）之不存在為緣。唯由此諸緣之和合而俱起，乃能使一事物之功能種子現行，（即化為現象、或現實化成現實事物）。如此緣相當於西方哲學中所謂一事之前因，則依此說，所謂前因，乃多因緣和合俱起。由是而此說即拒絕一切第一因之理論。因諸因緣和合而俱起，則無能為第一因者也。

至於純從種子功能與現行（即現象或現實事物）之關係而說，則唯識宗之一重要理論，是種子功能之生現行或現象或現實事物，乃是自類相生，法法不相亂。故色法只出色法種子而生。心法識法，亦只由心法識法之種子而生。故一切唯物論，及突創進化論之以物能生心之說，或以宇宙之生物與人之生命心靈，由物質之組織構造，複雜至某程度而生之說，及一切心識法本身或精神自身，能生色法或物質事物之說，皆同爲淆亂因果，而非此說之所許。因此皆同於謂：非心之潛能或功能，能生出心，非生物之潛能或功能生出生物，非物者能生出物。此即同於無因論。

第四節　境不離識

依唯識宗義，心法種子與色法種子固不同，然唯識家中，有主張心法及與之俱起之色法同一種子者。（即「見」「相」同種論）〔註〕。即不主張此說，而主見相別種者，亦謂心法與色法不相離，二者仍俱時而起，亦相依而存在於阿賴耶識中。

依常識及二元論哲學之理論，心之識物，乃初不相關之二事物，發生一種認識關係。在此認識關係

〔註〕：見謂見分，即心之能知，相謂相分，即心之所知之相。唯識宗自世親著三十唯識論後，有十大論師，分別對之作解釋。其中安慧主見相同種論，護法主見相別種論。窺基之成唯識論述記，乃宗護法者。

未有之先，心先自存，物亦先自存。然依唯識宗之理論，則此正是一妄執。此妄執，乃由人之周遍計度一切心法之共相，色法之共相，而將本爲不離之心色，分裂爲二以造成，而與事實上心色之俱時而起，不相合者。

譬如以吾人見色聞聲而言，依唯識宗義，此並非吾人一方先有一見起，外在世界先有一色起；而後合此二者爲「見色」。乃是吾人一面有如何之一見，一面即有如何之一色，此二者成一整個之經驗，以俱時而起。其起後，吾人再加分別，乃謂此中有能知之心識，與所知之色境二者。實則心識與色境，如如相應，無外於色境之心識，亦無外於心識之色境。如吾人見一霞彩，此霞彩，即對此時此地之心識而呈現，在他時他地實無同一之霞彩。此方爲具體實在之霞彩。其餘一切境識之關係，皆倣此。

然吾人於此可有一問題，即吾人之見此霞彩，或見如此如此之燦爛之色，豈無天上之雲與光波本身等，爲外在之因？若人之心識不起，此雲與光色，豈即不存在？則在唯識宗之答覆，是：當吾人眼識與意識不起時，此霞彩自應爲對此眼識意識爲不存在，然不存在於前六識者，可仍存在於阿賴耶識。此存在者乃一功能或種子。此功能種子，對阿賴耶識存在，而非對前六識存在。

唯識宗之以在意識外之存在，乃存在於阿賴耶識中，此頗似巴克來之以觀念之不存於吾人之主觀心者，乃存於上帝心。然此中有一不同，即巴氏之上帝心爲一，而唯識宗之阿賴耶識，則每一衆生各有其一。

何以知方才所見之光與雲本身等，不存於意識，仍存於阿賴耶識？如何知有阿賴耶識？此簡言之，即凡未現實於前六識者，對前六識，皆可稱爲潛能。然此潛能之世界，不能只有境，而無心識。吾人所謂：在吾人所見之境色之外有境色，即同於有「可能成吾人所見之境色者」之謂。然當此境色呈現時，對境色之見，亦同時呈現。則在未見此境色時，此所謂潛能之世界，即不能只有境色，亦當有此「未呈現之見」。吾人說：如非在吾人所見之境色外，有可被見之境色潛存，則吾人更不能有其他境色之可見。則吾人何以不可說：如非在吾人當前之見外，尚有能呈現之「見」之潛存，吾人不能有對境色其他之見？而此所謂潛存之「境色」與「見」，亦應爲如如相應而潛存者；而在其尚未呈現於前六識時，乃同對前六識爲潛能種子者。而此一切潛能種子之全部之世界，亦即阿賴耶識之世界。而所謂此世界之自存，亦即阿賴耶識之自存。又對所謂同一之境色，人及各衆生，乃各有其見，而各見其所見，則亦各有其能見所見之種子，所合成之世界。由此而人與衆生爲多，則其阿賴耶識亦必然爲多，而不能爲一。謂其爲一，乃只是自其所具之種子之有相同或類似（即衆同分之所據）而說。

然則一人或一衆生，其阿賴耶識中，所包含之種子有幾多？依唯識家言，便當說世間有多少可能呈現於吾人之事物，吾人之種子即有多少。然世間能直接間接呈現於吾人之事物，實無窮無盡，而吾人又不能在原則上說：任何事物在任何條件之下，皆不能直接間接呈現於吾人。因若其如此，則吾人即無理由，以說其存在。由此而一切存在事物之種子，與其呈現於吾人時之吾人之心識之種子，皆全幅備具於吾人當下之阿賴耶識之中。由此而阿賴耶識之範圍，亦即與全宇宙，全法界〔註〕，同其廣大。

★第五節　衆生各有阿賴耶識義及阿賴耶識與種子之關係

依於上文所謂，一人或一衆生之阿賴耶識之範圍，與全宇宙及全法界，同其廣大，而吾人或各衆生，又各有其阿賴耶識；於是諸人或諸衆生之阿賴耶識相互之關係，可喻如一彼此交光相網之關係，如衆燈之明於一室，而每燈皆能照全室。至衆生之不同，則由其所具之功能種子之强度，或成熟之程度之不同，而其現實化或顯爲現行者，亦因而不同。此略似一室衆燈，每一燈之燈光强度之不同，而所明照之空間，亦因之而不同。

何以阿賴耶識之種子，有不同之强度？此當追問至種子之何以有弱有强？吾人可據經驗，以謂種子之多現行一次，即增强一次。如人之能吸烟，乃由於人原有能吸烟之種子。然人多吸烟一次，則吸烟之習慣，愈難改變，而見烟時欲吸烟之種子，亦愈易現行。由此而唯識宗有種子與現行相依，而互爲因果之關係之說。此關係，稱爲「種生現，現熏種」之關係。即現行依種子而生，而現行起後，同時使種子之作用加强。此加强之作用，即名熏習。

依唯識家之說，人之經驗中，所遇一切之境，與人之心識本身及其心理活動，皆有種子。種子由熏

〔註〕：法界言一切法之全。

習而增長，亦存於阿賴耶識中，永無散失，而遇緣即呈現者。此種子中，包涵各種不善法之煩惱種子，亦包涵一切有漏善法，及無漏善法之種子〔註〕（即人之成聖成佛之種子）。此一切種子之現實，固待於外緣。然外緣不具，其自身仍自類相續。人之一生之經驗，固爲阿賴耶識中之一定種子之現行或現實化，並可轉而熏習此種子者。然除此外，人尚有無限之種子，非人之一生所能全實現者。如吾人每一人皆自覺其有各種能力，非今生之所能皆加以實現者。由此而人即宜有無盡未來之生命，以實現其無盡之種子。而一切今生之經驗所熏習而增強之種子，亦將在無盡之未來之生命，於外緣具足時，重新現行。人欲發展其任何本有之能力，或實現其當有之願望，成就其成聖成佛之理想，則凡今生之所不能辦者，皆可於無盡之未來生命中辦之。而此即唯識家所用以解釋業識流轉，及歷劫修行之理論根據。而在成佛之理想中，可包涵一切清淨善德皆具足，及法力無邊之理想。如此理想爲當有，亦即爲可能。而衆生或人之成佛，其德其力，即皆可不遜於世間所謂神或上帝。而人之成佛，亦即無異於人成人而神 Man-god 者。人既有成佛之種子，此種子之內在於人，亦即無異於一般所謂成人而神之種子，皆內在於人。於是超越外在之神或上帝之觀念，依唯識家之論，自爲同不能成立者。

唯識家之理論，最後歸於以阿賴耶識爲一切人生宇宙中，一切事物所由生起之種子功能之所在，亦即其根原之所在。然則人之阿賴耶識與種子，畢竟是一是二，是同是異？則在正宗唯識家之答覆，爲

〔註〕：有漏之漏即煩惱。有漏言雜煩惱者，無漏言不雜煩惱者。

不一不異。然如何解釋此不一不異，則有極複雜之理論問題。依吾人之意，阿賴耶識可有下二解。即吾人可說所謂阿賴耶識，即全部種子之總名。此中，境之種子與識之種子，恆不相離。而一一種子，因其不斷生起現行，亦不斷受現行所熏，故非恆常法。阿賴耶識即此一一種子之總名，而非一單一體。故阿賴耶識與種子爲不異。然自另一方面說，則吾人又可說此一切種子，乃相連爲一系統。此整個之系統，亦似應爲一識之所識，此識即爲阿賴耶識。則阿賴耶識乃持此種子，而以種子爲其所識。於是阿賴耶識與種子爲不一。然此二解釋，如後者爲眞，則阿賴耶識爲「能識」，種子爲其「所識」，而能識之阿賴耶識本身，即應另無種子。因如能識之阿賴耶識本身之種子，亦爲阿賴耶識之所緣，則應尙另有一能識「此能識之種子」，在此種子之上。而吾人如謂能識之阿賴耶識本身無種子，則與一切識皆有種子之義相違。故吾人如就種子爲阿賴耶識所識之義，以論種子與阿賴耶識爲不一之義，不易講通。而另一種謂此阿賴耶識與種子爲不一之道，即只有自一切種子之不斷生起現行，而又受現行所熏處，說此一切種子，乃能與種子之前七識之現行，發生關係者；阿賴耶識之立名，亦即自其能與前七識之現行發生關係處，而立名。此與一切種子之立名，乃只就其一一自身之各爲一潛伏功能而立名者不同。若如此說，則世間實另無在一切種子之外之阿賴耶識。種子與阿賴耶識之立名之不同，唯是或就其自身說，或就其與現行之關係說之不同。若然，則「不異」乃言其實際，「不一」乃言其立名之故。如此可較合於唯識家之系統，否則須連第七識之種子，在第八識之特殊地位以說。此俟下文再詳。

第六節　妄執之起原與執我識

由上所述，唯識家乃不假定任何恆常之實我實法之存在，亦不須假定一離心之外境之存在，而只設定有無數種子之待外緣而生現行，及爲現行所熏而增强，以說明一切宇宙人生之現象者。然此中仍有一問題，即一切心境諸法，既皆因緣生，而爲無常法，境亦不離識；則吾人之執無常爲有常，而以爲在心識之外另有境，及在種子之外，另有實我實法等，種種妄執，又由何而來？如吾人承認確有外境，及實我實法，則此執非妄。而不承認此等等，則此妄執，又畢竟自何而起？

依唯識宗之答覆，此妄執本身，亦是依識而起。此妄執本身，亦只是一種識之性質，即吾人前所謂遍計所執性。此妄執，乃由吾人之識之自身，有能執識與境之性質，或識與境之有可被執之性質而起。此能執識與其境之識爲何識？此根本上即第七識，即末那識。此是八識中能執着識，以構成實我實法之一識，又稱爲執我識；此執我識，即一執阿賴耶識爲我之識。

關於實我之觀念如何而起，乃一東西哲學中之大問題。如我們試反省我們自己之心身，我們明只見有種種印象、觀念、心理活動、生理活動，而不見有我爲被覺之對象。說我即是此自覺固可〔註〕，因此自覺，確是一能統攝此一切之印象觀念者。但此自覺，尚不能窮竭我們日常生活中所謂我之所指之涵

〔註〕：此即西方之唯心論所立根之處。

義。我們日常生活所謂我，甚少是指此明朗之自覺者。如我們於他人打我身體者，說是打我，於他人奪我衣物者，說是害我，於他人謂我家世卑微，謂我無能，前途無望時，說是輕視我，侮辱我。此處之「我」之所指，皆非此明朗之自覺之本身，亦非指我對事物之一現有的印象觀念。此處之「我」之所指，即指「一切我所使用之身體什物，我過去之經驗，我之身世，我之能力與前途」。然所謂我過去之經驗是什麼，此只是曾有之現行，而今則只以潛能種子之資格，存於阿賴耶識者。所謂我之能力，我之前途，亦即我可能表現，可能遭遇之環境之尚未現實者。而其在今日，亦即我阿賴耶識中之種子。我之身體，我之什物，即我可用之以達某一種目標，成就某一活動之工具或條件。此工具或條件之所以爲工具或條件，則由其具有種種潛能或功能，可化爲種種之現實。如我之此棍，即具能打、能搖、能捶之無限功能者。捨此諸功能，即無棍，則此棍實非棍，而可說只是一大團尚未實現之功能種子之和。然其一一實現，實即一一實現爲吾人之識之境。其他衣服什物等，以至吾人之身體之物質，亦同可作如此觀。由此而見吾人之執此一切爲我，並非只執其現實之現行爲我的，而重要者乃在執「種種之曾現行或可能現行之種子」爲我。此種種之種子，皆在我之阿賴耶識中，而此亦即同於執我之阿賴耶識爲我。故吾人之我之意識之擴大，可以一切我所可能用，可能知，可能得，可能愛者之所在，皆視爲我的，而我的之所在，亦我之所在。故我們可說房屋爲我的房屋，鄉土爲我的鄉土，國家爲我的國家，世界爲我的世界。而人之傷任何種之「我的」，皆若傷我者。此即由於阿賴耶識之涵攝一切種子，而吾人於阿賴耶識之一切可能現行或曾現之種子，皆能執之爲我之故。此執着，乃執阿賴耶識之能識，附及其所識之一切境法者。故唯識家說第七識以阿賴耶識之見分，（即能識的方面）爲其所緣。

*第七節　根本無明與轉識成智

但第七識之執阿賴耶識爲我，乃以此我爲一常我，以爲吾人過去未來之經驗，乃皆爲一常我，而同屬於一常我。實則此過去未來之經驗，雖相似相續，然並非合爲一常我，而屬於一常我者。此過去未來之經驗在未現行時，只是種子。然吾人對此無數種子之分別，卻又可爲吾人所未如實知者。則吾人即可以過去未來之種子，爲一無分別，或同一恆常之整體。此即第七識之執阿賴耶識爲我，同時以此我爲同一恆常之我之故。（此段之義乃本書著者個人之解釋，似爲昔人所未言者。）

依同理，吾人不僅有我爲常我之執，亦可於本爲一串種子之物，在其種子未現實時，而視此物爲常。而此亦爲一種我執。如上述之前者爲人我執，則此可稱爲法我執。法我執之義，不僅概括視物爲恆常之妄執，亦包括視任何法爲恆常之妄執。吾人之視任何法爲恆常，皆由不知任何法之顯現，皆顯現爲相續相似之現行，而當其未顯時，其自身即爲一串相續相似之功能或種子。蓋唯以此種子功能之未顯，吾人不知其分別，遂混同之，而視爲一恆常之法。依上所述，吾人即知七識之妄執第八識爲我，乃一根本之錯誤。此妄執與錯誤之根原，即由其不知八識中之種子功能之差別，而遂誤以多者爲一，變化者爲恆常。此「不知」，即第七識之執八識爲我所依之一根本無明〔註〕。

復次，第七識執第八識爲我時，依於第八識中之種子之强度，及其與我之現在經驗（即種種現行）之關係之不同，吾人並不能無分別的，平等執八識中之一切種子爲我。若吾人果能如此，則因八識之種子包涵全宇宙全法界之一切法之種子，吾人應以全宇宙全法界之一切法皆平等是我。然人及一般衆生，則以方才所述之原因，恆在全宇宙全法界中，分別我與非我。如我吃烟時，則吃烟與烟皆屬於我。如我戒烟，則烟爲非我，昨日吃烟之我，亦如成非我。一般人又大皆以其自己之身體爲我，他人之身體爲非我，自己之家爲我，他人之家爲非我，自己之國家爲我，他人之國家爲非我，人類爲我，人以外一切衆生爲非我，我之思想情感爲我，他人之思想情感爲非我；於我者則貪着迷戀，於非我者則瞋恨傲慢。此所依我愛、我貪、我見、我慢，亦即人之根本煩惱、根本染業。一切其他煩惱染業，則依此根本煩惱染業而起，以現行於人之意識，及其他種種心理活動之中。由此而吾人可說第七識之無明，即一切迷妄煩惱染業之本。

吾人上說第七識之執阿賴耶識，乃由並不如實知之，而有之一根本無明，由此而有諸相應於第七識

〔註〕：無明 Avidya 之義，淺釋之，即無光明，無智慧，無知；丁福保佛學大辭典謂闇鈍之心，無照了諸法事理之明。大乘起信論分無明爲根本枝末二種，迷於法界理之原始一念，爲根本無明。今借用之，以別於一般意識境界中之無明，即指成唯識論與根本煩惱常俱之「恒行不共無明」

之根本煩惱等。然此涵根本無明之第七識，亦似應有其種子在阿賴耶識之中，否則第七識之現行，如何可能？然此第七識，爲執阿賴耶識之識，則謂其種子亦在阿賴耶識中，亦即同於阿賴耶識中之種子，可分二類，一爲七識與緣之而起之煩惱種子，一爲此外之其他種子。而第七識之種子之一性質，即「能執此外之種子，而又對之有一無明」之種子。唯在第七識種子現行時，其他依七識而起之種子乃現行。此第七識之種子，既能執其餘一切種子，以對之有一無明，並誤視之爲恆常法，則此第七識之無明種子，即爲一兼能「覆蓋其他一切種子之一原則」，而爲其他種子之一種「消極的統攝原則」。於是此第七識之種子，在阿賴耶識中，即佔一特殊之中心地位，而如爲一依無明而不知一切種子之分別，以混融一切種子，使之顯爲無分別之一恆常之我者。由此而吾人亦可說，其餘種子，皆爲此第七識之種子所執之種子。而此七識之種子，與其他種子，既皆在阿賴耶識中，則吾人可說阿賴耶識，乃原自分爲二部，而以其一部，執其他部，並以之爲所緣者。而此阿賴耶識之一部之自執其他部，以爲其所緣之事，實即第七識之種子之「恆具一執持其他種子之性，而恆能在全幅種子中，以其無明，覆蓋其他之種子」而已。如此，吾人可對阿賴耶識以種子爲所緣之義，另作一解釋，而亦與唯識宗之精神不悖。

此第七識既有一根本無明，能妄執無常之種子爲常，執阿賴耶識爲我，而起種種我與非我之分別，以產生種種根本煩惱染業。人又有意識及五識，於是此根本之煩惱染業，即亦貫至意識中，使意識中亦起種種之我與非我之分別，與種種隨從的煩惱染業。此煩惱染業等之現行，一方一直向上熏蒸，以染污至五識，與其所見之世界之性境，而使五識之現行亦不淨，而生種種障礙。一方又熏習阿賴耶識中，同類之種子，使之增强。由此，人之造業受報，即永無已時。而人欲超拔此一切業報，則待於人之去除此一切煩惱種子，以歸於破除此根本無明。及此根本無明破除，則八識中第七識之種子，及緣七識而生之一切煩惱種子，其存於第八識者皆被斷絕。而阿賴耶識中之其餘種子，以無第七識之無明爲之覆障，即全幅彰顯，全法界之種子，亦平等彰顯，更無我與非我之虛妄分別。於是全法界一切種子之現行，皆同於我之現行，而無往非我，而更無一般所謂恆常之我可得。此之謂「以法爲我，以法爲身」之法身無我之我。而吾人之阿賴耶識，此時即無無明，無一切染汚，而捨染得淨。人對一一種子，皆無所執着分別，亦即一一皆如其所如，而互不爲礙，相望如透明。此時之第八識，即轉成純淨圓照之「大圓鏡智」。第七識之執我者，今則化爲視一切我與非我平等者，即轉爲「平等性智」。而第六識，則因一切隨煩惱種子，及第七識之根本無明與根本煩惱之種子，既皆化除，緣七識之我與非我之分別，而生之意識上我與非我之分別心亦不起；於是此意識即成善妙觀察一切法之自相共相而無執之「妙觀察智」。前五識，因無一切第八識、第七識、第六識之煩惱種子而來之染汚障礙，亦即成爲善能成辦其願力所應作之事，如眼識成辦見色，耳識成辦聽聲之「成所作智」。此轉識成智在由種種實際之捨染取淨之修行工夫，以去除第七識之根本無明，而如實了知：阿賴耶識中本來涵藏之全法界之種子。而此無明既破，法界被如實了知，則此時之一切法界諸法之種子，亦即非潛能功能，而皆爲現行，皆爲現成、現在、現見之現量所攝之境。一無擾亂，而如其所如之寂滅寂淨之涅槃境，眞如境〔註〕。而自此境中之一切法皆全幅呈現而無過去未來之別言，此境正同於西方中古哲學中所謂神智神意之境界。是待於賢者之會通而默識之。然唯識家言，此境乃一切衆生之所能達，非如宗敎家之言其爲上帝所獨具。其達之之道，則正在去除一切以神我上帝爲超越外在之妄執，而一方以緣生之理，觀世界，一方切身就己，作種種捨染取淨之工夫；此工夫亦即使吾人本來具有之淨智種子現行之緣。是即大異於西方中古之哲學神學者也。

〔註〕：涅槃原義即寂滅、寂淨，滅謂滅除煩惱，淨謂無染。眞如即眞實的如其所如的見世界本相。

佛學中之唯識宗之哲學 參考書目

成唯識論

慈航法師 成唯識論講話（慈航法師全集第四編）台灣彌勒內院出版。案窺基之成唯識論述記太繁，學記較簡。但兼錄窺基與圓測之說，不易辨其是非。慈航法師此著以白話釋成唯識論，可供初學者之需。

景昌極哲學論文集，中華書局。本書中有評進化論一篇，爲歐陽竟無先生所講，乃依唯識宗義以評西方之進化論者。

窺基　二十唯識論述記
　此書着重證成境不離識義，內容不繁。
歐陽竟無　唯識抉擇談　唯識述義一二卷（支那內學院出版）
熊十力　佛家名相通釋
梁漱溟　唯識述義及東西文化及其哲學（北京大學出版部出版）
印順　唯識探源。（正聞學社出版）
李世傑中國佛教哲學概論（台灣佛教月刊社出版）

第十九章　中國之倫理心性論之形上學之涵義

第一節　中國古代之宗教思想中之天命觀及天意觀

對於中國哲學中之形上學，我們在形上學之部第三、四、五、九等章，曾論其宇宙論方面，關於有無、陰陽、五行、動靜、生化、感通方面之理論及宇宙之對偶性，心身關係與一多問題之理論。此大皆屬於中國傳統哲學所謂「氣化」一方面者。但未及其本體論方面，關於心性與天道、天理、天心之本身之理論。本章將補此缺點。

中國形上學，在本體論方面之主張，我們曾說其亦是與人生之實踐論不相離的。換言之，即以形而上之存在，須以人生之修養工夫去證實。而中國先哲之遵循此原則，以言心性與天道等形上學之問題，又有更較印度哲人爲徹底之處。

在中國之此方面之形上學上，我們當先略說中國古代思想，對於天與上帝之觀念。中國之古代經書及漢儒，多是崇信主宰世界之上帝或天心之存在，而頗富宗教思想的。但是我們前曾說中國古代宗教思想中，初無希伯來傳統之上帝造世界，有一預定計劃之說；亦無希臘式之命運觀念，能決定人生與自然之行程之說；而主天之降命於人，乃於穆不已，不主故常，所謂「天命靡命」之說是也。此天命之靡常之說，乃由於天之如何降命於人，視人之修德爲轉移，故此中包涵人德動天，天人相感之思想。此天命靡常天人相感之思想〔註一〕，即中國宗敎思想之一核心。

其次，自天意之在何處表現看，我們皆知在希臘傳統中，神意由先知代達，在希伯來之猶太教，及後之基督教傳統中，上帝之旨命，由先知及僧侶教士傳達。然在古代中國，則雖有巫而無教士階級。至說到天意之表現，則極早即有天意表現於民意之思想〔註二〕。所謂「天視自我民視，天聽自我民聽」，「民之所欲，天必從之」，而人王之責，則在下承民意，以上體天意。此即所以奉行天命；否則天命即將轉移於他人，此即所以見上文所謂：「天命靡常」也。

天意除表現於民意外，亦兼表現於自然。天生萬物，而萬物之生，亦即天意之表現。然天之生萬物，依寒暑四時而成就。天意即在自然之流行中表現。唯天有風調雨順，以使物之生時，亦有日月之食及狂風暴雨，以降災害於自然與人之時。後者在希伯來及他方之宗敎思想，皆恆以此爲直接表示上帝之憤怒，或對人之懲罰。然在中國由古代至後世之宗教思想，皆不必如此說，而可說此只是天對人之未來之警戒，而非天之憤怒，或對人之過去罪業之懲罰，或竟說此爲天之一時之過。天有過之不足使人疑天

〔註一〕：拙著中國先秦思想中之天命觀（新亞學報二卷二期）

〔註二〕：關於中國傳統政治思想中之天意表現於民意之思想，可參考梁任公先秦政治思想史。

心之善者，則在天意之表現於自然之流行者，亦使天能自改其過，而補其所不及，如狂風暴雨一去，風調雨順再來。

此種以天命靡常，天命表現於民意及自然之流行，與天亦有過而不失其善之中國宗教思想，使中國哲學史中，得不發生西方式之種種神學，或關於上帝之哲學中之種種問題；如上帝之計劃與人之自由如何調和之問題，上帝如何能自無中造萬物之問題，上帝何以有特定之選民或命定之得救者之問題，至善而全能之上帝，何以不將世界之一切罪惡苦痛，皆加以消滅之問題，人爲至善之上帝所造，何以又能犯罪之問題，如何證明一絕對超越於人及自然，而先天地的自己存在之上帝問題。此諸問題，由前述西方哲學之各派之發展觀之，固亦引生種種形態之形上學，以開拓人類可能思想之範圍。但愈在晚近之西方哲學，其肯定上帝者，均愈向「兼肯定自然，及自然中之人之地位，以與上帝併立」之方向而趨，如在各形態之進化論之哲學，及懷特海之有機哲學，及唯心論哲學中之所表現。此即見中國哲學之不勞其心思於此類之問題，亦即少繞一思想史之一大灣，而亦未嘗非其長處之所在。

第二節　中國人倫思想之形上意義

至於將中國之形上學，與印度之形上學對較而言，則印度之各派思想，吾人前已言其皆帶一求自現實世間超拔解脫之色彩。因而多本於人之最高祈望所在，而判斷此世界爲幻妄，爲染汚、不淨。並以吾人之知識與人生行爲中，充滿種種妄執，而欲加以破除。此乃不以現實之人生所見之世界，即最高之眞實之顯示之思想。而在中國之儒道二家，更以人必求成爲大人、聖人、眞人、天人，然後能眞知性與天道。莊子所謂「有眞人而後有眞知」，孟子所謂「盡心知性則知天」，同是謂人若不能使其人生存在自己，日升進於高明廣大之域，則人之「知」，亦不能達於高明廣大之域，以知此宇宙之所以爲宇宙者。此與印度哲學家之欲自此實際人生解脫，以求進一步之人生，而合梵天，證眞如之旨，未嘗不有相同之處。而其不同之處，則在中國思想，又不直接從自現實世間解脫超拔之意入，以求人之日升進於神明；而卻從對於現實世間之若干事物，正面的直接加以肯定承担處下手，而循此以使人由小入大，由凡化聖，由俗成眞，此則其與印度宗教哲學思想，又復殊途者。

在此現實世間之事物中，爲中國歷代儒者以及中國之道佛諸家，皆加以肯定者，爲人與人之倫理關係。而尤以家庭之孝友之倫理，爲中國傳統之所特重視，此蓋爲他邦之思想中之所不及者。

關於人與人間之道德倫理之重視，本爲東西古今之思想之所同。而道德倫理之具最深厚之形上學意義，亦爲東西古今之宗教家及形上學家，所皆能多少見及者。如基督教以愛爲上帝之道，人唯由愛友愛敵，以知上帝。佛教以布施、慈悲，持戒爲證諸法實相之眞如涅槃之道。此與其他宗教之無不重人與人之道德之維護，及形而上學家之最後必歸於道德哲學之討論，皆同有其極深厚之理由。約言之，人類唯由道德，乃能自其小我之私欲超出，而於其認識對人間之責任中，使其心靈日趨擴大，然後方能知天地之大，宇宙之眞，而與形上之神明境界相接。然在中國思想所重視之倫理道德，尙有其特殊之涵義在。

大率東西之宗教哲學之言對人之愛與慈悲者，皆爲一直下遍溥於一切人及一切衆生之愛與慈悲，或對隨境隨緣所遇之人之愛與慈悲。而中國之倫理道德思想，則尤重在已確定的爲彼此所互認的倫理關係中，盡此倫常之道，而以此爲人之盡心知性，以知天之一確定的開始點。故耶穌之言他人打汝右耳，即再以左耳任其打，及佛教之隨緣布施之義，皆初非中國之儒家所傳之倫理道德思想所特重。而儒家所特重之家庭中之倫理關係中之道德，如孝等，反而影響中國之佛教徒之重報親恩，而使以目連救母爲據之盂蘭盆會，成一中國佛教徒所最重視之一法會。

中國此種重確定的倫理關係中之道德，吾人可說其形上學之涵義是在：依此倫理關係之爲彼此所互認，故此中乃眞有人與人之心與心之相涵，而相互成爲內在於他人之心靈之存在。父知其爲子之父，則父內在於子之心靈。子知其爲父之子，則子內在於父之心靈。夫婦、兄弟、朋友、君臣一切確定的倫理關係，皆復如是。即皆爲成就人與人之心與心之互相內在而相涵者。

此種確定的倫理關係中之道德，如與其他宗教所言之愛與慈悲等相較而言，亦可說不及其廣大而遍施。然其另有一更深厚之形上學涵義，即唯在此中，乃有我與他人之心靈之眞正的結成一體，而又不失其差別，及我之心靈之兼存在於他人之心靈之內與之外。譬如吾人可假定，吾人行基督教之愛之道到家，或行佛之慈悲之道到家，此時，吾人固可對一切人與衆生，皆遍施此愛與慈悲，而同時亦逐漸呈現上帝之道及上帝之心，於吾人之心，或呈現吾人本有之佛性佛心，於吾人之心。此固有其至高之形上學意義。然吾人之愛與慈悲，如此遍運普施，而表現於一切人與衆生之上，則吾人可問：此愛與慈悲，畢竟存在於何處？此處一是說唯存於吾人之自覺心，一是說上帝之知道我之愛心，我之愛心即存於上帝之心中；或已成之佛知我之慈悲心，此慈悲心即存在於佛心中。在此後者中，實亦有一倫理關係，即人與上帝之倫理關係，或人與佛之倫理關係。然此處卻又缺了我與被我愛被我慈悲之人間之眞正的倫理關係。即此中我與他人及衆生間之關係，乃一上下層：一爲能愛能慈悲，一爲被愛被慈悲之片面的施受之關係。此處被愛者被慈悲者，一方乃統體包覆於愛心及慈悲心靈之下，而若無差別，一方又可不知我之愛與慈悲者。則此愛與慈悲，不能內在於我所愛所慈悲之人與衆生心靈之中之下存在，而只能在人與衆生之外之上存在。此處即有此心靈之無所寄托，而只能上寄於上帝心與佛心之愴涼感。此感自極可貴；然終不能成就此「心靈與現實世界中之人與衆生之心靈」之眞正的結成一體，而不失其差別，及我之心靈之兼存在於他人心靈之內與外，細思可知。

至於人與人之確定的倫理關係之一大功用，則在此中可有原則上的在倫理關係中之我與人之心靈之結成一體，而又不失其差別，及我之心靈之存在於他人心靈之內與外。如在父慈子孝之倫理關係中，子之心中有父，父之心中有子，父施子以慈，子施父以孝；父受子之孝，子受父之慈，則此中之施受之關係，明爲兩面的施受關係，合以表現吾人前所謂太極陰陽之關係者。在此關係中，父受孝，而子之孝心，即存於父心之中。子受慈，而父之慈心，即存於子心之中。此處子愈孝而父愈慈，則子之孝心，即直接助成父之慈心之生起者。父愈慈而子愈孝，則父之慈心，即直接助成子之孝心之生起者，父之慈心，於此亦恆直接以子之孝心爲其所對，而包覆此孝心，以爲孝心之外之心。子之孝心，亦直接以父之慈心爲其所對，而包覆此慈心，以爲此慈心以外之心。由是此二心之相互內在，即同時爲相互成就，亦相互爲能與所，互爲「包覆對方之心之外之心」，以結成一體者。然此中父慈子孝，依然各是各的，而差別宛然。此即中國思想所重之確定的倫理關係中之道德，其形上學的意義之所在。

第三節　孝友之道爲人倫之本及其形上意義

復次，中國之倫理思想之必以家庭之孝友爲本，其再一種形上學之意義，即視此家庭之倫理乃自然與人文，亦自然與超自然者之交界，亦即天人之交界。人之由父母生，父母之由無數之父母生，此可說之爲一自然生命的發展演化之歷程中之事，而與生物之雌雄牝牡之交配，以生子孫之事，同屬於一自然世界之中，而表現同一之原理者。亦可說之爲一因緣生之世界中事。無數祖宗父母，即吾之所以生之無數因緣。而就吾之個體之心靈，乃以前自然世界中之所無，亦祖宗父母心靈中所無者言；則謂我之此心靈，乃直接從天而降，由上帝於我之結胎時所創造出，以光榮上帝所造之世界者亦可說。然此諸說，同只見得吾之心靈之生於此世界，只爲一自然生命之演化之一結果，因緣聚會之一結果，或上帝行爲之一結果。自然生命之演化，乃一直前進之一向歷程；上帝之創造，乃一由上而下之一向歷程；因緣聚會，乃一由散而合之一向歷程。則吾人可問：孰爲宇宙間之兼回應此諸歷程，而結之爲一體者？吾人將說，此正在人之孝之倫理。

吾人可承認：吾人之生出，乃原於自然生命之演化，或原於各因緣之聚會。然此語乃一無情之客觀陳述語。實則吾人之由父母祖宗而生，亦即由父母祖宗之愛與養育之恩而生。吾人之孝心，即對此愛與養育之恩之一回報。而此回報，亦即所以回應整個自然生命之演化至我之出現之一直前進之歷程，而加以肯定承受感謝，而求有以報答之一回應歷程〔註〕。如吾人無此一回應，則我之生，亦同於禽獸草木之生，而爲一自然生命之流行之一暫時所生之結果。自然生命之流行，將旋即漫溢過去，以自行前進者。吾人有此一回應，與對父母祖宗之孝，則無異將此整個自然生命之流行，至於我之生者，全部加以攝住，使此流行如歸於一貞定，不再只一往流行泛濫而不返者。如吾人依佛家之理論，謂父母祖宗皆爲我之生之諸因緣，則此孝心，即爲一把握我之生之全部因緣之一直接的始點，亦爲突破我之我執，以昭顯全法界之一始點。至如吾人依基督教之理論，以說吾之心靈，乃直接由上帝創生而降世者，則此孝心，即吾人之靈魂之降世，而立即承担此靈魂之降於世之某一時間空間之切近因之父母，與父母之切近因之

〔註〕：拙著文化意識與道德理性第一章論孝友之形上學意義，較本章所言爲深，然此章所言則較簡切，讀者可相參證。

祖父母，而成之人間世界之始。要之，人之此孝心，即爲人之由只爲一被動之結果之存在，而化爲「承担世界、持載世界、涵攝世界」之一自動的原因之存在之始；亦即人在此自然世界人間世界立一切人道，以回應人之所以生之歷程之一始點。吾今之此解釋，乃意在對較他方之說，以言中國先哲重孝之形上學的涵義之尚有進於他方之說者。吾人之立言，或非先儒之所及，然命意則自信未嘗有悖於先儒。幸讀者垂察之。

依中國倫理思想之以孝爲本之義，故中國之思想，斷然拒絕人類之始祖爲犯原罪者，或吾之父母祖宗，乃一原罪之傳遞者，而由此以謂已成之人羣世界，乃罪惡之結晶，唯待上帝乃能加以救贖之說。中國之思想，亦不同於印度思想之常有呵斥世界，而判之爲苦海，爲幻妄，爲不淨，爲染汚之論。依中國之思想，吾之爲一人，雖非生而即完全，世界亦待人之裁成；然克就吾人之所以生之父母祖宗而論，則除爲吾人之孝之所對者外，更無其他。而其生我與天之生我，乃一事之異名。並非天生我以善淨之靈魂，父母只與我以肉體及原罪。因依中國之思想，天或上帝從未外在於人，亦未嘗外在於父母祖宗。我與父母祖宗之性，即同一天性，其本心，亦是同通於一天理天心者。然此天性、天理、天心，乃與吾人之形色之軀，渾然爲一。如說父母能分其肉體與形色，以成我之肉體與形色，亦即當說其分其天性、天理、天心，以爲我之天性、天理、天心。如謂此天性、天理、天心不可分，只是密密綿綿，相續相繼，以表現於人，則我之身體即父母之遺體，其間關係，初亦密密綿綿相續相繼，而不可分。如說父母本未譬生我，我乃一由自然演化來，或上帝而來，或只以父母爲緣而生起者，或謂我之此生，爲自然之潛能之表現，或上帝之新創造，或我之阿賴耶識之新表現，亦非必不可說。然此時仍當說我之全幅心身，皆俱時而生，俱時而現，俱時被創造出。則此爲我之生之原因者，亦當兼担負我之靈魂，與身體之缺點，罪過及善德之責任。而決不能言上帝只與我以善淨之靈魂，而一切缺點罪過，則只由父母或自然生命而來也。

第四節　盡心知性以知天之形上學道路

中國之此種倫理思想之不鄙棄已成之自然世界，人間世界，不將世界二元化，以靈魂與善，獨歸上帝，肉體與惡，獨歸人間與自然；卻又非抹殺天性天理天心之存在於此人人之心性中及自然中，亦非以此自然、此人生、爲當下完滿，而不待裁成超化者。唯是以此能裁成超化之原理，亦即在人之心性中，人之本心本性，即通於天性天理天心。天性天理天心之表現，遍在於自然，亦內在於人心；而其實證，則待於人之由修養實踐之工夫，而成爲大人、聖人，以見其爲即主觀而即客觀，內在而未嘗不超越之實在。此即孟子之所以言盡心知性則知天也。

此種由修養實踐之工夫，以盡心知性而知天之道路，即由家庭中之孝弟倫理之實踐，以擴充，而及於夫婦、朋友、君臣之倫理之實踐，對於國家天下之歷史文化，參贊天地化育等種種責任之實踐。或由

「親親而仁民，仁民而愛物」之德行之實踐，而不斷遷善改過。由「可欲之謂善」至「有諸己之謂信」，至「充實之謂美」，「充實而有光輝之謂大」，「大而化之之謂聖」，「聖而不可知之之謂神」之實踐。此即由孔子所開啓，孟子所樹立，而爲宋明之理學所承繼而發揚光大之中國之天人合德之人生哲學與形上學之道路。

依此人生哲學與形上學之道路，以看西方哲學之直接用吾人之能成就種種知識之理性的心，去推測上天之如何，宇宙本體之如何，如爲一元或二元或多元，爲唯心或唯物，爲變化或恆常，爲自由或必然，皆無究極之結論可得。而中國哲學家，亦殊不留心於此。而吾人亦可問，此一切之形上學家曰：汝之理性的心是否有資格，以推測在此心外之存在？由是而在西方之哲學中，即有康德之徹底懷疑，人之純粹理性的心，能解決形上學之問題之論；而轉至由實踐理性的心，以建立形上學中意志自由，靈魂不朽，上帝存在等命題之論。由此而開啓近世之唯心論哲學。此唯心論哲學，以心爲宇宙之核心，而宇宙亦即內在於此心者。由此以解釋宇宙，遂不只是以心推測其外之宇宙，而是使此「心」安住於宇宙中，宇宙亦安住於心中，而由心加以照明者。故此派之哲學思想，在西方哲學史中，亦最爲能目光四射，而持說最能圓融貫通，無乎不到者。然吾人可問：此派哲學所謂心，未嘗經道德修養工夫，又如何保證其爲最後之眞實，而能眞知此宇宙之眞相，及此心以上之絕對心或上帝心等？於此，則印度之哲學之重內心之修養工夫，而辨妄心眞心之別者，立義立顯見更進一層。如上章所論爲國人所習知之佛家唯識之言心，即重在以德性上染淨之分，辨心之眞妄。然印度哲學較中國哲學更重心之智性，故其論德性上之染淨之分，仍歸本在人心之無明與明之分，識心與智心之分。而在中國先哲之言心，則純以心之德性爲本，而不以心之智性爲本。不徒言明與無明，而直言明德，並不重說妄心，而只言吾自有其本心，有其道心。於是其論心，遂全以德性爲本。依中國儒家正宗之論，人不知德性，即不能知心，不知心即不能知天。而一切只以吾人一般之心，推測世界之西方式之超越外在之形上學，或只知實踐理性之重要，以建立形上學之命題，而不重如何證實形上之實在，如康德之形上學，及以心解釋宇宙之康德後之唯心論形上學，與印度式之去妄歸眞，轉識成智之佛家形上學，在此皆不免落於哲學之第二義矣。

中國先哲之此種由知德性以知心，由知心以知天之思想，要在人由充量昭顯其心之德性後，以見此心之所以爲心，及天之所以爲天。此充量昭顯其心之德性之心，即聖人之心。故中國先哲之形上學，乃要求人人以聖人之心，自觀其心，而據聖人之心，以觀天之所以爲天之形上學。

第五節　觀乎聖人以見天心之形上學

何謂聖人之心？吾人今可不必限孔子爲聖人。孔子亦無謂唯彼是聖人之意，彼嘗稱堯舜禹湯之聖。故吾人今亦可以釋迦爲聖，耶穌爲聖，甘地爲聖。吾人自己今雖非聖，然吾人仍不難設想聖人之心爲何若。吾人可藉明儒王陽明與羅近溪之言大人之心與仁者之心、聖人之心，以狀聖心之所以爲聖心。

王陽明大學問曰：大人者，以天地萬物爲一體者也。其視天下猶一家，中國猶一人焉。……大人之能以天地萬物爲一體也，非意之也，其心之仁本若是，其與天地萬物而爲一也。

羅近溪盱壇直詮：聖人的確見得時中……溥博淵泉，而時出之，溥博如天，淵泉如淵，時中即是時出。時時中出，（按此非必中庸本義）即是浩費無疆，寶藏無盡，平鋪於日用之間，而無人無我；常在乎眉睫之前，而無古無今。

聞之語曰，仁者壽。夫仁，天地之生德也，天地之德也生爲大，天地之生也仁爲大。是人之生於天地也，必合天地之生以爲生，而其生乃仁也。必合天地之仁以爲仁，其仁乃壽也。古詩書之言壽也，必曰無疆，必曰無期，夫無期也者，所引之恆久則爾也，是仁之生生而不忽焉者也。無疆也者，所被之廣大則爾也，是仁之生生而無外者也。是以大人之生，生吾之身，以及吾家，以及吾國，以及吾天下，而其生無外焉，而吾之此身之生始仁也。生茲一日，以至於百年，以至於千年，以至於萬年，而其生不忽焉，而吾此日之仁乃壽也……。

此種大人聖人或仁者之心，自其通天地萬物爲一體，合天地之生以爲生，合天地之仁以爲仁，其生德仁德無疆無期言，即其一生，全幅是一天理流行。

然此種聖人之心，實亦即吾人人人所有之心之充量實現其德性之所成。而此聖人與天地萬物爲一體之至誠惻怛之心，就其質上看，亦實爲與吾人，人人見孺子入井時所有之怵惕惻隱之心，並無根本上不同。其不同，唯在聖人之能極其此怵惕惻隱之心之量，並使之精純無雜，而全幅是一片天理流行而已。聖人即人之至者，故曰「人皆可以爲堯舜。」

然吾人今再進一步，再試想在此聖人之境界中，彼將如何自看其自己純乎天理之心？彼是否於此時，將謂彼之此心，唯是其個人修養之工夫之所成就造作，如一外在之器物制度，爲人之所成就造作？此在儒家中荀子，即有以此心只爲人修養之所成就造作之思想。然由孟子所開出之宋明理學，則皆不如此說。因此聖人之修養工夫，固是聖人境界之所以呈顯之條件，然卻不可說此境界純由其工夫之造作。因而能有此境界之心，亦非其所造作。何以此境界及此心，皆非其所造作？因此境界，乃一廓然而大公，以天地萬物爲一體之境界。亦即撤去吾人一般人之小我之牆壁，種種我執與無明煩惱，而表裏洞然，全是一片光明之德，朗照世間，一片和煦之懷，涵育世間。故此心境本身，乃人之不以世間爲外，而亦不以此心爲內之心境，故亦無自覺此心爲我所造作，或我所獨有之念。而如其有此念，則人之私心即動，而遠離此心。故人在有此心時，必不以此心爲其所獨有，亦不以此心之天理爲其所獨有，而將同時見得「東海有聖人出焉，此心同也，此理同也。西海有聖人出焉，此心同也，此理同也。南海北海有聖人出焉，此心同也，此理同也。千百世之上，有聖人出焉，此心同也，此理同也。千百世之下，有聖人出焉，此心同也，此理同也。」（陸象山語）

由人在成聖人心境中之不以此心境爲其自己所造作，故人同時即見得此心境，雖似由修養工夫而得，而實由修養工夫而自己呈現。而此原先之次第修養之工夫之歷程本身，亦即此心境之自己次第呈現之歷程，如原來之晨光曦微以至金光燦爛，亦即朝陽自己之次第呈現之歷程。對此心境，吾人如稱之爲心性之本體之呈現，則吾人可說此一切工夫，皆自始是依此本體之先在，而自呈其用以成，而非此工夫之能無中生有，以造作此本體之謂也。

由此聖人心境之自知此心境之非其所造作，而唯是其心性本體之呈現，而彼又知此心境之非其所獨有，而爲一切聖人所同有，亦即一切人所同能有者；於是彼即必然同時見得：此心性本體之不限屬於任何特定之人，而此性乃天性，此理乃天理，此心乃天心，亦窮天地亙萬古而未嘗亡者。

謂此聖人心境中所呈顯者乃天心天理，尙可有另一義可說。即此心之理，乃與其餘一切天地萬物所由生之理，乃同一之理。一切天地萬物所由生之理，即「生成之理」，如吾人前所說。而此聖人之民胞物與心境中，所呈現之理，亦即一發育萬物，使萬物大生廣生而得成就之理。由此而吾人可說：天地之生物之心，亦即與聖人之心，爲同一之心；聖人之心，即此天地生物之心之直接呈現。當吾人曠觀自然萬物時，唯見其生物之事，並知此中有生物之理，吾人此時唯直覺天地若有心，亦可依理性以推斷必有天心之存在，如若干西哲之所爲，而又無法由經驗以實證。然由人成聖人而知聖人之發育萬物與天地之發育萬物，其事同，其理同；而聖人之發育萬物之心又無內外無疆界，以與天地萬物爲一體；則可實證其爲聖人之此心即爲天心之直接呈現，而實證天心之存於其生物之事之中矣。

第六節　孔孟以下儒家形上學之發展

關於中國思想中此一路向之形上學，就其理論言說方面講，乃至明代之陽明學而後極其精微，王船山而後致其廣大。然其體證的方面，則孔孟之言，已昭示無遺。孔子之謂「知我者其天乎」，亦即默識其心與天心之合一。孔子一生之言行，是滿腔子悱惻之心之表現。中庸所謂「肫肫其仁，淵淵其淵，浩浩其天」，由「人德」以「達天德」，在孔子及身，實已完成。其答弟子之問何以不言曰：「天何言哉？四時行焉，百物生焉，天何言哉？」是即謂在其「浩浩其天」之心境中，一切皆是直接呈現之流行發育，更無間隔，更無封畛，全幅只是一生機洋溢，生意周流之境界，而爲一「肫肫其仁」所彌綸布濩。其謂四時行百物生，皆在一無言之背景中，則表示此流行發育之至動，而未嘗不至靜至寂，其根原如自一深遠不可測之「淵」，縈迴宛轉而出，此之謂「淵淵其淵」。

至於孟子，則上文已言，乃明指出「盡心知性則知天」之義者。其直接指出盡心知性以知天，則較孔子之只自其生活人格，直接表現其心與天之合一者，更使學者有一自覺的有所用工夫，以上達天德之道路。此即使人由其心性之開始萌芽生發，形爲惻隱等四端處識得：人能充極此四端之量，即可使「浩然之氣充塞於天地之間」，達於「所過者化，所存者神，上下與天地同流」之聖神之域。由此而開出由心性以知天之中國形上學之正宗。

至於在中庸與易傳中，所表現之形上學，則爲發展出一更重宇宙之「生成」，「生生」一面之宇宙論的思路者。然亦不失由盡心知性上之工夫以知天之精神。中庸之中心觀念在誠，而以誠統天人之道。此實亦同於孟子之言「誠者，天之道也，思誠者，人之道也」之說。然中庸說誠，更彰其爲「天之生物成物之道」之義。天之生物不測，而一一如其所如以成就之是誠，正如聖人之成己成物，使人人得所，物物得所之是誠。聖人之成物，乃一洋洋乎發育萬物之德。然聖人之此德，有如「鬼神之爲德」，乃「視之而不見，聽之而不聞，體物而不可遺」者。此雖未明指出此體物不遺者，是一至誠惻怛之心，然實則除聖人之至誠惻怛之心，以「天地萬物爲一體」乃「體物而不可遺」外，豈聖人之手足，能體物而不遺？此聖人之至誠惻怛之心，成己成物之事，皆「不勉而中，不思而得」，更無造作與一般之思慮營爲，故謂之爲「不動而變，無爲而成」；其成物而不自以爲成，而唯見物之自生自成。此即如天之生萬物，唯見萬物之發育，而除萬物外，亦更不見天之功。此亦即見聖人之德之通於上天之載之無聲無臭，而全幅爲一形而上之天德之直接呈現也。

至於在易傳之中心觀念，則在生生之謂易。其宇宙論之意味更重。此所謂易，非謂此宇宙只是一方生方滅之事變之流，而是說宇宙之依乾坤之德而成，乾所以表宇宙之健行不息而生萬物之德，坤所以表宇宙之厚德載物而成萬物之德。粗率觀之，乾近西方哲學中之現實，坤近乎潛能。乾近乎唯識家之現行，坤近乎唯識家之種子。而乾坤之交易，則近乎潛能之化爲現實，現實之歸於潛能，種子之化爲現行，現行之熏種。然依易傳說：則乾之生爲顯諸仁，坤之成爲藏諸用，合以見一「鼓萬物而不與聖人同憂」之生生之易道；而乾坤之交易，唯所以見天地之大德之相繼，則與現實潛能種子現行之說迥異。至於在此生生之易道中，從個體事物上看，則各個體事物之此成彼毀，此生彼滅，固是一事實。如沾戀於個體事物上以興感，吾人亦可說，「天地不仁，以萬物爲芻狗」。然此果即天地之不仁乎？儒者不全如此看。此試依吾人上述聖人之心境，以論此義。

在聖人之心境中，誠必欲萬物兼成，此爲其仁。然吾人試思，如已成之萬物皆充塞宇宙，長存而不化，則未成而可能成之萬物將不得成。故欲萬物之兼成，必求萬物之相代而成，以變而化，方得成其生生之不息。生而化，爲終，而藏，而藏則所以使生更有生，則其藏，乃藏於後起之生中，是謂藏諸用，非藏而亡也。而此藏諸用，亦即以其生之藏，以成他生，是即其成物之仁之顯也。故聖人之欲萬物兼成，不必欲一一物皆長存不毀。而一一物之不長存不毀，亦非必即自然世界之根本惡，而正可爲使一一物在其自成我而成己之後，再表現其成物之德者也。以聖人之心，觀其自己之身，未嘗欲私其身，而求其長存不毀，而可殺身以成仁。則觀種子之毀而芽與花葉開，亦殺身以成仁之類。故桃之種子曰桃仁，杏之種子曰杏仁。而天地萬物之往者逝而來者生，皆天地萬物之成仁而顯仁於生物之事，亦所以藏往者之用，於繼起之來者之事，而見乾坤之盛德大業者也。

然依聖人之心，以觀宇宙之生而化，化而生，始而終，終而始，雖皆爲一萬物之顯仁藏用之事，亦見乾坤之盛德大業；然聖人之心，於此自然世界，仍不能無憾而無憂。此即由於萬物與人皆可不待自成，而即被他所毀，而不能盡其性。由此而聖人必求所以補天地之所不足，此之謂人贊天功。而天地或上帝之盛德之至，亦即正在其似故留其所憾，以待聖人之補其所不足。有如聖賢豪傑之行事之必留遺憾，以待後人之補足。反之，如天地或上帝果皆爲全善而萬能，將一切善事作盡，而使人之聖賢豪傑，坐享現成，更無所事事，此正爲天地或上帝之大不仁矣。天地或上帝皆有憾，聖人補之。聖人亦有憾，後人再補之。一切存在事物，無不有憾，故宇宙必有繼起之存在事物以補之。故唯繼而後善不窮，是謂「繼之者善也」。捨繼，則天地或上帝與聖人皆不能全其善事。然其不能全，而容有繼之者，以其所憾，使繼之者得補其憾，而更有其善事，亦即其不能無憾之中所顯之大善也。知此可以知聖人之於「天地之大也，猶有所憾」而「不怨天」，亦不呵斥此自然之故；亦知人所成之聖人，何以可德與天齊，而其事其功，又非天地或上帝之所能有，人道之盛德大業，又有進於天道者之故矣。

此種易傳之以人道與天地之道並立而成三才之道之思想，在漢儒發展爲董仲舒之以王心配天心之思想。在宋儒則發展爲立人極以配太極之周濂溪思想，爲乾坤父母之孝子之張橫渠思想，及立皇極以應太極之邵康節思想，皆宇宙論之色彩較重，非今之所及。

宋明思想發展至二程，標出性與理，而直由人之心性以見天理，遂又重接上孟子之傳統。而更不重由外而之仰觀俯察，以知天道之事，而純由人之盡心知性之工夫，以求知天理。唯宋明理學家之理氣對立之論，微有輕視其氣質之世界中之自然與人生之形而下之一面之色彩，而較先秦儒者略近於佛老之超世精神。此中之關於理氣之問題，頗複雜，今不擬論。大約宋明思想，自二程以後，其形上學之思想之向上一機之發展，爲由二程之提出天理，至陸象山之明「宇宙即吾心，吾心即宇宙」，而直接以人之本心即「天之所以與我」，爲人之心亦宇宙之心。進而至於王陽明，遂以人之良知即天地萬物之靈明，而謂「無聲無臭獨知時」之良知，「此是乾坤萬有基」。再後至王龍溪，即以此良知靈明，即「生天生地，生人生物」之「先天心體」，羅近溪視人之良知良能即「乾知坤能」。羅念菴視此良知即一「無有限量」之心體。高攀龍則自言其悟得此心本體時，「一念纏綿，斬然遂絕」，頓時「遍體通明，與天地萬物爲一體。」劉蕺山亦言，「體天地萬物爲一心，更無本心可覓」。此一路思想，乃最能表現中國形上學之向上一機之發展，以歸於一貫天人之心體之會悟者。此中之高攀龍劉蕺山，皆從容殉節以死者，則見其唯心之思想，非徒爲口說，而是實證一超生滅而悠久無疆之心體之結果。而諸家之言，皆非今日所能一一舉。今試舉一承王學之流，而兼綜術數之學，力求規復，而終於殉難之明臣黃道周之一段言，以見晚明心學之高明精微一面之造境。

黃道周榕檀問業

黃道周榕檀問業卷十七：「須知爾身，的有自來。又知爾心，的有自受。止函萬物，動發萬知。函蓋之間，若無此物，日月星光，一齊墜落。譬如泓水，仰照碧落。上面亦有星光，下面亦有星光，照爾眼中，亦有星光。若無此心，伊誰別察？又如璇臺，四臨曠野，中置安牀，日起此亦不起，日落此亦不落，漢轉斗回，此不轉迴，依然自在。打破天地二萬一千里，此個心皿，正在中間，爲他發光，浮在地面，要與山川動植、日月星辰、思量正法也。此處看不明白，禮樂詩書，都不消說」。又榕檀問業卷十二：「人曉得天之與日，纔曉得性之與心。曉得盡存正在，纔曉得本體工夫不已不息。格得此物，十倍分明，始信得意識情欲，是心邊物，初不是心。風雨雲電，是日邊物，初不是日。性之與天，皆備萬物，不着一物。心之與日，不着一物，乃照兩物。只照兩物，原無二物，知此一事，更無他知。吾四十年讀書，只曉得此物」。

此黃道周所說，與其他宋明儒者之所說，皆非只由猜測推理所得之形上學。而是由說者自己之修養工夫，而將吾人之日常生活中之心靈，去其人欲渣滓，而使其所根之本心本性，全部昭露呈顯，發用流行時之所見。而此時之見得此心之爲天地萬物所賴以得呈顯而存在之宇宙觀，亦爲實證之所得。吾人之欲有此實證，亦非吾人之有同一之工夫不可。然吾人若能將本書所陳之各派形上學之問題，一一經過，再將西方哲學中上帝之理論，及唯心論之理論，與印度佛教中之轉識所成之智心之理論，加以徹底了解，融會貫通，亦不難由推理而加以了解，然後再用修養工夫，加以實證。唯即此推理之了解，亦非初學哲學者所能驟企。然吾人亦無妨懸此勝義，以資嚮往。猶如吾人欲到長安，則才動足即須嚮往長安，否則終不得到長安，故吾今仍不能不一陳此勝義。而天資卓越之士，亦可於旦暮得之也。

中國之倫理心性論之形上學之涵義　參考書目

孟子。
禮記。
易傳。
張橫渠　西銘。
王陽明大學問。
朱子仁說及陳淳心說。
拙著中國文化之精神價值第六章，中國先哲之心性觀。第十四章　中國先哲之宗教精神與形上信仰。

第四部　人道論、價值論

第一章　人道論、價值論之意義

第一節　中文中之人道論倫理之學及西方之倫理學人生哲學或價值哲學之名義

我們在上章論中國倫理心性之學之形上學的意義，意在說明形上學與倫理學，天道論與人道論之可相輔爲用。本部則進而專論人道論中直接與價值相連之若干問題。

中文中所謂人道之一名，我們於第一部第七章，曾說其蓋首始於孔子所謂「人能弘道，非道弘人。」後孟子又言「人者，仁也，合而言之道也。」荀子言「道非天之道，非地之道，人之所以爲道也。」至於倫理之學之一名，我們亦曾言其蓋始於孟子所謂「聖人人倫之至也，學則三代共之，皆所以明人倫也。」禮記樂記謂「樂者，通倫理者也」，而荀子亦嘗言「倫類不通，仁義不一，不可謂善學。」

中國先哲所謂道，我們前亦曾說，易傳嘗有「形而上者謂之道」之言。然易傳所謂形而上者之道，本兼三才之道之天道、地道、及人道而言。所謂「立天之道，曰陰與陽，立地之道，與柔曰剛，立人之道，曰仁與義。」唯老莊言道，略偏於天道，或先天地生之道。然在儒者及他家之所謂道，皆天道人道並重，而言人道者尤多。自道之本義言，原爲人之所行。故在中國思想中，言人道亦更切要於言天道或天地之道。

中國先哲所謂人道之人，可指個人，亦可指全人類，而無所謂單數複數之分。至於所謂倫理，則我們亦曾說其可指人與人之間之所以相待之當然之道與理。至所謂倫類之一名，亦兼指各種人之品類而言，如君子之倫、小人之倫。則倫理之學，即兼指人之如何成爲君子，免於小人，以敦品勵行，或由知聖人與之同類，而求學聖人之爲「人倫之至」之學也。

至於西方之所謂倫理學Ethics之一名，就字原觀之，則語根爲Ethos，初亦指人在羣體中之道德情操。唯一般哲學上所謂倫理學Ethics，則指研究道德根本原理，與道德之意志行爲之目標及善惡及正當不正當之標準之學，而初無特重人與人之倫理關係之義。至近世之人生哲學或人生論之一名，則爲以整個人生之意義、價值、理想，爲反省之所對之學。價值哲學或價值論之一名，則爲以一切價值——其中除人生價值外，兼可概括其他自然價值等——爲研究之對象者。諸名之義，互相略有出入。然皆不離人之所當知、當行，以成其爲人之道。故皆可統於人道論之一名中。此亦爲吾人在第一部中所亦言及者。

第二節　人生人道之哲學、與宇宙或天道之哲學之相互關係

畢竟對於人生人道之反省之哲學，與對於宇宙或天道加以思索之哲學，其相互之關係及在哲學中之地位如何，乃一待決之問題。此下分數層次，加以論述。

（一）自一觀點言之，吾人可說人不過宇宙萬物之一。人小而宇宙萬物大，則研究宇宙萬物之道之形而上學、宇宙論、本體論、或天道論之範圍大，而人生論、人生哲學、倫理學、人道論之範圍小。人外之神有神道，仙有仙道，佛有佛道，人外之動物植物，皆可各有其所以生存之道。則人道人生之論，不過天道論或形上學之一章。而吾人在天道論或形上學中，缺此人道論人生論之一章，天道論形上學亦未嘗不可照常成立。

（二）然依吾人在上部第十八章第一節所論，吾人欲知天道之何若，或欲知宇宙之畢竟眞實之何若，實不能離人在宇宙間之意志行爲之實踐以爲論。因吾人之行踐旣施於天地萬物，到天地萬物即可改變，而可由如何以不如何；吾人之行踐，亦改變吾人之自身。而吾人之行踐之爲如何，則決定於吾人所抱之理想。此理想，亦即吾人所自定之目標而向之趨赴者，亦吾人所自定之人道之所在。由此而吾人欲求對天地之所以爲天地，萬物之畢竟如何，有決定之知見，即賴於吾人對於人生理想或人道之有決定之知見。而單獨之天道論形而上學，乃不能自身完滿具足，而必待於人道論加以完成者。

（三）依方才所說之義，固可明天道論之依於人道論而立，然若果人道論，惟所以完成天道論，則由人道以知天道之論，仍可說只爲天道論或形而上學之一章。此即吾人於上部中之最後數章，仍列爲形而上學中之理論之故。然吾人如再自另一面看，則天道論或形而上學，亦可只說爲人道論中之一章。此即由人之一切知天道之事——包括「由知人道以知天道」之事在內——仍畢竟只爲人生之一事，人生除一切知天道之事外，仍另有其立人道之實事之本身，以補天道之所不足。人在其立人道之實事中，固必根據於其對天道之所知，因其已然之迹，必然之則，不加以違逆，以成就人之所視爲當然之事。由此而人之一切對已成之自然社會歷史之客觀的科學的研究，及就已成天地萬物之大全而觀之之天道論形上學之知天之學本身，即爲人之立人道所當有之知。此之謂「思知人不可不知天」。此知天亦即本身爲人所當有之一理想，而爲人之立人道之事所當涵。唯人所抱之理想，除「後天而奉天時」，順承已成之天地萬物而知之之一事外，其他立人道實事，可爲純依人之自由意志所定立之理想，而由人加以行踐，「先天而天弗違」者。此即人道之所以爲大。易傳曰：「知以藏往，神以知來」。藏往之知者，陰之事，知來之神者，陽之事。凡人在天地間由其自由意志之定立理想，加以行踐者之日新不已，自強不息，以進於無疆，皆所以見人之精神之運，由今日以及方來者。即人之神之知來。而人之凡就已成之世界，而知其何所是，皆人之智之藏往。則任何知已成之天，終仍只爲人之藏往之理想中之所包涵，而人道之大，在猶有神以知來，以進於此。則見天道論形上學，仍爲人道論之一章而已。

吾人如將上文數段之義，合而觀之，則知謂人道論爲天道之一章固可，謂天道論乃人道論之一章亦可。人欲知天，不可不知人，故孟子曰「盡心知性則知天」。而人欲知人，亦不可不知天，此即中庸之「思知人不可不知天」。而此輾轉相待，所以不成矛盾者，其理由甚多。粗淺言之，則以天非一日之天，人亦非一日之人，而同在日進無疆中。人知昔日之天地，以成其爲今日之人；既成其爲今日之人，而其事其功，則又裁成輔相昔日之天地。人既新而挾天地以俱新，而人之所以觀天地者，亦隨之而日新；其行其事，更隨之而再新。而此天人之際之相對相望，而相輔相成，亦即天道人道之相依並進，而知人知天之事之所以相得益彰，而實不二之理，於是乎在。

第三節　人道論中之價值問題

吾人在本部中，當以人道論中之價值問題爲討論之對象，此尚不必能概人道論之全。若欲言全幅之人道，必須究人之所以成爲理想之人格之道，及人與人間一切倫理之道，與人之以其所創造之人文，裁成輔相天地之所不足之道。本部中所能涉及者，唯是人之如何定立其人生理想，必須依於一對於客觀事物與其理想之價值高下之估量時，所涉及之價值問題。

價值問題，在人道論中之所以特具重要性，即方才所說，人之定立其人生理想，必依於其對於客觀事物與其理想之價值高下之估量。吾人如知上文所謂人之立人道，乃立人道於其所知之已成之世界中，而對之有裁成輔相之功，或改變增益之事；則人對此已成世界之客觀事物，何者加以改變，何者加以增益，便必須依於其對於客觀事物之價值，及其所抱之理想之價值，有一估量，而知何者爲最有價值，何者爲次有價值，何者爲無價值，何者爲反價值。有價值者，即所謂善或好也。人之立人道於宇宙間，即自其對客觀事物與其理想，能作好與不好、善與不善之判斷開始。好者善者，即人最欲知之者，並欲使之存在者，更充量的存在者。不好不善者，即人對之無所容心，不欲深知之，或知之而望之不存在者。而人之價值感，亦即導致人對已成宇宙作改變增益之事之根本動力所在，而使已成之世界，發生震動，以更新其自己者。是亦即人道之所以能贊天道之根本動力所在也。

（一）人之價值感所感者，爲價值或好或善，然此價值果存在於何處？是在人之感價值之主觀心理中？或在吾人感其有價值之客觀事物之身？價值本身是否存在者？或依於事物之存在而有？或非存在？或逕依於事物之不存在而有？……此即成價值哲學或價值論之第一問題。

（二）人所求之價值或視爲善或好者，有種種之不同，則畢竟價值之種類，有若干？如何加以分類？此爲價值之第二問題。

（三）人所求之價值，似有更爲根本者，更爲原始者，與依更根本者更原始者而有之分，亦似可排列爲種種之次序；則在次序上最根本之價值，最原始之價值如何，如何定各價值之次序，此爲價值論之**第三問題**。

（四）人除感客觀事物，或具價值，或不具價值，或具反價值外，人於此整個宇宙人生之事物，又可合而觀之，視之爲具價值或具反價值者。人感價值而喜而樂，感反價值者，而憂而悲。由此而人可對整個之宇宙人生，生樂觀或悲觀之情。而畢竟人於此整個之宇宙人生，當樂觀或悲觀，則爲價值論之第四問題。

（五）人有望具價值者存在之理想，則人有欲實現此理想之意志。於是人之此意志是否能自由，即爲人所不能不思之問題。此爲價值論之第五問題。

（六）人對於不同種類之價值，皆可欲其實現，然人在實際生活中，並不能同時實現其所欲實現之價值，而須分其輕重緩急，以施行選擇。然此選擇之原則，畢竟如何？即爲價值論之第六問題。

（七）吾人在實際生活中，欲求實現高明遠大之價值理想，必須自切近處開始。所謂行遠必自邇，登高必自卑。則最切近之實現價值之道，或立人道之始點，當爲如何？即爲價值論之第七問題。

吾人之論人道論中之價值問題，即以略論此七問題爲止。至於人之實現價值所成之人格，在宇宙之地位畢竟如何？欲成聖賢人格之種種修爲之道如何？聖賢人格之氣象如何？具體人格間或人倫關係中之孝弟忠信之品德如何修養？一般之具體行爲之善惡、是非、正當與否，如何加以判斷？及如何具體實現社會價值與種種人文價值？等等問題，則當屬諸聖賢之學或專門之倫理學及文化哲學中。而好學之士，亦可由本部之所論，引而申之，觸類而長之，以知其概略也。

人道論價值論之意義參考書目

孟子

中庸

孟子「盡心盡性則知天」中庸「思知人不可不知天」「能盡其性，則能盡人之性……盡物之性……贊天地之化育」，達於「無聲無臭」之「上天之載」，即本章論價值論與形上學相依之根據。

爾本W. N. Urban: Axiology載於Runes所編Twentieth Century Philosophy, 1943. Metaphysics and Value見於W. P. Montague所編Contemporary American Philosophy, II, 1930. Intellegible World又名Metaphysics and Value, 1929.

Urban之前一文，乃一說明西方今日之價值論之意義者。後一書，則在反對彼所謂近代主義Modernism之將價值與實在分離，而主價值上之善之觀念，乃與實在不可分者。此與吾人本章之根本宗旨相通。

羅士基 N. O. Losski: Value and Existence. 1935.

此書著者爲當代俄國名哲，此書亦主價值之內在於存在者。

貝得葉夫N. Berdyaev: The Destiny of Man, The Centenary Pres 1937.

貝氏爲近存在主義之當代俄國人生哲學家及文化哲學家，著作至富，而所見亦深，此爲其一代表作。此書第一部第一章，論倫理之知識問題。第二部末章論倫理問題，皆論一切存在知識當隸屬於人生存在自己之義。

第二章　價值之存在地位（上）

第一節　價值一名之所指

我們在上部第十六章，論懷特海之哲學時，曾論及懷氏之哲學，以價值之在於自然宇宙，爲宇宙所由構成之一基本成份。我們在論東方之印度佛學，及中國哲學中之宇宙論心性論時，亦曾論及人之心性本身之具染淨善惡之德，及自然宇宙中之包涵價值。此皆爲肯定價值有其存在界地位之說。然吾人尚未專以價值之概念爲中心，以討論各種價值之存在地位。而此即本章之問題。然吾人在論此問題之前，當先一說價值一名之所指。

價值之一名，在西方與東方，皆是一新名詞。在中西之傳統思想中，與之大體相近之一名，乃好或善。西方之價值一名，由經濟上所謂價值引申而來。中國之好字，從女從子，由男女好合之義引申而來。善從羊，乃兼由羊之馴良之義引申而來。此諸字之字原之意義，與其今日所涵之意義，其廣狹，皆大不相同。吾人今所謂價值或好或善，乃指知識上之眞，情感感覺上之美，道德的意志行爲上之善，及實用生活上之利……等一切，與僞、錯、醜、惡、害……相對者之通稱。而凡與價值或好與善相對者，則我們可名之爲反價值，或負價值，或不好，不善。而其中間之暫無所謂好或不好，無所謂善與不善，或無所謂具價值者或具反價值者，則稱之爲非價值，或在價值上爲中立 Neutral，而爲無善無不善者。

大體上說來，一切具價值之事物，都是人所欲得的，人所尋求的、喜悅的、愛護的、讚美的、或崇敬的。簡言之，即都是人所欲或所好的。一切具負價值或反價值之事物，則都是人所不欲得的，人所不尋求的、厭棄的、憎恨的、貶斥的、鄙視的。簡言之，即都是人所不欲或所惡的。而在價值上爲中立者，則爲吾人對之暫無所謂欲或不欲，無所謂好惡的。

但是此上所謂「人所好」「人所惡」之涵義甚廣。此包括：人在實際上所有的好惡，能有之好惡，與當有之好惡。有許多有價值的或好的事物，不必在實際上爲我們所好，但我們應當好之，應當喜悅之，應當讚美之，亦能好之，能喜悅之，能讚美之，於是我們說其是有價值的。有許多具負價值或不好的事物，亦不必在實際上爲我們所惡的，但我們當惡之，亦能惡之。於是我們亦說其是只具負價值的或不好的。如果我們以此廣義之好惡爲好惡，則可說一切價值，即可好的，一切負價值，即可惡的。好與惡，同於欲與不欲。則我們可說一切價值，皆可欲，一切負價值，皆不可欲。孟子說「可欲之謂善」，即可暫作爲善或價值之定義。

但此「可欲之謂善」的定義，只是一指示之定義。即指示我們去發現種種善或價值之所在之定義。換句話說，人如不知何處去發現價值或善而了解之，此定義即告訴人，從其自己之所欲、所好、所喜悅處去了解。我們亦可祇他人之有其所欲、所好、所喜悅，以爲他人所肯定尋求之善或價值之所在之一指標，一旗幟。此定義本身，亦即說出此指標旗幟之所在，而使人能循之以發現價值，了解價值者。

我們說可欲之謂善，乃一指示之定義，亦即同時是說，依此定義，我們尚不能確知價值或善之畢竟存在於何處。我們說可欲之謂善，首先不必涵：只有人之心理上之實際欲望爲善，善在人之實際欲望中之意義。我們說善爲可喜悅，可讚美，亦不必涵只有一一個人之快感乃爲善之義。故亦不涵：一切價值或善皆是主觀的。同樣，亦不涵：善或價值，乃只在可欲之物之本身，而純爲客觀的。故依此定義，對於善或價值之畢竟存於主觀心理或客觀外物？或價值如何存在？價值是一實體，一關係，一性質？價值與存在事物是同是異？是和合或相乖離？價值由事物之存在而表現，或亦由事物之不存在而表現？等等問題，皆暫未有所決定的。而這些問題，亦是一非常複雜之問題。我們以下即將依常識與東西哲學上，種種對價值之存在地位之問題，主要的主張，加以分別的陳述。其次序，大體上說，是將比較淺近易解者，列在前面，而較複雜精微者，即列於後。我們並擬由較前之說的問題，與困難所在，以逐漸引至後來之諸說。而讀者除當本其所喜悅所好之價值之反省，以驗證此一一諸說之是非外，亦須凌空的了解此一一諸說之異同所在，方能對此下諸說，有一整個之把握。

第二節　價值與存在爲同義語之說

（一）第一種形態之對於價值之存在地位之說法，是將價值或好，直接同於事物之存在之義；而以負價值或不好，則同於事物之不存在之意義。此種說法本身，又有深淺不同之形態。其最淺之形態，似爲常識所共許者，可以下之常識之語言說明。如在常識中說，有錢則好，無錢則不好。有地位即好，無地位即不好。生命存在即好，生命不存在而死亡即不好。故富是好，壽是好，貴是好，以至月圓則好，月缺則不好。有光明之晝是好，黑夜不好。自然宇宙存在是好，毀滅破壞是不好。此皆在表面上以好或價值，同於事物之存在，而不好或負價值，即同於事物之不存在者。此爲以事物之存在，直接界定價值之一說。

但以上所說，常識中之以事物之存在，來界定價值之方式，實又並不爲常識所眞相信。常識中之存在一名之涵義，實又並不能眞同於價值一名之涵義。第一，在常識，我們並不眞以一切存在事物皆具價值。如在常識，以錢與生存，是具價值的。但在常識，卻並不以毒蛇猛獸之存在，爲皆具價值。而世間許多事物之存在與否，在常識的價值感上，亦儘可是無關心的。第二，是存在與不存在，是相對的。我們常可說此物不存在，則另一物存在。如我們因傳染病而死，爲我們之不存在；然病菌因此而大存在，我之屍體，亦以我之死而存在。我無地位，某地位不存在於我這裏。然他人有某地位，某地位即存在於他人那裏。如存在即價值，則任何存在同具價值，我們何必以我之生命，我之有地位，方具價值？此即見常識，並不眞以存在與價值爲同義者。

第三節　以價值與「為人所實際欲望」為同義語之說

（二）由上述之問題所生之進一步，而亦為若干哲學家及常識所持之價值存在地位論，即以所謂有價值者，為我們所實際欲望者之說。此與我們上文所謂「可欲之謂善」之可欲，不限於「人之實際上所欲之義」者，又不同。此乃以說存在事物之有價值，全同於說「其在實際上為我們之所欲望」。如我欲在光明中作事，則光明對我為有價值。反之，我欲在黑夜安眠，則黑夜亦對我有價值。又如我欲得某地位，則某地位對我有價值。反之，我敝屣尊榮，則任何高位，皆對我無價值。再如我欲生，則生命對我有價值。反之，文天祥被囚，不欲生而欲死，而「鼎鑊甘如飴」，則死對之有價值。故一切事物之有無價值，不在事物本身，而唯在吾人之欲望。所謂一物為有價值者，即為我們實際上所欲之別名；無價值，即為我們在實際上所不欲之別名。

這種說法，亦常識之所持。寬泛言之，亦頗平情近理。然如謂一物有價值即我們實際所欲之別名，我們尚須細按其義為何，此中首有二種解釋之可能。

（一）是謂有價值與實際所欲之內涵與外延，全然同一，如孔子與孔仲尼之內涵與外延之全然同一。此即謂「有價值」之意義，全同於「實際所欲」之意義。

（二）是謂有價值者與實際所欲者之內涵不同一，而外延同一。如孔子與顏淵之師之外延之同一。

此即謂凡有價值者，皆實際所欲者，而凡實際所欲者，皆爲有價值者。

在第二種解釋中，又有三種說明之方式。

甲、是因一物爲吾人實際上所欲，吾人得所欲後，即有快樂之感，快樂之感爲有價值。故一物爲吾人之實際所望時，即連帶而有價值。

乙、是因一物爲吾人實際所欲時，此物即隨之而增加一性質，即價值性。（此與本章第九節所謂吾人之興趣在一物，一物即有價值略同）

丙、是因一物本身有價值，故必爲吾人實際上之所欲。（此與本章第五節之說同）

又照有價值者即爲我們實際所欲之別名之說，應以第一解釋爲正。然此解釋，似明爲不能成立者。吾人如說有價值者與實際所欲之內涵外延全然同一，則此仍無異於將存在與價值之名混淆。吾人說吾有某欲，乃說一存在之事實。如吾人欲食物，乃一存在之事實。而說食物有價值，則非只是說一食物之存在的事實，而是說此食物之存在之一價值意義。又吾人說吾有某欲，乃說在主觀心理方面有某欲，此乃以吾人之主觀心理中之「欲」爲對象而說。而說某物有價值，則以客觀方面之某物作爲對象而說。故謂爲吾人實際所欲，與某物有價值概念之內涵，全然同一，乃不可通者。由是而吾人只有依第二種解釋中之各說明之方式，以說明有價值與吾人實際所欲爲同義。

第四節　快樂之所在即價值之所在之理論

(三)依上文第二義解釋中之(甲)(乙)(丙)三種說明之方式，可導致不同之學說。依(甲)，則實際所欲者之所以具價值，由於一物爲吾人實際所欲時，吾人如能得此實際所欲者，吾人即有一快樂之感，此快樂本身爲吾人所欲，亦吾人視爲有價值者。故一物爲吾人所欲時，亦即連帶而有價值。此乃以快樂之所在，即價值之所在之快樂說之理論。

如依此說，則吾人即必須先有工具價值與本身價值之別，並以快樂爲具本身價值者，而能引致快樂者，則當爲只具工具價值者。如吾人謂飽時之快樂，爲具本身價值，則所欲之食物，應爲只具工具價值者。如謂由用錢財而享之幸福，爲具本身價值者，則錢財及錢財所購之物，皆爲只具工具價值者。本身之價值，其價值在其自身內，工具之價值，其價值在工具之外之目標。快樂說，即以快樂爲唯一具本身價值之學說。

此種以快樂爲具本身價值之說，或以快樂爲一本身之善或好之學說，在東西哲學家中，加以主張者，皆甚多。如中國列子楊朱篇，及西方古代之小蘇格拉底之塞潤尼學派 Cyrenics，後之伊辟鳩魯派，及近世邊沁、穆勒、至席其維克之功利主義者，皆以快樂爲本身之善，即本身具價值者。而其餘導致快樂者，則爲工具上之善，或只具工具價值者。此外西方哲學中之唯物主義者，自然主義者，以及理性主義者，如斯賓諾薩，亦恆以善爲能導致主觀上之快樂或滿足感者之別名。依此說，則本身價值乃與快樂爲同義語。能導致快樂，則與工具價值爲同義語。而一事物所導致之快樂愈多——如能導致最大多數人之最大幸福者——其工具價值即愈大。又一社會中實際存在之快樂之總和愈多，其所實現之本身價值，亦爲愈大。此皆爲承認快樂爲唯一有本身價值之一必然結論。

此種價值理論，在事實上，亦與一般人之價值感，有極多相合之處。如吾人常以一食物之愈使吾人之生快感者，其價值愈大。一機器所生產之物，愈使多數人感覺舒服快樂者，此機器之價值愈大。以致吾人並常以人之愈能造福人羣，與民同樂者，其人格價值愈高，皆似可依此理論，加以說明。然依此理論之根本問題，即在快樂是否眞與本身價值，或好，或善，爲同義語？一事物之導致快樂，是否與其具工具價值，在內涵與外延上，皆爲同義語？

如快樂與善或好，在內涵上爲同義語，則說快樂是善，應同於說快樂是快樂，說快樂是好，亦同於說快樂是快樂。如吾人說孔子是孔仲尼，等於說孔子是孔子。此乃邏輯之同語重複。並未眞說出快樂之義爲同一於另一名「善」之義，而爲唯一本身之善。

如快樂與善，乃外延上之同義語，則當說一切快樂皆爲善的，一切善皆爲快樂的。然此乃不合事實者。如吾人承認幸災樂禍的人，亦有一種快樂，偷盜殺人之人，偷得了食物，與殺了人，亦有一快樂。然吾人並不以之爲善。而犧牲自己，以爲他人而吃苦之人，吾人卻以之爲善，可見樂與善非同義語，吃苦亦可以是善。

對此問題，快樂主義者之一種答覆爲：偷盜殺人之所以爲不善，乃因其使他人吃苦，故爲不善。而爲他人吃苦之人之所以爲善，乃因其目的在使他人享福，故爲善。故此仍本於快樂之爲善，痛苦之爲不善之原則而來。

但此答覆，明不能盡理。因吾人可說，一意圖偷盜殺人之人，其心理之善否，可與實際上他人之是否因而受苦無關。一意圖偷盜殺人者，即終未達其偷盜殺人之目的，或其偷盜殺人，根本未使人受苦（如其所偷者，爲一視財物無足輕重之高僧，或所殺者，爲重病受苦，而以死爲樂之人）吾人仍說此偷盜殺人之意圖本身爲不善。同樣爲人犧牲自己，使自己吃苦者，他人亦不必因之而增加快樂幸福，吾人仍視其心理之本身爲良善。此意圖、此心理之善否，明可與其是否在實際上導致他人之快樂痛苦無關。亦即吾人此時根本不重在看此意圖，此心理之工具價值之如何，而唯重其本身價值之如何。而此本身價值之如何，則明爲與其實際上之使人受苦享樂之工具價值，可不相干者。如吾人謂愈以偷盜殺人爲樂者愈壞，愈能吃苦以救世者愈善。此將如何依快樂即善之理論，加以說明？

快樂論於此又一答覆，則爲謂：偷盜殺人者之所以不善，是其現在雖快樂，但將來必以良心之責罰而受苦，故惡。捨己爲人者雖吃苦，然有良心之安慰而得樂，故善。但若如此說，則無異承認良心之責罰與安慰，可爲苦樂之原。然吾人試問良心之責罰與安慰，又由何來？此豈非由於人自有善惡之標準而來。如所謂善惡之別，即同於苦樂之別，則彼既由偷盜殺人而得樂，何以不即以之爲善？彼既明覺捨己爲人須吃苦，何不即以之爲惡？此豈不證明人之良心，可在所感之苦樂外，別有其善惡之標準？

快樂論之最後答覆，即只能爲：吾人之良心或直覺，使吾人知兼求一切人最大之快樂，故知利己損人之動機爲不善，並知損己以利更多之人，使人得更多之樂之動機爲善〔註一〕。然若如此說，則人之此一動機之所以爲善，仍不在於其所生之快樂，而在此動機之能平等的兼肯定「一切人之快樂」，而此動機之本身，則在其所平等肯定之「人我之快樂」之上一層次，其意義乃不同於其所兼肯定之各快樂之本身者。由是而此動機，亦不能說只爲達快樂之工具手段。因人有此動機，而不能達兼成就人我之快樂時，此動機仍爲善。而此動機，所平等的兼肯定者，如非人我之快樂，而爲人我之人格，而依之以自尊兼尊人，吾人仍視此動機爲善。故知此動機之爲善，仍可與快樂之概念不直接相干。

復次，吾人如謂善之義同於快樂，則今試假定，吾人生後，於他物一無所有，唯生而即有無盡之快樂，又一社會中，人人皆爲生而有無盡之快樂者，或一宇宙中一無所有，只有一無盡之快樂，試問此人，此社會，此宇宙，是否即最善者〔註二〕？此明爲無人敢斷然作肯定答覆者。因吾人在常識中，仍

〔註一〕：此即西方近代之快樂主義，功利主義發展至最後之一人席其維克 H. Sidgewick 之所以再肯定一直覺原則，於其快樂主義之思想中。

〔註二〕：此例取自穆爾G. E. Moore 倫理學原理 Principia Ethica評自然主義之快樂主義之一章。

至少相信：一人、一社會、除無盡快樂之外，兼能與形形色色之事物相感通，或有眞理之發現，與美之欣賞等而又快樂，應爲更有價值者。此即見快樂非唯一有價值之物，而有價值一名之所指，與快樂一名之所指，在外延上並不全然相同。快樂至多只爲有本身價值之事物中之一種。

第五節　價值爲客觀事物所具之性質之說

（四）由快樂即價值之理論之缺點，於是吾人再有一種對價值之一概念之界定法，即謂價值爲一事物本身所具之性質。順此說之義，必歸至：上文之第二解釋中之（丙），而謂吾人因一物具有價值之性質，吾人方欲之。吾人欲之而得之，吾人方感快樂。於是依此說，快樂只爲實現一價值，獲得一價值之結果，或符號，而非一事物所以具價值之理由。反之，一事物之具價值，方爲吾人之欲之，並於得所欲時，即可產生快樂之理由。此說即前一說之顚倒。如現代之英哲穆爾 G. E. Moore 之論善good，即視之爲屬於客觀之對象事物之一單純性質，而不能用對象事物之其他性質，加以界定者。

依此類之說，價值爲客觀事物自具之一性質，而價值性亦即爲客觀者。在哲學中，另有既以價值爲事物之性質，而其來原爲主觀者之說。如洛克即以價值爲事物之第三性質，而其來原爲主觀的。以後吾人將論及之興趣說亦類似，此即依第二解釋中之（乙）而導出之說。但依價值爲客觀事物自具之性質之說，又與此二說微異。此說重在指出以事物之價值性質之來原爲主觀的之說，首與吾人之主觀的心理經驗不合。如吾人覺一風景之美時，吾人明覺此美在風景之自身。吾人以他人之動機、意志、行爲、人格表現一善時，吾人亦明覺此善在人之動機、意志、行爲、人格之自身。則尅就吾人之心理經驗，以論價值之存在地位，吾人唯有說此價值性，乃在具此價值性之客觀存在的對象事物上，所發現的。吾人說他人人格具善之價值時，吾人縱不認識之，其人格本身，明似仍具善之價值者。吾人在說一山川優美時，吾人縱不認識之，此山川亦明似仍具美之價值者。吾人經驗山川之美時，初只說山川爲美，而不說吾人之主觀心理經驗之活動爲美。吾人在感佩耶穌甘地之人格之善時，亦只說耶穌甘地人格之本身爲善，亦初不說吾人之感佩之心理之爲善。即足證此價值之客觀性。至對此說之批評，則可導引出下一種之理論。

第六節　自存之價值性之理論

（五）第五種價值之存在地位之理論，乃以價值爲自己存在之理論。此理論之所由產生，乃由於順上文之說，而謂一價值性存於客觀對象自身時，吾人恆不易對此客觀對象之價值性，加以淸楚之界定而來。如上述之穆爾，即以善之價值性之本身，爲一單純性質，爲不可以此一對象之其他性質，加以界定，亦另無法界定的。而我們如必欲依於具此價值性之客觀對象，以界定此價值性，吾人又恆苦於難指出，此價值性之存在於客觀對象之何部份。如吾人看一風景，吾人說風景中之木爲圓形，葉爲尖形，山爲青，水爲綠時，吾人可指出此圓形尖形之所在。然吾人說此風景具幽秀之美，吾人卻不能指出此幽秀之美之特定所在。此幽秀之美，似遍在於此一切林壑山川之全體景象中，由此全體景象，合加以凸顯，而呈現於吾人之心目之前者。則吾人似當說，此林壑山川，乃合以爲此美呈現之依據；而不好只說，此美乃附着於此林壑山川之物質上。且同類之幽秀之美，亦可爲不同地之林壑山川所表現。此亦如同一之青綠圓尖，可爲不同之物體所表現。合此二者，於是吾人遂可由此美之價值性，爲存在之風景所具有之一性質之說，再推至此美之價值性，爲一只表現於存在之風景之上，而其自身，則爲一自存的普遍永恆之性質之說。依同理，人之人格之善，吾人亦不能指定其所在，而爲由人之全部行爲意志等，合以凸顯出者。同類之善，亦可爲不同時間空間之人，同樣表現者。故善之性質亦爲一自存者。此即價值性自存之所由生。而西哲中如柏拉圖及當代哈特曼 N. Hartmann 之倫理學，即明主此種價值性之自存之說者。唯此自存之存非一般之存在之存在，故可只謂之爲一種「有」。

上述之價值性自存之理論，所由建立之根本之理由，在價值性之爲一可普遍表現，並反覆表現，於不同時間事物中之一性質，亦即其自身爲一共相，或一概念。但吾人是否可由價值性之爲一共相或概念，以證明價值性之能自存？即假定吾人能由此以證明價值性之能自存，是否即能以之說明世間事物之所以具價值性？吾人今首將說明者，即此爲共相或概念之價值性能自存，亦不必能說明世間之物之所以具價值性。因吾人並無理由，以謂爲共相與概念之價值性之本身，爲具價值性者。吾人可說山川爲美而具價値性，然吾人不必能說，在山川銷盡時，其爲美之共相與概念仍爲美。此正如吾人之可說，物是方的是綠的，但吾人卻不能說，方綠之共相，方綠之概念，亦是方的綠的。方與綠可作爲物之賓辭；然對一主辭所用之賓辭，不必可還用於此賓辭之自身。如我們說孔子是「人」，但「人」並不是一個人。我們說虎豹是凶殘的，但凶殘本身並不是凶殘的。則我們說山川是美的，並不證明山川銷盡時，美之共相與概念之仍爲美。然如美之共相概念並不美，則又如何能說明此山川之所以美？

其次，我們當說，價値性之自存之說之一根本困難，即在我們離已有之現實存在事物，而思維其價値性時，是否眞能不同時假想一具價値性之形相或境界，或不假想一具價値性之存在事物？吾人豈能單獨思維一幽秀之美，而不假想表現此幽秀之美之任何形相或境界？吾人又豈能思維一聖賢豪傑之善德，而不假想其任何行事？人之能在心中造作美境，並意構出種種人物之善行，固皆是一事實。故人能有藝術文學之創作，以表現此美境與人物之善行。但此豈非同時證明，美之必寄托於形相或境界，善之必寄托於善行？我們之不甘於在心中假想一美境，且必表之爲藝術品，豈不又證明美境之只存於心之假想中，猶未足，而必求其存在於客觀之自然？我們讀一假想的關於一聖賢豪傑之行事之小說後，我們亦恆欲效法之，並望能親見其人，此又豈不證其只存於小說之假想中猶未足，而亦必求其存在於客觀之自然？是見吾人縱謂美善之價値，能離已有之現實存在事物而自存，亦不能謂其不依於假想之存在事物而自存，而吾人又明有化假想之存在事物，爲現實之存在事物之要求。此豈非即同於謂：此自存之價値性，同時有欲從上降落，以依於現實事物之性？則其自身，又如何眞能離現實存在事物而自存？

第七節　完全存在與善

（六）由上述價値自存性之理論之困難，而又欲保存價値之不隨世間存在事物之狀態而存亡一義的又一思想，即以價値爲依附於一超越之存在之上帝之說。依此說，則價値非不依附於存在、但可不依附於一般實際存在。而且必不能只依附於一般之實際存在。因一般實際之存在之物，雖表現價値如美或善，然並不能完全的表現美或善。如美之風景中，恆有某缺點，善人恆有瑕疵。其所以如此，是因其非完全之存在，因而只有完全存在之上帝，爲一切價値之所依附，方爲至善者。此說乃本亞里士多德之善之理論而推出。依亞氏之理論，並不說凡存在者皆善，只說凡存在者而能將其潛能，逐漸實現，以趨向於完全者爲善。橡種能長成完全之橡樹，即橡種之善，小孩能長成大人，即小孩之善。善即存在之實現潛能，而趨向於更完全之存在之謂。而此思想發展至西方中古思想，即以爲絕對完全之存在之上帝本身爲善，或其意志爲善之所在之論〔註〕。

〔註〕：在中世紀聖多瑪直接以善爲上帝自身之性質，而鄧士各塔 Duns-Scotus 則以上帝之一切自由意志之表現皆爲善者，現代之神學家如 E. Brunner 及 R. Niebuhr 亦主此說云。

然此說之一最大之困難，是：當完全之存在視如一客觀存在的已成事實時，是否尚可說其爲善？依亞氏說，一物之潛能之實現爲善，此固是可說者。因吾人在正實現一潛能時，吾人確是恆以此潛能之實現爲善。如吾人正寫此文章，吾人即以寫完此文章爲善。但吾人在將此文章寫完之後，則吾卻可不以此文章之寫完爲善，而以寫另一文章或作另一事爲善。故吾人亦可說，寫完文章時，吾人所想望之善已實現。而在其實現時，即無所謂善，亦無所謂價值。故寒者欲衣，以衣爲有價值，而得衣後，則以有衣爲固然，而若無價值。賤者欲貴，而貴爲天子，則天子亦不過爾爾，亦若無價值。依此推之，則上帝爲完全之存在，而無不實現之目的或善，則其本身豈不亦可無所謂善，或超於善之上，而其爲善，唯是對吾人之不完全而嚮往完全者爲善？吾人豈不可說上帝之善，非其本身之一性質，而說此只爲其對一切嚮往上帝之吾人，所顯之性質？此即鄧士各塔斯賓諾薩等所以以超越的上帝或完全之上帝或自然本身，爲超價值超善惡之概念之外者之一故也。

第八節　價值與存在事物之發展歷程

（七）此外再一種反對價值爲自存，而又以價值依於存在之理論，則爲以價值不依附於任何已成之存在，或超越之存在，以爲其屬性，而以價值乃屬於一世間之存在事物之歷程中，而在世間之存在事物之歷程中存在之說。如斯賓塞之以善屬於一切生物之適應歷程，居友Guyau之以善屬於一生命之擴大歷程，或柏格森之以善屬於宇宙生命之創化歷程等，在此點上，皆可謂大同小異者。

依此說，善或價值，不在已成之存在事物，因一切已成之存在事物，皆可只爲一事實。亦不在已成之存在事物，所變成之存在事物，因其變成後，即仍是已成。價值乃在「已成之存在事物之求另有所成，而又不斷超越其所成，再另有所成」之一無盡的繼續適應，或擴大開展，或創造進化之歷程中。而此則唯生命性之存在事物有之。故唯生命性之存在事物，乃具價值。而一切生命性之存在，停止其繼續擴大，創新之歷程時，則亦成固定之死物，而無價值之實現或價值性或善之可言。

此說以價值存於生命之歷程中，此歷程爲一動的歷程，於是，吾人易據之以說明動的價值，然不必能說明靜的價值。吾人易據之以說明生命的價值，然而不必能說明一切心靈的價值，與精神的價值。

譬如吾人有時是以一動的生命歷程之存在，爲有價值，但有時亦明可以動的生命歷程之停息，爲有價值。如叔本華及印度佛學，以及西方宗教，皆有以吾人自然生命活動之停息，爲有價值之事之主張。即捨此不論，吾人在日常生活，亦恆以一心境之淸明靜寂，爲有價值，或以睡眠爲有價值。此外吾人之心靈，亦以若干事物之靜的關係之把握爲有價值。如在人求眞理時，即可以若干概念眞理之靜的關係之把握，爲有價值。又吾人之生命，亦不必只向未來，而可向過去。如吾人可以回憶過去兒時之事，或發思古之幽情，以尙友千古之聖賢爲樂。此過去之事與人物，皆爲已成，亦即皆不在現實存在之動的生命歷程中者。然吾人仍可覺此回憶與懷古之有價值，並視此過去之世界中，曾存在而今已消逝之事物中，若仍有其本身價値存焉。此將如何說明？

大約爲此說者，對此上之疑難之答覆，是說：吾人之心靈所以視此求靜之事等有價値，皆由此求靜之事等，其目標仍在準備未來生活之活動，或其本身仍爲一動的心靈生命之歷程之故。如說：人之所以求淸靜，求睡眠休息，即所以準備生命精神之力量，以便再動；又如說人之求把握事物之靜的關係與回憶過去與懷古等等本身，仍爲一生命之心靈之動的歷程云云。

此雖不失爲一種答覆，然此答覆同時證明，價値之不只存在於動的歷程之本身，而亦存在於：由動而靜，再由靜以動之歷程中。亦證明人心靈之活動，必須兼求透入事物之靜的關係中，或已成過去而不屬於現實之生命歷程之靜的世界中。是皆證明此生命心靈之活動之價値性，不只在其自身之爲動的，且在其自身與「靜」或「事物之靜的關係」或「已成過去之靜的世界」，所構成之關係全體之中。由此而吾人即可再引至一價値之如何界定之理論，即以價値性非一存在事物之本身之性質，而爲一存在事物在一「關係之全體」中所具之性質，即價値爲一種關係性質之理論。

第九節　價値爲一關係性質之理論

（八）第八種價値之存在地位之理論，爲以價値爲關係性質之理論。此理論之來原，由吾人在常識中，原有一物之本身性質，與其關係性質之分別，如一人之爲男爲女，乃其本身性質，而其爲夫爲婦，即爲關係性質。一物之有長度，爲其本身之性質。而其爲大爲小，則爲其關係之性質。一物之關係性質，乃因其與他物有某關係，然後表現之性質。如在前一例中，男必爲夫乃有爲夫之種種性質之表現；女必爲妻，乃有爲妻之種種性質之表現。此性質爲依於關係之有而有，而亦所以規定此關係之爲此關係者。故如男女結爲夫婦關係，而彼此皆無夫婦之性質之表現，則不得稱爲眞有之夫婦關係。於此吾人遂可有一理論，以說一物之價値，即一物之一種關係性質。

在現代西哲培黎R. B. Ferry，以價値爲由於吾人對一對象發生興趣時，對象所具之性質。即吾人上所述之一種以價値爲一關係性質之理論。此說並不以一物本身之具價値性，與「吾人欲望之」或「得之之時可生快樂」爲同義語，亦非以「一物之具價値」與「吾人對之有興趣」爲同義語。而唯是謂：當吾人之興趣在於一物，或一物能引起吾人之興趣，而構成「一爲發生興趣之主體，一爲興趣之對象」之關係全體時，則此對象，即具備一價値性。

上述之此種理論之長處，在一方可說價値性之爲客觀對象之所具有，而另一方又說其所以能具有之根據，在主觀之生命心靈，對之發生興趣之關係。如吾人覺客觀風景爲美時，亦可說此美爲客觀風景所具之性質，然其所以具美之性質，則由吾人對之發生審美的興趣關係。如以此說與上文諸說相較而論，此說有下列之長。

依此說，價値性可說爲客觀對象所具有，則亦易說明吾人之何以恆直覺價値之依附於客觀對象之故。而由此說之以客觀對象之所以具有價值性，乃由吾人之主觀心靈生命之興趣之注入，及興趣之恆兼與一快樂相連；則可以說明何以有價值者，恆被認爲能引生快感之故。又可以說明，何以任何靜的或動的事物，精神的或物質的事物，形上的或形下的事物，只須吾人之興趣之注入，吾人皆可使之成爲有價值的之故。兼可以說明，何以當吾人之興趣不在時，此一切事物，又皆可成爲無價值的之故。再可以說明，何以此任何事物，在其阻撓吾人之興趣時，亦皆可以成爲反價值的，或具負價值的之故。總而言之，即此說可以說明：存在事物與價值之可即可離的關係。又興趣存在於吾人心靈生命活動之歷程中，完全之存在之上帝，無所謂興趣，興趣亦非一已完成之存在事實。故亦可避去一切以已完成之存在事實，及以爲完全之存在之上帝爲價值之所在之諸說之短。故其說，爲西方現代之價值理論中，一較有價值之學說。

然此說之以事物之價值性原於興趣，則最後必歸至興趣自身之是否具有價值之問題。在此，培氏則主張一興趣本身之價值，由其與其他興趣之關係決定之說。即一興趣愈能促進更多的興趣之和諧的滿足者，其價值愈高。而此價值即一狹義之善之價值，或道德之價值。於是此說最後應歸至：以「求興趣之和諧的滿足」之道德心靈，爲一價值之根原。又人如以和諧關係爲具價值者，則一切表面與興趣無關之事物間之和諧關係，亦應爲具價值者。由此而吾人即引至下面之一說。

第十節　存在事物之和諧關係爲價值之所在之理論

（九）第九種價值之存在地位之理論，爲以事物之和諧關係之所在，爲價值之所在之論。此理論可由上述之理論引申出，其理由如下：

依上述之理論，吾人必須承認：如吾人之興趣，能促進更多之和諧之興趣的產生，或愈能與其他興趣相生者，則其價值爲愈大。然一興趣之是否能促進更多之和諧興趣之產生，乃一事實問題。一興趣與其他現實的興趣及可能的興趣，能否和諧，或能否相生，乃一客觀的關係。然此客觀的關係，儘可不爲人所注意及，人亦可對此客觀之關係，無興趣，對此客觀之關係的形成，亦無興趣。由此而人亦即可無興趣於「求其興趣與其他興趣之能和諧或能相生」。然在此處，吾人仍可說人當有此興趣。亦可說無論人之是否有興趣於「其興趣與其他興趣之和諧相生與否」；而凡此能與其他興趣之和諧相生者，即爲具客觀之價值者。然興趣之爲物，又實只爲存在事物之一種。由此擴大引申，則可導致一學說，即：凡一切存在事物能和諧而相生之處，皆表現一客觀價值。凡能使存在事物有和諧的相生之活動，無論屬於任何存在，皆爲具客觀價值者。此即爲一更廣大的以價值之性質爲客觀，並依於客觀存在事物關係，而成立之價值理論。

此種價值之理論，在西方可以來布尼兹之以上帝之善，表現於更多之可能存在之實現，並使之有一定之和諧之說，爲一代表。而後之懷特海，則爲承此說，而應用之於一切現實存在之關係中者。此可由讀者覆按前文。而現代之西哲杜威之工具主義之價值理論，亦實一種由人生之活動之互相促進，互相增上，並以其社會環境中之事變，互相配合適應，以表現一種和諧，即表現一種價值之理論。唯彼常不喜用和諧一名而已。此外之西哲中，即不明白以和諧界定善或價值之意義者，如上述諸派，亦多在實際上肯定和諧之爲一價值或一善。至於在中國方面，則有易傳中庸，皆有中和之教。（其特殊涵義，當在本章第十四節論之。）唯吾人今亦不必將東西哲人以和諧言價值之論，一一舉而論列之。此下唯討論人之爲此說者，欲求別於以前之說，則此說所應特具最低限度之涵義在何處。此可分爲四：

（一）如謂凡和諧之所在，即價值或善之所在，則不能只注目於具生命心靈之存在之主觀的欲望快樂或興趣，或其生命心靈之繼續擴大中表現之和諧；而當以一切存在事物之性質間，活動間，凡有和諧之表現，即皆有一價值之實現或善之實現，如上所說。在常識，人對自然處處懷有一美感。人於此亦罕如柏拉圖之視此爲從天而降者，而恆以此美之價值，即存於自然界之物之和諧關係中。在此觀點下，霞彩之映入水中，而相輝相照，所表現之和諧之爲一價值，亦如人間男女之心心相印，而兩情相照，所表現之價值。此處，人可將物與人平等看，並可不問自然之能否自覺或自說出其所具之價值與否。「桃李無言，下自成蹊」，「天地有大美而不言」。有此和，即有此美矣。西哲如來布尼茲，嘗以上帝之善，表現於其使無數之可能，依預定之和諧以實現之說，則一切存在，凡有和諧關係之表現處，亦即有上帝之善之實現。懷特海之以一切現實存在，在其具體化歷程中，將無數之潛能及永恆法相，聚合爲一時，其中即有價值之實現，亦同此論。

（二）價值或善表現於和諧之理論，非價值附從於存在事物之實體，或爲一存在事物之單純之性質之理論。亦非以價值只附從於一超越之實體，或化價值爲一孤立自存之性質之理論；而爲視價值乃存於「事物之由相關係而構成之整個關係場或一全體」中之理論。在此全體中，如少一關係者，或關係者不發生如此之關係，亦即無同一之價值之表現。如夫婦翕和，其中有一價值。如夫不存在，或婦不存在，或二者皆不存在，或其相互關係爲同牀異夢，則此翕和之價值，亦不存在。杜甫詩云「一片飛花減卻春」，花少一片，則春少一分，而花之美即不同從前。如說飛花之飛之姿態中，另有一和諧。此亦不同其在枝頭時與其他之花所成之花團錦簇中之和諧。依此理論，則任何單純之存在實體，以及其單純之性質，或單純之一動本身，皆無價值可言。吾人之說其有價值，皆必自其似單純而實有一內涵之結構，其中表現和諧言。而任何超越之存在，柏拉圖式之自存的理念或抽象性質，若不與現實存在事物發生關係，亦即無在此關係中之價值。依此說，如有一自完自足之上帝或理念世界，而不與現實世界之事物發生關係，彼亦不能自完自足，因其缺乏與現實世界發生關係時所表現之價值也。故在來布尼茲言上帝之善，必自上帝於可能世界中作選擇，而以意志實現之之處言。懷特海言上帝之價值，必自其上帝之參加存在事物之變化歷程，而與存在事物，發生相互依賴之關係處言。至他派之哲學，重價值之存於關係中者，則恆趨於廢棄一切現實之自然世界之上之外之上帝之概念，或自存之理念世界之概念。此則因吾人言有一在世界之上之外之存在，彼即可不與世界發生關係，因而亦對世界可爲一多餘之概念。而如其必須與世界發生關係，則彼即必須爲存於世界中，亦屬整個之世界概念中，而不能在世界之上之外者。

（三）依價值存於和諧關係中之理論，而價值又爲可感受可經驗者，則此所感受所經驗之價值，即不只在客觀，亦不只在主觀。於是一般之價值論上，主觀主義及客觀主義之爭，乃不必需者。

依價值存於和諧關係之說，吾人可承認有客觀事物本身之和諧，如上文之來氏懷氏之說。但自價值之爲人所感受所經驗時言，則此中之和諧關係，乃一能感受經驗者，與所感受經驗者之和諧關係。此處之價值，即存於此能感受經驗之主觀，與所感受經驗之客觀之間。此處乃主觀與客觀，合成一關係全體，亦即一整個之具價值之情境。價值即於此情境中呈現。此時之主觀與客觀，亦即同在此情境中，而各有所貢獻於此情境之存在，則價值即不能只屬於客觀或主觀。譬如當吾人與人同在沙漠中大渴，忽得水泉；自此水泉爲吾人之興趣所在言，亦即對吾人具一價值。吾人可由此時之水泉，對吾與同行者皆有價值，以說此價值爲客觀。但亦可由吾人之覺有無盡之美味或快感，皆爲自水泉中流出，而謂此價值爲客觀。又可由一切人若在此同一情境下，必然將同覺此水泉之價值，而謂此價值爲客觀。然自吾與同行者之親嘗此水泉之味，而體驗其價值時，此價值即內在於吾人之感受與經驗，而亦爲主觀。因此一切客觀價值之實現者，必爲主觀；而在其實現時，客觀價值，即化爲主觀價值，則謂價值只爲客觀之說，即終不能盡理。而此水泉之有價值，既兼由吾人之在渴而遇水泉之一具體情境中顯出，吾人之渴與水泉，同有貢獻於水泉之對我有價值；則此價值，即不得分屬於此中之任一個，而只能屬之於此整個之具體情境。至於吾人說，在同一之具體情境下之水泉，對一切在同一情境下之人，皆必顯同一之價值，而他人亦同將承認此點云云；則此乃是謂價值判斷之可由具普遍性而具客觀性，卻不能據以證明，此價值之本身，能外於一一具體情境，而有其存在地位；亦不能據以證明，價值之為一自存之普遍事物。吾人如扣緊具體情境，以言價值之存在地位，則價值只能說存在於此情境中之「主觀者客觀者之交織，而成之客觀者與主觀者之和諧關係」中。

（四）吾人由上述之具體情境，以觀價值之存在地位，不僅主觀主義與客觀主義之爭為無意義，即所謂本身價值，與工具價值之分，亦只為相對。重在由具體情境以言價值之西哲，如杜威，即由此而根本反對此種價值分別之論者〔註〕。

吾人在常識中，恆有本身價值與工具價值之分。如人之以快樂為具本身價值，即視能使吾人得快樂者，皆為只有工具價值者。又如人之以知識為具本身價值者，即於一切用以達求知之目的之事物，如實驗儀器等，則皆為只有工具價值者。而在方才所說之例中，人亦恆以渴之解除，為具本身價值，而水泉

〔註〕：杜威人之問題Problem of Man, Pt II Ch. 5. The Ambiguity of intrinsic good 即反對此二者之分。

則只有工具價值者。此種價值之分，在一義上誠皆可能立，吾人在下章，復當論及。然依和諧關係，爲價值之所在之說，則此一切本身價值與工具價值之分，皆爲相對者。

此種相對論之根據，在一切有本身價值者，亦同時可有工具價值；而一種價值，自一眼光看來，爲只有工具價值者，自另一眼光看來，則亦可爲有本身價值者。如方才所說之解渴，固可說爲本身價值者。然因解渴而人能繼續在沙漠中前行，則此解渴，即成只具一達到前行之目的之工具價值者；而此前行之目的之達到，如到某地，則又爲對到某地後之其他各種行爲活動，有工具價值者。至於在一切相互有和諧關係之物，而彼此之作用功能，又能互相促進，以互幫助其存在時；則皆可說其間有一「互爲工具，而互對對方，表現工具價值，以各實現其本身價值」之關係。如人之各種政治，社會文化活動，能互相配合和諧，以互相成就時，亦即其互相表現工具價值，而使其活動之目的皆達到，而實現其本身價值者。諸個人之在社會與他人相生相養，亦即互對對方表現工具效用，而各實現其完成人格之目的，各實現其本身價值者。又在吾人之美感中，覺一圖畫之各部互相配合，成一美畫時，吾人亦可說其各部皆互爲工具，而表現其效用，以互相襯托，而使各部皆更顯其美者。吾人通常亦不於此分別此整個之畫之任一部，爲只有工具價值，他一部有本身價值。是知吾人如以價值存在於事物之和諧關係中，則當歸於視本身價值與工具效用價值之分爲相對，而亦可根本不採此分法，以說明價值也。

第三章　價值之存在地位（下）

第十一節　心靈之理性的道德意志具本身價值之理論

（十）第十種對於價值之存在地位之理論，爲以眞正之本身價值，唯是人之理性的道德意志所具之理論。此理論之來原，可說是：吾人無論採取上述之興趣說，或和諧關係說之價值理論，吾人皆必須以求各種興趣與人生活動之和諧爲有價值者。因而吾人之求此和諧之心靈，亦即必然爲有本身價值，而不能說其爲任何事物之工具者。

此心靈之不可說爲工具，而必然具有本身之價值，其理由在：此心靈乃肯定一切本身價值，與工具效用價值，而位居其上之一層次，以超越的涵蓋此一切價值，而爲其護持者。其護持一切價值之事，應爲有至大價值者，則此心靈亦爲有至大之價值者。而常人亦恆能自覺其願花長好，月長圓，人長壽，及望天下太平之心，爲有至大之本身價值者。然此心之有本身價值，則不能自其爲人之任一特殊目的之達到之工具上說，且亦不能被視爲工具。因吾人在視此心爲工具時，仍只是以此心爲工具，以成就此心本來之目的，此即同於吾人之並未嘗視此心爲工具。如吾人以吾人之願花好月圓人壽等各價值和諧之心爲工具，以使花好月圓人壽，此即仍不外成就此心本來之目的而已。

對此心靈所具之本身價值之認識，在西方哲學中，可以康德之說，作一代表。康德分善爲無條件之善，與有條件之善。有條件之善，爲相對於一時之目的者。而無條件之善，則爲一絕對之善，而內在於心靈之本身活動之中者，此即由吾人之心靈，依理性而生之意志活動中之善。

此種依理性而生之意志之善，乃一道德意志之善。此道德意志，乃一普遍的尊敬一切人格之意志。此意志，能尊敬一切人格，故一切人格之活動中，所實現之價值，皆被此意志之所肯定。至除人格以外之自然存在事物，則其價值乃相對於人格，即對人格而表現其工具效用之價值者。然吾人之此尊重一切人格之價值之意志本身，則可不待其表現任何工具效用，而即已爲善，故爲一無條件，而其本身爲善者。此意志之善，乃吾人之得肯定一切其他事物之善之根據與根原所在。如吾人不以此意志爲善、爲有價值，則此意志所肯定之一切其他事物之善，即皆從根上動搖。吾人固可說，除此意志以外之一切善，或價值，皆爲相對者；然此肯定一切相對價值之意志，則必具一絕對之價值。一切相對價值，乃相對於此絕對價值，以爲相對價值，而不得據之以否定此絕對價值者。

康德之此種所謂善意志之爲善，爲具絕對價值之說，其立論根據所重者，亦不在此意志自身內部之和諧，而在此意志自身之能一貫而一致，以表現理性之普遍性。人由此意志，自可造成一和諧之人格，亦可力求實現成就各種事物間之和諧。然此意志本身所求者，唯是其自身之前後之一致一貫，而超乎一般之和諧之概念之上者。吾人在肯定和諧爲善時，亦必肯定一切和諧中皆有善。此亦即必須預設：吾人如是肯定之之意志，能自身一貫一致，以成一理性的意志。由此而依康德之說，最高之善或價值，乃存在於人之理性之意志之本身，而爲人之理性之意志之貫徹其自身之事中，所表現實現者。此外之一切善與價值，則皆依之而有，而位居其下者矣。

康德之所謂善意志，乃一超越之意志。所謂超越，即言其與一般之意志，不在一層級，而一般之意志中之價值，皆爲其所肯定者；一般之意志欲望中之反價值者，則爲其所欲加以化除，否定者。因此而依康德之哲學，吾人亦可說，吾人之欲實現此一善意志，必須超越並限制吾人日常生活之種種一般意志欲望。此即康德之嚴肅主義所由生。尼采則以爲此乃康德哲學中之虛無主義之成份。而哲學家之特重此「超越及限制」之義，以爲人之實現價值之根據，或進以謂價值即存於人能不斷超拔「原在於其自身中之種種事物」者，則可稱爲以價值之存在地位，在於「一般存在之否定」，或以「不存在爲價值實現之條件」之一種價值理論，此可以叔本華及印度哲學中之婆羅門教與佛教，與中國之老莊之理論爲一代表。

第十二節　以「不存在」爲價值實現之條件之價值理論

（十一）第十一種之價值理論，爲以「種種之不存在爲價值實現之條件」之價值理論。吾人以上各種價值理論，皆爲以價值爲存在事物之性質，或寄托於存在事物之發生關係所成之情境中，或由存在之善意志而表現者。然由吾人之望善者存在，賴不善者不存在，即已證明「不存在」亦可實現價值。而在常識中，人亦恆承認種種不存在，所產生之種種價值。此種事物不存在之可爲價值實現之條件，約言之，有下列數種情形。

（一）另一事物不存在，爲一事物存在之外在條件之情形。

（二）另一事物之不存在，成爲構成一事物之存在之內在條件之情形。

（三）一反價值事物之不存在，即具備本身價值之情形。

（四）一反價值事物之不存在，即所以使其他具正價值之事物存在之情形。

茲略加以說明如下：

（一）所謂一事物之不存在，爲一事物之存在之外在條件之情形，乃由事物之恆互相敵對，而互爲消長，互爲有無而來。此如吾人欲保衞國家，則在戰爭中須殺敵，此敵人之不存在，即爲國家存在之外在條件。於是吾人在以國家之存在爲有價值時，吾人即同時以敵人之不存在，爲有價值。此外，如吾人欲健康，則必須以病菌之不存在於體內爲條件，以使健康之身體存在。於是吾人在以健康之身體存在，爲有價值時，吾人亦同時以病菌之不存在，爲有價值。此類之例，多不勝舉。吾人可說任何事物之存在，皆以「足以妨害其存在者」之不存在爲條件，因而吾人肯定任何事物存在，爲有價值，皆當同時肯定，其他妨害之事物之不存在，爲有價值。

（二）所謂另一事物之不存在，爲構成一事物之存在之內在條件之情形，即指一事物之不是另一存在事物，亦有助於其成爲某一事物，而對其「成爲某一事物」表現價值之情形。如畫蛇不能添足，則蛇畫之成，依於足之不存在。如已添足，則須擦去，使此足不存在，以成就此蛇畫之存在。於此，吾人可說，不僅無足爲蛇畫之成之內在條件，無翼、無毛、無手……等，亦爲蛇畫之成之內在條件。泛言之，則任一事物，皆以其所無，以規定此事物之所以爲此事物，並成就此事物之效用。老子說：「鑿戶牖以爲室，當其無，有室之用」。此即謂房屋不空，則成一堆木石，不成房屋。又說：「埏埴以爲器，當其無，有器之用」，此即如一茶杯之器，其中不空，則不成茶杯。茶杯房屋，亦即以其中空處之「無事物存在」，爲成就茶杯房屋之效用價值工具價値者。而此「無事物存在」之本身，亦即有價値者。以此推之，便見「無」之價値實至大。如吾人將自然界之一切空處皆塞滿，則一切山川之美，皆無有，一切生物人類，亦不能運動，而一切事物，皆合爲一團混沌。故此存在事物之有所無，正爲存在事物之所以成其爲存在事物者。而吾人若以一如此如此存在事物爲有價值，即同時須肯定其不如彼如彼存在，或如彼如彼之事物之不存於其中，亦爲有價值。

（三）所謂反價值之事物之不存在，即具本身價值之情形，即指一種人認爲絕對不當存在，而具反價值事物，其存在純爲多餘者而言。如吾人恆有若干罪惡之心理，如說誑、欺騙、貪婪、殘忍、嫉妬等。此種種心理之存在，固爲一事實，吾人有時亦視之爲有工具價值者。如人不說誑不欺騙，則不能達某實際目的等，不對敵人殘忍，則不能表示對同志同胞之愛等。但吾人如欺騙人之孤兒寡婦，或專以殺人爲樂，則在吾人之道德意識下，此即爲絕對不當有，而絕對無價值者。而道德意識愈强，並曾發大懺悔心之人，亦恆覺其無數過去之行爲，皆有不如無者。在此情形下，則人可以此具反價值之若干事物之不存在，即具備一本身價值。如人在病中受大苦，人亦可謂，只此苦痛之不存在，即具本身價值，故人可以此而動自殺之念。此時，人即明知其死後，一無所有，亦寧自殺。而人之恆有覺自己一生爲枉生之感，亦是依於覺無價值之生，有不如全無而來。而人果能知具反價值者之不存在，即已有價值之實現，則知吾人當下之不病，即爲福；不早夭，已爲壽；不餓死，已爲祿。於是吾人之一切平平淡淡之生活，皆依於無數之災難禍害，苦痛艱難之不存在而有。一切平平常常之普通人，皆依於一切窮凶極惡之事，不存在於其上而成；一切眼前景，皆依天下之大亂，尚未及於眼前景而成。此一切之中，皆有反價值者之不存在，所實現之本身價值存焉。此即中國之道家思想之重一切退一步想，以發現似無價值之平淡平常之生活中之價值之道也。

（四）所謂一反價值之事物之不存在，即所以使其他具正價值之事物存在之情形，即指具正價值之事物，恆由具反價值之事物之不存在，而得同時或相續以存在之情形。此即如雲破則月來，雨過則天青。又如病去則健康，健康即可進至强壯。又如懺悔罪過，則可以改過而無過，無過則可進至有種種積極之善。再如能平亂即治之始，而可進至大治。此皆由於一切反價值與正價值之關係，可爲一「此在則彼不在，此不在則彼在」之矛盾關係。如覆手是反價值，翻手即正價值。翻手之開始，即已爲正價值之初實現於「反價值之反」之中。人固可只求上文所謂具反價值之事物之不存在，並不求任何具正價值之事物之存在；如人可只求去病之苦，而寧成空無所有。然在事實上，則人當其去病之苦後，並非空無所有，其所有者乃健步如仙之正價值之實現。又如人亦可只覺其一生之罪孽重重，乃一枉生虛生。然在事實上，則當其改過去罪後，乃爲一新人，而可有無盡之善德流行。人之所以在平平淡淡之生活中，仍可生意盎然者，亦正以此中不只是反面之災禍之不存在，而兼有一具正面價值之生命生活之進行在也。

此上所說，乃吾人在常識中，皆可承認之數義。吾人即可由此以了解哲學家中，何以多有由若干事物之不存在，言價值之存在地位之詭論之所由出。吾人亦可由此以理解叔本華，何以視吾人之日常意志欲望之否定，爲一切道德宗教上之善德與神聖之德之原之故。並可由此以解釋印度哲學，恆以去除「幻妄」而「無染」、「無縛」、「無執」、「無倒妄」、「無無明」；老莊之以「無己」、「無功」、「無名」、「無私」、「無欲」、「無爲」、「無思」、「無慮」之言，代替一切正面之價值之陳說之理由。此皆依於上文第四義而說者。至黑格爾之辯證法，以否定原則 Principle of Negativity，爲說明宇宙一切存在事物之變化之原則，亦同時爲說明一切存在事物之善或價值之原則，則是兼依吾人以上之四義而說者。

依黑格爾之說，一切存在事物，皆依於變化而存在，亦依於限定而存在。謂其依於變化而存在，亦即謂其依於：其前之存在事物之不存在而存在。謂其依限定而存在，亦即謂其依於：不如彼如彼存在，乃能如此如此存在。由此而黑格爾視各存在事物之互相否定其存在，所發生之矛盾衝突，及一一存在事物之各為一有限與片面性之存在之事，皆為合以實現一全體或絕對之理念，或絕對精神之善或價值者。然在黑格爾之哲學中，又以「能由矛盾衝突之逐漸化除，片面性之逐漸被補足，以進於全體」之存在事物，其價值較高。由此而其哲學，遂又非只重否定矛盾之原則，而亦重肯定與和諧之原則者。唯黑氏之哲學，形上學之意味濃，價值論之意味輕；而其重價值之說明，反不如後來受其影響之英國新唯心論，如格林、柏拉德來、及鮑桑奎等。後者之諸人所持之價值理論，即吾人所將進而論者。

第十三節　具負價值者之超化而成為表現正價值者之理論及悲劇意識

（十二）第十二種價值論，為以具負價值者，能由超化而成為表現正價值者之理論。吾人上段所論負價值者之不存在，及具正價值者之存在，乃為可同時或繼續而有者。吾人果深知此義，吾人即可進而視一切具負價值者，其初之存在，與其後之不存在，只為所以過渡至此具正價值者之存在者。而此在人之道德生活之進行中，最可見得。

人在道德生活之進程中，皆兼有改過與遷善之二面。改過即道德生活中之自我否定，遷善而樂善，即道德生活中之自我肯定。道德生活，吾人可說爲根於一依理性，而求其意志爲自己一貫，自己一致之道德意志者，因而爲不能自己與自己矛盾衝突者。然此道德意志，則可與吾人之不合道德意志之欲望等，相矛盾衝突，並欲求超化否定此欲望等，以使之不存在。此等之矛盾衝突之感，與欲使此欲望等不存在本身，亦爲表現一價值者，此即當如黑格爾之所說。然就此道德意志之目標，必歸向於其自身之貫徹而言，則此矛盾衝突本身，亦終當成爲不存在者，然後方能完全實現道德意志之善。故由矛盾衝突之化除，以歸於人格內部之和諧，仍爲最後之善之所在。而欲使此事成可能，則此道德意志之「超化否定與之相反之欲望等」之事，最後即須歸於使此相反之欲望，由不與之相反，而成爲道德意志之表現者。由此而人遂得成爲一純本理性之道德意志，以主宰其自然情欲之統一之人格。此統一的人格之價值，則爲吾人所能加以自覺，而加以肯定者。此統一之人格之成就，亦即吾人之統一的自覺的自我之眞正實現。此之謂自我實現之價值理論。乃由英之格林 T. H. Green 所倡，而柏拉德來，鮑桑奎，在倫理學上大體上所承認者。

此種價值理論，其特色乃在：由使具反價值者不存在，而使具正價值者存在時，同時使具反價值者，超化其自己，亦成爲具正價值者之材料或內容，因而再存在於具正價值者之中。而此即無異於使在人之生活中原具反價值者，成爲具正價值者。依此觀點，以看人之生活之一切事物，則其自表面現象上看來，爲具反價值者，皆可說其本質或本性，仍爲具正價值者。由此而在人之生活中，亦即可不見有具反價值者之眞實存在。此種思想，在表面上似只重去除具反價值之事物之東方哲學中，亦幾皆有之，而立義尤精闢。此即印度之吠檀多思想中，所謂我即梵，佛家之煩惱即菩提，生死即涅槃，道家之能息妄歸眞，則妄無不眞，及儒家中之言「能以天理主宰人欲，則欲無非理」之思想之所由生。

人之能於反價值之事物，同時看出其能超化，而成爲表現正價值之事物，因而能於煩惱中見菩提，人欲中見天理，一切罪惡中見神聖；此乃代表人對價值之存在地位之一最深之認識。而爲古今東西之大哲所多有。然此中仍有一問題，即煩惱中雖有菩提，然菩提未顯，煩惱仍是煩惱；人欲中雖有天理，然天理未顯，人欲仍是人欲；罪惡中雖有神聖，然神聖未顯，罪惡仍是罪惡。吾人於此，只說此煩惱罪惡，皆在本質本性上，爲虛妄非眞實，仍不足使吾人不肯定其眼前之眞實。吾人自身之道德努力，雖恆可使吾人自己之煩惱罪惡超化，吾人仍無力以使世間一切人之煩惱罪惡皆超化，以同證菩提與神聖。且吾人自身之道德努力，亦常有自己對自己無可奈何之時。此外，吾人再放眼觀人間與自然界之種種痛苦、矛盾衝突之事，亦皆同爲一當前之現實，而多爲吾人自身，所無可奈何者。由此而吾人即可再發展出，一對客觀的價值之存在地位之客觀意識，即悲劇意識，或對一切存在之人物，不能實現其所能實現所當實現之價值之悲憫之情。此悲憫之情，或悲劇意識，乃由愛惜價值而生，故其本身爲有極高價值之價值意識。此悲劇意識，或悲憫之情之存於詩人，宗教家，與聖哲，以及凡人之一念之心靈中，乃表示一宇宙之最深之奧秘，而如爲此一切宇宙間之沉埋幽谷之價值之相思者，與所托命之地。此悲劇意識或悲憫之情，亦可視為　此沉埋幽谷之價值所流之淚，再蒸發而成之淒風苦雨，飄落於人之心靈時之所化成。此悲劇意識或悲憫之情，謂之為屬於人者固可，謂之為不屬於人，而只為一宇宙之心靈之一面憐惜未實現之價值，一面珍愛其已實現之價值之一種內在的凄動，而昭露於人者亦可。吾人對於價值之存在地位之了解，至對於此心靈有一了解，吾人亦即與孔子之悱惻，釋迦之慈悲，耶穌之愛，直接相契，而入於存在世界與價值世界之最深奧之關聯處。然由悲劇意識或悲憫之情所轉出者，則仍只為一更愛惜一切價值，而盡量護持之，實現之，並信其能逐漸實現之之心。由此而人仍當悲而不失其樂，由悲劇意識以再誕生神聖之喜劇意識。此即由吾人自己之不斷實現價值之意志行為，以逐步導致沉埋幽谷之價值之出谷之事。由此人遂重見得：一切沉埋幽谷之價值之上，實仍有陽光之普照，而在冉冉相繼出谷之途程中。此即中國先哲之致中和，以位天地，育萬物之價值存在關係論。

第十四節　中國儒家之致中和之理論

（十三）中國儒家之致中和之理論，為第十三種亦即最後之一種價值理論。亦為一以價值存於事物之和諧關係之理論。然中國儒家之所謂中和，可不止於是指一事物之關係，亦兼是指事物之本性。則黑格爾之以有限事物之本性，皆具一內在矛盾之說，於此即不能說。又依先哲之此理論，以曠觀世界，吾人固可說，總有若干價值，為長埋幽谷者。然尅就一一事物而論，則依其本性之求和，其所能實現之價值，實常只是暫埋幽谷，而極少長埋幽谷者。

中國儒家與黑格爾，同重視自然事物之變化。然黑氏視變化，爲一種自然事物內在矛盾之展開，而中國儒家則恆視之爲事物之求和，而爲其內在之中和性之表現。如人之獨居而思朋友，交游太廣而思獨處，即是一種中和之性之表現。人之行動左足一步，右足再一步，水波之一上一下，雲之一升一降，亦是一求中和之性之表現。此乃依我們以前所謂一切流行的相繼的之一陰一陽之活動，而表現之中和。至於兩物間之由相應以成和，如男女之相索，雌雄之相求，及一切事物間之剛柔，緩急之相濟，則此乃依於我們前所謂定位的對待的一陰一陽之活動，而表現之中和〔註〕。在此二種中和中，亦皆有一價值之表現。此價值之表現，亦即事物內部之善德或內部之價值之實現。此是中國儒家中言中和之一要點。

依此種中和之性之實現，以觀價值之表現之說，則價值仍是表現於萬物之和諧關係中。然此中可自三義，看價值之存在地位。（一）自此和諧關係之任一面，看價值或善之所在，則皆可說其客觀存在於另一面之中，如男女相求，則在男之心中，一切之美與價值，皆在對面之女，如由對方之女而來；而在女之心中，一切之善與價值，又皆在對面之男，如由對面之男而來。故皆覺此價值，不在自己之主觀，而在客觀之對方。由是而此價值理論，即包涵吾人前所謂，以價值爲客觀事物之性質之說中之眞理成

〔註〕：本書第三部第五章。

份。（二）自整個看，則此價值乃惟表現於此和諧關係中。因兩方之互以價值在對方，亦同於兩方之各自否認價值之在自己。於是，此價值，即只能屬於依於和諧關係所成之整個之具體情境。由是而此價值理論，包涵吾人前所謂以價值存在於一整個具體情境之說（如杜威式之說）之眞理成份。（三）此和諧關係，又實依於一一事物之求中和之性而成就。則此價值之原，又不在此外面所成之情境，而在每一事物自身之有求中和之德性。此德性，乃屬於一事物之主觀存在之內部，而爲其主觀存在之本質者。而此即包涵主觀主義之價值理論之眞理成份。

復次，依此說吾人亦須肯定不存在，亦爲表現價值者。吾人觀中國儒家如何將此說應用於道德生活中，則此義尤爲顯著，而親切易解。

依此說，在道德生活，吾人亦須改過遷善，而表現正價值之善之存在，與表現負價值之過之不存在，同爲表現價值者。人不能生而全善，亦不能無過，而只有在改過遷善之歷程中，逐漸成就其人格，實現其眞正之自我。此中國儒者之見，與他方之哲人之見，未嘗不大體相同者。然中國儒者更進之一義，則爲問：畢竟人之罪過由何來？在根本上人當如何改過，並防過之生起於幾先，或先立於一無過之地，以絕罪過之根原？中國儒家於此諸問題之否覆，則吾人可說其要點在：一切罪過之過，皆原於一過度之義。在印度與西方之宗教思想，對於人之罪過之爲罪過，皆視之極重，而稱之先天之罪惡或前生之業障，若爲人一生之力之所不能拔除，而非賴神力或無數劫之修行，爲人所無可奈何者。此固有其甚深之義。然中國之儒者，則初不視人之罪過之問題，如此嚴重。此中又另有其高明之見。此即中國儒者之深知一切事物，皆「作始也簡，將畢也鉅」，而自一切罪過之開始處看，一切罪過之起，初皆極輕微，而只是一種人生活動之一些兒之過度而已。

譬如我們說人之自私與我執，是一切罪惡之原。但人之自私與我執之開始，只是人對其個人之欲望、情感、意念之一種執着，而再不見他人之欲望情感意念之存在，而對之冷漠不關心，視若無睹。此種人之對其個人之欲望情感意念之執着之開始，實即不外其心中之欲望情感意念之存在，其力量過强，而將其智慧同情之本所能及者，皆加以掩蔽。因而只任其個人之喜怒，而不見他人之喜怒，只有個人之哀樂，而不知他人之哀樂；遂不能與人同喜怒，同哀樂，而樂以天下，憂以天下，如聖賢之所爲。由此而人欲去其自私我執之心，在開始一步，遂只須在其喜怒哀樂上用工夫，而去其過度之處，同時亦即補其所不足之處，此之謂致中和。此致中和之工夫，雖至切近至平常，然充極其意義之所至，以使其喜樂哀怒之情，皆無過不及而生之私蔽；則一切「樂以天下，憂以天下」，而贊天地之化育之德，亦皆不能外是。更何人格內部，道德意志與欲望間之矛盾衝突之足云？

在此種致中和之工夫中，一切德性之成就，與價值之表現或實現，皆兼由吾人一般所謂事物之存在及事物之不存在而表現。如人之喜怒哀樂過當，則人須節其喜怒哀樂，亦即使過當之喜怒哀樂，由存在以歸於不存在；而使正當之喜怒哀樂，由不存在以歸於存在。此使存在者歸於不存在，即使我們之已發出之喜怒哀樂，再收回去，以返於其所自生之本。此在中庸，即爲反於喜怒哀樂之未發之「中」。故致中和一語之「中」，不只爲兩面或兩端之事物之中間之中，而兼是指一切喜怒哀樂所自發之本原之內心之隱微處。吾人於發現喜怒哀樂過當而節制之，以使之不存在，亦即將其再收回去，以歸於其本原之內心之隱微處。此即純是一超越否定現實之喜怒哀樂之反面之工夫。然由吾人將此不當之喜怒哀樂收回去，而超越之否定之之時，同時亦即使吾人之「過」不復爲「過」，而使吾人求中和之目標，開始實現，使吾人本身之中和之性，開始實現。而此求中和之目標之進一步之實現，則爲一無私蔽，而人我雙照之成己成物，以使人我內外相和，而喜怒哀樂皆有節度。此即吾人對中庸「喜怒哀樂之未發謂之中，發而皆中節謂之和；中也者，天下之大本也，和也者，天下之達道也。致中和，天地位焉，萬物育焉。」由此可有一淺近的解釋。

復次，依中國儒者之所謂致中和之教，不僅人之只知己不知人者，不合乎中和之道；且無論對己對人之事，只知一切相對者之一面者，同爲不合中和之道者。故即就個人之喜怒哀樂而言，人之對人對物，好而不知其惡，惡而不知其美，以及過哀過樂，同亦爲不中不和。而此亦原於一私蔽，即私蔽於相對之情感之一面，而縱之使過，成無所節。故依致中和之教，一切個人之好惡哀樂，亦不可極。此即所謂「樂而不淫，哀而不傷」，「好而知其惡，惡而知其美」。由是而喜怒哀樂好惡之發出，遂皆當至於一定之度，即返而復歸於平靜，如由存在而不存在。而在吾人之一切齊家、治國、平天下，以及一切大公無私之行爲事業中，吾人亦同當處處求一切相對之事，相輔爲用。而儒者之兼重禮樂，以禮治身，以樂治心；以禮別異，以樂和同；以禮示敬，以樂示愛；禮主其減，樂主其盈；……而使一切相對之身心、同異、敬愛、盈減，皆相輔而成，以求人之「耳目聰明，血氣和平，移風易俗，天下皆寧」，亦同本於一中和之道〔註〕。唯此中之廣大精微之義，吾人今皆不能一一詳論耳。

第十五節　不存在與隱之本身價值

由中國先哲之致中和之教，乃不只以和諧爲一關係，且以人物原有中和之性，又兼以事物之存在與不存在，表現實現價值，且重合相對者以言和；故此致中和之教，乃通於吾人前所謂太極陰陽之論者。而在此太極陰陽之論下，言價值之存在地位，又必言價值與存在之根柢上之合一，與一切存在事物，無不直接間接實現價值，表現價值之義。而其立說，又大有高明過於上述諸說者在。

在上列諸說中，人由使具正價值者之存在，以表現價值；或使具負價值者之不存在，表現價值；或以具負價值者之超化，爲具正價值者，以表現價值；或以對具正價值者之不存在，及對具負價值者之存在，而生之悲劇意識或悲憫之情，表現價值。然依中國哲學中之太極陰陽之理論，則西方印度哲學所謂

〔註〕：禮記樂記

存在者表現之價值，近於陽之德，而不存在者所表現之價值，近於陰之德。在中國哲學中，所謂陰陽，乃互其爲根者。陰並非全不存在，而只是一顯出之存在，由顯而隱，由動而靜。陽亦非單純之存在，而只是原隱而似不存在者之由隱而顯，由靜而動。凡由顯而隱，由動而靜者，可再由靜而動，由隱而顯。反之亦然。此皆依於人物之欲合相對者以求中和之性。依中國之易教，在第一義上，乃以人放眼外看時，所見之一般視爲無善無惡之宇宙人生，一切事物之陰陽，隱顯，動靜，乃皆表現價值者。此即可與亞氏之哲學成一對照。吾人前曾說，中國哲學中兼重乾坤陰陽之德。中國哲學之由陰而陽由坤而乾，即由隱而顯，此近乎西方亞氏之所謂由潛能化爲現實；而由陽而陰，由乾而坤，即由顯而隱，此近乎西方亞氏所謂由現實以歸潛能。然亞氏則唯以潛能之化爲現實，爲表現價值者，而於現實之歸於潛能，則不視爲表現價值者。然在中國思想，則物之由隱而顯，如果之開枝生葉，此固表現價值。物之由顯而隱，則如花謝成果，葉落歸根，此仍爲表現價值。由此而死亡與消滅，在他方思想，視爲大患者，中國思想中並不全如此看。緣此而中國思想恆視人之死亡，物之消滅，只爲一人之終，物之終。此吾人在本書第三部第十九章第六節已論。而此終，則儘可爲表現價值，而可無死亡消滅之義者。故孔子曰「大哉死乎，君子息焉，小人休焉」，莊子所謂「佚我以老，息我以死」。此休息之表現價值，亦如吾人之一日中之休息，與夜間之睡眠之表現價值。故程子謂「知晝夜即知死生」，人若眞能生順死安，則人之是否有來生，亦非重要之問題。人之盡道而死者，儘可其一生無愧怍，即更不他求。此即曾子之死時唯曰：「吾得正而斃焉斯已耳」，王陽明之死時唯曰：「此心光明，夫復何言」，高攀龍死時唯曰：「含笑歸太虛，了我分內事」也。而中國先哲之所以能如此，亦非謂其眞信人死之爲空無所有，故於生後之事，無所容心；而唯是其信一生之始終之事，乃表現宇宙之太極陰陽之理之一顯一隱、或一動一靜、一往一來相應成和，以生化不窮之歷程。此中之來處，即往處，來有所根，往即歸根。來非無中生有，則死亦非即由有入無。西方思想，恆以人之生爲上帝自無中創出之有，而人遂疑其死之可由有入無，因而必求永生。然人若果爲由無中生出之有，則其死正理當由有入無。故永生爲上帝分外之恩典。然在中國思想，則我之生爲陽之事。此陽之事原非由宇宙之無中生有，而只是宇宙間在理上，原可有之如此如此之我之一生，由隱而顯，由靜而動；則其死，亦只是其由顯而隱，由動而靜，以相應成和。生無憾，則死無憾。由此而人即不須求永生，而亦未嘗不可死而無死，無而未嘗不有也。此中之義，如與吾人在上部最後一章人心人性，即天心天理，及仁人如何觀萬物之仁與善之義，配合了解。當可更明白上文所謂人物之善始善終，皆表現價値，而其善終，亦非歸於空無所有之義。是則有待於學者之會通，而自得之。

第十六節　不和與和之太和

在中國儒家思想，以人物之完成其由始至終之一歷程而無憾者，亦即能盡其性者。能盡其性，則無論其存亡生死，皆表現價値。然人物之由各有私蔽，而相衝突，以使彼此不能皆盡其性，以完成其由始而終之歷程者，則其中明有不善、或罪惡、反價值之現象存焉。此亦爲中國儒家思想之所承認，而爲吾人在上部末章之所及。由是而反價值之現象之由存在而不存在，則宜爲絕對表現價值者；如人之私心罪過之由存在而不存在，宜爲絕對表現價值者。此即人之所以必有一致中和之工夫，以位天地，育萬物，而補天地之所不足之故。由此，而人之致中和，與世間之事物之不合中和之道，亦宜爲絕對相反，而不能相合，以成中和者。然吾人前說，人在個人道德生活中，可使反價值之情欲罪惡等，由否定超化，以成爲道德生活之材料。又說人在依於道德生活而生之客觀意識中，人由負價值之存在，所引生之悲劇意識與悲憫之情，爲一具絕對之正價值者。此中明有一正價值與反價值者之相反相成，則宇宙之不合中和之道之事實，所引起之人之致中和之努力，此中仍有一相反相成。吾人說，不合中和之事之反面，即合中和。如不合中和之事，皆在原則上，可由人之無盡的努力，以化爲合中和；則通過此人之努力，所看出之表面不合中和之事實，其裏面未嘗不以合中和爲性。如以此不合中和之事爲陽，則其能合中和之性爲陰。如以此其不合中和，而有悖於中和之道爲陰，則其能合中和之性爲陽。於是此人所看出之不合中和之事，即一方能引起人之致中和之努力，一方亦未嘗不可與人之致中和之努力相和者。此表面之不和，仍無礙其裏面之相和。由此而不和與和，亦相應以成和，而非絕對相反，絕對不表現價值者矣。然使此不和相應以成和之道，唯在人之由見不和，而求致中和之無盡之努力。人若無此無盡之努力，或不透過無盡之努力，以看世間，則世間之種種衝突不和，仍只堪動人無盡之悲憫；而存在者之世界，與價值之世界，亦終不能全一致，而相對爲二。然吾人眞有此無盡之努力，則在此無盡之努力下，一切不一致者，即皆逐漸歸向於一致，而亦見宇宙間之自有使此二者能歸一致之理。於是存在之世界與價值之世界，亦終爲「二而一」者。由此而吾人本章之結論，仍爲一必透過人生之實踐，乃能知宇宙之所以爲宇宙之論。而此人生之實踐之成爲無盡之努力，則可以儒者所謂自強不息之一言盡之。

價值之存在地位 參考書目

張東蓀 道德哲學，中華書局出版。本書爲國人所著，介紹西方道德哲學之書，內容最多者。

C. D. Broad: Five Types of Ethical Theory, Six impression, Routledge and Kagan Faul, 1951. 此書頗長於分析，中文有慶澤彭譯本，名近世五大家倫理學。商務版。

I. S. Mill: Utilitarianism, Reprinted, The Liberal Arts Fress Inc. 1957. 穆勒此書中文有唐鉞譯本，名功利主義。商務版。

I. Laird: The Idea of Value, Cambridge Press, 1929.

C. E. D. Joad: Matter Life and Value. Oxford Fress, 1929. 此書有施友忠譯本商務版。

A. C. Pegis: Basic Writtings of St. Thomas Aquinas. Random House 1945. Summa Theologica Question VI. The Goodness of God.

R. B. Ferry: General Theory of Value, Ch. 5, New York, 1925. Reprinted, 1952.

此書最重要之Ch. 5, Value as any object of any Interest 兼載於 G. Hospers 所編 Readings in Ethical Theory 中。

R. B. Perry: Realm of Value. Ch.VI, The Meaning of Morality, Harvard Press, 1954.

T. H. Green: Prolegomena to Ethics. Oxford Clarendon Press, 1883. 此書論善之依於自我之實現。

F. H. Bradley: Ethical Studies, Oxford, Univeristy Press, Reprinted 1952. 論自我否定與自我肯定之相反相成處甚精，有謝幼偉譯本，商務版。

B. Bosanquet: Principle of Individuality and Value, London Macmillan, 1912. 論價值原於部份在其所依之全體中之地位。

W. M. Urban: Valuation, its Nature and Laws, New York, 1909.

H. G. Paton: The Good Will. London, Allen, & Unwin 1927.

此書爲以意志之融貫和諧，論道德之善者。

C. I. Lewis: An Analysis of Knowledge and Valuation, Lasalle, Open Court. 1946.

W. Sellars and J. Hospers: Readings in Ethical Theory, Appleton 1952.

E. W. Hall: What is Value, Routledge and Regan Paul, 1952.

此爲較近出版之批評分析當代西方之價值哲學理論之一書。

N. Berdyaev: Destiny of Man. Part, V II. The Ethics of Redemption, 1937.

以我所見，在西哲中眞能由罪惡或負價值之承担，以實現正價值而有悲憫之情者，應推貝氏所著書。

R. Lepley, 編 Value, A Cooperative Inquiry. Columbia Univ. Press 1949.

此爲一當代西哲合著之論價值問題之書，包括相互間之批評與答辯者。

歐陽竟無 釋悲。支那內學院出版，由歐陽先生此文，可知佛家言大悲之深義。

中庸

易繫辭傳

惠棟易微言，中和項下，所輯先秦經籍中言中和語。

陳澧漢儒通義，中和項下，所輯漢儒語。

朱子全書及語類論中和處。

王船山周易內外傳等書論中和處。

第四章　價值之分類與次序

第一節　價值純形式之分類

一　正負價值與無價值之分

關於價值之分類，有種種分法，此依我們之採用何種分類之標準，及我們對於價值之所發現者之多少而定。在分類之標準中，約有二種，一種是純形式的分法，一種是就內容而分。

所謂純形式的分法，即純依一些邏輯上或知識上之形式概念，從各種價值之有無某一種對其外之存在或價值之關係上着眼，以對於各種價值，加以分類。如上文所提到正價值、負價值、非價值之分，本身價值、工具價值之分，及相對價值、絕對價值之分等。今試再進一步，分別加以解釋。

所謂正價值或負價值或非價值之分，乃首依於事物之具價值性或不具價值性之矛盾關係，而分事物為具價值性者，非具價值性者；次依於具價值性者之或具正價值或具負價值之矛盾關係，而分為具正價值與具負價值者。前一分類，本可不屬於價值本身之分類之中，而只是依於存在事物之在一時，對吾人之或具價值性，或不具價值性而分。但吾人在說一事物為具價值性時，即同時否定其不具價值性；說其不具價値性時，亦同時否定其具價値性。故二者之關係爲一矛盾之關係。如吾人說一圓形無所謂善惡美醜，即圓形爲不具價値性者，即非價値性之一範疇之所能應用。由此而吾人亦即不能說圓形，表示圓滿，較半圓爲好等。吾人說圓形爲較好時，吾人亦不能說圓形不具價値性，爲非價値性之範疇所攝。故價値性與非價値性，乃一矛盾之概念。無論在實際世間上，有無絕對不具價値之事物，吾人仍可在形式上，依邏輯上之價値性與非價値性之概念，而姑分一切事物，爲或具價値性或不具價値性者。唯非價値性者乃對價値性而爲非價値性。故吾人可在價値論中，分價値性與非價値性，爲關於價値之二概念。

至於在具價値性之事物，其所具之價値性，則有正價値與負價値之分。所謂一事物具正價値，即指正面的某價値之顯於某事物，而吾人亦可對某事物，作一肯定的價値判斷，說某事物具某價値者之謂。但所謂一事物具負價値，卻不只是說，某價値不顯於某事物；吾人當否定上述之肯定的價値判斷，說某事物不具某價値而止。乃是說：某事物另具一負性的價値，其具此負性的價値，至少在暫時，是使此某正價値之顯於某事物，爲不可能，而與之直接相違反或矛盾者。而吾人之說某事物之具某價値之判斷命題，在此，並非只因某事物之不具某價値而爲假，而是因某事物之另具一負價値，足使其具正價値之事，至少在暫時不可能，而爲假。吾人於此，如說某一事物，可由改變其自身，而具此正價値，因而亦有具此正價値之本性；則吾人尚可說其暫時之不具，與其此本性，有一暫時之相違反或矛盾，亦與吾人之望其本性之顯出之希望，有暫時之一違反或矛盾。故此正價値與負價値之分，亦純是一種依邏輯或知識上之概念，從價值與存在之關係着眼，而作之分類。

二　本身價值與工具價值

其次，一種純形式的價值之分類，而爲現代人所習用者。即爲本身價值與工具價值之分。本身價值爲內在價值 Intrinsic Value，工具價值爲外在價值 Extrinsic Value。所謂一事物具某內在價值，即此價值直接屬於此事物之自身。我們判斷某事物，具某內在價值時，我們亦可只對某事物之自身，作一定然的價值判斷，而不牽涉到其他事物。如我們說，仁慈之心是好的，即以仁慈之心爲主辭，而不牽涉其他事物之一定然的價值判斷〔註〕。所謂一事物具外在價值或工具價值，即謂此事物之具此價值，乃由其能引致，促進或幫助，具內在價值之其他事物的產生或發展而言。我們在判斷某事物具外在價值時，我們乃依其與其他事物之有此關係，而對之作一價值判斷。

此種內在價值與外在價值之分，在近代西方，蓋由康德在倫理學中之分別無條件的定然的自命 Categorical Imperitive，與有條件的假然的自命Hypothetical Imperitive所開啓。在康德，以人對自己之

〔註〕：現在之西哲，如蒙思特柏H. Munsterberg、穆爾G. E. Moore及路易士C. I. Lewis均有內在外在之價值之分，但Lewis於其An Analysis of Knowledge and Valuation又分外在價值爲不同形態，如或爲其本身卽足引致具內在價值之經驗者，如引起美感之物；或爲其所產生之物，方足引致具內在價值經驗者，如一工具物。前者彼稱之爲自具價值 Inherent Value。

若干自命，乃定然的。如人不當說誑，此即爲依人之實踐理性而發出之絕對應當而定然的自命，亦其本身爲善，另不依其他條件而建立者。於此，人如先想，我不說誑，可得人信任，而使自己飛黃騰達，乃命令自己不說誑。則此便非無條件的定然的自命，而爲有條件的假然的自命。即於此，我們是在自己有求得人信任而使自己飛黃騰達之目標之條件下，我們才自命自己不說誑。則此自命便非本身爲善，其善否，乃依此目標之是否本身爲善、或是否爲應當而定。而在此例中之目標，如自己之飛黃騰達，則並非本身必然爲善，或必然應當者。在康德所謂無條件之自命，與由之而生之行爲中所表現之善，即爲一具本身價值，內在價值者。而有條件之自命，與由之而生之行爲中，所表現之善，即只具工具價值、外在價值者。

在現代西方哲學中，所謂外在價值與內在價值之涵義，又比康德之二種自命，與緣之而生之二類行爲中，所表現之善之義爲寬。因外在價值與內在價值之別，不限於道德方面，而可用於一切價值之分類。且內在價值，亦不必皆高於外在價值。如我們可說研究數學之內在價值，在解決數學本身之問題，而得數之眞理。至其外在價值，則可直接促進自然科學之進步，並由自然科學之應用，以造福人類等。此造福人類，即數學之一間接的外在價值。然此外在價值，並不必較研究數學所得眞理價值之本身爲低。

三　絕對價値與相對價値

與內在價值、外在價值、無條件之善、有條件之善之分，相類似者，爲絕對價值與相對價值之分。

我們可說內在價值爲絕對價值，因一事物具內在價值，即可不將此事物與他事物相關聯，相對待而說。亦可說外在價值即相對價值，因一事物具外在價值，即將此事物與他事物相關聯，相對待而說。但在一般之義，說一價值爲絕對，恆是指一事物之具某價值者，在任何情形下，任何時間，任何空間，皆具此價值；吾人皆可肯定其具此價值而言。而如在一情形、一時間一空間，某事物有某價值；吾人可肯定其具某價值；在另一不同之情形、不同之時間、不同之空間，則不具某價值，吾人亦可否定其具有某價值，則此價值爲相對的。故所謂絕對的價值，恆是指涵有永恆性與普遍性之價值，而所謂相對之價值，則恆是指無永恆性，而只具暫時性，無普遍性，而只具特殊性之價值。

此種西方哲學中之內在價值與外在價值，相對價值與絕對價值之分，乃遙承希臘亞里士多德及中古哲學中之一事物之本質的屬性，與偶有的屬性之分而來。一事物之本質的屬性，乃一事物之所以爲一事物，而爲一事物所必須具備，以成某一事物之性質。一事物之偶有的屬性，即一事物在一情形下所具之性質，一事物不具備之，仍可不失其爲某事物之性質，因而亦即非一事物所必須具備之性質。如有理性爲人之本質屬性。人之高五尺或六尺，皮膚黃或白，及貧富貴賤等，則非人之所以爲人之本質屬性。我們說一事物所具之內在價值，亦可說此價值爲一事物之本質的屬性，而爲其本身所必然具備者。我們說一事物，對其他事物所表現之外在價值，則可非其本質的屬性，亦非其本身所必然具備，而爲其可具備，亦可不具備者。

其次，我們尚可分價值為根本的Fundamental與衍生的Derivaive。所謂根本的價值，即由此價值之實現或表現，而又無阻礙之者之存在時，即可相繼而有次第之各種價值之實現或表現者。由此根本價值，而有之次第實現表現之各種價值，則為衍生的。如人對人之愛，為一根本價值，則由愛而有之人之一切事業上合作等，所表現之價值，為衍生的價值。

第二節　西方哲學中價值內容之分類

至於從內容方面分價值，則在希臘哲學中，即有眞善美三種根本價值之分，哲學求眞，政治倫理求善，文學藝術求美。在中古宗敎哲學中，自聖保羅，提出信、望、愛，為人之根本的宗敎性道德，由此道德所成之人格之精神價值，為聖Saintness或神聖Holyness〔註〕。故吾人可說，在中古思想中，於希臘之眞善美之上，增加了宗敎性之神聖之價值概念。至在近代，則康德之三批判之內容，亦即對應希臘之眞善美三價值者。其純理批判，重成就眞知識，實踐理性批判，重說善意志，連帶及宗敎上之「望」。判斷力批判一書之一半，皆在說明感情上之美感。而眞善美亦與人心知情意三方面相對應者。

〔註〕：西哲中如F. D. E. Schleirmacher與R. Otto即堅主神聖之為一特殊價值者。R. Otto有Idea of Holy一書。

至於在黑格爾，則其所謂客觀精神中之家庭倫理，個人道德與國家政治，皆可說是以善之實現爲目標。在其所謂絕對精神中，藝術與美之價值相對應，宗教與神聖之價值相對應，哲學與眞理自身相對應。後之新康德派，倡復歸康德，如馬堡學派，仍以純粹意志之善，純粹理性之眞，與純粹感情之美，爲三基本價值。英國方面之快樂主義者邊沁等，以快樂之義同於善，其分快樂爲十五種，亦即無異於分價值爲十五種。後馬提諾Martineau 分人之心理動機爲十八種，亦即無異分人所求之價值，爲十八種〔註一〕。

但此上諸說，皆未明用價值一名〔註二〕。西方哲學之明用價值一字，蓋始於尼采之言重新估定價值。而新康德派之西南學派，以哲學爲價值之學，尤重價值與事實之分。至愛倫菲爾Ehrenfels 等，始有專論價值之哲學。而意大利之新唯心論者克羅齊 Croce，乃於西方傳統哲學所重之眞善美外，加上效用或利Utility 之價值，以與善相連，而同屬於實踐性之價值，以與眞美之非實踐性之價值相對。而德哲施普朗格 E. Spranger 之人生之形式一書，則以眞、美、愛、利、權力、神聖爲六基本價值。並以科學求眞，藝術求美，經濟求利，政治求權，教育實現愛，宗教實現神聖，而善則爲此各種價值之和諧配合，所實現之普遍價值。其以政治之基本概念爲權力者，除羅素權力一書，持此說外，現代政治科學家，近

〔註一〕：可參考張東蓀道德哲學介紹馬氏之 Types of Ethical Theory處。

〔註二〕：E. Barrett所編 Contemporary Idealism in America 一書 P.113, Urban 一文之註謂黑格爾雖極重價值與存在之關係，然其精神哲學 Philosophy of Mind中只用價值一名一次云。

亦多有持此說者。故於希臘之眞善美之價值，及中古之神聖之價值外，近世西方思想所增者，一爲與經濟生活密切相連之「利」之價值，一爲與政治生活密切相連之「權力」之價值。而施普朗格又益以與教育密切相連之「愛」，以成其價值哲學，蓋爲西哲對價值之分類問題，持論最賅備者。

第三節　中國思想中善德之陰陽之分與價值之形式的分類

至於在中國哲學方面，則所謂價值之分類，實即善德之分類。中國先哲所謂善德，初不限於人生之善德。自然，宇宙，及萬物，亦同可有其善德，然要以人生之善德爲主。此種善德之分類，蓋多爲內容上分類，而未嘗有如西哲之離內容而唯依價值或善之形式，而嚴分正價值與負價值，相對價值與絕對價值，內在的本身價值與外在的工具價值者。而近似於西哲對價值之形式的分類者，則一爲善德之陰陽之分，一爲善德之本末之分。

所謂善德之陰陽之分，粗淺言之，即由善德之於動中表現，或於靜中表現，由成始而表現，或由成終而表現以分。動爲陽，靜爲陰，成始爲陽，成終爲陰。由此而動中表現者爲陽德，靜中表現者爲陰德，成始者爲陽德，成終者爲陰德。吾人前已論之〔註〕。而依此觀點，以看西哲之正負價值之分，則陽似近於正，陰似近於負，如中國之陽善陰惡之說。然此是一特殊義之陰陽。依中國先哲所謂陰陽之一般

〔註〕：本部第三章價值之存在地位第十五節。

義，則中國先哲，多謂陽有陽德，陰有陰德，二者乃皆爲正價値；又多主以陰陽相生，以陰之所以有陰德，在其能生陽，陽之所以有陽德，亦在其能生陰。若陽不生陰，則爲亢陽，陰不生陽，則爲絕陰。唯此亢陽爲動而不能靜，此絕陰爲靜而不能動，是乃有始無終，或終不能再有始者，方爲眞正之具負價値而不善者。此亦爲吾人前所及〔註〕。故陰陽之價値與正負之價値，不必相對應。又陰德從事物之靜處說，當一事物既靜且終，則其所實現之價値，皆暫涵於事物之內，若與他物無關。故西哲所謂事物之內在價値，本身價値，即近於中國所謂陰德。陰德所以成己。陽德從事物之動處始處說，當事物正發動開始時，則其所表現之價値，必如及於其自身之外，而別有所成。而西哲所謂事物之外在價値，工具價値，則近於中國所謂陽德。陽德所以成物。己之由物而成，即由他物之成物之德而成。如我由父母養育以生以成，即由父母之施發其成物之德以成。則我之得成我之己，實由接受父母之成物之德而成。如成己爲陰德，成物爲陽德，則陰德，乃接受他物之陽德之陰德；而陽德，亦即使他物能接受其所施發，而有其陰德之陽德。是又見陽德陰德之相涵。至於由時間歷程中觀之，一物於成己後，恆必歸於再成他物；而此再成他物，即所以重彰顯其所具之德於外，而亦所以成其爲「有成物之德之己」者。故一事物之內在價値，又終必顯爲外在價値。而一事物之外在價値，旣所以成就他物之己，亦即所以使此物成爲「有成物之德之己」；而其有此德，又爲表現一內在價値者。如以我之善意志爲具內在價値，則此善意

〔註〕：本書第三部第九章第一節。

志之表爲善行，而貢獻於他人，人受其益，即其外在價值。而他人之受其益，即一方爲使他人成其己，一方亦爲成就我之成物之德，此又爲表現一內在價值者。縱一事物表面上只有外在價值者，吾人亦未嘗不可視此外在價值，爲其本身原所具有之內在價值之表現。如吾人飲水止渴，此水似只有止渴之外在價值。然吾人亦未嘗不可說天地間之水，自始即有能止渴之本性，而自始具能止渴之內在價值。其止我渴，即其內在價值之表現。反之，一切似只具內在價值之事物，如一人在深夜時內心之懺悔，吾人亦未嘗不可視之爲有引發以後之無數之善行之外在價值，故眞正之價值，眞正之善德，皆當爲合內外之道者。由是而凡內在價值之不能表現爲外在價值，外在價值之無所根於內在價值者，皆非眞正之價值也。

如從一切內在價值之表現於外在價值處說，則一切價值皆可說爲相對。此所謂相對，即對一客觀對象或對一客觀情境，而顯其價值。於是所對之對象或情境異，則同一之行爲，並不必表現同一之價值。故對父母之孝行，爲有價值，以同一之孝行，對路人，則不必有價值。然此非謂價值純爲主觀而無客觀普遍性者之謂。因一切人在同類之對象與情境前，某一類之行爲仍可皆同爲有價值者。如一切人在父母前之孝行，皆同爲有價值者。而其有價值，即爲絕對的有價值，並不以此外之其他情形之變化而變化，亦爲可不以古往來今，東西南北之時間空間之異而異者。由是而此價值，亦即兼有絕對，普遍永恆之性質者。此即會通相對價值與絕對價值之道。

復次，一事物之外在價值，固必對其他事物而表現。然此事物能對其他事物，表現其外在價值，原於一事物之在本性上所具之內在價值。而此本性中之內在價值，則並不以其未表現爲外在價值而不在。如孝子並不以未向父母表現其孝行，而即非孝子，謂其人格中無具內在價值之孝之天性。由此而吾人即可以一切未表現爲外在價值，而爲一事物在本性上所具之內在價值，皆爲一絕對之價值。因其雖「未對」其他事物表現，而「能對」其他事物表現之本性，仍直接屬於此事物本身，而自始不屬於其所對之其他事物也。上述之於「未對」而「能對」之本性中，認識絕對價值，亦是一會通相對價值與絕對價值之一道。

第四節　中國思想中之價值之本末之分與價值內容之分

依中國先哲之說，以看價值之內在外在之分，相對絕對之分，乃不重要，而可加以會通者。然對於價值之本末之分，則極爲重視，此略同上文所提及之根本價值與衍生價值之分，亦西方思想中所有，唯爲西方思想中今尙未能眞重視者。

本末一名，原取象於樹木之本根與枝葉之關係。此二者之關係，本是先生，末是後生；本是開始，末是完成；本是能生，末是所生；本是一，末是多；本是總持，末是散殊；本是植根地下，而有不可見者，末是上升於天，而可見者。本末之範疇，與陰陽之範疇，不必相對應。從本是先生，是開始，是能生處說，本爲陽；從末是後生，是完成，是所生處說，末是陰。但從本是一，是總持，是植根地下而不可見說，則本是收攝，凝聚，潛隱者，爲陰；從末是多，是散殊，是上升於天而可見說，則末是放散，施發，顯出者爲陽。故本末之範疇，不能與陰陽之範疇，直接相對應。因此本末之分，涵此多義，故亦不必與西方之根本價值與衍生價值之分，全然同義。而在中國先哲言善德之本末之分時，復皆連價值之內容言。如論語言「君子務本，本立而道生，孝弟也者，其爲仁之本與？」大學言，修身爲齊家治國平天下之本，孟子言「天下之本在國，國之本在家，家之本在身」。故吾人欲了解本末之分之切實義，亦須由價值之內容之分，以了解。

關於中國思想中所謂價值之內容之分，主要即人之各種善德之分。此似唯以道德之價值爲主，然其餘之價值，亦可涵攝於其中。如孔子所論之善德甚多，然其喜並舉者，則一爲仁、一爲智，智中即多少涵攝西哲之知識上所求之眞。孔子與中庸，又均重仁智勇之三德。仁爲性情，智近乎西方之理性，勇則爲意志行爲上之事。此約與康德言人心，分知情意三方面，而各有所實現之價值之說相應。至於孟子，則一方喜以仁義並舉，一方又有仁義禮智四德之分。並依五倫而言五德，謂父子有親，君臣有義，夫婦有別，長幼有序，朋友有信。孟子又言「仁之於父子也，義之於君臣也，禮之於賓主也，智之於賢者也，聖人之於天道也，命也，有性焉。」復言「可欲之謂善，有諸己之謂信，充實之謂美，充實而有光輝之謂大，大而化之之謂聖，聖而不可知之之謂神。」孟子所言五倫之德，純爲人間之倫理道德。然賢者之智德，亦可進而至於聖人之知天，則亦不限於人間之倫理道德矣。其所謂善、信、美、大、化、神之德，亦主要自人格之成就歷程上言。然信即眞，則西哲之眞善美，皆統於孟子所論之人格成就歷程中說。其所謂不可知之神，亦略與西方宗教中之超知之神秘境界相當。然其重由光輝之「大」，及於「所過者化」，以至「所存者神」，乃是由己德之成，再施及於成物，以存神。則西哲言神秘境界者，蓋罕如此說。

至於在易傳之言善德，則大皆通宇宙人生以言，而不限於人間倫理。如易傳於乾坤文言，言仁義禮智之人德，又言元亨利貞之天德。曰「元者，善之長也；亨者，嘉之會也；利者，義之和也；貞者，事之幹也。君子體仁足以長人，嘉會足以會禮，利物足以會義，貞固足以幹事」。則人之仁即天之元，人之禮即天之亨，人之義即天之利，人之智即天之貞。仁與元爲善之長，即道德之本；亨與嘉會之禮，通於樂，即美之至也；利與義，則自善美之德之及於物之說；智與貞，則言定是非以成事。此乃攝今之西哲如克羅齊所言之眞美善利，於一宇宙人生之德之流行發展之歷程，而論之之說也。

下至漢儒，則又依五行以言天之五德，與人之仁義禮智信之五德，並與各種物之五德相配。其中雖不無種種穿鑿附會之論，然其根底，則爲以一切事物，無不表現一價值，而亦皆至少可表現五德之一，或於其生化歷程中，依序表現五德之思想。而此思想則爲一依於價值與存在之合一，而依價值之類，以分存在事物之類之思想〔註〕。

依此種思想，漢儒多以仁爲木德，禮爲火德，義爲金德，智爲水德，信爲土德。仁德主要見於父

〔註〕：由蕭吉五行大義（知不足齋叢書本）可知此種理論之大體。

子，禮德主要見於長幼，義德主要見於君臣，智德主要見於夫婦，信德主要見於朋友。而從天一方面說，則春生爲仁，夏長爲禮，秋收爲義，冬藏爲智，夏秋之交，陰陽平衡爲信〔註〕，而春、夏、秋、冬之異，由於日之方位之異，日位正東爲春，日位偏南爲夏，日位偏西爲秋，日位偏北爲冬。由此而言東方爲木德仁德，南方爲火德禮德，西方爲金德義德，北方爲水德智德，中央爲土德信德。而自人身內部言，則肝屬木，心屬火，肺屬金，腎屬水，脾屬土。此外，漢儒論人之感官與自然界之動植物，亦皆分別屬五行，皆非全無理由可說。然亦不必一一皆確定無疑。而其根本意義，則在顯示仁義禮智信之五德，或五種價值之遍在於時間空間中之一切存在事物中，而見此價值之分類，亦可移用以作存在事物之分類之標準。

至於宋儒周濂溪，亦有陰陽五行之德之論，邵康節倡四之哲學，分陰陽爲少陰、太陰、少陽、太陽，其德亦有四，而依之以分存在事物爲四類。後朱子亦特重在天之元亨利貞之四德，與人之仁義禮智之四德之相配。然亦不廢五行之說。吾人今皆不及多所論列。

吾人今所需論列者，唯是在中國哲學中之言善德或價值之分類者，大皆重本末次第之分，而不只是將諸善德與價值加以平列。至於一切善德或價值之本，則中國先哲大皆以仁爲說。孔子首貴仁。孟子言仁人心也。易傳以仁爲元，即善之長。後之董仲舒亦以仁爲德之本。至宋之程明道言仁者渾然與萬物同

〔註〕：或以信屬土德，土遍運於四時，而信亦通於四時之德。

體，義禮智信皆仁，朱子亦謂仁統四德。漢宋儒者，又多以仁義禮智之次序，與春夏秋冬之序相應，此四者中，吾人如以在前者爲本，在後者即爲末。本以肇始，末以成終。必先有本，而後有末，故中國先哲皆特重仁德。

此種重善德價值之本末之分之精神，貫徹於先哲之一切關於價值與知行之理論中。先生者爲本，繼生者爲末。大率中國先哲皆以人之一切德行事業，或一切實現價值之事，應由最切近處開始。而此最切近之開始處，則爲人之當下之生心動念，或人之如何立定志向，再及於自己之身體之動作行爲，更及於與自己最密切相關之家庭中人，同國之人，與天下之人，及一切萬物。由此而人之立志、正心、誠意，遂被視爲一切德行事業，或一切實現價値之事之本。由立志、正心、誠意、而修身，則爲一切德行之見於外者之開始，而爲一切外表之事業之本。由修身而齊家，則爲由個人及於他個人，而成倫理之開始。而家庭之孝弟，則爲一切人與人之倫理道德之本。國爲家之結合，爲人羣之結合成一政治組織之開始。故國家之內之政治，爲全人類或天下之太平之政治之本。而人類之天下之有道，則爲使一切類之萬物，皆各得洋洋發育，而表現仁德於整個宇宙之本。此本末之秩序，亦即由成己至於成物，由治心至於治物，由內心之隱微處開始修德，至於德化之流行於外而無乎不運之次序也。

第五節　二種價值分類法：相斥之價值分類法與相生之價值分類法

以上我們略述中西哲學中之價值分類之說法，我們既未一一詳加闡釋，亦不擬一一評論其是非。我們今所欲說明者，是吾人對價值之分類，本可有不同之分法。如依形式分內在與外在及本與末等，其中固有種種分法；依內容分眞美善，仁義禮智等，亦有種種分法。而此種種分法，本身有二型：一爲依相斥而異範圍之關係而分，一爲依相生而異次第之秩序而分。大約西方之價值之分類法，皆爲前一型，而中國價值之分類法，則爲後一型。此觀前文可知。然同一大範圍之事，可包涵若干小範圍之事而彼此互異；一次之事，亦可分爲二段、三段看，而包涵次級之次序。如世間每一事物，皆可有一價值意義，則事物無盡，價值意義亦無盡。吾人不能以事物之種類概念，窮盡一個體事物之存在意義；亦不能以價值之種類概念，窮盡一個體事物之價值意義。個體事物爲唯一無二者，一個體事物之價值意義，亦同爲唯一無二者。自此而言，則一切價值之分類，皆不能達於完全之境；而此分類本身之價值，亦爲有限者，只足爲引導人了解種種個體事物之價值意義之一方便。至此二型之分類之本身，皆有其價值，則可由下文說明。

（甲）吾人須承認，從現實上看，人之各種文化活動，人之在社會之各種職業，及人之人格之形態，明各有不同，而各有其所實現之價值，然在實際上，亦常有不能兼備之情形。如人在科學之活動中，人之目標在得眞理，而不在求美。人在戲院，重在引起美感，而不在求善。人在自責自訟時，則旨在求善，又不惜在內心造成分裂，使人格之內部失去和諧之美。而人在寺院與神佛求相接時，又可忘人間之眞善美，以接神聖。而人出寺院，至商場購物時，取其價廉而經用者，則爲實利之計較。再至政府辦公，又爲求權責分明。此各種文化活動之恆不俱時而存在，又各有其所求之價值，乃一事實。人之依其或偏重此種文化活動，或偏重彼種文化活動，而或爲學者，或爲藝人，或爲慈善家，或爲僧侶，或爲商人，或爲政治家時，其人品各異，而所實現之人格價值，亦各異。人又以天生氣質之不同，及所遇環境之不同，而在實際生活上各分別從事不同之職業，則其所實現之各種價值，亦即有相異而相斥之邏輯關係。而吾人亦即可依此以類分各種價值，爲一相異而相斥之系統，如西哲之所喜爲。而中國先哲在論人之氣質之差別時，分人格爲沉潛高明二類，或狂、狷、中行三類。論美之差別時，分陽剛之美，陰柔之美，或剛健婀娜二種，亦是自各種人格價值與美之價值，恆不易爲一人所兼備而分類。

（乙）然在另一方面，人所欲實現之各種價值，恆有一次序之相生之現象，亦爲不能否認。此種相生，乃此未終即有彼之始，而始終相涵。如中國禮記祭義曰「孝子之有深愛者，必有和氣，有和氣者必有愉色，有愉色者必有婉容。孝子如執玉，如奉盈，洞洞然，屬屬然，如弗勝，如將失之。嚴威儼恪，非所以事親也，成人之道也。」此即爲一種相生之次序。此中深愛在心，即引生和氣在身內；和氣在身內，即引生愉色在貌；愉色在貌，則引生婉容在態；以敬事父母，而嚴威儼恪，以成就其人格。此中有善德之次序相生，亦未嘗不可分別言之。然分別言之，非謂其異而相斥，其間仍爲一貫之善德之流行。而西哲之言價值者，恆必以某一種價值如眞或善爲本，以引致其他價值之實現，如黑格爾之將各種人之主觀精神，客觀精神與絕對精神之發展，列爲一系列，即亦承認善德或價值之相生有序者也。

然在吾人承認價值之相生之序時，吾人尚可有二種不同觀點，以依次序分價值之類。其一爲由外而內，先知後行之觀點，另一爲由內而外，由行至知之觀點。如依前一觀點，則吾人恆傾向於以所知之外界事物之價值，爲第一序之價值之所在。此可推至以自然界之物質事物，與其所在之時空，爲一切價值之根原所在。而此亦非無理可說。如吾人明可說，若時空中物質世界不存在，則一切生物與人之生命，不能存在；人之生命不存在，則人之心靈，亦至少不能在此世界存在。於是人之心靈之能實現價值，或具備價值，其基礎在生命之存在；生物與人之生命能實現價值，或具備價值，其基礎在物質之存在；而物質之存在，即成一切價值之本原。最低限度，吾人亦可說物質世界之物有直接營養生命，間接營養心靈之工具價值。而人如欲求其心靈生命之存在於世界，亦應首有關於物質事物之知識，及如何營養生命與心靈之知識。此知識中所表現之價值，即爲眞理之價值。又人之一切對物質事物之知識，皆依於人之對物質之數量、時空地位之數學幾何學之知識，此知識中之眞理，亦即爲一切眞理中有最基本之價值者。此對物質事物眞理之知識之價值，亦即人所當求之第一序之價值。由人有知識，人乃能改變自然，以達利用自然以厚生，而得利益與快樂幸福，並有閒以欣賞自然之美，與創製美術品等。此利、快樂、與美感等之價值，即屬於第二序之價值。再由人與人皆能在外界之自然界生存，人乃有餘力，以從事內心之反省，然後人有其內心之道德，宗教之生活；此種生活所實現之善與神聖等價值，則宜屬第三序。而我們看人類文化之進化，亦是先有生產工具以改變自然，再有原始藝術，而後乃有宗教道德之文化，亦足證此價值次序之大體爲不誤。即是依於一由外而內，先知後行之觀點，所定之價值次序也。

但如我們採另一由內而外，先行後知之觀點，則我們所定之價值次序，亦可與上之所述，全相逆反。即我們如從行開始，則行之始，是我們之抱一目的，有一志願。此目的志願之合理與否，善與否，即是我們可首先體驗到的價值。如我們在行爲之始，即立心偷盜我之兄弟之財物，則在財物之價值未呈現之先，而此偷盜之心，是否爲善，是否爲有價值，即爲我之第一問題。無論我們之是否能時時反省到，我們之志願目的之是非善惡，然吾人之心中，才有目的志願，此目的志願，即已表現是非善惡，則爲不成問題者。即當時不及反省，過後之良心，仍可加以評判，而生自慊或懺悔之情。而在吾人聞良心之聲音時，吾人亦可覺此聲音，如來自天上，乃天理天心之呈露於我，則此時吾人所首體驗之價值，即應爲道德宗教性之價值。由人之本天理良心行事，而後形成人格內部之一貫與和諧，及行爲之和諧，乃有人格之眞誠與人格之美。此即孟子之所以由「可欲之謂善」，以言「有諸己之謂信」（眞誠），及「充實之謂美」。而此充實之美，亦即人之德行及於他人之善之表現，由此，人乃有禮樂藝術之文化之生活上之美。天君泰然，乃能知自然界之天地萬物之美；神智清明，乃能進而原察於天地萬物之理，而有眞正之知識，以利用厚生。此即中國先哲之所以置智德於仁義禮之後之故。人有眞正之知識，以利用厚生，人乃知自然界之萬物之皆足以養人，於是視無生之自然，如金木水火土等，皆可以潤澤生命，而皆各有其德。以至空間中之方位，時間中之四時，皆所以使人與萬物各有其所可居，各有其時以生成變化者。是見人之身體，及有生與無生之物，以及所謂抽象之時間空間，皆有其價值與德性。此即以人之宗教道德性之價值，人之內心中直接體驗之善惡是非之價值，爲本，爲第一序；而以知識之眞及自然物之價值，爲最末序之理論。

第六節　善之價值與心靈之仁智之價值，爲一切價值之本之理由

以上所述二種價值次序之理論，儘可由人自擇。二觀點雖不同，而皆可通於全幅之價值世界。然此二種觀點之本身，吾人仍可問其孰爲本，而孰爲末。吾人將如何定其次序？吾人以爲，至少在哲學範圍內說，只能以後一觀點爲本，而以前一觀點爲末。即吾人只能以善之價值爲本，心靈之價值爲本，而不能以知識上之眞之價值爲本，或物質世界之價值爲本。

何以至少在哲學範圍內，吾人必當如此說？因哲學爲反省一切觀點之究極根據之學。而吾人無論採何觀點，以論價值之次序，此觀點之所以產生，皆原於人之哲學的心靈。無論吾人採何觀點，吾人皆必先設定此觀點是好的善的。由是而吾人之採取由外而內之觀點，此觀點之被採取，仍只由人之內在心靈作決定，以定之爲好的善的。吾人若先無內在之心靈，以觀此觀點之本身，以定之爲好爲善，則此由外而內之觀點，亦不可能。由此而善之價值與心靈之價值，必然爲吾人首先加以肯定者，於是由內而外之

觀點，亦即應爲屬於本之地位之觀點。

善之價值，心靈之價值，所以必然爲吾人所首先加以肯定者，其根本之理由，在心靈之能自覺。由此能自覺，則其有任何之活動，或依任何觀點，以生任何之活動時，彼皆對其活動有一自加肯定之意。此自加肯定，不只是肯定其已存在，同時是肯定其當存在。而一切當存在之肯定，即一「其存在爲好爲善」之肯定。故人之依任何觀點，以求知識之活動，皆預設人之「以此求知識活動爲當存在爲好爲善」之肯定。

由心靈之能自覺，而自定其活動之價值，固不必即可作爲，吾人之否定心靈以外之事物，如純生命性事物，及物質性事物，以及時間空間亦具價值之理由。因吾人如以人之有所向的目的性活動之達到，爲具價值，則草木禽獸之有所向而類似有目的之活動，亦爲具價值。即原子電子之跳動之有所向，而有所達到者，亦可說其有一種價值之實現，如西哲懷特海之所說。即捨此等等不論，吾人亦可說諸無生物與物之養人，至少具一對人之工具價值。以至說此爲無生物與物對人之一恩德，亦未始不可〔註〕。人之心靈固無理由以私宇宙之價值爲其所獨有也。

然吾人仍可有一義，爲確定不移者，即：心靈以外之事物，雖可實現價值，然因其不能自覺，則其所實現之價值，即不能眞存在於其自身之內部。如吾人固可承認天地山川有大美而不言，如莊子所說；

〔註〕：拙著中國文化之精神價值第七八章中國先哲之人生道德理想論。

然「自有此天地，即有此山川，而無此佳客」〔註〕以欣賞之，此天地山川又不自知自覺其美；則此美即無寄托，雖存而無所存，其所以異於不存者幾希。然心靈則不僅能自覺其自身之活動所表現之價值，亦可自覺一切存在事物所表現之價值。「暮春三月，江南草長，雜花生樹，羣鶯亂飛」，「天高地下，萬物散殊，而禮制行矣。流而不息，合同而化，而樂生焉」。天地間亦自有大禮大樂，大序大和，皆表現價值者。然若無心靈，又誰予知之？此「知之」，可謂爲心靈之攝天地萬物之價值，爲其所有，而繼以詠之、嘆之、以更保存之，以爲其所有。然亦可謂此「知之」，乃此心靈對於自然之一貢獻，即貢獻其能知之心，以向自然，而使自然之價值，得其呈現之地，居處之所。人必得知己而後無憾，自然之價值，亦必得心靈之知己，方可無憾。心靈之所憾者，唯是自然之價值，得心靈之知己，而仍不能自知其有此知己。人乃惟有於神話與詩歌之中，將自然之物，皆人格化；巫山之女，洛水之神，皆與人成相思；鶴子梅妻，松朋竹友，皆與人爲侶；然又終不能相親相喻，此則心靈之所致憾於終古，而無可奈何者也。

心靈之於自然，一面體驗呈現其價值，一面致憾於其不能知人之知之，一面復嘆息其所實現之價值，或若隱若現，或欲完未完，或險阻重重，或相毀相滅。此嘆息之情，既及於其自身，亦及於其他之萬物。人之生於自然也，其他動物有爪牙之利，而人獨無；其他動物有羽毛爲衣，人亦無；而一切生物之本能，人皆獨弱。則人之生於自然，初實最爲孤零無寄，而存於天地間者也。其所特長者，唯一具智

〔註〕：朱子與陸象山晤於鵝湖時有此語。

慧道德之心靈，以觀象制器，而相生相養，而仁於其類，以成家成國，遂由其初之若一無所能，以浸至無所不能；則謂人之心靈，非人之一切人羣社會學術文化之價值之原，不可得也。而人之心靈之仁與智之運，既足以助其自身存在於自然之中，又不只限於求其自身之存在於自然而止。人之仁智之運，可兼及於一切與其自身之生存若無關之事。邃古之初，星河之內，與人何干？而人智極之。花謝草寒，猿啼鳥驚，與人何干？而人仁憐之。於是人或神游遠古與太虛，而忘再返於人世，又或不忍殺生肉食，寧茹素以終身。此人之仁智之所運，果充其量，世界將成何狀，蓋非吾人今之所知。然要必歸向於昭明萬理，於光天化日之下，樂育萬物於春風和煦之中，則可確然無疑。則此心靈之價值，正在其智之足以涵攝一切存在事物之所以存在之眞理，而其仁之足以同情護惜一切存在事物，所實現之價值。而吾人之不謂其本身爲在自然界中具最高價值之存在事物，亦不可得也。

第七節　仁德爲審美之德及智德之本之理由

在心靈之欣賞美及仁智之三活動中，吾人又必須以仁之善或價值爲本，美次之，智所得之眞，又次之。此中之理由甚多，吾人今姑只舉一種，即：吾人如承認人之心靈爲在自然界中具最高價值者，則人能愛敬人，而與人之心靈通情通德，亦即爲有更高價值者。因人之能愛敬人，而與人之心靈，通情通德，即使人之心靈擴大，而爲包涵其他心靈之心靈，而人亦即由小人而成大人。然人之愛人而與他人心靈通情通德之心之德非他，亦即人之仁心仁德。人依此仁心仁德，而與他人一切喜怒哀樂之心情，與他人之一切剛柔之德相感通，亦與人之欣賞美境，勤求眞理之心情相感通，復與他人之仁心仁德本身相感通。由此而人之仁心仁德，即爲一「肯定尊重一切人之心德，一切人之人格價值」之一種心德。此心德即必然爲一在人類社會中具最高價值者。

在此，一般欣賞美，及以智求眞理之心靈活動之價值，所以不足與仁心仁德之價值並立之理由在：吾人雖可以智之活動了解他人之人格之眞，或以審美之活動，欣賞他人之人格之美；然此了解與審美，必以吾人之依仁心仁德，以與人之心情及人格相感通，而對人有愛敬，爲先決條件。在此，人之了解人欣賞人，與人之了解自然，欣賞自然之情形又不同。自然只是被欣賞被了解之一客體對象，而他人則本身是亦一能了解一切，能欣賞一切，而自成一主體之人格。此他人之人格與其活動之全部，乃獨立於我之外，除由我自發之愛敬，能隨從其心情活動之所往，而與之俱往；我即另無欣賞了解他人之人格之可能者。而此種我對他人之人格之了解，必與了解其人格之價值相俱。而對於他人人格之價值之了解，必根於我之價值感。即我必先由知我之何種心情，何種活動，爲善或不善，乃能眞知他人之善與不善。而我在知我之心情活動之善與不善時，必有我之好善、惡不善之道德意志，道德感情相俱。故我之了解他人之善不善，亦與我之好人之善，與惡人之不善之意志感情相俱。故我依於仁心仁德，而了解他人時，其根本動機，固出於對人之愛敬。然此愛敬，同時表現爲愛人之善而惡人之不善。此正如吾人之自愛中，包涵愛我之善與惡己之不善。此之謂唯仁者能愛人能惡人。此仁者之能愛人之善，惡人之不善，初即爲一人格上之審美的感情。唯有此感情，我乃能眞了解人之人格之價值，而對他人之人格有智。此我對他人人格價值之審美與了解，必依於我對他人之仁而後有。是即證成我之仁，爲此審美與了解之活動本身之價值之本原所在，而人對人之仁之善或價值，乃人之心靈活動中具最高之價值者，即由此可知。

第八節　價值之本末次序

由上所述，我們可定人所能體驗之價值之本末之次序如下：

(甲)人之仁德：對人之愛敬，與人求通情通德之德，及人對其自己之善與不善之好惡。

(乙)人對於他人之人格之善與不善之直接好惡：即人對他人之人格之審美的感情。(在中國傳統思想，此可隸屬於(甲)之仁德之中，亦可隸屬之於(丙)之智德之中者。)

(丙)人對他人之人格之善或不善之價值之自覺了解之智。

此三者，一方爲一人自身內部之德，爲人所自覺，而亦可由自己之努力，以加以增進者。在另一方，則其實有諸己於內，而充實表現於外，即成各種人對人之倫理道德者。

(丁)人對人之一切倫理道德：此人對人之倫理道德，皆爲人對他人之愛敬及審美與了解之仁智之表現。如父子間之慈孝，兄弟間之友恭，夫婦間之和義等倫理道德，皆依於人與人之互愛、互敬及相互了解，而後眞實可能。

（戊）人對自然之德：人對人之倫理道德之推擴一步，乃爲人對於人以外之自然之愛，與對於自然之審美之感情，及對自然之求知心中，所表現之善德。此中，因人能了解自然，自然不能反而了解人，人能同情欣賞自然，自然不能反而同情欣賞人；故人之此種種對自然表現之仁智之德，不似人與人間之相互表現之仁與智之德，可互爲對方所了解，而存於對方之心，而得所寄托，以互相促進。此人對自然所表現之仁智之德，如有往而無返，有施而無報，而人心於此，即不能無憾。此憾即表示其所實現之價值，不如在人與人間者之有施報往還者之深厚懇切，而屬於較低之層次。

（己）社會價值：人對人所表現之價值，有出於倫理道德意識者，有不必皆出於倫理道德意識者。如人與人合組成社會，即互賴於與他人之分工合作，以皆得其生存。吾人試觀吾一人之生，所仰賴於社會者之多，則見社會之他人之工作，咸直接間接對我有所貢獻，而對我有價值。我之工作之價值，亦可直接間接表現於社會中之他人。由此而吾人有一社會價值之概念。然此社會價值之形成，卻可並非依於人之倫理道德意識而後形成，而可主要由於人之不能獨力以生存，遂依互相利用之心，而分工合作，以形成。唯此種種之社會價値，旣已形成之後，則可滿足人對社會中之他人之仁愛心，又可表現一種人與人之活動間，彼此和諧之美，及一種社會性之眞理。由是而此社會價值之形成，雖初不必依於人之求眞美善之道德意識，然可合於人之求眞美善之道德意識，其價值亦可爲此意識之所肯定。然離此意識，此社會價值，又雖有而若無。社會本身不能自覺此價值，則此價值在價值世界之地位，即次於任何自覺之意識之活動中，所表現之眞善美，而又爲此意識之所自覺者。

（庚）自然生命世界之價值：在社會價值之下，爲自然生命世界本身之價值。如單純的人與禽獸草木之如此如此的自然生存之價值。此自然生命之世界，乃不待於人之心靈活動之參加，而能自己存在者，此與人之社會組織之形成，必待人之某種心靈活動之參加，而後能存在，乃不同者。吾人前旣屢言人或萬物之自然生命，如無人之仁智之心，加以愛惜、護持、欣賞其價值，即無依恃之所呈現之地。故知其在價值世界之地位，即較社會價值爲尤低。

（辛）物質世界之價值：在自然生命世界之價值之下，爲物質世界之價值。此中之高下之辨，則不自有無心靈之自覺上說。因此二者皆同缺乏人之心靈之自覺者。唯二者雖皆同缺心靈之自覺，然自然生命之物，仍畢竟有知覺，有生幾，而異於無生命之物之只有反應與活動之趨向者。此有知覺之在價值上高於只有反應者，有生幾之高於只有活動之趨向者。則至少可依以下之理由以說：

吾人可說，生物之有知覺，即表現生物之能知其外之物對之爲利或害，此知其外之物對之爲利或害之知覺，即一不自覺的價值之辨別。吾人可說生物愈高者，則其知覺之範圍愈廣，而對其環境中之物之價值之辨別愈多。其能辨別價值，與其求正價值而去負價值之事相連。故辨別價值本身，亦即一價值。有如人之辨別價值之智，本身爲一種價值。此中生物與人之不同，唯在一能自覺，一不能自覺而已。

至於生物之生幾，即表示生物之能使其自己相續存在，亦使其子孫相續存在者。如生命爲有價值，則生命之生幾，亦即一價值之原，而爲有價值者。此二者即皆非無生物之所能具有。吾人即承認無生物本身，皆能實現價值；然彼無知覺，即不能認識他物之價值，無生幾即不能求其自身之存在，並生出與其相類似子孫之存在，而擴大延續其本身所實現之價值。由此而其存在之價值，即斷然較生物爲低。

（壬）時間空間之價值：至於純粹時間空間，如與其中之事物相對而言，吾人亦可由事物之必賴時空，乃有存在之所，以言時空亦有某一種爲事物存在之條件之價值。唯其價值，則應爲屬最低之層次者。因若離事物，則其本身乃空無所有，既非存在，亦即無價值之可言者。而吾人如說其爲人之知識之一範疇，則便唯是人知識之成立之條件，對知識之成立，有一價值，仍不能有本身之價值者。

以上所論之價值次序，不涉及自存價值，及超越存在之上帝天心自身之價值之問題。而吾人如涉及自存價值及上帝天心之價值之問題，還須問此自存價值與上帝天心之全幅內容中之所涵之上述諸價值之高低。故上述之論，仍不可廢。

價值之分類與次序　參考書目

圖書集成學行典性理部關於德目者，所輯中國先哲之對德行之論略備。

G. E. Moore: *Principia Ethica*嚴別善之價值之本身，與其伴隨之效果等。

J. S. Mackenzie: Elements of Constructive Philosophy. London Allen and Unwin, LTD. 1917. Ch. VII. the Conception of Value, 7—9.

論工具價值與本身價值之分。

N. Hartmann: Ethics. Vol. II, Moral Values. London, Allen and Unwin, 1932.

此書卷二，論由希臘歷中古至近代，各有其所特重之道德價值，而對道德價值高下之次序觀，亦因之而異。

H. W. Carr: The Philosophy of Hegel. London, Macmillan, 1917.

E. Spranger: Types of Man. Pt. I, New York, Hafner. 1928.

此書之特色在分人所求之基本價值爲六種，進而明其相輔爲用之處。

C. W. Morris: Varieties of Human Value. University of Chicago press, 1956.

此書對東西各大文化系統中之之人之價值意識作統計研究，乃兼爲社會學類之書。由此亦可知在不同文化中人在實際上所重視之價值，乃有同有異者。

C. I. Lewis: An Analysis of Knowledge and Valuation. Book III. Chs. XIII, XIV. Lasalle Open Court. 1956.

此書此二章，分析外在價值內在價值及自具價值等。

第五章　悲觀主義樂觀主義

第一節　悲觀樂觀之情調與思想

我們在上章，論價值之分類與次序，乃是就世間已實現表現之價值，論其分類與次序。但對此世間中已實現表現之價值，與未實現之價值，及已實現表現之負價值，畢竟孰多孰少之問題，我們並未加以單獨討論。只於價值之存在地位一章，論及人對於正價值之未表現，及負價值之表現，可有悲劇意識及悲憫之情，及此悲劇意識悲憫之情本身爲有價值者。然人於此恆可問，此有價值之悲劇意識或悲憫之情，以及吾人在該章之末，所論儒家之自強不息之精神，是否即必能轉化一切負價值爲正價值，並保證正價值之繼續顯現？此仍使人不能無疑。由此而有所謂悲觀主義之產生。與此悲觀主義相反，並一直相信此世間之正價值之量，必大於負價值者，即爲樂觀主義。此悲觀主義與樂觀主義二種價值觀之爭，及人之有無繼續實現價值之意志自由，以使人眞有一自強不息之精神，即吾人本章及下章中之問題。

樂觀與悲觀，本屬於人之生活情調上的事。人對於其自己之事，及世間之事，儘可一時取悲觀的看法，而另一時取樂觀的看法。此二種看法，遂常輪替而產生。在一人羣，亦常以共同環境之好壞，而定其情調之偏於悲觀或樂觀。故衰亂之世之人民，多所憂懼，而偏於悲觀；太平盛世之人，以恆能從心所欲，而偏於樂觀。此外，各個人亦可以氣質之不同，或生而帶憂鬱之氣質，思深慮遠而易悲觀；或生而帶活潑之氣質，善欣於所遇，而偏於樂觀。然而在哲學上，論悲觀樂觀之問題，則不從此等等產生悲觀樂觀情調之主觀心理因素上着眼。而是從人之主張悲觀主義或樂觀主義之客觀理由上着眼。此種種原因之如何影響人之主張，亦非吾人今所討論之問題。

在西方近代哲學中，人常以叔本華爲悲觀主義之代表，來布尼茲爲樂觀主義之代表。人又常說西方近代人之思想與希臘人之思想，是樂生而樂觀的。西方中古時代人之思想，則是視世界爲罪惡之淵藪，而偏於悲觀的。又或以整個印度之思想，皆帶厭世之色彩，而偏於悲觀。在印度思想中，人又或以耆那教、佛教之厭世色彩最重，婆羅門教及吠檀多之哲學，則是更能肯定世間，並以世間乃由梵天之歡喜而流出，乃較不厭世的；而彌曼差之哲學，尤爲積極的入世的哲學。至在中國的儒墨道思想中，則一般恆以墨家是積極救世，而全無悲觀色彩的，道家中如莊子，則恆有悲涼之感，而欲游於人間塵垢之外的。但是我們若欲以悲觀厭世或樂觀樂生之名，概盡任一派或任一個思想家之思想，恐怕他們皆不能接受。而一思想家，從一觀點看來，似近於悲觀的，從另一方面看來，則可全無悲觀之色彩。即如佛學，從一方看來，似極悲觀的，而從另一面看來，則其大雄無畏之精神中，即無所謂悲觀。又人恆以希臘人爲樂生者，但在尼采及伙肯生看來，則希臘人原始思想中，亦帶極悲觀之色彩（註，見下頁）。即希臘之哲學家，如柏拉圖，其哲學畢竟爲厭世悲觀者，或爲欲賦與世間以價値與意義，而爲樂觀者，便不易說。故我們今討論悲觀樂觀之問題，不擬以某一派之哲學思想之整個，作爲例證，而只是分別陳述人之主張悲觀或樂觀者，可能提出的諸理由。而所謂樂觀悲觀之意義，亦限於對吾人所在之現實世界之存在，與人所求之價値之關係而說。

第二節　樂觀主義之理由

（一）第一種樂觀主義之理由，是直接由人與生物之有機體，如何巧妙的構造成，而適於生存，以使其生命能實現其目的與價値於自然世界說。此種思想，在西方之根原，一是其宗教上之上帝創造萬物之觀念。在舊約中，述上帝每創造一物之後，都說上帝看來，如此是好的，人最初亦即生活於樂園之中。直到現在，傳教士仍時以人之有機體構造之靈巧，及種種萬物之足以養人，來證明上帝之存在，及其對人之恩典，與此世界之原始之善。譬如說，人與生物皆生於地球，今假定地球，如再接近太陽一百里，則人與生物皆將熱死，再遠一百里，則人與生物皆將冷死。故太陽系中，除地球外，更近太陽與更遠太陽之行星，皆不適人類生存。又人與生物之有機體之構造，如此靈巧，其中如喪失一部，人亦即不能存

〔註〕：尼采之悲劇之誕生及狄肯生 Dickenson 希臘人之人生觀 Greek View of life，皆以希臘人初爲帶悲觀色彩者。

在。然而上帝卻並未嘗吝嗇此任一部，而皆賜之於人與生物，並使之適宜於在此不太寒太熱之地球上存在，此豈不證明上帝造世界之原始之善？

此上所論上帝之一名，如改換爲自然，結論仍然可以一樣。即自然中所生出之人與生物，能與其所在之地球之氣候環境等相和諧，其機體內部構成之如此巧妙的配合——如依我們前所說，和諧配合爲一價值之說，則自然亦即根本上是表現價值的，善的。我們從此上所說着眼以看世界，我們豈不處處發現價值與善，而當取一樂觀主義的世界觀？

（二）樂觀主義之第二種理由，是從人生性之良善上說。依此中國人之相信：「人之初、性本善」，亦即一樂觀主義之思想。人之性善，可以有許多論據，今不說。就常識而言，人皆承認人有良心。人無論如何犯罪過，人皆能知其罪過之爲罪過。故即犯罪過之人，在他人之前，亦將掩飾其罪過，不使人見之；如人見之，人皆知羞恥。此羞恥心之爲一切人所具有，即證明人無不知善惡之辨，人之無不有良心。宗教家儘可視一切人爲罪人，但宗教家亦無不承認，人能改悔，即仍須承認人有良心，及其生性之良善。至於不從宗教家之觀點說，而從一般之道德法律之觀點說，則我們皆知，社會上的人，犯種種之竊盜、姦淫、欺騙之罪者，仍爲少數。法律與社會道德標準之所以能立，由人之良心使之立。法官之所以能有權力，由大多數人之良心，加以支持。社會輿論之所以發生，亦大多數人之良心之判斷之表現；其所以有効，使人忌憚，亦兼由人之良心之原能自知其罪過之爲罪過，並知尊重他人之意見之故。如果人之生性，根本爲樂於犯罪者，則此一切社會之道德標準與法律，即皆不能成立；而法院法官，將成衆矢之的；社會輿論，將專門崇敬窮兇極惡之人；而人亦儘可視社會輿論與他人之毀譽，爲全無足重輕。今既不然，故知人之生性在根本上爲善的。而此即可爲樂觀主義者，在道德上對人間世抱樂觀主義之理由。

（三）樂觀主義之第三種理由，是從自然進化及人類社會歷史之進化方面說。從自然進化方面說，單細胞之阿米巴，進化到複細胞生物，到軟體動物，脊椎動物，哺乳類動物，靈長類動物，到人類，此中明有一所實現價值之增高。最低限度，此中有我們前所謂：有機體之內部組織及外部活動之逐漸進至：更能處處表現配合和諧之現象。此亦即逐漸有配合和諧之價值之更大的實現。至人類社會，由原始社會中，人之生活之簡單樸素，並彼此分散隔離，進到現在之文明社會中，人生活內容之複雜豐富，而又彼此息息相關，漸達一天下一家之境界；此中更明有人所享受之各種有價值的物質事物、精神事物之增加，及人與人之活動配合和諧之價值之更高的實現。吾人由過去以瞻望未來，則吾人儘有理由以相信：人類社會文化，將日益繼續進步，以達於無盡的美善之境，而天國與極樂世界，將實現於人間〔註〕。在此進化之途程中，人固亦恆須經歷種種災難與戰爭；但我們儘可說，此一切災難戰爭，皆爲達到未來

〔註〕：J. B. Bury 進步之觀念一書 Idea of Progress, Macmillan, 1924 所舉康多塞 Condorcet 聖西蒙 Saint Simon 等之說，皆信世界之直線進步者。

世界之美善之手段，而哲學家亦儘可視之為必然，不可免，因而其自身，亦未嘗不美不善者。如黑格爾之以矛盾衝突，亦為具絕對價值之理念之一種必然的表現，即其一例。

第三節　悲觀主義之理由

至於悲觀主義之理由，亦可分為三種，與上列三者相對而論。

（一）第一種悲觀主義之理由，是從另一方面看自然生命之世界，我們亦可看出，種種表現與生命之目標相違之負價值的現象。依生物學家所告訴我們之事實，我們可以了解一切自然界中，生物求生存之不易，及其相互間生存競爭之劇烈。在此點上，叔本華在意志與觀念之世界中（卷三）尤有生動的描述。譬如其書中述在爪哇的平原上，全是骸骨，游客幾誤為古時戰場，然實皆海龜之骸骨。這些海龜至海灘產卵，即為野犬所殺，至虎豹又來殺此野犬……此種生存之艱難，不僅表現於自然，亦表現於人類。依馬爾薩斯之人口論，人口恆以幾何級數增加，平均二十五年即增加一倍，而食物則只能以算數級數增加。今日人類之尚能存在，全賴人類之不斷有飢荒，疾病與戰爭，以減少人類之數量。故科學發達至今日，人類之人口問題，依然存在。依羅素前數年在變動世界之新希望所說，仍謂今日人口之問題之嚴重性，過於一切問題。無論如何，地球之面積有限，物質有限，而人類之生殖力無窮，則地球終必一日有人滿之患。至於移至太陽系其他星球殖民，則依上述之樂觀主義之論證中所說，太陽系中其他星球之過冷、過熱，皆不適人類生存，即皆化爲悲觀主義之論證。縱然人到其他星球後，人類能想出方法適應，仍有種種險阻艱難。即此險阻艱難，皆全然克服，而依物理學上所謂熱力第二律，一切物體不斷放熱之後，即不能再收回，故太陽系之熱終將散盡，一切星球之熱，亦復如是；則一切生物與人類之最後命運，仍不能免於同歸於盡。

（二）悲觀主義之第二理由，是對於人之道德性的悲觀。人之有良心，固極少悲觀主義者，能加以否認。然從科學上說，人由動物進化而來，人之有其獸性與蠻性的遺留，亦是一不容否認的事實。從宗教上說，則人有原始罪惡及與生俱生之無明，亦爲一切宗教家之所共認。至於法律與社會輿論之制裁力，固一方證明人之良心之裁判力，但在另一方，亦證明許多人無法律輿論之制裁，即將安心放肆爲惡。此即荀子之所以由禮法之存在，以證明性惡之論所由生。即人有羞恥心與對人掩飾其惡行之事，一方固證明人有良心，一方亦證明人並不能全依其良心行事；因人若眞能全依其良心行事，應根本不作羞恥事，亦應無必須加以掩飾之惡行。此掩飾爲良心之表現，亦人之作僞，而盜名欺世之始。其中，正有一大罪惡存焉。我們試放眼看人類，窮兇極惡者固少，然古往今來之聖賢尤少。如以聖賢爲善人及完人之標準，則見世間之人之人格，大皆殘缺不完，人之爲善之難，實不如其墮落之易。昔程伊川著其乃兄程明道行狀墓表謂「孟軻死，……千載無眞儒，……先生生千四百年之後，得不傳之學」，「一人而已」，而朱子論漢唐以來千餘年之政，亦稱之爲「牽補過日」，孟子亦有五百年而後有王者興之說。孟子書由堯舜至於湯一段話，皆說明五百年然後有數聖賢出，則當聖賢未出之時，人間世無異長夜漫漫。後人又謂「天不生仲尼，萬古如長夜」，則所謂人之德性之光輝，實自古及今，大皆在闇蔽之中。故孔子嘆「知德者鮮矣」，莊子嘆解人難遇，謂「萬世之後而遇一大聖，知其解者，猶旦暮遇之也」。除聖賢以外之一般衆人之理想，實甚卑陋。司馬遷史記貨殖列傳中曰：「神農以前，吾不知已，至若詩書所述，虞夏以來，耳目欲極聲色之好，口欲窮芻豢之味，身安逸樂，心誇矜勢能之榮，……雖戶說以眇論，終不能化。」王船山於俟解一書亦嘗曰：「學者但取十姓百家言行而勘之，其異於禽獸者，百不得一也。營營終日，生與死俱者何事？……求食、求配偶、求安居，不則相鬥已耳，不則畏死而震懾已耳。衆人者，流俗也，流俗者，禽獸也。」而依叔本華之眼光，以看人間世，則彼除論人之貪欲無窮，才得隴，又望蜀，否則感空虛無聊外；彼又嘗謂人如眞信他人之道德者，當先自問，何以其出門時必加鎖於門。此豈非一視外人如賊之心？西方人行止坐臥，更常以手鎗自隨，以便自衞。是見人之道德，實不可信，而人亦未嘗相信人之道德。人有良心存在，而不能阻罪惡之不生，即證此良心乃無力，亦證現實之人間世之過惡，實多於其中所偶現之聖善，而實不可一日居者也。故佛家唯識宗分析人之心所有法，善法只有十一種，而不善之煩惱法則有二十六種之多。是見由人良心之存在，以對人之道德生活持樂觀之見者，實無當於現實之眞者也。

（三）至於對自然進化與社會歷史進化之問題，悲觀主義者，亦不難將樂觀主義之理由，皆一一加以駁斥。因吾人即承認自然之進化爲一事實，高級生物及人之出現，表示一更高之價値之出現；吾人仍須問此事所費之代價如何？若自然淘汰生存競爭之說爲眞，則此自然之進化中，所費之代價之高，實非吾人所能全加以想像。試想在萬千魚子中，只一生存，千百種子只一開花，此豈非無異人間之「一將功成萬骨枯」？吾人在古生物學上，又知在遠古地球，曾經多次之冰河時期及地殼之變化，與洪水之災難，無數之生物，今皆已滅種。今日之倖存在者，正如自然災害下之虎口餘生。則吾人今所發現之自然之進化歷程中，逐漸有更高之價值之實現，亦如歷千百次戰爭萬骨皆枯後，虎口餘生之人，皆成名將英雄，而代代相尊，以馨香百世。然此固不必能證明自然之原趨向於高級價值之實現也。

至於對人類社會文化之進化所表現之價值之問題，則一方亦可使人發生人所付之代價孰多孰少之問題，一方尚可使人懷疑此進步，是否眞爲一進步，或只是一變化，或在另一方面爲退步。即此過去之進步爲眞，吾人又如何知此進步之不達於一極限，而有一退步之歷程繼之而起？如吾人謂文明人之有種種醫藥衞生之術，爲一進步，然文明人之更易罹疾，亦更不能抵抗自然之災害，此豈非一退步？吾人如謂文明人有複雜之社會組織，能建設文明之都市爲一進步，則文明人之日益與自然離散，而失其自然之天趣，豈非一退步？吾人皆知文明人之虛僞，不如原始人之率眞，文明人之怕死，不如原始人之勇敢，文明人對人之多疑，不如原始人對人之信賴；則盧梭所謂文明之進步與道德之退步，成正比例之說，亦信而有徵〔註〕。即文明人之道德有進於原始人者，其罪惡豈非亦同有進於原始人者？則章太炎所謂善進

〔註〕：盧梭之說之一簡單之介紹，亦可閱G. B. Bury Idea of Progress 第九章

惡亦進之俱分進化論之說，即可成立〔註〕。如樂觀主義者於此，必以樂觀主義爲健康，悲觀主義爲病態；則悲觀主義者將曰：此悲觀主義者之本身，正是文明人之思想，在原始人，正大多爲樂觀者；此文明人之有種種悲觀主義之思想，亦復反證明，文明人之不若原始人之健康。由此推之，我們亦未嘗不可說文明人之有哲學，以思維種種善惡之問題，悲觀樂觀之問題，而動輒有種種懷疑，即一病態之表現。以尼采故希臘由蘇格拉底之哲學起，希臘人之精神即開始下降；而舊約之神話，亦以食善惡樹之果，而能辨善惡，即人墮落之始。由此人之有哲學，與吾人之能討論種種哲學問題，亦並不證明吾人之高過原始人，而反足以證明吾人較原始人更多對宇宙人生之惶惑，其生命與生活，更缺乏穩定性而易動搖。此亦如老大之人，思慮繁多，反不如青年與兒童之生命與生活，更爲穩定健康而富有朝氣。如人類之文化之進化，亦如個人之由幼年、而壯年、而老年，如黑格爾之歷史哲學所用之譬喻，則老年人正多有不及青年與兒童者在。故在中國思想中，道家以復歸嬰兒爲教，儒家以大人者不失其赤子之心爲教。是見文明人之當學於原始人者，亦正多；然則吾人又如何能說文明之進步，處處皆表現其所實現之價值之增多？

復次，吾人縱然假定由原始人至文明人之歷史，整個看來是一進步。吾人仍不能決定吾人今所在之文明社會，不歸於消滅。自歷史上觀之，過去明有種種文明社會，皆停滯不進或歸於消滅，依斯賓格勒之說，謂人類過往之文化系統有九，而今君臨世界者，只有近代之歐洲文化。依湯比 A. G. Toynbee 之

〔註〕：章太炎此文見章氏叢書別錄。

說，人類過去之文明社會有二十一，今存者不過五六，是見人類文化今日尚存者，皆遠少於其已消滅者。而此二人皆以今日主宰世界之歐洲文化，已是夕陽無限好，只是近黃昏，其前途，岌岌可危。而印度文化與中國文化，是否即長存不滅，吾人若追昔以撫今，亦並無必然之保障。今日之印度，已無釋迦，甘地亦死。中國今日亦無過去之聖哲，漢唐之盛世，亦成歷史陳迹。今日中國之大陸，在思想文化上以馬列為宗，更不能自作主宰，而海外之中國人，則多寄人籬下以求苟全；則中國文化之消滅，亦非不可能之事。而原子戰爭，一觸即發，則人類與文化，皆可隨時同歸於盡。然人類與文化，同歸於盡後，日月仍可照常貞明，鳥仍在天，魚仍在淵，固與自然無損；此時再起樂觀主義之哲學家，於九泉之下而問之，必將承認悲觀主義之為眞理矣。

第四節　悲觀主義樂觀主義之爭論，不能有確定答案之理由

吾人以上已略述樂觀主義與悲觀主義二面之理由。依吾人之意，此二面之理由，尚可無定限的增多。然如我們只是從種種事實上去求理由，乃永不能有確定的答案者。此非謂此問題不成問題，因人確有此一問題。亦非謂此問題之任何答案，皆無意義。因上述之悲觀主義與樂觀主義者之言，讀者聞之，皆可覺其並非無意義。其所以不能有確定之答案之理由，正在其無論從正答，從反答，皆有一意義。而吾人之只提此一問題，懸之不答，說其無確定的答案，使人只存此問題於心，仍是對人有意義之事。然

則吾人之謂從種種事實上去求理由，永不能有確定的答案，果爲何義？此可說明如下：

（一）我們之所以從事實上去看，對此問題不能有確定的答案之第一理由，是我們不能將一切自然界與人生社會界之事實，所已表現之正價值與負價值，作一整個之統計，因而無充足的資料，足以爲比較世界所實現之正價值與負價值多少之根據。

（二）我們即有一部份的統計，以知自然界與人生社會界之若干事實，所已表現之正價值與負價值，但是我們仍不必能確知一正價值之量與一負價值之量之多少，如何比較。此尤在異類價值間之比較，常有困難發生。譬如我們假定一將功成萬骨枯之一將爲岳飛，我們即不能定然的說，岳飛之成功，所產對生中華民族之全部價值，必低於萬骨之枯。而我們亦不能由在高級生物與人類未出現前之自然之進化歷程中，曾經無數其他種之生物之滅亡淘汰，然後乃有高級生物與人類之出現，遂謂自然之進化出高級生物與人類，所付之代價，必然多於高級生物及人類所實現之價值。又如一社會中有百個壞人，而其中只有一聖賢，是否即證明此社會中壞之量較善之量，即多九十九個？此乃無人能說者。若另一社會中無一壞人，而皆是平庸之輩，此社會之價值，是否即高於一有聖賢之社會？亦無人能說者。此亦猶如甲班之學生中出一天才詩人如李白，而其餘學生皆寫壞文章；而乙班學生，則人人皆寫通順之文章。此二班之學生之價值孰高？亦無人能說者。

（三）縱假定上列二問題皆解決，吾人能盡知世間已實現之正價值與負價值之量，而加以精確計算後，以獲得一結論，此亦仍只爲關於價值之實現於過去之世界之情形者。吾人如不能知畢竟在未來之世界所實現之正價值較多，或負價值較多，則吾人仍不能決定吾人當悲觀或樂觀。此猶吾人不能以吾人一生之過去所遇之蹭蹬較多，遂對吾人之未來抱悲觀。而一切悲觀主義者與樂觀主義者，根據過去之自然及人類歷史，以定人類宇宙之未來者，亦同無決定之結論可得。即吾人之本科學之知識，以言宇宙熱力之不斷散失，並由人力之限極，以歸於悲觀之論者，亦同是本人對已成宇宙之已有觀察而作之推理；其是否皆必對未來之世界爲有效，或在世界之未知處，是否必無另補充熱力之源泉，或增加人力之源泉，亦吾人所不能必然確定者〔註〕。

（四）至於純屬於人生社會本身及與人相關之事，以人之努力本可以加改變，因而其所實現之價值，乃原則上人所能增加者。而人之對其已往實現價值之情形之反省本身，亦即可促進其努力者。人自覺有病，即促進其求健康；人之自認已過，即促進其改過之努力。此種對負價值之認識，即是一正價值增加之一開始。故人亦可愈知其過，愈知其病，而愈求改過，愈求健康，則人對負價值愈認識，即表示有愈多之正價值之開始實現。此開始雖不必完成，然可完成。既可完成，則一切負價值，均可爲正價值

〔註〕：關於Entropy之問題，謹慎之科學家皆於「是否另有一逆反此Entropy之物理歷程」之問題存疑。卽不謂其有，亦不謂其必無。而哲學家如W. M. Urban Whitehead等則皆謂其應有。參考W. M. Urban的Intelligible World最後章，及本書第三部十六章論懷氏哲學處。

平衡。由是而對能自知努力之人生之價值，遂爲永不能站在此人生之外，加以限定估量者。

（五）人生自身價值之不可全幅加以估量，尙有一理由，即如人由此估量，而定一悲觀或樂觀之態度後，此態度之本身，仍又可影響人生之價值。如人由對其一生之事之價值估量後，而定一悲觀之態度後，此悲觀如使其消極頹廢，即使其人生之價值，更爲降低；反之，如此悲觀使其心靈沉抑，而更少嗜欲，此悲觀即又使其人生之價值增高。又一樂觀之態度，如使人覺一切皆聽天安排，自己更無責任，則由此樂觀，所引生之人生之價值，爲一負價值。反之，一樂觀之態度，如只使人心曠神怡，更能於工作有興趣，則此樂觀之態度所引生者，又爲一正價值。而同一態度所生之價值之爲正爲負，則視與態度相連之其他心境與德性，以爲決定。然此中之態度本身，必關聯於人生之價值之增減，則爲定然無疑者。而由樂觀悲觀之態度之本身，關聯於人生價值之增減，則吾人欲計算人生之價值，以定樂觀悲觀之態度後；第二步之事，則爲再計算此態度加入後，所生之人生價值，再定第二步之悲觀與樂觀。然此後則應再有第三步之計算，以定第三步之悲觀與樂觀。此即成一無窮之歷程，而使吾人之定吾人自己之人生之價值之事，成原則上絕不可能者。

（六）誠然，最後吾人似尙可說，若吾人眞能如上帝之全知，而知此深藏一切世間事物之後，以決定其運行變化之全幅原因，或全幅動力，其聚合後所生之全部結果，及結果中所實現之價值之情形；則吾人將可決定，此世間自身之畢竟爲具正價值或具負價值，爲善或爲惡，亦可決定吾人畢竟當抱悲觀或樂觀。然吾人今可說，如此事眞爲可能，則人生之任何努力之價值，即將全部消滅。因設吾人知此世間自身爲注定的具正價值者，則吾人即同時知吾人之一切努力，皆爲多餘而無價值者。反之，如世間自身爲注定的具負價值者，則吾人即同時知吾人之努力，皆爲無效而無價值者。由此而吾人即當廢棄吾人之一切努力。而此時人縱有任何努力，皆只能爲自覺是多餘或無效者。由此而吾人如欲使人生之努力爲有價值，則吾人即不能確知世間本身注定的是正價值多，或負價值多，亦即人不能有一當悲觀或當樂觀之事實上的理由。人此處之不能有此全知，正是人生之努力有價值之必需條件。

第五節　悲觀態度與樂觀態度之價值之衡定

然人從事實上去看，世間之正價值負價值之多少，雖永不能有確定之結論，以爲其當抱悲觀或樂觀之理由，然人自身則可自己決定其如何看世間之價值之態度，及其人生觀之爲悲觀或樂觀；亦可反省其悲觀與樂觀之態度之當與不當，而決定一超乎悲觀樂觀之態度，或兼採悲觀與樂觀之態度，以生活於世間。故此問題，雖不能由若客觀外在化的事實之考察來決定，而未嘗不可由人之主觀內在的反省來決定。

畢竟由我們之內在的反省來看，人應悲觀或樂觀？我們第一步可說：人之悲觀與人之樂觀，實同出於一根原。此根原即人之欲實現其所愛好的價值。一般人之悲觀，是因覺其愛好的價值，恐不能實現；

人之樂觀，是因信其所愛好的價值，必能實現。如人根本無其所愛好的價值，則樂觀與悲觀，同不會有。又人之悲觀樂觀，如只是對個人之前途之悲觀樂觀，則其所愛好之價值，是只限於其個人的；如其是對人類與世間之悲觀樂觀，則其所愛好之價值，是超個人的。上文所述之樂觀主義者與悲觀主義者，所提出之理由，都是根據超個人的事實，提出之理由。而人之會想出這些理由，在根本上，即由於人之愛好種種超個人的價值。如人不愛自然的生命，不關心世道人心，不關心人類社會之進步，則此二面之理由，同不會出現於人心。故人之能關心這些問題之心情本身，即人之一善性善德之表現。此心情，即悲觀主義與樂觀主義思想之所自生之共同的心情，因而即皆是具備一價值的，而都是人所當有的思想。從此處看，則人儘可以對一切世間之事物，發生悲觀；然而人不當對其「能發生悲觀」之善良的心情之本身之存在，感到悲觀。人至少對此善良的心情之會存在於自己，感到樂觀；則人當進而主張樂觀主義，而反對一切悲觀主義的思想。然而人卻不能反對悲觀主義所自生之心境，人亦當兼以此心情之存在，而增加其對人性之樂觀。此中理由，即在悲觀主義與樂觀主義在此同原於一善良的心情。

如果悲觀主義樂觀主義之思想，皆原於人之愛好價值之心情，則一眞正的悲觀主義者與樂觀主義者，同當求直順此心情，以努力實現其所愛好之價值。由此而悲觀主義者與樂觀主義者，同須超越其單純的悲觀態度與樂觀態度之自身。單純的悲觀態度與樂觀態度，在眞正努力實現其所愛好之價值的人看來，同是不當有的。

單純的悲觀態度與樂觀態度之所以不當有，是因此二態度，初都只是原於我之想去發現事實之已表現的價值，是否合乎我之所愛好。此時，我恆只是靜觀或靜待事實之滿足我的希望，然而我自己卻不去努力實現我所愛好之價值。此見我之愛好價值之心情並不算眞切。此心情之不眞切，卻是不當有的，亦無價值的。

反之，如果我們有一眞切的愛好價值之心情，則我固然當望外在的存在事實，能實現價值；但我亦同時當使我之存在自身，亦能實現價值。則我不能只是靜觀或靜待事實之滿足我的希望，而當以我之內在的努力，改變所謂外在的存在事實，而創造新的外在的存在的事實。由此創造，則一切可悲觀者，即不必再可悲。可悲者，唯在我之不求有所剏造。同時，一切可樂觀者，若不加上我之努力，不必能實現，即能實現，亦不能如加上我之努力時，那樣更提前的實現，更完滿的實現；則此可樂觀者，亦即不必眞可樂。眞可樂者，乃在有我之努力之存在。由此而人即可由單純之悲觀與樂觀態度，進至一超乎悲觀樂觀之上之一儒者所言之自强之不息之人生態度。

此儒者所言自强不息之人生態度之超乎悲觀與樂觀，與西哲詹姆士所謂淑世主義 Meliorism 態度之超乎悲觀樂觀者，亦大體相近。但是依中國儒者所言之自强不息之人生態度，雖超乎一般之悲觀與樂觀，然而卻並非超乎悲與樂之外，超乎一切之悲觀樂觀之外。如實言之，最高之人生態度，亦非只是改造環境以淑世求進步，而是將悲樂之情與自强不息之態度交融，以成一「樂以終身，憂以終身」或「哀樂相生」之人生情調下之自强不息。

人之不能、亦不當無哀樂之理由，在人生不能、亦不當處處是自動，而無受動；人亦不能只是與環境奮鬥，以求實現自己所愛好之價值於外界。人生之最高之態度，應當是能自動，亦能自動的願受動。人當與環境奮鬥，亦當承担環境的限制與規定。人所愛好的價值，人自己可努力，加以實現，然人以外之世界，亦可加以實現。此處人即當樂而觀之。至於世間不能實現吾人所愛好之價值時，吾人亦恆有無可奈何之感。在此時，人即當以悲心承受一切所遇。此例不待遠求，如大地回春，人見池塘生春草，人即不能不樂觀彼天地之生幾洋溢；而當西風起兮，草木黃落，人即不能不悲秋氣之肅殺。今將此意，擴而大之，則世治，人不當不樂，世亂人不當不悲。一切正價值之將現　人皆當因之而喜而樂，一切負價值之將現，人皆當因之而憂而悲。由此而樂無窮，悲亦無窮，而此亦即聖賢之心也。

此種聖賢之喜樂憂悲與常情之喜樂憂悲，其不同處，一在其所喜樂憂悲者，非其一人之私，而是家、國、天下、羣生萬物之公。一在其喜樂，也未嘗無惕懼，其憂悲也，未嘗絕希望。而其所以能如此，則其一面之理由，是其深知一切由客觀事實，所表現之正價值負價值，同無絕對之必然。故吉者可凶，凶者可吉，盛者可衰，而否極又泰來；即一切人間之美善，皆無客觀之外力，以使之長存不毁，而人間之醜惡亦然。此正反二面，恆相轉化，故得之不能無惕懼，而失之亦不淪於絕望(註)。再一面之理

〔註〕：此義吾人於本書第三部十二章第一節亦及之。唯該處是將此義與宇宙之進化循環之問題連論。

由，則是因無論客觀之世界，如何黑暗，人若能自明其明德，以成己成物，則世運終可隨人而轉，而人即無絕望之理。反之，縱然世界是一片光明，而吾心一念暗昧，此世界之光明，亦與我不相干，我仍不可不朝乾夕惕。由此而無論人世間所實現之價值之情狀如何，吾人在喜樂中，皆不能無惕懼，而在憂悲中，皆不致淪於絕望，此之謂「樂以終身，憂以終身」。人能樂以終身，憂以終身，則匪特於一般感物而動情之事，能樂而不淫，哀而不傷；即於整個之世間之一切正負之價值之實現之事，亦皆能樂之而不淫，哀之而不傷。人能如禮記孔子閒居篇所謂使「哀樂相生」，則悲觀樂觀，亦交融和協而無間矣。

悲觀主義與樂觀主義　參考書目

W. Durant: The Mansion of Philosophy

黃建中比較倫理學第九章，樂觀悲觀與淑世。

列子楊朱篇：此為代表中國古代之悲觀主義之一種思想。

舊約耶利米哀歌，此為猶太舊約中涵悲觀思想者。

Shakespeare: Tragedies

莎士比亞悲劇中之對話及故事，同可發人深省，而引動一種人生之疑情。

A. Schopenhauer: The World as Will and Idea, Bk. II. and Bk. VI.

Studies on Pessimism.

叔氏爲西方之悲觀主義哲學之代表。

Tsanoff: The Nature of Evil.

此爲一西文中之順歷史線索，以論惡之問題之書，可供查考。

W. K. Wright, A Students Philosophy of Religion. Macmillan. Co. rev. ed. 1943. 第二十章論上帝之性質及惡之問題。

Y. G. Unamuno: Tr. C. Flitch: The Tragic Sense of Life. Dovers Publication, 1954.

此爲一承担人生悲劇，以超越悲觀之哲學。

J. Royce: Religious Aspest of Life, Harper & Brothers, 1958.

此書論惡之問題，而以對上帝之信念及個人之努力，化罪惡苦痛爲善之資糧之哲學。

W. James: The Will to believe and other Essays. Dover Publication, 1956.

此中以第一文信仰之意志，第二文人生是否值得活，爲最重要。此爲以向未來之前途看，以超越當前之失望與阻礙，與一般外境決定之悲觀態度者之哲學。

T. S. Kepler: Contemporary Religious Thought, An Anthclogy, Abingdon-cokesbury Press, New York.

本書第四部Problem of Evil輯當代宗教哲學名家論惡之問題者八篇。

第六章　意志自由之問題（上）

第一節　意志自由之問題之來原

我們在以前論價値問題之數章，屢論到價値之實現，與人之求實現善或價値之努力，或人之意志行爲上之實踐，人之自强不息之精神等，乃密切相關者。但我們亦處處提到，價値與客觀存在事實之關係，及此存在事實或客觀環境，對吾人之努力之限制，且提及我們有時亦當接受限制。由此而引至一：人之求實現價値或善之努力，人之意志行爲上之實踐，是否有其眞正之自由之問題。此簡言之，即意志自由之問題。

此所謂自由之問題，非政治學上之自由之問題。政治學上之自由之問題，主要只是社會、法律、政治上如何保障人權之問題。此乃先假定或肯定人有其天賦之人權與人格尊嚴，或意志行爲之自主權或自由，而如何以社會法律政治上之制度等加以維護之問題。故其本身之理論上的問題，比較簡單。唯如其問題，引至深處，方與此意志是否自由之根本問題相接觸。

此意志自由之問題，在中國及印度哲學皆有之。中國哲學中之「命」之問題，及印度哲學中之因果業報之問題，皆與此問題，密切相關。而其涵義，亦更深微。但我們可說，中國印度哲學家於此問題，恆因其起於實踐，故亦用實踐之方法，加以解決。人在直接從事於善或價值之實踐之歷程中，人亦可根本不離開實踐，來反省此實踐之意志是否有達此目標之自由。如佛家之箭喻經，謂人在中箭時，人之問題乃在拔箭，人即不可去再問，箭之如何來，是何狀，人亦可先不問，此箭之拔出是否可能，而只是去拔箭。我們今若將此問題，作一全般之思索與檢討後，最後我們亦將發現此問題，仍只能由實踐來加以解決。但是我們爲了解此實踐之重要性，我們亦可先對此問題，多作一番純理論的思索，再回到實踐之重要性之了解，並加深此了解。於此，我們即無妨以西方哲學中對此問題之思索的經過，與幾種可能的答案，作我們之參攷。

在西方哲學中，此問題在希臘思想中，即已開始。希臘宗教思想之命運Fate之觀念，即一與自由相對反之觀念，懷特海於科學與近代世界中，曾謂此觀念即西方科學之決定論之一根原〔註〕。在希臘之自然哲學中，即有一原子有無自由之運動一問題。而此問題，即連到人之靈魂原子之有無自由運動或自由意志之問題。我們如以伊辟鳩魯派與斯多噶派對比，則後者更傾向於必然論，前者則肯定較多的宇

〔註〕：懷特海科學與近代世界 Science and Modern World P.15 第一章近代科學之起原曾論希臘悲劇中之命運觀念，演變爲近代思想中之自然秩序之觀念。

宙間事物之自由運動。到中古哲學，則此人之意志自由之問題，即與上帝之恩典，及上帝之全知之神智、全能之神意之問題相連。如上帝爲全知，則一切人生之事與萬物之未來，似應亦爲上帝所知，則人之意志如何可說有自由？又如上帝全能，則人之蒙恩得救與否，亦似應由上帝之意志，先加以安排，而人生之一切，即理當皆爲被上帝所決定。反之，如承認人之自由，則人之未來不可預定，如何可說上帝之全知全能？此問題在中古思想，一直有二派相爭，如前有裴納甲 Pelagiaus 之承認人之意志自由，與奧古斯丁 Augustine 之重神恩者之爭。後有聖多瑪之承認上帝之神意與其神智一致乃有神意之自由；及鄧士各塔 Duns Scotus 以上帝之意志爲不受任何限制，亦不受其神智決定之爭。而由中古思想發展至近代之新教思想，則爲卡爾文派之預定論，與路德之承認人之若干自由之爭〔註〕。

然西方近代意志自由問題之化爲嚴重，則主要由近代自然科學之興起。依自然科學之相信一切現象，皆服從必然之自然律，則人之心理生理，亦應服從必然之自然律。在必然之自然律下，如何有人之意志自由？而承認人之意志自由，又如何能兼承認必然之自然律？則爲近代哲學中意志自由之核心之所在；而吾人以下，亦即以此爲一討論之中心，以使讀者略知此中之理論上之困難情形。

〔註〕：羅素 A History of Western Philosophy PP.383－385曾將此數者相連而論。

第二節　意志自由之否定論

（一）由西方近代科學上之必然的自然律之觀念，所以可導致意志自由之否定論者，由於西方近代科學中，初信嚴格之因果律。此嚴格之因果律，使科學家之相信任何自然現象不能無因而自發生，亦不能有因而不發生。「因」之如何變化，即必然的決定「果」之如何變化。而依此因果律之原則，去研究自然現象，遂有自然科學上種種自然律之發見與建立。在自然科學上，對一現象，人一時可有不知其因果關係者。然此不知者，恆不斷被知，而其被知後，亦即日益證明一切現象之服從因果律。一切現象之因果關係之不易知者，恆由其因果關係之複雜，故化學現象之因果關係，較物理現象之因果關係為複雜；生理現象之因果關係，又較化學現象之因果關係為複雜；心理現象則更較生理現象為複雜。故人不易斷定一生理現象之因果，亦更不易斷定一心理現象之因果。人遂可以心理現象中之情感、思想、意志，純出自人之自由。然近代之自然科學，已由物理現象間之種種因果律之建立，進至化學現象，生理現象之間之種種因果律之建立；則吾人正有理由，以謂科學將必能發現一切心理現象間之因果律。吾人今亦可只須根據因果律之原則，其應用之有效，並曾逐漸擴展其應用範圍；以預斷一切心理現象之發生，皆無偶然，而亦為遵守必然之因果律者。而依此必然的因果律，以觀吾人之意志，亦即不能眞有所謂自由。本此上之理由，以否定意志自由者，自十八世紀之唯物論者倡「人——一機器」（註，見下頁）

之說以來，哲學家及科學家相信之者甚多，今不必一一列舉其名。

（二）其次，此種以人之心理現象，如人之思想、感情、及意志，皆不能眞有所謂自由之說，亦不只是一依於必然因果律之相信而生之預斷，而亦是人根據其現有之常識、與心理學、遺傳學、民族學及其他社會科學之知識，所多少加以證明者。如吾人在常識中，皆承認人有各種氣質性格之差別，又承認有某種氣質與性格之人，在某種環境刺激下如何行爲，乃人大體上所能預測者。人之氣質與性格，恆受其環境及遺傳之影響，在常識上及社會科學、遺傳學、民族學上之統計數字，亦多少加以證明者。在歷史學上，人恆能考證出某種思想，某文學作品，某一種人物，只能出於某一時代，而不能出於另一時代；只能出於某一民族，不能出於另一民族。此皆依於吾人之思想、人格、文化，受時代環境及民族智慧等之決定。吾人利用優生學，以改良人種，利用種種社會、政治、經濟、學術、教育所造成文化環境之力量，以轉移人心與世運，亦即由於吾人相信此中種因得果，自然相隨。在心理學上，人今已可知種種感覺、知覺、情緒，如何隨體內或體外之刺激而變化。吾人亦知如何以催眠術及宣傳術，以控制人之心理。即在常識，亦知吾人當如何取悅人，惱怒人，以轉移人之心理，與意志行爲，而達吾人之目標。人之心理與意志行爲之如何，既可以各種刺激原因之如何而如何，則其當前現有之心理如何，亦必即有各種刺激原因之可尋。此當前現有心理之如何，亦即爲其原因所決定，而爲必然的，不能不如此發生者。

〔註〕：人——一機器乃Lamettrie之一書名。

（三）再其次，意志自由之說，尙有一理論上根本困難。即一切發生之意志皆爲一事實，而說一意志之爲自由，似即同於謂一事實可發生，亦不可發生。然人有某意志之事實，既已存在，則不能有所謂可不發生。因存在者，不能是兼可不存在者。如其爲可不存在者，則不應存在。故一切存在之事實，皆只能就其爲存在的事實，而思其所以存在之故，而不能就其可存在可不存在而思之。而吾人之思一存在的事實之所以存在之故，即當導致此存在之事實之原因之思維。吾人不能就其「可存在又可不存在」而思之，即吾人不能思其發生爲自由。而此即斯賓諾薩之否認意志自由，而以意志自由之說，純由人之離存在而作之幻想之理由。

第三節　意志自由之否定論之批評，與意志自由之事實上的存在

然此種以人之意志服從必然之因果律之理論，亦復有種種理論上之困難：

（一）此意志自由之否定論，首先與吾人所直覺其意志有選擇的自由之感相違。如吾人在三叉路口，吾人此時明覺吾人可選擇此路，亦可選擇彼路，乃由吾人當下之一念所決定。吾人在日常生活中隨處有選擇之事，亦即隨處有吾人自身所下之決定。在否定意志自由論者，至多只能說凡已發生之一切現象，連心理現象中之意志現象在內，既已發生，必有原因可尋，因而受其原因所必然的決之。但吾人正在選擇之時，只有若干「可能」，陳於吾人之前，吾人之如何決定，乃一尙未發生之事實。則此尙未發生之

事實，吾人如何能說其已爲必然之原因所決定〔註一〕？在此，否定意志自由論者，只能說，無論人自己如何決定，然人終必有一決定，在人有決定後，吾人即可指出其原因所在。如人在三叉路口，人終必決定於一路上行。而此決定，無論如何，應有一心理的原因可尋。如人東行是爲看山水，西行是爲訪友，北行是爲回家。此人之諸心理動機之强弱，即爲決定人之如何選擇者。人之選擇決定後，（如在西方之路上行），吾人即知決定之之原因，由於何種心理動機最强（如訪友），而此心理動機之所以最强，又由過去之種種原因所決定者。由此而人雖似有種種選擇之可能，然此諸可能之孰强孰弱，乃早已決定，因而實只有一可能爲眞正可能，而並無各選擇的可能之並存〔註二〕。故吾若能知他人之全部心理動機與其原因，則吾之可預測，他在此三叉路口之必將如何決定，亦如吾人之可預測日食。至於人在所謂選擇之歷程中之意念，其更迭而生，雖似有一自動之選擇，實亦可由其他原因，加以解釋。此亦猶如鐵針遇磁石，其先之擺動，可由空氣及其他原因，加以說明。鐵針之方向終必定注於磁石，亦如人在三叉路口者，經徘徊歧路之後，終必依其心理動機之最强者，向一路而行也。

然意志自由之否定論者之此種答覆，終不足以完全解釋，人在選擇時自覺自由之感，自覺能自決之

〔註一〕：詹姆士於心理學中極重視習慣對於吾人之決定力量。然其心理學原理最後一章，則忽轉而肯定人之自由！而其哲學論著中，則爲最喜由人之選擇，以言人之意志自由者。

〔註二〕叔本華否認選擇中表現意志自由，卽多由此立論。

覺之所由生。因此上之答覆，根本上仍是在人已有所決定後，而再推其原因之如何。如吾人由人已在三叉路口決定向西行後，遂謂其向西之訪友心理動機，原爲最强之一因。然在人已有如何如何之決定後，方謂其何種心理動機最强，豈不同於：謂人自己之「欲如何如何決定」之動機最强？而此在人已有決定之「事後」，再推溯其原因之論，其最大之不妥處，則在此說，根本忽略吾人在正從事選擇時，吾人乃根本尙未有一決定，即尙無決定之事發生，因而乃全處於「事前」之地位者。吾人於此時，如何可說尙未決定之事，已爲先在之原因所決定？此乃根本問題所在。此時，吾人如說尙未決定之事，已爲先在之原因決定，即無異謂根本無尙未決定之事，無異謂吾人自覺之未決定，及自覺由當下之選擇而決定之歷程，皆非眞正之未決定，亦非眞正之選擇歷程，而只是各種强弱之因之更迭擺動，以發生結果之歷程。如上所述。然若果如此說，則吾人只有謂吾人所自覺之「未決定」，及所自覺之「由當下之選擇而決定之歷程」，皆全是幻覺。然吾人又將如何說明此幻覺？此幻覺之先在原因又如何？如一切先在原因，皆爲決定未來之先在原因，則何種原因，能爲此「未來之似不決定，而待我之決定之自由之感」之先在原因？即吾人如何能覓得一決定的原因，以爲此「不決定之自由之感」之原因？如有此因，此中之因與果之性質，豈非互相矛盾？如欲免此矛盾，豈非人尙須承認一人之自由性，爲此自由之感之原因？或承認人於其未來之不決定性，以爲此「未來之不決定感」之原因？此豈非同於意志自由之重新承認？

（二）如果我們否定意志自由，則我們將如何說明我們之責任感，懺悔之意識，及道德上法律上宗敎上所以有判斷功過，決定賞罰之事？因我們之所以有責任感，常是由於我們之自覺我自己當下之意志，是能自決而自由者，故我自己願實踐我對我自己與對他人之所允諾，並担負我之行爲之一切結果，而不推諉之於他人，與外在之環境。如果我之意志，根本不能自由，只是受外在之原因所決定，則我將不敢負任何責任，不能負任何責任，亦不當負任何責任。因我之一切意志行爲，既都是無數外在原因之必然的後果，我即不能自己有任何把握，以使我之某一意志，繼續存在，亦無把握使意志之後，必繼以行爲，及使此行爲繼續存在等。我之意志行爲本身，既爲各原因之結果，則我之意志行爲之所以如何，當歸之於此意志行爲之原因，而我即不敢、不能、亦不當負何責任。

然而人之有責任感是一事實；人在未能自盡其責任時，人在事後，亦常有一種懺悔之心情。人在懺悔過去時，人亦明覺自己過去所作的某事，乃不當作的，可以不作的，而此當作的亦自己之所能作的。此豈非人在懺悔時承認相信自己過去之意志原是自由之證？人如根本不相信不承認自己過去之意志之自由，則人將不懺悔。而人對於自己過去所經之事，所作之事，若視爲必然發生，亦自己本無力，以阻其發生者；則人自己亦不當自責而懺悔。如我們因被一樹木壓倒，而無意間，亦把我旁邊之人壓倒，此事我們可並不自認爲失禮，而生懺悔。我們唯於自己力所能作，而自己未作或已作之事，乃發生懺悔。可見人之懺悔之發生，乃根於人之意志自由之自覺自信而有。

其次，在道德上、法律上、宗敎上，我們之追咎責任，判斷功過，決定賞罰，亦是以人之意志之有自由，爲一根本之前定。我們在道德上，不責備人之一切不由其意志決定，而由其他外在原因決定之行爲，亦如我們之不懺悔不由我之意志決定的行爲。我們之在法律上，對於有瘋狂病患者，及身心發育未完成之兒童，其犯罪所以不加責罰，亦由我們知其意志，不能自由自主之故。我們在道德上、法律上，所以特別稱讚獎賞不由受他人暗示影響，而自動自發之道德行爲，亦即因其唯出自個人之自由意志，而不是由外面之原因決定之故。在人類之一切宗教上，天堂地獄之賞罰，亦大皆純以個人內心之意念、志願之如何，爲賞罰之準繩。此皆同依於以意志本身爲自由，應負其自身之善惡之全部責任之故。故我們如否定人意志之自由，則等於否定此一切道德上、法律上、宗教上之判斷功過、決定賞罰之事之正當，同時亦使一切人之責任感，與懺悔之意識，皆不得其解。

（三）意志自由之否定論者，在上節第二段所陳之理由，意志自由論者，亦可加以部份的承認，但仍無礙於其信意志自由之根本主張。因我們儘可承認，我們能由改變人之遺傳、自然環境、文化環境，以改變人；亦儘可承認，我們在日常生活中，常依於對人之心理之因果關係的知識，而以我之力量，求影響他人心理，轉移他人意志等。但是我們並不能由此以眞否定人之意志之自由。因我們在常識中，仍同時肯定：他人之可不受我之力量之影響，亦肯定一特定之個人之性格、氣質，可不受其父母之遺傳與環境之決定。人亦儘可由自覺其所由父母遺傳下來之氣質之偏駁，而自己加以改造，人亦可拒絕接受某種自由環境、文化環境之影響，而求脫離某一環境，或依其個人意志，去改變環境。

否定意志自由論者，如欲堅持：將他人之遺傳環境加以改變後，即可必然的改變他人，及人之心理意志行爲，全由其外因所決定之說，尙有一更大之理論上之困難。即如人之心理意志行爲，全受其遺傳環境等外因所決定，則此否定意志自由之人，其本身一切心理意志行爲，亦應同爲受其遺傳環境等外因所決定。而其造作種種條件，以改變他人之事之本身，亦爲種種外因之必然結果。若然，則發生一矛盾。即此類事之本身，既爲外因所決定，則此類事之外因存在，此類事方存在；如外因不存在，此類事亦應不存在。於是人之作此類事者，亦不能自保證其此類事之必能繼續存在；而彼亦即無必須作此類事之責任感，而其意志，亦無作此類事之自由。彼亦即無理由，以相信此類事必能成功，而達到由此類事以改變他人之目的。則彼又如何能說：他人之意志行爲氣質性格，必可由此類事加以改變？如何一本身無必然性之事，能必然的決定其他之事？此即成一無法自解之詭論。

否定意志自由之理論，所導致之詭論，尙不止於此。即人之否定意志自由者，乃原於人之相信科學上之必然的因果律。然人之願意相信此因果律，此本身仍原於人之一意志。於此，吾人即可問：是否此「願意相信之之意志」本身，亦爲其外因所必然決定者？如說此亦爲外因所決定，則此意志，亦應隨其自身之外因之存而存、亡而亡，而不能自保證其必能繼續存在者。則人亦即隨時可以此「願意相信」之外因之不存在，而不復再有此「願意相信」。由是而人對此必然因果律之相信，即本身成爲不必然者，此又爲一詭論。

此外，再從另一面說，人之不信必然因果律者，此「不信」亦爲一意志。如一切皆由原因決定，則此「不信」之意志，在其有原因決定之時，乃爲必然發生者。則一切「反對或不信必然的因果律，而信自由意志」之意志，即又皆成必然者。此不信必然之意志，如亦爲必然者，則吾人又如何能依吾人對於必然之因果律之相信，以反對此必然產生之「不信必然之意志」？人若眞信一切意志皆爲必然，則理當對一切意志，皆視爲事實，而爲不能不生者，因而不能加以反對者。然如吾人對於人之「信必然之意志」與「不信必然之意志」，皆同視爲必然，而同爲不能由人之自由意志，自己選擇決定者；則一切意志自由之是非辯論，亦即終止。因此中並無眞正之選擇之可能之存在。而吾人以上之一切討論，即皆成爲無意義者矣。此又爲否定意志自由論者之說，所導致之一詭論。

吾人欲逃出此種種詭論之道，即唯有肯定人有意志自由，以選擇「其對於意志自由問題之任何主張」，肯定人有意志自由，以求「繼續相信其所願意相信之學說，與科學上之根本原理」，肯定人有意志自由，以「繼續其由改變他人之遺傳與環境，以改變他人」之種種事業。然人如肯定其有此等等意志自由，亦即當同時肯定，他人有不接受此「改變」，或轉而改變此「改變」，與他人亦有兼信其他之學說，或選擇「不同的對意志自由問題之主張」之自由。因而亦即可不相信上說之否定意志自由之理論。

第四節　意志自由之事實之種種解釋，及自然科學知識中之不

確定原理等之無助於此問題之解決

由吾人以上之討論，則人有不全爲前因或外因決定之意志自由，應爲人所不能否認，而爲人所當承認之一事實。此處，只須主張意志自由論者，能兼承認人之意志，亦可受其前因外因之一部份或一方面的影響與決定，則肯定人有意志自由之理論，應較否定人有意志自由之理論爲優。然吾人如肯定人有意志自由之一事實，則如何解釋此自由之意義？並如何將人之此意志自由之事實，與人所肯定之具必然性之因果律，或科學上根本原理等相調和，使不至於發生衝突？此中問題之複雜，又有更甚於上列之問題者，茲只能加以略論如下：

對於人之意志自由之事實之解釋，至少有四種可能。（一）是說此意志之產生，全爲無因而偶發，如偶然論者之說。（二）是說此意志雖不受前因或外因所決定，然爲其所向之理想中之理念形式所決定，此即如柏拉圖亞里士多德之說。（三）是說此意志之不受前因外因所決定者，唯是謂其不受此現實世界已成之前因外因所決定，然此意志可另有一超現實世界之超越的原因，如上帝之意志，加以決定。如奧古斯丁之說。（四）是此意志並非無因偶發，亦非受其理想中之理念所決定，亦不由超越之原因決定，而是以其自身爲自身之因。自由即是自因。

然吾人無論採取上列何種之說，皆有人之意志之自由，與自然界之必然的因果律之衝突，如何調和之問題發生，而此中重要之答案，有下列數種：

（一）爲將人之意志之自由律，與自然物所服從之必然律，分屬於不同之界域，而皆爲合理性者。此即如康德之分純粹理性與實踐理性爲二界，以自然之必然，乃依純粹理性之所建立，而意志之自由，乃道德生活中之實踐理性之所要求，所設定。而上述之柏拉圖、亞里士多德之以理念形式決定人之意志之所向之說，亦即承認其他之自然物，另有其理念形式，以決定其活動，而彼此之存在之界域，各不相同者。（二）爲視自然之必然的眞理，即是精神之自由。此精神自由律，乃自然之必然律之上之律，如黑格爾之說。（三）是根本廢棄自然科學上必然的因果律之觀念，而或以函數律、概然律代因果律，如物理學上之海森堡 Heisenberg 之不確定原理發表後，若干科學家哲學家之說。或以自然中之本包涵創新之成份，偶然性之成份，以說明意志之自由，如布特羅 Bontroux 柏格孫及突創進化論者之說。或以偶然或創新之事件之繼續發生，成習慣，成一定之型模，即表現爲似必然之自然律，如皮耳士之說及懷特海之說。（四）是以人之自由之本性即非理性或超理性的，人只能就其表現而加以敍述描寫，而不能加以理性的解釋。由此而依理性所建立之自然之必然律，亦不能解釋自由，此爲哈特曼（N. Hartmann）倫理學第三部，及近今若干存在主義之哲學家如薩特（P. Sartre）之說。

上列各派之說，皆牽涉至廣，而及於對自然律之認識，理性之種類，理性、與非理性、超理性之分別，宇宙之秩序之如何形成，超越之實在，如理念上帝，與人之意志之關係，現代物理學上之不確定原理如何解釋，等知識論、宇宙論與科學的哲學之種種問題。此自非吾人所能詳論。而吾人亦可說，此所牽涉之問題，與人由欲實現價值而引出之意志自由問題，並不必處處皆直接相干。對此諸說之批評，吾人今可先提示二點。

（一）吾人欲肯定意志之自由，並不必從自然界之具必然性之因果律之廢棄上用心。而此廢棄，不必眞實可能。即可能，而代之以其他自然律，仍可有因果律之必然性，更不必能助於吾人之意志自由問題之解決。如海森堡之「不確定原理」，是否能廢棄因果律，即爲一問題。因此說所謂不確定，唯是謂吾人之測量一電子之速度與位量，不能同時達於絕對精確之程度。如對位置之測量精確一分，則對速度之測量之精確，減少一分，二者成反比。而其所以致此，則由吾人之測量，必憑一媒介，如以光照射電子。然此時如欲確定電子之速度，則須頻率高而光波短之光。然光波短之光，則光度必强，即可改變影響電子原來之位置，而使吾人對其位置，不能精確的測定。反之，如欲更精確的測定其位置，則只有以光弱而光波長之光，使此光不至影響其原來之位置。然光波長之光，頻率必低，又不能據之以精確測定其運動之速度。此中人之不能同時確定一電子之速度與位置，純由吾人不能不憑一媒介，以從事測量之故。然於此謂，爲媒介之光與所照射之電子，能互相影響，而改變其位置，即無異承認因果律之存在。故人如據此「不確定之原理」，以謂電子之跳動，不服從因果法則，則爲無充足理由者。

此外，一切欲以概然律、函數律代因果律者，純從知識論上觀之，皆是肯定吾人對於一事象之如何如何發生，不能有完全之預測者。如依函數律，吾人只能知一類之事象之某一方面，與他類事象之某一方面，相關共變。然對一類之事象之他方面之如何如何，則非吾人所能知。依概然律，吾人只能知，某一事象或將如何發生之概然率，而不能知其必然發生。此固皆使吾人對一具體事象之發生，不能有完全之知識者。然此亦不即同於因果律之廢棄。因吾人可說，一類事象與他類事象之相關共變，即由其間有相影響之因果關係。又可說，吾人之所以只能知一事象發生之概然率，乃由於一事象之發生，賴於一定的諸多因素之備足，如減少其一因素，或另增加一因素，則此一事象即不能發生，而將導致其他事象之發生。因吾人不能全知一事象之發生之全部因素，又不能知其因素之有無增減，故就吾人所知之因素，以施行預測，只能有概然之知識。如吾人已知某事象在某情境中發生之概然率爲何，今設吾人再加一相干之因素，於某情境中，則其概然率明可改變。此概然率之可以一因素加入而改變，亦即證明此因素與某情境中之原來事物間，有互相影響之因果關係。如吾人謂某甲之來與不來之概然率，原各爲 $\frac{1}{2}$，設吾知某乙往呼喚之同來，則吾知其來之概然率爲 $\frac{2}{3}$。又如某城市之死亡率爲一年 $\frac{1}{100}$，而改善某城市之衞生設備後，則死亡率爲 $\frac{1}{200}$。此概然率之可改變，豈不即證明某乙之呼喚與某甲之來之間，某城市之衞生設備，與其人民之死亡之間，有因果關係？故知函數律與概然律，可只爲嚴格因果律之一種極鬆懈的表達方式，而不必能否定因果律之存在，而全加以代替也。

（二）吾人須知此自然科學上之「不確定原理」、「函數律」、「概然律」及一切肯定有純粹之偶然之思想等，應用至吾人前說之意志自由問題上，實皆不能有助於此問題之解決。因依函數律，以論吾人之意志之某方面，與一類之事象之某方面相關共變，此固不足使人預測吾人意志之各方面，皆必然如何如何。然仍可使人預測吾人意志之某方面，必然如何如何，則此意志之某方面，仍無自由。而吾人之意志之其他方面，又未嘗不可依其他之函數律，以謂其與他類事象，相關共變。則吾人之意志之各方面，即可皆無自由。至如依科學上之不確定原理，概然律、或偶然律，以謂人腦中電子之跳動，或人之思想意志之活動，可無因突易為另一形態，於是人即可隨時有與其以前之思想意志，全無因果關係之思想意志之忽然出現之說，尤無助於意志自由之建立。吾人於此只須一思：若此種思想意志之發生，全為無因而突發，豈非同時成為吾人之自己所全不能主宰控制者？若吾人之思想意志之發生，為吾人自己所全不能主宰控制；則其降臨於我，而我又必須接受，此豈非同於另一義之必然，而使我全無自由者？

第七章　意志自由之問題（下）

第五節　意志自由之眞義，使意志成爲原因或自因之自由

吾人由上列最後二段所說，即知意志自由之問題，與一般自然科學之是否承認必然因果律，或是否承認自然中有偶然之問題，並無直接之關係。吾人如反省，吾人之所以欲肯定意志之自由之故，便知此實唯是欲由此意志自由之肯定，以使吾人之實現價值之事，成爲眞實可能。而欲使此事成爲可能，則吾人並不能，亦不願，全然否定因果律之存在。因如因果律不存在，則吾人之自由意志之貫徹於行爲，亦不能有形成吾人之人格之效果，與成就其他一切實現價值之事業之效果，便與吾人實現價值之目標相違，而吾人亦可不必要求有此意志之自由。故人之要求意志之自由，並非要求超出於一切因果律之外，而只是要求此意志之自身之能成爲原因，以發生結果，而不只是由意志以外之原因，加以機械必然的決定者而已。

吾人如承認吾人之意志可成爲原因，則人之意志，即非可由外面之觀察者，所能預測者。吾人亦不能根據人當下之意志以前之心理狀況、意志狀況，以預測人之當下之意志。人之意志之可成爲原因，此

首因，此意志要爲宇宙間之一事實。一切事實，皆可成爲後起事之原因，則意志何獨不能？然意志之爲一事實，初爲一內在而爲人所自覺之事實，乃初非外面觀察之所及。一切外面之觀察，皆限於對意志之表現之觀察。意志之表現，乃後於意志之發動者。故由外面之觀察，以預測意志，即只能爲據人以前之意志之表現，預測其後來之意志及其表現。然吾人如何能由人之過去之表現，以預測其未來？如人之前後之意志之表現，皆同爲其一心靈或一自我之表現，吾人如何能由其一表現之如此，以推知其另一表現，亦必然如此？此不僅對於人之心靈與自我，爲不可說，即對於任何實體之存在，皆不可說。如吾人於一樹子，過去只見其生葉，吾人豈能斷其將來亦只生葉，而不開花？吾人於一電子，見其向左運動，吾人豈能斷定其將來不能向右運動？吾人於任何實體，只須承認其自身能爲原因之一，則吾人亦不能由其外之原因與其過去之表現，以預斷其全部之未來，其理由如下。

吾人如承認任何實體自身，能爲原因之一，即須承認實體之有其自性。如不同種子，在同一環境下所長之葉與花不同，即見種子之各有自性。陰陽電子，在同一磁場下，運動方向不同，即見陰陽電子之各有自性。吾人如承認物之有自性，吾人即不能謂其自性之只有一種，或只有一種之表現。如種子之自性，即能兼表現爲花與葉等者。如一物之自性，不只一種或一種表現，則吾人即永不能由其過去之如此表現，以預測其未來之必如此表現。此亦即吾人對任何個體物之未來之預測，皆不能達於絕對精確之理由所在。任何個體物，在過去之某一種情境下，有某一表現者，在未來之另一情境，皆可有不同之表現。

一個體物，在前後時間所遭遇之情境，恆不能同一，即為同一，一個體物在前後時間中，所經過、所背負之歷史，亦不同一。則一個體物，在不同情境，不同時間中，亦即當有不同其表現之理由。由此而吾人之由一個體物過去之表現，求完全預測其未來之表現，遂為原則上不可能者。然此卻並非必須否定因果律，而只須吾人承認一實體之物，可在不同情境下，有不同之表現，此不同之表現，同以此物之自性為原因之一，亦即只須吾人能兼肯定物之自性因之概念。此物之自性因之概念，為形上學之因果律之概念。此形上學之因果律之概念，無助於吾人之求知識時之據因以測果，乃正所以使吾人在求知識時，對一個體物之未來之完全的預測，成不可能者。由是而吾人在求知識時，不能對一個體物之未來，有完全之預測，即不證明因果律之不存在，而正所以證明物之自性因之存在。吾人遂亦可進而說，科學知識之所以只能止於概然，物理學上對電子之位置速度，所以不能兼加以確定，及其他自然科學上所發現之突變或似偶然之現象之發生，皆非自然現象之無因果之證；而唯是因自然物之自性之表現之形態，本可不限於其已表現之形態，而永可在不同情境下更易其表現之證。電子之跳動，以光之照射，而變其速度位置，亦即電子在不同情境下，更易其所表現之活動之一例。吾人用以測量之器具，既為能改變所測量之物之情境，而使物之自性有其新表現者，則吾人由測量而有之知識之所及，便永為落後着之追逞，而永不能窮盡存在之物，所可能有之表現，而全部加以預測者。此處，即見「存在」對於知識之在先性，亦見存在事物之自性所可能有之表現，永非自外觀察者之所能盡知，而為原則上大於、兼超越於，知識之範圍者。而以自性爲因之因果律之範圍，亦大於、兼超越於，一切因果律函數律等之知識之範圍者。今將此原理，應用於人之意志行爲上，亦即爲：人之思想意志行爲，永不能由外面之觀察人過去之環境與遺傳，及過去所經歷之一切事，加以預測。因人之心靈或自我，在過去之情境下之有如何如何之表現，並不能窮盡其自性所能有之表現，人之自性，亦儘可在不同之情境，以另有新表現，而有其他思想意志行爲之生起也。此中亦並不須假定其思想意志行爲爲無因，而只須假定其自性之亦爲因而已。

第六節　心靈之自性與自由

吾人上文謂人之自性可爲其意志等之因，及萬物之自性可爲萬物之活動之因。此中所謂自性，如只爲一定之性，則依一定之性，以有一定之意志，仍爲另一形態之機械論或必然論，而無眞正之意志之自由可說。由此而吾人尙須再進一步，說明吾人所謂存在實體之自性，自始即非指一定之性，而正是指一能隨情境而更易其表現之性。此所可能更易之表現之範圍，即一存在實體之性之範圍。而依於人之能自覺的求實現價値理想之性，人之自性之範圍，即爲無限大者；而其變化，亦爲無窮者。由此而吾人即可言：依於人之自性爲因，而人即有眞正的意志自由。人所求之自由，亦捨此以外，更無其他。

吾人之所以說，依人之能自覺的求實現價値理想之性，即有眞正之意志自由，是因人之自覺的心靈，乃永爲能超越涵蓋於一切已成世界之外在環境，父母遺傳，及人過去所經之一切事之上者。任何已成事物，吾人只須一加以自覺，即皆只存於此自覺之下，而爲其所對，而在此自覺之前，即同時可有其他的更有價値之理想之呈現。此乃任何人由其當下一念之反省，而同可加以證實之一眞理〔註〕。故吾人在受種種誘惑，種種挫折，而如被迫以發生某一意志行爲時，如吾人一念對此一切誘惑、挫折及意志行爲，加以自覺，則此一切即皆只屬於已成之世界，過去之世界，吾人即可依一價値標準，以衡量此意志行爲之是否當有。如不當有，則我於以前種種，即可視如譬如昨日死；而一更有價値而當有之人生理想，立即可呈現於吾人之前，使以後種種，譬如今日生。此處即當下證實吾人有不受已成世界之一切決定之自由。然此自由，卻不能離人心之有能自覺的求實現價値之理想自性而言。故此自由，亦即此心之自性之表現，而以此心之自性爲其原因，而爲自因，自己決定。

第七節　意志自因自由義釋疑——心靈受認識對象之規定與自由

對於上文所說之義，人如能直下承担，而加以體悟，則一切關於意志自由之懷疑，即可緣人之「自覺其先之不自由」而更生起之新的自由意志，而加以斷絕。但人於此，恆不能直下承担此理，而恆欲繞過此意志之本身，而觀此意志之外圍，遂以此意志仍非自由者。此（一）是從人之自覺心之恆受其所認

〔註〕拙著道德自我之建立（三十二年商務印書館版）第一部第一節。

識之對象之規定上說。（二）是從人之自覺心之決定何謂有價值之理想時，必須以過去之經驗之教訓，過去所體驗之價值爲依據上說。（三）是從人之理想本身有一定之形態，或一定之理念內容上說。（四）是從人之能超拔過去之束縛之意志本身，乃由一超越的意志，如上帝之意志，爲一外在之原因之說。此可分別略答，以闡明上一段之義。

從人之自覺心之恆受其所認識之對象之規定上，而懷疑人之意志自由者，恆謂人之認識世界，只能如世界之所是而認識之。如吾人前有一山，則只能如其爲一山而認識之。如吾人所在之其他環境與過去之歷史之爲何，吾人亦只能如其爲如何而認識之。此中吾人之自覺心之認識，並無不如此之可能。吾人之意志對於所認識者，亦只能加以承受，而無不承受之自由。

對於此種懷疑之論，答覆極易。（一）吾人之論意志自由，可自始不從吾人之認識，必受對象之規定上立論。此認識之必受對象之規定，並不礙吾人之意志之自由。如吾人對山之認識，受山之規定，並不礙吾人之游山與開山之自由。此即因認識所及之世界，只是已成之世界，而意志之所求者，乃屬於方來或未成之世界。（二）吾人之認識之受對象之規定，亦同時是吾人於對象之所是，加以一規定。對象之成爲吾人認識之所對或內容，亦即使吾人能認識之之自覺心，得昭臨於此所對或內容之上；同時能超越之，以及於其他現實對象或想像對象，並形成我對未來之理想者。（三）吾人之欲如對象之所是而認識之，此乃本身原於吾人之欲求眞理。此求眞理本身爲一理想。如吾人無求眞理之理想，則吾人亦可不如對象之所是，以認識對象，而吾人之認識，亦即可不受對象之規定。而此眞理之理想，原於吾人之自覺心與意志，而爲自發自動，自決自由者。故即此認識之受規定，爲被決定，此亦是人之自決自由的願被決定。（四）即謂此所認識之對象，規定決定吾人之認識之內容，然此亦非決定吾人之認識之存在。因此對象存在，吾人之認識並非必然存在，如人可死亡。則此對象，至多只決定此認識之爲如何如何之認識之形式，而不能成此認識之存在之原因。而此原因，仍只能說由於人之能發出此認識之心靈自身，有此能認識之性。

第八節　過去經驗與理想生起之自由

從人之自覺心之決定理想時，必須以過去之經驗、教訓，所體驗之價值等爲根據，而懷疑人之自由者，恆謂：人對其未來之理想之所以生，乃其過去經驗之積累，與其當前所接環境所成之一總結果。即人之忽發之懺悔，亦由其不正當之行爲，所導致苦惱等經驗，積至某程度，而在一環境刺激下所生之一結果。故不同之人，依其不同之過去經驗，即有不同之理想。則人之理想之形成，仍爲被決定者，而不足證意志之有自由。

對此疑難，吾人亦極易答覆。（一）吾人可承認，人之過去經驗之教訓等，可爲吾人求自覺的形成理想時之憑藉，然不能以之爲決定吾人之形成何種理想之原因。吾人在形成理想時，恆須反省由經驗而得之教訓等，固是一事實。但吾人須知此反省，乃一當下之反省。此當下之反省，以過去之經驗爲對象，即不能以過去之經驗爲其存在之原因。此即上文一段所已說。（二）吾人在反省過去經驗時，吾人同時對於過去之經驗本身，有一估價活動；即對吾人過去所體驗之價值，亦可有一重新估價之活動。此估價之活動，同時是一選擇之活動。此當前之估價活動，選擇活動，乃在已成之過去經驗之上進行。其有取於過去經驗之教訓，以形成理想，同時即對過去經驗之內容，加以剪裁，與重新安排組織。此剪裁等，同爲人所自覺爲，在過去經驗上之進行，而可有，亦可不有之活動。則此不能說是過去經驗之必然的結果。（三）吾人求形成理想時，吾人恆須兼在各可能的理想中，施行選擇。如吾人前所舉之在三叉路口選擇何去何從之例。此時，吾人之所選擇者，不只是那一條路，而是吾人之「在那一條路上走」。此「在那條路上走」即一走的方式。即吾人乃在各種可能之走的方式上，施行選擇。而此可能的走的方式，乃尚未實際存在，即未現實化，而待於未來之現實化者。吾人於此時之選擇，即爲未來而選擇，而在已成之世界之外，求決定一理想，並依以決定以後之態度行爲者。則此選擇之意志，即爲一超越現實之已成世界，而對各種可能的理想，加以觀察，而估定理想本身之價值，以求決定未來的意志。則吾人如何能說此意志，只爲已成的過去經驗之積累之必然結果？（四）此選擇理想而決定理想之意志，其所以不能只是過去經驗之必然結果，是因此選擇與決定之事本身，待於人之自覺的求其繼續之意志。吾人之選擇，可在少數可能中選擇，亦可在更多可能中選擇，吾人可粗率選擇，可精心選擇。而在理想決定後，吾人亦可繼續有如此之決定，而加以堅持，亦可不加以堅持。此皆待於吾人之去選擇之意志，如何進行，以爲決定。吾人亦可於自己之選擇與決定之本身，重作一價値之估量，而選擇「吾人之選擇與決定之方式」。如吾人選擇「精心之選擇」，而去「粗心之選擇」，選擇「對決定之堅持」，而去「對決定之猶豫」。此種價値估量，永可在吾人已成之活動之上進行，以誕生新的選擇，即證明謂選擇唯是過去經驗之積累之結果之說之妄。而吾人在本章第二節所謂「選擇之事，唯原於或强或弱之已成心理動機之更迭而起，互相較量，以歸一强者之勝利」之說，亦無待於駁斥矣。

第九節　理想之形態內容與自由

至於從理想之有一定之形態，或有一定之理念內容上，說人之意志爲不自由者；則是從人之選擇之理想，只在有限之可能中選擇，而其決定後，則如爲一定之理想所限制；而此理想之理念內容，又可視如一理念世界之自存者，而爲人之意志之形式因上說。依此說，人之自覺的理想本身之如何如何，亦即爲決定人之意志者。由此而人無論其如何自覺的從事理想之選擇與決定之事，亦即皆成被「自覺的理想」所決定之事。此亦猶如：於一松子必發展爲一松樹，吾人皆可說其爲一超越之松樹之形式所決定。然此松子如能自覺此形式，此形式即成爲松子之理想。而此時吾人之可說其爲此自覺之理想所決定，亦如吾人之可說其初之爲一不自覺之超越之形式所決定。

對於此說，吾人可有下列之答覆。（一）爲根本否定人之可能之理想爲有限。因吾人之理想，乃可逐漸開展者，在同一情境下，一人可只有二可能之理想，然另一人亦可有三可能的理想。故人之理想實爲可無定限的開展者。吾人如承認理想原於幻想，或幻想亦是一理想，則人之幻想，明爲可無定限的增多者。松子只能成松樹，然人亦可由幻想以化爲一松樹或槐樹，以至幻想化爲任何存在。而人之神仙思想，及佛教之化身之說，即由此而生。至人類之前途，是否必不能成仙佛，亦無人能斷定者，則人儘可有無限之可能理想。（二）吾人可承認人永遠只能有有限數之可能的理想，供其選擇。如人在三义路口，只有在三路之任一路上走，及停下不走之四種可能；而無向上飛起，或向下入地之可能。然人在此諸可能中之「選擇」本身，仍畢竟非由此可能之理想本身所決定。（三）即吾人在只有一可能的理想供選擇時，在此一可能之理想之實現途程中，仍可有各種實現之之方式，而可分別成爲一可能之理想者。如吾人決定向東走之一條路之後，吾人之在路上快走、慢走、偏左、偏右，仍有各可能，而待於吾人之選擇。（四）即設定吾人之只有一絕對單純之可能理想，爲吾人所能選擇而加以堅持者，此堅持之時期，仍可爲無定限的伸展，而或長或短者。此時期之長短，仍由吾人之意志決定，而不由理想之本身所決定。（五）吾人自可說一超越的形式爲自外決定一存在者，如木匠心中桌之形式，可用以自外決定一木料之形式，謂松樹之形式爲自外決定一松子者，亦勉强可說。然吾人如何能說一已被自覺，先成爲吾人之理诶，之意志行爲活動之形式，爲自外決定此意志等者？如不能說，爲白外決定，而爲自內決定，則此即無異於謂吾人之自覺的理想，在吾人之心靈內部，決定吾人之意志者。若然，則此何異於吾人之自覺心靈之自己決定其意志所向之理想？理想即意志之所向之別名，意志與其所向，俱時而存，亦俱時爲人所自覺。則說理想決定意志，豈不同於說意志決定理想，或吾人之自覺心靈中之意志決定其自身？

第十節　超越的外因論與意志自由

謂人之能超拔過去之束縛之意志，乃由一超越的意志爲外因而成之說，蓋緣於見到人之可有一截然與其過去生活或意志狀態不同之意志或生活之產生。如浪子之忽回頭，人之忽然發大懺悔心，忽然大澈大悟等。然此並不足證明此新意志，乃由一超越而又外在之意志爲因而生，以謂人之意志初無自由。此理由亦有四：（一）吾人之謂此突發之新意志，必由外因而來，如由上帝之意志而來，乃由於吾人假定人之意志之形態之過去如何，未來即只能如何。即由於吾人先假定人意志之不能自由。然吾人前已說，吾人無理由以由人之過去之表現，以預斷其未來之心性，只能有如何之表現；則吾人亦無理由，以謂人之過去之如何如何墮落等，以謂其心性之爲惡，而不能有覺悟。（二）吾人縱謂此突發之意志，由上帝之意志之貫徹降臨於我而來，然我之接受上帝之此意志，則只能原於我之意志。我既接受上帝之意志，則上帝之意志，即內在於我之意志，而成爲我之意志。則我之改悔等，亦即我之意志，我之自由之表現，而不能謂我之意志無自由。（三）吾人不能視吾人之心靈與其意志，爲限定之事物，而可純由外在之超越的意志，加以改變者。因吾人之心靈之意志，原非限定之事物，而原爲能自己超越其自身者。因吾人之心靈之本性爲自覺，由此自覺即能超越其自身，此前已說。又由其能超越其自身，故能與一切超越的存在相接觸，而自覺此接觸。而當其自覺此接觸時，則彼亦即同時可自覺此超越的存在，而此超越的存在，即不能只爲外在，而必同時兼爲內在於此自覺心者。在吾人說有超越的存在，而吾人又已知之之時，則此超越的存在，即必爲至少在一意義下，已內在於此自覺心者。吾人之謂此超越之存在，能改變吾人之心靈與意志，亦即同於內在於此自覺心之超越存在之改變吾人之自己，而爲此自覺心之自由之表現。（四）人之自覺心，並非必須信仰一超越的存在。人心之信仰超越的存在如上帝，乃由於上帝之爲至善至眞。此乃依於人之價值意識之原求善眞等而來。故世間縱有惡魔，爲超越的存在，人仍不願信仰之。此即見人之信仰，亦依於人之選擇。人無此選擇，則接受上帝之意志爲外因，亦不可能；而此選擇，則不能亦爲上帝之所決定。如謂此選擇，亦由上帝之先選擇我，而以其意志貫注於我而後有；則吾人須知：於上帝選擇我，而使我選擇上帝後、我仍可取消我之此選擇，同時取消上帝對我之選擇。故人亦可不信上帝。如謂此不信，亦由上帝之不再選擇我，或故意使我不信，則此上帝，即成：「兼使我可不選擇上帝，可不信上帝」之上帝，而吾人如信如此之上帝，亦即可不信上帝，亦不信上帝之選擇我，而以我之一切選擇，皆由我自己決定。故人之意志自由，爲上帝亦不能否定者。宗教家之說此自由，爲上帝之所賦予，應亦涵上帝亦不能加以取消否定之義。

第十一節　信自由與信因果之調和，及自由之運用之顚倒相

吾人以上承認自性因，與因果律之存在，而同時處處指明，人之意志自由之不容否認；則吾人在一方面，須承認吾人之每一意志之決定，能發生對吾人之人格自身及外表行爲上之種種效果，故人之意志之善惡，即及於此效果之善惡，人須負此效果上之責任。同時人之一切實現價值之努力，亦皆有耕耘，即必有收穫，而決無徒勞之事。佛家唯識宗言因果，謂人之每一生心動念之種子，皆存於阿賴耶識，雖歷千百刧，而仍不散失，以生種種等流異熟之果，並以不信因果爲大邪見，即爲最徹底之肯定意志因果之理論。然在另一方面，則吾人又須相信，吾人之一切過去之心理、生活、及意志之情況，皆不能必然決定吾人之未來。吾人之意志，乃可時時創新，以改變其過去之自我，而進以改變外在之環境，及其與環境中之人物之關係，以至其與一超越之存在如上帝之關係者。由此而吾人過去之一切過失罪惡，無不可以一念之覺悟而如昨日死，而不容人之自餒，吾人過去之積累無數之善德善行，亦未嘗不可以一念之差，而沉淪墮落，不容吾人之仗恃。此不餒不恃，亦即所以使人恆能自強不息，日進無疆，以逐漸更形成其人格者。由此而信自由，與信因果，則可並行而不悖，且皆同所以使人格之逐漸進步成可能者。此信因果與信自由，亦皆同爲有價值之事，而爲人所當有。

然人由其一般之求知識之活動，皆重在求因果，故可只以求因果之觀點，看人之意志，而人即可不

信自由。同時，人之信自由者，亦可不求人格之逐漸形成，而反本其自由之意志，以自由的忘卻其努力所形成之人格之價值，乃或自由的產生與其昔之人格價值脫節或相反之意志行為，而泯滅價值之觀念；以自由的視無價值或反價值者為有價值，或以歪曲之理由，辯護此無價值或反價值為有價值。此亦皆同依於人之自由性而來。此時人之自由性，亦可使人自由的忘卻其有自由性，而以其一切意志行為，皆為必然之原因所決定，而自甘於墮落，並視之為無改變之可能者。於是人即物化為：一自視為必然之墮落之存在。而此「自視為必然」，又可拒絕一切環境或他人之感化之力量，而使此墮落成為無底止而永恆者。此處，即見人生之大危機。此大危機歸根究本，亦正由人之具自由性，及信因果之必然二者之一種結合而來。此結合，即又足以成為人之無底止之墮落之根據，而為人之罪惡之根原，故其本身，即亦成無價值而反價值者。

由上列二者之互相矛盾，吾人即入於人之自由性所導致之問題之最深處。即一方面看，人之自由性，為人之一切價值之實現，人格之形成之可能之根據；而在另一方面看，人之自由性，又為人之罪惡之根據。由此而人一方，可依於其好善之心，而肯定自由之價值，求堅固其對自由之信念。然在另一方亦未嘗不可由其惡惡之心，而否定此可為罪惡之根原之自由之價值。由此，而人即可依於欲去除此罪惡之根原之心，而自覺的捨棄其自己意志之自由，而無條件的以他人之意志為其意志、或社會羣體之意志、宗教家所說上帝之意志，或其所信之歷史之必然發展，為其意志。緣此再進一步，又可歸於其自由性之泯失，而只盲目的服從外在之權威或勢力，以導致生活之機械化、生命之物化。於是此人之自由性，即化為一可自由的選擇，「重人之自由性之思想」，與「求捨棄自由性之思想」之二者間之自由，而吾人之自由性，亦即成為使吾人可選擇「肯定自由之哲學」，亦可不選擇「肯定自由之哲學」之自由。此即造成人之自由性之一最大之詭論。吾人於此，亦可謂自由為非理性的Irrational。

對此詭論，吾人唯一之解決法。是吾人須了解：此人之自由性，自始不能離其所欲實現之價值，而有價值。吾人如欲使人之自由，成為有價值，必須吾人之自由，自始為一實現有價值之理想之自由。唯吾人之自由，為實現有價值之理想之自由時，吾人乃能建立自由之價值。然後吾人乃不至憑此自由，以歸向於墮落，而使人在思想上歸向於求捨棄其自由，以根本捨棄「肯定自由之哲學」之自身。然人之是否能善用其自由，以實現有價值之理想，則純為一實踐之問題。在理論上，人之不從事於實現有價值之理想，乃永為可能者。即在理論上，自由之價值，亦永可為負性，而捨棄自由之思想與哲學，亦永為可能者。故吾人欲建立此重自由之思想或哲學，並肯定自由之價值，遂全部繫賴於吾人之是否能使吾人之自由，為一實現有價值之理想之自由上，亦即在吾人之是否能善用吾人之自由，以選擇有價值之理想上。由此即過渡至吾人如何選擇有價值之理想之問題。此即吾人下章之論題。

意志自由之問題 參考書目

拙著先秦思想中天命觀 新亞學報二卷二期。

阮元 性命古訓。

王船山 尚書引義。中國後儒論命之文不勝舉，而王船山之命日降性日生之說，尤堪注意。船山之文隨處發揮此義，然以尚書引義中所論爲精詳。

陳獨秀編 科學的人生觀。

張君勱編 人生觀之論戰，讀此二書，可知民國十三年左右之所謂科學與玄學之爭，實則主要由意志自由之問題而引起。此二書輯二派之文，可據以知雙方之論據。

拙著道德自我之建立（第一部道德之實踐）民國三十三年商務版。此書論自由問題——純從道德生活之成就上說，較本章所論爲精切。

拙著人文精神之重建卷下自由之種類與文化價値。此爲論各意義之自由與文化價値之關係者。

P. Janet Tr. A. Monahan: A History of Problem of Philosophy. Macmillan, 1902. 此書由法文譯出。其第九章自由問題順歷史次序，述西方大哲對意志自由之主張，唯未及於二十世紀者。

W. K. Wright: A Students Philosophy of Religion (Holt and Company) ch. XVIII & XX.

此書雖名宗教哲學，然其第十八章論意志自由論與目的論一章，及二十章論上帝與人類自由一章，可作哲學概論書讀。

H. D. Lewis: Moral Freedom in Recent Ethics, 此文選載於W. Sellars and Hospers 所編 Reading in Ethical Theory, Pt. Ⅶ 中，此文討論當代諸道德哲學家對道德自由之見解。

Spinoza Ethics, Pt. III.

斯氏爲否認意志自由，而以人之情感意志之活動，皆依於必然而生，並以知必然爲達自由之路之哲學。

Kant: Metaphysics of Morals, Third Section.

本書之第三節前二段，論自由爲道德實踐必須之預設之哲學。

H. Bergson: Time and Free Will. New York, 1912.

此爲由心理經驗，以證意志自由者。

W. James: The dilemma of determinism載 The Will to believe and other Essays, Dover Publication, 1956.

此爲由人生之可能性及人之努力，以證意志自由者。

B. Russell: On the Notion of Cause with Applications to the Free will Problem. Scientific Method in Philosophy, Lecture Ⅲ Ⅴ. 1914. Open Court.

此爲論科學知識中之因果觀念與意志自由問題之關係者。

N. Hartmann Tr. S. Coit: Ethics, Vol III. Allen and Unwin. 1932,

此爲肯定自由之存在，並以自由爲意志中之非理性的成份者。

P. Sartre: Being and Nothingss Tr. Hazel 1956.

此爲以自由貫於全部人生存在，並以自由爲人所不能逃出命運。然吾人可謂人之自由性爲人之神聖性之所在，亦人之惡魔性之所根。

第八章　價値選擇之原則

第一節　選擇的自由之肯定

我們在上章論，人之意志之自由，歸於自由必須與有價値之理想之選擇相連，否則人亦可自由的求捨棄其自由之說。由此而自由之眞義，即同於有價値之理想之選擇之肯定。但是我們可以問：我們如何在涵不同之價値意義的理想間，施行選擇？我們如何衡量一理想之是否較有價値而爲我們所當選擇？又我們爲什麼必須用我們之自由，以從事選擇，而不可運用我們之自由，以捨棄自由，而捨棄此選擇之自身？我們何以不可如上章之末所說，因自由亦爲罪惡之根原，而自由的求捨棄此選擇的自由，而物化機械化此人生？此即是本章所討論之問題。而我們今將從最後一個問題，即我們「當肯定對有價値之理想之選擇的自由」之理由說起。

(一)首先我們可說，人之去選擇有價値的理想，乃是一普遍於一切人的生活中之事實。所謂有價値，在常識中即所謂好，而人實無時不在求好，而以得好的爲目標爲理想，故亦無時不在選擇好，而不選不好。我們看小孩生下，不久即能說這好那不好，此即選擇之開始。如此食物好，那食物不好；此衣好，那衣不好；此住屋及環境好，那住屋及環境不好。小孩稍大，父母即爲之選擇好的學校。小孩在校要選擇那一同學好，那一師長好。小孩成人，要選好的配偶，作事要選好的職業，讀書選好書，看戲選好戲。而人類之一切社會、政治、文化事業之政策方針之決定，無不待於選擇。即人欲自殺，對其自殺之方法，亦有選擇。一切選擇，無不求選其較好更好的。儘管人在各時期、各情境下所謂好者，各不相同，然而人之求選擇好者，則一。人皆以得好爲理想，是即同於謂；選擇有價值的理想，乃一普遍於一切人的生活中之事實。

（二）吾人并不擬否認，上來所說人之選擇之自由，同時可使人自由的求捨棄其能選擇之自由，而自甘於其心靈生命之物化機械化，不復再從事於選擇者。此亦是一實有之事實。然吾人亦有理由，謂人不當如此。其所以不當如此之理由，可純由此一事實中，涵有一思想上之自相矛盾上說。因吾人既由肯定自由，以捨棄自由，則吾人之前提，仍爲自由之肯定。此自由之捨棄，即由自由之肯定之前提而來。則此一前提之否定，應亦有「自由之捨棄」之否定，而當歸於「自由之捨棄」之捨棄，而重歸於自由之肯定。而此即見由肯定自由，以捨棄自由之思想與事實，皆包涵一自相矛盾。如自相矛盾之思想，從理性上看，乃不當有者，則肯定自由以否定自由之思想，即爲不當有。而依此思想，以造成之不合理想性之事實，如上章所謂自甘物化機械化之事實，即亦不當有。

（三）吾人在上章，亦承認人之自由，可以爲人之罪惡之根原，故人本於其欲去除罪惡之心，亦可導致一求否定自由之思想。然人如唯是依於欲去罪惡之心，而求否定自由，則人不能否定此欲去罪惡之心，更不能以此欲去罪惡之心爲罪惡，而只能以此心爲爲善。然人如不否定此欲去罪惡之心，而肯定之，幷以此心爲善，則人同時亦即肯定：一無罪惡而向善之心之本身爲善。然人如肯定一向善之心爲善，亦即肯定一選擇善之心爲善，亦即以選擇有價值之理想，而求實現之之心爲善。此即同於謂：吾人之有此選擇之自由爲善，無此選擇之自由爲不善爲罪惡。於是人只依於欲去罪惡之心，而否定自由者，其本身亦即爲罪惡。而吾人眞有欲去罪惡之心，則首當去此罪惡，而肯定自由，並以此肯定自由之心爲善。

上述之三理由，一是從人皆有自由選擇之事實上觀察，一是從反自由論者之思想上之一致與否上觀察，一是從反自由論者對善與惡之肯定否定上觀察，吾人皆可擧之爲吾人當肯定人對有價值之理想之選擇的自由之理由。此即謂：姑無論吾人之眞理之標準，在單純的求合於事實，或求思想內部之一致，或在人對善與惡價值之分別之直覺，吾人皆須達於同一之結論。至於此各種理由之重輕，則可容人之再加以選擇。然於否定自由與肯定自由之間，則唯有選擇自由，爲理所當然者。而此選擇自由，即爲吾人之第一步當決定之事。此一決定，使選擇不自由成爲不應當，亦不可能。

第二節　價值選擇之質之原則

我們看，人運用其自由之所選擇，而視爲有價值之事物或理想，明有形形色色之不同，我們便知價值的選擇問題之複雜。此複雜，不僅由於所選擇者之內容之複雜，而兼由於選擇的原則本身之複雜。在每一原則下，則我們大體上可發現種種評定或估量價值高下之標準，今試分數者論之。

價值選擇之第一原則，乃質之原則。此所謂質之原則，乃專指正價值、負價值、及無價值或價值上為中立三者間之選擇而言。此中之原則，再分之可有下列數者：

（一）以無價值者與具正價值者相較，我們可說人當選擇具正價值者；而以具負價值與所謂無價值者相較，則我們寧選擇所謂無價值者。而在一種將三者加以比較之意識中，則無價值者對具負價值者，可為具正價值者；而對具正價值者，亦可成為具負價值者。故常人在快樂之情調，與無苦樂之情調中，恆選快樂，在苦痛與無苦樂之情調中，恆選無苦樂；而人在苦痛中，則平日之無苦樂，亦為樂，人陷於享樂之生活中者，則視無苦樂而平淡過日，亦為苦。又如常人在無錢財與富足中選富，而在無錢財與負債中，恆選無錢財；至在負債者，則不負債即為富，在富者，則無錢財亦若同負債。其餘對眞僞、美醜、善惡之正負價值等之選擇，皆可作如是觀。

（二）一具正價值之事物，可引生具負價值之事物，亦可引生具正價值之事物，或無所謂價值之事物。如一具正價值之事物，引生具負價值之事物，則其價值可為負、或正，或為無所謂價值者。而其價值，要不如另一具同等價值之事物，而不致引生具負價值之事物者，更不如其能引生一具正價值之事物者。故人亦即當依此二事物所引生之事物之價值情態如何，以為選擇之標準。此即如常人之飲酒得樂，而因醉致苦者，其價值不如飲酒得樂，而不苦者，更不如飲酒得樂，而能賦詩者。

（三）一事物之正價值之實現，可與同時存在之事物之正價值之實現相衝突，或相並存，或相促進。如相衝突，則可皆不實現其價值，而或歸於皆無價值，或產生負價值；如並存，則其價值皆得實現；如相促進，則於原有之價值外，更有新的正價值之增加與創造。吾人自當首選擇事物之價值，能相引生促進者，次及於其可並存者，而當棄其相衝突者。如人與人相嫉妒，則爲各所欲實現之價值之互相衝突。人與人之平等競爭，而不相嫉妒，則各所欲實現之價值，可並存。人與人相鼓勵，相愛護，而各更努力，並互相幫助，則有新的正價值之增加與創造。人之恆選擇此最後者，即依於此原則。

依上列三者，吾人可說，凡實現一正價值，而能引生後起之具正價值之其他事物存在，並兼促進其他並存之事物之正價值之實現者，其價值即較餘者爲高，更爲人所當選擇。然此事物，是否即爲依質的原則，以從事選擇時，所當視爲具最高價值者？曰否。

（四）吾人之實現一正價值，可不由於吾人之直接選擇一具正價值之事物，而可由吾人之先或直接承受一表面具負價值之物，而通過對此負價值之事物之承受，遂利用憑藉此具負價值之事物，以實現正價值。在此中，不僅有正價值之實現，且有具負價值的事物之負價值之克服與轉化。此對具負價值者之克服與轉化，本身爲一具更高之正價值者。故吾人生而富貴者，其富貴之價值，不如由經歷貧賤而富貴者。人生而健康之價值，不如生而體弱多病者，得健康者。生而愚魯，氣質駁雜者，而奮發努力，以成聰明聖智者，其聰明聖智之價值，亦高於生而聰明聖智者。凡由事物之衝突之化除，以使之歸於並存和諧，並互相促進其價值之實現者，其價值亦當高於自始能並存和諧之事物所具之價值。故舜之感格頑父嚚母之德行，高於在賢父慈母庇蔭之下之孝子德行。撥亂返正之豪傑之價值，高於謹守太平盛世之能臣。而由今日人類世界之包涵無數空前未有之衝突，如再經銷融後，所產生之天下一家之未來世界之價值，亦可高於一切過去任何時代之人類世界之價值。孔子曰：「歲寒然後知松柏之後凋也」，孟子曰：「天之將降大任於是人也，……必先苦其心志，勞其筋骨，餓其體膚，空乏其身，行拂亂其所爲，……」而堪大任者之所以願承受一切負價值，以實現正價值，並或自視爲天之所命，或天之所選擇，以担負一切艱難者；正以人最高之選擇，即在選擇此通過負價值以實現正價值之事，以使負價值皆轉化爲正價值之實現之所資也。

第三節　價值選擇之量之原則

價值選擇之第二原則乃量之原則，此爲上述之質之原則之補充。即吾人可說，如在不同事物所實現之價值相同之情形下，則量愈多者愈善，又在一事物能兼實現不同種類，而不相衝突之價值之情形下，此不同種類之價值，亦多多益善。此所謂多，可直指種類與個體數目之多，即衆；或空間量之多，即大；或時間量之多，即久；或强度量之多，即剛健；或涵容量之多，即寬博；或一切似少而實多，似小而實大，似暫而實久者，今亦可分別略述於下：

（一）數目種類之多。如獨木不如茂林；獨獸不如成羣；孤星不如繁星；獨智不如衆智；一人獨賢，不如人人皆爲君子。又如只有林木，不如雜花生樹；只有獸走，不如兼有鳥飛；只有星，不如兼有月；只有一種賢德，不如或賢而狂，或賢而狷，是之謂衆。

（二）空間量之多。如小阜不如高山；小溪不如江河；小坪不如平原廣漠；電燈之光，不如日月之光；天井一角，不如茫茫太虛；人之侏儒，亦不如佛像之丈六金身。人之心量，就其所涵攝之空間量而言，亦有大小。故小知只及眉睫之前，一室之地；大知則觀於鄉邦，觀於四海，觀於普天之下，是之謂大。

（三）時間量之多。如蔓草之蜿蜒，不如松柏之長青；蛇長而命短，不如龜壽之千年；世間之松柏，又不如莊子之大椿，以八千歲爲春，八千歲爲秋；人間早夭之孺子，不如百歲之翁；百歲之翁，不如莊子書中之彭祖；彭祖不如長生不死之仙。而世間國家之文化，不能長久者，不如中國印度文化之歷數千年而不斷。而亡人之國滅人之宗祀者，不如興滅國繼絕世者之仁。是之謂久。

（四）強度量之多。如蟲之蠕動，不如蛇行；蛇行不如虎步；麻雀吱喳，不如鷄鳴喔喔；鷄鳴喔喔，不如鶴唳長空；力不勝雛，不如力能扛鼎；目光如豆，不如目光如炬；壯士馳騁沙塲，當者披靡，不如聖賢豪傑之「奮乎百世之上，百世之下聞者，莫不興起也」。

（五）涵容量之多。魚唼不如牛飲；狼殘不如虎吞；小器易盈，不如大器不滿；沾沾自喜，不如「我之大賢，於人何所不容」；呢呢兒女，恩愛於小屋，何如「廣廈千萬間，大庇天下寒士俱歡顏」；聖賢之心，如天之無所不覆，地之無所不載，即其量之所涵容者，無窮無盡之謂也。

（六）以少爲多者之多。言價值之質，以由負價值而實現正價值者，其價值爲最高。言價值之量，則以少而實多者，而以少爲多者爲最高。因人能以少爲多，則少皆成多，即無往不多矣。人貴珠玉，以珠玉少而賣價多也；人貴日月之光，因其形似小，而所照者大也；人樂觀曇花之一現，因其瞬刻之間，而歷盡花開花謝，似短而實長也。强者强矣，而似弱之强又更强。故天子之怒，「伏屍百萬，流血千里，」似强，而不如匹夫之怒「伏屍二人，流血五步。」者，與天子俱沒之似弱而更强；「衽金革死而不厭」之北方之强，似强，不如「寬柔以教，不報無道」之南方之强，似弱而更强。而涵容量之大所以足貴，亦非以其原大而能容大，尤貴其似小而能容大。半畝方塘，天光雲影，徘徊其中，人皆愛之者何？因其似小而所容者大也。仙人枕上，黃粱一夢，彷彿百年，其所以爲人想望者何，亦以其似暫而歷者長也。而人類中大人聖人，所以貴於小人與庸人者，亦非以其獨能壽命如金石，體大如山河，力强如獅虎，喑噁叱咤，而人馬皆辟易；而貴在其與人同長不滿七尺，壽不過百年，力不若牛馬，其卑謙自處，若一無所能，而其心量之所涵，則可以天下爲一家，中國爲一人，乃至大至廣也。

第四節　具本身價值者高於只具工具價值之原則

價值選擇之第三原則，爲具本身價值者高於只具工具價值者之原則。我們前謂價值有本身價值與工具價值之分。如生命爲具本身價值者，則得金錢購物以維持生命，即爲只具工具價值者。如心靈之智慧爲具本身價值者，則讀書以啓發人之心靈之智慧，爲只具工具價值者。以具本身價值者與只具工具價值者相對而言，則後者之價值，乃由其能達前者之目標而來。則人如爲求後者，而忘卻前者，或犧牲前者，即爲無價值者或具負價值之事。故如貪夫之殉財，學者之讀死書，以窒息心靈之智慧，皆明爲無價值或具負價值之事。此其所以爲無價值或具負價值之理由，即因此中具本身價值之生命，既不存在，與心靈之智慧，既被窒息：則此得財與讀書之目標，即不存在，得財與讀書之工具價值，亦即不存在。然人由用一手段或一工具以達目的時，人卻恆可轉而視手段與工具爲目的，而忘卻或犧牲其原來之眞正之目的。如人本爲愛國家愛人民，而組織政黨與政府，然人亦可爲保持政黨政府之政權，而出賣國家，犧牲人民；人本爲救民而傳教，而人亦可爲傳教而傳教，遂視異教者爲敵人，而殺異教徒。此皆爲以所以養人者害人，而爲人之求實現價值之行爲活動中之一最大的顚倒，而同原於人之視手段工具爲目的，而忘卻其原來眞正之目的。故自覺吾人上述之原則，亦即所以免除此一切顚倒者。

但此原則之應用，唯在一事物之具工具價值，除此工具價值外，另無他本身價值之情形下，乃爲明顯有效。如一事物之被視爲只具工具價值者，實另具其本身價值，則此原則，即不能明顯的有效應用。如人之爲國家人民而組政黨政府，爲救人而傳教者，其可歸於出賣國家，犧牲人民或殘殺異端等事，人常不能明顯的知其非者；即恆由於人之可繼覺此原爲手段之政權與教權，若亦有一本身價值，而可滿足人之權力欲而來。此處即必須人能更明顯的自覺另一價值標準，以衡量權力欲之滿足之價值，與爲國爲民及救人之目標之高低，然後可。在此二情形下，吾人通常固皆知以公私爲標準，而謂此出於私心之個人權力欲之滿足之價值，乃較出於公心仁心之愛國愛民救人之心爲低者。故此中之初爲手段工具之活動之本身價值，乃斷然較原先之目的之實現之價值爲低者。然在其他情形下，則原初之手段或工具之行爲，被人視爲目的後，其價值亦可較原初之目的之價值爲高。如人讀書之目的，其最初自覺之目的，可只是求個人之科名，而以讀書爲手段，以達其得科名之目標。又人在商場中守信者，其最初自覺之目標，亦可只是以守信爲一手段，或工具，以達其得利之目標。然人既習於讀書守信之後，亦可轉而知讀書或守信本身可爲一目標，而具本身價值者，於是寧犧牲科名，以讀其所欲讀之書，寧破產而不肯負信義。此處，彼之將原初之手段化爲目的後，此目的之價值，在常識即皆知其較原初之目的爲更高者。而此判斷之爲高時所依之標準，是否仍爲公私之標準，則甚難言。由於吾人在本部第二章曾謂一事物之有工具價值者，恆兼有本身價值，具本身價值者亦恆兼具工具價值，本章第二節中又謂事物間之價值有相引生之關係；人之估量不同活動之價值高下，復須連其本身之價值，與其所能必然有效的引生出之活動或其他事物之本身價值之全部，以為論。而不同之活動與事物之本身價值高下之估量之問題，遂為極複雜者，而如何從原則上規定不同之活動與事物種類之價值之高下，亦極為不易者。吾人今所能說者，唯是據以上所論，以確立生命之價值高於物質之價值，人之仁心之價值高於生命之價值之一義。吾人能確立仁心之為具最高價值者，亦即可以之為衡量一切人生之不同事物之價值高下之一基本標準。

第五節　心靈生命物質之價值之等差原則

吾人以上曾謂一事物之具正價值，而又能引生具正價值之事物，或通過具負價值之事物，以實現正價值者，其價值較高。又謂具同等價值之事物，多多益善，而能以少涵容多者，其價值愈高。吾人今即可據此以確立生命之價值之高於物質之價值，心靈之價值之高於一般自然生命之價值，為價值選擇之第四原則。生命之價值之高於物質之價值之理由，在物質之本身縱有一價值，然其不能生殖，則不能由其自身以引生出同類之價值之實現。而心靈之價值之高於生命之價值，則以唯心靈乃能認識一切有價值之事物，而涵容之。由此涵容，則可進而了解此一切事物之價值，而加以肯定，加以欣賞，加以愛護。而此能愛護一切有價值之事物之心，即吾人前所謂仁心之充量發展，乃一切事物之價值之所依恃，因而為宇宙間最有價值之事物，亦人生之一切價值之根原。此亦為吾人本部第四章價值之種類及次序最後二節，所已詳論者。今可不復多贅。

吾人如知仁心爲宇宙間最有價値之心，則人無論對客觀自然及對其自身，皆不可徇物以喪生，亦不可求生以害仁，而人唯當利物以厚生，亦或當殺身以成仁；而此二者尤爲中國先儒立人道之要義，其理由亦可得而略說。

吾人如深觀人類之苦難與罪惡之原，吾人不能不承認人之恆易於徇物以喪生，亦易於求生以害仁。人之所以徇物喪生，非因物之無價値也。口之於味，耳之於色，四肢之於安佚，得之皆有樂存焉，不可謂無當下之一價値也。此厚味、美色、淫聲、可使人陷溺於感覺之性相中所呈之和諧，亦一事實也。然人之沉淪物欲而不返，則五色令人目盲，五音令人耳聾，五味令人口爽，而人之整個之生命，則隨五官之感覺欲望之四向馳逐而分裂，則生命乃日近於死亡。此忘生而徇欲，乃古今中外之聖哲之同所深恥。恥之者何？因此徇欲之事，皆求一時之歡娛，而不顧來日之禍患，以當下之一正價値之尋求，而不顧其所引生之負價値，以今日之酒，致明日之愁，以今日之生，速明日之死，而違於肯定整個生命之價値之當然之理也。反之者，則爲寧忍一時之苦痛，以求整個生命之存在，如毒蛇在手，壯士斷腕之類。而此則合於當然之理者也。

人除恆忘生徇欲以外，人又恆求生以害仁。仁者不只肯定其自己生命之價値，亦肯定他人生命之價値；不只肯定其生命之價値，亦肯定其自己及他人之心靈人格之價値。凡有悖於此者，皆爲害仁之事。而害仁之事亦不止一端。一切殘害他生以自顧己生之一切事，皆不仁也。而從井以救一人，如殺一人，以救一人，亦不仁也。故仁者非不愛己之生也，愛己之生而亦愛人之生也。然由仁者之能愛己生，而兼及他人之生，則已見仁者之有一超乎己之生之心量存焉。此超乎己之生之心量之所涵，又不僅只求他人與己，皆飽食暖衣以生存而已。此心能知天地之美焉，能知萬物之眞焉，亦能自覺其所涵者之可無限，而通於神明之德焉。此心能自覺其異於土石與草木與禽獸，而不只以求此身之生存爲事。以心推心，又知他人之亦有同類之心，而同不只以求此身之生存爲事。於是人乃有自敬亦敬人之心，遂相待有禮而不忍相慢，相處有義而不忍相凌，言必有信而不忍相欺，使足以達其自敬敬人之心，而於自己之行爲與他人之行爲之悖乎此者，則有智以知其非是，而有遷善改過之學，及與人爲善之教。此皆仁者之心之所涵也。然當人只求其自己之生，只求足其一己之欲時，則可忘其一切異於禽獸之德，而不惜視人如禽獸，而不知敬之。去禮義而泯是非以相處，則無論其相利用以求共生共存，或相鬥爭以各求獨生獨存，皆人之苟生苟存，而求生以害仁之事，爲人之所恥。斯時也，若有他人必欲使之行其所恥之事，如他人欲去其自覺異於禽獸之心，而視之如禽獸，與以嗟來之食，則彼將寧死不食。又如他人之必欲其作殺人以媚人之事，或顚倒是非以謗毀賢哲之事，則志士仁人，於此亦因早已自證其心願，超溢乎其個人之生存之上，而確然有以自信，遂亦能寧死不屈，而樂殺身以成仁。此非因其不知生之價值而不欲生也，唯其亦確知有更高於生命價值之心靈價值，而所欲有甚於生者。故寧擇此所欲之甚於生者，而不惜一死也。死者身，而成者仁心。此仁心之所及，既自始自終，皆能超溢乎此身之生之所及，則亦不以身之存而存，不以身之亡而亡，其英靈亦將永在，以昭垂千古。此皆非文人筆下之辭，而爲殺身成仁者之所實證。是則待於讀者之將本書凡涉及心靈之處會通，而自得之者也。

第六節 適合原則

人之實現價値，尙有二原則，乃與吾人實現價値時，所在之具體情境，密切相關者。此一爲適合原則，可稱之爲價値選擇之第五原則；一爲次第原則，此可稱爲價値選擇之第六原則。二者似皆可卑之無甚高論，而實亦甚重要之原則。所謂適合原則，乃謂一特定之人在一具體情境中，只有由某方式以選擇某事物，乃能與人求實現價値之意識相配合，並不相牴觸而說。此某事物之適合與否，乃純因各特定之人，所在之具體情形之異而異者。故適於此人此時此地之此人者，不必適合於在他時他地之他人。然此求適合之原則本身，即可爲一普遍之原則。依此原則，而人須如實了知：其爲一特定之人與其所在具體之情境之唯一性無二性。由此而吾人應用以上之一切選擇之原則，於一具體情境中，以從事選擇時，此上之一切原則，同須受此適合原則之規定與限制。

所謂適合原則之應用於選擇，其最簡單之例：如人之選一衣服，須求適合於其身體，選一職業，須適合於其興趣與環境，選一配偶，須適合於其性格上、生活上之各方面之情形。以至吾人可說在一歷史書中，插入一數學公式爲不適；在一水墨畫中，插入一彩色人物爲不適；在正以食物救濟飢餓中之難民時，與之談廟堂中之禮儀爲不適。而人之忽改易其平日之所爲，以模倣襲取他人之所爲，如顏淵忽學子路之直率，諸葛亮忽學張飛之粗魯，文天祥死時忽學金聖嘆死時之滑稽，同爲不適。此不適者之成爲不適，不在其自身之全無價值，亦不在人之置一不適者於某場合中，即犯一道德上之罪過，或思想上錯誤。亦非與人之美感必然相違。因此不適，亦可產生一種滑稽美。不適者之所以不適，唯因其所涵之價值，與某場合情境中之人與事物所表現實現之其他價值，有一不相干，而若爲一外來之插入者。如小孩穿一大人衣，此衣即顯爲與小孩身不相干者，亦與此小孩之活潑中所表現之價值，爲不相干者。而此衣之本身無論如何美麗，此美麗之價值，即皆成不存在，而非有價值者。此非有價值者之存在於此，即與吾人求有價值者之存在於此之意識，有一牴觸。故吾人必須求去除一切不適者。反之，所謂適者，則爲與人於所在之場合情境中實現價值之意識，能相配合，不相牴觸者。至於其是否與其他價值有相引生或相促進之情形，則不一定。此不相牴觸而適合之感，亦可歸於忘此適合者之存在。故莊子謂「忘足，履之適也；忘腰，帶之適也，………始乎適而未嘗不適者，忘適之適也。」故依適合原則，以從事選擇，人儘可不覺有特殊價值實現，而此不覺有特殊價值之實現，正可爲一適合的價值之眞正實現之證明。

第七節　次第原則

與人之實現價值時，所在之具體情境密切相關者，尚有一原則，即上述之第六原則，次第原則。此所謂次第原則，乃是如何由吾人所在之具體情境，以實現一理想之價值時，所當遵守之原則。依次第原則，無論吾人所視爲理想的最高價值者爲何，吾人之實現之，皆必依次第原則。次第原則之所以重要，由於此理想恆不能驟達，而吾人之實現理想之事，遂亦必自當前所在之具體情境開始。世俗之人，欲貴爲天子，富有四海，名滿天下者，固不能一朝而實現其所願。而拔乎流俗之士，欲立功立德，澤被生民，或志在爲「富貴不淫，貧賤不移，威武不屈」，而「不求生以害仁」之聖賢者，亦同非一蹴即就之事。由是人欲實現其有價值之理想，則必遵守次第之原則。遵此次第原則，以實現價值，則必使至遠者約之至近，至大者約之至小，中庸所謂「行遠必自邇，登高必自卑」，老子所謂「爲難於易，爲大於細」「九層之臺，始於壘土，千里之行，始於足下」；而使一切生心動念，皆自當前之此時此地所在之具體情境開始。其所以必當如此之理由，乃在不依次第原則，無理想之價值，能實現；而一切不依次第原則而欲實現理想之意志行爲，皆爲依於幻想而生，畢竟無效果，亦無價值者。明知此爲無效果無價值，而爲之，即爲狂妄之行。反之，人能捨此狂妄之行爲，而遵次第原則，以求實現價值，則本身爲一有價值之選擇。

依次第原則以實現價值，一切事皆當從人所在之此時此地之具體情境之近處、小處，切實可行處開始。此最切近處爲何？即辨此當前之生心動念言語態度行爲之是否皆爲有價值，並去其無價值或負價值者，而實現其有價值者，以遷善改過而已。

吾人寫字欲好，則一筆不好，即一過；吾人言語欲達意，則一字不妥，即一過；吾人與人應對須盡禮，則偶然慢易，即是一過。而此當下之改過，即爲依次第原則，以實現價値者。此亦人當下可用力，而時時處處可用力者。

此種欲人於切近處實現價値之敎，似可將人之心靈自限於卑近；人又恒覺在當前之此時此地，似無客觀之價値標準，以使吾人得辨別何爲絕對之有價値，此標準似必待外求而後可得者。故吾人必須補足以下文之義。

吾人須知所謂於切近處實現價値之敎，決非使人心靈自限於卑近。蓋吾人之心靈之所馳思，自始即上天下地，古往今來，無能得而限制之者。然吾人復須知，吾人之心靈之馳思，自動而起者，可無遠弗屆是一事；而吾人對其每一自動而起之馳思，吾人皆可反而加以自覺，又是一事。有此自覺，則吾人對此任何自動而起之意念，皆無不可加以一價値之估量，而施以揀擇之工夫。此處，吾人無一反省則已，有一反省，便知何者爲私，何者爲公，何者爲當有，何者爲不當有。此爲純屬道德方面者。即純屬思想方面者，吾人思一科學問題，哲學問題時，初起之觀念，亦多爲自由聯想而生之觀念；及吾人加以反省，而一一估量其眞理價値，亦多可知其或爲多餘，或爲錯誤，或爲似是而非者。此外，在應事方面，則吾人倉促間所發之意念，亦可由一當下之反省，而見其或足以成事，或見其足以敗事。凡此等等，皆是反省多一分，則對其價値之辨別增一分。而此反省之事，亦並非必待夜深人靜，乃能獨居默想，而儘可是才一動念，即加自覺，以估量其價值者。人之動念，固上天下地，無所不運。此反省自覺，亦可與之俱行，而無不運，以估量其價值，而或揮之使去，或存之於心。即見此估量價值之心，恆在當下。而當此價值之估量既畢，而有所決定，以見之言語行爲時，此言語行爲，亦在當下。然此當下之言語行爲之意義與價值，則與吾人之有價值之意念之所及，同其廣大。若此意念在天下萬世，則此當下之言語行爲之價值，亦即在天下萬世。此中初只容向內看，不容從外看。至於從外看，則吾人之言語行爲之善之影響所及，其由近至遠，亦非人之所能意料。易傳謂「君子居其室，出其言善，則千里之外應之；……出其言不善，則千里之外違之。」然此處人亦不當只看功效，而只當由造因，以使之自然致果。若必欲一朝致果，此仍是不依次序原則以用思，而爲幻想與狂妄；去此幻想狂妄，而唯以當下自盡其心爲事，亦即在切近處實現價值之一涵義。

第八節　理性原則及其與以上各原則之關係

至於吾人如何知吾人之意念行爲之必有價值者，其最切實而當下應用以作選擇之標準者爲何？此即理性原則，此可稱爲價值選擇之第七原則。吾人可說一切意念行爲之凡合理性原則者，即必有價值者。所謂合理性原則之意念行爲無他，即「可普遍化，凡吾之過去未來，或他人之過去未來，在同樣情形下有之，皆爲吾所肯定爲有價值」之意念行爲。此可普遍化與否，即一檢定吾人之意念行爲所實現之價值，與其他人之意念行爲所實現之價值，是否相衝突之標準。凡價值相衝突，即有價值之相毁，而無價值之衝突，即無相毁。凡可普遍化之意念行爲，即皆爲原則上，可不相衝突，其相衝突，皆由與不能普遍化之意念行爲，相夾雜而來者。故愛人，守信，求眞，求美之意念行爲，與求個人之名譽權力之欲相夾雜，則人與人可相嫉妒，而其求眞求美之事，遂可相衝突。而吾人所有之一切意念行爲，凡可普遍化者，亦即皆可以成爲法則者。於是一切依公的法則，或依公心，而生之意念行爲，亦皆合理者。而在人與人之倫理關係，社會關係中，若欲檢定一人之意念行爲是否合理，即當反省，人如此對我，我是否以爲然。此即西方所謂金律，及中國所謂恕道之義。此恕之義雖簡，然其應用之範圍，則可及於一切人與人之間之一切相待之意念行爲，而最切實易行者。至由此所衍生及所關聯之道德行爲規律，吾人應在倫理學中，加以研究。

我們可說理性原則，乃價值選擇之根本原則，我們以前所提出之質之原則、量之原則、具本身價值者高於只具工具價值之原則、及心靈生命物質之價值之高下原則、適合原則、次第原則等，皆可統於此原則之下。因質之原則之所以建立，即由我們肯定正價值之爲正價值，故我們愛好正價值，則當愛好一切正價值，而去除一切負價值，並轉化具負價值爲具正價值者。我們之所以有量之原則之建立，重數量、時間量、空間量、强度量、涵容量之多，亦由我們肯定一事物之價值，即當依理性而肯定一切同類事物之增多之價值。又我們之論具本身價值者高於只具工具價值者，人不當爲別無價值或價值較低之手段事物，而忘卻犧牲吾人原初之目的，亦依於吾人之理性的活動，不能自相矛盾，以自悖其初衷。我們論生命之價值之高於物質之價值，仁心之價值之高於生命之價值，則依於生命之能繼續生起生命，仁心之能護持一切價值。我們肯定生命之價值，原即當肯定其繼續生起之生命之價值，我們肯定價值，亦當肯定「此能肯定一切價值之仁心」之價值。此皆同依於理性之當然與必然。至於適合原則之建立，則依於求吾人所實現之價值，與當前具體之場合情境相適合。在不同之場合情境下，有不同之適合者，此本身爲一理性上之普遍原則。至於次第原則之謂吾人實現理想，須自實現理想於我之當前所接之現實，使之表現價值開始，進以求貫徹始終，即所以使此理想普遍的實現於此貫徹始終之次第歷程中。而此亦爲對一切人同有效之理性上之普遍原則。故此上述原則，皆依於人之理性而立。而理性原則，亦即上述之一切原則所由建立之總原則。

第九節　超選擇之境界

吾人如眞能依理性原則，以選擇吾人所體驗所實現之價值，吾人即可逐漸使一切具負價值或無價值之意念行爲，皆逐漸被淘汰，最後即可漸至，生心動念，與一切行爲中，皆更無不合理之成份。此在道德上即孔子「從心所欲不踰矩」之境界。藝術上即莊子之「得於心而應於手」之境界。在思想上即更不經嘗試錯誤而直接與眞理相湊泊之中庸所謂「不勉而中」之境界。在言語上即宋明儒所言「才問即答，更無安排假借」之境界，在日常行爲上，即中庸之「不思而得，從容中道」之境界。在此處，人之意念行爲，即全幅是天理流行，善善相繼，或價值之不斷實現歷程。此即人成聖而與天合德之境界。至此境界，則人於價值之選擇，已達至精至粹之境，而更無待於選擇。人生之一切選擇之最後目標，亦終將求選擇此一超選擇之境界。此在基督教稱爲神智神意之境界，唯神能達，非人能達者。在儒家稱爲聖人之「寂然不動，感而遂通」之境界。在佛家則稱爲「由分別以達無分別，而成無分別之分別智」之境界。然吾人之限於思辨範圍內之哲學，則終不能達此境界，而只能指出此境界，而視爲一超越之理想，以表示吾人之哲學之價值之限制而已。

價值選擇之原則　參考書目

呂坤　呻吟語

洪自誠　菜根譚

關於中國思想中論價值選擇，即擇善之言，多不勝舉，然不重抽象原則之提出。今介此二書，取其切近具體之日常生活，以辨是非利害得失之論。

W. M. Urban: Valuation its Nature and Laws. Allen and Unwin. 1909.

The Intelligible World又名Meta physics and Value. 1929.

爾本論價值選擇之原則一爲目的價值高於工具價值；永久價值高於暫時Transient之價值；能生產的

價值，高於不能生產的價值。

F. Nietzeche: Thus Speak Zarathustra，及 Beyond Good and Evil。尼采主對一切價值之重新估量 Transvaluation of all value，一般之價值之原則之討論，對尼采皆無意義。此與本章之肯定若干原則者相反。然尼采之求超越機械的原則之呼喚，亦正為使人能兼認識不同原則，而活用一切原則者。則其說與本章所言相反，而亦相成者。

第九章　人道之實踐

第一節　哲學問題之超拔與實踐工夫

我們在上章論價值之選擇，此即中國先哲之書如中庸所謂「明善」「擇善」，並所謂「明辨之」之事。然中庸言「明辨之」之後，爲「篤行之」，言「擇善」、「明善」之下一步事，乃如何「固執善」而「誠身」；即皆指在實際的生活行爲中實現價值之事。而我們在上章言價值之選擇之原則，論及次第原則處，亦說明在「此時此地」之切近處，實現價值之重要，與此並非使吾人心靈自限於卑近之義。吾人今即本此義，而以人道之實踐爲題，以論人在日常生活中實踐人道時，當如何用心。在實踐上，重要的事，不是討論一般所謂哲學問題。討論問題時，我們之思想，不免左顧右盼，而實踐之事，則要停止此一切左顧右盼，而直下用工夫。故吾人以下，不再取貫於全書之討論之方式，而只將人在日常生活中從事人道之實踐時，當如何用心之數點，直接加以指出。

第二節　「自覺我是人」之哲學道路

我們在日常生活中，從事人道之實踐時，我們用心開始處之第一點，即「自覺我是人」。本來我們都是人，但我們不必能自覺我之是人。此所謂自覺我是人，依中國先哲說，重要者在自覺人之異於禽獸者之「幾希」。孟子說：「飽食暖衣，逸居而無教，則近於禽獸」。我們以前引王船山先生曰：「學者但取十姓百家之言行而勘之，其遠於禽獸者，百不得一也。營營終日，生與死俱者何事？求食、求配偶、求安居已耳，不則，相鬥已耳，不則畏死而震懾已耳。衆人者，流俗也。流俗者，禽獸也」。船山先生之話，或意在激勵學者，但我們眞細想來，人要眞自覺其所以別於禽獸，亦實非易事。

人欲自覺其所以別於禽獸之道，一是由理入，一是由事入。由理入，是眞知人在宇宙間之地位，由此而知人性所以別於禽獸之性，以及別於其他之一切存在之性。此即走向哲學之思維。由事入，是由其實際生活之實表現人性，而別於禽獸之處，再反映之於人之自覺中，而自覺其別於禽獸。此則只先賴於人性之自然之表現，與陶養人性之教化之存在，而人能自覺其意義。此並不必經過種種哲學之思維。

但是在本書是論哲學，則人亦可純由哲學之思維，以知其所以別於禽獸之處，而自覺其所以為人。而在哲學範圍內說，人之最切近的自覺其別於禽獸等之道，則正是試想：禽獸能有哲學嗎？人何以能成為哲學的動物？

我們在本書討論了很多哲學的問題。由人類知識，至宇宙存在，由宇宙存在，至人生價值。讀者是人，著者與其中所引之東西哲學家，都是人。我們試問，我們大家何以能想此許許多多之艱難的問題，而樂於研究此許許多多之艱難的問題，以至勞心焦思，廢寢忘食？這果直接與我們自己個人之飽食暖衣逸居，有何相干？則我們可立即由我們之能學哲學以證明了我們之人性之不同於禽獸。我們都不是船山先生所謂禽獸，當然更不是唯物論者所謂物。因無物能成唯物論之哲學家。我們亦不是全知全能之神，因全知全能之神，已知一切已能一切，亦無用勞心焦思，以研究哲學。我們之學哲學，只因我們是人，而非其他之存在。故我們之反問：我們之何以學哲學，亦即一最切近的自覺我是人，而非其他存在之一條道路。

在我們之學哲學之歷程中，我們實最易見，我們之人心之一性質：即其所思者，恆能上窮碧落，下達黃泉，前通千古，後達萬世，無得而限定之者。因我們學哲學時，我們於此是要研究整個知識、宇宙存在及人生價値之種種問題，而求將其中之矛盾衝突，加以銷除，其貫通關聯之處，加以指出。不管我們在實際上之能否全達此目標，然而人心之思想之求無所不運，以究天人之際，通古今之變，則在人開始學哲學時已是如此，乃可由人之一念反省而自明者。由此而我們之自覺我們是人之一事，即當爲自覺我們之爲「有此一種無所不運之能思想之心靈」之存在。即我之爲人，乃一有如此之心之人，而非只有一「一處於萬物中之身」之人。此處即撇開我們以前一切對此心之存在之討論與指證，我們亦可向每一讀者，直接指證此心。即你之當下之學哲學之心，了解此書所說之心，以至了解此當前之一句話之心，即是如此之一心。此心乃必然存在，不容懷疑，只有直下承担，加以自覺。因人如要懷疑此心，而自謂無此心，只有此身在萬物中，則須知此自謂無此心者，仍是此心。而此心之所以能自謂「無心」，只注念於此身，並說只有此身在萬物中；亦正證明此心之原爲一不受限制，亦不受其自己之限制，而無所不運，以及於其身，而能知其身之在萬物之中之故。然而將此心之運及於身與萬物者拉回來，進而自覺此心之具此能無所不運，而廓然大公之性，則爲一切哲學智慧之門。此亦即由哲學以自覺人之所以爲人，而知人之其他種種「由心之能無不運，廓然大公而生之求眞、求美、仁民愛物之性，以實踐人道」所由之路。

第三節　「由人性之眞實表現處自覺我是人」之道

但以上所說的，亦只是一對學哲學的人，求所以自覺其人之所以爲人之路。對不學哲學的人說，則人要自覺其人之所以爲人，亦不必用以上之方式。人儘可由其任何自然的人性之表現處，人類教化之存在處，自覺人之所以爲人。而世間之最大的哲學，亦實當爲能由人之任何自然的人性之當下的表現，人類之教化之當下的存在，以對於其所以爲人，當下加以指證，以使人自覺其爲人之哲學。而此亦是不專門學哲學的人，人人所能自明自悟之哲學。而我們學專門之哲學者，如眞悟得我們之有一無所不運之心，則最後亦當使此心，運於所謂專門之哲學之外，以了解此最大之哲學。此最大之哲學，是一超系統，而眞正無所不在，亦可超言語，而可只繫於人人之一念之自悟之哲學。此即中國之孔孟所傳，宋明理學家所述，西方之新約所示，印度之佛經所講之哲學之主幹。然亦滿街之愚夫愚婦，所能共有之哲學。

孟子說：「一簞食，一豆羹，得之則生，弗得則死，嘑爾而與之，行路之人弗受，蹴爾而與之，乞人不屑也。」我們以嗟來之食與禽獸，禽獸並不因而不受，然而人則可不受。何以人不受？此只因人直感其不同於禽獸。然此不同於禽獸者何在？人不必能自覺的加以說出。但人之不願他人以待禽獸之態度待之，而於此表示不屑，即把他之異於禽獸，用行爲加以「說」出了。

孟子說：「今人乍見孺子，將入於井，皆有怵惕惻隱之心，非所以內交於孺子之父母也，非所以要譽於鄉黨朋友也，非惡其聲而然也」。人之見孺子入井，而生怵惕惻隱之心，可不管是誰家的孺子。此明是不同於自己之飽食、暖衣、逸居之事。而世間亦無一禽獸能有此心。則此怵惕惻隱之心之存在，亦即直接是人性之表現，而直接將人與禽獸之異處「說」出了。

孟子又說：「蓋上世嘗有不葬其親者，其親死，則舉而委之於壑。他日過之，狐狸食之，蠅蚋姑嘬之，其顙有泚，睨而不視。夫泚也，非爲人泚，中心達於面目，蓋歸反虆梩而掩之。」人於其親之屍之暴於野，會其顙有泚，而知葬其親，此亦不屬於人之飽食、暖衣、逸居之事。然而禽獸卻無一能知所以葬其親。人能葬其親，祭其親，愛其宗族與民族，無數孝子忠臣之行爲，即由此出。而此一切行爲，亦將人之異於禽獸之處說出了。

我們要由此人性之表現於具體行爲，一一加以舉例，是舉不完的。然而亦正因此，而後人性之存在，才是隨處可以就事指證的。我們可否對人性作科學的研究，或哲學的分析？這當然可以。但是此研究與分析，是否即能窮盡人性之內涵？則我們之答案：是不可能。何以不可能？此因此人性永將在人之具體生活中，有繼續不斷的新的表現。然而我們要實踐人道，卻並不待於我們之在知識上之先窮盡人性之內涵。若必如此而後可實踐人道，則此研究與分析，永無終止之日，亦即永無實踐人道之日。

然則實踐人道自何處始？則我們之答案實亦無他，即隨處就人性之眞實表現處，加以自覺，而充量的加以表現。此即實踐人道之始也。此仍可就孟子之言來說。

孟子說「人能充無欲害人之心，而仁不可勝用也。人能充無欲穿窬之心，而義不可勝用也。」

一普通人誰願害人？又誰願爲偸盜？此豈非人人現成具備之心？但人之不願害人之心，即人之不願人受害之心。人之不願偸盜之心，即尊重人之所有之心。如我們眞不願人受害，我不害人，則人害人，我當怎樣？人不害人，自然之洪水、大旱、疾病害人，我當怎樣？自然不害人，他人自己害他自己，而放縱墮落，我當怎樣？則充我不願人受害之心，我豈不當同時求人與人之不相害，求自然之不害人，求人之不自害，而望欲除天下之一切害，興天下之一切利？我豈不亦可如「稷之思天下有飢者，猶己飢之，禹之思天下有溺者，猶己溺之，堯舜之思天下之民，匹夫匹婦不被其澤者，若己推而納之溝中」？則充我之無欲害人之心，我之愛人之仁，豈不即成爲一無限量而不可勝用之仁？如我們眞能尊重人之所有，而不侵犯人之財物，則我又豈能侵犯人之人格，我又豈能不尊重人之人性？但我尊重人，人不尊重人，人侵犯他人之所有，我當如何？我對一切人與人間之强凌弱，智詐愚，衆暴寡之事，當如何？我對一切有才、有學、有德之人，沉淪在下位，無人尊重之事，當如何？我對人間一切由人不相尊重而生之不平事，互相阻抑其才能之發抒之事，我當如何？我尊重人之所有，人之財物，與其人格人性，而人不自尊重其自己所有，而且浪費其財物，敗壞其人格，斲喪其人性，我又當如何？則充我之尊重人之所有之心，我之義所當爲，豈不又成無限量而爲不可勝用之義？是見世間之大仁大義者無他，實唯是此平平常常之「無欲害人，無欲穿窬之心」之充量而已。此充量之事，由何而來？亦唯在人之能自覺此人性之表現於平平常常之「無欲害人無欲穿窬之心」，而眞識得此心之所以爲心而已。

吾人眞能明此一例，則知實踐人道之始，並不待遠求，並不待對人性有窮盡之研究與分析，而唯待人之就此日常生活中，人之異於禽獸之性之自然表現處，而加以自覺，以知其所以爲人。此即實踐人道之開始，此之謂「道不遠人」。此之謂「道在邇」而不須「求諸遠」，「事在易」而不須「求諸難」。而此亦即中國先哲所謂「極高明而道中庸」之哲學之歸趣。

第四節　「自覺我是人之一」及我之人性與我性

自覺我是人之外，人從事人道之實踐時，應有之進一步之自覺，是「自覺我是人之一」。我們上所謂自覺我是人，是從自覺我之所以爲人之人性說。自覺我是人之又一涵義，則是自覺我是人之一。我是人之一，本來是一極平凡之事實。但我們要從最切近處，論人道之實踐，則自覺此極平凡之事實之意義，亦是萬分重要的。因我雖本是人之一，但我們可常忘了我是人之一。譬如我們在研究哲學時，因我們之心靈，可上天下地，古往來今，無所不運，我們這時就常把人類與萬物，只視作一客觀的對象來研究。我之哲學的心靈，便好似居於一切人類與萬物之上，於此即可產生種種的狂妄的心情，而自居於超人之地位。此外一切的野心家與以英雄自居之人，亦常欲高居人上，並常誤認一切凡禽獸之所不能，而人之所能者，（如一切我慢我貪之種種罪惡），即爲人性所在，而加以放縱，更無忌憚。此皆可歸根於人之忘了「我是人之一」之一極平凡之事實中之涵義而來。

我是人之一之涵義，是我以外還有其他之人，此其他之人，與我同爲人，而外在於我，一方與我發生種種人倫關係，一方亦爲我之一外在的限制。我與人同爲人，在事實上與道理上，是必須自覺的加以肯定的。依此肯定，則我們應當分別我之「人性」與我之「我性」。什麼是我之人性？唯有我與人所同有，並同可加以自覺，而同可加以實現、發展、完成者，乃是我之眞正的人性。此人性，亦即是在原則上合乎理性，或依理性而生的。如我有求知之性，人亦有。我求知，不礙人求知，故人與我同可發展此性。此外，上所舉之人之不忍之心，羞惡之心，皆此一類。

但是我們可說我之爲我，亦有我之我性，此我之我性，有好壞之形態之表現。其壞的形態之表現，即只知我而不知人。由此只知我而不知人，則人可自視爲在人之上，在人之外，而有種種自高自大，我慢我貪，或損人利己，奴役萬衆，鞭笞天下，以奉一身之無窮罪惡。此無窮罪惡，乃非禽獸所有。而人在此，亦可不如禽獸。畢竟此我之性之壞的形態之表現，由何而來？其理由亦甚爲深微。今簡單答覆，即亦依人心之性而來。我們之人心之性，本來是可無所不思，無所不運，而無限量者。此原是人之尊嚴所在，亦是人之各種德性之一原。但是我們之此心之性，卻可與我之爲唯一特定之一個體之我之觀念結合。於是將此特定之個體之我，視爲一無限量之存在。由此而我們即可心中只有我而無人，乃視人皆如只爲滿足我之一切要求之一工具，或一外在的一客觀對象。而一切唯我獨尊、自私自利之罪惡，即皆從此出。然而實則我們之此種我性，並非我之眞正之人性之表現。因我固然可說我之心之性，是可無所不思，無所不運，而無限量者。但他人之心之性，亦復如是。我之個體之我，固然是一唯一特定之我；但他人之我，亦是一唯一特定之我。故依我心之理性，我應當肯定我之我，亦當肯定人之我。我之我，是一主體，他人之我，亦是一主體。則我不能只視他人之我，爲一客觀對象，亦不能以他人爲一滿足我之要求之工具。如我可視他人爲滿足我要求之工具，則他人亦可視我爲滿足其要求之工具。然而我決不願只成爲他人之工具，則我亦不能視他人爲工具。我決不願他人損害我以利其自己，或對我傲慢奴役，而居於我之上；則我亦即不當損人以利己，而對人傲慢，奴役他人，自居人上。此乃依於我之理性而知之人我平等互待之道。唯由此理性，而知之人我平等互待之道，乃出自我之眞正之人性。依此人性，則我只能視我爲人之一，而不能目中無人，唯我獨尊，自私自利。此即足以絕去一切我對人之一切罪惡之行之根。依我之人性，以視我爲人之一，而與人平等互待，此仍是出於我，而依於我之我性。但此中之我性之表現，卻即是我之人性之表現，二者合一而無別。此即爲我之我性之好的形態之表現。此與我之人性合而爲一之我性之好的形態之表現，可使我成爲能盡我之性，亦即盡人之性者，最後亦可使此我成爲「萬物皆備於我」之我。然我們要有此我之我性之好的形態之表現，卻必須以自覺認識「我爲人之一」爲媒介。我如不能先自覺的認識我只是人之一，與人平等互待，則亦不能成就我之我性與我之人性之表現之合一，而使我成「萬物皆備於我」之我。

由自覺我是人之一，知在我之外還有無數的人，則人對人之最根本的道德，即爲一方自尊自敬，一方尊人敬人。自尊自敬，是原於自肯定其自己之人性之無上尊嚴；尊人敬人，是原於肯定他人之人性之無上尊嚴。由此自尊尊人，而呈現我與人之人性的尊嚴之超越的統一，亦即所以呈現我之我性與人性之合一。如將此自尊尊人分別言之，則我在獨居時，以自尊自敬爲主，當求念念有以自別於禽獸，以清明在躬之心，使志氣如神。我在羣居時，則當以尊人敬人爲主，而不敢以非禮之行待人。在與人交接之事上，此與人平等相待之心，則表現爲最平凡而最切實的忠恕之道。忠是盡己之力，以作人所付託於己之事，恕是推己以及於人。而恕之用尤大。能行恕道之人，於凡我所不欲人之施於我者，我皆不再施於他人。如我們前所謂我不願人對我傲慢，則我不對人傲慢，我不願人損我，我即不損人等，皆依於恕道之實踐。而此恕道之實踐之效用，亦不僅可使我自己一切自私自利之罪過之根，得以拔除，亦使他人之一切罪過之表現流行，至我而截斷。我們看人間之罪惡，恆有一自然的繼續表現流行之趨向。如强凌弱，弱者即轉而凌更弱者；智欺愚，則愚者轉而欺更愚者；上司侮辱下屬，則下屬再侮辱其更下之下屬。此類之例，不勝枚舉。而其所以產生，則緣於人恆有一依其所受者之如何，再施於人之自然趨向。而恕道之大用，則在根本截斷此罪惡之流行之自然趨向，使一切罪惡之流行，至於我而止。又從我之所不欲於人者，我又不特可知，人之所不欲於我者，而亦知人之所欲於我，及我當以之待人者。如我弱，不欲强凌我，我不特可知人之弱者，不欲我之凌他，亦知弱者所欲於我者，乃我對之之同情與扶助，而我即可知我對弱者之所當爲。由此而我能依恕道以行爲，則我即可由我之所不欲於人，以及人對我表現之一切不善之行爲，以知何者爲人之所欲，何者爲我對人之所當爲。於是我們即可由世間之一切不善，以知我所當爲之善，而此亦即最切近之知善明善之道也。

第五節　「自覺我是一定倫理關係中之人」之意義

「自覺我是人之一」之再進一步，是「自覺我是一定之倫理關係中之人」。我們說我是人之一，則我對我以外之一切人，皆應有一平等相待之相尊相敬之道，與忠恕之道。但是我們還不能否認一事實：即我雖可與一切人發生關係，但實際上我只能與少數的人，有一定之倫理關係，此即如中國先哲所謂，夫婦、父子、兄弟、朋友之倫理關係。在此諸倫理關係中，我們皆只與極少數人發生關係。然而在此倫理關係中之人與人相待之道，則爲中國先哲所最重之人道。此中之理由何在，則可從多方面說，我們在本書第三部最後章，亦有所論，今再一申論之。

我們前曾說在確定的倫理關係中，人與我乃相互成爲內在於他人之心靈之存在，亦即此中可有人心我心互相內在而相涵。此人心我心之互相內在，實爲人與我依其理性，欲求其心靈或自我，普遍化其存在之意義，必然要求之一事。而吾人亦唯在直接之倫理關係中，方能以吾人之各爲一具體特殊之唯一無二的人之資格，以互成爲內在對方之心靈中之存在。至在其他種種人與人之關係中，則我與人恆至多只以抽象的人之一之資格，互存於對方心中，或我與人只以其人格之一方面互存於對方之心中。譬如我在街上走路，我不願人擠我，則我亦不擠人，此中即有一恕道之實踐。此時當然我心中有人，人心中亦可能有我；但此時我對人，人對我，皆只是「一人」或「一般性的人」而已，此外更無其他。此即上所謂我與人只以抽象的人之一互存在對方心中。至於在人與人同事關係中，則我與人只在從事同一之事業活動之一方面，相互了解，而相互存在於對方心中。其次，我之希望一切我自認爲有價值之意志行爲與人格，爲人所欣賞，亦爲我之求存在於他人之心中之道。由此而我可有種種榮譽之欲。然在此榮譽之欲中，恆有一自私之心，因此中我唯是求他人心中有我，而我之心中則不必有人，因而非眞正要求我與人之心靈之互相內在而相涵者。而我之榮譽，亦恆只爲我之某一方面之榮譽，我之具體特殊唯一無二之人格，並不能由我之名滿天下，而存於天下人之心。至天下人之知我者，不必爲我所知，則天下人更不必存在於我之心。唯有由我與人構成一直接之倫理關係，以有種種共同之具體生活，互悲其所悲，互喜其所喜……互敬愛，而又敬愛對方對我之敬愛，如吾人前之所論；然後人乃能互呈其具體特殊唯一無二之人格於對方之前，而互內在於對方之心；而使其具體特殊之唯一無二之人格，由存於他人之心，而普遍化其存在之意義，以滿足其理性上之所要求。此即人間之倫理關係之所以爲至珍，而人之倫理之道，所以爲人道之一核心之理由所在也。

第六節　「職分與所在羣體之自覺」

除自覺我是一定倫理關係中之人之外，人再應有之一自覺，是「自己之職分，與所在之社會團體，與所屬之民族與國家之公共目的之自覺」。我們前說，我在社會所從事之事業活動，只是以我之一方面與人相接觸。人在社會，亦恆只能從事某一種特殊的事業活動，如爲農不能兼爲商，執教不能兼從政。此即與人之心靈之有無限的價值理想，並皆欲加以實現之要求，似有一違反。然而人卻並不能因其心靈之有無限的價值理想，而往從事無限之事業活動。此爲事實上不可能者。而人道之實踐，遂必須賴於我們之自覺此事實上不可能，而自限其在社會上所從事之事業活動，視此爲我之職分之所在，並自限其對社會之主要責任，於此一定之職分之內。

由人之自限其在社會之主要責任，於一定之職分之內，人遂只能實現一限定之價值理想。此對照人之心靈可能有之無限之價值理想言，自可謂爲人之一莫大之犧牲。然而此犧牲之所以爲應當，則依於我們亦原不當使無限之價值理想，皆由我一人加以實現，由我一人包辦一切加以實現之責。因如此責爲我一人所包辦，則他人將無責任可盡，而他人之人格價值，即不能實現。吾人說，人之獨佔天下之財物、名譽、權力，爲一種自私。則獨佔一切對人類社會之責任，亦爲一種自私。吾欲使我對社會有盡責任之機會，則亦理當使人亦有此機會。由此而我之自限我所盡之責任，於一定之職分之內，即爲應當者。

然我之自限其責任，於一定職分之內，而我又同時望他人，亦各有其一定職分，以盡其責任；則我必同時要求，在我職分中所盡之責任，與他人在其職分中所盡之責任，能不相衝突，而相配合和協。因唯由此不相衝突，與配合、和協，乃能使我與人，皆各得盡其責任職分，並相互彰顯其所盡之責任職分之價值，以成就種種客觀存在之社會事業。而此種種客觀存在之社會事業，亦即合以逐漸實現吾之一人所欲實現於社會之各方面之無限的價值理想者。

人與人由其事業活動所盡之責任職分之互相配合，而有種種成就社會事業之團體結合。每一團體中人，即以成就某一社會事業，爲其共同之目的。由各種社會團體之結合，即組成國家。國家之強盛，即爲國家中之公民之共同目的。由此而我欲使我所盡之責任、職分、與人相配合，以成就種種社會事業，我即必須求自覺我所在之社會團體之公共目的，及國家中公民之共同目的，而使我之一切活動，皆能與此目的之達到，不相違背。由此而我有當實踐之種種對所在之社會團體及所在國家之道德。此皆可與之甚無高論，而亦皆依於人性之深處而發，爲人之實踐人道時之所不可忽者〔註〕。

第七節　「我之唯一性之自覺」

在上述之各種人應有之自覺之外，尙有一自覺爲人之所不能忽。即「我之一切所爲，皆實現一唯一無二之價值之自覺」。我們如果眞了解我們之每一人，乃一特殊而唯一無二之具體人格之義，則不難了解我在不同時，於不同情境之不同行爲，皆爲一特殊而唯一無二之行爲。由此而其所實現之價值，亦當爲一特殊而唯一無二之價值。於此我們即不能說我之孝父母，只是孝一父母，而當說是孝唯一無二之父母；亦不能說我之愛我之國家，只是愛一國家，而當說是愛唯一無二之國家。故我此孝此愛，亦唯一無二之我之孝之愛。我在不同時，所表現之孝父母愛國家之一一生心動念，一一言語行爲，亦皆各各爲一唯一無二之生心動念與言語行爲；亦一一皆爲空前所未有，萬世之後不能再遇。而其價值，亦即無任何他人之生心動念與行爲，或我之另一時之生心動念與行爲，所能加以代替；而在此義上，即具一絕對之價值者。

然此種覺我之任一時之生心動念與行爲，皆具唯一無二之絕對價值之自覺，復可使人產生一極深之慄懼。即依此自覺，吾人之實現價值之事，遂若皆得爲永得，而失亦可爲永失之事。「樹欲靜而風不

〔註〕：此義之詳論見拙著中國人文精神之發展中理性心靈與個人社會組織及國家上下篇。

息，子欲養而親不在」，此爲未養父母所致之永失。「一失足成千古恨，再回頭已百年身」，此爲一切墮落之行爲所致之永失。「一言既出，駟馬難追。」此爲一切不當之言語，所致之永失。而人之一切生心動念言語行爲，是則是，非則非，當其既發，即爲一已成之事實而不可挽。然人之能知及此義，則所以使人能謹言慎行於事先，研幾愼獨於心念之未動，以更憂勤惕厲者也。

凡此上所言，不外將人在日常生活中，從事人道之實踐時，當如何用心，最重要之數點，加以指出。其餘理論問題之牽連，則讀者可覆覽以前諸章之所說。至於循此數點用心，人欲成爲聖賢人格所經之工夫之歷程，即種種修爲之道，與所成人格在宇宙之地位畢竟如何，其氣象如何？具體人格在人倫關係中之品德如何？具體行爲之善惡是非如何判斷？人如何具體實現社會價值人文價值等？則吾人於本書之始，已說明此乃屬於聖賢之學、專門之倫理學及文化哲學，非此所及。又每一人之實踐工夫之自身，乃屬於吾人在本書第一部第一章一二三節，所謂行爲界及超言說界之修養之學之自身，此乃一切可講之哲學，所不能及，而爲一切可講之哲學之外限。其爲本書之外限，亦無庸論。故本部止於此，本書亦止於此，

人道之實踐　參考書目

孫奇逢　理學宗傳

此書無程朱陸王漢宋之門戶之見，由董仲舒以降至宋明儒者之言，皆依序加以選輯，以有助於人之躬行實踐爲宗旨。

李二曲　四書反身錄，此爲將四書之文，句句引歸身心，使人切問而近思之書。

Matin Buber: Between Man and Man. Boston. Beacon Press, 1947.

K. F. Reinhardt: The Existentialist Revolt. Bruce Publishing Company. 1951.

Matin Buber　重人與人間之我與你之關係，存在主義哲學，重人之實際存在地位之確認。此本與中國之重切問近思之人生思想相近者。但彼等仍皆喜由玄遠處，慢慢講來。而存在主義者中如海德格及薩特，皆與中國儒家思想相距甚遠。海氏近老子，薩氏近楊朱。較與儒家近者，一爲雅士培及馬賽爾。前者之重人自己之存在情境之確認，後者之重道成肉身，皆與中國儒者之旨相通。唯彼等所言，因要適應西方之學術氣氛，仍未能將一切高明之言，皆化爲平淡淺易之日常語以出之，使人當下依之以行踐。此即所以其與及中國儒者之言，終不能全同也。

拙著中國文化之精神價值第七章第八章中國先哲之人生道德理想論。第十三章中國之人格世界。

拙著中國人文精神之發展第一章，中國人文精神之發展，又第九章理性心靈與個人，社會組織及國家，第十三章論精神的大赦。

附錄

閱讀參考書目

以下所錄書籍，有較本書爲淺近者，亦有較本書爲更深者，要皆可足供參攷或閱讀。所錄以中英文出版者爲限。

（一）關於哲學入門書籍

一、四書　朱子編四書，爲初學至成學，所共必讀者，亦近千年來之中國人所必讀之書。吾人今視之爲儒學或中國哲學之導論，亦未嘗不可。

二、近思錄　朱子據宋五子之言，編近思錄，依類而分，由道體以至個人修養與治道之各方面。此爲宋五子之學之入門書，亦儒學之一概論性質之書。

三、性理精義　淸李光地奉詔編。李本人之學，雖無特見。然此書所選入之文，皆爲宋明理學之重要文字。其依類而編，亦爲具概論性質之書者。

四、諸子學派要詮　近人王蘧常編。此書輯錄古籍中總論先秦諸子之文，如莊子天下篇，淮南子要略，漢書藝文志，諸子略等，讀此書可知先秦學術思想之大略。

五、漢儒通義　陳澧編。此書亦依類以編輯漢儒論天道人道之言。著者之意在會通漢儒宋儒之學。此書亦可作儒學之一概論書看。

六、宋元學案及明儒學案之序錄。分論宋元明各家學術宗旨所在，可作宋元明儒學之概論讀。唯言簡意賅，初學或不易了解。

列子　列子爲僞書。然其八篇，每篇皆分論一哲學問題，如天瑞即宇宙論問題，力命論意志自由問題。……此可作爲道家立場之哲學概論書。

華嚴原人論　圭峯著。此書論世間道及出世間道，可稱爲立於佛教之華嚴宗立場之哲學概論。

民國以來，國人所著之哲學概論書籍，多只限於西方哲學問題及哲學派別之陳述。較早者，爲蔡元培所編之哲學大綱（商務版），陳大齊之哲學概論（北京大學出版），皆極簡略。後有張東蓀所編之哲學，李石岑之哲學概論，景昌極之哲學通論，周輔成哲學概論，范錡之哲學概論及哲學大全，溫公頤之哲學概論，於本書付印期間，有吳康之哲學大綱。前二書於世界書局出版，景著南京書局出版，周著正中書局出版，范著溫著吳著於商務印書館出版。其中以吳著內容最多。溫著以康寧漢 Cunninghan 之 Problems of Philosophy爲藍本。康著另有世界書局慶澤彭譯本。其餘西人所著之哲學概論類之書，譯爲中文者有 Brightman 之 Introduction to Philosophy 譯名哲學導論，（楊枝嶸黃穀仁譯）。Jerusalem

Introduction to Philosophy，陳正謨據英譯本重譯。二者並由商務印書館出版。又W. Durant之The Mansion of Philosophy譯名哲學概論，至其：Story of Philosophy一書，則譯名哲學的故事，並由詹文滸譯，世界書局出版。後者又有楊蔭渭楊蔭鴻合譯本，名古今大哲學家之生活與思想自印本。此外W. P. Montague之Ways of Knowing一書。爲一知識論概論之書，有施友忠譯本（商務版）及鍾兆麟譯本（開明版）。亦可作哲學概論書。至於正中書局出版高名凱所譯B. Russell之Philosophy（譯名哲學大綱），及商務印書館出版瞿世英所譯之B. Russell: Problem of Philosophy（譯名哲學問題），實只是羅素本人之一家言。

上列諸書，著者於哲學之功力不一，譯筆亦優劣不齊。不必皆可使讀者了解西方哲學問題之內容；然讀者隨意翻閱，皆至少可熟習若干哲學術語。至國人所著不名爲哲學概論，而實更可使學者了解中西哲學之問題及內容之本身者，有下列數書：

一、張東蓀新哲學論叢及道德哲學，並商務印書館出版。前者介紹二十世紀初期之西方哲學，後者介紹西方道德哲學之各派，皆有著者之一番工夫在。

二、方東美科學哲學與人生，商務印書館出版。本書對西方之希臘及近代哲學之精神之說明，乃融哲學、文學及科學理論，三位爲一體以爲論，最可啓發學者對哲學之興趣。

三、高名凱現代哲學，正中書局出版。

四、謝幼偉　現代哲學名著述評。正中書局出版。此上二書介紹現代西方哲學，皆加一番融化工夫後之所著，不同一般稗販之談，謝著所涉及者尤廣。又謝著哲學講話（台灣中華文化出版事物委員會出版），並可參閱。

至於在西方哲學中之哲學概論類書籍，則出版者甚多。在英文中 I. H. Randall J. Buchler 所編 Philosophy An Introduction. Barres & Noble. 1956.（此書聞近有台灣中華文化事業出版委員會譯本）曾舉出美國出版之標準的哲學教科書十七種。其中就我已見及之十二種而論，頗可分別代表不同之哲學立場。

W. E. Hocking: Types of Philosophy. Scribner. 1939.此書分哲學爲六種型。即自然主義，實在論，唯心論，實用主義，神秘主義，以論其要義。著者之立場爲客觀唯心論。中文有瞿世英譯本，世界書局出版。

A. I. Bahm: Philosophy an Introduction. Wiley & Sons. 1953. 此書分論知識論與形上學之若干派別理論，而重其異同及對應之關係之討論。著者之立場，爲有機主義 Organicism。

E. S. Brightman: An Introduction to Philosoyhy. Revisd Edition. Henry Holt. 1 51. 此書重分別哲學問題而依次討論，著者之立場爲人格唯心論。

H. H. Titus: Living Issues in Philosophy. American Book Company. 1955。此書重由常識及現代

科學及現代社會文化問題，引入哲學者。

I. Hospers: An Introduction to Philosophical Analysis. Prentice Hall. 1953. 此書重若干哲學問題之分析，其討論問題之方法，頗受現代重邏輯分析之哲學之影響。但對邏輯經驗論及理性論者之爭辯，本書只分別陳其理由，而不爲左右袒。此書並羅列練習問題於每章後，乃以讀者之哲學思辨能力之訓練爲目標，而作之哲學概論。

C. T. W. Patrick: Introduction to Philosophy. Revised edition. Houghton Mifflin. 1952. 此書修正版，較重科學與哲學之關係，其立場，近層創進化論者，又本書每章所舉之參考書較多。

I. A. Nicholson: An Introductory Course in Philososhy. New York Macmillan. 1939. 此書不視哲學爲一系統，而爲一活動，乃選柏拉圖笛卡爾休謨康德巴克來孔德羅哀斯數人之所著爲例，加以分析，並說明哲學中之主要問題。

I. Maritain: An Introduction to Philosophy. Sheed & Ward. 1953. 著者爲當今新多瑪派之巨擘，其立場爲新多瑪派，唯此書內容欠豐富，須配合著者其他著作閱讀。

B. Castell: An Introduction to Modern Philosophy. New York Macmillan. 1943. 此書分哲學問題爲神學的、形上學的、知識論的、倫理學的、政治的、歷史的六種，分別舉代表性之哲學家之答案，加以說明，所徵引之原文頗多。

J. C. Brennan. The Meaning of Philosophy. Harper & Brothers. 1953. 此書最簡明，但太偏重徵引美國之哲學家之言爲材料，對杜威與懷特海甚推重，另無特定之立場。

L. O. Katsoff: Elements of Philosophy. Ronald Press. 1953. 此書亦簡明 但所論之哲學問題，除知識論本體論宇宙論價值論中之問題外，兼論倫理學，及生物的、心理的、人類的、宗教的哲學問題。

P. Pap: Elements of Analytic Philosophy. New York Macmillan. 1946.此書亦被視爲哲學概論類之書。此書之立場純爲邏輯經驗論，不免忽略西方之傳統哲學。（如其書一處謂康德之十二範疇之說，直接來自亞里士多德之十範疇之說，即明顯爲一錯誤。）除上列美國出版之書外，英國出版者有下列之書。

A. C. Ewing: Foundamental Questions of Philosophy. London Macmillan, 1958.

C. E. M. Joad: Guide to Philosophy. Dover Publication. 1956.

此二書前者重分析先驗知識、眞理、物質、心靈、心物關係、時空、原因、自由、神等問題，重引人之哲學思辨以知直覺之重要。後一書較重哲學與科學文化之關係。

除明顯名爲哲學概論之書外，若干西方名哲學史書籍，而分問題敍述者（如J. T. Merz之十九世紀歐洲思想史中之哲學之部，即分問題將十九世紀之哲學之各方面，加以敍述此書有伍光建譯本，商務印書館出版）。此亦可作哲學概論讀。此外，若干哲學名著之選集，其分選代表性之各派別之著作者，可作哲學史讀，亦可作哲學概論之書讀。如：

D. J. Bronstein and Others: Basic Broblems of Philosophy. (Selected Readings with Introduction)
Brentice Hall. 1947.

此書依哲學之部門，分選各學派之代表者之一文，編輯成書。而前附導言，說明編選之旨趣。

C. M. Bakewell: A Source Book in Ancient Philosophy. C. Scribner's Son.

B. Rand: Modern Classical Philosophers. Boston Houghton Mifflin. 1952.

H. Fiegl and W. Sellars: Readings in Analytic Philosophy. Appleton Century Crofts 1949.

P. P. Wiener: Readings in Philosophy of Science. New York Scribner Sons. 1953.

W. Sellars and G. Hospers: Readings in Ethical Theories, Appleton. Century Crobts.

T. V. Smith: Philosophers Speak For Themselves. From Thales to Plato. The University Chicago Press. 1956.

T. V. Smith: From Aristotle to Plotinus. The University of Chicago Press. 1956.

T. V. Smith: From Descartes to Kant. The University of Chicago Press. 1940

下列六書皆屬Mentor Philosophers叢書中New American Library出版，價廉易購。

A. Fremantle: The Age of Belief. 中世紀哲學選集。

G. Santillana: The Age of Adventure. 文藝復興時代之西方哲學選集。

S. Hampshire: The Age of Reason. 十七世紀之西方哲學選集。

I. Berlin: The Age of Enlightenment. 十八世紀西方哲學選集。

H. D. Aikin: The Age of Ideology. 十九世紀之哲學選集。

N. White: The Age of Analysis. 二十世紀之西方哲學選集。

Y. H. Krikorian and A. Edel: Contemporary Philosophical Problems. New York. Macmillan. 1959.

本書依問題分選若干現代西方哲學名家之著，而供專治哲學者之用者。所選之文，較上述一書，爲豐富重要。

D. Runes: Twentieth Century Philosophy. New York Philosophical Library. 1943.

介紹二十世紀哲學各部門及各派別之文，共廿三篇。

I. M. Bochenski: Contemporary European Philosophy. University of California Press. 1956.

此書由德文譯出，乃一對一般讀者介紹數十年之現代歐美哲學之書。

W. Burnett: This is My Philosophy. Allen & Unwin 1958.（當代二十世紀思想家各寫一文所編成）

現有一切哲學概論及哲學史書籍之缺點，在皆不能兼以全人類之哲學思想爲對象，以兼自東西之哲學典籍中取材。中國人所著之哲學及思想史經出版者，有胡適之中國哲學史大綱，梁啓超之先秦政治思想史，鍾泰之中國哲學史，馮友蘭之中國哲學史。以上並商務印書館出版。錢穆之中國思想史，中華文化出版事業委員會出版。但國人所編之西洋哲學史則甚少，蓋只有黃懺華編之西洋哲學史，商務印書館出版。張東蓀姚璋合編之西洋哲學史綱要，中華書局出版。及吳康之近代西洋哲學要論（華國出版社出版）。至西方人所著之西方哲學史，則甚多。自黑格爾之History of Philosophy以降，英文中之西洋哲學通史有下列諸書，可資參考。

俞伯維 F. Ueberweg Tr. N. Porter: History of Philosophy. 2 vols. Scribner 18.0.

此書由德文譯出，雖出版時間在十九世紀，但內容極豐富。

愛德曼 I. E. Erdmann Tran. W. S. Hough: History of Philosophy. Allen & Unwin. 1889.

此書由德文譯出，乃本黑格爾之立場，以講哲學史者。

溫德爾班 W. Windelband, Tran J. H. Tufts: History of Philosophy. Harper and Brothers. 1958.

此書亦由德文譯出。著者乃新康德派巨子，此書已為一哲學史中之名著。

替勒 F. Thilley: History of Philosophy. Rev. by L. Wood. London Scribner 1952.

此書著者為唯心論者，為美國哲學史教科書中，垂譽數十年之一書。中文有慶澤彭譯本，商務出版。原書近經吳德L. Wood氏補足以最近數十年之哲學。

韋柏A. Weber Tr. F. Thilley: History of Philosophy. New York Scribner. 1 08,

此書由法文本譯出，乃哲學史中最簡明清晰者，此書有徐炳昶譯本，但已絕版。

傅勒B. A. C. Fuller: History of Philosophy. Henry Holt. London. 1955.

此書之章節甚分明，內容亦富，但似不甚深入。

卡普斯頓F. Copleston: Hi tory of Philosophy. 4 Vols. London Burns Oates. 1946—1958.

此書為西哲史中份量多者，已出四卷，尚未完。為天主教之哲學立場，彼又有現代哲學 Contemporary（1956）一書，乃專論邏輯經驗論及存在哲學者。然此諸西洋哲學史，皆自名哲學史，而視中國印度之哲學史若無物；以偏概全，以名亂實，最不足法。唯吾人前所言及之羅素所著之一西方哲學史，知度德量力，而自稱西方哲學史 History of Western Philosophy. Allen and Unwin. 1940。此書有鍾建閎譯本，中華文化出版事業委員會出版。此書重論哲學之文化背景，為其長處；但又喜以其個人意見，譏評古今與彼不同派之大哲，實非客觀之哲學史。西哲中唯存在主義者之雅士培K.Jaspers，嘗有志於本中國印度西方三大哲學原流寫一書，而所志未遂（見Kaufman所編Existentialism中Jaspers自著之一文。）在英文出版之哲學史中，吾唯見拉達克利西蘭 Rodhakrishnan 所編，由印度哲學史家所合著之哲學史 History of Philosophy. 2 Vols.（Allen & Unwin. 1953.能兼論西方猶太、阿拉伯、印度及中國與日本哲學　而意在成一世界性之哲學史者。但其中論及中國與日本哲學者，份量仍太輕。此外則唯見菲蒙Ferm所編哲學系統史History of Philosophical Systems.（New York Philosophical Library. 1950）能於西方哲學外，旁及於印度及中國之哲學，然所佔之份量亦不及十分之一。至於此外之英文出版之哲學概論類書籍，則唯上所提及之巴恩 Bahm 之哲學概論，嘗有一章論吠檀多之哲學。又麥鏗然 Mackinzie 之建構性哲學之諸要素，Elements of Constructive Philosophy.（Allen and Unwin. 1917）亦有一章論及印度思想。上述之選輯類之書中，亦唯潤尼思D. D. Runes 之廿世紀哲學 Twentieth Century Philosophy 中有陳榮捷所著中國現代哲學一篇。其餘則大皆只徵引東方哲人一二名言斷句而已。至於在成一家言之哲學著作，如C. Keyerling: Travelling Diary of a Philosopher及F. S. C. Northrop之Meeting of East and West等書中，固有一平等觀東西思想之氣度。此又不在一般性之哲學概論及哲學史書中之列。

除正式成書之哲學概論哲學史之書籍外，中國之類書，如太平御覽，圖書集成等，於一哲學名詞之下（如天道），常輯有無數歷代學者有關此名之所論。又西方所謂百科全書，如大英百科全書 Encyclopedia Britainica 及 Encyclopedia of Religion and Ethics及 Encyclopedia of Social Sciences 其中之對一哲學名詞之一解釋，亦常即爲一論文，並多出名家手筆。吾人若善讀此類之書，亦可代讀一哲學概論。以至一哲學辭典，如J. M. Baldwen編Dictionary of Philosophy and Psychology. 3 Vols.及Runes編之Dictionary of Philosophy, 及日文中之岩波哲學辭典，中文之樊炳清所編之哲學辭典，善學者皆無不可合而讀之，構成一哲學概論之內容。

關於中國哲學本身之重要參考書籍

除上述之一般性之哲學入門書籍外，學者眞有志哲學，宜取東西哲學中成一家言或代表一派別一時代之思想之著作而讀之。唯古今之哲學名家之著作，多不勝擧，此下唯就爲本書所取材或所涉及，而可容學者進一步加以鑽研之東西哲學著作擧若干種於下，以供參考。（上所已列者不再列）

（一）

論語
孟子
禮記
老子
莊子
墨子
荀子
呂氏春秋
淮南子
董仲舒春秋繁露
王充論衡
老子王弼注

莊子郭象注（王弼注老郭象注莊皆自成一家言）

（二）

大智度論初品

中論

二書爲佛學大乘空宗之四論之二。

攝大乘論　歐陽竟無先生以此書可作佛學概論讀。

八識規矩補注證義（明昱）八識規矩頌爲玄奘奉詔所作之成唯識論之略義。

成唯識論

唯識宗書名相太多，而成唯識論述記及義演等書尤繁。學者宜先讀百法明門論，五蘊論等書，略知名相大義。（邱晞明有百法明門論注釋，熊十力先生有佛家名相通釋，並足助學者了解此宗名相。但二書皆不易得）再觀其義所存。

以現代思想釋唯識論之書，英文出版之印度哲學史中多有之。如 Radhakrishnan 自著之印度哲學，及其所編之哲學史，與 Dasgupta 之印度哲學史中，皆有對唯識宗之思想之現代方式之解釋。但並不甚佳。因此宗若干典籍，唯中文中有之。日人以比較哲學觀點，講佛學者甚多，但多未譯成中文。已譯者唯木村泰賢之印度大乘佛教思想論一書，哲學意味較濃。國人所著而方便一般學者，研治唯識學之書，前有唯識述義卷一卷二，唯識抉擇談（歐陽竟無），佛法概論（王恩洋），唯識探原（印順），及近在台灣出版成唯識論講話（慈航法師遺集卷四至八）。

肇論　僧肇著，元康疏中國人初習印度大乘空宗之學後之創作，文義淵雅，不厭百讀。

大乘止觀法門論　傳天台二祖慧思作。天台宗所宗之法華經本身，故事多而義理少。其所宗之涅槃經言佛性，非初學所亟。智者大師摩訶止觀析義過密。其餘法華三疏，並皆科判太繁。明人藕益所撰之教觀綱宗，又太簡。其言成統類，而足代表天台宗之義理者，應推此書。

六祖壇經　禪宗為中國人自創之佛學宗派，指月錄五鐙會元等書所載諸禪師之應對，機鋒迅捷，不便初學，讀之亦不宜穿鑿求解。六祖壇經，則並非難讀。胡適據燉煌殘卷，謂為神會和尚所作，未知是否。其所編神會和尚遺集可資參攷。

圓覺經　楞嚴經　大乘起信論　此數書經日本人及支那內學院攷證，定為偽作。然所謂偽者，即非印度所傳入之謂。然此數書，對中國人之佛教思想，皆影響甚大。圓覺及楞嚴論心尤精闢。此二經文字，皆極典雅，而文亦不難讀。國人所作楞嚴之注疏，並科判太繁，但供查考。

（三）　宋元學案　明儒學案　黃宗羲

宋明儒書籍甚多，學者宜先讀宋元學案明儒學案二書，並擇其諸大家語錄精讀，兼注意其學術淵原，師友關係。至於專家之書，則此下所述，蓋為公認之要籍。

周濂溪集　太極圖說宜參攷朱子注，通書宜參攷曹端注。

張橫渠集　正蒙宜參攷王船山正蒙注。

邵康節觀物內外篇及伊川擊壤集。

邵康節之皇極經世不易解，且意匠經營太過，讀觀物內外篇已足知其思想大旨。伊川擊壤集，乃其詩集，可足爲其思想之自得處之佐證。

二程遺書

胡子知言（胡五峯）朱子曾有知言疑義之著。但五峯此書，亦自成一家言。

朱子文集及語類　朱子語類乃其學生所記，有前後相違者，須善讀。淸御纂朱子全書，依類分編朱子論學之言，可便查攷。但有割裂太甚者。又朱子之學，與年俱進，其與當時學者論學之書疏往返，皆甚重要。王懋竑朱子年譜，足資參考。

陸象山集　陸象山先生所言，皆透闢而警策。淸人陳廣敷所編涵泳篇，輯陸子之言最警策者成書。此與淸李穆堂之陸子學譜，並足資參考。唯二書皆不易得。

陳白沙集　白沙以前之明代儒學，皆未出朱陸之學之範圍。至白沙乃自成一面目。

王陽明全集　陽明之學，世多重其門人所輯之傳習錄一書。其大學問等文，及與人論學之書，如答聶文蔚、陸元靜、羅整菴等書，皆其手筆，尤爲重要。

王心齋集　泰州王門，以王心齋爲代表。
王龍溪集　浙東王門，可以王龍溪爲代表。
羅念菴集　江右王門，可以羅念菴爲代表。但此書不易購買。
羅近溪　盱壇直詮　近溪之學，初由泰州王門而來，而又非泰州王門所能限。
高子遺書　明末之東林學派中，顧憲成不如高攀龍之精純。高子遺書不多，易讀。
劉蕺山集　蕺山先生爲宋明理學之殿軍。其集卷帙較繁。然言誠意之學，足補王學末流之弊。不可不讀。

清代之學。

四存編　顏習齋著。戴望　顏氏學記足供參考。
原善及孟子字義疏證　戴東原著。
焦循易學三書論語通釋及文集。焦循易學所言者，不必即易經之本義，但卓然成一家之言。
方東樹漢學商兌　此爲代表程朱學派與戴氏之學論辯之書，頗足啓發思想。
汪子二錄三錄　汪大紳非只一文人，其二錄三錄足成一家言。
章氏叢書，別錄及齊物論釋。章太炎以佛家唯識釋莊，並本佛學以評論西方之進化論等思想，亦足成一家言。但其據佛學以評論中國思想之著作，則多不相應。

康有為大同書　康之思想為墨化之儒，與太炎之為佛老化之儒異。

錢穆中國近三百年學術史。對清代三百年學術史作總的評述者，民國以來有梁啓超及錢穆二氏。梁氏重在觀清學之異於宋明之學處；錢著重觀清學之承宋明之學處。錢著尤賅備。並學者所宜參閱。

新唯識論及讀經示要二書，並熊十力先生著。前書由佛入儒，以達於性與天道之微，後者平章歷代之儒學，兼指陳清學之弊。

民國以來，西方思想對中國思想界之影響甚大。最早者為進化論思想，由留英之嚴復氏譯達爾文、斯賓塞之書，而介至中國。次為杜威之實用主義，由胡適氏及其他留美學生，介紹至中國。再次為辯證法唯物論，由留日及留俄學生介至中國。於是中國數十年來思想界之中心問題，一在中西文化之異同之辨，一在為對中西思想之如何重新估價，如何選擇融通，以謀中國文化及思想之前途之開展。其重辨東西文化思想之異，而重新說明中國思想之價值，並主以中國思想為本，以解決中國之社會政治文化問題者，首有梁漱溟先生之東西文化及其哲學。中國民族自救運動之最後覺悟，鄉村建設理論等書。其以中國之文化與思想，無大足稱，當力求中國之西方化者，可以獨秀文存，胡適文存中之見解為代表。其求中國儒家思想與西方之民主主義社會主義思想融合者，則為孫中山先生之三民主義。其主中國儒家思想當與西方之重精神與生命之哲學及民主思想融合者，則民國十年左右有張君勱張東蓀兩氏。其承鄙棄中國文化之思潮，並視西方之現代文化亦爲資本主義文化，應加以打倒者，爲信唯物論哲學之共產主義者。而在純哲學範圍內說，則以西方之新實在論哲學思想爲據，將其注入中國固有哲學名詞中所成之著作，則有金岳霖氏之原道及馮友蘭氏之新理學。此二書之價值，固未必遜於現代一般西哲之作，然要非眞正意在承繼中國哲學之精神而發展，亦未能對西方哲學有進一步之批評者。國人近著之書，其不甘唯西方哲學之馬首是瞻，以申論中國人生倫理之義者，有黃建中先生之比較倫理學及方東美先生近以英文所著之中國人之人生觀 Chinese View of Life。至能循西方現代哲學之若干邏輯哲學與知識論之問題，進而改造康德哲學，以建立一知識論系統者，則有牟宗三先生之認識心之批判。至於愚以前所著之中國文化之精神價值及文化意識與道德理性等書，雖皆不足以言精心結撰之著，然皆對較西方之文化思想以明中國文化思想之價值所在；兼欲以中國先儒之德性爲本之義，統攝當世所崇尚之一切分途發展之文化意識，以免道術之爲天下裂者。凡此上所述，皆可據以觀民國五十年來思想之流變。吾今舉介東西哲學書籍，既於當世西哲之所著，有一得之長者，皆不吝筆墨爲之舉介；則吾人又何可妄自菲薄、抑己揚人，於國人所著，皆不屑提論，而自居劣等民族乎。

關於西洋哲學本身之重要參考書目

W. T. Stace: Critical History of Greek Philosophy 批評的希臘哲學史，慶澤彭譯，商務印書館出

版。原著條理極清晰，譯筆亦明暢，最便初學。

柏拉圖對話集 Plato Dialogues. Jowett 譯 London Randorn House. 1937.

柏拉圖之對話，經譯成中文者，有柏拉圖五大對話集（景昌極郭斌龢譯），柏拉圖六大對話集（張東蓀譯），柏拉圖理想國（吳獻書譯），並由商務印書館出版。以前二者譯筆爲佳。

柏氏之書，西方學者之考證注解，及論其大義或析其問題之書，不勝枚舉。其以現代哲學眼光分析其問題者，就我所見，以下列數書，爲最足資參考。

F. M. Cornford: Plato's Theory of Knowledge. Kegan Paul and Co. 1953. 疏釋 Theatetus 與 Sophists 二篇

F. M. Cornford: Plato's Theory of Cosmology. Kegan Paul and Co. 疏釋 Timeaus 一篇。

F. M. Cornford: Plato and Parmenides. Kegan Paul and Co. LTD. Fourth Inpression. 1958.

陳康　柏拉圖巴門尼德斯，商務印書館出版，釋巴門尼德斯 Parmenides 一篇。其辨析疏證之功，有進於西方之釋柏拉圖者。按 Timeaus 與 Parmenides 二對話，爲柏拉圖對話集中最難讀者。

R. Mckeon 亞里士多德基本著作 The Basic Works of Aristotle. Random House. New York. 1941。

又 Introduction to Aristotle. A Modern Library. 1947.

亞氏之著作太多，即專家亦難盡讀。Mckeon之前一選集，於亞氏之著作，重要者皆備，然亦非必盡讀。如去其中之物理學、生物學、政治學之一部，只留下其邏輯、形上學、倫理學、及修辭學中之一部，即已足够。後一選集則更略，乃純爲初學而選輯者。

亞氏之著作，經譯爲中文者，有亞里士多德倫理學、向達譯，政治學、吳頌臯譯，修辭學、傅東華譯。並爲商務出版。

W. I. Oates: The Stoics and Epicurian Philosophers. Random House. 1940.

關於希臘哲學中之伊辟鳩魯派，斯多噶派之書，及新柏拉圖派之書，上段所舉Bakewell及Smith之選集中，所選者已足够。今再舉 Oates 所編一種，乃以二派中之四大家爲限者。中文有伊辟鳩魯之樂生哲學商務出版。

R. Kckeon: Selections from Medieval Philosophers. 2 Vols. New york Scriber. 1929.

A. C. Fegis: The Wisdom of Catholicism. Random House. 1949.

西方中古哲學書籍，與宗教書籍多密切相連，此二書所選中古思想之重要著作，已略備。中古之思想家之系統最大，著述最富者，爲聖多瑪 Thomas Aquinas。其書較亞里士多德尤多，即專家亦難盡讀者。A. C. Fegis之聖多瑪之基本著作 Basic Writing of Thomas Aquinas London. Random house 1945. ，除其中論天使等神學色彩較重者外，餘皆不難閱讀了解。

聖多瑪之神學集成，明利類思有一翻譯名超性學要，民國十九年公敎教育聯合會重版。但坊間不易購得。中文中，據其哲學神學理論所著之書，於明代有利瑪竇所著之天主實義，清孫璋所著之性理眞詮。二人皆來華之耶穌會士。二書行文皆爾雅可頌。唯亦不易購得。

H. Hoffding: Modern Philosophers. Dover Publication. 1955.

關於近代哲學史之書，霍氏此著已出版數十年，其長處在就一家論一家，態度客觀。Dover Publication 爲新版，亦易購得。

E. S. Haldane 編笛卡爾哲學選集 Philosophical Works of Descartes. Dover Publication. 1955. 其中重要者爲方法論 Discourse on Method, 沉思錄Meditations, 哲學原理Principle of Philosophy。三者皆有關琪桐譯本。並由商務書館出版，可讀。

斯賓諾薩之主要著作，有R. H. M. Elwes所編The Chief Works of Spinoza. Dover Publication 1951. 其中之：Ethics 倫理學，自爲最重要者，但不易讀。唯其中理路實甚清楚，耐心讀，亦並不難。中文有伍光建譯本，譯筆不佳，近聞有賀麟譯本想較佳。解釋斯氏此書有：

H. H. Joachim: A Study of the Ethics of Spinoza. Oxford Univ. Press. 1901. 乃對照後來之唯心論哲學，以論斯氏之哲學者，甚值一讀。其餘解釋斯氏哲學之書，未讀過，不敢妄介。

來布尼茲之哲學著作有Morris:所編Philosophical Writings of Leibniz. London and Toronto Co. 1934. 及 I. E. Laemkel: Philosophical Papers and letters of Leibniz. Univ. of Chicago Press. 1956. 來氏思想，散見其論文及書信。通常以其 Monadology 及 Discourse on Metaphysics, Correspon dence With Arnauld 二者爲代表。後書有陳德榮譯本，商務版。

解釋來氏哲學之書，有下列二者，最有名。

R. Latta: Leibniz Monadology ETC. Oxford Clarendon Press. 1898.

B. Russell: A Critical Exposition of the Philosophy of Leibniz. Allen & Unwin. 1949.

培根 F. Bacon: Advancement of Learning and Novum Organum. New york. The Colonial Press. 1900。有關琪桐譯本，名學問之進步及新工具，並由商務印書館出版。

洛克J. Locke: An Essay Concerning Human Understanding. Chicago. Henry Rognery. 1949. 此書有關琪桐譯本，商務版。英文有Pringle Pattison節本。Oxford Press. 1947。

巴克來G. Berkeley's Essays. Principles and Dialogues. Ed. M. W. Calkins. Scribners. 1929.

巴氏人類知識原理 A Treatise Concerning the Principle of Human Knowledge及海拉斯與斐洛納 Dialogue between Hylas and Phylonous並有關琪桐譯本，名巴克來哲學談話三篇。其全集有1878年Fraser 所編之一種，及後之 Jessop 與 Luce 1948 年所編之一種，皆卷帙浩繁，今不列。

休謨 D. Hume: 書重要者有 A Treatis of Human Nature. Ed. L. A. Sebby-Bigge. Oxford Clarendon Press.1888.又An Enquiry Concerning Human Understanding. Chicago Open Court. 1949.

後者有關琪桐譯本，名人類理解研究。商務版。

洛克巴克來休謨三氏之書，文章皆清楚暢達，不須讀他家評釋之書，亦可了解。

康德I. Kant: Critique of Pure Reason Tran. by N. K. Smith. Reprinted London Macmillan. 1950.

此書英文有三譯本，一爲 I. M. D. Meiklejohn 所譯者，New York Colonial press. 1900出版。一爲 Max Muller 所譯者，New york Macmillan 1896 出版，以 Smith 最晚出。彼又有此書節本 Abridged Edition，於 1952 年由 London Macmillan 出版。

中文有胡仁源以 Max Muller 譯本爲據之重譯本，但譯文生澀不可解。

Kant's Theory of Ethics. Tr. T. T. K. Abbot, Langmans Green. 1928.，其中包括Metaphysics of Morals及Critique of Practical Reason 前者有康鉞譯本，後者有張銘鼎譯本，並由商務出版。

Critique of Judgement. Tr. I. H. Bernard. London Macmillan. 1892.

Kant: Prolegomena to Future Metaphysics. Tr. T. M. Carus. Open Court. 1902.

康德之書，西文之解釋者，不可勝數。英文書中較早者，有：

E. Caird: Critical Philosophy of Immamuel Kant. James Maclehouse & Sons. 1889 。爲能對康德哲學，作一全面之介紹。但說者謂其觀點，純爲以黑格爾之立場，對康德哲學作述評。

N. K. Smith: A Commentatry to Kant's Critique of Pure Reason. London Macmillan. 1923.

E. Cassirer: Kant's First Critique. London Allen & Unwin. 1954.

H. J. Paton: Kant's Metaphysics of Experienee. New York Macmillan. 1936.

此書之註釋分析只及純粹理性批判之前一部份。

又康德之純理批判一書，義理既繁複，文字多冗贅，初學者難得頭腦。Smith 對此書之節本，亦甚便初學。又康德判斷力批判之注解有E. Cassirer: A. Commentary on Kant's Critique of Judgement. London Methuen. 1938.

中文中專論康德哲學之書，出版者有余又蓀譯日人桑木嚴翼著之康德與現代哲學，鄭昕之康德學述，（商務）吳康之康德哲學簡編（台商務），康德哲學（中華文化事業委員會）。勞思光之康德知識論要義，（自由出版社）及台灣中華文化出版事業委員會出版之康德學術論文集。

菲希特Fichte: Popular Works. Tran. W Smith. London Trubner & Co. 1889.

菲希特知識學，知識學新釋，及倫理學，皆有英文譯本。知識學有程始仁譯本，商務版。Rand近代哲學家選集 Modern Classical Philosophers 中，對其知識學所選之數章，及其道德哲學家選集 Classical Moralists中對其倫理學所選之數章，可代表其思想。然菲希特之通俗哲學著作，情理兼到，價值尤高。其中之人之天職論 Vocation of Man 一書，已譯爲中文。商務出版。

席林Schelling: The Ages of the World. Tr. F. W. Bolmon. Columbia Univ. Press. 1942.又 Of Human Freedom Tr. J. Gutman. Chicago Open Court. 1936. 席林之著作，英文譯出者甚少。Rand

之Modern Classical Philosophers中，曾譯其超越唯心論Transcendental Idealism。

C. J. Friedrich: The Philosophy of Hegel. New York. Modern Library. 1953. 此爲黑格爾之選集。

The Logic of Hegel. Tr. W. Wallace. Clarendon Press. 1892. 此乃黑氏原著Encyclopedia中之第一部，世稱小邏輯。中文中有賀麟譯本，商務出版。黑氏之大邏輯 Science of Logic 太繁，讀此小邏輯已足夠。其Encyclopedia近有C. E. Mueller之節譯本Philosophical Library. New York. 1959

Hegel: The Phenomenology of Mind. Tr. I. B. Baillie. New York Macmillan. 1931.

Hegel's Philosophy of Mind, Tr. W. Wallace. Oxford Clarendon Press. 1894.

此爲黑格爾之Encyclopedia of Philosophy一書之第三部之精神哲學。

Philosophy of Right. Tr. T. M. Knox. Clarendon Press. 1942. 此爲黑格爾之人權哲學講義。實即其精神哲學中之「客觀精神」之哲學。

Philosophy of History. Tr. J. Sibree. New York Colonial Press. 1899.

中文有王造時譯本，商務出版，另有王靈峯譯本，似不全。

黑格爾之著述極多，除上列者外，尙有美術哲學，宗教哲學，及哲學史等。皆有英譯，但皆次要。

黑格爾之哲學系統大，而文字艱深，西方學者講述黑氏之著，亦不勝枚舉。英文注解黑氏哲學者有：

J. E. M. Mctaggart: Studies in Hegelian Dialectic. Combridge Univ. Press, 1396.

J. E. M. Mctaggart: A Commentary on Hegel's Logic. Combridge Univ. Press. 1910.

J. E. M. Mctaggart: Studies in Hegelian Cosmology. Combridge Univ. Press. 1901.

麥氏三書，用力甚勤，彼以多元論之觀點釋黑氏哲學，亦自成一觀點者。

B. Croce: What is dead and What is living in Hegel's Philosophy. London. Macmillan. 1915.

此書乃夾敍夾議，批評黑氏哲學者。此外近有：

G. R. G. Mure: An Introduction to Hegel. Clarendon Press. 1940.

An Introduction to Hegel's Logic. Oxford Press. 1950.

I. N. Findley: Hegel, A Re-examination. Unwin Brothers. 1958.

然釋黑氏哲學大義，最淸楚者爲W. T. Stace: Philosophy of Hegel. Dover Publication, 1955. 中文中出版講述黑格爾之書，有賀麟所譯Caird原著之Hegel一書，譯名黑格爾，商務出版。又羅哀斯J. Royce之近代唯心論Lectures on Modern Idealism. Yale Univ. Press. 1919. 及近代哲學精神Spirit of Modern Philosophy. Reprinted by New York G. Braziller. Inc. 1955.二書中，論黑格爾之

一部，亦經賀譯為中文，名黑格爾學述。又按羅氏近代哲學之精神一書，論近代西洋哲學之發展，深入淺出，英文文筆極生動，引人入勝。中文有樊星南譯本，商務版，亦可讀。

黑格爾哲學論文集，謝幼偉等著（台中華文化出版事業委會出版）其中有拙著黑格爾之精神哲學一篇。又葉青所編黑格爾生平及其哲學，選國人所譯著論黑格爾者若干篇，並可讀。

叔本華 Schopenhauer: The World as Will and Idea 3 Vols. Tr. R. B. Haldane and J. Kemp. London Trubner. 1 86.

Philosophy of Schopenhauer Tr. B. Box. Allen & Unwin Ltd. 1928.

前書為叔氏之系統著作，後一書為叔氏之論人生問題及論哲學史之文之譯本。至於叔氏著作之選本，有下列一書可讀。

W. Durant: The Works of Schopenhauer. Garden City New York. 1928.

克羅齊 B. Croce: Aesthetics. Tr. D. Ainslie. New York The Noonday Press. 1916. 中文有朱光潛譯本，正中書局出版。

康德黑格爾以後，德有黑格爾學派，後有新康德派。而德國之唯心論又影響及於英法美意，而此諸國亦皆有新唯心論之產生。其中法國之新唯心論者之所著，多未譯為英文。中文中有彭基相所譯勒維布魯Levy Bruhl原著之法國哲學史，可據以知其大體。意大利之新唯心論者，如克羅齊之所著，多經譯為英文。G. Gentile之所著Mind As Pure Act. London Macmillan. 1922.及 G. Ruggiro之Modern Philosophy，亦譯為英文。今舉克羅齊此一書，乃因其美學最為當世所稱，至上文所舉其論黑格爾哲學之著，亦可見意大利新唯心論之思想方向。至於克羅齊之哲學之一般介紹，則英文中有卡爾 H. W. Carr 之克羅齊哲學The Philosophy of Benedeti Croce. London Macmillan. 1917.

胡塞爾E. Husserl: Tr. B. Gibson, Ideas, Pure Phenomenology New York Macmillan. 1952。

現象學派乃現代哲學之一重要學派，胡氏此書，乃其一代表作。唯初學不易看。

哈特曼N. Hartmann: Tr. Stanson Coit Ethics. 3 Vols. London Allen and Unwin. 1932。

哈特曼之倫理學三冊中，其第二冊，乃以現象學方法論倫理價值，英美之倫理哲學家，無能及此者。

柏拉德來F. H. Bradley: Appearance and Reality. 2nd Ed. Clarendon. 1930.

羅哀斯 I. Royce: World and Individual New York. Macmillan. 1900-1901. Dover Publications Inc 1959。又Philosophy of Loyality. New York. Macmillan 1908.此書有謝幼偉譯本，名忠之哲學商務版。

麥太葛 I. E. M. Mctaggart: The Nature of Existence. 2Vols. Combridge Press. 1921-1927。

此上三書，可作英美之新唯心論之形上學之代表。Bradley 書，乃用一新形態之辯證法，以論形上學者。初出版時被稱爲英文中前所未有之形上學書。Royce 書，則爲運用若干新邏輯觀念，以證成唯心論者。Mctaggart之書，則爲以一新論證，證成多元唯心論者。其餘英美之唯心論者固多，如T. H. Green影響尤大，Bosanquet 著述更多；但皆不如此三人之富創闢之見。

朗格 F. A. Lange: History of Materialism. International Library of Psychology Philosophy and Scientific Method. 1866. 十八九世紀西方有新唯物主義之產生，但唯物論者之書，甚少經典性著作。朗格一書，可當唯物論思想之概述。此書有郭大力之譯本名唯物論史，中華書局出版，可讀。

亞歷山大S. Alexander: Space-Time and Deity. Reprinted New York. Macmillan. 1950 亞氏爲依一新時空觀念，建立一新自然主義之形上學系統者。

懷特海 N. A. Whitehead: Science and Modern World. New York. Macmillan. 1925

Process and Reality. New York. Macmillan. 1929.

Adventure of Ideas. New York. Macmillan. 1933.

Modes of Thought. New York. Macmillan. 1938.

懷氏爲批評近代科學之唯物論，而依現代科學中新自然觀，以建立一應合於人之價值意識之新形上學者。上列前三書，乃彼自言足代表其思想者。然懷氏之此三書，除第一種第三種之前半部外，頗不易讀。易讀者爲其Modes of Thought一書，可據以知其思想之歸趣。解釋懷氏哲學之著，前有 D. M. Emmet: Whitehead Philosophy of Organism 1932。近有 Laurence: Whitehead Philosophical Development. California Univ. Press. 1956.可見其早期思想之發展。其著作之選集有P. S. C. Northrop & N. W. Cross 所編 An Anthology of Whitehead. Combridge Press. 1953. 至席蒲 P. A. Schipp 所編 The Philosophy of Whitehead. New York. Tudor Publishing Co., 1951.，乃當代學者討論懷氏哲學之書，可參閱。至據懷氏原文，所編成之一懷氏哲學之一介紹，則有維邁斯特 W. H. Weikmeister: A History of Philosophical Ideas in America. New York Ronald Press. 1949.中，論懷氏哲學一章。又此書介紹美國哲學，皆據諸家之原文摘要，讀之亦可了解二三百年來美國哲學之大體。此外之其他書籍，參閱本書第二部十五章論懷氏哲學之附錄。懷氏科學與近代世界商務有譯本。

羅素 B. Russell: Human Knowledge, its Scope and Limits. London Macmillan. 1948。人類知識之範圍與限度。Introduction to Mathematical Logic. London. Macmillan. 1919. 羅素之書甚多，而其思想亦屢變，其近著 My Philosophical Development 自述其變遷之跡。其哲學中心問題，似在邏輯與經驗之交界處。人類知識之範圍及限度一書，乃其有關知識論之著作，最晚出而內容最豐富者。羅素對邏輯學本身之貢獻之書，如早年之 Principle of Mathematics，及後與 Whitehead 所合著之 Principia Mathematica 皆太嫌專門。今舉後一書以便初學。此書有傅種孫之翻譯，商務出版。但似不如原文之易讀。

穆爾G. E. Moore: Principia Ethica. Combridge. University Press, 1903.在英國二十世紀思想家中，羅素及穆爾之影響皆甚大。但穆爾之影響，多在其分析之方法上，不在其主張之內容。其分析一般之哲學問題之方法，扭捏而瑣碎。茲只舉其倫理學原理一書，以當代表。

W. James: The Will to Believe and Other Essays in Popular Philosophy. New York. Dover Publications. Inc. 1956.又Varieties of Religious Experience. New York Modern Library. 1902.詹姆士之哲學著述，亦甚多，但似皆不如其心理學原理一書所用功力之深。其哲學著述以Some Problems of Philosophy及Essays on Radical Empirism.最能涉及西方傳統哲學本身之問題。但皆未完書，乃其死後出版者，而今則又皆絕版。今舉上列二書，兼取其易得。詹氏著作，文字流暢，頗能啓發人之思想。其書除其心理學簡編，及心理學原理中若干章，如論情緒思想流等，由唐鉞譯爲中文，實用主義一書，由孟憲承譯爲中文外；上列之第二書亦譯爲中文，名宗教經驗之種種，並在商務印書館出版。

杜威I. Dewey: Reconstruction of Philosophy. Henry Holt and Co. 1920. A Mentor Book The New American Library. 1950.又Logic. Inquiry of Truth. New York. 1938. Experience and Nature. Dover Publication Inc. 1958. 杜威之書亦甚多。其哲學之改造一書，乃其早年所著。但其在此書，所陳對哲學與文化之關係之看法，其一生未有改變，此有許崇清譯本，商務印書館出版。次一書，

乃其對哲學中知識與邏輯之問題成熟後之著。後一書代表其自然主義之哲學。

M. H. Fisch: Classic American Philosophers. New York, Appleton-Centrry Crofts. 1951. 美國哲學家除詹姆士、杜威、羅哀斯外，美之思想界近盛推Pierce, Santayana，亦爲大師。但二人代表作爲何，頗不易言。此書選此二人及前所提之 Royce, James, Dewey 等三人重要著述，都爲一集。選者於此，諒必已下一番工夫。

A. J. Ayer: Languege, Truth and Logic. London Victor Collancz LTD. 1950.

Reinhenbach: The Rise of Scientific Philosophy. Univ. of California Press. 1954 今之邏輯經驗論者，於西方傳統之形上學及人生哲學等問題，爲取消派。今舉Ayer早年出版最流行之書作代表。Reinhenbach 爲接近今之邏輯經驗論者，但此書乃據現代科學以講一宇宙觀，亦即無異對形上學提出答案。至於Carnap等對邏輯學之貢獻，較專門，今亦不列。

I. Passmore: A Hundred Years of Philosophy. London G. Duckworth. 1957. 此書述近百年之西方哲學，而以重邏輯分析之哲學之歷史發展爲主，搜集材料頗多，讀此可了解此一潮流之大概。

N. Berdyaev: The Destiny of Man. The Centenary Press. 1937.

K. F. Reinhardt: The Existentialist Revolt. The Bruce Publishing Co. Milwaukee, 1951

R. Bretall: Anthology of Kierkegaard. Princeton University Press. 1951

M. Heidegger: Existence and Being. With an Introduction by W. Brock. Chicago Henry Regnery. 1949.

H. Jaspers: An Introduction to Metaphysics. Yale Univ. Press. 1959.

Perenial Scope of Philosophy. Philosophical Library. 1949.

Reason and Existence. Noonday Press. 1955.

W. Kaufmann: Existentilism from Dostoevsky to Sartre. New York Meridian Books, 1957.

存在哲學爲現代之一流行之哲學，討論之書頗多。杞克嘉之所著，大均已譯成英文，卷帙亦甚繁。R. Bretall 之選集，重要者蓋皆已具備。Heidegger之最重要著作時間與實有 Zeit Und Sein 聞已譯成英文，但尚未見到。布洛克 Block 所譯者，只爲海氏之若干論文，加上其對時間與實有之介紹。中文中我曾將布氏所譯及所論海氏書大旨，加以轉介，約四萬言。載民國四十一年，台北出版之新思潮十七期及十八期。其餘 Sartre 之最重要著作實與虛 Letre et le neant去年已譯成英文名Being and Nothing。G. Marcel 之 Journal of Metaphysics，亦有英文版。K. Jaspers 之書英譯者有四種，似非其最重要著作，上所舉二書，前者可見其哲學觀，後者乃其五篇講演之稿。至於 Kaufmann 此書所選譯者，多爲先未嘗譯成英文之存在哲學著作，讀之可知此派哲學之大體。中文中近有勞思光存在主義哲學一書，對此派哲學作一整個之評介，自由出版社出版。

西方現代哲學流別甚繁，著作多不勝舉。欲知其主要著述之目錄I. Passmore: A Hundred Years of Philosophy之附錄書目及V. Ferm: A History of Philosophical Systems中每章之附錄所舉參考書目，已大體略備。

此上所舉之中西書籍，大皆自我個人涉獵所及之書中抽選而出。掛一漏萬，自知不免。然讀者讀本書後，如欲進而求本書之所根據，及其所關涉者，以更深入哲學之門庭，則此上之書目，要皆可供參攷者。至於對每一問題每一家派，再多列書目，或更加精選，則皆爲專門之學，非此所及。又除中西之哲學外，以世界眼光看哲學，吾人對印度、猶太、阿拉伯、日本之哲學，亦須加以注意。但除印度哲學之若干入門之書，已於本書第四、五章略提及外，其餘個人所知太少，今皆從略。

附編　精神、存在、知識與人文

本書寫成後，有人以為第四部對人生價值問題之部份，較第二第三部嫌輕，又對人類文化之問題，全未涉及。此乃緣我個人在其他寫作中，對此等等所論已多，又哲學概論亦原可暫不多及此等問題之故。然要說此為本書之一缺點亦可。故今藉再版之機會，附編入我十年前所發表於黑格爾哲學論文集及新思潮月刊，評介黑格爾之精神哲學、海德格之存在哲學，及諾斯羅圃之文化哲學之三文。此三文雖各只論及一西哲，較專而狹，初學亦或有不易看處。但我之評介，亦依一廣博的觀點，並以中國印度之思想中之若干勝義為背景，以多少指點諸人之思想，與東方之儒道佛之言交接之處，及諸人思想之限制與缺點所在，以引導學者更向上深入。初學如有不能盡解之處，亦可先存其言於心，以俟一朝之契會。故將舊作全文，併附於此。

此三文中論黑格爾一文最重要。黑格爾之哲學，以成就一對絕對實在之絕對知識為目標，而以對人類精神之自覺，為對絕對實在之絕對知識之本原，並本之以正面的論人文歷史之價值。此代表西方理想主義之傳統。而海德格則意在由現實人生之存在，以展露形上學中之存有，而將「言說」「了解」「真理」等有關知識之論題，攝入人生存在中而述之，並反面地描述個人在社會日常生活中之「陷落」，唯隱約暗示一求眞實之人生之道。此爲代表現代之存在哲學之大流之一思想。然海氏之哲學系統未完成，啓發有餘，建立不足，其地位自不足與黑格爾比。至諾斯羅圃之地位，則又遜於海氏。然諾氏之書，實意在緣知識之討論，以進入對世界不同地區人類之心習及東西文化之價値之評論。其知識論中只承認理論的概念構造與感性的直覺，而以前者之是否得後者之證實，以論一理論構造之眞妄，實與當代另一流行之哲學邏輯實證論相鄰近。而其進於邏輯實證論之處，則在其能知人之有一全體的連續的未分化的感性直覺之存在，而藉此以爲通東方思想之郵。由此而諾氏能知西方傳統思想，過重分別的理論的構造，忽略全體連續的直覺之害，亦能知連於不同之理論構造而盛行於西方之宗教，如基督教猶太教回教，爲本質上不相寬容，而不足爲人類和平之基礎者。此則爲諾氏之思想勝於邏輯實證論，而向上轉進，以契合於東方思想之處。其言雖於高明與精微，皆不足，然而可謂之有一平實而寬博之氣度，儘可容人緣之以更上一層樓。其書之以知識論爲入路，以及於人類心習、文化價値，與黑格爾之以人類精神之自覺爲對絕對實在之絕對知識，及海德格之由人生之存在以透入於形上學的「存有」之展露，正各爲一型，而皆可引而進之，以滙歸於知識存在與人生之通貫——天人交參，知行互明之旨者。而此正爲本書之歸趣所存。故並列爲本書之附編，亦聊補本書之缺漏於萬一。

論黑格爾之精神哲學

一、黑格爾之精神哲學在其哲學系統中及近代哲學上之地位

黑格爾于其哲學大全（Encyclopedia of Philosophical Sciences）中，分其哲學爲邏輯、自然哲學、精神哲學三部。其中精神哲學之一部份，在份量上說，並不特別多。而此書中邏輯之部與其大邏輯一書，因皆其精心結撰，親手成書，其中都是些極抽象的純粹思辨，所以一般學哲學的人，總以此爲其哲學中最重要的部份。以前我亦如此。而其辯證法之應用於自然，所成之自然哲學中之觀念，如什麼陰陽電之統一表現對立物之統一，水百度化氣表示量變質變，穀種生芽更生種表示否定之否定等，因馬克思恩格思之講自然辯證法，即承之而來；亦在今之中國，到處流行。然實則無論從黑格爾哲學之用心所在與著作內容看，黑格爾與其前及當時之哲學文化思想之關係看，黑格爾對於後來哲學之影響看，及我們對黑格爾哲學之宜有的評價上看；黑格爾哲學之重心，皆在其精神哲學，與沿其精神哲學而有之歷史哲學，而不在其自然哲學與邏輯。

從黑格爾哲學著作之內容看，他最早完成的著作，是其精神現象學。此書在其臨死前，爲要再版，他尚曾加以改正。序言尚未改完，便死了。就其已改者看，改處卻極少。此書整個是一人類之精神生活的巡禮。亦卽其以後一切哲學著作之模胎。其後來之哲學著作，如權利哲學、宗教哲學、藝術哲學、歷史哲學、及哲學史，雖多是講義稿，但實佔其全部著作之大部份。而依黑格爾哲學之內容說，則精神卽宇宙之理性或宇宙之實體自覺其自己之所在。他之整個哲學，亦是在精神主體（Subject）中認識實體（Substance）之眞理。這是他自己說的。他之哲學，必歸於重視精神文化歷史之哲學，乃理有必然勢有必至之事。

黑格爾一生之生活，雖極簡單，只編過雜誌，當過中學校長，後來卽承柏林大學菲希特之講座，當大學教授。但是他亦非如叔本華所詆之一純講壇上的職業的哲學家，他實際上亦是生活於時代歷史中的人。他是不喜歡只據個人之理想，來對於未來歷史作預言的預言家。但他亦不是兩眼自己封閉，而不看當時的時代精神文化學術思潮的人。他自己對其哲學系統，當然有時自負近於傲慢。但他在其精神現象學的序言，說到希望他的書與時代之新興的精神，能有一種配合。在大邏輯的再版序言（這亦是其臨死前寫的）中，說到柏拉圖著其共和國曾改七次，在此時代之哲學著作，實宜修改七十七次；但這亦是他之力所能及，聊以自慰的對當代哲學的貢獻云云。而他於少年時之慕法國大革命，曾手植自由之樹，及其與席林書信中所陳之抱負，都表示他對於時代精神反應之銳敏（可參考 E. Caird Hegel 一小書），而黑格爾當時所承受的時代思潮，正是一種德國之浪漫主義思潮，或新人文主義思潮。此思潮正是重藝術、文學、宗教、神話、歷史等等人類精神之表現的。而黑格爾之精神現象學之富詩人想像，當卽緣於時代風氣的感染。而從哲學方面說，則爲黑格爾所承，由康德菲希特至席林之德國理想主義潮流之發展，亦正是一步一步，走向對於人類精神之哲學之重視。康德是哲學家，兼自然科學之教授。他之哲學，是由反省數學物理學之先驗知識如何可能，走到知識論上之批判工作，遂反對只憑純粹理性推演的形上學；進而由道德理性之要求，以另開道德的形上學之門，由自然之目的性，以論到美感與藝術；再及於人類歷史，世界和平，啓示、理性與宗教等問題者。故至菲希特，而直下在道德理性之統攝純知之理性上立根；至席林，而直下在「絕對」一面表現爲自然，一面表現爲精神，而於精神與自然之內在的同一上立根，並重藝術、重神話、及神秘主義的宗教意識者。這已見一康德以來之哲學，「由對自然之知識之討論，一步一步向內收進，去向上理解人類之精神文化，精神意識」之發展的歷程。黑格爾與席林之友誼及哲學路向之所以分裂，誠由於黑格爾之較重理性的思辯，邏輯的秩序，各種概念的分別，而不喜席林之過重直接的直覺，冥想「絕對」之渾同一切，如「在夜間一切乳牛之皆黑」者。但是這不卽證明黑格爾之哲學，以其邏輯理論爲重心。這初可只是處理哲學題材的方法態度的問題。就所處理的哲學題材方面說，黑格爾正是承上述之潮流，而以人類精神活動之表現於宗教道德藝術歷史者，爲主要內容的。而且我們有種種理由，可說黑格爾之邏輯本身，是他之哲學史的知識之翻版。其邏輯書中各範疇先後出現之次序，大體上，明是西方哲學史上各範疇之出現於哲學家思想中而被重視之次序。所以他嘗說「哲學卽哲學史」。我們亦與其說黑格爾本其「純重範疇間之必然的純理的關聯而作的邏輯」，以作後來之哲學史，本其「對精神現象之結構，作超時間觀念的分析而作之精神現象學」，以作其後來之歷史哲學；不如說他是本其哲學史之知識以作其邏輯，本其對西方文化史之知識，以作其精神現象學。這樣去看，則黑格爾之哲學，整個是一對人類精神活動之表現於宗教道德藝術以及過往之哲學等精神文化之歷史，加以反省，而鋪陳於其三聯式的辯證格局中之哲學。此義如尚有未盡，後文當可使之明白。

再其次，我們從黑格爾哲學之影響說，則黑格爾死後，其哲學直接對德國之影響，見於所謂黑格爾學派之左右派。在右派方面，主要是受黑格爾之宗教哲學方面之影響。黑格爾曾屢說宗教與哲學之對象合一，在其精神哲學中，亦以宗教直接過渡到哲學。而其三聯式辯證法之最高應用，亦在說明基督教之三位一體之教義。故其宗教哲學之直接產生正面反面之影響，是不奇怪的。在黑格爾左派方面，弗爾巴哈之論宗教之本質，爲人道要求之客觀化，亦正是從黑格爾之視宗教爲精神之表現之思想所化出。後來之馬克思恩格思之革命思想，則他們自謂是由黑格爾之權利哲學中「合理的必現實」之觀念而出，再下去，才是恩格思之取黑格爾之自然哲學，以成其自然辯證法，求完成馬克思所謂黑格爾哲學之顚倒，以成一唯物論系統。但是這馬克思恩格思之唯物論的宇宙觀，旋卽經考茨基等之修正，在德國後來之社會主義中，一無影響。黑格爾之自然哲學，在德國十九世紀之下半期自然科學分途發展之時，卽根本無人理會；

而黑格爾之整個哲學，在新康德派之返於康德之呼聲興起後，亦卽在德國無大影響與發展之可言。魯絜羅（Ruggiero）於其現代哲學一書，謂十九世紀後半世紀之德國哲學，亦根本不能眞上達於黑格爾之境界。此時乃康德至黑格爾一路之哲學衰於德，而影響及英美法意之時代；而英美法意之十九世紀末之哲學，承康德至黑格爾之一路而發展者，其所屆境界，實遠高於當時之德國之新康德派及他派哲學云。

是否在十九世紀之末，德國哲學家之思想之境界，不及同時之英美法意之哲學家，這很難說。但是大家公認，此時至少在英美意，都有受康德至黑格爾之德國哲學影響，而為第一流的學者的所謂新黑格爾派哲學家。但是他們同主要是受黑格爾之精神哲學方面的影響為多。對於黑格爾之自然哲學，一直被認為黑格爾中之最弱的一部份。其哲學大全中之邏輯與精神哲學，及宗教哲學，歷史哲學，藝術哲學，權利哲學，哲學史，皆譯為英文，而其自然哲學，卻直無人翻譯。意大利之新黑格爾派之克羅齊(Croce)，於其「黑格爾哲學之死的部份與活的部份」(What is Dead and What is Living in Hegel's Philosophy）一書，更舉出黑格爾之自然哲學中許多牽強附會而可笑的地方。至於別派之哲學家，如羅素之在其哲學中之科學方法一書，特舉其先驗的規定太陽系之行星為七個，以資取笑，更不必說。如果說黑格爾之自然哲學，有任何影響，便只在恩格思列寧，及一些辯證法唯物論者身上。但是他們都不是純粹的哲學家。至於黑格爾的大小邏輯書，當然亦是西方哲學史中之一經典性著作，英國之新黑格爾派之哲學家麥太噶，曾有 Commentary on Hegel's Logic 一書特加研究，最近又有繆爾(G. R. G. Mure) An Introduction to Hegel's Logic 一書。但是英國新黑格爾派之勃拉得來（Bradley）則稱其邏輯只是一些無血液的死範疇。美之羅哀斯（Royce）講近代哲學精神與近代唯心論，亦不從其邏輯下手，而重其精神現象學一書。意之克羅齊承認邏輯學為講純粹概念者，亦不直接取黑格爾之層疊進展的範疇秩序。他與甄提勒（Gentile），都是只重發展黑格爾之精神之概念的，而皆自稱其哲學為純粹之精神哲學的。原來黑格爾之邏輯即他之本體論或形上學，亦即普遍範疇論。在其邏輯之第三部，對於理念判斷推理之討論，乃是把亞氏邏輯中思想形式，亦推昇為本體論或形上學上的普遍範疇。而此一切範疇，同時亦即人類之求知時，由感性之知，到理解之知與理性之知時，運用展現的範疇。故黑氏之邏輯，乃一般所謂邏輯、知識論、形上學之三位一體。一般所謂邏輯知識論之概念，皆沉澱為黑氏之形上學範疇。而黑氏以後，至少英美哲學發展的方向，確正是一步一步把知識論自形上學中解脫，把邏輯自知識論中解脫的。在英之新黑格爾派，如勃拉得雷鮑桑奎之邏輯書，都是與知識論混合的，而且是直接導向一形上學之理論的。但是勃氏之邏輯原理，所對之問題與批判之對象，明只是英國之休謨穆勒傳下的知識論問題。鮑氏之邏輯，又名知識形態學，乃順人之自然的求知活動之發展歷程講的。這可說是洛慈（Lotze）的邏輯書之一路，而非黑格爾之邏輯書的路。而講到形上學，則無論是勃氏之現象與實在及鮑氏的講個體與價值之二書，都不取黑氏之鋪陳普遍範疇的路。而羅哀斯之講邏輯，則明以傳統之主謂邏輯（Subject-Predicate Logic）為不足，而重關係與項之理論。此正是夫芮格（Frege）皮亞諾（Peano）至羅素懷特海以下之新邏輯的路。羅哀斯之哲學著作「哲學之宗教方面」，乃是由知識論中之錯誤如何可能之問題，以論絕對心靈之必然存在者。此書與其代表性著作「世界與個體」，皆不取黑氏邏輯書之鋪陳範疇，以對絕對心靈，次第加以界定的路。從另一方面看，則勃鮑羅三氏之形上學，通通是受了黑氏之精神哲學的精神之影響。他們三人，皆分別能由具體生活經驗、道德要求、宗教祈望、社會共同體之意識、以論形而上之絕對之性質者。這些正都只能是原於黑氏之精神哲學中之客觀精神與絕對精神之思想的影響。至於現代英美哲學中之新興而後盛的學派，如實用主義，新實在論及邏輯實證論，則毋寧皆可謂係多多少少爲對黑氏邏輯之反感而生。如羅素即自言因見黑氏邏輯中論數學之一部，覺其全不對，而不再看黑氏書。〔見席蒲（Schipp）所編現代哲學家叢書，羅素之册中其自述之文〕詹姆士杜威，都是以黑格爾爲泛邏輯主義者，乃以死範疇桎梏具體人生經驗的。邏輯實證論者之討厭黑格爾之邏輯，視爲全部無意義或充滿歧義與詭辯之語言，更不必說。黑氏之自然哲學與邏輯有無價值，是另一問題。此當然不如羅素及邏輯實證論者及實用主義者們所謂之簡單。但如上文所述不錯，則黑氏之哲學對後來西方哲學之正面影響之大，不在其自然哲學與邏輯之部，而要在其精神哲學之一部，彰彰明甚。

二、對黑格爾之自然哲學與邏輯之批評

再其次，如本我們自己的觀點來，從事對整個黑氏哲學作估價，我們亦可有種種理由，說明黑氏之

精神哲學，是黑氏之哲學的重心，與最有價值的部份。首先黑氏之於其自然哲學，雖然亦頗自信爲一完備之系統，其中亦確有極高之洞識，但是他亦曾屢說哲學於此，須根據經驗科學。而其自然哲學之內容，亦明是根據當時之自然科學的。黑格爾死後，自然科學既有大變化，則黑格爾如生在今日，亦理當重寫其自然哲學，此可無多疑義。

至於對黑格爾之邏輯，今姑不問後來之邏輯家知識論者如何看法，我們卽如黑格爾之意，視其全幅範疇卽人之思想之範疇，而兼爲存在之範疇，對絕對之全幅的界定（Definitions of Absolute）；我們仍有一問題，是如何可由純思想方面，以保證其完備無漏，與其先後秩序之確定不移？此問題曾經多人提出。而其大小邏輯書所論，亦互有出入。如順着他之書，去同情的理解其如何安排其範疇系統，當然可見他有極大的匠心，亦未嘗不可大體講通。但若要保證其完備無漏與先後之秩序之確定不移，則此保證似應在其邏輯系統之外。此對黑氏言，應卽在其自然哲學與精神哲學。然其自然哲學與精神哲學中之範疇，又並不與其邏輯中之範疇，一一相對應。然如其邏輯系統中之範疇，不由其自然哲學精神哲學，以保證其完備與其確定之秩序，則其自身勢須擔負此保證之責。但其正反合三聯式之大原則，雖大體上是不變的，但亦偶有四聯式（如 Judgement 分爲四）二聯式（如 Cognition 分爲二）及勉强湊成之三聯式（如Art Religions中有 Beauty in General, Religion in General）的情形。而且其三聯式原則之繼續運用，如一分三，三分九……畢竟用幾次，亦有不整齊之情形。一般說是一直用三次。但亦有用至四次者

（如Variety, Affirmative, Judgement, Mathematical, Syllogism等，即屬於第四次的三聯式之運用而見之範疇）此中依何原則，不能再繼續用至五次六次，黑格爾並無說明。而整個觀之，其前後範疇之相生，大皆爲一直線的前進，諸範疇宛成一直線或大圓圈中之諸項。如其三聯之原則，少應用一次或多一次，則此諸項卽可有增減。又何以其前後之諸範疇之關係，不可爲平等的互相交攝之關係——如柏拉圖於帕門尼德斯，其中之論「同異」「一多」「有無」等之關係一般——亦是待討論之問題。此諸問題之根本癥結，則在此一切範疇之畢竟是否可只由辯證法之應用推演而得，或須兼由對思想運行之形式之直覺而得？依黑格爾之意，凡間接由推演而得之範疇，皆須化爲兼由直接之思或覺（我們卽名之爲直覺）所得（可看其小邏輯之導言）。此中有一大智慧。但凡由推演兼所得之範疇，皆不能先於實際思想之推演歷程本身之進行而呈現，以爲直接之直覺所得。簡言之，卽範疇之呈現與思想之運行，俱時而起，而後直覺並得之。此卽黑氏所謂思有合一之本義。但若如此，則人之思不起，範疇卽不得而現，範疇之關係如何亦不現，直覺亦無所得。希臘哲人不重本質類中之範疇，康德以前之哲學不眞重其理念類中之範疇，人之思想歷程爲歷史的，則範疇之呈現亦爲歷史的。如此，則人所知之範疇是否完備，以及諸範疇間之關係之必爲如何，卽不能有先驗之必然保證者。縱大三聯可保證必有，其內部之小三聯，是否可一直下去，以及於更小之三聯，亦只能由人實際思想之運行，是否到達而後能決定。因而爲必不能先驗必然的保證其完備者。由是而卽依黑氏之哲學，對其範疇之發現，必取一義上之實在論觀點。卽必須人之實際思想有某運行之形式，然後人能憑對此形式之直覺，而確定一範疇之存在。即人對於範疇之直覺與確定，乃後在於人之實際思想之運行者，亦即後在於人之實際思想歷程者。我們上說黑格爾邏輯之諸範疇，亦正是取諸西方之哲學之歷史者。若眞如此，而黑格爾又眞自覺的承認其如此，則其邏輯中之所說，即可全沉入哲學史中，而爲哲學史之內容。因黑格爾寫邏輯之目的，在展現全幅之範疇，對「絕對」作完全之界定，此固非其所願。然如吾人上之批評爲眞，則範疇之展現於思想之運行，卻只能在一歷程中或歷史中。此即同於謂黑格爾不能自謂其邏輯書已展現全幅之範疇，對絕對能作完全之界定。而其範疇系統之內容，即須化爲前面敞開，或其間之鈎連亦鬆開者，而在原則上可加以拆散而重造者。此即見黑格爾之無法達其寫邏輯之目的，而自敗於其目的之前，便亦唯有承認吾人之批評，而承認其所證之範疇，只爲已展現於人類思想史或西方哲學史之範疇。而承認此後者，即須兼承認其邏輯書中之整個理論，只是對哲學史中已展現之範疇之一種可能的編排，而其邏輯書即可成其哲學史之理論，而可附屬於哲學史，亦即屬於其精神哲學中之哲學一部中者。在此點上，黑格爾亦非無所自覺。故其謂哲學整個爲一圓周，其終又爲始。其精神哲學中後一部之哲學之內容，亦即由邏輯至自然哲學再至精神哲學之一串，亦即由古代哲學至黑格爾哲學之一串哲學。據此，吾人可說其邏輯與自然哲學屬於其精神哲學中之哲學一部中。然吾人並不能轉而說精神哲學或哲學自身，爲其邏輯或自然哲學中之一範疇或一部。此即見其精神哲學之理念，可包括其邏輯自然哲學之理念，而此後二者不足包括前者。是亦見黑格爾之哲學，只能以精神哲學爲其重心與歸宿也。

三、對黑格爾之精神哲學之批評標準與同情的理解

但我們以上對於黑格爾之自然哲學與邏輯之諸批評，並不能同樣應用來評其精神哲學。對其自然哲學，我們可從其不合於今之自然科學對於客觀自然事實之發現，而謂其過時，亦不合眞正之客觀事實，亦卽不眞。因自然哲學之是否眞，在一般義，只須對人以外之客觀自然負責。而黑氏亦曾自信其自然哲學，對客觀之自然爲眞也。對其邏輯，我們可從其所言之範疇，後於人之實際思想之運用，或後於人類之全幅思想史，而發現而確定；以言可能有尚未被發現之範疇，未發現之範疇關係，而其範疇系統，遂不能自保證其完備與其秩序之確定不移。而黑格爾之目的又在求其完備與其秩序之確定不移，因而形成矛盾。簡言之，其自然哲學之是否爲眞，繫於所對之自然，而所對之自然不必如其對自然之所知，而其言遂可誤。其邏輯中之範疇系統，是否卽關於範疇之眞理之全，繫於能思之心之是否實際有某思想之運用，而此思想之運用可尚未有，而其言遂不足顯此眞理之全。卽其自然哲學之所以可誤，在自然中存在的，不必是在人之思想中的。其邏輯之所以不能顯眞理之全，在可能顯於思想中之範疇與其相互關係，不必是已現實於人已有之思想中的。卽對客觀自然說，思想中所有之觀念，自然可無；自然中所有者，

思想中可尙無其觀念。對人自己之思想說，已有之思想中所未顯之範疇與其相互關係，在未來之思想中卻又可顯。前者是一種內外主客之可不一致，後者是一種現實的與可能的之不一致。但在其精神哲學，或由精神哲學的眼光去看其自然哲學，則都可無此種種問題。

在精神哲學之所以無上述之問題，在精神哲學所論之對象，卽精神自己。精神自己之爲我們所自覺，卽對此自覺而客觀化，以爲其所對。爲所對而非在外，而只內在於此自覺。因精神之內在於人之自覺，卽精神哲學之對象，總是現成的現實的，精神哲學中的眞理，不須任何外在客觀之檢定標準，亦無其與外在客觀之對象是否相合的問題。就精神之爲現成的現實的言，一切精神經驗皆一體平鋪，皆有其一種內在的實在性。此處可無所謂錯誤。在此，我們之感我們認識外界錯誤了，此錯誤，亦是一內在的實在的精神經驗，實在的精神內容。我們對於精神的實在的自身之了解，誠然亦可以錯。如我對他人精神之了解與對自己的精神的了解，都可以錯。但是在此，仍只可由、亦必須由，對他人或自己精神之進一步的了解來校正；在校正時，錯誤之爲錯誤眞正呈現，而眞理亦一時呈現，而二者皆在精神之內呈現。同時在此處莫有絕對的錯誤之可說。如以外在客觀之自然爲眞理之標準，我們可說有絕對的錯誤。如我們以地下有地獄，其中有牛鬼蛇神如何如何，由此全部想像而生之判斷，可絕對錯了。依一般義，可說一錯就完了，不能直接由之以另得自然界的眞理。然而我說我昨夜夢見地獄，其中有牛鬼蛇神如何如何，此亦可能錯。因昨夜我可並未作此夢，而只是我現在心中有對地獄之幻想，而視之爲昨夜夢中所現。但當此錯誤被發現時，我可同時知道昨夜之無此夢，與現在心中之有此幻想。此便非一錯就完，而是更進而兼爲我們之所以致此錯誤之幻想，在全幅精神中另肯定其一實在的地位，而從有錯誤之精神經驗中，超化出另一眞理之獲得的精神經驗。由此而見人對精神的了解之一切錯誤，皆只可由、亦只須由更進一步之精神之了解，加以校正；同時使此錯誤，成爲得更高的精神之眞理之媒介或階梯。總而言之，卽對於精神之了解的錯誤之化除與眞理之獲得，以精神自身之升進，爲其必須且充足之條件。因而原則上，只可由、亦必須由精神自身之升進，而得「知其爲眞理或爲錯誤」之必然而絕對之保證。而此亦我們用以批評黑氏之自然哲學之言，不能同樣應用來批評黑氏之精神哲學之理由。

其次，精神哲學所論對象之精神，必須是現成的現實的，卽必須是存在的。黑格爾邏輯中所論之範疇與實際思想之運行，俱起俱現，因其與實際思想俱起俱現，則其自身畢竟有多少，其已現者是否完備，其前後之秩序系列之中間,是否可插一項或若干項，則無由決定。故我們可說,另可能有範疇，以使黑氏所說成不完足。此可能有之根據，粗說在我們可有進一步的實際思想。細說則在我們之實際思想，爲我們所自覺時，此自覺心乃超越的涵蓋於我們之實際思想之上，此已有之實際思想，不能窮竭此自覺心之量。於是我們同時直覺到可再有其他的實際思想，而由此以定然的斷定，可能有其他範疇。但是對於精神，則嚴格說，不能講可能的精神。可能的精神卽不是精神，如可能的詩歌不是詩歌，可能的音樂不是音樂，可能的聖賢豪傑，非聖賢豪傑。我不能憑空說，我將來可能有聖賢豪傑的精神，此只能根據我現在已嚮慕聖賢豪傑說。但如我眞是現在已嚮慕聖賢豪傑，則此嚮慕之精神本身，亦卽一種聖賢豪傑之精神，或「誕育聖賢豪傑之精神」的一種精神。此精神本身，必須是已現實的。誠然，我們可說除現在我已有之嚮慕聖賢豪傑之精神外，由此嚮慕，還可有其實所誕育之聖賢豪傑精神；如我們可說，除我實際已有之思想外，還可有其他可能的思想，因而可發見其他之範疇。但是此可能的精神，可能的思想之概念，在我現在說，亦實只是又一類之範疇，因其尙無內容，而可有不同內容故。由此可能的精神與可能的思想中，又可呈現其自身之範疇，我們誠可據此以證黑氏之邏輯中所論之範疇，不必能窮盡完備。然而此可能的精神，與可能的思想之具體內容，旣根本莫有，則不能成爲精神哲學的對象。而精神哲學的對象，卽只能收縮在現實的現成的精神之內。因只有現實的現成的精神，才是精神。因此，精神哲學可莫有其所論之精神，是否完備窮盡的問題。人類的精神之發展與其內容之日益豐富，你儘可說其是無窮盡的。但精神哲學不以此話之所指爲對象，因其所指可是尙未實現的。這些話本身，於此亦實只是一些範疇。精神哲學只能直接以人類精神已有之具體發展與具體內容爲對象。精神生起，而後對精神之哲學反省生起。此是精神先行，而哲學反省後繼。此不同於剋就我們之運用範疇以指對象而言，是範疇先提起，而內容後充實。有精神先行，而後有精神哲學後繼，則精神哲學永不會撲空。如精神是可繼續無限發展的，則精神哲學，亦自隨之而有無限發展，如精神不發展，則對此精神之哲學的反省，可當下完備。如精神繼續節節發展，則精神哲學，亦可節節完備。若說因精神可無限發展，而永不能完備，故精神哲學，亦有不能完備的問題，則此責任在精神，而不在精神之哲學。精神之哲學，只要他撲着現實之精神，而反省之自覺之，他總是當下有一安頓一歸宿的，莫有不完備之感的。因其只認識精神也。而且從另一義說，則不管人之精神如何無限的發展，哲學終有一究極的精神，爲其安頓歸宿之處，此究極的精神，則是現成而現實於現在的。此只須知：我們之「承認精神可無限的向未來發展，其中可有無盡內容永不能完備，因而若精神哲學亦永不能完備」云云；此中之「承認」本身，亦只依於我們之有一「精神」，去肯定「精神之無限發展而有之無限內容」之故，而此「精神」本身，則是現實的，現成的，現在的。此所肯定之無限發展而有之無限內容，即全部依於此「肯定」之「現實」，而限在此「現實」之內。而人類之「最高精神」，亦即此肯定「精神之無限」之「精神」，此「精神」可涵蓋包覆一切精神，而一無遺漏。而哲學如以此「精神」爲其所自覺所反省，則哲學即得其究極之歸宿安頓，而爲一可完全其自身圓滿其自身之哲學；而從事此哲學活動之精神，亦即一眞正之絕對精神。由是而精神之哲學，可不同於自然哲學與邏輯之是否完滿，無內在之保證者——此乃因前者自然哲學之眞，可說待於外物，後者之邏輯是否完備，待於人之實際思想故。而精神哲學之是否完滿，則有一內在之絕對標準，即人是否能反省到其自身之原具有一「肯定無限精神」之「精神」。能反省到此，而哲學即求止於此，則哲學即有完成備足之歸宿安頓處。至於其如何達到對此「肯定無限精神」的「精神」之認識，中間所經過之對各種具體精神的認識，有多少階段，即皆成次要者矣。

我們以上所說，重在說明對於黑格爾之精神哲學，我們不能用批評其自然哲學與邏輯之言去批評。對於其自然哲學，你可說其不合今之自然科學所發現於自然者，便完了。對其邏輯，你亦可批評其中何處少一範疇，而有甚麼概念上的混淆，你也可依此義，而說他一錯而永錯了。但如羅素之只看其邏輯中之數學錯了，便不看其書，或指其說了太陽系中只七行星，一週後，科學家卽又發現海王星，便對其整個哲學，加以譏笑，則毫無道理。黑格爾之哲學，大部份都在論藝術、宗敎、道德、政治、歷史等人類精神生活，何能如此一筆抹殺？對於黑格爾的精神哲學，當然可批評。但要批評，必須先理解。而要理解而兼批評，則必須我們自己先有比黑格爾更豐富更親切的藝術宗教道德等之精神經驗精神生活，與對之之了解。此事當然是可能的。在一枝一節上，超過黑格爾，更是容易的。由此而我們亦可發現黑格爾之精神哲學之不完備，或論列過於機械，及錯亂各種人類精神的種類之處。但是我們須知，我們這樣去批評，正是以我們自己的哲學精神，去包涵黑格爾的哲學精神，而將其精神之內容，在我自己之精神之內，加以重新的體驗，重新的安排，而組成我之哲學精神之內容。在此，我如果說他錯，他不是一錯就完。他的系統可以被我枝解，但枝解後仍存於我之哲學精神之內。而他之所以錯誤，卽在我之哲學精神之涵蓋包覆中，超化爲我之哲學精神中之眞理。簡言之，卽對於精神之哲學，不能只以不合某一客觀外者之事實來批評，亦不能只純邏輯的概念分析的批評，而只能以更高的精神哲學之建構來批評。寫不寫成文字，是另一回事。但必然要有，亦絕不會莫有。莫有必不能有眞批評，所說的話可全不相干。而若有，則一切批評皆同時是同情的包覆，而兼創造的建構的。由是而一切精神哲學，皆可生活於後來之精神哲學中，而生長於以前之精神哲學之上。於此而只有眞正的精神哲學，能成眞正的哲學傳統，亦才能了解此傳統以外之其他哲學之精神。無論中西印之哲學，必以精神之哲學爲正宗，而先後相尊戴，左右相扶持，且哲學史恆爲唯心論者之所寫（如唯物論史，直到現在仍是唯心論者朗格所寫之一部），這中間實有其必然之理由。然而我們此所說的：批評之當與建構相連，錯誤之可超化爲眞理，個人之哲學存於相續之人類哲學精神中等等，正是黑格爾所常說的。我們今亦只有根據於此諸義，而後能對黑格爾之哲學與細節作批評。此即等於說，黑格爾哲學終有其無容批評，而只有承認其價值的地方。整個來說，黑格爾之以宇宙之最後實在必爲精神，而人之最高之精神，即肯定精神之無限之精神，最高之哲學必爲自覺此精神之哲學，我亦認爲都是只有加以承認的。此亦非黑格爾一人所獨見，而是古今之聖哲最後必然同見者。此亦是東西南北海之聖哲，此心同此理同之處。然如何達此，則理論之方便有多門。而唯此處可講個人之哲學，亦唯此處可稱爲純屬於黑格爾之哲學。

四、精神之概念爲黑格爾哲學之中心概念

關於黑格爾之所以說宇宙之最後之實在爲精神，其是否能成立，亦唯繫於其對於「精神」之概念之

哲學的省察，而不繫於其自然哲學與邏輯理論之是否確定不移。通常一般的想法，是從黑格爾之常說哲學之目標，是絕對眞理，絕對知識系統，並見其二百個左右之範疇之依三三式一直排列下去，而黑格爾對其哲學又十分自負；於是想，此是一整個鈎連之系統，如一字長蛇陣，只要一處攻破則全破，而且其精神哲學在最後，似根據於其邏輯之「正」與自然哲學之「反」而推出之綜合。如前二者不立，則至少其以精神爲宇宙之最後實在之論，即不能立。但是我之此文的意思，正是要破此一般之見。我至少能够指出黑格爾之邏輯與自然哲學及精神哲學之三分法，並不須想像爲一三合式的三角形來理解，而可想像爲一三叉路來理解，一條路通自然哲學，一條路通邏輯，一條路通精神哲學，而三叉路口立着的只是人之精神自己。我這話看來，很新鮮而奇怪。但是我可說，只有這樣人才能眞了解其全部哲學，其哲學中何處是眞理，何處有錯誤或不足，才可一一被看見。而其宇宙之最後實在必爲精神之一點，則無動搖之可能。而我之如此說，亦不是莫有根據，其根據在黑格爾之精神現象學所涵之意。尤其是此書之序言及導論與最後二章，更値得注意。

黑格爾之精神現象學分爲意識、自我意識、自由的具體精神三部。而第三部中，又分理性、精神、宗教、絕對知識四部。此爲其哲學之胎模，不必與其後來所論之哲學內容全相應。但是其後來所論之絕對精神客觀精神與主觀精神之義，皆隱約涵於其中。此中無自然哲學。然在其第一部論意識，第三部論理性，講自然律、物力、及對於自然之觀察，對於有機的自然之觀察，對於自覺與其直接現實性之關係之觀察，面相學骨相學中，卽涵有其自然哲學之一些觀念。此書末論邏輯。其絕對知識一章，意指爲絕對知識之哲學，當卽其寫此書後四年所成之大邏輯。但其在此書第三部論理性之第一節，論確定性與理性之眞理處，卽由唯心論之我之自覺，論到統一的心中之邏輯之發現，在其論精神中啓蒙時代時，復論及純粹思想與存有之合一。這都是與其範疇之理論直接關連的。此書整個只是論精神之行程，故我們可透過此書，以看黑格爾之自然哲學邏輯與精神哲學之三分，如何自一三路交叉口爲中心而三分，以說明位於此交叉口者，只是精神自己，而皆所以確立此精神之爲最後之實在。

在黑氏此書，乃由意識之直接確定性，所對之「這個」爲開始。此是一切眞正之哲學唯一所能有之最現成之一始點。康德及一切經驗主義，亦於此開始。笛卡兒亦近似。此直接確定性，在黑氏之哲學大全第三部，則稱爲實感（Feeling）。用常識之言說之，此實感，卽我對環境之直接接觸所生。但如實說，則此時「我」與「環境」之概念，皆尚未出現。此只是一原始之實感，一直接的有所確定之感。然此感，畢竟是一精神之最先之表現，爲一當前之精神實在。由此感而上升，遂有知覺，有理解，有種種精神活動。對此諸精神活動之全體內容之反省，屬於精神哲學之事。此感有一「這」（This），如爲其所對。而人之一切對自然之知識，對自然之科學哲學知識，要爲吾人之知覺理解理性，向此「這」之所指，擴大深入的觀看，本概念加以理解，本理性加以推測構想，再以之與所觀看得者比較印證之所成。在吾人之此求知自然之歷程中，吾人之精神心靈能一往向自然而運用，透過一「這」，再至一「這」，而使原來之「這」成「那」，透過一概念再至一概念，而與原來之概念結成判斷，以入於自然之內部，而照明其內部之黑暗；亦卽精神心靈之光輝，如離開其自己之本位，向黑暗中行。此卽吾人精神心靈之如外在於其自己，以次第同一於自然，而沉入於自然。依此卽可對黑格爾之所謂精神外在化爲自然，而成「對自身」者之言，當下先得一實證處。然吾人於此求了解自然，而思想自然時，吾之理解與思想如何活動，如何進行，亦必有其方式範疇。則吾人於此暫不將此心靈之光輝向前照，而試加以凝斂而內照，卽可自覺此在自身之理解思想活動之方式範疇之爲何，此卽可對黑格爾所謂爲純思想之邏輯之有，與思之合一，而「在自身」之言，當下先得一實證處。然吾人於此，若不以去自覺此在理解思想等之活動之尖端露出之方式範疇爲目標；轉而冒過之以翻於其後，以此理解思想之活動，與其所關聯之其他心靈精神活動，爲吾人加以自覺之所對，則吾人所自覺者非方式範疇，而爲心靈精神活動之本身。此諸心靈精神活動之本身，爲我所自覺，而與此自覺爲相對，然此諸心靈精神活動，亦原屬我，而今亦爲此自覺所籠罩者，故爲「對自己」而兼「在自己」。由此看，則知人之心靈精神之去向自然，去覺自然，是一方向。回頭看其如何去看，覺其如何去覺之方式範疇，是向其自己之「如何向自然」之方式範疇，求對之加以自覺，又是一方向。不外向自然，亦不向自己之如何向自然，而只向此覺、思想等，與其所關聯之精神活動，與此等活動所自生之精神自己看，而自覺其本身又是一方向。然人之心靈只求覺自然，而不能知其所以覺之方式，則其知識只有對自然之相對的片面知識，而無對此知識之所以形成之絕對知識。

既知其所以覺之方式，而不知此方式所依，與所自出之精神活動精神自己，則無此方式之所屬之實在，及其所以實在之知識。卽尙未達於對絕對實在之知識。欲達此，必知自然，亦知吾人所以知之之方式範疇，及此所以知之所依與所自出之精神自己。而由此所成之絕對實在之知識，亦只在精神中或卽精神自己。由此而見一切知識必以精神爲歸宿究竟，必以精神之知識爲歸宿爲究竟。亦卽見一切科學之知自然哲學之知，邏輯知識論範疇論之知，必以精神哲學爲歸宿究竟，亦必以「以精神爲最後實在之」，爲哲學之歸宿究竟。此卽黑氏言絕對知識，必以精神哲學爲其哲學之重心，及以精神爲最後之實在言之本義也。世人之只以絕對知識爲將天下之知識，一一條舉之無限綜合體，以羅列一一存在所成之一大全，爲絕對實在者，皆於黑氏之言，尙未知所以契入之處者也。

我們如果對於上文所說完全透澈了解，便知人對於自然之知，對於其所以知自然之方式範疇之知，及對於此知之所自出之精神自己之知，乃三不同方向、亦不同層次之知。而我當下之精神，在此作哲學思索，我固可當下分別向此不同方向，不同層次之對象去看。卽我可一直向自然去看，以成就一自然科學自然哲學。我可向我之思之方式範疇去看，而成就一邏輯（卽包括知識論與純粹思想之本體論）。我亦可從我之思之精神活動，可分爲感覺、知覺、理解、理性，亦通於一切通常所謂情感意志之活動，而連於各種超自然知識的對象，如他人精神及上帝等，而成就一精神哲學。就三方面的哲學思索之具體內容說，都可無定限的增加，我們對之亦可有各種不同程度的眞實了解，而可分別自立。在自然哲學方面，則科學之觀察實驗工具，優良一分，精神心靈光輝之外在化以照自然，而沉入自然內部之事，深一分，廣一分，而後自然哲學進一分。在邏輯方面，則表達觀念之符號精確一分，對於知之方式範疇之反省，多一分，清楚一分，則邏輯進一分。在精神哲學方面，則精神生活豐富一分，對精神之自覺的體驗親切一分，透徹一分，則精神哲學進一分。而此三方面之所得，並不必可於一時完全互相對應，而配成一嚴密不透氣之系統。黑格爾本身，本未能造成如是之一系統。而我們一定要去如此看其系統，强求三者之一一對應配合，亦必徒勞心力。然而儘管黑格爾未能作成如此之一系統，我們亦不必能作到，然而亦正不須勉强作到，才能見黑格爾之精神哲學與其自然哲學邏輯可不同其命運，此三者間並無一定的「立則俱立，破則全破」的關係。我認爲亦只有如此，才能眞辨別黑格爾哲學之活的部份與死的部份。克羅齊以「分別概念」與「矛盾概念」之分，來評判黑格爾之缺點，並以「讀黑格爾如讀詩人」之方法，來取黑格爾之長，還是外在的批評，苟且的讀法。我們之根據黑格爾本有之意，來分開其哲學之三方面，則可成爲對其哲學作內在的疏導的始點，由此三者之可有不同命運，可首將其精神哲學的獨立價値，加以彰顯出來。然而這樣，卻無礙於黑氏之以「宇宙之最後實在必爲精神」，「人類之最高精神，爲肯定精神之無限的精神」，「最高的哲學必爲主張此二者之哲學，而自覺此精神此最高精神等之哲學」諸論點之成立。此我可再試用我們自己的話來發揮黑格爾之哲學之義，一略加說明，以祛除了解黑格爾之疑難。

五、精神爲最後實在之自然主義的疑難及其銷解

對於宇宙之最後實在是精神一點，我們通常之所以總想不通，是因我們精神之原始目光，總是向外看自然的。此卽黑格爾精神現象學中所謂意識一階段之心之本性。向外看自然，是看不見精神的。此如黑格爾在邏輯中會提到一科學家 Lalande 說，世間確無上帝，因爲他已用望遠鏡，把整個天上照過了。這樣去照，豈特無上帝，亦必不見任何精神之存在。順此思路，人總是想，必須自然科學把自然之秘密完全了解，然後能知宇宙之實在爲何。或必須依於一完全正確之自然哲學，然後能知宇宙之實在爲何。今黑格爾之自然哲學，與其所據之當時之自然科學卽不正確，則他之謂宇宙最後實在爲精神之說，如何能正確呢？或更粗糙一點問，我們焉知莫有比精神更實在的東西，在天涯地角，或原子核中，還未爲人類之知識所發現呢？但是實際上宇宙之最後實在，必爲精神，及黑格爾之如是主張，卻可根本不需要建基於一完全圓滿正確的自然哲學，更不須俟自然科學之將自然之秘密完全了解。如此去想，則現在不能有哲學，一切哲學，皆只是科學之先的假定，或一切哲學於此，皆無定然之結論可得，而只有全幅的隨自然科學變。如今之美人諾斯諾蒲之東方與西方會合及科學與人文之理則等書，卽尚不脫此觀念。此中之人之迷惑的關鍵，在不知一般所謂科學眞理及當作對客觀外在自然負責看的自然哲學的眞理，與眞正

的哲學的眞理，或眞正的具體眞理之不同層次，而前者最後只能在後者中存在。一般所謂科學的眞理，與當作對客觀外在自然負責的眞理，我們總是想其眞理之標準在外，如人自以爲眞之思想觀念，與在外者不合，卽一錯永錯。此中之基本假定，是思想觀念之眞理價值，是對「他」（Other）的，是外在於思想觀念自己的。然在黑格爾哲學中，則另有一基本肯定。卽如果我「眞知道」我之思想觀念對「他」或外在自然爲眞時，則此思想觀念之眞理價值，卽同時必然是兼對自己的，內在的。人之意識活動或認識思想活動，最初一定是向他的卽向外的，因而必有一外在客觀之自然爲對。黑格爾隨處都承認此一點。但是我們於此須知，我們之說有、或肯定有、一外在客觀之自然，則是我自己發出之一精神活動。我肯定自然界尙有無窮的未知的東西，此肯定仍卽我之精神活動。但是我們初作如是肯定時，我們卻並不自覺我們之有此肯定。我們只是去超越我們所已知的對外界自然之思想觀念，去想還有別的，還可有別的……。此超越，依黑格爾之名詞卽一自我否定。由此自我否定，以肯定外在之自然，遂只覺有一外，外還有外；卻不自覺此中之肯定，卽爲我們精神之自身的自外，或向自然而泯沒於自然中。此卽可稱爲精神之自己分裂。於此，我以我之思想觀念，只對外在之自然負責，其前途茫茫，眞妄不可知。此不可知之感，亦是一精神之自己分裂之徵兆。至當我已知我之思想觀念，對自然爲眞時，則不只是我之思想觀念與自然相合，而同時是我發現自然之所是，與我之思想觀念之所是者相合。同時亦卽是我原初向自然探索，而沉入自然的心之得其所求，此心如從外面之自然，通過此自然之「所是」，而將此自然之

「所是」，與我之思想觀念之「所是」，合抱爲一，以回到自己。這些道理，一直說去，似乎有些幽深玄遠。但我們可姑舍是。我們今只說，當我們確知我之思想觀念對自然相合爲眞時，此眞理之必然爲內在於我之精神心靈，而此時之自然之所是，亦必然內在於我之精神心靈者。——否則試問你如何能證實或知其相合？如不知其相合，你如何能得眞理？——我們於此只須知道：此一切對外在自然爲眞之思想觀念之眞理價值，必由外在而轉爲內在，自然之所是亦必成爲內在於我們之知者，然後成爲我原來之思想觀念之是否爲眞之對照者；便知一切眞理，皆必轉成精神心靈自身內部的眞理，而後爲眞實呈現的眞理。一切自然，皆必轉成精神心靈之內部所對的自然，然後成爲表現眞理，而顯其實在的自然。

依上述道理，則我們不能說世間有不爲精神心靈所對之任何實在。整個天文地質動植的自然，皆爲我們心靈之所對。他們爲我心靈之所對，我又自覺其爲我們心靈之所對，同時自覺此二者間之分別。卽他們不是外在於我之如是自覺，亦不外在於此自覺之精神者。對自然的哲學之根本義，卽到此爲止，可不再增，亦不須減。此理是人人當下可以實證之理。至於說我們對於自然之認識，可以再深再廣，如將來之自然科學家，卽比我們認識更深更廣；則須知此理，仍可對此更深更廣之認識，照樣應用。思之使知。如果我們說，總還有些自然秘密在一切人心以外者，此自可說。但是此在一切人心以外者，如只是籠統的被肯定爲一大全，則此大全，亦不在此肯定心外。此大全，卽康德黑格爾所謂一總體之理念或客觀性絕對性之理念。如要說此在人心以外者之具體內容，則當其未被知，彼縱是實在，亦不表現眞理。

之眞理必由思想內容與其具體內容之兩端相合，而此中尙缺思想之一端故。又此在人心以外者，如其絕對不能被知或尙未被知，則其實在性是否高於吾人當下之精神與思想之實在，亦不得而說。如其可說，則必已被知，而內在於精神心靈（精神與心靈爲複詞，卽精神而已）。由是而外在之自然，縱可一時外在於精神心靈，而爲實在，其實在性亦無法與精神心靈相比度。至於從人不斷由思想觀念，以求知自然之歷程，冀得關於自然之眞理以觀；則此以思想觀念不斷向自然伸進，探求沉入之歷程，亦卽自然之不斷轉入精神心靈之內部，而表現眞理之歷程。於此再從精神心靈自身看，則又爲精神心靈之自己擴大其內部之所對，充實其內部之眞理，亦自覺其精神心靈之光輝，不斷外在化，以沉入自然；又不斷自自然中升起，通過自然，所表現之眞理，以回到自身之歷程。此亦可總名之爲精神心靈之不斷的自己分離，而又自己凝合之歷程。緣此以措思，則絕對外在於精神心靈之自然之實在或眞理，畢竟不得而說。凡此等等本身，卽爲一哲學的眞理(Truth)。不論人對於自然之科學知識如何變，此一哲學眞理，終爲洋溢於其上者。此其所以爲絕對眞理也。此義在黑氏精神現象中，曾透露多次。此哲學眞理在另一層次，故不與一切自然科學理論之眞或妄同命運，亦不與當作對自然負責看之黑氏之自然哲學同命運。本此哲學眞理，以看一切科學，與初當作對自然負責之自然哲學，則一切科學與自然哲學之眞理之眞，乃在此「眞理」中眞；而爲此「眞理」所保證護持之眞理。一切自然與自然哲學中之錯誤的思想觀念之所以錯，亦非只以其與無情之客觀外在之自然不合而錯，而是與「我們自己之自動自發的，顯以其心靈光輝外在化於自然，而通過自然之所是、自然對吾人所表現之眞理，並以此眞理爲其思想觀念之內容，所產生之更融貫而無矛盾之思想觀念」相對照，而後顯其錯誤者。由是而一切自然科學哲學中之錯誤顯處，卽眞理顯處。於是一切錯誤之思想觀念，卽皆可爲眞理之媒介，而可過渡至眞理，亦卽皆可不斷由重安排其所以致錯之諸思想觀念，以超化其自身，成眞理之內容者。人能本此哲學眞理，以觀一切科學與自然哲學中之錯誤，卽皆可見其善始與善終。至於自此所謂錯誤之一度之存於人之精神本身，其再被人所自覺的了解整合與校正言，亦卽顯出一精神歷史的眞理。由此哲學眞理之視一切自然之眞理，最後必內在於人之精神心靈，故必重知人之精神之歷史之眞理。科學史自然哲學史，卽皆爲人之一種精神歷史之眞理之表現處。黑格爾之自然哲學，我們以前只從對自然負責之觀點，視爲一錯而永錯者，自精神歷史之觀點以觀，則黑格爾之自然哲學，要亦爲哲學史中之一章，卽亦爲表現精神歷史之眞理，而存於人之「對精神歷史之了解」之精神者。此亦卽吾人前所言之精神哲學，可包括其自然哲學之理念之意也。

六、精神爲最後實在之泛客觀主義的疑難及其銷解

其次，我們當略說明我們對宇宙之最後實在爲精神，更不易想通的又一疑難。此疑難，乃原自我們精神之由向外之自然看，轉而向內反省時，首先所遇見的卽爲觀念而生。因觀念一被反省，每一觀念卽皆

顯為一概念。每一概念，皆有其外指的範圍，其所指者要為內外界之特殊事物，或低層之概念。今如順概念之所指之外物而下達，則我們所肯定為實在者，初為外物。至若順概念所指之內心精神狀態或人之人格而言，則以概念所指者之超溢乎一特定之精神狀態與個人人格之外，因而人亦總不易由其所指之自己之精神狀態與人格，以透視最後之實在。因此概念總是超溢其所指之上，而逼人之心思以向外散開歧出者。人緣概念以上達，以反省概念之所自生，人固可發現吾人之理性，且可由經驗概念，反省出純粹的思想之形式範疇，如有無、一多、與因果之類。由此而可反省出統攝諸範疇之超越的我，此即康德哲學之所為。黑格爾又再進而本此超越的我之統一性，依辯證法以說明諸範疇間之有機的關聯。然我們前又評論及黑格爾之不能保證其範疇之完備與其秩序之確定不移，因而可能有其未包括之範疇，須在人未來實際思想活動中，方得呈現者。由此即可發生一問題，即當範疇未呈現時，範疇之存在地位之問題。此時範疇既未呈現於實際思想中，而其本身之意義，要不同於思想之意義。黑氏謂其於思想中呈現時，即存在於思想中。此時之思有合一，固無問題。但當其未呈現時，則其自身總是為一「有」。則此似只能是一外於思先於思之一超越的有或潛有，或超思想的本體論上之「有」。而其顯於思，只是其「有」之為思所覺，至多為思之所分享，而其自身則可不存在於時空，既不在物，亦不在心之思之自身者。如將此說擴而大之，則一切概念中之內容，皆可為一如是之有，而一切概念，即不外心思之覺此類之有，或分享此類之有，或把握此類之有之所成。此種說法，在哲學上有各種不同之形態，可姑稱之為泛客觀主義。此種說法，亦可由對黑格爾之邏輯之範疇論之批評以轉出。（據云德人哈特曼 N. Hartmann 即為直接由上述之義，以評黑格爾之範疇論，以轉出其實在論之知識論的形上學者）此即為人之契入黑氏所謂宇宙之最後實在為精神之又一大困難大阻礙之所在。

但是此問題，雖可是純從黑格爾之邏輯之範疇之可不完備上着眼，而發生之疑難，卻是從黑氏之精神之概念本身着眼，可解決之疑難。因純從範疇之未呈現於實際思想，雖可推論至其可能超實際思想而自有。但是從範疇之必在實際思想中呈現，吾人只能在實際思想中呈現範疇，而直接自覺到範疇之有；則我們亦無理由，以斷定範疇之能離思想而自有。我們之自覺到範疇之有，前曾說為後於實際思想之呈現此範疇者。因而我們之自覺心，對此範疇之何所是，須取一義之實在論之態度。但此實在論之態度，唯是對實際思想所呈現範疇之何所是的實在論之態度，而非對超思想之「有」之實在論之態度。當吾人對一範疇，既順實際思想以呈現之，而加以自覺之後，此範疇，畢竟為內在於此自覺中者。由此而見範疇之歸宿地，仍在精神中。至於我們如向前看，以看可能呈現、而尚未呈現之範疇，則所謂其可能呈現，即為可能呈現於可能的思想中之謂。此可能的思想，對吾人現在之實際思想言，固亦可只作一範疇看，如吾人前之所說。但我們前復提到，吾人之所以能說有可能的思想，則根據在我們之自覺我已有之實際思想，而復自覺其不能窮竭吾人之自覺心，此自覺心恆超溢乎我已有之實際思想外之故。然此自覺心之能如是溢出，則為現實的。而其為現實的，即「可能的思想」之所以能現實，之精神之根之所在。可能有的範疇，既只呈現於可能的思想中，因而其現實的精神之根，亦即只在此自覺心中。今此自覺心，既爲一現實之精神，而又能由之以發出一「肯定精神之無限發展之可能」之最高精神，此「肯定精神之無限」之最高精神，純爲現實而非可能；則此中所肯定之一切可能，即在此義上，爲全幅涵覆包括於其內者。因而一切眞可能的思想，與其眞可能呈現之範疇，亦即全幅包涵於此最高精神之內，而爲此最高精神之未彰顯之現實內容，亦即其所蘊藏之精神實體。由是其所次第再顯出之種種可能的思想，以呈現範疇，即當爲此精神實體之自呈其用，而自開其蘊藏，以自覺其自己；以客觀化其自己於自己之前，以自覺其自己，自見其精神實體即亦精神主體之事而已。吾人之智慧如見及此，則無論說有多少範疇概念，尙未在吾人之實際思想中呈現，然吾人決不能視爲吾人之思想前往攀緣之空架子，先懸於空中的，而當一律視之爲如原頓時具足於我之自覺心內部精神實體或精神主體中者。由是視範疇概念爲超越的實在之思路永絕。而宇宙之最後實在必爲精神之又一大阻礙大困難可去矣。

七、眞理之意義及一切自然主義與泛客觀主義哲學之不可能

至於黑格爾之所以「以宇宙究竟實在只能爲精神」之正面的核心理由，則在其所常言之眞理爲「全體」爲「存在與其理念之合一」之論。依此論，一存在爲一動的發展歷程，此歷程之由始至終之所依與所向，即其理念。對此義入如只循柏拉圖與亞里士多德所言者，加以了解，尙不能得其最親切之正解。

此不宜如亞氏之由外在事物之發展以取證，而宜直接由人之如何本思想觀念，以求眞理處以取證。在吾人求眞理時，體現眞理，卽吾人之思想觀念之發展之目標或所向之理念。爲求此目標之達到，吾人恆須修改或犧牲吾人原來之思想觀念，以向客觀外在之自然用思想，外在化吾人之思想於客觀自然；以求達一思想觀念，其中有自然之內在化者；使吾人之心於此得成爲一體現眞理之心，而實現吾人原所向之目標或理念。在此，我明見眞理不在通常所謂主觀之思想觀念之片面，亦不在通常所謂爲對象之客觀外在自然之片面，而在此二面之合。此所謂二面之合，亦非如常識所謂二面相對而遙相應合之合，而實是「主觀之心之思想之客觀外在化，與客觀外在自然之主觀內在化，而互通過以存在」之合。此「合」爲吾人之目標，亦卽吾人之求眞理時所向之理念。此理念之實現而實際顯出，卽稱爲眞理。此眞理，卽爲得眞理時之人之高一層的自覺心之所體現，而爲其所覺。此眞理與自覺此眞理之自覺心之顯出，爲「以前之我們之思想之逐漸超越其主觀性，自然之逐漸否定其客觀外在性之整個歷程」之果。此歷程中，必先有此逐漸之超越否定，而後有此果之顯出，是爲一辯證的歷程。而此果之眞因（此處姑用亞氏之因果範疇義，以幫助了解。實則在 Hegel，此乃超因果概念之事）所在，則爲向此果而發展之歷程之所向亦所依之理念。此理念之因，實現於果中，而果中之內容，亦只是此理念之現實，是爲眞實之理念，卽眞理。眞理依於最先之理念，理念顯爲最後之眞理。此最後者，同時爲以前片面的存在者，由辯證的發展以歸向之全。而此全中，同時有片面者之超越其片面性，而通過其他之片面，以存於全。是之謂眞理必爲全體。

在此片面者之發展歷程中，指導其歸向於全者，亦只是此歷程中所隱伏之眞理，卽原先之理念。故吾人亦可說如是之發展歷程中，隱伏或背負一理念。此理念之通過發展歷程，以實現顯露於其前面，卽爲眞理。而就理念自身說，亦可說其在此發展歷程中，於片面者原相對峙中，分裂其自身，而再由片面者之自己超越否定其片面性，以再整合，而回到其自身之統一。這一切的話，花樣可以很多。說玄妙似玄妙，但說平實亦極平實。此只要我們能把我們求眞理之歷程內外、始終、前後，合起來看成一整體就行了。

本這種眞理之理論，以觀一切以人精神所對之自然爲最後實在之一切唯物主義唯能主義生命主義之自然主義的哲學；以及一切「以人之求知的理性活動中所應用之概念，所對之共相，所本之範疇，所嚮往之理念本身，爲超越實在或潛在自有」之柏拉圖主義，實在論，存有之本體論等我們所姑稱爲泛客觀主義之一切哲學，卽無一眞能成立，而皆須有一自己之否定以超化其自己；便只有以精神爲眞理之哲學爲能眞正成立，其餘哲學皆只當成爲過渡至此精神哲學之哲學矣。

此上所說之前一類哲學之不能成立，在其都想由精神以下之存在者之發展進化，來說明精神之實在。這些哲學所講之自然之發展進化之階段歷程，亦有許多可取之處。但是如果我們眞肯定精神是自然之發展進化之所必然產生，精神亦卽爲自然發展進化之所向之理念，而此理念之顯爲眞理，仍只在精神出現的地方。這一路的哲學，有一種是自稱爲黑格爾辯證法之顚倒的辯證法唯物論。此哲學想由物質的辯證發展，來說明精神之產生，精神是派生的，第二義的。然而實際上黑格爾之辯證法與唯物論，卽不相容的名詞。因爲如果物質必然由辯證發展以化出精神，則物質便是在自己超越自己否定之歷程中，其發展所向的理念與眞理，正是精神。由是而唯物論本身，亦須自己否定自己超越，而化爲精神哲學。辯證法唯物論本身之此內在矛盾，卽必須使此理論，否定其自己。這是一個時代的問題。對一般讀者，可介紹我寫的心物與人生，其中論此義較詳。對有哲學智慧的人，則上之數言，可爲定論。今暫不多說。馬恩列斯並非眞了解黑格爾哲學。列寧比較是對哲學下過工夫的，但其讀黑格爾之邏輯的哲學筆記，到其最核心之理念一部份時，卻只好一律視爲神秘與僧侶主義，更不能講下去。這正是因其對黑氏之所謂理念，未能加以了解之證明。至恩格思之只知本黑格爾之自然哲學，以言自然辯證法，尤爲下乘之論。他們說要顚倒黑格爾之哲學，而未知黑格爾之哲學，在此一點上是不能顚倒的。他們之唯物論在黑格爾哲學之前，到必然是要被超越否定而被顚倒的了。

此一切自然主義唯物主義的哲學之根本缺點，在不知如果以精神以下之自然爲最後之實在，則人將不能眞具有「眞理」。人之得自然的眞理，決非只是人之頭腦反映了自然，而是自然之兼內在於人之精神心靈。此義已如前說。除此以外，進一層的更重要之一點，是人之求眞理，亦決不安於只求得關於自然的眞理。我們固可承認眞理是主客內外之合（此卽包括主觀之名言觀念與其涵義，獲得所謂實證），或人之得自然的眞理，由於人之思想觀念內容與外界自然之合。但須知此所謂內外之合，實是一不完全的相合。因爲如果在自然中初無精神，則我們思想觀念之內容，固外有所合，我們之思想本身之心靈精神，則外無所合。因其是多於所知之自然的東西。此處如必求合，則非否定心靈精神之存在，而將心靈精神全沉沒於自然物而物化不可。此若非人之所甘，而心靈精神又外無所合，則心靈精神便只爲一不自覺之存在，而其上無眞理之可言者。然人之求存在之眞理，必須求一切存在者之眞理。心靈精神之本身既爲一存在，則人必須亦求關於心靈精神之眞理。求此眞理，則唯有俟於吾人之自覺此心靈精神，而客觀化吾自己之心靈精神，於自覺的心靈精神之前。唯吾之自覺的心靈精神之主體，與所自覺之客觀化的心靈精神間，有一合時，乃有此關於心靈精神之眞理。因眞理唯繫於主客之合故。由是便知心靈精神之眞理，只在心靈精神中能眞實存在，而更絕不能在外在之自然中眞實存在。自然之發展出精神，亦只證明自然發展所向之理念或眞理是精神，而非謂此理念眞理，能在自然中眞實存在。此理念眞理，固唯眞實存在於知此理念眞理之精神中也。關於自然之眞理我們前已說其由主客內外之合而見，而在此合自覺其合之精神中。今見精神之眞理亦然。由是而知一切關於自然與精神之眞理，皆只存於精神中。於是，一切存在之眞理皆爲精神性的，論一切存在眞理之哲學，必爲精神之哲學，遂爲理論之所無可逃者矣。

至於後一類之一切泛客觀主義的哲學之不能成立，則由在其只知理性的心靈之可以抽象普遍者爲所對，而只見此普遍者之能超越於任何特殊具體者之上，爲特殊具體者之所表現，因而遂昇高而執實之，爲一超越的實在，爲自有者。此種理論之根本缺點，一方在不知此一切抽象普遍者，皆只呈現於人實際思想中，其可能性，皆繫於現實的精神之肯定之，如我們前所說。而在另一方，卽在此類哲學不知一切抽象的普遍者，皆至多只可視爲虛理，而非眞實之眞理。凡所謂抽象普遍者，一方爲泛客觀，一方爲分別散陳，以爲靜觀之對象者。此靜觀固可於當下完成，而人於此亦可不求此普遍者之另有所合。然對此普遍者，吾人卻又明可靜觀之，亦可不靜觀之。吾人無必然之責任，必須就其所如，而靜觀之，則吾人對普遍者之有與無之肯定或否定，便亦爲不定者。今吾人若以對此諸普遍者探求與靜觀，爲哲學之事，哲學勢必歸於成可有可無之戲論。此類之哲學，至多只能告訴人，如果人肯定某普遍者，則須肯定另一普遍者。然此「如果——則」式之假然命題，並不告人以定須肯定有普遍者。因而人於此可隨時沉入只肯定現實個體特殊事物之自然主義或唯物主義。如中國大陸前之新實在論者之哲學教授之改而肯定唯物論，亦不只由於政治上之强迫，而亦是由於理論上之可歸到。反之，如吾人謂一普遍者爲必須定然的加以肯定爲眞實者，則對此普遍者之肯定，必須在「對具體特殊之存在，而本此普遍者以作之判斷」之判斷活動中加以肯定。而如是如是以肯定一抽象普遍者，方爲對此普遍者之外的具體特殊者，有所負責之肯定。人於此如不先肯定具體特殊者之實際存在，並持某抽象普遍者以對之作判斷活動，則人對此普遍者之靜觀，即勢必隨時可停止，亦無肯定此一普遍者，而不肯定其他之理由。唯因吾人之先肯定具體特殊者，爲判斷之對象，爲吾人選擇各可能的普遍者之限定原則，然後吾人可有肯定某普遍者而不肯定其他之普遍者之理由。亦唯如此，而後吾人所肯定之普遍者，有對某特殊具體者爲眞或妄之可言。錯誤固唯由此而可能；而一普遍者之顯爲具體特殊事物之眞理，亦唯由是而後可能。在此求眞理之歷程中，吾人又必然先有一「合抽象普遍者於特殊具體者而認識其統一」的目標或理念之先在。在實現此目標或理念之求知歷程中，吾人乃本此目標或理念，以選擇普遍者；因而此中雖可有無定數之普遍者之呈現為概念之內容，然其呈現，皆不保證其眞實，而可任由吾人之選擇，或加拋棄或加保留，或加分析，或加綜合，或加以改變轉化融鑄者。簡言之，此諸普遍者之呈現，乃呈現於一可被超越否定或被超化之歷程中，其繼續呈現或隱淪沉沒，乃其本身所不能決定，而唯由吾人依求知之目標或理念，加以主宰決定者。此中，最後所被擇定，而被視為眞之普遍者，因其被視為眞，乃由吾人之覺其與特殊具體者之相合；於是吾人之心亦卽必能透過之以達於特殊具體者，以見其相合，見其為特殊具體者之眞理者。由是而見一切普遍者之顯為眞理，決不能直接由其自身以顯，而是依於「運用普遍者之心靈活動」以顯，依於「心靈之原有求普遍與特殊之具體結合之目標理念」以顯，同時是透過或經度「其他普遍者之被超越否定或超化之歷程」而間接以顯。吾人能緣此以思，便知一切直接肯定概念普遍者為自有之泛客觀主義，皆尙徬徨於眞理之左右，而未能直探眞理之所以為眞理之虛幻之哲學，而尙待於超化之哲學也。

八、總論黑格爾之精神哲學及其主觀精神論

我們以上依黑格爾之眞理理念之理論，以左右開弓，說明一切自然主義與泛客觀主義哲學之不能成

立，卽以說明黑格爾之所以必以精神爲宇宙之最後實在之理論。此理論自亦貫注於其邏輯與自然哲學中，然又恆爲其連串之範疇推演所掩者。故上文大體上本精神現象學中所言，加以綜貫會通，用我們自己的話，加以指出。至於黑格爾精神哲學本身之內容，則其哲學大全第三部，所論較簡明嚴整。今卽本此書所說，並參考 Stace: The Philosophy of Hegel，試再加約減，將主要概念加以舉出，並指出其轉折之關鍵，以說明其所謂主觀精神客觀精神及絕對精神之內容，以助讀者之了解。

黑格爾之精神哲學所謂精神，屬於絕對理念之由其自身以外在化於自然，而再回到其自身之階段。此如循吾人以上所言之在三叉路口立根之法，加以了解，則此言所指卽：精神哲學非思想之思其自身之範疇之事，亦非思想之沉向於自然以思自然之事，而爲思想之自思「此思想之活動自己與相關連之一切精神活動及其表現」之事。在思想去思其自身之範疇時，此範疇在被思之思想中，亦在能思之思想中。此中之能思之思，與所思之有，有一直接的合一。此乃由範疇之普遍性之兼在此中之能思之思，與所思之思顯示，方使此中之能思之思與所思之有亦合一。此爲黑氏之三聯式中之「正」。在人思自然時，自然與思想爲相對，思想須外在化其自己，以向自然而了解自然，亦卽思想之如與其自己之分離，而以自然之具體內容之所是，規定其自己，而爲此內容所間接。此中有純粹思想自身，與沉入自然而被規定之思想之相對反，以不合一。此不合一，亦卽只表現純粹普遍性之思想自身，與有特定所是之內容，而表現特殊性之自然之不合一，此爲「反」。而在思想之思自然，由空間時間，經物質世界，至有機世界，至動物中之人類自己時，則爲思想之由自然而歸，以重與具思想之存在之人相接觸。此人則旣爲一具體特殊之存在，而其內部又具普遍性之思想或理性者。此之謂上述之特殊與普遍之重新合一。人之爲精神存在，亦不只在其有普遍的思想或理性，而在其普遍的理性之能通過「其爲自然界之具體存在」，而更由「其爲具體存在」之現實的具體活動，以次第表現——更可說爲：由其爲自然界之具體存在，復與其他一切具體存在，互相反應感通之諸現實的具體活動，以次第表現。此卽見精神之所以爲精神，不只在其理想性或內在的現實性，亦在其外在的現實性；不只在其主觀性，亦在其客觀性；不只爲關涉於內在之理性，亦關涉於全幅外在之自然與宇宙；不只關涉於個人，亦關涉於一切人者。整個言之，卽精神是人之最內在之理性之充實洋溢而出，透過其自己之心身，以及於人，及於整個自然與宇宙之全幅表現；此全幅表現，復可爲精神之所自覺，而收攝於其自己之內者。此不斷表現之階段或節奏，卽精神之全幅內容。順其不斷之表現，而不斷收攝之於吾人自覺中，卽精神哲學自身之階段或節奏。

黑格爾之精神哲學之第一部之主觀精神論，略有似一般所謂心理學之內容而實不同。此中分人類學、靈魂現象學意識、心理學心靈（或精神）三部。其所謂人類學非一般之人類學。此所謂靈魂，亦異於宗教上之靈魂。其所謂靈魂，初乃指人之心靈之潛隱於身體之內部，而如爲其身體活動之內核，或靈種而言。此亦卽心靈之未表現，而純在其自身之階段。於此階段，心靈卽通過身體，以與身體外之自然相接，而對其身體與自然之變化，皆有一直接的感受（Feeling）。此感受卽精神之始。由是卽繼而對其自身之別於外，有一「自我感覺」；對其過去之經驗「習慣」，亦有一當下的負擔，而受其規定。此習慣之成立，卽依於自我內部之一內在的不自覺的普遍性。由人之本其普遍習慣，以與似別於我之外界感應，而陶鑄其普遍習慣，於繼起之特殊生活中，是爲一由潛隱而現實之「現實靈魂」。由此現實靈魂，對呈現於生活中之外界，加以認識，是爲「意識」。在意識中有內外界之相對，是第一階段之「靈魂」之反。意識中由「感覺意識」至「知覺」，至「理智」，皆爲向外者。人用「理智」以求普遍者，而抽象之普遍概念呈現。抽象之普遍概念，在思想中，而又可應用於非我之外物，吾人於此，卽可覺在我思想中者之同時實現於非我，而可於非我中見我。遂有我之回到自身之「自覺」。吾人之自覺其我，首自覺我之要求欲望，次自覺我之本能要求欲望，而消費物，以否定物之存在。由此物之存在之否定之意識，以再自覺我之超於物，而有「再認的自覺」（Self-conscious Recognition）。由此「再認的自覺」，而人能認識他人之自覺，兼認識人我之自覺，是爲「普遍意識」或爲「普遍之自覺」（Universal Consciousness）在普遍之意識中，人既肯定他人之自覺之獨立，而又於他人之自覺中，看見與其自己同樣之自覺之客觀存在。由是人乃知人我之分別中之同一，見主觀之「自我」之在客觀的他人之「自我」中存在，卽見外在於自己者中之亦有此自己。此知主客之分異而合一之精神，是爲「理性」。本此理性，而知我所了解於客觀外在之世界，皆亦卽自己精神之表現，遂於感覺中所得者，皆以「直覺」「回憶」「想像」「記憶」與之相遇，而視如內在於精神之表現中者。由理智所得者，於此則轉化爲內在之「思想」，而人對外之要求欲望，即轉化爲自動的「實踐精神」，由自我意志之「選擇」作用，以求自我之完滿或「幸福」；再發展出一「自由心靈」，爲客觀化其自己於世界之憑藉。是爲主觀精神之完成。

九、黑格爾之客觀精神論

至於在其客觀精神論中所論者，則爲個人與他人之精神結合相遇而表現之精神。此中分「抽象權利」、「道德」與「社會倫理」三部。第一部中所論者爲「自然權利」。亦即一切有理性之一切人，平等的皆有之對自然物之權利。人之所以對自然物有權利，即由人之精神能主宰物，運用物，及物之無其自身之目的，而須從於人之意志而來。但因人之精神本是超物的，故其用物，乃可用亦可不用，而能捨棄之。由此能捨棄，而人可轉移其所有之財物與他人，有人與人有相互轉移其對財物之所有權之事。此中即有人先共認「某財物爲某人所有，後又共認其轉移後爲他人所有」之普遍意志。由是而有契約，以表明此共認之財物之轉移。進而又有對於違背契約及不得同意之相互侵犯財物之罪，加以懲罰之事。罪乃違普遍意志而生，爲否定，懲罰即對此否定之否定，以恢復普遍意志者也。

道德在其客觀精神中，爲抽象權利之反。此乃自抽象權利皆爲人對外界財物之權利，而道德則純自**個人主觀之內心而說。道德爲我之個人內心自規定我個人對己對人對事之目標行爲之事，故亦屬於客觀**

精神中。道德之內涵，首爲目標、次爲「意向」、三爲「善與邪惡」。道德屬於意志，意志規定我之「目標」，而我卽須對目標負責。此爲道德生活中自己規定自己之第一步。但吾人復須知，吾人之達此目標之行爲之本性，是否直對此目標而發，卽吾須知行爲之「意向」。又吾人之各種特殊目的，須配合以達一單純之一般目的，由是而有「好的生存」（Well being）之概念。吾人之道德理性，必求合於普遍意志，如合則爲「善」，否則爲「邪惡」。有善有惡，此爲道德生活中之矛盾。道德生活之理想，則如康德所示，必賴人之自定一無上命令，以自求行爲之「合理而依普遍之規律」而皆善。然此理性規律於此又只顯爲一「形式之命令」，亦永爲一在前面之「當然」。人欲充以實際之內容，使人可於實然中實現當然，卽須過渡至社會倫理之生活。

社會倫理爲黑格爾之客觀精神最高之階段。在自然權利之階段，人與人之關係，由對自然物之權利而建立，自然物本身非精神。此中人與人之精神關係，乃以非精神之物爲媒介而成者。在道德生活中，則人對自己，已有一純粹之精神上之自命，自命其依普遍理性規律而行。然此普遍理性規律，於此又只顯爲當然之形式，無實際內容，則終爲個人的，亦可隨時退墮爲非道德，而無客觀之保證者。然在人與人之社會倫理關係或生活中，則人與人有一眞實的共同生活之形式。此形式爲其中之分子所共知而共認之普遍者。由此普遍者之內在於人之共知共認中，而此普遍者，卽可內在的凝結諸個人，以成爲一「倫理的實體」。個人之依普遍理性而行爲者，亦卽可於此倫理的實體，取得其特殊之內容，並亦由共在倫理的實體中的人之精神之相互客觀化，而相互影響，以各得充實其主觀內在之道德生活。此卽社會倫理之所以爲黑氏客觀精神之最高階段也。

在此社會倫理中，黑氏分爲「家庭」「市民社會」與「國家」三階段。在家庭中，夫婦之關係，初原於兩性之關係。此是家庭倫理之直生根於自然處。然夫婦各爲一獨立之精神人格，不同於人對其財物有一權利關係，其成立，亦不得如康德之說其由於契約，而爲本於道義的生活上之互賴者。然家庭之生活，爲人與人直接面對面之生活，因而不離感性的。此是精神之直接透過感性而表現之倫理。亦卽倫理實體之直接呈現於感性生活。家庭中由夫婦而有子女，子女成人而走向社會，或另組家庭，此爲「家庭之分解」。在此家庭之分解處，卽見社會之有諸多家庭，與諸多個人之存在。由諸多個人之活動於社會，而有各種對社會之需要與要求，便見個人之爲一對社會之「需求系統」，而社會遂亦有各種不同之分別滿足人之各種需求之職業；個人亦必須從事於一職業，以滿足其他多人之某類需求，然後個人得滿足其不同類之各種需求。由是而個人卽必須隸屬於某類職業之階級，而社會亦必然分化爲「農」「工商」與「治者」之階級。人與人在此社會中，由相需相賴而生存，卽互有其義務權利而生存。積極規定人之權利，以保障人之權利之法律，是爲「積極法」。人之自覺的本客觀法律以相治理，所保障之權利，乃異於人之自然的抽象權利之只屬於主觀之個人者。爲保持此合法而依秩序之社會生活，復有待於「警衛」與人與人之「合作機構」。由警衛，以消極的去除危害社會生活者，及人與人之「合作機構」，而人非復只追求私利以各自滿足其需要，而知求社會之公共的普遍目標之實現矣。

由人之市民社會之再發展，卽爲國家。國家爲客觀精神之由家庭之直接統一，經分散爲諸個人相對之市民社會後，復歸於凝合統一。原國家之所以爲國家，要在其中個人所求之私利，與公共的普遍目標之實現，能合一。亦卽調和上述之個人之依需求而活動、及相互之合作之二者的。故在國家之理念中，包涵使個人所從事之特殊活動，與諸個人之公共普遍目標之配合。此配合中，卽兼有個人之特殊性、與其普遍理性之結合而統一。國家中之普遍的公共目標，亦卽透過國家中各不同階級職業之個人之分工合作而實現。因而此普遍者，亦卽內在於特殊之不同階級職業與不同個人之中者。由是而國家，亦可稱爲一兼具普遍性與特殊性而二者合一之個體，亦卽涵普遍性與特殊性之絕對理念或上帝之地上的實現。國家中上述之普遍的公共目標，與各種特殊者之交織，卽形成國家之內在的結構。將此結構自覺的表示出，以規定個人與政府國家之關係，及個人間之關係，是爲國家之對內政策與憲法。政府之劃分，則宜有「君主」「行政機機」與「立法機關」三部。至國家之對外關係，則表現於國際法。此乃依國家間之「互認」而有者。然以國際法不能絕對約束國家之行動，而國與國間不免於衝突與戰爭。戰爭則是決定一國家在世界之命運者。至各國家之分別在一時爲世界史上之主角，而代表一時代之人類精神發展之階段，則合以構成「世界精神」之歷史行程。詳論此，則屬於黑格爾之歷史哲學。

十、黑格爾之絕對精神論

繼客觀精神之後之人類最高精神爲絕對精神。絕對精神之所以爲最高之精神，在於主觀精神之只爲個人的、主觀的、特殊的，而客觀精神則只爲非個人的、客觀的、普遍的。此主客二面之偏重，仍必須求其具體統一。此具體統一，繫於非個人客觀精神之再超越，以回到個人主觀。而此再回到個人主觀而生之精神，則非復爲屬於個人之主觀精神，而爲個人之面對整個精神世界，整個宇宙之精神。因而此中有最高的絕對精神之呈現。

此絕對精神之所以當由客觀精神中發展而出，原於客觀精神之最高表現之國家，仍爲有外的。國家之在世界史之盛衰，受世界史之裁判，即其有外之證。人超出此有限之國家，以面對整個宇宙之精神，則其所首表現者，爲藝術精神。

藝術精神之所以爲絕對精神之第一階段，由藝術精神原於發現自然之美。自然之美爲在自然中之理念之透過感覺現象，而直接顯示於人之直接的感性心靈之前。吾人之能欣賞自然之美，則由吾人之透過自然之感覺現象，而與其似外在而實內在的理念之閃爍相遇。唯吾人一持理念之標準，以衡量自然之美，又覺其不足勝任於表現吾人之內在理念之崇高；於是吾人即依內在之理念，以求透過感性之活動，感覺性之自然，以從事藝術之創造，而其創造之目標，則在表現內在理念之無限與自由，於形色聲音文字之感覺世界，使感覺世界成爲順此理念而生之精神之表現。

黑格爾之論藝術，分「一般之美」及「藝術之類型」與「各種類之特殊藝術」。第一項可略如上述。第二三項可略合併說。其分藝術之類型，第一爲「象徵藝術」，此中以「建築」爲主。第二爲「古典藝術」，以「雕刻」爲主。第三爲「浪漫藝術」，以「圖畫」「音樂」「詩歌」爲主。而此三者之別，則在「象徵藝術」中，其藝術之精神內容，尙未能具體的表現於藝術之物質材料之形式中，而只由藝術作品而暗示，亦卽未嘗眞由之而表現。如埃及之墓道之曲折，以暗示死者靈魂之經歷是也。而「古典藝術」，則爲藝術之精神內容與其形式之內外相應，如希臘人體雕刻是也。至「浪漫藝術」則爲其精神內容之超溢出其形式，而衝破形式之束縛者。此卽見藝術精神之自物質材料的世界感性的世界，逐漸的脫顯而出，此中主要是以近代之浪漫主義的繪畫音樂詩歌爲代表。藝術之由以沉重之物質爲材料之建築，至對沉重物質加以雕刻，以使物質具備精神形式，至重平面上塗形相之畫，更至只在時間中存在之音樂，再至只以文字歌詠，專恃精神以了解其意義之詩歌，此本身卽一不斷由可見的空間的物質世界，逐漸超化至時間中之聲音，至內在的精神意義之表現之藝術精神發展的歷程。

絕對精神之第二階段爲宗敎。宗敎之所以爲繼藝術以後之更高階段之絕對精神，由於宗敎精神，乃求脫離一切感覺形相，以把握宇宙精神之一絕對精神者。藝術精神之由象徵建築發展至浪漫主義之詩歌，原即日益顯示精神之只能純由精神而把握。由此而直接肯定一宇宙性的精神之實在，與此精神實在之超越現實感覺界而自存，即爲宗教中神之信仰崇拜所從出。唯以人之肯定宇宙的精神之實在，超現實感覺界而自存，初不能達於眞正之純淨；因而人之宗教，有各種之高低之形態。直至最高之宗教，其於人神與世界之關係，亦尚不能全免於感覺圖像之語言。於是眞欲完全實現宗教之超感覺世界之理念，則必由宗教精神超轉出哲學精神，純以超感覺之絕對理念絕對眞理，爲精神所把握之對象。

宗教之各形態，黑格爾分爲「自然宗教」，與「精神個體之宗教」，與「絕對的宗教」。自然宗教中分「魔術」，「實體宗教」，「過渡至精神個體宗教」之宗教。而此中實體之宗教中，又分「中國宗教」，「印度教」，「佛教」。過渡至精神個體之宗教，又分「波斯教」，「敍利亞宗教」，「埃及宗教」。精神個體之宗教中分「猶太宗教」，「希臘宗教」，「羅馬宗教」。至於絕對宗教，則爲「基督教」。黑格爾所定之宗教之次序之所以如此，其意是魔術階段之神，爲與人有直接關係者。因而人在此自覺可作法，以役使鬼神。由此人與神之直接關係之否定，則爲肯定一客觀普遍之神與特殊之我相對之實體宗教。實體宗教中，如中國之天神，爲一未分化之普遍之上帝，此乃由帝王代表，人民則只能服從帝王，以遵天命者。此中上帝之觀念未凸出。印度教中之梵天上帝，則凸出於上。故人如欲與之合一，須空掉屬於其自己之一切內容，而重解脫。至佛教，而此上帝之純有，即化爲空即無，而以涅槃代上帝。「空」「無」爲無一切規定者。由是以再升進一層之宗教，則爲「過渡至精神個體之宗教」，此首爲波斯教之對上帝有一確切之規定。卽規定之爲善神。然此神之「善」只表現於其對外之權力，尙未全在精神，且此善尙爲抽象的善。抽象的卽片面的，故另一面，有惡神與之相對，而波斯教中有善惡神之永恆的爭鬭。又其善神卽光，故拜火。光爲感性的，則善神之善，未達純精神之善。而由此進一級之宗教，爲敍利亞宗教。此中有二神話，見其宗教之特徵。一爲火鳳凰之自焚而自灰中升起之神話，一爲亞東尼(Adonis)神於死後第三日復生之神話，此處初見反面的自然之死，爲生命或精神之神之一成份，亦見神之具自己否定之原理。至於「埃及之宗教」中，則有阿塞尼斯(Osiris)之善神，被惡神替封(Typhon)所殺之神話。然其被殺而再復活，則不特爲陽間之主宰，且爲陰間之主宰，最後判替封之罪，而加以懲罰。此則爲表現神之死而復活，由否定之否定，而更增其地位之神話。至於「猶太教」，則爲開始確定上帝爲一人格，爲精神個體之宗教，而異於前此之自然宗教者。然猶太教之耶和華，創造天地萬物與人，亦可滅之。一切萬物與人，遂無其自己存在之權利，其存在由於耶和華之恩。則此上帝，只見其威嚴可畏，爲世界主宰，人於此，對神乃只居奴僕之地位。至於「希臘之宗教」，則爲神表現於感覺界，而成衆多之自然神之宗教。此中之神具人性。希臘之神人性化，而人亦爲自由人。故希臘宗教爲「自由人之宗教」，亦愉快之宗教。希臘之宙斯(Zeus)則保護法律與主權之神。唯希臘之衆神之後之統一原則，則未明白自覺爲何，而只覺爲一盲目不可知的非理性之力。此卽爲希臘之命運觀念。而「羅馬之宗教」，則爲猶太與希臘宗教精神之綜合，乃一方面有衆神，而衆神又合以達一普遍之實用目標者。此稱爲「功利之宗教」。至於最後之絕對宗教，即基督教。基督教所以高於以前之宗教者，在其上帝非只一人格，爲一具體之精神。而基督教上帝之爲一具體的精神，則見於其三位一體之教義。三位一體之教義中之聖父，即上帝之在其自己，而爲一純普遍者，如理念自己。上帝之創造自然，如普遍之理念之特殊化其自己。此所創造之自然，與人之墮落，表示上帝與世界者間之分裂。此分裂之調和，則係於上帝之自己之特殊化爲耶穌基督，再由耶穌之死，更復活以升天；以表示上帝之下降至墮落後之人類世界，而再救贖人類，以回向其自己。此即特殊化之上帝之重返於其自身之普遍性，以成就其個體性之一正反合之歷程。此「由特殊以再回到普遍之上帝」所顯示之精神，即稱爲聖靈。聖靈之國度，即諸回向上帝之人羣集合所成之教會。此即黑氏用其哲學以解釋基督教之理論。

然爲宗教之最高階段之基督教，在其說三位一體之上帝與世界人類之關係時，仍未脫圖像式之語言。此語言仍初爲指感覺性事物者。如上帝七日造世界，亞當墮落，及父子之關係等，皆圖像式語言。此即見人對宗教之自身所涵之眞理，尙未能純從精神上去加以理解體現。欲達此一步，則俟乎哲學。哲學之語言，亦即可使人生活於純淨的眞理之世界，亦即純思想精神之世界者。哲學之精神亦即人之內在的理性或宇宙之絕對理念，歷盡其一切主觀精神、客觀精神、藝術宗教等絕對精神之一切表現，而復返於自身之一種精神。至於哲學之內容爲何，則一切此上之所說者及其邏輯與自然哲學，皆是其例。此即成一大圓周之終而復始。

十一、黑格爾哲學之歸約與中國思想

此上卽依黑氏之哲學大全，順其次第，以述其精神哲學之大旨；旣無詳細分析，亦無評論，而唯重在其對諸種精神之轉折之關鍵，一加指點。如要詳細了解，讀者可看其書。其細節可評處甚多。如其對中國印度之宗教，卽無眞了解。其以哲學爲最高精神之表現，我亦覺其可議。但其意之所在，亦可只在說明一切精神，皆必歸於對精神之自覺，則亦可說。而從整個看，則我認爲我們了解其精神哲學後，最後尙須歸向於認識「精神在己，且在人，亦爲天地間之公物」之一義，方爲究竟。依此義，卽吾人在求自覺吾個人之主觀精神時，吾亦實不能眞縮在吾人個人之內，以求加以了解，因主觀精神之由感覺、理智、自覺、至理性，均爲向客觀世界者。今謂之爲主觀精神，唯是自吾人之論此等精神時，吾人之視線，乃指向此等精神之自個人而發處以說。至所謂客觀精神，亦實不外個人之集體精神。此集體精神之內容，亦非只爲客觀外在而兼皆爲原則上爲個人之所得而自覺者。否則吾人何得而論之？今謂之爲客觀精神者，亦不過謂吾人之論此等等之精神，乃注目在個人精神之交互關係處而已。至於絕對精神，則一方爲個人面對宇宙所顯之精神，而此亦卽宇宙精神之顯於個人。於此吾人須知，凡一切個人對宇宙之精神，試客觀化之，卽皆成宇宙自身之精神；而一切所謂宇宙或上帝之精神之及於個人者，如試主觀化之，卽皆成爲個人之精神；而一個人之藝術宗教哲學之絕對精神之表現於他人，爲他人之所知，則此等等精神，亦皆成社會客觀精神之內容。故依吾人之意，任何精神自其爲我所自覺而言，皆爲主觀精神；至其爲人所共享共喩言，皆爲客觀精神；自其爲天地間之公物，非我所得而私，亦非人類所得而私，而只是如是如是的洋洋乎如在我之上他人之上言，卽皆爲絕對精神。此爲吾人由黑格爾之所言，更升進一層以爲論，而使吾人能於此處，下瞰黑格爾，而更能了解之者。黑格爾之主觀精神，歸於心靈之把握其所求與所知。此中國先哲所謂福德也；其客觀精神歸於社會倫理，此中國先哲所謂人倫人道也；其絕對精神者，人道之通於天道。絕對精神之始於藝術，繼於宗教，此興於詩而立於禮，由禮樂以澈幽明之際也；其終於哲學，此金聲玉振之禮樂成，而終於智之條理也。夫天下「同歸而殊途，一致而百慮」，「夫道，一而已矣」。吾人若能本先哲高明而簡易之教，以立心，而觀黑格爾之所論之繁密，則亦未嘗不可縮龍成寸。其主觀客觀絕對精神之三分，吾上既已說其可爲同一精神之三觀，吾人以前復論其自然哲學、邏輯、與精神哲學之三分，亦爲立於一中心之地，向三方向看之三觀之所成；則於其內部之一一三聯式之思想，吾人亦皆可得其環中，以剪除榛莽，修其途轍；而化其繚繞，以歸平直，袪其晦暗，以復清明。吾中土多大乘根器，必有能爲是者。然若吾人之精神未達黑格爾之高度，只由其某言不合今之科學，不合歷史上新發現事實，或今日之邏輯，如後之實用主義者，新實在論者，自然主義者，邏輯經驗論者，各本其哲學之觀點，所發之批評之論，要皆逞小智以評大哲。此皆如勃拉得雷所謂山半之雲霧，何足以掩高山之矗立於雲霧之上？由百世之後，等古今中西之哲，黑格爾要爲一望道而能見之大哲。唯解人不易，知言實難，而黑氏之立言方式，亦有責焉。吾於二十年前，卽讀其精神現象學一書，當時以爲已解，今爲寫此文，乃重閱一度；於其中之晦澀繚繞處，仍不能盡解，要亦爲其時黑氏思想尙未成熟之證。至其哲學大全，則爲其思想成熟之作，故較爲淸楚。而世人之仍或讀之一句不解所謂者，此要在不得其所以讀之之道。此道則吾以爲唯在知其精神哲學乃爲其哲學之重心，對其邏輯與自然哲學，亦當視如內在於精神之思想範疇及自然之知識來看，且必須於三者，試分別觀之。至於欲知其整個哲學之面目之何所是，則吾人必須先擧頭天外而俯瞰之，並見其與中國先哲之德慧，遙相照映處，方可不致自陷迷津。此卽本文之所以作之區區微意也。鮑桑奎嘗言，他人謂黑格爾不可理解，彼則覺唯黑格爾可理解。則理解之，蓋確有其一定之道也。

述海德格之存在哲學

一、導　言

海德格是德國存在主義哲學家。在最近三十年來，歐美新出的哲學，蓋未有比存在哲學，更爲世界各方人士所注意者。邏輯實證主義者（Logical positivists）雖然勢力極大。但其成就，只在哲學技術方面。哲學的中心問題，畢竟在形上學，人生文化哲學方面。在此方面之歐洲哲學，十八九世紀之交，康德黑格爾之理想主義，是一大潮流。此潮流在十九世紀之末，曾普遍影響歐美哲學界。德英美意法，皆有新康德派新黑格爾派之產生。但二十世紀初，則有種種反康德反黑格爾之哲學派別——如實用主義、柏格孫之生命哲學、新實在論等——之興起。諸新哲學派別初起時，固足震盪一時之觀聽；然一落到哲學系統的建構方面，則其魄力，皆遠不如康德黑格爾派。二十世紀中，比較爲西方哲學界本身所推重之哲學系統，在英美方面者，一是懷特海（A. N. Whitehead）之系統。一是亞力山大(S. Alexander)之系統，一是桑他耶那(C. Santayana)之系統。但懷特海與亞力山大之系統，都只是一宇宙論的系統。他們雖亦論人生文化或價值，但並不見得如何高明。桑他耶那較長於此，卻帶詩人氣氛。亞力山大哲學中，包含不少斯賓諾薩之精神。懷特海是要回到柏拉圖之傳統。桑他耶那亦要回到柏拉圖與希臘之自然主義。皆不像二十世紀初，新實在論實用主義或生命哲學初起時，那樣對傳統哲學，只偏重於消極的批評了。懷亞桑三氏外，杜威羅素亦馳名一世。然嚴格說，二氏乃哲學批評家，作一種哲學運動者，而非哲學體系之建立者。在歐洲大陸方面，上述邏輯實證論導原於奧國之維也納學派。德國方面，除了一些文化哲學歷史哲學家如斯賓格勒、凱薩林等外，能在哲學本部建立嚴格之體系，而氣魄博大者，有虎塞爾（E. Husserl）、哈特曼(N. Hartmann)等。而三十年來，最爲社會人士與哲學界所注意之新哲學潮流，則爲存在哲學。存在哲學之名，來自丹麥之杞克伽(D. S. Kierkegaard 1813—1855)所論之存在的思索。杞克伽之哲學，乃其個人之內心生活之反省，此反省，原於其感到其自己生命與宗教信仰中所信之上帝之距離。此距離如一精神的深淵，待於一內在的精神上之跳躍，而其寫作卽皆其內在的精神之求此跳躍之足跡。他有一宗教性的哲學家之人格，而非一「論述哲學」的思想家。現代之存在哲學家，方受其感召，而從事論述哲學。此派哲學家中，除海氏外，以雅士培（K. Jaspers）馬賽爾 G. Marcel 及薩特爾 P. Sartre最馳名。馬賽爾雅士培著作最多，其思想之包涵性最大，與傳統哲學如康德之哲學，亦較爲接近。馬賽爾之著，短簡而親切，與天主教哲學有所契合。薩特爾則明標無神的存在主義之旗幟，挑戰性最顯。後二人皆兼從事文學創作。雅士培薩特爾海德格皆與當代政治有牽連。雅士培並組有哲學運動之團體，巴黎尙有所謂存在哲學之劇場酒館。諾斯諾圃（Northrop）在東方與西方之會合（即下一文所介紹）中嘗說，南美哲學亦以虎塞爾之現象學派及海氏之存在哲學爲最盛。而歐美天主教之新多瑪派，如馬里坦 Maritain 等亦有轉而據天主教教義以發揮存在哲學之義者。柯林斯 James Collins 一九五一年五月出版的存在主義者一書，曾列舉近二三十年來英美法德之存在主義哲學重要著作，已有一百七十二種。可見此派哲學潮流勢力之大。本來哲學之活動，初只是依於少數個人之冥想。然有一眞精神之哲學，最後必影響到社會文化之各方面，引起許多人去講。但當一哲學思想，如此通俗化了時，其原始精神，便會冲淡或變質，而其毛病與流弊，亦會漸出。這時需要人從本原上去考核，並思索此哲學思想何以有如此大之影響之故，與其眞實之價値在何處。所以對於存在哲學，我們實有注意之必要。中國介紹存在哲學者，今只見張嘉謀之一生存哲學（商務）是講其師雅士培思想者，但非常簡單。我在十多年前即曾見布洛克 Werner Brock）所著之德國現代哲學，講到海德格，便感到趣味。後來中大同事熊偉，受學於海氏，曾有一論文在中大文史哲季刊發表，其中有不少海氏之思想。他常與我談到海氏。但我最近才看一些介紹此派哲學的書，覺得雅士培馬賽爾，比較正宗健康，薩特爾太偏激。他們雖皆有啓人靈慧之處，卻仍以海德格之思想，較使人有一新鮮生疏之感，可更引起人深入若干問題。海氏本人之存有與時間，尙未譯成英文，（按此書於一九六二年已有英文譯本，我閱後，覺我在十二年前寫成之此文所介紹雖嫌太粗略，亦無大訛誤一九六五毅誌），我之德文亦不行。今所介紹者，主要根據布洛克所譯著之存在與實有一書。這書除對海氏名著存有與時間有百餘提要的解釋外，並包含海氏四篇論文之翻譯。一爲何謂形上學（What is metaphyiscs），一爲眞理之本質（Essence of Truth），一爲詩人之懷念（Remembrance of a Poet），一爲霍德林與詩之本質（Holderlin and the Essence of Poetry），再加上布氏對此四文之一百餘頁的解釋。布氏在十餘年前，卽治海氏思想，其翻譯與介紹，曾得海氏本人之鼓勵，其解釋當大體可靠。唯以海氏思想方式之奇特，卽經布氏之解釋，其本意仍不易見。但對海氏這種形態之哲學精神，我先在東方哲學中，已有所契會。我自以爲能知其哲學在人類的哲學思維中，在那條路上走。因此決定先根據布氏之書，作一介紹。除前三節中，我不免加上我之他方面之知識，以幫助說明外，餘皆大體依布氏之解釋。

二、海氏哲學之面貌

因爲海氏思想之特殊，所以我在正式介紹其思想內容之前，我要先據布氏此書及他書，一敍述海氏在西方哲學上之地位，及我對海氏哲學之面貌，所感到之一輪廓的印象。以使讀者逐漸走進海氏哲學之內部。這我將先自海氏與德國現象學派關係說起。

海氏之出名，是由其在一九二七年在德現象學派大師虎塞爾（E. Husserl）之現象學年報中，發表存有與時間一書。虎塞爾之所謂現象學方法，是一普遍的哲學方法。虎氏自認由此方法，可使哲學眞成一嚴密的學問，同時爲人類開闢出新的哲學境界。海氏之發表存有與時間一書，他最初宣稱是用的現象學方法，以研究一種特殊的存有——卽人生之存在。我們知道虎塞爾的思想，頗淵源於布倫唐諾（F. Brentano 1838—1917）。布倫唐諾是維也納大學教授。當十九世紀康德黑格爾之哲學盛極一時之際，布氏卻要承繼亞里士多德精神，與中世紀哲學之一些觀念。他之心理學是有名的。他已着重意識之向外緣慮指向之性質，以此爲實在論之根據。虎塞爾更繼而倡導現象學的方法，以意識之指向性（Intentionality）爲中心概念，以直觀「純粹意識所指向」之純粹本質或純粹現象的世界。此所謂純粹本質純粹現象之內容，其實卽柏拉圖所謂理型世界之擴充。不過虎氏之思想又是從康德哲學中翻出。所以此一切純粹本質、純粹現象，雖超越於現實世界，然而一方亦未嘗不內在於純粹意識所依之「純粹的超越自我」。這一種現象學方法，依虎塞爾說，雖可普遍應用於哲學之各方面，但是應用於心靈現象、精神現象，更易見精彩。故席婁（Max Scheler）與哈特曼（Hartmann）之應用現象學法，以研究人生哲學與倫理學，都較他人對人生價值與道德價值，有更親切之體會與描述。海氏將現象學方法，用於人生存在之考察，自然亦是極適宜的。

但是我們卻不能因上所說，而謂海氏只是虎氏之一信徒。實際上，海氏之用現象學的方法，至人生存在之考察，其目的已超出虎氏之重直觀重描述之精神以外。虎氏之現象學方法，是要暫撇開「存在」

的問題，而海氏則要求由人生存在之現象的直觀，透到人生存在之本體論的性相的分析，以求直達存有的形上學。原來海氏少年時，卽陶養於聖多瑪之經院哲學，以後接受西南學派的新康德派之溫德爾班（Windelband）李卡特（H. Rickert）之教。他之第一部書，是講中世之鄧士各塔（Duns Scotus），溫德爾班曾大加獎掖。海氏之接近虎塞爾而受其方法論之影響，是後來的事。而其思想，亦不限於講人生哲學。在根柢上，海氏乃一形上學者。他在形上學上最大的野心，是想以存有之概念爲哲學之中心，而代替近代西方哲學自笛卡爾、培根、洛克，直至康德、黑格爾等之以「心靈」「理性」「意識」「自我」概念爲哲學中心之思路。他之哲學精神，可謂一直要回到希臘人之重存有的哲學精神。他似在企圖透過柏拉圖之理型之回憶等概念，並透過帕門尼德斯（Parmenides）之「太一」「存有」等概念，以重新講存有。柏拉圖講回憶，海氏講人生內在之可能與不可能。帕門尼德斯說「存有」，而又說無「無」，海氏則企圖透過無之概念，來啓現「存有」，以了解存有之全。海氏存有與時間一書，自書名看，便知其是一形上學的書。他此書之目標，乃在由人生存在之性相之認識，以認識時間；再由時間以透入宇宙之存有之認識。他對人生之認識，乃承杞克伽前進，與虎塞爾全無關係。他在此書所陳計劃未完成。已完成者，只是論人生之存在性相，人生之時間性之一部，此只佔其計劃三分之一。依其全部計劃看，他明是要求自亞里士多德、康德、黑格爾之時間觀中超拔出去，以再造一存有之形上學。他是走的一極艱險而長遠的路。他剩下來的三分之二的著作計劃，迄今尙未實現。他在形而上學方面的野心，亦許會失敗。但界，這失敗亦可是英雄性的失敗。就他已發表之著作看，至少他在人生哲學中已有極大的成就，為他人所不及者。在形而上學中，他亦提出一些新觀念。他在一九二九年承繼了虎塞爾在佛來堡（Freiburg）大學之講座。納粹希特勒當權後，一九三三年被選舉負責佛來堡大學校務，曾發表一篇關於德國大學之地位之告國民書。但旋辭去此職，二次大戰後，更不復任教授，而過他恬靜的隱居生活，惟偶然作短期的講學。布洛克於一九四七年曾到黑林山之突提諾小鎮（Todtnau in Black Forest Mountain）去拜訪過海氏。他說，他一走到鎮外，爬上山坡，人煙漸漸稀疏，一條羊腸小徑，直達山頂一谷旁之茅屋，卽海氏居所，但見四顧茫茫，一片荒野。海氏生活非常簡樸，幾近於原始。座上只有很少的書。他已與世隔絕，只是偶然以文字與世相見而已。布氏說此蒼茫寂靜的雰圍，正與海氏之哲學精神相應。我看到布氏講到此，使我想像到西方的斯賓諾薩，與一些希臘中古遯隱的哲人與宗教家。亦使我想到中國古代的隱者與道家人物。友人張丕介先生亦曾聽他講書，據說其講書時所穿衣服，亦是另外一種形式。張先生並留有相片一張，我看看，覺其雖仍免不了西方人的一股峻厲之氣，然而卻是一沉潛深思者的像。現在世界已少有隱遯的哲學家了。我相信眞正的哲學家，總不免內心趨於隱遯的。如果不是出於責任感，哲學家應當不願與世俗為伍的。

由上所講，讀者已可約略了解到海氏之在哲學精神上，是要自居於一開創者之地位的。他雖用了現象學派的方法，而其精神之所契合者，在近代只有杞克伽一人。他有時表示對於西方過去一切形而上學皆不滿。他之哲學中究竟有多少中世紀與希臘之精神，我不能確定。但是，他至少自居於西方近代哲學精神外之一異端。從他的爲人與其哲學之重「可能」「怖慄」「死」「良知」「罪業感」「發決心」「無」「開朗」「眞實化」（Authenticity）等概念上說，他的哲學精神，實與印度之佛學，有若干契合之處。亦與中國之道家儒家有相通之處。而在知識論之立場說，則他是實在論者而非觀念論者。在人生哲學上說，他是重個體而非重全體，反現實主義而尚超越主義。至其文章之氣度，則是以凝斂沉鬱見長，而非以流利生動見長。其用思之方式，是層層向內之剝蕉抽繭，而非步步擴大之綜合貫通，亦非向外之排比分類。但其書所用名詞，多爲自造，又喜拆字以講哲學，而論「眞哲學不對常識講話」，「常識對哲學是聾的」，故人們亦覺其哲學似極生澀費解，其所會悟之哲學理境，更如對人爲一異常生疏之物。本來西哲來布尼茲早已說過，「生疏是哲學的秘密」。人對世界不感生疏，則無眞正的驚奇，亦無眞哲學思維。故眞正的哲學著作，正當使人覺到處處是生疏。人必覺生疏，而後覺新妍。生澀之名詞，亦所以使人增加生疏新妍之感者。故此等等未必即海氏之罪。合而言之，我對海氏之哲學精神之一總的印象，是覺其有一種陰柔靜穆之美，似仙才亦似鬼才。其哲學對此時代說得好，是可以超西洋近代精神，以通於希臘、通於印度之佛家、中國之道家儒家者。說得不好，亦是一熱惱世界的淸涼劑，同時可爲刺激人去作幽深玄遠之思想之誘導物。這是我對其哲學思想之一籠統的印象。讀者亦宜順此方向去認識其價值。

三、海氏人生哲學的道路

上面我曾說海氏之存在哲學是重個人的。其所承之近代思想家，是丹麥杞克伽，存在哲學一名，即從杞氏所謂存在的思索而來。本來西方近代哲學中之重個人的思想，有好多種形態。英國重個人之樂利者如邊沁、穆勒等，是一形態。他們固都講社會樂利，然社會樂利亦不過個人樂利之和。杜威詹姆士之重個人，則是重個人之智慧的創造力，或個人之信仰的意志，與創造試驗的精神。因惟有此，社會才能進步。此二種思潮，對一般政治社會經濟思想影響甚大。然在人生哲學中看，亦可卑之無甚高論，說不上什麼人生智慧。易卜生早年之個人主義，謂孤獨的人是最强的人，與斯丁納（Stiner）之唯我主義，以我爲至高無上，則都有讚美崇拜「個體性」本身的意味。尼采之倡超人哲學，則對於每一個體人格之核心之權力意志與超越意志，加以强調，不僅讚美崇拜之，且由崇拜而發生一狂熱。這都是一種浪漫性的個人主義。這種重個人主義的思想，不足爲訓，然而卻有更多的人生哲學意味。杞克伽之性格有與尼采相類處。此二人之不合時代，而爲當時人所遺棄之命運相同。尼采鄙棄一切，而一生在高山呼號，禮讚超人之出現。他不信上帝，而說「如果有上帝，我如何能忍住不當上帝」。這個思想使他由熱狂而瘋狂。而其思想之效果，亦可影響至希特勒，他與希特勒可說同帶神魔性。杞克伽則是一宗教道德意識甚强的人。如說尼采是男性的，杞氏則是女性的。杞氏亦一生在孤獨寂寞中生活。他反對教會，而又極力求上帝爲其精神之所依歸。曾有一女子愛上他，但他覺愛情使其精神降落而離開她。上文已說其哲學乃其個人內心生活之反省，故其哲學亦如尼采之自其生活中流出。他與尼采同無意爲一論述哲學者，故皆反對哲學系統之構造。尼采以哲學家之構造系統，爲思想衰弱而呆滯化之表現。杞氏亦以形成一客觀性的系統之哲學著作，乃離開主體性之眞理，爲一大虛妄。故其著作皆爲東一本，西一本。並不斷變更筆名發表。其對當時牧師之說教與黑格爾之哲學系統，皆極力反對，因其皆爲離開主體性之眞理者。黑格爾講主觀精神，客觀精神，絕對精神，是客觀化的講，以形成種種關於精神之概念的間架。但精神之概念並非卽精神之自己之存在。精神自己之存在：亦非表出之精神之所能盡，存在之自身尙有其內在的深奧。現代之存在哲學家雅士培，承杞氏而論人生之存在，嘗指出「現實」，「一般意識或普遍意識」與「精神」，皆各只爲個體人生存在之一方面。大率自然主義者，以現實生活之需要等看人生之存在。理性主義者則自一般意識——卽理性的理解意識——看人生之存在。而菲希特、黑格爾，則自精神在一切歷史文化之表現上，看人生之存在。雅士培則主張看人生之存在，應包括此三面而超越之，以使人生具備一超越的現實性（Transcendent actuality）。雅氏謂當前之人類，須對其自身有一信仰，然不必限於基督教之所謂啓示。人可由哲學上之覺悟，以使其直接接觸上帝。故人可在其現實生活之種種危機、極限邊沿之命運、與自由決定之擔承中，求安身立命；並以人之公共生活、人與人之心靈交通，與當前歷史時代任務之承擔中，同可體證此超越的現實性。不過一切皆繫於以「眞實」或「眞誠」(Authenticity)

爲其內容。雅士培之哲學似比較平實，而且教訓指導人如何生活之意味比較重。

再說到海德格，他與雅氏之存在哲學同有受杞克伽之啓發處。其注重個體的人生存在，與不專自現實或精神看人生，不重宗教上之啓示，而重「超越」，重「人生之歷史性」，重「眞實或眞誠之人生」等都與雅氏相同。但雅氏之人生哲學，教訓與指導人如何生活之意味重，而海氏則意在分析人生之存在性相，以透入形上學，理論的興趣更濃。他在眞理之本質一文，曾言其與雅氏之不同。但因他們畢竟同處不少，故我先在上面略提到雅氏，亦可使我們對海氏之思想，更易瞭解些。至於我們在上面之兼提到其他重個人之哲學，則所以陪襯出存在哲學之重個人與其他個人主義之不同而已。

我們以上曾說海氏之哲學方法，爲虎塞爾之現象學方法。所謂現象學方法，據虎塞爾解釋，即不用一切假設或預設（Presupposition），以直觀「自明的本質」（Self-evident Essence）的方法。現象學方法原來是要把所觀察之對象之存在與否一問題，用所謂現象學的括弧（Phenomelogical Bracket）括住的。但是，海德格用此方法，以觀人生之存在，則此方法成爲一展露人生之存在性相，以透入形上學的存有的方法。不過，雖然如此，此展露初仍是直覺式描述式的展露。而非解釋式或推演式或批導式的展露。譬如說，康德之實踐理性批導一書之展露人之道德意識，是批導式。菲希特黑格爾之論人類精神之發展，則是推演式。今之下意識心理學家，以權力欲、性欲說明人生之許多變態心理便是解釋式。而印度唯識家之分析心所等，便是描述式直觀式。海德格之展露人生之存在性相之方法，根本上是描述式直觀式，不過此描述與直觀同時亦是分析，而要向形上學透入而已。

我們方才說過，海氏之存有與時間一書，是要由人生之性相之描述直觀分析，以透入形上學，這依於海氏在根柢上，相信形上學與人生哲學之不可分。何以形上學與人生哲學原不可分？此理由亦可先說一說。形上學是關於宇宙全體的，然宇宙全體中便包括人類自身。於是形上學問題與科學問題便絕不相同。科學求了解客觀宇宙之某一部現象，此可不包括人類自身。科學中固可有人類學，人類學家可把人類當成客觀的對象來研究。然而一人類學家，仍不須亦不能眞把他自己化爲人類學研究的對象。科學家可以發現各種問題，但科學家可以不問他自己究竟是個甚麼東西。形上學家要研究宇宙全體，對宇宙全體發問，則他自己之存在本身，卽是一成問題的東西。科學家可以爲一發問者，然而「他之爲一發問者之本身」，不是他所要問的。如果他要問：「他何以會發問，何以要問？」他對他之爲發問者本身，起了問題，一直問下去，那他便會超出科學的範圍，而成了形而上學家。形上學必問到形上學家自己。由此便會問到他自己之人生究竟是什麽，我應當作什麽，我能祈望什麽。思索此等問題，卽可幫助形上學問題之解決。而思索此諸問題，以求安頓我之身心性命，便是人生哲學。

但是我這人生究竟是甚麽，乃一人生之眞實的性相問題。此與我應當作甚麽，祈望甚麽，乃一人生之理想問題不同。海氏人生哲學之目標，卽在認識此人生存在之性相（海氏又說，對呈現之自然物言，以前哲學家用範疇以說其存在形式。但對人生自己，則不宜用範疇一詞，宜易以存在性相之一名。故人生之存在性相，亦即可謂人生存在之範疇。）人生有其存在性相，並依其存在性相，以有其存在於世界之意義。這不是說人生必然實際存在於世界，因爲人是可以死的。此只是說：如果有人生，那他就必有其存在於世界之性相，與存在於世界之意義，否則不是人生。

海氏分析人生存在於世界之性相，他用了許多極生疏的名詞來分析。我們人人均似極熟習人生。我們看了海氏之書，卻可使我們覺得我們最不了解者，莫過於我們自己之人生。但其思想之方向，說來亦甚簡單。他之整個人生哲學，不外說明人生是一被抛擲到世間者，通常人在日常生活中之人生，都是不眞實的人生。眞實的人生，要透過怖慄感，死之預想，及良心罪惡之體驗，並發決心，以投射出人生之內在的眞可能，乃能顯出。在眞實的人生中，乃見人生之時間性歷史性。這些話，我們聽見，便可有許多聯想。但我們通常人對此一些名詞之聯想，常都是一些眞理門前之浮翳。我們必須把我們之隨便的聯想，一律打掉，才能了解其書。下文之介紹，爲使一般人易於了解，雖不能不多少加上一些說明，讓人去作一些聯想，以便使海氏思想與我們能相熟習。然當儘量減少，大體仍是依海氏之思路名詞去講。讀者如不靜心看，仍將覺費解。然而只要讀者眞能靜心多看幾次，則將發覺唯有依此思路與名詞，才能入於海氏哲學之門。並因而印證東方哲學中許多道理，且提高人生之境界。易解而高深的哲學，是莫有的。流利的文字，亦不適於表達高深的哲學。故下文的介紹，亦要逐漸走到生澀方面，因爲不生澀，即不能使人之散漫動盪的心止息下來，以了解眞理。

四、人生在世之意義與人生存在性相：被發現式

我們上面已說過，依海氏意，人生涵具存在於世界之性相，此說與我們通常所謂人生在世之言相同。然而，問題卽在：何謂人生在世？在這裏，我們首先要認清，人生在世一語，與他物之在世，截然不同。我們說，一星球之在太空，一草一木在庭園，一桌一椅之在房中，與我們說人在其家庭中、在辦公室、在學校、在海邊，此二在字，有截然不同之意義。前一「在」是空間意義的在，而後一「在」，則至少不只是空間意義的在。人生在世，是人住於世界，習於世界，生活於世界，而不只是如一物體之安排在空間。這卽是說，我不能把這人生外在化，而當作一空間中之事物看。人生之在世之在，是我直接體驗之一在。人之在世界，是他內在於自己，而世界展露於他之前，同時是他自己在於世界中。其次，我們要分析什麽是世界。

我們通常說「人生在世界」一語中之「世界」，最後是指世界之全體。然此處可引起一問題，卽世界全體一概念如何成立之問題。因眞展露在我們之前者，並非世界全體，而只是世界全體之一小部份。我們亦不能眞把握住世界之一切事物之全體。依康德說，世界之一名，如作爲世界事物之全體看，便只是指一切「可能經驗」的對象之全體。然如此之全體，又只是賴我們「繼續不斷地綜合」的活動去形

成，而永不能完滿的形成之一超越的理念。此全體不能是先在那兒，或已全部給與（Given）的。因而照康德意，我們只能說世界是在超越自我之可能經驗之範圍中——即世界在此自我中；而不能先說我在世界中。但海氏則於詳細分析所謂世界性之概念後，進而指出所謂我在世界全體中之意義。海氏於此之分析，極爲複雜。今只介紹海氏所謂我可直覺我是在世界全體中之義。此處海氏是直接訴之於經驗的現象。海氏舉例說，如我們在極度厭倦時，我們覺得此亦可厭，彼亦可厭，此時我便直感到自己是在世界全體之事物之包圍中。又如在我們所愛之人的面前，我們亦直覺我是在一包圍我之世界全體中。至於世界全體之不完全呈現於我之前，亦不至使「我在世界」中之「世界」一詞失去其意義。海氏在此，是從希臘哲學家如海雷克利塔斯（Heraclitus）、帕門尼德斯 Parmenides 等所用之希臘文的「世界」一字之涵義中，發現了世界一字之初義，原是指：「特殊種類存有，尚未被分別思索以前，如何如何地在全體中之一情態」。此諸存有未被分別思索，同時又爲我「可能發現，可能遭遇，而可能加以分別思索」者。由此即形成「包含此諸存有之世界全體」之實在性。海氏之意，世界全體初是指「鴻蒙中之一切有」或「被『無』覆蓋之一切有」。此一切有之可能，展露於我之前，以揭開此「無」之覆蓋，即使吾人被發現是在一世界全體中，使吾人覺在一世界全體中。故吾人不須由無盡的綜合世界事物，才能構成世界全體概念。故吾人亦不須待一切事物皆呈現展露於我之前，我才能覺知「我之在世界全體中」，而使此語有意義。

其次，再就所謂人生在世界中之世界之內容，來界定世界之涵義。海氏說在過去西洋哲學中，主要有二講法。一是說世界之內容，卽全部呈現之自然物，如山水木石等之全。此乃希臘最初之自然哲學家傳統之見。一是說世界卽指人類共同生活之世界，此乃由基督教之聖約翰聖保羅下來之義。但是海氏認爲世界，乃指人可能發現遭遇與人生相關係者之存有之全。除他人以外，世界中與我之人生相關係之事物，主要者非呈現在前的自然物，而是由人之文明而有之人造用具。他稱之爲（Utensils）。人對世界事物之關係，初只是一去取用之關係。世界事物，除了人直接所取用之用具外，才是單純呈現之自然物，而此亦同時是可取用者。前者他又稱之爲（Zuhanden），後者稱之爲（Vorhanden）。人對世界事物之關係，由取用而有所取着而有所關切，而裹脅於種種牽連不斷之事務中。此取着關切等，乃人之認識世界之活動所依的背景。他這一種思想，與柏格孫詹姆士有相通之處，與佛家之義尤契合。他反對西方傳統哲學之先從呈現之自然物，去解析世界之內容。他企圖透過人對其所用之用具的關係，去透視人與自然物的關係，並了解人與世界萬物的關係。這些地方都是相當新妍的思想方向。

我們知道了人生在世界中，是世界展露於他之前，對事物有所取着。此亦同時卽人生展露他自己於世界中。所謂世界與空間觀念分不開。對於空間，依康德說，此只是我們感覺世界之一方式範疇，則空間在我主觀的心中。依牛頓說，則一切自然物佈列於空間中，空間是世界的托底。此二說，海氏皆不取。他說空間不在我中，世界萬物亦不在空間中，而費大力去講明空間在世界中，世界展露於我時，則空間展露於世界；當我展露我這人生時，我這人生之空間性，亦展露於世界，其詳亦從略。

展露（Erschlessenheit, Disclose, Discover,）是海氏哲學之一基本概念。展露乃去掉一蒙蔽之意。所謂Dis-close, 或Dis-cover 卽去掉一封閉，揭開一覆蓋。人與世界之發生關係，卽世界之覆蓋，在人生之前打開，人生之覆蓋，在世界之前打開，而互相開朗。海氏在他處又用 Overtness 一字，以表示人之認識眞理，與眞理之暴陳於人前。印度思想中，有以無明爲人生之本，覺悟卽無此「無明」之謂。海氏之展露之義，多少具一無「無明」之義。但海氏之用此展露一名，又無價値上之涵義。又依海氏說，人展露他自己於世界，世界展露於人前，此中亦卽含一人生之外在化虛妄化之危機。此以後再說。

世界之展露於人生，人生之展露他自己於世界，可稱之爲人生之所以爲人生之基本性相。此可稱之爲「展露性」。由此「展露性」一概念之了解，我們便可進而論人生各種存在性相。

人生之第一存在性相，他稱之爲 Befindlishkeit。德文語根爲發現。海氏用此字，乃指「人生之被發現爲在那兒」之義。布氏謂此字英文無法譯，中文亦不好譯。我姑且譯爲被發現式。因海氏本以此字指人生如何被發現於生命與世界之方式，或人生如何展露他自己於世界中之方式。所謂人生，海氏原字是（Dasein），此字可意譯爲有所在而在那裏或這裏的此存有。此字所直指者，乃我之此有所在的存有，我之此有所在的人生。通常說此桌，此椅。這些「此」，是第二義以下的「此」。第一義的「此」，只能直指我此存有、我此人生。桌與椅等，是我此人生所遭遇的。其爲此，亦對我人生而言。故最直接的此存有，只是我此人生。因我之一字，可以引起其他的問題，故海氏只說，此存有。其意直指者卽我此人生，或此人生。

現在的問題是，「此存有」（卽我此人生）竟然存在了，這卽是說他竟然有生命，而與世界發生關係了；亦卽是此存有，被發現於生命與世界中了。其如何被發現於世界，或世界如何展露於我這人生之前，有其方式。此方式畢竟是甚麼？海氏認爲這初不是純粹的認識或理解。而是一種被感動的情調（Stimmung, mood, Gestimmtein, being Tuned, being in Humour, Spirit），透過此情調，世界與我之生命，告訴我一些甚麼。我此時亦宛如流瀉一光輝，到我所接之世界與我之生命，而有所悟會。但此尙不是純粹的認識或理解。只是一相感動或感通。此情調不能啓示我之所自來與我之所歸往。我之何來，我之何往，對我是隱蔽的，在黑幕中的。此情調只啓示我這人生，被發現爲：被放置拋擲到這世界的。我之生不是生於世界之任何處，而只是生在世界一特定的「那裏」，而成爲如此如此之我之人生。我既生在「那裏」了，我成爲如此如此了，我便得負我「那裏」之一切責任，我必得在我「那裏」，計劃着我「那裏」之一切。這些責任計劃與世界，隨我之有生，而展露在我之前，我不能逃。我只有從我之生在「那裏」出發，去遭遇着其他人物與環境中之一切。這一切都可感動我，影響我，刺激我，以至威脅我，使我恐怖。這一切都是我的命運。我們皆可試想，我之被放置拋擲到世間，當然不是由先得我之同意而來。然而我旣被放置拋擲到世界之「那裏」，而我亦卽會立刻把「那裏」之責任、計劃、命運，擔負在身，我竟不想逃或不能逃。這是人生之一本源上的大惑。而此亦即海氏所論人生存在之第一性相。

五、了解與言說

人生存在之第二性相，海氏稱爲了解（Verstehen understanding）。了解亦是流瀉一光輝，接到我之世界與我之生命。我在世界之「那裏」，我卽可流瀉一了解之光輝到「那裏」。然此與被感動的情調中之流瀉光輝，大不相同。海氏從最深的意義說，了解恒不是展露世界之是什麼，而是在展露人生之爲什麼（For what）而存在。了解世界，在通常只是了解他人與物或整個世界與我們之目的之關係。在通常，一切人物之所以有意義，可資了解，都是對我們之目的而說。所以了解在原始的本義上，是了解或自覺我們自己之目的。

目的是甚麼？目的是人生所要想實現的，以及相信他能實現的。目的是尙未實現而可能實現的「有」。實現目的，卽轉化可能者成爲現實的存在。人生的本質，卽不外把他之眞可能者，轉化爲現實的存在。

我們通常說，一自然物可能這樣可能那樣，此可能不必化爲現實，則可能的不同於必然的。故人皆謂可能的之涵義，在內涵上少於現實的與必然的。但海氏說，對人生自己言，則人生之眞可能者，更眞實於現實。如對靑年，他目的在戀愛，卽他有此可能而要實現之。同時亦卽此「可能」，要在他身上化爲現實，而主宰了他之現實人生，並驅迫其現實人生向一定之方向走。此「可能」，對他自己，即更眞實於現實。人了解其目的，即了解其所求之可能。故了解目的，即展露了人生之可能性（Potentialities），了解人生之爲甚麼而存在。

人生不能莫有目的，不能不對其目的，多少有所了解，且爲此「目的」或「可能」所驅策以前進。然人又在世界萬物中，爲萬物所感動，於是人同時亦得去了解其所遇之物之可能性。所謂對事物之實際的了解，都不外了解其作用，此亦即不外了解其可能性。譬如我要寫文章，是我之目的。這我固了解。但是我同時要了解，此筆此紙是否可寫，可否現出字來。一切物之可能性之實現，對我之目的，不是相順的即是相違的。萬物之相互間，又有各種不同之相違或相順之可能性，而成一交互關係之整體。此整體，又可與我之目的相違或相順——即對我之目的有利或有害。於是我之目的，即可成爲萬物之可能性總體之統一原則。然我之目的即我之可能性，由此我們便可再轉進一層而說；我在了解我之目的時，一方展露我之可能性，同時亦展露我之可能性之爲「萬物之可能之總體」之統一原則。此統一原則，乃純自主觀方面說。今按此義在實用主義及理想主義之哲學中均有之。

我要實現我之目的，我要實現我之可能性，以成就我之現實。即我要由我之目的，去主宰一切，我要求一切由己，而得自由。但是我所遇之萬物之可能性之實現，是否與我之目的相順，我卻永無把握。因相違亦是可能的。如相違了，我之目的不能實現。我之可能性不能現實化，我亦得承擔。而我何以有某某目的，要實現某某可能性，亦初非由我選擇。我生下來便有一些要實現的可能性，爲我所背負或擔任。我們前說人生是被拋擲而在此，現在可再進一層說，人生卽一「被拋擲的可能性」（thrown potentiality）。人了解其目的，卽了解其拋擲的可能性。人生之目的，時時在變化，時時在增加。幼年無愛情之目的，少年無功名之目的。此一一可能，依序隨緣以展露，而成爲目的；並非人之自覺的意識本身所能自主。自覺的意識只是順可能之展露，而展露之爲自覺中之目的。當另外的可能，要自內心深處展露時，原來自覺中之目的，便得讓位。故人生之內在的可能性，決定自覺中的目的之更替。自覺中的目的，只是內在的可能，正在展露，而被自覺之成果。內在的可能性主宰人生，而非自覺的意識之自身，能主宰人生。海氏此處所謂內在的可能性，正有通於佛家所謂業識，或種子之義者。

人之有目的，依於人之有要實現的可能。人生是一被拋擲的可能。但我們須知，人生在自覺其目的時，同時卽投射（Project）一生命的遠景於前。凡有目的的人，無不投映一生命的遠景於前。此投射，亦卽一向前的拋擲。人生既被拋擲於世界，而亦同時自覺若主動的拋擲投射一生命之遠景於前，以具像化我們之目的。故此投射，卽人生之被拋擲之一對反而相依之現象。

海氏又論由了解而有解釋命題等，皆從略。

人生存在之第三性相，他稱之爲言說（Speech）。言說是以文字與聲音，符示其所了解之世界之存有，同時表達其所了解之一切意義。海氏對言說之哲學，頗有其特殊之見地。他深知言說是人生存在之基本性相。他在存有與時間一書中，謂言說包含「所說之對象」「所如此說者」「傳達」與「所告知於人者」，而四者不可分，以合爲一言說之結構。而在論霍德林與詩之本質中，則謂言說不僅是傳達一意思與人，此只是言說之效用，而非言說之本質。言說之本質，是使世界之存有，眞展露於人自己之前。我想其意是，言說指示事物，同時卽如舉起事物而顯現之。故他謂人有言說，才眞有世界。但言說同時是最危險的東西。因爲言說之拼湊太容易了。亂拼湊了言說，亦卽錯亂了世界，而創造出人生最大的虛幻。海氏又論言說中自己說（Speaking）與聽話及緘默三者，相依而不可分。人能說故能聽。人所能聽者，皆其可能說者。一說一聽之談論之可能，依於所說所聽之字，指示一同樣之意義。故人與我之談論，卽構成人與我精神之內在的聯繫統一，而人與我於此又皆未嘗失去其自己者。在談論中，每人自己皆有聽話與緘默二可能性。人在聽話中，卽將所了解者吸收進去，卷而懷之以退藏於密，以成就了解。至於人之緘默，則恆由人之能說而不說，而只體驗那不說者，人在體驗那不說者時，人卽更直接接觸那不說者，使其所不說者，更彰顯於其自己之前。故緘默可以使人更增加了解，亦所以使人更能說，更能聽而成就談論者。

六、日常生活與陷落

以上三者，是人生存在之性相之第一部份。其第二部份，是專就人之在日常生活中之存在性相而言。海氏以人在日常生活中，上列三性相，皆以一特殊形態表現。此中言說，不成眞談論而只是閒談（Idle talk）。閒談之異於眞正的言說處，在談話者恒並不眞了解其所說，而聽話者亦只聽見話。於此人只在襲取的一切話中活動而已。又在人之日常生活中，無求眞正的了解之心而只有好奇（Curiosity）。好奇中，亦有心靈的光輝，在流瀉蕩漾，故要去求新的。但此光輝，卻無眞正的着落處，搖擺而含糊。海氏稱爲 Zweldeutigkeit, ambiguity。此字在此可逕譯爲含糊，即對眞了解與非眞了解者間，無眞辨別，而以此爲彼，以彼爲此（此蓋爲一種混亂的被感動）以成含糊之了解。此日常生活之存在性相，乃上列之人生存性相，表現於日常生活之三種特殊形態。海氏再順此以指出第四種人生存在性相，而名之爲陷落（Verfallen）。

海氏所謂陷落之表面意義，即指人生之恒只關心於其所憂慮之世界，而沉淪其中。海氏分析人生一切存在性相之本質，他特提出擔心或慮。但關於此名，今暫不說。俟下詳。然海氏所謂陷落之深義，則尚不是直接從人生之在「慮」中說。人生陷落之根底，海氏以爲在人之日常生活，使其與衆並無不同（One like many,），此即人生陷落之原始。海氏之存在哲學，亦兼要客觀的展示一眞人之性相。眞人必須爲一有個體性之人。良心與道德，是屬於有個體性之人。人有良心與道德，當然有人與人之公共生活等。但是在我們日常的公衆生活中，卻並不能陶養出眞人，亦說不上眞正的良心與道德之出現。因人在日常的公衆生活中，並不能眞有個體性之我之自覺。人只是自居於類似衆人之一人。海氏此言，實甚深遠。我今推測其意之一端，試加喻說。如人在日常生活中，在車上我是一乘客；在商店，我是一買東西者；在俱樂部，我是一會員；在體育場，我是一運動員或觀衆之一。在每一場合，我們都恒只依一習俗方式去行爲，而以「衆人之一」的資格出現。我們恒要模仿人以合於世俗，而同化於衆人，以成爲其中之一。人恒以此爲人之社會性，而無可非議。然人恒不知此求合於世俗之日常生活，同時卽可造成我們整個人格精神之向外分散，與具體的自我之抽象化者。譬如我在商店，只是依一般買東西者之習俗以買東西。此時在他人（如在賣者），固只視我爲一單純的買東西者，而我們此時亦恒只自視爲一單純的買東西者。我在如此自視時，我卽把我之具體的自我抽象化，把我之整個人格精神之其他方面，掩蓋了。當然，我可買東西而不自視我只爲買東西者之一，然而人在日常生活，罕能有此警覺。而恒會依於人之只視我爲買東西者之一，而自然的在此時只自視爲買東西者之一。如果我在此時只自視爲買東西者之一，我此時卽莫有眞正具體的自我。亦可說我只自視爲買東西的衆人之一時，我之整個人格精神，便向外分散於「衆人」，而只保留一份於「我這個衆人之一」之上了。我們之各種日常生活，又都宛有一勢，要使我們隨習俗而行，以同化爲衆人之一，使我們不以一個體之資格存在，而以一類之分子之資格存在，而抽象化吾人之自我。由是而人之各種日常公衆生活之更迭，卽可使吾人之自我，產生一自己與自己離開之漩渦（Whirl）勢的外在化，而此漩渦之中心，則日成空虛。此卽人在日常公衆生活中，或人在人羣世界中生活之一最大的危機。一般人日益沉沒於如此之日常生活中，並覺惟有如此，乃可使其精神有所依託，而使其自我有一交代處；很少能了解此乃人生之外在化、虛僞化之原始。中國之儒家道家，都以世俗化爲人之墮落之本。人要成眞人成聖賢，無不須從日常生活或世俗的公衆生活中超拔開始。海氏之意，正與相通。

七、人生之本質與怕懼及怖慄

我們上述之四種人生存在之性相，依海氏意，乃有一統一的結構者。此四性相，同依於一人生之本質（原文爲Being of Dasein, 此Being今譯爲本質，以便別於其他之實有）。人生之本質，海氏名之爲Sorge。德文此字直譯爲擔心，或憂慮。布氏英譯爲Care。莊子說人之生也與憂俱生，佛家謂衆生之本質卽煩惱，皆與海氏之所謂憂慮或擔心相通。然海氏此名，本身無價値上之善或不善義，乃可善可惡者。如譯爲憂慮，其義較一般常識中之憂慮涵義爲廣遠，而更無特定之情調，不如直譯爲慮。此慮不特在人之意識界，亦在人生之下意識界，或超意識界。此不僅是一情或只在情中，而是在人生之一切狀態與性相中。人之要個人之利、名、愛情固是慮，憂國、憂民、憂世、求眞、求美、求善、懷慕上帝亦是慮。人生根本是在「慮」上驅馳。人之慮，依於人之要求一些什麽。亦卽依於人生之背負着一些「潛能」或「可能」要實現於世界。在海氏所謂被發現式之情調中，在了解中，在言說中，在日常的公衆生活中，人皆有所慮。「慮」普遍貫澈於人生之一切性相中，故「慮」爲人生存在性相有統一結構之根據。
聯繫於此慮，並由之可以使我們更親切的了解此人生本質之慮者，海氏特指出二種人生情調，此一爲怕懼（Fear），一爲怖慄（Dread）。人皆有所怕懼，如怕火災，怕刀鎗，怕疾病，怕一切對「自己與我所關心的人」有威脅性之東西。「怕」卽展露人生之皆有所憂慮或慮。人可以在一時，自以爲無憂無慮。實則，人生在無憂無慮時，他仍有所怕懼。他有所怕懼，卽有憂慮。故海氏說怕懼卽展露人生之有所憂慮，同時卽展露人生之內在的不穩定性，展露人生之實在一危險的狀態中。「怕懼」又展露人之只依他自己之在世間而存在。因他以外的東西，都可能成爲威脅他之在世間的東西，而成爲可怕者。怕懼亦展露人之存在於世間之「那裏」。因人存在於那裏，人便會怕些什麽。至於人生除存在於世界之那裏之一端外，其爲被拋擲於世界者之一端，則由怖慄而展露。
人生之本質除由怕懼以展露外，卽由怖慄以展露。怕懼（Fear）與怖慄（Dread）之分，乃海氏所承於杞克伽者。海氏思想之所承於杞氏者，主要亦卽此點。分別二者，是杞海二氏之存在哲學之一最精闢之見。依他們說，二者之不同，在怕懼是有對象的，而怖慄則是無對象。杞氏原有一文名怖慄之概念。此文，我以前看過。但現在幾全忘了，一時亦不能查原著。海德格對此之分析更難解。因此種怖慄之經驗，不是人人都有的，也許只有極少的人能有。此怖慄之經驗，據海氏說，不是怕任何一對象，而是對「人生」之在世界本身有一種怕。我不敢說，我眞有此經驗。我想讀者亦不必有。但我們可以試去體會一番。我今並試舉一些相近的心理經驗來說，使人逐漸可加以體會。

譬如我們一人忽然到了一荒郊曠野，四望茫茫，不見一人。這個時候，我們可進而有所怕，如怕虎豹，怕強人攔路刼搶，怕地震。我們忽怕此，忽怕彼。但是我們反身一問：我們所怕的究竟在此時此地是什麽，我卻不能確定的說。怕的是這？不是這。是那？不是那。都是？又都不是。都不是？都是。此一切可怕者之印象，加以綜合而相消之結果，便只是有一「可能傷害我之一切存在」或「可能傷害我之世界」，為我之所怕。然此世界因實無確定之內容，則我們此時之怕，便有對象，而又「無對象之確定的表象」，而近於一無所怕之怕。

又如我們假定忽然被拋擲到一遙遠的天際，或無盡的黑暗中寂寞中。此時我們亦會忽然有一怕懼。此怕懼，更難說那怕懼什麽，亦難說卽是怕一傷害我的東西。我們此時可直接說：是怕空虛，怕黑暗，怕寂寞。然而問題在：空虛黑暗與寂寞，其中乃空無所有，如何能成怕之對象？不過此處似有其他道理可說：一是說空虛黑暗寂寞本身雖空無所有，然此「空無所有」，表示我們原在地上所有的，光明中所有的，人羣中所有的，今莫有了。我覺有所失，而卽怕此有所失。另一是說空虛、黑暗、寂寞，是空無所有，卽「無」、卽「非存在」。「無」與「非存在」，卽反於我之存在我之有。而我覺到此「無」與「非存在」時，便若對我之有與存在，施一反作用或壓力。故我們可覺黑暗空虛寂寞對我施壓力，若在消滅我的存在性，而使我亦成不存在。我怕我之不存在，故怕此壓迫我之黑暗、空虛、寂寞中之「空無所有」。我提此二解釋，其是非，我亦不討論。但是均可助人多少理解到黑暗空虛寂寞之空無所有，所以成爲可怕之理由，而人之能怕空無所有，卽更近乎一種無對象之怕。

但是以上者是我姑假定來說，以使人能漸逼進杞海二氏所謂怖慄的。他們所謂怖慄，還要深一層。他們所謂怖慄，不只是怖慄一空無所有，而是怖慄「世界之向空無中消失」，與人生之暴露於「世界之向空無消失」之前。由是而有一對「人生」之存在於世界之本身有一怖慄。這是一種特殊的經驗，爲杞氏所突然體驗到的。海德格在何謂形上學中，分析此怖慄經驗之來臨的性相大意是：一切東西都似乎沉入一無差別的狀態中，世界一切向空無中消失，而又非單純的消失。就在此世界一切向空無中消失，而離開我以去時，此世界一切，復似在回頭對我施以壓迫。於是怖慄突然產生了。此所怖慄的是什麽，卻抓不着。使我們生此怖慄者，似只是一虛無。然此虛無，又驅迫「人生」向「在虛無中消失之世界一切存有之全體」移送。故「此虛無中有一世界與俱，此世界亦似在回頭壓迫我，使我怖慄」。此中人所怖慄者，可說是怖虛無，但亦卽怖「人生」之單獨暴露於「向虛無中消失之世界」之前，亦卽怖「人生」之存在於世界，怖人之有此存在之本身。故此怖慄感，實卽一宗教性的人生之戰慄感。佛家所謂突發之厭離感與怖生死之心，我想正與此一類。這當然不是人人都有的。然而讀者眞依我上文所說，細細體會，亦多少可以了解。

海氏論怖慄感，歸結到以此感爲展露「人生之爲被拋擲於世界者」之一端者。人何以會有此怖慄感？卽因人生原是拋擲於世界，原不出於人之自動自主的要到此世界。人心深處，對此有一原始的不安。故人在初降到世間時，卽有此怖慄之潛伏。怖慄其赤裸裸的人生之拋擲到此赤裸裸的世界。一般人之力求世俗化，以求成爲衆人中之一，而怕獨居；其最深的動機，亦卽由人之怖慄其赤裸裸的自己，怖慄其拋擲於世界，所以他要向衆人中去躱避自己。然而在此怖慄之經驗，眞正顯出，如上所述，卻展露了人生之原始的不安。同時使人自覺「其被拋擲於此生疏蒼黃之世界，與其向世俗沉沒的人生」之非眞實的人生。正由此怖慄，乃展露出一眞實的人生之可能，使人求一更眞實的人生。故海氏謂：人之所以有此怖慄之經驗，亦卽是爲了「眞實人生之可能實現」而怖慄。此怖慄之意義，是積極的而非消極的。此怖慄，是展露人生之積極的要求眞實的人生之一「慮」。

以上所講者，是人生之性相與其本質，及展露此人生本質之怕懼與怖慄。以下再講人之死與良心罪業感等。了解此數者，乃所以爲了解人生之全體，及其與時間性歷史性之關係之準備。

八、死之智慧

人生之全體，必須包含死來了解。最高的哲學智慧，必須包含死之智慧。希臘之柏拉圖卽曾說，哲學卽學死。海氏對於死之哲學智慧，不一定都是空前的。然其分析方式之新穎，則是空前的。孔子說未知生焉知死。海氏則另說一相反相成的道理，卽人如不眞知死，則亦不能知生。海氏之說，可爲基督教之由死以求生，作另一註解。

我們說死是人生之終結。然而每一人亦正必須走向此終結，才成一段落的人生。一段落的人生，才是整個的人生。死又可說是人生之邊界，此「邊界」包圍住我們自己之一整個人生。然而人生走到此邊界，則又是人生之喪失。由此而使我們不能眞經驗到由生至死間之一「過渡」（Transition），以眞知死。我們通常對死之經驗，只是對他人之死之經驗。但是死，實際上只是各個人自己的事。人類在日常公共生活中之事，都可以互相代做；而死則是各人死各人的。死這一事，不能由人代替。故嚴格說，他人之死，乃與自己之死無關之另一事。我並不能眞經驗他人之死。所謂他人死，只是我看不見他人而已。而我一天尙生，則死尙是莫有，亦不在我經驗中。故死是超越經驗的。

我之死對於我，不在經驗中。但我知道，死是人生的終結。人生卽一向着此終結而趨之一歷程，人生卽向此終結而運動。按海氏此語與叔本華所謂：人生如拚命的駛舟前進，經了無數的風波之危；而一切危險之經過之後，卻是準備在死之礁石前，全舟粉碎，其意趣略同。海氏說人之向死終結而進行，此終結，並不是人生完滿的實現。但我們亦不能視人之死，如雨之停下，如一工作之作完了，或如一生命的線被剪斷了一般。這是把死外在化來看。死不能外在化來看，死是人生之本身要遭遇的。死是一個一個人生的死。死是人生的內在屬性。「死」是人生要去取來放在他自己身上的。故人生卽是「向他自己之死而趨向的存有」(Being-toward-one's-death)。如果人生是一線，此一線這一頭（降生）是向那一頭（死）抛擲去，以銜接上那一頭的。

人有生則必有死，人生自身含「死之可能性」於其內。人生之最內在的深處，即是此死之可能性。然當此「死之可能性」實現了，則人生與世界一切關係都斷了。卽人生之其他一切可能的活動，都不可能了。故死是使人生「一切『可能』不再可能的一種人生之可能」。死封閉人生其他之可能。其他之人生之可能，皆可由死而封閉。然死之可能本身卻爲人所不能逃。由是而死之本身，是人生之必然實現的可能。死是一不可征服的，絕對的，人生最後所唯一必須實現的可能。

我們說，人生有生則必有死，而有死之可能性；卻不能說，此可能性是後來才接受的。人死之可能，乃與人之生俱始。當人生降世，他卽背負着他之一切可能性。人被抛擲到世間，人卽被抛擲於其一切的可能中。此中卽包含此無可逃的最後之死之可能。一般人在一時，可不覺他之人生，是一被抛擲以向死之歷程。但是人亦可以覺到人會死。所以人對死有一種怖慄。死既然是人生最後之可能，而屬於人生自己的。故我們千萬不要以爲，人怖慄死，是如人怕懼一外在的虎豹刀槍一類的事。人之怖慄死，乃怖慄其內在深處之不可逃的死之可能。此亦卽怖慄「人生之走向死」，怖慄「人生之被抛擲而向死」。故人對死之怖慄，展露人生爲被「抛擲向終結」之一存在，亦展露人對「人生之爲一被抛擲者」之怖慄。

人有死，但人通常並不隨時在怖慄死。人不僅不常在怖慄死，而人在日常生活中，尙在力求掩蔽

「死」。人通常只是爲其所處之一切而生活，打算這樣，打算那樣；於是對於死之必至，我們可不想它。我們之各種打算，使我們自「死之必至」之念逃開，各種打算，把「死之必至」掩蓋住了。

我們前已說過，人在公衆生活中，人只覺他是衆人中之一份子。人之看見他人死，通常只是把他當作外在的現象看。某人死，不過由動至不動，由眼開至眼閉。這現象本身，無對人之威脅性。而人如果把他自己亦只視如他人，則人亦覺其死亦不過如此，而不覺死之可怖。人對將死者常安慰對方說，你不會死。此安慰對方同時亦在掩蔽死。我們在日常公衆生活中，把我自己視作衆人之時，我並不眞知我這個體人生之將負擔死於其自身。我說我要死，我亦只是把我當一般人之一來看，我說我要死，等於說一個人要死。只是一個人要死，並不可怕，此亦儘可見只視作外在的呈現之現象看；於是對我之要死，亦若可以平淡遇之。然而如此之不怕死，只是人之「陷落」，而失其個體性自我之自覺之結果。只是從其眞實的「必要死之可能」逃開，而將其掩蔽了之結果。這莫有什麼可貴。這只使人生更虛僞外在化，而與其最內在深處之可能離開。這種不怕死，不是眞實的不怕死。由此，不能孕育眞實的人生生活。海氏此段之分析，乃一深入之論。讀者不要滑過。

人之能掩蔽死，尙有一理由，卽人縱確知其必死，而人之何時死，卻不能確定。此死期之爲「何時」之不能定，則糢糊人之必死。而使人暫安於其還莫有死，於是死，被掩蓋了。

海氏的大慧，在指出人要有眞實的人生，必賴於人對其死有一眞實的態度。只是怕死固然不應該。

然而人在日常生活中是將死掩蓋，覺不見死，而似不怕死，卻並非眞不怕死。他只是把死掩蓋，而無死可怕。然而掩蓋死，卽掩蓋人生的眞相，卽在他一定要走向死。人生有必死之可能。人生之全程，以死爲終結，以死爲界劃。掩蓋死，卽掩蓋人生之爲一有始終全程，爲一有界劃之全體。死是人生最後之可能。在此最後之可能之前所實現者，是人生之其他一切可能。掩蓋死，卽掩蓋人生最後之可能，同時掩蓋了「人對人生之其他一切可能」之眞實的認識；而使人不能有「眞實求實現其可能」之一全體性的人生。所以海氏主張：要將人對死之掩蓋揭開，而要人眞實的面對人之必死的眞理。

人把對於死之掩蓋揭開，知其必將死，而人在思想中，乃可把死眞實的接受下來。死是將來的事，然我在現在眞知我將來必死，我卽在思想中跑到將來（Running forward in thought），而人生卽跑到將來的死之前。我把將來的死，在現在加以把握，我卽把人生之最後的可能與人生之全體性，加以把握。我眞把死把握，我卽可眞不怕死，而自死解脫，自「死」自由，而可使我有眞實的全體性的人生。

我眞知我必死而把握死，何以可以使我們自「死」自由，而有眞實的全體性的人生？此可分五層來說：(a)卽人在眞知死爲其最內在的可能，而屬於其個體時，人卽自「世俗的日常生活之意識」中拔出，而知其自己不只是一類似衆人的一人，而注視其內在的可能，於是他卽自我們前面所說的向外陷落而虛爲化之幾中拔出。(b)人在眞知死爲個體人生之一不可逃而絕對的最後可能時　此個體人生之死之絕對性，卽將其個體性單獨的舉出來（Single out）。死是我的死，他人不能代，卽顯出我是唯一而具個體性的我。(c)我眞知「我之死之可能，是不能征服的」，又知我死時，我之一切與世界之交涉，即不可能；於是我知我之人生在未死之前，所能實現之其他可能，是有限而非無限。此「有限之可能之全」，以死爲背景，而顯出而展露。我知我能實現之可能，是有限而非無限；我即可不受誘惑於一些泛泛的可能，或一些偶然機遇的可能（Chance-Possibilities），而要求一眞正的可實現的可能。我們通常的人生之大病，正在被誘惑，而搖擺於一些不眞可能，而似乎可能之泛泛的可能、機遇的可能上。我們知什麼是我眞正可實現的可能，我們才不至誤解我們自己，而有眞實的人生。同時我們亦才不至抹殺他人的可能，而誤解他人的可能。因我知我之眞正的可能是有限，我知我只是一個體性的我，我即限制了自己，而知去求眞正了解他人之可能——一切尊重他人之個體之德性，亦正由此而出。(d)我們眞知死之確定性時，我們知此確定性，依於我們內在的死之可能，我們即現實的呈露此可能。此「可能」範圍住「我們之人生之一切有限的可能之全」。故我們知此死之確定性，我們亦即確定了我們之可能之全，而確定了我們人生之全。(e)至於我們之死雖無一確定的時間，然而我們既知我們確定的要死，則此死之「何時」不能定，正使我們知我之任一時之可以死者。我眞知我之任一時皆可以死，如我可能下一秒鐘即死，則使死之威脅恒常的在旁。死之威脅恒常的在旁，則可使我們之人生常常爲死所警策。人在覺得他隨時可死時，必會隨時覺到其可能者，皆可因死而不可能。由此而人生之一切，皆面對死亡，亦即面對一「虛無」。然此虛無，即將人生之眞實的可能反襯出來，如無盡的大虛之舉起天上的白雲。故人恒面對死亡，便能充量的展露其可能，而有一眞實的人生。按釋迦所謂人命在呼吸間，與中國儒家所謂志士不忘在溝壑，勇士不忘喪其元，雖命意尤有深於此者，然此海氏之言，亦可爲之作一註解。

九、良知罪業感與發決心

以上說，人面對死亡乃見人生之全，乃有眞實的人生。於是我們可進而論人生之眞實性（Authenticity）。人生之眞實性，如何而見？必由人生之自身之存在（Self-Being）而見。此人生自身眞實存在之可能之證據，則兼在良知、罪業感、與發決心依從良知。於是海氏對此三者之性相，作一分析：

海氏分析良知Conscience之性相，他稱良知爲一呼喚（Call）。此呼喚是一內在的言說。我們在日常生活中，只是聽他人言說。此時我之人生，是以「衆人中之一」之資格出現。然當我們覺到良知之呼喚時，我們此時卽不復只是衆人中之一。我們這時，只是自己呈露於自己之前。我們這時開始眞正的回到自己。良知之呼喚，是自己之內在的言說，亦是自己去默默的聽。此時自己對自己平日之所慮所行，皆有一具體了解，自己很親切而清楚的對自己說給自己聽。此說，此呼喚，一方看是一無內容的呼喚。它初只是指示一我當如何的方向。它只是啓示我之內在具備的、更高的人生之可能。此呼喚本身，亦只是訴之於我之內在的可能。良知之呼喚，並無聲音。呼喚之主體是誰，我們初亦不知道。其他派的哲學，或說此呼喚者，是上帝或自我。但海氏以爲此都是解釋，而非直就現象描述。直就現象描述，此呼喚者，應卽是人生自己。海氏暗示：人之良知呼喚之所以出現，與人生之爲被抛擲者之概念，不可分開理解。良知之呼喚出現時，是顯爲一不安，覺原來之生活不對了，要不得。人原來之生活，恒是依自然的抛擲而形成的。此不安，是要把已抛擲出之原來的生活收回去。人原來的生活之形成，亦是由人生之可能，轉化爲人生之現實者。良知之呼喚所顯之不安，則是要將原來已成之現實生活召回去，再沉入之於人生之最內在的可能，另求啓現一人生之更高之可能。故良知與我們前說之對人在世界之怖慄同一根原。良知之呼喚，是警醒人不要忘掉他最深之內在的自己。故作良知之呼喚者，卽怖慄被抛擲的生活，而要求還歸其家（Homes coming）之人生自己。

我們了解良知之呼喚所自來，是我們對於依自然的抛擲，而形成之生活之不安，其所往則是啓現人生之更高的最內在之可能；使知良心之呼喚，同時卽帶來人對於其原來生活之罪業感。當我們自覺有罪業時，我不只是覺某一事作錯了，犯了某一過失。此錯與過失，是依於我們整個人生一「缺漏」一「空虛」。罪業感是覺我們之整個人生是一殘缺的，是覺此整個人生中有罪業。在罪業感中，我是先把由「自然之抛擲，而形成的如是如是之我之人生」接受下來，以與良知之呼喚所展示者，互相對照，以照見其內在的缺漏空虛（按此與康德之道德哲學及王陽明之良知之教相通，但於陽明之良知爲一正面之昭靈明覺之天理之義，尚未達一間）。我們這時卽要將我們原來之自己之現實，加以超化，說此是我「不要的人生」。但此「不要之人生」，尙在我之手上，故我覺我有罪業。然亦正由此罪業感，我們才開始要求另一自己建立之人生，我們才不復只是衆人中之一，才有眞正的自作主宰的選擇我未來之人生之事。我之人生之眞實的可能是什麼，亦才在我之面前開朗。而我亦才有一要發決心的意志，由此我亦才有眞正的負責的人生。

其次我們再論發決心。甚麼是發決心？發決心之性相如何？發決心即發心要求眞有此良知，並依此良知以存在於世界（按此與儒家立志之始幾相通）。當我們發決心之際，我們是投射一理想自己於前，而望其現實化，以存在於世界。然此「理想自己」，只是一「可能」。故此語更抽象的說，即投射自己於一「『存在於世界』之『現實的可能』」中（Project oneself into an actual potentiality of being-in-the world），人亦只在如是發決心之際，而存在於如此之可能中，人生才成爲直接被了解或自覺的人生。

人在發決心之際，他是要建立一人生之「自己存在」（Self-being of Dasein），他是怖慄他原來之有罪的人生。但人在發決心之際，他不只是單純的怖慄，他是依良知之不安而怖慄，他是爲承擔良知之指示而怖慄。他是自行投入一「良知之怖慄」（Readiness for dread of conscience）。唯由此怖慄，他之再建立一眞實的自己存在之人生乃可能（能循此義，而能正面的見到良知之本體時，便可與儒家修養道德時所謂戒愼恐懼，戰戰兢兢，如臨深淵，如履薄冰之義相通）。

人在發決心建立其人生之自己存在時，人是建立其「人生存在」於其所在之世界中。一個人一定在一世界之「那裏」，這我們前已說過。故人之建立其人生存在，亦必在一具體之情境中建立。人亦只有在發決心建立其人生存在時，他才眞注意到其在世界之「那裏」，及其所遭遇之具體情境，眞是是些什麼？故人只有在發決心建立其人生存在時，其所在之具體情境，以及其所在之世界，才眞展露在他面前。而什麼是他所眞可能作的，與非眞可能作的，他亦才能眞實的了解。人在此乃不爲一些虛僞的可能、機遇的可能所搖惑。

十、人生之時間性

上文述了海氏之合生死，以見人生之全體，與就良知、罪業感及發決心，以見自己存在之人生之眞實性（Authenticity）之二義。對此二者的討論，在海氏皆所以爲論人生之時間性、歷史性，及哲學上之時間與存在之問題之準備。唯此後者，才是海氏之存在與時間一書費大力，而最有創闢的見解之所在。但是其所以費大力，乃由於其與哲學史上之問題相糾纏。此下只簡單介紹其大旨。

我們以上說我們必合生死乃見人生之全。人生卽一向死之歷程，人可以在思想中跑到「未來」，以至眞實的把握「人之必死」。我們說在眞實的人生，人可以發決心而投射一將建立的人生存在於前面。

我們又說，人生卽是一求實現其目的，實現其可能之歷程。這一切都是表示人生之本質，卽是一「慮」。他慮的是他的前途，他的未來。人生其他一切存在性相，亦都環繞此「慮」，而屬於一統一的構造。於是我們的問題，最後問到此「慮」之整個的構造之「統一性」，依於何處？在此，傳統的理想主義哲學，是提出「自我」（Ego, self），「主體」（I, Subject）作爲人生之統一性之所依。但是海氏不走此路。他在此批評康德純粹理性批判中之超越自我之說，說此自我，最後爲一孤立之主體，不能構成人生之統一性（但海氏忽略了康德實踐理性批判中所謂實踐理性主體）。他認爲整個歐洲形上學之傳統，都只是着重說明呈現的自然物之範疇，而未能眞把握人生自己之存在性相。如眞把握人生自己之存在性相，則可見人生之「慮」並不須以「自我」、「主體」爲基礎。人之提出自我、主體之概念，只是要指出人生之獨立性。但在人生之墮落沉沒中，人卽依賴他人而失去自己，莫有獨立性。人只有在發決心求眞實的人生時，才有自我之獨立性。故要求一般的人生之統一性或「慮」之整個構造之統一性，不必求之於「自我」、「主體」之概念。然則求之於何處？海氏於此不肯承認一不自覺的主體自我，而另提出一新概念，他稱爲時間性（Temporality）。人只有在具有眞實的時間性時，人便有眞實的人生與所謂自我、主體之獨立性。

一提到時間，這是西洋哲學中最厤煩的問題。按奧古斯丁曾說：「對於時間，你不問我，我知道。你一問我，我卻不知道」。亞里士多德在其物理學中說，時間由物之運動之先後而見。牛頓以時間如一根無盡長的線，無聲無息而齊一的流行。康德以時間爲內在知覺之形式，以容納次第生起之知覺印象，而使之成爲可以加以次第綜合之可能條件。黑格爾以時間爲存在者不斷的「自己外化，自己否定，而再自己置定」之一存在形式。而此形式畢竟不能離主體之意識而有的。至於一般的想法，則是時間爲許多片斷的時間，一刻一刻積集成的。一個現在去了，再一個現在，……如此下去，卽成一時間爲原始之時間之線先後次第之序，亦與上列諸說皆相通。但是海氏所最反對的，卽是以許多「現在」積集成之時間，爲原始之時間之說。而自亞氏以降，如上述諸人之時間論，他都以爲這只是人用以觀人以外之世界自然物之時間觀念，而非人生自己之時間性。人生自己之時間性，才是一切世界時間之觀念之本。

所謂人生自己之時間性，從何而見？通常分時間爲將來、現在與過去。此三者中，人所最關切者，實是其將來。人生所慮者，都在其將來之存在狀態之如何。但海氏所注重者，在使人生有其眞實的將來。人生存在如何有所謂眞實的將來？這乃繫於人之眞發決心，以建立其新人生。人眞發決心建立其新人生，人卽有一內在而實際上眞可能的人生，要求實現，而投射出一人生之遠景。我們所謂將來，其最初之實指處，亦卽只在此所投射之遠景中。人生要如此去投射一遠景，既依於人生之原有此內在之可能；故人之投映此遠景，而求其實現，亦只是人生之求展露其內在之可能。此亦可說爲人生之向其內在之可能運動。或更扭捏的說：人生在此是「自己在他自己的人生可能中，向自己而運動，並在此中，忍耐的擔負着此人生的可能，以爲其人生的可能」(Dasein can move toward itself in its own potentiality and endure the potentiality as potentiality in itself moving toward itself）。我們須知，人在投射此遠景而展露一將來時，他卽求眞實的同一於此將來，此將來不在其外。因他之同一於將來，原只是他之在他自己之內在的人生之可能中，向自己運動而已。

人在發決心時，人一方投射一將來的遠景，人是在其人生之可能向自己而運動。但人在向其將來之遠景看，以有此運動，而向前看時；同時卽向後看，而覺其原來的人生要不得或是有罪的，空虛的、或是自然拋擲之所成的。人之所以能向前看而開闢新生，正因他能先接受其舊生，並知其要不得或有罪等。人之發決心，依於良知。故良知乃一面指向將來之建立，一面指向過去而悔之。他呼召未來而收捲過去。於是過去與將來，都同時在人生之內部。此與康德黑格爾之以時間屬於主體之義雖不同，然其不將時間外在化客觀化則一。

人生發決心時，他要建立他將來的人生。此將來的人生，是一現實的人生。現實的人生，在現實的環境中建立，他愈要建立他將來的人生，在其人生的可能中，向自己運動；他卽愈要去注意他所在的「那裏」，他所處之環境。此所注意之環境，卽他所眞遭遇之環境，對他爲現在之環境。但我何以要注意所遭遇之環境？正因我要建立我之將來。唯因我之可能的人生，須透過對此環境之遭遇、注意、或對之作反應，而後實現；所以此環境才爲我所注意，成了我之「現在所對」。故此環境之爲現在，乃由將來所使之成者。海氏稱之爲將來引發的現在（Engendered by future）或造成的現在。

我們上所論之將來、過去與現在，皆統於一人生發決心之中，亦卽統於人生之慮中。慮是慮將來。有將來之慮卽包含過去之悔，亦卽有對現在環境之眞遭遇。故將來是時間之本。將來是時間之本，因其乃依於人生之向其自己之可能而運動。此運動，卽人生存在之超邁自己而前進（Being in advance of itself）。簡言之，卽人生之邁進。此邁進，是向其最內在的自己之可能邁進，亦卽向其將來邁進。故我們亦可說人生之邁進之根據在將來。至於人生之過去，則是指已存在之人生與世界。我們亦可說過去是已存在於世界的人生存在之根據，過去是世界中之「已有」（Already-being in the world）。

至於正被注意關心之世界事物，則是屬於現在的。然其現在乃由我們之注意關心，才使之成爲現在的（此卽謂如一事物不正被我注意關心，則對我而言，便非在現在者，或可謂爲在將來或過去者）。此「使之成爲現在的現在」，並非眞現在。海氏謂只有在一事物，眞成實現我們人生之願望者，與此願望相投契而不可分時，我們才感有一「眞現在」。海氏之分眞現在與造成的現在，其意甚深。二者之分，似在于：眞現在中是心境一如的，而造成的現在中，是心境相對的。而以此「現在」繫屬於所對之境的。海氏又謂只有一造成的現在，亦可引人至一不眞實的人生，今亦不多論。唯此造成的現在之根據，乃在「人生之要求邁進而向將來」與「人生之在於世界而生根於過去」之中。則讀者必須由前文，以親切把握之。

我們如果眞了解人生自己之將來、過去、與所遭遇之環境之現在之不可分；便知人生之時間性，卽人生之統一性之基礎。我們只要眞通過人生之在其內在之可能中而自己運動，以了解「將來」、「過去」、「現在」之相依與相通，便知將來不眞在將來，過去亦並未過去。環境之爲現在者，亦不在人生之將來與過去之外。人生之將來、過去與現在，只是人生之時間性之三相。此三相，是相超越，以忘掉他自己，而貫通於其他二者的。他稱此爲時間性之三個自超自忘之性相（Three Ecstasies of Temporality）。然而在通常一般的時間性之概念中，只以時間爲次第的一瞬一瞬之集合，則把人生之時間性之本性，全加以掩蔽，把異質而又自超自忘之去、來、今三相，鋪成一平面的時間相去了。

這一種平面的時間觀念之所以形成。海氏有詳細的分析。海氏首先分析，我們對於人生之時間性之了解，有眞實的（Authentic）方式，亦有不眞實的（Unauthentic）方式。眞實的方式即如上所說，乃依於一眞實的人生。有眞人而後眞知時間之去來今之貫通，其將來與過去皆在其人生之中，而貫通於現在。但通常人恒非完全的眞人，故亦罕能對時間有眞知。通常人想將來，只是一單純的未實現或「尙莫有」。通常人亦希望或預期一將來，對將來可能有之事，人可對之有一想像，視之在將來。但是此希望與預期，是否我們眞對人生負責時，應當有的？或眞可能有的？這通常人是不問的（此乃事實，大家可自反省）。同時，人對於將來必有之事，亦恒不能眞知其爲我之人生必將承擔之命運，爲我之人生之眞可能之所在。於是人在日常生活中，恒只是受誘惑於一些泛泛的可能、機遇的可能，以馳散其心意。又恒以衆人中之一之資格，去襲取流俗通行的意見，以任意懸擬我這個人之所可能，而希望之、預期之；

實則多是一些不可能。人又恒將眞正必至的將來，加以掩蓋，如前所說的人對死之掩蓋。這便使人莫有眞正可能的將來，而只是有一些懸空的將來之圖景，擺在外面而已——此便是不眞實的將來。

人無眞實的將來，亦無眞實的過去。人只有眞擔負其過去的存在時，才有眞實的過去。人擔負過去的存在，對過去存在之善或不善，其內容之空虛與實在，都爲他所眞正的自覺，而後有所謂悔。由此人亦才能眞正將其過去之有價值之人生存在，融攝於當下與將來，而使之刻刻翻新（Renewal）。然而常人於其過去，恒只有許多記憶的影像，存於心中。此影像，實只是我們過去之人生存在所留下之虛影。而所謂現在者，則是指我們所遭遇之情境中，所正注意關心之人物。然此恒非眞現在，而只是造成的現在，如前所論。

此通常人之「希望想像的將來」與「回憶的過去印象」及「造成的現在中之當前事物」三者，我們恒排列之於一直線上。由此而有直線式之時間觀念。此外人關於世界在時間中之一切觀念，亦依人生之時間性而生，此在下節再論之。

十一、世界與時間

所謂世界在時間中，通常是說世界之一切物在時間中。所謂世界之物在時間中，海氏意，初當是指世界中之人造用具在時間中，其次才是自然物在時間中。其意是說，人造用具是擺在人前直接可用的。

直接可用的亦即是我們所希望之某一事，直接得由之以成可能者。我知其爲直接可用的，亦即我們記得過去他曾直接使我有某一其他印象觀念的。這便使我們首覺人造用具在時間中。至於一切在面前之其他自然物，則恒是間接可用，而間接使我們希望由之使某一現象可能，或能使我對之有某一記憶之印象觀念者。故其次才是人之覺自然物在時間中。此二者皆在時間中，整個世界之物，即都被覺識爲在時間之中者了。

在此海氏附論及人生日常生活與物相遇，誠必透過物之用以識物，然在純粹之科學家之態度，則略有不同。譬如，一物理學家於一鐵鎚，說他是有重量的。這時他即把此鐵鎚對人生活之一切可能的用處，暫時全然撇開。他並將此鐵鎚與我這個人之地位遠近等關係，亦撇開。在科學家心目中，此鐵鎚之地位，只在一客觀時空之某一處，而不說其是在某一人之環境中之某一處。它便成一純粹的呈現的自然物，而只在呈現的世界之某一界域中。科學家以其純理智的態度，將不同的自然物，放在不同之界域，依不同之方法加以研究，成爲所謂客觀對象。他此時是使自然物，自其與一般人生活動之關係中，解放出來，以觀察各種自然物。由此可發現自然物，具有對人生之用以外之無定限的其他各種可能。發現此各種可能，亦即發現關於自然物之眞理。然海氏在論人生哲學的階段，卻仍不承認，此科學的世界之獨立的存在意義。因爲科學家所發現之客觀眞理，雖是客觀的；然科學家之所以能發現此眞理，仍由科學家之人生曾發決心，要投射他自己於眞理世界中之「可能」之「存有」（此可能即存有）。唯如此，科學學家將一切事物「論題化」(Thematization)（即作爲研究之對象之意）之事，才成爲可能。而且科學家自己之人生，如果不超冒於各客觀之存有之上，他即不能論題化此諸存有，以發現眞理。科學家之人生，既超冒於所作爲研究題目之存有的事物之上，而科學家之注意純呈現的自然物，初仍依於其對人生環境之注意，與其關心「物之可用性」之態度。此態度，仍立於其純理論的態度之後，而爲其根。由此二者，即見科學家的世界，仍不能離科學家之人生，亦不能離人生之時間性。

依海氏說，人生之時間性，即「世界之存在於時間」之基礎。他曾說一極難解的話「世界之可能存在於時間的條件，即由有『自超自忘之統一性(Ecstasical unity)的時間』之去來今三相，各有一水平線的圖式(Horizontal scheme)」。這個話的意思是說：我們之所以覺到世界存在於時間中，其知識論的最後基礎，在我們人生之時間性。此時間中之去來今，由其能自超自忘，而有一統一性。人發現他之拋擲於一已成世界之前，人即劃一過去的水平線圖式。人欲由所遭遇之世界事物，以作什麽(In order to)，人即劃出一現在的水平線圖式。人要向其內在的可能運動，人即劃出一將來之水平線圖式。此時間性之三個水平線的圖式，即決定一實存的人生之展露爲如何如何的人生，同時亦決定一世界之展露於人生之前，而在一時間中。故莫有人生的時間性，即無所謂在時間中之世界。

何以無人生的時間性，即無所謂世界在時間中？因海氏分析所謂世界時（World Time），（即世界物所在之客觀時間）見其初皆原於人生所注意之時間。而人生所注意之時間，乃依於人生之時間性，亦皆對人生之活動而言者。譬如人注意時間，恒只是注意在什麼時，什麼已作了，而尚留在心，什麼正在作，甚麼預備作，什麼可希望作。通常所謂「現在」、「那時」「屆時」(Now, then, at that time)，都是指一時期 date 。時期卽期望某一事在一時將要有之時。又通常所謂「在晚上」、「在夏天」，此所指之時間，皆是一段有久延的時間。一段久延的時間，正是依人生之時間性，通過去現在未來而貫之爲一來說的。故整個晚上，是一今晚上；而整個夏天，可說爲那一夏天；一個世紀，可說爲現代之一世紀。如人無一通貫去來今的時間性，如前文所說；則一晚上或一夏天，便只當分爲無數瞬刻來說。其次，我們又說花了時間，失掉了時間，浪費了時間，這都是指我們之有無我們當有之人生活動而言。

至於此外所謂公共的世界時間，如天文學上的時間，日曆上的時間，則其初主要仍是指自然物或人造物之被遭遇的（Encountered）時間。我們通常想什麼時月落，什麼時日出，什麼時房子造成，什麼時路修好，好像他們都各有其自己所佔之一定的時間；而一切人亦同樣承認其所佔之一定之時間。但是海氏認爲我們細加分析，便知此客觀事物所佔之客觀時間之形成，仍不離人生之活動。

人何以首以日紀時？海氏說，這正因人與環境事物相接觸，先須要有光，使事物展露於視覺。人作爲一被拋擲，而非自始能主宰他自己之自然存在看；他的活動總是隨日出、日中、日落與夜間而異。日光除把人用之用具展露於人之前，使人對之工作以外，復照耀自然。自然是一切人們公共的環境，而日光卽展露此一切人們之公共的自然環境。此卽以日紀時之起源。日紀時，乃依於日之出沒運行，使人預期其將如何活動。如人在日出時將如何，日中時、日落時將如何，春日來時將如何，秋日來時將如何。並使人預期有什麼公共的自然事物，在日之出沒運行時要發生；由此而可預期什麼公共的人生活動要發生。

海氏說，我們之所了解於一日期之意義者，全在我們之預期在那一日期，將有些什麼會發生，我們會作些什麼事。故日期之意義，只對我們之各種期望目的而有，亦卽只對我們人生之要實現其要求實現其可能而有。然我們每人之目的、要求、可能與所作，莫不與他人相關。故一公共的日期，使人與人之目的等之配合本身成可能，使公共的行爲活動成可能，亦卽使一公共的世界眞成爲可能。公共的日期卽展露一公共的世界，而成爲一世界事物之一世界時間。世界事物之所以有世界時間，追源究本，仍依於人生之公共活動而生。

由日期的時間之精密化，而成鐘錶的時間（此可兼指一切類似鐘錶之計時器，如中國之銅壺滴漏等）。鐘錶的時間，是以一指針在空間中依一定速度的運動，來指示時間。此指針之運動到那裏，固可指示什麼自然事物之發生。然鐘錶指什麼自然事物之發生，卽指人將可遭遇什麼東西了，什麼事當作了。鐘錶指針之所在，主要之作用，仍純在指示人生所當有之活動，如該赴會了，該吃飯了，該睡覺了，或當去準備甚麼了。鐘錶之指針，無論在那裏，亦都會告訴人之現在之所實作。鐘錶之指針，總指示一現在。然此現在，乃屬於海氏所謂造成的現在（見前）。此現在之爲現在，乃依於我們之覺要在最迫的將來作某一事而有的，這不是孤零零的現在，而是根於人生之時間性的現在。然我們在此少了一對人生之時間性之反省，便會以此現在爲一孤零零的現在。我們觀鐘錶之指針之運行，並由之以觀時間之流行，於是便會以爲時間，卽一串現在（Nows）。現在，過去了；又現在，又過去了……，由此而有一客觀外在的似可無盡拉長，而旋生旋滅之時間觀，以安排客觀事物於其中。此時間觀亦有其應用之範圍。然人如因而以人生之時間性之本身，亦是由一刻一刻或一瞬一瞬的現在的積集成，如客觀的擺在此時間之線上，卻是一大顚倒大幻覺。

我們通常之由一串現在積集成之時間觀，海氏分析其乃原於鐘錶式之時間觀。依此時間觀，一方刻刻瞬瞬皆現在，一方亦刻刻瞬瞬，向過去沉入，時間之流是一永不回頭的流。時間之線是永遠向下墜落，將一切現在事物沉入一無底的過去之壑者。莫有任何已逝的東西，會從此無底之壑升起。然此義唯在此時間觀中可說，而如此之時間觀，其植根實仍在人生之時間性之自身。而人生之時間性，在眞實的人生中，其過去、現在、將來、是相通貫爲一體的。人生在向其內在之可能運動時，而有將來之圖式。人在發現其被抛擲於已成之世界成如此如此之人生時，卽有一過去之圖式。人有所遭遇之環境事物，並求一目的之實現時，卽有現在與將來之圖式。在眞實的人生，此三者原是通貫爲一的。鐘錶式之時間依上所論，乃日光時間之精密化，其本根只在人生之此時間性。故我們亦只有返本至人生之時間性之了解，乃眞知鐘錶式之時間觀所自生。然而人們恒只依鐘錶式的時間所指示之現在，過其世俗的日常生活，遂不能反本至人生自身之時間性之認識；乃反而把我們之人生，投入此鐘錶式的時間觀之中，以為人生亦如在一永遠向着過去消逝之一線上，此卽成大幻覺。依海氏看，西方大哲，由亞里士多德至康德之時間觀，皆未能逃脫鐘錶式之時間觀，皆未能揭破此幻覺，以反本至人生之時間性之眞了解。海氏似在暗示，人只有對人生之時間性有眞了解，知人生過去現在將來之通貫爲一體，才能眞了解人生之存在、宇宙之其他存有，才能眞透入形上學之門。故他謂，人知去來今之爲一體，人便知過去的不只是沉入無底之壑，而「將再升起」。而在形而上之存有境界中，時間要停住。羅素曾說，了解時間之虛幻，乃入智慧之門。此語亦可謂爲西方古典的哲學之精神。在近代西方哲學家，多重視發展進化之概念，而重視時間之變化性。美哲吳爾本（Urben）在其「可理解的世界」中曾說，重視時間變化性爲西方哲學之近代主義。西方古今無數哲學，均可分別入此二派中。而海氏的理想，則似在由人生時間性之認識，以達於超時間的存有。這是回到中世的永恒？或柏拉圖、帕門尼德斯之不動的太一與理念？這我們都不知道。因爲海氏之書以下之部份，至今未出版。然而由時間性以透入超時間之存有，由流行以見眞常，以成悠久，正是中國哲學之一大慧之所存。

十二、人生之歷史性

現在再不論時間停住與否之問題。海氏順人生之時間性而討論之又一問題，乃人生之歷史性（Histori

city ）。海氏之重人生之歷史性，他自言受狄爾泰、尼采之影響。海氏以爲人生根本卽爲具歷史性的。而自然物或人造物如一地、一戰場、一書，則不能說眞有歷史性（見眞理之本質）。對人生之歷史性而言，這些東西而可稱爲歷史的或歷史的土壤。通常所謂歷史之涵義有四：一爲指過去之如此如此。二爲指現在所原之過去。三指時間中事物之變化，或專指人類與其社會文化文明之變化與命運。四指傳統之交到現在者。故歷史之意義中涵過去、現在、及其間之關係與發生之變化。只有能具時間性而能通現在、過去、將來之人生，能有眞歷史性。

海氏論人之歷史性，乃根於人之有眞實的時間性。人之有歷史性，繫於人之承擔歷史性之命運？什麼是人生之歷史性的命運？這原於人生下來卽是被抛擲於已成世界之「那裏」，他得負擔着在他「那裏」之一切，他有各種負擔着之目的與可能要實現。由此而他卽有在其環境中所遭遇之歷史性的命運。人之環境中，包括自然物、人造工具物與他人。故人所在之人羣、民族、國家、時代，皆其環境。人須在其環境中，獲得其自己之命運。人亦同時與環境中之人物、人羣、民族、國家、時代等共其歷史性之命運。然人眞擔負此歷史性之命運，則是極不易的。因一切吉凶得失成敗，同得要擔負。人如何能擔負其歷史性命運？海氏以爲這全繫於人將「死」、「罪業感」、「良知」、「發決心」、「自由」與「人生之有限性」，同聚集於其「人生之慮」中，聚集於其人生存在中。亦卽繫於人之有眞實的時間性之自覺。人必須在思想中，眞知其有限的人生之終必歸死亡，而面對死亡，以自死亡之怖中解脫自由；而再回到現實世界之「那裏」；卽我在此已成世界之那裏，將已成世界交付於我或遺傳於我之眞可能，接受下來，求其實現，再生活於眞實的現在，以屬於我所在之環境與時代；然後才能擔負其歷史性的命運，而表現一有歷史性的人生。故人生之表現歷史性，亦可說是繫於人之不只把他之過去當過去，已成的世界當作已成；不把環境當作外在，而要在已成者中、過去者中，認識其眞實的可能性。此可能性屬於人生之將來，亦卽人現在所實使之實現於環境者。故人生之歷史性，亦可說卽繫於他之對過去之可能反應，而時求重複過去於將來，以使之更新。歷史性繫於去來今之貫通。海氏之論歷史性由個體人生論，此與黑格爾之論歷史由客觀精神論者全然不同。然康德之道德理性之實踐，如要眞實具體化，則必歸於此一歷史性之人生。中國儒家之窮理盡性以至於命，亦卽形成此一歷史之人生。然海氏之哲學之良知中，無此一天理或道德理性之概念，則尙不足以語此。

海氏在此復附論什麼是眞正的歷史學家。他以爲眞歷史學家，必須先有眞實的人生，而眞對過去所蘊藏之可能性，作選擇的反應。選擇的反應，是爲人生之將來，文化之將來。此選擇似爲依於主觀之標準，以剪裁歷史。然他以唯由選擇的反應，乃有眞正客觀性的歷史。因爲只有了解接觸眞正的實在，才有客觀性。而我們只有憑選擇的反應，以與過去世界所包含之眞可能性相遇，乃了解接觸客觀的過去的實在。除了包含選擇的反應之歷史外，單純紀錄過去或考古性的歷史，都非眞正有歷史性的歷史。海氏似意謂，單純紀錄之歷史，是將現在者留下於未來。考古性之歷史，乃由現在以反求過去之眞相。然而人生之歷史性之本質，則在去來今之眞實的相通。過去之存在性須投射於將來，將來本只爲過去所涵之可能性，而現在卽在此可能性實現而存在之際。故只有對過去之可能性，作選擇的反應之歷史，乃眞實的歷史。這都是由海氏對人生之時間性的討論，必然歸宿到的結論。

十三、海氏形上學之方向

海氏之時間與存有一書，我們前說本是一形上學的書。此書乃其計劃之三分之一，只論及人生之存在性相。內容略如上述。海氏自己後來在一論人文主義之書信中說，在其以後計劃中，他將把其論人生存在性相之方式，翻轉過來，以透入形上學。其書未出，今無由知其如何論法。但由布洛克所譯「眞理之本質」、「何謂形上學」、「詩人之回憶」與「霍德林與詩之本質」四文中論人生性相處，亦可略知其形上學之思想方向。

眞理之本質與何謂形上學二文之思想，極深細沉潛。論詩與霍德林二篇，則深沉而有幽遠之致。他以詩人之貴，在爲人與神通消息。詩人之責，在指點神聖的東西(Name what that is holy)。他對霍德林之詩，推許備至。霍德林乃與哥德同時之詩人，其價值乃經狄爾泰等(Dilthey)之討論，乃日爲人所注意者。海氏則更以人類未來之時代，卽霍德林之時代。於此文海氏又謂此時代爲一上帝隱退（Withdrawal of God）的時代。尼采所謂上帝死了一語，即表示一上帝之隱退，而新上帝尚未產生。海氏以爲，在我們這一歷史之時代，亦不能即出現上帝。此時代只能有對神聖致懷慕之詩人如霍德林者，可引人之精神與神靈遙契。然而上帝在隱退中，故此詩人在對神聖致其懷慕時，不能無一憂愁。此憂愁中，亦包含一人生之求「還歸其所自生之本之思家情」（Homes coming return to the proximity of origin）。然霍氏表此憂愁，又與一愉悅的寧靜相結合。霍氏之詩中，有一遙遠的上帝。此上帝乃莊嚴、愉悅而寧靜。此即是霍德林詩之意境，爲人所不及處。但海氏以爲哲學家的責任，則在思索存有。當此上帝隱退的時代，我們不能隨便造一上帝。我們要忍受此上帝之隱退，我們只須重新去展露存有之世界。存有之世界中，可能有上帝。但存有之概念，更富涵蓋性。上帝亦只可視如存有之一。故海氏之形上學，只用心於存有，而不如西方中世形上學之只證明上帝之存在。他之人生存在之性相論，雖說人生之世界觀念與其時間觀念，皆依人生之存在性相而成立；然而他亦不以人爲其哲學之中心。人不過是世間之一存在。而且人與人生二字之義亦不同。是人者不必有眞正的人生。人生亦只是全體存有之一。故他之形上學，是要反一切神本主義與近代之唯心論或人本主義之傳統。而他所謂存有，我可確知其非只如近代之自然主義、唯物主義者，所謂在時空中之存在或物質。亦非如新實在論者，所謂共相潛在，桑他耶那所謂不存在的本質之類。但我們如透過柏拉圖之所謂永恒，與巴門尼德斯及希臘之早期其他哲學家所謂存有去了解，卻比較能接近。所以我們要說海氏之哲學精神比較屬於希臘式的，當不會大錯。

海氏之眞理之本質及何謂形上學，雖是二短文，然而我們亦不能詳細介紹。因其思想有過多的曲折，其趣味乃在其曲折處。然眞透過其曲折，以看其思想內容，亦可說很簡單。只要讀者對西方哲學之傳統知識論形上學眞用過心，亦不難了解。今略述於次。

十四、眞理之本質

海氏在眞理之本質中，從通常所謂眞理，是「命題或言說與對象相符合」一點，開始討論。他問：言說或命題，與對象根本是異類的，則此符合如何可能？於是說到此符合，實只是指表象與對象之符合之說。他再問：表象與對象之符合，又如何可能？「正確的」、「眞的」表象，又如何可能？他由此以提出一開朗之概念（Overtness）。他說，只在我與對象相互開朗之關係中，方有所謂正確的或眞的表象之可能。在此開朗關係中，我自一「封閉」解脫，而有一自由。依此自由，而後眞理之啓現爲可能。故自由乃眞理之本質。（按此義在海氏存有與時間第四十四節亦討論。而該節論符合說之根原，尤具勝義。）

然海氏此處所謂自由，又不能視之爲人之精神之一屬性。因此所謂自由，並非如常識所謂「人要如何即能如何」之自由，亦非康德所謂道德意志之自由。此所謂自由，乃使在開朗中之事物之眞理，啓現於我之自由。此自由，不僅不在人之要如何便如何上見；而在人之讓事物之是其所是上見。他於是提出一（let it be）即「讓他是」，爲自由之根本性質。人依此自由，而讓自己以外之事物，是其所是，以展露於人前而如得其自由，同時人自己之存在，亦與之合拍，（Tuned with）而宛存在於他自己以外。海氏據字源學，以說明存在一字（Existent）即含在於外或外在（Ex-sistent）之義，以說明此點。而實則此讓物之是其所是，與菲希特黑格爾所謂自我之自己否定，而外在化，以置定外物之存在，是對同一眞理之互相補足之二說。

海氏論眞理之本質在自由，自由在此之表現，即讓事物之是其所是，而人生自己亦宛在於自己之外。故此自由，即人生之一「投入全體存有之外在的暴露」（原文Ex-sistent exposition into what is in totality，今之譯法乃依字原譯），而「參與於全體中之存有之啓現」。

海氏此文所論，溢出其存有與時間之外者，要則在其指出：人依其自己，以參與全體實有之啓現時，其日常生活中之實用的動機，卻常使人只把握其所注意之事物，而把世界之全體掩蔽了。人一方依其自由而讓事物之是其所是時，一方即恒不免連帶一「世界之全體之掩蔽」。海氏由此再去分析此掩蔽之可能，說其亦不全依於我們之主觀方面，而亦是依於眞理之一種性質。所謂眞理有一泯失本質性（Dis-essence of Truth），而此泯失本質性，亦是眞理之一本質。其義蓋謂眞理之本質中，即包含一眞理自具之一被掩蔽之可能性。他又稱此爲一神祕（Mystery）。一切眞理與存有，皆可說有其內在之可掩蔽之可能性或泯失本質性，而裹於此神祕之中。而人在實用的日常生活中，只在其所熟習的事物中活動，於是忽略此神祕之存在——亦卽忽略「眞理之有此泯失本質性，而常在掩蔽之中」。在一般科學家之求知識，亦恒以此掩蔽或神祕，只是事物尚未被知之謂。此事物之未知性與掩蔽或神祕，乃在一待克服一階段中的，將被超越的，而非實有者，遂加以忽略。人常忘卻此掩蔽與神祕，乃卽依於眞理之一本質——卽泯失其本質之本質。然人之忘卻此神祕之忘卻本身，卽一掩蔽，卽一掩蔽自身之呈露，亦卽此神祕之呈露。眞理本有掩蔽而裹在神祕中，人在此乃加以忘卻。此忘卻，卽掩蔽「眞理本有之掩蔽或裹在神祕」之事實而將此事實裹於神祕中，故此忘卻，卽一掩蔽或神祕之呈露也。此眞理之泯失本質性，或神祕掩蔽等，海氏稱爲眞理之性相或眞理上之存有（Being of Truth）。他又說我們要求關於存有之眞理（Truth of Being），必須先知關於眞理之存有，此卽上之所論。

按海氏此處所說之掩蔽、神祕、眞理之泯失本質性等，正近乎印度佛家與婆羅門哲學等所謂「無明」（Avidya）或虛妄（Maya）。在此等印度哲學中，此無明或說是內在的主觀的，亦或說是外在的客觀的。依此印度哲學，我們可說「無明」恒與其所謂「明」相俱。人明此而凝注其明於此，以成一念之逐取；卽同時掩蔽世界之全體而有無明。人在日常生活中，不知此無明之存在，此正是人生最大之無明也。

海氏在此亦說人不知此掩蔽神祕——卽無明——之存在，於是人恒執其實用的日常生活中所熟習所知之事物，爲量度世界之標準。人在此乃執着其外之所知，而沉入其中，成爲執內的外在者，或滯內的外在者（In-sist ex-sistent）。此名由英文之字源學上了解，可更爲親切。然讀者必須先眞了解以前二段所說，乃可眞體會其義。海氏謂人生之犯無數的錯誤，由普通誤解、忽略、誤算、與一切人生行爲之錯誤，都可溯原於此。而普通所謂命題、判斷、知覺之誤不過其最淺的而已。實際上，則人在其「爲執內的外在者」時，人已在錯誤之中。在此處海氏所說，我認爲全是對的。

海氏又說人犯錯誤，人亦同時由錯誤以得教訓，如受苦受難等。人唯由受苦難，乃得知其有錯誤。而又照見眞理之有掩蔽性相，神秘性相——亦卽知無明之存有——知眞理之有泯失本質性與眞理之不可分，而屬於眞理之本質中。人亦只有面對此眞理之有泯失本質性，此眞理之掩蔽神秘之性相，乃能如實地知眞理之性相之眞，亦才能眞去了解全體存有之眞理。此卽謂人必知此無明之有，乃明此無明之始，而後能打破無明。人若掩蔽無明，則是無明上再加無明，而永不能破無明矣。

十五、存有與無

海氏在眞理之本質中，指出眞理之有泯失本質性，此泯失本質性之本身，屬於眞理之本質，而使眞理掩蔽包裹於神秘中者。在何謂形上學一文，海氏則指出存有之恒爲「無」所覆蓋，而此「無」亦卽存有之一本質或一形式。我看此處，海氏是由帕門尼德斯之「存有」無「無」，與黑格爾之有無合一之旨，再進一步而使「無」成爲存有之一內在的規定者。我以前亦曾有此想法。我覺是可以說的。

海氏在何謂形上學中，先從科學之性質討論起。他把科學之性質一一說了，再說「除此以外，莫有了」。於是突然轉問：所謂「除此以外莫有了」（Nothing more）之「莫有」（卽無）是什麽東西？然而科學對於「莫有」對於「無」，卻不求有所知。他對於「無」，不求知，而對「無」無知（Know nothing about nothing）。於是「無」成科學以外之一課題。科學只及於「有」之世界，科學只討論研究有的對象，而不能及「無」。於是「無」只能是超科學或形而上學的論題。由此亦可確定有超科學的的形上問題之存在。

「無」是甚麽？「無」是否可只自邏輯上之「否定」（Logical negation）引出來，或從一事物不是其他之「不是」（Not）引出來？有人認爲可以。但海氏以爲「邏輯上之否定」與「不是」，皆不能爲「無」之根據。邏輯上之「否定」，其形而上學或知識論的根據，正在事物之不是其他，而此事物之有所不是，乃根據於有所無。故「無」不是由「否定」或「不是」引出的。他復指出邏輯上之否定，從形上學的觀點上看，不過各種否定形態之一。如人之一切「衝突」、「違反」、「拒絕」，皆各爲一種否定之形態。而此一切否定形態中，皆有「無」在發生作用。因而「無」不是莫有存在意義的。他同時從我們前所謂怖慄之經驗中，指出「無」之可直接給與人之前，而爲人所怖慄，以使此問題之討論，不只是一些純粹的思辨。

但是所謂「無」在發生作用，或「無」之直接給與於人之怖慄經驗，亦非說「無」是一實在的東西。「無」當然不是一實在的東西。如此說，便成自相矛盾。但是「無」雖不是實在的東西，亦不能說莫有這個「無」。因說莫有「無」即無「無」，「無無」還是「無」。且「無」亦不能離開「存有」，「存有」亦不能離開「無」。因任何存有必有所有，亦必同時有所無，如黃色有黃而無紅藍。若然，則「無」成「有」之一規定。此意，斯賓諾莎黑格爾皆言及。但海氏從怖慄之經驗所展示之「無」對人之壓迫，則可再進一層說：「無」之有實作用。「無」之實作用，是對於「有」之一覆蓋。其對人之壓迫，乃由其有其所覆蓋之「有」在內面與俱（參考前文論怖慄感處）。故「無」當說為存有之一覆蓋性相。因而屬於「存有」，而為存有之本質之一部。海氏在此，復說明「無」不能是上帝之本質之一部，不能用「無」說上帝，因上帝是純有，完全無缺，即無「無」。只一般的說存有，乃可以「無」為其覆蓋性相，為其本質之一部。故存有之概念，外延大於上帝之概念，而存有當為第一概念。

我們知「存有」恒為「無」所覆蓋，而相挾與俱，便知人眞要認識存有之眞理，人生即須投射（Project）其自身，以入於「無」中。在怖慄之經驗中，「無」對人生壓迫，則人生退卻。現在人生先投射其自身於「無」中，則「無」不復對人生壓迫，而其自身退卻；「無」之覆蓋即被揭開，不復可怖，而「存有」乃對人開朗。眞正之「存有」，非指我們在日常生活中所接之一個一個之現實事物。人在注意此現實事物時，人之目的在利用之；而人之心，亦卽沉溺其中，而加以執取。由此而使存有之全體被掩蔽覆蓋，此正足增加「無」的作用，而使人更成「無」的俘虜。人只有自日常生活中所接之「事物」之存有中超拔，而投射其自身以入於「無」中（如道家所謂虛無恬淡寂寞之境），而與「無」覿面相遇，乃能自充實於「無」，透過存有之掩蔽覆蓋，而無「無」，以展露一一存有之在一「存有之全體」中，而各以新妍朗澈之面目，呈於吾人之前。而眞正的對宇宙的驚讚（Wonder）及眞正科學的研究，亦才有可能。

海氏在何謂形上學及眞理之本質中，說形上學之本質卽問什麽是全體之實有？(What is all that is)。人在問「那些有的是什麽」（What is that is），問「什麽是全體的存有」時；人乃眞開始了人的歷史，表現了人之所以爲人的人性，與人之投射其自身入於存有之世界。尤其是人在問「什麽是全體的存有」時，人卽當下自「日常生活中所注意關心之存有」一念超拔，而投射其自身以入於全體存有中，而開始揭開了「無」之掩蔽覆蓋，開始超越了日常生活中對事物之執着等。此時，人是免不掉要問「什麽是全體之實有的」之形上學問題的。故形上學在人生之學問之中，人生亦在形上學中。形上學要親切的了解存有，這是一嚴謹的（Strict）學問。但不同於物理學、數學之爲精確的（Exact）學問。精確不一定嚴謹。精確只依於計算。計算事物是一個加一個，跨過一一之事物，而綜合其數，數固精確。然其跨過一一事物而綜合之，乃得數。則非眞將事物之實有性相，嚴謹分明的展露於吾人之前。而唯形上學之以展露實有之性相爲事者，乃可稱爲嚴謹之學。

海氏又論形上學之以展露存有爲事，他只求忠於實有。故他須絕對犧牲自己之主觀，而讓存有之是其所是，以啓現「存有之眞理」。以眞理之得啓現，人遂在其犧牲中，復包含一對存有之感謝，感謝存有之展露於人生之前。人生在此，乃對存有之無聲之聲，作一回響（Echo），如莊子天下篇論關尹所謂「其應若響」。故存有亦不在人生之外，人亦永不能將存有眞客觀化，爲一外在之對象。因存有之展露於人生，原卽是透過人生之存在性相而展露也。人之沉潛的偉大，卽在一切存有，皆可透過人生之存在，以展露其自身。此如爲莊子天下篇論關尹所謂「在己無居，形物自著」。由此而人可稱爲一切存有之守衞者（Guaranidan）。我們前說，海氏是要由人生之時間性，以透入超時間性之存有，而使時間停住，則其所謂人生爲存有之守衞者，亦卽人生爲永恒或悠久之存有之守衞者之謂。於是我們可說海氏之哲學，最後仍須承認人生之在宇宙間，有其動而常貞或永恆悠久之價値，以靜居於一宇宙中心的地位。故海氏之思想仍自稱爲一種人文主義。不過此乃原自人生之精神向內收進，以護持存有之陰柔靜穆的人文主義，而非人之由其精神之凸出，而創造存在事物之剛健動進的人文主義。故其思想近道佛而遠於儒。亦與西方之理想主義之重理想之實現者異趣。然覆手爲凹，翻手則爲凸，一剛一柔，互爲其根，二型之思想固有可會通之道也。

諾斯羅圃論東西文化之遇合

一、導言

東西文化之遇合一書，乃美耶魯大學哲學教授諾斯羅圃F. S. C. Northrop於第二次大戰完畢後二年所發表之著作。諾氏原以研究科學方法論、科學的哲學有名。此書有五百頁，出版後，曾被人推重爲美國唯一之系統的討論東西文化之書。人多以之與湯恩比 Toynbee 之歷史研究並稱。出版一年，卽印了四版。我久聞其名，終無機會得讀。最近我因寫完一論中西文化之理想與價值的書。（按此書之中國之部，卽正中書局出版之中國文化之精神價值。西方之部中若干論題，後改寫爲若干論文見人文精神之重建等書）無意中得見此書。看一遍後，覺其用心之方式，雖與我不同，並認爲不夠深入，然結論亦有不謀而合處。國人尙未見介紹之者。乃夾敍夾議，寫成此文。在敍述處，我力求表達作者本意。雖我所提出的，未必皆作者所認爲最重要者，但希望不過於失實。

西方人自哲學觀點，縱論東西文化者，近世始於黑格爾之歷史哲學。黑氏此書之價值，在有一總持的理念貫注到底。歷史的事實之選擇，都以此總持的理念之發展爲標準。人或以削歷史以就哲學，爲黑氏病，實則不削去歷史中不重要之事實，卽不能見歷史文化之精神。黑氏之錯，不在削歷史以就哲學，而在其哲學理念，尙不够廣濶。對若干歷史事實之哲學涵義，未能多方抉發，於是於不當削去者，加以削去。第一次大戰後，斯賓格勒之西方文化之衰落一書，亦曾比較東西文化。但斯氏書所重者，實只在比較希臘文化與近代西方文化之精神。對於東方之中國印度文化，所論殊嫌過少。實際上西方人最能抉發東西文化之哲學涵義，而又能分別了解其價値者，乃以德人凱薩林 C. H. Keyserling 爲第一。其哲學家旅行日記一書，對於東方中國印度日本文化之了解；其創造的理解，眞理之囘復二書對東西人生智慧之了解，其親切處不僅西方人多望塵莫及，卽東方人亦尙有不如。除此以外，其「顯微鏡下的歐洲」一書，對俄、英、德、法、西班牙之文化精神民族心靈之了解，及其南美之默想錄一書，對人類之原始心靈之了解；亦多鞭辟入裏之見，爲世所希有。杜威羅素雖亦曾到過東方，並皆有論中國文化之著作（羅素有中國問題一書及其他論文，杜威在其 Character and Events 一書亦有論中國人生思想之二文），然與凱氏相較，皆可謂只及於中國文化之浮面。近年湯恩比著歷史之研究，其書內所含歷史知識之豐富，亟爲世所稱。但其哲學智慧，似不足涵蓋歷史，而只自外分析歷史事實、歸納出一些定律。其文明在試驗中一書，亦不見甚高之哲學智慧。素羅鏗 P. Sorokin 之社會文化動力學，則重在比較近代之感性文化與中世理念文化之不同，但此書之統計材料多於觀念。其危機時代歷史哲學一書，則重在介紹他家之說，而評論之。至於諾氏東西文化之遇合一書，則可謂一直以哲學理念爲根據，以論東西之文化者。諾氏之論東西文化，其理性的總持力，不如黑格爾；對於文化生命之直覺力，不如斯賓格勒；其體會文化之價值的智慧，不如凱薩林；其所據之材料之豐富，亦不如湯恩比與素羅鏗。然而諾氏原是一哲學家，而且原是研究科學理論的。他較湯恩比素羅鏗，更能依哲學以論文化，比斯賓格勒更少神秘主義的氣息。他又不似黑格爾之先有一套哲學系統，再去看東西之歷史文化。他比較能以一寬博的胸襟，去平觀東西文化，並使人分別了了解東西文化之不同的價值，與當前世界各國之文化問題之所在，而提出一平實的世界文化之理想。可容人憑藉之，以更向高處深處探索。此卽基本價值之所在。

二、協調文化衝突之道路

諾氏自言著此書之目的，在爲人類的和平求建立一理論的基礎。他的根本觀念是對的，卽人類當前接二連三的世界戰爭，在表面看是一軍事上、經濟上、政治上、外交上的衝突，而骨子裏則是各種民族之文化精神、意識形態或觀念形態之衝突。所以要求人類的和平，必需釜底抽薪，協調其衝突。這一種協調，並不賴一種文化之征服世界來達到，亦不能賴泯除東西各民族之文化之差異來達到。因爲各民族之文化歷史之差異，是無法泯除的。所以文化衝突之去除，最重要的是文化之互相了解。由互相了解其差異，或借他山之石以解決自己之民族之文化問題，而後有互相承認而彼此融攝之人類文化之出現。所以諾氏決不取一切人類文化都表現同一精神、都是依同一歷史階段而發展之籠統論調，他對東方文化之根本精神之差別，是承認的。以至對東方或西方中之各國文化思想之差別，亦是承認的。但是差別，並不妨碍融合相互了解之可能。而且了解差別，才能免於以一種文化理想支配全人類文化之弊。現在中國人談政治喜說民主；然而談文化，則或只以俄國文化爲標準，或只以英美文化爲標準，並多相信一切人類文化，都是依著同一歷史階段而發展，各國文化只有落後與進步之別，而無精神上之同異之別之說。這正是一文化上的獨裁思想狹隘觀點。如果人能看看諾氏此書對於東西文化，加以平等的論列，而承認其差別之態度，亦可稍具一寬博的胸度了。

三、論文化之着眼點

諾氏此書，是由感於當前世界人類的征戰，依於嚮往和平之心，而反溯東西文化思想之不同，所造成之糾結。當然，人類文化之形成，有各種現實的原因。如地理的、氣候的、經濟生活之方式的、民族之血統的種種對文化之影響力量。然而一切現實的種種影響文化形態之力量之不同，最後必表現爲文化意識形態或文化觀念形態本身之不同；而各民族文化意識形態觀念形態之不同，卻不必都可歸於各種已知之現實的原因。所以要理解一種文化之靈魂，正須直接先自其文化精神、宗教的道德的文學藝術的觀念、社會政治經濟理論、科學哲學概念上，加以理解。馬克斯等說存在決定意識，一切文化的觀念形態，都是人之現實存在狀態之反映。此說至多只是對人類已有之文化觀念形態之一解釋。解釋得了與否，原是問題。縱然你相信一定解釋得了，你亦得先了解，你所要解釋的是些甚麼？所以要了解人類文化，必然的應當以了解其文化精神、宗教的道德的文學藝術的觀念、政治經濟的理想、科學哲學之概念爲先務。而且縱然是相信唯物史觀或地理史觀等的人，亦承認人在有了某一文化的觀念理想概念以後，人即必會力求依之以創造文化成果，改造社會與自然，以自己決定其在自然社會之存在。故唯有人之文化的意識形態之先是如何，可以解釋人之所以有某種文化行爲，某種在社會在自然之行爲之目的意義與價值。以至我們可以說，人之行爲所遭遇之社會自然之環境，其對人之意識形態之限制或影響之力量，亦只有在與人之意識形態、人之理想、觀念或概念等相對照時，才看得出來。所以論人類之文化，所應循的唯一正路，卽先了解人之文化的意識形態中之理想觀念概念。了解了這些，卽可直接據以說明人所創造之文化成果、人之文化行爲、人在社會自然之行爲，再於此行爲所遭遇之環境，對人之限制或影響處，看出現實存在對意識形態之規定力量。此規定力量，最後仍須反映於意識形態，因而須受人之意識中原有或新冒出之理想觀念之裁判，以決定此環境中之規定力量之限度。由是我們最後所當了解者，仍只是人之文化精神人之意識形態中之理想觀念概念之自身。所以正面與人類之文化理想文化觀念文化概念相接觸，正面與人類文化之精神相接觸，不僅對了解文化爲必須條件，亦且可爲充足條件。至於如馬克思一流之專從文化之形成之現實環境之背景，去看文化的辦法，這至多只算一翻後壁從側面看文化的辦法，只可以成爲文化之社會學地理之研究之一支，而非眞正之文化哲學。這種研究，在邏輯上，亦是後於文化精神之正面接觸的事。對於文化精神本身之了解，亦非必須條件。對於了解文化，要正面了解其精神之一義，黑格爾斯賓格勒曾在方法論上，與以建立。諾氏之書則尤重在正面了解一文化精神中之理想觀念概念之內容，這在文化哲學的方法論上，全是正確的。諾氏用此方法，而未多說明其理由。所以我特提出加以解釋。

四、組織與內容

至於就諾氏之書之組織而論，則他是先論西方文化，再論東方文化。最後殿以他對東西當前文化問題的解決的意見。開始一章，是論現代世界之情勢。其次一章，論墨西哥之文化。諾氏是美人，所以先從其鄰近之墨西哥文化論起，並以之代表南美之拉丁文化。第三章美國之自由文化，第四章英國之民主精神之特殊成份，第五章德之理想主義，第六章俄之共產主義，第七章羅馬之天主教文化與希臘科學。其書分論西方文化在此結束。其第八章卽總結西方文化意義。第九章論東方傳統文化，其中分論中國之儒家道家文化精神，印度之婆羅門教佛教之文化精神。第十章東方文化意義，第十一章現代之印度日本與中國。在此中亦附及於日本之神道教，中東之回教精神。最後二章，乃諾氏所提出之東西文化會通之意見。第十二章題名根本問題的解決，乃對東西之哲學上社會政治之理想之衝突，加以一番疏導者。十三章實踐的智慧，討論和平、藝術、經濟諸問題。總觀全書之組織，其論世界文化問題，乃由西方至東方。此與黑格爾之歷史哲學是由東方至西方，乃一顚倒。他因着眼在現代問題，所以對人類文化前途有一理想，不似黑格爾之以絕對精神已實現於德意志。黑格爾之書，雖亦曾預期美洲將可有人類新文化之出現。此乃依其太陽由東方升起，次第由中國至印度、埃及、希臘羅馬、日耳曼、一直向西去之觀念來的。但他之歷史哲學，明言哲學對歷史，只論過去，不論未來，有如希臘神話中之理智之神，只在夜間飛翔，唯以反省過去爲事。斯賓格勒以近代西方文化，必然衰落。繼起者當爲俄國文化，然又非共產主義之俄國。其對近代西方文化之前途，純是悲觀的看法。湯恩比承認將來對西方文化之最大之挑戰者，乃東方之中印文化。但是他仍以基督教文化爲至高無上。唯素羅鏗對東方之瑜伽行則較能尊重，他曾爲此編一書。至諾氏此書，則頗帶詹姆士杜威之淑世主義精神，對人類和平文化之建立，頗有一信仰的意志。同時並不以西方基督教之文化爲至高無上。其目光，自其所屬之美國向外抛射，首先及於墨西哥南美，直達於遠東。他以美國人首先應能了解南美墨西哥之文化問題，從而欣賞其文化價值。西方人應當了解東方。吉伯林的兩句詩「東方是東方，西方是西方」是錯的。近代的東方文化，初受了西方的衝擊；而在廿世紀，印度中國中東回教國家，又都在站立起來，要西方人承認其地位。所以西方人特應力求了解東方。而且他認爲人類文化之得救，世界和平之保持，均當於東西文化之互相認識中求之。這是與黑格爾、斯賓格勒、湯恩比等態度，都不相同的。比較與之相近者，仍是凱薩林。凱薩林是能了解東方者。但是他自說其最後之歸向仍是西方。凱薩林自然是文化哲學中之天才。然而在態度的平實，眼光的廣濶上，諾氏之言亦有可取。

五、對世界文化之眼光

諾氏所嚮往的是人類的和平，人類文化之衝突的免除。然而人類文化思想中，如無共許之義，衝突與戰爭便必然產生。他在篇首並引了墨子二句話爲證。他之著此書，是在第二次大戰之末。大戰中之戎首，在西方是德，在東方是日本。而日本之國家主義是學西方的。諾氏書中暗示現在人類禍亂之根源，乃在西方之各種對立的文化思想。俄之共產主義，德意之法西斯主義，英美之民主主義，與中世留下之封建主義，在歐美現代社會中之對抗，仍然存在。此皆並非武力之壓制或戰爭之勝利所可加以平息者。這些思想，在近代的初期，都是各以一凌駕征服一切之姿態，而向世界之各處擴散，首先是向拉丁美洲。諾氏卽以墨西哥爲例，指出歐洲各種思想之向墨西哥注射之結果，而形成一極複雜之社會文化的形態。同時墨西哥仍然保存許多印第安人之原始的文化精神。歐洲去的各種文化思想中，拉丁文化始終是一根柢或基礎。現在世界天翻地覆的事件，都是由歐洲文化之向外膨脹擴充勢力而來。對於拉丁美洲，大家都很忽視。從諾氏之論墨西哥，可使我們覺到此拉丁美洲文化，似一尾閭，歐洲向他傾注的一切，他都攝受。但卻又看不見其什麼有聲有色的文化創造。近來亦不見有好多轟轟烈烈的戰爭與革命之事，出現於報章。印第安的原始文化之血液，與古老的中世拉丁文化之種子，在那裏保存着。所以墨西哥的人，更生活於一直接的感性中，藝術是生活的必需，宗教是情感的經驗。英美人之財產高於人間關係的觀念，在拉丁美洲卻並不接受。現在的拉丁美洲，在哲學上放棄以前所接受之實證主義。德國之現象主義，價值哲學，如虎塞爾 Husserl 海德格 Heideggar 哈特曼 Hartmann 等反近代而嚮往中世希臘之哲學，卻得了勢。這都表示拉丁美洲之文化精神，更是看重直接性的、感性的、審美性的、或體驗性的人生價值文化價值。這是諾氏認爲美國人首先應當去了解的一種精神。他用豐富的墨西哥文化一題，並在其書選載了好多墨西哥的畫，以表示這種人生文化之情調。

我想諾氏之講墨西哥文化，以說明南美之拉丁文化，是能提示出現代論文化的人所忽略的。現在世界的聲響，主要都來自歐洲、北美，次是亞洲。非洲對我們似黑暗的，南美似在朦朧的景色之下。南美的精神亦正是一朦朧的景色。其中有未死去的拉丁文化，西班牙情調，印第安人的原始感性，亦接受近代歐洲文化思想的震蕩。因其如此，它亦卽未嘗不可爲實現「西方中世與近代文化之融合」、「人之文明性與人之原始性之融合」底文化理想之一所在。

諾氏的目光，近處看到南美，遠處看到東方。他論到東方文化時，首先提出東方文化之統一性。他舉出遠東四種宗教即佛教、婆羅門教、儒教、道教以與中東歐美及日本之猶太教、基督教、回教、神道教對比。前四者皆非有神論 Theistic，而可說是泛神論。大凡有神論之宗教，因各有一套特殊之理論，皆互相排斥，不能相容。故猶太教、基督教、回教一直在鬭爭中。而日本神道教之頑梗性，即導致日本民族之侵略性向者。反之，所有泛神論或非有神論之宗教，皆易相融。故佛教婆羅門教在印度終相融。當前印度的問題，在回教與西方文化之迫力，不在佛教與婆羅門教自身。中國儒道亦相融，且與佛教相融。中國之問題，亦由西方文化之輸入而產生，不由固有之儒道佛之三教。儒佛之教自中國傳入日本，亦復並立而不悖。是以東方無西方式之宗教戰爭。中國家庭可以兒子信儒，母親信佛，父親信道。這點——各種宗教之能互相融攝——實足表示出東方文化之本質上有一統性，一互相和合性；而行於西方之諸宗教之不能相容，則表示西方文化之本質上之分立性、對峙性、衝突性。由此諾氏暗示人類文化要有共同的方向或彼此能相容相融，應當學東方。並首應探求東方文化之所以能表現統一性，而西方文化卻一直分崩離析，成一你死我活之爭衡局勢，其故安在。

我們都不否認東方文化有他的缺點，但就人類和平問題而論，我們必須承認現代世界的亂源，出自西方文化。歐洲人所發明的科學，並不能救治戰爭，而只能促進戰爭。戰爭的根源，在近代歐洲之帝國主義國家主義後面之文化思想的衝突。這個衝突，必須從根加以疏導。這個根原在那裏？我在我所著之中西文化理想與價值一書中，說此根原在西方宗教思想中之上帝只超越而不眞內在，與西方近代之自然主義唯物主義之思想。我所用心與諾氏不同。但諾氏所說，與我意亦有互相證明處。只是我覺他尙未能眞了解西方哲學中之理性，與中國所謂性情之概念之最深義。所以我將僅僅介紹他如何去論西方文化之本質上的分立性衝突性，並如何攝取東方文化精神於世界未來之文化中之用思方向。其詳細，讀者可看原書。

六、英美文化思想

諾氏分析近代西方文化思想之現存之種類有五。一是美之自由民主思想，這由傑弗遜、罕彌頓、林肯、威爾遜、羅斯福、一直傳至現在之民主共和兩黨。這一思想源初原自洛克，而洛克之思想，又依於牛頓、蓋律雷、笛卡爾之科學的宇宙觀。至於美國之資本主義或經濟思想，則是從休謨、邊沁、穆勒、耶方斯等之功利主義演繹而來的。洛克思想的著重點，在承認心物之各爲一實體。由每人之心之各爲一實體，而一切人格平等；故人各有其財產權，法律最重要之任務卽保護財產，同時有服從多數保障少數之民主政治思想。休謨之思想，則根本不承認心靈之爲一實體，而視一人之人格，只爲一串觀念，印象之聯續。故到了邊沁、穆勒、耶方斯，卽只承認人之求幸福快樂是重要的。而依他們所承之休謨思想以看所謂一人之快樂幸福，亦只是一段一段的快樂經驗之和。由是而一種行爲之價值，亦只視其是否能產生較多之人類之快樂經驗而定。依此思想，個人之自我或人格非一實體，一切個人之快樂，是否完全平等，並非重要，重要的只是社會之快樂之總量之增加。依耶方斯之經濟學，百物所致之快樂之比較，卽表現於人對事物之選擇。人之願以若干貨幣購某貨物，卽客觀的表現他是以某貨物所致之快樂，與同樣貨幣所購之貨物，所致之快樂相等者。由是而貨幣之計量，卽表現快樂之計量。人所持貨幣所能購買之物之增加，卽整個社會之快樂之增加，亦卽社會福利之增加。所以由邊沁穆勒之思想應用下來，所重者乃在社會立法，使個人自由不妨害他人自由，讓人在經濟上自由生產，自由交換，自由消費，以各求其最大量之快樂。此種思想，與從洛克下來之人各爲一個體單位，有一本質上絕對平等，在選舉中，每人亦爲一絕對之單位之思想，並不相同。對洛克之思想，諾氏特別提出其受牛頓蓋律雷之物理學的宇宙觀之影響之處。此物理學之宇宙觀，在本源上是一各種個體物體互相對峙之機械的宇宙觀。洛克仍不免以社會爲許多互相外在之個體之結合。然而近代生物學發達以後，有機原則又被重視。威爾遜曾經很明白地說過，政治不當學牛頓之機械觀，當學達爾文有機觀。（實則達爾文之生物學，亦尚是機械觀。此當別論）此政治中有機原則之再被重視，正與罕彌頓林肯最初所重之「聯合」「全體」之觀念相應。由威爾遜再影響羅斯福，成爲羅斯福之新政的基礎，使美國之民主黨轉而反對經濟上放任主義。而原來主張以政治控制保護經濟的共和黨，到現在卻轉而反對政治對社會經濟之限制。兩黨之精神，歷一二百年，彼此恰顚倒過頭來。這種種科學哲學之觀念，對於美國立國以來，社會政治經濟之趨向之規定的力量，即是諾氏在美國之自由文化一章，所加意分析的。

七、英國民主之特殊成份

諾氏由論美國之自由文化，轉而論到英國民主精神中之特殊成份。再指出英國民主精神之異於美國處。美國之指導思想，只是此二三百年之科學思想哲學思想。英國則建國於中世，其議會制度，亦遙承中世之政治法律之觀念而來。中世之哲學，是亞里士多德之哲學。這是承認宇宙有存在的層疊（Hierachy）價值的等差的哲學。此哲學曾應用於中世之教會組織，表現於中世之政治法律之觀念之中。英國教會於近代的初期，脫離羅馬教會獨立，即成國家的教會。亨利第八當了英國教會的主席，而英國人由中世宗教所訓練陶冶出之尊重集體組織之精神與宗教情緒，即轉移爲對英王與英國國家之尊崇。胡克Richard Hooker是規定英國宗教思想之重要人物。在大英百科全書，論到胡克的思想，最重要一點，即「以宗教與公共福利爲政府之二方面」。英國保守黨之民主精神，不源於洛克——此與美國會不同——而源於胡克。胡克與保守黨之國家觀念，亦正是反放任主義的，承認國家社會之有機關係與層疊組織的國家觀念。胡克思想中之有機觀念層疊觀念，正是源於亞里士多德。此外諾氏再指出英國人之尊崇法律之精神，直接導源於中世之有機觀念。自由之保障者是法律。然人對於法律之尊崇，乃依於法律高於一切個人以及皇帝與執政者之觀念。英國之民主觀念，最後歸於求政治上之組織與個人之力量之互相制衡，此制衡所表現者，亦包含社會與個人之有機的統一。由此我們可以了解十九世紀重有機觀念之新黑格爾派，在英國得勢之文化背景。誠然，洛克之寬容精神，人權觀念，都是英國近代民主精神之基礎。邊沁之立法，對於由中世傳下之法律，亦多所改革。近三百年之英國思想，對英國社會政治經濟之影響，亦有如其對美國之影響者。然而中世之思想，對英國之影響，同樣的重要。這卽是英國文化淵源遠於美國之處，亦卽英美文化差別之由來。諾氏在此指出英國民主之根於中世有機觀念之處，正是一般論英美近代之民主自由精神者所常忽略的。

八、德國理想主義

諾氏承認德之理想主義之所以生，是由於笛卡爾洛克至休謨之思想，在哲學上有其理論的缺點所致。卽由洛克至休謨之思想，不能眞正證實一超主觀的科學知識世界之存在。牛頓蓋律雷之物理學的宇宙觀，需要建基於一肯定超感覺的時空或普遍必然之自然律的哲學上，由此而開啓了康德之批判工作。

康德哲學之大貢獻，在其能於主觀的觀念之聯想，知識之經驗的材料之外，兼指出一切知識要有客觀性普遍必然性之理性基礎。這理性基礎，卽康德所謂人心中原具的感性範疇及理解範疇，與組織知識成系統之理念等。康德所謂心，不是如洛克所認識之人心，只是一白紙，一被動的接受刺激以獲有觀念之實體。更非如休謨穆勒之人心，只爲一大堆觀念印象之複合物。康德所謂心，是一能動的，一方自具條理以軌範世界，形成知識；一方依理性以自定道德律，而自己規定自己，以從事道德之實踐的理性心或超越意識。此超越意識，爲一具客觀性普遍性之意識，而依於一超越自我。此超越自我，經菲希特黑格爾之手，卽化爲一切人之共同的自我，或普遍自我，絕對自我，而同一或類似於基督教中所謂上帝。上帝表現於一切，表現於自然，亦表現於人類之文化歷史。黑格爾由此以看文化之歷史，卽上帝求自覺他自己於世界的行程。上帝求自覺他自己於世界之行程，現正走到德國。所以德國的現實，卽表現上帝的理性。由此暗示了威廉第二希特勒的野心，孕育了法西斯主義。

按關於說德國之理想主義者由康德到黑格爾，直接孕育法西斯與威廉第二希特勒的野心，英美思想界大都衆口一辭。杜威、羅素、桑他耶那（Santayana）、培黎 Perry都如此說。中國人亦隨之附和。但此說並不完全公允。實則由康德思想根本不能產生帝國主義，他明講依理性以建立永久和平。由菲希特黑格爾之思想亦無產生威廉第二、希特勒之必然。這我在他文另有辯正，今姑不多說。諸氏說黑氏之以存在的卽是當然的，現實的卽合理的，爲黑氏思想之根本上的混淆。這亦是未了解黑氏所謂存在或現實之本義，是指全人類之全幅的精神，或上帝之全幅的意志之全幅表現而言，非謂只有當前之現實才是現實。不過黑格爾此語之流行，卻可引起人一種幻覺，視一切當前現實的事實，本身皆已是完全合理的。這便免不了使人以當前現實的權力之所在，卽是正義之所在，而只去追求當前現實的權力。如此說，希特勒、威廉第二之征服世界之野心，黑格爾當負一部份之責任，則我們亦可承認。

九、俄國共產主義與希臘中世思想

再下一章，論俄國之共產主義。馬克思思想，據列寧說，乃德國哲學、英國古典經濟學及法國社會主義之綜合。但在根柢上，乃黑格爾之辯證法。黑格爾之所謂現實卽合理，存在卽當然，其所謂當然而與合理者，乃人之精神之存在與現實。而馬克思列寧，則以人之現實，卽人之物質的存在，生物的存在，人在生產關係中之地位與社會之生產力。於是整個顚倒了黑格爾之思想。英國古典經濟學，承認個人之求快樂的動機，尊重個人的興趣，從滿足欲望，滿足需要的觀點，看財物的價值。其從市場的供需，決定價格，亦卽從財物之滿足人之需要與人以快樂之量上，看價格。而馬克思之勞働價值說，則只從人之勞働量上看價值，亦卽從人之生理力量與物理力量之消耗量上，看價值。於是一貨物之交換價值，亦卽依其製成時所需之抽象的總勞働量來決定。這與古典經濟學之觀點，便全不同。其理想的社會，是共產主義的社會。此是由法國之社會主義之思想來。然而馬克思列寧，決然的反對凌空的提出任何的理想國。而只認爲共產主義之天國，是事實上必然行將到來的。因其事實上必然行將到來，所以我們卽當爲之而奮鬪。並非先出於一社會理想的選擇，而後擇定共產主義。故其精神與法國社會主義，出自一理想社會之追慕者不同。依馬列主義，共產主義之到來是必然的。中世的封建主義，爲資本主義之民主主義所否定，而後者又必然爲無產階級專政所否定。無產階級專政以後，國家必定萎化。要專政，必反民主自由。列寧明白宣稱「只有在共產主義眞正實現，社會莫有階級之差別時，乃有完全民主之可能。然而此時，旣有共產主義，則亦不需民主。故民主亦必萎化。」因而英美之民主理想，在列寧之思想中，乃原則上被否定者，列寧只承認「在與資產階級鬪爭時，無產階級可以要求民主」云云。諾氏由馬克思列寧之反民主自由之理論，以指出蘇聯憲法中之精神與英美之不同。在洛克思想，人人有其自然權利，政府之作用爲消極的去害。而蘇聯憲法中，則正式規定勞動是公民之責任，不勞働則不許得食。此外諾氏再指出蘇聯對於人之自由之限制，及候選人之限制，以說明蘇聯之反英美之民主自由之政治制度與政治措施，一一都是依着馬克思列寧之思想而來的。而馬克思列寧之信徒，則是要以此思想，强迫改造世界，使與之相合。諾氏指出，康德思想中「所認識的對象，必須納入吾人之認識範疇乃得被認識」之知識論，到馬克思列寧則變成要人之自然的存在狀態，服從於其所謂革命的發展之理論。諾氏在此章對於馬克思列寧的思想，均是出之以同情的了解之態度。上列所言，亦無諷刺之意。唯言依此哲學卽必然有如此如此之社會政治之措施而已。

諾氏論了俄國思想後，接著論羅馬之天主教文化及希臘科學。其要旨在說明天主教文化，雖不開亞里士多德哲學中對於人格之觀念，對於社會秩序之觀念。亞氏之人格觀念，乃以人之靈魂爲人之一形式。亞氏之社會秩序觀念，乃其層疊地表現普遍形式的宇宙觀之應用。在中世天主教文化中，如只有對耶穌之一人格之崇敬或一上帝之信仰，而無此由亞里士多德與希臘思想而來之哲學概念爲間架，則中世天主教文化之勢力，卽不能形成。故此套哲學概念之基礎動搖，則天主教文化亦勢須轉變新面目，此卽近代文化之所以代中世而興之故。關於此章之介紹茲從略。

十、西方文化思想意義

諾氏分別討論西方文化之目的，在指出洛克之思想，是英美民主精神之靈魂。（按羅素在其近著西洋哲學史中，亦持此見，羅氏論洛克尤較諾氏爲周至。）休謨邊沁穆勒耶芳斯之思想，是近代英美實業家的世界之靈魂。希臘柏拉圖、亞里士多德之思想，是中世文化之靈魂，亦卽今日尚存之西方封建精神之靈魂。拉丁美洲西班牙與英國之政治，均多少尙保有此中世精神。由英國之洛克休謨之精神，翻出之德國理想主義，乃德國文化之靈魂。自黑格爾翻出之馬列主義，乃俄國文化之靈魂。每一靈魂，皆各有其所形成之文化成果。文化靈魂乃一套哲學觀念哲學理想。而此哲學觀念理想與科學觀念，實不能分開。哲學中所提出之人生文化理想，必根於一宇宙觀人性觀。而哲學之宇宙觀人性觀，必落到科學，同時成爲科學之理論；而科學之理論之概括化，亦卽成爲哲學；科學之理論亦必然影響到哲學上之宇宙觀人性觀的形成。所以哲學思想與科學思想，不可分的。二者均是人類文化所依之觀念形態的根據所在。因而如果哲學科學上之宇宙觀人性觀站不住，則依之以建立之社會文化，終必現出毛病，而且必有新觀念形態，代之而興。依諾氏之意，希臘至亞里士多德之哲學科學理論，在十六七世紀因遭遇新天文學事實之否證，而基礎動搖，乃有牛頓蓋律雷之新科學的宇宙觀。近世之初之洛克笛卡兒之哲學，以至康德馬克思之哲學，其心目中之科學的宇宙觀，亦都是牛頓蓋律雷式之宇宙觀。此宇宙觀乃一依於機械論的物理學而建立者。然此物理學，因今日相對論量子論之出現而動搖，則他們之哲學亦失其科學的依據。近代文化思想中，洛克之平等與民主的理想，依於個人之心爲一實體之哲學。此哲學經巴克來休謨之批判而破滅。而由休謨之經驗主義至邊沁穆勒耶芳斯之功利主義之宇宙觀人性觀，又忽略宇宙中之超經驗的理性結構，與人之普遍性一方面。於是有康德起而補其短。然康德至菲希特黑格爾之理想主義，又歸宿至現實卽合理之觀念，而暗示了法西斯。再引起俄國之極端的唯物的現實主義，以依歷史必然律而革命之理想，代替一切個人之自由，或其他社會理想之追求。但是他們在現在同失卻科學的依據。諾氏由此以暗示西方文化之必需有一不違背新科學，而綜合西方之衝突矛盾的文化思想之文化理念之提出。

諾氏一方分別論西方各國文化思想之衝突矛盾，一方指出其哲學理論之與科學思想之相依爲命。哲學的理論，每於新的科學事實出現時，便不得不改弦易轍。相反的哲學文化思想乃更迭而生，如後浪之推前浪。他稱此爲西方文化思想之不斷的革命性。此與東方思想之極易互相融合、且經數千年無大宗旨之改變、成一對照。在此處，中國現代人恆以之證明西方之思想與文化是進步的，而東方文化則是不進步的。又有許多人以西方思想之派別分明，爲西方人頭腦淸楚之證，中國人之喜融合三教，爲思想混亂之證。實則問題皆不如此簡單。諾氏亦不如此看，諾氏只從此以看東西文化精神之差別的意義。

東西文化之差別，根本上在東西之知識或智慧之差別。諾氏在西方文化之意義一章中，說西方之知識，無論是宗教知識、科學知識或哲學知識，其全體中總有一部是假定的。聖保羅說：「看見的東西都是暫時的，只有看不見的是永存的。」天父是看不見的，人只可由信仰天父對耶穌之啓示，而信天父之存在，然人不能直接經驗其存在。西方科學的精神，自德謨克利塔及柏拉圖，卽已知道「一切理論的概念，所肯定者均多於單純的事實」。愛因斯坦明說：「一切官覺只間接報告物理的實在，只有思辨的方法，可以去把握物理的實在，然此把握，永遠是不完全的」。西方之一切科學的學說，與哲學的學說，都是超越直接觀察內省體驗之所及，而構造一假設。由此所構造之假設，能把人之精神向上向外伸展。然而一構造的假設，都須由其演繹出之理論效果與事實之對照上，加以驗證或暫時的證實。一切證實是暫時性的，因爲我們不能保證將來無否證之事實。而一切理論一被否證，則一毀而永毀：只有再讓人去形成新假設。（按此皆只對說明外在事實之思想理論爲然，對精神之思想理論則不然。可參考本編論黑格爾之精神哲學一文第五節。）然而在未遇否證時，人又可對於同一對象，儘量作各種矛盾衝突絕對相反的假設。因此西方之宗教的、哲學的知識，由於崇尚知識中之理論成份或假設成份，使本質上缺乏一穩定性。同時使緣是而生之西方一切倫理的、社會的、政治的、經濟的思想，特顯一複雜性、矛盾衝突性與不斷的革命性。這是西方文化或文化思想之根本意義。

諾氏說西方人於知識，重視其中之不可直接證實之假設的成份。此卽可稱爲知識中之理論成份。但一切知識中之能直接證實或被體驗的部份，諾氏稱之爲審美的或感性的直覺的成份Aesthetic component（諾氏用此字包含審美的、感性的與直覺的三義）。按諾氏此處對知識之意見，與維也納派或邏輯實證論者以及美之路易士在心靈與世界秩序一書中，對知識之意見無殊。康德所謂知識中之先驗成份，他亦只視同知識中之假設。他以康德的偉大，亦卽在其能並重此二成份。惟諾氏不承認有先驗的理性，則大可商量。然而諾氏由此以論一般西方文化思想之缺乏穩定性之原，卽在其過重理論構造的成份，而未能同樣重視審美的或感性的成份，卻亦有所會心。以下當絡續論到。

西方科學思想之形成，必須先成立假設，由假設以演繹其理論效果，再求一部份的證實，這亦幾成當今學術界之定論。而科學研究的理想，在形成一足夠解釋有關一切事實之演繹系統，亦是人所共認的。西方之哲學除康德及以後之科學批判之哲學家外，凡一體系的形上學家，由笛卡兒、斯賓諾薩、至非希特、黑格爾，都嚮往一完足的演繹系統，卽均是重在理論之構造的。洛克、休謨、穆勒之經驗主義哲學，一方固較尊重經驗。然而洛克之如白紙的心體與自存獨立之物體之觀念，均是純理論的構造；休謨之原子式的觀念印象，亦多少是一理論上的抽象。由休謨思想到功利主義快樂主義者之倫理學政治經濟學中之快樂單位之觀念，經濟人之觀念，亦都是抽象的理論的構造。所以古典主義之經濟學，最後成爲純粹演繹的奧大利學派。西方的宗教思想，由奧古斯丁至聖多瑪，都重視體系神學之建立，以說明「啓示」，都以人必須通過教會以得救，而不以一般人之直接見上帝爲可能者。所以諾氏說西方之知識，特重不可直接證實之理論的假設成份——此假設成份只可由引申演繹其理論效果而間接證實——這大體上是不錯的。

十一、東方文化之意義

西方知識之重其理論的假設成份，不同於中國印度的情形，本來十分明顯。諾氏於此指出東方智慧之特質，卽在着重一切知識中經驗中生活之直接體驗的審美的感性的成份。依我之意，在西方現代哲學中，對於人之直接經驗或感性經驗之了解，本已有一大進步：卽逐漸改造了由洛克至休謨之「以直接經驗或感性經驗，爲原子式的不相連續的觀念印象」之說。懷特海說康德卽因爲承受休謨此種經驗原子論，而後去求世界之條理於主觀的先驗的範疇。然近代由康德開啓之理想主義，發展至黑格爾及英之黑格爾派，而有勃拉得來特提出感性經驗之整體性，以打破經驗之原子觀。懷特海哲學中之具整全性的Feeling之觀念，他亦自承是得之於勃拉得來。在美國則詹姆士之澈底經驗論與其心理學之書，首指出人之原始的直接經驗之為一連續之流。諾氏大約亦是受他們之影響，而後從直接的感性的審美的經驗中之連續性一體性，以透入東方之思想，人我一體的境界，與東方藝術之精神。

諾氏論人之直接的感性的審美的經驗，雖重其中之連續性一體性。亦未嘗忽略其中之有種種差異之存在。但諾氏指出在此直接經驗之全體中，雖有差異，此差異乃與全體相渾融，在全體中呈現。東西文化的差別，可從其藝術上明顯看出。東方圖畫中之一切都是直接呈現，直接體驗的。而西方圖畫，必須依透視學以構造幾何形體，西方彫刻必須隱隱凸出筋骨的間架，這便是一包含理性的構造，而非直接全幅呈現之審美的境界。

諾氏了解人心對其對象之直接體驗或審美性感性之直覺，是物我一體的。他即據此以解釋儒家之仁之通人己之情、老莊之道之遍在萬物，印度之「汝即梵」之無所不在，與佛家之當下即是的眞如境界，或寂滅寂淨之涅槃境界。他這些解釋，不算深入。亦不必都很恰當。對於儒家佛家婆羅門之道德精神，宗教精神，只從審美的感性的物我一體去講，尙不能深入其精蘊。而對審美的問題，諾氏所謂感性的物我一體，亦不足以盡之。不過從審美的感性的物我一體之觀念，亦可多少與之接近而已。

十二、現代世界文化問題

諾氏在分別討論東西文化之意義之後，於是再歸約現代人對當前世界之文化任務爲四個：一爲東方與西方之聯結或溝通；二爲拉丁文化與英美文化之融合；三爲民主精神之價值與共產主義之價值之互相促進；四爲西方中古文化有價值之部與近代文化有價值之部之協調。最後歸於科學與人性之和諧。這亦是此書最後二章所欲解決之問題。

在最後二章，充分表現諾氏之寬博的氣度。他極有意在今日及未來的世界，保存一切人類文化理想中之有價值的部份，而使之互相融和，並行不悖。這正近乎中國儒家的精神。他指出融和人類文化理想的衝突，首先要溝通東西文化之精神。能溝通東西文化精神，亦卽可同時連帶解決拉丁美洲文化與北美文化之衝突之一部份。東西文化精神之差別，在東方文化之特重直接體驗的、審美的、感性的、物我一體的直覺。而拉丁美洲之異於北美的，亦卽在前者之富於審美性，其宗敎是近情感的；與後者之過重實用的、經濟中心的精神相反。東西文化的溝通，卽重視審美的、感性的、物我一體的直覺之精神，與重視理論的假設的精神之結合。在東方文化中因重直覺，故不同的東方文化理想，只是對於同一之直覺之世界或人生，所注目之方面之不同，故其差異，全不阻碍融合之可能。在西方文化思想中，因重理論的假設，故常對同一的事物作矛盾的假設，因而常有不可調和的衝突。此卽東方儒道佛及婆羅門教易相融和，東方人無宗教戰爭，文化中少衝突；而西方中之中世思想英美思想與俄德之思想一直互不相容之故，然而理論的假設之構造，又是知識生活文化生活中必須的成份。自然或世界，亦確有其理論的系統的結構。理論的假設之構造，是科學哲學的基礎，亦卽常識之客觀世界之構成的基礎。人亦必須常有超乎直接呈現者之理論的構造，然後人的精神才能推擴。於是當前人類文化問題，遂在如何可使出自理論的構造之世界觀人性觀，與直覺的體驗的世界觀人性觀，互相融和。東西文化的溝通的關鍵卽在此。

但是諾氏認為要作到此一步，首先賴西方人對其近代文化思想之本源上之一錯誤，須有一認識。此錯誤最初純是一哲學之知識論上的。然而其影響，則非常鉅大。此卽近代思想中，由笛卡爾洛克之依當時的科學家如牛頓蓋律雷之物理所形成之一「三端知識論」。此三端知識論，卽主張人之直接認識所對之現象或人所體驗之世界內容，關於世界之觀念印象等，乃由在我心體之外之一物體，影響我心而有。此知識論，以我之心體為一端，外之物體為一端，外物影響我心所生關於世界之印象觀念現象等，為又一端。此種知識論，在中國一般人不學哲學而略識科學者，亦常以為然。但是諾氏以為此種知識論，在本源上卽是一錯誤。實際上一切認識只是二端關係。一是認識的主體，一是對象。認識的對象，最初卽此當前直接呈現之現象世界。如此處一塊顏色，那裏一種聲音，及一切直接呈現之感情思想之活動等。至於所謂不直接呈現之一切對象，如原子、電子、上帝、我與他人之心之本體等，則都只是理論的構造。此非謂理論的構造，全不指實。此只是說：非先有此理論的構造的東西之互相影響，而後有此直接呈現之現象世界。如此說，便是顚倒（按此卽佛家之所謂法執）。今只當說在我認識之對象中，首先有此直接呈現之現象世界。理論的構造之對象，如電子原子心體等概念，乃我們用來組織、關聯、或預測一切直接呈現之現象者。畢竟這些概念，是否指實，唯以依這些概念所演繹出之理論效果，能否得直接呈現之現象之證實而定。由此而所謂電子原子等，並非較此直接呈現者爲更眞實。他們至多只與直接呈現者同樣的眞實。近代之哲學科學思想開始點，卽犯一三端知識論的錯誤。由此而將我們直接認識之現象世界，貶斥到一附產品的不重要的地位。同時使過於看重理論構造的西方文化，走到各種偏激的文化思想與知識系統的矛盾衝突的境域中去。按諾氏此處對於近代初期科學哲學思想之本源不正處的批評，與懷特海在科學與近代世界等書的意見，幾全相同。他們同要人特別注意直接呈現的世界之第一義的眞實性。但是諾氏尤重直接呈現的世界之爲一連續體之意，一切差別是自此連續體中抽提出的。依此認識論，則所謂我之認識對象，無論此對象是人是物，人與我、物與我皆在一連續體中。認識關係是一直接貫通人與我、物與我的關係。此關係，是直覺的亦是情感的。（按此正與中國先哲言知，恆直就感通而言之意相合。此可參考拙著中國文化精神價值第五六章。）而對我們直接呈現之世界，復依各種對應的關係，與理論的構造之對象，如原子電子我與他人之心體等，互相聯結。由此而澈底改變了，由笛卡爾洛克牛頓蓋律雷下來之近代的世界觀人心人性觀。

依牛頓蓋律雷到洛克之世界觀人心人性觀，乃只以不可見之物體心體是眞實的。我們之心所直接體驗之觀念印象，一切呈現的現象，都是心體物體交互影響之結果。由此勢必使人一方貶斥直接呈現之世界之重要性，一方以科學之理論的構造，淩駕於一切藝術創作的欣賞，以及人與人情感的生活之上。以不可見不可直接經驗的爲最眞實；而貶抑感性世界，乃西方由柏拉圖至中世之傳統精神。感性世界在柏拉圖與中古時期之哲學，都是罪惡。在洛克牛頓，則感性世界是主觀的現象，是本質上虛幻的。經了巴克來、休謨，對洛克的思想的批判，以至穆勒、耶芳斯之思潮，亦只認識直接呈現的世界中之零碎的感性經驗，不了解直接呈現的世界之連續性一體性。他們之哲學，亦不能說明科學家的客觀世界之律則所以成立。而由康德到菲希特黑格爾，雖知重理論的構造，然黑氏以歷史是依其理論的構造而發展的，再轉成馬克思列寧之以其理論的構造之唯物論共產主義。此主義更要宰制世界之事實以合於其理論，又墮入傳統西方思想之舊轍。然而就近代思想而言，則其後來一切文化思想之衝突，歸源究本而論，其癥結皆在近代思想之初所犯之知識論的根本錯誤。此知識論的錯誤之糾正，即成了溝通東西文化、融合近代西方文化衝突之開始。

十四、世界文化之改進原則與世界文化思想之融通

在這個基本的哲學思想之錯誤糾正以後，諾氏復提出一寶貴的文化改進的標準。即人類必需兼滿足

人之理論概念的構造的天性，與人之審美的感性的直覺的天性。一切理論概念之是否眞實，依其演繹效果之得證實或否證爲定。但是任何理論概念，無論在過去經了如何的證實：然而如當前的事實或最近之科學的實驗與以否證，則此理論卽須廢棄或修正。由是一切理論的構造，必須適合於最近的科學。愈適合於最近的科學所發見之事實者愈好。然而人之審美的感性的直覺，則愈離開理論的構造者愈純粹。凡人在文明中生活愈久者，其生活愈習於一套機括而愈對於直接呈現之世界，缺乏忘我的、親切的、透入的直覺。因而審美的感性的直覺，愈是近乎原始的愈好。所以凡尊重直覺之東方文化思想，都有一要求後人回到最早的聖哲之所親切體驗者之趨向。而依西方文化思想的發展看，凡直接與當前之科學事實衝突之理論，則又決難存在。如其存在，亦只成一些文字的播弄或晦澀而無生命之思想。他卽提出二標準，以爲今日世界文化之改進之原則。

諾氏在提出其世界文化改進原則之後，於是進而說明認識人性之此兩方面之重要。人性在其要求直接與呈現世界之接觸貫通一面，必須反本懷古，回到原始，而對其一切理論概念的構造，則必須求最新科學的證實。此是二相反方向的精神。當然一個人同時兼備此二精神，是不容易的。於是在一健全的社會中，必需一方有陶養培育人之親切的直覺直接的觀照之詩人藝術家，一方有從事理論構造之科學家哲學家。對人類將來的宗敎，諾氏以西方中世傳下的宗敎，其理論是亞里士多德與希臘科學，許多地方顯與近代及現代之科學事實衝突，這只有揚棄。現代西方宗敎的新生命，必須使其理論不與科學衝突，而得科學事實的證實。同時西方中世宗教思想不免鄙棄感性世界之態度，亦是不對的。東方宗教在當下呈現的世界中見神見道，對自然若有母子之感情，是更能滿足人性另一方之要求的。不過諾氏同時指出在中世之天主教到後來之崇拜聖母之精神，與重視藝術及宗教情調宗教禮儀之精神，卻是比較能包含審美的直覺於宗教信仰中的。此點爲清教徒所不及。亦卽今日拉丁國家之宗教之長處。諾氏由此對今日拉丁國家之文化價値與以一肯定。

中世文化還有一精神。卽由亞里士多德之重視普遍的形式，而表現爲中世文化之重聯合配合之原則者。這亦將爲人類社會組織之一基礎。將來的世界政府，與各國政府，地方政府，及個人對自由之控制（此卽個人政府），仍將表現一有機的層疊組織。

諾氏之所以重科學哲學與藝術而仍能尊重宗教，並强調宗教的重要者，是因爲諾氏亦不否認普遍者之存在。宗教中之許多細節的理論之與科學的新發見衝突者，或宗教儀式之機械化硬化，成爲人之桎梏者，固須有改革。然而普遍的神，在理論方面說可以成爲一切宗教理論中之公項或常數，爲人類嚮往絕對無限之精神所憑依。此乃不同於一特定宗教者。而在人之審美的感性的直覺方面，此世界亦本非如休謨所謂之一大堆不相連絡之觀念印象。諾氏十分重視東方人之在自然中在人間世之萬物一體之情調，此情調亦是人所直接感受直接體驗的。而此亦卽人之宗教精神之眞實表現處。

諾氏將近代西方文化與中古之宗教精神融合，而再進一步把俄羅斯之共產主義與近代之傳統的民主精神融合。在近代傳統的民主之哲學理論中，除對洛克之知識論，及其强調財產之保護，諾氏反對外，但於洛克至休謨至穆勒以至耶芳斯之自由主義經濟制度之價值，諾氏是加以肯定的。而其根據，亦卽在他們之能重視人之直接體驗之苦樂的感覺，個體的親切的需要。至於由菲希特黑格爾至馬克斯之一潮流，卻是重視理論的構造的。康德黑格爾所重者，乃關於人類精神方面之事之理論的構造，馬克斯所重者，乃關於人之物質的身體、生物的生命、在生產關係之地位等理論的構造。理論的構造，必然重視發現系統的關聯，故他們同將個人置於超個人之國家社會之客觀精神或自然之系統中。他們固皆於個人之社會性，同有所見。諾氏並不承認洛克之孤立的個人，自成一獨存之實體之說，他承認個人之社會性的重要。個人之社會性卽個人與其他個人及其他存在之公性、通貫性。故此社會性是廣義的。個人是人類社會之一份子，而參與國家社會之客觀精神；亦是自然之一份子，而參與自然——生命之世界、物質世界。而從東方文化精神所重之物我一體的直覺看，人亦不只爲亞里士多德之政治的存在，人不只有政治社會性，而且亦確與整個自然世界在一連續體中。由是而亞里士多德黑格爾菲希特之理想主義。重視個人之社會性的精神，與馬克思主義之重視人之爲一自然的存在、消費物質生產物質的存在之思想，同樣可有其一方面的價值。然而在一東方精神物我一體之情調下，則馬克思列寧之偏宕處，與菲希特黑格爾之嚴肅的理性主義，都可融化而成爲柔和的了。

諾氏對馬克思列寧及黑格爾之最大的反對處，在他們之以存在卽價值，以現實文化卽當然的文化，而以歷史爲必然。如果歷史是必然，則人類即無自由，無各種可能的未來之前途之開創。黑格爾馬克思之辯證法最大的不妥，卽在其主張每一正面，只走到一定的反面。但是現代邏輯家，都知道否定一命題者，可是各種不同的命題。一種社會制度文化思想的打倒，亦有各種可能的社會制度文化思想之出現。我們能知道未來的歷史，非只有一可能，則人類前途有多方面的遠景，可供瞻望。不過，去掉歷史的必然之夢魘，只是自由的前件。眞正自由的重要，每人必須從直接體驗之世界中去證實。在人直接體驗的世界中，無論在對物相之感覺及內心情調方面說，都有許多未決定的成份。直接呈現之世界中，一切流動與生發，我們最初只是默默的感受。此中許多東西，都莫有名字，不能化爲普遍的概念。然而他卻構成個人每一剎那之眞實生命者。這生發與流動，不能由外力加以抑制與摧殘。這是最原始而不否認的眞實，這也是自由之要求之最後的根據。然人之有此自由，並不碍人與他人或社會或自然有系統的關聯。人與他人或物，都有共同的普遍性，有有機的連繫。關於這些，人亦可依理性的構造而與以承認。是以自由並不妨碍組織與責任觀念，亦不妨碍人之承認某一些有必然性的科學定律。在此點上，非希特之自由觀念，亦爲諾氏所推崇。

諾氏此書最後再論他這一套文化哲學之理論與現代物理學的理論，可相印證。並論及人類和平問題及藝術與經濟諸問題，不外以其所謂人性或世界之理論的成份與審美的感性的直覺的的成份爲基礎。諾氏說拍拉圖在論善的語錄中，曾提出一切事物之二根本原則。一爲男性的，一爲女性的。男性原則卽理論原則，女性原則即審美的原則。然而拍拉圖以此女性原則爲罪惡之原。但是又說此女性原則之存在，絕不能加以否認。女性原則之根源正在東方文化。中世紀正宗神學，初以瑪利亞只誕育耶穌肉身，耶穌之靈魂直來自上帝，故只有聖父無聖母。但是後來之天主教，終於崇拜了聖母。這是女性原則之復甦。近代西方文化，特重科學哲學之理論的構造，實偏於只發展孤陽之氣。孤陽之極，爲希特勒列寧之脅迫人類與自然，以合於其理論的構造。陰陽男女之道，實須配合。故理性的構造與假設之一往向上伸展，必須還來俯就當前的親切體驗。當前的親切的體驗，又必須順理性的構造而開展。這宇宙的男性原則與女性原則之結合，亦即東西文化結合的路道。亦是東西文化思想之一切矛盾衝突之消除，英、美、拉丁美洲、德、俄、中國、印度、日本與中東回教國家之內部的社會文化問題之解決，而使人類互相了解，以達於世界和平的路道。然則諾氏一書整個所欲說明者，正是向中國古人所謂「一陰一陽之謂道」「天地絪縕，萬物化醇，男女構精，萬物化生」之義湊泊。但中國人所謂一陰一陽之道，兼爲宇宙的之創造原則與實現原則，而通乎一德性的精神生命之生發與完成者。而非有此德性的精神生命，亦不能合宇宙之所謂女性原則與男性原則爲一，不能言東西文化之溝通。此則皆非諾氏之所及者也。

四十年新思潮第十期

索　引

索引說明：

一、索引區分爲二部分：㈠人名索引，㈡內容索引。另附外文人名中譯對照表。

二、內容索引以名詞概念爲單位，同一名詞下無特別說明者，僅標明其頁數；有特別說明者，該名詞概念用～符號代替。

三、索引以筆劃多少爲序，外文人名中譯對照表順英文字母爲序。

四、索引中所標示的頁數，即本書每頁兩旁的頁數。其中有標明「上」或「下」者，乃指示「上册」或「下册」部分的頁數。

五、本索引編製人區有錦。

㈠ 人名索引

四劃

五劃

六　劃

七　劃

八　劃

九 劃

十劃

十一劃

十二劃

十三劃

十四劃

十五劃

十六劃

十八劃

十九劃

二十劃

(二) 內容索引

一　劃

二　劃

三　劃

四　劃

五劃

六　劃

七劃

八劃

九　劃

十劃

十一劃

十二劃

十三劃

十四劃

十五劃

十六劃

十七劃

十八劃

十九劃

二十劃

二十一劃

二十二劃

二十三劃

二十四劃

二十五劃

外文人名中譯對照表

Abelard, P. 亞伯拉
Adam Smith 亞丹斯密
Alexander, S. 亞力山大
Anaxagoras 安那薩各拉斯
Andronicus 安德羅利卡斯
Anselm of Canterbury 安瑟姆
Aristotles 亞里士多德
Augustinus, A. 奧古斯丁
Ayer, A. J. 艾爾

Bacon, F. 培根
Bentham, J. 邊沁
Berdyaev, N. 貝德葉夫
Bergson, H. 柏格孫
Berkeley, G. 巴克萊
Bolzano, B. 布倫扎諾
Bontroux 布特羅
Boodin, J. E. 布丁
Bosanquet, B. 鮑桑奎
Bradley, F. H. 柏拉得來
Brentano, F. 布倫唐諾
Brouwer, L. E. G. 布魯維
Bruno, G. 布儒諾

Carnap, R. 卡納普
Carvaka 喀瓦卡
Clarke, S. 克拉克
Collingwood, R. G. 柯靈烏
Comte, A. 孔德
Croce, B. 克魯齋
Cudworth, R. 卡德華士
Cusa, Nicolas of 庫薩尼古拉

Darwin, C. 達爾文
Democritus 德謨克利泰
Descartes, R. 笛卡兒
Dewey, J. 杜威
Dilthey, W. 狄爾泰
Drake, D. 卓克
Duns Scotus 鄧士各塔

Ehrenfels 愛倫菲爾
Einstein, A. 愛恩斯坦
Empedocles 恩辟多克
Engels, F. 恩格斯
Epicurus 伊辟鳩魯
Eucken, R. 倭鏗
Ewing, A. C. 尤隱

Feuerbach, L. 佛爾巴哈

Fichte, J. G. 菲希特
Fitzgerald 費玆格拉德
Frege, G. 符芮格

Galileo 伽利略
Gentile, G. 甄提勒
Geulincx, A. 玖林克
Gorgias 高吉亞斯
Green, T. H. 格林
Guyau, J. M. 居友

Haeckel, E. 赫克爾
Hartmann, E. v. 哈特曼
Hartmann, K. B. E. 哈特曼
Hartmann, N. 哈特曼
Hegel, G. W. F. 黑格爾
Heidegger, M. 海德格
Heisenberg, W. 海森堡
Heraclitus 赫雷克利塔
Hilbert, D. 希伯特
Hobbes, T. 霍布士
Holderlin 霍德林
Hooker, R. 胡克
Hume, D. 休謨
Husserl, E. 胡塞爾
Hutcheson, F. 赫齊孫
Huxley, T. H. 赫胥黎

James, W. 詹姆士
Jaspers, K. 耶士培
Jesus Christ 耶穌
Jevons, W. S. 耶方斯
Joad, C. E. M. 約德

Kant, I. 康德
Kausky 考茨基
Keyserling, G. H. 凱薩林
Kierkegaard, S. 杞克噶
Kropotkin, P. 克魯泡特金
Külpe, O. 庫爾培
Kumarila 庫麥利拉

Lange, F. A. 朗格
Leibniz, G. W. 來布尼玆
Lenin 列寧
Lewis, C. I. 路易士
Lobachevsky 羅伯求斯基
Locke, J. 洛克
Lorentz 羅倫玆
Lotze, R. H. 洛慈
Lovejoy, A. O. 洛夫舉
Luther, M. 路德

Mach, E. 馬哈
Malebranche, N. 馬爾布朗哈
Malthus, T. R. 馬爾薩斯
Marcel, G. 馬塞爾
Maritain J. 馬里坦
Martineau, J. 馬提諾
Marx, K. 馬克思

McTaggart, I. M. C. 麥克太噶
Mill, J. S. 穆爾
Minkosky 閔可斯基
Montaigne, M. de 蒙旦
Moore, G. E. 穆爾
Morgan, L. 穆耿
Münsterberg, H. 蒙恩特伯

Newton, I. 牛頓
Nietzsche. Fr. 尼采
Northrop, S. C. 諾斯諾圃

Parmenides 巴門尼德斯
Pascal, B. 巴斯噶
Paul, St. 聖保羅
Pavlov 巴洛夫
Peano 皮亞諾
Pearson, K. 皮爾遜
Pelagius 斐納甲
Perry, R. B. 培黎
Pierce, C. S. 皮耳士
Plato 柏拉圖
Plotinus 普羅泰諾斯
Poincare, H. 普恩加來
Protagoras 普洛太各拉斯
Pythagoras 辟薩各拉斯

Radhakrishnan 拉達克芮希南
Ramanuja 羅摩反耶
Rickert, H. 李卡脫
Rousseau, J. J. 盧梭
Royce, J. 羅哀斯
Ruggiero 魯絜維
Russell, B. 羅素

Sankara 商羯羅
Santayana, G. 桑他耶那
Sartre, J-P 薩特
Scheler, M. 席婁
Schelling, F. W. L. 席林
Schiller, F. 席勒
Schiller, F. C. S. 席勒
Schlick, M. 石里克
Schopenhauer, A. 叔本華
Schweizer 許維徹
Sellars, R. W. 色勒斯
Shaftesbury, A. A. C. 涉夫特貝勒
Sidgwick, H. 席其維克
Simon, St. 聖西蒙
Socrates 蘇格拉底
Sorokin, P. 素羅鏗
Spencer, H. 斯賓塞
Spengler, O. 斯賓格勒
Spinoza, B. de 斯賓諾薩
Spranger, E. 施普朗格
Stevenson, C. L. 史蒂文生
Stiner 斯丁納
Strong, C. A 施創

Tarski, A. 塔斯基
Taylor, A. E. 泰勒
Thales 泰利士
Thomas Aquinas, St. 聖多瑪
Toynbee, A. J. 湯恩比

Urban, W. M. 吳爾本

Waisman, F. 魏思曼
Ward, J. 華德
Weber M. 韋伯
Whitehead, A. N. 懷特海
William of Ockham 威爾阿坎
Windelband, W. 溫德爾班
Wittgenstein, L. 維根斯坦
Wolff, C. 吳爾佛
Wundt, W. 翁德

Xenophanes 塞諾芬尼斯

Zeno 齊諾

國家圖書館出版品預行編目資料

哲學概論

唐君毅著. – 校訂版. – 臺北市：臺灣學生，1985
2 冊；21 公分（唐君毅全集；卷 21-22）

ISBN 978-957-15-0019-5 (全套：平裝)

1. 哲學 I 唐君毅著

100/8346 78

哲學概論（全二冊）

著 作 者 唐君毅
出 版 者 臺灣學生書局有限公司
發 行 人 楊雲龍
發 行 所 臺灣學生書局有限公司
地 址 臺北市和平東路一段 75 巷 11 號
劃撥帳號 00024668
電 話 (02)23928185
傳 眞 (02)23928105
E-mail student.book@msa.hinet.net
網 址 www.studentbook.com.tw
登記證字號 行政院新聞局局版北市業字第玖捌壹號
定 價 新臺幣一二〇〇元

一 九 九 六 年 九 月 全集校訂版
二 〇 二 一 年 十 二 月 全集校訂版三刷

10001
有著作權・侵害必究
ISBN 978-957-15-0019-5 (全套:平裝)